U0921391

中国合格评定国家认可委员会

CHINA NATIONAL ACCREDITATION SERVICE FOR CONFORMITY ASSESSMENT

法律地位（Legal status）－由国家认证认可监督管理委员会依法授权开展合格评定认可工作的国家认可机构。

工作职责（Task）－通过中国合格评定国家认可委员会（CNAS）秘书处提供认证机构、实验室和检查机构等相关机构的认可服务。CNAS秘书处设在中国合格评定国家认可中心，认可中心是中国合格评定国家认可委员会的法律实体。

认可依据（Rules）－CNAS依照国家相关法律法规，国际和国家标准、规范等开展认可工作，遵循客观公正、科学规范、权威信誉、廉洁高效的工作原则。

基本特征（Feature）－权威性是认可工作最基本的特征。政府的授权与承认是认可机构国家权威性的基础，专业技术地位、国际影响力、品牌影响力和服务及时性是认可机构长期发展的保障，认可结果有效性是认可机构长期发展的根本。

承担使命（Mission）－确保认可能使相关方对合格评定的能力与结果建立信心，通过CNAS的认可工作为促进国家的经济发展服务，为促进国家的对外贸易服务。

愿景目标（Vision）－在国家认证认可体系中发挥认可技术与合格评定能力保障的核心作用；成为公共行政管理的重要依托；成为加强贸易活动的重要基础；成为中国产品、服务在海外市场取得承认的重要手段；与相关顾客、同行机构建立密切的关系；加入有关的国际多边互认制度，签订相关的双边互认协议。

核心价值（Value）－合格评定结果取得信任的标志，促进合格评定机构能力提升的认可专业技术。

主要进展（Achievement）－截至目前，经过认可的各类认证机构共120家，这些机构颁发的各类认证证书超过38万份，其中质量管理体系认证证书数量和获证企业稳居全球第一；实验室认可数量已经超过2570个，在全球处于领先水平，检查机构72个，平均每年以30%以上的速度持续增长，保持着良好的发展势头。

中国合格评定国家认可制度已经融入国际认可互认体系，并在相关国际认可组织中占有重要地位，发挥着重要作用。目前我国已与其他国家和地区的35个质量管理体系认证和环境管理体系认证认可机构签署了互认协议，已与国际上45个经济体的54个实验室认可机构签署了多边互认协议，意味着我国认可的结果在世界范围内具有公信力。

CNAS

地址：北京朝外大街甲10号中认大厦　邮政编码：100020
网址：http://www.cnas.org.cn　传真：010－65994450（Fax）

中国质量认证中心
CHINA QUALITY CERTIFICATION CENTRE

中国质量认证中心（英文简称CQC）是经国家有关部门批准设立的专业认证机构。

CQC及其设在国内外的分支机构是中国开展认证工作较早的权威认证机构，几十年来积累了丰富的认证工作经验，各项业务均成果卓著。目前，CQC在国内外共设有44个分支机构和200多家签约检测实验室，并与22个国外认证机构签署了认证的合作协议，拥有5000多名各类专业的专职、兼职审核员和检查员，同时拥有雄厚的师资力量。遍布全国的服务网络，能够为客户提供及时、周到、高质量的服务。

CQC是代表中国加入国际电工委员会电工产品合格测试与认证组织（IECEE）电工产品多边互认（CB）体系的国家认证机构（NCB），是加入国际认证联盟（IQNet）和国际有机农业运动联盟（IFOAM）的中国认证机构，CQC与国外诸多知名认证机构间的国际互认业务，以及广泛的国际交流，使CQC赢得了良好的国际形象。

优质的服务、雄厚的技术力量、先进的管理水平，保障了CQC业务的顺利开展，为顺利实现CQC的质量目标、为CQC这个国内外知名认证机构的品牌形象提供了有力保障。

中国质量认证中心（CQC）的质量方针：独立公正、规范准确、优质高效、为客户提供满意服务。

中国质量认证中心（CQC）的质量目标：以优质高效的工作作风及整体一致的工作水平，赢得客户的信任；在认证领域始终保持国内的领先地位；跻身于国际著名认证机构行列。

CQC 业务

一、CCC认证：经授权承担国家强制性产品认证（CCC）工作。

二、CQC标志认证：以加施CQC标志的方式表明产品符合有关质量、安全、环保、性能等标准要求，认证范围涉及500多种产品。

三、管理体系认证：主要从事ISO 9001质量管理体系、ISO 14001环境管理体系、OHSAS 18001职业健康安全管理体系、QS 9000质量体系和HACCP食品安全管理体系认证等业务。

四、国际认证业务：

作为国际电工委员会电工产品合格测试与认证组织（IECEE）的中国国家认证机构（NCB），目前拥有17个CB实验室，能够颁发和认可IECEE-CB体系内12大类209个（400余版本）标准的CB测试证书，其证书被43个国家和地区的59个国家认证机构所认可。

作为加入国际认证联盟（IQNet）的中国认证机构，CQC颁发的ISO 9001证书、ISO 14001证书、OHSAS 18001证书将能获得联盟内其他34个国家和地区的38个成员机构的认可。

2003年开始开展欧盟CE标志业务，目前能够提供认证服务的范围已经涉及低电压指令、电磁兼容指令、玩具指令、机械指令、无线电及电信终端设备指令、人身保护设备指令、电子电气设备限制有毒有害物质指令七个领域。

根据客户需求，开展德国VDE标志、T ü V-PS标志，英国ASTA-BEAB标志等国际认证业务，从而以较短的时间、较省的费用轻松取得国际认证，实现一次申请，多国通行。

五、认证培训业务：开展国内外各类认证培训业务。

总部地址：中国·北京·朝阳区朝外大街甲10号　　邮编：100020
电话：010－85622233　　传真：010－65994298
网址：www.cqc.com.cn

Shenzhen Academy of Metrology and Quality Inspection

SMQ 深圳市计量质量检测研究院

国家质量监督检验检疫总局深圳计量检定站

国家数字电子产品质量监督检验中心(筹建)

- 中国轻工业联合会家具质量监督检测深圳站
- 广东省技术监督自行车产品质量监督检验站
- 广东省电磁兼容质量监督检验站
- 广东省技术监督综合布线系统质量监督检验站
- 广东省质量监督生态纺织服装产品检验站（深圳）
- 广东省技术监督皮革制品质量监督检验站
- 深圳市纤维纺织检验所
- 深圳市建材产品质量监督检验站

联系方式：

总部地址：深圳市南山区龙珠大道中计量质检大楼

电话：0755－26941618 0755－26941616

邮编：518055

分部地址：深圳市宝安民治街道办民治大道民康路北

电话：0755－27528977 0755－27528969

邮编：518131

网址：http://www.smq.com.cn

深圳市计量质量检测研究院（国家质量监督检验检疫总局深圳计量检定站、国家数字电子产品质量监督检验中心（筹建））（简称SMQ）是深圳市人民政府设立并经国家质量监督检验检疫总局、广东省质量技术监督局授权的法定计量检定和产品质量检验机构，依法履行计量检定和产品质量监督检验职能，并为广大企业提供仪器设备校准、产品测试、认证和技术人员培训等技术服务。随着中国惟一的“国家数字电子产品质量监督检验中心”筹建工作的推进，SMQ在数字电子产品检测方面将迈上新的台阶。

自1980年成立以来，在各级主管部门的关心和支持下，SMQ充分发挥综合性、交叉学科的技术优势和特区地缘优势，不断深化改革，创新机制，整合资源，推进数字化建设，取得跨越式的发展：全院现有员工510人，其中博士后1人，博士研究生4人，硕士研究生70人，本科学历188人，有28名员工担任各类国家级技术委员会委员，国家级技术评审、考核组专家和国家、省名牌评审专家组专家。现内设13个专业实验室，3个检测中心，设备5109台套，固定资产1.55亿元，检测能力3480项，建有两大实验基地，实验室面积 4 万平方米，是华南地区技术力量最雄厚、检测设备最先进、专业种类最齐全的综合型检测机构之一，也是国内较大规模的检测机构之一。

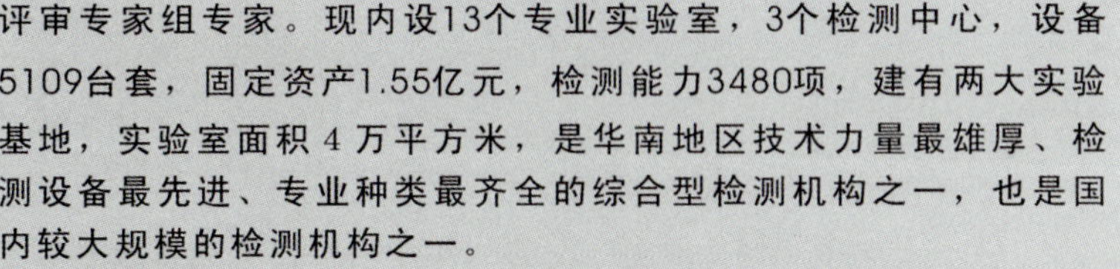

SMQ于1998年通过了中国国家实验室认可委员会（CNAL）的认可，是国内几家较早通过认可的实验室之一，依靠雄厚的技术底蕴，获得CCC产品认证指定实验室、中国环境标志产品认定机构、中国纤维检验局工作站等一批国家、省、市授权的专业检验站。

针对全球化趋势，SMQ不断拓宽国际合作领域，与国际实验室认可合作组织多边互认协议（ILAC－MAR）的50多个成员国实行互认，并获得包括美国FCC、UL、ATCB、德国TÜV莱茵、TÜV PS、加拿大IC、英国BABT、SEMKO、日本VCCI、新加坡PSB、俄罗斯GOST、波兰认证局、挪威NEMKO、捷克EZU、斯洛伐克EVPU、香港机电工程署等在内的国际权威机构认证资质，逐步构建“一个标准、一次检测、全球通行”的产品认证体系，有力地帮助中国产品进入国际市场。

SMQ坚持“以高品质的检测技术服务促进经济、社会和谐发展”为使命，尊重客户需求，不断超越客户期望，为客户提供全程技术服务。

中　国

认证认可年鉴

2006

CNCA

中国标准出版社

图书在版编目（C I P）数据

中国认证认可年鉴.2006/ 国家认证认可监督管理委员会编.—北京：中国标准出版社，2006
ISBN 7-5066-4280-8

Ⅰ.中...　Ⅱ.国...　Ⅲ.产品质量—质量管理—中国—2006—年鉴　Ⅳ.F273.2-54

中国版本图书馆 CIP 数据核字(2006)第 119296 号

中国认证认可年鉴 2006
责任编辑：赵荣刚、贾玉勤、刘东旭、朱姝

中国标准出版社出版发行
北京复兴门外三里河北街 16 号
邮政编码：100045
网址 www.spc.net.cn
电话：68523946　68517548
北京翠明文印中心　印刷
各地新华书店经销
*
开本 889×1194　1/16　印张 54.5　字数 1400 千字
2006 年 11 月第 1 版　2006 年 11 月第 1 次印刷
*
定价:280.00 元

2005年12月2日～4日，第四次全国认证认可工作会议在武汉召开

2005年11月17日，第四次全国认证认可工作部际联席会议在京召开

2005年9月27日，中国认证认可协会成立大会在京召开

2005年10月31日,国家认监委召开委机关全体干部及下属单位处以上干部会议,宣布中共中央组织部及国家质检总局党组对国家认监委领导班子成员的任免决定

2005年4月19日,"国家信息安全产品认证管理委员会成立大会"在京召开,标志着中国建立统一的信息安全产品认证认可体系已进入实质性的实施阶段

2006年1月19日,国家认监委2005年工作总结大会在京召开

2005年6月24日，国家认监委召开保持共产党员先进性教育活动总结暨表彰大会

2005年8月19日，全国认证认可信息宣传工作会在成都召开

2005年12月19日～20日，国家认监委在长沙召开2005年全国计量认证专项监督检查总结会

2005年12月21日～23日，国家认监委2005年人事工作总结暨工资总额审定会议在京召开

2005年11月17日，国家认监委主任孙大伟会见了国际电工委员会国际电工产品检测与认证体系（IECEE）主席哥斯特·弗里德克森及秘书长皮埃尔·德儒风一行，双方就进一步加强中国在IECEE组织的参与和影响进行了会谈

2005年6月28日，国家认监委主任王凤清会见了美国UL新任总裁肯斯·威廉姆斯一行，双方就进一步加强合作进行了交流

2005年4月1日，国家认监委副主任程方会见了美国农业部海外服务局科可兰培训项目办公室主任爱文斯·梅森彼克，并就双方进一步合作和交流进行会谈

2005年4月8日，国家认监委副主任刘卓慧会见法国质量认证有限公司(BVQI)总裁皮托·福斯基一行，双方就BVQI在中国的业务发展进行了会谈

2005年2月24日，国家认监委常务副主任孙大伟会见德国TUV南德意志集团执行副总裁史坦普肯一行。双方签署了《中国国家认证认可监督管理委员会与德国TUV南德意志集团合作谅解备忘录》

2005年4月25日，国家认监委常务副主任孙大伟代表国家认监委与朝鲜国家质量监督局签署了《认证认可领域合作协议2005～2006年实施计划》。该实施计划的签署为推进中朝在认证认可领域的合作提供了保证

2005年5月23日，国家认监委副主任程方与欧洲零售商协会(EUREPGAP)主席签署了《中国国家认证认可监督管理委员会与EUREPGAP FoodPLUS技术合作备忘录》。该备忘录的签署为双方加强在良好农业规范领域的合作奠定了基础

2005年8月8日，国家认监委副主任程方与荷兰MPS基金会总裁签署了《中国国家认证认可监督管理委员会与MPS合作备忘录》

2005年8月3日，国家发改委、国家认监委组织部分认证机构、检测机构、企业召开《强制性产品认证检测收费标准》修订工作座谈会，会议就新修订的《强制性产品认证检测收费标准》(草案)进行了研讨

2005年5月11日、5月19日国家认监委在广州和上海分别召开了计量认证工作调研座谈会。国家认监委副主任程方出席会议并讲话

2005年11月1日，国家认监委在深圳召开《中华人民共和国认证认可条例》实施两周年座谈会，国家认监委副主任谢军出席会议并讲话

2005年12月21日～24日，国家认监委在浙江就企业社会责任情况进行专项调研，此次调研为提出中国企业社会责任标准及建立国家相关合格评定体系的方案作决策参考

2005年5月11日，国家认监委在京召开了“中国认证认可战略研究”研讨会

由国家认监委、国际玩具协会、美国玩具协会、中国玩具协会联合举办的“致力于中国玩具工厂更完善的工作环境玩具企业研讨会”于2005年11月30日在南京举行。国家认监委副主任谢军（左一）出席会议并讲话

为更好地帮助、指导食品生产企业建立与实施HACCP管理体系，解决在HACCP体系的建立、应用与实施、验证与认证过程中出现的新问题，2005年11月9日～10日，国家认监委第四届HACCP应用与认证研讨会在广州召开

2005年11月22日，国家认监委在京举办国家产品质量监督检验中心负责人培训班，国家认监委副主任刘卓慧出席开班仪式并讲话

2005年3月18日～19日，国家认监委在京召开机动车安全技术检验机构计量认证工作部署和培训会议，全面部署并启动了全国机动车安全技术检验机构的计量认证工作

2005年4月7日，国家认监委在京举办了认证机构负责人法律培训考试。此次考试旨在促进各认证机构负责人学习、理解并掌握我国认证认可工作相关法律、法规和规章要求，依法开展认证活动

2005年8月25日～26日，国家认监委在银川举办了"有机农产品认证与西部开发"讲座。这是国家认监委大力支持西部民族地区经济社会发展的一次具体举措

2005年10月18日,由国家认监委常务副主任孙大伟、国家质检总局法规司副司长宇方成带队的CCC认证行政执法检查组对济南市灯具市场CCC认证工作情况进行调研

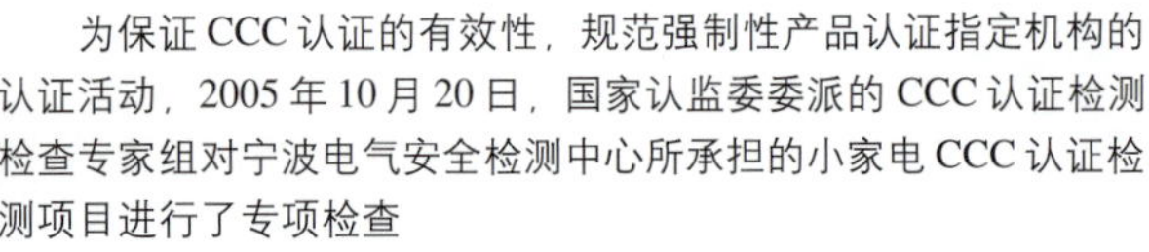

为保证CCC认证的有效性，规范强制性产品认证指定机构的认证活动，2005年10月20日，国家认监委委派的CCC认证检测检查专家组对宁波电气安全检测中心所承担的小家电CCC认证检测项目进行了专项检查

2005年，美国FDA官员首次对中国出口蜂蜜企业进行现场检查，图为江苏出口企业接受检查的现场

2005年8月26日，天狮集团获得中国质量认证中心HACCP食品安全管理体系认证证书颁证仪式在京举行，这是国内保健食品行业第一家通过此项认证的企业

2005年6月25日，国家认监委副主任程方、商务部市场运行调节司副司长徐加爱在第三届中国国际食品交易博览会上向厦门银祥集团颁发全国首张“绿色市场”标志牌。这标志着中国绿色市场认证取得零的突破

为提高饲料产品认证的社会认知度，促进饲料产品认证工作的发展，农业部、国家认监委于2005年3月13日在京联合召开“中国饲料产品认证首批获证企业颁证会”

2005年11月7日，中国认证认可协会会长王凤清出席在贵阳举行的中国质量认证中心、贵州检验检疫局颁发贵州茅台酒股份有限公司一体化认证证书暨贵州评审中心认证企业600家新闻发布会

2005年，上海出入境检验检疫局自行开发了检务助手系统，与CCC入境验证管理系统配合使用，大大提高了口岸验证效率。图为检务人员正在利用计算机管理系统对申请人递交的入境验证商品报检资料进行审核

2005年12月，深圳出入境检验检疫局执法人员深入企业对CCC免办产品进行后续监管

2005年1月，安徽出入境检验检疫局召开全省认证认可工作会议

2005年12月19～20日，浙江检验检疫系统出口食品卫生注册登记会议在杭州召开

2005年10月，云南出入境检验检疫局举办了认证监管人员培训班，共65人参加了培训

2005年3月22日～24日，吉林出入境检验检疫局举办了历时三天的全省出口食品企业质量管理人员培训班

2005年9月，深圳出入境检验检疫局举办《中华人民共和国认证认可条例知识竞赛》

2005年6月29日，福建出入境检验检疫局对卫生注册评审员实施能力培训。这是福建局落实卫生注册评审监管人员能力促进计划的系列活动之一

2005年7月21日，天津市质量技术监督局与中国质量认证中心联合举办了"天津市装饰装修产品强制性认证推进会"

2005年8月2日，安徽省质量技术监督局召开全省强制性产品执法认证专项研讨会

山东省质量技术监督局于2005年8月25日～26日召开了全省认证监管及执法人员业务培训工作会议

2005年12月14日，北京市质量技术监督局组织召开了北京市认证咨询机构工作会

2005年5月28日，上海市质监局会同上海市建筑材料行业协会、中国质量认证中心上海分中心等有关单位举行建材CCC强制认证宣传活动，并作现场咨询

2005年12月13日，由中国合格评定国家认可中心承担的国家"十五"重大科技专项课题——"HACCP体系评价准则、认证制度及认可制度研究"在京通过了鉴定和验收

2005年5月11～12日，中国认证机构国家认可委员会(CNAB)在京举办了中日韩认可机构间的第二次年会。年会期间三国认可机构签署了合作备忘录

为推进中国食品安全实验室按照国际规范要求加强建设，促进食品安全实验室以公正的行为、科学的手段和准确的结果为社会各界提供服务，2005年3月28日，中国实验室国家认可委员会食品安全工作委员会在京成立

2005年12月21日，由中国实验室国家认可委(CNAL)承担的"十五"国家重大科技专项"食品安全关键技术"——《食品安全检测实验室质量控制规范研究》课题顺利通过科技部、国家质检总局验收

2005年9月25日，中国检验认证集团全球总经理会在北京召开，会议旨在进一步实施中检集团"重组改制、整合资源、资本积累、国际扩张"发展战略，以应对全球日趋激烈的检验鉴定和认证市场竞争

2005年11月16日，由中国质量认证中心主办的认证与经济发展论坛在京召开。图为论坛现场

为了让中国的企业更好地了解国际电工委员会电工产品合格测试与认证组织（IECEE）和CB体系在国际贸易中的作用及宣传CB体系在中国的发展及前景，2005年6月24日，中国质量认证中心主办了"CB认证与中国电工产品进出口论坛"

2005年10月1日起，中国启用2005年版中国强制认证标志CCC标志。新版标志的标注字母采用6号字体，并采用了5种防伪方法

2005年“3·15”期间，国家质检总局在北京王府井举办消费者权益日咨询活动，相关认证机构向群众介绍CCC标志

近年来，出口食用菌作为高风险敏感商品，国外技术壁垒越来越严格。图为检验检疫人员在对出口食用菌基地进行监管，以进一步提高出口食用菌的质量水平

图为检验检疫人员在对出口水果进行检验

图为检验检疫人员对进口食品和化妆品进行专项检查

图为检验检疫人员现场查验进口汽车

《中国认证认可年鉴》编纂顾问委员会委员名单

《中国认证认可年鉴》编纂委员会委员名单

《中国认证认可年鉴》编纂办公室名单

《中国认证认可年鉴》编辑部成员名单

编辑说明

一、《中国认证认可年鉴》是逐年记载中国认证认可事业发展进程的史册性工具书。《年鉴》(2006)记载的是中国认证认可事业2005年发展的情况。

二、《年鉴》(2006)设置了18个栏目，这18个栏目是：特载、专文、法制建设、认可、认证、注册管理、实验室与检测监管、科研与标准建设、国际合作、全国认证认可工作部际联席会议、地方认证监管、认证认可行业新发展、认证实效、法规、大事记、国家认监委机关综合工作、统计资料、附录。《年鉴》(2006)通过这18个栏目的内容，全面系统地介绍了2005年中国认证认可事业从标准、法规建设，到认可、认证实施和认证市场监管等各个基本环节的进展情况，同时介绍了认证认可行业的成长和发展。

三、《年鉴》是按照修史的原则和方法进行编纂的，尽力以全面、系统、丰富、翔实的资料，客观、真实地反映中国认证认可各年度的发展过程和成果，同时对发展进程中的利弊得失进行分析，力求揭示规律，明确方向，从而更好地为现实服务。

四、"专文"一栏是关于中国认证认可重大专题的研究和论述。《年鉴》(2006)的"专文"一栏，刊载了国家认监委和地方两局有关领导就认证有效性、农产品和食品安全、标准建设、认证认可行业的发展和自律等问题所撰写的文章。认证有效性、标准建设、行业发展和自律，都是影响中国认证认可长远发展的战略性问题，而农产品和食品安全，则是全国所关注的热点问题。文章对这些问题进行了深入分析，提出了解决问题的对策和措施，对于了解中国认证认可事业的现状和趋势，进一步搞好认证认可各项工作，具有重要指导意义。

五、"认证认可行业新发展"一栏，是由宏观和微观两个方面的内容构成的，但是宏观方面的资料尚显不足，这是今后要努力解决的。

六、《年鉴》(2006)暂未包括反映中国台湾、香港、澳门地区认证认可发展情况的内容。

七、由于知识和经验有限，《年鉴》(2006)编纂中的错误和缺点在所难免，欢迎各界批评指正。同时向积极参与《年鉴》(2006)编纂工作的各界同仁以及关心《年鉴》工作的朋友表示衷心感谢。

《中国认证认可年鉴》编辑部

2006年10月

华夏认证中心

CCCI

华夏认证中心有限公司（CCCI）是由北京九千标准质量体系认证中心和原国家环保总局环境管理体系审核中心联合组建，于2003年2月28日经中国认证认可监督管理委员会(CNCA)正式批准的大型综合类认证服务实体，批准号为CNCA-R-2002-021。北京九千标准质量体系认证中心经国家主管部门批准，成立于1994年，是我国较早成立的认证机构之一，负责受理国内外企业的 ISO9000 质量管理体系认证业务，也是东南亚地区最先获得英国皇家认可委员会（UKAS）认可，具有发放带有皇冠标志认证证书资格的国际化认证机构。国家环保总局环境管理体系审核中心成立于1996年，是全国首家获得中国环认委（CACEB）认可并开展ISO14001标准的研究、推广、认证的机构，并作为国家环保总局在我国引进、推广ISO14000系列标准的技术支撑单位，对我国 ISO14001 的推广和发展做出了巨大的贡献，中心也是首批获得安认委（CNASC）认可的认证机构。两个具有实力的认证机构的整合，使华夏认证中心有限公司成为在国内独具特色、实力雄厚的大型认证机构。中心认证的种类主要包括：ISO9001、ISO14001、GB/T28001、HACCP、BS7799等。能够满足企业“一次审核、多张证书”的愿望。华夏认证中心的服务宗旨是用技术推动认证事业，为客户提供增值服务；让优秀的企业成为我们的客户，让我们的客户成为优秀的企业。

自华夏认证中心成立以来,共有7900余家企业通过了华夏认证中心的认证审核,其中部分客户为(排名不分先后):

宝山钢铁股份有限公司
海尔集团公司
上海大众汽车有限公司
中国嘉陵工业股份有限公司
广州本田汽车有限公司
东风汽车股份有限公司
索尼（中国）有限公司
葛洲坝股份有限公司
中国路桥集团总公司
中国成套设备进出口（集团）总公司
中国新兴保信建设总公司

上海张江高科技园区管理委员会
上海杜邦农化有限公司
中国大饭店
北京香格里拉饭店有限公司
华北制药集团有限公司
浙江北仑第一发电有限公司
东阿阿胶股份有限公司
中美施贵宝制药有限公司
中航油股份有限公司
中国广电国际经济技术合作总公司
爱普生（中国）有限公司

中国通信建设总公司
清华大学建筑设计研究院
中国水利电力对外公司
中国铁路工程总公司
中国铁道建筑总公司
中煤建设集团
中日友好环境保护中心
苏州新区管理委员会
苏州工业园区管理委员会
北京经济技术开发区管理委员会
上海炼油厂

公正　　诚信　　独立　　权威

华夏认证中心吸引了国内外认证界精英人才，拥有一批国内外知名的专家和受过完整培训、通过严格审查并具有国际国内审核经验的各类高级审核员及技术专家，这批具有丰富知识和技能的专家将为您提供一流优质的服务。

华夏认证中心与国内外认证、认可机构有着广泛的联系与合作，在国内外享有较高的声誉。

United Kingdom Accreditation Service

ACCREDITATION CERTIFICATE

CERTIFICATION BODY No. 086

China Certification Center Inc

华夏认证中心获得CNAB认可，BS7799国家试点之一，并于2005年11月获得UKAS认可，成为唯一能够发认可标志的机构。

华夏认证中心总工王顺祺参加了GB/T24001-2004标准的起草工作，并于2005年12月组织华夏中心的专家编写ISO14001：2004环境管理体系的建立、实施与认证。

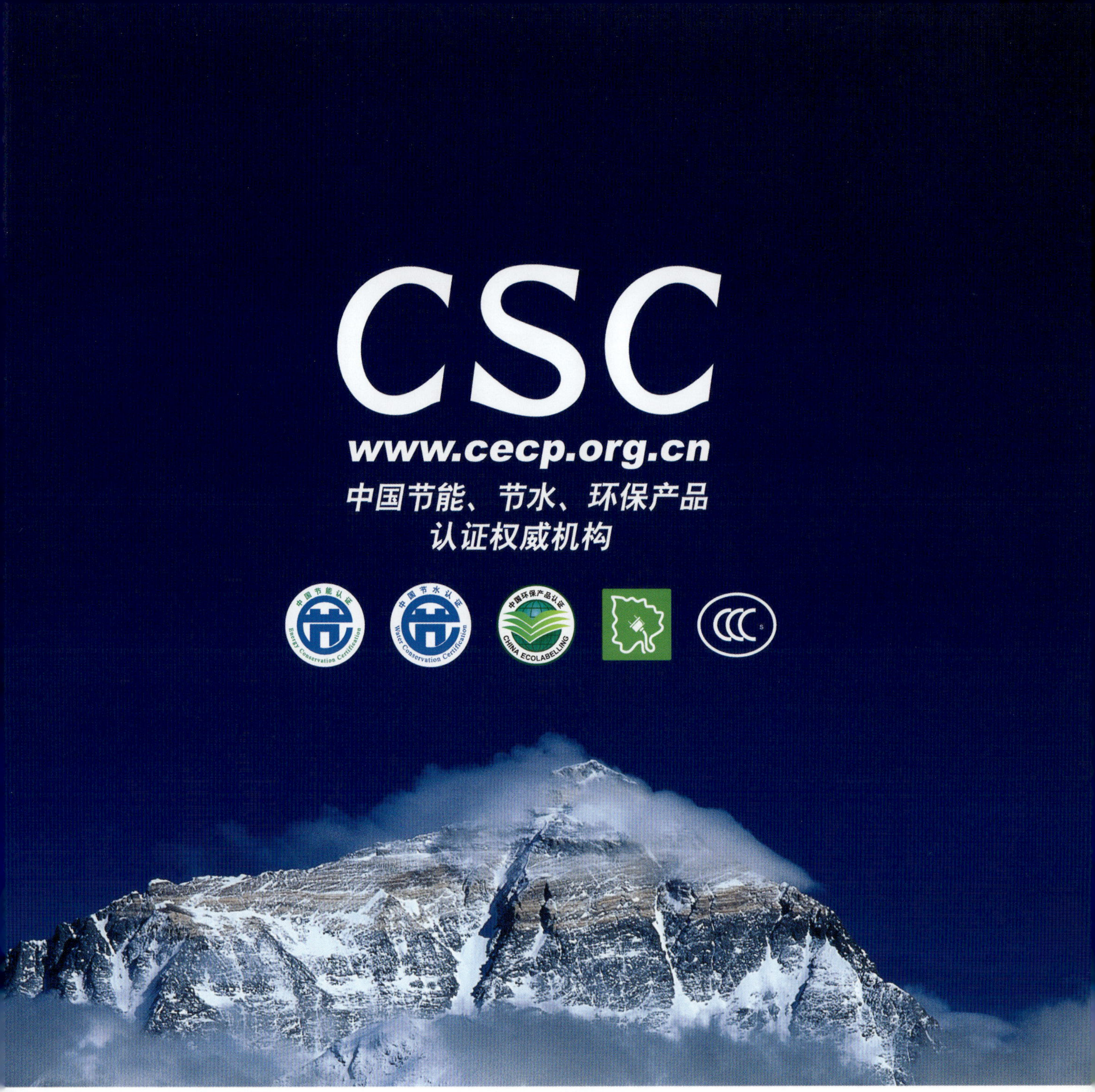
CSC
www.cecp.org.cn
中国节能、节水、环保产品
认证权威机构

立足香港
背靠大陆
走向世界

卸货检验再生塑料原料

为客户签发“未再加工证明书”

以人为本　优配资源

科学理性　持续改进

公正独立　诚信至上

准确高效　服务客户

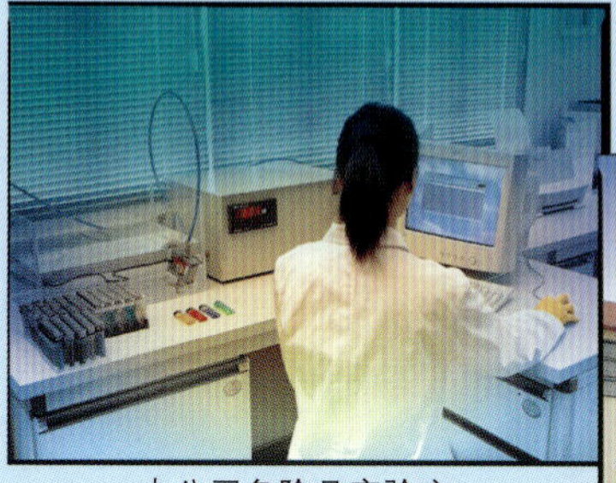

本公司危险品实验室

对进口废料金属进行放射性自动检测

中国检验有限公司

CHINA INSPECTION COMPANY LIMITED

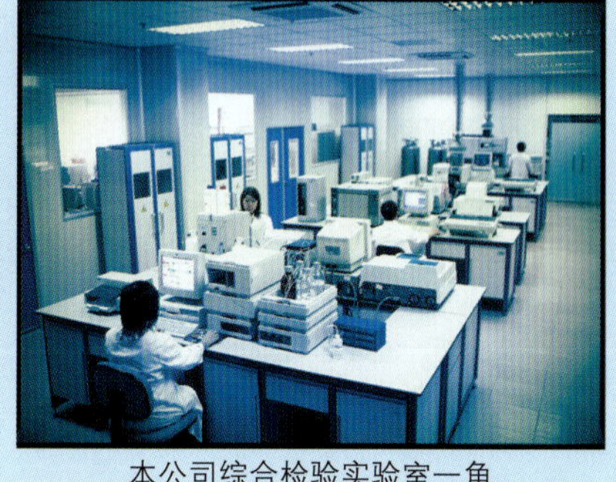

本公司综合检验实验室一角

中国检验有限公司（简称中检公司），是1982年在香港注册的综合性检验、测试、认证和鉴定机构；由国家质量监督检验检疫总局设立、国家认证认可监督管理委员会管理的驻港窗口公司。

本公司业务范围包括：

- 签发普惠制未再加工证明、原产地证明速递服务、工厂审检及代理报验；
- 再生原料装运前环保检验、动植物产品装船前之检验、鉴装、分证、熏蒸及消毒；
- 经香港转口到内地肉类和水果等产品检验；
- 化工品、食品、化妆品、生物制品等商品的质量检验及标签审核；
- 汽车、机电产品及玩具安全质量检测和加贴安全标签；
- CCC产品认证申请代理；
- 退货及木质包装检验；
- 经香港转口到内地肉类和水果等产品检验；
- 进出口商品的品质、数（重）量监定、残损监定、监装监卸、海运船舶监定；
- 价值鉴定、保险理赔估损、资产评估；
- 商务管理和相关咨询服务。

中龙检验实验室分别取得国家和香港地区的权威认可

为客户进行动植物产品检验和分证

地址：香港干诺道中168-200号信德中心东翼29楼　电话：(852) 2503 1011　传真：(852) 2807 9300　网址：www.cichk.com

打造检验认证国际知名品牌

中国检验认证（集团）有限公司

地址：北京海淀区马甸东路 9 号 B 座
电话：010—82262829
传真：010—82260870
网址：www.ccic.com

中国检验认证集团质量认证有限公司

地址：北京海淀区马甸东路 9 号 B 座
电话：010—82262987
传真：010—82260892
网址：www.ccic—csa.com

中国检验认证集团检验有限公司

地址：北京海淀区马甸东路 9 号 B 座
电话：010—82262991
传真：010—82261468
网址：www.ccic—insp.com

目 录

第二部分　专文

第三部分　法制建设

第十二部分　认证认可行业新发展

第十三部分　认证实效

第十七部分　统计资料

第十八部分　附录

2006

ZHONG GUO REN ZHENG REN KE NIAN JIAN

第一部分　特　载

TE　ZAI

·特载·

中编办副主任王澜明在第四次全国认证认可工作部际联席会议上的发言

(2005年11月17日)

非常感谢国家认监委邀请我们列席今天的联席会议,这给了我们一个了解学习认证认可工作的很好的机会。中央编办是为中央、国家机关各部门进行职能配置和机构编制工作服务的一个部门,只有了解各部门的工作,了解这些工作的发展和新形势对这些工作的要求,我们的服务才能有的放矢,才能做到位,做到点子上。刚才听了大伟主任的报告和各部委领导同志的发言,了解了很多信息,学到了很多知识,受到了很大教育。谈三点感受:

一、认证认可工作部际联席会议组建以来,在沟通信息、加强协调、研究问题、相互配合方面发挥了和正在发挥着重要的作用。实践证明,联席会议对中国认证认可工作的开展和进一步发展是十分必要的,这个机制是有效的、有力的。

二、经过几年来扎实不懈的工作,认证认可工作已经取得了很大成绩,体系基本建立,格局基本形成,队伍逐步规范,质量不断提高,这与国家质检总局、国家认监委的指导、组织和协调是分不开的,与联席会议充分发挥作用是分不开的。

三、"十一五"对认证认可工作提出了新的要求,机遇与挑战并存,认证认可工作的发展空间很大。中央编办作为服务部门,一定要不断地学习认证认可知识,熟悉认证认可工作,了解认证认可需求,积极地主动地在体制、机制方面做好服务和保障。

国务院法制办副主任张穹
在第四次全国认证认可工作部际联席会议上的讲话

(2005年11月17日)

听了大伟主任的工作报告和同志们的发言,很受启发,我完全同意大伟同志的报告。2005年认证认可工作取得了巨大成绩,从2001年以来,国家认监委卓有成效的工作,结束了认证认可分散管理状况,形成了统一管理、监督和综合协调的格局、形成了具有中国特色的国家认证认可体系,构建了省、市、县和口岸地方认证监督的组织体系,中国的认证认可工作得到了国内外赞誉,在极短的时间内认证认可工作渗透到中国的社会、经济各个方面,认证数量居世界第一位、各类认证组织的总数也居世界第一位,这些都是国家认监委卓有成效的工作,经过时间检验,显得更加有成效。现在,社会各方面对认证认可的作用、地位和重要性都有了一个新的认识,我相信随着认证认可工作的深入发展,将进一步融入经济社会各个方面,体现在产业和贸易政策中,进一步发挥质量管理、质量保证的作用,就会更加有利于促进产业结构调整和升级,提高企业管理服务水平,从源头上保证产品质量,为国民经济的持续、健康、快速、协调发展提供技术保障。

前阶段,法制办在认证认可方面主要完成了两项工作。法制办在审查、制定涉及技术进步、安全生产、食品和农产品质量安全的法律、法规中,都把认证认可手段作为管理手段规定在相关的法律法规中。比如,2005年我们已经提请全国人大审议的《农产品质量安全法》,这里面明确规定了认证认可对农产品质量安全方面所要进行的工作的专门条文,目前全国人大正在审议这个法律草案。

我们2005年做的第二个方面的工作,是在审查长江局长提交的《工业产品生产许可证管理条例》的时候,对工业产品的行政许可与认证之间的关系在法律条文上做了明确的划分、做了明确的规定,在该条例第三条二、三、四款写的很清楚。这些规定总的精神是:随着市场经济的发展,行政许可范围要逐步缩小,能够用认证认可手段解决问题的就不要去搞行政许可。工业产品生产许可条例经过国务院审查,已经付诸实施。

关于今后的工作,我看了国家认监委制定的《认证认可事业发展"十一五"规划》,很好,很具体,法制办能做点什么工作,我想也是两件事。一方面,要加快合格评定立法进程,争取用1~2年的时间制定一部具有中国特色的《合格评定法》,这是一部具有技术规范和标准的法律,与《认证认可条例》相比,解决了更大范围的问题、更基础的问题,而且这部法律也填补了中国法律体系的空白,同时,也有利于中国融入国际社会标准,推动中国认证认可工作,推动中国的技术规范和标准向国际先进水平迈进,从法制上奠定中国合格评定工作与国际接轨。我们法制办要竭尽全力,配合国家认监委做好这项立法工作,与国务院有关部门协调,充分地吸纳国际上的经验。

另一方面,在立法中凡是应该将认证认可、合格评定手段写进法律法规中的,都要注意,在立法时能写进去的都要写进去。2006年我们将要修改《节能法》、《能源法》、《建筑法》、《循环经济法》,制定《节水条例》、《建筑节能条例》等涉及节能、节水、能源等一系列方面的法律法规,在节水、节电、节能、环保、能耗等方面,认证技术规范和标准、合格评定规定以及强制性产品认证范围都应该在这些法律中有所体现。其它的,比如农产品、食品、林业等有关的法规中也应该做出相应的规定。

我想,法制办就表这么个态,做好两个方面的工作,为认证认可事业的发展,我们要全力搞好服务工作。

国家质检总局局长李长江

在第四次全国认证认可工作部际联席会议上的讲话

(2005年11月17日)

首先感谢各部门的领导、各单位的负责同志出席今天的认证认可工作部际联席会议。刚才大家对认证认可“十一五”发展规划(讨论稿)发表了非常重要的意见,澜明副主任和张穹副主任从中编办和法制办的角度谈了非常重要的意见。下面我结合大家发言提到的问题,谈两点意见,供大家参考。

第一,要进一步搞好认证认可部际联席会议的工作。认证认可部际联席会议是具有中国特色的认证认可工作的一个重要的组织形式。4年前,党中央、国务院决定成立国家认监委,并要求国家认监委要实现认证认可工作的“四个统一”。如何把“四个统一”落到实处,当时是需要我们认真思考的问题。在国家认监委成立之前,由于国务院各部门的共同努力,中国的认证认可工作取得了很大的成绩,但也存在政出多门、各自为政的问题,其结果是形不成合力、形不成拳头、形不成核心,影响了认证认可工作效能的发挥。国家认监委成立以后,在凤清同志的带领下,建立了部际协调机制,这是一项重要的制度创新,是一种符合中国特色的认证认可工作的组织形式,认证认可工作部际联席会议四年来的运行结果表明这项制度的作用越来越重要了。回顾四年来认证认可部际联席会议制度的成功经验,我看有如下几个特点:

第一是充分体现了统分结合。统就是按照统一管理的原则,根据大家的统一意志,形成认证认可工作的统一政策、统一标准、统一合格评定程序;分就是使我们各个部门工作能够在统的基础上实现分工协作、互相配合、形成全力。刚才各部门的领导在发言中谈到各个部门在这一年的认证认可工作中取得的成绩,应该说与我们统分结合机制的有效实施是分不开的。

第二是充分的协商。认证认可工作涉及面广、情况复杂,各有各的特点,反映在具体的工作中就千差万别,但其基本原则、基本政策、基本目标是一致的。因此需要在工作中进行充分的沟通协商,求大同存小异。凤清同志过去作为部际联席会议的召集人,大伟同志作为现任召集人,在工作中主动和各部门进行沟通协商,直接到有关部门听取意见,就是一种很好的协商方式,并且起到了非常好效果,形成了非常好的工作氛围。另外我们的协商机制能够发挥这么大的作用,联络员制度的建立和实施发挥了重要作用,在座的各位联络员功不可没。我们的工作基础就在于联络员,很多具体工作,首先要在联络员这个层面上统一认识,然后由部际联席会议这个最高决策层做出决策,共同加以实施。国家认监委作为部际联席会议的牵头单位,一定要把大家意见建议了解清楚,集中起来,形成统一意志。要做到这一点,工作的方式方法非常重要。从今天发言来看,大家对国家认监委的工作包括部际联席会议的工作总体是满意的,也提出了一些很好的建议和意见,这说明我们已经有了一个很好的协商基础。

第三是密切配合。我们国家大、部门多,没有哪一家能够包打天下,必须互相支持、密切配合,把密切配合作为我们中国特色的领导方式。这个配合不是单向的,是相互配合。最近质检总局与海关总署、卫生部签订了合作备忘录,与农业部等部门也在考虑签订合作备忘录,这就是相互的配合。从目前的情况来看,职责分得再细,到具体工作时还会有交叉和联系,这就需要密切配合,遇事大家商量,该以你为主的时候,我就当好配角,该我当主角的时候,我一定要把主角当好,这样就做到了密切配合,就能把工作做好。

第四是各得其所。各得其所就是要发挥两个积极性,每一项工作都有两个积极性,认证认可工作也一样,国家认监委是一个积极性,我们各个部委又是一个积极性,怎样把这两个积极性都充分发挥起来,使我们在各个层面上的工作都取得突破、取得进展、取得成绩,做到各得其所,需要我们在工作中不断地总结、不断地提高,使之发挥更重要的作用。

第二,搞好认证认可的“十一五”发展规划。这次会议的一个主要任务请大家研究讨论认证认可的“十一五”发展规划，大家已经发表了很好的意见。我认为，认证认可“十一五”发展规划至关重要，认证认可作为一项对国家经济和社会发展有重要影响的工作纳入国家发展规划只有4年多的时间，经过大家的努力已经打下了一个比较好的基础，刚才澜明副主任做了充分的概括，大家在发言中也都给予了充分的肯定。在这个基础上，怎么按照中央的“十一五”规划的《建议》把认证认可“十一五”发展规划制订好，对今后5年的发展就尤为重要。根据大家刚才的发言，我想认证认可“十一五”规划重点要体现在如下几个方面：

一要体现科学发展观的思想。科学发展观是中央《建议》中非常重要的指导思想，我们国家已经持续快速发展了20多年，在这个基础上怎么继续保持高质量的发展，科学发展是当务之急。因此，认证认可工作“十一五”发展规划一定要突出科学发展观，要突出重点，重点是要加强对涉及安全、卫生、健康产品，节能、节水、节电产品，高新技术产业领域的认证认可工作。另外要在质量上下工夫，要体现出以质取胜的战略思想，国家的“十一五”发展规划中，提出要通过结构调整来提升产品质量、提升整个经济的增长水平，我们认证认可工作也要在提高质量方面下工夫。

二要与国际接轨。认证认可事业是一个朝阳事业，是一个国际化的事业，这项工作虽然我们起步稍晚，但应该看到我们发展的速度是快的、效率是高的，这已经得到了国际上的充分肯定。美国质量协会会长专门对我们国家的认证认可工作，对凤清同志领导国家认监委期间的工作给予了高度的评价，认为这样的速度、这样的工作业绩在国际上是很少见的。因此，认证认可“十一五”规划要体现出跨越式发展，要体现与国际接轨。与国际接轨就要求我们按照国际规范、国际标准来夯实我们的工作，要高标准、高起点、严要求，争取“十一五”期间达到国际水平，在某些方面达到国际领先水平。

三要充分体现统一管理、共同实施的原则。我们的工作之所以能够取得今天这样的成绩，是与我们在认证认可工作中很好地贯彻了统一管理、共同实施的原则分不开的。国家认监委作为认证认可工作的主管部门，一定要充分发挥好部际协调这个平台的作用，为各个部门服务好。统一管理、共同实施的原则体现了互相尊重、密切配合、充分协商的工作机制，使两个方面的积极性都能得到发挥。

四要把监管和服务结合起来。认证认可工作发展很快，涉及的范围越来越广、影响越来越大，随着认证认可事业的不断发展，监管工作一定要跟上来，如果监管不力就容易出现纰漏和问题，因此“十一五”期间要制订切实有效措施，进一步规范管理，提高认证的有效性，把认证认可这个事业做好。服务一方面是要为各部门服务，为成员单位服务，认监委要走出大门，上门服务，登门听取意见，只有这样才能真正为各部门服务好。刚才几个部门的同志都谈到要成立机构、加强认证方面的工作，希望认监委能够给予支持。另一方面要为企业服务，无论是管理体系认证，还是产品认证都要体现出为企业服务的意识，要把促进企业提高产品质量和管理水平作为认证工作的主要目标。

五要规范有序。认证认可“十一五”规划要充分体现出规范有序的要求，规范有序就是要依照法律法规、依照标准、按照国际统一的规范和要求有序开展认证认可工作。

最后给大家介绍一个情况，国家认监委的领导班子最近做了调整，国家认监委主任由孙大伟同志来接任，根据工作需要凤清同志要到认证认可协会担任领导工作，希望大家继续关心支持部际联席会议的工作，支持大伟同志的工作。另外，凤清同志开辟了一个新的领域，协会的工作也是我们认证认可工作的重要组成部分，请各个部门也给予大力的支持。

国家认监委主任孙大伟
在第四次全国认证认可部际联席会议上的讲话

(2005年11月17日)

我首先代表国家认监委,对各位领导在百忙中抽出时间参加会议表示欢迎,对各部门一年中给我们的工作支持表示感谢。下面,我向各位领导介绍一下一年来认证认可工作的整体情况,并对今后的部际协调工作提点建议和意见。

一、进一步完善认证认可部际协调机制的情况

统一管理、共同实施的工作机制,是《认证认可条例》确定的重要原则,也是认证认可改革发展取得成效的重要保障。2005年联席会议上,国务院汪洋副秘书长对过去几年的认证认可部际协调工作给予了充分肯定,这对我们是一个极大的鼓舞。2005年以来,各部门更加重视部际协调,共同采取了一些有效的措施,使机制更加完善,作用有效发挥。

一是建立完善了联络员会议制度,召开了首次联络员会议。部际协调机制的建立及作用的发挥,经历了一个从抽象到具体、由浅入深的过程。四次部际联席会议,一次比一次更加务实。随着时间的推移,大家对部际协调重要性的认识在不断深化,合作和协调的领域向纵深发展。工作重心已经从初期的建立制度、完善规则、宏观筹划转移到了按照确定的基本原则,实质性地解决具体问题的新阶段,这就迫切需要我们采取更加灵活多样的方式,因事制宜,拓展部际协调的新途径,增强部际协调的效果。成员单位建议多进行联络员层面的协商。实践也证明,有些问题在联络员层面上协调效果更好。经过协商,各部门一致同意在每年召开一次成员单位领导参加的部际联席会议基础上,再增加一次联络员会议。2005年6月17日召开的联络员会议,重点研究了建立完善部际联席会议制度的机制问题,讨论通过了《部际联席会议各成员单位共同参与认证认可工作的原则意见》、《全国认证认可工作部际联席会议联络员会议制度》,对《部际联席会议各成员单位共同研究的认证工作项目》进行了磋商,对任务进行了分解,确定了项目负责人。我们将认真总结这次会议的成功经验,争取形成制度,达到更好的效果。

二是建立了成员单位间的信息网络。为加强成员单位之间的信息沟通,我们根据大家的建议,建立了信息网络,搭建了认证认可信息交流、资源共享的平台。成员单位及时推荐了22名同志为各单位的通讯员,部际联席办公室向每位通讯员发出了确认函。这22名同志担任通讯员后工作非常负责,通报信息很及时,使部际联席办公室的工作动态和重要信息能及时让部际成员和联络员了解,各部门工作的情况、意见建议部际联席办公室能及时汇总,为各部门适时掌握认证认可工作进展,统一行动开辟了一个重要的渠道。

三是对成员单位涉及认证工作的法律、规范性文件以及政府采用认证结果情况进行了调查。从成员单位反馈的信息看,目前各成员单位执行的2部法规、22个部门规范性文件涉及认证工作,有10个成员单位使用了认证手段来加强行业管理,在政府一些文件中倡导采用认证结果,要求政府采购必须购买经过认证的节水、节能产品,这为今后进一步加强协调合作,推动认证结果的采用和认证作用的发挥奠定了基础。

四是推进了共同实施项目的有效落实。在联络员会议上确定了共同实施的11个工作项目,其中有6个项目明确2005年完成。会后,各部门按照项目分解做了富有成效的工作,目前6个项目已经基本完成。它们是:国家认监委与国家体育总局联合制定的《体育服务认证管理办法》正在会签,2006年1月1日可正式实施;与公安部研究拟定的部分道路交通产品强制认证目录已经发布;农机产品强制认证问题得到了农业部的大力支持,植物保护机械产品(背负式喷雾喷粉机)已经列入了实施强制性产品认证的产品目录。农业部还在《农业机械化促进法》中加入了"依法必须经过认证的产品目录中的农业机

械产品,未经认证并标注认证标志,禁止出厂、销售和进口”的内容。对农业部提出的将拖拉机等产品列入强制性产品认证目录的建议,国家认监委与农业部有关部门组成了调研组,就相关产品实施强制认证的必要性及可行性进行了调研。2005 年 10 月,召开了农机产品强制性认证可行性及必要性论证会,就部分植保机械、拖拉机和农业微型泵实施强制认证达成了一致意见,一些技术性问题在进一步研究中;对无公害农产品、绿色食品认证、有机产品认证专项检查中存在问题进行了整改验收,绿色市场认证有效性检查等已按计划完成;完成了《中国零售商食品采购规范》标准的制订。

五是开展走访活动,充分听取意见。为了充分听取成员单位意见,从 2005 年开始,我们走访了 80%以上的成员单位。2005 年重点是加强沟通,交流工作情况,听取意见建议;在此基础上又增加了征求对认证认可“十一五”发展规划的意见和建议等内容。成员单位对这一面对面交流,认为是有效协商的一种很好的形式。有的单位还提出今后也要到国家认监委走访,到工作相关的其他部门走访。走访中,我们觉得成员单位领导对这项工作非常重视。国家林业局江泽慧院长说,森林认证是保证森林可持续经营发展的重要手段;水利部索丽生副部长认为,认证认可是实现新时期治水的技术保障,是提高水利工程建设质量的客观要求,是推进依法行政、实现政府职能转变的迫切需要,是应对经济全球化挑战的当务之急、是推动企业事业单位改革的有效措施。通过走访我们开阔了眼界,也学到了很多很好的经验和做法。比如民航总局对有关人员组织了《认证认可条例》的培训;工商总局加大了对流通领域 CCC 认证执法监督检查力度,配合对“绿色产品”认证等进行了检查;广电总局正在着手推动在广播电台、电视台、广播影视网络中心等单位开展具有广电特点的质量体系认证工作;国防科工委对实验室评审实施“二合一”,系统 189 个实验室都顺利通过了国家实验室认可委员会的认可,许多实验室还承担了“神舟”六号载人航天飞行器重要部件的筛选、检测等工作;铁道部将认证制度作为产品质量控制的重要手段,将一些产品准入由原来通过行政审批改由通过产品认证实施。关键产品强制管理,重要产品实施认证,一般产品市场选择。一些成员单位将认证认可工作列入了本部门的“十一五”规划,在开展计量认证、完善质检机构建设、推动本行业管理体系认证、开展产品、服务认证方面都做出了明确规划。水利部还确定了“十一五”期间建立 100 人左右的国家计量认证评审员队伍,500 人左右的产品检查评审员队伍,使 100 家机构通过计量认证,1 000 家行业机构通过管理体系认证的具体目标。这些使我们非常感动,深受鼓舞,也很受启发。更加坚定了我们完善工作机制,做好协调服务工作,依靠各部门共同促进认证认可发展的信心和决心。

二、简单通报一年来国家认监委的工作情况

2005 年以来,在党中央、国务院的亲切关怀和质检总局的领导下,在各有关部门的支持配合下,国家认监委按照第三次全国认证认可工作会议所确定的工作方针,以科学发展观为指导,主要做了几件事:

一是成立了中国认证认可协会。国家认监委成立以后,加强了对认证活动和认证市场的监督管理,但主要还是依靠政府监管,手段单一。一些问题,如低价竞争、企业诚信等问题的根本解决途径是建立行业协会,通过行业自律来进一步规范。经过两年多的筹备,中国认证认可协会 2005 年正式成立,王凤清主任当选为第一任会长。协会的成立,标志着中国认证认可行业自律机制的正式启动,为完善认证认可监督管理提供了新的工作手段,为协调与认证认可工作有关的各个方面的关系又提供了一个渠道,为维护认证认可行业从业机构和人员的权益提供了有效的保障,为凝聚和整合全社会力量,推动认证认可事业深入发展提供了更加宽广的平台。

二是狠抓了认证有效性的提高。2005 年我们把加强认证监管、规范认证行为、提高认证有效性当作重点工作来抓,在国家质检总局的重视和支持下,健全了组织机构,在全国开展了多种形式的监管活动。

1. 在强制性产品认证方面,2005 年我们分 5 个层次进行了专项监督检查。第一个层面是对指定的认证机构和获证企业。组织对 11 家指定认证机构的 14 个产品领域的认证活动进行了现场核查,并跟踪监督检查了 14 家中小企业。第二个层面是对指定的实验室。对 22 家实验室的电磁兼容项目和 21 家溶剂型木器涂料实验室进行了能力验证,重点是自身能力和实验室之间的相互比对。对 64 家电线电缆、低压电器、小家电检测实验室和 5 家摩托车产品检测实验室执行实施规范的情况进行了现场监督检查。第三个层面是对 CCC 获证产品。选定 8 个省(市)、7 个口岸分别进行了生产线取样、进口环节抽样、市场抽样监督检查。第四个层面是对 CCC 工厂检查员。根据企业投诉、认证机构反馈的信息,同步对部分 CCC 工厂检查员实施验证、跟踪、核查,对注册 CCC 工厂检查员的行为规范和专业能力进行了监督抽查。第五个层面是对 CCC 标志。重点检查了标志核准、发放、备案、使用

等情况。并从10月底启用新标志，提高了防伪等级。

从监督检查结果看，强制性产品认证制度实施后总体情况不错，认证有效性较好，指定的认证机构、实验室工作比较规范，获证企业产品达到了相关要求。但监督检查中也发现了一些问题。比如个别认证超出时限要求，一些产品认证单元划分不太合理，个别企业贴标志的产品与通过认证的产品型号不一致，此外市场上还有假冒CCC认证的产品。认证一致性和有效性是一个永恒主题，需要持续改进。我们正在对监督检查情况进行总结，针对具体问题制定措施，不断加以改进。

2. 在认证认可机构管理方面，继续组织了对认证机构的档案稽查和顾客满意度调查。共抽查了119家认证机构的643份认证档案，每份档案的平均得分为88.81，说明认证机构对2004年档案抽查中发现的问题采取了纠正措施，取得了明显的成效。对95家认证机构的认证客户进行了满意度调查，满意度为80.37，总体评价基本与2004年一致，处于较高水平。此外，还组织了对119家认证机构法定代表人的认证认可法律法规知识考试。这些工作对引导认证机构从追求证书数量向追求认证质量转变起到了良好的作用。

3. 为落实国务院《关于进一步加强食品安全工作的决定》，组织了食品生产企业ISO 9000管理体系认证有效性调查和监督抽查，涉及16个省、自治区、直辖市，抽查食品加工企业282家，涉及相关认证机构58家。其中符合标准要求的238家，不符合标准要求的44家，合格率为84.4%。抽查结果表明大多数获证企业能够按照标准要求建立和保持质量管理体系，运行结果有效。但一些小型食品生产企业管理意识和卫生状况比较差。

4. 在全国范围内开展了首次计量认证专项监督检查，共检查了147家实验室和所有实验室计量认证评审机构。围绕加强食品安全工作，重点抽查了140家相关实验室。从检查情况看，受检实验室管理意识比较强，技术水平和能力比较高，出具检测结果比较客观准确。但检查中也发现个别实验室体系文件不规范，监督评审不符合要求，有的还出现了超认证期或超认证范围出具检测报告的情况。

三是进一步提高了依法行政的水平。进一步完善了认证认可法律法规体系，初步形成了《合格评定法》草案。认证培训、咨询机构管理办法已经发布，《实验室资质认定管理办法》、《认证管理规定》等一系列法规性文件正在起草、修改、审核中。开展了认证认可法规清理工作。确定了国家认监委与有关部门、行业及其它组织建立相关认证制度的基本原则、程序和工作方式。统一了委内各业务监管部门开展认证认可专项监督检查的方式和程序。根据《行政许可法》的规定，对认证机构和认证培训机构内部审批程序进行了修改完善，明确了各审批环节的具体项目内容和时限。

为提高认证行政执法人员整体素质。下发了《关于建立认证监管人员培训制度，加强认证监管队伍建设的通知》，举办了两期认证监管人员师资培训班，为省级以下监管部门培训了师资队伍，培训省级质检部门认证监管业务骨干90名。组织了全国省级质检部门认证监管人员统一考试，共有1 519名认证监管人员通过了考试。

健全了申投诉管理机制，提高了申投诉案件的处理效率和质量。全年共收到各类投诉150件，对反映问题比较明确、可以核实的投诉进行调查，完成处理或结案62件。对涉嫌违规的2家认证机构进行了告诫，暂停认证机构从业22家，取消了13名审核员注册资格。

四是开展了实验室共享战略的研究。为了充分利用已有的实验室资源，避免重复建设，实现实验室仪器设施和检测能力共享，国家认监委会同中国计量科学研究院、中国检验检疫科学研究院，共同承担了科技部下达的《全国实验室资源状况及共享战略研究项目》。至7月1日，共收集全国18 932家实验室资源数据5 000万条，据此建立了中国第一个实验室资源数据库，初步建立了查询平台。经过前段工作，摸清了状况，提出了对策，为国家制定相关政策提供了重要依据。

国家质检总局等8部委(局)按照国务院《关于进一步加强食品安全工作的决定》要求和分工，国家认监委已开展全国食品检验检测资源调查工作。我们认真组织了这一工作，为下一步加强中国食品检验检测体系平台建设做好了基础性的准备。通过调查统计，分布在全国的从事食品相关检验的技术机构5 630家，主要隶属于卫生、质检、农业、粮食、商务、食品医药、环保等10余个行业部门，从业总人数达到15.04万人，其中直接从事食品检验的为3.74万人。

五是制定了认证认可"十一五"规划。从2005年开始，我们即着手开展了认证认可"十一五"规划的编制，中央十六届五中全会以后，我们按照全会精神和科学发展观的要求，又对规划草案做了进一步修改，在进行部际走访时，又征求了一些成员单位的意见和建议。这个规划是中国认证认可事业发展的第一个中长期规划。规划回顾总结了"十五"期间开展认证认可工作的情况，分析了"十一五"期间认证认可工作面临的形势，明确了"十一五"期间认证认可工作的指导思想、基本原则和目标，及主要任务。我们将在进一步全面征求意见后定稿和落实。

六是加强了认证认可发展战略等基础研究。针对认证认可战略研究滞后于事业发展的实际，组织召开了“中国认证认可战略研究”研讨会。国务院各部门和不同领域的专家、学者参加了会议，就中国认证认可战略研究的重要性、紧迫性及战略研究的思路和框架等进行了研讨。在科技部的大力支持下，《认证认可关键技术研究与示范》项目列入了国家“十五”科技攻关计划。这是认证认可项目首次在国家科研项目中立项，将从国家层面有效推动认证认可科研的开展。

为加快认证认可关键技术与国际接轨步伐，启动了国家认监委认证认可技术研究所的筹备工作。启动了认证认可标准体系表研究编制等基础项目研究，完成了13项认证认可国家标准项目。及时跟踪和密切参与ISO/CASCO工作，选派专家直接参加了ISO/CASCO-ISO/TC 34联合工作组，负责起草ISO 22003《食品安全管理体系认证机构要求》等标准，在参与认证认可国际标准制定方面取得了实质性的突破。

七是加强了认证认可信息化建设。初步建成了全国实验室资源调查系统，认证认可电子政务系统。基本完成了CCC标志发放的网络化管理工作、食品卫生注册监管系统、人员注册管理系统，正在规划与实施中的还有农产品认证信息系统、强制性产品认证平台等项目。

三、有关具体问题的落实情况

第三次认证认可工作部际联席会议会上和会后，大家提出了很多宝贵的意见和建议。部际联席会议办公室也分别征求了各部委的意见。对各成员单位的反馈意见，在归纳、梳理的基础上，逐一进行了分解，落实到相应业务部门。现在，我向各位领导通报几个问题的落实情况：

第一，关于《认证认可条例》的宣传和完善《认证认可条例》配套规章问题。成员单位提出要大力宣传《认证认可条例》、完善配套规章和行政规范文件。《认证认可条例》颁布以来，国家认监委围绕贯彻落实《条例》做了大量宣传工作。2005年，我们利用“3·15”等重要时期，制作了30万份宣传材料，联合中消协等部门，在全国广泛开展了宣传活动。与农业部等联合召开了首批饲料产品认证企业颁证会，有针对性地组织了记者采访活动，组织地方认证监督管理部门有的放矢地对企业和社会开展了宣传。今后这方面的工作还要加强，也希望各有关部门利用自己的宣传渠道，在共同实施的工作机制中，把《条例》宣传作为一个重要合作内容，大家共同来做，更利于增强宣传效果。关于《条例》配套规章的完善问题，目前已完成配套规章11个、行政规范性文件28个。

第二，关于强制性产品认证工作情况。强制性产品认证是成员单位普遍关心的问题，几次会议上都提出了很多建议，我们主要做了以下几方面的工作。

1. 国家认监委与公安部、国家质检总局联合下发了《关于加强对列入强制性产品认证目录内的安全技术防范产品质量监督管理的通知》，明确了在国家质检总局、国家认监委统一指导下，各地质检部门和公安机关技防管理部门密切配合、相互沟通，在各自职责范围内切实做好目录内安全技术防范产品的质量监督工作，这是国家认监委第一次与行业主管部门联合发文，是国家行政执法部门联合推动CCC制度的尝试。对消防产品实施规则、轮胎产品认证检测标准、玻璃产品检测标准及规则进行了修订；完成了电工类标准、家电、照明、低压电器的标准换版工作；发布了新的乳胶产品认证实施规则。

2. 认证检测、信息资源建设方面，结合振兴东北、支持西部地区开发的国家政策，我们指定了6家东北、西部地区强制性产品认证实验室，扩大范围的机构有9家。

3. 会同公安部于2005年10月1日对第一批实施强制性产品认证安全防范产品进行了认证执法监督。国家质检总局、公安部和国家认监委联合发布文件，部署了质检两局和公安系统的执法监督活动。2005年6月，配合公安部消防局对消防产品（包括实施强制性认证的消防产品）实施了专项整治。

4. 为解决信息收集、反馈机制问题，设立了网上征求意见表，对举报、投诉进行跟踪调查并及时给予答复。完善了强制性产品认证网上查询系统，并满足了执法需求，实现了县级查询。

5. 在强制性产品认证方面加大了协调力度。与7个部委共同完成了建立国家信息安全产品认证认可体系的相关工作，组建了由多方面参加的国家信息安全产品认证管理委员会。在强制性产品认证目录HS编码更新的问题上得到海关总署的大力支持，在细化HS编码的过程中，海关把需要经过认证的进口商品查验一并考虑，未获认证的产品，将不能进入中国。解决了《目录》内产品把关和查验的问题。

第三，自愿性认证工作开展情况。国家认监委与成员单位共同采取多种措施，积极推动自愿性产品认证。与信息产业部联合发布了《软件过程及能力成熟度评估管理办法》，使认证制度与产业政策相互配合。与国家审计署共同推行的财务软件数据接口认证工作，得到了各方面的好评。与发改委等部门推行的节水产品、节能产品认证已经成为政府采购的依据。与发改委、科技部等有关部门推行的可再生能源产品认证，如：太阳能、风能产品认证得到了有关部门的大力支持。与国家林业局就森林认证工作进行了积极沟通，目前森林认证标准已经制定完成，相关认证规则正在讨论中。国家环保总局多年来一直致力于环境管理体系认证的推动，创建了ISO 14000示范区。建设部、水利部、交通部、体育总局等从健康、安全角度考虑，提出就康居、水利产品、交通产品开展相关认证的建议得到了逐步落实。

第四，农产品认证工作的开展情况。为了解决有机产品认证无序竞争、可信度下降问题，国家认监委制定了有机产品认证的《管理办法》和《实施规则》。为完善中国食品、农产品认证认可体系，与农业部开展了饲料产品认证与饲料HACCP认证结合研究工作；根据2004年农产品认证有效性专项监督检查情况，向农业部通报了有关监督检查结果，对存在问题的机构进行了监督检查，要求提出整改措施。进一步规范了无公害农产品、绿色食品认证工作；农业部也制定了无公害农产品认证的规范性文件，严肃查处了违规使用禁用农药的个别企业，吊销了其无公害农产品认证证书。会同商务部联合完成了《零售商食品采购规范——供应商食品质量保证能力要求》国标起草，并以此为基础，共同发布了《食品质量认证实施规则——酒类》，开展了酒类产品质量等级认证；并根据“三绿工程”五年发展纲要，为保障流通领域食品安全，联合开展了绿色市场认证监督检查。根据产业发展，借鉴国际经验，与农业部、商务部、环保总局、标准委等共同研究开展了良好农业规范认证，完成了良好农业规范认证实施规则和11项技术规范的起草工作，与林业局共同开展了花卉认证，联合召开了花卉认证指导委员会成立会议，与卫生部联合研究开展了口腔保健品认证工作。

第五，实验室认可与计量认证方面的情况。对计量认证、审查认可(验收)、实验室认可三项制度进行了改革，将需要同时进行计量认证、审查认可两种评价制度的情况进行了合并，实现了一次评审，发两个证书。对部分产品质检机构实行了三种评价活动相结合，一定程度上减轻了实验室的负担。对计量认证实验室加强了监管，在全国开展了专项监督检查，检查了30个省级质量技术监督局和26个行业评审组的计量认证工作，抽查了145家获计量认证的实验室，对抽查情况进行了通报。召开了3次计量认证工作调研座谈会，研究加强计量认证实验室监督管理的措施。

第六，标准体系建设情况。就解决产品标准修订后尽快纳入认证体系的问题，国家认监委与标准委联合成立了认证标准联络组，加强了标准的衔接和沟通，建立了认证标准协调机制，制定了标准更新时相关的认证和监督的一些原则。为解决农产品技术标准不完善，基础研究储备不足问题，加强了农产品标准制修订工作，《中国良好农业规范(GAP)》国家标准通过审定，《水产品HACCP体系和应用指南》、《肉类屠宰加工企业卫生注册规范》都在进行制定和报批中。2005年还启动了科研课题立项申报工作，把农产品、食品方面的科研专门设立为一个专业，共申报课题32项。目前正在着手进行立项审批工作，争取尽快确立计划项目。

四、今后工作的几点意见和建议

前几年的工作实践充分证明，部际协调在推动认证认可各项工作开展中地位重要，作用重大，今后必须进一步加强。国家认监委在完善机制、强化服务等方面要多想办法，也希望各有关单位更加密切联系，加强沟通。为此建议：

一是要按照十六届五中全会的精神，落实好认证认可“十一五”规划。认证认可工作在各有关部门的共同推进下，已经胜利完成了近5年的基本建设，即将进入新一个5年的发展阶段。科学谋划和正确推动认证认可未来5年的发展非常重要。认证认可“十一五”规划的核心，是以科学发展观为统领，以充分发挥认证认可作用为主线，以提高认证质量和工作有效性为关键点，以共同实施、合作发展为基础，以开拓创新、提高队伍素质为保障。请大家群策群力，使认证认可“十一五”规划与国家“十一五”规划有机衔接，与各部门“十一五”规划有机衔接；争取将认证认可工作列入本部门“十一五”规划，能够在未来的发展中有明确的目标和具体的实施步骤。同时，结合部门的工作实际，认真落实好“规划”的基本原则和具体要求，切实把“统一管理、共同实施”的要求落到实处。请各部门继续对认证认可“十一五”规划提出书面修改意见。

二是要坚持“三个基本出发点”和三个重要原则，共同推进认证认可工作发展。

王凤清主任在第一次联络员会议上提出了开展部际协调、共同推进认证认可工作的三个指导思想和具体工作的“三个基本原则”。三个指导思想是以促进国家经济建设和社会发展作为基本出发点；以突破国外遏制，维护国家利益为基本出发点；以深化机构改革，加快政府职能转变为基本出发点。“三个基本原则”是坚持局部服从全局的原则、提高协调效率的原则、维护决议严肃性的原则。这是我们统一管理、共同实施机制的经验总结，对今后的工作具有十分重要的指导意义。

在这里我特别希望担任部际协调联络员的同志牢记

这些原则，共同实施好这些原则。联络员是我们相互联系的纽带和桥梁，担负着沟通连接，承上启下的重要任务。既是部际联席协调的参与者，又是实施者，是不是按照这些原则来协调，直接影响工作的成效。也请在座的各位领导对联络员的工作继续给予支持，在内部协调遇到困难时，帮助他们理顺关系，在局部利益和全局利益发生矛盾时，按国务院领导的要求把思想统一到《认证认可条例》上来。

三是对部际联席会议确定的任务，要切实做到三个落实。

首先是继续推进共同实施项目的落实。2006年需要共同实施的工作项目有5个：1. 建立国家统一的森林认证制度。2.建立节水产品认证制度。3.扩大消防产品强制认证。4.涉及工程质量的建筑材料、构配件及设备和住宅部件认证。5.开展交通产品认证。这几项工作都是涉及到国家经济建设和人民生命、财产安全、老百姓安居工程的大事，我们一定要搞好。有些工作涉及多个部门，例如，节水产品认证，在制定管理办法、认证规则、统一标志方面要与各部门充分协商，寻求最佳工作方案，使不一致的问题得到统一。对成员单位提出的有益于经济进步和社会发展的项目，我们要认真研究，积极推动，齐心协力做好共同实施项目的落实工作。

其次是对各成员单位意见进行落实。近期走访中，成员单位对建立自愿性产品认证制度、服务认证制度、在建设资源节约型、环境友好型社会中发挥认证认可作用、使认证认可监管与行业管理的有机结合等方面提出了很好的意见建议，我们对收集到的意见将进行归纳、整理，逐一落实。

第三是对这次部际联席会议确定的任务进行落实。认证认可"十一五"规划，确定了我们今后5年要在建立法规体系，充分发挥认证认可在建立资源节约型、环境友好型社会、保护生命健康安全、建设新农村、促进区域协调发展等方面的作用，加强行业管理，提高认证有效性等12个方面的主要任务，这些都与我们各部门有密切关系。希望大家根据这一规划和本部门的计划，进一步完善工作思路，提出2006年开展合作的方案。国家认监委要加强调研，加强信息沟通，及时总结经验，开好部际联席会和联络员会议，做好全方位的服务。我们将继续走访，上门征求意见和建议。

各位领导，部际协调制度在各部门的支持和共同参与下，正在逐步走向完善。希望通过我们今后的共同努力，把这一制度维护好、建设好，更好地发挥制度作用，共同推动认证认可统一管理和共同实施机制的落实，为全面建设小康社会做出我们应有的贡献。

国家质检总局局长李长江
在第四次全国认证认可工作会议上的讲话

(2005年12月2日)

在中央经济工作会议刚刚闭幕的时候,国家认监委召开全国认证认可会议学习贯彻中央有关精神,具有十分重要的意义。这次会议要按照五中全会要求和中央经济工作会议部署,把2006年的认证认可工作安排好、部署好。认证认可工作是一项崭新而富有生力的事业,刚才凤清同志充满深情地回顾了她在从事组织、领导国家认监委将近五年的工作历程。大伟同志还要对2005年工作进行总结,对2006年工作进行部署。在此,我重点讲两个方面问题。

一、认证认可工作取得了显著成绩

凤清同志在回顾近5年工作时,我也在思考,5年的认证认可工作实属不易,酸甜苦辣都有。但是,凤清同志和国家认监委的同志不叫苦、不退缩,坚决按照国务院确定的要求,实现了“四个统一”。回顾认证认可五年的工作成绩,主要有:

第一是实现了“四个统一”。这一工作历程我们都是走过来的,国务院有关认证认可的重要会议我都参加了,落实“四个统一”有些困难几乎难以克服,但当时镕基总理讲:“再难也要统起来”。凤清同志和国家认监委的同志就是按照这个要求,迎着困难整合全国认证认可工作。中国以前认证认可工作不是没有,而是分散的,不成规模、不成体系的,独立作战,各打各的,包括对外,没有影响、没有规模、没有力量,同样也没有效率。党中央、国务院英明决策,在组建国家质检总局的同时,成立国家认监委和国家标准委,非常符合中国认证认可事业发展的需要。凤清和国家认监委领导班子成员去有关部门一起沟通、一起研究、一起商量,充分发挥两个积极性。四年多的时间,基本实现“四个统一”,这是非常不容易的!目前认证认可工作既实现了“四个统一”,又使一些原有机构从事的工作得以保留、得以巩固、得以发展,有了这样很好的政策和领导艺术,工作才有明显的成效。

第二是建立了中国认证认可工作体系。这是一项开拓性的工作。一是开展了强制性产品认证。强制性产品认证制度的实施既符合国际惯例,又符合中国国情,取得了很好效果。二是开展了自愿性认证。自愿性认证发展前景良好,有些不是强制性认证的产品要逐渐纳入自愿性产品认证范围,包括农产品、轻工产品认证,在这些方面我们已打下很好的基础。三是开展了质量体系认证。质量体系认证是对企业整个管理体系的认证,对企业整个生产过程实施有效监管的过程,体现了党中央、国务院领导要求从源头抓产品质量的精神。四是对国外企业的注册。国外产品进入中国市场,要经过国家认监委注册,这是对国外企业实施严格检查的过程。以上工作都取得了很大成绩,为中国认证认可事业的发展奠定了良好基础。

第三是建立中国认证认可法律法规体系。过去我们开展认证,没有统一的法律法规,只能依据一些部门规章,或是参照国际通行做法。国家认监委成立后狠抓了法制建设,一是请国办发出应急文件,对认证认可工作提出一些要求。在此基础上,由国家认监委牵头,会同有关部门研究制定《认证认可条例》。在法制办的大力支持下,《认证认可条例》不到两年时间就很快出台。《认证认可条例》的出台使我们有法可依,依法认证。

第四是规范认证市场,加大对强制性产品认证和认证市场的监督检查。2002年上半年,我和凤清同志到广东调研发现,认证市场混乱,咨询机构、培训机构和认证机构处于无序状态。凤清同志回来后,就规范认证市场进行了部署。这项工作我们要辩证来看,一项崭新事业在发展过程中,难免要存在这样那样的问题,关键是我们能否发现问题,并采取措施加以解决。在这方面认监委采取了积极措施,快速规范整顿了这种无序竞争的状况,使认证市场、认证产品的质量和水平逐步提高。

第五是建立了行之有效的合作机制。在国家认监委的大力倡导和积极组织下,建立了认证认可部际联席会议的制度。国务院副秘书长徐绍史曾肯定地指出:认证认可部际联席会议效果好,配合得好。这说明这个合作机制是非常有效的,一些重大问题能及时提交部际联席会讨论、研究、决定、共同执行。这也是调动两个积极性的问题。党中央、国务院要求我们实现认证认可"四个统一"，但我们不是居高临下，而是要和大家一起商量、一起研究，从国家利益、民族利益出发，把这项工作做好。各部门负责同志都是高级领导，都会想到国家利益，所以这个机制是非常好的。

第六是扩大了中国认证认可工作的国际影响。我们的认证认可工作在国际舞台上已崭露头角，并有一定影响，这也是为国家争光。过去一个国际会议几个部门一起去，在会上发表不同意见。现在是一个声音，这个声音就代表国家的声音，是具有权威性的，这就使我们在认证认可国际舞台上有了影响。无论是参加国际会议，还是主持国际会议我们都能建立很好的合作机制，和相关国际组织、相关国家建立密切合作。

第七是建立了认证认可协会。经民政部批准成立了中国认证认可协会，协会主要任务是发挥政府和企业之间认证认可的桥梁和纽带的作用，加强认证认可行业自律、监管，提高认证有效性。刚才凤清同志谈了，她在认监委是第一任领导，到协会又是第一任。都是开创性的，协会刚刚成立，很多事情要做，需要大家支持，全力支持。

我要特别强调的是，国家认监委成立以来，在凤清同志的带领下，高举邓小平理论伟大旗帜，认真贯彻落实党中央、国务院的各项部署，努力实践"三个代表"重要思想，全面落实科学发展观，同心同德，团结奋进，扎实工作，在建立既与国际接轨、又富有中国特色、科学高效的认证认可体制方面迈出了重大步伐，为国民经济和社会发展做出了应有贡献，认证认可事业也步入了新的发展阶段。

凤清同志长期在商检、检验检疫和质检系统多个岗位担任领导职务，她政治敏锐，作风深入，公道正派，团结同志，为人谦和，甘于奉献，为政清廉。她熟悉业务、锐意改革，组织实施了"三电工程"、检务工作等一系列改革。她顾全大局，为"三检合一"和组建国家质检总局、实现深度融合做了大量富有成效的工作。凤清同志有丰富的领导经验和决策能力。国家质检总局和国家认监委成立以来，她准确把握形势，从长远发展出发，提出了认证认可发展"三步走"的方针，建立了部际联席会议制度，实施了强制性产品认证等一系列工作制度，整顿和规范了认证市场，组织完成了《认证认可条例》的起草和实施工作，建立起了有中国特色的认证认可和合格评定法规组织体系，使认证认可工作对经济发展的推动作用明显加强。她推动和加强了认证认可的国际合作，成功组织了一系列重要国际会议。她在认证认可领域中开拓创新、迎难而上、强化管理，实行"四个统一"，使中国认证认可工作在国内、国际上产生了重要影响，占有了重要地位，为认证认可事业的长远发展奠定了良好基础。她为中国认证认可事业做出了非常重要的贡献，是中国认证认可工作的卓越组织者、领导者。

由于年龄原因，凤清同志不再担任国家认监委领导，由孙大伟同志接任。但她的优秀品质和人格魅力值得我们敬佩，她对质检事业作出的重要贡献值得我们铭记，她的丰富经验和优良作风，将永远影响和激励我们不断开拓认证认可工作的新局面。吃水不忘挖井人，她为认证认可改革发展所付出的心血和汗水，党和人民不会忘记，总局和认监委党组不会忘记，认证认可系统的同志们不会忘记。我建议，让我们大家以热烈的掌声，向凤清同志表示崇高的敬意和真诚的感谢！

凤清同志虽然不再担任国家质检总局和国家认监委的领导职务，但她仍然是我们系统的一员，只是到了新的岗位去进行新的开拓。希望大家像支持国家认监委一样支持认证认可协会的工作，希望她为认证认可事业继续添砖添瓦，发扬光大。

二、认证认可2006年的工作重点

2006年认证认可工作，要以党的五中全会和中央经济工作会议精神为指导。我谈以下几点供大家参考：

第一，做好认证认可"十一五"规划。党的十六届五中全会，提出了《中共中央关于制定国民经济和社会发展第十一个五年规划的建议》，这个建议为中国未来五年经济和社会的发展勾画了美好蓝图。各部门、各地方要按照中央规划制定好本部门本地区的规划。国家认监委当前的首要工作就是要把认证认可"十一五"规划制定好。这个规划要认真总结国家认监委成立五年来的工作，认真制定未来五年发展目标和任务。一是要明确未来五年发展的目标，这个目标要根据国家经济社会发展要求，根据过去五年认证认可事业发展中存在的问题，有针对性的提出。二是结合中央提出的科学发展观，围绕建立节约型、友好型社会，社会主义新农村，加大自主创新提出要求。这次中央经济工作会议，锦涛同志提出了"四个着力"：着力加大改革开放力度；着力加大自主创新力度；着力加大经济结构调整和经济增长方式的力度；着力加大经济增长的质量和效益，实现又快又好的发展。我们认证认可工作就是要围绕"四个着力"方面下功夫，开拓我们的新领域。刚才凤清同志已谈到我们认证认可工作还要不断往前发展，哪些领域还要逐步纳入认证认可范畴，一定要从实际出发，一步一步地推进。认证认可工作前四年发展很快，形势喜人、形势逼人，对发展中遇到的问题，如果我们不能予以关注，加以解决，就会成为反作用，欲速则不达。

所以一定要结合实际、量力而行来考虑我们新的开拓领域。三是要考虑对国民经济的有效性。认证认可对国民经济的作用很大。中央确定了根据中国资源情况，要建立资源节约型、环境友好型社会，认证认可工作在这方面可以大有可为。我们要结合整个国家经济发展的大形势，来考虑认证认可工作的有效性。四是要在巩固中提高，在巩固中发展。现在中央提出要着力提高经济增长的质量和效益，认证认可工作也要注重质量和效益的问题。现在不是强调数量，而是强调质量和效益，这一点我认为对认证认可工作有指导意义。当然还有其他方面，包括队伍建设问题、法规体系完善问题等等。

第二，在贯彻科学发展观方面有所作为。在这次经济工作会议上，锦涛总书记提出要把科学发展观作为经济社会发展的指导方针，贯穿社会主义现代化建设的全过程。科学发展观在指导认证认可工作方面具有重要意义，科学发展观就是要体现科学发展而不是盲目发展，科学发展而不是粗放发展，是效益型发展、质量型发展、节约型发展。我们要按照这样的要求来考虑认证认可工作，譬如说，在节能、节水、节电产品上我们有什么作为？对高耗能、高耗资源的企业我们有什么作为？这都值得我们很好地考虑和研究。认证认可工作要在这些方面有突破性的进展。认证认可工作放在整个国家经济社会发展全局下，就有位置，就有作为，反之就是小家子气，充其量就是有关部门、有关机构以此多创点收、多赚点钱。我们必须围绕科学发展观考虑认证认可工作的有效性。

第三，加大对认证认可的监管力度。这方面要做好以下几点：一是建立完善的合格评定、认证认可法规体系。国家认监委这些年在这方面不断采取措施，但是根据形势的发展和需要还要加强。市场的规范、市场的监管要有法可依，要把制度告诉大家，从事这项工作要达到什么标准、达到什么要求，违反了要受到什么样的制裁，要让大家清清楚楚。二是建立权责明确、行为规范、监督有效、纪律严明的行政执法体制，这一点非常重要。有权必有责，违法必追究。我们一些同志有很大权力，但是应该很好的行使这个权力，行使好怎样奖励，行使不好怎样处罚，必须权责明确。这方面中央、国务院的要求很明确。松花江水污染中央定性为重大污染事故，重大污染事故就说明要追究责任。认证认可工作也要建立这种机制，刚才凤清同志谈了一些例子，其中有企业的问题，企业问题也得追究，但这里有没有认证人员的责任呢？以权谋私、权钱交易、人情证、金钱证，不能说没有。最近有的企业通过不同渠道找到我，战战兢兢、提心吊胆，反映我们有些同志行使权力时的恶劣作风，以权谋私。从事认证认可工作的同志可以使一个企业身价百倍，也可以让一个企业很快倒闭。我们应该依法行政、公平行政，不能掺杂个人利益。所以我们对企业和自身两个方面都应加强监管。三是要加大认证企业和产品的后续监管。刚才凤清同志讲了很多例子，获得认证的产品出现问题，一是产品是否有效符合质量要求，二是使用“调虎离山”计，在获得认证时注意产品质量，取得认证后就改换面孔，以次充好、降低成本。如果这些问题引发重大人身安全事故，企业有责任，追究到主管部门，那就是我们的责任。所以要建立权责明确，纪律严明的体制，不能说赚钱是我的，出了问题是你的，那样国家认监委就会承担无限的责任，所以后续监管十分重要。三是要发挥认证认可协会的作用。认证认可协会是中国认证认可事业发展到一定阶段，应运而生的产物。对行业自律、监管进行研究，提出办法，对整个事业发展走向、遇到的问题，及时向国家质检总局和国家认监委提出加强意见，这些都是协会该发挥的作用，而不是象有些同志讲的那样，把国家认监委的一部分职能拿到协会，国家质检总局没有这种考虑。协会就是要充分发挥行业自律的作用。这次中央经济工作会议，锦涛总书记、家宝总理都谈到要发挥中介组织的应有作用。我们在这方面起步晚了一点，现在有些行业协会作用发挥得很好了，比如和我们经常联系的禽肉协会、鳗鱼协会等农产品出口协会，有些政府不便出面的事情，协会组织企业对外谈判、对外交涉，应对国外技术壁垒。国外的协会很有权威，所以我们要发挥认证认可协会的作用。四是要加强组织机构建设。经过一段时间努力，总的来看，地方两局都很重视，采取了有效措施。到目前为止，35个直属检验检疫局都设立了认证监管处。检验检疫局的机构问题好解决，总局下个文，从内部调配解决编制就行。地方技术监督局就不太容易，因为必须经地方编办批准。经过努力，有22个省级技术监督局基本解决了机构问题，有的是单独设置，有的是几个职能合在一起，我认为从目前来看这也是一种办法，总比没有强。认证认可工作发展很快，遇到的问题逐渐突出，没有一个部门不行。包括市场监管、后续管理，都需要有一个专门部门提出对策，提出意见，采取有效措施，才能把这些问题解决，否则这方面就是一个空白，就要出问题。机构建设问题请各局高度重视，特别是地方质量技术监督局要积极加大工作力度。我们今后去各地出差也会和地方政府进行沟通、协商，把这个问题解决好。

第四，加强认证认可队伍建设。队伍建设的核心问题是人的问题，因此加强队伍建设必须引起各局的高度重视。这项工作，有两个方面：一方面是从事认证认可工作的这支队伍，包括国家认监委、各地局认证监管部门和协会的负责同志，另一方面是要熟悉业务，以其昏昏使人昭昭是不行的，要不断地学习。认证认可工作可以说是一项老的工作，也可以说是一项新的工作，但是要看到认证认可工作在发展，新问题层出不穷，必须不断地学习。二是要认真研究法律法规。我们从事这项工作，不能凭个人的好恶，企业报来的材料熟悉不熟悉？从法律的角度可以不可以？这些不完全是行政执法，执法里面体现着很多知识性、技术性、科学性的东西。对一个企业、对每个产品熟悉，熟悉到什么程度？就怕不熟悉，胆子大，这样决策非出问题不可。三是要勤政廉政。我认为从事这项工作的同志权力不小，特别是直接负责认证认可审批的同志更要注意。企业是怀着不同心情来努力获得认证，他们认为这是企业发展的金钥匙，达到条件、达到标准没问题，达不到怎么办？这都要很好处理。四是要热情服务。我们和企业不是对立的两个方面，我们是为企业服务的，如果达不到，要对他提出要求，帮他尽快达到。在为企业服务这个问题上，对国家质检总局、对国家认监委，有些企业是有抱怨的：办一个手续，审批、审查，最长的需要一年时间。你们想想，一年对企业来说是什么概念，很多商机丢掉了。比如，企业要在圣诞节办一个产品进口标签，还需要审核，被我们"压"到2006年去了，圣诞节一过，商机就丢掉了，办它还有什么用啊。提高工作效率、热情服务就体现在这里。还有减少层次问题。现在有些部门，把很多程序全部纳进去，你不能说它没有道理，但是企业办一件事情要等半年、一年，这个道理在哪里？这样的事情，我们必须痛下决心解决。一个简单的审批程序，体现了很多部门的利益，那能行吗？那叫什么为企业服务啊？在这方面，我们从事认证认可工作的同志要认真做好，加强这方面的建设。还有就是进行产品认证的人员，要加强管理。这些人员的权力不小，怎么管理？我认为现在需要很好地研究。他们不是国家质检总局的人，也不是国家认监委的人，但却是经过认监委认可的。他们分散在四面八方，完全出于利益而认证，因此认证的有效性很难保证。刚才凤清同志谈的那些例子，我分析不排除这种可能，他们互相压价、互相争市场，还能有质量保证吗？体现出部门的利益、小团体的利益，那还要什么质量？根本保证不了质量。对这部分人，我们得纳入到视线中来。国家认监委和地方两局要很好地明确事权，不能形成真空。但我倾向这方面的管理以地方两局为主，这样更符合实际，因为好多认证机构是在地方，国家认监委哪有这么大的人力，天天往外跑，跑得过来吗？这个问题大家可以研究，我认为这是需要加强的环节。

第五，加强领导。认证认可工作是一个很有希望、很有发展的事业，在发展中会遇到很多困难，我们要上下共同努力。党中央、国务院非常重视这项工作，各地党委、政府也很重视这项工作，我们只能把工作加强，把工作搞好。要加强领导，一是各地要把认证认可工作纳入到各地局的议事日程，这是我们整个事业的一部分，不是游离之外的！各地局研究工作部署，认证认可老是"黄花鱼，靠边站"，那怎么能行呢，必须纳入到工作的议事日程。二是要确定分管的领导。要有一位局级干部分管认证认可工作，今天来了10多位一把手，说明你们很重视。我不是要求必须一把手来分管，但是必须有一位局级领导分管这项工作，不能没人管，大撒手。国家质检总局党组这项工作是大伟同志来分管。三是要有机构。没有机构，没有人员，这项工作就没法开展，只能做无米之炊。已经建立好机构的，要把人员配好；已经配好人员的，要加强指导；没有建机构的，特别是连人都没有的，起码也要合署办公。如果编办没批机构，要先有一个机构合署办公，还要定一部分职责，第一步先这么解决。慢慢再过渡到独立机构。四是经费要安排进来。国家质检总局在安排预算时，有些经费要安排到国家认监委，有些是国家质检总局报到财政部作预算的。各地方局要照此办理。

认证认可工作非常重要，当前已发展到一个十分关键的阶段，希望大家共同努力，按照五中全会和中央经济工作会议精神，把这项工作不断向前推进。按照国家质检总局党组的部署，把这项工作很好地落到实处，使认证认可工作在新的一年里有所发展，有所前进！

国家认监委主任孙大伟
在第四次全国认证认可工作会议上的讲话

(2005年12月2日)

受国家认监委党组委托,我向会议作工作报告。报告内容分为三个部分。

一、2005年的主要工作情况

2005年以来,国家认监委以"三个代表"重要思想为指导,按照第三次全国认证认可工作会议确定的工作方针,在国家质检总局党组的直接领导和国务院有关部门、总局各司局的支持下,紧密依靠地方两局推进工作,在以下6个方面取得成效:

(一)以完善工作机制为目标,加强了组织机构和监管体系建设

一是中国认证认可协会成立。经过两年筹备,中国认证认可行业组织——中国认证认可协会于2005年9月正式成立了。协会的成立,对于规范机构行为,加强行业自律,维护自身权益等将产生积极影响,是认证认可事业全面发展、中国特色的认证认可组织体系进一步完善的重要标志。二是省、市、县和口岸认证监管网络基本建成。在国家质检总局的重视和支持下,35个直属检验检疫局成立了认证监管处,22个省级质量技术监督局设立了认证管理处(室)。地方两局克服了编制紧等困难,抽调精兵强将充实认证监管工作,建立起了检验检疫直属与分支机构和质量技术监督省、市、县三级认证监管网络,同时地方认证监管部门职责进一步明确,国家认监委将CCC认证的免办权、认证咨询机构的行政审批权又下放到了地方两局,使中央和地方的事权划分更加合理。三是认证认可法规制度进一步完善。一年来,《认证咨询机构管理办法》等部门规章和规范性文件陆续出台;国家发改委重新核定了CCC认证和检测收费标准,收费额整体下调了20%;完成了2005版CCC标志的换版;进一步完善了CCC认证规则,解决了进口CCC认证产品对应海关HS编码、境外工厂检查、目录内进口产品特殊认证处理程序、工厂审查员注册管理和CCC认证范围界定和描述工作。四是建立了执法问题的请示答复机制、重大认证违法案件的督导制度,强化了对地方两局的行政执法指导和培训。按照国家认监委的统一规划,地方两局组织了多种形式的业务和执法培训,1 547名省级质检部门的认证监管人员、5 062名省以下质检部门的认证监管人员参加了国家认监委的统一命题考试,比2004年分别增长14%和8%。五是国家认监委机关党委独立设置,认证认可技术研究所开始运转,国家信息安全产品认证中心即将挂牌。

2004年第三次全国认证认可会议提出要办的10件事目前基本落实,具体情况在会议总结时专门向大家通报。

(二)以专项监督检查为抓手,切实提高认证有效性

2005年,国家认监委把开展专项监督检查作为提高认证有效性的重点工作来抓,组织地方两局和认可机构在全国开展了多种形式的专项监督检查活动。

1. 为确保CCC认证的有效性,国家认监委分5个层面组织了专项检查。一是对CCC获证产品,组织北京、江苏等8个省市质监局和广东、山东等7个直属检验检疫局,分别从生产、销售和进口等3个环节,对电动工具、抽油烟机、显示器等9种产品分别进行了抽样检查。二是对指定认证机构,对11家指定认证机构从事的14个产品认证活动进行了现场核查,延伸跟踪检查了14家获证企业(主要是中、小型企业),并组织开展了同行评议。三是对指定实验室,对22家指定实验室的电磁兼容项目和21家溶剂型木器涂料检测实验室进行了能力验证;对21家电线电缆检测实验室、18家低压电器检测实验室、20家小家电检测实验室和5家摩托车产品检测实验室执行CCC规范的情况进行了现场监督。四是对CCC工厂检查员的行为规范和专业能力进行了监督抽查。五是组织检查了CCC标志的核准、发放、备案、使用等情况。地方两局在检查中投入了大量的人力物力,查处了一批重点案

件，纠正了大量的违法违规行为。

2. 为落实《国务院关于进一步加强食品安全工作的决定》，组织全国30个省、直辖市、自治区和4个计划单列市的质监局对流通领域中的食品和农产品认证标志进行了专项监督检查，检查了商场、超市、专卖店中销售产品中的伪造、冒用、非法买卖、转让、超范围使用认证标志等违法违规行为，各地出动检查人员29 000多人次，检查产品5 000多种（次），查出认证标志方面问题1 600多项（次）；组织了对食品生产企业质量管理体系（ISO 9001）认证有效性调查和监督抽查，涉及16个省、自治区、直辖市，抽查食品加工企业282家，涉及相关认证机构58家，检查符合标准要求的238家，不符合标准要求的44家，合格率为84.3%；配合国家质检总局加强食品质量安全的工作部署，组织了2005年度全国计量认证专项监督检查，重点检查了140家食品检验检测实验室；会同商务部开展了对绿色市场认证的规范性、有效性监督检查。

3. 加强机构行为规范管理。一是组织地方两局连续两年对认证机构进行了档案稽查和顾客满意度调查。2005年抽查了119家认证机构的643份认证档案，每份档案的平均得分为88.81，经检查，各认证机构对2004年抽查的问题都采取了有效纠正措施；认证客户对95家认证机构的满意度为82.03，总体评价与2004年基本一致。二是组织了对142家中外认证机构法定代表人的认证认可法律法规考试，对树立认证机构负责人的法律意识，引导认证机构从追求认证数量向追求认证质量转变起到了良好的作用。三是依据《认证认可条例》和有关规章，从严把握从业机构的市场准入关。国家认监委共批准内资认证机构139家，中外合资认证机构34家，外审员培训机构40家，认证咨询机构756家。四是进一步加强了行风建设，健全了申投诉管理机制，提高了申投诉案件的处理效率和质量。全年共收到各类投诉150件，对反映问题比较明确、可以核实的投诉进行调查，完成处理或结案62件。对涉嫌违规的2家认证机构进行了告诫，暂停认证机构从业22家，注销机构9家，处罚了有机产品境外认证机构4家，取消了13名审核员的注册资格。

（三）以共同实施为纽带，推动部际协调深入发展

为推动认证认可工作部际协调工作向纵深发展，国家认监委经部际联席会议成员单位同意，增设了部际联络员会议，建立了成员单位间的信息网络，加大走访力度，广泛听取了意见。2005年11月，召开了第四次全国认证认可工作部际联席会议，通报了有关情况和下一步工作设想，各部门积极参与和支持认证认可工作，纷纷表示共同推进本部门的工作落实。国家认监委与国家体育总局联合制定的《体育服务认证管理办法》将于2006年1月1日正式实施；与公安部联合发布了部分道路交通产品强制认证目录；农机产品的强制认证问题，得到了农业部的大力支持；与商务部联合下发了《关于进一步推动绿色市场建设和开展绿色市场认证的通知》和《酒类食品质量认证规则》。据统计，2005年下发的中央、国务院文件中，有8份文件中提到了认证认可工作内容，10多个部门在行业管理中运用了认证认可手段。

（四）以开拓创新为动力，努力拓展工作新领域

不断开拓新的工作领域，是推动工作持续发展的强劲动力。2005年，在强制性产品认证方面，完成了建立国家信息安全产品认证的相关准备工作；启动了12种机动车零部件产品的强制性认证。在自愿性产品认证方面，积极推动了可再生能源产品及节能、节水产品认证工作，光伏电池认证、太阳能热水器认证等已经开展，被确定为政府采购的依据；推行了财务软件数据接口认证工作，得到了国家审计署和需进行审计的政府部门、企事业单位的好评。在实验室资质管理与认可方面，按照国家认监委与公安部、国家质检总局联合通知要求，开展了机动车安检机构计量认证，首批772家安检机构通过了计量认证；在病原微生物实验室认可、医学实验室认可、标准物质生产者认可、GLP（良好实验室规范）实验室认可等领域进行了积极探索，认可了解放军总医院、北京天坛医院等6家医院的临床实验室；标准物质生产者认可方面，完成了对环保总局标样所的试点。

（五）以强化食品安全为核心，构筑实验室资源共享平台与卫生注册保障体系

为了落实《国务院关于进一步加强食品安全工作的决定》，完成了国家质检总局交办的全国食品检验检测资源调查工作，对全国从事食品检验检测的5 630家实验室的基础情况进行了统计调查，为加强食品检验检测体系建设做好了基础性的准备。在计量院、检科院的支持下，组织有关行业部门及地方两局完成了国家重点科技课题《全国实验室资源状况及共享战略研究项目》，搜集了18 932家实验室的资源数据约5 000万条，摸清了全国31个省、自治区、直辖市和国家60余个部门、行业组织的实验室资源，建立了最具权威性并为国家认可的全国实验室资源数据库，开发了全国实验室资源网络查询平台。各省级质监局结合实验室资源调查工作，纷纷建立起了本省区市的实验室资源数据库和网络平台，为全面履行实验室资质认定监管职能奠定了技术基础。

食品和农产品认证推进的力度大,进展迅速。在各有关方面共同努力下,全国获得有机认证的企业1 164家,产品产量418万t,生产面积居世界第10位;欧盟已正式受理中国有机产品的“互认”申请;国家认监委与农业部共同发布了4批无公害农产品认证企业和产品目录,已有16 060个产品通过相关认证,产量达9 887万t。会同国家标准委完成了11项良好农业规范国家标准的起草和审定工作。会同商务部、农业部、国家林业局、国家标准委等单位,开展了酒类产品质量等级认证、绿色市场认证、饲料产品认证与饲料企业HACCP(危害分析与关键控制点)认证、MPS(荷兰花卉基金)花卉认证合作,还开展了食品安全管理体系认证机构认可和企业认证试点。

进一步加强了出口食品卫生注册分类管理,实施了“出口肉类企业屠宰加工设施更新计划”和“驻厂检验检疫人员注册培训计划”的专项行动,帮助出口食品企业对屠宰、加工设施进行全面整改,提高了出口食品生产企业的质量安全管理水平。组织北京、山东等17个直属检验检疫局,圆满接待了美国、欧盟、日本等国家和地区的31个官方卫生注册团组,完成了对249厂(次)出口食品生产企业的注册检查。在国内发生猪链球杆病毒感染、禽流感疫情和苏丹红、孔雀石绿等的情况下,通过对内加强管理,对外积极交涉,中国肉类和水产品继续保持稳定出口;美国农业部已于11月23日将中国作为“有资格向美国出口热加工禽肉的国家”进行国内“公示”,中国熟制禽肉有望出口美国。全国现有12 047家出口食品企业获得卫生注册资格,其中5 108厂(次)获得国外注册,比2004年又有大幅度增加。进口食品卫生注册取得明显成效,配合国家质检总局进口肉类食品监管,已将向中国出口肉类产品的国家全部实施了进口注册管理,实现了进口注册与进境检疫审批、实际进口挂钩,有效遏制了一大批卫生管理条件不达标的国外企业及其产品进口。

(六)以协调发展为基础,推动认证认可的全面进步

为促进行业持续发展,组织召开了“中国认证认可战略研究”研讨会,并启动了13项相关国家标准的制定。对检验检疫标准立项制度进行了改革,组织开展了行业标准复审及计划项目清理。参与了ISO 22003《食品安全管理体系认证机构要求》等文件的起草工作,与外国相关机构共同负责了IAF(国际认可论坛)/ILAC(国际实验室认可合作组织)认可机构国际互认要求和程序规则制订发布的技术审查,在参与认证认可国际标准化工作方面取得了实质性的突破。

加强了国家产品质检中心建设,实施了年审备案制度。组织地方两局完成了70家实验室的“三合一”评审和39家实验室的复查换证,完成了对21家授权国家产品质检中心的监督检查。全国共有经授权的国家质检中心292家,取得实验室国家认可资质的实验室2 236家、检查机构46家。检验检疫实验室改革取得阶段性成果,全系统136家实验室同时获得实验室认可和计量认证。2005年,国家认监委还组织了9项共878家实验室参加的食品和建材安全实验室的能力验证活动。

在认证机构认可方面,突出了对认证机构的基础能力建设工作,结合认可评审和监督组织实施了新版认证机构认可要求,将对认证机构的认可管理“位置前移”。组织认证机构研究开展了认证业务范围管理及认证人员专业能力评价系统的升级改进工作,推进了认证机构多领域管理体系的结合审核、过程方法审核等认证实施技术方法的研究与应用。

认证认可信息化建设取得阶段性成果,网络环境得到改善。建立了全国实验室资源和食品检验检测资源调查、认证人员注册、进口废物原料装运前检验、CCC标志发放管理、实验室资质管理、检验检疫行业标准管理等一批信息化管理系统。

在国际交流方面,进一步加深了与重点国家、地区以及周边国家的双边关系的发展。按照政府间协议,派出专家对朝鲜、蒙古国政府部门及认证认可相关机构进行了技术培训和业务指导;与美国、加拿大、欧盟等国家和国际组织加强了技术交流与合作,成功举办了中美、中欧认证认可研讨会等国际会议,主持开展了IAF(国际认可论坛)对跨国认证与认可活动的国际监督调查工作,派员参加了2005年举行的ISO/CASCO(国际标准化组织合格评定委员会)及各相关政策、技术工作组的工作,开展WTO/TBT/SPS在认证认可领域的通报、咨询和评议,参与了相关国际规则的制定,维护了中国加入WTO后过渡期的权益,履行了成员义务,提升了中国在国际组织中的地位和影响。

工作取得的成绩,是党中央、国务院正确领导的结果,是国家质检总局、有关部委和各级政府部门支持的结果,更是地方两局齐心协力、共同奋斗的结果。在总结一年工作的时候,我代表国家认监委党组和机关全体同志,对国家质检总局、有关部委,特别是地方两局一年来对国家认监委工作的支持表示衷心感谢!

一年来,地方两局在落实国家认监委工作计划、配合国家认监委专项行动,做好辖区内的认证监管方面,工作积极主动,创造了许多成功经验和显著成绩。主要有:一是积极争取地方领导和有关部门支持,共同推动认证。许

多地区都建立了与有关单位工作协调机制：辽宁、吉林两省人民政府与国家总局签署的促进出口和加强产品质量安全的合作备忘录，将认证认可作为重要内容；河南、四川成立了由省府领导牵头，地方两局和有关部门参与的认证工作领导小组，政府出面推动认证，协调有关部门抓落实。二是围绕地方工作大局抓认证，促进地方经济社会发展。山东省质监局围绕省政府提出的加强山东物流发展、加快胶东半岛制造业基地建设等重点来做工作，河南检验检疫局立足省情突出抓好出口食品安全，湖北省质监局争取在全省厂务公开中导入了ISO 9000质量管理体系等。三是充分发挥职能作用抓好监管，切实提高认证有效性。地方两局在政策宣传、认证监督、行政执法等方面做了大量富有成效的工作。通过召开宣贯会、上门服务等形式向企业做好宣传。组织开展了辖区内通过认证企业基本情况和认证有效性的调查摸底，狠抓了CCC认证执法监督等行政执法工作，加强了计量认证、出口卫生注册等工作。四是地方两局积极利用门户网站加强认证认可政策法规宣传，在组织调查和专项抽查的基础上，开发了多个业务信息化系统，促进了政务公开、资源共享，既为执法监管，又为企业、社会提供了全方位的服务，这方面，浙江、天津、湖北等省市质监局做得更有特色。五是充分利用社会资源强化认证。山东、福建检验检疫局在出口卫生注册工作中以能力建设为重点，充分利用学会、协会、高校、科研机构的力量来促进出口食品企业提高自控能力。六是加强自身建设。成都市质监局在20个区（县）局都明确了认证监管科室，市区（县）两级从事认证监管的有60多人，从事认证执法人员达290名。北京检验检疫局将质量管理体系、绩效考核、能级管理结合，加强全局管理，提升了自身的工作能力。这方面的好经验、好做法还有很多，在此我只略点一二。

同志们，国家认监委成立以来的4年，中国认证认可工作一年一个台阶，取得了长足的发展。中国的认可工作涵盖了产品认证，质量、环境、职业健康安全、食品安全管理体系，有机产品认证和软件过程及能力成熟度评估等多个领域，认可的各类认证机构110家，颁发的各类认证证书达34万份，颁证数比2004年增长9.5%，机构颁证数量和国内企业获证数量继续保持世界第一，国内从业人员达到9.2万人。认证认可已经覆盖了国民经济所有39个大类的行业。《认证认可关键技术研究与示范》项目列入了国家"十五"科技攻关计划；《国家检测资源共享平台建设》列为国家科技基础条件平台建设重点项目。认证认可工作写入了《国家中长期科技发展纲要》、《汽车产业政策》、《汽车贸易政策》、《对外贸易法》、《节约能源法》、《建筑法》、《农业机械化促进法》、《清洁生产促进法》等国家产业、贸易政策和相关法律法规中，成为国家的重要技术性政策措施。在第四次全国认证认可部际联席会议上，国务院法制办有关领导同志特别强调：今后，行政许可的范围要逐步缩小。能通过认证实施的，决不再搞行政许可。在国家的立法中，凡能够写进认证认可工作的，都要把这一工作写进去。社会对认证认可的作用普遍地予以关注和承认，对认证认可结果的共用和采信越来越广泛。认证认可事业飞速发展，圆满完成了"三步走"战略目标的第一、二步，即将向第三步目标迈进。

王凤清会长经常讲，几年来认证认可工作取得的成绩，应当归功于党中央、国务院的英明决策、归功于国家质检总局党组的正确领导、归功于相关部委的支持配合，归功于系统全体同志的共同努力。但我们都知道，王凤清主任作为主要领导，她一直为认证认可改革发展呕心沥血、无私奉献，带领国家认监委党组为认证认可事业发展做出了重要的贡献。我们认监委新一届领导班子成员和全体同志，一定努力保持和发扬前任班子的优良传统和作风，珍惜认证认可今天的大好局面，团结各方面的力量，全力把认证认可事业不断推向新的高度、取得更大成绩。

二、新时期认证认可面临的形势和任务

"十一五"时期，是中国经济社会发展的重要战略机遇期，也是认证认可发展的重要战略机遇期。正确认识认证认可今后五年面临的形势，是我们在新的起点上准确把握大局、科学安排工作的需要。

从国际形势看，认证认可作为管理、服务、质量、安全等方面的一项基础性管理和保障手段，在全球经济社会发展中的作用越来越重大，各国政府和相关组织对这一工作越来越重视。过去3年，全球环境管理体系认证年平均增长35%，其它认证也保持了较高的增长速度。今后5年，认证认可工作仍将保持一个较快的发展速度，这对于带动和促进中国认证认可的发展十分有利。今后5年，经济全球化趋势深入发展，中国与世界经济的相互联系和影响日益加深，对产品、服务、管理体系的要求越来越高，认证认可手段运用将更加广泛。中国已经进入加入WTO的后过渡期，国际环境复杂多变，贸易保护主义日趋强化，认证认可如何有效发挥基础性保障作用、促进认证认可结果的国际互认、突破技术性贸易壁垒、帮助国内企业更好地走出去，这对我们是一个新的挑战。

从国内形势看，"十一五"时期是中国经济和社会发展的重要时期，社会各界对认证认可工作更加关注和重

视，特别是中国行政管理体制改革的深化，将促使政府部门更多地运用经济和法律手段加强管理。党的十六届五中全会通过的《中共中央关于制定国民经济和社会发展第十一个五年规划的建议》，对我们做好认证认可工作提出了更高的要求。落实科学发展观，建设社会主义新农村，发展循环经济和建立资源节约型、环境友好型社会，加快产业结构调整，促进区域协调发展，提高自主创新能力，推动对外开放，建立和谐社会等，这些工作都与认证认可有密切的关系。在新的历史时期，我们肩负着更加神圣的使命，承担着更加重要的责任。

与形势任务的要求相比，认证认可工作中还存在一些不适应的地方。从发展看，中国认证认可工作发展第三步战略目标是赶超世界先进水平，但我们的发展速度和创新能力与世界先进水平还有不小的差距。中国认证的增长速度为27.5%，远低于全球过去3年35%的平均增长速度。中国环境管理体系认证数占世界证书总量的9.8%，名列世界第二，但仅是日本（第一名）的45.3%。在软件过程及能力成熟度评估这一新型认证领域，认证数量不仅没有增加，反而还有所回落。特别需要指出的是，中国在证书数量和认证企业数量是“认证大国”，但还不是认证强国。目前中国采用的认证规则程序，大多是发达国家制定的，虽然这些年我们参与了一些国际规则和标准的制定，但从总体上说，话语权还很小，提出的议案和建议有限，自主开发的内容更少。

认证有效性不高，已经成为制约认证认可发展的关键因素。导致认证有效性不高的原因很多，主要有以下几个方面：

一是认识不到位。一些部门和单位仍然习惯于行政化的管理模式，习惯于大包大揽，对认证认可这一由政府制定规则和监管，依靠中介组织实施的强化管理和质量的方式不适应、不认可，推动不积极；一些企业和组织对认证认可在加强管理、保证质量安全方面的作用认识不足，个别企业搞认证只是为了满足贸易、促销的需要和广告宣传，只关注有没有“认证”；社会公众对认证认可的重要性认识不足，在消费中主动选择获证企业、获证产品的还不够普遍，没有形成市场优胜劣汰的机制。

二是一些认证从业机构，重认证（咨询、培训）、轻管理，重数量、轻质量，趋利现象和短期行为严重。以2005年国家认监委组织的几个专项监督检查为例：对CCC指定认证机构和实验室的检查，发现问题虽然比2004年有大幅度下降，但认证机构的基础管理不规范，认证过程实施不到位，证后监管不及时的情况仍然存在；少数获证企业没按标准建立体系，没有有效开展内审和管理评审，关键过程和工序控制不严；实验室的检测能力和管理水平也存在较大差异。对食品和农产品连续两年进行专项检查，虽然没有发现认证产品有药残超标等质量安全问题，但标志使用混乱的问题依然存在；对绿色市场认证检查，虽然认证数量不少、整体运作良好，但认证机构管理和认证活动不能够完全满足《绿色市场认证实施规则》及绿色市场国家标准的要求；对计量认证专项检查，实验室的管理、技术水平和能力保持了一定水平，检测结果也比较客观、准确，但个别实验室的体系文件不规范，监督评审不符合要求，有的还出现了超出证书有效期限或超认证范围出具检测报告的情况。

三是市场体系不完善、社会诚信度不高，导致一些企业重市场效益，轻质量安全，降低了认证有效性。一些企业为利益铤而走险，知法犯法；有的怀着法不责众的心理，明知故犯，有的利用监管漏洞心存侥幸，热衷于钻空子。在9种CCC认证产品抽查中，发现不同程度地存在安全隐患，主要问题是产品结构和关键件的质量；型式试验总能发现设计缺陷；一些企业获证后，换部件、降成本，认证机构证后监督不及时，不能及时发现企业的问题并给予纠正。

对认证认可工作面临的形势，我们要正确估计，既不能盲目乐观，也不能茫然失策。社会主义市场经济正处在由创立之初走向成熟的历史时期，我们要正视认证工作中存在的问题与不足，积极采取有效措施，逐步加以解决。

为了做好“十一五”期间的工作，国家认监委在广泛征求各方面意见的基础上，制定了认证认可“十一五”发展规划。总的指导思想是，以邓小平理论和“三个代表”重要思想为指导，全面贯彻科学发展观，以改革和创新为动力，进一步完善适应社会主义市场经济体制需要的法制化、规范化、科学化的认证认可工作体系，强化管理、提高认证有效性，为实现全面建设小康社会的战略目标做出新贡献。遵循的基本原则和工作目标和主要任务，在下发给大家的“十一五”规划中有详尽论述，希望大家认真研究，提出修改意见，完善好规划内容，并按照认证认可“十一五”规划的要求，落实好“十一五”期间的工作目标和任务，共同推动“十一五”时期认证认可事业新的发展。

三、2006年工作的主要思路

2006年，是全面落实国家“十一五”规划以及认证认可事业“十一五”规划的开局之年，开好头、起好步，非常重要，也非常关键。为此，要按照党的十六届五中全会和中央经济工作会议精神，以科学发展观为指导，根据总局党组的统一部署，安排好2006年工作。认监委党组经过研究，确定2006年工作的重点是规范工作，提高认证有效性。围绕这一重点，最重要的是要做好“完善一个体系，突出一条主线，强化一种机制，打牢一个基础，建设一支队伍”等工作。

（一）完善认证认可监督管理体系，提高认证有效性

提高认证有效性，首先要完善认证认可监督管理体系，形成法律规范、行政监管、认可约束、行业自律、社会监督的工作机制。

1. 在法律规范方面，要及时制定相关的配套规章和规范性文件，加强对地方两局的认证执法指导，完善督导制度，统一工作尺度。制定和实施认证行政执法责任制，严格规范行政审批行为。同时要抓紧《合格评定法》草案的完善和论证工作。

2. 在行政监管方面，一是下移认证市场监管重心，简化监管层次和环节。2006年要在部分省、直辖市试点将对CCC检测实验室交由地方两局监管。二是要创新监管模式，建立对认证及相关机构的工作报告制度和年度审查制度，做好对获证企业和认证机构有效性、规范性的监督抽查，针对突出问题和薄弱环节开展专项检查。建立机构的诚信档案，制定机构评级分等标准，完善从业机构评价体系，通过国家认监委网站强化信息发布。对CCC获证企业及产品也要建立档案，实施分类管理。三是要强化CCC认证监管机制，合理配置指定机构，研究CCC产品的风险等级，探索实施强制性产品认证制度的多种认证模式。会同有关部门研究建立认证及相关机构的产品责任保险制度。四是要抓好大案要案的查处，依法追究违法违规当事人的法律责任，完善处罚和退出机制。

3. 在认可约束方面，要把认可作为监管的重要环节，以强化认可工作与国际接轨、推动认证活动按照国际规范运作为前提，以资格准入为手段，加强前置管理，建立切实可行的认证机构业务范围管理及专业人员能力评价系统，实施好“认证机构分类管理方案”。不仅要保证认可准则、规则在认证实施中能得到有效贯彻，更要在工作的各个环节落实和体现出认可的根本目的及主旨精神。同时，还要引导认证机构建立、完善自我评价和监控体系，增强自我监管能力。通过认可作用的充分发挥提高认证有效性。

4. 在行业自律方面，认证认可协会要按照《条例》要求，在政府和企业之间架设沟通联系桥梁。以引导行业健康发展为重点，建立行业诚信体系。研究制定行业自律规范，组织会员签订自律公约，督促会员依法开展认证活动。协助认证监管和执法部门解决低价竞争、买证卖证等突出问题。进一步推动认证相关机构的改革改制，成为符合法律法规要求的独立公正、规范运作的认证实体，树立信誉，做优做强。国家认监委和地方两局都要全力支持认证认可协会工作，注意依托协会建立健全认证认可自律规范机制。

5. 在社会监督方面，要开展认证认可义务监督员的试点，在试点的基础上逐步推开。要对群众举报认真组织核实查处，有关申投诉要限期办理，重视新闻媒体的舆论监督，对建设性意见的提供者和重大违法违规问题的举报人，要实施奖励。

特别需要强调的是，地方质监局和检验检疫局是《认证认可条例》确定的地方认证监督管理部门，要创造性地做好地方认证推动和监管执法工作。一是要以《认证认可条例》为依据，结合地方实际，通过认监委提出立法建议和制定自律性规范文件的建议，强化认证认可的法律地位，提高权威性，扩大社会影响。二是要进一步完善省、市、县和口岸的认证监管体系和工作机制，全力做好本辖区的CCC认证、实验室资质认定（计量认证、审查认可/验收、实验室认可）、食品和农产品认证与出口食品卫生注册登记等项工作，注意运用信息化手段，通过建立企业档案和数据库，有的放矢地开展工作。三是要积极做好认证监管行政执法工作，有计划、有重点地开展具有特色的执法行动，2006年重点是对CCC目录内产品进行全面执法监督，查处虚假认证、擅自变更获证产品或更换关键部件材料的行为；抓紧大案要案的查处，打击违法违规行为。四是要积极推动本辖区的行业自律机制、社会及舆论监督机制的建立，积极开展工作。五是结合地方经济发展，积极推进产品、服务和管理体系认证在促进管理和提高质量水平方面发挥能动作用。

（二）突出服务经济和社会发展主线，发挥更大作用

2004年召开的第三次全国认证认可工作会议提出“发挥认证认可作用，服务经济社会发展”的工作目标。这既是认证认可工作的目的，也是认证认可事业发展的主要动力。“十一五”时期，服务经济社会发展是我们工作的主线。2006年要围绕这条主线，突出这条主线，从以下8个方面做好工作，努力在促进发展循环经济、建设资源节约型和环境友好型社会、建设社会主义新农村和保护生命、健康、安全等方面取得实效。

1. 加强节能、节水、可再生能源等领域的认证技术规范和标准的制定，尽快建立国家节能、节水、可再生能源产品认证制度，推动节能、节水和可再生能源及节材产

品认证。

2. 适应发展节能型交通运输工具和农业机械的需求，将《乘用车燃油消耗量限值》标准纳入汽车产品强制认证实施规则，完善清洁燃料汽车认证技术规范、标准及合格评定程序。重点推动汽车零部件强制认证，提高机动车零部件节能水平和循环回收利用率。开展机动车用节能添加剂产品和交通基础设施建设材料产品认证、车辆维修和售后服务认证。对玩具产品实施强制认证。尽快将农机产品、交通安全产品、建设工程产品纳入 CCC 目录的工作。积极推动政府采购、财税减免等方面采信认证结果。

3. 适应发展循环经济的要求，积极推动有关环保、生态认证的国际标准的研究和利用，会同有关部门按照统一目录，统一标准、技术规范和合格评定程序，统一标志，统一收费标准的原则，建立全国统一的环境友好型产品认证体系。大力推动环境友好型产品认证活动，宣传和推广环境友好型产品。继续推进环境管理体系认证。

4. 适应安全生产形势的需要，大力推进职业健康安全管理体系认证，积极跟踪研究和适时组织实施企业社会责任认证，降低和消除各种危险源对从业人员生命健康安全的影响，保证员工的生命健康安全和合法权益。

5. 全面推进食品和农产品认证，加强食品企业的管理体系认证和食品与农产品认证标志使用的监管。会同有关部门积极推进农业标准化进程，大力发展有机农业、有机食品（农产品）生产基地、GAP（良好农业操作规范）基地、绿色食品和无公害农产品产地建设。积极推进有机认证、HACCP（危害分析与关键控制点）认证、GAP 认证、森林产品认证、花卉认证等的国际互认。会同有关部门建立对获认证食品和农产品的补贴机制，提高认证的积极性。加大出口食品企业注册登记和对外推荐注册的力度，提高注册企业的生产水平和卫生安全管理水平，积极有效应对国外技术壁垒。加强进口食品和化妆品卫生注册工作，将不符合中国法律、法规和技术标准要求，存在安全隐患的食品、化妆品严拒国门之外。

6. 配合国家产业发展和贸易政策，建立新的出口商品登记注册制度，制定管理办法，发布相关目录和实施规则，指定相关技术机构，组织直属检验检疫局和技术机构稳步实施。调整出口产品结构，转变对外贸易增长方式，增强国际竞争力。

7. 积极推动西部和东北地区的质量管理体系、环境管理体系认证，建立和开展特色食品和农产品认证，发挥引导当地产业发展，促进产品结构调整的作用。鼓励认证从业机构到东北和西部创业和开展工作，在政策引导、培训咨询、机构设置、CCC 指定等方面创造适应其在东北、西部地区发展的条件，给予必要的倾斜。

8. 强化对涉及生命、健康、安全等方面的认证机构和相关实验室、检查机构的资质认定和认可工作，促进这些机构为社会提供更多更好的技术支持。引导检验检测机构向资源节约和环境友好型的方向发展，将环保、能耗指标纳入检验检测机构资质认定管理体系，减少检验检测中产生的有毒、有害物质对环境的破坏。加强对节能、节水和环保等领域的检验检测机构扶持。

地方两局要以促进本地区经济社会发展为目标，按照统一安排，根据辖区的实际情况，有的放矢地确定好 2006 年的工作重点。需要强调的是：第一，要使工作计划、安排和步骤与地方经济社会发展的要求相协调相衔接，工作重点与地方党委、政府的工作方向要合拍。第二，要从政府的层面，积极推动质量、环境、职业健康安全等管理体系认证；积极推动 CCC 认证和节能、节水、节电、节材产品等多种认证，创造条件实现政府采购和公共设施建设等更多地采用认证产品；全面推动食品和农产品认证，将各类食品和农产品认证产品的生产基地建设和农业标准化示范区建设有机结合起来。第三，要注意抓好“两头”，一方面要对国家和省、直辖市、自治区“十一五”规划中确定优先发展和重点扶持的产业、国家和地区的骨干企业、重点出口基地和重点出口企业，要加大培育和帮扶力度；另一方面要对在质量、安全、环境和资源节约等方面达不到要求，严重危害社会的企业及产品，运用认证认可措施加以限制。

（三）强化共同实施的工作机制，开拓工作新局面

统一管理和共同实施的工作机制，是《认证认可条例》确定的重要原则，也是做好工作的重要保障。认证认可工作的统一管理在国家认监委，国家认监委主要是进一步完善工作规则，推动部委间的共同实施。在 2006 年，国家认监委与有关部委初步确定了一批“共同实施的工作项目”，主要有：森林认证、节水产品认证、建筑材料和构配件及设备与住宅部件认证、交通产品认证、花卉认证、口腔保健品认证和特色食品认证，还要逐步扩大消防产品的 CCC 认证范围。这几项工作，都是涉及到经济建设、人民生命健康、财产安全、老百姓安居工程和促进农业产业结构调整的大事，我们一定要搞好。

在具体实施层面，既需要与国务院有关部委共同推动，更需要国家认监委、国家质检总局相关司局和地方两局联合推动。认监委要加强与总局相关司局的协调，做到统一规划、步调一致、齐心协力，共同抓好落实，还要加强

地方两局与地方政府及其各有关部门和行业组织的协调,利用行政手段和行业技术力量来推动工作。

地方两局是国家认监委在地方的“工作窗口”,是联系地方政府的纽带。希望地方两局在这方面积极发挥作用,团结和依靠地方各方面共同做好工作。要把共同实施作为新阶段推动认证认可加快发展的一项重要举措,进一步更新观念,积极争取地方各级政府和主管部门、行业组织的重视和支持,争取将认证认可的有关内容列入当地的“十一五”规划和商贸发展政策,争取把各有关方面对质检工作的好的意见和建议收集上来,把认证认可的有关信息及时提供出来。进一步完善与相关部门的协作、协调工作机制,充分发挥各方面的积极性。要主动上门宣传《条例》,主动走访征求意见,加强信息沟通。根据不同部门和不同行业的需求,有针对性地提出开展认证认可工作合作的建议。要树立“大监管”的观念,工作调研、研讨时主动邀请相关行业主管部门参加;开展认证市场检查时,主动争取相关部门支持配合。通过共同实施,使相关部门在转变政府职能、加强行业管理、提高监管效率、降低行政成本、减少行政风险等方面充分运用认证认可手段,更加重视和积极推动这一工作。

(四)打牢工作基础,实现持续发展

1. 打牢科技标准的基础。国家认监委将以《认证认可关键技术研究与示范》为先导,认真做好相关课题的研究和“十一五”认证认可科技规划项目的起草和立项,认真完成“十一五”检测规划的制定。抓好科研项目的管理,及时将研究成果运用到认证认可具体实践中。要抓紧使认证认可技术研究所尽快运行,以认证认可发展战略研究课题为核心开展工作,成为认证认可工作的“智囊库”。要结合国家质检总局科技委的组建,成立检验检疫标准化工作组,加强对国际标准动态的跟踪,争取承担更多的国际标准制修订工作。要进一步完善检验检疫标准化管理制度,切实做好2006年检验检疫行业标准的计划立项、标准审定和发布工作。地方两局也要组织力量,开展区域性的认证认可发展规划和问题研究;切实做好检验检疫行业标准的申报工作。

2. 打牢实验室和检测机构资质管理的基础。国家认监委将继续配合国家质检总局做好国家产品质检中心筹建和规划、技术能力评审和授权工作,继续实施备案和监督检查;加大对获证实验室的监督检查力度,继续开展计量认证专项监督检查活动;围绕食品安全、建筑材料安全,室内空气安全及卫生检疫、动植物检疫等社会关心的热点领域开展能力验证;尽快出台检查机构和实验室资质认定等管理办法;加大对外资检测机构的管理,实施备案制度;加强检验检测市场监管,做好病原微生物实验室安全认可,积极推动医学实验室认可。探索开展实验室GLP认可、科研实验室认可;加大对检查机构认可的力度,推进实验室认可国际互认,推动检测资源和信息社会共享。地方两局也要按照工作职能,加强对辖区内实验室认可和计量认证的监管,加强对所属实验室、质检中心的管理,促进其规范管理、提高检测能力,争取更多的实验室通过实验室认可和计量认证。

3. 打牢信息化基础。认证认可信息化建设是检验和实现认证有效性的最为重要的平台,也是发布权威信息的窗口。认证认可信息化建设,要以满足提供认证认可信息和监管、执法需要为目标,健全信息化网络和信息发布平台,建设好认证市场监管等信息系统。认监委将重点加强与总局及认可机构、认证机构的协调,解决好信息不全面、更新不及时、不适应监管要求等突出问题。今后,认监委组织的专项监督检查,都要在网站上发布结果,面向社会实现实时查询。地方两局也要充分利用现代信息手段,尽快建立起辖区认证监管和实验室资质监管数据库,与认监委信息系统相衔接,对监管对象实施动态管理,切实提高管理的有效性。

4. 打牢国际合作的基础。围绕国家经贸政策和目标,要深入开展认证认可领域的国际合作,积极推动便利贸易和互认的措施,实现与国外相关机构、经济体合作的新模式,在中国认证认可机构、工商界及其他有关部门与国外认证认可界架起沟通的桥梁,激励各相关部门、机构、行业积极参与相关活动并在其中发挥作用。要进一步提高参与认证认可国际组织活动的力度和有效性,积极参与国际组织政策及标准、导则的制修订工作;及时收集、整理、分析国际认证认可工作信息,加强对认证认可国际发展动态及趋势的战略研究,加强与认证认可有关的技术性贸易壁垒、措施的前瞻性研究。

(五)建设一支适应新时期工作需要的队伍,为事业发展提供根本保障

做好认证认可的各项工作,关键在人,人才是事业发展的根本。要牢固树立人才资源是第一资源的观念,制订行业发展的人才战略,切实抓好行政监管和执法人才队伍、认证认可管理人才队伍和认证认可认业务人才队伍的建设。

国家认监委和地方两局的行政管理和监管执法队伍的素质能力决定着国家对认证认可工作的管理水平。要把思想政治建设贯穿于干部队伍建设的始终,着力提高思想政治素质,切实加强作风建设。2006年,国家认监委机关要突出加强作风建设,牢固树立为基层服务、为企业服务、为业务一线服务的意识和作风，切实提高服务水平。地方两局要突出加强认证监管和执法能力建设，切实提高依法行政、依法办事的本领。具体措施：一要把好“进口关”，对新进入行政管理和监管执法队伍的人员，做好认证认可基本知识和《条例》等法律法规的岗前培训，国家认监委从2006年开始，准备有计划地安排新进人员到基层单位锻炼。二是把好“巩固关”，完成对《认证认可条例》培训的3年计划，同时安排好CCC业务、认可监管、实验室、卫生注册、食品、农产品认证、科技标准等方面的业务培训。做好培训综合协调，增强培训效果。三是把好“成效关”，继续组织对两局有关人员的法律法规和执法资格考试。各类培训班也要举办结业考试。四是把好“提高关”，吸收更多的地方两局同志参加认证认可关键技术的科研、战略研讨、标准规则制定，参加国际会议和交流。利用国际组织合作项目和能力建设项目，从国家认监委和地方两局选拔优秀人才到国外培训。加强科技人才的培养，提高自主创新能力。两局也要据此制定好系统的培训计划。检验检疫分支局、技术监督市县局，2006年都要明确负责认证监管的机构和人员，有计划地组织对这些人员的业务培训，落实情况要在2006年的工作总结中上报。

认证认可管理人才队伍和业务人才队伍建设需要多方面共同努力。认可机构要从业务规范的角度，把对认证机构、实验室、检查机构的统一要求落实到具体实施的每位从业人员。经国家质检总局批准，认证认可从业人员资格审批注册工作从认可中心调整到了中国认证认可协会。认证认可协会要根据《认证认可条例》的要求和国际相关工作的发展状况，对现行认证人员的培训制度、考试制度、面试制度、注册制度进行改革，在保证质量的前提下，简化程序，注重实效。国家认监委、地方两局和认可机构要对认证从业人员的从业资格、业务水平、思想作风等进行认真监督。各类机构要把人才战略放在发展战略的优先位置，加强思想道德建设，提高业务水平，切实保证工作过程科学、行为规范，为持续发展储备足够的人才资源。

认证认可在中国还是一项新兴事业，国家认监委也还是一个新机构、一支新队伍，很多工作没有现成模式可以遵循，需要进一步加强在政策制定和工作指导方面的协调，加强调查研究，增强服务意识，提高服务水平。

同志们，认证认可事业正在步入新的发展阶段，必将迎来更加美好的明天。让我们以“三个代表”重要思想为指导，按照科学发展观的要求，励精图治，奋力拼搏，充分发挥认证认可作用，为国家经济社会发展做出更大贡献！

国家认监委主任孙大伟
在第四次全国认证认可工作会议上的总结讲话

（2005 年 12 月 4 日）

第四次全国认证认可工作会议开了 3 天，开得非常好。按照会议安排，我代表国家认监委党组对会议情况做一个小结。

这次会上，长江局长传达了刚刚召开的中央经济工作会议精神，对做好新时期认证认可工作作出了重要指示。老主任凤清会长饱含深情、敞开心扉谈了自己担任国家认监委主任几年来的体会和感受。我代表国家认监委作了工作报告。6 个局的同志围绕加强监管、开拓创新、增强认证有效性等介绍了经验和做法，还有一些局向大会提交了书面交流材料。代表们围绕长江、凤清同志的重要讲话、国家认监委的工作报告和认证认可“十一五”规划进行了认真热烈的讨论。

这次会议是国家认监委成立以来，第一次把全国认证认可工作会议安排在京外召开。湖北出入境检验检疫局承担了会务工作，湖北局党组高度重视，调动了全局力量做好会议的服务和保障工作。湖北省质量技术监督局也在各个方面给予了大力的支持和协助。会议还安排参观了武汉东湖高新技术开发区，使大家对认证认可工作的作用有了具体的感受和体会。

一、会议的主要收获

与会代表对这次会议给予了很高的评价，普遍认为这次会议有以下 3 个方面的突出特点：

一是新时期发展的动员会。通过回顾和总结，大家一致认识到，这次会议是在国家“十五”规划与“十一五”规划相衔接的重要时期，认证认可完成“三步走”第二步发展目标并向第三步发展目标迈进的关键时期召开的一次重要的全国性会议，意义重大，作用深远，对于新时期统一思想、提高认识，推动认证认可工作新的更大发展，更加有效地发挥认证认可作用，促进国家经济社会发展具有重要意义。长江局长、凤清会长对认证认可工作提出了新的期望和要求，代表们认为这是对全面落实科学发展观、做好“十一五”期间认证认可工作特别是 2006 年的工作，做了非常重要的动员。

二是规范工作的研讨会。会议贯彻了“规范工作，提高认证有效性”这一主题。在总结成绩和经验，分析事业发展面临的矛盾和问题，提出 2006 年“五个一”的工作思路和未来 5 年认证认可事业发展规划等方面，都紧扣这一工作主题，突出了面向实际、落实科学发展观、引导认证认可工作可持续等重要内容。这是一次深化认识、解决问题、推动工作的研讨会。

三是发挥作用的部署会。本次会议自始至终都紧紧围绕《中共中央关于制定国民经济和社会发展第十一个五年规划的建议》，从服务国民经济、促进社会发展、维护国家利益的高度，认真谋划认证认可事业的发展。代表们紧密结合认证认可行业特点，对如何更好地发挥认证认可的作用、如何强化监管和提高认证有效性、如何扩大认证认可国际国内的影响等方面建言献策，使“规范认证认可工作，发挥突出作用，服务国家经济社会发展”的理念深入人心。会议分析了中国认证认可事业面临的形势，确定了认证认可工作“十一五”发展规划的指导思想、基本原则、工作目标，部署了 2006 年的工作重点和主要任务。

通过认真学习领导讲话和会议讨论交流，代表们普遍感到，这次会议时间虽短，但收获较大。概括起来，主要有以下 3 个方面：

一是清楚了今后工作应怎么干。大家普遍感到，对当前面临的形势有了更加清晰的认识，而且对未来 5 年和 2006 年认证认可工作的目标、任务和要求也有了深入了解，明确了今后特别是 2006 年应该干什么、怎么干。

二是清楚了如何主动创新去干。通过聆听领导指示，大家明确了“十一五”期间认证认可工作的主要思路，明确了 2006 年的工作重点。通过经验交流和分组讨论，也学习到了其他单位开拓创新的新鲜经验和好的做法，拓宽了工作思路，明确了要以主动创新精神去干。

三是对于好认证认可工作充满信心。代表们普遍感到,国际认证认可事业正处于快速发展阶段,中国的认证认可工作也正处于最有利的发展时期。党中央和国务院对这一工作非常重视，各部门对这一工作的认识也在不断深化，国家经济社会发展对认证认可的需求越来越迫切，各级地方政府和广大企业推动认证认可工作越来越自觉,这对我们做好“十一五”时期的认证认可工作是一个宝贵的机遇。长江局长几次谈到,“认证认可工作是不进则退,需要不停地推,不断地推”。只要我们不自满、不停步,聚精会神干事业,一心一意图发展,就一定能够开创事业的新局面,作出更大的成绩。

代表们还围绕贯彻落实认证认可“十一五”规划,做好2006年工作,加强上下配合,提高工作效率,改进工作作风等问题提出了许多很好的意见和建议。许多意见和建议非常中肯,富有建设性。对这些意见和建议,我们将认真进行整理归纳，回去以后很好地研究，做好落实工作。

二、关于“规范工作、提高有效性”的问题

结合会议中大家提出的问题，也结合我们在实际工作中遇到的问题，我想重点就几个问题在这里再强调一下。

“提高认证有效性”是本次会议的主题,也是会议讨论的热点,大家一致认为,把“规范工作,提高认证有效性”作为今后一段时期的工作主题是非常必要的,也是完全正确的。这个问题我在前面的工作报告中已经讲过一些,在这里我想再谈一些意见。

第一，认证有效性不高是目前认证认可面临的主要矛盾和问题。任何事物在发展的各个阶段都存在不同的矛盾。认证认可工作经过战略发展“三步走”的前两步,到第三阶段要进入国际认证认可的先进行列。这个目标需要我们长时期去为之努力奋斗，我们现在面临的主要矛盾是，经济社会发展对认证认可工作的要求与认证认可工作质量之间的矛盾,也就是认证有效性的问题。这个矛盾是会长期存在的,在我们完成了前两步的任务之后,在第三步阶段,这一矛盾上升为主要矛盾。因此我们需要用主要精力去抓、去解决。根据这个基本判断,认监委党组将“规范工作,提高认证有效性”作为今后一个时期工作的主要方向。在本次会议上也成为代表们的共识。

规范工作是方法和手段,提高认证有效性是目的。认证认可工作有效性的具体表现，应该是认证工作规范有序、认证证书真实可信、认证结果社会公信。提高认证有效性涉及到与认证认可工作有关的各个方面，其中既包括以认证机构为主要代表的相关从业机构，检测机构及从业人员，也包括监管部门、认可机构、行业组织。但我们感觉到，应该紧紧抓住的重点环节应当是认证机构及其从业人员,这是保证认证有效性的关键部分。

第二,“规范工作”首先要做到法律职责履行到位。这也是大家谈得非常多的问题,要提高认证有效性,首先要求从事认证认可工作的所有机构和人员要依法履行好自己的责任和义务。市场经济就是法制经济,经济主体依照法律开展活动,也必须依法承担责任,认证认可行业同样如此。各类机构在认证认可活动中承担不同的角色,也必须为自身活动承担相应的法律责任。从目前履行职责和承担责任的情况看,我们认为有缺位,也有越位,目前主要是缺位。法制观念不强,是目前各类机构在工作中“缺位”和“越位”的主要原因之一,也是造成机构和人员责任淡化的主要原因。工作“缺位”,就是该做的不做,该管的不管,也表现在有困难、有难度、矛盾集中的事情不作为,有认证从业机构的不作为，也有政府相关部门行政监管方面的不作为。工作的“越位”,就是在一种趋利的心态的支持下争着做有利益的事情、容易做的事情,或者是可以很快见到短期效益的事情，破坏了从业机构之间合理的法律关系,破坏了应有的工作运行模式,这是与科学发展观的要求背道而驰的，也是与认证认可行业的整体利益是相悖的。

法律责任到位，首先要求从事认证认可工作的各类机构严格按照法律法规行事，特别是按照《认证认可条例》的规定来履行好职责,做好自己的工作。要始终如一地把学好《条例》、研究《条例》、落实《条例》,贯彻到我们具体的工作中去。因为,认证认可发展的历史,本身就是严格按照规则开展工作的历史。在中国社会主义市场经济机制逐步完善和成熟的环境中,要提高认证有效性,要树立中国认证认可的品牌和形象，就必须更加严格地按照法律法规和规则去开展工作，对此我们一定要有清醒的认识和坚定的态度,丝毫不能动摇。经过几年的努力,中国认证认可的工作机制、法律法规和配套规章体系已基本搭建起来，今后要把法律法规的执行和落实放到突出位置来抓,不仅要做到“有法可依”,而且要做到“有法必依、执法必严、违法必究”。把这四句话作为一个有机的整体,把这些法制规定和要求落到实处。

第三,认证机构是提高认证有效性的主体。认证机构是规范运作的关键环节,是体现和落实规范工作、提高认证有效性的主体,也是当前需要重点抓的突出环节。我们从各个方面采取的措施很多：每年进行各种专项监督抽查、档案稽查,从最终的产品来检查。这些措施应该说都

是外因，提高认证有效性最终要落实到认证机构。目前不同认证机构、不同认证人员、不同认证活动之间差异很大。有许多认真负责的认证机构，也有许多技术精湛、作风过硬的认证人员，有许多为认证组织带来有效价值的认证活动。但也存在一些不负责任的认证机构，一些技术低劣、行为恶劣的认证人员，甚至于用违法违规的认证活动制造了相当数量质量低劣的认证结果。认证证书的管理也存在比较突出的问题，每年都有大量的认证证书被暂停、撤销或注销，仍有大量的无效证书在使用，这些认证证书所表达的产品和管理的状况与实际状况相去甚远，严重影响了认证认可工作的社会形象。认证机构对这些证书的回收没有有力的手段，也成为监管工作中容易被忽视的“死角”。

有的认证机构因为市场和收益的压力放弃了必要的工作原则，放弃了对从业人员的有效管理，甚至有些认证机构直接参与弄虚作假。不管是主观原因还是客观原因，都与本身管理不严、管理不善有直接的关系。目前对认证机构，我们要做两方面的工作：一是分析原因，分析其内部管理的问题，二是加强外部引导。

从内部管理看，目前，中国大部分认证机构的属性是企业性质，对赢利的期望远大于对认证有效性的期望。一些机构经营不善，经济压力很明显。在这种情况下，认证机构内部存在着舍弃质量追求利益的原动力，没有足够的实力来支持其考虑认证工作的长远发展，短期的利益成了机构运行中特别是现阶段追求的目标。在内部分配机制上，一些认证机构倾向于认证合同的数量、现场审核工作的数量，而没有建立倾向于工作质量的机制，必然导致工作质量下降。认证机构必须为自己的认证结果负起责任来，加强对从业人员的管理，加强对签约检测实验室的管理。

从外部引导方面，多年来一直把发放证书的数量作为衡量机构实力甚至优劣的主要指标，尤其是按规模和颁证数量对认证机构进行排名的做法，使认证机构形成了追求数量的惯性。从 2004 年开始，我们不再搞按照证书数量来进行排名，而开始按通过社会调查的认证档案稽查的评价结果和顾客满意度进行排名，直接向机构的服务对象进行调查，了解对认证机构的评价和满意度。

当前，一方面，认证认可工作处在一个宏观的市场经济环境中，作为整个市场经济的组成部分，不可避免地要受到市场经济中消极因素的影响，特别是少数认证机构在成立之初就是以逐利为主要目标，在运行过程中因为规模和品牌的限制使得其经营非常困难，再遇到客户的不正当要求时，就不顾原则地妥协让步，以加快认证速度、降低认证要求作为吸引客户、扩大市场份额的手段。另一方面，我们决不能因为客观环境的影响就动摇维护认证认可整体形象的决心和信心，要下大力量打击和消除危害认证认可行业健康发展的违法违规行为，要调动和发挥市场经济中的积极因素和积极成分，应对市场经济中的消极因素和消极成分，使中国认证认可事业更加健康快速发展。

第四，提高认证有效性需要整个行业的合力。在目前认证机构还没有形成自觉的自我约束机制的条件下，更加需要整个行业形成合力来提高认证有效性。在大会开幕式上，长江局长和凤清会长的讲话以及会议的主题报告，都谈到要从法律规范、行政监管、认可约束、行业自律、社会监督等方面完善认证认可监督管理体系。

行业自律机制是市场经济条件下约束经济主体行为的有效方法。行业自律机制可以弥补行政监管的不足，在某些环节和问题上，会比行政监管更深入、更细致。认证认可协会既要做好行政监管的有力助手，又要积极建立与行政监管有别的、具有行业组织特点的行业自律机制，为此认证认可协会成立之初就把这些目标作为协会将来主要开展工作的方向，通过制定行业公约等方法，在一些突出的问题上建立比法律法规更为严格的约束机制；按照行业会员的共同意志对某些涉嫌违规行为做更加深入细致的核查；根据行业会员的共同意志，对危害行业发展的行为采取有别于行政处罚的一系列措施。认证认可协会既要为会员提供服务，也要在现阶段把约束会员行为，提高认证有效性当作主要的工作方向来抓。湖北省认证认可协会建立的履约保证金制度，就是一个有益的尝试，其他地方也都有很多积极的尝试。我们想关键的问题是怎么样积累经验、总结经验，把一些好的做法和真正有利于提高认证有效性的办法，及时加以总结和推广。

价格问题是当前自愿性认证领域的关键问题。一些没有能力提高认证质量、树立认证品牌的机构，往往通过“打价格战”的方法，用低价竞争去争取市场空间。低价取得合同后，就用减少审核人员和时日、简化认证流程、弄虚作假等方法来降低成本。这是一种恶性循环，结果是牺牲了认证的有效性，牺牲了认证行业的整体形象。所以，低价竞争方面的问题在相当长的一段时间里成为困扰认证行业健康发展的突出问题，这个问题也需要协会积极研究。

认可是保障认证行业竞争主体——认证机构技术能力的主要手段，对认证机构的工作起着调节指导的作用。认可机构要以提高认证有效性来审视自己的工作。对自我管理能力强、质量管理体系比较完善、人员能力比较强的机构,要从程序、技术上进一步予以正确指导,帮助其在行业中保持领先地位;对自我管理能力弱、质量管理体系不健全、人员能力比较弱的机构,要在专业领域的扩展、日常监督等环节进行更加严格的控制和纠正。认可机构还要注意研究和考虑到:一是国际上的认可机构之间的相互竞争给中国认可机构带来的压力。在国内认证市场,确实存在比较迷信国外的认可机构的现象,但国外的认可机构不一定做的比我们强、比我们好,而机构之间的竞争如果处理不好,带来的危害会更大,这是一个值得研究和注意的问题。二是认证的专业领域发展速度不断加快,认可机构的专业能力也需要很快适应发展的要求。三是我们现在批准从业的140余家认证机构,并没有全部获得认可,现在获得认可的认证机构大约是110家。要发挥认可的约束作用,在行政批准和认可这两项工作不光是技术层面的问题,还有管理层面的问题,二者如何结合和处理,这些问题都要认真研究。

过去的实践表明:以新闻媒体、认证从业人员和认证的客户为主体的社会各界对认证活动的监督,为规范认证市场发挥了积极作用。在监管机制还没有完全到位,或者运行效果还没有充分显示出来前,通过舆论监督而揭露和查处的一些案件,也暴露出来行业的一些问题。目前已有50多家认证机构被暂停和撤销,处理了36家咨询机构和培训机构,我们已将处理情况在认监委网站上对社会进行公布。即使这样,有关部门和地方的同志认为,处理的力度和影响还不够。下一步我们还要认真研究市场退出机制方面的问题。

对这些问题的严重性和复杂性,各级领导要有充分估计和清醒认识,提高认证有效性是一个永恒的主题。我们必须树立长期艰苦工作的思想意识,立足于建立长效机制,既要坚决果断地治标,处理眼前遇到的各种困难和问题,又要积极主动地治本,通过改革的方法解决一些工作机制方面存在的问题。

三、通报国家认监委有关工作情况

国家认监委肩负着对全国认证认可工作进行统一管理、监督、综合协调和对各级地方认证监管部门进行工作和业务指导的职责。从认证认可行风调研、工作调研和代表们昨天讨论所反映的情况来看,我们的工作还存在很多问题和不足。有代表反映,目前有的企业、部分认证机构和执法部门对CCC认证目录内产品的界定不是很明确,还有的在答复地方的咨询时,出现不一致:委机关内部一个部门与另一部门答复不一致,口头答复与书面答复不一致,同一部门前后答复也出现不一致;工作程序比较繁琐,对地方局的请示、询问要层层报批,周期比较长;个别同志服务意识不强,接到市、县局行政执法工作的咨询电话,答复只接受省局咨询;有时布置工作任务,缺乏统筹规划等;各个部门发文多且时间集中、要求也急,造成基层同志难以应付等问题。有些问题在2004年的工作会上,同志们已经提出来了,2005年我们已经着手解决,有些已取得一定效果,但是这些工作需要我们长抓不懈。

2004年全国认证认可工作会议确定的2005年要重点抓好的10项工作,目前已经基本落实,效果不错。通过总局下发文件明确地方认证监督管理部门工作职责,下放认证咨询机构管理办法审批权的工作,开展了认证认可战略研究和对西部地区认证机构的帮促帮扶等工作都已经取得了阶段性的成果。这些在工作报告中已经做了介绍,这里重点介绍其他几项工作的落实情况。

一是关于国家认监委内部工作程序的理顺问题。根据业务性质、监管程序、内部制约和业务改革等因素,我们把一些工作程序进行了调整,把审批权和监督权分开。认证监管部专门成立了监管处,加强监督管理工作;认可部原来的两个处,都是既负责审批又负责监管,现在调整为一个处负责审批,一个处负责监管;对各部门之间的职责分工,结合"三定方案"进行了重新划分,这项工作已经进行完毕。针对不断推出的一些新的认证制度,在规范管理制度方面,充分协商和协调各有关方面,广泛听取意见,协调运作机制,取得明显成效。按照上次会的意见,2005年全年国家认监委的工作计划、宣传计划和调研计划,早在年初就合并起来,统一布置下去,使地方两局能够早安排、早部署。有一项工作没做好,就是专项监督抽查的统筹规划,由于各部负责不同业务的专项抽查,在时间进度安排上没有完全同步进行。2006年这项工作要统一安排,提前部署。2005年的调研工作效果不错,将委各部室申报的近50个调研计划合并压缩为7个,但是内容没有减少。同时从办文、办会方面也做了些工作,压缩了20多个会议。

二是强化了政务公开方面的工作。目前能公开的信息国家认监委基本上全按要求进行了政务公开,包括行政许可的程序、方式、条件、时限、结果以及责任制度、监督制度等,均按规定进行公开。目前,有关认证认可的法规、规章,认证及认证相关机构的审批条件及相关文件,强制性产品认证等,都已在网站公开。政务公开解决了很多问题,例如强制性产品认证指定实验室和指定认证机构的问题,大家以前反映指定机构的信息不清楚。我们从2004年开始把指定机构的信息向社会公告,应具备什么条件,甚至把需要多少家机构都向社会公告。符合条件的机构可以报名，报名后按基本条件审查，符合基本条件的再由专家组来进行分析和排队，谁强谁弱，专家比我们更清楚。专家评出的意见拿到委里来，委里再通过主任办公会来确定指定的机构，然后再挂到网上公示。通过这些做法，行政许可与审批的过程结果都做到了公开透明。

三是加强了信息沟通。信息沟通一直是大家反映比较突出的问题，主要是满足不了执法需要。2004年调研中发现，CCC认证不能实现市县级查询，现在通过努力虽然可以实现市县级查询了，但信息仍然不全不及时，使用不方便。这方面的工作还要进一步加强，进一步畅通政务信息的工作机制。

在下一步工作中，国家认监委要着重从以下三个方面改进：一是要突出加强机关思想作风建设。二是进一步加强对地方两局的业务指导。根据大家反映的意见，下大力气研究做好监管队伍的事权划分。三是要加强行风建设。行风建设是影响认证工作质量、影响工作形象的重大问题。长江局长在讲话中对此提出了很高的要求。2005年我们按照中纪委五次全会和国务院第三次廉政工作会议的有关要求，专门召开了系统行风建设座谈会，并组织调研组下去调研。从总体情况来看，“五乱”（乱收费、乱发证、乱评比、乱办班、乱执法）现象有了明显改善，没有收到执法人员、审核员吃、拿、卡、要相关的反映，但是要想根本改善，还要下大力气。

四、关于地方两局主动创新工作的问题

在讨论中，许多代表都提到，在组织机构和人员明确后，希望进一步确定地方两局认证监管处室的工作职能。有的同志说，我局里的机构和人员早就有，就是没事干；还有的同志说，别的处室都是先有职能后确定机构，认证监管处是先设处室后定职能。我想这些看法有一定道理，但也不全面。

《认证认可条例》明确规定，国家认监委和地方两局是国家认证认可监督管理部门，国家认监委主要负责全国认证认可工作的统一管理、监督和综合协调，地方两局主要负责辖区认证工作的监督管理。确立这套监督机制，我们是代表国家行使认证认可监督管理职能，没有其他的行政机构再对此进行行政监督管理，这一点必须要明确。这两年我们在召开部际联席会，走访有关部委和行业组织时，他们很明确地提出，希望在行政监管环节能够融入进来，发挥作用。但是按照《条例》的规定，认证认可的行政执法机关就是国家认监委和地方两局。认证认可需要与行业紧密结合，发挥行业的作用，这方面需要行政执法和行业部门相互配合。但行政监管是我们的职能，我们一定要把自己放在法律授权的，履行行政监督管理职能的部门位置上考虑行政工作。

在明确职责的同时，还要分清我们应该做哪些事情。认证工作的推动是两局的又一项重要工作内容。自愿性认证是由市场来主导的，我们在这方面主要是采取有效的措施加以推动，并实施有效的监管。两局系统都有一些评审中心、咨询机构，其中还有一些工作没有完全按照《条例》的规定去做。我们代表国家进行监督管理，对需要市场化运作的工作要带头按照市场机制去运作，否则与认证管理体制和运行规则不相符，这点特别强调一下。

五、关于信息化工作和经费保障的问题

及时、准确的信息和一定的经费，是顺利开展认证监管执法工作的基础和保障。对于这两个问题，代表讨论得比较多。国家认监委刚成立的时候，党组就把认证认可信息化建设作为重要的保证手段来抓。经过几年建设已经初具规模。2004年我们根据专家的意见改变了统计方法，以及检索和查询方式，基本实现了CCC认证有关信息在县级以上地区都可查询。这项工作与开始时相比，应该说发展还是很快的，但与工作的实际需要相比，还很不适应。主要反映是信息不全面、更新不及时、不适应监管要求，自愿性产品认证和体系认证信息无法得到，不知道辖区认证情况，无法对其监督，另外还有很多地方不具备信息查询的设备和条件，执法过程中很多工作需要信息化手段。

下一步，国家认监委要重点建设认证市场监管等信息系统，2006年要采取有效措施，要督促各地方局、认可机构、认证机构把相关信息及时搜集起来，建立健全统一的信息化网络和信息发布平台，并动态管理和实时更新，为执法部门和社会各界提供有效的数据支撑和充足的信息支持。要加快对各项认证认可业务信息和行政执法信息的统计、研究和处理、分析，完善各方联动的信息收集、整理、综合和反馈的工作机制，建立起及时、有效的沟通机制和咨询渠道。另外，要加强与总局、海关总署等有关部门的协调和沟通，做好信息系统对接，实现信息资源的共享。

关于经费保障的问题。经费不足是制约开展工作的一个重要方面。如果有充足的执法监督检查经费，我们无论从获证产品抽查的覆盖范围，抽查检查力度和数量都会更大一些；各局如果有更多的经费支持，工作也会开展得更快一些。但这些都受国家政策的制约。委里现在的经费主要靠财政预算，我们手里的钱非常有限。我们一方面

要积极争取更多的监督检查经费，另一方面争取能够在项目上进一步扩展。希望各个局在进行财务预算立项申请的时候，要考虑这块工作，我们从几个方面努力去做工作。需要强调的是，有限的钱怎么使用好的问题。从2004年开始，财政部拨发的钱都要进行绩效考评，根据财政部和国家质检总局的有关要求，2004年国家认监委对“农产品认证管理”项目进行了绩效考评试点，上报的《国家认监委2004年农产品认证管理项目绩效考评工作报告》获得了好评。今后要在委内和两局的相关业务经费使用上全面推行这项工作，各局要认真落实绩效考评的有关要求。一是经费使用要到位，专项经费必须使用到专项工作中去，专款专用，不该从专款列支的费用坚决不花。尽量把有限的经费专用于认证监督的中心工作，特别是专项监督抽查等工作。二是加强对经费使用的管理，经费申报要有充足的理由，使用要有详细的计划，使用过程中要有严格监管，用完要有全面评价，使用情况要及时上报。三是经费分配今后不能再搞平均，根据年度的工作计划和重点，根据工作量和经费需要量大小来分配使用。特别要根据上一年度绩效考评的情况来合理使用经费。业务量大、经费使用绩效好的单位和工作项目可以增加一些经费，绩效考评一般甚至不合格的，经费肯定要减少甚至于不予拨付。

六、关于工作落实的问题

国家认监委制定的工作制度和工作部署，是否取得成效关键在于落实。在过去的一年中，我们发现工作中不落实的问题还一定程度地存在。文件多、工作布置不合理的问题，我们正在尽力解决。但是，发下去的文件、布置下去的工作，有时候就无声无息了，文件搁置一旁，甚至找不到的现象也是有的。一些局有些工作没有开展，有时候连材料都要不上来。比如这次工作会议，既是全面的总结工作，又处于“十五”和“十一五”交替的关键时期，我们想尽可能多地把大家在实际工作中的经验收集起来、提炼出来，指导下一步工作。但是35个直属检验检疫局，有8个局没报，只有27个局上报了材料；31个省级质量技术监督局，有18个局上报了材料，还有13个局没报。上报材料也不及时，报送材料的45个单位中，有三分之一的单位超过了规定的时限。一些材料的质量不高，作为监管部门，如果内部的情况信息不能沟通，工作就谈不到落实，谈不到突出重点和取得实效。希望大家重视工作落实这一问题，努力改进。

最后，就贯彻落实好此次会议精神，提几点要求：

第一，要及时学习传达贯彻会议精神。这次会议的内容非常丰富，会议确定的工作目标、方针任务，对今后5年的认证认可发展具有重要的指导意义。代表回去之后，要将长江局长、凤清会长的讲话精神、主题工作报告及会议总结报告的主要内容，先向党组原原本本汇报，建议两局要统一向当地党委、政府汇报。要在系统内组织好对相关人员的传达和落实。

第二，要扎实做好岁末年初的各项认证认可工作。还剩下不到一个月的时间就到年底了。做好岁末年初这段时间的工作，对于全面完成2005年的各项工作任务，对2006年及“十一五”时期开好头、起好步，非常重要。要力争把2005年的各项工作落实好，总局在本月还将召开质量监督和检验检疫工作会议，这两个会议也将对认证认可工作提出新要求。各局要注意落实好这些会议要求，抓紧做好2006年的认证认可工作计划，因地制宜，积极主动地安排好2006年的工作。

第三，要紧密结合实际，按照《认证认可事业发展“十一五”规划》要求研究提出具体落实方案。《认证认可事业发展“十一五”规划》(征求意见稿)已经印发到各单位、各部门，请认真组织讨论，并于12月15日前提出修改意见。我们将根据收集的意见建议对规划进行完善，在年底或2006年年初时下发。各单位要在认真学习此次会议文件和贯彻落实会议精神的基础上，结合各单位的实际，依据《行政许可法》和《条例》的要求，按照《认证认可事业发展“十一五”规划》确定的目标任务和各项要求，研究提出本单位未来五年的认证认可工作思路和主要措施，重点是要做好2006年的工作。

第四次全国认证认可工作会议的召开，必将对巩固和发展来之不易的大好形势。加快认证认可事业发展，开创认证认可工作的新局面产生重大影响。让我们高举邓小平理论和“三个代表”重要思想伟大旗帜，全面贯彻落实科学发展观，夯实基础，稳步前进，为国民经济和社会发展做出更大贡献。

中国认证认可协会会长王凤清在第四次全国认证认可工作会议上的讲话

（2005年12月2日）

首先我代表中国认证认可协会，对全国认证认可工作会议的胜利召开表示热烈祝贺！长江局长的讲话和这次会议的工作报告，都将对做好认证认可工作提出新的要求，也是对协会的要求。今天协会的副会长也参加了会议。会后，我们一定会认真学习领会，深入贯彻落实。中央和国家质检总局党组对国家认监委班子的调整，是加强质检与认证认可工作的需要，是事业继往开来的需要，我坚决拥护，对国家认监委新班子表示热烈祝贺。相信国家认监委在新一届党组的领导下，一定会继往开来，不断取得新的成绩和进步。

借此机会，我也想代表退出国家认监委领导班子的同志，对地方两局领导和同志们表示感谢。感谢大家对我们、特别是对我本人的关心、支持和帮助。我至今仍清晰地记得，在我们为两局分工举棋不定的时候，许多领导找到我说：都是自家的事，谁多干点、谁少干点无所谓，只要把工作干好了就行；在我们为工作经费发愁的时候，同志们说：认证认可是份内的事，有钱要干，没钱也得干。这些话使我们深受感动，给了我们极大的支持和鼓舞。这些年，地方两局在国家认监委的统一组织下做了大量工作，促进了国家认证认可方针政策的贯彻落实，推动了认证认可工作的快速发展，也为我们组织管理认证认可工作提供了新的思路，创造了新鲜经验。认证认可能取得今天这样的进步，地方两局做出了重要贡献，对此我们不会忘记。担任国家认监委主任这几年，遇到过很多困难和挫折，都在同志们的支持配合下一起战胜了，我对大家的支持永远心怀感激。如果要谈离任之后的感想，我感觉最难以割舍的，就是对事业的感情，对两局的感情，对同志们的感情。几年里大家给了我太多的支持，我无以回报，在这里向大家鞠个躬，表示衷心的感谢！作为国家认监委主要负责人，工作中难免出现这样那样的失误，如果因此给两局同志的工作造成了不便，请大家多原谅。

这次会议特别邀请我们协会的会长、副会长参加会议，说明国家认监委党组对协会工作非常重视和关注。在市场经济条件下，有效规范中介组织行为，是一个新的课题。国家认监委成立以后，监管力度不断加大，但光靠行政监督一种手段不能完全解决问题。必须建立法律规范、政府监管、认可监督、行业自律、社会监督相结合的综合机制。《认证认可条例》明确规定建立政府监督与自律并举的监督制度；在市场经济条件下，政府与企业之间，企业与企业之间，也迫切需要建立新的沟通、交流和协调渠道。因此，两年前，国家认监委就着手筹建协会，目的就是建立一种对市场和中介组织新的、有效的监督约束机制。协会的成立，是按照《条例》要求，加强政府与机构间沟通，推进行业自律，保证市场公正，维护机构正当权益，提高认证有效性的一个重要举措，是认证认可事业发展到新阶段的一个重要标志。

认证认可协会不同于一般意义上的协会。体现在以下几个方面：

第一是鉴于认证认可协会服务对象的特殊性，需要协会协助政府部门做一些工作。协会属社团组织，服务的对象一般是同行业。而认证认可协会的服务对象除了企业外，更多的是中介组织即认证及相关机构。作为中介组织，本应发挥服务、沟通、公证、监督的作用。但实际状况怎样？大家都很清楚。根本的一点，就是许多机构还没有成为真正意义上的中介组织，还与政府部门有着千丝万缕的联系。用得着就找政府，用不着就躲政府。你要管他，他就躲开。还有一些没有直接的主管部门，游离在社会上，谁也管不着，低价竞争，买证卖证，想怎么干就怎么干。认证认可协会要协助政府促使这些机构早日成为名副其实的中介组织，在行政监督和市场取向的基础上，通过工作规范和行业自律，实现自我管理，自我约束，切实提高认证有效性。

第二是从业机构经济成分多元化，需要协会协助政府部门加强管理。一般协会组织内的机构经济成分比较单一。而认证认可行业的构成比较复杂。有国营单位，有中外合资机构，有股份制企业，民营企业，也有私有企业。在私有企业中，有的是夫妻店、父子店、兄弟姊妹店。经济成分多元化，增加了管理的难度。协会要根据这一具体情况，加强分类指导和服务。

第三是要协助政府部门维护认证市场的公平公正。市场秩序要建立，必须保证公平公正。通过几年的监管，目前政府部门直接参与认证活动的情况很少了，但利用政府部门权力和影响力来拓展客户的情况依然存在。从业人员明着在几个机构兼职的不多了，但认证机构请其他机构人员去进行工厂审核，由本机构人员签署审核报告的问题又出来了。随着工作的深入，不仅有长期影响认证市场公正的问题要解决，还会出现新的问题。这些工作光靠政府部门来做不够，还必须发挥协会的功能。

第四是行业自身发展的要求。中国的认证认可与国际先进水平相比，很多工作并不差，有的还走在世界前列，差的是技术开发。我们目前的技术力量都分散在各个机构，难以形成技术上的“拳头”优势，标准跟着国外走、技术跟着国外走的现象比较严重。许多重要的领域没有能力开发，一些领域还处于被动地位，因此也失去了一部分市场。因此我们必须整合全行业的技术资源，占据认证认可技术的制高点。这些工作由行政部门来做不合适，而且也没有那么多精力，需要协会来多做一些工作。

协会成立后的主要工作，是在政府与会员之间发挥纽带和服务作用，加强行业诚信，强化职业道德，完善自律机制、协调行业关系，提供行业服务，建立沟通渠道，维护会员利益，促进共同发展。需要指出的是，成立协会决不是要从国家认监委和地方两局的行政管理工作中分一块权或分一点利。协会不是政府部门，没有机构编制，除了政府授权做一些工作外，主要是为会员服务，为政府服务，为社会服务。今后，我们一定努力争取把服务工作做好，做到位。协会的成立是一个新生事物，还需要各方面的帮助，尤其是希望得到地方两局的大力支持。地方两局与协会在认证认可管理方面，工作性质不同，但工作领域相同，对象一致，目的也一样，今后工作联系肯定会很多。希望今后在信息沟通、情况通报等方面建立紧密联系，在市场整顿、监督检查、案件调查等方面密切配合，共同行动，以达到更好效果。两局都有一些管理的认证机构、咨询机构、实验室，需要我们联合推动他们向中介机构转变，促使他们加强行业自律，这些都离不开地方两局的支持。最后，谈一点工作的体会。

经过大家的共同努力，认证认可工作的局面不错。但事业才刚刚起步，今后的路还很长。我们一定要珍惜这来之不易的大好局面，抓住一切有利于工作开展和事业发展的机遇，把工作做得更好一些，使事业发展得更快一些。对于今后的发展，国家质检总局有要求，国家认监委新一届党组有比较深入的考虑，请大家抓好落实。

在国家认监委与地方两局如何配合共同做好工作的问题上，我的感受和体会是，国家认监委和地方两局，是认证认可监督管理的两级重要组织，这是《认证认可条例》中所明确的职责。两方面唇齿相依，荣辱与共，工作各有侧重，地位不可替代。必须充分发挥两个方面的作用和积极性，加强上下的密切配合，中国的认证认可工作才能做好，这是我的一点重要体会。国家认监委作为领导机关，首先必须对地方两局做好指导和服务工作，这一点我在当主任时也经常要求，但做得还不够。现在担任协会会长了，还会经常提些建议。与两局同志在一起的机会难得，我想借此机会谈三点认识。不对之处，请大家批评指正。

一是要从发展的角度来理解和重视认证认可工作。国家认监委成立以来，我感觉大部分局都非常重视认证认可工作，但在个别单位，特别是一些基层单位，这项工作仍没有摆到应有的位置。一个重要的原因，就是觉得这项工作不如现行的一些工作实、权力大、自主性强、能带来一些实惠。我觉得作为政府部门，我们不能光顾眼前，必须从国家大局和发展趋势来推动工作。认证认可改革是中国行政管理体制改革的重要实践，这是中央负责编制体制的权威机构——中编办的王澜明副主任在第二次全国认证认可部际联席会议上提出来的。为什么这么说？因为认证认可的改革，符合行政管理体制改革的大方向。前不久，国务院法制办张穹副主任在第四次全国认证认可部际联席会议明确提出：今后，行政许可的范围要逐步缩小，凡是能通过认证实施的，决不再搞行政许可。这是一个重要的政策导向。行政许可是一种政府行为，在市场经济不成熟的情况下，是必要的和必须的，也是容易见成效的一个重要的政府管理手段。在现阶段也是不可少的。但随着市场经济的逐步完善，政府的干预和行政行为就应随之弱化，更多地靠法制、靠市场手段来管理。我相信随着市场经济的不断完善和发展，不久的将来，我们各局的许多行政管理模式都会随之改革，有些模式可能就是认证的管理模式，不管用什么样的称谓，事实上一些许可制度必然要逐步向认证制度转变。

既然管理模式要改革，认证管理又为我们的改革提供了一种实践的机会，我认为明智之举，就是应该高度重视这一工作，主动从工作发展出发来积极推动，通过认证管理方式的改革，为今后的行政管理体制改革积累经验。要把认证认可放到质量监督、检验检疫同等重要的位置。要做到这一点，需要我们多做统一思想的工作，多做宣传解释工作，多做实际的推动工作。首先要接通“天线”，及时了解国家质检总局、国家认监委的工作部署，把认证认可工作的有关要求及时传达到领导和主管部门，落实到单位的工作计划中；接通“地线”，就是在检验检疫分支局和技术监督地、市、县局建立工作机构，保证工作能及时落实下去，信息能及时反馈上来；接通“内线”，强化局内机构的信息沟通、工作协调和配合；接通“外线”，与当地政府部门、相关机构密切联系，做好横向协调，向社会做好宣传。

二是要把认证认可工作作为重要工作来抓。认证认可管理体制改革是一项新事物，没有成型的模式可以遵循。要推动工作前进，国家认监委要积极探索，地方两局的同志也要积极探索。因为《认证认可条例》把认监委和地方两局从职能上紧密联系在一起了。我们应该按照长江局长“举全局之力做好认证认可工作”的要求，做到主要领导常过问，主管领导亲自抓，专门机构负责管、专职人员具体落实。在大的框架原则下，结合实际情况，积极主动地做工作，不能等、靠、要。有的同志说，我们想干事，但是国家认监委不放权。其实大家想想，国家认监委有什么权力？认证咨询机构和内审员培训机构的审批、CCC 认证产品的免办、CCC 执法检查这些该放的、能放的权力，都交给地方两局了，2006 年还准备在试点的基础上，将 CCC 指定实验室的监督管理权交给地方两局。国家认监委目前所有的是全国认证认可工作的统一协调、综合管理权，起草制定认证认可法律法规的立法权，认证认可国际合作的外事权。这些权力是不能下放的。即使下放了，地方上也难以落实。

有些同志抱怨国家认监委经费支持不够。干任何事都需要一定的财力支持，大家的愿望是合理的。国家认监委这些年一直在跟财政部协调，也争取到了一些专项经费。向财政部争取来的认证监督费用，除了必要的监督抽查经费外，都分下去了。但我们也知道，这么多机构，这点钱是远远不够的。给大家拨一点，只能算是个安慰。今后我相信国家质检总局和国家认监委还会为大家千方百计争取一些经费。但光“向钱看”，工作没法开展。各位局长、同志们，我想大家都明白：我们是《条例》规定的地方认证监督管理部门，做好认证认可工作是我们义不容辞的职责。有钱要好好干，没钱也要干。工作干好了，经费问题会逐步缓解一些，国家认监委去争取经费也理直气壮；干不好，光要钱人家也不会给。这一点请大家多理解。其实该干的工作很多，不是没事干，也不是没有钱就不能干。这次大会上介绍经验的局，工作开展得很不错。湖北作为内地省，工作环境比不上沿海一些省份，但他们因地制宜，工作很有创造性。例如把认证认可融入省里的重点工作、推动省直机关搞认证、开办认证大专班等，非常有特色。说明认证认可有很多工作可做，关键是想不想做，如何去做，会不会开拓。

三是要正确评价当前全国的认证工作形势。对如何看待认证市场、如何评价认证质量、如何抓好认证执法，大家的想法、说法很多，我想就此谈一点个人看法。

目前中国认证认可的总体形势是好的，这一点我相信在座的各位领导都有共识，但好的形势下也掩盖着不少问题。到市场上去转一转，到生产企业去看一看，问题还真不少。在产品认证方面，一些生产企业片面追求经济效益，忽视产品的质量安全要求。送检的是符合标准要求的样品，实际生产中却使用了大量质量低劣、价格低廉的材质。生产企业缺乏诚信，认证机构的后续监督管理也不到位，使得大批存在质量安全隐患、不符合认证要求的产品贴上了认证标志，进入了流通环节。一些企业为了省事，或者是产品本身根本达不到认证要求，打起了歪主意，花高价买假标志。据说假 CCC 标志卖到一块钱一枚，看起来很贵，但来得快、比花时间花钱改进工艺、申请认证合算。商场不了解情况，市场上鱼目混珠，假冒认证标志的产品上了柜台，这绝不是个别现象。出现这些情况，我们也不排除检测机构或认证机构参与的可能性。在体系认证方面，一些企业对认证的作用认识不到位，有的是为了产品宣传、贸易需要而认证，有的是认证机构没有按照标准要求去做，认证与实际管理“两张皮”，日常管理出现了脱节的现象。宏观形势不错，具体问题不少，我想这应该是一个比较客观的结论。

今天在座的都是地方两局的同志，我们不仅要对全国的认证市场有个全面分析，还要从自身职责出发考虑这个问题，不光要看到工作的成绩，更应该多看我们自己工作中的问题。要对存在的问题进行深入分析，切实探索有效的解决办法。分析认证工作中存在的问题，其目的就是要明确认监委和地方两局作为《条例》规定的两级监管机构的责任。我们的任务很重，责任很大。如何做才能不辜负党中央、国务院对我们的期望，不辜负总局对我们的期望，这是这次会议要解决的问题。

对于地方两局一些同志的活思想和配合中出现的一些问题，主要是对认证认可这项工作理解不够，甚至有的同志认为这是额外的，是在帮国家认监委的忙。由于认识偏颇，因此重视就不够。过去国家认监委在这些方面的宣传、沟通不够，规范要求不够，有直接责任。国家认监委确定 2006 年的工作重点是规范工作，提高有效性。我想这也是国家认监委相当一段时间工作的重点。要规范认证及相关机构的工作，就必须首先规范我们监督管理机构的工作，提高我们工作的有效性。当然，规范认证及认证机构，新成立的认证认可协会也将扮演重要角色。希望我们大家同心协力、共同把工作做好，把认证认可“十一五”规划落实好，共同推动认证认可工作新的更大发展。

国家认监委主任王凤清
在国家信息安全产品认证管理委员会成立大会上的讲话

(2005 年 4 月 19 日)

在国务院领导的重视和各有关部委的支持配合下,建立国家信息安全产品认证认可体系的工作已经顺利启动。今天,国家信息安全产品认证管理委员会正式成立,标志着这一工作进入了实质性的实施阶段。我代表国家质检总局和国家认监委表示热烈的祝贺,并借此机会,谈点体会和建议。

一、建立统一的信息安全产品认证认可体系非常必要

信息产业的快速发展,尤其是全球互联网的兴起,极大地促进了社会的进步和经济的发展,丰富了人们的文化生活。我们在感受信息化带来的诸多方便和益处的同时,也面临着日益突出的信息安全问题。如果处理得不好,这些安全问题将会直接地影响到国家的安全和经济利益。因此,国家领导对此十分重视,专门成立了国家网络与信息安全协调小组,协调开展中国保障信息安全方面的工作,这是有力的组织保证。

信息安全的工作内容很宽泛,它包括产品的安全、网络的安全、信息传递过程中的安全等。按照国家网络与信息安全协调小组的统一安排,国务院有关部门正在积极配合,在各自的职责范围内开展保障信息安全的工作,形成了非常可喜的局面。

对信息安全产品进行认证管理是保障信息安全的一种重要而有效的方式。虽然中国的信息安全产品的测评认证工作起步比较晚,但近些年来,围绕对信息安全产品实施测评认证的问题,各有关部门都在各自的职责范围内做了一些工作,也借鉴了国外的一些做法,积累了一些经验。国家认监委成立以后,国务院要求我们把分散的测评、认证等项工作统一起来,建立国家统一的认证认可体系。

2004 年 1 月,在国信办召开的全国信息安全保障工作会议上,安排国家认监委汇报了建立国家信息安全产品认证认可体系的初步方案。之后,在国家网络与信息安全协调小组第三次会议上,我向有关领导介绍了建立和实施这套体系的设想,主要包括建立这一体系的目的意义、基本原则、基本内容、实施计划和安排,以及实施国家信息安全产品认证认可体系与政府部门行政管理的关系等。为尽快启动体系建立工作,并保证国家信息安全产品认证认可体系建设的合理有效,会议之后,国家认监委通过函商、召开座谈会、走访交流等多种形式,广泛征求了国务院各有关部门、相关省市信息安全主管部门、产品认证机构/检测机构、产品生产企业的意见。根据各方意见对体系的框架内容作了进一步修改和完善,提出了体系建设方案。2004 年 10 月 18 日,经国家网络与信息安全协调小组第三次会议讨论通过,公安部、安全部、信息产业部、保密局、密码局、国信办以及质检总局、认监委等 8 个部门联合发出了《关于建立国家信息安全产品认证认可体系的通知》(国认证联[2004]57 号),为我们做好信息安全产品认证工作奠定了基础。

建立国家统一的信息安全产品认证认可体系,把分散的测评、认证等项工作统一起来,既可解决标准不一、重复测评的问题,又可提高检测和认证的整体水平,以适应 WTO 后过渡期的技术性贸易措施的需要。这一体系的建立,将有利于中国开发自主知识产权的信息安全产品,从而为国家信息安全保障体系的建立和完善提供基础保障。

二、信息安全产品认证认可体系的建设任重道远

8 部委联合发出的《关于建立国家信息安全认证认可体系的通知》中,明确了信息安全产品认证认可体系建设的指导思想与原则、体系建设方案、体系建设与实施的工作机制、体系建设计划等内容。提出"以'三个代表'重要思想为指导,以维护国家安全和经济利益为出发点,在统一监管和综合协调的机制下,建立既符合国家利益需要又遵循国际通行规则的国家统一的信息安全产品认证认可体系,从而为国家信息安全保障体系的有效实施提供强有力的技术支撑"。信息安全产品认证认可体系建设应始终贯彻这一指导思想,按照统一管理与共同实施、统一规范、政事分开以及充分发挥认可制度作用等原则,有计划、有步骤地推进体系的建设和实施。

根据八部委联合通知的要求,国家计划用 5 年的时

间，分3个阶段完成信息安全产品认证认可体系的建设。在第一阶段，将利用1年的时间进行认证认可技术的研究、政策的制订、认证实施机构的组织建设，以及认证产品目录的确定、认证基本规范与规则的组织制定和实施工作；第二阶段，在第一阶段的基础上，再利用2年的时间，使信息安全产品认证认可体系运转有效，使有关产品的行政许可逐步过渡到认证认可制度；第三阶段，再利用2年时间，使体系的运转达到国际同行的先进水平。体系有效性的能动作用将充分发挥，对产业发展的引导与推动作用将更加强劲。八部委联合通知，为信息安全产品认证认可体系的建设规划了蓝图。要使蓝图变为现实，非常不容易。中国信息安全产品的测评认证工作本身起步就比较晚，一定程度上存在着政出多门、管理分散，认证、测评依据标准不一、低水平重复的问题。此外，认证、测评产品的覆盖范围有限、相关机构的设立无统一规划、从业人员资质认定不规范，认证、测评工作与执法检查不分等问题还比较突出，还有大量的工作要做。

国家认监委作为中国认证认可工作的管理监督和综合协调部门，在这方面责无旁贷。国家认监委一定会从国家利益和工作大局出发，尽心尽力，尽职尽责地做好管理、协调和服务工作。这项工作能不能做好的另一个重要因素，就是能不能得到国务院各有关部门的有效支持与配合。在体系建设的3个阶段中，从政策与技术制定、认证实施机构的组建，到认证产品目录的确定、认证基本规范、规则的组织制定和实施；从有关产品的行政许可向认证认可制度的有效过渡，到体系充分发挥能动作用、促进产业发展。可以说，每个阶段，每个具体环节，都需要各有关方面共同支持和配合。过去，我们在这方面有非常良好的合作基础，8部委能在短短1年的时间内就建立信息安全产品认证认可体系达成一致并形成文件，本身就是各部门讲政治、顾大局、团结协作、支持配合的体现。但这个文件还只是一个初步的框架。认证认可体系建设开始以后，工作中还会遇到很多的实际问题，会有一些不同观念、方法的碰撞，还会不可避免地涉及到一些部门的利益。我相信只要我们从国家利益和工作大局出发，求大同、存小异，多协商、多沟通，就没有克服不了的困难，没有解决不了的问题。希望各有关部委一如既往地给予支持。当然，对我们工作中的问题和不足，也希望多批评，及时提出宝贵的意见和建议。

三、信息安全产品认证管理委员会要切实担负起工作责任

信息安全工作涉及的领域众多，是一项系统工程，需要多方面综合协调管理。信息安全产品认证认可工作实行在国务院认证认可监管部门的统一管理、监督和综合协调下，各有关方面共同实施的工作机制，这是这一体系有效建设和顺利实施的前提。国家信息安全产品认证管理委员会的成立，就是为了适应这一需求。管理委员会的成立，标志着统一的信息安全产品认证制度的建立工作已正式启动，进入了顺利实施的新阶段。因此，可以说，管委会的成立，意义十分重要；管委会成立以后，责任重大。必须切实负起责任，推动这一工作机制的高效运行。为此，我提几条不成熟的建议：

一是要注意工作的广泛性。信息安全工作涉及的技术领域、工作领域都非常多。不同领域有不同的情况和不同的需求。因此，我们在考虑管理委员会的构成时，就充分照顾到了这一特点。管理委员会的代表层面很广泛，有来自国务院有关政府部门的代表，有产品的提供者和使用者的代表，有标准、认证、检测、认可等技术机构的代表。工作中特别是决策过程中，要充分考虑到不同领域的特点，充分听取各有关利益方的意见，切实做到公开、公平、公正、透明，增加可信度。二是要注意工作的科学性。管理委员会要充分发挥作用，积极参与制定中国信息安全产品认证方针政策、审定认证基本规范、提出认证制度与产品目录建议等，为政府决策提供建议和依据。希望管委会的各位成员要以国家利益为重，以严谨求实、科学高效的态度来参与管理。主动了解和掌握国内外相关的前沿理论，积极引入先进的工作理念和方法，深入调查研究，及时提出有建设性的合理化建议。三是要注意充分发挥有关部门的作用。建立信息安全认证认可体系是我们共同的事业，需要方方面面共同参与和发挥作用。为更加有效地发挥有关部门的作用，管理委员会专门设立了由部门代表组成的执行委员会，就重大事宜尤其是涉及到相关政府部门职能履行的事宜进行审议，为共同实施工作机制效能的发挥提供组织保障。希望管委会充分重视和全力发挥执行委员会的作用，吸收各部门开展信息安全产品认证工作的好的经验和做法，依托相关部门行业管理的职能，推进认证认可体系建设。

总之，信息安全产品认证认可体系建设责任重大，工作千头万绪。希望各有关部门团结一致，相互支持配合；希望管理委员会的每位委员明确责任，努力工作，为完成党中央、国务院交给的光荣任务，为共同建立中国科学合理的信息安全产品认证认可制度、保障国家信息安全做出积极的贡献。

国家认监委主任王凤清
在全国认证认可工作部际联席会议
成员单位联络员会议上的讲话

(2005年6月17日)

这次联络员会议是根据认证认可部际协调工作的实际需要，同时也是为了认真地落实第三次全国认证认可部际联席会议做出的一些决定以及会上国务院领导的讲话精神和第三次全国认证认可工作会议精神召开的。这次会议对今后部际协调工作以及认证认可工作都具有重要的意义。实际上，我们在建立认证认可部际联席会议的时候就明确提出，联席会议是采取全体成员会议和联络员会议相结合的方式。成员单位的领导同志工作非常忙，一年开两次以上的会议比较困难，所以我们原则上一年只开一次会，会上主要是确定大的方针政策，讨论一些重要的议题，如联席会议确定的原则方针的具体落实。具体工作中的一些问题，要通过联络员会议来解决。根据三年来的工作经验，部际联席会议涉及的问题既有全体的，也有局部的。大家共同关心的问题，我们在一年一次成员联席会议上解决。只涉及到部分成员单位，在协调时其他成员单位就不一定要参加。开联络员会议协调的方式更加灵活，这也是上一次部际联席会议上一些领导提出的希望和要求。另外，联络员也有这个要求，希望有些问题在联络员这个层次上来商量更合适，我们接受了大家的意见，从2005年开始，联络员会议每年至少召开一次。

通过前几次的会议，我们感到部际协调会议这种机制非常好，非常重要。认证认可领域中很多重大的问题，都是通过部际协调会议这种机制来协商解决的。通过会议，能统一认识，一些重大的问题通过说明、互相讨论、切磋，最后也能达到共识。部际协调会议，对认证认可工作起到了很大的推动作用。从2001年开始，国务院在中国入世前夕，为了使中国的合格评定体系更符合国际惯例，决定在成立国家质检总局的同时，成立两个委员会：一个是认证认可监督管理委员会，一个是标准化管理委员会。这个体制的变化，适应了中国入世以后，建立市场经济体系，加强与国际接轨的工作需要。国家认监委成立以来主要做了四件大事。

一是进行了一个改革。我们根据国务院的要求，改革了中国的认证认可管理体制。整合了原有的管理机构，理顺了工作关系，按照国际规则建立了新的工作制度，彻底解决了中国认证认可工作政出多门、重复认证、重复收费、内外不一的问题。我们这一成果已经被作为中国兑现入世承诺的重要标志。

二是建立了一项制度。基本上建立了一个既符合国际规则要求，又符合中国国情，具有中国特色的认证认可制度。这项制度的建立，把中国的认证认可工作融入到国际认证认可的大环境中。强制性产品认证等制度对国家经济建设和社会发展已经产生了非常重要的影响，而且正在发挥着越来越重要的作用。中国认证认可工作在国际上的影响也在不断加强，我们在相关的国际组织中地位越来越高，影响力越来越大。在制订一些相关标准、规则时，可以发挥我们的影响，使之在一定程度上可以按照对中国有利的原则方向发展。我们建立的这套制度，有一些国家正在效仿，有的表示要向我们学习，建立类似的制度。

三是出台了一个条例。《认证认可条例》是中国在认证认可领域的第一部法规性文件。过去在其他一些法规里的字里行间有一些说法，但是作为一个整体的规范性的文件，这是第一次。《认证认可条例》由国务院2003年11月份正式颁布实施，近两年的实践证明，它顺应了中国依法治国、依法行政的大趋势，使认证认可工作走上了规范化、法制化的发展轨道，也为各个部门共同开展认证认可工作提供了一个基本的规范，搭建了一个良好的平台。《条例》既符合了国际通行做法，也结合了我们国家的国情，充分吸取了方方面面的意见。《条例》不仅规范了我们国家认证认可工作，而且也为认证认可工作的国际合作交流，打下了良好的基础。

四是实现了一个机制。按照《认证认可条例》的要求，经国务院批准，我们建立起了在国家认监委统一管理、监督和综合协调下，各有关方面共同实施的工作机制。经过国务院的批准，2002年我们建立了认证认可部际联席会议制度，包括国家认监委在内，有19个单位参加，后来国家计委和国家经贸委机构改革成了18个单位，以后又增补铁道部等5个单位，现在是23个正式成员单位，已经召开了三次部际联席会议。第一次会议，我们主要是向大家汇报国家建立统一的认证认可工作的必要性和重要性，国家认监委成立的意义和在国内国际上的影响，目的是统一认识。第二次会议主要是贯彻《认证认可条例》，当时请了国务院法制办的同志，逐条地宣讲了《条例》内容，会后我们举办了若干个不同层次的培训班。第三次会议2004年11月份召开，会议主题是：总结、巩固和发展。这次会议实际上是把我们两年多的工作，本着求真务实的态度，从科学发展观的角度，做了一个系统的总结。

在部际联席会议制度的框架内，各有关单位围绕着共同推进认证认可工作这一目的，进行了大量卓有成效的协调和沟通，在座的联络员同志们都有体会。按照《条例》的要求，在大家的支持下，建立了国家集中统一的认可制度，质量管理体系、环境管理体系、职业健康安全管理体系等工作方面都经过协商以后，做到了集中统一的管理。另外在有机产品认可工作移交、强制性产品认证的实施、认证市场的整顿、自愿性产品认证的开展、信息安全产品认证认可体系的建立，还有在促进外贸发展、扩大出口等方面进行了深入合作，取得了广泛的成果。吸收了农业、经济、管理等行业专家的参与，成立了认证认可专家咨询委员会。咨询委员会的成员都是国家层面上的一些专家，平时不在认证认可领域里工作，提意见的面比较宽、思路比较广，能够从认证工作对国民经济的推动上看问题，提出一些高层次的见解。我们也深深感到各个部门对认证认可工作越来越重视和支持，并积极响应《行政许可法》的要求，努力推动认证制度在本部门、本行业的实施，采用认证认可手段规范和促进产业发展，运用认证认可手段来提高行政管理效率、实验室管理水平和技术能力，取得了许多很好的经验。

在2004年召开的第三次认证认可部际联席会议上，国务院汪洋副秘书长代表国务院参加会议，对我们部际联席会议制度给予了高度评价。他指出：认证认可部际联席会议制度实施三年来，在贯彻落实党中央、国务院确定的统一管理、共同实施的工作机制方面取得了可喜成绩，部际联席会议成员单位从成立之初的18个发展成为现在的23个。通过联席会议制度实现了口对口的有效协商，解决了工作中的许多矛盾和问题，为中国认证认可制度的建立和工作的开展做出了应有的贡献。我们听了他的讲话也很欣慰，这实际上是对我们联络员、对各个成员单位的一种表彰。

从以上介绍大家不难看出，中国认证认可新的管理体制的建立，经历了一个由分散到统一，从无序到规范的过程，部际联席会议制度的建立和作用的发挥，也是经历了一个从局部到全局，从抽象到具体的客观变化过程。三次部际联席会议，一次比一次更加务实。第一次要说是务虚，第二、第三次就是务实了。随着时间的推移，我们对部际协调制度的重要性的认识在步步深化，合作和协调的领域在不断地向纵深发展。工作的重心已经从初期的建立制度、完善规则、宏观筹划转移到了按照已经确定的基本原则，实质性地解决工作中的具体问题的一个新的阶段。工作的不断深入，要求的不断提高，这就迫切需要我们采取更加灵活多样的方式，因事制宜，拓展部际协调的新途径，增强部际协调的效果，这为我们按照当初的设想，召开联络员会议创造了成熟的条件。因此，我们这次联络员会议不是一般意义上的一个工作会议，而是认证认可部际协调进入到一个深层次发展的需要。所以，联络员会议制度的建立既体现了我们认证认可工作、认证认可部际协调深入发展的一个特征，也是我们工作进入实质性阶段的重要标志。

各位联络员同志都是国家认监委与各部委之间联系的纽带和桥梁，你们既是部际联席会议制度的参与者，也是执行者，同时你们也是实质性的决策者。因为我们很多大的决策，都要在部际协调会议上解决，要我们各个部门负责这方面工作的领导同志在会议上决策。但是，会上要解决的问题，主要取决于在座的各位同志在各个部门的意见，各位责任重大。为了开好这个会议，为了使联络员会议制度更好地发挥作用，我想提几点意见，供大家参考。

一、从指导思想上，要立足于“三个基本出发点”

认证认可是促进经济社会发展、构建和谐社会的重要手段。我们开展部际协调，必须把这项工作纳入国际国内大的工作环境和中国政府部门机构改革这个大的形势下来考虑。我们要做好这项工作，首先在思想上要立足三个基本出发点。

一是以促进国家经济建设和社会发展作为基本出发点。前不久，胡锦涛总书记在陈云同志诞辰100周年纪念大会上的讲话中曾经指出：“当前，中国改革发展进入了关键时期，全党全国各族人民正在按照党的十六大描绘的蓝图，聚精会神搞建设，一心一意谋发展，意气风发地推进全面建设小康社会的伟大进程。党和人民事业发展的前景是无限美好的。同时,我们也要清醒地认识到,面对国际形势的深刻变化,面对国内改革发展的繁重任务,我们的前进征程也是充满艰辛的。我们一定要增强忧患意识,做到居安思危,紧紧抓住和用好重要战略机遇期,有效应对前进道路上的各种风险和挑战,坚定不移地把老一辈革命家开创的中国特色社会主义事业推向前进。”锦涛同志语重心长,既讲到我们取得的成绩和美好的前景,也要看到我们目前前进道路上可能还有这样那样风险和挑战。作为我们政府部门来讲,总书记这一段讲话,既是对我们提出的要求,也是我们应该主动承担的历史责任,在进行建立与完善社会主义市场经济体制的探索中,加强“三农”工作,加快推进经济结构调整和增长方式转变,推进区域协调发展,深化国有企业改革,加强市场体系建设,建设和谐社会等重要工作,都和我们认证认可有密切的关联。随着政府职能的转变,市场的有序发展是非常重要的。市场的有序发展离不开认证认可工作。而认证认可工作有序发展了,对整个市场的有序发展会起到重要的作用。所以说,认证认可工作在国家改革开放和现代化建设中大有可为。反过来说,认证认可工作也只有和国家经济发展紧密结合起来,才能充分发挥作用。因此,2004 年第三次部际联席会议,我们形成了一个共识:就是要充分发挥认证认可工作的作用,促进国家经济建设和社会发展。2005 年 5 月,我们组织召开了认证认可战略研究研讨会,在这个时候召开这么一个会议,目的就是为了从国家整体发展的高度开展战略研究,解决制约认证认可发展的基础理论和关键技术问题,研究认证认可对国民经济的作用机理、作用模型和定量指标,完成其作为市场经济结构的基础平台功能,充分发挥其对国民经济和社会发展的支撑促进作用。我们想争取将这个题目列为国家“十一五”的一个课题来进行研究,科技部非常支持。参加战略研讨会的有来自政府部门、工业部门的专家学者和社会服务领域及贸易方、消费者代表,还有国务院参事、科学院院士,大家都非常认同这一点,希望我们早日拿出成熟方案,争取科技部将其列入国家重大科研项目,早日开展课题研究,找准认证认可与国民经济社会发展的切入点和着力点,对各项指标进行具体量化。认证认可的重要性,我们可以举出很多例子加以说明,但要定量地说明就比较困难,我们在这方面的研究确实不足。有些问题也来不及汇总。这些问题都希望通过这个课题来研究解决。认证认可部际协调很重要,我们通过这种协调机制,统一了思想,把一些疑难问题解决了,这些问题解决了以后,我们也需要关注认证认可对我们整个工作、整个国家的经济建设的作用。我们在工作过程中,要做到既有继承也有发展。我们在按照国际标准运作时,要不断地把国际通行规则、国际标准与中国的实际情况结合起来,形成中国特色的规范,这对我们国内的工作有很大的好处。中国现在的市场机制还不完善,企业的管理水平和发达国家相比还有很大差距,有些必须遵循国际规则、国际标准的,我们一定要执行,只有这样国际上才能认同。

二是要以突破国外遏制,维护国家利益为基本出发点。要打破国外对我们的一些不合理的技术壁垒、贸易壁垒,维护我们国家的基本利益。中国正在崛起,这是一个不争的事实,在崛起的同时,面对更加激烈的竞争,也受到一些国家提出的一些不合理的要求,现在贸易战越打越厉害,一些国家不愿意看到中国强大,从政治上,通过散布“中国威胁论”,采取多种手段千方百计遏制中国的发展,在经济上,他们在大举进入中国市场的同时,却又采取双重标准,实施贸易保护主义。从过去的禽肉出口争端、钢铁争端、彩电争端,到今天的纺织品磨擦,无一不是这些方面的具体体现。我们在 WTO 谈判过程中,一些国家要求我们要承认他们的检验结果,却不承认我们的检验结果。认证认可工作实际也面临类似的问题,需要对付外国的双重标准,尤其是美国的双重标准和欧盟的双重标准问题。认证认可工作本身是国际性的,使用的标准是国际标准,从业的机构也是经过国际同行评审过的,应该说在这个领域,我们的结果最容易被外国承认,因此要把认证认可工作做好,这样才有利于中国进出口贸易。我举个无线局域网的标准问题的例子。因为这个问题我们跟美国人产生了摩擦,我们中国自己搞了一个无线局域网的标准,原因是我们现在国内有很多企业、很多单位都搞无线局域网,而无线局域网大部分是进口的,存在信息安全问题,从保证国家信息安全的角度,也考虑到对等问题,由国家标准委牵头,搞了无线局域网的国家标准。这个标准很重要。有了这个标准,我们就从 2004 年 7 月 1 日开始要实施强制性认证,美国人就坚决反对,而且拿这个标准压我们,对两国的贸易都产生了很大的压力。现在,我们正式向 ISO 秘书处提出以我们的标准为基础制定国际标准,美国也提出申请以他们的标准为基础制定国际标准。2005 年 8 月要在北京开会决定用谁的标准。当然用谁的标准很重要,另外有了强制性标准以后,我们就要开展认证,美国怕的就是认证。这件事说明不能小看认证的作用。因为认证过程中就有可能对你的网络进行评价,这样一来他们就不干了。他们也知道,强制性认证是以强制性标准为基础开展的,只要有了强制性标准,我们才能做这项工作,因此千方百计阻挠将我们的标准作为国际标准。到现在为止,双方都在争取ISO的支持。我们一定要把这项工作做好。

在国际关系中,牵制与反牵制,竞争与反竞争,设置技术性壁垒与打破技术性壁垒的斗争是非常现实的,也是非常迫切的问题,这一问题在认证认可领域反映的尤为突出。所以说,我们在座的同志们都是代表了某一个政府部门从事认证认可管理,开展相关协调,制定有关的政策,我们希望大家要从国家的高度、国家利益的高度去考虑问题,不能够过分强调本部门的情况,要调整自己部门的一些做法。我以实验室为例说说这方面的情况。现在各个部门下面都有很多实验室。一些实验室在管理上是很不错的,但是也有一些部门的实验室管理不好。过去,这些实验室不管怎么样也能养活自己,因为部门管理的产品都要经过他们的检验,就等于是政策养活了他。现在市场要开放了,国内部门之间的检验机构要打破部门的界限,要对整个市场开放,到2005年12月,外国检验机构可以设立独资机构进入中国。在这种情况下,还想通过政府部门帮助检验机构生存和发展就难了。现在我们的企业是多种经济成份并存,有国有企业,也有合资企业、股份制企业,还有民营企业,政府不能强制要求企业必须将××产品送到那个实验室检验,必须要考虑公平,具备条件的实验室都可以承接任务。将来外国的检测机构进来了,如果具备条件,就不能不让他做。国家认监委作为实验室的统一管理部门,负责实验室资质审批和日常管理工作,在这里我希望大家关心一下实验室的发展问题。如果说我们国家自己的实验室都不行,国外的实验室控制了我们国家的检测市场,大家试想一下将来会是什么样的结果?我们国家的质量状况被人家完全掌握,受制于人,人家说合格你就合格,说不合格你就不合格。另外还有生产过程中的检验问题,也是很重要的,所以实验室资质和日常管理工作包括实验室的认可,都是非常重要的。在这项工作中,要从国家的利益着想,不能过分强调自己分管工作的重要性。希望在联络员这个层面上,工作中要以国家的利益为重,互相团结、互相理解、互相协调。

三是以深化机构改革,加快政府职能转变为基本出发点。我们认证认可部际协调是政府部门之间的工作协调,这项工作与政府机构改革、职能转变密不可分,是深化政府机构改革,转变政府职能,落实科学发展观,完善市场经济体制的客观要求。大家都知道,完善市场经济体制,其中有一个重要标志,就是市场在资源配置中发挥基础性作用,政府主要采取经济手段和法律手段间接地实行宏观管理。如果政府不改革、不转变职能,市场经济体制是不可能建立起来的,或者说也是不可能完善起来的。我们现在与很多国家谈承认市场经济地位的问题。承认市场经济地位有很多标准和很多标志,我们现在认为自己是市场经济,人家可以举出很多例子说明你不是市场经济,是计划经济。认证认可工作实际中也面临这个问题。我想各个政府部门,不要去搞具体认证,要把着眼点放在对认证工作进行监督、检查、抽查,这是权力的一个提升。但是许多政府部门不愿意这么做,老是放不开,不仅要管,还要搞具体工作,对认证认可工作的规范有序开展在一定程度上会有影响。"十一五"期间政府转变职能仍将是改革的中心和重点。在经济社会全面转型期,制度建设的深化与完善既是政府责无旁贷的任务,也是政府公共职能的重要内容,认证认可在一些领域、一定程度上已经成为政府依法行政的一个重要手段。政府在利用认证认可手段加强管理方面,从观念上来讲,应该实现从微观到宏观,从直接管理到间接管理的转变。在方法上要改变大包大揽的做法,在统一管理的基础上共同实施,积极参与标准规则的制定,推动认证认可在本行业的运用,充分利用认证认可手段,利用认证认可成果加强行业管理。我们在座的各位,未来的工作中要遵循这样一些思路去开展工作。为了实现共同实施的目标,一方面多个部门要根据各自的情况提要求,明确要达到的目的,要参与对认证活动的监管;另一方面,具体的认证活动让那些有资质的社会中介机构去做。在相关机构管理上,要切实做到政企分开、政资分开,政事分开,鼓励和扶持相关机构按照市场经济规则做大做强。在工作协调上,也应该合理规划、科学安排,使认证认可发展与政府机构改革的发展趋势相一致,与政府职能转变的要求相协调。

二、在具体的协调工作中,要坚持三个重要原则

因为我们大家都是从事协调工作的,在这个会议上重要的就是协调,开展协调工作要有原则。我认为目前要强调坚持三个重要的原则。

第一个原则就是局部服从全局的原则。在座的同志们都是一个部门、一个行业的管理者,有的是一个部门管很多行业,由于工作领域不同,管理对象不同,开展认证认可工作的经历也不一样。在进行认证认可工作协调时,考虑问题的出发点和角度,对一些问题的理解和看法肯定不完全相同,有些工作还会涉及到一些部门和行业利益,正因为如此,这项工作才需要沟通和协调。如果我们都能从国家利益出发,从工作大局着眼,相互理解,相互尊重,求同存异,友好协商,就没有解决不了的矛盾和问题。相反,如果我们任何时候只考虑局部不考虑全局,或

是先考虑局部再考虑全局，老是坚持己见，我们的协调工作就难以开展。

我在一开始就讲，我对联络员们抱有很高的期望值。因为你们在每个单位都是认证认可工作主管领导，你们的意见对你们部门举足轻重。对部际协调成员单位也会起到很重要的影响。领导的决策很多都是建立在你们的意见建议基础之上。作了决定以后，付诸实施也要靠你们去推动，所以，联络员会议制度非常重要。我们大家的思想统一起来，我们有一个很好的协调的工作环境和氛围，对我们将来开展的认证认可工作是非常重要的。当然，由于多种原因也会存在一些矛盾。可能我们联络员在本单位内进行协调时，也会涉及到内部一些部门的利益，比较难统一。我们对此非常理解。因此联络员在本单位内部也有一个协调问题，也有一个商量问题，可能也有一定的难度，但是不断地解决工作中出现的矛盾和问题，是我们的一项重要工作职能。只要我们有高度的责任心，有大局意识，我们在部门内部的协调上，一定能很好地处理好这种关系问题。

第二个原则就是要提高协调效率。我们现在的部际联席会议已经成为了一种制度，联络员会议也形成了一种重要的工作制度。根据工作需要我们将一年召集一次或几次联络员会议，可能还会临时召集部分部门的联络员来开会，就某一项具体工作进行协调。这是我们部际协调会的两个层面的工作。联络员会议可能要进行工作层面上的协商。通过协商把问题解决，一方面是提高部际联席会议的效率，同时也减轻我们部际协调会议的领导同志的工作压力。我们这次会议提交了要讨论的文件，包括联络员会议原则和制度。联络员会议原则和制度就是明确议事规则和办事程序。欢迎大家踊跃提意见。另外，我们将来在认证认可工作中，局部的一些问题可能需要局部的一部分联络员来协调，提高工作效率也包括这点，能小范围解决的，不大范围解决，能局部解决的，不开全体会议。将来会议形成的一些意见需要贯彻、要执行的，或者要征求意见的，希望各位联络员，能够急事急办，按通知的要求，尽快返回意见建议和落实情况。认监委自身也要这样，你们征求我们的意见，我们要求我们委内的办事机构这样做，必须按照规定的时间给予答复，不能含糊。对于已经形成了制度，《认证认可条例》和过去的《办法》里已经都明确了的就按照执行，不再上会协调。《认证认可条例》中规定了的，已经形成了制度的，会议已经达成共识，大家来共同维护、遵守，尤其是一年一次的部际协调会达成的共识，我们大家要共同遵守。

第三个原则就是要维护决议的严肃性。我们检验部际协调工作的成效，关键的一点，就是要看看部际协调会议形成的决议、文件和共识能不能有效地落实。形成的决议挺好，回去以后就忘了，该怎么干还怎么干，这个不行。对于这一点汪洋副秘书长也讲过一段话。他说：联席会议能否发挥作用，最关键、最重要的是会议形成的意见能否在各部门的工作中得到贯彻落实。我为什么说我们联络员既是参与者，也是执行者。因为具体都靠我们的主管部门去做，很难让部长回去以后天天抓这件事。所以大家要花精力抓落实，抓了以后给部长汇报，碰到难题请部长出面解决。充分协商和讨论是重要的，但会议决定的事项贯彻执行更为重要，联络员同志在贯彻落实会议决定方面责任重大。作为会议的参与者和决策者，必须带头执行会议形成的相关决议；作为联系部委与部际协调会议的桥梁和纽带，要及时向领导汇报，争取支持；作为你本部门这项工作的管理者，要积极做好宣传解释和推动工作。如果大家都积极推动，都把这个事当回事的话，工作肯定会大有起色。

三、搞好这项工作，要增强责任意识

责任意识就是角色意识，就是大家要知道自己所处的岗位、这道环节在全局中的位置和作用。我前面讲了这么多，其实很重要的一条，就是要大家理解，作为联络员在整个部际协调中所处位置和作用，要自觉做好职责范围内的事。从过去的工作我们也感到，我们这些部际协调会的联络员是非常负责任的，很多工作都是通过我们在座的同志们去贯彻落实的，而且我们的联络员的素质都是比较好的。大家有一定的大局意识，尽管我们也知道有些同志的工作开展得不太顺利，是什么原因呢？就是难度，就是他在自己单位里的工作难度，联络员本身还是积极想把工作做好。相信各位联络员在未来的工作中会更加负责任，把工作做得更好。我门将来召开联络员协调会议的时候，首先国家认监委要提前一段时间通知大家，希望大家安排好工作，尽量参加会议不要缺席。我作为协调制度的牵头人，愿意努力和大家共同把这个平台建设好，希望在一个比较和谐的、宽松的工作氛围内开展工作，我也希望大家推心置腹地对待国家认监委的所有工作，有些什么意见，有些什么建议，及时向我们反馈。联席会议办公室也会定期地给大家发简报，希望大家自己首先要看，还要把它送到我们的成员手里，让他了解现在国家认证认可的工作及其开展情况。最后，我希望通过大家努力把我们联席会议制度建设成为一个充满生机活力的工作机制、一个富有工作成效的工作机制、一个民主求实的工作机制、一个科学高效的工作机制、一个团结和谐的工作机制。

国家认监委常务副主任孙大伟在全国认证认可工作部际联席会议成员单位联络员会议上的情况通报

（2005年6月17日）

刚才王主任对近3年来，认证认可事业发展所完成的四件大事做了简要的回顾，同时也肯定了我们各位联络员在这四件大事的完成上所做出的努力，对部际联席会议联络员制度提出了希望。王主任从3个基本出发点分析了当前认证认可工作面临的形式，对部际联席会议联络员这个层面的工作提出了希望，更从3个重要原则的角度，对议事制度和联络员本身提出了具体要求。在联络员会议上，明确这些原则、明确我们各位联络员自身的定位、明确联络员会议的任务，都是非常重要的。

上次认证认可工作部际联席会议后，大家提了很多意见。我们部际联席会议办公室也分头上门征求了各部委的意见，同时还发文征求了各成员单位意见，这些意见反馈回来后，我们做了哪些工作、进展怎样，今天在这里给大家简单通报一下。通报之后，请各个成员单位把本部门落实部际联席会议有关工作的情况，简单地介绍一下。在发言过程中，可以结合联络员会议制度、议事原则、还有近期打算推动的几项工作，一并发表意见。

对第三次部际联席会议成员单位反馈意见，我们进行了认真归纳、梳理，并针对问题逐一进行了分解，落实到委内相应业务部门；需要进一步了解情况的，也责成业务部门专人落实，进行了督办。下面将落实情况通报如下：

第一，关于《认证认可条例》宣传和完善《认证认可条例》配套规章问题。成员单位提出要大力宣传《认证认可条例》、完善配套规章和行政规范文件，积极推进培训工作。《认证认可条例》颁布以来，国家认监委在这方面做了大量的宣传工作，召开了新闻发布会，向海内外数十家新闻媒体发布了《认证认可条例》颁布和主要内容的有关消息，介绍了《认证认可条例》的立法背景、立法过程和重大意义。我们还印制了《认证认可条例》宣传画，免费寄送各地认证监管部门和消协组织，供其在《认证认可条例》宣贯活动中使用。我们利用3·15消费者权益保护日等重要纪念日，宣传了认证认可的相关工作，主要是围绕《认证认可条例》进行了宣贯。《认证认可条例》实施一周年之际，与《法制日报》、新浪网等媒体协作，组织了"兆君杯"《认证认可条例》知识竞赛，吸引社会各界广泛参与。同时，我们还制作了宣传《认证认可条例》的公益广告，2004年部际联席会议结束之后，在中央电视台的五个频道滚动播出了70多次。在今后的工作中，这种利用各种宣传媒体进行宣传的工作还要加强，因为大家普遍反映，国家有这套制度，我们有这套工作机制，但社会层面上对它的认知程度还不广泛，这方面的工作还需要进一步加强。关于《认证认可条例》配套规章的完善问题，在强制性产品认证，认证机构管理、实验室资质管理、农产品认证等几个工作领域，目前已完成配套规章11个、行政规范性文件28个。此外，还加快了《合格评定法》的立法工作，完成了《合格评定制度》立法的调研报告，在此基础上，计划2005年完成《合格评定法》初稿。

第二，关于强制性产品认证工作情况。强制性产品认证是各个成员单位普遍关心的问题，在几次会议上大家都提出了很多有益的建议，我们主要做了以下几方面的工作：

(1)为了解决强制性产品认证法规与标准的有效衔接问题，我们对消防产品实施规则、轮胎产品认证检测标准、玻璃产品检测标准及规则进行了修订；完成了电工类标准、家电、照明、低压电器的标准换版工作；发布了新的乳胶产品认证实施规则。

(2)为了进一步完善对强制性产品认证的执法监督机制，对《目录》内产品开展了全面执法检查，对指定承担强制性产品认证的认证机构实施了定期监督和专项监督制度，对定期监督和专项监督结果进行公开并对存在问题的机构进行了相应的处理。另外，出台了对CCC认证检查员的管理办法，建立了强制性产品认证检查员的注册制度，完成了第一批强制性产品认证检查员的注册工作。在执法检查过程中，加强了与相关行业协会的沟通和交流，充分发挥了行业部门技术力量的优势。

(3)认证检测、信息资源建设方面，正在考虑结合振兴东北、支持西部地区开发的国家政策，准备在强制性产品认证实验室指定方面向这些地区进行相应的政策倾斜和适当的调整。

(4)为解决信息收集、反馈机制问题，我们设立了网上征求意见表，对举报、投诉进行跟踪调查并及时给予答复。通过调研，适应地方认证监管的需要，完善了强制性产品认证网上查询系统，实现了县级查询。

(5)在强制性产品认证方面加大了协调力度。2005年又与7个部委共同完成了建立国家信息安全产品认证认可体系的相关工作，组建了由多方面参加的国家信息安全产品认证管理委员会。在强制性产品认证目录HS编码更新的问题上得到海关总署的大力支持，在细化HS编码的过程中，把需要经过认证的进口商品查验考虑进去。在进口的环节上，把好国门，未获认证的产品，不能进入中国。解决了《目录》内产品把关和查验的问题。

第三，自愿性认证工作开展情况。为加强自愿性产品认证工作，与联席会议成员单位及各主管部门共同研究，采取多种措施来推动自愿性产品认证工作的开展与实施，取得了很大的进展。目前与国家审计署推行的财务软件数据接口认证工作，得到了软件公司和需进行审计的政府部门、一些企事业单位、国家审计署的好评。与发改委等部门推行的节水产品、节能产品认证已经成为政府采购的依据。特别是节能产品，国务院在《关于做好节能型社会近期重点工作的通知》里，关于推进节能产品认证写得非常明确，下一步我们各有关部门要具体研究一下，看看如何推进，怎么把它落实到位。与发改委、科技部等有关部门推行的可再生能源产品认证，如太阳能、风能产品认证，顺应了国家发展的需要，得到了有关部门的大力支持。2005年下半年我们将与信息产业部共同推进数字电视认证工作的开展。为推进服务认证工作，与国家体育总局正在研究制定国家统一的体育服务认证管理办法。目前，与国家林业局正在就森林认证工作进行积极沟通。同时，还与交通部、铁道部、建设部等有关部门就共同关心的一些产品认证问题、认证机构的设立问题进行了沟通和研究。在这次联络员会议上，我们还要进一步统一认识，把共同推进的几项工作定下来之后，具体、深入地进行交流和研究。

第四，关于农产品认证工作开展情况。为了解决有机产品认证无序竞争、可信度下降问题，国家认监委制定了《有机产品认证管理办法》、《有机产品认证实施规则》。跟商务部一起完成了《中国零售商食品采购规范》国家标准起草工作，正在协商绿色市场认证人员后续教育及认证监督检查工作问题。同时，与农业部就饲料产品认证长效监督机制和政策扶持措施等进行了调研。为推动花卉认证工作，与农业部、国家林业局、国家标准委、中国花卉协会等部门共同成立了"花卉认证工作指导委员会"。为解决农产品认证标准使用不规范问题，与农业部、国家标准委共同发文规范认证所依据的标准。对无公害农产品认证中缺少财政支持、认证地区不平衡问题，近期我们准备与农业部共同组织相关人员赴有关地区进行调研，在此基础上，进一步研究解决的措施意见。

第五，实验室认可与计量认证方面的情况。目前在实验室评价制度上确实还存在一些问题，主要是实验室结果互不承认的问题。由于计量认证、审查认可(验收)、还有实验室认可三项制度所依据的法规不同，工作目的、工作机制和工作水平也都存在一些差别，所以暂时还很难一步达到直接的检测结果互认。经过努力，目前基本上将需要同时进行计量认证、审查认可两种评价制度的情况进行了合并，实现了一次评审，发两个证书。对部分产品质检机构实行了三种评价活动相结合，从而在一定程度上减轻了实验室的负担。2004年，还对计量认证实验室加强了监管，开展了全国范围内的专项监督检查活动，检查了30个省级质量技术监督局和26个行业评审组的计量认证工作，抽查了145家获计量认证的实验室，2005年4月，国家认监委专门印发了抽查情况的通报。各省、各行业都积极主动地在本省本行业内开展了实验室的监督检查活动。5月委里又连续召开了3次计量认证工作调研座谈会，广泛听取了方方面面的意见，研究加强计量认证实验室监督管理的措施。目前正在努力探索和推动实验室认可、计量认证在评审模式上的结合，以简化行政审批程序，提高评审结果的科学性和可靠性，提高工作效率，减轻实验室负担。

第六，关于标准体系建设情况。对如何解决产品标准修订后，怎样尽快纳入认证体系这个问题，大家提的意见也比较多。因为标准不断发布，发布之后实施日期又非常短，但认证又需要比较长的周期，转换前期又需要准备。为此，国家认监委与国家标准委联合成立了认证标准联络组，加强了标准的衔接和沟通，建立了认证标准协调机制，制定了标准更新时相关的认证和监督的一些原则。为解决农产品技术标准不完善，基础研究储备不足问题，加强了农产品标准制修订工作，将《中国良好农业规范(GAP)》系列标准列入国家的标准制定计划，《水产品HACCP体系和应用指南》、《肉类屠宰加工企业卫生注册规范》都在进行制定和报批过程中。此外，国家认监委2005年还启动了科研课题立项申报工作，把农产品、食品方面的科研专门设立为一个专业，共申报课题32项，加大了这方面的工作力度。目前正在着手进行立项审批工作，争取尽快确立计划项目。

第七，关于认证认可发展战略研究问题。这个问题，部际联席会议上成员单位谈到过，专家咨询委员会也谈到过，认证认可发展战略研究实质上是认证认可工作应该怎样定位的问题。大家都很关心这个问题。在这次先进性教育活动中，国家认监委在广泛征求包括部际联席会议各成员单位在内各有关方面意见。在大家反馈的意见中，加强战略研究是一个比较突出的意见，包括我们委内各个部也都提到了这个问题，战略研究问题确实是一个大的问题。国家认监委成立3年来从建立机构、完善法律制度、业务集中统一管理等方面做了不少工作，做到现在，应该对一些深层次问题进行研究。这个问题刚才王主任已经讲了很多，我这里就不展开讲了。前不久我们召开了一个座谈会，把方方面面顶尖的专家都请来了，科技部给予了大力支持，有关领导也来参加会议，听了方方面面的情况，现在我们正准备着手申请立项，经费方面请科技部再给予支持。如何解决我们工作上面临的具体问题，怎样加强这方面的工作，在联络员会议上，希望大家集思广益，在这方面多提一些好的意见和建议。我们也希望大家能积极参与这项工作，共同把这项工作搞好。

第八、也是大家非常关心的一个问题，就是关于认证市场监管问题。对于买卖证书、出假证、获证企业认证有效性差等问题，我们组织地方认证监管部门对违法违规行为进行了查处和打击，对非法机构进行了查处和取缔，加大了执法力度。同时，进行了认证机构同行评审、专项稽查、社会满意度调查、投诉调查等工作，对认证机构震动很大。尤其是对检查中发现存在严重问题的机构和人员都进行了相应的处理，促使认证机构和从业人员自觉地来加强这方面的管理和自我约束。我们还建立了对认证从业机构长效监管的机制，当然现在还很不完善，提出来的基本上还是属于框架性的结构，要想把它建成完整监管体系还差得远。而且随着工作的逐步深入，暴露出来的问题也就会越多，既有我们管理方面、制度方面、法律依据方面、后续处理方面的问题，同时也将涉及到怎样完善监管体系、怎样发挥合力这些方面的问题。在认证人员管理方面，我们加强了对公务员不得参加认证活动的监督，出台了公务员认证资格留存的管理规定，同时加强了对认可评审员行为规范的监督检查，要求认证、培训、咨询机构对自身人员建立有效管理制度，并通过对客户的调查来监督人员的从业行为。这一点是一个很重要的规定。我们现行的这一套制度是由政府来制定的一套规则，交给符合资质的中介机构从业，在这个过程中，如果公务人员再介入到从业环节中去，就很难管理。所以，在2004年部际联席会议之后，我们下了很大的力气，把这个问题给解决了。出台了公务员不得从事审核工作，其原有的审核员资格可以封存的规定。公务员不能再去从事审核，但审核员资格可以给你封存起来，保留5年，将来离开公务员队伍，审核员资格还可以恢复。我们对现行的培训、考试、注册制度进行了改革，建立了考试、培训分离制度，确保考试的公正性和质量。改进了认证人员注册制度，简化程序，提高对人员能力的评价水平。另外，加强了对人员持续发展的培训和职业道德的培训，全面提高从业人员素质。现在正在积极着手建立认证认可行业协会，加强认证行业的自律。

第九，怎样改进和完善部际联席会议工作。其中就包括我们开联络员会议，建立会议制度、议事原则，还要确定近期需要共同推进的几项重点工作。大家经过讨论，达成共识后，制定完整的工作计划，分解任务，哪些部门参加、联系人是谁？我们研究出政策，各部门要积极做好推进工作。我们对取得共识，认为应该推进的工作，就要落实下去，积极去推进。随着联络员会议的召开，工作的推进，具体工作的落实，我们联络员同志都承担着越来越重的工作任务。刚才王主任也谈到了，对大家的工作难度很理解，同时也对大家提了很高的要求，各位联络员回去后，还要进行汇报，做好内部协调，还要去进行推进和落实。工作有难度，要靠大家共同努力做好，需要联席会议办公室配合的工作，我们会尽量做好。

以上我把上次部际联席会议之后领导们达成的共识，还有大家反馈意见的处理情况，分几个方面给大家做了简单通报。我想接下来，各位联络员可以交流一下各部门认证工作进展情况，对建立联络员制度、议事规则和对重点推进的认证工作项目畅所欲言，发表意见。

国家质检总局直属机关党委常务副书记刘顺经在国家认监委保持共产党员先进性教育活动总结暨表彰大会上的讲话

(2005年6月24日)

国家质检总局和两委机关以及在京直属挂靠单位历时5个多月的保持共产党员先进性教育活动现已基本结束。国家认监委机关和所属服务中心、信息中心、认可中心、认证中心、中检集团各级党组织和广大党员，按照中央和国家质检总局先教领导小组的统一部署，在2005年上半年集中开展了以学习实践“三个代表”重要思想为主要内容的保持共产党员先进性教育活动，达到了预期目标，取得了明显成效。刚才孙大伟同志代表国家认监委党组对先教活动的开展情况进行了总结，讲得很好，我完全同意。在此，我代表总局先教领导小组讲几点意见：

一、把好的作风发扬下去，以优良作风树立质检队伍和认证认可队伍良好形象

先进性教育活动的开展，在全党形成了“三个代表”重要思想学习的新高潮，形成了求真务实、理论联系实际的学风，形成了真诚听取意见，相互沟通、相互协调、相互促进的工作作风，形成了密切联系群众、艰苦奋斗、批评和自我批评的党内民主作风和干部生活作风。我们也高兴地看到，国家认监委的各级党组织和广大党员干部，在这次先教活动中做出了突出的成绩，涌现了一批先进基层党组织和优秀共产党员。通过先教活动的开展，党内生活更加规范了，工作氛围更加和谐了，党风有了明显好转，业务有了新的发展。这些可喜的变化是全体党员和干部群众共同努力的结果，要很好地保持和巩固下去。这些优良传统和作风是我们党的精神财富和政治优势，要很好地发扬和光大。要通过党风的明显好转，推动队伍建设和业务建设，维护好质检队伍和认证认可队伍的良好形象。

二、把好的制度坚持下去，在实践中不断完善，靠制度保证先教活动的成果

国家认监委在开展先教活动中，建立了一系列行之有效的工作制度，保证了先教活动的扎实开展，特别是制定了一套符合质量管理国际标准的工作程序，把先教活动的各项要求、措施、步骤规定下来，进行细化、量化，有力保证了学习培训、分析评议和整改提高的工作质量，受到了中央督导组的肯定。这些做法要不断总结完善，坚持下去，切实巩固好先教活动成果。你们先教办和总局先教办，我们要一起认真总结经验，对如何使党员长期受教育、永葆先进性，积极探索，找出规律和共性问题，提出治本和针对性措施，建立加强先进性建设的长效工作机制。

三、把见实效作为衡量先教活动成败的重要标志，认真做好整改工作

中央国家机关各部门第一批先进性教育活动已陆续进入总结，中央先教办昨天做了总结，对第二批先教活动进行了部署，下周国家质检总局也要召开总结大会。总结只是先进性教育活动的集中学习和教育告一段落，不是以后就可以放松了。在集中的先教活动基本结束后，还要用两到三个月的时间做好整改工作，以集中解决群众关心的实际问题和影响事业发展的突出问题。直属机关党委、各单位党委和各支部要切实负起责任，抓好整改任务的落实，同时要认真查找工作中存在的薄弱环节和不足，不断改进和创新基层党建工作。

国家认监委成立以来，在国家质检总局党组，尤其是王局长的领导下，各项工作迅速启动，各种关系很快理顺，工作蒸蒸日上，创造了非常好的局面，应该说是我们国家认证认可工作的最好时期。王主任为此付出了极大心血。目前，你们有老领导打下的工作基础，加上这次先进性教育取得的丰硕成果，我们相信，认证认可事业一定会实现新的飞跃，迈上一个新的台阶。

国家认监委主任王凤清
在国家认监委保持共产党员先进性教育活动总结
暨表彰大会上的讲话

（2005年6月24日）

刚才，孙大伟同志代表委党组对我们开展保持共产党员先进性教育活动情况做了全面总结，认真回顾了我们5个多月来开展先教活动的基本情况、主要做法和基本经验。总体看，通过半年来的集中学习教育活动，我们确实在提高党员素质、强化基层组织、服务人民群众、促进各项工作方面取得了明显进展。在这次学习教育活动中，各级党组织认真履行职责，充分发挥战斗堡垒作用，广大党员同心同德、认真参与，保证了先进性教育活动的顺利开展。在此，我代表委党组，对总局的大力支持、指导和帮助表示衷心的感谢，向全体党员干部群众表示衷心的感谢，向受到表彰的基层党组织和优秀共产党员、优秀党务工作者表示热烈的祝贺，并在"七·一"到来前夕，向全体党员同志致以节日的问候。

顺经同志的讲话对认监委机关和下属单位开展先进性教育活动给予了充分的肯定，对我们继续搞好党的先进性建设，巩固先教活动成果提出了要求，讲得很好，委机关和下属单位一定要认真贯彻落实。下面，我再讲三个问题。

一、"三个代表"重要思想是认证认可工作的根本指导思想，必须始终坚持以"三个代表"重要思想统领认证认可工作实践

"三个代表"重要思想是马克思主义在中国发展的最新理论成果，具有深远的理论意义和现实意义，是党和国家各项工作的根本指导思想。通过先进性教育活动的集中学习培训，广大党员进一步领会了"三个代表"重要思想的精神实质，认识到，"三个代表"重要思想是认证认可行业广大干部群众团结奋斗的共同思想基础，是认证认可事业发展的根本指南和总要求。我们一定要在真学真懂的基础上，做到真信、真用，自觉按照"三个代表"重要思想指导实践，善于把"三个代表"重要思想同解决认证认可事业改革发展的具体问题相结合，努力实践"三个代表"，推动认证认可事业不断前进。

二、党的先进性建设是认证认可事业发展的重要保证，必须常抓不懈，始终坚持两手抓、两促进

党员先进性教育活动的开展，强化了党员队伍的整体素质，提高了各级领导班子和党员领导干部执政能力，各项业务工作得到了有力促进。实践证明，抓好党的先进性建设是认证认可事业健康发展的重要保证。在保持党员先进性教育活动基本结束后，我们一定要继续坚持两手抓、两促进。党组将继续把党的建设摆在突出重要的地位，列入重要的议事日程，以党的先进性建设统揽全委各项工作，为业务建设提供正确的思想保证、政治保证和组织保证。我们要认真探索、大胆创新，建立和运用党员长期受教育、永葆先进性的长效工作机制，把党的先进性建设的各项要求落实到各项工作中。

三、认证认可工作是全面建设小康社会和构建社会主义和谐社会的重要手段，必须始终坚持服务人民群众、服务经济发展方针，努力开创认证认可工作新局面

要充分认识认证认可工作对国民经济和社会发展的重要作用，正确运用好手中的权力，履行好认证认可工作职责，始终坚持服务人民群众、服务经济发展方针，从满足认证组织、企业、客户和市场的实际需要出发，从提高监督管理和服务工作质量、提高认证认可工作有效性出发，不断改进各项工作。2005年的时间已经过半，各部室、各单位要认真总结检查工作进展情况，按照第三次全国认证认可工作会议确定的工作思路和工作重点，继续抓好各项工作任务的落实。当前，要集中精力做好各项整改方案的落实，努力在两到三个月的时间内抓出明显成效，使我们的事业发展再上一个新的台阶。全体党员要戒骄戒躁，再接再厉，牢记根本宗旨，发挥模范作用，为认证认可事业的发展不懈努力，同心同德，艰苦奋斗，为开创认证认可工作的新局面做出新的更大的成绩。

国家认监委常务副主任孙大伟在国家认监委保持共产党员先进性教育活动总结暨表彰大会上的报告

(2005 年 6 月 24 日)

根据中央的统一部署和要求，在国家质检总局党组和先教活动领导小组的领导下，在中央驻总局督导组的指导下，国家认监委及其下属单位自 2005 年 1 月 18 日开始，分两期进行了保持共产党员先进性教育活动。5 个多月来，国家认监委及其下属单位把先教活动作为 2005 年工作的重中之重，下最大的决心，尽最大的努力，周密部署，精心组织，创新思路，扎实工作，圆满完成了先教活动三个阶段 13 个环节的各项任务，广大党员的思想认识有了新的提高，各级党组织的创造力、凝聚力和战斗力显著增强，党群、干群关系进一步密切，认证认可事业的改革和发展得到有力促进。经过测评，委机关的群众满意度为 100%，认可中心、认证中心、中检集团的群众满意度分别为 96.7%、99.82%和 94.6%。事实充分证明，中央关于在全党开展以学习实践“三个代表”重要思想为主要内容的保持共产党员先进性教育活动的重大决策是完全正确的。下面，我受委党组委托，将认监委先教活动情况总结如下。

一、总体情况

根据国家质检总局关于开展先教活动的实施方案，认监委机关及所属服务中心、信息中心参加从 2005 年 1 月 18 日开始的第一期集中学习教育，认可中心、认证中心和中检集团等 3 个下属单位参加从 2005 年 4 月 12 日开始的第二期集中学习教育。直属机关党委 28 个支部的 270 名党员全部参加了集中学习教育。与其他部门相比，认监委及其下属单位的党员队伍有三个显著特点：一是党员年龄轻、学历高，45 岁以下的中青年党员占 74%，大学本科及以上学历的占 87%。二是党员分属不同性质的单位，有行政机关，有事业单位，有企业。各单位人员管理方式也不同，相当一部分党员为聘用人员，如认证中心的党员中聘用人员过半、占总数的 52%。三是有部分党员在国外工作，如认证中心有 1 个海外机构、党员 2 人；中检集团有 21 个海外公司，党员 31 人，组织关系分别在不同单位。针对上述特点，结合工作实际，委机关和各下属单位坚持“四个一”的指导思想，围绕“四句话”的目标要求，把握“五个坚持”的指导原则，全面贯彻中央关于先教活动的部署，认真执行总局党组的要求，做到了人员、时间、内容三落实，切实保证了工作质量和工作进度。

(一)在准备工作阶段，从加强组织领导入手，全面落实先教活动工作责任制

委机关和各单位建立了先教活动领导体制和工作机制，分别成立了先教活动领导小组及办公室，明确了第一责任人和直接责任人，建立了领导干部联系点制度，组建了群众监督评价小组，举办了支部书记培训，开展了党员情况调查摸底，制定了符合实际的实施方案和工作方案，制定了先教活动领导小组会议制度、支部书记例会制度、联络员制度、学习制度、宣传制度、群众监督评价制度、考勤制度，以及先教办例会制度和文件传阅制度等工作制度，通过宣传形成了有利的舆论氛围。为了搞好下属单位的先教活动，委先教活动领导小组专门召开了下属单位先教活动准备工作会议，向总局先教活动领导小组推荐了第一督导组人选。通过一系列准备工作，保证了思想到位、领导到位、部署到位、组织到位、宣传到位。

(二)在学习动员阶段，把统一思想、提高认识作为着力点，教育和引导广大党员明确先进性要求

国家质检总局召开动员大会后，委机关和各单位都迅速进行动员，引导大家提高认识、统一思想，摆正位置、自觉投入。在普遍动员的基础上，开展了形式多样的学习培训和主题实践活动，组织党员联系实际通读、精读必读文献，重点学习党章、读本、专题摘编、领导讲话和中央文件，同时辅以补课、送学上门和督促检查等措施，学习教

育覆盖到了每一个党员，党员的集中学习培训时间均超过中央规定的40小时的要求，平均为56小时。在党员和群众深入讨论的基础上，委机关和各单位分别确定了符合中央要求、体现时代精神、反映各自工作特点的保持共产党员先进性具体要求。委机关为："三个代表"、真信真用；信念牢固、奋斗终生；全心全意、服务群众；作风优良、务实民主；听党召唤、对党忠诚；认证认可、立业建功。认可中心为：坚定理想信念，实践"三个代表"；履行党员义务，牢记根本宗旨；坚持廉洁高效，维护科学公正；热爱认可事业，争创一流业绩。认证中心为：政治坚定，热爱认证事业；廉洁自律，确保公正公平；优质高效，追求客户满意；团结和谐，争创"四个一流"。中检集团为：坚定理想信念，打造检验认证国际知名品牌；持续学习实践"三个代表"重要思想，忠诚检验认证事业；增强创新意识，提高竞争能力；保持清正廉洁，永葆共产党人本色。

(三)在分析评议阶段，抓住找准问题这个关键环节，为整改提高打下坚实基础

征求意见体现一个"广"字。委先教办先后向国家质检总局、标准委、23个部际联席会成员单位、总局在京有关直属单位，各地质检机构，以及部分认证机构、认证咨询和培训机构征求意见，征求意见的范围是全系统最广的。一方面说明认证认可工作面宽，另一方面表现出我们对征求意见与建议的诚恳态度，希望多听听意见，切实改进工作。谈心活动体现一个"诚"字。广大党员诚心诚意地与周围的同志沟通思想、交换意见，不仅与本部门的同志谈，也和兄弟部门的同志谈；不仅党员之间相互谈，也和群众谈；不仅和关系密切的同志谈，也和工作意见不一致的同志谈。党员的谈心次数都在5人次以上，谈得最多的达到28人次。自我剖析体现一个"深"字，每一名党员都对照党章、新时期保持共产党员先进性要求，结合征求到的意见，认真撰写党性分析材料，重点检查在理想信念、宗旨、作风、遵守纪律和发挥作用等方面存在的问题，从思想深处进行分析。专题组织生活会和民主生活会体现一个"真"字。从普通党员到各单位、各部门的党员领导干部，都本着对党、对事业、对同志高度负责的精神，敞开思想动真情，畅所欲言说真话，虚怀若谷纳真言。自我批评不避重就轻，光明磊落地亮出问题，深刻透彻地剖析原因；相互批评不掩盖矛盾，一针见血地指出存在的不足，满腔热忱地提出希望。支部评议体现一个"准"字。根据党员个人讲评、党员互评、群众参评的情况以及征求到的群众意见和党员的一贯表现，既充分地肯定成绩，又客观地指出问题，还中肯地提出建议。反馈意见和通报情况体现一个"实"字，各级党组织和领导班子都召开了不同层面上的通报会，不遮丑、不护短，实事求是地通报专题组织生活会和民主生活会的基本情况、存在的突出问题和对党员的评价意见。分析评议让每一级党组织、每一名党员都进一步认识到自己存在的不足。

(四)在整改提高阶段，坚决贯彻中央关于务求实效的要求，努力使先教活动成为群众满意工程

一是集中群众智慧制定整改方案，倍加爱护大家渴望认证认可事业更快更好发展的热情，直面党员和群众的关注点，对大家提出的涉及战略决策、业务监管、行风建设、内部管理、群众利益以及党建等方面的问题，逐一进行分析和研究，反复征求意见和建议，全面反映到各级党组织和领导班子的整改方案中。二是把整改方案细化到个人的整改措施中，党员领导干部带头，每个党员都对照本单位、本部门的整改方案，结合自己查找出来的突出问题，明确责任，找准位置，提出了切实可行的个人整改措施，为整改工作的落实创造了条件。三是在边学边改、边议边改的基础上，围绕解决群众最现实、最关心、最直接和最根本的利益，对具备整改条件的问题进行了集中整改，对通过努力能够解决的问题规定了整改期限，对由于受客观条件限制、一时解决不了的问题向群众说明了情况。同时，开展"采取一个行动、树立一个党员个人典型、做一件教育活动和业务工作两不误的事例"和"我为质检和认证认可事业献一策"等活动，推动整改方案和整改措施的落实。广大党员服务基层、服务企业、服务群众的意识进一步增强，抓工作、办实事、解难题、促发展的实际行动，让群众切实感受到整改给各单位、各部门带来的新变化。

5个多月来，我们始终坚持把学习"三个代表"重要思想贯穿始终，把学习贯彻党章、党的十六大和十六届三中、四中全会精神贯穿始终，把不断提高党员的思想认识贯穿始终，把进一步调动党员的积极性贯穿始终，把抓落实、求实效贯穿始终，把加强领导贯穿始终。大家普遍反映，这次先教活动严格把握了正面教育等原则要求，广大党员严肃认真、心情愉快地得到了党性锻炼；妥善处理好业务工作与开展先教活动的关系，做到了"两不误、两促进"；整改工作如春风化雨，达到了让党员受教育、让群众得实惠的预期目标。可以说，无论是对委机关来说，还是对各单位而言，这次先教活动是认监委及各下属单位组建或重组以来最系统、最深刻、最有效、最成功的集中教育活动。

二、主要收获

通过开展先教活动，认监委广大党员深化了对加强党的先进性建设的认识，提高了学习实践“三个代表”重要思想的自觉性、坚定性；各级党组织进一步发挥了领导核心作用和战斗堡垒作用，增强了带领干部职工迎接机遇和应对挑战的能力；各单位、各部门取得了一大批整改成果，在提升管理效能、工作质量和效率以及服务水平等方面取得了长足进步，具体表现在以下四个方面。

(一)党员的先锋模范作用更加突出

先教活动使广大党员接受了一次深刻的马克思主义理论教育，增强了学习实践“三个代表”重要思想的自觉性、坚定性，在认证认可改革和发展的各项工作中发挥着越来越重要的作用。一是全面提高了政治素质，对开展先教活动的重要性和必要性的认识不断深化，更深刻地理解了“三个代表”重要思想的时代背景、实践基础、科学内涵、精神实质和历史地位，思想统一到了中央的决策上，行动统一到总局党组的要求上。二是增强了保持先进性的责任意识，对保持共产党员先进性要求有了更具体的把握，把坚定共产主义理想和中国特色社会主义信念与做好本职工作有机地结合起来，从服务国民经济的大局考虑认证认可工作，看到了“不适应”、“不符合”的主要问题，清醒地认识了自己，明确了今后的努力方向。三是激发出做好本职工作的强大动力，用科学的理论指导工作实践，时时带头努力工作，处处发挥先锋模范作用，吃苦在前，享受在后，得到了广大群众的赞扬和肯定。比如：委机关谢澄同志牺牲“五·一”长假完成了近7万字的《全国实验室检验检测资源报告》；认证中心何东达同志抢挑复评工作重担，连续3个月加班加点保证客户及时取证，并带动产品二处的青年争创团中央文明号；中检集团于希平同志把时差带来的困难留给自己，每天利用下班时间与海外公司的党员联系，了解情况，解疑答惑，使在国外工作的党员感受到党组织的关心和爱护。

(二)党组织更加坚强有力

国家认监委各级领导班子以先教活动为契机，把组织领导好先教活动和加强自身建设统一起来，深入学习邓小平理论和“三个代表”重要思想，充分发扬理论联系实际、密切联系群众、批评与自我批评的优良作风，加强对认证认可工作形势、现状和长远发展规划的研究，结合查摆出的影响认证认可工作的突出问题，从主观和客观两方面深入分析产生问题和不足的原因，明确了工作思路和努力方向，制定了加强和改进工作的具体措施，提高了决策水平和管理能力，形成了民主团结的工作氛围。领导核心作用的进一步发挥，充分表明委党组和各下属单位领导班子对认证认可事业高度负责的态度和求真务实、谦虚谨慎、开拓创新的作风。

各级基层党组织周密策划，精心安排，积极有效地组织广大党员进行集中学习培训，带领大家用科学的理论武装头脑。在工作中，既注重用制度规范各项活动，积累党建工作的有益经验，又着眼于根本和长远的整改，认真解决实际工作中的突出问题，积极探索建立党建工作长效机制，在成为贯彻“三个代表”重要思想的组织者、推动者和实践者上取得了新进展，战斗堡垒作用进一步得到增强，必将为认证认可事业全面发展提供更有力的思想保证、政治保证和组织保证。认证中心党委组织建设与制度建设并重，积极筹备建立党委办公室和思想政治工作办公室，建立和完善了包括民主评议党员、党员目标管理、党员思想汇报、党员学习教育等一系列党建工作制度。中检集团党委要求党员结合分析评议结果，对照不符合先进性要求的十种表现，把经常性地查找问题和不足作为保持先进性的有效措施。

(三)党群、干群关系更加和谐

在先教活动推动下，广大党员强化党员意识、责任意识和宗旨意识，内强素质，努力提高服务群众的本领；外树形象，切实为服务对象解决实际困难，有效改进了工作作风，提高了工作效率。同时，党内民主气氛进一步浓厚，党员讲真话、讲实话的良好风气进一步形成，批评与自我批评的优良作风进一步发扬。各单位、各部门坚持走群众路线，积极组织群众、宣传群众、教育群众，让群众参与先教活动，教育培训吸收群众参加，分析评议尊重群众意见，整改提高采纳群众建议。广大群众也表现出极大的政治热情和责任意识，把先教活动当成自己份内之事，全力支持先教活动，认真监督先教活动。特别是在谈心活动中，党员和群众之间、群众和干部之间进行了面对面的沟通和交流，在思想上产生了共鸣，在认识上达成了一致，党群、干群关系进一步密切。关系群众切身利益的突出问题得到高度重视，具备条件的进行了集中解决，群众感觉到党组织更贴心了、党员更亲近了，委机关和各下属单位普遍形成了团结和谐、积极向上的良好氛围。

(四)认证认可各项工作得到有力促进

委党组和各下属单位领导班子围绕使先教活动成为群众满意工程的目标，以科学发展观为统领，把提高认证认可工作对国民经济的促进作用作为广大群众长远利益和根本利益所在。制定整改方案和整改措施时，既重视解决群众关心的现实问题，又重视解决全局性、战略性的重大问题，把议大事、决大事、抓大事放在首位，围绕质检工作和认证认可工作的总体要求和重点工作，狠抓领导班子在把握大局、服务大局，适应市场经济发展、不断开拓创新，妥善应对和处置突发事件等方面的能力建设。如委党组的整改方案中，突出强调要加强认证认可事业发展战略研究，明确提出了做好编制"十一五"发展规划、举办战略研讨、发挥部际联系会议作用、跟踪国外认证认可情况等具体措施。

在贯穿先教活动始终的整改工作中，牢牢把握促进经济发展、实现群众利益这条主线，边学边改、边议边改、边整边改。一些具体问题的解决带给人耳目一新的感觉。如委机关为减轻基层负担，下大力气解决"五多"问题，大幅度削减年度会议、培训和调研数量，会议、培训从90个压缩到58个，调研由48项合并到7项，外事出访计划压缩了44%；及时出台《认监委借用人员管理办法(暂行)》，规范对借用人员的管理。认可中心领导班子改变主任接待日工作方式，主动找群众谈心，受到群众好评；针对"审核员面试难的问题"，通过建立常设面试考点的办法加以解决，满足了认证机构对审核员的要求。认证中心为缩短企业获证周期，把初次工厂检查全部由检查处下放到各业务处；同时，引入分级服务和分类服务理念，制定了服务标准和规范，全面完善和优化客户服务体系。

一些涉及认证认可长远发展的问题也开始着手加以解决并取得初步成效。委机关分别召开了首次"中国认证认可战略研究研讨会"和"首次认证认可部际联席会联络员会议"，标志着认证认可事业发展战略研究全面启动，统一管理、共同实施的工作机制进一步完善；为增强立法的民主性和科学性，采用了广泛征求意见、专家研讨、严把法规审核关和报批关、计划管理等方法，起草了国家认监委《认证专项监督检查程序规定》，下发了《关于全面加强强制性产品认证行政执法工作的通知》；完善了机构审批工作流程、申投诉处理程序和专家评审制度，有效解决了机构提出的审批和扩项时间过长的问题；制定了《强制性产品认证实验室指定和调整方案》和《对强制性产品认证指定机构定期监督检查制度》，规范了强制认证免办制度，调整了强制性产品认证检测收费标准(上报发改委)，启动了信息安全认证认可工作；基本完成了《酒类质量等级认证实施规则》、《良好农业规范12项系列国家标准》、《零售商食品采购规范国家标准》、《食品质量认证管理办法》等的起草工作；完成了《全国食品检验检测资源调查报告》，起草了《食品检验检测人员注册管理办法和能力验证管理办法》，报送了《检查机构和实验室资质认定管理办法》；提出了《国家认监委WTO后过渡期应对策略和措施》；签署了多项国际合作协议；召开了认证认可国际合作最新信息通报会。这些工作不仅使工作质量和效率有明显提高，让群众得到了更满意的服务，而且为各单位、各部门的内部建设和今后顺利开展工作打下了坚实基础，从整体上提升了认证认可工作服务国家经济建设的水平。

三、主要经验和体会

回顾先教活动的开展情况，有六方面的经验值得总结：

(一)党组党委重视，领导带头，是搞好先教活动的关键

先教活动开展得好不好，思想重视、领导带头是关键。委党组坚决落实中央关于党员领导干部要在先教活动中发挥表率作用的要求，一把手模范履行第一责任人职责，其他成员把先教活动作为首要工作，在各项活动中一直走在最前面。党组书记王凤清同志担任委先教活动领导小组组长，以身作则，率先垂范，生病期间仍认真学习、撰写党性分析材料，参加评议，带头抓好整改工作，始终牢牢掌握先教活动的政策和原则，为委机关和下属单位把方向、定目标、提要求；我担任委先教活动领导小组副组长，主持研究和部署先教活动重要工作，梁杰副主任作为先教活动领导小组副组长，时时事事过问、督促、检查，及时发现问题，及时提醒，切实抓好组织协调工作；程方副主任带头学习，虚心听取群众意见，带头落实整改任务，要求有关部门为先教活动做好后勤保障；刘卓慧副主任作为国家质检总局第一督导组组长，除带头查找问题，进行深刻的自我剖析，结合个人经历给联系单位的党员讲党课外，还全面负责抓好对下属单位的督导工作。

各下属单位领导班子成员团结一致，勇挑重担，不仅努力组织好本单位的先教活动，狠抓班子自身的有关工作落实，而且以普通党员身份认真参加所在支部集中学习教育活动，时时处处起示范带动作用。认可中心、认证中心、中检集团、服务中心、信息中心班子成员大都把谈心安排在下班以后进行，经常持续谈到晚上11点钟，有的班子成员谈心在15人以上，个人累计时间都超过35小时，谈心人数最多的达到24人，累计时间最长的超过50小时。认证中心主要负责人利用自己多年从事党务工作的经验，策划并带队在通州区开展了"质量认证进社区、党员服务在身边"的主题实践活动，支持所在支部联合其他8个党支部倡议开展"争当模范工厂检查员活动"，提出分50个专题进行学习的方法，带动全中心党员掀起先教活动高潮。

(二)广泛发动，精心组织，是搞好先教活动的基础

各支部是先教活动的基本单位，抓住了支部就抓住

了先教活动组织体系中坚力量。基于上述认识,从委机关到下属单位,都十分重视发挥各支部对先教活动的组织和推动作用。除了举办支部书记培训班,在先教活动每一个环节还手把手地教授工作方法,及时总结和推广典型经验,保证了动作规范和步调一致。全体支部书记充分发挥直接责任人作用,带头学习,带头查摆问题,带头开展真诚严肃的批评与自我批评,带头搞好整改,同时认真解决本支部存在的突出问题,为支部全体党员树立了榜样,促进了本支部的工作。认可中心党政一把手积极配合,认真研究各阶段实施意见,制定领导班子整改方案,同时作为支部书记,积极组织开展各种支部活动。中检集团主要负责人深刻认识政治理论学习对国有企业经营管理的重要作用,加强个人党性修养,加大对集团公司党建工作的投入力度。领导模范带头,支部有效工作,切实调动了广大党员的积极性和创造性,保证了先教活动的顺利进行。如国际部支部在机关开展先教活动中提出运用 ISO 9000 质量管理标准保证学习任务、教育活动要求的落实。中检集团第一支部针对海外公司点多、党员分散等特点,在对海外公司每名党员参加活动情况摸清底数的基础上,制定了针对性很强的海外公司党员学习计划,及时将学习材料和有关文件寄送海外公司每个党员手中,确保参加学习人员全部落实。这一做法不仅受到了国家质检总局先教领导小组的表扬,也得到了中央驻总局督导组的充分肯定。

群众对先教活动的态度如何,直接关系到先教活动氛围和成效。从先教活动一开始,委机关和各下属单位就鼓励群众积极参加。无论是集中学习培训,还是征求意见、认真谈心和进行整改,入党积极分子和部分群众都是自始至终积极参与,做读书笔记,撰写学习心得,有的还帮助先教办编辑简报,制作宣传板报,表现出很高的政治热情和责任感。认证中心 1 名入党积极分子主动参加先教办的工作,承担了大量具体的工作,自觉接受党组织的考验。44 名群众递交入党申请书,表达了争取早日加入党组织的决心。各单位的群众监督评价小组,认真发挥监督作用,对高质量完成先教活动各阶段工作任务起到了重要作用。如认可中心群众监督评价小组充分吸收第一期监督评价的经验,制定了监督评价工作制度,使监督工作做到有计划、有安排、有落实,取得较好的工作效果。

(三)把关严格,督导有力,是搞好先教活动的保证

国家认监委机关和下属单位的先教活动,都是在上级督导组的指导下和先教活动领导小组领导下进行的。上级督导组和先教活动领导小组认真贯彻中央的指示和部署,为委机关和下属单位先教活动顺利开展做了大量卓有成效的工作。首先,通过召开不同层次和类型的座谈会、个别谈话等多种方式,全面了解各级党组织和党员队伍的状况,掌握第一手资料,做到心中有数,增强了督导和领导工作的针对性。其次,对各阶段的实施方案认真审核把关,并与委党组和下属单位领导班子多次交换意见,保证了实施方案的准确性、可操作性和实效性。第三,高度重视与各单位先教领导小组的沟通,随时了解先教活动进度,掌握情况,通报上级先教活动领导小组的有关指示精神,保证了先教活动各个环节都能把中央先教领导小组的要求落到实处。第四,对先进性教育各个环节的工作加强具体指导,广泛征求对委党组和下属单位班子成员个人的意见,并进行及时反馈。为委机关和下属单位先教活动的顺利开展指明了方向,确保不出偏差、取得实效。

国家质检总局第一督导组在下属单位先教活动中,分别派员参加各支部活动,平时晚上 9 点结束,督导组同志也到 9 点;活动安排在周六、日,他们也放弃休息,随时对先教活动进行具体指导。陈维新、许士玉对督导工作认真负责,一丝不苟。耿冬久作为刚刚退休的老同志,听从党组织安排,积极投入督导工作中,下属单位许多支部都能看到他的身影。期间,耿冬久生病住院,身体好转后,他不顾身体疲劳,放弃病休,立即回到督导岗位工作,他对工作的极端负责精神深深感动了下属单位的每一名党员。

(四)健全制度,规范工作,是搞好先教活动的条件

没有规矩不成方圆。根据先教活动要有制度保障的要求,认监委及其下属单位分别成立先教活动领导小组和办公室,为先教活动的开展提供了组织保障。在此基础上,明确了先教活动领导机构和工作机构职责,明确了各支部负责人的任务,形成一把手负总责、领导小组和先教办具体组织,支部书记为骨干、一级抓一级、层层抓落实的工作格局和工作机制。同时,建立健全相关配套工作制度,用制度保障各项活动部署能够落到实处,全面掌握各支部的活动开展情况,了解每位党员的思想动态,做到了上情下达、下情上达,保证上下级之间、各支部之间步调一致,形成了运转有效的工作机制。

特别值得一提的是,委机关及各单位先教办全体同志认真履行职责,既要完成本职工作,又要完成先教活动的各项任务,还要履行好先教办的各项职责,将中央督导组及国家质检总局、国家认监委党组的意见和部署及时传达到委机关各支部和下属单位,领会文件精神,策划实

施方案，建立规章制度，探索和总结先教活动好经验好方法，在网站设立先教活动专栏（所刊载文章的最高浏览次数接近1 400次，对有的同志的学习心得的浏览次数高达670次），实行值班制度，组织征求意见活动，召开各类座谈会，梳理群众意见和建议，起草并反复修改整改方案，审查党性分析材料和整改措施，及时起草领导讲话，编写简报和学习材料，严格督促和指导各支部、各单位的活动，及时汇报、协商、研究重要问题，经常加班加点，有时通宵达旦，为先进性教育活动的顺利开展付出了很多劳动。据不完全统计，国家认监委及下属单位共制发先教活动的有关文件107份，编写简报96期。

（五）创新方法，实施《工作程序》，是确保先教工作质量和进度的有力措施

根据这次先教活动目标要求明确、方法步骤清楚、保证措施全面的特点，结合国家认监委直属机关党委质量管理体系建设的实际，国际部支部在第一期先教活动开展过程中，提出了将ISO 9000导入先教活动，用先进的管理理念与方法保证教育活动成效的思路，得到了委党组的肯定。在委党组的高度关注和直接领导下，委先教办组织专人编制了《国家认监委保持共产党员先进性教育活动工作程序》，并随着活动的进展不断补充完善。《工作程序》在认监委和下属单位得到了认真的贯彻执行，起到了具体指导整个先教活动的重要作用，成为认监委保持共产党员先进性教育活动的一个鲜明特点。

《工作程序》将上级党组织的各项要求和各级领导的重要讲话完整准确、系统全面地融合在一个文件中，以简洁规范、图文并茂的形式，反映了集中学习教育的全过程及其各阶段、各环节之间的相互关系，为制定具体方案和指导活动的实施提供了便利，使得活动质量更易于提高，活动过程更利于监控，活动结果更便于检查，具有很好的实用性、规范性和便捷性。

《工作程序》实施后，各个支部先教活动的做法和进度保持了统一；党员在提高理论水平、理解先进性要求、查找个人差距、认真进行整改等方面所体现的教育质量趋于一致；各阶段各环节的工作重点放到了结果的实现过程之中，克服了出现偏差走弯路、流于形式走过场的问题，体现了"预防为主"的质量管理观念，在提高学习效率方面，起到了实现"两不误、两促进"要求的作用；广大党员在提高政治理论水平的同时，也学习和体验了质量管理的科学知识，为委直属机关党委质量管理体系的实施创造了有利条件。

实践证明，在先教活动中导入ISO 9000，将先进的管理科学与党的先进性建设工作相结合，是认监委实践"三个代表"重要思想的一个具体体现，是解决国家认监委党员和党组织普遍存在的突出问题、全面实现先教活动目标要求的一项具体行动，是贯彻党的十六届四中全会提出的探索新时期党员教育管理工作新机制的一次具体尝试，是适应我国认证认可事业发展要求的一项具体举措。中央督导组、总局先教领导小组对此给予高度关注和肯定，中央国家机关工委的紫光阁网也做了报道。

（六）统筹兼顾，合理安排，是确保"两促进，两不误"的根本

正确处理好开展业务工作和先教活动之间的关系，是这次先教活动的一个显著特点。如第一批第一期学习动员阶段正值岁末年初，期间跨越春节长假，各部门的工作任务非常繁重，但在委党组的统一部署下，各部室都能正确处理好学习和工作的关系，合理安排每一项活动，按照计划组织集中学习。为了在学习中做到时间、人员、内容三落实，各部室都采取了一些有效的措施，如在集中学习期间安排业务值班；工作和学习在时间安排上发生冲突，充分利用业余时间补课；一些同志为了不耽误进度，出差期间带着学习资料自学。第二期学习时，认可中心、认证中心和中检集团，将学习安排在下午四点到九点和部分休息日。五一长假专门发出通知，对节日期间学习活动作出详细安排，各下属单位在此期间的业务工作没有因为先教活动出现耽误，而是得到了极大推进。如认证中心提出不耽误一个申请，不晚发一份证书，业务处对工作人员和安排进行了必要调整，窗口部门经常加班加点，共收到50多封表扬信。中检集团按时起草完成海外公司改革方案，制定并组织实施ISO/IEC 17020标准；启动了技术支持体系的研究工作，先教活动的成果已经在公司的工作中初步显现出来。通过统筹安排，切实做到了学习工作两不误、两促进。中认物业公司的工作人员与开展先教活动的驻楼单位的同志们一起加班加点，提供后勤服务，受到一致赞扬。

先教活动中，涌现出一大批先进党支部、优秀党员和优秀党务工作者。为进一步巩固先教活动成果，加强队伍建设，鼓励广大党员立足本职、爱岗敬业，开拓进取、争创一流，委党组决定，对在先教活动中做出优异成绩的先进党支部、优秀共产党员和优秀党务工作者进行表彰，授予认监委办公室第一党支部、认监委认可监管部党支部、认可中心人员培训认可部党支部、认证中心第一党支部、中检集团第三党支部"国家认监委先进性教育活动先进党支部"称号，授予黄叙、谢澄、徐睿、李进山、汤炉熔、丁湘、何东达、王雅琴、陈文宇、李鹏伟、陆文波"国家认监委先进性教育活动优秀共产党员"称号，授予王海、肖建华、李永、冯跃生“国家认监委先进性教育活动优秀党务工作者”称号。同时，国家认监委还将在先教活动中表现突出的认监委办公室第二党支部、认可中心实验室认可部党支部、认证中心第七党支部、中检集团第二党支部推荐为国家质检总局先进党支部，将李怀林、许士玉、史小卫、葛红梅、徐娜、谢鹏鸿、于希平推荐为总局优秀党员，将王向东、刘欣、谢军、吴玉平、姜惠敏推荐为总局优秀党务工作者。

同志们，按照中央的要求，在集中学习教育活动基本结束后，要用两到三个月的时间，切实做好巩固和扩大整改成果的工作。为此，国家认监委及其下属单位将进一步加大工作力度，一方面认真抓好巩固和扩大整改提高成果工作，教育广大党员特别是各级领导干部继续保持清醒的头脑，充分认识整改是一项系统工作和长期任务，集中整改只是开了一个头，要以更加饱满的热情投入下一步的工作，既要防止刚刚解决的问题出现反复，又要以更大的精力抓紧抓好整改方案的全面落实，让群众对先教活动真正满意；另一方面，采取切实有力措施在先进性教育经常化、制度化、规范化方面有所作为，总结实施《认监委保持共产党员先进性教育活动工作程序》过程中的好经验好做法，并用制度的形式固定下来、坚持下去，加快委机关党建工作推行质量管理体系的步伐，使先教活动取得的成效、创造的经验更加巩固，建立起党员长期受教育、永葆先进性的长效机制。

回顾5个多月来的工作，在中央、国家质检总局的正确领导和中央督导组的具体指导下，国家认监委先进性教育活动取得了较好的效果，初步达到了预期目标和要求。我们要以这次先教活动为新起点，继续深入学习贯彻“三个代表”重要思想，坚持科学发展观和正确政绩观，团结一致，再接再厉，不断加强党的先进性建设，全面提高认证认可工作质量，为建设中国特色的认证认可事业而努力奋斗！

国家认监委主任孙大伟
在认证与经济发展论坛上的讲话

（2005 年 11 月 16 日）

值此认证与经济发展论坛开幕暨中国质量认证中心成立 20 周年之际，我受国家认监委党组的委托，代表国家认监委对论坛开幕和中国质量认证中心表示热烈的祝贺！

1903 年，英国首先以国家标准为依据，对英国铁轨实施认证并授予风筝标志。一百年来，认证逐渐成为国际通行的规范经济、促进发展的重要手段，成为提高管理水平、保证产品和服务质量、提高竞争力的可靠方式。中国的认证认可工作起步于 20 世纪 70 年代末，由于站在改革开放、接轨国际的较高起点上，发展较快。2001 年，为适应加入世贸组织后的新形势，中国成立了国家认监委，统一管理全国的认证认可工作。国家认监委成立后，致力于建设中国特色认证认可体系。4 年来，在国家认监委、各级认证管理部门和认证机构的共同努力下，中国的认证工作在国内树立了较强的权威，在国际上产生了较大的影响。

目前，中国经批准从事认证活动的认证机构有 135 家，具有注册资格的从业人员 9.2 万人。累计颁发管理体系认证证书 16 万张，强制性和自愿性产品认证等证书 17.4 万张，中国认证机构颁发的各类认证证书总数与国内获得各类认证的企业总数都名列世界第一。

经过清理整顿和狠抓认证质量，中国认证服务质量及有效性得到了极大提高，认证认可工作发挥了应有的作用。内外统一的强制性产品认证制度切实起到了提高产品质量管理水平和保护消费者权益的作用。质量、环境、职业健康安全、食品安全等管理体系认证对促进企业管理水平提高、保护环境、增强企业社会责任、促进对外贸易等作用显著。中国各级政府越来越重视利用认证认可手段和成果实现宏观管理。政府部门、企业组织、学校、医院、宾馆饭店等都积极申请获得相关认证，广大消费者对认证结果十分信赖。

中国改革认证认可的工作，在国际认证认可界获得高度评价。巴基斯坦等国还参照中国的模式，建立起了本国的认证认可制度。在国际及区域性的认证认可合作组织中，中国代表都担任了重要的职务。中国认证机构颁发的认证证书，获得了世界多个国家的认可。

2005 年 9 月 27 日，中国认证认可协会正式成立，这对加强行业自律、规范认证市场、促进行业发展具有积极的意义。至此，中国认证认可工作政府监管、认可规范、行业自律、社会监督的工作体系得到了进一步完善。

中国质量认证中心作为国家级认证机构，伴随着改革开放和中国认证认可制度的不断完善，走过了 20 年的发展之路。如今，中国质量认证中心认证客户数量居全国乃至全球认证机构的前列。中心还成为 IECEE-CB 体系中中国惟一的国家认证机构和 IQNet 的正式成员，与国外诸多知名认证机构开展了国际互认与交流。希望中国质量认证中心不断强化质量意识、优化服务水平，提升认证有效性，为促进国家经济建设和社会进步做出更大贡献！

当前经济全球化和区域经济一体化正在向纵深发展，认证认可工作大有可为。中国质量认证中心以认证与经济发展为主题举办这次论坛，反映了他们心系国家经济发展的责任意识和对认证事业的执着追求，也为各界提供了广泛交流、深入研讨的平台。我相信在大家的共同努力下，这次论坛一定会结出丰硕的成果。

国家认监委副主任朱光沛
在2005年人事工作总结会上的讲话

(2005年12月21日)

今天国家认监委召开这次人事工作总结会,主要目的:第一是总结2005年认证认可人事工作开展情况,交流各单位开展人事工作的经验;第二是要对2006年的人事工作进行部署,明确工作目标,制订可行措施;第三是对“十一五”期间认证认可干部人事工作进行规划,确定今后一个时期认证认可干部人事工作改革发展思路,部署和推进委机关及所属单位的干部人事工作;第四是对国家认监委制订的两个人事规章制度(草案稿)进行研讨,集思广益,规范相关管理工作;第五还要利用这次会议,对委管单位2005年工资总额计划执行情况及2006年工资总额预算申请进行审定。要本着“精简、高效、务实”的原则开好这次总结会。

2005年,认证认可事业飞速发展,在国家认监委党组的领导下取得了可喜的成绩。一年来,人事部门紧紧围绕认证认可中心工作,认真履行职能,重点明确,措施得力,为促进各项事业发展,开创认证认可工作新局面,发挥了重要作用。

2005年的人事工作概括起来,主要体现在:一是强化了委机关的机构职能建设。随着委机关各项工作的深入开展,各部室对本部门职能定位的认识逐渐清晰和深化,原有的职责分工及机构设置与实际工作需求产生了一些不相适应、亟需解决的问题。人事部门根据认证认可事业发展的新形势、新需要,适时修改完善了机关各部室职责分工;为了加强对委机关和下属单位党员的管理,报请批准设立机关党委。二是全面推动了所属认证认可机构建设工作。及时启动了认证认可技术研究所机构建设工作;大力推动认证认可协会的组建工作,积极办理机构建设和人员调配划转工作;报请中编办批准设立中国信息安全认证中心;合理调整了认可中心的内设机构的设置。三是强化了质检系统认证监管机构的建设。为了更好地执行《认证认可条例》,明确地方两局认证监管工作职责的分工,更好地履行对认证市场的监管职能,人事部门及时提出关于加强质检系统认证监管机构建设的建议,并在年内实现了在35个直属检验检疫局、22个省的技术监督局设立认证监管处(室),为保证认证市场健康、有序、规范发展奠定了基础。四是以“先教”活动为契机,针对整改建议,结合年度人事工作计划,制定了《借用人员管理办法》(暂行)、《教育培训管理办法》(暂行)、《国家认监委境外机构外派人员管理暂行规定》(草案稿)、《委管事业单位试行人员聘用制度的实施意见》(草案稿) 等,制度建设工作取得了明显成效。五是严格遵守国家有关规定,完成了委机关工作人员工资纳入财政统发和预算外津补贴的清理工作,为《公务员法》在委机关的顺利实施做好准备工作。六是积极推动中检认证集团海外公司的改革工作,进一步深化了对委管事业单位收入分配制度改革工作的管理,推动了委管企事业单位各项改革的进程。七是完善进口废物原料的装运前检验电子管理系统,加大管理力度,对中检认证集团海外公司的进口废物原料的装运前检验业务工作的监管工作取得实效。

我在这里先就做好2006年的认证认可干部人事工作谈几点意见,再就“十一五”期间的认证认可干部人事工作进行部署。

一、要高度重视《公务员法》的贯彻实施,全面加强国家认监委机关公务员队伍建设

即将实施的《公务员法》是建国以来中国第一部关于干部人事管理的综合法律,标志着中国干部人事工作在法制化轨道上迈进了一个新的发展阶段。《公务员法》对于进一步完善干部人事制度管理体制,规范公务员行政行为,保障公务员合法权益,加强对公务员的监督和管理,提高公务员队伍的整体素质,促进勤政廉政,提高工作效能,具有重要而深远的意义。因此,贯彻落实好《公务员法》,并以《公务员法》的颁布实施为契机,形成广纳群

贤、人尽其才、能上能下、能进能出、充满活力的用人机制，造就一支政治坚定、业务精良、纪律严明、作风过硬的国家认监委公务员队伍是国家认监委今后一个时期人事工作的重点。

要以学习宣传为前提，分层次、有步骤地学好公务员法，努力营造加强公务员队伍建设的良好氛围。要以完善相关配套规章制度为重点，结合国家认监委实际情况，制订具有针对性、可操作性的配套规章制度，健全公务员管理的制度依据。要以机制创新为核心，不断加强公务员的能力建设，全面提高公务员队伍素质。

二、要解放思想，大胆工作，继续推进事业单位人事制度改革工作

自2000年国家人事部提出加快推进事业单位人事制度改革以来，中国的事业单位人事制度改革取得了很大进展。但是在改革过程中确实存在许多难点和困难亟待解决，如国家关于人事制度改革的政策不配套，事业单位人事管理的立法层次不高，人事管理的政策规定比较欠缺；事业单位管理体制、机构编制和社会保障制度与事业单位人事制度、分配制度改革不匹配，人事制度改革单项推进面临很大困难；未聘人员安置成为改革难点等等。这些严重影响着事业单位人事改革的深入发展。

在这种现状下，委管事业单位的人事制度改革工作就必须在探索中求发展。改革工作必须始终坚持以邓小平理论和“三个代表”重要思想为指导，树立和落实科学发展观、科学人才观，贯彻尊重劳动、尊重知识、尊重人才、尊重创造的方针，改革必须坚持有利于认证认可各项事业的发展，有利于调动事业单位各类人才的积极性、创造性，促进优秀人才的健康成长、脱颖而出，为认证认可事业的发展提供强有力的人事人才保证的原则。各单位人事部门要深入领会国家人事部有关改革精神，大胆工作，为制订委管事业单位的人事、工资等配套制度进行深入调研，搞好试点，在不断总结经验的基础上，处理好改革、发展、稳定的关系，积极稳妥地推进委管事业单位的人事制度改革工作。

三、要重视认证认可人才队伍建设，为认证认可事业发展提供充足的人才保证和智力支持

人才是认证认可事业发展的重要前提和基础，没有人才，我们的事业就成了无源之水、无本之木，因此必须把认证认可人才队伍建设作为我们人事部门一项长期而重要的工作来抓紧抓好。

各级领导干部和人事部门的同志要善于创造条件，将人才放在能够发挥最大作用的岗位，使其能够将知识运用到实践中，转化为贡献，实现人才资源向人才资本的有效转变。同时，要高度重视对后备干部的培养与选拔工作，把建立认证认可后备干部管理数据库，健全后备干部管理制度作为充实认证认可事业领导力量的有效手段，纳入到我们的管理工作中来。

四、要继续加大教育培训工作力度，把教育培训工作不断引向深入

要始终把教育培训工作放在重要地位，按照“规划先行、管理跟进、训用结合”的工作思路，结合教育培训“十一五”规划，努力实现从“办培训向管理培训，松散培训向刚性培训，封闭培训向开放培训”的三个转变，把培训目标、培训方法与能力建设紧密联系起来，在深化公务员初任培训、任职培训、专门业务培训和更新知识培训四类培训的基础上，不断加大各项经常性培训工作的力度。

以上谈到的4个方面的内容，对于做好今后的认证认可干部人事工作非常重要，请大家在今后工作中认真加以落实。

同志们，认证认可的干部人事工作任务十分繁重，希望大家继续发扬积极向上，开拓进取的精神，在各单位党组(党委)的领导下，努力开创认证认可干部人事工作的新局面，在各自的工位岗位上做出新成绩。最后祝大家在新的一年里身体健康，在工作、学习方面有新的收获!

国家认监委主任孙大伟

在国家认监委2005年工作总结会上的讲话

(2006年1月19日)

国家认监委成立以后，在王主任的倡导和领导下，国家认监委形成了许多卓有成效的工作模式。其中一个非常好的做法，就是在每年年终岁首召开一次总结会，总结经验、查找问题，提出新的工作部署。2005年的总结会，我们在继承的基础上有所创新。上午委内各部室、下属单位分别介绍了本单位的工作和2006年的安排，使大家增加了对相互间工作的了解，也更有利于树立全局意识，加强团结协作。前一阶段，通过制定认证认可“十一五”规划，召开全国工作会议、部际联席会议，我们已经对2005年的工作进行了全面总结，对2006年的重点进行了科学安排，各单位都认真组织了有关精神的学习和贯彻。委内还制定了工作总结和计划。我侧重讲讲2005年工作的特点，对做好2006年工作提出几点要求。

一、2005年工作的主要特点

2005年，是认证认可承先启后，继往开来的重要一年。国家认监委在王主任的带领下，圆满完成了“三步走”第二步战略目标和既定的工作计划，各项工作取得了新的成绩和进步。突出的特点有以下7个方面：

一是更加注重使认证认可工作贴近国家工作大局。发挥认证认可作用，更好地服务于国家经济建设和社会发展，是第三次全国认证认可工作会议提出的工作目标。2005年，我们围绕这一目标，做了许多方面的工作。第一，组织召开了“中国认证认可战略研究”研讨会，组建了认证认可技术研究所，启动了认证认可前瞻性发展研究和关键技术的研究开发工作。第二，突出强化了认证认可在维护国家利益安全，推动管理、服务水平提高，和生命、健康、安全保障等方面的作用，积极开展了信息安全产品认证认可体系的建设和信息安全产品认证中心的组建。无线局域网产品的强制认证顺利开展，已经成为政府采购的必备条件。完善了3C认证规则，完成了标志换版，解决了工作衔接和实施中的许多问题，对12种汽车零部件实施了3C认证。采取多种措施推动和规范质量和职业健康安全管理体系认证工作。机构颁证数比2004年增长9.5%，机构颁证数量和国内企业获证数量连续两年保持世界第一。第三，认真贯彻中央一号文件，为解决“三农”问题，推动现代农业建设，提高我国食品、农产品质量安全水平，会同有关部门共同开展了绿色市场认证，酒类食品、无公害农产品质量认证，有机产品、饲料产品认证，HACCP以及良好农业操作规范等食品安全管理体系认证，基本建立起了我国食品、农产品认证认可工作体系和有关标准体系。第四，通过认证认可积极推动节约型社会、环境友好型社会建设。环境管理体系认证过去三年平均增长速度达到了27.5%。节能、节电、节水、节材等认证逐步开展，光伏电池认证、太阳能热水器认证等被确定为政府采购的依据。第五，认真落实《国务院关于进一步加强食品安全工作的决定》，完成了总局交办的全国食品检验检测资源调查工作，在全国组织了流通领域中的食品、农产品认证标志专项监督检查，组织了食品生产企业管理管理体系认证有效性调查和监督抽查。配合总局加强食品安全的工作部署，组织了全国计量认证专项监督检查，会同商务部开展了对绿色市场认证的规范性、有效性监督检查。第六，为推进对外贸易发展，进一步加强了出口食品卫生注册分类管理，全年圆满接待了国外31个官方组织对249厂次的注册检查，通过积极对外交涉，使肉类、水产品等多种国内产品有效突破了相关技术壁垒，保持了稳定的出口水平。第七，积极推动各级政府部门充分运用认证认可手段，目前已有10多个认证认可部际成员单位积极采用认证认可成果加强行业管理。第八，为推动西部大开发和东北老工业基地建设，积极扶持这些地区的认证及相关机构的建设和合理布局，在从业人员培训考核等方面给予了重点倾斜。这8个方面的工作，都紧密联系了国家工作大局，贴近了国家经济建设、社会发展和人民生命健康安全，使认证认可工作突破了行业局限，成为了国家的一项重要政策措施。认证认可被写入《国家中长期发展纲要》，写入汽车产业、贸易政策和多部法律法规中，充分说明了这一点。

二是更加注重提高监管工作的有效性。认证认可要健康发展，必须解决有效性不高的问题。2005 年全委上下都把提高监管工作的有效性作为重要任务来抓。为了使地方监管更加有效，在总局的支持下，直属检验检疫局和 22 个省级质量技术监督局都成立了专门的认证监管处室，将 CCC 认证免办、认证咨询机构审批等权力下发到了地方两局，进一步明确了权责。建立了执法问题的请示答复机制、重大认证违法案件的督导制度，强化了对地方两局的行政执法指导和培训。为使监管机制更加科学有效，经过两年筹备，正式成立了中国认证认可协会，王主任担任首任会长，昨天协会正式挂牌，内部机构将陆续组建，已经确定将认可中心负责人员认可的 15 位人员及《中国质量认证》杂志社的同志整体划转，以这些人员为基础逐步补充。协会的成立，标志着认证认可法律规范、政府监管、认可监督、行业自律、社会监督结合的综合监管机制全面建立。为了提高认证的有效性，我们对已经开展的认证活动的有效性进行了专项监督检查。先后组织了对 CCC 认证，食品、农产品认证标志、绿色市场认证、计量认证等多种认证的专项监督检查。这些工作针对性很强，比如 CCC 认证重点从生产、销售和进口等环节对获证产品进行了抽样检查，对指定认证机构的认证活动进行现场核查，对指定实验室进行能力验证和现场监督，对 CCC 工厂检查员的行为规范和专业能力进行监督抽查，对 CCC 标志的核准、发放、备案、使用等情况进行专项检查。此外，我们还连续两年组织了对认证机构的档案稽查和顾客满意度调查，组织了对认证机构法人代表的法律法规考试，加大了对大案要案的查处力度，及时处理了一批违法违规的做从业机构和人员。

在推进工作的过程中，始终注意依法行政，依法推动工作。按照《行政许可法》的要求，围绕《认证认可条例》，建立健全了一系列法规制度。2005 年新出台了《体育服务认证管理办法》、《认证培训机构管理办法》、《认证咨询机构管理办法》等一批法规和部门规章，进一步规范了认证认可各项活动。在深入研究国内外合格评定领域的工作机制和法律制度的基础上，拟定了《合格评定法》(草案)。

三是更加注重通过部际协调开拓工作新局面。统一管理、共同实施的工作机制，是《认证认可条例》确定的基本原则。经过几年实践，我们对这一机制的认识在不断深化，采取的措施也更加务实和有效。2005 年我们建立起了联络员会议制度。建立了成员单位间的信息网络，通过这一机制实质性地推动了认证认可部际协调。使 2005 年确定的 6 项共同实施项目都得到了有效落实。2004 年开始，我们每年定期对成员单位进行走访，至今走访了 80% 的成员单位。通过走访，增进了了解，达成了许多新的共识。我们也对成员单位的工作模式和想法需求做到了心中有数。成员单位对认证认可工作更加重视。比如国家林业局把认证认可作为保证森林可持续发展的重要手段，水利部将认证认可作为实现新时期治水的技术保障。许多成员单位都将认证认可作为一项重要的工作，列入了部门的“十一五”规划，提出了明确的工作目标和任务。并自觉运用认证认可手段加强行业管理。比如铁道部将一些产品准入的行政审批改由通过认证实施，国家广电总局在行业中积极推动富有行业特色的质量管理体系认证等。通过部际协调，我们开拓了体育服务认证、饲料、酒类食品质量认证、花卉认证、财务软件数据接口认证、信息安全产品认证等一大批工作新领域。此外，我们还根据自身工作职能，积极拓展工作新领域。比如在实验室资质管理与认可方面，开展了机动车安检机构计量认证，首批通过的有 772 家；在病源微生物实验室认可、医学实验室认可、标准物质生产者认可、GLP 实验室认可等领域进行了积极探索。这些工作使认证认可工作范围更宽，发展更加蓬勃迅猛，作用和影响更大。

四是更加注重促进各项工作协调发展。认证认可工作面很广，只有各项工作协调发展，齐头并进，工作才能整体快速推进。因此，2005 年我们在确保当年重点工作的同时，充分注意推动其他工作的开展。在科技标准方面，启动了 13 项相关国家标准的制定。对检验检疫标准立项制度进行了改革，组织开展了行业标准复审及计划项目清理。参与了 ISO 22003《食品安全管理体系认证机构要求》等文件的起草工作，与外国相关机构共同负责了 IAF/ILAC 认可机构国际互认要求和程序规则制订发布的技术审查，在参与认证认可国际标准化工作方面取得了实质性的突破。《认证认可关键技术研究与示范》项目列入了国家“十五”科技攻关计划。在实验室监管方面，组织开发了全国实验室资源网络查询平台，建立了最具权威性并为国家认可的全国实验室资源数据库，《全国实验室资源状况及共享战略研究项目》通过验收。加强了国家产品质检中心建设，实施了年审备案制度，加强了监督检查。检验检疫实验室改革、实验室的认可、能力验证、计量认证等工作取得了新的成果。在信息化建设方面，通过加强基础建设，网络环境得到改善。建立了 CCC 标志发放管理、进口废物原料装运前检验、实验室资质管理等一批管理系统。在信息宣传工作方面，召开了系统信息宣传工作会议，初步建立了上下联动的工作机制。立足于扩大认证认可工作影响，开展了多项大型宣传活动，3·15宣传活动、如饲料认证、协会成立新闻发布等宣传取得了较好成效。在《中国食品报》开设专栏、组织CCC认证有效性征文等，开辟了宣传工作的新途径。《中国质量认证》杂志充分发挥了宣传主阵地的作用，配合业务工作进行全面宣传，办刊质量和经营能力都有新的提高。在国际交流方面，进一步加深了与重点国家、地区以及周边国家的双边关系的发展。按照政府间协议，派出专家对朝鲜、蒙古国政府部门及认证认可相关机构进行了技术培训和业务指导。与美国、加拿大、欧盟等国家和国际组织加强了技术交流与合作，成功举办了中美、中欧认证认可研讨会等国际会议，主持开展了IAF对跨国认证与认可活动的国际监督调查工作。派员参加了2006年举行的ISO/CASCO及各相关政策、技术工作组的工作，开展WTO/TBT/SPS在认证认可领域的通报、咨询和评议，参与了相关国际规则的制定，维护了我国加入WTO后过渡期的权益、履行了成员义务，提升了我国在国际组织中的地位和影响。

五是更加注重规范内部工作提高行政效率。按照中央和总局的要求，精简了2005年会议（培训）、调研计划，将各部门申报的50多个调研计划合并压缩成7个，压缩了20多个会议。对全年会议（培训）、调研实行了编号管理和跟踪督查，收到了较好的效果。对年度的工作任务进行了分解，落实了承办部门、负责领导和具体经办人，根据时间安排，确立督查事项，及时公布，促进了业务工作开展。完成了委机关内设机构职能调整，机构设置更加合理，事权划分更加明确。圆满完成2004年度干部考核工作，加强了人员培训。严格按照政府采购规定要求执行了委机关2005年政府采购计划，完成了认监委固定资产登记。积极与上级部门联系，对涉及干部职工切身利益的分房、住房补贴、供暖费改革等问题，进行了认真调研，有的工作已经稳步推进。机关服务中心通过提高工作服务意识、加大规范化管理力度，切实在保障职工工作生活、保持福利待遇等方面下了很大力气。标志发放保证了业务开展，中认物业公司走上良性发展轨道。财务工作落实国家财政管理体制改革政策，积极实行了财政资金国库集中支付制度。建立起了财政资金绩效考评体系，加强了资金运行监管。配合新业务，为中欧项目基金管理提供了财务保障。财务监管制度逐步健全，加强了对下属单位财务管理力度。对认证认可收费情况实行了监督，并着手制订新的认证收费标准。

六是更加注重通过创新管理方式确保工作质量。认可中心积极创新管理方式，从认可监督角度，将认可管理位置前移。将监督管理的着力点放在影响认证工作质量的薄弱环节上，研究开发了"认证机构分类管理方案"，实施了分类管理。充分发挥技术优势加强监管，继续组织实施了对培训机构的行政监督检查。积极建立人员认证机构认可制度，开展了有关食品安全的国家认可和人员注册工作，组织承担了国家"十五"重大科技专项中"食品安全关键技术研究"两个子课题，取得了实质性的进展。认证中心积极推进各项认证业务，努力拓展工作新领域，累计颁发证书13.7万张。全面加强认证质量监督，建立了质量监督员制度，开展了质量管理专项行动，完善了技术文件，加强了对从业人员的管理，提高了服务质量和水平。通过承办IECEE-CMC上海年会、强化品牌管理、举办认证论坛等工作，树立了新的形象。中检集团根据工作的总体任务和目标，加强了制度建设，规范了企业管理，召开了全球总经理会议，明确了工作方向和任务。以检验鉴定业务为抓手，创新经营模式，积极开拓市场，加快业务发展。全面推动了海外公司改革，在全系统开展了建立质量管理体系的工作。集团国内营业额超过7.5亿元。中国检验有限公司（香港）将2005年定为质量管理年，努力强化内部管理，提高工作质量。进口废物装运前检验较好地把住了质量关，经香港中转内地的肉类产品和水果预检工作进一步规范。

几个下属单位2005年都还有一件大喜事，就是都购置了新的工作用房。其中认证中心、认可中心、中检集团经过批准，分别独立购置了工作用房，使工作条件得到改善，为今后的发展创造了良好条件。中国检验有限公司在元朗购置了综合检测中心用地，2005年9月已经正式开工建设。2006年二期工程完工后，将极大地增强检测实力。中国检验有限公司还准备投资在海南三亚建立培训基地，目前前期工作已经顺利启动。

七是更加注重加强思想作风建设。党组始终把加强所属人员的政治思想建设作为一项重要的基础工作来抓。2005年，独立设置了认监委机关党委。按照中央在全党开展保持共产党员先进性教育活动的部署，把先进性教育活动作为贯穿全年的一条主线，以党的先进性建设推动认证认可各项工作的开展。根据先教活动的特点，结合委直属机关党委质量管理体系建设的实际，将ISO9000导入先教活动，保证学习时间和质量。党员干部按时参加学习活动；按照"三个代表"的要求，对照党章规定的党员义务，党员撰写个人剖析材料；针对征求意见和自我剖析材料中查找出来的问题进行认真整改。各级组织也根据征求到的意见制定了整改措施，并认真加以落实。党组结合先进性教育活动的开展，起草制定了《国家认监委党风廉政建设领导小组关于贯彻落实2005年反腐倡廉工作部署的实施意见》，对反腐倡廉有关任务做了细化和分解，使政风和行风建设得到新的加强。召开了第二次全国认证认可行风建设座谈会，并在上海、江苏、湖北三地进行了调研，听取了地方两局、认证及相关机构和部分获证企业对认证认可行风建设的意见和建议。

2005 年，认监委方方面面的工作都取得了突出的成绩。我在这里只是粗略地列举了一些，很多方面都没有点到。成绩的取得，是党中央、国务院和总局党组正确领导的结果，王主任和其他老领导科学决策和英明指挥的结果，是认监委上下一心，团结奋斗的结果。因此，在这里，我代表认监委党组，对王主任和其他老领导，对认监委和下属单位的同志表示衷心的感谢！我们一定要戒骄戒躁，继续保持和发扬过去的工作精神和工作干劲，继续把认证认可事业推向前进。

二、2006 年工作的重点

2006 年，是实施认证认可第三步战略目标的开局之年，也是落实认证认可“十一五规划”的开局之年。开好头，起好步，对于今后的工作非常重要，也非常关键。委党组将 2006 年工作重点确定为规范工作、提高认证有效性。各项工作都要围绕这一中心开展，要突出抓好 4 个方面。

第一，进一步完善认证认可监督管理体系。要抓紧《合格评定法》草案的完善和论证工作，抓紧制定《认证机构管理办法》，并扎实开展执法监督，严格规范行政审批行为。进一步规范认证认可体制，下移认证市场监管重心，简化监管层次和环节，建立产品责任保险制度，完善大案要案查处、依法追究以及处罚和退出机制。坚持以资格准入为手段，强化前置管理，建立切实可行的认证机构业务范围管理及专业人员能力评价系统，建立完善认证机构自我评价和监控体系。发挥认证认可协会作用，依托协会建立健全认证认可行业自律规范机制和行业诚信体系，推动认证相关机构的改革改制。

第二，着力发挥认证认可对经济发展和社会进步的促进作用。有重点地做好以下十项具体工作。一是加紧节能、节水、可再生能源等领域的认证技术规范和标准的制定，尽快建立相关认证制度，推动相关产品认证。二是适应发展节能型交通运输工具和农业机械的需求，强化汽车产品认证工作，尽快将农机产品、交通安全产品、建设工程产品纳入 CCC 目录。三是适应发展循环经济的要求，积极推动有关环保、生态认证的国际标准的研究和利用，建立全国统一的环境友好型产品认证体系。四是适应安全生产形势的需要，推进职业健康安全管理体系认证。五是全面推进食品和农产品认证，加强食品企业的管理体系认证和食品与农产品认证标志使用的监管，加大出口食品企业注册登记和对外推荐注册的力度，加强进口食品和化妆品卫生注册工作。六是配合国家产业发展和贸易政策，建立新的出口商品登记注册制度，调整出口产品结构，转变对外贸易增长方式，增强国际竞争力。七是为适应国家信息安全保障的需要，积极推动国家信息安全产品认证认可体系建设。八是推动西部和东北地区的质量管理体系、环境管理体系认证，建立和开展当地特色食品和农产品认证。九是强化对涉及生命、健康、安全等方面的认证机构和相关实验室、检查机构的资质认定和认可工作。十是发挥认证机构设立审批手段，促进体育服务认证、信息安全管理体系、森林管理体系、食品安全管理体系、自愿性产品认证和饭店酒家等级评定等新的认证领域的发展。

第三，进一步强化共同实施的工作机制。要充分利用认证认可工作部际联席会议制度这一渠道，加强与国家各部委的协调。2006 年需要共同实施的工作项目有 6 个：1.建立国家信息安全产品认证认可体系。2.建立国家统一的森林认证制度。3.建立节水产品认证制度。4.扩大消防产品强制认证。5.对涉及工程质量的建筑材料、构配件及设备和住宅部件认证。6.开展交通产品认证。这几项工作都是涉及到国家经济建设和人民生命、财产安全、老百姓安居工程的大事，我们一定要搞好。此外还要加强与地方认证监管部门、与地方政府及其各有关部门和行业组织的沟通和协调，充分发挥他们的积极作用，积极争取地方各级政府和主管部门、行业组织、企事业单位的重视和支持，进一步完善与相关部门的协作、协调工作机制。

第四，进一步加强认证认可工作基础建设。以《认证认可关键技术研究与示范》为先导，认真做好相关课题的研究和“十一五”认证认可科技规划项目的起草和立项，完成“十一五”检测规划的制定，抓好科研项目的攻关和管理。做好国家产品质检中心筹建和规划、技术能力评审、授权和监督检查工作，组织和指导地方认证监管部门加强对辖区内实验室认可和计量认证的监管，加强对所属实验室、质检中心的管理。以满足提供认证认可信息和监管、执法需要为目标，健全信息化网络和信息发布平台，建设面向社会的认证市场监管等信息系统，指导地方认证监管部门尽快建立起与国家认监委信息系统相衔接的辖区认证监管和实验室资质监管数据库。围绕国家经贸政策和目标，深入开展认证认可领域的国际合作，巩固并扩大双边合作成果，积极落实认证认可国际合作双边协议，加强对认证认可国际发展动态及趋势的战略研究和WTO框架下认证认可领域工作内容的研究,努力提高参与认证认可国际组织活动的力度和有效性。

以上是我们2006年要重点抓的四个方面,但并不是说其他工作不重要。不同时期有不同的工作重点。我们必须在这些重点工作上力争取得突破,工作才能有特色。其他工作也必须按照工作计划抓好落实,才能实现协调发展。

三、对下属单位2006年工作的总体要求

下属单位要围绕认证认可中心工作,加大战略发展研究和业务推进力度,在自身取得发展的同时,为委机关的行政监管提供更多的技术、信息等决策支持。

认可约束是认证认可监督管理体制的一个重要方面,也是我们2006年要重点加强的一个方面。认可中心要把认可作为监管的重要环节,以强化认可工作与国际接轨、推动认证活动按照国际规范运作为前提,以资格准入、技术规范等为手段,加强前置管理,建立切实可行的认证机构业务范围管理及专业人员能力评价系统,实施好"认证机构分类管理方案"。不仅要保证相关规则在认证实施中能得到有效贯彻,更要在工作的各个环节落实和体现出认可的根本目的及主旨精神。要引导认证机构建立完善自我评价和监控体系,增强自我监管能力。通过认可作用的充分发挥提高认证有效性。要努力拓宽领域,加强技术研究和业务开发力度,为服务对象提供优质服务。

认证中心是目前国内最大的认证机构,承担着CCC认证的很大一部分业务。同时又是惟一一家由认监委管理的认证机构,国际国内都非常关注,总局、认监委和社会各界对你们的要求也非常高。一定要加大监管力度,狠抓工作质量,切实加强对获证组织和委托检测机构的监督管理,加强对从业人员的管理和培训,确保认证规范和有效。要加大市场开拓力度,不断开拓新的认证领域,进一步推进海外发展战略,拓展海外市场,做优做强CQC品牌。要积极参与IECEE、IQNet、IFOAM等国际组织的各项工作和相关活动,大力推动以CB认证为核心的国际互认业务。要加大科技研发力度,增强机构自身技术实力;加大人力资源开发力度,建设高素质人才队伍。

中检集团公司要进一步完善集团公司的体制,全面建立现代企业制度。要改变长期依赖政策性委托业务的局面,逐步提高市场化业务比例;以集团检验有限公司为平台,优化系统资源配置,打造检验鉴定平台;继续加强和完善认证业务中心的建设,在保证质量的前提下,发展认证业务。要从国家工作大局出发,切实做好进口废物原料装运前检验工作,确保不出问题。要全面推进海外公司改革,建立符合实际工作需要、切实可行的工作模式和管理模式。特别要重视在海外公司建立质检信息网络的问题。总局长江局长多次强调,要利用中检集团在海外多处设点的优势,建立质检信息搜集、整理网络,及时做好反馈。这也是当初国家质检总局党组确定将商检公司要回来的一个重要考虑。在考虑海外公司改革时,不能光想着自己如何改,还应当充分考虑如何充分满足总局、认监委的工作需求。

中检有限公司要进一步完善内部管理,扎实开展工作质量检查,重点检查废物原料检验、肉类产品、水果检验的工作质量,促进公司管理规范化;进一步完善公司ISO/IEC 17020和中龙公司、汽车中心ISO/IEC 17025的程序文件和运作,做好迎接年度审核的各项工作;继续抓好元朗二期工程建设和海南三亚培训中心项目。

中国认证认可协会是总局管理的单位,不属于认监委管辖,但行业自律是我们监督管理的一个不可或缺的重要环节。王主任作为我们的老领导,对这方面的工作有很深入的考虑,她担任协会会长,2006年一定会采取许多切实可行的措施来加强这项工作。希望协会尽快完成内部机构的组建,充实相关人员,及时开展工作,早日发挥作用。认监委在这方面也一定会给予全力的支持和配合。

四、对委机关工作的几点要求

认监委机关是全国认证认可工作的领率机关。规范工作,提高有效性,首先必须规范我们自身的工作,提高我们自身工作的有效性。这些年,我们机关在思想作风、工作干劲、精神状态等方面总体上是比较过硬的,但或多或少也存在一些问题。每次召开全国性工作会议,到地方调研,都能听到对机关的一些不好的反映。党组在工作中也感觉存在一些不足,概括起来有10个方面:1.全局意识不强,想自己主管或从事的具体业务多,从国家大局或认监委全局角度考虑问题少;埋头于具体事务,工作层次不高。2.工作缺乏整体性和计划性,长远安排和通盘考虑不多,想起一出是一出,随意性比较大。工作虎头蛇尾,安排时轰轰烈烈,却没有采取有效措施认真抓好落实。3.层级把关不严,没有尽到工作职责。一些该各部处把好关的公文,还需要委领导来改错别字和病句;本来应该在下面解决的问题却把矛盾上交。4.工作指导不科学,安排工作一厢情愿,没有充分考虑到下面的实际情况和接受程度。下发的文件都是急件,委领导要急签,下面要及报情况,有的刚收到文件就要报送材料。5.部门之间缺乏协调。会

议、培训撞车，几个部门的调研组同时到一个地方的情况屡有发生。对外答复一个部门与另一个部门不一致，口头答复与书面答复不一致，前后答复不一致。6.会议多、文件多、调研组多的问题虽有所改善，但仍没有根本好转，下面疲于应付。7.宣传意识不强。光注重做好工作，不注重对上对外宣传。做了许多工作，领导和上级部门不知道。一些认监委出台的重大政策措施，事前不向宣传部门通气，事后也不提供相关素材。本应该由我们发布的重大新闻，却由行业协会、从业机构的来说。8.服务意识不强，缺乏为基层、为企业、为社会服务的意识。个别同志口气大、架子大，工作居高临下，对下级和基层的同志缺乏基本的礼节礼貌。9.工作作风不实，工作满足于过得去，不求过得硬。制定政策缺乏足够的调研，对全局情况掌握不够，工作浮在上面，不扎实、不细致，针对性和可操作性不强。10.工作纪律松懈，上班迟到、下班早退，工间休息过长的问题在一些同志中或多或少存在。或是工作时间不请假外出，借口开会、办事到外面晃悠、办私事。这10个方面的问题，都是影响机关形象，制约机关工作有效性提高的大问题。虽然有些问题已经在先进性教育活动中有一定适度的解决，但还没有从根本上得到解决，必须引起我们的高度重视。

2006年，认监委机关要紧紧抓住这些问题和不足，下大力气加强机关建设，开展机关思想作风整顿，内强素质，外树形象。这项工作由办公室和机关党委共同抓，各部室要安排专门时间，针对这些问题进行对归类检查和认真剖析，举一反三，深刻检查在思想作风、工作干劲、精神状态、廉洁自律等方面存在的问题和不足，针对查找出的问题制定出切实可行的改正措施。下属单位可视情况自主安排。第二季度，党组要安排专门时间，听取各部门的整改情况汇报。

通过加强机关思想作风建设，要突出强化几个方面：

一是要强化依法行政观念。依法行政是对政府管理部门的基本要求。我国市场体系和法律法规体系在不断完善，社会的法律意识在不断增强。特别是《行政许可法》实施后，要求各级行政管理机关及其工作人员严格按照法定权限和程序行使职权、履行职责。我们作为全国认证认可的最高管理机关，一定要把依法行政作为一切工作的基本点和出发点。目前已经出现了将认监委作为诉讼主体告上法庭的情况，可以说是形势逼人。对照形势的要求检查我们自己，是不是每一位同志都有这种强烈的意识？是不是在每一项工作中都贯彻了这种理念？我们搞认证认可工作的，是不是对《认证认可条例》的主旨和精神都非常熟悉？是否都认真学习过《行政许可法》？我看不见得。一定要加强法律法规的学习，自觉运用法律法规指导各项工作，按照法律法规的要求做好每一项工作。

二是要加强开拓创新。创新是工作不断发展的动力。我们认证认可工作能有今天的局面，很大程度上得益于不断创新。在新的形势下，必须继续开拓。我们要实现第三步战略目标，赶超国际先进水平，就必须开拓创新。我们现在的认证认可工作虽说与国际水平保持了同步发展，但这项工作毕竟还是外来的，目前实施的标准和规则大多是发达国家制定的，我们过去大多是吸收和采用。光靠这些只能跟在人家后面，永远也赶超不了。必须整合全行业资源，占据世界认证认可技术制高点，提高认证认可行业自主创新能力。在这方面我们不能有丝毫的满足思想，必须以更大的热情，投入更多的精力来做好创新工作。

三是要切实增强工作的计划性。古人说，凡事预则立，不预则废。这个预，就是计划。工作有计划，才能统筹考虑，科学安排，否则只能是打乱仗。近年我们强调了这一点，情况好一些，但仍然有缺陷。比如委内有“十一五”规划，我们各部门是不是在这个大框架下有自身的5年工作计划？我现在还没有看到。一些认证活动的开展，应该有通盘的考虑。先干什么，后干什么，应该是非常清楚的。但我们这方面做得不够好，往往是容易干的、有关部门有积极性的就先干起来了。今天一个认证，明天一个认证，一个一个地往外蹦，显得没有章法。大家都看到了，目前国家在强化工作计划，重大建设项目没有列人当年财政预算的就没有经费保障。今后，委内要进一步强化计划管理。各单位工作要做计划，计划要委内批准。没有列入当年工作计划的项目轻易不能批，对计划的落实情况要进行监督检查。哪些事干了，哪些事没干，要有一个说法。没干的要有充足的理由。对当年计划的落实情况要进行评估，作为第二年批准计划和经费安排的重要依据。

四是要切实改进工作作风。重点是加强思想作风建设，增强工作的积极性、主动性、创造性和规范性。要增强政治意识，认真学习贯彻科学发展观，贯彻中央和上级的路线、方针、政策，时刻保持清醒的政治头脑、坚定的政治立场。要增强大局意识，自觉把自身工作与国家大局、与质检和认证认可工作联系在一起，作为其不可分割的一部分，想问题、办事情从全局的角度来考虑，跳出部门和个人的小圈子。要增强责任意识，发扬守土有责的精神，对负责的部门、对分管的工作高度负责任。严格按工作职责把好关，遇事不推诿，不回避，不把矛盾上交。要增强服务意识，牢固树立为国家经济社会服务，为各级政府部门服务，为企业服务，为人民服务的思想。对上对下一视同仁，切实急基层所急，想基层所想，千方百计为基层提供工作便利，想法设法解决基层工作中遇到的各种问题。要增强法律意识，自觉学法、知法、懂法、用法，用法律法规规范工作，规范每一项公务活动。要增强创新意识，不断开拓，为事业发展增添新的活力。要增强协作意识，加强与其他部门的沟通联系，多协商、多通气，避免工作局限性。要增强奉献意识，努力为事业发展增砖添瓦，勤奋工作，无私奉献。在个人利益和整体利益、部门利益和国家利益发生冲突的时候，自觉做到小利益服从大利益，小道理服从大道理。要增强廉政意识，加强自身行为规范，正确用好手中权力，防止出现各种问题。要增强纪律意识，严格要求自己，自觉遵守工作纪律。要增强表率意识，时刻牢记自己是全国认证认可领导机关的工作人员，严格以高标准要求自己，事事处处做好模范，起好带头作用。

同志们：过去一年，我们取得了突出的工作成绩，2006年的工作任务仍然相当繁重。希望我们团结一心，努力奋斗，扎实做好各项工作，争取新年里有新的更大的进步。

2006

ZHONG GUO REN ZHENG REN KE NIAN JIAN

第二部分　专　文

ZHUAN　WEN

·专文·

一、关于强制性产品认证

建立权威统一、科学高效的国家强制性产品认证制度

国家认监委主任　孙大伟

历经3年的艰辛,我们满载收获和喜悦。

2002年5月1日,为兑现中国政府加入世界贸易组织的郑重承诺,完善和规范中国的强制性产品认证制度,解决政出多门、认证行为与执法行为不分离的问题,使之适应中国市场经济发展的需要,更好地为经济和贸易发展服务,根据世贸协议和国际通行规则,国家认监委正式组织实施了“统一目录,统一标准、技术法规、合格评定程序,统一认证标志,统一收费标准”(即“四个统一”)的新的国家强制性产品认证(英文缩写CCC)制度。

新的强制性产品认证制度从推出就显示了强大的生命力,并在3年多的时间里取得了世人瞩目的成就。强制性产品认证制度产生的积极效用已经影响到中国政治、经济、社会生活的方方面面。各级政府部门、行业组织、广大企业和消费者普遍反映:强制性产品认证是贯彻“三个代表”重要思想的具体实践,体现了以人为本的核心,促进了可持续发展战略的实现及和谐社会的建设。中国的强制性产品认证制度,已经成为在全球有影响,在市场上有信誉,在社会上有权威的国家强制性产品认证制度。在树立中国认证认可工作在国内的权威和国际的声誉方面,强制性产品认证制度起了至关重要的作用。

所有取得的成绩更加坚定了我们做好强制性产品认证工作的信心和决心。在2004年召开的第三次认证认可部际联席会议成员单位联络员会议上,王凤清主任对认证认可工作提出了新的目标和要求:开展认证认可工作要以促进国家经济建设和社会发展,突破国外遏制、维护国家利益,深化机构改革、加快政府职能转变为基本出发点(即“三个基本出发点”),合理规划,稳步发展中国的认证认可事业,建立起有中国特色的认证认可体系。在这个发展思路指导下,国家认监委确定了强制性产品认证制度建设和实施的总体目标:建设、巩固和发展符合国际惯例,法律法规体系完善,服务于经济和社会发展需要,权威统一、规划有序、监管有力、科学高效的国家强制性产品认证制度。下一步,我们将“实施一项规划、完善两项机制、健全三个体系”,把中国的强制性产品认证工作推上一个新的台阶。

实施一项规划,即实施中国强制性产品认证制度的中长期发展规划。围绕强制性产品认证制度的宗旨,紧密结合中国经济和社会发展需要,配合产业发展和贸易政策,制定切实可行、指导性强、便于操作的强制性产品认证制度的中长期发展规划,包括产品领域、制度保障文件体系,并制定具体的实施计划、步骤、方法和措施,稳步推进,使强制性产品认证制度成为中国经济运行中不可缺少的经济调控手段,成为提高党的执政能力、推动政府职能转变的重要措施,为保护消费者和企业利益、营造公平

的市场环境服务。

完善两项机制。一是进一步完善“统一管理、共同实施”的工作制。密切配合国家可持续发展战略，抓住深化行政管理体制和行政审批制度改革的机遇，按照统一规划和统一监督的基本思路和原则，完善共同实施的工作机制，理顺强制性产品认证制度和各种产品质量安全环境监管制度之间的关系，充分发挥部际联席会议的重要作用，完善相关工作规则，理顺环节接口，调动各方积极性，发挥各自人才、技术、资源等优势，在国家认监委的统一规划与有效监管下，各司其责，形成合力，共同推进认证认可事业，使认证认可工作在实现经济和社会发展规划、产业和贸易政策中发挥更大作用。推动有关行业主管部门通过共享认证认可的成果加强行业管理，使企业真正感受到“一证在手，走遍天下”的好处，从而树立权威统一的强制性产品认证制度形象。二是进一步完善横向协调和纵向贯通的沟通机制。一方面，完善国家认监委与各有关部门和行业组织间横向协调的沟通机制，巩固3次认证认可部际联席会议取得的成果，及时了解和掌握有关信息，在有关部门制定法律法规、产业和贸易政策时，积极主动提出建议；在规划和部署认证认可工作的过程中，尽可能多地听取各部门和行业组织的意见；整顿规范认证市场秩序和专项监督检查等工作，尽可能多地争取各有关部门共同参与，加强与各个部门和行业组织的沟通协调，使认证认可在推动地方经济协调发展中发挥作用。另一方面，完善国家认监委与地方认证监管部门纵向贯通的沟通机制，使上情下达、下情上传的渠道保持畅通，建立地方两局的工作协调机制，保证信息沟通的及时准确，合理利用和共享监管资源。

健全三个体系。一是进一步健全监管体系。为保证强制性产品认证的有效性，按照政府行政执法监管、认可机构对认证机构技术能力检查、认证机构自身工作质量保证、行业组织自律、企业与消费者参与、社会各界舆论监督等要素和原则建立长效的认证市场监管机制，建立科学的认证市场监管体系、认证及相关机构评价体系和认证行业诚信体系。充分发挥市场、法律、行政三者相结合的综合监管手段，完善认证市场的自律机制、退出机制和淘汰机制。加大政务公开力度，督促社会参与监督。对认证机构、检测机构的指定，标志发放机构的确定，认证产品目录的制定进行规范化管理，实现公开化。通过自律、认可监管、社会监管、同行评议以及行政监督相结合，确保服务机构的工作质量。二是进一步健全行政执法体系。加快涉及认证、认可、实验室管理等工作领域的部门规章的制定步伐，创造有利于工作发展的法制环境。加强地方认证监管部门对强制性产品认证知识、认证市场行政执法等方面的指导，加强对认证认可管理和执法人员的法律法规培训，及时解决强制性产品认证执法中遇到的新情况、新问题，增强执法有效性。强化对执法主体和执法人员的管理、监督，国家认监委对省级认证监管部门、省级认证监管部门对下属机构要建立定期检查、汇报、重大事项上报等工作制度，建立健全执法评议考核制度和执法过错责任追究制度。建立符合工作实际需要的信息支持保障系统，提高执法水平与效率。三是进一步健全强制性产品认证标准体系。紧密跟踪国际强制性产品认证标准的发展动向，加强对国际标准的转化与运用。根据国家发展需要，适时调整强制性产品认证的目录，积极研究制定中国自有的认证认可标准，争取被国际标准认同采纳。通过推进标准的贯彻实施，规范强制性产品认证认可活动。

展望未来，我们充满希望。认证认可是一项十分重要、艰巨而光荣的工作。本世纪头20年是中国发展的重要战略机遇期，为认证认可工作提供了发挥重要作用的大舞台，认证认可工作也必将大有所为。我们坚信，在国务院和国家质检总局的领导下，在全体认证认可工作者共同努力下，求真务实，继往开来，中国的强制性产品认证制度一定能够为全国建设小康社会作出新的更大的贡献。

从认证认可国际机制和理念展望CCC认证制度发展

国家认监委副主任　谢　军

中国强制性产品认证制度在中国的成功实践和被全球认证认可界广泛认同的事实充分表明：最具国际化特性的、公正科学的产品认证制度，只有顺应了认证认可国际发展的趋势，遵循了认证认可活动的发展规律，特别是融入到认证认可国际机制之中，才能真正服务于国家经济和贸易发展，才能真正全面实现CCC认证制度所设定的既定目标，才能真正使CCC认证制度充满活力并实现可持续发展。我们应深入研究认证认可国际机制及其发展，着眼于中国CCC认证制度的国际化发展，展望CCC认证制度之未来。

以国际贸易的发展、国际分工的深化，特别是生产、金融和服务的国际化发展，生产要素和资金全球范围内的配置为主要特征的经济全球化的发展，引领着以认证认可为代表的合格评定活动，已发展到以国际标准为基础、全球范围内多国或地区参加的国际认证认可制度。为了维护国际认证认可秩序，促进共同发展，规范国际认证认可行为，确保认证认可的公正、科学和权威，ISO、IEC等国际组织制定了一系列有约束力的制度性安排和活动规则，建立起比较完整的认证认可国际机制，包括认证认可的国际原则、规范、规则、程序和组织制度，如将客观独立、公正公开、诚实信用作为认证认可的理念及其价值取向，将ISO、IEC标准、导则，国际认可论坛(IAF)的实施指南文件作为认证认可实际运作的规则等。特别是从认证认可国际机制建立和运作的实践，逐步形成了认证认可活动的国际理念。一是相互依存和合作的理念。在各国认证认可制度和机构相互依存和全球性认证认可问题普遍存在的情况下，通过认证认可国际机制进行合作，实现合作，从而使合作各方分享利益和成果，以求得双赢、多赢局面的实现。二是法理和规则意识。该理念是法制观念在国际认证认可界的延伸，主张由国际组织及其成员共同制定原则、规则和标准与导则，来规范认证认可的国际关系，处理国际事务，协调利益分配。在国际认证认可界，特别强调各国家和地区的认证认可行为和国际关系要受共同认同的一系列规章、准则、程序的约束，如认证认可国际多边互认协议，并倡导机制规范下的共同行动和共同责任。三是强调理智思维和行动。认证认可国际机制调整下的各成员的行为应与国际机制所确定的行为规范相协调，国家认证认可制度也要与国际机制并存互补，共同发挥作用，理智地处理好两者之间的关系，兼顾各成员的现实利益和超国家的国际机制的走势。

CCC认证制度从建立之初就着眼于与国际接轨，在国际化发展方面进行了有益的探索，并在加入认证认可国际机制方面进行了实践。中国加入国际电工产品合格测试与认证组织(IECEE)的检测结果的互认体系，实现了与各成员间的IECEE-CB测试证书的互认。中国与有关国家认证机构间的双边合作安排，也为CCC认证制度赢得了一个好的外部环境和更大的发展空间。

从认证认可活动的国际理念出发，我们可以这样展望CCC认证制度的发展前景：

一是在相互依存与合作理念的引领下，CCC认证制度应向着更加国际化的方向发展。通过认证认可双边多边国际机制进行合作，跨国检测与认证业务的往来将成为CCC认证制度实施的基本元素和重要内容。CCC认证只有与各国认证制度和机构和谐共存，才能实现CCC制度设计的初衷，从而达到双赢或多赢的局面。

二是在法理和规则意识的引领下，CCC认证制度的完善将与国际发展俱进，并坚持遵循共同认同的国际规则和标准与导则，来规范CCC认证活动。只有实现了准则和程序约束下的CCC认证，才能在国际上建立信誉，实现互信，才能签署国际认证互认协议，协调行动并共同承担责任，使CCC认证成为跨越国外技术贸易壁垒的基本措施。

三是在理智思维和行动的引领下，CCC认证制度将以科学发展观为指导，使CCC认证的实践者们更加理智地处理好国家产品认证制度与超国家的国际机制间的关系，并存互补，在市场上共同发挥作用，使CCC认证制度成为一个兼顾国家现实和长远利益并着眼于国际机制未来发展和走势的国家认证制度。

强制性产品认证制度有效性存在问题分析及建议

国家认监委认证监管部

强制性产品认证制度实施以来，为提高重要产品的质量安全水平、推动重要产业的技术升级、促进产品结构和产业结构调整、保障消费安全、推动政府职能转变发挥了不可替代的积极作用。

根据第四次全国认证认可工作会议“规范工作，提高认证有效性”的总体精神，国家认证认可监督管理委员会在近期从各个方面调查强制性产品认证制度实施有效性的情况，征求提高强制性产品认证制度实施有效性的意见，得到了各个方面普遍的关注和广泛的支持。在此基础上，汇总了目前强制性产品认证存在的主要问题。正视这些问题、分析这些问题产生的原因、积极地解决这些问题，对提高强制性产品认证的有效性，促进强制性产品认证制度的健康发展是非常必要的。

一、强制性产品认证制度存在的主要问题

强制性认证制度在中国的实施只有4年多的时间，由于中国的市场经济体制尚不完善，社会诚信体系尚未完全建立，生产者、经营者、消费者的质量意识相对市场经济高度发达的国家仍有一定的差距，政府职能部门的行政水平尚有待提高，致使强制性产品认证制度仍存在着一些不完善之处。主要有以下几个方面：

(一)制度运行环境的问题

1. 强制性产品认证制度与其他行业监管制度的关系尚需进一步协调

目前，行业主管部门和国家质检总局系统实施的各种涉及产品质量安全方面的监管制度、市场准入制度与强制性产品认证制度仍然存在一些交叉现象，需要继续予以协调。国家认监委经过努力，已经相继解决了工业产品生产许可证和出口质量许可证与强制性产品认证交叉管理问题，受到了社会各方的欢迎。

2. 法律、法规尚待完善

(1)国内现行的法律法规，在对强制性认证产品的质量责任问题上，只有一些原则性的条款，缺乏系统性和完整性的法律法规，影响着强制性产品认证制度的实施力度。

(2)法律、法规对违法违规行为的执法处罚不够全面，直接导致部分执法单位的执法行为不规范。

3. 诚信问题

社会诚信机制不完备，使得一些机构、人员和企业为了追逐利益投机取巧，客观上给强制性产品认证制度的实施造成不良影响。

(二)监管体系有待完善

按照《认证认可条例》规定，地方认证监督管理部门对认证活动实施监督管理。在很多强制性认证产品集中销售的区域(如各类集贸市场、电子城、家电城等)认监部门的执法活动受到制约。一些产品的投产、设计、生产、销售、安装、使用等各个环节由不同部门分段执法的情况也有存在，接口关系尚未理顺，致使强制性认证产品某些环节的监督管理工作几乎处于真空状态，市场上流通着应该认证而又未认证的产品；另外，认监部门的执法人员的政策水准和业务能力还有待进一步提高，迫切需要建立健全有效的执法体系，需要既掌握行政执法的技能，又具备专门的专业知识的专业执法队伍对强制性认证的产品进行专门的执法检查。

强制性认证产品的专项监督经费不足，专项监督频次和专项检查的覆盖率尚待增加，如2005年进行专项检查的产品，仅占现有目录内产品种类的0.7%左右；对指定认证机构的认证活动核查的数量，与强制性产品认证认证证书的发证数量及获证企业数相比十分有限，在一定程度上影响认证监管的效果。在监管结果的后续处理方面，尚未引入有效的退出机制。承担强制性产品认证的认证机构、检测机构、工厂检查人员只有进入、没有退出，客观上没有形成应有的监管威慑力。

(三)强制性产品认证制度有待进一步完善，在强制性产品认证制度建设和实施方面还存在着需要完善之处

1. 制度建设适用性方面

中国认证认可的相关法律法规在相互配套方面还存在一些不完善之处，法律法规起草时所遇到的各种情况在实践过程中有变化，需要在实践中不断完善。

目前强制性产品认证基本采用了国际通用的第五种模式，由于认证所涉及的不同行业的生产企业、经销企业和产品在生产管理方式、生产规模和市场运作能力等方面都有非常大的差异，导致现有的统一的认证模式在一定程度上不能适应认证企业和产品特点的多样性。例如，电气产品的认证模式对于非电器产品并非完全适用。

强制性产品认证制度所调节的大都是质量安全风险比较大的产品和产业，即使在同一行业的企业中，产品的设计、生产、制造、销售、经营等各个环节差异也很大，现有的统一的实施规则在许多细节上无法适应这些差异和变化。因此，应根据企业产品质量状况及管理水平，对企业区分对待，对不同风险的产品和不同水平的企业采取有针对性的管理方式，确保认证和监管的有效性。

2. 认证实施过程和证后监督方面

强制性产品认证在监督检查频次、监督检查实施、监督内容、监督抽样检测等方面有不完善之处，在一些监督人日数规定得较少、获证后监督抽样检测频次较低的产品上，指定认证机构也未采取针对性的补充措施，使得在一些高风险产品上证后监督力度不足、监督手段单一的情况比较明显；不同指定机构对实施规则和标准的理解存在差距，一致性亟待提高；个别指定认证机构因为追求利益通过低价竞争、与咨询机构串通配合等方式进行不正当竞争；在工厂检查员队伍中，存在着部分业务素质和道德素养不高的人员，认证机构对认证工厂检查人员和检测人员缺乏有系统的、有计划的培训、考核评价和监督。

（四）强制性产品认证信息提供系统有待进一步完善

执法机构与认证机构缺乏有效的信息交流与沟通机制，导致局部监管失效或监管滞后，急需建立及时、有效的信息通报与交流机制，以便实施有效的监管；认证机构与检验机构缺乏有效的信息交流与沟通机制，使相关问题得不到解决和处理；执法部门之间各自执法、互不通气，认证机构和标志中心的协调有待加强。目前，强制性产品认证信息数据库还不能满足各方需要，更新速度慢，提供信息不全面，查询系统缺乏人性化，给执法者、消费者查询带来不便，影响了认证的有效性。

二、相关对策建议

解决强制性产品认证制度实施过程中存在的问题，重点就是要提高认证工作的有效性。认证有效性的主要标志是认证工作规范有序、认证证书真实可信、认证结果社会公信。

要提高强制性产品认证的有效性，必须多管齐下，从强制性产品认证制度建立、实施和监管各个环节采取有力的措施和方法。

（一）理顺关系，强化责任机制，建立认证诚信

1. 理顺与强制性产品认证制度实施有关政府部门的关系和职能。进一步与国务院各部门进行沟通，就强制性产品认证制度与其它经济管理制度、产品监管制度、行业准入制度存在的交叉环节进行协调，理顺关系，减少对企业的重复检查、重复收费，降低社会成本。

2. 明确认证各利益相关方的责任机制。明确国家认监委、认证机构、检测机构、检查机构、标志发放管理机构和企业的职责和责任，对权利和义务进行清晰的界定，并能够有效地溯源追踪，推动认证诚信发展，有利于确保认证的有效性。

3. 建立退出机制。对违纪违规的指定技术服务机构、工厂检查员和企业建立“黑名单”制度，对其诚信缺失行为进行公开曝光和处理，公布失信机构、失信人员和失信企业名单。使指定机构及违规人员退出强制性产品认证工作，机构对失信企业加强监管。通过建立失信惩罚和退出机制，建立长效的诚信监控机制。

（二）加大认证监管力度

1. 明确监管重点，政府监管主要以监督产品的实物质量和安全为主。通过强化对生产环节、销售环节的产品（商品）的监督管理，重点解决样品与产品的一致性、产品与商品的一致性存在的问题。

2. 发挥地方认证监管部门积极性，同时与其他部门加强协作配合，通力合作，加强在执法接口环节的沟通。

3. 完善和改进免办强制性认证产品进境后续监管的模式。应按照免办工作的基本要求，结合当地实际制定强制性认证产品进境后续监管的各项制度和工作规范，确定核查比例、核查方式、核查内容和重点，以及对发现问题的调查与处理等实质性工作程序，加强免办后续监管。

4. 做好日常监管。地方认证监管部门应自行制订年度、季度或月度监管计划。监管重点应放在销售市场、销售企业、进口商、应获证而未获证工厂、违规使用认证标志的工厂上。要充分运用监管信息，实现信息的充分共享。

5. 注重认证机构之间的相互监督检查，继续加大同行评议和认证监督活动的力度，促进认证机构之间对于制度、规则理解上的统一。管理和组织认证机构之间的相

互监督检查,使认证机构逐步走向开放式管理,督促机构提高认证质量,增强自己的机构竞争力,避免认证机构之间降低认证质量，盲目追求认证的数量与市场占有率的不良倾向。

(三)确立强制性产品认证分类管理的指导原则,以规范工作为目标,提高认证实施的有效性

为了促进企业提高产品质量和管理水平，合理利用认证和管理资源，提高认证实施工作和后续监管工作的有效性,逐步确立强制性产品认证分类管理的基本框架,即产品和企业的分类管理以及认证技术机构的分类管理。具体措施包括：

1. 组织相关行业代表和认证认可的技术专家,分析各类产品的个性化特点,包括行业成熟度、生产硬件/软件门槛条件、制造工艺控制水平、产品成本与原材料的匹配关系、主流销售渠道、市场反馈的各种质量信息等,评估获证产品在终端市场上不符合认证要求的风险机率,针对性地修订强制性产品认证实施规则,开展分类管理;同时，要求认证机构针对同一类产品中不同类型企业的产品质量状况及管理水平,再对企业进行分类,制定出符合实际要求的认证服务和监督措施，集中精力抓好高风险产品和突出问题。

2. 结合认证的特点,开展对认证技术机构的分类管理机制的研究,加大正/负激励的力度,建立认证业绩考评机制。认证机构和检测/检查机构要做好自身质量管理体系建设,提高服务质量和服务水平,注重对认证人员的聘用、教育、管理、培训及专业发展过程中的质量把关。其中,特别要加强对工厂检查人员的管理,提高工厂检查的有效性。对工厂检查人员进行思想、品德、行为和业务水平、专业能力方面的综合考评，提高检查人员的执业要求,应对审查员建立严格的评聘机制,使那些真正具备专业能力、技术水平以及审核思路清晰、技术精湛的人员承担审核工作。

3. 国家认监委作为强制性产品认证的主管部门,为了有效开展上述分类管理工作，提高获证产品和技术机构的公信水平,将继续创新管理手段和监督方法,采用不同的方法加大对技术机构和人员的监督检查的力度,如对获证产品和获证企业实施非例行检查，来提高检查的客观真实性，并按照责任机制的要求追溯查找个环节的问题。

(四)完善强制性产品认证信息管理系统

为加强产品获证后的监督管理，保证认证的有效性和产品的一致性和持续符合性，对不合格或危险产品采取及时有效的处理和跟踪措施，建立强制性产品认证信息收集的分析、处理、交换和管理系统。国家认监委、地方认证监督管理部门、指定认证机构和检测机构,在各自的职责范围内对相关信息进行收集、分析、处理、交换,采取必要的后续管理措施,并对信息进行反馈。

加强强制性产品认证信息接口的管理,完善执法者、指定机构、标志管理中心、企业和消费者共享平台,建立及时、有效的信息通报与交流机制,提高信息更新速度,建立人性化的信息查询系统。

(五)积极配合国家大政方针,引导产业和技术发展,在制度建设上与时俱进

加强技术支持能力建设。将强制性产品认证的技术支持能力建设作为战略重点列入发展中长期规划，努力提高技术的适应性和可持续发展性，提高强制性产品认证制度促进社会经济发展的能力。

响应国家大政方针，充分发挥部际协调会议的工作机制,积极配合相关各主管部门,大力推动强制性产品认证和结果采信,引导产业发展和技术发展。同时,根据不同行业的发展特点,提高认证的适应性,在制度建设上不断创新。

提高强制性产品认证制度实施的有效性，既要管好重点环节、重点机构、重点产品,也需要各个方面通力配合、密切协作、形成合力,从法律、行政、认证实施、产品检测、生产企业、经销企业、消费者等各个环节齐抓共管,共同努力,才能建立权威统一的中国强制性产品认证制度。

加强和完善认证法制建设
为强制性产品认证提供法制保障

国家认监委政策与法律事务部主任　袁俊明

推动强制性产品认证制度的全面实施，认证是前提，是基础，执法是保障，是促进，自觉地运作法律手段调整和规范强制性产品认证工作已经成为非常重要的手段。认证法制建设在引导和规范强制性产品认证活动、促进和保障强制性产品认证事业发展方面正在发挥并将继续发挥积极的建设性作用。

一、加强强制性产品认证立法工作，提高立法质量，为强制性产品认证提供法律依据

国家认监委坚持与时俱进，在立法观念上，强调树立以人为本、立法为民的执政理念，强调树立全面、协调和可持续的发展观，强调树立立法精品意识，更加注重立法的质量与社会效益，基本形成了以《中华人民共和国认证认可条例》为核心，辅之以部门规章及相配套的规范性文件的较为完善的法规体系。强制性产品认证制度实施以来，国家认监委先后起草制定了《强制性产品认证管理规定》、《强制性产品认证机构、检查机构和实验室管理办法》、《认证证书和认证标志管理办法》等部门规章以及《强制性产品认证标志管理办法》、《强制性产品认证工厂检查员管理办法》等行政规范性文件。

二、加强强制性产品认证行政执法指导和监督，不断提高强制性产品认证执法有效性

为保证强制性产品认证行政执法工作的稳定、有序、健康开展，国家认监委建立了强制性产品认证行政执法指导和监督的长效工作机制。

（一）明确了强制性产品认证行政执法工作指导思想

为保证强制性产品认证行政执法的有效性，国家认监委本着“统筹兼顾、科学安排，明确目标、突出重点”的指导思想，先后下发了《关于开展强制性产品认证行政执法工作有关问题的通知》（国认法 [2003]21 号）、《关于进一步加强强制性产品认证行政执法工作的通知》（国质检认联[2004]109 号）和《关于全面加强强制性产品认证行政执法工作的通知》（国质检认联[2005]73 号）等文件，要求各级质检部门按照国家认监委的统一部署和要求，坚持全面检查、突出重点、严格监管的原则，有组织、有秩序、分阶段、分步骤地开展强制性产品认证行政执法工作。要分不同时期、不同领域、不同地区，采用不同的执法手段，要坚持日常监督和集中查处相结合，执法与教育相结合，监管与帮扶相结合。对于产品质量相对稳定，具有一定规模的企业，要立足于“帮”；对于产品质量稳定、质量管理好的大中型企业，要立足于“促”；对于质量水平一般，但有发展潜力的企业，要立足于“扶”；对于产品生产工艺落后、严重污染环境、危害消费者生命安全产品的生产厂家，要立足于“限”，严格按照法律法规和强制性认证制度的要求，督促其转产、改造或者关闭；对于恶意逃避强制性产品认证执法，假冒强制性产品认证标志，扰乱市场经济秩序，损害消费者利益的，要立足于“打”，按照有关法律规定，打得他抬不起头，罚得他倾家荡产。处罚不是根本目的。执法的最根本目的是促进企业提高产品质量和竞争力，优化市场环境，维护消费者的权益。

（二）明确了强制性产品认证违法行为处罚的原则

强制性产品认证违法行为处罚应严格遵循《中华人民共和国行政处罚法》所确立的“处罚与教育相结合”、“过罚相当”的处罚原则，准确把握行政处罚的合法性和适当性，对违法行为轻微并能及时予以纠正，通过教育帮助能够知法守法的，可以不予处罚；对明知故犯，屡教不改的，要跟踪查处，严厉制裁。要严格执法标准和尺度，避免因各地执法要求不同而给工作带来负面影响。

（三）规范强制性产品认证行政处罚工作，严格依法行政

为保证强制性产品认证行政处罚工作的顺利开展，根据《行政处罚法》及国家质检总局规定的行政处罚程序的有关规定，下发了《关于实施认证行政处罚有关问题的通知》（国质检认联[2003]443 号），对各地质检部门开展强制性产品认证行政处罚工作提出了具体要求。

（四）加强认证行政执法指导，规范认证行政执法行为

对重大、复杂的认证违法行为建立督导机制，及时答复各级质检部门在开展强制性产品认证行政执法工作中遇到的政策性、法律性疑难问题，切实提高强制性产品认证行政执法的针对性和有效性，截至 2005 年 6 月中旬，国家认监委共印发执法指导性文件 45 件，对 4 起重大典型性认证违法案件的处理进行了督查指导。

（五）开展强制性产品认证行政执法监督检查，推进依法行政

为进一步推动《中华人民共和国认证认可条例》的全面实施，保证强制性产品认证行政执法工作规范化、法制化，提高依法行政能力和水平，国家认监委从 2003 年开始每年都对省级质检部门进行强制性产品认证执法监督检查，及时发现和纠正违法或不当的执法行为。

三、加强强制性产品认证行政执法队伍建设，提高依法行政水平

为深入贯彻《认证认可条例》，大力加强认证行政执法队伍建设，提高认证监管人员的依法行政水平，国家认监委在质检系统建立了认证监管人员岗位培训制度。截至 2005 年 1 月，质检系统有近 6 300 名认证监管人员参加了强制性产品认证行政执法专业培训。

四、加强强制性产品认证行政执法机构建设，强化强制性产品认证行政执法的组织保障

通过国家质检总局批准地方两局职责分工意见，初步建立了地方认证监督管理组织体系，为开展强制性产品认证行政执法工作提供了坚实可靠的组织保障。各直属出入境检验检疫局内均设立了认证监管机构，大部分省级质量技术监督局也设立了认证监管机构，全国质检系统初步建立了认证监管体系网络。

强制性产品认证行政执法是强制性产品认证制度的重要组成部分，也是质量监督检验检疫行政执法工作的重要组成部分。强制性产品认证制度实施 3 年来，国家质检总局和国家认监委按照国务院领导提出的要求，始终将其作为重要工作纳入议事日程，加强领导，采取各种有效措施，狠抓落实，确保强制性产品认证行政执法工作健康有序地进行。今后，国家认监委将进一步完善科学、公正、廉洁、高效、文明的强制性产品认证行政执法管理体系，按照专项治理与综合治理相结合、市场整顿与为企业服务相结合的原则，坚持以强化行政执法、加大行政执法力度为中心，提高行政执法能力和行政执法保障两个基础建设为重点，加强行政执法队伍建设，促进强制性产品认证工作的健康发展。

二、关于认证有效性

从国际化视角加深对提高认证认可有效性的认识

国家认监委副主任 谢 军

在第三次全国认证认可工作会议的报告中，对认证认可国际合作工作提出了明确要求，概括起来讲就是：建立长效的合作机制，强化国际合作的力度；深入参与国际组织活动，影响国际规则制定进程；维护国家利益，推进国际互认活动；加强国际发展战略研究，促进可持续发展。其核心是以进一步提高认证认可的国际有效性为目标，全面推进中国认证认可工作的国际化发展，为全面实现吴仪副总理提出的中国的认证认可不仅在国内有权威，在国际上也要有声誉的重要指示作出不懈的努力。我们应进一步深入研究认证认可国际机制及其发展，了解中国认证认可工作在国际上的地位，着眼于中国认证认可工作的国际化发展，加深对提高认证认可的质量和有效性的认识。

一、深入了解认证认可国际机制及其发展

以国际贸易的发展、国际分工的深化，特别是生产、金融和服务的国际化发展，生产要素和资金全球范围内的配置为主要特征的经济全球化的发展，引领着以认证认可为代表的合格评定活动。认证认可作为国际化的、科学和权威的评价活动，已经建立起比较完整的认证认可国际机制，并通过国际机制的运作稳定认证认可的国际秩序，规范认证认可活动的国际行为，促进认证认可持续地协调发展。

认证认可国际机制是指ISO、IEC等国际组织为了维护国际认证认可秩序、促进共同发展、规范国际认证认可行为而建立的一系列有约束力的制度性安排和活动规则。具体而言，它包括了认证认可的国际原则、规范、规则、程序和组织制度。从认证认可国际机制建立和运作的实践，逐步形成了认证认可活动的国际理念。一是相互依存和合作的理念。在各国认证认可制度和机构相互依存的情况下，通过认证认可国际机制进行合作，从而使合作各方分享利益和成果，以求得双赢、多赢局面的实现。二是法理和规则意识。该理念是法制观念在国际认证认可界的延伸，主张由国际组织及其成员共同制定原则、规则、标准与导则，规范认证认可的国际关系，处理国际事务，协调利益分配。在国际认证认可界，特别强调各国家、地区的认证认可行为和国际关系要接受共同认同的一系列规章、准则、程序的约束（如认证认可的国际多边互认协议），并倡导机制规范下的共同行动和共同责任。三是强调理智思维和行动。认证认可国际机制调整下的各成员的行为应与国际机制所确定的行为规范相协调，国家（地区）认证认可制度也要与国际机制并存互补，共同发挥作用，理智地处理好两者之间的关系，兼顾各成员的现实利益和超国家的国际机制未来发展和走势。

各国、各地区认证认可制度的建立与发展应着眼于与国际接轨，并逐步创造条件，加入乃至融入认证认可国际机制，为国家（地区）认证认可制度发展赢得一个好的外部环境和更大的空间。

二、中国认证认可工作在国际上的地位

在认证认可领域，相对于发达国家，我们是后来者。经过20多年的发展，中国认证认可工作发挥后发优势，

实现了跨越式的发展，阶段性地实现了中国的认证认可不仅在国内有权威，在国际上也要有声誉的目标。主要表现是：在国际认证认可界和国际组织中有地位，在国际活动中、在国际组织的方针政策制定和重大事务的决策中有作为，中国认证认可制度的国际影响力日益增强。

认证认可双边国际合作业已成为中国经济、技术和贸易对外合作机制的重要组成部分，在注重建立互信关系的同时，与有关国家和地区建立了认证认可国际合作的长效机制。特别是在促进对外贸易发展方面，认证认可双边国际合作正在为推进中国与有关国家和地区的全方位经贸合作关系发挥着积极的作用。目前，在认证认可领域，中国已与42个国家建立了长效磋商机制或双边合作关系，与27个国家的34个政府机构或认可认证机构签署了42个双边合作协议或合作谅解备忘录。国家认监委与欧盟和美国、俄罗斯等国家的政府或非政府组织建立了长效合作机制，并成为双边经贸关系的重要组织部分。国家认监委与越南科学技术与环境部标准质量局签署的承认中国摩托车及相关产品的强制性产品认证结果的备忘录，与朝鲜品质监督局签署的认证认可合作协议，援助巴基斯坦建立认证认可制度，与东盟及其成员国开展合作等，均强化了中国认证认可制度的国际权威性。

在多边国际合作方面，经国家认监委的授权，中国的国家认可机构加入了国际认可论坛(IAF)、国际实验室认可合作组织（ILAC)、国际审核员培训与注册协会(IATCA)及太平洋认可合作组织(PAC)、亚太实验室认可合作组织(APLAC)，签署了上述国际和区域组织的多边互认协议，已在质量管理体系、环境管理体系、实验室认可、检查机构认可和认证人员注册领域实现了国际互认。

在产品认证的国际互认方面，国家认监委是国际电工委员会(IEC)电工产品检测与认证组织(IECEE)的全权成员机构。经国家认监委的授权，中国质量认证中心(CQC）参加了以IEC标准为基础的检测互认体系(IECEE/CB体系)。中国是IECEE/CB互认协议的签署成员国，已有16个实验室通过IECEE国际同行评审，成为IECEE承认的CB实验室。中国质量认证中心(CQC)和方圆标志认证中心（CQM）已加入国际认证机构联盟(IQNet)。目前，国家认监委主任王凤清任国际电工委员会理事局(IEC/CB)成员，另有中国专家任PAC主席，IEC合格评定局成员，IECEE副主席，在IAF、IATCA、APLAC、APEC标准和一致化分委员会的决策机构中任职。这充分表明：中国是国际和区域认证认可互认制度的积极参与者和推动者，中国的认证认可制度实现了与国际接轨，其权威性得到了国际认证认可界的广泛认同。可以说，中国认证认可制度与国际发展同步，达到了国际水平。

三、对提高认证认可质量和有效性的再认识

在进行中国认证认可的制度创新和制度设计时，遵循的一个很重要的原则是以认证认可的国际化发展和与国际接轨，并符合中国国情为目标。我们应在全面分析中国国情的基础上，强化对认证认可工作国际性的认识，在与国际接轨的同时，更应转变观念，使中国认证认可行业的观念创新和从业理念与国际同步发展，从国际化的视角提高对认证认可质量和有效性的认识。

规范而有效地运作认证认可国际机制，要求机制内的国家或地区、各种组织、各类人员，均应强化相互依存和合作的理念、法理、规则和责任意识，并理智地思维和行动。在中国认证认可工作已在国际上初步实现了有地位、有作为、有国际影响的情况下，更要巩固基础，厚积薄发，以求得更快的健康发展。这一切成为现实的基础和根基在于国内的认证认可工作，在于中国一元化的认证认可制度的完善和有效运作，在于统一管理、共同实施的工作机制发挥实质作用，在于国家监管下的第三方检测与认证体系的有效实施，更在于认证认可机构和从业人员自觉地增强责任意识，严格按照标准和规则确保认证认可质量和结果的真实，以及行为的规范。当今认证认可的国际环境，一个突出的特点是要树立很强的相互依存、求得多赢、共同发展的观念。

中国的认证认可制度，是与认证认可国际机制接轨的制度。我们所开展的认证认可活动，是国际互认体系规范下的活动。我们的从业人员应是具有国际化先进从业理念和规则意识的高素质人员。认证认可机构和从业人员的行为规范与否，工作质量的高低，认证认可结果的真实有效与否，影响的绝不仅仅是认证认可机构或人员自身，而是影响中国的认证认可行业、认证认可制度，乃至中国在国际互认体系和认证认可机构国际机制中的权威和信誉。中国认证认可工作在国际上的地位和声誉，是在中国各级政府的正确领导下，全国认证认可从业人员20多年辛勤工作、努力奋斗的成果，我们应备加珍惜，备加爱护，更应备加努力地巩固好，发展好。

提高认证认可工作的质量和有效性，是一项长期的、关系到认证认可事业可持续发展的战略性问题，我们应着眼于中国认证认可工作的国际化发展，采取措施进一步提高认证认可的国际有效性，为巩固和发展中国认证认可工作在国际上的地位和声誉作出应有的努力。

有效性:产品认证生命力之所在

国家认监委总工程师　刘卫军

认证的有效性是认证的生命力所在。只有认证有效性得到保证,认证的证明作用才能得到真正体现,认证的结果才会得到社会各有关方面的广泛采信,认证服务于经济和社会的功效才能得到实现,认证工作才能不断地向前发展。

如何保证认证的有效性是认证工作的管理者、认证服务的提供者一直面临的问题,需要集思广益,共同谋划。

保证认证有效性首先要了解认证活动中的哪些环节和环节中的哪些因素会对认证的有效性产生影响。掌握了这个规律,就可以采取科学有效的措施,保证认证活动各环节工作的有效性,从而保证认证结果的有效性。因此,保证认证的有效性需要从多方面采取措施,具体而言就是要从认证制度建立、实施、监管三个方面下工夫,即"所建立的认证制度科学合理有效"、"认证实施活动规范有效"以及"对认证活动和认证结果的监督管理有效"。

产品认证制度科学合理是保证认证有效性的前提,也就是开展认证实施活动的技术依据。"认证基本规范"和"认证实施规则"要科学合理,从而保证认证制度所设定的各个环节要素(如认证的申请和受理、样品试验、初始工厂审查、认证结果的评价和批准、认证后的监督等)科学合理。

通常,根据产品的特点,产品不符合目标要求所带来的风险程度,评定成本等综合因素确定合适的产品技术要求、产品认证模式、产品单元的划分、样品的数量、工厂审查要求、结果的评价准则、证后的监督要求和监督频次等。这些基本技术要素和环节的科学合理性,在制度建立过程中尤为关键。

有了良好的认证制度,作为认证实施活动的主体,认证机构是保证认证制度有效实施的操作者。认证机构运作的规范性、一致性都直接导致了认证实施的有效性。这就要求认证机构具备运转良好的组织机构、规范有效的管理体系、完善实施认证制度的操作规程、与认证制度实施相适应的职业道德和业务素质过硬的人员队伍,并真正按照"客观独立、公开公正、诚实信用"原则,以所确定的"认证基本规范"、"认证实施规则"和操作规程为依据,规范性地开展认证活动。

认证制度建立和实施环节有效性可从认证源头上保证认证的有效性,但对认证活动和认证结果进行监督同样是保证认证有效性的重要手段。这种监督,一方面可发现认证服务机构实施环节中存在的问题,有助于其及时采取纠正措施,另一方面可加强对认证服务机构的约束、督促和提醒,使其更加自觉地保证认证实施活动的规范性,从而保证认证结果的有效性。这种监督应当与认证服务机构行业自律、认可监管、同行评议、政府行政监管、市场监督等几个方面结合,建立起完善的监督体系,确保认证服务机构的工作质量。

保证上述3个方面工作的有效实施,关键在于认证行业管理人员和认证服务提供人员的工作质量。为此,提出几点建议与认证界同行共勉。

一、要充分认识认证工作的重要意义

《认证认可条例》明确规定,认证活动的目的是促进经济和社会的发展。认证从业人员应站在这一高度认识自己肩负的重任,把自己的工作同国家的发展紧密结合起来。认识到位有利于增强自己的责任意识、服务意识、职业道德意识。只有认识到位才能从国家的经济和社会发展大局出发,认真负责地做好各自的工作,并自觉地将认证有效性贯穿于工作之中。

二、要不断提高认证工作人员的素质

认证工作的政策性和技术性都很强,在政策上要紧紧围绕服务于国家经济和社会发展这个中心任务,充分发挥认证在经济发展中提高质量和效益的功效,按照国家经济和社会发展工作重点的需要,确定认证工作的着力点;认证技术体现着多学科的先进管理技术,随着认证活动在全球经济活动中的广泛开展和应用,国际认证理念和技术也在不断丰富和发展。这就要求从事认证工作的人员既要了解国家有关经济和社会发展的规划、方针政策，又要熟知开展认证活动的相关业务知识。

只有建立起一支责任意识、业务素质与职业道德素质均具备一定水准的认证活动管理队伍、实施队伍、监督检查队伍，才能够把握好中国认证事业发展的方向，有效落实各项具体工作。这也是保证认证有效性的前提。

三、要建立科学完善的认证制度体系

建立运转有效的文件化认证制度体系是保证认证活动有效性的技术基础。认证制度体系包括认证制度的建立、实施和监督管理等多方面，也就是要建立起包括"所建立的认证制度科学合理有效"、"认证实施活动规范有效"以及"对认证活动和认证结果的监督管理有效"为主要内容的认证制度体系。

只有建立起科学、合理、规范化的认证制度体系，才能够保证中国的认证活动沿着科学规范有效的轨道发展。

四、要严格依法照章开展认证活动

将科学、合理并文件化的认证制度体系有效付诸实施，是保证认证有效性的重要一环。很重要的一点，就是从事认证管理和提供认证服务的人员能否做到按文件化的规定具体操作。只有真正做到依法照章办事，才能保证所开展的认证活动长期规范有效，并可通过规范性的实践活动，及时准确地发现认证体系中需不断改进和完善的方面，从而推动认证制度体系不断适应新形势的需要，使之更加有效。

五、要形成保证认证有效性的合力

无论是认证活动的管理者，还是认证服务的提供者，大家都是为了一个共同的目的，就是不断推动认证活动在中国的应用和发展，以此促进中国经济和社会的发展。这就要求各有关方面形成合力，共同为保证认证的有效性而努力。通过有效的指导和管理，可以提高和保证认证实施的质量，而通过提供高质量的认证服务可进一步促进认证管理水平的提高。认证活动相关人员的交流、协调、合作不仅是认证体系有效建立和有效实施的重要保证，也是推动中国认证事业健康发展的重要保证。

认证有效性与认证市场监管

国家认监委认可监管部主任 生 飞

一、认证市场分析

1. **发展速度快**。截至2005年底，中国的管理体系认证已有189 739张证书，其中ISO 9000证书167 404份；ISO 14000证书15 554份；职业健康安全证书6 122份。据ISO 2004年统计，中国总发证数量和年发证数量在国际上都名列前茅，认证工作取得一定成绩和影响，是认证大国；但是认证工作质量和有效性亟待加强和提高。从业机构方面，截至2005年底，经过国家认监委批准的国内认证机构139家，分包机构5家，合资认证机构33家；认证审核员培训机构38家；咨询机构700多家，各类从业人员近10万人。

2. **发展不平衡**。从获证企业区域分布统计看，认证企业区域发展趋势是从东部向西部发展，从沿海向内地发展，从经济发达地区向经济欠发达地区发展；认证机构主要集中在北京、上海和广东等地，其他地方相对较少。认证的领域从工业企业向服务业等行业发展，但是服务业的比例还是相对较小，有一些领域还没有涉及，这与中国经济发展状况和格局是完全一致的。随着中国全面建设小康社会目标的逐步实现和社会主义现代化的逐步推进，以及西部大开发等宏观政策的落实，特别是国家"十一五"规划实施，今后5年内随着国家经济的发展，企业的认证意识和积极性也会不断提高，认证领域也会不断拓展和增加，认证工作发展方向也是应该整体向前发展。

3. **企业需求不断增加**。随着经济发展，特别是企业管理水平的不断提高，企业关注认证的角度和需求也有所不同。管理体系认证除了能够帮助企业不断提高管理水平，还有一个普遍认同的基本作用，就是获得认证的企业由于采用了统一的、经过认可的标准，能够增强客户和消费者信任从而成为通向市场的一个途径。实际工作中经常遇到在招投标过程中有关认证资质、认证效力等方面的要求和询问，这就是一个如何看待认证的问题。质量管理体系认证只是一个基本要求，它是一个质量保证能力的要求，并不直接决定产品质量水平高低。质量管理体系只能保证企业产品水平的稳定，企业产品水平无论高或者低，质量体系只能保证产品保持在这个水平上。产品本身的水平和质量是由企业的技术、生产设备来决定。管理体系只能解决保证产品水平持续稳定、不忽高忽低这个问题，企业对此应有明确的认识。以前存在对管理体系认证的误区也要进行调整，这样才是对"认证到底能解决什么问题"的正确认识。怎样把企业的自身管理与管理体系有机、有效地结合起来，而不是为认证而认证，这才是企业应该做的，企业需要的，也是认证有效性的要求。

4. **认证市场还有发展空间**。从总体上讲，中国虽然在国际上已是认证大国，但认证在中国还有很大发展空间。据国家工商总局统计，中国有近1 000万家注册企业，另外还有大量事业单位、社团法人。在这个大背景下，到目前获得认证的企业总数15万多家，占中国注册企业总数比例约为1%~1.5%，很显然中国认证市场的发展空间是很大的。我们做了10年认证，才到1%~1.5%这个比例，未来10年是中国经济和社会发展的关键时期，既要落实国家"十一五"规划和各项目标，又要与全面建设小康社会的目标相衔接。随着中国经济发展从单纯的技术引进向自主创新转变，从单纯地依靠低价优势、数量优势向技术优势、品牌优势转变，以及产业增长方式的调整和转变，中国企业整体的技术创新、产品创新和品牌创新能力都会大大增强，质量意识和管理水平都会有大提高，10年后中国获证企业占企业总数的比例也会随之有较大提高。另一方面，目前中国环境管理体系和职业健康安全管理体系认证相对较少，随着国家加快建设资源节约型和环境友好型社会的政策导向，环境和职业健康安全管理体系认证也会有大发展。

二、认证机构发展

2005年12月11日是中国加入世界贸易组织，履行承诺开放"服务贸易市场"的时限。由于中国经济发展、国际上的地位不断提高和广阔的市场空间，国外机构都看好中国，相继进入中国市场，认证市场也不例外。国外机构多数有着相当长的发展历史，相当雄厚的资金储备和丰富的专业经验，国外认证机构的涌入将给国内认证机构带来新的挑战。

面对这种形势，广大国内认证从业机构应该做好充分的准备。今后机构发展方向大致可以分为三种情况：一是集约化的发展方向，也就是集认证、检验和检测于一身，开展几乎所有与认证、检验有关的项目。这就需要整合各种检验、检测和认证资源，按照独立、公正、规范、客观原则，规模化发展，做大、做强。现在世界排名前十位的机构中，这种集约化的机构也只有两三家。随着发展，中国会产生集约化的认证机构，但绝不会很多。二是专业化的发展方向。也就是业务范围专业化，或是业务领域专业化。这就需要认证机构根据自己的人力资源、技术特点，进行选择。在分析自己的优势领域的基础上，细分市场，争取差异化发展，并在此基础上获得共同发展。世界排名前10位的机构中，多数属于专业化机构，这也是我们多数机构的发展方向。有了这种定位，就应该在专业化上深入研究，组织进行人力的重点培养，这样也可以研究出一些带有自主创新专业化的认证标准和方法。认证机构走集约化、专业化道路的关键是把自己的牌子打出去，站住脚，才能更好地竞争、生存。如果不走前两个发展方向，第三就是在国外机构大量进入中国市场时，作为外资机构的代理或是分包其他机构特别是外资机构业务来生存。

基于这样的发展趋势，我们的认证机构要做好两件事情。第一，要有长远眼光，端正自己的经营理念，以创造机构的信誉和价值为第一要务。现阶段还有一些机构的经营者至今仍然把赚钱当作最重要的任务，这不仅违背了认证机构是非盈利性质的中介组织这一理念，更造成了为赚钱而不惜以牺牲认证有效性、进而严重影响认证事业信誉的后果。这种短期效应也会使认证机构本身失去了发展的后劲。第二，经营者应该尽快明确自己的发展方向，正确把握好自身定位，做出适当的战略调整。目前许多外资机构已经在对中国的认证市场进行预测后制定出了今后5年的发展计划。相比之下，中国的认证机构则显得比较盲目。通过前些年的发展，许多机构其实已经形成了自己主营的业务，却没有很好地研究市场的发展空间。

三、认证有效性

1. 对认证有效性的总体评价。通过向获证企业，占总数为10万多家企业的20%调查反馈回来的结果表明：总体来看多数认证机构还是有一定的服务质量和服务水平，客户比较满意；企业选择认证机构，还是从品牌上来选择；一些机构在人员配备和专业化方面做得比较好，能够较好地体现审核的价值；但主动沟通、了解企业需求方面有欠缺，做得不够。

多数企业对认证价格比较关心。这个问题实质上是一个如何看待认证有效性的问题。认证的价格怎样衡量，这个性价比怎么确定？如果认证确实能够给企业管理带来效果和由此产生价值，甚至增值的话，其认证的价值，企业自身是会有一个衡量和计算的标准的。但是如果认证不能体现其应有的价值，那么企业就会认为收费偏高。正如乘坐飞机有经济舱和公务舱，经济舱服务水平都一样，那么对于顾客来讲，价格就是主要因素，因此产生了机票打折问题，哪家公司折扣低，价格便宜，顾客就买谁的票。服务的不一致性和无差别性，只能导致价格上竞争。而公务舱的服务标准与经济舱不一样，消费者能感受到服务的差别，就愿意花钱买这个服务。因此各家民航公务舱就没有打折机票，就是靠服务竞争。所以说认证价值能够得到真正的体现，认证的有效性得到真正的提高，企业对于认证费用的问题就是次要的。

2. 认证有效性也反映在企业取得认证的目的。在实际企业调查中得知，多数企业希望通过认证提高整体管理意识和水平、提升整体人员素质，从而提高达到提高产品质量的目的和效果。因此这些企业对于认证机构的和认证有效性的要求相对较高，多选择知名和专业程度较高的机构为其认证。一是这些机构本身的品牌价值和知名度所至，二是这些认证机构的专业化要求相对较高，企业对认证带来的价值也是较重视的。由此可见认证的服务质量、认证的有效性、客户的满意度之间的相互关系非常紧密。通过企业调查也发现，认证对于企业增加销售额、降低成本和增加产品出口方面的效果不十分明显，这些方面也需要认证机构在今后的认证审核服务中，加强研究，提高认证的有效性。

3. 影响认证有效性的主要问题。当前影响认证有效性的主要表现为：(1)认证机构自身管理不到位，对分支机构和办事机构缺乏有效的管理，使得认证工作走过场，企业存在“两张皮”的情况；(2)认证机构管理者缺乏职业道德、急功近利；(3)标准理解是否到位。以ISO 9000标准为例，该标准是中国20世纪80年代引进的，引进初期的时代背景和我们对于质量管理的认识与发达国家有着根本的不同，采用了等同翻译的做法。经过了近20年的发展，我们有必要对于该标准进行一个全面的评估，对于其中一些提法和译法更应该结合中国企业的实际情况，给出便于中国企业所接受和理解的定义，使得企业真正地使用标准来提高自身的质量管理水平，这是我们解决认证有效性的基础。另外，ISO 9000 只是一个通用标准，是比较基本的管理方法和管理理念，随着发展，需要与行业紧密结合。ISO 9000 加上行业特别要求，符合 ISO 9000 的专业化发展方向。关于认证机构的增值服务问题，应在基于认证本身价值基础上，实现增值服务。(4)咨询机构的问题。参与认证活动的，还有咨询机构，有些咨询机构不能引导企业进行有效的认证活动；培训不到位；在为企业推荐的认证机构是否有一定的专业背景、是否能实现认证价值等方面没有尽到责任。(5)企业方面的问题。有的企业今天在这家认证，明天到那家认证，从企业自身讲这种认证本身就带有盲目性；企业自己不把认证工作认真对待，认证机构也不会认真对待。(6)认证价格也是影响有效性的主要问题。认证活动没有体现认证的真正价值，更谈不上增值。企业从经济效益角度出发，如果企业看不出一个机构的证书跟其它认证机构的证书有什么不同和对企业自身带来的好处，那么肯定衡量认证的标准只有价格。想要体现认证的价值，就要从认证的深度上，确实能给企业找出管理上存在的问题，就能让企业觉到认证的好处。

4. **提高认证有效性关注的三个重点**。一是关注需要。企业一定要知道自己需要什么，认证机构一定要认识到客户的需求是什么。现在很多认证没有真正满足企业的需求，而是按照认证机构的需求和要求实施认证。认证机构要真正了解企业的需求是什么，有针对性的策划和安排认证审核，提供个性化和专业化服务，只有企业的需求得到满足，认证的有效性才可以得到落实。二是关注过程审核和审核过程中体现的价值。现在很多认证是在走过场或者是以文件审核代替过程审核。有的认证机构到了企业，把企业的文件拿来看，仅审核文件，根本不上现场去，或者看完文件了去现场看上一下就算了，这叫走过场。从审核报告书面上反映，企业的过程全看了，可实际并没有认真地审核过程。三是关注预防措施，而不是纠正措施。目前多数情况是做完认证审核后，给企业开出不符合报告，企业提供纠正措施后颁发证书，至于纠正措施是否真正纠正和落实，留待以后监督完成。认证机构要提高认证工作有效性，就要加强对于纠正措施的验证和监督改进。只有这些还是远远不够的，管理体系的核心是防止再发生。这就要求认证机构应该更关注预防措施。只有预防措施到位，企业的运转有效，管理体系才能实现动态管理。企业要想真正提高认证有效性和管理水平，除了认证机构应当关注以上三方面外，企业自身也要关注，要对认证机构提出要求，并监督认证机构实施。

四、认证市场监管

认证市场监管的主要任务和工作：建立一套有效的认证市场监管体系；逐步建立认证从业机构评价体系和逐步建立认证行业社会诚信体系。

1. **认证市场监管体系**。认证市场监管体系建立包含了政府行政监督、认可机构认可监督、行业自律组织建立、舆论监督和群众参与五个方面的内容。

政府执法部门也就是国家认监委和地方认监部门作为认证市场秩序的直接监管者，要形成统一管理、职责分明、协调配合、高效运转的执法机制，建立分工明确、责权统一、各负其责的行政执法体系，这样可以保证直接整顿和规范认证市场的效果和效率。

认可机构认可监督是从技术能力上保证认证机构和从业人员持续符合标准以及专业能力的要求。同时按照《认证认可条例》的要求，向国家认监委报告认可制度的执行情况，从事认可活动的情况以及对于认可对象实施技术能力评价和监督的情况，其目的是为政府规范市场行为提供技术支持和保障。

行业自律首先是从业机构自身的自律，这是基础。同时加强自我约束、自我监督、自我规范的行业自律组织的建立非常必要，充分发挥自律组织作用，依靠从业机构的广泛参与，大家制定规则，建立从业规范、强化资格管理、开展自律监管、维护运行机制，大家共同遵守，是维护认证市场秩序的基础。

要充分发挥舆论监督作用，揭露各种违法违规行为，形成强大的舆论威慑力量。另外还要有重点地加强认证有效性和认证工作对于国民经济促进作用的宣传和引导。认证市场健康发展还需要全社会的广泛参与，在有条件的省市开展聘请认证认可义务监督员的试点工作，加强对认证市场的监督，是群众参与监督的较好方式。还要建立健全各种举报制度和方式，使得群众参与认证市场监督的渠道畅通和落实。

要通过体系的运作，来实现对认证市场的有效监管。

2. **关于建立认证从业机构评价体系**。认证机构评价体系建立和完善，是建立认证行业诚信体系的基础；是扶优、扶强，优胜略汰的措施；是对认证市场实施动态管理的一种方式。要运用科学的方法对机构进行评价，方法的设计、指标选取和评判要客观、公正、公平、淡化行政和主观色彩，同时要简便易操作。可以采用综合评估的方法，对能够反映机构状况的因素量化打分(包括：资金、管理层素质、内部管理、质量体系运行、工作质量、服务质量、档案管理、业务范围、人员管理及培训、申投诉情况、社会反映、满意度、财务税务状况等)进行评价。评价来自政府委托社会机构调查结果、地方认监部门日常监督结果、认可机构监督结果、行业自律组织的内部监督和同行评审的结果以及其他政府部门(工商、税务等)监督的结果。将结果向社会公布,由社会选择。在评价的基础上,建立模型,对认证机构进行分类。

3. **关于建立认证行业社会诚信体系。**认证行业诚信体系建立是一件长期、复杂的工作,需要我们不断地努力工作。认证从业人员个人诚信是基础,认证从业机构诚信是重点,政府诚信是关键。对于诚信体系的建立,国家认监委和地方认监部门要做表率,还要做到政务公开,对于公布的结果、承诺和有时限要求的事项都必须做到。这也是依法行政的具体要求。

要制定一系列保护认证及相关机构利益、规范机构及人员行为、建立退出机制和严厉惩罚不诚信机构和个人的规则;建立机构诚信档案;公布机构信用信息和评级结果;动员社会舆论力量,大力倡导机构诚信,宣传和表彰诚信机构;建立认证责任保险;引导和鼓励机构自身不断创品牌、树信誉。用一、二年的时间确实推出一些品牌的认证机构。

只有这几个方面的工作加以落实，有效的认证市场监管制度和机制才能真正得到落实，认证市场秩序在制度和机制的保证下,才能规范、有序、健康地运行。

用开拓创新精神搞好认证监管工作

国家认监委认可监管部副主任　冯　骁

创新，首先是理论创新，通过理论创新推进制度创新、体制创新。如何推进认证监管制度的创新和体制创新呢？笔者认为，除认真贯彻落实《认证认可条例》，建立健全认证监管机制外，还应抓好以下几个方面的工作。

一、加强认证从业人员的道德教育

道德规范与法律应该相互结合，统一发挥作用。有了良好的道德素质，就使人们自觉地扶正祛邪，扬善惩恶，有利于形成追求高尚、激励先进的良好社会风气，保证社会主义市场经济的健康发展，促使整个民族素质的提高。因此，在认证领域要大力倡导认证从业人员提高自我修养，树立正确的世界观、人生观、价值观，抵制拜金主义。在认证行业，应大力倡导诚信原则，推动认证机构加大培训投入。应对认证机构开展的道德教育活动提出要求并给予指导，对好的经验加以推广，并将思想教育工作纳入机构信誉评价条件，作为年度报告的应报内容。

二、建立学习型认证组织

学习型组织是指组织通过培养和营造整个组织的学习氛围，协助员工养成终生学习的习惯，从而达到调动员工积极性，充分发挥其创造性思维能力，激发个人生命潜能并提升人生价值的目的而建立起来的一种有机的、柔性的、扁平的、符合人性的、能够持续发展的组织。美国麻省理工学院弗罗斯特教授勾画出了他们理想中的管理组织：第一是层次扁平化，管理系统不断从上下属关系转向工作伙伴关系；第二是组织咨询化，管理机构相互咨询，组织对外不断学习；第三是系统开放化，管理结构在适应环境和任务中不断调整和改变。

根据学习型组织的要求，可结合认证行业的特点，提出学习型认证组织的模式，并抓好学习型认证组织的试点工作。通过实践，总结经验，在认证行业中大力推广。认证机构自觉建立学习型组织，可从源头上遏制认证不良行为的发生，认证市场中的不规范行为就会大大减少，政府就不需要投入更多的精力抓违法违规行为的查处，而把有限的精力放在政策的制定和对机构的指导和监督上。这样就可以达到净化认证市场环境，规范市场行为，提升认证诚信的目的。

三、提高认证人员、认证执法人员的素质

1. 用科学发展观指导认证人员提高业务水平和管理水平。认证认可行业的最大特点是认证机构及从事认证工作的人员以自身的能力和信誉，按照标准和特定的合格评定程序，为参与市场竞争的主体是否满足标准要求提供技术证明服务和信誉保证的一项以人为本的工作。认证人员自身的能力和信誉是认证质量的保障，是认证事业可持续发展的关键。一方面要教育认证人员提高道德水平，倡导社会信用观念，增强信用意识；另一方面要大力提高认证机构管理者的素质。只有学习的速率大于企业所处环境变化的速率，认证机构才拥有竞争力和发展潜力，特别是在市场竞争激烈、机遇和挑战并存的形势下，通过学习和创新推动机构成长壮大，应该成为认证管理者的共同选择。

制定提高认证人员素质的指导意见，对每个认证人员每年应该接受的素质教育提出要求，供认证机构参考。另外，为认证管理者建立一个论坛，每年用一定的时间脱产参加进修和研讨。通过论坛，为认证管理者搭建一个学习、交流、沟通的平台，将一批长期从事认证机构管理的负责人联系到一起，学习认证认可的法律法规，交流认证机构管理工作经验，研讨机构管理中遇到的困惑和困难，研讨加强自律、提高工作质量的措施，学习成功企业先进的管理理念、文化和路径，沟通认证信息。通过论坛，使认证机构负责人的管理水平有所提高，在加强认证机构自律，提高认证人员职业素质，提高认证有效性方面有所改观，在树立和落实以人为本的科学发展观方面有所进步。

2. 培养、锻炼一支懂法、懂认证业务的执法队伍。

对认证市场的监管，离不开地方认监部门的参与和支持。因此，加强对认证监管执法人员的培训和指导，提高地方认监部门的行政执法能力，培养、锻炼一支懂法、懂认证业务的执法队伍，是提高认证监管有效性的关键。

国家认监委成立以来，统一组织开展了对认证违法违规机构的清查，对认证企业认证有效性的监督检查，对农产品认证机构及认证有效性的专项监督检查等。这些工作的开展，培养和锻炼了认证认可执法队伍，但由于认证工作涉及的范围较广，技术较复杂，执法人员不经过专门的培训很难完成监督检查任务。为此，应该尽快培养、锻炼一支懂法、懂认证业务的执法队伍。有关部门应该制定长期规划和短期培训计划，对培训目标、培训内容，参加培训的人员素质提出要求，并建立人员培训档案。另外，通过执法监督，发现优秀人才，培养骨干力量，保证监督工作的有效实施。

四、建立信用评价制度

认证工作是中国信用体系建设的重要组成部分，认证机构作为相对独立的第三方，承担着对认证组织的管理水平、服务水平和产品质量进行评价，并向社会出具评价结果的重要职能，其工作质量不仅关系到人民生命健康和安全，而且对广大消费者的消费行为产生直接影响。因此，必须采取切实有效的措施，尽快制定认证信用评价标准，建立认证机构的信用评价制度，对认证机构的遵纪守法行为、认证人员的素质、认证的有效性和规范性、服务质量、工作质量等进行评价，帮助名牌认证机构成长。对违规机构实施“污点”记录；对恶意违法违规的机构和人员，要坚决处理，采用一票否决制，撤销其市场准入资格。通过信誉评价，增强认证机构的风险意识。

加强对认证市场监管的几点想法

国家认监委认可监管部副主任 赵宗勃

国家认监委成立以来，采取了一系列措施加强对认证市场的监管，特别是2003年11月1日《中华人民共和国认证认可条例》(以下简称《认证认可条例》)的正式实施，对保证认证认可事业的健康发展，维护认证认可的信誉和形象起到了十分重要的作用。目前，认证市场的形势总体是好的，过去社会反应强烈的恶意违法违规行为已经得到了有效遏制。但是，认证行业依然存在一些不可忽视的问题，如认证咨询一条龙、审核员水平低、认证咨询不到位(包括编造假的质量管理体系运行文件)、认证机构向钱看、忽视认证质量、几乎没有通不过认证审核的企业，凡此等等。为了解决认证领域存在的问题，规范认证市场、消除违法违规现象，必须建立健全有效的监督制约机制，采取一系列有效措施。

一、认真贯彻《认证认可条例》，加强执法力度

《认证认可条例》及其配套规章、办法的实施，从法律层面明确了认证机构、认证培训机构、认证咨询机构及其人员的行为应当符合的基本要求，并且规定了违反规定要求所要承担的责任，为对认证认可领域存在的违法违规行为进行处罚提供了法律依据。因此，一方面要加强《认证认可条例》的宣传贯彻，另一方面要加强对认证领域的行政监管，由国家认监委直接或委托地方认证监管部门和其他行政主管部门对认证机构、认证咨询机构、认证培训机构、相关检验机构、各类认证人员和认证企业等进行监督管理。

行政监管要体现国家认监委的统一领导，充分发挥国务院各有关部门作用的基本原则。地方质量技术监督部门和直属出入境检验检疫系统、工商行政管理系统具有市场管理方面的有力手段，在打击认证市场的违法违规问题时，必须取得他们的配合和支持。国务院有关主管部门对本行业、本领域的情况比较了解，对本行业、本领域在认证工作中存在的问题最清楚，在违法违规问题的信息收集、调查处理等方面要充分发挥他们的作用。

二、建立行业组织，加强行业自律

首先，要充分发挥认可机构的作用，利用认可机构的技术力量对认证机构、认证培训机构、检验机构进行监管。认可机构不仅要严格按照国际准则的要求，加强对认证机构、认证培训机构、检验机构的技术能力认可，而且要严格按照国家认监委的要求，强化对这些机构的日常监控。认证有效性问题是一个深层次问题，如果单靠行政监管，很难解决。认可机构有较强的技术实力，具有甄别与认证有效性相关问题的能力，在解决认证有效性等深层次问题方面必须充分发挥认可机构的作用。

第二，要尽快建立认证行业协会，通过行业自律组织，自觉解决行业内存在的问题。目前，认证市场存在的认证价格过低的问题，需要通过行业自律加以解决。国家发改委的收费价格实质上是指导价格，各机构适当降低认证价格无可厚非，但是应该看到目前认证市场存在着以过低价格进行竞争的问题，并且已经影响到认证的总体质量。从现在的情况看，用行政手段规定一个价格低限不太可行，充分发挥行业协会的作用，由行业协会和政府共同监督认证价格的实施，可有利于解决目前存在的过度压价竞争的问题。

三、鼓励社会监督，强化投诉调查

过去的实践表明，以新闻媒体、认证从业者、认证客户为主体的社会各界对认证的监督，为规范认证市场发挥了十分积极的作用。他们通过各种形式，举报和揭发了许多认证违规问题，为处理违法违规机构发挥了重要作用。要建立正常的举报渠道，方便社会各界对违法违规行为进行投诉，对他们提出的问题要重视，对需要进行调查和处理的要进行认真调查和处理。

舆论监督是对认证认可进行监督的重要手段，新闻媒体一方面可以对违法违规认证机构和人员曝光，另一

方面可以宣传和表彰规范的认证机构和人员。

四、建立信誉评价制度，正面引导认证市场

在规范认证市场，强化监管的同时，应该建立一套以信誉评价制度为基础的激励机制，对带头遵守认证认可法规的机构和从业人员要予以支持和鼓励。通过树立典范、表彰先进、促进名牌认证机构成长等手段，引导认证市场向科学、规范、有序、有效的方向发展。

五、深入研究认证机构的运行机制，加快认证机构的改革步伐

目前，90%以上的认证机构已经进行了工商登记。经过2002年重新审批登记，基本解决了过去存在的政企不分、政事不分的问题，起到了减少和避免行政干预的作用，为认证市场公平竞争创造了比较好的环境。在肯定2002年实施工商登记作用的同时，也应该看到，进一步规范认证机构的行为，切实实现政企分开，政事分开，以实现行业内的公平、公开、有序竞争，还有许多工作要做，还有许多深层次的问题需要解决。另外，由于对认证机构的投资方、股东和资金来源没有限制，对认证机构的收益分配也没有任何约束与管理，部分股份制改造和新设立的认证机构，由于是自然人投资为主或全部是自然人投资，出现过度地追求利润和回报。他们当中有一些机构为了抢占市场份额，获得更多收益，一方面压低价格，一方面又尽量压低成本，从而追求利润最大化，全然不顾认证有效性和认证质量，负面的影响极坏。建议组织专门调研，包括调查了解国外认证机构的运行机制，研究认证机构的所有制性质和分配机制对认证质量的影响，在这方面提出一些指导性的意见。

六、对认证的作用和意义要恰如其分地宣传

《认证认可条例》对认证的定义是，"由认证机构证明产品、服务、管理体系符合相关技术规范、相关技术规范的强制性要求或者标准的合格评定活动"。有一些人由于受到过去一些宣传的影响，没有认真地研究认证工作的真实含义和作用，片面夸大认证的作用，把认证的作用看得过高。实际上，认证（强制性认证除外）是一种市场行为，它是由具有第三方公正地位的认证机构，通常根据生产方（第一方）的要求，对第一方的产品、服务和管理体系按照标准或技术规范进行评价，对符合要求的发给证书和标志，用以向第二方（产品或服务的购买者）作出担保和提供信任的一种活动。

国际标准化组织（ISO）为了统一全球的认证工作，推荐了八种认证模式。这八种模式对产品、服务的保证程度是不一样的，其中第五种模式是比较严格完善的一种，即认证活动包括对企业的现场检查、对产品的抽样检验和证后监督等内容。相对而言，单纯的质量管理体系认证的保证程度就低。另外，认证的产品、管理体系、服务通常只是证明其符合技术法规或标准的要求，并不能说明他们对其他企业和产品有比较优势。例如，ISO 9000：2000《质量管理体系　基础和术语》专门对质量管理体系要求与产品要求之间的关系作了说明，指出质量管理体系要求与产品的技术标准是一种互为补充的关系。实质上，消费者最关心的产品质量和档次是由产品的技术标准决定，管理体系标准并不能解决这些问题。认证机构、认证培训机构和认证咨询机构在宣传上都不能夸大其词，过分渲染认证的作用。建议邀请专家在《中国质量认证》杂志等媒体完整、全面、系统地对认证工作做一次介绍宣传。

七、要发挥市场机制的作用，引导认证机构正确地把握自己的位置

认证工作是从英美等发达国家引入到中国的，因此我们在对认证市场的管理方面应该借鉴这些国家的做法。目前，在世界范围内认证有效性是一个普遍关心的问题，特别是在ISO 9000认证方面也存在与中国类似的问题，如我们在2002年、2003年查处的一些英美机构，存在的问题更多、更严重。为什么这些国家并没有动用行政、法律手段，采取与我们一样的严厉打击措施来解决这些问题呢？我认为，他们是充分发挥了市场机制的作用。他们承认，每个认证机构是不同的，无论其自身的能力、目标客户、认证的对象、信誉度都是不一样的。这也是我们看到经过英国国家认可机构（UKAS）认可的既有英国劳氏、BVQI、SGS等国际知名、要求比较严格的认证机构，也有像URS、WCS等无视认证基本要求，随意颁发认证证书的认证机构，并且都在继续生存。应该看到，这些机构的作用是不一样的，如英国劳氏的认证对象主要是跨国公司、有较好管理基础的大中型企业。反观URS，据我们了解，到2003年为止，URS在英国只发了数量较少的认证证书，而在中国发了大量认证证书，其认证对象主要是没有任何管理基础的乡镇小企业，说明它在英国的市场非常有限。

从我国的情况看，认证机构的品牌意识较差，目标顾客不明确，信誉意识薄弱，"同质化"的现象比较突出。有的机构即使规模很大，也没有想到把自己的信誉建立在

自身工作基础上，建立自己的目标客户群，形成自身的信誉。因此，我们在以法律法规为基础规范认证市场的同时，政府机构在对认证市场监管方面不妨“靠后一点，站高一些”，让认证市场这只看不见的手发挥更大的作用，采用行政与市场相结合的监管方式，有目的地引导认证机构，特别是那些素质高、要求严，具有一定基础和实力的认证机构找准自己的定位，培育自己的目标客户，通过与目标客户信誉的结合，提高自身的市场信誉。

八、强化用人机构的责任

认证质量的好坏、信誉高低应该由认证机构负责。认证工作是审核员个体分散完成的，加强对审核员的管理，保证审核员在德能勤绩等方面的基本素质和要求，是认证机构保证其认证工作质量的第一要务。认证机构必须建立一套与本机构的业务发展和具体要求相适应的人员选拔、录用、考评和奖惩体系。现在的问题是，有相当一部分认证机构完全依赖国家认证人员注册制度，只要取得注册就是“宝贝”，没有形成自身完善的人员管理体系。当然，我们要不断改进认证人员注册制度，适当简化程序，在培训、考试、注册和注册后监督方面予以改革，注重实效，方便审核人员的产生，为用人机构选人用人留有一定的余地。

三、关于科技与标准

用科技与标准铸就认证有效性的基础

国家认监委科技与标准管理部主任　许增德

在第三次全国认证认可工作会议上，各位领导强调最多、与会代表谈论最多，也是社会最为关注的问题就是认证的有效性问题。

认证认可被赋予了广泛的预期目的，归纳起来有以下几点：提高产品、服务质量和管理水平；指导消费，保护消费者利益；提供公正证明，促进和方便贸易活动；促进贯彻国家标准；规范市场经济秩序，营造社会诚信；促进国家产业政策、发展战略的实施；为政府管理、职能转变提供基础支持；技术贸易措施建立和打破国外技术贸易壁垒。

以上内容构成了认证有效性的“模型”。大家评价认证有效性不高，也就是以上内容所达到的程度与大家的预期不匹配。

认证有效性中，“公式”是认证制度（基本规范、规则、运作机制）及认证实施性程序等，“公式”的变量即组成元素是影响其效果的因素。解剖这些变量，可以寻找提高认证有效性的突破点：认证基本规范（法律法规及规章制度）是否健全；认证方案的建立是否科学，包括认证模式的选择、依据用标准是否适用全面、检测审查及监督方案、证书和标志使用、认证信息的公开、投诉申诉机制等；实施机构的独立性地位，公正、公平开展活动的保证；

制约监督机制，包括政府、认可机构、社会的监督处置等。

任何一个元素的变化，均会影响认证有效性。

借鉴国际上成熟的产品认证模式是中国产品认证工作与国际接轨的捷径。国际上有8种通行的产品认证模式，可根据产品的特点和风险大小加以选择。中国的产品认证覆盖了民用工业产品和农产品、食品，其中强制性产品认证涉及20大类139种民用工业产品，但由于我们对8种模式的产生背景、具体特性和应用条件没有进行系统研究，对中国国情特别是市场和企业的特点缺少全面、深入的调查和分析，因而在建立中国的产品认证制度时对所有产品均机械地套用了8种模式中程序最复杂、周期最长、费用最高的“型式试验+工厂质量体系评定+认证后工厂质量体系定期复查和工厂/市场抽样检测”的第5种模式，给很多企业带来了不必要的负担和麻烦，降低了认证对企业经营管理的增值作用，没有获得供应方、消费者认同，降低了认证有效性。

由于中国标准化体制改革滞后于市场经济发展，认证所依据的很多产品标准、检测标准在科学性、合理性和有效性方面存在问题，因此认证机构为抢占认证市场纷纷自行制定认证技术要求。这些技术要求的完整性、科学性都未经证实，同时各认证机构进行同一认证而依据不同要求的现象非常普遍，大大影响了认证的规范性、一致性，使市场难以认同。

提高认证有效性，是一项长期的、需要各方综合治理的工作，科技与标准工作是其中一个重要方面。

科技与标准化工作是认证工作中一项至关重要的基础性工作，是认证有效性的重要技术保证。提高认证有效性，就必须切实加强认证认可科技与标准化工作。针对当前认证有效性方面的问题，在组织认证认可战略研究中要重点做以下几方面的研究及相关工作：

一、研究创新中国特色的认证认可制度

在中国开展认证认可工作是发展社会主义市场经济的必然要求，但我们在借鉴国外做法的同时，需要认真研究对比国外与中国的客观差异，找出影响认证认可有效性的根本因素，并针对这些因素，从认证认可的程序、规

则和方法，以及相关法律法规和管理机制两方面进行发展和创新，使认证认可与合格评定充分发挥推动中国经济和社会发展的作用。

二、研究认证认可为政府管理服务与政府主管部门衔接机制

随着中国行政管理体制改革的深化，我们亟需在认证认可与行政管理的相互关系方面，对国内外现行法律法规、运作机制和发展趋势进行系统深入的研究，为利用认证认可改进政府管理质量和效率提供理论依据。

三、对认证机构公益性地位的研究

研究国外认证机构提供公正公平服务的公益性地位、配套政策，结合中国的市场特点，为建立保证认证有效性的基础组织制度进行探索。

四、加大采标力度，全面参与ISO/CASCO的技术工作

标准是认证的基础，有效的标准化工作是认证有效性的重要前提。在提高认证有效性方面，中国认证认可标准化工作已基本实现与国际接轨，用于规范认证认可活动的法规和规范性文件都遵循了ISO/CASCO制定的国际标准和导则所确定的原则，绝大部分认证认可标准类文件也采用相关的国际标准和导则，但正式转化为中国认证认可国家标准的仅有20%，在一定程度上影响了中国认证认可工作的一致性和有效性，对中国认证认可工作的国际承认度也有一定的影响。另一方面，我们在跟踪和参与国际标准化工作方面还不够深入，在CASCO的20个工作组中，中国只有几名专家是其成员，在国际标准和导则制定过程中施加的影响十分有限，更谈不上中国制定的认证认可标准被认同采纳为国际标准。随着中国认证市场的逐步开放，这种状况非常不利于我们参与国际竞争，必须下大力气逐步改变。今后两年是关键年，我们应结合认证认可工作发展需要，潜心研究，制定计划，力争将CASCO已发布的标准和导则转化成中国家标准，并争取在全面参与CASCO技术工作方面有实质性突破。

五、结合国情加强宣贯，探求实施国际标准的有效做法

采用国际标准和导则是认证认可标准化工作的一个方面，另一个关键的方面是有效贯彻和实施。因此，应当结合中国国情和认证认可实践，加强对已采用的国际标准和导则的宣贯，并对标准实施情况进行调查、评价和分析，积极探求中国实施国际标准和导则的有效做法，发挥认证认可标准化工作的作用。

六、加强对认证依据标准、技术要求的管理

我们应以科学、合理和有效为原则，采取灵活、务实的态度，在国家标准委的支持下，提出标准立项的建议，并争取承担一些标准的制定工作，使认证一线工作的有效性进一步得到保证。对认证机构自行制定的认证技术要求进行管理，从根本上促进认证有效性的提高。

努力打造“标准经济”

中国质量认证中心主任　李怀林

对外贸易是国民经济发展的三驾马车之一，“标准经济”建设，不仅对国内经济发展具有重要意义，而且对中国的对外贸易将产生深远影响。

目前，技术壁垒已经成为各国保护本国贸易和产业的最直接、最重要的手段之一。技术壁垒是指进口国为了维护本国利益和经济安全、国民健康以及环境保护，制定相关的强制性的技术法规和标准，构成的经济贸易技术屏障。当然，WTO《技术性贸易壁垒协定》(即 TBT 协定)规定，技术法规、标准和合格评定程序，不应对国际贸易制造不必要的障碍；WTO 成员应立足保护国家安全，防止欺诈行为，保护人类、动物和植物的生命健康，以及保护环境。这就意味着，只要进口国制定的相关技术法规和标准是出于健康、安全、环保等目的，就被视作为实现“合法目标”的合理行为，就能达到对进口产品设限的目的。以欧盟的法规体系为例，首先是欧盟指令，它是强制性的，相关产品必须符合指令的要求才准许进口。

有数据表明，国外技术性贸易壁垒已经影响到中国 2/3 的出口企业、2/5 的出口商品，每年造成约 200 亿美元的损失。这也说明，国外发达国家构建的以技术法规、标准、认证等技术要求为主要方式的市场准入体系，事实上已经严重影响中国对外贸易的现实竞争能力和长远发展空间。

迫在眉睫的是，我们必须正视目前中国企业在先进管理模式、国际标准跟踪与实施等方面存在的不足，积极采取措施改变目前高消耗、低效率、粗放式的经营方式。同时，借鉴国外在经济发展中合理设置技术性贸易壁垒方面的经验和做法，大力促进标准经济的发展。

“标准经济”是以质量标准为核心的经济体系，其直接表现就是产品、服务、过程符合标准的合格认证活动，即质量认证。作为国际通行的合格评定手段的质量认证，已经被许多发达和发展中国家、区域组织所采用，并成为在相关领域开展国际互认、促进贸易自由化的重要基准。这也是中国加入世界贸易组织后，履行成员义务的实质问题，即按照世界贸易组织的有关协议、协定，重建与国际通行规则相适应的有关贸易、服务、技术措施等方面的管理制度和机制。

从当前情况看，发展“标准经济”，首先能够帮助国内企业应对国际贸易技术壁垒，促进外贸增长；其次，开展质量认证有利于提高国内企业素质、提高产品质量、加快“走出去”战略的实施；第三，推广标准经济，加大认证工作力度，能够为调节经济发展、规范市场行为起到促进作用。

事实上，国际上已经把认证发达程度作为衡量一个国家市场经济发展标志之一。概括地讲，“标准经济”有三个标志：一是国家围绕国际国内经济发展需要，制订规范认证认可及标准工作的法律法规，以及与之配套的部门规章，并有效地运用国际标准及规则指导认证认可工作；二是具有规模化的认证认可和标准化工作的就业队伍；三是建立在标准基础之上的认证事业，在国家经济发展中的贡献率不断扩大。

需要强调的是，在 WTO 的环境下，推动“标准经济”发展本身就是提升经济发展质量、转变经济增长方式、应对国外贸易壁垒的有机组成部分；而以“标准经济”来推动中国经济的整体发展，应该而且必须成为提高对外贸易水平的一个重要战略。

四、关于农产品、食品安全

加强协作 推进饲料产品认证工作

国家认监委副主任 程 方

从掌握的情况看，国家农业部和中国饲料行业把提高饲料产品的安全质量水平放到了一个相当重要的位置，充分体现了行业主管部门高度重视饲料产品的认证工作。我结合认证认可方面的工作，就如何开展农产品特别是饲料产品认证工作谈几点看法。

一、各行各业要充分重视认证认可在提高行业和产业质量管理水平方面的重要作用

什么是认证？2003年，国务院公布了《中华人民共和国认证认可条例》，对什么是认证作出了明确的规定：认证就是由具备第三方公正地位的认证机构，对产品、服务和管理体系是否达到标准或技术规范所进行的合格评定活动。中国的认证认可工作从20世纪80年代开始，已经走过20多年的历程。目前，中国推行的认证种类已经和世界同步，而且居于世界的前列，认证认可活动和国际认证认可活动紧密相连。

开展认证究竟有什么好处？我们可从三个方面来分析。对企业来讲，开展认证，可以促进企业按照技术规范和标准实施管理和组织生产，进一步规范自身的行为，从根本上提高管理水平，保证产品质量，改善环境质量，强化健康安全，建立信誉，增强竞争力。对社会而言，通过开展认证认可活动，使产品质量满足人们日益增长的物质文化生活的需要，使人类，以及动物和植物的健康安全得到保障；开展认证，使人们的生活质量水平不断提高，反过来又促进人们环境保护意识的增强，从而保护了消费者和企业的合法权益。对国家而言，认证认可是诚信建设的基础性工作。因为认证认可为社会提供了产品质量的安全信息，为社会提供了企业管理水平达到标准和技术要求的信息。这些都是市场经济条件下，商品自由流通和市场调控不可或缺的信息。通过开展认证认可工作，能够切实起到规范市场行为，优化资源配置，维护公众利益，促进管理和技术水平的提高，保证国民经济和社会发展的运行质量，同时也促进了对外贸易，从根本上起到维护国家经济利益和安全的作用。所以，国家、社会、企业三方面利益是统一的，并构成了推动和开展认证认可工作的社会基础。

具体来讲，认证认可工作的作用还体现为以下三个方面：

第一，可以有力推进标准的贯彻实施。比如，饲料行业推行认证，有利于标准的贯彻实施，可以规范产品的养殖、种植过程，特别是饲料原料的采购、生产、加工以及售后服务，从而保证饲料产品的安全性，并有利于提高饲料的品质要求。

第二，判断农产品、食品以及畜禽动物的食物——饲料是否符合要求。这种判断，不是由企业自己宣布，或者政府主管部门宣布，而是由一个处于公正地位的专业化的专门负责质量评价的认证机构作出。认证机构不同于饲料的生产方，也不同于批发商、经销商，而是站在第三方的地位，对认证的产品是否符合标准和技术规范的要求提供证明；同时，认证机构还要对这种认证结果的公正性、有效性承担相应的民事责任。

第三，开展认证工作，有利于解决当前农产品及食品贸易的技术壁垒，通过农产品和食品认证的国际互认，使

中国的产品和食品顺利走出国门。

那么，认证认可同行业主管部门的行政管理是什么关系呢？我认为，认证与产品的行政许可、行政审批不是一对矛盾，而是相辅相成的关系，是一个互补的关系。就饲料工业而言，开展认证和行政许可、行政审批既有共同点，又有不同点。

共同点：都是为了保证企业达到国家规定的生产要求和国家颁布的强制实施的标准，使产品达到安全质量的要求。

不同点：使用的方法不同。就认证而言，第一是运用管理体系标准，通过建立技术方面的保障体系，实现对产品的管理、对企业的管理，由认证机构进行符合性评审。第二是按照国家的法律法规、技术标准进行评审。第三是由处于第三方的认证机构实施，既和企业没有经济利益关系，也没有投资产权关系，更没有行政隶属关系，而且还要承担认证结果是否真实的民事责任。开展认证工作，对行业部门的管理起着推动、支持和从技术层面进行评价，为政府实施管理提供一个第三方证明的作用。

二、国家认监委及地方认证监管部门要与各行业、各部门、各地区同心协力，共同推动农产品、食品以及饲料的认证认可工作

作为负责全国认证认可监督管理工作的主管机构，国家认监委的主要工作，就是通过认证认可和合格评定这样的手段，协助有关部门积极促进中国农产品、食品以及饲料质量安全水平的全面提升。

在推动农产品认证认可工作方面，就是通过提高农产品包括饲料产品认证评价的一致性和有效性，促进中国农业和"菜蓝子"产品质量安全卫生水平的全面提高，为农业产业结构调整服务，为增加农民收入服务，为改善中国的生态环境服务，为扩大农产品、食品包括饲料产品的出口创汇服务。

党中央高度重视农业工作，高度重视在农业领域推行认证认可工作。从2002年开始，连续三年的中央一号文件都强调了认证认可工作。作为主管认证认可工作的部门，国家认监委应该全力支持和协助在农业领域推进认证认可工作。为此，要注意把握两点：

第一，处理好认证认可集中管理和行业管理的关系。国家认监委在农业领域推动认证认可工作，主要是保证认证评价的一致性和有效性，严格规范认证机构、认证咨询机构、认证培训机构及认证从业人员的行为，使其能够忠实履行职责，严格按照认证基本规范、基本规则实施认证工作。另一个方面，国家认监委要与有关部门齐心协力，共同推动认证工作在不同领域、不同行业和产业的开展。就饲料行业而言，主要是依靠农业部畜牧业司和全国饲料工作办公室，把认证应用到饲料工业的行业管理上。

第二，继续做好整顿和规范认证市场和培育发展认证市场的工作。经过国家认监委三年的整顿，认证市场的状况正在好转，但还需要方方面面的努力。尤其要提高认证的有效性，各级地方政府和主管部门要加强对认证机构、获证企业、获证产品的监督。认证市场的整顿，既需要国家认监委的努力，更需要地方政府、行业主管部门的支持，共同履行监督管理的职责。

国家认监委从2001年成立开始，就同农业部进行了密切合作，先后联合发布《无公害农产品认证管理办法》、《饲料产品认证管理办法》，国家认监委还支持农业部在饲料行业开展HACCP安全管理体系认证工作的试点。

目前，国家认监委正在和农业部兽医部门、市场信息部门、畜牧业部门加强协作，计划开展七个方面的具体工作：

一是结合中国农业种植、养殖、加工、流通、消费等阶段的特点，推行贯穿整个食品链和农产品链的认证认可体系，进一步统一和规范目前社会上多种形式的农产品和食品认证。

二是配合农业部"无公害食品行动计划"的实施，会同农业部进一步扩大无公害农产品认证的试点，基本消除地方性无公害认证不统一的问题。

三是积极推进良好操作规范(GMP)、良好卫生规范(GHP)及HACCP等不同形式的管理体系认证。

四是进一步推动有机产品认证，加强有机产品的国际互认，促进中国有机产业的健康发展。畜产品有机认证离不开饲料认证，在这方面，国家认监委还需要农业部和全国饲料工作办公室的支持。

五是开展农产品认证工作有效性的专项监督检查。2004年，国家认监委开展了无公害食品、绿色食品、有机食品的认证专项检查，在农业部市场信息司的积极支持下，组织了200多个样品的检测，凡是经过认证的食品(包括食用农产品)基本没有"农残"和"药残"问题。2005年，国家认监委也对认证标志的使用情况进行了检查。

六是参照WTO相应政策，制定扶植政策，解决农业、农产品认证费用高、企业负担重的问题。目前，国家认监委已经和商务部协商一致，利用外贸发展基金和农产品出口促进基金，对取得认证的农产品出口企业给予资金支持。中西部地区的获证企业，其认证补贴费用为认证费用的50%；沿海地区获证企业的认证补贴费用为认证费用的30%。出口饲料企业可以凭颁发的认证证书和收费

依据，到地方外经部门或商务部申请补贴。

七是进一步加强农产品、食品的国际合作和互认工作。争取与日本、美国、欧盟等中国出口农产品的主要国家实现部分产品认证结果的互认，促进中国农产品的出口。

三、共同努力，提高HACCP管理体系认证和饲料产品认证的有效性

2005年3月13日，国家认监委和农业部共同举行“中国饲料产品认证首批获证企业颁证会”，社会反映很好，表明国家畜牧饲料主管部门和认证认可监督管理部门联手从饲料的生产源头和动物养殖的源头共同采取措施，在维护动物的卫生健康，使消费者真正吃到“放心肉”、“放心鱼”方面迈出了重要一步。同时，也标志着中国饲料产品认证从试点转入推广阶段。

国家认监委将全力支持、配合农业部畜牧业司和全国饲料工作办公室的工作：首先，共同研究在新形势下，如何充分利用认证认可和合格评定手段，使其在饲料安全体系评价方面充分发挥作用；其次，共同研究进一步推动饲料产品认证的具体措施，使饲料的生产许可证管理、生产条件审批等工作充分利用认证的结果，减轻企业负担；第三，共同研究进一步加强和改进饲料质量管理和饲料认证方面的措施，争取尽快扩大饲料产品认证的覆盖面，对饲料认证机构和获证企业建立、实施动态化的、有效的监督管理机制，切实提高认证的有效性；第四，共同研究HACCP体系在饲料认证工作中的作用，使HACCP认证与饲料产品认证有机结合，提高饲料产品认证在产品质量、安全控制方面的科学性。

中国进出口食品卫生注册制度与HACCP应用

国家认监委注册管理部主任　史小卫

一、背景情况

联合国粮农组织和世界卫生组织联合成立的国际食品法典委员会对食品卫生的定义是“指生产、加工、储存和销售食品时为保证提供安全、完好、健康的产品供人类食用而设计的必要条件和措施”。

疯牛病、禽流感等人畜共患疫病引起消费恐慌，食品中滥用苏丹红、孔雀石绿等添加剂及农药兽药残留超标的恶性事件令人发指，综观全球，食品安全现在是国内外消费者关注、政府重视的焦点问题。党中央、国务院领导和有关部门高度重视我国食品的安全卫生，要求企业采取有效措施，确保食品符合质量安全标准，最大限度地降低食品可能造成的健康危险。

另一方面，随着人类科学技术的飞速发展，经济全球化势不可挡。作为人们赖以生存的主要能源的食品，可以进入更广泛的国际市场，国际贸易额迅速增长。2005年中国食品土畜出口额为271亿美元，比2004年增长30亿美元。

食品国际贸易的迅速增长，要求最大限度地防止和消除国际贸易中的各种贸易壁垒。而确保进出口食品供应的质量与安全，是对食品贸易全球化提出的新的挑战。为了平衡贸易与食品安全两方面的需求，世界贸易组织经过艰苦谈判，达成《实施卫生与植物卫生措施协议》即SPS协议，明确：为保护人类、动物或植物的生命或健康可以采取或实施必要措施，但不得构成在相同情形下对不同成员的任意或不合理的歧视，或构成对国际贸易的变相限度。

政府对食品生产企业进行检查予以资格认定后，企业产品获得市场准入的卫生注册制度，就是为保护人类、动物或植物的生命或健康实施的必要措施，是世界各国通行做法。企业运行HACCP体系，进而保证食品卫生安全的方法，已为各国普遍接受，成为食品安全控制的基础。

二、食品卫生注册管理的现状

（一）卫生注册管理制度

对食品生产企业实施卫生注册登记管理制度是各国普遍采用的强制性管理措施。欧盟、美国等在强化食品检验的同时，率先建立了国内和进口食品生产企业的卫生注册许可制度。中国检验检疫机构对出口食品生产企业的卫生注册管理则始于1984年。目前，国家认监委实施的卫生注册管理制度已纳入国家行政审批项目，包含3个方面的工作内容：

1. 出口食品生产企业卫生注册：凡在中华人民共和国境内生产、加工、贮存出口食品的企业，必须满足《出口食品生产企业卫生要求》，取得卫生注册或者卫生登记证书后，方可生产、加工、贮存出口食品。

申请卫生注册或者卫生登记的出口食品生产、加工、储存企业（以下简称出口食品生产企业）应当建立保证出口食品的卫生质量体系，制定指导卫生质量体系运转的体系文件并予以落实。

注册后，企业还应定期和根据需要及时对体系的运行情况进行验证，不断根据国内外法律法规要求、企业产品质量情况和出口国别变化等对体系进行必要的更新完善。要重视企业员工素质的提高，经常进行食品安全卫生教育和业务培训。

2. 向国外办理进口注册（简称“向国外注册”）：进口国/地区政府要求注册的，出口食品注册企业需依《出口食品生产企业申请国外卫生注册管理办法》的有关要求，向所在地直属检验检疫局提出申请，由国家认监委审核后统一向有关国家或地区的主管当局推荐办理注册。

目前，欧盟、美国、日本、以色列、南非、马来西亚、新加坡、中国香港、中国澳门等国家和地区对肉类有进口注册要求，美国对水产品和果蔬汁企业有建立HACCP计划的要求，美国对食品和饲料企业有反恐注册要求等等。申请向国外注册的企业，除满足中国的出口食品注册的要求外，还要满足相关进口国法律法规要求。如对欧盟出口食品，要满足欧盟相关指令的要求；对日本出口加热处理的偶蹄肉类或禽肉产品，要分别满足加热偶蹄肉类或禽肉的不同要求。

3. 对向中国出口食品的国外食品生产企业的注册(简称“进口注册”)：凡向中国输出《实施企业注册的进口食品目录》内产品的国外食品生产企业，须向国家认监委申请注册，未获得注册的国外食品生产企业的食品，不得进口。

国家实施的食品卫生注册登记管理为确保食品生产的安全卫生和促进国际间的食品贸易做出了积极的贡献。

(二)注册管理法规体系的完善

法规体系在建立完善过程中更加突出了在行政执法上的强制性和技术法规上的国际性。

2001年，国家认监委组建后，又组织专家对《出口食品厂、库卫生注册细则》和《出口食品厂、库卫生要求》进行了修订。这次修订借鉴了GMP、HACCP等国际通行的食品质量、卫生、安全管理的规范、指南、导则，总结了以往卫生注册的实验经验，更准确地阐述了法规对出口食品生产企业在卫生质量方针和目标、组织机构及其职责、生产和质量管理人员、环境卫生、车间及设施卫生、原料和辅料卫生、生产和加工卫生、包装和储存及运输卫生、有毒有害物品的控制、检验、保证卫生质量体系有效运行的要求，并对卫生注册需评审HACCP体系的产品目录作出了规定。经修改的《出口食品生产企业卫生注册登记管理规定》(国家质检总局第20号令)、《进口食品国外生产企业注册管理规定》(国家质检总局第16号令)和《食品生产企业危害分析和关键控制点(HACCP)管理体系认证管理规定》(国家认监委2002年第3号公告)在2002年5月前相继正式颁布执行。这些技术法规的完善，增强了立法体系的透明度和卫生注册登记管理执行的一致性，为进一步深化注册登记管理制度打下了良好的基础。

(三)卫生注册取得了积极的进展

1. 国内注册取得了实质性进展

出口食品卫生注册制度的实施，为规范出口食品生产企业的卫生管理，保证食品的卫生质量，保护中外消费者的健康，促进食品出口起到了积极的作用。出口食品生产企业的卫生管理水平不断提高，获得卫生注册登记的出口食品生产企业逐年增加。截至2005年底，除西藏自治区外，全国30个省、自治区和直辖市获得出口卫生注册、登记的企业共1.2万多家，涉及21类出口食品及出口陶瓷。

2. 向国外注册取得了很多成果

截至2005年底，中国出口食品生产企业向国外注册累计以国别分类共5 100多厂次。向国外注册使符合进口国卫生法规的生产企业获得了食品进口的“通行证”或“许可证”，推动了中国食品向发达国家的出口，取得了较好的社会效益和经济效益。

3. 进口注册已成功启动

派员先后对加拿大、新西兰、澳大利亚、丹麦、阿根廷、乌拉圭、智利、巴西、法国和意大利的肉类企业进行了实地检查，批准注册了牛肉、猪肉和肠衣等国外加工企业180多家。未获得进口注册资格的国外企业的肉类产品不允许进口。

(四)注册企业应注意的问题

需要引起注意的是，一方面食品企业管理水平与发达进口国越来越高的要求相比还有差距，另一方面在国际食品安全危机频发之际，进口国以食品安全为由，限制、禁止食品进口的事件屡有发生。向国外注册已经成为进口国食品市场准入方面非常有效的技术措施，国外官方检查也容易成为制约注册进而制约食品进口的瓶颈。与此同时，国际上越来越多的人认识到，食品企业应对食品的安全卫生负有基本责任。因此，出口食品企业必须在现有工作基础上进一步落实卫生注册要求，尤其要重视对可能存在的问题积极整改，不断提高管理层卫生安全意识与管理水平，提高管理和操作人员素质，经常验证和改善卫生控制体系，同时注意硬件设施维修保养和更新换代，持续满足食品卫生注册管理的要求。

三、HACCP的兴起与发展

HACCP是英文HAZARD ANALYSIS AND CRITICAL CONTROL POINT的缩写，中文译为危害分析与关键控制点。

(一)HACCP在国外的兴起和应用

HACCP管理体系最初由美国承担宇航食品开发生产的PILLSBURY公司在20世纪60年代发明使用，目的是为了既保证宇航员在航天飞行中所使用的食品安全，又尽量减少为判断食品的安全性所做的检验，从而降低生产成本。1971年，PILLSBURY公司在美国第一次国家食品保护会议上公开提出了HACCP原理，立即为美国食品药品监督管理局(FDA)所接受，并决定首先在低酸罐头食品的良好操作规程中采用。从那时起，HACCP应用范围越来越广，各发达国家乃至国际食品法典委员会(CAC)纷纷在食品生产管理的法规中规定推广运用HACCP体系来控制食品的安全卫生，从低酸罐头到水产品、肉类、果蔬等，食品生产者在各种产品的生产中开始大量采用HACCP体系。

1993年，欧盟在93/43/EEC指令中明确要求所有食品厂建立"自控系统"即HACCP体系。

1995年，美国FDA发布水产品HACCP法规，要求美国国内所有水产厂及对美出口水产品的外国工厂建立和实施HACCP计划。

1996年，美国农业部发布肉类HACCP法规，要求美国国内所有肉类厂及对美出口肉类的外国工厂建立和实施HACCP计划。

同一年，加拿大农业部提出了食品安全促进计划(FSEP)，鼓励全加拿大的食品生产企业采用HACCP原理，以确保加工食品及其加工条件的安全卫生。

1997年，国际食品法典委员会(CAC)通过《HACCP体系及其应用准则》，在全球范围内建立了HACCP应用要求的基础，提供了实际应用的一般指南。

2001年，美国FDA发布果蔬汁HACCP法规，要求美国内所有果蔬汁生产厂及对美出口果蔬汁的外国工厂建立和实施HACCP计划。

(二)HACCP在中国的发展

在中国HACCP首先应用于出口食品企业，大规模的应用始于1997年。

美国的水产品HACCP法规于1997年12月18日生效，要求企业必须建立HACCP计划并具备相关的书面文字材料备查，否则水产品不得进入美国。美国一直是中国水产品的主要进口国之一，而当时中国水产品加工厂都未建立HACCP体系，对美水产品出口面临着严峻考验。原国家商检局首先派员赴美参加了FDA的官员培训和AFDO的教员培训，而后将美国的相关教材和指南全部翻译成中文印发，在全国范围内大力开展官员培训和企业相关人员培训，当年培训官员300多人，培训企业人员2 000多人。在此基础上，各地商检局积极指导企业建立了HACCP计划。1997年11月，国家商检局又派出24名专家到各地开展HACCP异地评审，最后向筛选出的139家合格的企业颁发了HACCP验证证书，并将名单推荐给了FDA，既保证了当时中国的水产品对美出口，还使得近年来对美出口产品增长40%以上。据FDA的专家介绍，在所有对美出口水产品的国家中，当时中国政府主管部门的工作是走在最前面的。

2000年、2002年、2004年和2005年，美国FDA先后四次派员来华检查取得HACCP验证证书的水产企业，经过非常严格的检查，对中国国家认监委和检验检疫部门的人员在HACCP方面渊博的知识表示钦佩，对企业不仅做出HACCP计划，而且在生产中实际应用大加赞赏。

2005年，美国FDA派员对中国浓缩苹果汁企业和蜂蜜企业进行实地检查。在检查中，FDA检查员多次称赞中国企业对HACCP的深入理解和灵活应用，对中国主管部门在推动企业建立和实施HACCP体系管理方面做出的努力和成绩给予了高度评价。FDA官员对被检查企业通常给出三种检查结果：(1)开出不符合项报告，(2)提出整改建议供企业参考，(3)没有任何缺陷。中国企业是第三种情况，这在美国的企业都很少见。

为了提高食品生产企业的安全质量管理水平，规范"危害分析与关键控制点"(HACCP)认证工作，扩大食品出口，保护消费者的健康安全，2002年3月20日，国家认监委公告发布《食品生产企业危害分析与关键控制点(HACCP)管理体系认证管理规定》，要求有关机构和企业按照该规定建立、实施、认证和验证HACCP管理体系，不断提高企业的管理水平和食品的安全卫生质量，保证消费者的生命安全与健康，同时扩大食品的出口。食品企业自愿申请HACCP认证的工作，由有资格的认证机构承担。

2002年4月19日，国家质检总局发布局长令，公布《出口食品生产企业卫生注册登记管理规定》，同时公布了卫生注册需评审HACCP体系的产品目录，凡生产出口罐头、水产品、肉及肉制品、速冻蔬菜、果蔬汁和含肉或水产品的速冻方便食品的企业，必须按照国际食品法典委员会《危害分析和关键控制点(HACCP)体系及其应用准则》的要求建立和实施HACCP体系。在接受检验检疫部门的卫生注册评审和日常监管时，还要同时证明企业实施了HACCP体系。对未按要求建立和实施HACCP体系的上述六类食品的生产加工企业不予以卫生注册，其产品不得出口。还需要强调的是，建立和实施HACCP体系，不能一劳永逸，要持续验证提高，确实在控制食品安全，提高产品质量方面发挥作用。

国家认监委和各地检验检疫部门在对出口食品企业实行出口卫生注册的同时，还帮助企业了解和实行HACCP管理，提高自身的管理水平。目前出口肠衣和其他食品出口企业都在尝试建立和实施HACCP管理体系，以便使企业在日趋激烈的全球化贸易竞争中处于领先地位。

2003年开始，科技部组织的十五攻关课题"食品关键技术研究"中，将食品企业和餐饮业建立和实施HACCP体系作为重要内容进行科学研究。2005年底，HACCP课题已通过验收和鉴定，受到专家好评。根据中国国情提出的以 HACCP 为核心，以满足前提条件(法律法规要求是主要内容)为基础，以增加体系管理要素为整体发展方向的基础模式和实施指南，向中国广大食品生产加工企业提供了建立和实施 HACCP 的理论和实践指导书。

总之，自 1984 年以来，在检验检疫系统和食品企业的共同努力下，在出口食口企业成功地推行了卫生注册和 HACCP 管理，促进了出口食品生产企业卫生条件的改善，同时也促进了出口生产企业卫生管理水平的提高，对于适应进口国技术性贸易措施，增强出口食品竞争力，促进食品出口和保证进口食品安全，做出了积极的贡献。由于严格执行卫生注册各项制度，坚持注册监管高水平、严要求，在欧美等代表世界最高水平的食品安全体系评估中，都对国家认监委以及各地 CIQ 在卫生注册管理方面所做的工作给予很高评价，对中国出口食品卫生注册管理体系给予充分认可，使中国对外推荐企业能够全部获得注册。迄今中国获得美国注册的水产企业已达 671 家，获得欧盟注册的水产企业已达 331 家（另有 194 条船），肠衣企业 121 家，禽肉 10 家、兔肉 10 家。日本、韩国等对注册企业进行的逐个检查，也对中国企业评价很高，如 2004 年推荐的 35 家禽肉企业在日本现场检查后全部获得注册，2005 年 79 家偶蹄肉类企业全部通过现场注册复查。

食品安全关系到广大人民群众的身体健康和生命安全，关系到经济健康发展和社会稳定，关系到政府和国家的形象，中国政府历来高度重视食品安全。在做好出口食品企业注册和进口食品国外生产企业注册工作的同时，还要在原料生产环节推行良好农业规范和饲料认证，在加工环节推广应用 HACCP 体系及其认证，在流通环节推行绿色市场认证，发展有机食品产业，在提高食品安全的同时，为资源综合利用、保护环境和可持续发展做出贡献。

五、关于检测资源共享

全国检测资源状况及共享战略研究(节选)

国家认监委实验室与检测监管部

检测资源是国家科学技术体系和经济建设、社会公共事务管理中不可或缺的组成部分,是承担检验、检测、检疫、检定、鉴定、校准、检查和教学、科学研究等工作的物质载体。检测资源,包括检测机构的人力、物力、财力、智力、资质、管理、运营及技术状况等要素。科学规划、合理布局检测体系,对整个国家的建设、经济发展和人民生活具有举足轻重的作用。本课题调查了解了中国检测资源的分布状况,研究分析了存在的问题,提出了实现检测资源共享的战略措施。

一、检测资源的总体状况概述

2004 年 3 月起,国家认证认可监督管理委员会(以下简称国家认监委)根据科技部下达的《全国检测资源状况及共享战略研究》(国家科技基础条件平台重点项目编号:2003DEA1T004),组织了全国检测资源调查,收集到了全国 18 932 家检测机构的近 5 000 万条数据信息。目前中国检测资源主要有以下特点:

(一)检测资源总量丰富

本次调查的 18 932 家检测机构,分别隶属于 80 余个政府部门、行业、企业等,遍布全国 31 个省、自治区和直辖市,基本覆盖了国民经济和社会管理的各个方面。这些检测机构共有仪器设备 116.6 万多台套,仪器设备资产 382 亿元人民币,检测机构面积 800 万 m^2,从业人员 31.5 万人,可从事的检验检测项目 147.4 万项。

(二)地区分布差异明显

中国检测机构数量最多的省份是湖北省,达到 1 180 家,最少的是西藏自治区,仅 80 家。检测机构的分布与所在地区的国内生产总值(GDP)大小相对应。在经济发达的广东、上海等地,平均每个检测机构对应的 GDP 达到 14 亿元以上;经济欠发达的中西部地区,如山西、内蒙古、贵州、吉林、黑龙江、西藏等省区,平均每个检测机构对应的 GDP 不足 4 亿元。

检测机构的地区分布,呈现如下特点:(1)东部地区的检测机构数量多,中西部地区的检测机构数量较少;(2)环渤海湾地区的检测机构数量多,这与京津地区是国家的政治、经济中心,辽宁、河北、山东、江苏等省的工农业发达直接相关;而西部地区,如甘肃、青海、西藏等省区,地广人稀,工农业发展较落后,检测机构数量相应也较少;(3)农业和食品加工业发展较快的省份的检测机构数量多,如山东、河南、湖北等省。

(三)行业分布各具特点

中国的检测机构主要分布在质量监督检验检疫(以下简称质检)、卫生、建设、环境保护(以下简称环保)、交通、农业等部门(系统、行业),其中质检部门所属的检测机构数量最多,达到 3 427 家,占全部检测机构数量的 18.1%;卫生系统所属的检测机构 2 904 家,占 15.3%;建设系统的检测机构 2 580 家,占 13.6%;环保系统的检测机构 1 319 家,占 7%,上述 4 个部门、系统所属的检测机构占检测机构总数的 54%。其他行业、企业及社会团体所属的检测机构数量,从数百家到数家不等。

从检测能力、仪器设备、从业人员等方面来看,不同部门(系统、行业)的检测机构之间差异很大,各具特点。

(四)从业人数多,但高级人才少

本次调查的 18 932 家检测机构中,共有从业人员

31.5 万人，平均每个检测机构 16.6 人。

检测机构从业人员中，具有高级职称的人员约 3.04 万人，占总人数的 9.67%，平均每个检测机构 1.6 人；具有中级职称的约 7.57 万人，占总人数 24.05%，平均每个检测机构 4 人；具有初级职称的约 9.59 万人，占总人数 30.45%，平均每个检测机构 5 人；无职称的人员 11.3 万人，占总人数的 35.8%，平均每个检测机构 6 人。检测机构从业人员的中高级职称人数占总人数的约 1/3，初级职称和无职称的人数占 2/3，从业人员的职称构成为"金字塔"状。

检测机构从业人员的学历结构看，具有博士学历的人数有 1 428 人，占总从业人数的 0.45%，平均每 14 个检测机构拥有一名博士学位获得者；具有硕士学历的有 6 348 人，占总人数的 2.01%，平均每 3 个检测机构有 1 人；具有大学本科学历的约 14.66 万人，占总人数的 46.55%，平均每个检测机构 7.7 人；具有大学专科学历的约 6.5 万人，占总人数 20.62%，平均每个检测机构 3.4 人；高中及以下学历的有 9.96 万人，占总人数的 30.3%，平均每个检测机构 5 人。总体来看，检测机构从业人员的学历层次以大学(包括本科和大学专科)为主，占总人数的 67%；研究生以上学历的，不足检测机构总人数的 2.5%。从业人员的学历构成为"两头小中间大"状况。

(五)检测机构的改革取得成效

本次调查的结果看，检测机构的资产形态以国有性质为主，占检测机构总数的 77.75%。近年来，随着各项改革步伐持续进行，股份制或有限责任公司等形态的检测机构开始增多，约占机构总数的 18%。内资的私营检测机构和外资检测机构的数量目前还较少，两项合计仅占检测机构总数的 4%。

独立法人实体型的检测机构，占检测机构总数的 67% 左右，较 2002 年国家认监委统计结果(45.8%)有了很大提高。这表明，检测机构的法律意识和提高独立承担法律责任的能力方面有了很大进步。从法人类型看，事业单位法人占检测机构总数的 65%，较 2002 年国家认监委统计的事业单位法人检测机构比例(81.6%)有所下降，显示着中国检测机构正在朝着独立化、市场化运作的方向发展。

(六)计量认证成为社会公认的检测机构资质评价形式

在本次调查的 18 932 家检测机构中，获得"计量认证"证书的有 13 134 家，占检测机构总数的 69.3%；获得代表中国签署国际检测机构认可组织(ILAC)和太平洋检测机构认可组织(IPLAC)互认协议的中国检测机构国家认可委员会颁发的"检测机构国家认可"证书的有 1 887 家，占检测机构总数量的 9.97%；获得"审查认可(验收)合格"证书的有 2 210 家，占检测机构总数的 11.67%；获得"法定计量检定机构授权"证书的有 1 330 家，占检测机构总数的 7.02%；获得其他的资质证书的有 5 301 家，占检测机构总数的 28%。

本次调查的结果来看，检测机构获得多种资质的现象十分普遍，一个检测机构通常有 2~3 种资质证书，最多的有近 20 种各类资质证书。"计量认证"是应用最普遍的资质评价方式；"实验室认可" 证书是被国际实验室认可组织承认的检测机构资质证书。

二、食品检测资源概况

(一)食品检测体系总体情况

在本次检测资源调查的 18 932 家检测机构中，有各类可从事食品相关检验检测的检测机构 5 630 家，分布在全国 31 个省、直辖市、自治区，主要隶属于卫生、质检、农业、粮食、商务、食药、环保等十余个行业部门，还有少量属于私有、股份制或者中外合资的机构。

食品检测资源与国民经济的关联度：从农业生产的需求来看，平均每个食品检测机构需要为 4.87 亿元的农林牧渔业总产值的产出、为 2.747 万 hm^2 的农作物耕种面积、8.12 万 t 粮食年总产量、1.23 万 t 水果年总产量、1.17 万 t 肉类年总产量、0.81 万 t 水产品年总产量服务；从食品工业的需求来看，平均每个食品检测机构需要为 3.38 家国有及规模以上非国有食品企业服务，需要为 1.9 亿元的食品相关工业产值服务；从消费者群体的需求来看，平均每个食品检测机构需要为 22.4 万人口服务；从国内生产总值(GDP)来看，平均每个食品检测机构对应的国内生产总值为 24.1 亿元；从全国批发零售和餐饮业产值来看，每个食品检测机构对应的批发零售和餐饮业产值为 2.3 亿元。

目前食品检测机构的从业总人数达到 15.04 万人，其中直接从事食品检验的为 3.74 万人。平均每个食品检测机构人数为 26.7 人，直接从事食品检验的 6.6 人，直接从事食品检验检测的人员数量不足总人数的 1/4。食品检测机构从业人员中，大专、大学以上学历的人员数量接近总从业人数的 50%。但是，初级职称或无职称的人数比例超过 60%，研究生以上学历的不足 2%。

食品检测机构可以检测的项目(或产品/参数)总数有 62.01 万项，平均每个检测机构 110.1 项。总的仪器设备达 36.5 万台套，仪器设备的固定资产值为 104.5 亿元，检测机构面积达 233 万 m^2。平均每个食品检测机构拥有 64.8 台仪器设备，仪器设备固定资产 185.7 万元，实验室面积413.8m²。

(二)食品检测机构的地区分布

农业大省如山东、河北、江苏、河南等地,食品检测机构平均每省超过300家;东北地区、东部沿海地区等农业和食品加工业较发达地区的食品检测机构也较多;西部地区食品检测机构数量普遍较少,西藏、青海、宁夏、海南等省区的食品检测机构不足50家。

食品检测机构的从业人数,以河南、吉林、山东三省为最多,超过1万人;宁夏、青海、西藏等省区最少,不足1千人。

仪器设备资产,北京、上海、天津等直辖市和广东、江苏、浙江等沿海省的食品检测机构仪器设备资产价值均远高于全国平均水平;中、西部省区食品检测机构的仪器设备资产价值一般都低于全国平均水平,如:上海市食品检测机构的仪器设备资产价值是青海省同类机构的20倍。这一结果表明了中国食品检测资源地区分布的不平衡性。

(三)食品检测机构的行业分布

食品检测机构主要分布在卫生、质检、农业及粮食部门(系统),其他的行业部门也有一些可以从事食品检验的机构或设施,但数量比较分散,检测面较窄,检测能力也比较薄弱。由于近年来政府机构改革频繁,市场经济迅速发展,检测机构的行业、部门色彩逐渐消失,无明确归口部门的检测机构数量不断增多。

卫生系统有2 560家食品检测机构,从业人员8.56万人,直接从事食品检验的人员有1.94万人,可以检测的项目/参数有24.38万项,仪器设备有14.6万台套,仪器设备资产价值31.89亿元,平均每个检测机构的从业人数为33.5人,直接从事食品检验的人数为7.6人,平均可检测项目为95.2项,平均仪器设备台套数57.0台,平均仪器设备资产124.6万元。

质检系统有1 395家食品检测机构,从业人员2.01万人,直接从事食品检验的人员有7 514人,可以检测的项目/参数有20.45万项,仪器设备有12.82万台套,仪器设备资产价值28.04亿元,平均每个检测机构的从业人数为14.5人,直接从事食品检验的人数为5.4人,平均可检测项目为146.6项,平均仪器设备台套数91.9台,平均仪器设备资产201.1万元。

农业系统有317家食品检测机构,从业人员3 774人,直接从事食品检验的人员有2 123人,可以检测的项目/参数有2.04万项,仪器设备有1.99万台套,仪器设备资产价值约9.33亿元,平均每个检测机构的从业人数为11.9人,直接从事食品检验的人数为6.7人,平均可检测项目为64.3项,平均仪器设备台套数63.1台,平均仪器设备资产294.4万元。

粮食系统有197家食品检测机构,从业人员1 486人,直接从事食品相关检验的人员有934人,可以检测的项目/参数有7.50万项,仪器设备有0.68万台套,仪器设备资产价值约1.23亿元。粮食系统的食品检测机构平均每个检测机构的从业人数为7.54人,直接从事食品检验的人数为4.7人,平均可检测项目为380.7项,平均仪器设备台套数34.6台,平均仪器设备资产62.4万元。

商务系统有21家食品检测机构,从业人员537人,直接从事食品相关检验的人员有184人,可以检测的项目/参数有1 731项,仪器设备有735台套,仪器设备资产价值约3 308万元。商务系统的食品检测机构平均每个机构的从业人数为25.5人,直接从事食品检验的人数为8.7人,平均可检测项目为82.4项,平均仪器设备台套数35台,平均仪器设备资产157.5万元。

食品药品监管系统有91家食品检测机构,从业人员2 019人,直接从事食品相关检验的人员有593人,可以检测的项目/参数有7 413项,仪器设备有1.48万台套,仪器设备资产价值约4.06亿元。食品药品监管系统的食品检测机构平均每个机构的从业人数为22.2人,直接从事食品检验的人数为6.5人,平均可检测项目为81.5项,平均仪器设备台套数162.6台套,平均仪器设备资产446.1万元。

环境保护系统有75家食品检测机构,从业人员1 606人,直接从事食品相关检验的人员有505人,可以检测的项目/参数有9 325项,仪器设备有7 849台套,仪器设备资产价值约4.16亿元。环境保护系统的食品检测机构平均每个机构的从业人数为21.4人,直接从事食品检验的人数为6.7人,平均可检测项目为124.3项,平均仪器设备台套数104.6台套,平均仪器设备资产554.6万元。

工商部门在全国各地广泛推行了"食品流动检测车",在市场上进行食品安全卫生的"粗筛检验"。据不完全统计,各地工商部门配置的食品流动检测车超过300台。本次调查收集到,工商系统食品检测机构/设施有12家,从业人员60人,直接从事食品相关检验的人员有39人,可以检测的项目/参数有70项,仪器设备有195台套,仪器设备资产价值约520.6万元。

本次调查收集到194家企业的内部食品检测资源情况,这些机构的从业人员有1.26万人,直接从事食品检验1 190人,可以检测的项目/参数有1 845项,仪器设备有3 944台套,仪器设备资产价值约1.27亿元。每个检测机构的从业人数为64.9人,直接从事食品检验的人数为6.1人,平均可检测项目为9.5项,平均仪器设备台套数20.3台套,平均仪器设备资产65.6万元。由于没有充分的发展空间,企业内部检测机构的实力明显低于政府部门所属的机构。

(四)其他情况

1. **资质情况**。5 630家食品检测机构中,获得计量认证的检测机构有3 913家,占全部食品检测机构的69.5%;获得实验室认可的检测机构有532家,占全部食品检测机构的9.4%;获得审查认可(验收)的检测机构有1028家,占全部食品检测机构的18.2%;获得其他资质或无资质的检测机构有1 950家,占全部食品检测机构的34.6%。综合性检测机构,获得多种资质的情况十分普遍,据抽样统计,单个检测机构获得的资质证明多的达十余种。

2. **归属情况**。5 630家食品检测机构中,国家级的食品检测机构有492家,占总数的9%,省、部级检测机构有839家,占15%,地、市级有1 048家,占19%,县级食品检测机构2 875家,占50%,不明级别的有376家,占7%。

3. **法人情况**。5 630家食品检测机构中,78.4%为独立法人,21.6%为非独立法人。独立法人的比例较2002年国家认监委的全国检测资源调查结果45.8%大为增高,上述数据表明,随着近年来各项改革的深入,越来越多的食品检测机构取得了独立法人的地位,承担法律责任的能力增强,检测机构走入市场的条件进一步成熟。

85.7%的食品检测机构仍属于"事业单位法人",国有和集体性质的机构数量占全部食品检测机构的96.2%,内资、私营检测机构和外资检测机构仅占3.8%。

三、中国检测资源分布存在的问题

(一)同类检测机构重复设置的现象普遍

由于长期受计划经济体制和投资关系的影响,检测机构重复建设、重复设置的状况十分普遍,在同一地区同一专业技术领域中,存在几家甚至十几家相同或相近的检测机构,有的检测能力重复程度超过60%,而目前这一现象还在不断产生。另外,同一专业技术领域的检测机构之间,存在互相攀比,盲目扩张,不顾实际需要,大量购买昂贵的检测设备的风气十分盛行。

以建筑材料和建筑工程检测机构为例,同一城市内的建设、质检、交通、地质矿产、环保、水利、农业等部门都有具备建筑材料检测能力的检测机构,有国家级的,有部级的,有省级或省级授权站,有市级或市级授权站,设区的大城市在区、县也设立有检测站,再加上企业的检测机构,一个省会城市往往集中了数十家的同类检测机构。全国现有可从事食品、农产品(食用)检验检测的检测机构有5 630家,根据本次调查显示,部分地区的检验检测能力已经出现"过剩"苗头,许多机构的检测任务不饱满,但有的部门还计划投资新建食品(农产品)检验检测机构。

检测机构存在"低水平重复"问题,还存在"高水平重复"的问题。以电磁兼容(EMC)检测机构为例,一般建设这类检测机构的投入需要千万元以上。广东省现有22个EMC检测机构,但目前还有一批这样的检测机构正在建设。北京市现有21个EMC检测机构,目前在建的还有6个。上述这些情况表明,盲目的扩张和重复建设带来的浪费,是十分惊人的。

(二)资源开发利用不充分,缺乏资源共享机制

近年来,各部门、地区购置的大型分析仪器设备的数量急剧增加,检测机构面积、从业人员数量及检测能力数量均有较大增长。但很多检测机构的仪器设备利用率却很低,许多大型仪器设备的使用时数只达到设计满负荷运行时数的三分之一,每年至少有一半以上的时间闲置。有的检测机构,一年内对外出具的检测报告数量很少,个别的甚至一份报告也未曾出过,但其仪器设备清单中赫然列举着大量的设备。

本次调查的18 932家检测机构中,拥有近7 000台气相色谱仪和近4 000台各类光谱仪,其中有40%的仪器是近两年购买的,个别检测机构拥有的气相色谱仪超过15台,几乎每个检测室一个。上述两种较贵重的仪器设备,只有10%左右处于满负荷使用(2 000h/a以上),50%左右的仪器设备每年开机时间不足500h,10%左右的设备购买回来后就未曾使用过。这一现象在很多领域都存在。检测机构的仪器设备维护、折旧费用,人员费用及运行费用庞大,如此低效的运营状况势必大大加重国家财政的负担。

高等学校、科研机构和企业也拥有大量的检测机构。这些检测机构的技术雄厚且投资来源稳定,仪器设备十分精良,但一般不面向社会开展检测业务。据了解,全国1 000多所高校共有各类检测机构近15 000家(但本次调查只收集到106家),各种仪器设备价值高达数百亿元,但许多大型仪器设备的年开机时间不足100h,资源闲置十分普遍。

不同行业的检测机构难以实现资源共享,即使紧邻的两家机构,其检测机构信息交流有时也十分困难,更谈不上资源的共享。由于缺乏激励措施和制度保障,大量的

检测资源无法发挥其应有的作用,造成资源极大浪费。

四、以减少重复建设为重点,积极推进检测资源共享

中国是发展中国家,综合国力还不够大,国家需要把有限的资金用来推动经济发展和提高人民的生活水平。

建立检测资源共享机制,可以将分布于不同部门、高校、科研机构及其他领域的检测资源得以利用,有助于消除地区间、部门间的检测机构重复建设,推动资源优化配置;可以促进检验检测服务市场的成熟和完善,减少恶性竞争。建立全国检测资源数据共享平台,有助于国家科学地制订规划、实施检测机构建设发展的方针、政策,科学指导各级行政机关、事业单位、企业和个人有效地利用已建成的检测机构,避免检测机构建设的盲目和浪费;有助于国家集中资金,加大对涉及国家安全、人类和动植物生命健康、环境保护等重要检验检测领域的投入;有助于使各级政府、社会用户方便、快捷地了解全国检测机构的资源信息,消除检测资源的信息屏蔽状态。同时,对于检测机构自身来讲,可以充分了解同行业检测机构的资源状况和发展趋势,有助于推动各检测机构的联合与合作,拓展业务。

根据全国检测资源状况,实现检测资源共享战略需要研究并采取的措施如下:

(一)建立检测资源信息共享的技术规范和标准

在现有的国家、部门(行业)、地方和企业的技术规范和标准的基础上,充分利用和吸收国内外相关标准及研究成果,重点开展检测/校准检测机构(以下非特指的,统称检测机构)资源信息共享的基础性标准、通用性标准和重点领域关键应用标准的研究与制定,形成一套检测资源信息共享的技术规范和标准体系。

根据建立检测资源共享机制的需要,技术规范和标准的编制可分为两部分:一是建设整个检测资源信息共享平台的顶层标准与技术规范,二是根据这些顶层标准与技术规范,各个参与检测资源共享的部门(行业)制定和拓展相关领域的检测资源信息共享的标准与技术规范。

通过上述努力,逐步建立中国检测资源信息共享平台的技术规范和标准体系,为实现中国检测机构的信息、物力、人力、服务等资源的全面共享奠定技术基础。

(二)建立激励和保障检测资源共享的政策体系

实现检测资源共享,应当通过宏观调控手段,综合运用投资、信贷、税收、价格等杠杆作用,明确参与共享各方的权利、义务和责任,平衡共享各方的利益关系,督促共享各方最大限度地将检测资源服务于社会。

研究提出检测机构的信息资源共享、物化资源共享、人力资源共享、服务资源共享等方面的政策措施及共享模式;建立检测资源共享激励措施、资源共享绩效评估及监督机制,共享各方的安全、保密措施。将检测机构数据的采集、审核、汇总等程序规定,上升成为国家的规章制度,起草和发布《检测/校准检测资源信息共享管理办法》。

完善检测资源信息采集技术支持手段,定期培养数据处理人员,提升数据采集、审核和汇总的效率和准确性。

通过上述研究,逐步形成一套完善的检测机构共享的政策和技术法规体系,用以支持和保障检测资源共享平台的运行。

(三)建立完善的检测资源数据库群和相应的网站

建立完善的检测资源数据库群是实现检测资源信息共享的技术基础。除建立项目涵盖面广、功能强大的全国检测资源基本信息数据库外,还应根据各个专业的特点建立一批专门性的检测资源子数据库。各数据库之间可以实现数据双向流动和快速访问,还可以供给其他用户进行数据采集、检索和统计分析。

以现有国家认监委组织开发并已经使用的"全国检测资源数据库(2005)"为基础,对其进行进一步的完善和优化,使之成为支撑检测资源信息共享的基础数据库;对数据库进行标准化改造;建立与其他信息数据库的数据汇交系统;根据需要,在一些专业领域建立检测资源信息子数据库,并实现与基础数据库的无障碍信息交换。

以现有的"全国检测资源网络查询系统(2005)"为基础,建设检测资源共享服务平台门户网站,研究开发网站的信息发布和交流的功能,推动信息向全社会的共享。根据需要,在一些专门的领域,利用专业性的检测资源子数据库,建设专业性的检测资源共享服务网站。

(四)建立统一的、与国际接轨的检验检测服务市场准入评价制度和质量保证体系

按照国际标准化组织、国际电工委员会(ISO/IEC)和国际实验室认可组织、实验室认可论坛(ILAC/IAF)颁布的标准、指南,建立全国统一的检测机构资质认定体系、能力验证提供者管理制度、标准物质生产者评价制度等,提高检测机构资质评价的水平,保证检测资源共享平台上的资源实现结果互认、能力互认,推动资源和信息的无障碍流动。

（五）建立国家投资建设检测机构论证咨询机制

积极运用“全国检测资源数据库(2005)”提供的信息，规划和利用国家现有的各类检验检测资源，减少同类检测机构的重复建设，避免资源浪费，发挥国家投资的效益。

建议国家发展和改革委员会、财政部加强对国家投资建设检测机构的咨询和论证。将需要国家投资建设及后续投资的检测机构，纳入国家“五年规划”进行统一计划。凡是使用财政资金对检测机构进行投资的，必须事先论证，未经论证咨询或经论证建议不予投资的，不应投资；拟投资建设的检测机构，有关部门(行业)应通过论证咨询程序，征求论证咨询机构的意见，将财政资金投入到对国家最需要的环节和领域中去，使有限的资金能最大限度地发挥作用。

（六）积极推进检测机构面向社会服务，大力发展检验检测服务市场

中央机构编制委员会应当会同国家发展和改革委员会、财政部，制定与检测机构改革相关的事业单位改革配套措施，推进检测机构面向社会开展检验检测技术服务；促进检测机构主管部门改变“各自为政”、“部门所有”的格局，引导检测机构引入竞争机制，推动检测机构进入检验检测服务市场，开展有序竞争。

根据国家产业政策、产品结构调整和高新技术产业化项目，调整现有的检测机构网络布局，形成覆盖全国各行业、领域的检验检测体系。

国家应当重点对出据涉及人体健康和安全、卫生、动植物生命和健康、环境保护、国家安全等方面公正数据的检测机构加大投资力度。

组织实施“名牌检测机构”战略，积极培育和扶持一批“国家重点检测机构”，使之在基础设施、环境条件、管理水平以及人员素质等方面达到国际先进水平。

加快涉及检测机构的法律、行政法规体系建设，推动检验检测服务市场的形成，巩固和发展改革成果。

六、关于认证认可行业的发展和自律

认证认可事业发展的必然选择

中国认证认可协会会长　王凤清

中国认证认可协会的成立，是认证认可工作的一件大事，是中国认证认可事业发展到现阶段的必然选择。

一、协会的成立是认证认可事业发展的客观要求

发达国家的经验表明，现代市场经济越发达，市场主体之间的经济联系越广泛，市场交易活动越活跃，并更多通过市场化的形式表现出来，就会对社会中介服务产生巨大的需求。加入WTO后，来自不同国家地区、不同领域和不同体制的开拓者将通过投资、技术交流和贸易进入中国市场，中国的各类企业也开始走出国门，知识、资金、技术、贸易、信息、人力资源的国际双向流动正在形成。企业要想有效进行经营活动，保证再生产的顺利进行，就需要社会中介组织提供服务并创造良好的环境。市场经济本身具有自发性、盲目性和滞后性，主要以市场机制来调节企业运行，其行为很难与政府、社会的需要协调一致，这就需要建立一大批社会中介组织，来协调、监督和保证企业运行的合理性。

在市场经济条件下，由政府主导型的市场经济将逐步向市场主导型的经济模式转变。政府职能从优先于经济目标向优先于社会目标转变，从审批型向服务型转变，从行政控制型模式向依法行政型模式转变。政府的管理将由直接管理变为间接管理，政府的一部分职能将弱化或转移。而这些职能需要新的组织来完成，企业和政府之间也需要形成新的沟通渠道，企业之间同样需要建立交流和协调的渠道。从社会分工的角度，由社会中介组织为企业代理某种业务，提供某种服务，可以节省企业的经营成本，可以使企业腾出更多的时间来从事产品的生产与开发，增强竞争的能力。发展社会中介组织，既有客观需求，又有现实的紧迫性。

正因为如此，改革开放以后，“中介”这一概念和行为活动逐步受到了从中央到地方的重视。1993年11月14日，中共中央在《关于建立社会主义市场经济体制若干问题的决定》中明确提出“发展市场中介组织，发挥其服务、沟通、公证、监督作用”。2003年10月14日，《中共中央关于完善社会主义市场经济体制若干问题的决定》进一步明确：“积极发展独立公正、规范运作的专业化市场中介服务机构，按市场化原则规范和发展各类行业协会、商会等自律性组织”。“全面推进经济法制建设。按照依法治国的基本方略，着眼于确立制度、规范权责、保障权益，加强经济立法。完善市场主体和中介组织法律制度，使各类市场主体真正具有完全的行为能力和责任能力。”在中共中央和政府的高度重视下，中国的中介组织迅速发展，已经成为市场经济运行机制的重要组成部分。这是市场经济快速发展的客观需要和必然结果，也是市场经济发展程度不断深化的重要体现。

社会中介组织的划分标准是多种多样的。按照中介组织发挥作用的形式、提供服务产品的特点，可以大致划分为五大类，即自律性行业组织；法律、财务服务机构；信息、咨询服务机构；市场交易中介组织；市场监督鉴证机构。中国认证认可协会，在中介组织中应当属于自律性行业组织。它的成立，其重要意义有以下几点：

第一，是形势和任务的要求。当前，中国经济在中共中央科学发展观的总体指导下，按照中央确定的可持续

发展战略要求,已经进入了发展方式转轨变型的时期。经过20多年的高速发展和积累之后,今天的经济发展呈现出了很多新的特点,提出了许多重要的新的课题,其核心的要求是最大程度地利用有限的资源取得最好的效益。在这个总要求下,资源的可持续利用、循环经济的建立、节约型社会的建设都陆续地提到了前所未有的高度,受到了全社会的普遍关注和高度一致的认同。社会经济的发展将在持续保持适当速度的前提下,比过去的任何时候都更加注重发挥各类生产要素的最佳效益,更加注重资源的可持续利用,更加注重人与自然的和谐共处,更加注重各类社会群体的和谐发展,使全社会的所有成员在发展的同时共享发展的成果,更加激发全社会谋求共同发展的激情和创造力。

新的发展时期给认证认可工作也提出了新的要求。在过去,认证认可工作着眼于提高产品的质量和竞争力,着眼于推动产业升级和结构调整,着眼于提高企业的基本素质和管理水平,着眼于规范市场经济秩序,并得到了全社会的广泛认同和信任。今后,在保持以往成绩和优势的基础上,要循序渐进地调整工作方向:要高度关注社会资源的可持续利用;高度关注发挥各类生产要素的最佳效益;高度关注人与自然之间的矛盾;高度关注各类社会群体共同发展的要求,并积极地投身于这个发展进程中,发挥我们应有的作用,为社会经济的发展做出进一步的贡献。这是随着经济的不断发展对认证认可工作的新要求,也是认证认可工作在今后一个时期所面临的一个重大的课题。近年来,认证认可工作围绕国家工作大局,相继推出了产品安全、环境、职业健康安全、节能、有机产品、绿色市场等领域的认证,达到了一定的效果。但就这些工作对社会的影响程度以及深入程度而言,与经济发展对我们的要求相比,还有很大的差距。面对新形势新任务的要求,我们必须进一步解放思想,转变观念,调整工作思路,完善工作体制,优化工作方法。加强认证认可行业的自身建设,建立健全认证认可行业自律组织,就是改进认证认可的管理模式,提高认证认可有效性的一个重要工作手段。

第二,是事业发展的需要。经过十几年的发展,中国的认证认可事业取得了长足的进步和发展。特别是在国家认证认可监督管理委员会成立以来,形成了集中统一的管理体制,市场监管得到明显加强,认证质量稳步提高,法制环境逐步完善,国际影响日益扩大,认证认可在社会经济生活中的地位和作用越来越显著。认证认可对各类经济组织和社会管理组织的活动,对各类重要产品的生产、经营、管理发挥着越来越重要的调节作用。认证认可工作在推动实现重要产业的结构调整,推动实现重点产品的技术升级,推动一大批骨干企业的管理水平提高,推动社会管理服务组织提高管理水平,推动全社会按照科学发展观的要求转变发展模式,更好地满足人民群众日益增长的物质生活、经济生活和文化生活需求等方面起到了积极的促进作用。中国的认证认可事业,通过颁布和实施《认证认可条例》等重要的法律法规,已经初步建立了一套比较完整的法制体系;已经积聚了大量的各类专业技术人才,形成了一支重要的工作骨干力量,开展了专业领域比较齐全的认证活动;已经有了一套相对运行成熟、符合国际惯例的工作机制;认证市场监管体系逐步完善并得到加强;认证认可工作对经济发展的积极促进作用已经得到了全社会广泛的认同,认证认可已经成为在社会经济生活中起重要作用的一支力量。

认证认可工作跃上新的发展平台以后,下一步该如何走?2004年召开的第三次全国认证认可工作会议,以“总结、巩固、发展”为主题,对此进行了认真的总结和探索。明确了今后一个时期的指导思想,就是以“三个代表”重要思想为指导,按照科学发展观的要求,进一步解放思想,创新工作机制、完善工作制度,更加注重使认证认可工作更好地为产业和行业管理服务,在提高经济增长的质量和效益方面发挥作用;更加注重努力解决认证数量与质量的问题,实现行业自律与政府监管并举;更加注重抓好依法行政和开拓创新,加强科技和标准化等工作,努力实现发展的第二步、第三步战略目标,促进认证认可事业持续协调发展。其中一个重要的基础性工作,就是要实现行业自律与政府监管并举。

国家认监委的成立,是中国行政管理体制改革深化的重要成果,是规范认证认可工作的客观需要。由国家专门设立机构统一管理全国的认证认可工作,在国际上也是一个创举。国家认监委成立以后,我们从政府管理的角度做了许多工作,比如建立工作机制、完善法律法规、整顿规范认证市场等等,也取得了一些成绩,但常常也有力不从心的感觉。根本的原因,就是认证认可监督管理是一个系统工程,需要认证、认可机构、政府管理部门和社会各界共同参与。国家认监委是政府机构改革的产物,必须按照政府职能的要求来工作。一些由中介组织做的事,尽管很有必要,政府部门也不能做,否则就是“越位”;但由于没有建立起行业自律组织,一些本来该及时做的事情却没有人来做,而出现了“缺位”的情况。行政管理轰轰烈烈,行业内部却波澜不惊,实际上削弱了管理监督的工作成效。建立认证认可行业协会,形成一个政府监管、行业自律、社会监督相结合的工作机制,是实现有效监管的需要，也是事业发展的需要。

第三，是行业自身发展的需要。认证认可行业的发展，尽管势头良好，但还存在一些不相适应的地方：一是认证机构和认证从业人员的诚信机制尚未完全建立。过去从认证市场上反映出来的一系列问题，尽管表现形式不一，核心还是诚信问题。近年来国家认监委和地方认监部门为加强监管，采取了一些行之有效的措施，查处了一些机构和人员，起到了一定的震慑作用。但解决这些问题，仅仅靠行政管理的手段是不够的，需要包括行业自律组织在内的认证市场监管体系的各个方面都发挥作用。二是缺乏整合全行业力量进行高端技术开发的机制。中国的认证认可工作与国际先进水平的差距主要是在技术开发方面，由于我们目前的技术力量分散在各个机构，难以形成技术上的拳头优势，许多重要的认证领域没有能力去开发，在一些领域还处于被动地位，受制于国外机构，也丧失了一部分市场。要改变这个局面，必须整合整个行业的优势资源，风险共担，利益共享，共同开发，占据认证认可技术的制高点。只有这样才能凭借技术优势提高认证认可工作的信誉，创品牌、树形象，增强中国认证认可机构的竞争力，真正地实现中国认证认可走向世界前列的目标。这些具体的工作由政府部门去做，显然不合适，需要行业组织来牵头。三是认证认可行业的各类机构及其从业人员还没有形成一个统一的维护自身权益的机制。经过多年的发展，认证认可行业的各类机构已经形成了一支有着多元化经济成分，为社会提供中介技术服务的专门力量。认证认可行业的发展和业务运作有自身的特点，也需要社会各个方面关心、爱护和支持这个行业从业机构的发展，需要保障从业人员的合法权益。但目前这些机构和人员在人才流动、社会保障、运作模式、所有制关系和收益分配等方面还存在一些问题没有得到解决，管理机制没有完全理顺，人员管理形式多种多样，在一定程度上影响了人才的流入和引进，影响了队伍的稳定，影响了后续力量的培养，也不利于认证认可工作的持续发展。

中国认证认可协会在这种形势下应运而生，协会的诞生是适应国民经济发展对认证认可要求的必然举措，是适应认证认可行业管理的客观要求和认证认可行业转变政府职能的具体体现，是认证认可行业自我约束自我发展的需要。协会的成立将在更加广泛的范围内统一对中国认证认可工作发展战略和方向的认识，构筑全社会所有关注认证认可工作的机构和人员充分交流沟通的平台，维护认证认可行业工作机构和人员的权益，协调与认证认可工作有关的各个方面的关系，调动关心支持认证认可工作的各个方面的积极性，凝聚和整合全社会有利于认证认可事业发展的力量，按照科学发展观和构建和谐社会的要求，推动中国认证认可事业的发展。

二、中国认证认可协会的使命和责任

中共十六届三中、四中全会明确提出了积极发展独立公正、规范运作的专业化中介机构，按市场化原则规范和发展各类行业协会的要求，胡锦涛总书记《在省部级主要领导干部提高社会主义和谐社会能力专题研讨班上的讲话》，具体阐述了"社会主义和谐社会应该是民主法治、公平正义、诚信友爱、充满活力、安定有序、人与自然和谐相处的社会"。同时也提出了要加强构建和谐社会建设，需要研究如何更好地发挥社会团体、行业组织的积极作用的课题。中国认证认可协会作为认证认可方面的行业组织和社会团体，肩负着重要的使命和责任，协会要紧紧围绕中共中央和政府关于认证认可行业发展的总体要求，围绕广大认证认可从业机构和工作者的要求，创造性地开展工作，加强协会在认证认可行业中的地位和作用，充分发挥自身优势，增强对全社会的辐射力和影响力，为促进认证认可事业的发展做出应有的贡献。

中国认证认可协会的使命是：以中共中央和政府关于认证认可工作的方针政策为指导，以法律法规为工作准绳，以促进认证认可事业可持续发展为目标，在政府和会员之间发挥纽带和服务作用，加强行业诚信，恪守职业道德，完善自律机制，协调行业关系，提供行业服务，建立沟通渠道，维护会员权益，促进共同发展。认证认可协会作为政府与从业机构和相关组织之间的桥梁和纽带，应该充分体现行业的代表性、公正性以及沟通、协调、监督等职能，为政府、为社会、为行业提供服务，这是协会一切工作的出发点和落脚点。

中国认证认可协会应定位于自律性行业管理社团组织，以服务为宗旨，民主办会，独立开展工作，对所有会员提供无歧视、无差别的服务，机构不分大小，一切以公平、公正的原则来处理协会内部的事情。只有通过为会员提供优质服务，才能增强协会的凝聚力，才能保持协会长久的生命力。在做好服务的同时，要加强自律、协调和监督工作。协会要反映会员的意愿，为行业提供信息和培训，协调从业机构之间的公平竞争和合作关系，促进认证认可事业健康发展。

第一，协会要当好政府的参谋和助手。协会虽然是社团组织，但也要想大事，议大事。要集中认证认可行业的人才和智慧，从认证认可角度研究国家经济发展的方向和动态，根据全球贸易的发展和需要，提出认证认可行业发展的建议，提出在认证认可行业应当采取的政策措施建议，协助政府提高行业管理的决策水平。在各项法律法规和政策措施的实施过程中，协会要积极协助政府开展宣传教育工作，引导认证认可行业的各类机构和从业人员自觉执行党和政府的方针政策，推动各项政策措施落到实处。

第二，协会要充分发挥桥梁和纽带作用。认证认可行业是一个联系广泛、社会影响力很大的行业，联系的单位包括国务院有关部委、有关行业联合会（协会）、认可机构、认证机构、认证培训机构、认证咨询机构、实验室和检测机构、获证组织，而获证组织又涉及到各类企业、事业单位、政府机关、社会公益机构等，联系的人员包括各个方面的技术专家学者、管理人员、企业领导、审核检查人员、试验人员等。认证认可事业要靠这些机构和人员同心协力去推动，同时所有这些机构和人员在认证认可工作中又有自己独特的角色，发挥着各自不同的作用，协会要广泛地联系这些机构和专家学者，倾听行业的呼声，集中行业的智慧，及时地向政府反映行业的意见建议和需求信息，同时向行业传达政府的方针政策、管理措施和供给信息。

第三，协会要切实地引导认证认可行业的健康发展。作为认证认可方面的行业协会，要促进行业规范发展，首先要从自律开始。要正视认证认可行业目前存在的问题，通过法律法规、行规行约来约束从业机构和人员的行为。采取必要的措施，引导各类机构和从业人员自觉遵守法律法规，建立诚信机制，提高整个行业的声誉。协会要研究建立从业机构和从业人员的诚信档案，建立行业自律机制、纪律处分机制和违纪曝光机制。要定期对从业机构进行评价，引导全行业不断地提高工作质量，提高认证的有效性。要从提高整个认证认可行业的工作质量出发，从维护认证认可行业的整体利益出发，从促进认证认可行业的可持续发展出发，在行业内形成一套奖优罚劣的长效机制。

第四，协会要真正地成为认证认可从业机构和工作者之家。协会要自觉地维护从业机构和从业人员的合法权益，要切实想为机构和人员所想，急为机构和人员所急。目前中国认证认可从业机构管理体制存在着多元化，差异很大，从业人员来自于政府、企业、事业单位等各个方面，还有大量的离退休人员从业，相互之间背景与身份差异很大，财务税收、社会保障、福利待遇之间的差距也很大。尤其是处于改革的潮流之中，很多机构和人员遇到了一些切身的问题，直接影响队伍的稳定，影响各机构的人才引进和人员培养，从事审核员、咨询师、检查员工作的技术经历在人才流动中不能等同承认，社会保障、福利待遇、职称评定等多方面的问题不能有效解决，协会要积极地搜集有关方面的意见和情况，向相关部门反映、争取政策，为整个行业的发展增加后劲。

第五，协会要搭建国内外交流合作的平台。认证认可行业是一个技术性很强的行业，广泛地开展国内外的合作交流，是做好认证认可工作的重要方法。协会要考虑在符合大部分会员意愿的基础上，集中会员机构的力量，办一些凭单个机构无法办到的大事，组织一些重要的认证领域的研究攻关活动，开发一些尖端的认证领域。要积极地组织国内机构之间的学术和信息交流，组织中国认证认可界和国外同行的学术和信息交流，搭建认证认可机构和人员与认证组织之间的信息交流平台，为企业提供引导和服务，为政府提供决策的依据。

协会要研究制定自身的发展战略，明确自身承担的社会使命和责任，制定中长期的工作方向和发展规划，要在发展中不断地认识和修正自己的社会角色和定位，确立在认证认可事业发展中的地位和作用，不负政府所望，不负广大会员所望，不负社会所望，扮演好自己的角色。

七、关于地方两局工作的经验总结

江苏检验检疫系统以贯彻 ISO 9000 族标准为抓手促进检验检疫事业全面发展

江苏出入境检验检疫局局长　车文毅

1997 年以来，原江苏商检局率先贯彻 ISO 9000 族标准，建立并运行质量管理体系，先后通过了荷兰 KEMA 以及中国 CQC 的第三方认证。

1999 年，原商检局、卫生检疫局和动植物检疫局“三检合一”，成立了江苏出入境检验检疫局，即着手修改发布了C版质量体系文件。同时向全省 19 个分支局全面推行质量管理体系，先后顺利通过中国 CQC 的认证审核。2004 年 11 月发布实施了 E 版质量管理体系文件，并提出了建立服务型检验检疫的质量方针，实现全省系统质量管理体系的整合。2005 年省局和 19 个分支局共 20 个质量管理体系整合成 1 个质量管理体系，进一步明确了服务型检验检疫依法行政、负责行政和顾客导向的质量方针。至此江苏检验检疫局建立了以行政执法责任制、行政业务能力管理、突发事件应急预案和社会评价管理等 4 个子系统为基础的，具有江苏检验检疫特色的质量管理体系。

江苏检验检疫系统作为政府部门采用 ISO 9000 族标准建立质量管理体系，是机关内部管理工作的一项重要创新，是实施“以质兴检”战略的具体措施。9 年来的质量管理体系运行构建了管理平台，理顺了职责关系，拓展了各项业务，提高了工作质量，促进检验检疫事业的发展。具体表现在以下四个方面：

一、构建了管理平台

1999 年“三检合一”前，原商检局、卫生检疫局和动植物检疫局，隶属于不同部局，内部管理体制差异较大。在行政管理方面，法律依据不同，管理的对象不同，管理程序也不同。江苏检验检疫局成立后，坚持既适应检验检疫工作实际，又满足 ISO 9000 族标准要求的原则，及时修订了质量手册，将原来 B 版的质量管理覆盖范围扩大到新成立的业务部门，发布了 C 版质量手册，使体系文件更趋完善，做到了“两个符合”、“三个体现”、“四个有利于”。即，建立的工作质量保证体系必须符合国家赋予检验检疫部门的职责，符合检验检疫工作实际。整个体系文件的各项控制要求，体现了检验检疫行政执法的主体地位，体现了国家质检总局“以质兴检”的管理要求，也体现了江苏检验检疫局确定的“两个一工程”奋斗目标。有利于国家质检总局改革目标的实现，有利于明确职能职责，有利于促进业务改革，有利于把关水平和服务质量的提高。在较短时间内，理清了职责分工，理顺了工作关系，建立了一个统一坚实的执法管理平台。全省各分支局引用 ISO 9000 中 19 个要素建立并运行的工作质量保证体系，结构严谨，定义准确，规定具体，具有很强的适用性和可操作性。例如，将“管理职责”分解成领导职责和部门职责，便于检查；对管什么、如何管，既定性又定量，如要求将证书差错控制在 1‰以下，省局每年进行 1 次管理评审等；在制定“检验检疫与试验”过程控制程序时，则将检务部门的签证工作归纳为 7 个环节，每个环节都有明确要求，都有预防差错的措施，充分体现了检验检疫严格管理与体系文件过程控制要求的有机结合。

二、理顺了部门职能

为了更好地贯彻落实国家质检总局下达的机构改革方案,江苏检验检疫系统针对“三检”合一后出现的新情况,以及职能调整中存在的问题,将进一步明确职责作为推行质量体系的首要任务。省局人事处制定了“职责管理作业指导书”,并且两次根据各部门提出的13条意见,进行了调整和明确。南通局对部门职责、业务分工进一步调整界定,对人员、仪器设备等资源配置作了适当调整补充。无锡局编制《各级人员岗位职责》、《作业指导书》,并在《质量手册》及21个程序文件中作了具体规定,使各项工作更趋规范,各部门之间的衔接协调更加顺畅。通过建立并运行工作质量保证体系,有效地防止和纠正了职能交叉、职责不清等问题,巩固了“三检合一”机构改革的成果。

三、促进了业务改革

省局机关及全省19个分支机构在编制体系程序文件时,紧紧围绕推进检验检疫业务改革这一任务,着力加快各项检验检疫业务融合、努力提高通关速度。张家港、苏州、扬州等局从各自不同特点出发,借助实施工作质量保证体系,加快“六个一”改革步伐,理顺了口岸与产地、局内各部门之间、一线检验检疫与实验室检测之间的业务关系,疫情截获率和业务工作量大幅度上升。此外,各分支局还着眼长远,超前做好业务改革的基础性工作,使体系文件更适应检验检疫业务改革和发展的要求。如针对实施CIQ 2000和“三电”工程后出现的“证书”管理上的问题,重新修订控制程序,既有效地减少了差错,又为实施新的检验检疫模式,深化各项业务改革奠定了基础。

四、提高了工作质量

通过建立并运行工作质量保证体系,使各项业务工作均按体系文件规定运行,做到目标明确、程序明确、要求明确,所有过程有记录、有追溯、有检查、有复核。工作质量比体系运行前有了大幅度提升。目前,19个分支局在体系文件中制定的质量目标绝大部分已经实现,在江苏外向型经济高速发展,检验检疫业务量急剧增加的形势下,全省系统未发现行政执法违法行为和责任事故,出局证单差错由体系运行前的2‰左右下降为0~1.3‰,检验检疫签证流程符合要求,顾客有效投诉为零,最终满意度达到100%,科技工作、行政处罚、岗位培训均名列全国质检系统前茅,多次接受国外官方现场检查,均获得高度评价。

贯彻ISO 9000族标准是江苏检验检疫局在政府部门体制创新上的一种尝试,取得了明显的效果,在全国产生了积极的影响。随着国家政府体制改革的步伐加快,江苏检验检疫局将继续在国家质检总局和江苏省委、省政府统一领导下,在政府部门体制改革创新的道路上积极探索,大胆创新,努力在政府部门管理理论、管理体制、诚信体系建设等方面作进一步的研究和改进,为建设服务型江苏检验检疫而努力。

创新模式　促进认证认可与地方经济的结合

福建出入境检验检疫局局长　王志民

福建出入境检验检疫局(以下简称“福建局”)紧密结合地方经济发展任务和本局工作目标开展认证认可工作,根据辖区实际,集思广益,创新模式,狠抓落实,建立绩效考评制度,从组织和职责上保障认证认可工作顺利开展,促进了认证认可工作与地方经济建设和局系统中心工作的良性互动。

一、以绩效考评制度落实推动认证认可工作

为加强局系统基础工作的管理、检查和综合评价,实现基础工作的规范化、制度化、科学化,福建局进一步深化绩效考评机制,将绩效考评内容细化、量化为操作性强的考评指标,并分为日常和每月考评、半年评议和年终总评四个步骤。作为福建局的基础性工作,认证认可工作在绩效考评中占 20%,具体表现为 4 个特点。

一是目标明确。福建局把认证认可工作目标分为做好卫生注册、质量许可的考核与日常监管,加强《认证认可条例》宣贯工作,开展强制性产品认证行政执法,开展认证市场的清理整顿等方面。

二是明确职责。通过开展绩效考评工作,量化省局主管处(室)的考核目标,并逐级分解到分支局、办事处,分半年、全年开展考核,确保各项任务的完成。

三是组织保障。早在 2000 年,福建局就成立了认证监管处,各分支局、办事处均设立了相应的工作岗位,同时成立了 WTO 工作站和检验检疫信息中心,明确了 WTO 工作站与信息中心、省局相关管理处在认证认可工作上的协同关系。

四是落实推进。在开展卫生注册、质量许可方面,在开展强制性产品认证行政执法方面,在跟踪、整理、消化国外技术法规、标准方面、在落实贯彻《认证认可条例》方面,绩效考评都起到了积极的推进作用。

二、认证认可工作与地方经济发展有机结合

(一)充分发挥认证认可在地方经济软实力建设中的平台作用

福建局坚持以公开、公平、规范的原则引导企业按照国际规范组织生产,使一大批企业达到国际准入条件。截至 2005 年底,辖区 491 家企业获得卫生注册,326 家企业获得卫生登记,241 家企业获得质量许可,36 家企业获得输美陶瓷认证,办理 CCC 免办证明 568 份。系统内 6 家实验室通过获得 CNAL 认可和计量认证,4 家企业获得计量认证。尤其是在出口形势严峻的情况下,首次开展对美、对日禽肉企业推荐注册。同时,抓住机遇,层层筛选,认真组织,完成 8 家水产企业对欧推荐注册。

促进企业自控体系的持续保持。近年来,随着辖区出口企业和国际贸易技术壁垒的不断增加,对外迎检工作日趋频繁。变突击迎检为常态迎检,关键在于企业的质量安全卫生自控体系的持续有效运行,在于官方的监控体系能够通过企业的自控体系得以发挥作用。为此,福建局启动“卫生注册评审技术委员会”,开展对企业安全卫生控制体系的监督抽查,认真落实日常监管制度,促进企业自控体系的持续保持。

提高企业质量自控能力建设。福建局建立了《企业自控体系内审能力备案持续教育制度》、《企业自控体系验证(实验室)能力备案和持续教育制度》,通过持续、滚动开展企业内审员、实验室检测人员培训(分公共、专业科目),帮促企业保持、提高质量自控能力。

(二)以认证认可促进企业按照国际规范组织生产

福建局始终将推动出口企业建立符合国际规范的质量管理体系作为促进地方经济的重要工作来抓。

在农产品出口方面,出口企业卫生注册登记和 HACCP、GAP、SSOP、GMP 认证均是进入国际市场的基本条件。福建局积极督促,严格监管,促使一大批农产品、食品生产企业建立了质量、安全、卫生控制体系。

目前,水产、肉类、罐头、蔬菜等 6 大类企业 100%建立了 SSOP、GMP、HACCP 基础平台。辖区内所有输美食品企业实现了对美反恐注册。

福建局还主持了国家认监委《出口蛋品 GAP 体系建

立》、《出口蘑菇原料良好种植规范 GAP》的课题研究；参与科技部《食品安全重大关键技术》课题研究，主持了其中《水产品企业 HACCP 体系建立和实施》、《罐头 HACCP 体系建立和实施》两个课题的研究；负责福建省作为"全国食品安全示范省"开展的《茶叶生产企业 HACCP 体系的建立和实施》、《蔬菜生产企业 HACCP 体系建立和实施》两个课题的研究。

在促进机电、纺织品出口方面，积极跟踪、消化、理解欧盟新增技术法规《报废电子电器设备指令》、《电子电器设备中限制使用某些有害物质指令》、《国际生态纺织品标准(Okotex-100)》，帮助企业跨越技术壁垒。

此外，福建局积极推动企业通过 ISO 9000、ISO 14000、HACCP 等管理体系认证。截至 2005 年底，辖区出口企业已有 750 多家通过 ISO 9000 认证，120 家食品企业通过 HACCP 认证，22 家企业通过 ISO 14000 认证，3 家企业通过 ISO 18000 认证，2 家企业通过 GB/T 28001 认证，涉及 CCC 目录内产品的 87 家出口机电企业的内销产品全部通过 CCC 认证。

三、认证认可工作与局系统工作重心有机结合

(一)以认证认可工作促进检验检疫模式转变，促进电子监管体系建设

福建局把认证认可工作看成检验检疫监管体系深化模式转变的基础平台。目前，辖区的 200 多家 6 大类高风险出口食品生产企业都建立了原料的良好农业操作规范(GAP) 和加工过程的 HACCP 体系，80%以上的机电、轻纺企业建立了 ISO 9000 质量管理体系。福清、漳州已有 18 家食品企业在认证的基础上建立了电子化的质量安全卫生信息管理系统，并实现了与福建局的对接。

(二)以认证认可工作促进检验检疫科学技术保障体系建设

福建局进一步完善了评审员队伍专业分析和培养计划，分步骤组建了评审工作专家团队。作为专家团队培养计划的第一步，按照福建大宗出口产品情况组成了 6 个专业小组，成立了专家委员会，深化公共及专业知识的培训。为了更好地促进人才队伍建设，开阔视野，服务地方经济，福建局采取"走出去、请进来"的方法，开展技术研讨和交流，赴省外学习取经，并分批邀请兄弟局食品安全控制专家 30 多人次到福建局辖区指导工作。派员参加国家认监委"农产品认证有效性专项监督检查"培训，参加水产品、罐头危害及控制指南 HACCP 课题组研讨，参加国家认监委输美肉制品 HACCP 培训，参加国家认监委的认证监管师资培训，举办出口陶瓷许可证与输美认证审核员培训。

在实验室检测能力建设方面，福建局贯彻全国检验检疫实验室计量认证转换工作会议精神，加强了对系统内实验室管理、技术水平的监督，局技术中心、莆田理化微生物实验室、泉州综合技术检测中心、漳州农产品检测实验室均通过了中国实验室国家认可委员会 (CNAL)认可和计量认证的监督审核。其中，技术中心实验室有 171 类产品、542 个标准得到扩项确认，另外 3 个实验室扩项 77 个标准。2004 年，国家鞋类检测中心正式挂牌，漳州农产品检测实验室也顺利通过国家认监委的计量认证专项抽查。

(三)以认证认可工作促进企业信用体系建设

为了加强辖区企业的信用体系建设，福建局出台了《进出口企业检验检疫信用管理体系建设三年规划》、《出口企业检验检疫信用等级评定管理试行办法》、《促进出口企业自控体系建设工作计划》、《企业自控体系内审员能力审查备案和持续培训制度》、《企业实验室人员(自控体系验证能力)审查和持续培训制度》、《热加工食品热力杀菌能力审查备案制度》。

对六大类食品注册企业管理人员(内审员)、实验室检测人员进行摸底、培训，规范企业自控体系内审员和验证人员的管理，提高企业技术、管理人员的素质，为企业信用体系建设提供基础保障。

(四)以认证认可工作紧密条块协作机制

福建局积极参加福建省工业产品标准化工作联席会议，提出《关于推进出口产品标准化生产，提高应对技术壁垒能力的工作方案》。为做好对外注册推荐工作，以企业为主体，开展了大量部门协调工作。如协同福建省海洋渔业局落实福建省海域监控的有关问题，在漳州、东山开展水产品企业推荐欧盟的调研，形成"水产品企业推荐欧盟注册计划"，提出扩大对欧盟水产品注册的具体措施；与省农业厅、经贸委共同开展出口蘑菇原料源头治理等。

福建局还及时向国家质检总局、国家认监委、省政府提出促进地方经济发展的情况专报和积极可行的建议。向省政府报送了《关于福建省出口蘑菇罐头原料种植和运输方式存在严重隐患的报告》；完成了福建省食品安全关键技术示范区——《蔬菜、茶叶安全控制体系建立规范》的制定。

通过将认证认可工作与福建局工作重心的有机结合，福建局的"四个体系一个机制"建设促进了认证认可工作的开展，认证认可工作也有力促进了福建局的中心工作。

推进认证认可工作 服务江苏经济发展

江苏省质量技术监督局局长 夏 鸣

近年来，在科学发展观的引领下，江苏经济快速健康发展，全面小康社会建设进程不断加快。认证认可工作作为经济发展的一项重要的技术性、基础性工作，对于促进经济增长方式转变、提高经济增长的质量和效益具有重要作用。江苏省质量技术监督局按照科学发展观的要求，深入推进认证认可工作，充分发挥其服务功能，成为提升江苏经济发展动力的技术推进器。

一、发挥认证认可工作的质量支撑功能，促进江苏产品质量和服务水平持续提升

在落实科学发展观的进程中，江苏省始终把提高产品和服务质量作为主攻方向，充分发挥认证认可对提升质量的支撑、支持功能，不断提升产业层次和产品档次，增强产业、企业和产品的整体竞争力。为深入推进贯标工作，自1998年起，江苏省政府每年都把1 000家企业贯彻实施ISO9000标准列入政府工作目标，并在政策、资金上予以扶持。自2002年起，江苏省还把通过质量管理体系认证作为申报省级以上名牌产品的必要条件，使认证认可工作对实施名牌战略发挥了积极的促进作用。现在，江苏认证认可的工作范围遍及农业、制造业、服务业和各种中介组织、社会团体以及行政机构。截至2005年底，全省累计有20 744家企业获得质量管理体系认证证书，占全国获证企业总数的14%，继续位居全国第一。通过推行国际先进的认证制度，众多企业建立健全了质量、环境、安全等管理体系，提高了管理水平和产品质量，培育出一大批消费者认可的知名品牌，增强了江苏产品的市场竞争力。截至2005年底，江苏省的中国名牌产品数占全国总数的10%，名牌产品生产企业产值占江苏国内生产总值的25%左右，两项指标均居全国前列。

二、发挥认证认可的技术推进功能，促进经济结构调整和产业优化升级

认证认可是一项涉及国民经济和社会发展各个方面的综合性、基础性和技术性的工作。认证认可工作既是质监部门履行监督管理职能的重要手段，更是质监部门服务经济和社会发展，提升发展动力的技术推进器。江苏省质监局充分发挥认证认可在管理、技术和信息方面的综合优势，围绕全省经济结构调整的总体部署，配合地区经济的发展，优化对企业的各项技术服务工作，重点从以下几个方面发挥技术推进器的促进作用。一是抓好强制性产品认证工作，推动产业结构的优化。江苏是电动工具、家用电器、信息技术产品等强制性认证产品生产大省，CCC产品生产企业约占全国总数的15%。截至2005年底，全省4 100家CCC产品生产企业中，有4 000家企业获得了17 070张CCC认证证书，获证比例高达98%。其中，仅由中国质量认证中心颁发的CCC证书就达15 497张。强制性产品认证制度的贯彻实施，使一批生产规模小、产品质量差、技术条件落后的CCC产品生产企业被淘汰，产业集中度得到提高。二是推进质量管理体系和环境管理体系认证，推动经济增长方式转变。大力发挥认证认可对高物耗、高能耗、高地耗、高污染排放产业、行业的限制性作用和对节约集约发展的引导示范促进作用，通过先进的质量管理体系认证、环境管理体系认证和相关的认可行为，从生产和服务的源头降低资源消耗、减少污染物的产生，促进循环经济发展，最大限度地促进资源节约和综合利用，走科技含量高、经济效益好、资源消耗低、环境污染少、人力资源优势得到充分发挥的新型工业化道路。截至2005年底，江苏省通过ISO 14000国际环境管理体系认证的企业达1 460家，约占全国获证企业总数的12%。尤为可喜的是，通过认证的企业快速走上良性发展的轨道，成为江苏省发展循环经济、构建和谐社会的典范。三是提升技术机构的服务功能，推动产业结构升级。加快技术机构的改革与发展步伐，建设社会公用技术服务平台。按照统筹规划、优势互补、服务市场的要求，建立了布局合理、适应行政执法和市场化需求的技术保障体系。通过组建大型检验集团，增强了技术创新和市场竞争能力。加强技术机构的业务合作，建立了社会化、资源共享的服务网络，提高了服务经济发展的效率。加强社会

检验机构的计量认证工作，推进检测机构的社会化体系建设，优化实验室资源配置，不断提高检测能力。通过检验检测技术体系的建立与完善，促进高新技术产业的快速发展和传统产业的提升。同时，江苏省质监局还跟踪国外检验检测技术的发展趋势，积极参与了有关标准与技术规范的制订，促进了江苏外向型经济的发展。

三、发挥认证认可的安全保障功能，促进建设和谐社会

认证认可与人民群众的切身利益密切相关。多年来，江苏省质监局始终坚持为人民群众的健康安全和社会公共利益服务，加强食品安全监管，推进强制性产品认证，整顿规范认证市场，努力营造安全和谐的市场环境与社会环境。一是加强对直接涉及群众健康安全的特殊产品与服务实施认证。加快推进家用电器、装饰装修材料、儿童玩具等强制性产品认证，广泛开展了无公害农产品、绿色食品、有机食品以及 HACCP 认证。积极推行 OHSAS 18000 职业健康安全认证，江苏省获得 OHSAS 18000 证书已达 597 张，约占全国总数的 10%，位居全国第二。二是加强食品、农产品安全质量检测体系建设。用科学、公正、准确、可靠的检测数据加强对农产品安全质量、农业生产资料、农业生态环境的监督管理，提升农产品品牌的市场竞争力，保证食品质量安全。三是整顿规范认证认可市场。通过严肃查处强制性认证产品逃避认证或假冒认证标志、查处虚假认证和买证、卖证等行为，强化认证的后续监管，努力营造公平竞争的市场环境。按照“引导、规范、监管、服务”和规范化、法制化的要求开展工作，进一步整顿和规范认证咨询市场、检验检测市场，不断促进社会诚信体系的建设和完善。

认证认可工作前景广阔，大有可为。江苏力争在全国率先实现建成全面小康社会、率先基本实现现代化的“两个率先”的旗帜之下，可以也应该做出更大的贡献。江苏省质监局将进一步开阔视野、开阔思路，借鉴国内外、省内外的先进理念和成功做法，紧密结合江苏实际，积极探索市场经济条件下推进认证认可工作的有效途径，与时代同步伐，与发展共命运，与群众齐奋斗，以全面落实科学发展观的更大成效，为江苏“两个率先”贡献更大力量。

以做好食品卫生注册工作为重点 打破出口“瓶颈” 促进地方经济发展

河南出入境检验检疫局

2005年,河南出入境检验检疫局(以下简称“河南局”)全面落实国家质检总局和国家认监委的各项工作部署,充分发挥认证认可工作在国民经济发展中的基础性作用,结合河南省实际,在做好强制性产品认证等认证认可工作的同时,着力抓好出口食品卫生注册工作,加大国外注册认证工作力度,指导企业打破国际技术贸易壁垒,提高经济增长的质量和效益。在严峻复杂的国际形势下,河南省农产品出口仍保持较快增长势头,截至2005年10月底,全省出口农产品8 853批,比2004年同期增长9.8%,总货值3.64亿美元,比2004年同期增长11.7%。其中,动物及动物产品、植物及植物产品和食品的出口货值分别比2004年同期增长16.7%、4.1%、38.7%。为促进河南外贸扩大出口、服务地方经济发展做出了积极贡献。

一、立足省情,理清思路,明确目标

河南既是中国第一人口大省,又是农业、畜牧业大省,主要农牧业生产指标居全国前列。几年来,凭借得天独厚的资源优势,催生了一批生机勃勃的农业产业化龙头企业,具有较大的出口潜力。但由于起步晚、基础差,加上国外要求越来越苛刻,河南省农产品出口的比重依然不大。面对越来越严峻的形势,河南检验检疫局深入河南农业产业化龙头企业和出口基地,进行了明查暗访,调查研究,探讨保安全、促发展的新思路、新途径。

在充分调研的基础上,理清了思路,明确了方向,确立了扩大农食产品出口的指导思想:突出“一条主线”,即将出口食品安全工作作为一条主线,始终贯穿于河南局检验检疫业务工作之中,常抓不懈,抓出成效,更好地服务于地方经济发展;把握“两个关系”,即处理好注册认证工作与其他检验检疫工作之间的关系、检验检疫把关与促进经济发展之间的关系;完善“三个体系”,即指导帮助企业建立和完善疫病防治体系、药残监控体系、产品质量保证体系;实现“四个突破”,即检验检疫工作纳入地方政府工作平台上要有新突破,农产品出口占全省外贸出口比重上要有新突破,对外注册企业数量上要有新突破,检验检疫把关服务水平上要有新突破。结合省情,河南局还研究制定了重点抓龙头企业,实施以点带面、全面推进的工作思路。

二、狠抓源头,标本兼治,夯实基础

做好注册认证工作,管理是基础,队伍是关键。2005年河南局专门成立了认证监管处,配备了6名工作人员。按照《行政许可法》、《认证认可条例》的有关规定,制定完善了《出口食品生产企业卫生注册登记工作程序》等行政许可工作程序,率先开设了“行政服务窗口”,使注册认证工作逐步走上法制化、规范化和科学化轨道。与此同时,加强了队伍建设,通过培训考核,全局卫生注册评审员达46名,占有关业务人员的2/3以上。对认证监管人员实行统一管理、统一调配使用,有效利用了有限的人力资源,提高了有关人员的能力和水平,从而为进一步做好注册认证工作奠定了坚实基础。

(一)狠抓源头,完善体系

一是规划安全区域。推动主要肉类产区构筑安全屏障,确保养殖安全。如,信阳市将约200km²的区域规划为华英集团的出口鸭养殖区,区内统一标准进行规划和建设,在整个区域内不允许存在其它畜禽养殖场,使整个防疫环境得到有效控制。产鸡大县鹤壁、淇县依托太行山天然屏障,将数百平方公里规划为养殖无疫区,为区内龙头企业——大用和永达公司实现集约化、规模化养殖创造了条件。许昌市提出“十五”期间养猪业“千场百区”的建设规划,场区内全面加强了环境控制,杜绝了违禁药品的流入。豫中肉类出口大市漯河也提出了将全市建设成为食品安全示范区的战略目标。

二是严格市场准入。强力推进养殖场考核备案工作,实施出口市场准入,并实行动态管理。一些未达标的养殖场纷纷改善养殖环境,规模小的养殖场自发地成立养殖协会、合作组织,实行统一管理,以期达到备案要求。截至2005年底,河南局按照国家质检总局有关标准要求,对全省近千家出口供宰动物饲养场进行了登记备案。每年还组织开展备案养殖场的清理整顿，先后撤消了原来备案的400余家农户养殖场和条件差的规模养殖场。虽然备案养殖场的数量增长不大，但出栏能力却比原来增加了一倍，除大牲畜外，可以有效保证河南省出口肉类产品全部来自自营规模化养殖场，为出口禽肉加工提供了安全的原料保障。

三是创新生产模式。推动主要龙头企业采取多种措施探索基地建设模式，努力实现养殖加工出口一体化经营，取得了扎实成效。首先是“公司+基地+标准化”模式。如华英集团建成了年出栏肉鸭100万只的示范养殖场2个，年出栏30~60万只的养殖场27个，基地全部建成后，年养殖出栏外贸商品鸭能力达1 500万只以上，完全满足出口需要。永达公司投资7 000余万元在鹤壁、安阳两市建成年产30万只的现代化大型自营商品鸡场100座，到2005年底已投入使用80多座。其次是“反租承包”租赁经营模式。即农村集体或个人集资入股，成立股份制实体，按照龙头企业提供的标准，投资建设规模养殖场，建成后交给龙头企业反租承包，由龙头企业投入流动资金组织生产经营。大用公司采取“反租承包”的形式已拥有同一标准年出栏肉鸡30万只的养殖场100多座，结合公司自有年加工20万t的饲料厂、每小时屠宰10 000只的屠宰加工厂，形成了“五统一”一体化饲养加工模式。第三是“公司+协会”模式。如许昌市以万头以上的规模养猪场、28个养殖小区和众品公司为主体，成立了许昌市畜牧业协会。协会建立了自控体系，从产地环境、投入品、生产过程、检验检疫、包装标识等环节入手，通过行业自律，有力促进了区域养殖业的健康发展。第四是针对特定商品的“公司+农户”模式。如，长葛市吉祥蜂产品公司从蜂源抓起，采取向有关蜂农签定合同等方式，改变蜂农传统用药习惯，向蜂农推广公司专家制定的成熟的饲养方法和用药方法，并向河南、湖北、湖南等地大型养蜂基地定期免费送药服务，实现了广大蜂农与企业利益共享、风险共担，确保了出口产品免受抗生素污染。

四是全力打造食品安全体系。充分发挥技术信息优势，指导帮助企业引进国际先进标准和管理理念，将“三级兽医体系”与食品安全“三大体系”(疫病监控体系、药残控制体系及质量保证体系)相融合，帮助出口企业制定方案，推进建设进度。通过组织培训、参观交流，指导企业体系建设，促进企业实施标准化管理的进程，在出口食品企业中实施GMP、SSOP、HACCP、ISO 9000等安全卫生质量控制体系。2005年全省已有20多家动物源性食品出口企业通过了ISO 9000质量管理体系认证，双汇、四通、众品、华英、永达、大用等肉类、禽肉出口加工企业都通过了ISO 9000质量体系认证和HACCP认证。出口企业自控能力显著提高。如华英集团2002年重点建设了企业保健中心，投资数百万元购置了高效液相色谱仪、ZI756紫外分光光度计、荧光PCR等检测设备，聘请美、英、法和中国农大、北京食品研究所等专家教授来华英进行技术指导，引进专业技术人才200余人。永达、大用公司投资近200万元建立了企业化验中心，购置了荧光PCR、酶标仪、液相色谱仪等，能够实施从饲养屠宰加工过程控制到最终检测。大用公司聘请了河南省唯一的动物营养博士做饲料厂技术总监。永达公司外聘专家11人，公司有畜牧兽医师15名，畜牧兽医人员123人。双汇集团投资3 000多万元组建国家级技术中心，从国外引进各类先进的专业设备，建立了博士后科研工作站，并从国内外聘请20多名专家、院士及100多名专业技术人员加盟技术中心，确保研发能力始终处于行业前列。

(二)加强协调，齐抓共管

出口食品安全工作是一项复杂的系统工程，需要农业、畜牧、卫生、食品药品监督、环保等多个相关部门的协调配合，需要政府部门的大力支持。为此，河南局主动将检验检疫工作纳入政府工作平台，打造齐抓共管的良好局面。通过促请省政府与国家质检总局签署《促进河南重点农产品出口合作备忘录》，成立了由主管副省长牵头、9个相关部门组成的“河南省国外卫生注册认证工作领导小组”，明确了各相关部门的职责，保证了各方面各司其职，群策群力共同做好工作。2004年，省政府拨出专项资金500余万元，用于仪器设备的更新，现已全部投入使用，为河南局检测能力和水平的提高发挥了重要作用，确保了在三次国际食品检测水平测试中取得优异成绩。

在每次接待国外注册检查时，做到及时向当地政府、有关部门进行通报，以河南局为主，共同配合，做好工作。省政府及当地政府和有关部门都给予了全力支持，重要检查，主管省市领导都亲自会见，介绍情况，以期增强国外官方的信心。如在2005年9月美国FDA检查河南省输美苹果汁企业时，及时向企业所在的三门峡市政府进行沟通，市政府非常重视，立即召开农业、林业、检验检疫等部门参加的会议，要求各部门密切配合，确保迎检工作万无一失。还组织有关部门对加工厂、果园进行了检查，要求果农要按有关规定使用农药。FDA官员到达后，市长又亲自会见并全程陪同检查，为此次FDA检查取得圆满成功做出了积极努力。

三、突出重点，狠抓落实，务求实效

一是加强注册管理，严把“入口”关。卫生注册是一项对出口食品企业整个生产、加工过程的质量管理体系进行合格评定的活动，也是从源头有效控制出口食品安全的重要措施。为此，河南检验检疫局始终将卫生注册工作与出口食品安全控制有机结合起来，落实“两个坚持、两个做到”，即：“坚持注册标准，做到宁缺毋滥”。对所有新申请注册企业，无论规模大小、性质如何，都严格坚持标准，一视同仁，严把注册“入口”关；“坚持优胜劣汰，做到强化监管”。不断加大对注册登记企业的后续监管力度，促使企业通过持续改进，提升出口食品的安全卫生质量控制水平，还先后三次对全省卫生注册登记企业进行了全面清理整顿，取消了30多家企业卫生注册资格，责令限期整改企业50多家次，推动了企业管理水平的不断提高。

二是积极发现和培育特色农产品生产加工龙头企业。对有出口意向的企业，主动上门服务，为企业提供注册认证、技术法规等方面的指导帮助。先后指导帮助淇县众发肉羊食品开发有限公司、信阳卢氏茶叶有限公司等21家出口肉类、茶叶、冷冻辣椒、水产品生产加工企业通过出口食品卫生注册。如，信阳茶叶是中国八大名茶之一，年产量近3万t，产值近27亿元，是信阳脱贫致富的支柱产业。信阳卢氏茶叶有限公司在2005年4月取得出口卫生注册后，已出口珍眉绿茶228t，打破了信阳茶叶出口为零的历史；淇县众发肉羊食品开发有限公司是河南省目前唯一一家出口羊肉注册厂，2005年4月取得卫生注册，已向中东出口羊肉5批、180t、货值38.1万美元，产品供不应求。漯河市华辉丝瓜络制品厂生产的丝瓜络片、丝瓜络粉和丝瓜络段等系列产品首次出口加拿大、印度和澳大利亚，为扩大出口能力，企业建立了300亩丝瓜种植基地，使种植和加工形成了规模，出口前景看好。

三是通过出口卫生注册取得了显著成效。2005年河南局通过国家认监委向加拿大、阿根廷、欧盟、印尼等国家和地区推荐国外卫生注册企业共计18家次；新增国外卫生注册企业13家次，其中对韩国注册企业7家，对美国注册企业3家，加拿大注册企业1家。河南省出口食品卫生注册登记企业突破200家大关，达到215家，国外卫生注册企业69家。如2005年3月，华英、大用、永达等3家出口热加工禽肉企业通过韩国卫生注册，这在河南省国外卫生注册史上尚属首次，是继2004年河南省3家热加工禽肉生产企业年通过日本注册后，再次全部通过国外注册，为河南禽肉出口开辟了新途径。

通过出口卫生注册，企业拿到了打入国际市场的“金钥匙”，经济效益显著提高：

一方面，提高了产品质量及市场竞争力，出口量呈逐年增长趋势。如，永达清真食品公司2005年1~9月对港出口冻鸡分割肉2 258t、对日本出口熟制鸡肉2 400t，比2004年同期增加1 513t，实现销售收入67 370万元，实现利润2 340.8万元。其中对日出口实现销售收入6 483.05万元，出口创汇790.75万美元，实现利润552.4万元。信阳华英集团热加工禽肉通过日本、韩国注册后，实现了出口产品由冷冻制品向熟食产品的战略性转变，提高了产品附加值和竞争力。2005年1~9月，向日本、韩国出口热加工禽肉130批、534t、251万美元，分别比2004年增长236%、209%和257%。双汇集团2005年1~10月出口香肠类产品和速冻类肉制品3 645t、货值1 343万美元，分别比2004年同期增加232%和211%。此外，果蔬类产品出口呈现快速增长趋势，现在已有冷冻蔬菜、脱水蔬菜、果汁、辣椒等十几种产品出口。2005年1~10月，出口冷冻蔬菜、脱水蔬菜、盐渍蔬菜8 963.5t，货值1 034.5万美元，数量、货值分别比2004年同期增长48.5%、68.9%。特别是输韩冷冻辣椒，实现了由小批量出口到大批量出口的转变，达到1 200t，货值60万美元。果汁出口也大幅度增长，1~10月达到269批、32 315.8t、2 435.6万美元，比2004年同期增长77.0%、31.4%和45%，并出口干装苹果罐头52批、1 251.5t、57.92万美元，比2004年同期分别增长333.3%、284.6%和288.5%。

另一方面，提高了企业管理水平，降低了成本。永达清真食品公司鸡肉（包括热加工鸡肉）已分别取得4个国家卫生注册，通过注册，促使公司强化内部管理，完善质量控制体系。建立了质量体系运行的考核制度，实行了项目负责制，形成了层层把关、人人把关，做到了重点预防、及时发现、持续改进，增强了员工的质量意识及食品安全意识。国内产品投诉率大大降低，由原来每月5起降低到现在的每月1起，出口产品未发生投诉事件。通过加强管理，降低了成本，增加了经济效益。如孵化中心主动减员增效，月节约人力成本4 600元，人均月出健雏3万羽提高到4.8万羽。饲料厂加强内部考核，生产量大幅度增长，比2004年同期增长了30%。在食品生产方面，优化产品结构、合理规范加工工艺，高附加值产品比2004年同期增长了11.3%，使生产实现了“效率提高，费用降低”的良好局面。

几年来，河南局在出口食品卫生注册工作方面取得了一些成绩，但与国家质检总局和国家认监委的要求，以及与其他沿海经济发达省份相比，还存在差距。河南局将继续全面落实国家质检总局和国家认监委的各项工作部署，与时俱进，开拓创新，确保出口农产品和食品安全，为河南经济发展做出新的贡献。

提高认证有效性 促进地方经济建设

山东省质量技术监督局

认证市场的快速发展对认证监管提出了新的要求。作为地方认证监管部门,山东省质量技术监督局(以下简称“山东省质监局”)按照《认证认可条例》赋予的职责,在国家认监委的领导下,针对山东认证市场存在的一些问题,抓住提高认证有效性这个切入点,积极探索有效的监管方式和工作机制,促进了认证工作的健康发展。

一是理顺认证监管工作体制。山东省质监局党组决定在山东各市局质量科(处)同时挂认证科(处)的牌子,明确认证工作职能,在区县局落实了认证监管工作的主管领导和专职人员,全省建立了由320多人组成的的省、市、县三级认证监管网络。

二是完善社会监督体系,建立有效的认证监管机制。2005年,这些局充分利用法律、行政和市场相结合的综合监管手段,构建政府、企业、认证及其相关机构、新闻单位和广大社会群众、认证认可义务监督员共同参与的认证市场监督体系,建立畅通、运行有效的社会监管网络,切实保证监管与执法到位。充分利用山东认证协会这个平台,建立行业自律制度,实现认证机构、认证咨询机构、获证企业、各类检测检验机构的自我监督、自我约束和自我规范,维护公平竞争的市场秩序。

三是加强认证认可信息化建设。把建立各类认证认可信息数据库、畅通与国家认监委和中国合格评定中心的信息渠道作为一项重点工作来抓。要求各市质量技术监督局以全省认证监管体系为基础,定期上报认证监管信息。

四是抓好山东省认证监管和执法人员的业务培训和知识再造工作。按照国家认监委的培训计划和要求,提出了认证监管人员培训完成率达100%的目标要求,计划分期分批抓好认证监管人员的法制培训和业务培训,努力提高认证监管和执法人员的业务素质,培养一支政治合格、纪律严明、业务精通、作风过硬的认证认可行政执法队伍。

五是提高认证工作水平,更好地服务于地方经济建设。2005年,山东省各类企事业单位已获得9 623张质量管理体系认证证书,1 040张环境管理体系认证证书,484张职业健康安全管理体系认证证书,分别列全国第四位、第五位、第四位。认证已渗透到社会生活的各个方面,成为企业提高质量管理与服务水平、保证产品质量,提高竞争力的有效手段,成为政府从源头保证产品质量、规范市场行为,保护环境,提高经济增长质量和效益的重要措施。例如,围绕省委省政府提出的加快发展胶东半岛制造业基地这一目标,结合国家发展循环经济的机遇,山东省质监局积极引导胶东半岛制造业基地企业实施质量管理体系、环境管理体系和职业健康安全管理体系认证。根据企业实施认证的技术能力和管理水平,进行分类指导,帮助企业提高基础管理水平和科技创新能力,寻求环境和经济发展的平衡点、结合点,最大限度地合理配置和节约资源,促进胶东半岛制造业经济增长向低消耗、低排放、高效率、符合可持续发展理念的模式转变,为实现山东省经济的可持续发展提供技术支持。

探索认证监管工作新思路 提高认证认可工作有效性

湖北省质量技术监督局

《中华人民共和国认证认可条例》颁布以来，认证认可工作为中国国民经济的健康发展产生了很大的影响，认证认可工作在短短的几年内得到了迅速发展，也得到了社会各界广泛的认同和支持。认证认可工作为提高中国企业的管理水平和产品质量，为中国引进先进的管理理念和方法，使管理工作与国际接轨起到了积极的推动作用。湖北省的认证认可工作在省委省政府的正确领导，在国家质检总局、国家认监委的大力支持，在全省质检系统广大干部职工的努力下，在加强对认证市场的监管，提高认证认可工作的有效性，规范产品质量监督检验机构的行为，推进全省企业管理体系认证工作方面取得了一些成绩，特别是在努力探索认证认可工作的新思路、新方法、新领域，提高湖北省企业的管理水平和产品竞争力上，做出了一些尝试，取得了较好的效果。初步实现了“五个一”，即基本建立了一套适应省以下认证认可的行政监管制度框架，开拓了认证工作的一个新领域，找到了一个加强行业自律的新方法，初步开发了一个认证认可行政监管的数据管理软件，初步建立了一个培养认证认可人才的新渠道。

一、科学规划，建立上下联动共同监管的工作机制

建立上下联动的认证监管工作机制是提高认证监管工作有效性的前提和保证，为此，湖北省质监局每年在制定年度工作计划时，特别注意加强了对全省各级质量技术监督管理部门、认证及认证咨询机构工作的指导性，使工作的指导思想明确、重点突出、责任落实、措施可操作性强。

在工作计划的制定过程中，湖北省质监局一方面转变了在认证事业起步的初期，为推进企业采用国际先进管理标准，每年下达企业认证数的考核指标的做法，将下达企业认证数的考核指标改为下达开展认证监管企业数指标，逐步实现了由直接参与认证活动向开展认证监管的工作重点的转移，也为公务员退出直接从事认证、认证咨询活动创造了条件。另一方面，为了逐步加强省局对各地认证工作的管理和推进力度，为了保证年度工作计划的顺利实施，湖北省质监局召开各市州相关人员会议，进一步提高开展监管工作重要性的认识，详细研究开展监管工作的切入点和方式方法，提高监管工作的针对性和有效性。

在计划的执行中，湖北省质监局要求各地将认证监管工作内容纳入地方年度工作计划，按省局工作计划要求，制定具体实施措施，确保省局统一布置的各项工作落到实处。为了使计划执行中真正做到职责明确，湖北省质监局根据国家质检总局、国家认监委国质检人联[2004]587号文件精神，以鄂质监认[2005]32号文件印发了《湖北省质量技术监督认证监督检查实施办法(试行)》，为开展认证监管工作划分了明确的职责，提出了明确的要求。

通过几年的努力，湖北省质监局已经基本建成了上下联动的工作机制，做到了认证认可监管工作职责明确，人员落实，工作有布置，执行有检查，年终有考核。

二、积极探索，开展了通过对企业质量体系运行有效性检查，从而达到对认证、认证咨询机构的监督管理工作

规范认证认可市场，提高认证工作的有效性，一直是被高度重视的一项工作，但是，由于各种原因地方质监部门对认证认可市场的监管一直处于被动且无力的状态。对此湖北省质监局开展了广泛的调研，主动寻找切入点，制订切实可行的工作方式方法，力求变被动监管为主动监管。2004年，湖北省质监局开始尝试将认证有效性监管与省局的各项日常工作结合起来，湖北省质监局结合2003年度湖北名牌产品的确认，开展了对申请湖北名牌的61家企业通过认证后质量体系运行有效性情况，以及各认证、认证咨询机构在企业认证咨询过程和认证过程中，遵守《认证认可条例》及认证规范性的情况进行了尝试性的监管。湖北省的这项工作得到了国家认监委的重视和肯定，这就更坚定了湖北省质监局探索开展认证监管工作的决心。

2005年，湖北省质监局在制定工作计划时，就将开展认证市场监管，提高认证工作有效性作为2005年重点工作之一。2005年1月5日，国家质检总局、国家认监委联合以国质检人联[2004]587号文件下达了《关于加强认证认可监管工作有关问题的通知》，文中根据《认证认可条例》的规定明确了各地质量技术监督部门和检验检疫部门认证监管工作的职责分工，明确了地方对认证市场监管的职能。文件下发后，湖北省质监局立即起草制订并印发了《湖北省质量技术监督认证监督检查实施办法（试行）》（鄂质监认[2005]32号文件），为全省的认证监管工作明确了职责，提出了要求，也为湖北省质监局2005年开展认证有效性检查提供了政策上的保证。在总结2004年对61家企业监管经验的基础上，向全省布置了2005年认证有效性监督检查工作，指定了126家企业为2005年的监督检查对象，制定了《湖北省质量体系认证有效性监督检查工作方案》、《湖北省质量体系认证工作有效性监督检查表（试行）》、《湖北省质量体系运行有效性现场检查提纲（试行）》。为了保证监督检查的质量，根据监督检查工作的要求，组织了由认证监管、认证审核人员及专家组成的18个检查小组，进行了为期两个多月的监督检查工作。监督检查的结果，一方面为湖北名牌产品确认提供了依据，对一些通过体系认证后，运行有效性差的企业实行了否决；另一方面对在检查中发现问题的认证机构、认证咨询机构提出了整改要求；同时为湖北省质监局全面了解、分析湖北省认证工作有效性的基本情况，逐步建立科学、动态、定量评价体系提供了依据，湖北省质监局已经将2002年以来的各次监管情况输入《湖北省认证认可监督管理信息系统》。

三、大胆探索，积极配合，努力开拓认证工作的新领域

厂务公开是中国民主化进程的一个重要标志，是加快推进中国民主政治的一项措施。在厂务公开中运用推广ISO 9000管理模式是认证认可工作服务政治、服务经济的具体体现。湖北省在推进厂务公开工作中，积极主动参与配合省委省政府中心工作，引入ISO 9000标准，建立厂务公开的科学、长效机制，开拓认证认可工作的新领域做了一些大胆尝试，得到了省委省政府的充分肯定，得到了国家认监委的大力支持。

2003年，在湖北省厂务公开活动开展初期质量技术监督部门并没有参与，湖北省质监局主要领导以高度的政治敏感性立即提出要求，要求质量技术监督部门主动参与，积极配合，将科学管理方法引入厂务公开工作。2004年，湖北省总结了江岸车辆厂在厂务公开中创造性地运用ISO 9000管理标准的先进经验。为了广泛推行这一经验，湖北省质监局与省厂务公开领导小组办公室、省总工会一起前往江岸车辆厂考察调研，并及时向各市州质量技术监督局下发《关于帮助企业按ISO 9000模式推进厂务公开的意见》，对各地质监部门帮促企业在厂务公开中推行ISO 9000提出要求。2004年，湖北省质监局与省总工会共同在全省选择了300家企业，作为推广江岸车辆厂经验的试点企业，在武汉召开全省300家企业“运用ISO 9000标准实施厂务公开现场观摩交流培训会议”，省总工会的领导和湖北省质监局领导在会上作了重要讲话，此项工作受到了广大企业的欢迎和省领导的肯定，得到了全国厂务公开领导小组充分肯定和高度重视，并在湖北省召开了现场会，在全国推广。

2005年，为了将这项工作进一步深入推广，湖北省质监局在学习推广江岸车辆厂经验，抓好全省300家试点企业在厂务公开过程中贯彻ISO 9000标准的基础上，与省总工会联合起草并推出《湖北省企业事业单位厂务公开民主管理控制程序(指导文本)》，这一指导文本被省纪委、省监察厅、省委组织部、省委宣传部、省国资委、省经委等12家单位联合以鄂纪发[2005]9号文件转发，在全省推行。同时，组织各地开展对列入省总工会、省质量技术监督局联合选定的运用ISO 9000模式建立厂务公开运行体系试点企业，建立档案，定期走访，实行跟踪服务，年底要报告这些企业的具体工作情况。

湖北省的这项工作也得到了全国厂务公开领导小组办公室的高度重视和充分肯定。2005年，全国厂务公开领导小组办公室在湖北宜昌市主持召开了全国《厂务公开民主管理控制程序（指导文本）》研讨论证会，对控制程序指导文本提出了修改意见和建议，对控制程序指导文本的应用前景进行了研讨论证，为这一指导文本在全国推广奠定了良好的基础。

四、加强行业自律，充分发挥认证认可协会的行业指导作用

随着认证认可工作在全国的迅速开展，认证市场无序竞争开始出现，要规范认证认可市场除了加大行政监管、社会监督外，培育建立行业自律机制是规范认证市场的一个关键环节。湖北省质监局在加大行政监管力度的同时着手组建湖北省认证认可协会，以期逐步建立认证行业的自律机制。2004年，在湖北省社团管理部门的大力支持，湖北检验检疫部门和广大检验机构、咨询机构、认证机构及企业大力支持和积极参与下，2004年6月省

民政厅正式批准成立了湖北省认证认可协会。协会成立后,湖北省质监局在认证认可工作中,十分注意充分发挥湖北省认证认可协会的作用,加强协会的行业指导,不断建立认证认可行业自律机制，利用社会舆论监督与行业自律相结合的方式取得了可喜的成效。

为配合行政监管,2004 年协会对省内的 12 家认证咨询机构开展了顾客满意率调查。在调查的基础上授予了 3 家认证咨询机构为“湖北省优秀咨询机构”称号。

为了响应国家认监委关于引导认证、认证咨询市场,开展有序竞争、加强行业自律,鼓励社会和舆论监督的号召,在 2005 年的“3·15”活动期间,协会组织了全省 33 家认证、认证咨询机构的代表,开展了加强行业自律,自觉规范认证、认证咨询市场的《诚信宣言》宣誓活动,召开新闻发布会,全省电视、报刊、电台等各新闻媒体都进行了报道,《诚信宣言》全文套红在《湖北日报》上进行了刊登,这一活动受到了认证、认证咨询机构的欢迎,在社会上引起了强烈的反响,受到各个方面的关注和称赞。

在为会员提供服务上，协会根据会员单位提出的在咨询和认证工作如何提高咨询水平和审核能力要求,组织不同领域、行业方面的专家举办专题讲座。通过以上工作，不仅增强了协会的凝聚力，也使协会得到较快的发展,协会已经发展了四批会员,团体会员达到 117 家。

五、规范工作,严格要求,加强对通过“二合一”评审机构的监督管理

在规范工作、提高产品质量检验检测机构体系运行有效性方面,湖北省质监局从建章立制、严格要求入手,以提高产品质量监督检验机构“二合一”评审的工作质量为重点，建立了一套从申请受理到现场评审以及证后监督的评审管理的规章制度、程序、方式及格式文件。行政许可法实施后，湖北省质监局以规范通过评审准许使用 CMA/CAL 标志的产品质量监督检验机构为突破口,组织开展了 18 个月一次的监督评审。在对检验检测机构的监督管理中湖北省质监局重点从以下 3 个方面入手:

一是在规范工作方面,湖北省质监局制订下发了《湖北省产品质量监督检验机构计量认证/审查认可（验收）评审管理实施细则》等一系列重要规章制度。除完善制度外,还规范了各种工作程序,明确了各程序之间的关系,规定了程序中各个阶段的具体工作时间、工作内容、检查标准、审查人员的选派、文件和报告的格式,建立了评审人员数据库,并将监管依据、目的、范围、职责、方法、程序、内容、要求以及相应的表格汇编成《湖北省产品质量监督检验机构计量认证/审查认可(验收)工作指南》,对全体评审人员进行了培训。为了加强工作的计划性,保证监督工作的正常进行，每年湖北省质监局制订下达湖北省质量检验机构审查认可年度工作计划，大大减少了工作的随意性。

二是在严格要求方面,对于现场评审过程,湖北省质监局增加了在现场评审前文件审查环节和申请授权产品(参数)的执行标准查新检索环节,将现场审查中大量的文案工作解决在现场评审之前，大大提高了评审的工作质量;为了严格要求参加评审的人员,湖北省质监局印制了统一的《现场评审文件包》,将现场评审的各个环节的记录形成标准的格式，要求被评审的单位对参加评审人员职业道德、业务水平、工作态度、程序执行情况、廉洁自律等方面进行评价;为了严格规范检验检测机构的行为,提高检验检测机构体系运行的有效性，湖北省质监局除按有关规定进行监督评审外，还重点检查检验检测机构的执行标准更新情况、授权标志使用情况以及人员、设备、环境、手册等变更情况等,为规范湖北省产品质量监督检验机构的行为起到了积极的促进作用。

三是提高人员素质,主动接受社会监督,做到授权机构检验能力向社会公开。为了提高评审人员的业务水平和评审工作质量，湖北省质监局一方面加强了评审人员知识更新的培训,举办了多期湖北省计量认证/审查认可(验收)评审员培训班,基本建立了一支检验机构“二合一”评审员队伍,既保证了监管工作的需要也保证检验检测机构内部管理的需要。为了主动接受社会监督,湖北省质监局还将授权机构检验能力向社会公开。建立了湖北省通过计量认证/审查认可(验收)检验机构及授权范围的电子管理系统，可实现网上对授权机构资质的查询和对 123 家机构授权参数查询。

通过几年的对产品质量监督检验检测机构的监管,湖北省大部分机构的体系运行基本有效，由于加强了监管，一些存在的问题都能够及时地发现并及时纠正。例如,通过监管,湖北省质监局发现市县级产品质量监督检验机构执行标准的“废代率”高达 12.66%,湖北省质监局联系省信息所向各检验机构及时提供最新标准信息,对执行已经废止或代替标准的检验机构,要求及时纠正,大大提高了产品质量监督检验机构的科学性和权威性,发挥质量技术监督部门的综合优势，提高了检验检测机构体系运行的有效性。

六、依法行政,加大对强制性认证产品的市场监管力度

强制性产品认证制度实施以来，湖北省质监系统按

照国家质检总局、国家认监委的统一部署，积极开展强制性产品认证行政执法工作，取得了一定成效。

(一)加强领导，确保监管工作到位

为使强制性产品认证行政执法工作顺利开展，各级局建立了局长负总责，分管局长具体抓的工作机制，成立了强制性产品认证执法工作专班，按照区域监管责任制要求，实行谁管理谁负责、谁查处谁负责的原则，制定措施和方案，落实责任，并制定了严格的错案责任追究制度，规范执法行为。

(二)加强学习，打造一支高素质的执法队伍

开展强制性产品认证行政执法工作涉及面广，政策性、技术性强，行政执法中政策把握是否准确、执法是否到位、违法行为是否得到切实纠正，取决于执法队伍政治思想和业务素质的高低。因此，湖北省质监局始终把队伍建设放在执法工作的首位来抓。首先，各地都从实际出发，调整充实了执法队伍，抽调综合素质较高的人员担任这项工作，努力做到依法行政，文明执法，树立质监部门的良好形象。其次，组织执法人员认真学习《中华人民共和国认证认可条例》、《强制性产品认证管理规定》和《认证违法行为处罚暂行规定》等，深刻领会精神实质，把握政策界限，提高业务素质。再次，为提高强制性产品认证行政执法质量，省局2004年和2005年分别举办了强制性产品认证行政执法人员培训班并进行考试，市州局回去之后再以点带面，将所学知识结合执法实际传授给其他执法人员。最后，加强对专用技术设备的研究，提高使用熟练程度和执法检查的针对性。通过这些措施，在较短的时间内提升了执法人员的综合素质。

(三)严密组织，积极稳妥地开展强制性认证产品的行政执法工作

各地突出重点，加大了执法检查力度。主要检查企业生产、流通的产品是否获得认证，获证产品是否按照国家规定执行。重点放在应获强制性认证但未获得认证的产品，未加施强制性产品认证标志的产品，假冒、伪造强制性产品认证证书和认证标志行为的查处上，取得新的突破。

到2005年底，全省开展强制性认证产品行政执法工作共出动执法人员7 204人次，检查生产、销售企业2 747家，查处案件1 250起，涉案货值8 125多万元。产品涉及电动工具、电线电缆、家电产品、低压电器、手机、汽车及配件、安全玻璃、消防软管、电信终端设备等产品。通过执法监督，规范了强制性认证产品市场秩序，保证了强制性认证产品质量，维护了消费者合法权益，为建设和谐社会发挥了应有的作用。

七、培养认证认可人才，协助湖北省教育厅在全国率先开办了国际管理标准认证专业

建立一支专业的认证认可从业人员的队伍，是提高认证有效性的保证，也是保持认证认可工作生命力的关键。湖北省质监局针对湖北省存在的从事认证咨询、认证的人员中多数为非管理专业且只是经过短暂的培训后取得资格执业，对企业和质量管理的基本知识和基本的数理统计等方法工具缺乏了解的现状，湖北省质监局采取两项针对性措施：

一是在2004年，湖北省质监局借助一位省政协委员的提案落实过程，积极配合省教育厅在武汉职业技术学院和湖北省职业技术学院开办了国际管理标准认证专业，两校招收学生210名，他们将通过在校学习的5年期间(专升本)，系统地学习认证认可所必须的各种基本知识，从根本上解决从业人员专业知识水平问题。这项工作从一开始就得到了国家认监委的高度关注，虽然还有许多地方不够完善，但是，湖北省质监局坚信这是一条从根本上提高认证认可有效性的长远之策。

二是湖北省质监局加大了对现在从业人员和监管人员的培训力度。湖北省质监局一方面按照国家认监委的统一要求认真组织了全省认证认可监管人员培训，并将培训考核结果纳入湖北省质检系统干部培训档案。另一方面湖北省质监局还将认证监管的培训内容纳入市县局长培训班课程，共对130多位市县局长进行了认证认可知识及法律法规的培训，使广大基层局了解认证监管工作的内容和重要性，使认证监管工作得到了充分重视和支持。

八、加强沟通，突出服务，提高自身的工作质量和管理水平

加强沟通，突出服务，是提高认证监管有效性的一个重要环节，为此，湖北省质监局建立了监管信息通报制度，定期发出《情况通报》，及时将在行政监管和行政执法中发现的问题通知给产品、体系认证机构，要求他们对出现问题的企业及时跟踪服务，对生产列入强制性产品认证目录的企业，没有申请强制性认证的，通知认证机构上门服务，并将是否申请并通过认证，作为行政处罚中整改的内容。

在为认证机构、认证咨询机构提供服务上，湖北省质监局每季度召开1次认证机构、认证咨询机构情况通报

会，及时传达组织学习国家认监委的文件精神；组织了对认证咨询机构、培训机构管理办法的学习讨论；组织他们参与了《湖北省质量技术监督认证监督实施办法（试行）》的起草和修改、2005 年认证有效性监督检查工作方案、评价标准的讨论等。通过学习讨论不仅帮助他们了解认证认可的法律法规，向他们强调了遵守规则的重要性，也向他们传达了湖北省质监局加强监管的动态信息。

在扶优扶强上，湖北省质监局结合省厂务公开领导小组要求，对列入厂务公开试点的企业按照 ISO 9000 标准建立质量管理体系并通过认证的工作要求，组织部分信誉好、服务好的认证公司、咨询公司，积极介入，一方面通过认证、认证咨询机构的服务，履行了质量技术监督部门的职责，另一方面，帮助认证及认证咨询机构开拓了市场，扶持和培育了湖北认证咨询、认证机构创建品牌，达到了推进湖北省认证工作的目的。

九、科学管理，提高效率，编制了湖北省认证认可监督管理工作系统软件

为了科学地管理日常事务，不断地提高工作效率，湖北省质监局组织专班，在克服了时间紧、人手少的情况下，编制了湖北省认证认可监督管理系统软件，该软件包括了体系有效性监管、产品认证有效性监管、认证及认证咨询机构监管、产品质量监督检验机构监管、农产品认证监管、从业人员的监管、厂务公开、认证认可协会及文件发布等 9 大模块。具备数据统计汇总、基本分析和选择条件分析对比、自动提示、根据分析需要绘制出饼分图、柱状图、曲线分析图等分析功能和数据导入、导出的传递功能。为从各个层面、各个角度分析全省企业体系有效性现状，找出存在的问题和改进的关键点，提供较为科学的依据。

目前，该软件首先投入运行的认证有效性监督管理模块，已收集了湖北省 2003 年国家认监委布置的通过认证企业体系运行有效性检查 14 家企业监管情况，2004 年省组织的 61 家和国家组织的 4 家农产品认证有效性监管情况，2005 年省组织的 121 家企业体系运行监管情况，以及对涉及以上企业咨询、认证机构在认证活动中工作情况的评价结论。该管理软件将检查监督工作中涉及的认证咨询机构、认证机构在认证活动中遵守认证咨询、认证规则的情况，已经通过认证企业体系运行的有效情况进行了量化，实现了对机构、企业、人员、存在的问题以及有效性的横向、纵向可比较。同时，既明确监管对象，也给出了监管可自由选择的监管对象的抽样方法。

规范行政执法和监管行为，建立行业自律机制、加强信息沟通、提高监管工作的水平和有效性是认证监管工作的关键。湖北省质监局有信心也有能力，在国家质检总局、国家认监委的领导下，认真履行好湖北省质监局职能，不断提高执政能力，为认证认可事业的健康发展做出湖北省质监局应有的贡献。

2006

ZHONG GUO REN ZHENG REN KE NIAN JIAN

第三部分 法制建设

FA ZHI JIAN SHE

·法制建设·

一、立法

2005年，由国家认监委起草、国家质检总局发布了2件部门规章：《认证培训机构管理办法》、《认证咨询机构管理办法》。

2005年，国家认监委发布行政规范性文件1件：《国家认监委认证认可专项监督检查管理规定》；与国家信息产业部发布行政规范性文件1件：《软件过程能力及成熟度评估管理办法》；与国家体育总局联合发布行政规范性文件1件：《体育服务认证管理办法》。

(一)部门规章的制定和发布

1.《认证培训机构管理办法》

为加强对认证培训机构的监督管理，规范认证培训活动，根据《中华人民共和国行政许可法》、《中华人民共和国认证认可条例》以及国务院有关规定，2005年9月29日，国家质监总局发布了《认证培训机构管理办法》（国家质监总局令2005年第81号），自2005年11月1日起施行。《办法》规定国家认证认可监督管理委员会负责认证培训机构及其认证培训活动的统一管理和监督工作。各级地方质量技术监督部门和各地出入境检验检疫机构(以下统称地方认证监督管理部门)按照各自职责分工，依法对所辖区域内的认证培训活动进行监督检查。《办法》规定设立认证培训机构、应当经国家认监委批准，并依法取得法人资格后，方可从事批准范围内的认证培训活动，同时规定了认证培训机构的设立条件和批准程序。《办法》同时规定了认证培训机构的行为规范，认证培训机构应当按照国家认监委制定的认证培训基本规范、认证培训课程准则、规则等有关要求从事认证培训活动。境外认证培训机构在中华人民共和国境内设立的常驻代表机构应当经国家认监委书面备案，方可从事有关业务联络、市场调研、技术交流等宣传推广活动，但不得从事认证培训经营性活动。《办法》还规定国家认监委、认可机构、地方认证监督管理部门对认证培训机构的监督检查，任何单位和个人对认证培训违法违规行为，有权向国家认监委和地方认证监督管理部门举报。《办法》规定未经批准擅自从事认证培训活动、未经批准擅自分包境外认证培训机构或者组织的相关课程培训等违法活动设定了行政处罚条款。有关认证培训机构审批以及其他管理规定不符合本办法规定的，自本办法施行之日起停止执行。

2.《认证咨询机构管理办法》

为规范认证咨询活动，加强对认证咨询机构的监督管理，根据《中华人民共和国行政许可法》、《中华人民共和国认证认可条例》以及国务院的有关规定，2005年9月29日，国家质监总局发布了《认证咨询机构管理办法》（国家质监总局令2005年第82号），自2005年11月1日起施行。《办法》规定国家认证认可监督管理委员会负责认证咨询机构及其认证咨询活动的统一管理和监督工作。国家认监委委托省、自治区、直辖市人民政府质量技术监督部门承办其所辖区域内的认证咨询机构的审批工作。《办法》规定设立认证咨询机构，应当经国家认监委批准并依法取得工商登记后，方可从事批准范围内的认证咨询活动，并规定了认证咨询机构的设立条件和批准程序。《办法》还规定了认证咨询机构的行为规范，认证咨询机构应当在每年1月底前向所在地省级质量技术监督部门提交年度报告，年度报告包括上年度本机构所咨询的组织名录、在本机构执业的专、兼职认证咨询人员的咨询规范性和有效性评价情况、本机构内部质量体系审核和管理评审情况。《办法》还规定境外认证咨询机构在中华人民共和国境内设立的常驻代表机构应当经国家认监委备案，方可从事有关业务联络、市场调研、技术交流等宣传推广活动，但不得从事认证咨询经营性活动。《办法》还规定了国家认监委、地方认证监督管理部门对认证咨询机构的监督管理，任何单位和个人对认证咨询违法违规行为，有权向国家认监委和地方认证监督管理部门举报。

《办法》对未经批准擅自从事认证咨询活动等违法行为设定了行政处罚条款。有关认证咨询机构审批以及其他管理规定不符合本办法规定的，自本办法施行之日起停止执行。

(二)行政规范性文件的制定和发布

1.《软件过程能力及成熟度评估管理办法》

为加强对软件过程能力及成熟度评估活动的管理，促进中国软件产业健康发展，根据《中华人民共和国认证认可条例》和国家有关产业政策，国家认证认可监督管理委员会、信息产业部于2005年3月2日联合发布了《软件过程能力及成熟度评估管理办法》(国家认监委、信息产业部联合公告2005年第4号)，自2005年4月1日起施行。《办法》规定软件过程能力及成熟度评估，是指由评估机构证明软件过程能力及成熟度符合相关技术规范和标准的认证活动。国家对软件过程能力及成熟度实行统一评估制度。国家认证认可监督管理委员会负责软件过程能力及成熟度评估活动的统一管理、监督和综合协调工作。国务院信息产业行政管理部门负责软件过程能力及成熟度评估的有关产业政策及行业管理。国家认监委会同信息产业部制定和发布软件过程能力及成熟度评估基本规范和相关技术规则，并共同对软件过程能力及成熟度评估制度的实施情况进行监督、指导。《办法》规定从事软件过程能力及成熟度评估活动的评估机构应当经国家认监委批准，并依法取得法人资格后，方可从事批准范围内的评估活动，并规定了设立评估机构的条件、申请和批准程序。《办法》还规定从事软件过程能力及成熟度评估活动的人员应当取得评估师资格并经注册后，方可从事相应的评估活动。中国认证人员与培训机构国家认可委员会具体负责评估师的注册工作，并会同信息产业部指定的专业机构制定评估师指定培训课程的有关要求。《办法》还设定了评估机构的行为规范、国家认监委和信息产业部对评估机构的监督管理条款。

2.《国家认监委认证认可专项监督检查管理规定》

为了加强对认证认可专项监督检查工作的管理，规范专项监督检查行为，增强专项监督检查工作的有效性，根据《中华人民共和国认证认可条例》的规定，国家认监委于2005年7月7日制定了《国家认监委认证认可专项监督检查管理规定》。《规定》规定：认证认可专项监督检查是国家认监委依据《认证认可条例》的有关规定，结合监督管理工作的需要，在全国范围内或者局部地区有重点、有针对性地组织对认可机构、认证机构、认证咨询机构、认证培训机构、检查机构、实验室以及人员(以下简称专项监督检查对象)的认可、认证、认证咨询、认证培训、检查、检测活动实施定期或者不定期监督检查，并依法进行处理的具体行政行为。《规定》还规定了专项监督检查计划的程序、检查人员的组成、《认证认可专项监督检查通知书》的样式和内容，并规定了检查人员的行为规范。《规定》规定专项监督检查对象和相关人员对专项监督检查结果有异议的，可以自收到专项监督检查结果之日起15日内向国家认监委提出书面申辩，说明理由。逾期未提出异议的，视为认同专项监督检查结果。对专项监督检查对象和相关人员提出的异议，国家认监委应组织有关人员进行核查，并作出最终结论。专项监督检查结果由国家认监委公布，接受委托的省级质检部门、有关技术机构、相关技术专家不得自行公布专项监督检查的有关信息。《规定》还规定了国家认监委对专项监督检查发现的问题的处理方式和负责部门。国家认监委法制部门负责统一制定专项监督检查所需格式文书式样，并对《告诫书》、《限期整改通知书》、《案件交办通知书》等文书实施统一管理。

3.《体育服务认证管理办法》

为规范体育服务认证活动，提高体育服务质量，促进体育服务业的发展，根据《中华人民共和国体育法》、《中华人民共和国标准化法》、《中华人民共和国认证认可条例》和《公共文化体育设施条例》，国家认证认可监督管理委员会和国家体育总局于2005年11月10日联合制定发布了《体育服务认证管理办法》(国家认证认可监督管理委员会、国家体育总局联合公告2005年第32号)，自2006年1月1日起施行。《办法》规定体育服务认证是指由认证机构证明体育场所、体育活动的组织与推广等服务，符合相关标准和技术规范要求的合格评定活动。国家实行统一的体育服务认证制度。全国体育服务认证的监督管理工作，由国家认证认可监督管理委员会、国家体育总局按照各自职责，分工协作，共同实施。体育服务认证采用统一的认证标准、技术规范和认证程序，执行统一的认证收费标准，使用统一的认证标志和认证标牌。国家鼓励体育场所、体育活动的组织与推广等服务的提供者申请体育服务认证。《办法》规定从事体育服务认证的机构及其认证人员，应当符合有关法律、行政法规规定的资质能力要求。从事体育服务认证的机构应当经国家认证认可监督管理委员会批准后，方可从事批准范围内的体育服务认证活动。从事体育服务认证活动的审查员，应当经认可机构注册后，方可从事相应的体育服务认证审查活动。《办法》规定国家认证认可监督管理委员会会同国家体育总局制定体育服务认证规则。体育服务认证规则由国家认证认可监督管理委员会发布。《办法》还规定了体育服务认证的内容、程序，并对体育服务认证证书、体育服务认证标志、认证标牌的使用进行了规范。体育服务认证由国家认证认可监督管理委员会统一规定，其使用应当符合《认证证书和认证标志管理办法》的规定。体育服务认证采用国家推行的统一的体育服务认证标志。认证证书持有人可以在获得认证的服务项目提供场所悬挂认证标牌，未获得认证的服务项目提供场所不得悬挂认证标牌。《办法》还规定了国家认证认可监督管理委员会和国家体育总局依法对全国的体育服务认证活动进行监督管理，共同组织对认证机构定期或者不定期的监督检查。地方认证监督管理部门和体育行政管理部门根据职责，依法对所辖区域内的体育服务认证活动进行监督管理。

(三)《合格评定法》(草案)和《起草说明》完成

在2004年工作的基础上，《合格评定法》列入国务院法制办2005年二类立法计划。为完成草案的起草，国家认监委继续对《合格评定法》进行研究和论证，分别组织了两次国内调研，通过与地方认证监管部门座谈、走访获证企业和认证从业机构等方式，就现行认证认可制度的实施情况、实际工作中存在的急需解决的问题进行了调研，地方对合格评定的定义和模式、调整范围、合格评定机构和程序规范管理、监督管理机制、法律责任、执法主体等方面都提出了许多建议，对《合格评定法》的起草将起到良好的借鉴作用。2005年10月底，国家认监委完成了《合格评定法》(草案)，并及时与国务院法制办沟通，为《合格评定法》列入2006年度国务院立法计划创造了条件。

二、法规协调

随着《认证认可条例》广泛深入地宣传贯彻，以及认证认可法规体系的逐步完善，认证认可制度的作用日益显现并得到政府各部门及全社会的广泛认同。在此基础上，国家认监委继续坚持以《认证认可条例》所确定的国家认证认可工作管理体制和相关制度为依据，做好与相关法律、行政法规的协调工作。截至2005年12月30日，2005年国家认监委共收到全国人大法工委、国务院法制办、国务院有关部门，国家质检总局有关部门的法规征求意见稿81件/次。其中包括《农产品质量安全法》、《食品安全法》、《电信法》、《建筑法》、《进出口商品检验法实施条例》、《消防产品监督管理规定》等和认证认可工作密切相关的法律、行政法规和规章。对于其中涉及认证认可工作的内容，国家认监委按照国务院赋予的职责和法律法规的规定，提出了合理的修改意见和建议。对于一些多次反复征求意见的法规，如《农产品质量安全法》、《电信法》等，结合条款的不同变化，及时提出既符合国家认监委工作职责，又经得起推敲，易于被对方接受和采纳的回复意见。

经过努力，目前已有多部法律、行政法规和部门规章明确规定利用认证认可手段，为经济活动提供技术评价。如《清洁生产促进法》、《农业机械化促进法》、《道路交通安全法实施条例》、《病原微生物实验室生物安全管理条例》等法律、法规中已经明确了有关认证认可制度。经过协调，强制性产品认证制度被纳入国家《汽车产业政策》，2004年新修订的《对外贸易法》第21条规定："国家实行统一的商品合格评定制度，根据有关法律、行政法规的规定，对进出口商品进行认证、检验、检疫。"2005年初颁布的《铁路运输安全保护条例》中，也将认证认可制度作为规范市场手段纳入其中。2005年2月28日全国人大常委会通过了《全国人大常委会关于司法鉴定管理问题的决定》，其中将"具有在业务范围内进行司法鉴定所必需的依法通过计量认证或者实验室认可的检测实验室"作为法人或者其他组织申请从事司法鉴定业务的必备条件之一。

通过法规协调，不但维护了国务院赋予国家认监委的对认证认可工作进行统一管理、监督和综合协调的职责，还进一步促进了以《认证认可条例》为中心的认证认可法规体系的完善，同时，在法规协调过程中，进一步加强了与国务院各部委的沟通和联系，理顺了国家认监委和其它部门在认证认可工作领域内的关系，并更加深入广泛地宣传了认证认可制度。

三、认证认可申诉、投诉

2005年，国家认监委切实做好认证认可申投诉受理工作，健全了认证认可申诉、投诉管理机制，提高了申投诉案件的处理效率和质量，拓宽了行政执法监督渠道。截至2005年底，共受理有效认证认可申诉、投诉75件，比2004年同期下降了26%。通过对申诉、投诉的调查，对涉嫌违规的2家认证机构进行了告诫。

四、认证行政执法指导与行政处罚

(一)加强认证执法指导，推动认证执法工作向纵深发展

1. 为规范、指导各级质检部门开展行之有效的强制性产品认证行政执法工作，与国家质检总局联合下发了《关于全面加强强制性产品认证行政执法工作的通知》(国质检认联[2005]73号)，及时准确指导各级质检部门开展强制性产品认证行政执法工作。

2. 进一步完善地方质检部门认证行政执法工作中遇到的政策性、法律性疑难问题的请示答复机制，及时回复意见，解决地方质检部门在认证行政执法工作中遇到的

问题。截至2005年底，共下发认证行政执法指导性文件18件，增强了各级质检部门开展认证行政执法工作的针对性、目的性，提高了认证行政执法的有效性。

3. 启动《强制性产品认证行政执法案例汇编》编写工作，以期提高地方质检部门行政执法的有效性、规范性。

(二)建立重大认证违法案件督导制度

截至2005年底，共对6起认证违法案件进行了督查和指导，切实提高了认证行政执法的有效性和公正性。

(三)加强与有关部门的协调、沟通

2005年国家认监委就安全技术防范产品强制性认证行政执法工作同公安部进行协调、沟通，并会同国家质检总局、公安部联合下发了《关于加强对列入强制性产品认证目录内的安全技术防范产品质量监督管理的通知》(公通字[2005]48号)，《通知》要求各级质检部门和公安部门在各自权限内，各司其职，加大安全技术防范产品强制性产品认证行政执法力度。

五、认证行政执法监督检查

为加强对强制性产品认证行政执法工作的监督管理，进一步规范强制性产品认证行政执法工作，提高强制性产品认证行政执法质量和水平，2005年国家认监委下发了《关于开展2005年强制性产品认证行政执法监督检查的通知》(国认法[2005]63号)。此次执法监督检查分自查、重点抽查两个阶段进行。

六、规范认证认可专项监督检查工作

为加强认证认可专项监督检查工作的管理，规范专项监督检查行为，增强专项监督检查工作的有效性，国家认监委制定了《国家认监委认证专项监督检查管理规定》，统一了委内各业务监管部门开展认证认可专项监督检查的方式和程序。

七、认证行政执法队伍建设

2005年7月初，国家认监委在北京举办了两期省级质检部门认证监管人员师资培训班，共有省级质检部门的90名认证监管业务骨干参加了培训。为下一阶段省级以下质检部门的培训工作培训了师资队伍。

2005年10月14日，国家认监委组织全国省级质检部门认证监管人员统一考试，共有1 519名认证监管人员参加了考试，比2004年增加了12%。截至2005年底有近7 000名省级以下质检部门认证监管人员参加了省级质检部门组织的专项业务培训考核。

八、认证标志备案管理

依据《中华人民共和国认证认可条例》和国家质检总局《认证证书和认证标志管理办法》(国家质检总局2004年第63号令)中有关国家对认证机构自行制定的认证标志实行备案制度的规定，国家认监委下发了《关于认证标志备案的通知》(国认法[2005]43号)，就认证标志备案的范围和要求作出了规定。截至2005年底，国家认监委已经正式受理了36家认证机构的认证标志备案申请，并对外进行了公告。

撰稿人：张　威　马　昆　黄　叙
审稿人：袁俊明　蔡　伟

CNCA

2006

ZHONG GUO REN ZHENG REN KE NIAN JIAN

第四部分　认　可

REN　KE

·认可·

一、认可监管

(一)规范行政许可工作,加大对各类机构的管理力度

1. 完善认证认可法规体系,制订《认证认可条例》配套规章

负责起草了《认证培训机构管理办法》、《认证咨询机构管理办法》,这两个《管理办法》已经国家质检总局作为部门规章发布实施,另外,还与信息产业部联合起草了《软件过程能力和成熟度模型评估管理办法》、与国家体育总局联合起草了《体育服务认证管理办法》,由国家认监委以规范性文件的发布实施。这些办法的实施,对于进一步规范对认证培训机构、认证咨询机构管理,强化对一些特殊认证领域的管理,促进认证事业向深度和广度发展将会起到非常重要的作用。

2. 强化内部管理,规范行政许可行为

国家认监委认可监管部根据《行政许可法》的规定,依照《认证认可条例》和《认证及认证培训、咨询机构审批登记管理办法》的要求,对认证机构和认证培训机构内部审批程序进行了修改完善,明确了各审批环节的具体项目内容和时限,增加了专家评定的环节,确定了机构审批专家,并且在审批过程中严格按照审批程序的要求进行,保证了审批过程的能够按照客观独立、公正公开和诚实信用的原则进行。针对外资认证机构普遍没有取得CNAB认可,获得批准以后监管力度不够的具体情况,采取了对外资认证机构获得批准以后限期通过CNAB评审的方式,加强对已批准的外资认证机构的技术能力方面的把关力度,保证外资认证机构能够按照认证基本规范和认证规则的要求去做。

3. 加强引导,提高认证机构的法律意识

为了引导认证机构向正规化、规模化和专业化的方面发展,2005年4月,组织了120家认证机构参加的经营管理研讨会,聘请了5家在国际上有较好声誉的外资认证机构向国内认证机构介绍他们经营战略、理念和管理等方面的好经验好做法,对提高内资认证机构的思想意识,树立以质量求生存的意识,向品牌化、规模化和专业化方面发展起到了一定的促进作用。

为了提高认证机构法人代表的法律意识,促进他们认真学习《认证认可条例》等法律法规,2005年4月和7月分两次组织了认证机构法定代表人的认证认可法律法规知识的考试,有119家机构的法定代表人参加了考试,考试结果在认证机构范围内进行了通报,有效地促进了认证机构法人代表的认证认可法律意识的提高。

4. 对达不到要求和存在违反违规的机构进行处理

按照《认证认可条例》的要求,对已经批准的认证机构进行了清理,对达不到要求或存在严重问题的机构,做出了注销或暂停资格的处理。2005年共注销认证机构资格11家,其中7家(3家有机产品认证机构、4家职业健康安全认证机构)因不具备《认证认可条例》规定的10名以上相应领域的认证人员被注销认证机构资格,1家认证机构因人员不足被注销了有机产品的认证资格,1家分包机构申请注销了资格,2家认证机构因机构重组注销了资格。2005年暂停认证机构资格22家,其中有16家(10家有机产品认证机构、6家职业健康安全管理体系认证机构)因不符合《认证认可条例》规定的人员条件被暂停资格,暂停后仍不满足要求的7家机构被注销了资格;5家认证机构因不满足《认证认可条例》规定的注册资金要求被暂停资格;1家认证机构因为管理混乱被暂停资格。另外还注销了2家认证咨询机构的资格。

(二)开展专项监督检查,深化对认证市场的监督管理

1. 开展食品生产企业质量管理体系(ISO 9001)认证有效性调查

本次抽查工作由国家认监委统一组织和协调。对获

证企业的现场检查工作由当地省、自治区和直辖市质量技术监督局和直属出入境检验检疫局组成联合审核组予以实施。监督抽查内容以抽查认证机构的认证有效性为主,兼顾公正性和规范性。本次监督抽查涉及16个省、自治区、直辖市,共计划抽查企业300家,实际抽查企业282家,拒绝或无法实施检查的企业18家,涉及认证机构58家。企业质量管理体系检查结论为:合格的160家,占56.7%;基本符合的企业78家,占27.6%,两项相加为84.3%;不符合企业44家,占15.7%;检查过程中同时发现有18家认证机构在审核过程中存在严重的公正性、规范性问题。抽查结果表明绝大多数获得质量管理体系认证的食品生产企业能够按照ISO 9001标准的要求,建立和实施质量管理体系,并且有效运转,通过质量管理体系认证对于提高企业的管理水平、技术水平、人员素质、产品质量、市场竞争能力和顾客满意度等方面起到了明显的推动作用。抽查中也发现有少部分企业没有真正按照标准的要求建立质量管理体系,没有有效地开展内审和管理评审,对关键过程关键工序控制不严,没有按规定对原材料、半成品和成品进行检验等严重问题。对于本次认证有效性的抽查结果在认证机构内进行了通报,并且通过新闻媒体向社会公布。

2. 开展认证机构档案稽查

稽查工作由国家认监委统一组织协调,20个省、自治区、直辖市质量技术监督局和直属出入境检验检疫局具体实施评价,国家认可中心配合。稽查范围是质量管理体系、环境管理体系、职业健康安全管理体系中食品企业的认证档案以及HACCP、无公害和有机产品认证档案,同时兼顾建筑、电子和机械认证企业档案,共涉及119家机构(其中合资机构26家),643份档案(其中合资机构130份),每份档案的平均分为88.81。抽查结果表明:90%的被抽查认证机构对本次专项稽查比较重视,能积极配合检查组的工作,2004年度认证机构档案监督检查已经引起了认证机构的普遍重视,认证机构的档案管理工作都有了较大提高;2004年抽查中发现的档案管理不到位和涂改档案记录、审核人员不到审核现场等严重问题基本得到了解决;多数认证机构设置了专门的档案室并配备了专门档案管理人员;档案的归档留存和对认证活动记录基本符合要求。检查结果还表明,经过认可的认证机构,档案的管理规范;未经过认可的机构,特别是有机产品认证机构,认证档案的管理与认证基本规范的规定和要求存在一定的差距,在档案管理上亟待改进。另外多数合资认证机构的档案管理与国家认监委明确要求的《外资认证机构认证客户档案管理要求》(国认可函[2005]6号)还存在一定差距,部分机构未按要求对2005年2月1日前的认证客户档案进行必要的整理或补充。

这次专项稽查未发现档案管理方面的新问题,但2004年认证档案专项稽查发现的一些问题目前仍然存在,主要表现为:一是对认证组织符合法律法规要求的证明文件收集不全或没有记录归档,如食品企业的生产许可证、QS标志等。由于2005年稽查的重点是食品企业,这方面问题尤为突出。二是部分机构对认证企业的不符合项未有效关闭就颁发认证证书。三是机构在食品领域的人力资源普遍不足,对食品企业的审核活动中审核组和认证决定人员专业能力明显不足。

3. 开展认证机构顾客满意度调查

此次调查是国家认监委委托一家中介调查机构具体实施的,是继2004年连续两年开展的满意度调查活动,调查的范围是经批准的认证机构,目的是通过调查获得管理体系认证和自愿性产品的企业和组织对认证机构服务感知情况,了解他们对认证机构服务的满意程度。调查范围包括95家认证机构(内资认证机构84家,合资认证机构11家),共调查了6 475个认证企业,涉及管理体系认证企业5 304个,产品认证企业1 171个,分布于全国31个省、自治区、直辖市及香港地区。满意度平均分数为82.03,分数与去年持平,最高的为85.69分,最低的为69.86分,其中满意度高于80分的机构共有51家,占被调查机构的54%。说明获得认证企业对认证机构的服务总体上满意的。

4. 开展认可机构顾客满意度调查

2005年加大了对认可机构的监管力度,首次组织了认可机构顾客满意度调查,目的是了解认证机构、实验室、检查机构和认证人员对中国认证机构国家认可委员会(CNAB)、中国实验室国家认可委员会(CNAL)和中国认证人员与培训机构国家认可委员会(CNAT)工作的满意程度。调查共回收各类有效问卷4 617份。涉及到CNAB认可的85家机构,CNAL认可的817家机构,CNAT认可的45家机构和3 667个注册人员,顾客满意度指数为:CNAB 80.22分;CNAT 72.19分;CNAL 84.49分。从结果来看,CNAB和CNAL的满意度比较高,CNAT满意度较低,其中对CNAT在认证人员注册过程时间长有意见是主要原因。

5. 投诉案件的调查处理

2005年共收到各类投诉103份,涉及认证机构的49份,认证培训机构的5份,认证咨询机构40份,认证人员的20份,其他20份。已完成投诉处理的62份。投诉反应的问题集中在内资认证机构办事机构设立时人员素质差、认证审核时间短认证质量不能保证、审核人员收受礼金、超范围开展认证活动和认证、咨询一条龙等问题。未经批准从事认证活动的多体现在咨询机构和境外机构的办事机构。同时还涉及部分企业冒用认证证书、从事认证咨询活动的人员无注册资格等问题。

二、跟踪企业社会责任，研究相应对策

自2004年以来，社会上有关企业社会责任及其认证方面的报道和宣传非常繁杂，其中有许多误导性的信息，在广大生产企业中引起了恐慌和混乱。针对这种情况，国家认监委认可监管部加强了对企业社会方面的跟踪研究，在2004年调查研究的基础上，与欧盟合作，利用欧盟小项目基金，对中欧的企业社会责任方面的法律法规进行比较，提出了对制定中国企业社会责任标准和建立相应的合格评定制度的建议意见。

三、认可领域工作中需要进一步研究的问题

一是《认证认可条例》调查的范围需要进一步研究；二是对于行政审批的流程和程序以及规范化方面还需要进一步完善，对于审批条件有些还需要进一步明确，在审批时限上还需要严格按程序办事；三是对认证机构审批宏观政策还要进一步明确，对一些具体领域的审批是收是放，政策研究还要加强；四是认证市场监管的具体措施还要进一步深化，包括监管方式手段要进一步完善，监管体系要进一步健全，采取进一步的措施强化监管的有效性。

四、认可领域工作改进措施

认可监管工作要按照认证认可事业发展"十一五"规划的要求，紧紧围绕进一步贯彻落实《认证认可条例》，从加强行政审批和授权、加强对认证市场的行政监管、加强行业指导和认证认可研究、加强部际协调等四个方面，继续做好机构审批工作，完善认证市场的监管措施，深化认证市场的监督管理，充分发挥部际联席会议的作用，为规范认证市场，提高认证有效性，促进认证认可事业健康发展做出贡献。

按照上述基本工作思路，下一步要重点做好以下工作：

1. **制订《认证机构管理办法》，完善《认证认可条例》配套规章。**根据《条例》的要求，2006年要对2002年国家认监委等四部门联合发布《认证机构及认证培训、咨询机构审批登记及监督管理办法》进行修订，在2005年已经颁布《认证培训机构管理办法》和《认证咨询机构管理办法》的基础上，制订《认证机构管理办法》，明确对认证机构的规范要求，如机构的责任、风险、行为和分支办事机构的管理要求，明确对违规行为的处罚力度，并且要加强《认证培训机构管理办法》和《认证咨询机构管理办法》的宣贯工作，特别是要加强对已经授权省级质量技术监督部门进行的认证咨询机构审批和监督管理的工作指导。明确国家认监委、国务院有关部门及地方认监部门在对认证机构、认证培训机构和认证咨询机构审批登记和监督管理工作中的职责分工。

2. **进一步完善监管体系。**要加大对地方认监部门的指导和培训，拟组织3~4期地方认监部门学习认证市场主管部门行政监管相关的标准知识、认可准则等知识，以保证认证市场有效性监管工作的一致性。要着手建立认证认可义务监督员制度，使之成为认证市场监管的重要组成部分。要加强认证信息化建设，为地方认监部门提供必要的监管信息。

3. **加强依法行政，制订好工作程序。**要进一步完善机构审批程序，制订认证监管程序，使行政审批、市场监管工作规范化、程序化和时效化。严格按照《行政许可法》的要求及行政审批的程序规定办理认证机构、认证培训机构和认证咨询机构的审查、批准，对社会增加机构审批的透明度，做到公正公开，在机构的设立审批程序中，扩大审定专家队伍，做好培训工作。随着认证咨询机构和内审员培训机构审批下放给地方认监部门，要继续开展对获证企业和认证机构的认证有效性、规范性检查。

4. **进一步落实好依法行政、市场监管和部际协调的工作。**要进一步落实依法行政，严格按照《认证认可条例》、《行政许可法》和依法行政的要求，完善行政审批的程序和时限，公开行政审批要求、采用流程管理，严格按照程序和流程办事。建立行政许可责任制，逐级把关、逐级负责、逐级监督。将审批过程中发现的问题作为下一步监管工作的输入，在监管中有针对性的监管，另外要进一步完善机构年度报告制度和报告审议制度，建立认证公告制度。

要进一步落实市场监管。在总结国家认监委成立以来认证市场监管经验的基础上，巩固和发挥好的做法，作为日常监管的重要措施，要继续开展认证有效性调查、认证档案抽查、认证满意度调查和对认可机构、认证培训机构和认证咨询机构的监督检查。并且使这些做法进一步规范化、制度化，并且将机构审批和认证市场监管有机地结合起来。要加强对各类投诉案件的调查处理，根据监督检查结果，建立机构诚信档案，制定评级分等标准，引导

和鼓励机构不断创品牌、树信誉,做优做强。发挥认证认可协会在规范认证市场、认证制度研究和自主创新以及促进认证机构改革方面的作用,开展一些实质性的工作。要进一步落实部际联席会议的工作。增加部际联席会议办公室的人员和力量,改变工作方式方法,增加沟通机制和渠道,增强工作的主动性和针对性。

5. 加强对认证人员注册制度的改革。研究认证人员的培训、考核和注册制度的改革措施,认证人员注册制度要根据《认证认可条例》的要求和国际上的发展情况,对目前的培训制度、考试制度、面试制度和注册制度进行改革,在保证要求的前提下,简化程序,注重实效。

6. 开发和培育新的认证领域,更好地发挥认证认可在国民经济发挥中的作用。要充分发挥认证机构设立审批这一手段,促进体育服务认证、信息安全管理体系、森林管理体系、食品安全管理体系、自愿性产品认证和饭店酒家等级评定等新的认证领域的发展。

7. 支持西部、东北老工业基地建设和开发工作。全年在西部和东北老工业基地举办 2~3 期认证认可知识讲座;扶持一批信誉好、实力强的认证、认证培训、咨询机构,在西部和东北老工业基地建立分支机构。

8. 建立信息交流平台。以信息中心为基础,建立认证企业、获证产品、认证人员的信息交流平台,与地方认监部门形成上下互动、步调一致、左右贯通和覆盖全面的认证市场监管网络。

五、认证机构认可

根据国家认监委授权,中国认证机构国家认可委员会(CNAB)负责认证机构的认可工作。2005 年,CNAB 充分调动各方积极性,确保了各项任务的顺利完成。

2005 年是 CNAB 思想政治教育与认可工作实践紧密结合的一年,是 CNAB 在认可组织形式高度统一的基础上,加强认可流程管理,理顺各处室职能关系,并结合 ISO/IEC 17011:2004 标准要求进行文件修订,进一步促进认可工作深度融合,提高对认证机构的服务质量和效率的一年。

(一)认证与认可继续发展

1. 认证证书数量继续增长,增长趋势更趋合理

截至 2005 年 12 月 31 日,带有认可标志的现行有效认证证书达 387 461 张,其中质量管理体系认证证书 143 823 张,环境管理体系认证证书 12 683 张,职业健康安全管理体系认证证书 5 922 张,食品安全管理体系认证证书 326 张,软件过程及能力成熟度评估证书 20 张,自愿性产品认证证书 8 667 张,有机产品认证证书 192 张。

环境管理体系认证、职业健康安全管理体系认证、食品安全管理体系认证、有机产品认证和自愿性产品认证增长较快,分别为 30.3%、47.8%、53.5%、136.4%和 47.9%。说明这些领域的认证认可工作越来越受到各行各业的重视。相对应的,一直处于高速增长的质量管理体系认证的发展势头有所放缓,2004 年全年增长率为 37.44%,而 2005 年的增长率仅为 7.1%。以半年计,2005 年上半年的半年增长率仅为 3.85%,而 2003 年下半年、2004 年上半年和 2004 年下半年的半年增长率分别为 15.27%、20.80%、13.78%。质量管理体系认证的增长速度减少了 3~5 倍。

2. 认证机构稳步发展,认可数量持续增长

2005 年接受认可的认证机构总数已达 115 家,其中,质量管理体系认证机构 77 家,环境管理体系认证机构 64 家,职业健康安全管理体系认证机构 57 家,食品安全管理体系认证机构 17 家,软件过程能力成熟度评估认证机构 3 家,产品认证机构 33 家,有机产品认证机构 9 家。职业健康安全管理体系认证机构、食品安全管理体系认证机构、产品认证机构的数量增长尤其明显,说明这些领域的认证认可工作越来越受到各行业的重视。

2005 年,CNAB 按规定完成了各项认可评审工作,全年共受理各类认可申请 511 项;安排初次认可评审 74 项,复评项 47 项,监督评审 210 项,认可业务范围扩大评审 377 项,专项评审 22 项,共计 730 项,进行认可评定 742 项,较 2004 年增加了 44.2%。

随着国民经济的迅速发展、国际贸易的日益频繁,以及全球市场的深度融合,认证认可工作在国民经济和国际贸易中的地位日显重要,因此各个行业越来越多的接受认证认可制度。这也对认证与认可工作提出了更高的要求,扩展认证和认可领域是经济发展的必然要求。

(二)认可制度日趋完善,认可工作深度融合

2002 年至 2004 年上半年,通过多方共同努力,认可机构进行了统一合并,中国的认证机构认可制度实现了统一。2004 年 CNAB 全面修订认可规范,进行组织结构调整,进一步从认可制度和组织形式方面加强了认可工作实质性统一。2005 年是统一的认可制度实现深度融合的关键一年,CNAB 采取多种措施保证此项工作的顺利开展。

在 2004 年修订认可规范文件的基础上,结合 2005 年 ISO/IEC 17011:2004 标准要求进行文件修订,全面系统地改进现有文件体系,并增设"认可评审判例制度",不断增加"认可说明"和"专项规定"等,进一步细化认可要

求，提高认可评审的一致性。2004年修订的规范性文件共27份，覆盖了CNAB的全部认可规范，在2005年得到了全面贯彻和实施。2005年增加“认可说明”12项，专项规定6条，涉及产品标准变更的说明、已认可的认证证书的转换、审核员的专业能力要求、关于确保认证机构公正性的组织结构等诸多方面。

新的组织结构保证了各认可领域认可工作的全面一致。2005年，CNAB进一步细化各处室工作职责，明确各处室任务分工。同时，加强了各处室的工作衔接、沟通交流和相互配合，从而保证了认可工作的深度融合和认可机构的健康发展。

（三）国际地位不断提高，国际影响日益加深

1. 积极参与和管理国际组织及国际事务

CNAB秘书长肖建华，作为IAF互认委员会主席，负责主持IAF国际互认制度政策与程序的制订和互认同行评审与监督的组织管理工作；连续担任两届PAC主席，2005年7月任期届满卸任，并当选PAC执委。

2005年2月，CNAB成功举办PAC执委会会议；2005年5月，CNAB成功举办中日韩三国认可机构第二届年会，加强了三国认可机构的合作，并签署了新版合作备忘录；2005年6月，肖建华赴德国出席IAF MLA MC会议，以主席身份主持会议，并就IAF跨国认可政策的实施情况作报告。2005年11月，肖建华作为IAF互认委员会主席，参加IAF在瑞士日内瓦召开的IAF执委会会议，研讨IAF的战略指南事项。

2. 加强国际交流，扩大国际影响

2005年CNAB共组织接待了8个国家相关机构代表团的来访，负责联络或派员参加的国际合作项目和国际会议11个，接收处理各类信件1 200余封，处理国外企业和机构的查询类信件31项，处理征求意见类信件10项，调查类信件6项，投票表决类信件16项。

CNAB参与了IAF关于ISO/IEC 17024工作组活动，对IAF关于相关技术问题的研究和对相关文件提出意见和建议。在跨国认可活动方面，制定相关合作协议文本，制定合作程序和作业指导文件，联络相关机构签署相关合作协议，并派员参与相关合作机构的评审活动。CNAB还承担了支援巴基斯坦建立认可制度的工作，组织成立了工作组，制订了援助计划，组织人员对其体系文件进行了审查。

（四）在行政监管中继续发挥认可技术支撑作用

2005年，国家认监委组织并委派CNAB参与进行的专项工作共有6项：一是对认证机构分支机构批准前审查，二是强制性产品认证指定机构的专项监督检查及同行评议，三是食品认证企业专项监督检查，四是食品等行业认证档案专项监督检查，五是绿色市场认证专项监督检查，六是外资认证机构专项评审工作。为配合国家认监委专项工作，CNAB组织大量人员进行专项活动的策划、协调、组织实施和总结汇总工作，总体工作量较去年专项监督检查增加了69.8%。

（五）高度重视申投诉处理，提高认证认可工作有效性

2005年CNAB对申诉和投诉处理工作给予了高度重视，共收到投诉11件，秘书处在确定投诉的有效性后，组织对有效投诉进行了调查。调查结果反映，投诉内容与事实相符的有6件，投诉内容与事实不符的有5件。秘书处根据调查结果对3家认证机构做出了暂停认可资格的决定，对1家认证机构做出了中止初次认可评审的决定，对2家尚未构成暂停、撤销认可资格处理规定的认证机构提出了深度整改的要求。

对于收到的投诉信息，CNAB将作为监控信息输入，并作为CNAB认可评审策划的重点予以关注。

（六）加强认可评审队伍建设，提高认可评审能力

2005年，CNAB对认可评审员管理及认可评审员队伍建设进行了专门策划及组织落实，调整了专职评审员队伍，加强对评审员业绩能力的考评，修订并完善评审员管理及评价程序，改进了CNAB评审人员能力分析及评价系统。具体工作包括：一是调整认可评审员队伍，重新确定并建立了10人的专职评审员队伍。二是加大考评力度，对33名主任评审员和24名评审员进行年度考评，并将考评工作制度化和系统化。三是制定认可评审人员培养计划，挖掘现有评审员资源，并进一步吸纳优秀人才。四是改进认可评审员能力评价系统。

为提高认可评审人员业务能力和评审水平，保证认可评审的一致性，2005年CNAB加强了认可评审员的培训力度，完善了《认可评审/评定人员培训管理程序》和《认可评审人员管理和培训说明与要求》。在加强培训会质量和效果的同时，又将认可培训会的相关信息和研讨结果转化为CNAB-AT类文件，及时发放给认可评审员，以扩大认可培训的范围，进一步提高培训的效果。

（七）搭建认证技术交流平台，组织开展认证技术研究

作为认可机构，CNAB不仅承担着政府授予的认可职能和对认证机构进行认可监管的职责，在认证机构间

发挥桥梁和纽带作用，促进认证机构间的信息交流和技术合作也是认可机构责无旁贷的工作。引导认证机构提高风险意识，增加风险预防能力，建立健全自我评价和监控体系，增强自我监管能力，也是认可机构提升认可监管水平，提高认证有效性的关键环节和重要方法。在这个方面，CNAB做了大量工作。

一是参与并组织研究认证机构人员能力评价系统的建立与实施。认证机构建立业务范围管理及专业人员能力评价系统是认证机构进行自我管理和自我提高的重要手段。CNAB多次组织认证认可技术专家和认证机构进行了深入细致的研究。先后组织4次研讨会，参加的认证机构97家，参加的技术专家150余名。这项工作，对促进认证机构质量管理体系升级，提升认证从业人员整体素质，增强规避认证风险能力，提高认证有效性有着深远的意义。

二是组织开展了以多领域管理体系的建立、结合审核和过程方法在认证审核中的应用为主题的研究和全国性征文活动。针对当前认证工作发展的趋势及认证审核的现状，为加强认证审核有效性和方法的研究，提高认证结果的可信性，鼓励认证机构积极探索、勇于创新，建设以知识为中心的审核员队伍，努力打造中国的认证品牌，CNAB组织开展了认证机构过程方法审核及多体系结合审核技术研讨会。研讨会促进了业界的技术交流与互动，达到了经验互鉴、相互学习、共同提高的目的。CNAB还组织开展了以过程方法和多体系结合审核为主题的全国性征文活动，出版发行了认证认可技术研究论文集。本次征文活动共征得论文50余篇，其中15篇收入论文集。所有论文均源自作者对管理理论和认证技术的认识和思考，集作者多年认证实践和经验的总结。书中阐述的部分观点虽有待于进一步完善，但其思路和方法具有相当的参考价值和借鉴作用。

(八)改进认可监管方法，提高认可有效性

随着认证认可行业的快速发展，认证机构数量逐年增加，总体来说，认证机构人员素质和专业能力有了提高，认证机构的管理水平和专业水准也有很大进步，同时认证行为不规范，认证机构管理水平参差不齐的情况也一直存在。这既增加了认可评审工作的压力，提高了认可监管工作的难度，同时也增加了认可工作的风险，认可机构必须提高认可监管的水平，改进认可监管的方法，建立一套符合客观实际的认可工作风险评价系统，才能适应现在认证认可行业的发展。

为此，CNAB提出对认证机构进行分类管理的思路。这种管理方法，既符合认证认可行业的现实需要，也符合管理科学从“简单粗放型管理”到“精细集约化管理”的发展趋势；同时也是IAF推荐的认可监管方法，符合国际认可技术发展潮流。目前已研究开发出“CNAB对认证机构分类管理方案”，并对6家机构进行了试评分。“认证机构分类管理方案”将于2006年付诸实施。

2005年，CNAB还进行了结合评审和多场所认证机构评审研究工作。截至2005年底，具有多领域认证资格的认证机构有60家，占到已认可认证机构总数的55%，在认可例行评审工作中结合评审工作量约占到总工作量的75%左右。做好结合评审工作既是满足顾客要求的需要，也是CNAB提高工作效率和保证评审有效性的重要工作。秘书处已经进行了调研，提出了问题分析报告，并制定了技术研究实施方案。

(九)加大技术力量投入，积极参加和组织课题攻关

“十五”国家重大科技专项“食品安全关键技术”课题《食品企业和餐饮业HACCP体系的建立和实施》在和各相关承担单位的大力支持下，经过课题研究人员的艰苦努力，已顺利完成了课题任务书规定的要求，并通过了国家质检总局和科技部的鉴定与验收。

在课题研究过程中，由于国际和国内HACCP应用现状以及国际标准ISO 22000的不断变化，课题组经过了艰难和曲折的道路，最终达成了一致的认识，并形成了既能与国际接轨、满足出口的需要，又结合了中国国情的食品企业和餐饮业建立和实施HACCP体系基础模式、指南和评价准则。创造性地提出了一系列在中国食品企业和餐饮业建立HACCP体系应有的“前提计划”，危害分析资料和专项评价准则，在国内外均是创新点，专家评价课题技术水平为国际先进水平。

课题组还在对中国现有HACCP体系国家、行业标准体系框架和中国HACCP体系政府管理体系现状分析的基础上，首次提出了中国实施HACCP体系的管理框架。专家认为所设计的框架具有先瞻性，与国际食品安全控制发展方向接轨。

2005年，CNAB非常重视技术研究工作和对技术人才的培养，召开了大量的技术研讨会议并组织内部人员参加。具体有ISO 9000在党建工作中的运用专题研讨会、ISO/IEC 17021国家标准转换研讨会、ISO 14001:2004转换技术研讨会、ISO 14001:2004理解技术研讨会、2005年中日韩三国认可机构合作年会、认证机构能力分析预备和正式研讨会。技术研究方面CNAB取得了丰硕的成果，参与了大量国家标准的转换工作、技术文件起草和制定。参与翻译和转换成国家标准的国际文件有ISO/IEC导则68、ISO/IEC导则67、ISO/IEC导则60、

ISO/IEC 17000、ISO 14001:2004。其中 ISO 14001:2004 已制定转换指南 AG 32,并制定认可评审作业指导文件。CNAB 还编写了有机产品认证检查员培训教材、产品认证机构通用要求的理解与实施教材、有机产品认证实施规则、国家认监委地方监管部门培训教材。

(十)加强体系运行监控,规范工作,提高效率

1. 重视内部审核,强化管理评审,努力发现改进机会,实施持续改进

2004 年 12 月 29 日~30 日及 2005 年 1 月 4 日~6 日,CNAB 组织进行了一次全面的内部审核,检查了质量体系与 ISO/IEC 指南 61 及相关法律法规的符合性和实施的有效性。本次内审覆盖了 QMS(含 QS-9000、TL 9000)、EMS、OHSMS、产品认证、HACCP、CMM、有机产品等认证认可制度。在内部审核的基础上,2005 年 2 月 3 日,CNAB 组织召开了管理评审会,全面评价了 CNAB 质量目标的实现情况和认可工作管理体系的适宜性与有效性。管理评审形成了 7 项决议,已经全部落实完成。

2. 完善工作制度,加强日常工作的内部监控

针对认证机构反映的 CNAB 存在着认可服务时效性不能满足认证机构要求的问题,CNAB 结合认可文件修订和秘书处组织机构调整,制定了系统的解决方案。一是认可评审策划首选结合评审,极大地提高了认可评审的效率。二是严格落实各个认可流程的时限要求,以保证各处、各岗位在规定的时限要求内完成认可评审任务。三是建立 CNAB 工作信息数据库,实施业务工作督办制度和月报制度。指定专人根据年初的工作计划、会议纪要和各项决定,负责对各项工作的督办,以保证工作完成的准确及时,以及发现问题时能够及时解决。四是制定发布了《CNAB 工作守则》,规定了岗位替换要求和首问责任制等;五是制定了《工作协调制度》,具体指明了在工作中发现问题如何提出,怎样进行沟通协调,做出研究决定,最后进行综合跟踪的实施办法。

(十一)加强宣传力度,增强社会影响

为提高认可工作的社会影响,提高对认证机构信息提供的准确快捷,CNAB 加大了宣传力度,以加强与外界的信息沟通,保证在政府部门、认可机构、认证机构和认证企业之间建立起顺畅的信息传播和沟通渠道。为此,CNAB 做了三方面工作:一是更新网站。为充分介绍认证认可的方针政策,全面反映认证 CNAB 的工作状况,收集认证机构和认证企业的信息反馈,CNAB 的网站中文版已经进行换版。二是积极鼓励秘书处人员在《中国质量认证》杂志等刊物上发表文章,介绍 CNAB 的工作和发表技术研究成果。三是充分利用《工作通讯》的宣传渠道和宣传板报的作用,取得了较好的效果。

(十二)进一步加强和改进认可工作的主要措施

在进一步加强和改进认可工作方面,CNAB 的主要工作思路是认真贯彻落实第四次全国认证认可工作会议的精神,进一步提高认可评审水平,拓宽认可工作领域,加大监督管理力度,努力提高认可工作的有效性和效率,促进认可工作全面、持续、协调发展。具体需要加强以下几个方面的工作:

1. 继续加强认可评审管理,特别是加强对薄弱环节的重点监管,加大非例行监督检查力度,着力提高认可有效性。

2. 全面实施和完善对获得认可的认证机构的分类管理。

3. 加强国际合作与交流,为认可事业的发展创造条件。

4. 加大增值服务的力度,不断满足认证机构的需求。

5. 继续加强评审员队伍建设,提高认可评审的一致性。

六、实验室认可

2005 年,中国实验室国家认可委员会(CNAL)以第三次全国认证认可工作会议的主题——“总结、巩固、发展”为核心,以“在认证认可工作体系基本建成以后,按照科学发展观的要求,正确认清形势,将改革力度、发展速度、工作质量和效率等方面的关系协调好,促进认证认可事业持续发展”为方向,围绕“加强管理,严格规范,清正廉洁,优质服务”的具体要求,落实 CNAL 管理委员会形成的决议和建议,促进实验室认可的发展。

2005 年实验室认可工作在组织完善、体系建设、国际互认、新开业务、对外宣传、法定业务、科研课题、CNAL 网站建设以及内部业务管理系统完善等方面取得了新进展。截至 2005 年 12 月 31 日,CNAL 共认可检测和校准实验室 2 367 个,医学实验室 5 个,生物安全实验室 2 个,检查机构 56 个,能力验证计划提供者 6 个,标准物质生产者 1 个。聘用实验室认可评审员 2 404 名,检查机构认可评审员 139 名,各类专业技术人员 2 176 名。为确保已认可机构持续符合认可要求,2005 年对获认可的 1 574 个实验室和 29 个检查机构进行了监督和复评审。共下达两批 82 项年度能力验证计划,涉及约 2 900 个次实验室。另外配合国家认监委完成单一计量认证 474 个,实验室认可、国家计量认证“二合一” 283 个,实验室认可、计

量认证/审查认可(机构验收)“三合一”165个。

(一)广泛开展授权和接受委托的认可及相关服务

根据国家质检总局和国家认监委的授权,CNAL积极参与和承担了相关法定业务工作,为社会经济发展、社会安全、国防科技工业及航天工业服务。

1. 保健中心实验室认可工作

依据国家质检总局和国家认监委“关于加强国际旅行卫生保健中心质量体系认证和实验室认可工作的通知”精神,对国际旅行卫生保健中心及内设实验室举办了实验室认可知识研讨班,启动了实验室认可和质量体系认证合一评审的试点工作,并按计划完成了25个保健中心评审工作。

2. 国家计量认证和授权(验收)工作

为简化认可流程,减少重复评审,加快办公效率,提高服务质量,提出了将实验室认可工作与认监委的国家计量认证和授权(验收)逐步统一的总体方案,并在日常工作中分期实施,取得了较好效果。

3. CCC实验室监督检查

根据国家认监委授权,对承担低压电器、电线电缆、摩托车、电磁兼容、涂料及小家电的共6类CCC指定实验室进行了监督检查,在检查过程中采用了能力验证和实验室比对的方式,以确保相应检测能力。同时,组织编制了CCC指定实验室电工大类22个实施规则的127个标准承检能力核查表。

4. 出入境检验检疫实验室认可

按照《关于落实出入境检验检疫系统实验室注册制度改革有关事宜的通知》的要求,提出了出入境检验检疫系统实验室认可的总体规划,明确了出入境检验检疫实验室的认可程序和要求,加快了出入境系统实验室纳入国家认可体系步伐,提高了口岸的检测数据质量。

5. 编制信息安全检测实验室评价要求

为了保证信息安全强制性认证工作的顺利实施,根据国家认监委及《认可中心配合认监委“信息安全产品认证工作”的实施方案》的要求,参与了美国HB BOOK-150-21和针对软件和通信产品检测实验室TR 13233等文件编制,提出了信息安全检测实验室的评价要求。

6. 建立司法鉴定机构评价体系

经与有关部门联系与沟通,2005年2月28日通过了《全国人民代表大会常务委员会关于司法鉴定管理问题的决定》,该决定要求:从事法医类鉴定、物证类鉴定和声像资料鉴定的检测机构必须依法通过实验室认可或计量认证,才能面向社会接受司法鉴定委托任务。CNAL建立了对司法鉴定机构的评价体系。

7. 大力开展国防科工委系统实验室认可

2001年为适应中国加入WTO后经济全球化发展的需要,进一步提高国防科技工作系统实验室的技术能力和管理水平,减少不必要的重复评审,CNAL与国防科工委达成一致意见,在国防科技工业系统全面推行实验室认可工作。截至2005年底,国防科技工业系统通过国家实验室认可的实验室有近200个,其中有近120家认可实验室参与了“神舟”系列飞船的计量测试工作,保证了飞船各项设备及仪器仪表的正常工作,得到了国防科工委的一致好评。

8. 加强西部和东北地区认可服务

为响应国家西部大开发和振兴东北老工业基地的号召,分别在新疆和吉林举办了两期实验室认可知识宣贯班,宣传了新认可政策和新要求。另外为保证西部地区实验室量值传递和溯源体系的准确,制定了西部省级法定计量技术机构专项认可工作,拟用2年时间将西部地区省级法定计量技术机构纳入认可体系。

(二)适应形势需要,扩展认可新领域

随着越来越多的食品安全实验室申请CNAL认可,为促进食品安全检测实验室管理水平和技术能力的提高,进一步建设和完善食品安全检测体系,新组建了CNAL食品安全工作委员会,由国家食品药品监督管理局食品安全协调司承担了该委员会秘书处工作。在组织机构建设方面,考虑到实验室的生物安全管理是事关人民群众生命健康、涉及国家公共安全的重要工作,在CNAL技术委员会框架中新成立了生物安全分技术委员会,从技术上确保生物安全实验室认可的规范性和有效性。

1. 加速开展生物安全实验室认可工作

2004年11月12日温家宝总理签署中华人民共和国国务院第424号令,公布并施行《病原微生物实验室生物安全管理条例》。该《条例》要求三级、四级生物安全实验室必须通过实验室国家认可。根据国家认监委授权,CNAL依据国家有关法律、法规和标准的要求,组织专家制定了实验室生物安全认可的规则、准则、认可程序和一系列的认可评审规范文件,组建了生物安全专家委员会,并培训了首批实验室生物安全评审员,依据《实验室生物安全通用要求》国家标准GB 19489-2004,完成了武汉大学和中国农业科学院哈尔滨兽医研究所生物安全三级动物实验室的认可评价试点工作,并在京举办了首家生物安全实验室获认可的新闻发布会。鉴于实验室生物安全认可活动属新的认可领域,在国际上尚属首创,为减少认

可风险,CNAL广泛参与国内外有关实验室生物安全认可研讨会。通过交流和研讨,进一步完善了认可体系,得到了国内外相关政府主管部门、西方发达国家以及世界卫生组织(WHO)的关注和肯定。

随着禽流感等疫情的出现,生物安全备受社会各方的关注,农业部等有关行业的三级、四级生物安全实验室也加快了认可步伐,CNAL组织专家对天津、山西、湖北、青岛、辽宁、北京、浙江、新疆、内蒙古、广东等地的三级生物安全实验室的建设和管理进行现场考察和指导,完成了对中国农科院国家禽流感参考实验室、国家口蹄疫参考实验室以及中国CDC的生物安全三级实验室的现场评审。这些工作的开展,不仅提高和规范了生物安全实验室,更重要的意义在于将实验室认可服务对象从涉及经济发展拓展到社会安全,标志着中国实验室认可发展进入了新的时期。

2. 完成医学实验室认可试点

依据《医学实验室-质量和能力的专用要求》(ISO 15189:2003)国际标准,完成了将该国际标准转化为中国国家标准工作,根据医学实验室特点,建立中国医学实验室认可体系。同时建立了医学分技术委员会,并组织国内专家开展认可活动研讨,以及评审员的培训。帮助试点实验室中国人民解放军总医院(301)建立管理体系并完成试点认可工作。在试点的基础上完成了广东省中医院、华中科技大学同济医学院、广东省中医院等5个医学实验室认可工作。此项工作的开展,不仅将国际先进的管理理念引入中国医院检验活动中,在中国医学界产生了深远影响,同时也为进一步提高医院的技术能力和管理水平发挥了重要作用。

3. 完成标准物质生产者认可试点

为完善检测和校准的基础工作,按照ISO指南34《标准物质生产者能力指南》的要求,发布了《标准物质/标准样品生产者认可准则》,完成了相关认可文件的技术准备,并对1个标准物质生产者进行了认可试点。

4. 完成GLP评价体系准备

针对欧盟将于2007年开始实施的《化学品注册、评估、授权和限制条例》(REACH),要求在欧盟生产和向欧盟进口的化学品在申请欧盟注册时必须提供由通过GLP评价的实验室出具数据。根据国家质检总局WTO办公室和国家认监委的授权,CNAL已完成了GLP的认可评价体系的技术准备。

5. 启动机动车检查领域认可工作

根据国际要求及机动车检测的特点,对华南理工大学汽车检测中心进行了实验室和检查机构"二合一"试点评审。中国已有3 000多家机动车检测机构,CNAL开展此领域的检查机构认可工作,标志着CNAL对机动车安全检测和维修检查机构认可工作正式启动。

6. 探讨科研实验室认可体系建设

通过与科技部、科研院所和高等院校的联系,以及了解国际实验室认可发展趋势,开展了对科研实验室认可的调研,并召集专家进行研讨,初步提出了科研实验室的分类和认可工作重点。

(三)实验室认可监督检查和认可有效性评价

1. 完成了CNAL认可体系按照ISO/IEC 17011:2004《合格评定 对认可合格评定机构的认可机构的通用要求》新要求的文件转换工作,并通过内审和管理评审,提高了认可机构自身文件的规范性。

2. 本着相互约束的原则重新划分了处与处以及处内工作人员岗位职责,对影响认可决定的关键过程采取公开透明和多级把关等途径,加大监管力度。

3. 对认可流程进行了优化,通过加大对认可关键点识别和已认可机构分类管理,以及运用办公自动化手段,建立预先安排现场评审,评定工作日常化等机制,进一步提高了认可的有效性和客户的满意度,使定期监督评审及时率明显提高,评定工作由每月1~2次改进为每周至少一次,提高了实验室获认可速度。

4. 加强了对秘书处和评审员、评审骨干和评审组长等一线工作人员的培训和监督工作。将评审员注册制度改为聘用制度,减少评审员培训的盲目性,提高评审员的使用质量;出台了对评审员的专项整治方案,明确了评审员十项工作纪律;改变调整了评审劳务费用的发放方式,从原来由被评审方直接支付改为由认可中心统一支付,提高了公正性;启动了组长对组员、主任评审员对见习组长以及专家对评审组长现场评审报告工作质量专项评议工作等监督工作,对违规和能力达不到要求的25人暂停了资格。通过以上措施,基本建立了评审员优胜劣汰机制,从制度上保证了评审活动的廉洁与公正。

5. 在CNAL网站开辟了征求客户意见栏目,并结合每年向获认可机构发布了书面调查表,广泛收集反馈信息,并进行分析处理,对违规违背认可规则和要求的机构和人员,如方圆校准检测科技(福建)研究院等14个违规机构办理了暂停认可资格,并对59不能持续满足认可资格要求的机构注销了资格,同时还严格执行《认证认可条列》要求,及时将有关暂停、撤消和注销等信息在网站上公布,规范了认可活动。

6. 将秘书处工作人员的业绩考核和廉正评价等引入日常考核工作,建立了认可机构自身的监督机制。

(四)科研及相关工作

1. 国家重点课题研究

完成国家质检总局《测量不确定度应用研究》、《实验室认可管理信息化系统研究》和科技部的“十五”国家重大科技专项《食品安全检测实验室质量控制规范研究》的课题鉴定，其中《食品安全检测实验室质量控制规范研究》包含《食品安全 理化检测实验室质量控制规范》、《食品安全 分子生物学检测实验室质量控制规范》、《食品安全 毒理学检测实验室质量控制规范》、《食品安全 微生物学检测实验室质量控制规范》、《动物源性食品检测实验室质量控制规范》和《植物源性食品检测实验室质量控制规范》等6个子课题，鉴定组对课题的研究结果给予了高度评价，认为该研究内容是“十五”国家重大科技专项《食品安全关键技术研究》的重要基础，对其他课题的成果及时在“示范区”乃至全国推广应用具有重要意义。

2. 其他课题研究

参与国家认监委相关规划和战略问题的研究。根据国家质检总局“十一五”科技发展总体规划要求，牵头组织专家承担了国家认监委检测技术“十一五”科技发展规划(草案)的起草工作，并按照国家认监委《中国认证认可战略研究》项目内容，承担了实验室能力建设和检测结果质量保障体系关键技术研究工作。

参与相关管理办法制定和资源调查工作。派员参加了国家认监委拟出台的《能力验证管理办法》(草案)和《检查机构和实验室资质认定管理办法》(草案)的起草和研讨，参与了全国检测资源调查工作，并着重对全国食品检测资源调查提出了建议和意见。

3. 重点课题申报

2005年，完成了《高级别生物安全实验室认可评价技术研究与应用》、《纳米检测实验室认可关键技术研究》和《医学实验室认可关键技术研究》等3个课题的申报工作。

(五)CNAL系统的基础性建设工作

1. 完善CNAL认可体系

为使CNAL认可体系完全符合ISO/IEC 17011:2004《合格评定-对认可合格评定机构的认可机构的通用要求》的规定，缓解认可业务的迅速增长和新业务的不断拓展与CNAL秘书处人力资源间的矛盾，同时合理利用现有资源，最大程度减少重复和不必要的程序，CNAL对认可流程进行了优化，通过加大对认可关键点识别和已认可机构分类管理，运用办公自动化手段，建立预先安排现场评审、采取评定工作日常化等机制，进一步提高了认可的有效性和客户的满意度，使定期监督评审及时率明显提高，评定工作由每月1~2次改进为每周至少一次，提高了实验室获得认可的速度。

2. 根据需要增设机构

随着越来越多的食品安全实验室申请CNAL认可，为促进食品安全检测实验室管理水平和技术能力的提高，进一步建设和完善食品安全检测体系，新组建了CNAL食品安全工作委员会，由国家食品药品监督管理局食品安全协调司承担了该委员会秘书处工作。在组织机构建设方面，考虑到实验室的生物安全管理是事关人民群众生命健康、涉及国家公共安全的重要工作，在CNAL技术委员会框架中心成立了生物安全分技术委员会，从技术上确保生物安全实验室认可的规范性和有效性。

3. 认可技术宣传和培训

为扩大对实验室认可工作的了解，增强对认可新开发领域的认识，举办了生物安全实验室认可知识培训班、医学实验室认可宣贯班、能力验证知识培训班、实验室认可与信息化管理技术研讨班和实验室认可与促进泛珠江三角洲区域经济发展科技进步研讨会。

组织召开了食品分技术委员会年会、能力验证分技术委员会年会、药品分技术委员会年会和药检系统不确定度研讨会以及CNAL全体分技术委员会负责人研讨会，在全体分技术委员会负责人会上审议通过了《CNAL分技术委员会管理办法》和《CNAL科研成果鉴定管理办法》。

4. 内部人员培训和评审员管理

为使秘书处内部人员和评审员、评审骨干和评审组长及时了解认可工作最新政策和有关新要求，按年度计划要求，分别组织了11次内部人员培训，举办了12期评审员培训班，共培训评审员268人；组织了2期评审研讨班，同时结合出台《检查机构评审员培训教程》、《实验室和检查机构内部审核指南》、《实验室和检查机构管理评审指南》以及《实验室能力认可准则在软件和协议实验室的应用指南》等新文件，统一了认可评价人员对评审准则、程序和尺度的认识。另外在评审员的管理方面加大了力度，出台了对评审员的专项整治方案，明确了评审员十项工作纪律；改变调整了评审劳务费用的发放方式，从原来由被评审方直接支付改为由认可中心统一支付。同时为减化评审员管理程序，减少评审员培训的盲目性，提高评审员的使用质量，在评审员管理制度上进行了重大改革，将评审员注册制度改为聘用制度。另外还启动了组长对组员、主任评审员对见习组长以及专家对评审组长现场评审报告工作质量的专项评议工作。对违规和能力达不到要求的25人暂停了资格。通过以上措施，基本建立了评审员优胜劣汰机制，从制度上保证了评审活动的廉洁与公正。

5. **建立反腐倡廉工作制度**

认真学习《党员领导干部廉洁从政手册》等有关反腐倡廉文件，本着相互约束的原则重新划分了工作职责，对影响认可决定的关键过程采取公开透明和多级把关等途径，加大监管力度。并通过网站上开辟了征求客户意见栏目和每年向获认可机构发布了书面调查表，广泛收集反馈信息，将秘书处工作人员的业绩考核和廉正评价等引入日常考核工作，加大对违规机构调查和后续处理力度，对不满足认可要求的机构，启动处理申投诉专项调查资金，保证了申投诉调查工作的公正性和廉正工作的开展，并对违背认可规则和要求的机构如方圆校准检测科技（福建）研究院等14个违规机构办理了暂停认可资格，对59家不能持续满足认可资格要求的机构注销了资格，同时还严格执行《认证认可条例》要求，及时将有关暂停、撤消和注销等信息在网站上公布，规范了认可活动。

6. **加强信息化建设**

加快了CNAL网站和内部业务管理办公系统的建设步伐，并以完善网站和内部业务管理办公系统建设为契机，落实国际标准ISO/IEC 17011和流程再造要求。这些措施提高了内部业务管理工作效率，减少了人为因素造成差错率对认可流程负面影响，从而提高了认可有效性。已在CNAL外网开辟了在线受理以及实施进度和统计信息查询，并实现了远程移动办公系统和认可计收费控制管理等新要求，为2006年从根本上实现网络办公和内部全自动化管理的总体目标打下了基础。

另外，CNAL内部加快了认可体系向ISO/IEC 17011:2004转化的进程。并针对新出台的ISO/IEC 17025:2005要求，提出了实验室转版要求和过渡计划，在完善内部质量体系的同时，将客户对认可工作的反馈作为一项重要工作，不仅在网站上开辟了征求客户意见栏目，还向获认可机构发布了书面调查表，针对客户意见完善认可工作。

（六）参与国际交流与合作，促进国际互认

1. **参与国际会议**

CNAL组团参加了2005APLAC管理委员会会议、国际标准化组织临床实验室检验和体外诊断检验系统标准化技术委员会（ISO/TC 212）会议、国际法制计量委员会（CIML）协议评审委员会（CPR）会议、APLAC组织的ISO/IEC 17011:2004新标准培训和标准物质生产者认可研讨会、ILAC大会。通过这些会议的参与，了解了国际实验室认可的最新动态和发展方向。

2. **承办国际会议**

承办了能力验证与食品安全检测关键技术（大连）国际学术研讨会。这是中国实验室认可机构首次举办大型国际学术研讨活动，不仅表明中国政府对食品安全检测和实验室认可工作的高度重视，同时也体现了国家认可机构在食品安全关键技术和能力验证等方面取得新进展。来自18个国家的国际知名学者以及国内外专家约130多人参会。

3. **国际互认**

CNAL作为ILAC的正式成员，已与国际上41个经济体的50个认可机构签署了互认协议，并经ILAC和国家认监委批准完成了ILAC-MRA与CNAL联合标志启用的技术准备。自2006年起，凡经CNAL认可的实验室均可使用联合标志，该联合标志用于实验室的报告上，将直观表明国际实验室认可合作组织对CNAL的认可结果的承认。

（七）实验室认可工作存在的主要问题

1. **缺乏对实验室认可工作的统一认识**

由于目前中国还未将实验室资质评价工作统一起来，在实验室管理和评价方面存在《计量法》、《标准化法》和《认证认可条例》交叉现象，因此对实验室认可工作的发展缺乏统一认识，特别是与计量认证的关系，在国务院相关部门和地方质量技术监督局存在认识不一致的问题，这阻碍了实验室认可工作的发展。

2. **认可数量和认可质量发展不平衡**

2005年CNAL已接受机构申请1 404个，比2004年增加21.66%，2005年已安排各类机构现场评审2 106个，比2004年增加38.74%。随着中国检测和检验市场的开放，申请认可实验室数量还将继续扩大，无论是认可领域范围还是评审类型的多样性及复杂程度将越来越大，CNAL面临的工作压力越来越大，从而可能影响认可质量。

3. **对生物安全实验室认可工作力度不够**

2004年11月12日国务院发布了《病原微生物实验室生物安全管理条例》，该条例要求从2005年5月11日开始，凡承担三级和四级生物安全检测工作的实验室必须通过实验室国家认可。中国三级和四级生物安全实验室广泛分布在卫生部、农业部、质检总局、教育部、军事科研院所和生物制品相关企业，禽流感等疫情在中国发生后，需要经过认可的三级和四级生物安全实验室开展有关工作，而到2005年底，仅有2家获得了国家认可，与实际需求相差很大。

4. **实验室认可新开展的领域专业人员缺乏**

近年来，实验室认可工作新开展了生物安全实验室

认可、医学实验室认可、标准物质生产者认可，并启动了GLP实验室认可和科研实验室认可研究工作，这些工作启动后缺乏后劲，缺少相关专业领域人才。

5. **与国务院相关部门和地方两局沟通不够**

实验室认可工作需要国务院有关部门，特别是26个国家计量认证评审组主管部门以及地方两局的支持，由于CNAL秘书处忙于日常的事务性工作，缺乏与相关部门的沟通，不利于得到他们的理解和支持。

（八）完善和加强实验室认可工作的主要措施

完善和加强实验室认可工作的思路是：全面贯彻落实中共的十六届五中全会精神，按照《中共中央关于制定国民经济和社会发展第十一个五年规划的建议》的有关要求，围绕立足科学发展、着力自主创新、完善体制机制、促进社会和谐的总要求，以第四次全国认证认可工作会议的主题“规范工作、提高认证有效性”为主要内容，优化认可流程，实现网络办公、提高服务质量，控制关键环节，促进认可有效。

完善和加强实验室认可工作的主要措施是：

1. **开展提高实验室认可工作有效性调研**

为保证认可工作质量，提高认可工作权威，增进获认可机构对CNAL的了解，加强与国务院有关部门和地方两局的沟通，寻求认可对象和政府对认可工作支持，拟组织调研组分别向相关部门和机构进行走访，探讨完善中国实验室认可工作的有效机制。

2. **参与《中国认证认可战略研究》**

因该战略研究将建立认证认可对经济和社会发展关系作用理论，解决认证认可的关键基础理论、技术问题，研究国际认证认可的发展的内在规律，分析中国国情和经济发展，研究重点领域认证认可制度，建立与经济和社会发展相交融的认证认可基础平台，因此，参与该项工作将把握认证认可工作的发展方向，使实验室认可工作有目标、有指引、有提高。

3. **为中国认证认可协会提供技术服务**

协会的诞生是适应国民经济发展对认证认可要求的必然举措，是适应认证认可行业管理的客观要求，是认证认可行业转变政府职能的具体体现，是认证认可行业自我约束自我发展的需要。认可机构为协会的特殊会员，既要通过规范自身工作，树立认可权威形象，又要为协会其他会员的行业自律提供技术支持和保障。

4. **完善实验室认可新领域和新要求，不断创新**

在2005年的试点工作基础之上，重点对生物安全实验室、医学实验室、标准物质生产者、能力验证计划提供者、科研实验室和机动车检查机构的认可工作进行开拓，同时不断完善规范准则和应用指南，严格程序，提高效率，积累经验，保证质量。

5. **正式启动ILAC-MRA和CNAL联合标志使用**

依据ILAC和国家认监委对联合标志的使用要求，提出CNAL与使用联合标志机构之间的协议，宣传联合标志的正确使用方法，促进经认可实验室出具报告和证书的互认。

6. **继续支持西部大开发和振兴东北老工业基地的工作**

加快对西部法定计量检定机构的认可步伐，研究对西部和东北老工业区实验室的认可政策倾斜，加大实验室认可的宣传力度。

7. **确保强制认可领域实验室的认可质量**

对国家产品质检中心、省级产品质检所、出入境检验检疫实验室、CCC指定实验室、生物安全实验室、司法鉴定机构和国防工业实验室进行重点监督和管理。

8. **为国家科学技术创新和跨越服务**

围绕中国“十一五”科学技术发展，要坚持自主创新、重点跨越、支撑发展、引领未来，不断增强企业创新能力，加快国家创新体系的总体目标，认可重点将转移到涉及能源、资源、农业、信息、生命、空间、海洋、纳米及新材料等关键领域的实验室检测工作上来。

9. **完善自身体系，扩大国际交往**

按照ISO/IEC 17011:2004要求，进一步优化认可流程，不断完善CNAL网站和内部业务管理办公系统，要加强队伍建设，提高评审质量，树立认可权威。指定专人对应国际相关组织，跟踪国际有关准则和指南，加快国际准则的转化速度。同时作为东道主举办好APLAC标准物质生产者研讨会以及中国实验室发展（国际）论坛，提高CNAL的国际地位。

10. **加强思想建设**

加强理想信念教育和思想政治工作，大力弘扬以爱国主义为核心的民族精神和以改革创新为核心的时代精神，加强社会主义思想道德建设，倡导爱国守法、明礼诚信、团结友善、勤俭自强、敬业奉献的基本道德规范，以先进性教育为契机，高度重视做好建立长效机制方面的工作，群策群力，发展中国认可工作。

七、培训机构认可和人员注册

根据国家认监委授权，中国认证人员与培训机构国家认可委员会（CNAT）统一负责中国认证人员注册和培训机构认可工作。2005年，CNAT按照年度计划的总体要求和各季度工作计划的具体要求，努力工作，较好地完成了各项工作任务，取得较大的成绩，使培训认可与人员注册工作得到蓬勃的开展。

(一)人员注册工作新发展

1. 设立了固定的面试考点，面试成为一项日常的工作。2005年完成面试考核2 389人。累计完成QMS、EMS、OHSMS面试总人数4 369人，合格3 017人，合格率69%。

2. 从2005年共发放QMS、EMS带有IATCA标志的注册证书6 696张。对原安注委OHSMS审核员转换确认工作全部结束，共确认高级审核员237人，审核员510人，实习审核员1 813人。

3. 对注册评价人员进行了1期培训，建立了评价人员数据库，编制了评价作业指导书，加强了对评价人员规范操作的控制与管理。对EMS验证审核员组织考核和确认131人，培训确定HACCP验证审核员58人。

4. 共发布注册公告44期，受理各类注册申请26 034人项，批准注册20 844人。批准注册各级别审核员、检查员、咨询师情况如下：

批准QMS各级别审核员11 266人项，累计54 114人项；批准EMS各级别审核员2 882人项，累计17 112人项；批准OHSMS各级别审核员2 959人项，累计9 014人项；批准各级别咨询师336人项，累计5 810人项；批准HACCP各级别审核员155人，累计1 192人；批准CCC检查员3 130人，累计3 130人；批准饲料产品检查员108人，累计153人；批准有机产品检查员8人，累计193人。现CNAT累计注册各级别审核员、检查员、咨询师共90 718人项。

(二)培训认可工作新发展

1. 2005年共完成机构认可评审2家，累计认可培训机构32家；批准培训课程10项，累计批准课程61项。按监督计划完成25家培训机构39项课程的监督评审，占计划的86%。完成内审员培训机构认可4家，累计9家。

2. 对新聘任的评审员进行了培训，合格14人。对QMS、EMS、OHSMS试卷进行全面修订，共修订完成QMS试卷8套、EMS试卷6套、OHSMS试卷6套。

3. 共举办各类教师培训班6期，259人参加，累计参加培训教师853人项，这些教师承担着QMS、EMS、OHSMS和HACCP 4类课程授课任务。完成2005年度2批培训教师确认工作，确认教师431人项。

(三)规章制度建设

1. 贯彻实施《认证认可条例》和配套规章

(1)根据国家认监委认可部发函委托CNAT对叶明辉等违规行为进行调查的要求，CNAT立即组成调查组，通过到认证机构调查、联系企业调查和检查相关档案等途径，取得了充分的证据，证明叶明辉等16人提供虚假注册申请材料、使用假公章、骗取CNAT的注册资格的事实。经研究决定，对13人取消在CNAT注册的所有审核员资格，对3人不予注册并记录在案。国家认监委根据CNAT的调查结果，按照《认证认可条例》的规定，发布了2005年第18号公告，撤销叶明辉等16人的执业资格，并在5年内不给予注册。此项工作充分体现了CNAT对审核员违规行为的处置力度，也表明了CNAT保证注册有效性、严厉打击弄虚作假行为的决心。

(2)按照国家认监委 国认可[2004]60号文《关于留存具有认证资格公务员认证注册档案有关问题的通知》要求，对具有公务员身份的审核员实施了收回注册证书、封存档案的工作。共受理申请783人，办理档案封存749份，对于因改变公务员身份后恢复注册资格14人。

(3)按照国家认监委 国认可函[2004]272号《关于外资认证机构中持境外证书人员转化CNAT注册审核员有关问题的通知》要求，对持境外审核员注册证书人员进行转换注册工作。共受理20家机构的申请616份；分3批完成转换注册473人项，解决了外资认证机构审核员开展认证活动的合法资格问题。

(4)按照国家质检总局61号令的要求，组织进行了培训机构专兼职教师聘任关系的重新申报工作，编制完成28家培训机构聘任人员名录，并公布于CNAT网站。受国家认监委委托，CNAT进行了第二轮对培训机构的行政监督，已完成25家机构的检查。CNAT还完成了培训教师注册准则的制定，开始实施教师注册的制度，已受理90多人的注册申请。

(5)为保证新开展认证项目的人员及时符合《条例》规定的注册要求，CNAT制定了《新领域认证及认证培训、咨询人员确认程序规则》，可在保证基本满足注册条件情况下快速解决新开展认证项目人员资格合法性问题。

(6)重新修订了《注册人员处置规则》和《培训机构处置规则》，使外部监督更具有针对性和可操作性，制定了《评价考核人员管理程序》和《认可评审员管理程序》；进一步加强了对考官、专家的管理。

(7)为解决行政审批和执法监督需及时获得准确的人员注册资格信息的问题，建立了注册人员名录网上查询系统。

2. 建立并实施一批审核员、检查员注册与培训认可制度

(1)已组织成立了信息安全产品认证审核员注册与培训认可CNAT分技术委员会，并经国家认监委国认可函【2005】159号文批准。由于相应的认证管理办法和认证规则的制订工作尚未完成，注册准则和培训认可准则的制定工作推迟。

(2)根据2004年年底发布《强制性产品认证检查员管理办法》的要求，制定了强制性产品认证检查员过渡期注册方案，召开了贯彻实施《强制性产品认证检查员管理办法》的宣贯会议，分8批完成了对3 130名检查员的9 688个专业项目注册工作。

(3)关于有机产品认证检查员注册与培训认可制度，完成了培训教材的编制与出版，举办了1期教师培训班；完成了有机产品认证检查员课程准则、注册准则和考试大纲的审定发布；开始受理培训认可申请和人员注册申请。

(4)关于软件评估师注册与培训认可制度经与相关部门多次磋商，做了大量的准备工作，于2005年10月召开了分技术委员会，制定了明确的工作开展原则和工作进度时间表，相关任务已于2005年年底完成。

3. 研究建立一批审核员、检查员注册与培训认可制度

(1)绿色市场认证审核员注册与培训认可制度，在前期试点培训的基础上，已完成了注册准则、培训/考试大纲等文件的起草和审定完成。

(2)自愿性产品认证检查员注册制度经研究调整为两步走的政策。第一步按照CNAT制定的《新领域认证及认证培训、咨询人员确认程序规则》实施确认，第二步是待确认人数达到一定规模再建立注册制度。现已完成《自愿性产品认证检查员确认方案》的制定发布，开始实施确认工作。

(3)对于酒类产品认证检查员注册制度和良好农业规范认证检查员注册制度，由于市场需求迫切，得到积极的开展，发布了《酒类产品认证检查员确认方案》，完成《良好农业规范认证检查员考试培训大纲》和《良好农业规范认证检查员确认方案》的起草。

4. 实施并完善一批审核员、检查员、咨询师注册与培训认可制度

(1)认证咨询师注册与培训认可制度：在继续开展转换注册的同时，完成了QMS咨询师培训教材的出版，编制完成了QMS/EMS/OHSMS考试大纲与试卷，进行了两期教师培训，培训合格教师131名，组织对2 672名咨询师进行转换考试3 340项，合格2 525人3 188项。

(2)为适应食品安全管理体系认证"十五"攻关课题对人员提出的新要求，并考虑到ISO 22000国际标准即将颁布实施，经技术委员会研究决定，组织完成了613名HACCP审核员专业发展培训与考试，并对395名HACCP审核员进行913人次的专业面试，合格344人，涉及8个专业，满足了课题成果应用和认证开展的人员需求。HACCP培训方面，在完成教材出版、培训大纲与试题编制的基础上，举办了教师培训班，合格39名；完成了对5家培训机构的HACCP课程认可评审；培训机构已举办HACCP审核员培训班共63期，培训人员935名。HACCP审核员注册与培训认可已成为一项成熟的制度。

(3)饲料产品认证检查员注册与培训认可制度在去年完成注册准则的基础上又完成了培训课程准则的审定发布，举办一期教师培训班，6名教师考核合格，又有108人取得饲料产品认证检查员的注册资格。

(四)新标准的贯彻实施

1. 几项新版标准与准则的贯彻实施

(1)按照IATCA新颁布的QMS第三版注册准则、评价准则的要求，将CNAT QMS注册准则修订为第二版。为保证新版注册准则的有效实施，召开了近100家认证机构、200多人参加的宣贯大会，并根据会议反馈的意见和建议，编制了实施说明，修订了审核员处置规则和相应表格。实施近一年来，操作平稳，效果明显。

(2)按照ISO 24001新版国际标准的要求，CNAT制定了换版方案，修订了EMS审核员及内审员课程准则和培训大纲，完成了对142名EMS培训教师的换版培训与考核，完成了对7 656名EMS审核员的换版考试，合格7 342名，合格率为96%。

(3)考虑到对审核员要求的一致性，对OHSMS注册准则亦参照IATCA第三版注册准则、评价准则进行了修订，同时修订了相应表格并编制了实施说明，于2005年7月1日实施。

(4)原计划按照IPC的注册准则制定CNAT新版注册准则，但经研究认为，现行准则刚实施不到一年时间，且尚能符合按ISO 17024国际标准认可的要求，故此项工作推迟到2006年进行。

2. GB/T 27024标准的贯彻实施

根据国际组织将"人员认证"调整为认证层面的变化和国内将对人员注册工作与认可工作相分离的需要，CNAT将贯彻实施GB/T 27024标准、接受CNAB的认可评审作为2005年的一项重点工作任务。CNAT组织成立了专项工作组，制定了时间表，完成了大量的国际文件翻译和研究，修订了质量体系文件、规范性文件和工作用表格55份，组织进行了人员培训、内审和管理评审，并于2005年10月17~20日顺利完成CNAB的认可评审。评审组给出了CNAT的管理与注册制度基本满足GB/T 27024的要求、向CNAB推荐给予认可的结论意见。

(五)审核员专业发展培训课程开发

统计技术是审核员、检查员和咨询师需掌握的重要通用技术,虽然已有许多现成的统计技术方面的教材、资料,但供认证人员使用、满足认证实际需要的教材尚为空白。为此,CNAT从2004年就开始组织专家进行编制,经过几次研讨与统稿,于2005年完成了审定,预计年底由出版社出版,明年组织开展专业发展的培训工作。

(六)加强CNAT秘书处内部管理

1. 重新修订了各处的工作职能和岗位工作职责,达到了分工清晰、依据性强、便于考核的目的。进行了两名处长的轮岗,既锻炼了干部,又扩展了思路。对个别人员调整处室,充实新项目开发的力量。

2. 修订了公文管理程序,建立了会议纪要和内部签报制度,使CNAT内部管理政令畅通,决议稳妥,工作实施有据可查,经运行已显示出良好的效果。对秘书长与副秘书长负责的工作进行了重新分工,使副秘书长的作用得到了有效发挥。

3. 配合国家认监委信息中心积极开展人员注册信息系统的建立和CNAT网站的改进工作。审议完成人员注册系统功能界定书,购置了支持系统的服务器。网页已更新,系统已开始试运行。

4. 在网站上开通了申投诉信箱,加强了社会监督的作用,申投诉渠道畅通。已收到各类信件41件,书面或电话答复22件。

(七)国际交流与合作

在国际交流与合作方面,密切跟踪IPC的动向,投票赞成IPC准则,对IPC提出关于标志使用的要求进行了研究。派人参加国家认监委组织的HACCP国际培训和ISO/TC 176年会。派人赴韩国就EMS审核员注册工作进行技术交流与宣传。

(八)存在的主要问题及原因分析

1. 岗位管理有待加强

岗位职责制定得不具体,不清晰,使得对各岗位工作量的大与小、技术难度的高与底不能充分地体现,一些岗位工作人员对本岗位工作的数量和质量要求不够清楚。没有很好地解决做什么、怎么做的问题,在管理上难以对各岗位工作任务的完成情况进行衡量与评估。个别岗位设定的工作不饱满,造成各岗位间形成忙闲不均的现象。岗位职责不清晰也造成对岗位人员配置的困难,个别人员能力不能与岗位要求相适应,对岗位人员也缺少岗位培训和继续培训。

2. 缺少内部监督机制

CNAT的质量体系文件制定得较科学、适用,但执行得不够好,个别人员不注意学习和了解文件的规定,加之缺少内部对其有效的监督,造成工作不规范,差错率较高。CNAT编制有年度计划、季度计划,还有月工作例会,可以说计划安排得较周全,但工作按计划完成得不够理想,有的任务一拖再拖,影响了整体工作的开展。分析原因是一些人员对按时完成计划的重要性认识不够,对工作按轻重缓急排队考虑得不够,更重要的是缺少对工作的监督检查和督办机制。

3. 服务意识不强

CNAT面对的工作对象是认证及认证培训、咨询机构和广大注册人员。除了需要进行严格把关、有效注册外,还需要提供良好的服务。但CNAT的个别工作人员缺少服务意识,认为手中有注册的权力,机构与人员有求于自己,在方式方法上、在服务上不能很好地处理与工作对象的关系,特别是在人员注册工作时限上抓得不够紧,使工作对象产生较多的意见。分析原因主要是工作制度不完善,培训教育不够,没有使工作人员意识到为客户服好务,是CNAT事业发展的最重要的因素。

4. 人力资源不足

随着新注册制度的不断建立和《认证认可条例》的贯彻实施,CNAT的工作量不断增加,无论从人员的数量上和人员的质量上都不能满足工作开展的要求。一是缺少在项目开发、技术文件编制、数据库维护、宣传、技术评价等方面的高水平的人员。二是缺少在信息录入、档案整理、文件发放和统计等方面的辅助人员,有较为充足的辅助人员才能把现有一些技术能力强的人员从一般事务性工作中解放出来,从事技术开发工作。三是缺少在新培训课程认可方面专业性强的评审人员。人力资源的不足,造成CNAT对新注册制度的建立速度不够快,对已开展的注册制度的人员注册不够及时,这已成为阻碍CNAT事业发展的一大难题。

(九)改进工作的对策措施

1. 依据IPC新的注册准则和GB/T 27024标准,全面修改审核员注册制度,包括QMS、EMS、OHSMS和食品安全管理体系的审核员注册制度。

2. 加快实施强制产品认证、饲料、有机等检查员注册、认证咨询师注册和教师注册等制度。

3. 规范和加强新项目的开发过程,适应认证事业发展的需要,满足法规的要求。这些新开发项目包括建立计量管理体系认证人员、绿色市场检查员注册制度等。

4. 改进和完善内部管理:

(1)贯彻落实经认可的新的管理体系,将内部培训制度化；做到制度上职责明确，操作中认真负责，结果上符合一致；

(2)与国家认监委信息中心密切配合，完善网络注册系统和CNAT网站；逐步实现人员注册工作的网络化和信息化，大幅提高时效性；逐步实现对注册人员提供“个性化的、有针对性的、及时动态的服务”；

(3)加强员工的业务培训，使培训与注册工作需要相结合，注重认证实践活动和专业理论等方面；适当集中力量培训一些业务骨干、专业负责人和中层干部，为他们创造参与高层次、高水平研究管理工作的机会，参与国际活动的机会，参与重大政策制定的机会等；

(4) 建立专职评价考核人员队伍，逐步实现QMS、EMS等成熟业务的评价考核人员队伍以CNAT自有员工和专职人员为主；

(5)强调服务意识、责任意识，建立团队意识、危机意识、成本核算与节约意识。

5. 注意跟踪国际同行的发展动态，参加2006年3月和9月IPC的两次全会，适度参与IPC技术工作组的活动。保证CNAT在IPC中的创始成员和领导成员地位，进一步争取在技术层面和管理层发挥更积极的作用，保证CNAT在国际上的优势地位，保护国内认证人员、认证机构和认证认可行业的利益。

继续全力配合国家认监委的行政监管工作，同时加强对注册人员的日常监督；保持和提高认证人员的整体水平和职业道德水平，保证认证事业的健康发展。

五、认证机构认可

撰稿：CNAB秘书处
审稿人：肖建华

六、实验室认可

撰稿人：袁松宏
审稿人：魏　昊

七、培训机构认可和人员注册

供稿：中国认证认可协会

CNCA

2006

ZHONG GUO REN ZHENG REN KE NIAN JIAN

第五部分 认 证

REN ZHENG

·认证·

一、管理体系认证

（一）2005年管理体系认证新进展

管理体系认证领域不断扩大，认证工作已经覆盖了社会经济生活的各个方面。到2005年底，中国ISO 9001质量管理体系有效认证证书167 404份（其中带有CNAB标志的143 823份），约占全球总数的1/5，ISO 14001环境管理体系有效认证证书15 554份（其中带有CNAB标志的12 683份），约占全球总数的1/8；职业健康安全管理体系认证有效认证证书6 122份（其中带有CNAB标志的5 922份）。管理体系认证证书总数位居世界第一。2005年，中国质量管理体系认证新增证书19 088份，环境管理体系认证新增证书4 705份，职业健康安全管理体系认证新增证书2 414份。管理体系认证增长速度高于世界平均水平。

在其他管理体系认证领域，食品安全管理体系认证和软件过程能力与成熟度评估稳步开展，获证企业数量快速增长；信息安全管理体系认证开始试点工作，中国电子技术标准化研究所、广州赛宝认证中心、上海质量体系审核中心和华夏认证中心有限公司4家认证机构被列入首批试点单位；体育服务认证的认证管理办法和认证规则已经发布实施；森林认证标准也已经制定完成。

（二）管理体系认证监管及认证有效性评价

1. 2005年食品生产企业质量管理体系（ISO 9001）认证有效性调查（详见131页）

2. 2005年认证机构档案稽查（详见132页）

3. 2005年认证机构顾客满意度调查（详见132页）

二、产品认证

（一）强制性产品认证

1. 强制性产品认证新政策、新措施

（1）完成承担强制性产品认证检测任务的实验室及其业务和地域范围的调整工作。自2003年对承担强制性产品认证检测任务的实验室进行调整以来，CCC指定实验室的业务和地域范围一直没有进行全面、系统的整合。为了便利企业办理认证、优化实验室配置、合理使用检测资源，于2006年上半年完成了CCC指定实验室的业务和地域范围调整工作（国认证函[2005]118号）。

（2）修改无需办理强制性产品认证或可免于办理强制性产品认证的要求并将管理权下放地方直属出入境检验检疫局。无需办理或可免于办理强制性产品认证是CCC制度重要的补充和完善，自国家认监委发布2002年8号公告以来，为了方便企业、加强监管，国家认监委认证监管部一直与各直属出入境检验检疫局保持了充分的沟通与协商，并通过2003年、2004年逐步改变管理及监管方式，最终于2005年3月，通过重新发布2005年第3号公告的形式，改革下放了无需办理及免办工作。实践表明，现行管理方式取得了进出口贸易关系人及各直属局较好的反应。

（3）完成强制性产品认证技术专家组的重新组建工作。强制性产品认证技术专家组是CCC制度实施的技术性辅助机构，在过去的几年中，各CCC认证技术专家组完成了大量的技术工作。为了进一步完善和加强技术专家组的职能并使技术专家组的工作有章可循，国家认监委认证监管部启动了CCC认证技术专家的重组工作，同时还要求各技术专家组制定相应的工作章程。本次CCC技术专家组重组的完成不仅可大幅提升技术专家组的工作效率，还能进一步保证CCC认证技术工作的准确性、合理性。

（4）强制性认证产品标准换版工作。2005年，CCC目录范围内的家用电器、电线电缆、电焊机、电动工具、汽车等产品标准均进行了换版，通过组织相应产品技术专家组进行研讨,顺利完成了上述产品的标准换版工作。

(5)启动实施规则全面修改工作。CCC 的实施规则大部分是制度设立之初制定并实施的，通过广泛收集了过去几年中所发现的问题，国家认监委认证监管部组织认证机构、实验室、技术专家组对实施规则进行了全面修订，以保证实施规则的准确性、有效性和可操作性。

(6)启动 CCC 认证产品范围界定和描述工作。CCC 认证产品(尤其是电工产品)种类繁多、产品更新换代速度快,这从一定程度上给认证机构、实验室、制造商和消费者对是否属于目录内产品的判断造成了一定的困难,同时也给地方执法机构的执法活动提出了很高的技术要求。为了确保对目录内产品进行清晰、准确的界定和描述，国家认监委认证监管部已启动并实施该项工作并争取尽快发布。

(7)组织制定了玩具产品强制性认证实施规则,草案报国家认监委领导批准后,向 WTO 进行了通报。

2. 强制性产品认证业务新进展

2005 年 1 月 1 日~12 月 31 日,共发放强制性产品认证证书 68 111 张。

3. 强制性产品认证新领域的开拓

(1)发布汽车零部件产品 CCC 目录并实施。实施强制性产品认证的机动车零部件产品目录已于 2005 年 9 月 12 日公布(国家质检总局、国家认监委联合公告 2005 年第 137 号)，并于 2005 年 12 月 1 日正式受理认证申请。在 2005 年 9 月国家认监委发布了第 26 号公告,对机动车零部件产品实施强制性产品认证。

(2)信息安全产品认证工作:国家统一的信息安全产品认证认可体系的建设工作是国家认监委的重要工作之一。在委领导的直接领导下已开展了多方面的工作,目前国家信息安全产品认证管理委员会已经建立,国家信息安全产品认证管理委员会章程也已经正式公布施行,最为重要的目录、标准、实施规则工作组已经召开了多次会议，初步确定了信息安全产品目录、标准、实施规则的工作及分工,中国信息安全认证中心正在组建之中。

(3)汽车产品认证工作:为贯彻国家汽车节能、环保相关标准，加强对汽车产品燃料消耗和污染物排放的控制,推动并规范混合动力汽车等节能环保型汽车的发展,根据《强制性产品认证管理规定》,国家认监委对《机动车辆类（汽车产品）强制性认证实施规则》(编号:CNCA-02C-023:2002/A2）增加了燃油消耗和混合动力汽车的相关认证要求,同时对个别内容进行了勘误修改,原规则其他内容不变,修订后的实施规则为《机动车辆类(汽车产品)强制性认证实施规则》(CNCA-02C-023:2005)。

4. 强制性产品认证监管及认证有效性评价

认证的有效性是认证制度的生命线。坚持认证有效性是认证工作出发点和归宿。健全强制性产品认证监管机制,强化对认证工作全过程的监督管理,加强认证机构的基础建设,规范认证机构的工作行为,保障认证产品的有效性,是国家认监委的职责。为此,国家认监委建立了对强制性产品认证活动年度监督制度,年度监督包括对指定认证机构、实验室、工厂审查员和获证产品的监督检查。每年的监督检查都会根据强制性产品认证运作情况和社会的反映,采取有不同的监督检查方式和监督检查重点，以便及时发现强制性产品认证活动存在的问题,及时加以解决,推动强制性产品认证活动的健康有序发展。

2005 年开展了 4 项强制性产品认证专项监督检查,即对指定认证机构、指定实验室、强制性认证获证产品、强制性产品认证工厂检查员开展的专项监督检查。

为保证汽车产品认证工作的有效性，组织开展了汽车灯具、汽车安全带等产品的强制性产品认证指定检测实验室间能力验证比对工作，与国家环保总局联合组织汽车欧 3 排放标准比对工作。与国家质检总局联合发布了进口机动车产品认证及检验监管工作的通知。

(1)对指定认证机构专项监督检查

国家认监委于 2005 年 8 月 29 日开始组织了 80 位评审人员和产品专家,分 7 个大组,11 个小组,由 7 个资深认可评审员和技术专家带队,历时 30 天,对 11 家指定从事家用和类似用途设备、摩托车、电线电缆、音视频设备、电动工具、防盗保险柜(箱)、植物保护机械背负式喷雾喷粉机(器)、安全玻璃产品(建筑)、轮胎产品、火灾报警设备、汽车产品、混凝土防冻剂、瓷质砖和溶剂型木器涂料 14 大类产品认证的机构进行了现场监督检查。检查中抽取档案 274 份,其中分支机构 36 份;调阅档案 149 份,其中分支机构 32 份;追踪验证检查企业 14 家(原定 15 家,因其中 1 家企业季节性停产)。

专项监督检查目的是确保强制性认证指定机构认证活动的公正规范,促进强制性认证工作质量进一步提高,保证强制性认证制度的有效和全面贯彻。

监督检查重点是：验证 2004 年监督检查结果的后续整改情况；关注认证机构在选定的产品领域对中小型企业和 OEM/ODM 厂实施具体产品认证的全过程,即从受理申请、单元划分、样品检测、初始工厂审查、结果评定、证书颁发、获证后监督、认证扩展/变更等各个环节进行检查;实施CCC认证活动的一致性,并追踪验证认证企业的认证有效性和认证产品的一致性;认证机构与分包机构、地方执法部门、CCC标志发放机构接口/配合环节开展工作的有效性;对2004年及2005年国家监督抽查不合格的CCC认证企业和认证产品的处理情况。

接受监督检查的11家强制性认证指定认证机构分别为:中国质量认证中心(CQC)、中国电磁兼容认证中心(CEMC)、中国安全技术防范认证中心、北京东方凯姆质量认证中心、北京环宇赛福特认证中心、北京中化联合质量认证有限公司、公安部消防产品合格评定中心、中国汽车产品认证中心、方圆标志认证中心、北京国建联信认证中心有限公司和中标认证中心。

此次对CCC指定认证机构监督检查基本结论是:指定认证机构实施强制性认证工作总体上是客观的、公正的和独立的,工作态度认真严谨,认证行为基本规范,认证结果是有效的;认证机构的内部管理正在逐步完善,服务意识和能力逐步加强,获证组织对认证机构的服务基本满意;认证机构对强制性认证法律、法规、规章、规范性文件的理解基本充分和准确,强制性认证制度得到了较为全面的贯彻实施。但认证机构还应加强自身管理,进一步规范认证活动和对认证过程的监控,促进获证组织提高获证产品的质量保证能力和获证产品的一致性,以提高强制性产品认证的有效性。

此次监督检查对2004年监督检查中发现的问题进行了跟踪验证,共涉及8家指定认证机构和286个问题,其中有80%以上的问题已经得到较好的解决,纠正措施是有效或基本有效的。

根据2005年的监督检查报告中的综述意见,2004年度受监督检查的8家指定认证机构都能对发现问题进行认真整改,在执行国家相关法律法规和规章、完善质量管理体系文件、加强对工厂检查员的管理、规范对认证活动的实施、明确与相关机构的接口和加强对认证证书的动态控制管理等方面都有较大程度的规范和完善。

2005年对11个指定认证机构的监督检查,覆盖了认证机构文件与记录管理、认证受理过程、检验过程、工厂检查过程、认证决定过程、认证证书和标志使用的控制管理、证后监督过程、对申诉与投诉的处理,以及认证公正性管理、与相关机构接口关系、认证收费等方面。

监督检查结果表明,认证机构的质量管理体系基本符合国家有关法规、规章、规范性文件以及认可规范的要求,对强制性产品认证的实施与认证过程的监控基本适宜和有效。根据对获证组织的跟踪检查结果表明,绝大部分的获证产品符合认证依据技术标准,在产品质量安全性方面有基本保证,获证组织对认证机构的服务基本上是满意或比较满意。

此次监督检查共发现了87个问题,主要涉及文件和记录管理、认证受理过程、检验过程、工厂检查过程、认证决定过程的管理、认证证书内容和认证标志使用控制、证后监督管理和认证收费标准等方面。其中在对获证组织的跟踪检查中发现,获证组织在对产品一致性控制、认证标志的使用和产品实现过程记录的管理方面存在较多问题。这需要认证机构进一步学习CCC认证的法律法规,在规范认证过程的一般性管理的基础上,重点放在工厂检查中对产品一致性的检查和对认证标志使用的指导与检查上,加强对获证组织的证后监督检查和对认证证书的动态控制,及时暂停和撤销不符合要求的认证证书,切实保证认证的持续有效性。

(2)对强制性认证指定实验室专项监督检查

2005年7月12日,国家认监委发文国认证函[2005]136号《关于协助开展强制性认证指定机构和工厂检察员监督检查工作的通知》,要求在2005年8~12月对列入监督计划的实验室进行监督核查。2005年专项核查工作有6项:电线电缆产品、低压电器产品、小家电产品、摩托车产品、电磁兼容检测能力验证、溶剂型木器涂料检测能力验证。

本次专项核查由CNCA统一组织部署、中国实验室国家认可委员会(CNAL)组织实施、中国质量认证中心(CQC)、中国电磁兼容认证中心(CEMC)协助及相关产品检测实验室的专家参加。

2005年8月10日,国家认监委认证监管部召集CNAL、认证机构、6项产品核查组的负责人员及专家,对各组的核查方案进行了确认。最终形成了2005年度CCC实验室专项核查方案。内容包括:

电线电缆产品:对承担电线电缆产品检测的22家CCC实验室的检测能力进行现场核查。

低压电器产品:对承担低压电器产品检测的19家CCC实验室的检测能力进行现场核查。

小家电产品:对承担小家电产品检测的20家CCC实验室的专项检查包括通用能力要求(包括:实验室与认证机构的接口、检测任务时效性、检测收费、有无不良竞争等)的核查和特定产品(液体加热器中的无绳壶)检测能力核查两部分。

摩托车产品:对承担摩托车产品检测的5家CCC实验室进行现场核查。

电磁兼容传导骚扰电压比对：主要选取进行家用电器、电动工具和照明器具EMC检测的25家CCC实验室进行能力验证。

溶剂型木器涂料：对承担溶剂型木器涂料的21家CCC实验室选择挥发性有机化合物(VOC)和甲苯等几个参数进行能力验证。具体内容见附件六；

在6项专项检查中，共涉及实验室112家次。其中2个项目，即涂料和EMC采取了能力验证的方式，这两个项目也纳入了CNAL2005年的能力验证项目。2005年12月底，各组的现场核查工作已顺利完成，并提交了初步核查报告。

承担电线电缆产品检测的实验室现场核查：

电线电缆产品CCC认证指定实验室共有25家，本次对其中22家实验室进行了现场核查。没有对2005年接受并通过了国际同行评审的3家CB实验室进行现场核查。鉴于电线电缆行业的技术专家基本都属于CCC实验室范围，因此本次核查的专家从这3家CB实验室派出。

从核查的总体结果看，各实验室对于电线电缆产品的检测能力基本具备，但还存在着部分设备不齐全和试验经验欠缺等方面的不足。

主要问题有：存在缺少部分检测仪器设备的问题：涉及15家CCC实验室；

检测设备管理存在一些问题，即：一些实验设备没有按期计量，设备计量状态标识不清楚，设备计量证书中缺少必要的计量数据；试验报告格式的规范性和试验原始记录内容的充分性问题；试验方法标准的理解、执行及试验人员对非常规检测项目操作的熟练性问题。

低压电器产品检测的实验室现场核查：

低压电器产品CCC认证指定实验室共有25家。本次对其中19家实验室进行了现场核查，其余6家没有进行现场核查。这6家实验室在前几年的专项核查后到现在技术能力无变化。本次专项检查是针对实验室的检测能力、运作的规范性进行现场核查。经检查、这19家实验室基本符合要求。

核查组在现场核查中对每家实验室进行726V最大通断能力验证，以核定660V断路器、660V接触器通断试验能力及690V成套装置短路耐受强度的试验能力。在低压电器元件检测实验室现场进行断路器瞬时脱扣器的最大试验电流的核查，以核定按照脱扣器整定能力确定的承检断路器的额定电流。在有直流试验能力的实验室进行直流最大通断能力的预期波试验，以核定实验室的直流试验能力。

自CCC认证制度实施以来的3年多时间里，根据CCC检测需求，绝大部分实验室的综合检测能力有了不同程度的提高，例如改善了试验环境条件，扩大了试验场地，增添了设备仪器，扩大了承检产品标准，提高了试验能力和测量的准确性，新增了试验人员，整体素质水平也有不同程度的提高。

此次进行的实验室能力的现场试验，其主要目的是验证实验室主要设备最大的试验能力，无疑是在严酷的条件下经受考核，大多数实验室试验过程比较顺利，设备完好，人员操作较为熟练。同时核查组也发现目前CCC检测工作存在的问题，如低压成套产品抽屉柜温升试验方法、短路通断试验测量设备的校准方法等，需要相关标准委员会或有关管理机构进一步制定相应的规范和程序，从而促进低压电器CCC认证工作的健康发展。

承担小家电产品检测的实验室专项检查：

小家电产品CCC认证指定实验室共有20家，全部参加此次专项检查。经过核查，这20家小家电实验室基本能够按照国家认监委、实验室认可委以及认证机构的有关要求实施强制性产品认证的检测活动；能够按照GB 4706.1-1998，GB 4706.19-2004中规定的试验方式进行指定项目试验。通过本次核查可以认为，目前小家电实验室检测能力的总体情况良好，但是在实验室管理、检测活动实施以及所出具的CCC检测报告等方面存在一些共性问题：对CCC有关文件规定不能及时获得，培训不到位、理解有偏差；对检测样品资料评审不充分，检测时限没有规定或细化；CCC检测报告信息不全面、存在错判或漏判项目等。对标准理解上有偏差，现场指定试验操作不熟练。

摩托车产品检测的实验室专项检查：

摩托车产品CCC认证指定实验室共有5家，此次全部参加核查。被核查的5家CCC摩托车实验室的检测设备基本能达到国家认监委的要求，但由于检测历史经验和管理水平的差异，5家CCC实验室除国家摩托车质量监督检验中心(天津)未发现不符合外，其他试验室都有不符合。不符合涉及试验记录管理、样车管理、试验环境监控和标准理解等方面。其中有些不符合可能会对试验报告的符合性和认证的有效性造成影响。

综合分析5家实验室在核查中发现的主要问题是导致上述不符合的原因分为检测经验不足和管理不到位两个方面。

电磁兼容传导骚扰电压对比：

本次核查主要针对承担家用电器、电动工具和照明器具CCC检测任务的实验室进行传导骚扰电压试验的能力验证。此类CCC认证指定实验室共有28家，由于实验室合并和分包的问题，共返回数据25家。通过本次比对来看，25家实验室的数据分布较为集中，承担此项目检测的相关实验室整体检测结果较为一致，整体结果比较满意。根据CISPR 16.4标准和专家的讨论结果，选取与参考值相差3.6dB作为判断实验室结果满意和离群的限值。

本次比对的结果如下：

检测结果明显离群，与参考值偏离较大的实验室有：机械工业办公自动化设备检验所共有7组数据进行评定，4组数据偏离参考值超过3.6dB，且偏离程度较大；宁波市产品质量监督检验所共有7组数据进行评定，全部数据偏离参考值超过3.6dB。

一家实验室检测结果离群，与规定的参考值有一定的偏离，但数据趋势基本正确或某一点偏离，需要实验室检查测量系统和测量方法。

其余22家实验室，其数据偏离与参考值相比，都在3.6dB范围内，结果满意。

溶剂型木器涂料检测的实验室能力验证：

溶剂型木器涂料产品CCC认证指定实验室共有21家，此次全部参加核查。参加比对的21家CCC实验室基本上都能按照GB 18581-2001《室内装饰装修材料溶剂型木器涂料中有害物质限量》中规定的试验方法进行试验。比对结果基本满足要求。其中甲苯试验结果21家均在误差范围内。在挥发性有机化合物(VOC)的2个试验项目中，挥发含量的试验结果也都在误差范围内。密度试验，有5家超出标准偏差要求。其中2家超过再现性偏差2倍以上。

除此之外，一些实验室在原始记录中存在的问题较多。有些记录不完整；记录信息不清晰；或记录信息错。

以上专项核查工作共有6项，2个项目采用能力验证的方式，4个项目采用现场核查的方式。本次核查是历年来CCC核查项目以及涉及核查的实验室最多的一年。

在这次核查工作中，核查组认为现有的CCC实验室对此次核查工作比较重视，核查结果真实可信。实验室体系运行基本正常，检测能力和仪器设备也大都能满足检测的要求，尤其是检测人员的技术水平大都处于该领域的先进行列。

实验室在CCC试验工作的“规范性”和“一致性”方面，比CCC制度实施之初有较大的改进，特别是在贯彻CCC认证制度的有效性以及认证机构与检测机构接口的有效性方面有明显提高，在检测标准和检测方法的协调一致方面也有所改进。但有些实验室由于地域行业的发展和承担任务量等原因，在核查中发现了一些问题。仍需进行必要的整改。

(3)对获得强制性认证产品专项监督检查

为完善强制性产品认证制度，建立畅通监管渠道，加大对获证产品的监管力度，保护广大消费者的合法权益，根据《认证认可条例》规定，国家认监委于2005年8~12月开展了首次对获得强制性认证产品的专项监督检查工作。

此项工作的正式启动，标志着强制性产品认证执法监管工作的关键环节已经建立，对保证强制性产品认证的有效性、加强强制性产品认证的执法力度起到了积极的作用。

获证产品专项监督检查的目的：对获得强制性认证的产品(以下简称获证产品)实施专项检查，以完善强制性产品认证制度，建立畅通监管渠道，完善强制性产品认证监管体系；通过对获证产品的专项检查，了解获证产品的符合性状况，发现认证实施的问题，进而及时解决和处理；鞭策和促进指定机构和获证企业提高CCC制度的有效性，维护CCC认证的权威性和质量声誉，保障消费者合法权益。

获证产品专项监督检查的依据：《中华人民共和国产品质量法》和《中华人民共和国进出口商品检验法》；《中华人民共和国认证认可条例》和《中华人民共和国进出口商品检验法实施条例》；《强制性产品认证管理规定》(质检总局2001年第5号局长令)和《进口许可制度民用商品入境验证管理办法》(质检总局2001年第6号局长令)；《被检查的获证产品的强制性认证实施规则及对应的强制性标准》等。

获证产品专项监督检查的制度框架：国家认监委根据《认证认可条例》和CCC制度的基本要求，于2005年上半年制定了《强制性认证产品专项检查草案》，形成了获证产品专项监督检查的制度框架，内容涉及抽查产品的选择、地方两局承担的工作任务、抽查产品/企业的后续处理/处罚、测试后样品的处理、相关经费等内容。

此次专项检查，从2005年8月开始至12月底结束，按策划、部署、实施和总结4个阶段有序进行。

检查内容和工作任务分配表如表1：

获证产品专项监督检查结果如表2：

表 1:检查内容和工作任务分配

环节	地方局	抽查产品	划拨经费/万元
进口环节	北京出入境检验检疫局	进口显示器	16
	上海出入境检验检疫局		38
	广东出入境检验检疫局		57
	深圳出入境检验检疫局		16
	山东出入境检验检疫局		8
	天津出入境检验检疫局		4
	辽宁出入境检验检疫局		—
生产环节	广东省质量技术监督局	电饭锅	98
	浙江省质量技术监督局	饮水机	76
	江苏省质量技术监督局	电动工具	45
	山东省质量技术监督局	汽车轮胎	69
	重庆市质量技术监督局	摩托车	109
销售环节	北京市质量技术监督局	吸油烟机	64
	天津市质量技术监督局	手机	115
	上海市质量技术监督局	插头插座	34

表 2:获证产品合格率统计

项目	抽查产品	主管地方局	抽查产品数量(台/个)	合格品数量(台/个)	合格率
进口环节	显示器	北京	8	4	50%
		上海	17	5	29.4%
		广东	5	4	80%
		深圳	23	14	60.9%
合计			53	27	51%
销售环节	吸油烟机	北京	35	29	83%
	插头插座	上海	103	82	79.6%
	手机	天津	82	72	87.8%
平均合格率		83.5%			
生产环节	摩托车	重庆	41	35	85.3%
	电饭煲	广东	170	72	57.6%
	饮水机	浙江	120	87	72.5%
	电动工具	江苏	40	7	17.5%
	轮胎	山东	151	98	65%
平均合格率		59.6%			
三环节平均合格率		65%			

获证产品专项检查结果分析

从总体检查结果来看，销售环节抽查的产品合格率比较高，手机和抽油烟机都在80%以上，插头插座产品合格率是79.6%；生产环节抽查的产品合格率较低，只有摩托车合格率高于80%，电动工具合格率仅为17%；口岸环节产品的一致性存在问题，平均合格率52%；从销售、生产和口岸三个环节的数据来看，本次检查的获证产品的整体质量安全状况不容乐观，其中电动工具、电饭煲、显示器和轮胎产品合格率低，产品认证的有效性差，存在着严重的安全隐患。

从获证企业的情况来看，企业的合格率高于80%的有手机(97%)、插头插座(89%)、抽油烟机(83%)，高于70%以上的有摩托车(79%)、饮水机(70.6%)，轮胎(61%)和电饭煲(58%)比较低，电动工具(17.5%)相当低。电动工具产品生产主要集中在浙江和江苏两省，在浙江省获证企业有165家，在江苏省获证企业有108家。电动工具检查试点，这次选择了江苏省。江苏省按照具有代表性和广泛性抽取样品的原则，检查了50家企业，实际抽到样品的是40家，其中中小企业有32家(占80%，少于10人的企业有10家)；检查合格的企业有7家(3大，2中，2小)。

从不合格产品的企业分布来看，获证产品不合格的企业主要是这些技术水平低、生产规模小、自动化程度低的小企业；这些企业数量较多，但非行业的主流企业，其产品市场占有率较低，属于市场非主流产品，更非品牌产品。有效性不高的CCC证书主要集中在这些企业，这将是今后监管的重点。

从发证机构的情况来看，总体上说认证机构的认证有效性都不够高。认证机构对初次工厂检查和后续工厂跟踪检查环节的控制最为薄弱，问题比较严重，主要表现在认证机构内部管理基础比较薄弱，认证过程控制不够严格，工作不够扎实，可追溯性差，出了问题很难查清是谁(企业、检测机构和认证机构)的责任。

对不合格的获证产品的后续处理意见：对于专项检查结果信息的采用，只针对抽到的不合格产品、企业进行处理，并由地方局进行实施；根据检查结果，通知并督促认证机构确认相关产品CCC证书的符合性，并采取后续处理的有效措施；地方局按照有关法律法规，对经检测结果不合格的生产企业，按照地方局的执法程序进行处理和处罚，责令企业整改，督促企业提高质量意识，确保产品安全质量；要求相关认证机构暂停不合格获证产品的CCC证书，尽快对不合格获证产品和企业进行追踪检查，最终按照认证实施规则做出对企业的处理。目前认证机构正在落实。

(4)对强制性产品认证工厂检查员专项监督检查

为加强强制性产品认证工厂检查员的工作规范性，CNCA委托原中国认证人员与培训机构国家认可委员会(CNAT)于2005年9~10月组织实施了对强制性产品认证工厂检查员的专项监督检查。受检查人员共计258名。

监督检查对象：11家指定强制性产品认证机构和经抽样确定的经CNAT注册工厂检查员。

监督检查方式：对11家指定认证机构实施现场监督检查；采用通过对聘用机构进行调查等方式核对经抽样确定的CCC工厂检查员注册资料的真实性；有针对性发放调查表，对于发现严重违反检查员行为规范的人员实施进一步调查。

检查结果：检查的结果表明各指定机构都能够按照《强制性产品认证检查员管理办法》的规定使用注册的检查员实施工厂检查，申报的资料基本真实可信，在检查员遵守行为准则方面也未发现明显问题。

但是通过检查也发现，机构在兼职人员管理、境外人员管理和专业能力评定方面还存在一些问题。

5. 进一步做好强制性产品认证工作的对策和措施

(1) 围绕提高CCC认证质量和CCC认证有效性，根据这两年监督检查存在的问题，在加强认证机构的基础性管理的同时，研究和建立对CCC认证活动和CCC认证结果的长效监管机制，强化对CCC认证的监管工作。

(2)根据《认证认可条例》规定，采取结果抽查、过程检查、征求服务对象意见和机构负责人报告工作等方式，将行政监督、机构自律和社会监督结合起来，不断建立和完善CCC监督管理的制度化、规范化，形成完整的监管体系，保证CCC认证工作的权威性、有效性。

(3)针对2005年对认证机构和获证产品的监督检查结果，加强认证机构的基础性管理，严格和细化程序文件。引导机构加强认证管理的“基本功”，也就是完善认证机构自身的质量管理体系和增强按照程序规定实施认证活动和管理的意识和能力；针对CCC认证的有效性问题，研究布置2006年度CCC指定机构(认证机构/实验室)的专项监督检查工作，将CCC获证产品的市场监督检查工作作为监督检查的重点和实施“产品一致性变更程序”作为对获证组织的一项重要要求，并加以重点监督检查。加强实验室管理标准的培训。根据《认证认可条例》，针对检查中发现的问题，追根溯源，找出解决认证有效性问题的办法，逐步改善CCC认证的有效性问题，同时建立指定机构的准入/退出机制，加大对机构的监管力度和对不符合认证要求的产品的处罚力度。

(4) 强化CCC行政执法工作的有效性：加强对CCC执法检查工作的技术指导；加强认证机构、实验室、标志中心与执法机关、国家认监委的工作接口和联络，明确相关责任人员及具体接口事宜，确保接口沟通渠道的畅通。

(二)自愿性产品认证

1. 节能节水及可再生能源产品认证工作

2005年，中国发布了《可再生能源法》。由于中国的能源、水资源形势十分紧张，国家大力发展可再生能源，提倡节能节水。在国家发改委、科技部的大力支持下，国家认监委积极开展可再生能源产品、节能产品、节水产品的认证工作，目前节能产品、节水产品认证证书已经达到几百份，这些认证结果被国家政府采购所采信，光伏电池认证工作已经开展，太阳能热水器认证已经发证。国家认监委将进一步统一节能、节水产品认证标志，并将与国家发改委、水利部、建设部等国务院相关部委协调，制定节能、节水、可再生能源产品的技术规范及实施规则，建立国家推行节约型产品认证制度。

2. 防爆电器产品的IECEx国际同行评审

国家认监委是代表中国参加该国际组织的国家成员机构。2005年上半年，在国家认监委认证监管部和国际合作部的共同组织安排下，对相关认证机构和实验室迎接同行评审进行了精心的准备和预评审。2005年7月1日~15日，方圆标志认证中心（CQM）作为认证机构ExCB，4个防爆电气产品实验室作为检测实验室ExTL，接受了IECEx组织的国际同行评审。经过各被审机构的积极努力和精心准备，在最短时间内关闭了不符合项，顺利通过国际同行评审，实现了中国参加IECEx活动的实质性突破。

3. 推动机械产品、交通产品、道路交通安全、玩具产品认证

与交通部协商促进交通产品认证工作的开展，共同做好相关技术准备工作，促进中交产品认证中心的成立；与机械联合会、机械院等相关部门和机构研究探讨机械产品认证工作的开展；与公安部科技局、交管局及相关技术机构推动信号灯、酒精探测仪、测速仪等产品的认证工作；与轻工业联合会、中国玩具标准化委员会秘书处等机构推动玩具及妇女、儿童产品认证工作。

4. 推动国家节能环保型汽车认证制度建立

汽车产品是石油产品最主要的消耗品，汽车产品的节能、环保工作直接关系到国家的能源安全和可持续发展。《中华人民共和国国民经济和社会发展第十一个五年规划纲要》中明确提出"建设资源节约型、环境友好型社会"的目标，并从节约能源、加强资源综合利用、加强固体废物污染防治等方面对汽车工业提出了要求。国务院下发的《国务院关于加快发展循环经济的若干意见》、《国务院关于做好建设节约型社会近期重点工作的通知》、《国务院办公厅关于印发今明两年能源工作要点的通知》等文件明确要求开发和推广清洁燃料汽车，推动《乘用车燃料消耗量限值》国家标准的实施，从源头控制高油耗汽车的发展。国务院在鼓励发展节能环保型汽车方面有了明确的指示：充分认识发展节能环保型汽车的重要性；制定鼓励节能环保型汽车发展的产业政策；制定鼓励节能环保型汽车消费的政策措施；取消针对节能环保型小排量汽车的各种限制；引导公众树立节约型汽车消费理念；加强领导和督促检查。目前中国车辆节能技术落后，单车同等条件下，燃油消耗量明显高于发达国家，机动车燃油效率比世界平均水平低30%，污染物排放量更高，开展车辆节能环保认证工作对于建设资源节约型、环境友好型社会的目标的实现具有重要现实意义。

为贯彻党中央国务院号召，引导和帮助广大消费者确认和使用节能产品，按照委领导指示，国家认监委认证监管部组织中国质量认证中心等相关技术机构和专家开始进行车辆节能环保认证制度的研究。

(三)出口商品注册登记制度

随着中国加入WTO，出口量日益加大，但粗放型的贸易增长方式没有大的改变，一些不规范的企业大量出口低价、低质产品，破坏出口秩序，造成我国越来越多地遭受发达国家反倾销调查，不仅给守法企业的出口造成困难，更影响到我国产品在国际市场上的声誉，削弱产品在国际市场上的竞争力，甚至由此产生贸易摩擦进而造成不良的政治影响。为规范出口秩序，促进贸易增长方式转变，推动出口健康、稳定、可持续发展，结合新《商检法实施条例》修订出台，国家认监委认证监管部开展了大量的相关调研工作，走访相关企业和地方检验检疫机构，拟定出口商品注册登记制度管理办法，并与国家认监委法律部共同组织召开了出口商品注册登记制度研讨会。

三、食品、农产品认证

(一)有机产品认证

完善有机产品认证管理规范性文件：2005年1月19日，由国家认监委组织起草的《有机产品》国家标准正式发布，2005年4月1日正式实施。2006年6月2日国家认监委发布了《有机产品认证实施规则》(国家认监委2005年第11号公告)。至此，《有机产品认证管理办法》和《有机产品》国家标准2005年4月1日正式实施，及《有机产品认证实施规则》的发布实施，标志着中国有机

产品认证法规和标准体系的基本建立，有机产品认证走向统一轨道。同时下发了《关于公布有机产品认证证书格式的通知》、《关于做好有机产品认证统计工作的通知》等规范性文件；组织编写了《有机检查员培训教材》，2005年启动了有机产品检查员培训、注册工作。

认证数量增加:据统计，截至2005年年底，全国获得有机产品认证的企业有1 600家，有机认证面积169万hm^2，转换认证61万hm^2。中国有机生产面积已进入世界前列。

(二)无公害农产品认证

按照“无公害食品行动计划”要求，与农业部先后下发《无公害农产品管理办法》等，提高初级农产品质量安全水平。截至2005年11月底，全国累计共有16 060个产品通过了无公害农产品认证，全国有11 581个无公害农产品产地通过认定，面积达762.41万hm^2，占全国耕地面积的5.9%，获证产品总量9 887.04万t，大大提高了中国初级农产品质量安全水平。

(三)饲料产品认证

1. 饲料产品认证的定义及对象

饲料产品认证，是指企业自愿申请，认证机构对饲料和饲料添加剂产品及其生产过程按照有关标准或者技术规范要求进行合格评定的活动。

饲料产品认证的对象，包括单一饲料、添加剂预混合饲料、浓缩饲料、配合饲料、精料补充料等饲料产品及营养性饲料添加剂和一般饲料添加剂等饲料添加剂产品(以下简称饲料产品)。

2. 饲料产品认证制度的建设

为提高饲料质量安全卫生水平，规范饲料产品认证工作，促进饲料工业和养殖业的持续、健康发展，国家认监委和农业部于2003年12月31日联合下发了《饲料产品认证管理办法》，国家认监委于2004年4月25日发布了《饲料产品认证实施规则》等认证规则。

3. 饲料产品认证开展情况

到2005年底，共有60家企业产品通过了认证，共发证133份，增强了饲料行业质量安全意识，提高了中国饲料产品的质量安全水平。

4. 存在的问题与对策

在各有关方面的共同努力下，饲料产品认证取得了一定的进展，但存在如下问题：饲料产品认证产品范围未能覆盖市场流通的全部大宗饲料产品；《工厂质量保证能力》比较原则、笼统，结合饲料企业的实际不够；产品检测项目过多，企业负担较重；与饲料行业HACCP认证结合不够，增加企业重复认证负担。

针对上述情况，国际认监委注册管理部于2005年8月委托中国饲料工业协会开展了饲料行业HACCP认证和饲料产品认证结合项目研究。

(四)HACCP体系认证

1. HACCP(危害分析和关键控制点)体系的发展

HACCP(Hazard Analysis and Critical Control Point，危害分析和关键控制点）体系是20世纪60年代专门针对美国宇航食品预防控制食品生产加工中的安全卫生进行设计、开发的一种管理体系。经过多年的实践和推广，HACCP体系在理论上日渐成熟和完善，在实际应用上也显现出其突出的优势，如:HACCP体系建立在过程控制的基础上，对终产品的检测仅作为验证体系的有效性；HACCP体系可以进行预防性控制，防止不合格品的出现；HACCP体系可以进行自行控制，使加工者具有自检、自控、自纠能力；HACCP体系可以追溯加工及控制记录，使政府检查或产品出现问题时有据可查。所以HACCP体系逐渐被美国官方机构认可，美国食品药物管理局(FDA)和美国农业部食品安全检验署(USDA FSIS)先后要求在低酸罐头、水产品、肉禽类产品、果蔬汁的生产加工中建立HACCP体系。同时，世界各国和国际组织也对HACCP体系进行了研究和应用。1996年加拿大食品检验署提出了食品安全促进计划(FSEP)，制定了HACCP教程和通用模式。澳大利亚检验检疫局也把HACCP应用到肉类加工上，发布了肉类安全质量保证体系(MSQA)制定指南。欧盟在93/43/EEC和94/356/EC指令中明确要求食品加工企业建立以HACCP为原理的“自我检查系统”。日本厚生省在“食品小六法”中颁布了食品加工厂实施HACCP体系的认可管理制度。联合国粮农组织和世界卫生组织(FAO/WHO)所属的食品法典委员会(CAC)在《食品卫生总则》的附件中也制定了“HACCP体系及其应用准则”，HACCP体系在世界范围内得到了普遍地认同和推广。

2. HACCP体系在中国的应用

中国在20世纪90年代已开始研究HACCP体系，原国家进出口商品检验局在1992年至1994年将HACCP原理应用到9种重点出口食品上，建立了HACCP体系模式，并完成了“中国出口安全食品质量保证体系控制与提高的研究”课题。1995年在美国发布水产品HACCP法规(21CFRpart123)后，中国对美出口的水产品生产企业在原国家进出口商品检验局的帮助下陆续建立了HACCP体系，并进行了验证使中国的出口水产企业顺利出口到美国，2001年在美国发布果蔬汁HACCP法规(21CFRpart120)后，中国出口果蔬汁生产企业也开展了建立HACCP体系工作，并得到出入境检验检疫部门的验证，通过美国食品药物管理局（FDA）的检查。2002年4月国家质量监督检验检疫总局令第20号中明确规定出口罐头类、水产品类（活品、冰鲜、晾晒、腌制品除外）、肉及肉制品、速冻蔬菜、果蔬汁、含肉或水产品的速冻方便食品等六类食品的生产企业在注册时必须实施HACCP体系管理。目前HACCP体系得到企业的广泛认同和应用，除了出口食品企业外，一些国内有影响的食品企业也已经或正在积极建立和实施HACCP体系，并积累了丰富的知识和实践经验。

3. HACCP认证相关规定

2002年3月国家认监委发布了《食品生产企业危害分析与关键控制点（HACCP）管理体系认证管理规定》（认监委公告2002年第3号），对企业的HACCP管理体系建立和运行提出了基本要求，还对认证机构的认证、检验检疫机构的验证、监督管理提出了具体的要求，并在第三章中提出了对认证的相关要求：

从事HACCP管理体系认证（以下简称HACCP认证）的机构，应当获得国家认监委的批准，并按有关规定取得国家认可机构的资格认可；

申请从事HACCP认证的认证机构应当具有足够数量的专业评审人员，上述人员应当获得食品相关专业的本科以上学历、有食品工艺方面的实践经验、接受过HACCP培训并取得了认证人员注册机构的注册；

HACCP认证的依据是国家有关法律法规、国家标准或者行业标准和有关国际标准、准则或者规范等；

企业建立和实施的HACCP管理体系可申请HACCP认证。经认证机构按照规定审核符合要求的，由认证机构颁发HACCP认证证书。

2005年《关于印发食品安全管理体系有关文件的通知》（认办注[2005]1号）中提出了HACCP认证的实施规则：《食品安全管理体系认证实施规则》。

4. HACCP认证的标准和规范

随着食品企业认证的需要，国际、国内认证认可机构都非常关注食品安全管理体系（HACCP）认证依据的建立。目前国内HACCP认证依据标准主要有：

HACCP体系及其应用准则（CAC/RCP1-1969，Rev，3（1997））；2005年《关于印发食品安全管理体系有关文件的通知》（认办注[2005]1号）中提出的认证机构实施HACCP认证依据标准，即《HACCP体系通用评价准则食品安全管理体系要求》（HACCP-EC-01）；中国认证机构国家认可委员会（CNAB）发布的CNAB-SI52:2004基于HACCP的食品安全管理体系 规范（试行）。

近年来，为了协调ISO 9000系列标准和HACCP管理体系之间在食品安全要求方面的相互关系，有机整合两个标准在食品行业的管理要素，2001年，国际标准化组织发布了ISO 15161:2001《食品与饮料行业ISO 9001:2000应用指南》。

此后，为了制订全球统一、整合现有与食品安全相关的管理体系，如HACCP体系标准、ISO 9000系列标准，以及良好农业操作规范（GAP）、良好操作规范（GMP）、良好卫生操作规范（GHP）、良好生产操作规范（GPP）、良好分销操作规范（GDP）、良好贸易操作规范(GTP)等，使之既适用于食品链中的各类组织开展食品安全管理活动，又可用于审核和认证的食品安全管理国际标准，ISO/TC 34于2000年成立了第八工作组，制订了ISO 22000食品安全管理体系系列标准，2005年9月1日正式发布了ISO 22000:2005。目前，依据ISO 22000为依据认证的一般称为食品安全管理体系认证。

（五）绿色市场认证

1. 绿色市场认证的相关规定

为推进全国“三绿工程”建设，促进绿色市场认证工作，建立确保食品安全的流通网络体系，维护消费者权益，2003年国家认监委会同商务部联合下发了《绿色市场认证管理办法》，2004年国家认监委发布了《绿色市场认证实施规则》，按照“三绿工程”五年发展纲要要求，实施绿色市场认证工作，加快“争创全国绿色市场示范单位”的认证步伐。

认证对象包括：蔬菜批发市场、水果批发市场、肉禽蛋批发市场、水产品批发市场、粮油批发市场、调味品批发市场等专营批发市场和农副产品综合批发市场；食品生鲜超市等专营农副产品的零售市场，以及大型综合超市大卖场、仓储式商场、便利店等兼营农副产品的零售场所。

绿色市场认证准则包括：相关法律法规及技术规范、GB/T 19220 农副产品绿色批发市场、GB/T 19221 农副产品绿色零售市场、《农副产品绿色批发市场》标准审核细则、《农副产品绿色零售市场》标准审核细则。

2. 绿色市场认证开展情况

截至2005年底，共38家零售批发市场企业通过认证，促进食品流通领域食品安全保障工作，为人民群众创建放心购物、安全消费的场所。

（六）良好农业规范认证

1. 良好农业规范（GAP）的概念

根据联合国粮农组织的定义，GAP（Good Agriculture Practice）——良好农业规范，广义而言，是应用现有的知识来处理农场生产和生产后过程的环境、经济和社会可持续性,从而获得安全而健康的食物和非食用农产品。发达国家和发展中国家的许多农民已通过病虫害综合防治、养分综合管理和保护性农业等可持续农作方法来应用 GAP 规范。这些方法应用于一系列的耕作制度和不同规模的生产单位,包括对粮食安全的贡献,并得到辅助性政府政策和计划的促进。

2. 良好农业规范的标准建设

为改善中国目前农产品生产现状,增强消费者信心,提高农产品安全质量水平,促进农产品出口,填补中国在控制食品生产源头的农作物和畜禽生产领域中 GAP 的空白,受国家标准委委托,国家认监委于 2004 年起,组织质检、农业和认证认可行业专家,开展制定良好农业规范国家系列标准的研究工作。中国良好农业规范系列国家标准参照了国际相关 GAP 标准,如:EUREPGAP 2005 年 2.0 版),遵循了 FAO 确定的 GAP 基本原则,同时结合了中国相关国情和法律法规。

2005 年 11 月 12~13 日, 国家标准委召开良好农业规范系列国家标准审定会,通过专家审定,审定组专家一致认为:本系列标准结构合理、体系完整,完善并发展了中国农业标准体系,既体现了与国际接轨的要求,又结合了中国农业发展的现状,达到了国际先进水平。本系列标准的制定、发布实施,将进一步规范中国农业生产经营活动,对提高农产品质量安全、农业生产力水平,促进中国农业持续健康发展,增加农民收入起到积极的作用。

2005 年 12 月 31 日国家标准委批准发布了良好农业规范系列国家标准 GB/T 20014.1~20014.11,将于 2006 年 5 月 1 日起正式实施。

良好农业规范系列国家标准包括以下 11 个标准:

GB/T 20014.1 良好农业规范 第 1 部分 术语

GB/T 20014.2 良好农业规范 第 2 部分 农场基础控制点与符合性规范

GB/T 20014.3 良好农业规范 第 3 部分 作物基础控制点与符合性规范

GB/T 20014.4 良好农业规范 第 4 部分 大田作物控制点与符合性规范

GB/T 20014.5 良好农业规范 第 5 部分 水果和蔬菜控制点与符合性规范

GB/T 20014.6 良好农业规范 第 6 部分 畜禽基础控制点与符合性规范

GB/T 20014.7 良好农业规范 第 7 部分 牛羊控制点与符合性规范

GB/T 20014.8 良好农业规范 第 8 部分 奶牛控制点与符合性规范

GB/T 20014.9 良好农业规范 第 9 部分 生猪控制点与符合性规范

GB/T 20014.10 良好农业规范 第 10 部分 家禽控制点与符合性规范

GB/T 20014.11 良好农业规范 第 11 部分 畜禽公路运输控制点与符合性规范

3. 良好农业规范认证的制度建设

国家认监委从 2003 年起,组织质检、农业、认证认可及相关科研院所的专家, 开展了对国际良好农业规范技术研究, 编写良好农业规范相关技术规范的工作。到 2005 年底,已起草了良好农业规范综合农业保证认证实施规则,编写了《良好农业规范认证检查员培训教材》,准备与相关部委联合在出口企业原料基地及农业标准化示范基地开展认证试点工作,为中国“食品药品放心工程”、“三绿工程”、“无公害食品行动计划”注入新的内容,为强化从源头控制食品安全, 提高农业综合生产能力提供了新的方式。

(七)食品质量认证

1. 食品质量认证制度的建设

国家认监委会同商务部市场体系建设司联合完成《零售商食品采购规范—供应商食品质量保证能力要求》国标起草工作,并以此为基础,在 2005 年 9 月,国家认监委会同商务部共同发布了《食品质量认证实施规则 酒类》,开展了酒类产品质量等级认证。同时,起草了《食品质量认证实施规则(征求意见稿)》,为启动其他食品质量认证工作做好准备将会。

2. 食品质量认证 酒类的特点

酒类产品质量等级保证能力要求与国际组织相关要求一致,整合了 GMP、GHP、HACCP 认证基本要素,对酒类生产企业的良好生产规范 (GMP)、良好卫生规范 (GHP)、危害分析与关键控制点(HACCP)原理的应用,以及产品卫生、理化、感官等方面提出了综合性要求,为生产企业的质量管理体系及产品质量认证提供“一站式”服务,通过一次认证活动对食品生产安全质量保证能力及产品安全卫生质量水平做出全面评价,具有权威性、国际性和公正性。《食品质量认证实施规则 酒类》适用于蒸馏酒、发酵酒和配制酒等饮料酒及食用酒精的质量等级认证。

认证模式为产品检测和初始工厂检查以及认证后的监督检查程序。

《食品质量认证实施规则 酒类》中明确了酒类认证标志,它是证明酒类产品质量等级的证实性标示。通过酒类产品质量等级认证的产品, 可以使用国家食品质量认证标志，作为向市场和消费者证明产品的质量等级。

随着市场机制的完善，法制和诚信体系建设的发展，酒类企业逐步走向成熟，认证制度的建立必将对酒类企业提高产品质量发挥越来越大的作用。国家认监委以酒类产品认证为起点推动中国食品质量认证制度建设，是市场发展的需要，不仅可以引导酿酒工业持续健康发展，对整个食品市场的规范管理也能起到有效的示范和带动作用。酒类产品认证制度的实施将为中国酿酒行业发展带来新契机。

3. **食品质量认证概况**

到2005年底，共29家企业的115个产品获得认证，占全国酒类企业生产总量的6.2%，产值为205.9亿元，占全国酒类总产值的15.3%。

食品质量认证之一的酒类是一项公益性事业，必须保持认证的权威性、公正性和规范性。国家认监委和商务部出标准、定规则，积极扶持独立的第三方机构具体运行实施，保证对所有认证对象的公平性和一致性，切实加强对酒类质量认证工作的指导和监督，把体现公共利益的酒类安全管理，与基于市场机制的酒类认证制度相结合，使认证工作成为政府酒类安全管理的有益补充，将为获证企业，在扩大宣传、品牌建设、开拓国内国际两个市场等方面创造有利条件，提高中国酒类行业竞争力，促进酒类流通消费秩序的根本性好转，促进优质酒类产品市场规模的不断扩大，保证广大消费者喝上健康安全、高质量的“放心酒”。

（八）花卉认证

赴浙江、云南、福建和北京等花卉生产企业进行实地调研，组织12家认证机构参与建立中国MPS花卉认证体系工作。2005年9月，由国家认监委等部门发起的花卉认证指导委员会成立暨第一次工作会议在北京召开，国家林业局党组成员、中国花卉协会会长江泽慧任主任并在成立大会上做了重要讲话，国家认监委副主任程方任常务副主任。

2005年8月8日，国家认监委与荷兰基金会签署了《谅解备忘录》，确定将合作在中国建立MPS花卉认证体系。2005年9月，国家认监委与荷兰基金会共同申请了荷兰外交部“亚洲基金”资助，提交了《2004年国家认监委工作报告》等申请亚洲基金所必须提交的有关材料，并在12月获得通过。应荷兰农业部邀请，国家认监委派团参加了2005年11月在荷兰举办的园艺博览会。

（九）森林认证

1. **森林认证规制建设**

（1）编制森林认证体系筹建方案。为了全面落实中共中央国务院《关于加快林业发展的决定》中指出的“积极开展森林认证工作，尽快与国际接轨”的精神，2005年组织专家编制了中国森林认证体系筹建方案，包括总体设想、森林认证标准化委员会筹建方案、森林认证研究培训中心筹建方案、森林认证制度建设方案、森林认证标准体系建设方案、森林认证试点示范方案和森林认证标志设计方案等部分，对中国森林认证体系建设工作进行了全面规划。

（2）完善森林认证标准体系。产销监管链认证是森林认证的必不可少的组成部分，是实现森林认证作为促进森林可持续经营市场机制的重要环节。因此，研究制定相应的认证标准，为开展认证活动提供依据是目前紧迫的任务。2005年着手研究制定产销监管链认证标准、人工林认证标准和非木质林产品认证标准。为了使中国的产销监管链认证标准更具操作性和完整性并聘请英国专家进行了培训与交流，共同探讨标准的制定模式与框架。

（3）编写认证程序和相关指南。为了规范森林认证活动，并使其程序化、规范化，增加透明度，逐步建立健全森林认证技术规程，2005年启动了森林认证操作指南的编制工作，着手编制森林认证程序性文件和相关手册的准备工作，为完善森林认证技术文件奠定了基础。

2. **森林认证概况**

森林认证作为促进森林可持续经营的一种手段，已经为许多国家所接受。按照积极准备稳步推进的原则，2005年森林认证工作主要集中在编制森林认证总体规划、筹备建立森林可持续经营与森林认证标准化技术委员会、完善认证标准体系、开展森林认证试点与示范、编制森林认证操作指南、开展国际交流与合作、国内外发展态势跟踪研究、培训与研讨等方面，为建立科学、完善的森林认证奠定基础。

（十）农产品认证有效性监督检查

积极做好2004年认证有效性专项监督检查后续工作。国家认监委对2004年监督检查中出现的问题及涉及的机构进行了分类并分别进行了处理。走访农业部、国家环保总局通报农产品认证有效性监督检查农业部直属认证机构、国家环保总局直属认证机构的情况，肯定了农业部在共同推动农产品认证特别是无公害农产品认证的积极合作，肯定了国家环保局在移交有机产品认证管理方面的积极合作，通报了绿色食品发展中心、中绿华夏有机食品认证中心、农业部农产品质量安全中心、南京国环有机产品认证中心在监督检查中发现的有关问题，同时要求上述机构对发现的问题在一年的限期内完成整改，希望农业部、国家环保局总发挥行业主管部门的作用。向有关质量技术监督局下发了对BCS等4家境外有机产品认证机构进行立案查处的通知，有关质量技术监督局已对BCS等境外有机产品认证机构进行了处罚。向农产品认证机构下发了《关于对2004年农产品认证专项监督检查发现问题整改要求的通知》,要求对检查中发现的问题进行整改。

2005年在全国30个省、自治区、直辖市和4个计划单列市组织开展了全国食品、农产品认证标志专项监督检查工作，共组成检查组793个，出动检查人员29 458人次，检查场所数为828个，检查产品数量5 716种，其中认证标志存在问题的产品数量1 780种，占检查总量的31.14%。

为切实保障HACCP认证有效性，组织开展了对59家内资和外资认证机构的认证情况调查，并根据获证企业的产品种类、企业规模等因素，抽取20%的企业进行了问卷调查，共收回问卷468份。较为准确、全面的了解HACCP获证企业地理分布、行业分布、产品类型和认证效益等方面情况。

（十一）加强国际交流，促进农产品、食品国际互认

1. 推动与欧盟有机产品国际互认

为使中国有机产品顺利进入国际市场，国家认监委派员参加了2005年国际有机产品博览会和ITF会议并发言，与国外在中国开展有机产品认证的国外机构进行了会谈，通报了2004年农产品认证有效性大检查的情况。2005年6月国家认监委正式向欧盟提出加入“第三国”名单申请，为争取早日实现中国、欧盟有机产品国际互认，先后两次就此事宜访问欧盟总司，了解启动程序的步骤和中方要做的工作，提交了中国有机产品国家标准和欧盟标准比较英文版资料，要求尽快启动互认程序。2005年10月11日欧盟农业委员会致函中国驻欧盟使团关呈远大使，欧盟已开始启动评估程序，法国和葡萄牙将作为欧盟代表对中国进行评估。同时，邀请了德国有机专家进行讲课，讲解了欧盟有机产品法规的规定、开展与欧盟的有机产品国际互认的程序步骤和应注意的一些问题。

2. 推动与EUREPGAP开展良好农业规范国际互认

为顺利实现中国良好农业规范认证得到国际组织承认，2005年5月，国家认监委邀请EUREPGAP主席来华访问，向中国企业介绍了良好农业规范有关情况，与国家认监委签署了《技术合作备忘录》，确定了双方开展技术合作的领域和开展基准性比较的意向。2005年10月，应EUREPGAP邀请，国家认监委派员参加了EUREPGAP年会并介绍了中国良好农业规范基本情况，并就双方开展基准性比较达成一致意见。

3. 开展MPS花卉认证国际合作

2005年7月，国家认监委与荷兰基金会就在中国建立MPS花卉认证体系方面签署了《谅解备忘录》，邀请荷兰基金会总裁讲解了MPS花卉认证体系的基本知识、荷兰开展MPS花卉认证的经验和做法以及认证对提高花卉质量的作用等。2005年9月，为保证国家认监委与MPS花卉认证合作项目的顺利进行，国家认监委与荷兰基金会共同向荷兰外交部、商务部提出申请亚洲基金资助，提交了《2004年国家认监委工作报告》等申请亚洲基金所必须提交的有关材料。同时，应荷兰驻华使馆农业参赞万代英先生代表荷兰农业部邀请，参加了2005年11月在荷兰举办的园艺博览会。

管理体系认证　撰稿人：丁兆国　审稿人：赵宗勃
产品认证　撰稿人：郝　欣　审稿人：陆　梅
食品、农产品认证　撰稿人：杨志刚　王茂华　陈恩成　蒋　翔
审稿人：刘先德　史小卫

2006

ZHONG GUO REN ZHENG REN KE NIAN JIAN

第六部分 注册管理

ZHU CE GUAN LI

·注册管理·

一、加强出口食品企业卫生注册监督管理,促进中国农产品、食品出口

(一)推行出口食品卫生注册分类管理,深入实施“动态监管”

为了进一步贯彻《出口食品生产企业卫生注册登记管理规定》(国家质检总局2002年第20号令)以及出口食品注册登记企业监督管理计划、肉类屠宰加工企业卫生注册规范等有关规定，进一步细化了系列注册监管文件,建立起注册登记的动态监管机制,使卫生注册监管工作的有效性和针对性进一步得到了提高。针对近年来部分出口肉类屠宰加工设备设施老化现象严重,管理松弛,屠宰加工过程存在大量的卫生隐患等情况，组织开展了实施“出口肉类屠宰加工设施整改计划”和“出口食品卫生注册监管人员或驻厂兽医培训计划”的专项行动,并作为国家认监委2005年出口肉类注册管理的中心任务,要求各地检验检疫机构帮助出口肉类生产加工企业对屠宰加工设施进行全面整改，采取有力措施提高出口肉类食品质量安全水平。各地检验检疫机构对贯彻实施“两个计划”工作高度重视,纷纷根据各地的具体情况,迅速制订了整改计划、督查计划和培训计划等。经过努力,出口肉类卫生管理状况的改善取得了初步成效，基本实现了对出口食品生产企业扶持一批、帮促一批、淘汰一批的目标,进一步提高了注册监管工作的有效性。同时,根据《中华人民共和国进出口商品检验法》和实施条例,以及《国务院对确需保留的行政审批项目设定行政许可的决定》,开展了关于建立出口化妆品生产企业卫生注册登记制度的研究工作,组织有关专家起草完成了《出口化妆品生产企业卫生注册登记管理规定》(送审稿)及《出口化妆品生产企业卫生要求》(送审稿)，并于11月召开了部分直属局出口化妆品卫生注册会议,研究相关工作,以便尽快启动出口化妆品卫生注册工作。

(二)做好国(境)外来华检查和交涉推荐工作

为满足进口国(地区)日益苛刻的食品卫生要求,促进相关食品、农产品的出口,截至2005年底,国家认监委注册管理部组织接待了日本、韩国、马来西亚、美国、欧盟、巴西以及中国香港特别行政区政府派出的29个官方卫生注册和食品安全检查组对177家出口食品生产企业的注册检查。为确保接待工作的顺利进行,在人手十分紧张的情况下，国家认监委注册管理部坚持派出人员全程陪同检查,协调解决在检查过程中可能出现的问题。通过各有关部门的共同努力,2005年的接待检查工作都取得了圆满的成功，在国外进口食品技术性壁垒日益提高的形势下，确保和促进了中国相关食品和农产品的对外出口，以实际行动体现了中央保持共产党员先进性教育活动成果,落实了中央和国务院有关“三农”政策,为进一步提高出口食品的国际竞争能力,扩大食品和农产品出口,促进农业增效、农民增收和农村发展作出了应有的贡献。

1. 做好美国食品药物管理局(以下简称“FDA”)对华浓缩苹果汁企业和蜂蜜企业的实地检查工作

2005年9月,FDA派员对山东、江苏、河南、陕西4省的7家浓缩苹果汁企业和3家蜂蜜企业进行了实地检查。这是FDA自2004年起实施《果蔬汁HACCP法规》(21 CFR 120)和《生物恐怖(BT)法规》后对中国输美浓缩苹果汁企业和蜂蜜企业的第一次例行检查。为了确保顺利通过检查,国家认监委领导高度重视,并先后进行了两次预检，指导企业和地方局做好准备，并派员全程陪同FDA官员检查。在检查中,FDA检查员多次称赞中国企业对HACCP的深入理解和灵活应用,对国家认监委在推动企业建立和实施HACCP体系管理做出的努力和成绩给予了高度评价，对国家认监委采取的对输美果蔬汁企业的HACCP官方验证措施表示赞赏。检查结束时,FDA

检查员只是口头提出了4点建议，没有开出不符合项报告，这在美国的企业中都很少见。

2. 积极应对疫情多变的国际环境，全力推动中国肉类产品出口

自2004年初中国部分省区发生禽流感疫情以来，日本等国全面禁止进口中国的禽肉产品。为解决中国禽肉的出口问题，根据国家认监委的推荐，日方于2004年3月来华检查注册了35家热加工禽肉产品生产企业，初步缓解了中国禽肉对日出口问题。为扩大热加工偶蹄和禽肉产品对日出口，通过交涉，日本农林水产省2005年2月派出13个检查组，对中国79家热加工偶蹄动物肉产品生产企业进行了复查。在各有关部门的共同努力下，2005年国家认监委接待日本检查工作圆满完成，日方检查人员未发现企业严重的不符合项，使得日方未能找到任何限制中国热加工肉类产品对日出口的借口。79家在日本注册热加工偶蹄动物肉企业继续顺利出口。在2005年6月，成功组织接待了韩国农林部官员的检查，经韩方检查的5家热加工禽肉企业和2家原料屠宰厂全部获得韩国注册。积极与香港食物环境卫生署交涉，先后3次组织接待食环署的考察团，并及时督促相关企业进行整改，向食环署提供内地有关检验检疫部门监督程序和实验室检测能力认可方面的材料，经过各方努力，首批4家内地冰鲜猪肉企业有望于2006年实现对港出口。同时，通过主动出访欧盟以及与美国农业部召开电话会等方式积极对外交涉，在促进中国禽肉制品进入欧、美等高端国际市场方面取得积极效果。继续加大对日本交涉力度，敦促日方尽快批准57家热加工偶蹄动物肉企业的热加工禽肉生产线在日本注册。

3. 抓住机遇，扩大中国清真食品全球市场份额

扩大中国清真食品出口，对于加强中国同穆斯林国家的联系，进一步落实国家的少数民族政策，促进和改善中国信奉伊斯兰教的少数民族地区的经济发展有着十分重要的意义。2005年7月，马来西亚农业部兽医局一行3人来华，对内蒙古、吉林、山东、宁夏、江苏、湖南、新疆和广东等8个省、自治区的26家牛羊屠宰厂、热加工禽肉企业及其屠宰厂、冰淇淋和明胶等生产企业进行注册检查，国家认监委注册部派员全程陪同马来西亚的检查。通过此次检查，马来西亚批准了中国18家符合马来西亚HALAL屠宰和卫生要求的企业在马来西亚注册（包括3家冷冻牛肉企业、1家冷冻羊牛企业、7家热加工禽肉企业、7家禽肉屠宰厂和1家冰淇淋企业），另外1家明胶生产企业在向马来西亚方面提供补充材料后，将可获马来西亚注册；待山东、新疆口蹄疫疫情解除后，马来西亚可同意另外4家牛、羊屠宰厂在马来西亚注册。国家认监委注册管理部在促进中国清真食品出口方面做出了积极贡献。

4. 认真执行输加低酸蔬菜罐头备忘录，扩大低酸蔬菜罐头出口

国家质检总局与加拿大食品检查署（CFIA）签署的《关于验收检验中国出口到加拿大的低酸性蔬菜罐头食品备忘录》（以下简称“《备忘录》”）于2005年4月4日正式实施。为确保《备忘录》顺利实施，国家认监委组织相关检验检疫局人员认真学习掌握《备忘录》的具体规定和加拿大对蔬菜罐头的相关卫生质量要求，要求各局严格按照条件推荐对加拿大出口的蔬菜罐头企业，实施动态的注册管理，及时取消不符合要求的企业对加拿大出口的资格。截至2005年10月底，一共有64家低酸蔬菜罐头企业获准对加拿大出口。

5. 从容应对欧盟、美国等国对中国出口食品生产企业的卫生体系评估

2005年欧盟、美国FDA和FSIS分别提出对中国水产品和禽肉屠宰卫生注册管理体系进行评估。为积极应对欧、美的评估检查，国家认监委有关委领导带领注册部人员直接下到企业进行反复预检，布置各局全力应对。由于国家认监委一直能够严格执行卫生注册各项制度，坚持注册监管高水平、严要求，尽管应对的是欧美等代表世界最高水平的食品安全体系评估，仍然取得了令人满意的结果。无论是欧盟还是美国，都对国家认监委以及各地CIQ在卫生注册管理方面所做的工作给予很高评价，对中国出口食品卫生注册管理体系给予了充分的认可。由于欧盟、美国对中国卫生注册管理体系的全面认可，使得对外推荐企业能够全部直接获得注册（认可），从而促进了中国相关出口食品的贸易发展。截至2005年底，中国获得美国注册的水产企业达662家，获得欧盟注册的水产企业达331家（另有194条船），肠衣企业121家，肉类企业24家（禽肉11家、兔肉13家）。

6. 加强与美国FDA沟通，保障输美陶瓷备忘录顺利签署，做好对美推荐工作

国家质检总局与美国FDA签署的输美陶瓷备忘录于2004年到期，为继续做好此项工作，保证中国陶瓷顺利出口美国，国家认监委注册管理部加强与美国FDA的联系，并就国家认监委与美国FDA重新签署达成一致，并于2005年底顺利实现了备忘录的续签工作。同时，为加强对输美陶瓷企业的监督管理，保证中国陶瓷顺利出口，国家认监委注册管理部组织开展了对全国出口陶瓷企业的全面监督检查，共监督检查516家企业，取消了

39家不符合要求企业输美注册资格，确保中国输美陶瓷企业产品质量。2005年共对美推荐70家新的输美陶瓷企业，57家企业更改企业名称或地称。截至2005年底，共有559家输美陶瓷企业获得美国FDA的注册资格。

二、严格进口食品卫生注册程序，保护国内生产企业及市场稳定

2005年是全面落实国家质检总局关于肉类进口注册的16号令以及49号公告的关键一年。根据国家质检总局统一部署，确保2005年7月1日以后所有进口肉类必须来自注册的企业，未经注册的国外企业的肉类产品不得进口。国家认监委注册管理部组织精干专家队伍，克服种种困难，在有限的时间内完成了对巴西、乌拉圭、阿根廷、智利、丹麦、法国和意大利等国家肉类企业的进口注册考核，基本上将主要对华出口国全部纳入了进口注册管理的范围，实现了检疫审批与进口注册的平稳衔接。同时，又通过合理的技术措施，限制了一大批卫生管理条件达不到中国要求的企业对华出口，从而有理有据地保护了人民的健康和国家经济的健康发展，维护了国家的利益。同时，为了更有效地促进中国进口食品卫生注册工作不断向深度和广度推进，国家认监委注册部进一步修订完善了现行的一系列进口注册程序性文件，以使其更加适应注册工作的需要。截至2005年底，对10个国家开展了肉类进口注册工作，共注册企业178家。

三、加强卫生注册队伍建设和技术研究推广工作

(一)加强主任评审员队伍的建设

高素质的卫生注册评审员队伍是确保中国进出口食品安全卫生体系有效运作的基础。为保证卫生注册工作能够根据食品安全形势发展的需要与时俱进地开展，国家认监委注册部及时编译、编写和出版了《出口食品生产企业卫生注册法规及文件汇编》以及《最新国外食品安全管理法规和标准汇编》等资料，作为从事卫生注册工作的基本指导书。随着2005年全国各地出入境检验检疫机构大规模增设专门的认证处室，一大批新人进入认证部门从事卫生注册工作，另有一大批新人从事驻厂检验员(兽医)工作，根据这一新情况，国家认监委及时组织开办了三期卫生注册主任评审员培训班，累计培训250人，有效地保证了卫生注册工作的顺利开展。

(二)加强卫生注册管理的标准化建设

根据国内外肉类卫生控制最新发展趋势，在总结多年来对肉类屠宰加工行业卫生管理经验的基础上，国家认监委注册部完成了《屠宰和肉类加工企业卫生注册管理规范》国家标准(GB/T)的制定工作。该标准作为肉类标准化领域的综合性管理标准，为中国肉类屠宰加工企业建立和实施安全卫生管理体系提出了要求，实现了进口注册和出口注册卫生标准的统一，为提高出口企业卫生管理水平，保证进口注册工作的顺利开展，奠定了坚实的技术基础。同时，也对中国卫生注册全面实现标准化、规范化管理起到了积极的示范作用。该标准是中国第一部能够与时俱进地与国际标准保持一致，能够满足提高中国肉类卫生管理水平，保护中国消费者和动植物健康需要的综合性肉类卫生管理标准。同时，按照2005年外事工作计划，国家认监委注册部派员参加了食品法典委员会(CAC)一般原则分委员会的活动；参加了进出口检验与认证体系分委员会的两个标准的制定工作。

(三)大力推行HACCP应用和实施工作

根据国家认监委《食品生产企业危害分析与关键控制点(HACCP)管理体系认证管理规定》(2002年第3号公告)和国家质检总局《出口食品生产企业卫生注册登记管理规定》(2002年第20号令)，在3年多的时间里，中国食品生产企业HACCP管理体系的建立、实施、验证、认证和监管工作全面展开，极大地推动了食品安全质量管理水平的提高。国家认监委自2002年以来连续召开了三次全国性的HACCP应用与认证研讨会，受到业内和社会的广泛关注。2005年11月，国家认监委在广州又组织举办了第四届HACCP应用与认证研讨会，帮助、指导食品生产企业建立并实施HACCP管理体系，解决在HACCP体系的建立、应用与实施、验证与认证过程中出现的新问题，推动HACCP在整个食品链各个环节的应用。完成了国家“十五”重大科技攻关项目“食品企业和餐饮业HACCP体系的建立和实施”13-5子课题“HACCP体系建立实施宏观政策研究”工作，通过课题验收鉴定，并获得课题鉴定组专家的高度评价。

(四)编辑出版《中国出口食品注册登记企业名录》

为了帮助社会各界了解中国出口食品生产企业现状，同时帮助出口食品企业走出国门，提高出口食品企业的知名度，扩大出口食品企业的影响，国家认监委注册部在2005年委托中国质量认证杂志社编辑出版了《中国出口食品注册登记企业名录》(以下简称《企业名录》)。此书共收集了截至2004年12月31日全国有效的出口食品生产企业卫生注册登记企业10 487家，其中水产类企业1 268家，肉及肉类制品类企业687家，蔬菜类企业

797家，罐头类企业606家，粮食制品类企业607家。今后计划每年根据变化的企业信息，连续出版。

(五)卫生注册信息化建设取得实效

为了提高卫生注册管理工作的效率，增加对外工作的透明度，国家认监委注册部通过与国家认监委信息中心合作，建立了对韩国注册登记水产品企业信息填报系统，通过在各自官方网站公开发布获得注册的水产品企业名单的方式，互相通报水产品注册企业名单。目前该系统运行稳定，在方便各直属出入境检验检疫局工作的同时，减少了出现信息错误的几率。同时，国家认监委注册管理部会同国家认监委信息中心，共同开发了《输日热加工偶蹄动物产品企业信息备案系统》，目前该系统正在完善中，该系统还可作为蓝本用于在其他国家注册企业信息管理的开发。

撰稿人：李春光　王　刚　顾绍平　黄　斌

审稿人：史小卫　陈海洋

2006

ZHONG GUO REN ZHENG REN KE NIAN JIAN

第七部分　实验室与检测监管

SHI YAN SHI YU JIAN CE JIAN GUAN

·实验室与检测监管·

一、质检机构建设和监管

(一) 国家产品质量监督检验中心授权和省级产品质量监督检验所验收

2005年国家产品质量监督检验中心发展较快，截至2005年12月底，授权的国家质检中心的总数量已经达到294家，其中2005年新授权32家。2005年新授权的国家质检中心为：国家饮料及粮油制品质量监督检验中心、国家酒类及饮料质量监督检验中心、国家果蔬产品及加工食品质量监督检验中心、国家农副加工产品质量监督检验中心、国家防伪产品质量监督检验中心、国家蔬菜质量监督检验中心、国家加工食品质量监督检验中心(广州)、国家竹木产品质量监督检验中心、国家民用爆破器材质量监督检验中心(西安)、国家毛绒质量监督检验中心、国家安全防范报警系统产品质量监督检验中心（北京)、国家安全防范报警系统产品质量监督检验中心(上海)、国家加工食品质量监督检验中心、国家糖业质量监督检验中心、国家石油管材质量监督检验中心、国家棉花质量监督检验中心(青岛)、国家棉花质量监督检验中心(新疆)、国家摩托车质量监督检验中心(重庆)、国家车用乙醇汽油质量监督检验中心、国家亚麻产品质量监督检验中心、国家青少年食品质量监督检验中心、国家危险化学质量监督检验中心、国家石油天然气产品质量监督检验中心、国家黄金钻石制品质量监督检验中心、国家太阳能热水器质量监督检验中心、国家汽车零部件产品质量监督检验中心(长春)、国家标准件产品质量监督检验中心、国家水产品及加工食品质量监督检验中心、国家盐化工产品质量监督检验中心、国家低压成套电控设备质量监督检验中心、国家黄酒产品质量监督检验中心、国家工业自动化仪表产品质量监督检验中心。

2005年共有17家省级产品质量监督检验所和纤维检验所(局)通过了国家验收复查。

(二)国家产品质量监督检验中心监督检查

为加强对国家产品质检中心的监督管理，规范国家产品质检中心的行为，按照《中华人民共和国行政许可法》的要求，2005年10月下旬到11月上旬，国家认监委组织开展了对部分国家产品质检中心的监督检查工作。本次共派出了4个组，分别对上海、辽宁、陕西、河南等地的21家国家产品质检中心进行了监督检查，每个检查组分别由3个专家组成。国家认监委实验室与检测监管部派员分赴四省市对本次监督检查工作进行了观察和指导。地方质量技术监督局也对本次监督检查工作高度重视，并提供了大力支持和帮助。

检查组主要对中心的组织机构、质量体系、技术资源、环境、检测方法、检测报告、申投诉情况、社会形象等8个方面，进行了认真、细致的检查。从检查内容方面，尽量不与国家产品质检中心接受的“三合一”评审重复，主要检查国家产品质检中心的“权威性、公正性、社会形象”等。从检查形式方面，采取临时通知被检查对象的方式，除了准备必要的书面汇报材料外，不要求所检查的国家产品质检中心作其他的准备。监督检查组的食宿、交通等费用也由国家认监委负责。这样，一方面不给被检查的国家产品质检中心增加负担，也能保证监督检查的公正性，能了解到国家产品质检中心的真实状态。

此次通过以上8个方面的检查发现：

这21家国家产品质检中心基本上能做到组织机构清晰、质量管理体系合理；检测资源(人员、仪器设备)等具有一定的优势，能满足国家产品质检中心的要求；

各中心在专业领域方面都具有一定综合实力，能够处于技术领先地位。其中大多数中心或者母体单位挂靠有全国性标准化技术委员会或分会，中心均有人员在相应专业委员会担任相应职务，各中心每年均有人员参加国内或国外行业各种技术会议，以及时跟踪国内外最新技术和标准，保证技术领先。有的中心还能代表行业进行国家间的交流活动，如国家烟草质量监督检验中心组织了有国际上大型企业、机构参加的能力验证和技术交流活动。

各中心能够积极参与研究开发新的检测技术和方法，都积极承担或参与国家标准、专业标准的制定、修订工作，并积极跟踪国际与国家、行业最新标准，新研制检测方法多项。

在科研能力方面，大部分中心对不确定度研究、行业检测方向规划和发表科技论文比较重视。各中心近年来均有科技论文发表在相应期刊杂志上，最少的2篇，最多的达10多篇。但检查组认为各中心在不确定度评定方面仍需努力。

各中心工作都比较规范，没有发现有违反公正性的行为，没有发现有出具虚假报告的情况，也没有发现超范围使用授权章的情况。部分中心对核查假报告采取网上查询答复，有较好的效果。

各中心能够积极参与政府或公益活动检验，除积极参与国家监督抽查任务外，还积极参与生产许可证检验与生产条件检查、强制性产品认证、部门产品认证活动或产品专项整治活动和仲裁检验等。

总之，尽管各中心情况各异，面临的竞争与压力不同，但都能够站在国家产品质检中心的高度，严格要求，约束自己的行为，不断提高技术实力，提高服务水平；各中心技术能力在行业都处于领先地位，都具有良好的社会形象与社会地位，能够保证国家产品质检中心的公正性和权威性。

（三）国家产品质量监督检验中心负责人培训

为提高国家产品质检中心的水平，国家认监委在几年的时间内对质检中心负责人进行了管理和业务方面的培训。2005年在北京、上海和福州举办了三期培训班，共有200多人参加了培训。

二、计量认证新进展

（一）计量认证平稳增长，社会效益显著提高

截至2005年年底，国家计量认证2 387家，省级计量认证18 000多家。2005国家计量认证和复查换证的国家计量认证实验室549家（含复查实验室）。

计量认证是规范中国检测市场的一个基本市场准入行政许可制度，对中国检测市场的规范，发挥了越来越重要的作用。2005年，国家认监委密切关注《计量法》颁布实施20周年有关纪念活动和有关《计量法》修改工作，与地方质量技术监督局一起，积极呼吁新修改《计量法》应保留计量认证。国家认监委经过多年研讨、反复征求意见和修改的《实验室和检查机构资质认定管理办法》有望2006年上半年以国家质检总局令（部门规章）形式发布，其中明确了计量认证即资质认定的一种主要形式，将计量认证的整个工作机制、工作程序和监管措施都融入到了资质认定管理办法中。

（二）计量认证改革新思路

为加强计量认证的管理，促进计量认证评审水平和实验室技术水平的提高，研究计量认证工作发展的新思路，2005年5月，国家认监委分别在广州、上海和北京分片召开了地方质量技术监督局和行业评审组有关人员参加的计量认证工作调研会，共同研究和讨论了计量认证面临的新问题，研究市场经济条件下加强计量认证工作的新思路。国家认监委实验室监管部和中国实验室国家认可委员会秘书处有关负责人还前往沈阳、济南，与辽宁省、山东省质量技术监督局有关人员座谈，研究在中国建立统一的实验室资质评价体系的可行性。

（三）开拓计量认证工作新领域

机动车安全技术检验机构过去只有北京等少数省市开展了计量认证，一些省的公安交管部门长期垄断机动车安检机构的经营和资质管理。通过国家认监委的努力，《道路交通安全法》及其实施条例改变了这一状况，公安部正式把机动车安检机构的资质管理移交给质量技术监督局。为加强对机动车安检机构计量认证工作的管理和指导，国家认监委在2005年1月与国家质检总局、公安部联合下发了《关于加强机动车安全技术检验机构管理有关工作的通知》（国质检监联[2005]39号）之后，3月份，在北京召开了“机动车安检机构计量认证工作部署和研讨会”，随后，国家认监委印发了《关于做好机动车安全技术检验机构计量认证工作有关问题的通知》（国认实函[2005]64号），又与国家质检总局联合印发了《关于做好机动车安全技术检验机构监督管理接收工作的通知》（国质检监联[2005]77号），全面部署了对机动车安检机构的计量认证工作，2005年8月，国家认监委以公告形式公布了首批通过计量认证的772家机动车安检机构名单。

此外，在防雷避雷装置检测机构、中央储备粮库实验室、船舶检验机构、外资检测实验室、工程建设单位的实验室、销售运输机构的实验室是否允许进行计量认证等方面，也进行了大量的研究，相关规定正在制定。

三、开展计量认证专项监督检查

根据《国家认监委贯彻落实〈国家质检总局关于进一步加强食品质量安全监管工作的通知〉工作方案的通知》（国认办[2005]46号），国家认监委为进一步加强对实验

室资质管理，在2005年8月至11月间开展了以食品检验检测机构及实验室为主要对象的计量认证专项监督检查。

(一)总体情况

此次计量认证专项监督检查的重点是围绕贯彻落实国家质检总局和国家认监委有关加强食品质量安全监管的工作方案，对获得计量认证的食品检验检测机构及实验室的资质状况施行监督检查，进一步强化食品检验检测机构计量认证的有效性，促进食品检验检测机构及实验室的技术水平和能力的提高，以保持检验检测机构的准确、诚信、公正的工作原则。按照《关于开展2005年度计量认证专项监督检查工作的通知》(国认实函[2005]167号)文件的要求，本次检查工作以省内自查为主，要求各省级质量技术监督局对辖区内具有食品检测能力的实验室进行拉网式检查，完成并上报《计量认证(食品检测实验室)技术能力核查表》，同时各直属检验检疫局和国家计量认证行业评审组也要对所属涉及食品检测的实验室进行检查。在省内自查的基础上，国家认监委确定了河北、北京、天津、吉林、辽宁、山东、湖北、四川、湖南、浙江、贵州、福建、广东、广西和陕西15家省质量技术监督局作为2005年计量认证监督检查工作组长单位，对从全国实验室资源调查数据库中随机抽取出的140家食品检测实验室进行了跨省监督检查。本次计量认证专项监督检查活动的主要目的包括两方面，一是对食品检验机构的部分食品检测能力进行核查，二是检查实验室的日常运行情况，主要分组织和管理体系、仪器设备和环境、人员、检测报告和计量认证标志、公正性地位和行为、日常管理6大方面34项。

(二)检查结果

从这次检查反馈上来的情况看，中国的食品检验机构近几年来发展很快。主要表现在几个方面：一是组织管理水平有很大提高，基本上按照要求建立了质量保证体系；二是随着中央和各级政府对食品安全问题的日益重视，食品检验机构的仪器设备条件得到了一定的改善；三是人员素质水平有了较大的提高，机构对人才引进和培育都有了足够的重视；四是食品检验能力普遍有所提升。计量认证作为规范实验室组织管理和提高检测水平的有效手段，在食品检验机构的建设中发挥了积极重要的作用，为人民的健康生活和社会经济建设起到了保驾护航的作用。

(三)存在的主要问题

此次监督检查涉及实验室共2 800多家，从检查结果来看，中国食品检验机构的检测能力在管理水平方面仍然存在着很多问题。此外，此次专项监督检查还暴露出了一些计量认证管理上的问题：一是主管部门对实验室的日常管理松懈，监管不到位，不能掌握实验室的工作动态和变化；二是缺乏对实验室的有效指导，没有为实验室创造良好的沟通、学习、提高的机会。三是信息沟通不畅，各省计量认证的情况未能及时上报国家认监委，不利于计量认证工作的统一规划和管理。

四、实验室认可工作新进展

国家认监委2005年授权实验室认可委员会秘书处开展病原微生物实验室认可工作，帮助其拓展医学实验室认可领域，委托其开展为应对欧盟REACH法规的GLP实验室认可有关前期研究和准备工作。授权其开展检查机构认可、标准物质生产者认可、能力验证提供者认可等新领域的认可工作。在国家认监委领导和实验室监管部全力支持下，在各行业主管部门的积极支持和配合下，中国实验室国家认可委员会(秘书处)的工作取得了可喜成绩。截至2005年底，认可实验室2 368家，其中检测实验室2 065家；准实验室303家；认可检查机构56家；认可医学实验室5家；认可病原微生物实验室2家；认可能力验证提供者6家；认可标准物质生产者1家。

五、出台能力验证管理办法，组织开展能力验证活动

实验室能力验证是保持和验证实验室检测能力的有效手段，是加强对计量认证获证实验室监督的重要措施。国家认监委成立以来，一直在积极组织开展重点项目的能力验证活动，还积极组织专家，研讨制定实施能力验证活动的管理办法。2005年12月27日，国家认监委主任办公会议审议通过了《实验室能力验证实施办法》(以下简称《办法》)，《办法》的出台进一步规范和促进了中国的实验室能力验证工作，有助于建立全国统一的能力验证管理机制，统一规范能力验证工作，提高能力验证的有效性和权威性，充分发挥能力验证作为评价中国实验室技术能力的作用。

根据国家认监委《关于下达2005年度国家认监委实验室能力验证计划的通知》(国认实函[2005]84号)和《关于开展孔雀石绿能力验证的通知》(国认实 [2005]66号)文件的要求，国家认监委指定中国检验检疫科学研究院等8家单位作为能力验证项目的协调单位，共组织了苏丹红Ⅰ号的检测，食品中山梨酸、苯甲酸的检测，白酒中甲醇、杂醇油的检测，水果罐头中合成着色剂的检测，小麦粉中过氧化苯甲酰的检测，蔬菜中毒死蜱等农残检测，

果汁中L–脯氨酸的检测，陶瓷地砖放射性的检测，水产品中孔雀石绿残留检测等9个涉及食品安全和建材安全方面的能力验证计划。参加实验室累计达951家(有的实验室参加了多个项目的能力验证活动)，其中取得满意结果的达708家。

六、完成重点课题——中国检测资源状况及共享战略研究

由国家认监委和中国计量科学研究院、中国检验检疫科学研究院共同承担的国家科技基础条件平台建设重点项目“全国检测资源状况及共享战略研究”(以下简称“项目”)于2005年12月通过科技部专家组的验收。

该项目于2003年11月由科技部批准立项，2004年1月研究经费到位，2004年3月成立了项目研究领导小组、专家组和研究工作组，王凤清主任担任领导小组组长，程方副主任为项目负责人，研究工作正式启动。

2005年11月29日，经科技部批准，项目验收会在京举行，程方副主任代表项目组向验收专家组进行了成果汇报。由北京理工大学周立伟院士、中国工程院张钟华院士等9名专家组成的验收专家组对项目研究成果进行了审定，科技部、国家质检总局有关领导到会指导，国家认监委、中国计量科学研究院及中国检验检疫科学研究院的有关人员参加了会议。

专家组审查了项目组提交的全部材料，听取了项目组所作的汇报后，一致认为，本项目组织了全国检测资源的调查，建立了包含18 932个检测机构信息的检测资源数据库，完成了“全国检测资源状况及共享战略研究”总报告和15个专题报告，建立了检测资源信息收集、审核、汇总和统计分析的工作机制和技术平台，提出了避免资源重复建设、促进资源共享及合理利用的意见和建议。为相关部门规划和建设中国的检测体系提供了重要依据，为构建中国检测资源共享平台奠定了基础，意义重大。

专家组同时指出，此项目有3个创新点：建立了中国第一个较为完整的检测资源数据库；首次摸清了中国检测资源的总体状况；初步构建了多元化的检测资源信息采集、汇交和共享的框架。

专家组经过认真讨论一致认为，本项目目标明确，符合当前国家发展需要，研究思路正确，方法手段先进，设计规划合理，组织管理措施落实，出色完成了项目任务。项目验收资料齐全，数据真实可靠，经费使用合理，全面完成了项目考核指标，同意通过验收。

本项目顺利通过科技部专家组的验收，标志着为期两年的“全国检测资源状况及共享战略研究”项目圆满结束，中国检测资源共享平台的基础性工作顺利向前迈了一大步。

七、开展全国食品检验检测资源调查工作

(一)中国食品检验检测资源总体状况

为确保中国的食品安全，国务院于2004年9月下发了《关于进一步加强食品安全工作的决定》(国发[2004]23号)，对加强食品安全工作作出了重大部署，提出要“充分发挥农业、质检、卫生和商务等部门检测机构的作用，完善检验检测体系，严格资质审核，逐步面向社会，实现资源共享，不搞重复建设；实现检测信息共享，避免不必要的重复检测”等精神，明确由国家质检总局牵头，会同卫生、农业、商务部门研究提出中国食品检验检测体系建设的意见。为贯彻落实国务院《决定》精神，国家质检总局、卫生部、农业部、商务部、工商管理总局、食品药品监管局、国家标准委和国家认监委等八部门于2004年11月联合组建了中国食品检验检测体系建设协调小组(以下简称协调小组)，就食品检验检测体系建设有关的工作进行了统筹安排。协调小组决定首先开展全国食品检验检测资源的普查工作，由国家认监委牵头进行组织。

2004年12月，有关部门联合下发在全国开展食品检验检测资源调查的通知。2004年12月底至2005年1月，在国家认监委的统一组织下，各行业部门和地方质检部门相继开展动员、培训和宣传工作，资源调查工作全面铺开。2005年1月，国家认监委组织多个督导组到全国各地就调查工作进行督导。2005年4月20日，国家认监委组织对调查结果进行统计分析、撰写调查报告。

调查结果显示，中国有各类从事食品相关检验检测的技术机构5 630家，分布在全国31个省、直辖市和自治区，主要隶属于卫生、质检、农业、粮食、商务、食药和环保等十余个行业部门，还有少量属于私有、股份制或者中外合资的机构。食品检测机构的从业总人数15.04万人，其中直接从事食品检验的为3.74万人。食品检测机构从业人员中，大专、大学以上学历的人员数量接近总从业人数的50%。但是，初级职称或无职称的人数比例超过60%，研究生以上学历的不足2%。食品检测机构可以检测的项目(或产品/参数)总数有62.01万项。总的仪器设备达36.5万台套，仪器设备的固定资产值为104.5亿元，实验室面积达233万m^2。

通过对调查结果进行分析，认为中国食品检验检测资源的现状存在的主要问题有：(1) 检测资源分布不均

衡，整体检测能力薄弱，资源效能没有得到充分发挥；(2)食品检验检测资源重复建设加剧，各部门、行业之间的资源共享难以实现；(3)检测体系布局不够合理，一些环节的监管薄弱；(4)企业和社会中介组织的检测力量尚未充分利用等。国家认监委经研究提出如下关于加强中国食品检验检测体系建设的建议：

(二)食品检测体系总体建设目标

根据中国食品行业发展以及食品国际贸易发展的需要，按照统筹规划、合理布局的原则，力争用5~8年左右的时间，初步建立一个相互协调、分工合理、职能明确、技术先进、功能齐备、人员匹配和运行高效的食品检验检测体系。在检测范围上，能够满足对产地环境、生产投入品、生产及加工过程、流通全过程实施安全检测的需要，并重点加强对生产源头检测手段的建设；在检测能力上，能够满足国家标准、行业标准和相关国际标准对食品安全参数的检测要求。在技术水平上，符合国际良好实验室规范，达到国际同类检验机构先进水平。

(三)具体建设意见

1. 加强检测机构能力建设

跟踪国际食品检验检测技术发展，加强先进食品检验检测技术方法和标准的研究。重点开发食品监控中急需的有关安全限量标准中对应的农药、兽药、重要有机污染物、食品添加剂、饲料添加剂与违禁化学品、生物毒素、重要人兽共患疾病病原体和植物病原的快速检测技术和相关设备研究并拥有自主知识产权。加大对大气、水、土壤和污染源等方面可检测项目和新技术、新工艺、新资源加工食品的安全性研究与评估。同时，要有选择性地研究与研制部分先进的(高、精、尖、超痕量)检测方法、仪器设备，加快研制检测所需要的消耗品，积极引进国际上先进的检测技术。

2. 加强检测机构管理体制改革力度

各行业部门按依法授权的职能对食品从原料生产、加工、流通和消费的完整环节进行监管，每个环节由一个部门负责。食品检验检测机构进一步从各行业部门剥离，进行跨部门整合，提高综合检测能力。大部分整合后的检测机构成为中介机构，从事委托检验的工作；其余部分的检测机构由国家专门的部门进行授权和统一管理，成为政府实验室，由各个部门共同使用，以减少重复检验检测，保证检验检测的科学性、公正性、权威性。建立政府实验室投资建设的"投资-咨询-论证"机制，避免盲目建设。

培育开放的食品检验检测市场。根据"政府引导、多方兴办、市场运作、鼓励竞争、推进联合"的原则，鼓励民间资本投资建设食品检验检测中介服务机构，按照中国加入世贸组织的承诺步骤引进外资建设食品检验检测中介服务机构，完善制度建设，推动开放的检验检测市场的形成。鼓励中介检验检测机构在符合法律规定的条件下，取得相应资质，承担政府行政部门委托的执法性检验检测工作。

3. 建立统一的检测市场准入制度，加强检测市场的监管力度

严格食品检验检测机构资质审核，统一全国的食品检验检测机构资质认定条件和检验人员上岗资格注册条件，加强对获得资质的食品检验检测机构和获得注册资格的食品检验检测人员的管理。向社会提供公正检测或为执法监督部门提供检测服务的食品检验检测机构要通过计量认证，省级以上的检验检测机构应通过实验室认可。建立国家层面的检验检测机构能力验证管理制度，加强食品检验检测能力验证工作。加强对食品检验检测机构的规范和监督，对这些机构在接受委托时不及时出据检验报告、出具错误报告或虚假报告等行为进行规范和处理。

4. 建立国家食品检验检测体系信息数据平台，实现检测资源和检测信息的共享

整合当前各部门检测信息和资源数据库，形成国家统一的、全面的食品检测信息和资源共享平台，并通过对信息的电子化、网络化，实现检测活动的电子监管，辅以科学合理的信息发布机制，以保证信息及时准确的传递和共享。

建立食品检验检测资源信息的门户网站，向社会公开食品检验检测机构的数量、分布、检测能力、资质情况、收费标准、复检程序等信息，建立长期运行的国家食品安全监控数据系统。

八、开展"中加小农项目中国西部地区食品实验室人员培训"

根据国家认监委2005年的培训计划，受国家质检总局委托，国家认监委实验室监管部与"中国-加拿大小农户适应全球市场项目"办公室于2005年上半年联合筹办了"中加小农项目中国西部地区食品实验室人员培训班"，培训班于2005年6月12日~24日在四川省成都市举办，来自西部六省区、三个行业系统39家检测机构的54名学员参加了包括实验室安全、QA/QC、ISO 17025、实验室管理、食品理化分析和食品微生物技术等内容在内的培训。

撰稿人：李文龙　黎玉娥　谢　澄　周　刚
审稿人：刘安平

2006

ZHONG GUO REN ZHENG REN KE NIAN JIAN

第八部分　科研与标准建设

KE YAN YU BIAO ZHUN JIAN SHE

·科研与标准建设·

一、认证认可科研管理

(一)2005年认证认可科研管理工作概况

1. 组织及管理制度建设

(1)根据认证认可科技管理工作的要求,国家认监委于2005年5月发布实施了《认证认可科技与标准化管理工作规定》和《认证认可科技项目管理办法》两个规范性文件。文件对认证认可科技工作管理体制、指导方针、工作职责及保障措施做出了明确的规定,是规范和指导认证认可科技管理工作的重要依据。

(2)根据国家质检总局科技司的统一安排以及认证认可工作的实际需求,国家认监委于2005年6月向国家质检总局上报了认证认可科技委员会的组建方案。认证认可科技委员会的组建将为认证认可科技工作的健康发展和有效推进提供重要的理论和技术支撑。

(3)为进一步加强认证认可科技人才梯队建设,切实提高认证认可科技攻关能力,国家认监委于2005年7月成立了中国认证认可技术研究所。中国认证认可技术研究所的成立,将为认证认可科技人才和高层次专家的选拔、培养和使用搭建起一座基础平台,并有效提高国家认监委在认证认可科技创新方面的能力和水平。

(4)为保障国家质检总局年度科研计划项目的有效实施,切实加强对项目承担单位及资金使用的监督管理,国家认监委科技管理部门于2005年10月印发了《关于加强国家质检总局科研计划项目管理的通知》。

(5)为保障科技部十五科技攻关计划重点项目《认证认可关键技术研究与示范》的有效实施,国家认监委科技管理部门2005年发布了项目工作管理体制相关规定及项目实施意见。

2. 科研规划编制和重点课题立项

(1)组织国家认监委机关、直属单位及认证认可相关机构编制认证认可和检测领域“十一五”科技发展规划,初步确立了“十一五”期间认证认可和检测领域科研工作思路及主攻领域。

(2)组织相关单位就“十一五”期间认证认可拟在科技部立项的重点项目提出推荐方案并草拟项目建议书,共有6个项目作为“十一五”期间认证认可领域的科研重点向国家质检总局进行了推荐。

(3)组织相关单位参与质检系统“十一五”科技发展规划的起草工作,并就“十一五”期间认证认可领域重大科研需求提出建议。

3. 科研项目管理

(1)以中国认证认可战略研究研讨会的成功召开为契机,组织开展对《认证认可关键技术研究与示范》课题的可行性研究工作。该课题作为“十五”科技攻关计划重点项目于2005年8月在科技部正式立项,下设6个子课题,分别由中国认证认可技术研究所、上海质量管理科学研究院、中国电子标准化技术研究所、中标认证中心、中国质量认证中心和鉴衡认证中心具体承担,执行期为2年。该课题研究2005年10月正式进入实施阶段。

(2)组织开展对《国家检测资源共享平台建设》项目的可行性研究工作。该项目作为“十一五”国家科技基础条件平台重点建设项目于2005年11月正式在科技部立项,下设3个子项目,执行期为3年。子项目1和子项目2已正式进入实施阶段,子项目3拟在2006年上半年完成项目可行性论证后再进入实施。

(3)根据国家质检总局2005年度科研项目计划安排,组织国家认监委机关及直属单位做好项目实施并开展管理与检查。国家认监委承担的2005年度国家质检总局科研项目一共是10项。

(4)组织国家认监委机关及直属单位开展2006年度国家质检总局科研计划项目的申报工作,经专家评审,共有9个项目列入到2006年度国家质检总局科研项目计划之列。

(5)组织和协调国家认监委及直属单位承担的科技部和国家质检总局项目的验收工作。2005年已完成的验收项目有《全国检测资源状况及共享战略研究》、《食品安全检测实验室质量控制规范研究》、《食品企业和餐饮业HACCP体系的建立和实施》、《测量不确定度应用研究》以及《实验室认可管理信息化系统》。

(6)组织开展了科研项目数据统计、国家质检总局“科技兴检奖”项目推荐等相关工作。在国家质检总局“科技兴检奖”的评比过程中,中国合格评定国家认可中心承担的科技部项目《食品安全检测实验室质量控制规范研究》获得了专家评审组的一等奖提名,并已通过国家质检总局的公示。

(二)认证认可科研管理工作存在的不足

1. 随着国家认监委承担科技部和国家质检总局科研项目的不断增多,认证认可科研管理人才与技术人才匮乏现象日益突出,急需加强认证认可科研工作人才队伍建设。

2. 认证认可科研信息化程度较低,科研管理工作在信息化建设方面步伐的滞后,一定程度上影响了相关科研工作的有效展开。

3. 科研经费相对不足。由于国家认监委科技管理部门成立较晚,认证认可科研工作专项经费未能及时在财政部立项,客观上制约了其职能的有效发挥。

(三)认证认可科研管理工作主要改进措施

1. 组织实施由国家认监委牵头负责的科技部3大科研项目,即《认证认可关键技术研究与示范》、《国家检测平台共享平台建设》和《中国重点进出口产品检验检疫技术措施研究》;通过建立合理有效的组织管理机制和制度措施,加强对各个项目运作过程的监管、控制和协调,确保3大项目得以有效实施。

2. 以国家认监委前期“十五”科技攻关计划项目为先导,进一步摸清认证认可“十一五”科技发展需求状况,为认证认可“十一五”科技发展规划的制定和有效实施打好基础。

3. 加强认证认可科技管理制度建设和人才队伍建设,从政策和资金上大力扶持中国认证认可技术研究所,将其建设成为认证认可科研攻关与人才培养的主要基地,同时积极探索和创新科技管理机制和模式,推动认证认可科技工作在良好的环境与氛围中向前发展。

4. 加快科研管理信息化建设工作,利用现有相关信息化管理系统,结合认证认可科研管理实际,研发国家认监委科技管理信息化系统,有效提高科技管理水平和效率。

二、认证认可标准化工作

(一)认证认可标准化组织与管理

1. 全国认证认可标准化技术委员会的制度建设得到进一步完善

2005年是TC 261成立3年来在组织建设方面实现跨越式发展成效卓著的一年,TC 261各项工作基本步入制度化、程序化、规范化的轨道。在TC 261第二次全会审议通过的《认证认可标准制修订工作程序》、《参与国际认证认可标准化活动的程序》、《全国认证认可标准化技术委员会秘书处工作细则》、《全国认证认可标准化技术委员会人员管理规定》等4个文件的基础上,依据《全国认证认可标准化技术委员会章程》及有关规定,于2005年又制定了《认证认可标准宣贯管理规定》(试行)和《全国认证认可标准化技术委员会设备管理办法》(试行)2个规范性文件,进一步完善了认证认可标准化工作的规章制度,为认证认可标准化工作的长远发展奠定了运作机制与制度的保障。

2. TC 261经费收入、秘书处设施等基础条件得到保障

TC 261的业务开展离不开稳定的经费保障,依据《全国认证认可标准化技术委员会章程》及《全国认证认可标准化技术委员会人员管理规定》,TC 261于2005年首次完成了委员和通讯成员年金、信息资料费的征收工作。在全体委员及通讯成员的支持下,年金、信息资料费的征收工作于2005年9月顺利完成。TC 261秘书处严格按照《全国认证认可标准化技术委员会财务管理办法》和《全国认证认可标准化技术委员会设备管理办法》的规定使用经费,购置了必要的办公设备,使工作效率和工作质量大大提高,为有效行使组织、协调、管理和服务等职能提供了物质保障。

3. 调整委员结构,加强队伍建设

针对原有委员中政府代表比重偏高以及部分委员工作变动的情况,TC 261根据各方意见,依据《全国认证认可标准化技术委员会章程》和国家标准委有关规定,对委员、通讯成员进行了调整,吸纳了一批来自认证机构、检测机构和企业的代表,委员数量由29人增至49人,通讯成员由7人增至13人;来自政府部门的委员比例由36%下降为27%,来自认可机构的委员比例由16%下降为9%,来自认证机构的委员比例由20%上升为24%,来自科研或检测机构的委员比例由20%上升为24%,来自企业的委员比例由8%上升为16%。基本建成了代表广泛、组成合理、利益均衡、力量充实、有效参与的工作架构

(TC 261 调整后的组成名单见附件 1)。

4. **加强服务和信息化建设**

为了更好地为委员和专家们提供服务，增加信息沟通与交流的渠道，对外扩大宣传与影响，由秘书处主办的《全国认证认可标准化技术委员会工作通讯》于 2005 年 5 月开始发行，迄今为止发行了三期，设置的栏目主要有“标准化工作动态”、“国家认监委信息”、“工作交流”、“国际会议”等，着重报道中国认证认可工作、认证认可标准化工作以及国际标准化活动的最新进展和动态。根据 TC 261 第二次全会的建议，组织进行了《认证认可标准化工作手册》的编撰工作，该《手册》汇集了现行有效的认证认可标准、法规、规章制度和其他规范性文件，以及对 ISO/CASCO 和认证认可标准体系的详尽介绍，为有效参与认证认可标准化工作和充分利用认证认可标准化成果提供了方便。另外，开发了 TC 261 信息化系统，该系统设置的栏目主要包括：“TC 261 介绍”、“公开文件”、“工作动态”、“最新通知”、“相关链接”以及“成员专区”。该系统可以实现以下几方面的功能：为广大关心、支持和参与认证认可标准化工作的人士提供一个了解 TC 261 组织机构、运作管理和工作情况的信息平台，扩大 TC 261 的对外宣传；为 TC 261 委员及通讯成员提供相关服务，如可以浏览或下载有关英文原版标准、有关标准制修订过程中文件以及 TC 261 相关会议文件等；为认证认可国家标准制修订工作提供高效、透明、规范运作的信息化管理系统，实现网上征求和反馈意见；为 TC 261 委员、通讯成员以及秘书处之间建立相互沟通和交流的技术平台。该系统已于 2005 年 3 月 22 日开通使用，委员们能够于会前看到本次会议的所有文件。

5. **借鉴国际做法，提高会议组织水平**

为了提高 TC 261 会议的效率和组织水平，秘书处借鉴了国际会议一些好的做法，如会议文件提前上网、请代表反馈对会议组织、秘书处工作等方面的意见、会议资料模式化并统一编号汇编成册等。

(二)认证认可标准化工作新进展

1. **认证认可国家标准制修订工作全面推进**

根据 2005 年度工作计划提出的“力争在 2005 年基本完成标准体系各层次核心标准的制定”的要求，2005 年 TC 261 的标准制修订工作全面展开，共承担了《合格评定 词汇和通用原则》等 13 项新的国家标准制修订计划项目(详见附件 2)。在起草过程中，各承担单位以高度负责的态度，投入了大量的人力、物力和财力；各起草组广泛吸收了来自政府、认可机构、认证机构、实验室和企业的技术专家参与各项标准的起草工作，集思广益，充分听取和采纳各方意见；TC 261 秘书处在加强组织协调的同时，积极提供技术支持，如及时提供相关国际标准的背景资料、帮助起草组就相关技术问题咨询 ISO/CASCO、认真组织审查标准技术内容等。在各方共同努力下，全部项目均在计划时间内完成了任务，分别进入报批、审定或征求意见阶段。

截至 2005 年底，由 TC 261 归口的现行有效的国家标准共 9 项(见附件 3)，其中 2005 年发布了 2 项，分别为 GB/T 27011—2005《合格评定 认可机构通用要求》和 GB 19781—2005《医学实验室安全性要求》。目前，TC 261 承担国家标准制修订计划项目共 14 项(见附件 2)，其中 2005 年承担 13 项。在这 13 项中，已审定的有 4 项，即《合格评定 词汇和通用原则》、《合格评定 供方的符合性声明 第 1 部分：通用要求》、《合格评定 供方的符合性声明 第 2 部分：支持性文件》和《合格评定 第三方符合性标志的通用要求》；待审定的有 3 项，即《合格评定 产品认证基础》、《合格评定 结果承认与接受协议》和《合格评定 良好操作准则》；另外 6 项仍在征求意见过程中，即《食品安全 动物源性食品检疫检测实验室质量控制规范》、《食品安全 植物源性食品检疫检测实验室质量控制规范》、《食品安全 毒理学检测实验室质量控制规范》、《食品安全 分子生物学检测实验室质量控制规范》、《食品安全 理化检测实验室质量控制规范》、《食品安全 微生物学检测实验室质量控制规范》。

ISO/CASCO 现行有效的标准/指南共 20 个(不包括 PAS 文件)，已转化和正在转化为国家标准的有 15 个，国际标准/指南采标率由 2005 年初的 40%上升到 75%，完成了“基本填补中国认证认可标准体系中核心与基础标准的空白”的年度计划。ISO/CASCO 现行标准/指南文件及正在进行的标准制修订项目分别见附件 4 和附件 5。

2. **在实质性参与国际认证认可标准化活动方面取得突破**

中国认证认可工作要实现与国际接轨，标准化工作首先要与国际接轨，要实质性参与国际认证认可标准化活动，跟踪研究并积极反映中国的观点，从根本上确保中国认证认可的国际权威性，维护国家利益。2005 年，TC 261 通过及时跟踪和密切参与 ISO/CASCO 工作，抓住机会，及时选派专家参加了 ISO/CASCO-ISO/TC 34 联合工作组 JWG 11(负责起草 ISO 22003《食品安全管理体系认证机构要求》)、ISO/CASCO/WG 23“通用要素工作组”，派 2 人实质性参加了 ISO/CASCO/WG 27“ISO 17007《合格评定标准编写指南》工作组”。中国专家不辱使命，在参加各工作组会议前充分听取各方意见和建议，认真准备；在会议过程中积极表达中国立场与观点，积极参与讨论和起草工作；会后及时向有关方面反馈信息，并继续密切关注和参与标准制定过程。另外，TC 261 还组织了对 ISO/IEC 17021《管理体系认证机构要求》等国际标准的投票工作，组团参加了 ISO/CASCO 第 21 届全会及 ISO/CASCO 主席顾问组的会议，完成了"ISO 合格评定文件使用情况调查"的信息填报。综上所述，TC 261 在参与认证认可国际标准化工作方面取得了较大突破，为今后更加广泛、深入地参与国际认证认可工作创造了条件、积累了经验。

3. 组织编制《认证认可标准化"十一五"规划》

认证认可标准体系表是科学、规范地编制认证认可标准制修订计划的最根本依据，是编制认证认可领域现有的、应有的和可预见的标准蓝图。在 2004 年认证认可标准体系研究基础上，TC 261 于 2005 年向国家标准委申请了"认证认可标准体系表的研究与制定"项目。该项目获得批准后，TC 261 立即组织专家成立了《认证认可标准化"十一五"规划》（以下简称《规划》）起草小组，启动了《规划》的研究与起草工作。《规划》编制的基本原则是：坚持突出改革、创新机制的原则；坚持与国家经济社会发展战略、产业和贸易政策相一致的原则；坚持重点突出的原则；坚持与国际通行准则和规范相衔接的原则。《规划》的工作目标是：通过"十一五"期间的努力，建成较为完善的认证认可和合格评定标准体系及与之配套的技术规范体系，以确保中国认证认可事业发展的需要；确定认证认可标准化重点和优先领域及重点支持的标准、技术规范；确定相应的保障措施和资金投入；确定 2006 年度计划。

4. 推动认证认可标准宣贯，提高认证认可有效性

标准宣贯是标准得以有效推广和应用的重要保证，在过去的一年里，TC 261 积极推动标准宣贯工作，制定了《认证认可标准宣贯管理规定》（试行），并依据该规定对认证认可标准宣贯工作进行了全面布置。各标准起草组在起草标准的同时编写了标准宣贯材料，在向秘书处提交标准（送审稿）的同时提交宣贯材料（草案），最后由 TC 261 统一组织宣贯材料的校审、出版和相关培训活动。这项工作取得了很大进展，GB/T 27065—2004《产品认证机构通用要求》的宣贯教材已通过专家审定，并将作为 TC 261 组织编撰的标准宣贯教材系列的第一本书，于近期出版发行。另外，2005 年度启动的 13 项标准制修订项目全部按计划开展了宣贯材料的编写工作，计划于近期内完成部分教材的审定工作，统一设计，出版发行。

5. 首次完成了认证认可国家标准的清理评价工作

国家标准委《关于开展国家标准和计划项目清理工作的通知》（国标委计划[2004]32 号）要求，各标准归口单位应依据统一的原则、方法和要点对 2004 年 3 月底前批准发布的国家标准或标准制修订项目进行清理。TC 261 秘书处高度重视这项工作，指定专人负责，在 2005 年 2 月底前，组织完成了对归口的强制性国家标准、推荐性国家标准和国家标准制修订计划项目共 11 项标准的清理评价工作（见附件 6），并将清理报告上报了国家标准委。TC 261 通过这次标准清理体会到，认证认可领域在短短的几年中，标准的需求和应用与日俱增，而且行业的跨度大，关系到社会生活的方方面面。在清理过程中，发现有些标准译文和术语有不统一的问题存在，造成了理解和实施上的困难，影响了标准的市场适应性。TC 261 应在今后工作中加强标准的系统性、协调性以及对标准的动态维护和管理，从根本上提高国家认证认可标准的科学性和时效性。

6.与相关 TC 密切合作，促进认证与标准协调发展

认证是一项跨行业、跨学科的活动，认证所依据的标准广泛分布在各专业标准化技术委员会（以下简称 TC）中。如何在国家标准委的指导与协调下，与其他 TC 进行密切的沟通和协作，提高认证用标准的科学性与适用性，从源头上提高认证的有效性，是摆在 TC 261 面前的一个紧迫的课题。2005 年，国家认监委和国家标准委联合下发了《关于强制性产品认证依据用标准修订时有关问题的通知》和《关于成立认证标准联络组的通知》，建立了信息通畅、措施得当、反应快速的认证标准协调机制，为促进认证、标准化工作的健康、协调发展创造了有利条件。为了密切跟其他 TC 的信息沟通与合作，TC 261 发出了推荐认证领域专家参加相关 TC 的通知，已收到各单位上报的 325 名专家的推荐表，涉及近百个 TC。目前，TC 261 正根据认证认可需求的迫切程度，对拟推荐 TC 进行识别与筛选，在国家标准委的支持与协调下，分批向相关 TC 推荐。TC 261 将研究制定对推荐其他 TC 专家的管理办法，以便为长期有效的协调工作奠定基础。

（三）认证认可标准化工作存在的主要问题

认证认可标准化工作存在的主要问题包括：

认证认可标准化专业技术人员队伍的整体业务素质尚需通过进一步的培训和锻炼得到提升；信息化工作仍存在一定的不足，主要表现在工作信息不能及时公开和公布；基础组织建设仍需不断加强。

此外，在实质性参与国际标准制定方面，虽与往年相比有了很大突破，但应当看到，在国际认证认可标准体系

中，TC 261 参与的主要是 TC 261 直接对口的 ISO/CASCO 所归口的标准和指南，而其中绝大部分已制定完毕，进入了一个 3~5 年的相对稳定期，直至 ISO/CASCO 启动下一轮的标准修订。因此，今后一段时间通过参与 ISO/CASCO 标准制修订来实质性参与国际认证认可标准化活动的空间将受到客观上的限制，需要发展新的途径。国际认证认可标准体系中，还有诸如 ISO 的其它 TC、食品法典委员会(CAC)、国际计量局(BIPM)、国际认可论坛(IAF)、国际实验室认可合作组织(ILAC)等旗下的合格评定类规范性文件。国家认监委和 TC 261 与中国直接对口这些国际组织的部门和单位积极协同，密切参与这些文件的研究、编写及相关工作，对于中国认证认可/合格评定与国际接轨同样具有重要意义，这应成为 TC 261 今后几年实质参与国际认证认可标准化活动的一个主攻方向。

(四)加强认证认可标准化工作的对策和措施

1. 继续加强认证认可标准制修订工作，基本完成认证认可标准体系表中标准的制定

根据认证认可标准体系表的基本框架，第一层次标准为认证认可基础通用标准，如 ISO/IEC 17000 2004《合格评定 词汇和通用原则》；第二层次标准为认可、认证、检测、检查等活动的通用标准，如 GB/T 27011-2005《合格评定 认可机构通用要求》；第三层次标准为认可、认证、检测、检查等活动的标准，如 GB/T 27065-2004《产品认证机构通用要求》。根据 TC 261 秘书处收集到的提案(提案清单见附件 1)，结合认证认可标准化规划和实际需求，制定了 2006 年度国家标准制修订计划（见附件 2)，并按照《认证认可标准制修订工作程序》做好 2006 年度标准计划的立项、任务书的签署和实施。争取到 2007 年，对 CASCO 现行有效的标准/指南至少转化 90%。

2. 大力推动标准宣贯工作，促进标准的有效实施

依据《认证认可标准宣贯管理规定》，在 2005 年工作基础上，继续做好已发布或即将发布的认证认可国家标准宣贯教材的编撰工作，完成《合格评定词典》(暂定名)的编撰工作，完成《认证认可标准化工作手册》的编撰工作。组织专家进行审定，把好质量关，统一封面设计和图书风格，争取到 2006 年出版发行一批高质量的系列标准化丛书。同时组织培训活动，增强认证认可从业人员的标准化意识和对标准的理解，推动认证认可国家标准的有效实施。

3. 加强国际标准化工作，提高实质性参与国际标准化活动水平

研究建立有效的协调机制、组织机制和管理措施，集中优势资源，参与国际标准化活动，提高实质性参与国际标准化活动的水平。积极参与 CASCO/WG 27(制定 ISO/IEC 17007)和 WG 23(制定 ISO PAS 17005)的技术工作；密切跟踪 ISO PAS 17005、ISO/IEC 17021、ISO TS 22003 及 ISO 14065 等国际标准制定工作的最新动态，结合相关国家标准项目的立项和实施，组织各方深入研究，积极转化；密切注意 ISO/IEC 指南 65-1996 和 ISO/IEC 指南 43:1997 修订的立项动态，积极组织国内各方研究和应对，并及时推荐中国专家参与相关的 CASCO 工作组；继续深入参与 CASCO 主席顾问组(CPC)工作；派员参加 ISO/CASCO 第 22 届全会；配合 TC 151 做好中国参加 ISO/TC 176 年会等的组织及后续工作。

4. 修改并完成《认证认可标准化“十一五”规划》送审稿

加强《认证认可标准化“十一五”规划》(以下简称《规划》)的研究与起草工作，根据 TC 261 本次全会代表提出的意见，对《规划》做出修改后，形成《规划》(对外征求意见稿)；向相关部门及其他 TC 征求意见，并向社会广泛征集认证认可标准化“十一五”项目建议，完成《规划》(送审稿)；组织专家进行审定后，会签有关部门，争取 2006 年以国家认监委与国家标准委联合发文的形式正式发布《规划》。

5. 做好认证技术规范的管理工作

为了加强对认证依据的管理，保证认证依据的科学性和适用性，国家认监委科技标准部已起草了《认证技术规范管理办法》(待国家认监委委务会批准后发布)。该办法规定“国家认监委委托全国认证认可标准化技术委员会、相关全国专业标准化技术委员会或者行业标准化技术委员会承担认证技术规范的审查工作”，因此，TC 261 在认证技术规范管理工作中起着非常重要的技术支撑作用。认证技术规范管理工作难度大，涉及面广，TC 261 将协助国家认监委制定相关实施方案和程序，并利用这个工作平台，密切与其他 TC 的联系，加强合作，做好相关认证技术规范的审查工作。

6. 发挥认证标准协调机制的作用，推动认证依据用标准的制修订工作

认证依据用标准为认证认可标准体系表中第四层次标准，数量庞大，分别归口到不同的 TC 管理。TC 261 将充分发挥认证标准协调机制的作用，通过向相关 TC 推荐专家、邀请 TC 专家参加 TC 261 的活动等方式，加强与相关 TC 的相互了解与支持，密切参与认证依据用标准的制修订工作，促进认证技术规范纳入国家标准范畴，切实提高认证用标准的科学性、有效性和适用性。

7. 促进认证认可科研成果转化为国家标准

配合科技部“十五”国家科技攻关计划重点项目《认证认可关键技术研究与示范》的研究工作，促进相关成果转化为国家标准。加强标准化工作与科技创新活动的紧密结合，培养和壮大标准化研究队伍，提高自主创新能力。

8. 加强对委员和工作组的管理和服务，加强 TC 261 基础建设

（1）创新工作机制，激活工作组。依据 TC 261《参与国际认证认可标准化活动的程序》和《人员管理规定》中有关规定，结合标准制修订工作和参与国际标准活动的实际需要，制定工作组活动的具体程序、规则和计划，明确工作组组成（包括组长、秘书和组员等）、职责分工和具体的工作任务，落实资源保障，使工作组真正运转起来，发挥其应有作用。

（2）加强对委员的管理与服务。加强对 TC 261 网站的动态维护和及时更新，提高标准制修订工作的透明度和效率；采取一定的激励措施鼓励委员和通讯成员积极投稿，同时向其他 TC 约稿，扩大稿件来源，争取为委员和专家提供更加及时和丰富的信息；针对委员和专家的需求，组织一次标准化技术和管理工作的业务培训，组织参加国家标准委每年定期举办的技术委员会培训班，提高 TC 261 人员的业务素质和管理水平。

（3）加强财务和固定资产的管理。完成 2006 年委员和通讯成员年金和信息资料费的收缴工作；拓展收入来源，将发行图书、举办培训的收入用于标准的制修订工作；加强 TC 261 经费使用管理，确保所有经费得到有效使用，逐步形成收支良性循环；加强对固定资产特别是办公设备的使用管理和维护。

附件 1

SAC/TC 261 调整后的组成人员名单

序号	姓名	职务	单位
1	王凤清	主任委员	中国认证认可协会
2	刘卓慧	副主任委员	国家认监委
3	谢军	秘书长	国家认监委
4	许增德	副秘书长	国家认监委科技与标准管理部
5	刘卫军	委员	国家认监委
6	袁俊明	委员	国家认监委政策与法律事务部
7	生飞	委员	国家认监委认可监管部
8	刘安平	委员	国家认监委实验室与检测监管部
9	史小卫	委员	国家认监委注册管理部
10	薄昱民	委员	国家认监委国际合作部
11	陆梅	委员	国家认监委认证监管部
12	陈英	委员	国家认监委国际合作部
13	姜天波	委员	国务院法制办公室

续表

序号	姓 名	职 务	单　位
14	国焕新	委员	国家标准委化轻地方处
15	喻忠义	委员	公安部科技局质量技术监督处
16	曹志军	委员	辽宁出入境检验检疫局
17	张铁军	委员	山东出入境检验检疫局
18	肖建华	委员	中国合格评定国家认可中心
19	吴　晶	委员	中国合格评定国家认可中心
20	宋桂兰	委员	中国合格评定国家认可中心
21	李　强	委员	中国认证认可协会
22	张　伟	委员	方圆标志认证中心
23	李铁男	委员	中标认证中心
24	王志雄	委员	中国船级社
25	刘尊文	委员	中环联合(北京)认证中心有限公司
26	邢卫兵	委员	中国电子技术标准化研究所产品认证中心
27	李经津	委员	中国检验检疫研究院北京陆桥质检认证中心
28	程红兵	委员	中联认证中心
29	孙纯一	委员	上海质量体系审核中心
30	吕福满	委员	中质协质量保证中心
31	东靖飞	委员	公安部消防产品合格评定中心
32	王兴禄	委员	国家质检总局标准法规中心
33	郦旭卫	委员	中国家用电器研究院
34	王克勤	委员	深圳电子产品质量检测中心
35	吴燎兰	委员	上海出入境检验检疫局机电产品检测技术中心
36	柳荣贵	委员	广州电器科学研究院
37	卫　敏	委员	福建省纤维检验所
38	熊正河	委员	中国食品发酵工业研究院

续表

序号	姓 名	职 务	单 位
39	陈　波	委员	国家电工仪器仪表质量监督检验中心
40	王立建	委员	信息产业部电子工业标准研究所
41	韩福荣	委员	北京工业大学经济管理学院
42	宋明顺	委员	中国计量学院
43	张少君	委员	海尔集团
44	苏玉萍	委员	第一汽车集团公司
45	张　松	委员	TCL 集团股份有限公司
46	王　旭	委员	西门子(中国)有限公司
47	王志辉	委员	深圳市中兴通讯股份有限公司
48	佘　锋	委员	北京华都肉鸡公司
49	陈敦利	委员	深圳市华为技术有限公司
50	赵宗勃	通讯成员	国家认监委认可监管部
51	杨　铭	通讯成员	中国合格评定国家认可中心
52	李荷芳	通讯成员	中国合格评定国家认可中心
53	何兆伟	通讯成员	中国合格评定国家认可中心
54	翟培军	通讯成员	中国合格评定国家认可中心
55	章学峰	通讯成员	中国认证认可协会
56	赵瑞芳	通讯成员	中环联合(北京)认证中心有限公司
57	谢　芳	通讯成员	镇江出入境检验检疫局
58	魏　静	通讯成员	中化化工标准化研究所
59	刘忠敏	通讯成员	北京师范大学分析测试中心
60	周东培	通讯成员	中国安全技术防范认证中心
61	李卫华	通讯成员	山西出入境检验检疫局技术中心
62	卢积明	通讯成员	浙江省丽水市质量技术监督局

附件 2

SAC/TC 261 归口的国家标准制修订项目

序号	项目编号	项目名称	采标号	制/修订状态	主要起草单位
1	20051098-T-469	合格评定 产品认证基础	ISO/IEC Guide 67:2004	待审定	方圆标志认证中心
2	20051099-T-469	合格评定 词汇和通用原则	ISO/IEC 17000:2004	已审定	国家认监委、中国合格评定国家认可中心
3	20051100-T-469	合格评定 供方的符合性声明 第 1 部分:通用要求	ISO/IEC 17050-1:2004	已审定	中国质量认证中心
4	20051101-T-469	合格评定 供方的符合性声明 第 2 部分:支持性文件	ISO/IEC 17050-2:2004	已审定	中国质量认证中心
5	20051102-T-469	合格评定 结果承认与接受协议	ISO/IEC Guide 68:2002	待审定	国家认监委
6	20051103-T-469	合格评定 良好操作准则	ISO/IEC Guide 60:2004	待审定	中国合格评定国家认可中心
7	20051116-T-469	食品安全 动物源性食品检疫检测实验室质量控制规范	自主制定	征求意见	中国合格评定国家认可中心
8	20051117-T-469	食品安全 毒理学检测实验室质量控制规范	自主制定	征求意见	中国合格评定国家认可中心
9	20051118-T-469	食品安全 分子生物学检测实验室质量控制规范	自主制定	征求意见	中国合格评定国家认可中心
10	20051119-T-469	食品安全 理化检测实验室质量控制规范	自主制定	征求意见	中国合格评定国家认可中心
11	20051120-T-469	食品安全 微生物学检测实验室质量控制规范	自主制定	征求意见	中国合格评定国家认可中心
12	20051121-T-469	食品安全 植物源性食品检疫检测实验室质量控制规范	自主制定	征求意见	中国合格评定国家认可中心
13	20051135-T-469	合格评定 第三方符合性标志的通用要求	ISO/IEC 17030:2003	已审定	中国质量认证中心
14	20020309-T-424	医学实验室质量和能力的特殊要求	ISO 15189:2003	已报批	国家认监委、中国实验室国家认可委员会

附件 3

SAC/TC 261 归口的国家标准

序号	标准编号	标准名称	采标号	主要起草单位
1	GB 19489-2004	实验室 生物安全通用要求		国家认监委、中国实验室国家认可委员会
2	GB/T 15481-2000	检测和校准实验室能力的通用要求	ISO/IEC 17025:1999	中国实验室国家认可委员会
3	GB/T 15483.1-1999	利用实验室间比对的能力验证 第1部分:能力验证计划的建立和运作	ISO/IEC Guide 43-1:1997	中国实验室国家认可委员会
4	GB/T 15483.2-1999	利用实验室间比对的能力验证 第2部分:实验室认可机构对能力验证计划的选择和使用	ISO/IEC Guide 43-2:1997	中国实验室国家认可委员会
5	GB/T 18346-2001	各类检查机构能力的通用要求	ISO/IEC 17020:1998	中国实验室国家认可委员会、中国船级社
6	GB/T 27011-2005	合格评定 认可机构通用要求	ISO/IEC 17011:2004	国家认监委、中国合格评定国家认可中心
7	GB/T 27024-2004	合格评定 人员认证机构通用要求	ISO/IEC 17024:2003	中国合格评定国家认可中心
8	GB/T 27065-2004	产品认证机构通用要求	ISO/IEC Guide 65:1996	中国合格评定国家认可中心
9	GB 19781-2005	医学实验室安全性要求	ISO 15190:2003	国家认监委、中国实验室国家认可委员会

附件 4

CASCO 应用领域指南和标准一览表

类　别	国际标准/指南 编号	国际标准/指南名称(英文)	国际标准/指南名称(中文)	国家标准转化情况
合格评定的词汇,原则和通用要素	ISO/IEC 17000:2004	Conformity assessment—Vocabulary and general Principles	合格评定 词汇和通用原则	正在转化为国家标准
	ISO PAS 17001:2005	Conformity assessment—Impartiality-Principles and requirements	合格评定 公正性 原则和要求	尚未转化
	ISO PAS 17002:2004	Conformity assessment—Confidentiality-Principles and requirements	合格评定 保密性 原则和要求	尚未转化
	ISO PAS 17003:2004	Conformity assessment—Complaints and appeals—Principles and requirements	合格评定 投诉和申诉 原则和要求	尚未转化
	ISO PAS 17004:2005	Conformity assessment—Disclosure of information—Principles and requirements	合格评定 信息的公开 原则和要求	尚未转化

续表

类 别	国际标准/指南 编号	国际标准/指南名称(英文)	国际标准/指南名称(中文)	国家标准转化情况
合格评定良好操作准则	ISO/IEC 指南 60:2004	Conformity assessment—Code of good practice	合格评定 良好操作准则	正在转化为国家标。
合格评定的书写规范	ISO/IEC 指南 7:1994	Guidelines for drafting of standards suitable for use for conformity assessment	起草合格评定用标准的指南	正在转化为国家标准
检测/校准	ISO/IEC 17025:2005	General requirements for the competentce of testing and calibration laboratories	检测和校准实验室能力的通用要求	ISO/IEC 17025:1999 已转化为国家标准 GB/T 15481-2000,已申请修订
	ISO/IEC 指南 43-1:1997	Proficiency testing by interlaboratory comparisions—part 1:Development and operation of proficiency testing schemes	利用实验室间比对的能力验证 第1部分:能力验证计划的建立和运作	2002 年再次确认 已转化为国家标准 GB/T 15431.1-1999
	ISO/IEC 指南 43-2:1997	Proficiency testing by interlaboratory comparisions—part 2:Selection and use of proficiency testing schemes by laboratory accreditation bodies	利用实验室间比对的能力验证 第2部分:实验室认可机构对能力验证计划的选择和使用	2002 再次确认 已转化为国家标准 GB/T 15431.2-1999
检查	ISO/IEC 17020:1998	General criteria for the operation of various types of bodies perfoming inspection	各类检查机构能力的通用要求 2002 年再次确认。	已转化为国家标准 GB/T 18346-2001
供方符合性声明(SDoC)	ISO/IEC 17050-1:2004	Conformity assessment—Suppliers's declaration of conformity - part 1: General requirements	合格评定 供方的符合性声明 第1部分:通用要求	正在转化为国家标准
	ISO/IEC 17050-2:2004	Conformity assessment —Suppliers's declaration of conformity—part 2: Supporting documentation	合格评定 供方的符合性声明 第2部分:支持性文件	正在转化为国家标准
产品认证	ISO/IEC 指南 23:1982	Methods of indicating conformity with standards for third—party certification systems	表明与第三方认证制度标准符合性的方法 2003 年再次确认。	尚未转化
	ISO/IEC 指南 28:2004	Conformity assessment-Guidance on a third—party certification system for products	合格评定 第三方产品认证制度指南	尚未转化
	ISO/IEC 指南 53:2005	An approach to the utilization of a supplier's quality system in third party product certification	第三方产品认证中供方质量体系的应用方法	尚未转化
	ISO/IEC 指南 65:1996	General requirements for bodies operating product certification systems	产品认证机构通用要求	2000 年再次确认 已转化为国家标准 GB/T 27065-2004
	ISO/IEC 指南 67:2004	Conformity assessment—Fundamentals of product certification	合格评定 产品认证基础	正在转化为国家标准

续表

类　别	国际标准/指南 编号	国际标准/指南名称(英文)	国际标准/指南名称(中文)	国家标准转化情况
体系认证	ISO/IEC 指南 62:1996	General requirements for bodies operating assessment and certification/registration of quality systems	质量体系评审和认证/注册机构通用要求	尚未转化
	ISO/IEC 指南 66:1999	General requirements for bodies operating assessment and certification/registration of environmental management systems(EMS)	环境管理体系(EMS)评审和认证/注册机构通用要求	尚未转化
人员认证	ISO/IEC 17024:2003	General requirements for bodies operating certification of persons	人员认证机构通用要求	已转化为国家标准 GB/T 27024-2004
符合性标志	ISO 指南 27:1983	Guidelines for corrective action to be taken by a certification body in the event of misuse of its mark of conformity	认证机构对误用其符合性标志采取纠正措施的指南	2003 年再次确认 尚未转化
	ISO/IEC 17030:2003	General requirements for third party marks of conformity	第三方符合性标志的通用要求	正在转化为国家标准
认可	ISO/IEC 17011:2004	Conformity assessment -General requirements for accreditation bodies accrediting conformity assessment bodies	合格评定 认可机构通用要求	已转化为国家标准 GB/T 27011-2005
相互承认协议	ISO/IEC 指南 68:2002	Arrangements for the recognition and acceptance of conformity assessment results	合格评定结果的承认和接受协议	正在转化为国家标准
同行评审	ISO/IEC 17040:2005	Conformity assessment -General requirements for peer assessment of conformity assessment bodies and accreditation bodies	合格评定 合格评定机构和认可机构同行评审的通用要求	尚未转化

附表 5

正在进行的 CASCO 制修订项目一览表

类　别	国际标准/指南 编号	国际标准/指南名称(英文)	国际标准/指南名称(中文)	备　注
合格评定的通用要素	ISO PAS 17005	Conformity assessment -Use of management systems in conformity assessment - Principles and requirements	合格评定 管理体系在合格评定中的应用 原则和要求	WG 23 计划于 2006 年 6 月发布
合格评定的书写规范	ISO/IEC 17007	Conformity assessment -Guidelines for drafting standards and specified requirements suitable for use for conformity assessment	起草合格评定用标准和规范的指南	WG 27 CASCO 成员于 2005 年 5 月 3 日投票通过对 ISO/IEC 指南 7 进行修订，计划于 2008 年 6 月发布。
体系认证	ISO/IEC 17021	Conformity assessment-Requirements for bodies providing audit and certification of management systems	合格评定 管理体系审核和认证机构的要求	WG21 指南 62:1996 和 ISO/IEC 指南 66:1999 的修订版，是应用于所有类型的管理体系审核和认证的新标准，DIS 已通过 ISO 投票，但未通过 IEC 投票，计划于 2006 年 7 月发布。
特定部分温室气　体	ISO 14065	Greenhouse gases -Requirements for validation and verification bodies for use in accreditation and other forms of recognition	温室气体 确认和验证机构的要求	CASCO/ISO/TC 207 WG 6 联合工作组 2005 年 5 月 17 日公布 CD 稿。

附件 6

TC 261 负责清理评价的国家标准清单(2005 年 2 月)

序号	标准/项目编号	标准/项目名称	采标号	类　别
1	GB 19489-2004	实验室 生物安全通用要求	无	强制性国家标准
2	GB/T 18346-2001	各类检查机构能力的通用要求	IDT ISO/IEC 17020:1998	
3	GB/T 15481-2000	检测和校准实验室能力的通用要求	ISO/IEC 17025:1999	
4	GB/T 15483.1-1999	利用实验室间比对的能力验证 第 1 部分:能力验证计划的建立和运作	ISO/IEC 导则 43-1:1997	推荐性国家标准
5	GB/T 15483.2-1999	利用实验室间比对的能力验证 第 2 部分：实验室认可机构对能力验证计划的选择和使用	ISO/IEC 导则 43-2:1997	
6	GB/T 15486-1995	校准和检验实验室认可体系 运作和承认的通用要求	ISO/IEC58 已经被 ISO 17011 取代	
7	20020308-T-424	医学实验室安全性要求	ISO/IEC 15190:2003	
8	20020309-T-424	医学实验室质量和能力的特殊要求	ISO/IEC 15189:2003	
9	20030732-T-469	合格评定机构的评定认可总体要求	ISO 17011	国家标准制修订项目
10	20030733-T-469	认证机构实施产品认证的认可基本要求	ISO/IEC Guide 65:2003	
11	20030734-T-469	人员注册机构通用要求	ISO/IEC 17024:2003	

三、检验检疫标准化工作

2005 年的检验检疫标准化管理工作以科学管理为基调,以贯彻落实 2004 年底召开的出入境检验检疫标准化工作会议精神为核心，坚持检验检疫标准化工作为检验检疫业务工作服务的宗旨，根据国内外经济形势和检验检疫业务工作对检验检疫标准化工作的要求，结合标准化工作的现状，对全年的工作进行了整体的规划和部署,开展了以工作机制改革和规划为龙头,积极推进重点领域、敏感标准的制修订和标准的宣贯、复审等工作为支撑点的标准化管理工作,完成了全年的工作,取得了较好的成绩。

(一)2005 年检验检疫标准化工作概况

1. 落实检验检疫标准化工作会议精神,推进检验检疫标准化的科学管理和创新

(1)2005 年组织完成了《2005~2007 年检验检疫制修订标准规划》(以下简称《规划》)的编制工作。《规划》涵概了检验检疫 8 大检验检疫专业范围,涉及检验检疫方法、规程和管理方面的内容。3 年规划的编制是检验检疫行业标准制修订工作的重要改革措施之一，也是标准体系表在标准制修订工作中的具体落实。

(2)组织开展了 2005 年检验检疫行业标准的计划申报和确定工作。最终确定 322 项(含 1 项应急计划)为 2005 年检验检疫行业标准计划项目,基本体现了突出安全、卫生、环保、反欺诈等核心内容的思路。

(3)组织研究和制定了《出入境检验检疫行业标准制(修)订项目招标投标管理办法》和《出入境检验检疫行业标准应急快速制(修)订程序的管理规定》两个管理办法,在行业标准的立项工作中引入了新的工作机制，不仅丰富了管理内容,而且促进了立项工作的更规范、更合理、更经济、更公开、更透明。

(4)着重研究和增强检验检疫标准化管理在应对突发事件方面的能力和水平。检验检疫标准化工作采取了通过应急程序紧急立项的方式快速反应,支持业务工作。

2005年面对猪链球菌疫情，紧急立项了8个猪链球菌检测方法标准，并在此基础上完成了6项国家标准的制定工作。

(5)开展了行业标准计划项目的招标投标工作。经过检验检疫各专业委研究和推荐，2005年只对《国境口岸突发公共卫生事件应急处理规程总则》一项行业标准计划项目进行投标，共有11个单位参加了招标，按照《出入境检验检疫行业标准制(修)订项目招标投标管理办法》要求的程序，经过周密部署，严肃、认真地完成了招标投标的全部工作。

2. 加强检验检疫标准化的科研和技术交流工作

(1)组织开展了基础性研究工作，主要包括“检验检疫标准化发展战略研究”和“公定方法体系建立的研究”。这两项基础性研究工作的开展，对于确立和指导检验检疫标准化工作的发展方向、建立和完善检验检疫技术体系，探索新的管理方式均将奠定和提出重要的技术支撑和实际效果。

(2) 在检验检疫系统全面启用检验检疫标准管理信息系统基础上，针对2005年管理工作改革的新需求，对系统内容进行了补充、优化和调试，进一步提高系统的稳定性和适用性。

(3) 组织了各项与检验检疫标准化工作相关的技术交流活动。2005年科技与标准管理部派员参加了国际标准化组织标准样品分技术委员会(ISO/REMCO)第28届年会和数理统计及其应用分技术委员会 (ISO/TC 69)年会。通过参加两次年会，了解了国际上该领域标准化工作的最新进展和发展方向，交流了工作经验，学到了发达国家在这些领域的先进工作理念，为中国检验检疫系统技术执法工作的开展积累了宝贵经验和财富。

3. 为检验检疫业务及时提供检测技术支持和标准培训

(1)组织20次检验检疫行业标准审定会议，分别对危险品及包装、轻纺、动物检疫、食品化妆品检测、卫生检疫和机电等专业的320项国家标准和行业标准进行审定。全年共审查、编号、发布检验检疫行业标准5批，合计255项。

(2)加强食品安全标准化工作。根据国家质检总局和国家认监委关于进一步加强食品安全工作的要求和部署，组织开展了食品检测专业行业标准实施情况的检查工作。

(3)广泛开展了检验检疫行业标准的培训工作，先后举办了4期《食品安全管理体系要求》、《食品安全管理体系 审核指南》等两项行业标准的宣贯班。另外，为应对欧盟即将实施的Rohs指令要求，紧急发布了6项机电产品中有毒有害物质检测方法标准，协助国家质检总局举办了新闻发布会，并且及时组织检验检疫系统的技术人员开展标准宣贯工作。

4. 加强标准管理的基础性薄弱环节的工作

(1)部署了检验检疫行业标准复审和计划清理工作。2005年复审和清理的范围是2004年底前发布的行业标准和1995~2003年未完成的计划。目前标准复审和计划清理工作正在稳步开展，本项工作计划年底或明年年初完成。

(2)配合国家标准委组织完成了国家标准的清理工作。本次清理检验检疫系统承担的国家标准共34项，国家标准计划40项。清理工作按照国家标准委规定的步骤和程序进行，得到了国家标准委的好评。

(二)检验检疫标准化工作存在的主要问题

一是检验检疫标准化工作个别环节存在管理不到位的问题。检验检疫标准化管理制度仍需要根据中国的经济发展和业务发展状况不断完善。

二是检验检疫行业标准的覆盖面与需求之间仍有较大差距，还没有完全覆盖涉及安全、卫生、健康、环保和反欺诈等内容。尤其是一些规程标准，与当前业务工作的要求还有一定距离，应包含的内容欠缺。

三是检验检疫行业标准的信息化工作仍不能完全满足管理和业务工作的需求。检验检疫标准管理信息系统在稳定性和程序细节设计方面仍有不足，标准全文数据库还没有建立起来。

四是检验检疫标准化工作的组织机构尚不健全，对标准审定和计划审议的技术专家以及各直属检验检疫机构的标准化管理人员的管理和激励机制还不健全。

五是检验检疫标准化专项经费的缺乏还是制约检验检疫标准化工作快速发展的关键问题。

(三)检验检疫标准化工作主要改进措施

1. 组织2006年检验检疫行业标准的计划立项、标准审定和发布等工作。2006年计划立项中仍要对部分重点项目采用公开招投标的方式确定。

2. 开展各单位标准管理人员和各专业技术专家的检验检疫标准化培训工作。

3. 加强检验检疫标准化人才队伍建设，与国家质检总局科技委的组建相结合，成立若干标准化工作组。

4. 进一步完善检验检疫标准化管理制度，组织起草《检验检疫系统承担国家标准制修订工作的管理规定》和《出入境检验检疫行业标准复审工作的管理规定》，分别对检验检疫系统承担国家标准制修订工作中的主要环节和行业标准复审的工作程序和要求等内容做出规定以规范相关工作。

5. 继续开展检验检疫标准化基础研究工作。重点开展《检验检疫标准化发展战略研究》和《建立公定方法体系的研究》等两项研究工作。计划2006年年底前完成《建立公定方法体系的研究》课题。

6. 进一步加强检验检疫标准信息化工作。

7. 编制完成并发布《出入境检验检疫标准化工作“十一五”规划》。

撰稿人:刘仲书　费　扬　梁　均

审稿人:刘晓健　葛红梅

国家认监委认证认可技术研究所

国家认监委认证认可技术研究所是国家认监委下属的事业单位。主要任务是围绕国家认证认可的方针政策开展合格评定理论、标准及认证认可发展的前瞻性课题研究，促进认证认可事业发展。承办国家认监委委托事项，为国家认证认可事业有关政策、决策及认证业务的拓展提供科学依据、建议和技术支持。经认监委授权，面向市场开展认证认可专业知识培训与咨询、开展认证认可理论相关技术开发与服务。

认证认可技术研究所在完成国家科技攻关计划课题任务的同时，注重理论与实践应用相结合，在学术研究和学术交流的基础上，积极探索研究机构新的管理模式和发展方向，推动成果的转化。

地址：北京市海淀区马甸东路9号
国家认监委认证认可技术研究所
邮编：100088
传真：86-10-82260813
联系电话：86-10-82262706

北京检验检疫局

BEI JING JIAN YAN JIAN YI JU

海淀检验检疫局奠基

魏传忠局长为通州安全生产监督管理局颁发ISO9000管理证书

北京检验检疫局党组全体成员

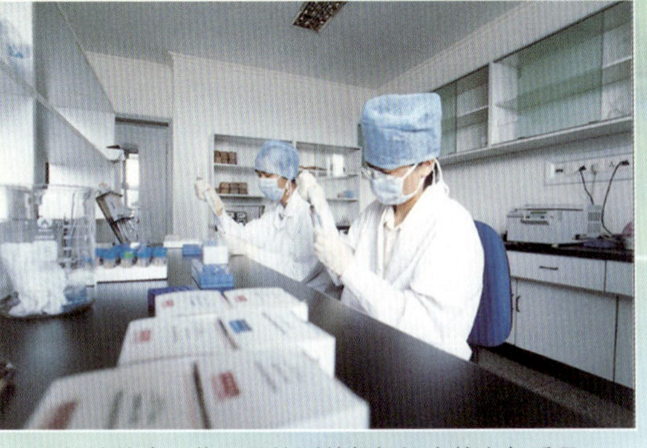

检验检疫工作人员检测首都机场内的空气质量

检验检疫工作人员检查机场地区营业场所食品卫生

检验检疫工作人员利用检疫犬检查入境旅客的行李

广东出入境检验检疫局

仲德昌局长陪同汤炳权常务副省长视察天河局.

王凤清来广东考察认证认可工作

HACCP 研讨会在广州召开

现场查验进口汽车

美国 FDA 官员检查广东水产企业

2005年，广东局充分发挥认证认可工作监督管理职能，坚持依法行政，规范管理，致力于构建认证监管工作质量长效机制，积极探索认证认可管理新模式，服务地方经济发展，严把认证监管工作质量关。

为贯彻科学发展观，规范认证认可工作，提高认证有效性，广东局通过认证监管工作程序化、规范化管理，完善内部管理机制，强化卫生注册管理、出口许可制度管理、认证市场监管以及实验室认可管理，进一步促进广东出口企业质量管理水平，扶持地方经济建设，推动认证认可工作不断发展。

截至2005年底，广东局辖区共有897家企业获得卫生注册证书，247家企业获得卫生登记证书，其中获得国外注册企业275家，并顺利通过来自欧盟、美国、日本、马来西亚等4国官方检查团对广东出口食品企业的检查。2568家企业获得出口质量许可证，257家企业获得输美陶瓷认证，超过全国获认证企业总数的50%。强制性产品认证制度推广与执法工作取得成效，全年发放CCC免办证明4952份，同比增长54%。积极推进实验室认证认可，目前广东局系统获得CNAL国家实验室认可及国家计量认证资质的实验室达到24个，成立了广东局检验检疫技术中心，统一管理原广州局所属的9个实验室。

2005年，广东局下属分支局陆续设立认证监管部门，及时调配人员，确定部门工作职责，使广东局认证认可工作趋向规范化、制度化发展。

广东局注重认证监管队伍建设，规范认证认可管理行为，目前广东局在册的各类评审员共378人，其中卫生注册评审员159人，出口质量许可评审员122人，日用陶瓷许可/输美陶瓷认证审核员97人。全年共举办了8期各类业务培训班，培训人员500多人次。

天津检验检疫局

2005年，天津检验检疫局业务持续增长、执法把关任务十分艰巨，处于高度紧张状态之中。在风波和考验面前，天津检验检疫局全体干部职工坚决贯彻党中央、国务院和国家质检总局、天津市委市政府的决策指示，坚持以邓小平理论和“三个代表”重要思想为指导，以科学发展观统领全面建设与工作，围绕“一个中心”、抓住“三个关键环节”、夯实“五个基础”、实现“六个加强”总体工作思路，讲扎实、抓落实，谋创新、求发展，创造性地开展工作，实现了全年工作业绩再创历史新高。全年共受理申报80多万批，完成检验检验34万批，比上年增长12.60%，货物总值638亿多美元。全年检出不合格货物3099批，不合格检出率为9.1‰；检出二、三类疫情223个种次；交通工具检验检疫1.3万多艘（架）次；完成集装箱检验检疫268多万个标准箱；出入境人员体检近2万人次，检出疾病及异常情况8千多例，其中HIV2例，预防接种1.6万人次。

天津检验检疫局现有出口食品生产企业卫生主任评审员23人，评审员66人。2006年初，天津检验检疫局对检测机构进行了调整，成立了化矿金属材料检测中心、工业产品安全技术中心和动植物与食品检测中心。

化矿金属材料检测中心主要承担出入境化矿金属材料的检验和实验室检测、研究咨询，承担科研与技术开发、服务，提供技术指导，开展有关检验检疫方法标准的制修订，按照有关规定，承担委托检验、鉴定和非法定检验检疫、鉴定的检测实验。

工业产品安全技术中心主要承担进出口化工危险品、轻工、纺织等工业产品的检验和实验室检测以及涉及产品安全特性的实验室检测、研究咨询，承担科研与技术开发、服务，提供技术指导，开展有关检验检疫方法标准的制修订，按照有关规定，承担委托检验、鉴定和非法定检验检疫、鉴定的检测实验。

动植物与食品检测中心主要承担出入境食品、动植物产品的实验室检测、研究咨询，承担科研与技术开发、服务，提供技术指导，开展有关检验检疫方法标准的制修订，按照有关规定，承担委托检验、鉴定和非法定检验检疫、鉴定的检测实验。

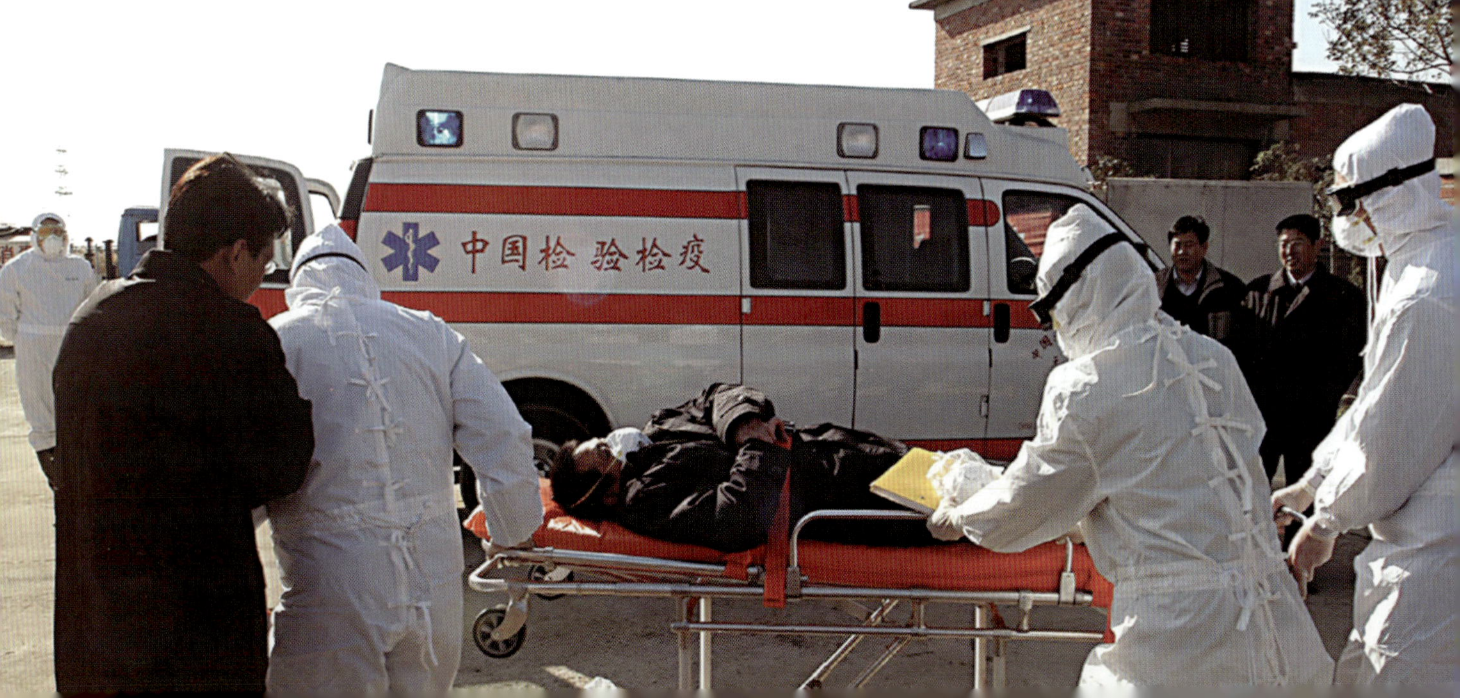

CHONG QING

重庆出入境检验检疫局

加强实验室建设　局领导到三峡库区出口企业指导检验检疫工作　全局进行质量管理体系知识培训

CHONG QING CHU RU JING JIAN YAN JIAN YI JU

重庆出入境检验检疫局内设16个处室，下设万州出入境检验检疫局、涪陵出入境检验检疫局、九龙坡港出入境检验检疫局、重庆江北国际机场办事处、重庆上桥铁路东站办事处、重庆国际邮件互换局办事处等6个分支机构。现有1个国家级重点实验室，8个区域性实验室，有实验室人员近百人，主要开展生物、化学、动植物、金材、化矿、纺织、食品等领域的检测工作。

重庆局党组高度重视认证认可工作，广泛宣传、深入贯彻《行政许可法》和《认证认可条例》，认真贯彻落实全国认证认可工作会议精神，开展对强制性产品认证行政执法监督检查人员的培训工作，加强强制性认证产品的入境验证工作和免办工作，规范认证监管执法行为。

按照国家认监委的要求，重庆局不断加强评审员队伍建设，通过举办培训班的形式提高评审员整体素质，提高评审员评审技巧，统一评审目光。至2005年底，卫生注册评审员队伍达35人。同时，对出口食品生产企业实施动态管理，对基础条件较差的肉类、茶叶、盐渍菜生产企业按规定实施专项检查，至2005年底，重庆市有出口食品卫生注册登记资格的企业95家。

重庆局办公楼

山东检验检疫局促进山东经济发展成绩斐然

“十五”期间，山东检验检疫局认真贯彻落实科学的发展观，大力强化执法把关和为外经贸服务功能，为山东经济社会的快速发展发挥了关键作用。

大力促进农产品出口。积极推进原产地标记保护，东阿阿胶、龙口粉丝等22个产品通过原产地标识注册。全面落实出口种养殖基地管理备案制度，对所有出口禽肉、兔肉、猪牛羊和蔬菜、花生等原料种植基地全部实行了备案管理。建立健全检验检测监控体系，配合有关部门建设了2000多个无公害农产品标准化生产种植、养殖小区、示范农场。农产品出口连年实现“高门槛”下的高增长，解决农村劳动力就业1400万人。

大力推行出口机电产品型式试验＋抽批检验＋工厂体系监管

山东检验检疫局

新模式。对出口工业产品生产企业实施分类管理，一类企业达到81家、二类企业543家，对一、二类生产企业全部实施了电子审单快速核放，大幅度提高了放行速度。

大力实施“以质取胜”战略。突出实施名牌战略，全省涌现出海尔、海信、青岛啤酒等出口全国名牌企业72家；我国3个世界品牌中山东拥有2个；23家企业入选今年商务部公布的“重点培育和发展的出口名牌”名单。积极推进出口商品免验工作，目前已有海尔、海信、双星等5家名牌企业的产品获得免验，免验产品数量居全国第一，占全国的1/5。推进了山东外向型经济增长方式转变。

大力加快认证认可体系建设。引导和扶持出口企业严格按照国际最新技术标准和生产工艺进行生产、加工，全省卫生注册登记企业达到2628家，获得国外卫生注册企业959家，分别占全国总数的1/4。ISO9000认证、ISO14000认证、HACCP认证在全国名列前茅。

大力推进“大通关”工程建设。对全省实施出口“一个大通关地”、进口“一个大口岸”制度改革，全省系统电子报检、电子转单、产地证电子签证利用率和与海关的出口货物电子通关单发送率都达到100%。对2386个商品编码目录允许企业就近属地报检，属地直接出具通关单，口岸放行，口岸检验检疫通关效率明显提高，企业通关成本降低50%，增强了出口商品的市场竞争力。

LIAO NING JIAN YAN JIAN YI JU

LIAO NING JIAN YAN JIAN YI JU

辽宁检验检疫局

大连市委书记张成寅到辽宁局调研

辽宁局认证执法研讨会

2005年，辽宁局在国家质检总局和辽宁省委、省政府的正确领导下，深入学习贯彻党的十六大、十六届四中、五中全会和中央经济工作会议精神，根据总局年度工作要求，紧紧围绕年初辽宁局党组确定的工作思路和目标，抓住东北老工业基地调整改造的历史机遇，认真履行把关服务职责，较好地完成了各项任务，取得了明显成效，得到了当地党委、政府的高度称赞，经省委、省政府推荐，被评为全国"文明单位"。

辽宁出入境检验检疫局党组十分重视认证认可工作，2005年成立了认证监管处，全面规范了辽宁地区的认证监管执法行为，开展了强制性产品认证的执法检查，加强了出口食品卫生注册评审员队伍的建设。加大了实验室建设力度，促使组建了中认北方(沈阳)实验室，结合辽宁地区的实际，整合了实验室资源，认证认可工作取得了明显成效。

LIAO NING JIAN YAN JIAN YI JU

吴仪副总理视察浙江检验检疫局并与慎仁安局长亲切握手.

国家质检总局李长江局长视察浙江检验检疫局技术中心实验室

浙江检验检疫局

浙江检验检疫局认真宣传贯彻《认证认可条例》，建立有效的认证监管体系,强化认证监管队伍建设,组建了一支政治业务素质较高的认证监管队伍。全省系统获有卫生注册主任评审员15人，评审员113人；获有出口质量许可评审员119人；获有省级质检部门认证监管人员资格认定56人。

浙江检验检疫局以狠抓食品卫生注册监管为重点，严把出口质量许可、卫生注册登记关，全面提高认证监管工作质量。强化出口食品企业初始评审和换证复查工作，总量控制，扶优汰劣，提升出口食品生产企业整体水平。突出重点，集中力量抓好需实施HACCP体系评审的六大类及敏感性强的食品生产企业的监管。加强对外注册企业监管,成功地接待了国外官方对浙江省出口水产品生产企业的检查，确保出口企业的信誉和利益。至2005年底，全省有747家企业获出口食品卫生注册登记，其中有253家（次）获国外卫生注册；有475家企业获出口质量许可证。

浙江检验检疫局认真贯彻实施强制性产品认证制度,积极开展强制性产品认证行政执法工作,规范进口免办工作，提高工作质量和效率。大力推动体系认证和自愿性产品认证，帮促中小型出口企业获得国外产品认证，促进了出口企业管理水平和产品安全卫生质量的提高。2005年，浙江检验检疫局下属中国检验认证集团浙江有限公司ISO9000认证企业339家, ISO14000认证企业31家, OHSMS18000认证企业2家, HACCP认证企业52家;自愿性产品认证12家, UL认证企业229家。

浙江检验检疫局狠抓实验室基础工作，指导系统内实验室建立和运行管理体系，按时完成实验室认可与计量认证工作，实现实验室水平与国际接轨。至2005年底，系统内实验室有21家获CNAL认可，有20家获国家计量认证。

浙江检验检疫局人员正在检查进口五十菱汽车

浙江检验检疫局召开出口食品卫生注册登记工作会议

CB实验室审核组对浙江检验检疫技术中心电气安全实验室进行评审

FU JIAN JIAN YAN JIAN YI JU

福建检验检疫局

2005年，福建检验检疫局在国家质检总局、国家认监委的领导下，紧紧围绕“提高认证有效性，积极主动融入社会经济发展”的工作目标，积极探索职能转变，充分运用认证认可手段推动检验检疫监管人员和出口企业安全卫生自控体系人员技术能力建设，积极大胆开展认证监管各项工作。一是以“能力促进”为根本手段，提高认证工作有效性和辖区出口企业管理水平；二是转变卫生注册工作管理模式，强化监督检查，切实提高卫生注册评审和监管工作质量；三是大力推荐辖区食品企业对外注册，积极应对国外迎检，促进辖区农食产品扩大出口；四积极开展强制性产品认证（3C）执法工作，保护人民生命健康和国家经济安全；五是以认证认可手段推进标准化工作开展，推动企业按照国际先进标准规范组织生产；六是提高办证效率，促进许可证制度改革；七是抓好实验室认可工作。一年来，在出口食品卫生注册登记、出口产品质量许可、3C行政执法、标准化促进工作以及实验室认证认可工作中取得明显成效。辖区491家企业获得卫生注册，326家企业业获得卫生登记，241家企业获得质量许可，36家企业获得输美陶瓷认证，办理3C免办证明568份。系统内6家实验室通过获得CNAL认可和计量认证，4家企业获得计量认证。

福州局成立

福建局领导与地方政府领导签署合作备忘录

卫生注册专业委员会会议

福建检验检疫局积极开展认证认可课题研究

福建局领导视察卫生注册企业

认证企业监管

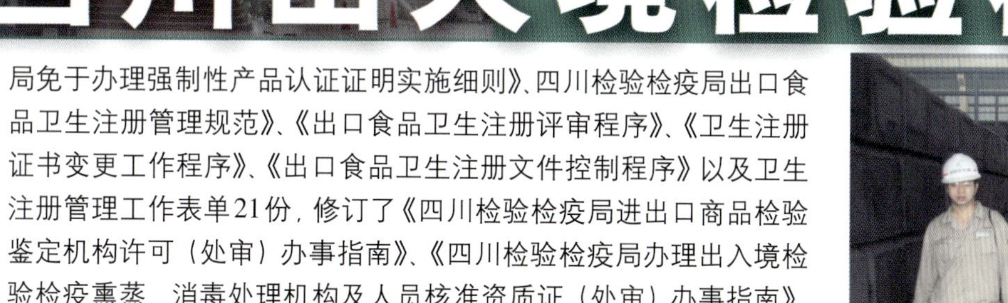

四川局大楼

四川出入境检验检疫局

四川出入境检验检疫局在国家质检总局和国家认监委的正确领导和大力支持下，以“三个代表重要思想”和科学发展观为指导，认真贯彻落实《认证认可条例》，认证认可工作取得明显成效。

加强队伍建设，提高行政能力。四川出入境检验检疫局于2005年9月成立了认证监管处，各分支局配备了专职或兼职的认证认可监管工作人员。目前四川局系统有食品卫生注册评审员65人，主任评审员6人，出口危包企业评审员24人。2005年以来先后举办2期认证认可执法监管人员培训班、2期进口强制性产品验证监管培训班、2期出口食品卫生注册评审员培训班，组织认证认可监管人员11人次参加了CQC和有关部门举办的ISO 9000、ISO 14000、OHSAS 18000、HACCP标准的培训，为做好认证认可执法工作奠定了坚实的基础。

建章立制，规范工作。2005年以来先后制订了《四川检验检疫局免于办理强制性产品认证证明实施细则》、四川检验检疫局出口食品卫生注册管理规范》、《出口食品卫生注册评审程序》、《卫生注册证书变更工作程序》、《出口食品卫生注册文件控制程序》以及卫生注册管理工作表单21份，修订了《四川检验检疫局进出口商品检验鉴定机构许可（处审）办事指南》、《四川检验检疫局办理出入境检验检疫熏蒸、消毒处理机构及人员核准资质证（处审）办事指南》，初步形成一套适应认证监管工作需要的规章制度，确保各项工作规范开展。

王吉顺局长深入企业检查工作

把关服务，促进地方经济发展。在出口食品卫生注册登记和出口危包质量许可评审工作中，着力在把好“五关”上下工夫，即把好申请材料审核关、把好评审组组织关、把好评审材料关、把好时限关，把好后续监管关。目前四川有出口卫生注册登记的食品企业293家，其中获得欧盟、美国、新加坡、俄罗斯等注册企业28家，获得质量许可证的出口危包企业38家。积极推动出口企业建立HACCP、ISO9001等质量体系认证，提高质量管理水平，促进地方外贸发展。

对食品企业后续监管

强化监管职能，提高认证工作有效性。2005年完成10家食品企业质量管理体系认证有效性检查，2006年完成6家企业环境管理体系认证有效性检查。切实加强相关认证机构日常监管，努力规范认证市场，促进机构提高认证有效性。2005年以来签发强制性产品认证免办证明186份，加强免办企业后续监管，强化进口强制性产品验证工作的执法监督检查，确保强制性产品认证各项规定落到实处。

积极推进实验室国家认可，促进管理和技术能力提高。目前四川局有11个实验室获得国家级计量认证，3个实验室获得认可。拥有国家级重点实验室1个，区域性实验室6个，常规性实验室6个。实验室检测面积6990.4平方米，仪器设备670台套（1000万元以上），实验室认可注册检测项目近300项。为国家经济安全和检验检疫把关提供坚实技术保障。

对企业认证有效性进行检查

深圳检验检疫局

2005年初，深圳出入境检验检疫局已设立认证监管处为契机，认证认可工作紧紧围绕深圳检验检疫实际，以实实在在的工作业绩，为建设和谐深圳、效益深圳做出了重要的贡献。

一、采取“全局一盘棋”的工作思路，加强部门之间合作,解决了人手紧、急事多的难题，圆满完成了全年工作计划。

二、积极主动帮助对外注册企业应对外方评审。在极短的时间内帮助深圳淘大食品有限公司顺利通过了日方的复查。帮助深圳铭基食品有限公司通过了日方的评审，使该公司对日出口量得到了明显增长。帮助南山肉联厂通过了香港食环署的跟踪审核。

三、严格卫生注册，大刀阔斧进行清理整顿。全年卫生注册选址审图109家，新办理注册登记37家，经过清理整顿，取消120家注册登记资格。

四、改革创新，3C行政执法工作成效突出。对免于办理强制性产品认证证明申办企业实施了分类管理，进一步加强了3C目录内产品入境验证工作，建立了协同把关、突出重点的3C免办产品后续监管体系。

五、实验室认可和出口质量许可证工作长抓不懈。通过举办两期实验室内审员培训班等方式加强了实验室内部建设。针对局内实验室不能检测的产品和项目加强了对外委托检验工作。全年共签发各类出口质量许可证262张。

六、认证认可政策宣贯讲究实效。通过编印《中国强制认证实用手册》、召开强制性产品认证知识巡回宣贯会、组织《中华人民共和国认证认可条例》知识竞赛等有效方式加强了对认证认可政策的宣贯。

宁波出入境检验检疫局

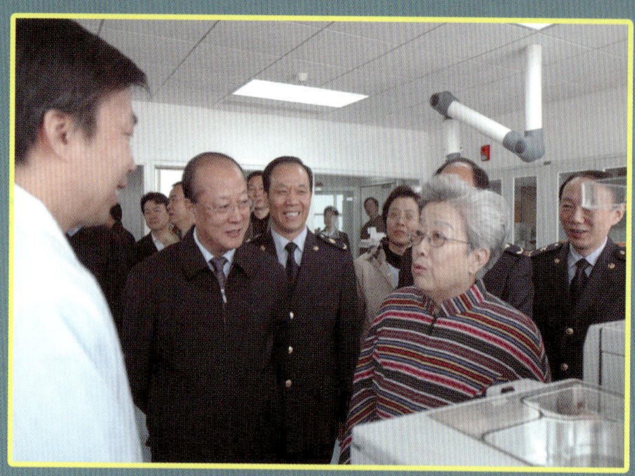
吴仪副总理视察宁波检验检疫局

宁波检验检疫局党组

宁波出入境检验检疫局始终坚持以"三个代表"重要思想和党的十六届四中、五中全会精神为指导，在国家质检总局和省市党委政府的正确领导下，按照"牢牢把握一个核心、紧紧抓住两大关键、着力推进三大工程、加速实现职能转型、切实增强五种能力、始终做到五个坚定不移"的工作部署，推动全局工作迈上了又一个崭新台阶。2005年，各项业务指标保持高位增长，全年共检验检疫出入境货物41.41万批，货值318.63亿美元，同比分别增长21.59%和37.38%。业务改革进一步深化，重点敏感商品监管能力有所增强。以电子监管为核心的电子检验检疫体系初步形成，信息化建设步伐走在全国系统前列，"科技兴检"氛围浓厚。认证监管工作方面以出口食品注册登记、CCC免办工作为重点，强化强制性认证管理和执法检查。2005年11月21日，吴仪副总理莅临我局视察并发表了重要讲话，作出了"严把国门、服务企业、加快信息化建设步伐和严于律己"等四点重要指示。面对宁波地区外贸与港口的迅速发展，宁波出入境检验检疫局将进一步解放思想、加快发展、深化改革、依法行政，努力促进宁波地区对外贸易的健康发展。

宁波检验检疫局王松青副局长
向媒体宣传3C认证工作

认证监管处杨文潮处长
对3C免办产品进行后期核查

江西出入境检验检疫局

局领导班子合影

中华人民共和国江西出入境检验检疫局是国家质量监督检验检疫总局设在江西境内的涉外行政执法机关，负责江西区域的出入境检验检疫、鉴定和监管工作。现有17个处室，4个直属事业单位，在九江、景德镇、赣州、上饶、宜春、吉安等六市设立了分支局，在南昌机场设立了办事处，国家质检总局还批准设立了龙南、新余和南昌高新区办事处。全系统共有4个实验室,即江西检验检疫局综合技术中心、卫生检疫实验室、江西检验检疫局景德镇陶瓷检测中心（设在景德镇检验检疫局）、江西检验检疫局烟花爆竹检测中心（设在宜春检验检疫局），均通过了计量认证和CNAL认可。近几年来，江西检验检疫局在国家质检总局和江西省委、省政府的正确领导下，以对党、对人民高度负责的态度，从忠实实践“三个代表”的高度出发，认真履行职责，检验检疫工作保持了较好的发展态势，平均每年以两位数的速度递增。2005年共检验检疫出入境货物约6万批，货值25亿美元，同比增长49.3%，检疫出入境飞机430余架次，检疫处理集装箱31000余标箱，查验出入境人员37000余人次，签发普惠制原产地证书8700余份，签证金额4.28亿美元。共检出不合格进出口货物500余批，货值1430余万美元，截获入境有害生物70余次，查出患有各种传染病的出入境人员570余人次。

中国质量认证中心江西评审中心

中国质量认证中心（CQC）江西评审中心是江西出入境检验检疫局依法独立注册的直属事业单位，同时也是CQC设在江西的国家评审机构，是江西省目前唯一的经国家认监委公布的国家注册的评审机构，承接ISO9000质量管理体系、ISO14000环境管理体系、TS16949（QS9000）汽车质量管理体系、OHSAS18000职业安全管理体系、TL9000电讯安全体系、HACCP和有机食品认证、产品认证等多种认证业务。江西评审中心已评审认证企业、机关、学校等各类组织2000余家，创造了10项全国、全国检验检疫系统和江西省的认证“第一”：

★全国第一家党建工作质量管理体系认证
★全国第一家中国人民解放军总装备部军代室认证
★全国检验检疫系统第一家有机食品认证
★江西省第一家HACCP第三方认证等
★江西省第一家综合学校ISO9000认证
★江西省第一家文化生态环境认证
★全国第一家精神文明建设管理体系认证
★全国检验检疫系统第一家QS9000认证
★江西省第一家ISO14000认证
★江西省第一家ISO9000、ISO14000、OHSAS18000一体化复合体系认证

随着江西实现在中部崛起战略的实施，江西评审中心愿竭尽所能为南昌开放型经济的发展和率先崛起提供认证服务。

江西评审中心主任：张国清
地址：江西省南昌市洪都中大道145号 邮编：330002
审核业务电话：0791-8327665 8327736
网址：http：//www.cqcjx.com

宁夏检验检疫局

在国家质检总局和国家认监委的领导下，宁夏检验检疫局积极落实认证认可组织机构,加强认证认可宣传培训，提高监管人员业务素质，完善认证管理制度，加大认证监管力度，积极推进宁夏认证认可工作的健康发展。

2005年，全区管理体系认证企业数由2004年底的331家增至为461家；强制性产品认证企业数由2004年底的39家增至为125家；自愿性产品认证企业为9家；获得出口食品卫生注册登记证书并在有效期内的企业达41家；一家羊肉生产企业成功获得马来西亚注册，实现了宁夏食品生产企业国外注册"零"的突破。

宁夏检验检疫局在卫生注册登记评审工作中，坚持按照相关规定和工作程序进行，热情服务，严格把关。积极引导企业建立卫生质量管理体系，推动企业进行ISO9001认证和HACCP认证。通过卫生注册，使企业逐渐步入了科学性、规范化的管理轨道，卫生质量和管理水平逐年提高，出口份额年年增加。

宁夏检验检疫局依托当地政府的支持，积极推动宁夏认证认可工作的进一步开展。2005年7月，宁夏正式成立了由自治区政府领导为组长、各市政府相关领导及各大厅局相关领导为成员的自治区认证认可工作领导小组，并确定建立了领导小组成员单位联席会议制度。同时，以国家对西部开发的优惠、扶持政策为契机，加大宁夏认证培训宣传力度。2005年，经宁夏检验检疫局努力，国家认监委先后在宁夏银川市举办"CNAB过程方法应用和多体系结合审核技术研讨会"和"有机农产品认证与西部开发"讲座培训班，为推动宁夏有机农产品认证、促进宁夏农业发展起到了积极作用。

西藏出入境检验检疫局概述

出入境检验检疫是一项涉外行政执法工作，在对外贸易、经济发展和改革开放中占有重要地位。为建立适应社会主义市场经济和对外贸易发展需要的、与国际通行做法相符合的行政执法体制，1998年3月，根据全国人大九届一次会议通过的国务院机构改革方案，决定将原国家进出口商品检验局、原农业部动植物检疫局和原卫生部卫生检疫局“三检”合一，组建国家出入境检验检疫局。1999年11月底，出入境检验检疫系统机构改革顺利完成。2000年1月1日起，出入境检验检疫系统以统一的工作程序，统一的单证，统一的形象对外执法，新的出入境检验检疫机制全面启动，这标志着我国出入境检验检疫事业进入了一个新的历史发展时期。

西藏出入境检验检疫局内设办公室、综合业务处、卫生与食品检验监督处、动植物检验检疫处、检验鉴定处、检务处、人事处、财务处、机关党委办公室（政工处）和监察审计室10个处（室）；设立检验检疫技术中心、西藏国际旅行卫生保健中心、机关服务中心3个事业单位；下设中华人民共和国樟木出入境检验检疫局、中华人民共和国普兰出入境检验检疫局、中华人民共和国西藏出入境检验检疫局驻贡嘎机场办事处、中华人民共和国西藏出入境检验检疫局驻成都接待处4个分支机构。全局现有干部职工158人，其中离退休职工18人，在职职工140人中，平均年龄39岁。是一支文化素质较高、专业结构合理、梯次衔接紧密的干部队伍。作为主管出入境卫生检疫、进出境动植物检疫、进出口商品检验、鉴定、认证、监管的涉外行政执法部门，西藏出入境检验检疫局肩负着依法把关，维护国家利益和经济安全，促进对外贸易发展的重要职责。

西藏出入境检验检疫局自组建成立以来，本着“服务对外开放、促进经贸发展”的宗旨，认真履行法律赋予的神圣职责，严把国门。改革开放以来，西藏出入境检验检疫局在口岸先后检出口蹄疫、蓝舌病、牛肺疫、布氏杆菌病、牛结核病、马鼻疽、鸡衣原体病、鸡马立克氏病、鸡新城疫、谷班皮蠹、芒果果肉象甲、桔小寡鬃实蝇、南亚寡鬃实蝇等104种国家规定的一、二类动植物传染病；在入境人员中检出、发现HIV、霍乱、乙肝、丙肝、梅毒等烈性传染病近百例；因商品质量问题对外索赔923.38万美元，为国家和西藏外贸企业挽回了巨大的经济损失。西藏出入境检验检疫局成立以来，共查验出入境商品18496批（次），货值47297万美元。

在经济全球化趋势不断加强的新形势下，西藏出入境检验检疫局将充分发挥自身的技术、信息、人才优势，认真执行国家的法律法规，强化把关职能，增强服务意识，不断提高工作质量和执法水平，努力建设“团结、和谐、开拓、创新”的西藏检验检疫。严格按照自治区党委、政府提出的“一加强，两促进”的要求，在促进我区的经济发展和对外开放，维护国家经济利益和经济安全，保护我区牧业生产安

进口车辆检验

深入企业指导

进口家电检验

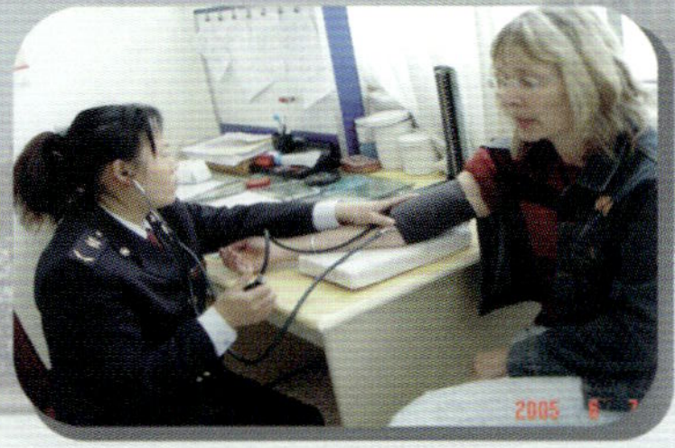

国际卫生保健

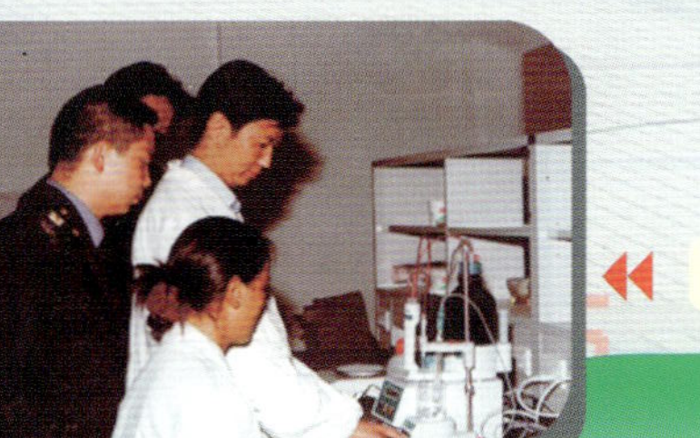

实验室检测

广州出入境检验检疫局

该局召开“行风建设面对面”企业座谈会

该局举办认证认可知识培训班

该局对出口食品生产企业进行评审把关

该局口岸一线进口汽车查验现场

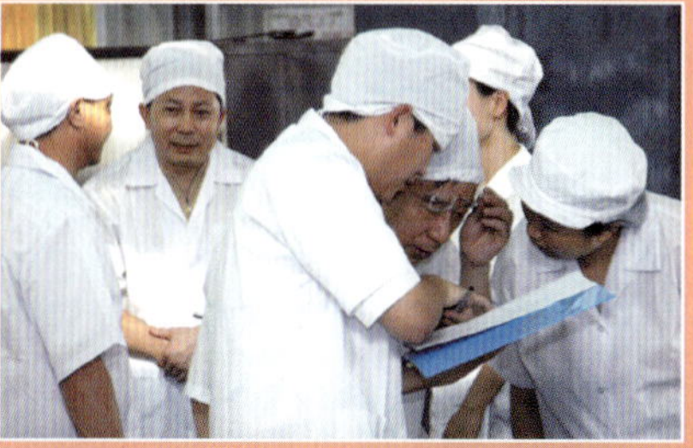
该局深入企业开展传帮带

该局工作人员下厂指导

广州出入境检验检疫局认真按照国家质检总局、国家认监委对认证认可工作的部署和要求，积极做好出口食品卫生注册、出口质量许可和输美陶瓷工厂的认证工作；大力推进实验室的国家认可工作；坚持把关与服务并重的宗旨，进一步推动强制性产品制度的实施，使认证认可工作一步一个脚印，走上了快速发展的轨道。

2005年12月，经上级部门批准，广州出入境检验检疫局成立认证监管处，负责宣传、贯彻国家认证认可方面的法律、法规、方针和政策，推进强制性产品制度的实施;负责管理辖区内进出口卫生、检疫登记;负责出口质量许可证和输美陶瓷工厂认证，受理辖区内对认证活动的申诉和投诉等十五项工作职能。认证监管处的成立，标志着广州出入境检验检疫局的认证认可工作进入一个崭新的发展阶段。

在认证认可工作中，广州出入境检验检疫局努力做到：一是不断提高认证监管的有效性，建立和健全各项工作机制；二是坚持突出服务经济和社会发展主线，充分发挥认证监管作用；三是强化共同实施的工作机制，不断开拓认证认可工作新局面；四是努力建设一支适应新时期工作需要的队伍，为认证认可事业发展提供根本保障。

今后，广州出入境检验检疫局将珍惜并把握新时期开展认证认可工作的大好时机，从实际工作出发，制定措施和远景规划，继续加强认证监管力度和执法能力建设，充分发挥认证认可工作在促进经济发展中的应有作用。

国家认监委孙大伟主任在山东省行政执法调研会上作重要讲话。

王凤清同志为山东省计量科学研究院揭牌。

山东省质监局开展“贯彻《认证认可条例》，规范认证市场秩序”大型宣传活动。

执法人员在超市对认证农产品进行执法检查。

山东省质量技术监督局

监管与服务并重　提高认证工作有效性

在国家质检总局和认监委的正确领导下，山东省质监局围绕省委省政府的中心工作，认真履行法律法规赋予的职责，全面推进认证认可工作扎实有效地开展。

[健全认证监管网络、提高执法队伍素质]为做好认证监管工作，山东省质监局在全省各市、县（区）局明确了负责认证监管工作的部门、人员及主管领导，建立了覆盖全省17个市142个县（区）的认证监管网络。并结合国家认监委培训工作的目标要求，对全系统各级执法人员分期分批进行认证认可基本知识和有关法律法规的培训，提高了行政执法队伍整体水平和解决实际案例的能力。

[抓好宣传工作，提高全社会对认证工作的认知程度]以宣传《认证认可条例》为主线，山东省质监局开展了广泛而又多层面的宣传活动。先后举办了主题为“贯彻《认证认可条例》，规范认证市场秩序”的大型宣传活动和“HACCP认证与食品质量安全”讲座论坛。同时，每年利用“质量月”和“3.15”等活动，向广大生产企业、经销商和消费者宣传认证认可知识和有关的法律法规。

[强化执法监督，推动强制性产品认证制度有效实施]通过帮助、教育、服务和执法监督，积极推动强制性产品认证制度的实施。目前全省95%以上应实施强制性产品认证的企业均获得了指定认证机构颁发的认证证书。省内各大型商场和超市均建立了强制性认证产品进货把关制度，对未经强制性认证的产品一律不销售，维护了广大消费者的合法权益。

[积极探索认证监管模式和方法，提高监管有效性]组织开展认证农产品市场监督检查，对大型超市和重点农贸市场上销售的粮、油、水果、茶叶和蔬菜等农产品，进行认证标识标注真实性、标志使用范围合理性和证书有效性的监督检查。另外，积极引导各基层质监部门开展对生产企业认证有效性的监督检查，探索开展认证有效性监管的模式和方法，在工作实践中，不断提高生产企业认证的有效性，规范认证行为。

西藏自治区质量技术监督局

"十五"期间，西藏自治区质量技术监督局在自治区党委、政府的高度重视和国家质检总局的正确指导下，在全国质监系统对口援助单位的大力支持下，局几届领导班子团结全系统干部职工自力更生，艰苦奋斗，忠实履行质量技术监督各项职能，经历了从无到有，从小到大的发展历程。

机构从无到有，机构建设逐步完善。区质监局机关和地（市）质监局机构建设基本完成，自治区级技术机构建设初具规模，自治区局食品检测中心即将投入使用。

基础设施建设大步迈进。自治区质监局基本建设完成，结束了"上无片瓦，下无寸土"的历史。地（市）质监局基本建设有望于"十一五"期间全部完成。

队伍从小到大，队伍建设成效显著。队伍规模从2000年组建时的80余人到现在的200余人。队伍的专业和知识结构日趋合理，75%的人拥有大专以上学历，系统干部职工平均年龄不到33岁。

各项监管工作基本到位。确保了食品质量和特种设备安全；拓展并全面开展了产品质量监督管理的业务工作，推出了一批西藏名牌，并实现了国家名牌和国家质量免检西藏零的突破；发布实施了酥油、糌粑两项地方标准，开创了标准化制修订工作新局面；计量监管基本到位，确保了统一量值传递；认证认可监督管理逐步规范。

执法打假工作成绩斐然。组建以来，执法打假工作围绕与人民群众密切相关的产品开展。组织专项执法打假上百次，共出动执法人员30424人次，共检查生产销售商家8万余户，端掉制假售假窝点近百个，查处涉案货值4500余万元，挽回直接经济损失1704万元。

作风建设初见成效。"不作为"和"乱作为"现象基本遏制，"内强素质,外塑形象"的队伍建设思路形成并长期实施，"团结、奋进、务实、高效"的进取意识不断强化，勤奋、公道、廉洁的机关作风正在形成。

局党委书记、局长马相村

总局党组李传卿书记（右一）赴藏考察调研

局领导在全区质量技术监督局长会议上

国家质检总局李长江局长（左三）莅临我局视察指导工作

广东出入境检验检疫局检验检疫技术中心

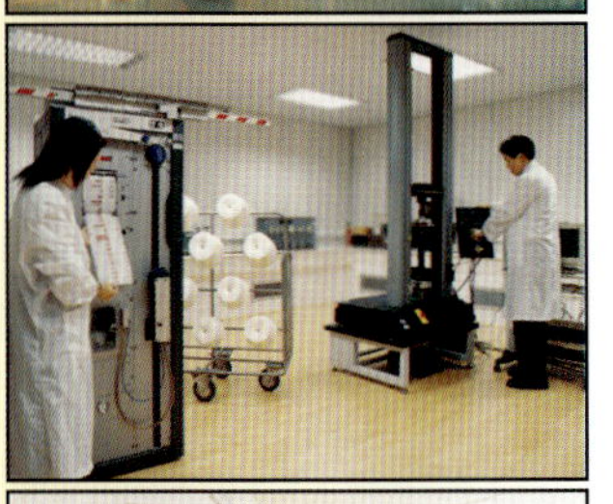

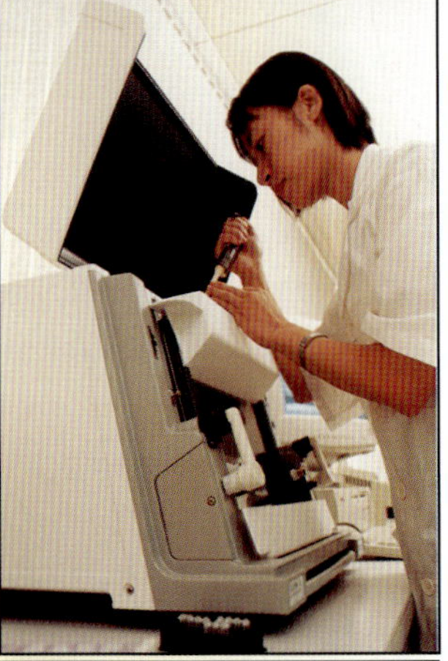

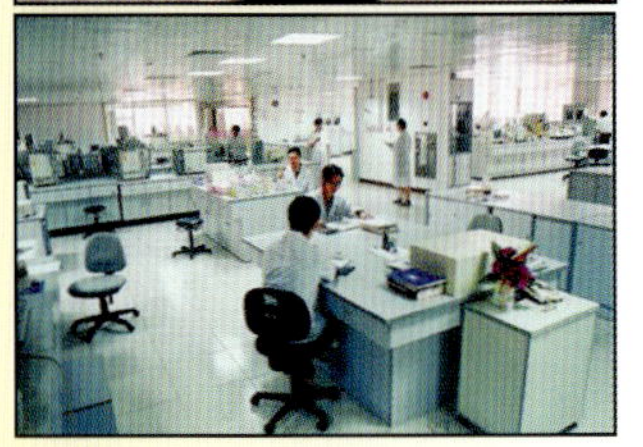

广东出入境检验检疫局检验检疫技术中心(IQTC)是经过国家质量监督检验检疫总局(AQSIQ)批准设立的第三方检验机构。秉承独立、公正、专业的精神，IQTC 致力于为政府、企业、社会团体以及消费者提供全面的产品的检验、检测、检疫、鉴定等各种技术服务。

IQTC 技术力量雄厚，拥有一支多学科、多层次、素质精良的专业技术队伍。现共有各类专业人员 349 人，90% 以上为技术人员，70% 的人员拥有中高级技术职称。其中教授 1 名，研究员 13 名，博士 10 名。IQTC 实验室面积近 25000 平方米，拥有国际先进的精密仪器设备 900 多台(套)，价值 1 亿 5 千多万元。实验室严格按照 ISO\IEC17025 质量体系标准管理与运作，多次参与国际间的能力验证活动，如FAPAS、NATA、APLAC、IECEE 等，以确保 IQTC 以国际同步的技术水平为客户提供高水准的专业服务。

认可资质

IQTC 下设食品、化矿金属材料、玩具、卫生检疫、动物检疫、植物检疫、轻工、纺织、电气安全等9个专业实验室。各实验室的检测能力与技术水平在国内外得到广泛的认可。

国家质检总局 (AQSIQ) 指定型式试验检测实验室

中国国家实验室认可委员会 (CNAL) 认可实验室

香港实验室认可计划 (HOKLAS) 认可实验室

中国认证认可监督管理委员会 (CNCA) 指定 3C 认证检测实验室

中国认证机构 CQC、CEMC、CCIC、CCLC 签约检测机构

中国国家工商行政管理总局 (SAIC) 指定玩具检测实验室

国际电工委员会电工产品合格与认证组织 (IECEE) 认可的 CB 体系检测实验室

香港政府机电工程署 (EMSD) 认可核证团体

国家人事部批准设立的博士后流动工作站

国家动物源性食品药物残留监控计划基准实验室

国际羽绒羽毛局 (IDFB) 认可的检测机构

服务能力及范围

IQTC依照国际主要贸易国家和地区的标准和安全规则，采用ISO、IEC、CFR、EN、DIN、EPA、GB、SN 等超过 3000 个国际标准和国家标准对产品进行分析测试和检验。

凭借富有经验的技术人员、良好的设施以及先进的仪器设备，IQTC 可以提供广泛的专业技术服务，核心的服务可分为 3 类：

检验检疫服务：包括营养物质、食品添加剂、转基因、微生物、重金属、有机有害污染物、动物性传染病、传染病原体、EMC、ROHS 指令、生态纺织品、消费品物理及机械性能、电气安全和机械安全、危险品及其包装等；

检验鉴定服务：包括工厂检查、生产前检验、生产中检验、装船前检验、装船监督等；

技术咨询服务：包括检测技术培训、质量体系认证咨询以及人员培训、实验室规划、设计咨询等。

服务范围：食品、化妆品、产品、水产品、中成药、化工、矿产、石油、塑料、金属材料、消费品、电子电器产品、玩具与儿童用品等。

广东出入境检验检疫局检验检疫技术中心

网址：WWW.IQTC.CN

地址：广州花城大道 66 号国检大厦 B 座

联系方式：技术中心市场部 020-38291736;

E-mail:marketing@iqtc.cn

中华人民共和国福建出入境检验检疫局
检验检疫技术中心

INSPEXTION AND QUARANTINE TECHNICAL CENTRE OF
FUJIAN ENTRY-EXIT INSPECTION & QUARANTINE BUREAU OF P.R.C

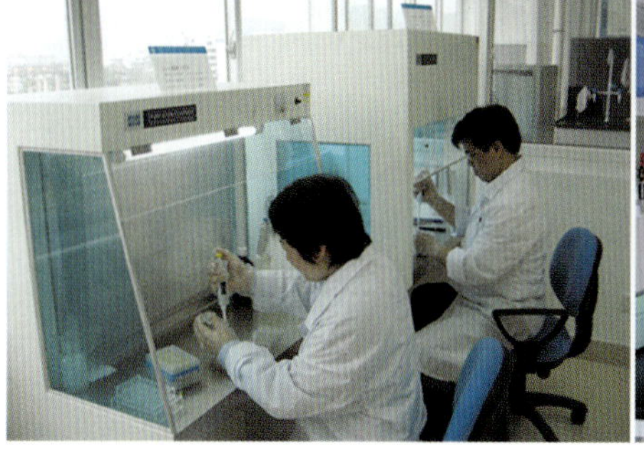

福建出入境检验检疫局检验检疫技术中心（以下简称“技术中心”）是国家批准设立的独立事业法人单位，隶属于福建出入境检验检疫局。

技术中心本部设在福州，由食品检测所、工业及矿产品检测所和动植物检疫所、科研开发所、综合事务所和业务发展所组成。技术中心按照ISO/IEC17025国际标准建立了完善的质量管理体系，是国家认证认可监督管理委员会（CNCA）计量认证实验室和中国实验室国家认可委员会（CNAL）认可实验室。技术中心在福建泉州、漳州、莆田、宁德、三明、福清、东山、龙岩、晋江、石狮、福安等地设有11个下属实验室，这些实验室均获得了CNAL认可和/或计量认证。

技术中心下辖8个国家级重点实验室（国家级林产化工检测重点实验室、国家级动物源性饲料（鱼粉）重点实验室、国家级杂草检疫重点实验室、国家级国家级电气产品安全检测重点实验室、国家级鳗鱼及食源性微生物检测重点实验室、国家级鞋类检测重点实验室、国家级罐头检测重点实验室和国家级茶叶检测重点实验室）和9个区域性中心实验室（福建转基因产品及DNA检测中心实验室、福建包装及材料检测中心实验室、福建轻纺产品检测中心实验室、福建动物检疫中心实验室、福建植物检疫中心实验室、福建省食品安全检测中心、福建陶瓷及矿产品检测中心实验室、福建理化分析检测中心实验室、福建石油化工检测中心实验室）。

技术中心本部现有专业技术人员127人，其中博士6人，硕士24人，高级职称21人（含研究员6人），中级职称人员37人，享受“国务院特殊津贴”专家3人。实验室用房面积近5000平方米。生物无菌、动物检疫、恒温恒湿等实验室条件符合相关国际标准要求。直属实验室现有仪器设备800多台套，总值5500余万元，包括液相色谱—质谱联用仪、气相色谱－质谱联用仪、气相色谱－红外光谱联用仪、X射线荧光光谱仪、高效液相色谱仪、微生物自动鉴定系统（VITEK、BIOLOG和mini-VIDAS）、放射免疫测定仪（Charm II）、荧光PCR仪等高精尖的仪器设备130多台套。技术中心立足福建、面向全球，为您提供优质高效的检测技术服务，永远是您最真挚的朋友！

业务联系电话：0591-87065512 87065510
地址：福建省福州市湖东路312号国检广场B座
http://www.fjiqtc.gov.cn
E-mail:fjciqiqtc@yahoo.com.cn

①动物源性饲料(鱼粉)重点实验室.
②动物检疫重点实验室
③杂草检疫重点实验室
④林产化工品检测重点实验室
⑤鳗鱼及食源性微生物重点实验室
⑥国家鞋类检测重点实验室
⑦电气产品安全检测重点实验室

秦皇岛出入境检验检疫局检验检疫技术中心

1990—1997 年拟除虫菊酯类农药多残留检测技术的系统研究，荣获 1998 年度国家科学技术进步奖二等奖。

1990-1997 年拟除虫菊酯类农药多残留检测技术的系统研究，荣获国际 AOAC 组织颁发的 1998 年度国际 AOAC 副仲裁员奖。

1990—1997 年拟除虫菊酯类农药多残留检测技术的系统研究，荣获国际 AOAC 组织颁发的 1998 年度国际 AOAC 合作研究奖。

1990-2002 年动物组织中二氯二甲基吡啶酚（克球酚）残留检测的系统研究，荣获国际 AOAC 组织颁发的 2002 年度国际 AOAC 研究导师奖。

1997-2004 年蜂产品质量评价新技术的研究与应用课题荣获 2004 年度国家科学技术进步奖二等奖。

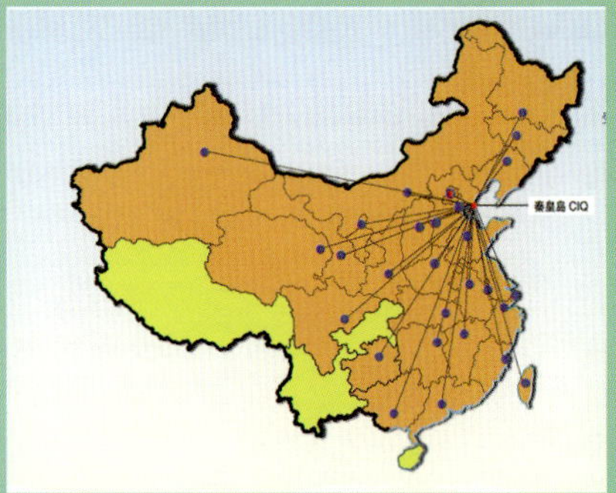

《中国蜂产品质量评价新技术的研究与应用》科研课题
1998-2005 年已使全国 28 省（市）319 家蜂产品企业受益

受益省（市）（厂家数量）
(1998-2005)

北京	(43)	山东	(28)	河南	(24)	辽宁	(22)
天津	(21)	河北	(17)	湖北	(17)	安徽	(17)
浙江	(15)	江苏	(14)	陕西	(14)	内蒙	(12)
黑龙江	(10)	宁夏	(9)	四川	(8)	广东	(7)
吉林	(8)	上海	(5)	甘肃	(4)	湖南	(4)
江西	(4)	新疆	(4)	青海	(2)	山西	(3)
福建	(3)	广西	(2)	贵州	(1)	台湾	(1)

庞国芳，秦皇岛出入境检验检疫局检验检疫技术中心主任，研究员，国际 AOAC 副仲裁员 / 研究导师。20 世纪 80 年代以来，多次主持国内、国际重大科研课题。其一，率先主持研究的两项残留检测新技术，引起国际 AOAC 的重视，设计了国际协同研究方案，两次领导组织美国、英国、日本等 12 个国家 33 个实验室参加的国际协同研究，建立了两项国际 AOAC 标准，开创了我国学者领导研究国际 AOAC 标准的先河。其二，率先主持研究了 30 项蜂产品检验方法国家标准，使我国这一领域的检测技术实现了跨跃式发展，达到了国际先进水平。在不是养蜂大省，出口仅占全国 0.21% 的河北，在港口不出口蜂蜜，也没有较大蜂产品加工企业的秦皇岛，创建了国家级蜂产品检测重点实验室，蜂产品检验量达到全国出口创汇总量的 50%。其三，率先主持研究了 3 项能同时检测不同农产品中 400 多种农药残留的国家标准。用一个方法同时检测的农药品种数达到了 446，超过发达国家的同类标准，水平居国际先进地位。上述研究课题，已发表论文 80 多篇，其中在美国、英国、德国、荷兰四个国际权威杂志上发表 SCI 收录的论文 20 篇，引起世界五大洲 30 多个国家 400 多位同行专家学者关注。同时培养了一支以 4 位获国务院特殊津贴专家为核心的 20 人科研攻关团队。作为第一完成人，荣获国家科学技术进步二等奖两项，省部级科学技术进步一等奖一项和国际 AOAC 组织颁发的科学技术奖励三项：国际 AOAC 合作研究奖、国际 AOAC 副仲裁奖和国际 AOAC 研究导师奖。荣获国家有突出贡献中青年专家等 8 项国家和省级荣誉。

两项国际 AOAC 先进标准的研究引起世界五大洲 30 个国家和地区 400 多位学者关注

1. 1994-2002 年庞国芳课题组两次领导 12 个国家和地区 33 个实验室参加的国际协同研究，这 12 个国家和地区是中国、美国、英国、日本、加拿大、意大利、瑞士、希腊、斯洛伐克、立陶宛、阿根廷、台湾地区。
2. 1994-2002 年世界五大洲 30 个国家和地区 178 位学者来信索要庞国芳课题组的研究论文，这 30 个国家和地区是：美国、英国、德国、法国、日本、加拿大、荷兰、西班牙、澳大利亚、比利时、捷克、奥地利、斯洛伐克、波兰、匈牙利、古巴、墨西哥、巴拿马、圭亚那、阿根廷、巴西、立陶宛、孟加拉国、印度、阿尔及利亚、土耳其、伊拉克、以色列、埃及和台湾地区。
3. 1995-2004 年 25 个国家和地区 252 位学者，在 SCI 收录的杂志上发表的 74 篇论文中，引用庞国芳课题组的论文共达 122 次。252 位学者所在的 25 个国家和地区是：中国、美国、加拿大、英国、德国、法国、荷兰、俄罗斯、瑞士、葡萄牙、西班牙、日本、波兰、意大利、匈牙利、伊朗、墨西哥、巴西、斯洛伐克、印度、澳大利亚、比利时、埃及、沙特阿拉伯和台湾地区。
4. 1995-2004 年 13 个国家和地区 43 种被 SCI 收录的杂志上发表了引用庞国芳课题组论文的 252 位学者撰写的 74 篇论文，这 43 种杂志所在的 13 个国家和地区是：中国、美国、德国、英国、荷兰、捷克、日本、巴西、印度、俄罗斯、波兰、意大利和台湾地区。
5. 1995-2004 年 3 个国际著名杂志 Talanta、J. Chromatography A 和 J. AOAC INTERNATIONAL 邀请庞国芳研究员为其撰稿或审稿，这三个杂志所在的国家是：美国、荷兰。
6. 1998-2003 年庞国芳课题组荣获国际 AOAC 组织颁发的 3 项科学技术奖励：国际 AOAC 合作研究奖（1998）、国际 AOAC 副仲裁员奖（1998）和国际 AOAC 研究导师奖（2002）。国际 AOAC 所在地：美国。

地址：河北省秦皇岛市海滨路 39 号 邮编：066002 电话：0335-5997609 5997878 5997606
传真：0335-5997608 Email：gfpang@heinfo.net

中国电子技术标准化研究所（信息产业部电子第四研究所）

科学 公正 诚信 服务

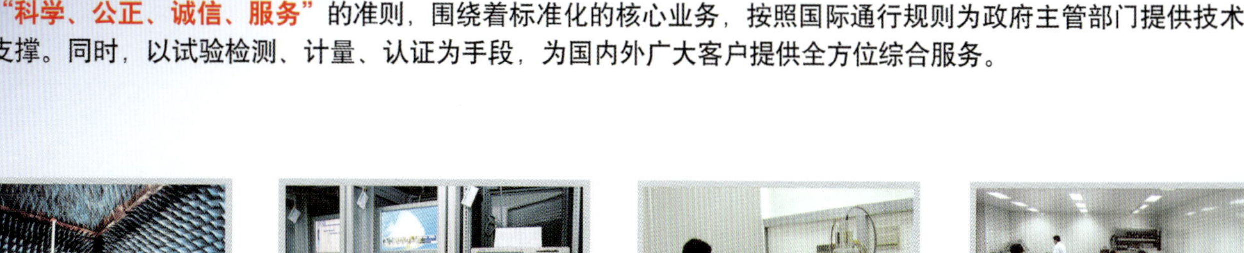

中国电子技术标准化研究所（信息产业部电子第四研究所，简称CESI）成立于1963年7月，是信息产业部直属的电子信息技术标准化与合格评定研究机构。目前，CESI拥有一批标准化专家和学科带头人，设有博士后科研工作站；拥有具备国际先进水平的各类仪器设备3600余台套，获得国家级和省部级科技进步奖300多项。CESI遵循“科学、公正、诚信、服务”的准则，围绕着标准化的核心业务，按照国际通行规则为政府主管部门提供技术支撑。同时，以试验检测、计量、认证为手段，为国内外广大客户提供全方位综合服务。

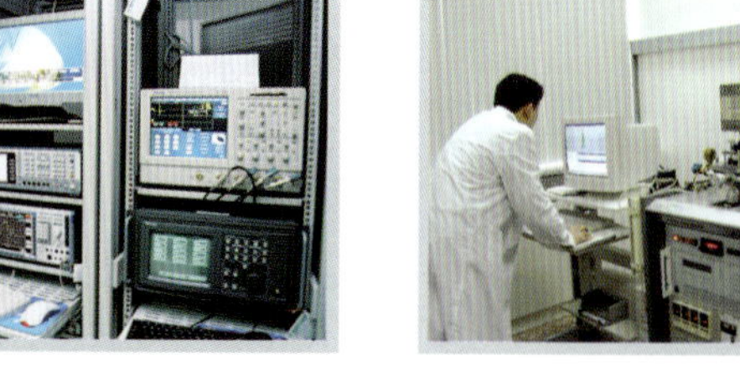

获政府或权威部门授权与认可

- 数字电视标准符合性检测中心
- 国家认证认可监督管理委员会认可的信息处理产品标准符合性检测中心
- 国家IC卡注册中心
- 中国电子技术标准化研究所电子元器件检测中心
- 航空电子元器件检测站
- 电子元器件DPA实验室
- 中国电子技术标准化研究所体系认证中心
- 中国电子技术标准化研究所产品认证中心
- 国家认证认可监督管理委员会指定的CCC监测机构
- 被国际电工委员会电工产品合格测试与认证组织（IECEE）认可为CB实验室
- 中国实验室国家认可委员会(CNAL)首批认可的检测机构
- 被美国保险商实验室(UL)认可为第三方数据交换(TPTDP)实验室
- 中国质量认证中心(CQC)签约实验室
- 中国电磁兼容认证委员会(CEMC)签约实验室
- 被美国联邦通信委员会(FCC)认可
- 被挪威NEMKO认可
- 信息产业部电子计量中心
- 国防微电子元器件计量一级站
- 被中国国家实验室认可委认可的中国电子技术标准化研究所计量测试中心
- 电子工业标准化与质量培训中心
- 劳动和社会保障部批准的特有工种职业技能鉴定站

地址：北京安定门东大街1号 邮编：100007 电话：(010)—84029088 64007688 传真：(010)—64008392
http://www.cesi.ac.cn http://www.cesi.cn

公安部消防产品合格评定中心

公安部消防局领导作重要指示

消防产品认证规则宣贯会

消防企业赠送锦旗

公安部消防产品合格评定中心(CCCF)是具有事业法人资格并经国家认可的消防产品合格评定机构，主要业务范围为：消防产品和消防相关产品质量认证，消防产品和消防相关产品认证标准、规则及细则的拟定，消防产品市场准入信息的管理等。经国家认证认可监督管理委员会指定，中心已开展了火灾报警产品、消防水带产品、自动喷水灭火系统产品和汽车消防车产品的强制性产品认证工作；对灭火剂、灭火器、防火门、消火栓、消防水枪、消防接口、消防应急灯具、防火阻燃材料及可燃气体报警设备等产品开展了型式认可工作，中心已通过中国合格评定国家认可委员会的认可(注册号：CNAB073-P)，并负责公安部政府网站“中国消防产品信息网”的消防产品信息发布和日常管理工作。

中心拥有高、中级工厂检查人员、技术评定人员及各类技术专家 281 余名，拥有近 2000 平方米的办公场所及功能齐全的办公通讯设施，人力资源和办公条件完全能够满足消防产品合格评定工作的需要。

中心将强制性3C认证和型式认可中的产品检验工作，分包给已获中国合格评定国家认可委员会(CNAS)认可的国家消防电子产品质量监督检验中心、国家固定灭火系统和耐火构件质量监督检验中心、国家消防装备质量监督检验中心和国家防火建筑材料质量监督检验中心，并按有关规定对上述消防产品及消防相关产品质量检验机构的分包工作过程实施监督。

中心坚持“公正、客观、规范、严谨、持续改进”的质量方针，以严谨的工作作风有效运行并持续改进质量管理体系，向社会各界提供客观、及时、准确的消防产品合格评定结论。

中心办公楼

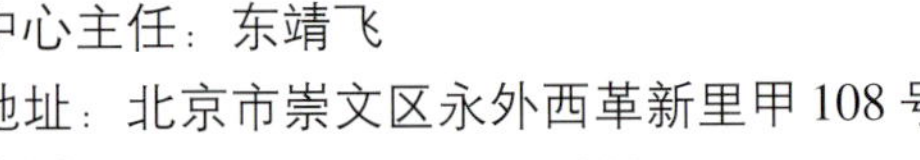

中心主任：东靖飞
地址：北京市崇文区永外西革新里甲 108 号
电话：010-67274320/67274308
传真 010-87278660
邮编：100077
网址：http://www.cccf.com.cn
电子邮箱：cccf@263.net

CCCF

长城（天津）质量保证中心

中心总经理阮强

2005 年度优秀审核员

2005年长城（天津）质量保证中心认真贯彻党中央精神，紧紧依靠广大干部群众的支持，发挥党员先锋作用，维护民主团结，坚持以人为本，全面开展“质量、管理、服务年”活动，强化审核员队伍和管理人员队伍建设，使得各项工作有了新的发展。2005年完成了十项重点工作：

1、“质量、管理、服务年”活动全面开展且卓有成效；

2、四个体系圆满完成国家认可委的年度评审；

3、主要经济技术指标完成年初确立的目标，且再创历史新高；

4、新版文件实行，新版证书发放；

5、党员先进性教育活动的开展，职工文化生活有所发展和丰富带动了业务工作的发展；

6、第一个分中心获得国家认监委批准；

7、中国认证认可协会成立长城中心被选举为常务理事；

8、国家认监委满意度调查结果表明长城中心表现良好；

9、有效证书又有较大幅度提高；

10、设立顾问委员会，积极面向理论研究、技术提高和获证组织的相关培训工作。

2005年长城中心在市场开发、客户服务、内部管理改进、人力资源培养与配备等方面均取得长足的发展。各级领导时刻把员工的工作、学习、生活放在心上，关怀员工冷暖，努力解除员工后顾之忧，使员工全身心地投入到工作中去，中心上下呈现出一派紧张、和谐的工作景象。2005年新签认证合同同比增长12.56%；合同额同比增长11.06%；国有资产保值增值率完成117.82%；申/投诉率为零；职工收入增长11.33%；有效证书同比增长28.77%，主要经济指标超额完成任务，各项工作取得良好成绩。

总经理：阮强
地　址：天津市南开区水上公园北路津龙公寓4号
电　话：022-23541981
传　真：022-23541991
http：www.isocgw.net
E-mail：master@isocgw.net

北京国体世纪体育用品质量认证中心有限公司

北京国体世纪体育用品质量认证中心有限公司（英文缩写NSCC）是经国家认证认可监督管理委员会批准，由国家体育总局相关部门共同组建的具有独立法人地位、实施体育用品和器材认证的第三方认证机构。认证业务范围包括室内健身器材、室外健身器材、竞赛器材、体育场地场馆设施辅助器材和其他体育产品认证的增值服务。

NSCC开展体育用品和器材认证工作，坚持国际通用的认证准则，执行国家有关法律、法规及有关政策，严守认证工作纪律，做到认证：科学、公正、权威；服务：热情、高效、负责。

NSCC坚持客观的工作态度，注重认证的有效性，以标准为准绳，以事实为依据，公正、科学地实施认证和提供服务，维护NSCC权威和信誉。

NSCC通过与有关国家检验中心、标准化主管部门、国际奥委会及其单项体育协会和国际有关体育产品认证组织保持密切联系与合作，进行标准研制，制定认证实施细则，努力拓展认证领域，为社会提供优质服务。

NSCC在工作过程中遵行“服务至上”的原则，注重社会效益。在国家认证认可监督管理委员会的指导和监督下，通过积极开展体育产品质量认证工作，促使我国的体育产品质量不断提高，逐步树立我国民族品牌形象，为我国竞技体育运动以及全民健身活动的开展提供良好的物质基础，为我国体育事业和体育产业的发展做出贡献。

NSCC于2006年1月24日通过“中国认证机构国家认可委员会”的认可。NSCC正以长远的发展战略，坚实的核心能力，卓越的专业管理，诚信的品牌形象，全方位的积极参与市场竞争。

机构名称：北京国体世纪体育用品质量认证中心有限公司

机构英文名称：Beijing National Sports Century Quality Certification Center for Sport Equipments Co.Ltd

机构英文名称缩写：NSCC

地　址：北京市体育馆路3号

邮政编码：100763

电　话：（010）67102638　87182249

传　真：（010）67102638　87183083

王凤清会长、王钧副局长出席NSCC揭牌仪式

产品认证证书

授权使用标志

北京国金恒信管理体系认证有限公司

BEIJING GRAND HONOUR MANAGEMENT SYSTEM CERTIFICATION CO.,LTD.

北京国金恒信管理体系认证有限公司是经中国国家认证认可监督管理委员会批准，并经中国认证机构国家认可委员会认可，专门从事质量、环境和职业健康安全管理体系认证及内审员培训的第三方公正机构。其前身是冶金工业部批准设立的"中国冶金工业质量体系认证中心"，成立于1995年，公司注册号：CNCA-R-2002-022。

董事长兼总经理

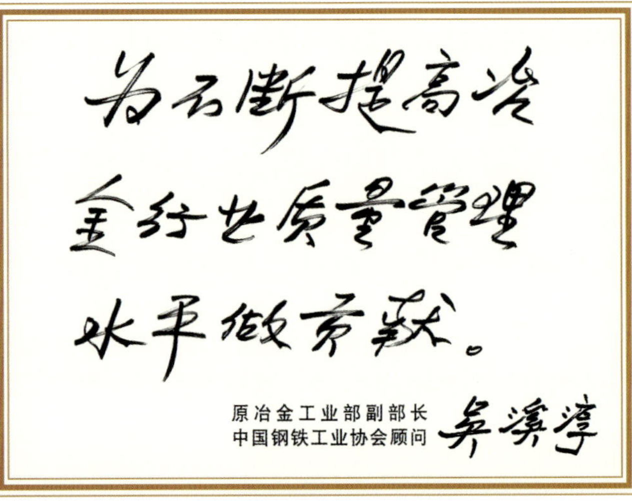

公司成立十年来，始终坚持了"面向冶金行业，通过做精来做强"的发展道路，抵御住了低成本扩张的不良行为和短期规模效益的诱惑。先后为包括鞍钢、马钢、济钢、包钢、太钢、本钢、沙钢等特大型钢铁联合企业提供了认证服务。目前占全国钢产量70%以上的大中型钢铁企业，均选择国金公司为其提供认证服务。 随着钢铁企业对贯标工作着眼点的转移及体系运行质量的提高，国金公司作为行业性认证机构的专业优势更加凸现，认证质量也被越来越多的冶金企业所认可。此外，在冶金机械、耐火材料碳素制品、金属制品、冶金建设等专业领域，本公司也认证了一批最具实力和代表性企业。

公司一直秉承"客观公正、科学严谨、信誉权威、持续发展"的经营方针，团结、培养、锻炼了一支有丰富实践经验和较高理论水平的审核员队伍和培训教师队伍，着力打造"国金恒信"的服务品牌，持续为企业提供优质、增值、个性化的服务，工作质量和服务水平得到了广大冶金企业和国家主管机关的肯定。2005年，国家认监委组织对国内91家认证机构进行用户满意度调查，国金公司名列第16位。

随着我国冶金工业产业结构的优化升级和管理进步，国金公司将一如既往地继续坚持做精做强的发展战略，以"专业权威"的认证服务，弘扬"国金品质"；与广大冶金企业一起，共同为冶金工业的深入发展，为建设钢铁强国做出更大的贡献。

公司开展的业务有：

○质量管理体系认证 ○环境管理体系认证 ○职业健康安全管理体系认证 ○各种专题培训、内审员培训

地址：北京市海淀区学院南路76号冶金工艺大楼六、七层 邮编：100081
电话：010-62185911/2375/2975 网站：www.cmiqc.com

专业 权威的环保产品认证

中环协（北京）认证中心

中环协（北京）认证中心是中国环境保护产业协会组建的，经国家环境保护总局和国家认证认可监督管理委员会批准成立的环保产品认证机构。中环协（北京）认证中心具有良好的环境保护专业背景，是经授权承担环境保护产品认证的惟一专业环保产品认证机构。

中环协（北京）认证中心执行“工厂（现场）检查+产品检验+认证后监督检查"这一国际通用的产品认证模式开展环保产品认证。工厂检查依据《环保产品认证工厂质量保证能力要求》（CCAEPI-GK-305）进行，产品检验委托有资质的检验机构承担。

中环协（北京）认证中心目前已开展100多种环保产品认证，认证范围包括：水污染防治产品、空气污染防治产品、噪声与振动控制产品、固体废物处理处置产品、环境监测仪器、环保药剂及材料等六大类产品。

中环协（北京）认证中心在环保产品认证方面具有独特的优势：依托中国环境保护产业协会，与全国环保系统和环保企事业单位建立了广泛的社会联系，认证工作取得了社会普遍认同和环保企业广泛参与；参与国家环保产品标准制定工作，及时跟踪和了解国家环境保护政策法规标准动向，认证工作更适应市场需要和环境管理需要；认证工作与其他环保工作紧密结合，认证企业通过参与环保产品认证工作可取得双赢或“多赢”。

中环协（北京）认证中心遵循“客户第一，用户第一”的宗旨，秉承“专业、务实、严谨、服务”的传统，坚持“认证服务于客户，方便于用户，服从于环保事业”的理念。通过开展环保产品认证工作，一方面，为认证企业创造更多的市场机会，同时提供更多的认证以外的附加值，提高认证的吸引力；另一方面，达到促进整个行业环保产品质量提高和行业质量管理水平提高目的，为我国认证事业和环保事业作出应有贡献。

通信地址：北京西城区扣钟北里甲4楼
邮编：100037
电话：01051555010　01051555011
传真：01051555011
网址：http://www.zhb.gov.cn/ －环保产品
认证：http://www.caepi.org.cn
联系人：王则武
邮箱：eptech@163.net

客观、公正、科学、权威

北京中检联合质量认证中心

QCB-Beijing

北京中检联合质量认证中心是经国家认证认可监督管理委员会批准（批准号：CNCA-R-2002-054）,中国认证机构国家认可委员会认可的具有独立法人资格的第三方认证机构,可颁发带有国家认可标志和国际互认标志的质量管理体系认证证书。并经国家认证认可监督管理委员会批准具有内审员培训资格的培训机构（批准号：CNCA-P-2004-121）。

中心管委会主任,由全国用户委员会主任（原国家质量技术监督局总工程师、质量监督司司长）叶柏林同志担任。

北京中检联合质量认证中心与我国质量界、学术界有着十分良好的关系。

主要业务范围：经国家认证认可监督管理委员会批准,并经中国认证机构国家认可委员会（CNAB）认可的主要业务有：

● ISO9001 质量管理体系认证（共 28 大类认证业务范围）；

● 质量管理体系内审员培训。

质量方针：客观、公正；科学、严谨；健康、持续、稳定的发展，增强顾客满意。

中心有一支由国内、国际注册的审核员队伍和国内一流的质量标准化专家。他们来自质量管理、质量监督、质量检验、科研、生产等各个领域。

经国家认监委批准，中心长期以来与国际著名认证机构BVQI有着广泛而良好的国际合作关系。

促进和帮助获证组织规范的实施ISO9000等国际标准，提高质量管理体系的有效运行，降低质量管理成本，提高企业经济效益，是我们的宗旨。

中心竭诚为各行各业申请认证的组织提供客观、公正、科学、权威的评定和服务。为提高我国各行业的质量管理水平，为促进我国认证事业的健康发展做出应有的贡献。

BEI JING ZHONG JIAN LIAN HE ZHI LIANG RENx ZHENG ZHONG XIN

2006

ZHONG GUO REN ZHENG REN KE NIAN JIAN

第九部分 国际合作

GUO JI HE ZUO

·国际合作·

一、双边合作交流

(一) 双边合作

1. 以互认为目的，推进与外国政府主管部门合作的深度和广度

(1)俄罗斯。2005年8月22~26日，中俄总理定期会晤委员会经贸合作分委会中俄标准计量认证检验监管常设工作组第三次会议在俄罗斯圣彼得堡和莫斯科举行。中方代表团由中国国家认监委常务副主任孙大伟率领，国家质检总局、商务部、国家认监委、国家标准委等单位有关司局代表以及中国合格评定国家认可中心代表参加。俄方代表团由俄罗斯技术调节计量署副署长普加乔夫率领，俄技术调节计量署、门捷列夫计量院、联邦海关署、俄兽医与植物卫生监管局等单位代表参加。会议期间，双方就信息交流、促进双边贸易发展措施、检验检疫证书互认、实验室认可互认、计量与标准领域合作、卫生与植物卫生、装运前检验、商品质量安全的监督管理等问题深入交换了意见，并就达成的共识签署了会议纪要。

(2)美国。由国家认监委和美国商务部联合举办的中美标准与合格评定研讨会于2005年8月10~11日在美国首都华盛顿召开。中国代表团由国家认监委副主任刘卓慧和国家标准委副主任石保权带队，代表团成员单位包含信息产业部电信研究院、中国电子工业标准化所、国家安全生产监督管理局、中国标准研究院、广州电器科学研究院、上海电器科学研究院、合肥通用机械研究院、中国家用电器研究院、中国石油天然气集团公司等共29人参加了研讨会。美方派出由商务部助理部长本·吴带队，包含美国标准技术研究院(NIST)、美国标准协会(ANSI)以及有关行业协会、制造商、生产商代表共100余人组成的代表团参会。本次研讨会主要分为标准开发、合格评定、信息通信技术、电器设备、空调冰箱、石油和天然气、安全设备等7个小组进行分组讨论。双方代表分别就各自国家上述领域的法律法规、合格评定体系进行了深入的介绍并进行了讨论。

2005年8月23日，由美国商务部电讯办公室、美国驻华使馆、中国国家信息产业部、国家认监委联合主办的2005中美信息通讯标准与合格评定研讨会在中国成都举行，中美主办方以及信息通讯企业代表近100人参加了会议。

(3)欧盟。2005年6月7~8日，中欧工业品安全与WTO/TBT磋商机制合格评定工作组第四次会议在比利时布鲁塞尔欧盟总部举行。国家认监委和中国质量认证中心的代表与欧盟企业总司欧盟市场法规司相关人员进行了会谈，并讨论了汽车工作小组的有关工作。本次合格评定工作组分为“总体法规、政策”、“机动车辆领域”、“电工产品领域”以及“总结与未来工作展望”四个部分进行。会后，双方草签了合格评定工作小组工作规则。

2005年10月20日，中欧工业品安全与WTO/TBT磋商机制合格评定工作组第五次会议在北京举行。国家认监委、中国质量认证中心、中国家电协会等单位的代表与欧盟企业总司的代表进行了会谈。双方就前次会议纪要、欧盟对中国TBT过渡期审议问题单中相关问题、机电研讨会以及在机电、电信领域的合作问题进行了讨论，并相互介绍中国强制性认证(CCC)的最新信息、欧盟合格评定领域的新信息和加强市场监督的情况，并共同商议了后续工作计划。

(4)韩国。中韩合格评定分委会第二次会议于2005年6月20~21日在韩国首尔举行。分委会中方首席代表孙大伟常务副主任率团与韩方产业资源部技术标准院(KATS)举行了会议。会议上就促进双边贸易发展，加强认证认可领域合作等共同关心的问题进行了深入探讨，在一些有关促进中韩双边贸易的认证认可合作和推动互认安排等具体措施方面达成一致意见，并签署了会议纪要。

(5)朝鲜。根据《国家认监委与朝鲜品质监督局认证认可合作协议》、《2005年度实施计划》，中国质量认证中心于7月派遣由李怀林主任带队的团组赴朝鲜为朝方提供培训。应朝方要求，中国质量认证中心代表团为来自政府部门、认证机构、生产企业、实验室以及其他相关单位的朝鲜认证认可领域的领导、专家和技术管理人员近80多人讲解了ISO 9001，HACCP认证和实验室认可，GMP认证的相关标准和业务，介绍了中国认证制度与CQC机构业务概况，解答了朝鲜学员提出的各类认证认可方面的政策、业务以及标准和技术问题。取得了非常好的效果，赢得了学员的广泛好评。

(6)巴基斯坦。国家认监委承担着中国-巴基斯坦第十六届科技协定“巴基斯坦国家(认证认可)法规和质量体系”项目。2005年3月，再次派遣了中国合格评定国家认可中心魏昊副主任赴巴进行技术交流，为巴方组织的培训班授课并指导和参与巴开展相关实验室认可工作。

(7)蒙古。《国家认监委与蒙古标准计量局在认证认可领域的合作协议》于2005年4月在北京签署，为中蒙双方在政府间合作框架内开展认证认可领域的合作创造了实质性的基础。

(8)加拿大。2005年6月8日，由国家认监委、中国建设部、加拿大自然资源部以及加拿大住房与抵押贷款署联合举办的“中加建筑木材产品认证技术研讨会”在北京召开，来自双方政府主管部门、行业协会、研究所、认可机构、认证机构和企业的近100名代表参加了此次会议。

2. 积极参与自贸区谈判，开展自贸区框架内的双边对口合作

中国与东盟、智利、新西兰、澳大利亚等国家关于建立双边自由贸易区的谈判不断深入。为保证自贸区协定相关条款能够最大限度保护中国的利益，国家认监委组建了“互认合作协调小组”，孙大伟主任担任组长，统一研究综合协调在自贸区框架内实施认可、认证、检测、检查结果互认的原则、步骤和方法。

除了积极参与上述四个自贸区协定TBT和SPS章节的案文修改、谈判工作，国家认监委与新西兰经济发展部在中新自贸区谈判框架下开展双边TBT对口合作。双方同意在电子电器产品合格评定领域开展互认合作。2005年6月1日，双方完成对有强制性要求的电器产品所采用的标准信息的交换工作。2005年7月1日和4日，中国-新西兰电器产品管理体系研讨会在北京召开。2005年12月4~10日，中方专家又赴新西兰，就有关专题进行了深入交流。双方官员和专家详细介绍了各自国家在电子电器产品强制性监管方面的标准制定、法律法规体系、认可程序和要求、合格评定要求和程序、市场前/后批准和监督方面的法规要求等情况，分领域进行相互比较并以报告形式记录了比较的结果。

3. 巩固和发展与相关组织、机构的合作，推动开发新的认证领域和模式

(1)2005中美玩具研讨会。2005年11月8日、10日和30日，国家认监委会同国际玩具协会、美国玩具协会、中国玩具协会在汕头、东莞和南京联合举办“致力于玩具企业更完善的工作环境研讨会”暨玩具企业经理、劳动检察员和国际玩具协会检察员培训会。会议重点研讨了中国劳动法及符合性评审问题，以及国际玩具协会的要求等内容；每次会议规模为100~150人。本次会议为输美玩具企业了解目标市场要求及相关产品易发生的质量问题、及时调整产品设计和生产要求提供了非常有价值的信息。

(2)2005年2月24日国家认监委常务副主任孙大伟与德国TüV南德意志集团执行副总裁史坦普肯签署了《中华人民共和国国家认证认可监督管理委员会与德国TüV南德意志集团合作谅解备忘录》，为认证机构提供便捷的认证服务，从而便利贸易，提供了法律依据。

(3)2005年5月23日，国家认监委程方副主任与欧洲零售商协会(EUREPGAP)主席Nigel Garbutt签署了《中国国家认证认可监督管理委员会与EUREPGAP/FoodPLUS技术合作备忘录》。该备忘录的签署为双方加强在良好农业规范领域的合作奠定了良好的基础，并将进一步推进中国良好农业规范与国际接轨的进程。

(4)2005年8月8日，国家认监委副主任程方与荷兰MPS基金会总裁Theo de Groot签署了《中国国家认证认可监督管理委员会与MPS合作备忘录》，双方同意共同推动花卉认证合作项目，将为中国花卉企业走入国际市场提供机会。

(二)双边交流

1. 重要出访

(1)2005年2月26~27日国家认监委孙大伟常务副主任赴马来西亚吉隆坡出席《中国对外贸易》理事会2005年年会暨“中国经济发展与对外贸易合作论坛”，并在会上就中国认证认可制度做主题发言。

(2)2005年7月，在中日两国检验检疫界建立技术交流和友好和关系30周年之际，国家认监委王凤清主任率代表团访问日本，向日本检验检疫界及相关机构和企业宣传中国现行的有关进出口商品检验检疫法规和认证制度及进口商品的装运前检验相关政策。

(3)2005 年 9 月 5~10 日,国家认监委梁杰副主任率团对香港中国检验有限公司、中国检验认证集团澳门有限公司进行了工作访问。

(4)2005 年 10 月 14~25 日,国家认监委刘卓慧副主任率团赴欧洲进行“企业社会责任”考察,期间访问了欧盟委员会企业与工业总司、就业与社会事务总司、德国劳动经济部、欧洲对外贸易协会和相关认证机构。

(5)2005 年 8 月国家认监委常务副主任孙大伟赴俄罗斯出席中俄总理定期会晤委员会经贸分委会第八次会议。

2. 接待来访

2005 年国家认监委接待国外和境外政府机构、相关组织和机构高层来访 30 余次,其中包括美国商务部副助理部长亨利·勒文先生、美国俄亥俄州副州长兼发展厅长布鲁斯·约翰逊、澳门特别行政区民政总署管理委员会主席刘仕尧、蒙古标准计量局副主席阿尔登比勒格、朝鲜国家质量监督局副局长朴成国,美国农业部、新西兰经济发展部、加拿大自然资源部、加拿大住房与抵押贷款署,Wi-Fi 联盟、欧洲零售商协会、欧洲对外贸易协会、加拿大木业协会、美国国家标准学会、美国安全检测实验室公司、美国质量学会、法国国际检验局、法国 AFNOR 集团、瑞士 SGS 集团、英国 BEAB 认证公司、荷兰 MPS 基金会、荷兰 KEMA 质量认证公司、德国 TUV 南德意志集团、日本海事检定协会、泰国认可机构、韩国现代汽车集团等。

二、多边合作与交流

(一)积极参加相关国际/区域组织的会议和活动,充分利用多边场合促进双边合作

1. 国家认监委与国际上主要的认证认可国际/区域组织的交流与合作

2005 年 6 月,国家认监委在上海成功举办了 IECEE 年会。王凤清主任出席开幕式并致辞,孙大伟主任(时任国家认监委常务副主任)出席了开幕式并主持晚宴,谢军副主任出席了会议。

2005 年 9 月,国家认监委作为经济合作发展组织(OECD)拖拉机协定的国家指定机构与国内两个官方试验站一起承办了 OECD 拖拉机协定第十三届工程师会议,孙大伟主任出席开幕式并致开幕词,谢军副主任主持了开幕式。

国家认监委刘卓慧副主任作为国际人员注册协会(IPC)的执委两次出席了在希腊举行的 IPC 执委会。国家认兼委副主任谢军作为 IECEE 副主席及 CAB 成员出席了 IECEE 官员会议和 CAB 会议,其后率团出席了在南非召开的第 69 届 IEC 大会。国家认监委总工程师刘卫军在担任 APEC EEMRA JAC 主席的同时,2005 竞选成功,自 2006 年 1 月起担任 IECEx 副主席。

2. 积极利用多边场合促进双边合作

IEC 中国国家委员会已与 IEC 美国国家委员会和欧洲电工委员会建立了 IEC 大会期间的双磋机制。自 2003 年起每次 IEC 大会期间都进行双边会谈,协调立场,促进共识。IEC 日本国家委员会也提出了举行双边会谈的要求。多边场合的双边合作越来越机制化并具实质性。

(二)国家认监委及下属单位全方位参与 19 个国际/区域认证认可组织的会议和活动

国家认监委加入国家质检总局团组先后参加了世界贸易组织 WTO/TBT 委员会、亚太经合组织 APEC/SCSC 和亚欧会议 ASEM/SCA、上海合作组织(SCO)质检工作组会议和国际法制计量组织会议;参加或组团参加了 ISO 年会、PASC 会议和 ISO/CASCO 大会及相关工作组会议;组团参加了 IEC 大会及 IEC/CB、IEC/CAB、IECEE、IECQ、IECEx 和其他相关会议;派员参加了 IAF、PAC、ILAC、APLAC、IPC 年会和执委会;组织下属机构参加了 IQNet、ANF 年会、IECEE-CBTL 会议及相关工作会议;组织并参加了经合发展组织(OECD)拖拉机协定年会并在北京和洛阳承办了 OECD 拖拉机协议工程师会议。此外,2005 年国家认监委还组团参加了食品法典委员会(CAC)第 28 届大会、CAC 检验与认证分委会会议、CAC 水产专业会议等有关国际组织的活动。

截至 2005 年底,共组团、参团 56 个,参加相关国际组织活动人数累计 129 人次,顺利完成了 2005 年参加国际组织活动的外事计划。

1. WTO 工作

国家认监委国际合作部承担着与认证认可相关的 WTO 通报、咨询、评议及中国的 WTO 过渡性审议应对工作。据不完全统计,2005 年共处理 WTO 相关函件(多是特急函件)150 件,其中 TBT 通报 70 件,SPS 通报 10 件,处理 WTO 日常事务函件 70 件。为中国履行加入 WTO 义务提供了技术保障,同时也为中国更好地对外行使 WTO 成员的权利提供了条件。同时,国家认监委积极参与总局组织的中国 WTO 过渡性审议的准备工作,为中国顺利通过每年的 WTO 年度审议作出了贡献。

国家认监委国际合作部承担着认监委参加的技术性贸易措施部际联席会议的具体工作。2005 年在国家质检总局召开了技术性贸易措施部际联席会议,孙大伟主任作为联席会议成员,谢军副主任作为联络员参加了会议。

国家认监委拟就了《国家认监委关于中国入世后过渡期应对策略与措施方案》上报国家质检总局，并在国家认监委内组织各相关业务部门开展了相应的工作。之后，根据国家认监委领导指示和工作的进展情况，出台了《<国家认监委中国入世后过渡期的应对策略与措施的方案>落实情况的报告》，对国家认监委的WTO后过渡期应对工作进行了全面的总结。

2. APEC/SCSC 工作

国家认监委申办的两个APEC合作项目获得批准。APEC-EEMRA取得新的进展。APEC食品合作框架在中国和澳大利亚的积极倡议和推动下初步建立。

2005年中国在APEC领域的参与也有实质性进展。APEC批准了国家认监委提出的APEC成员经济体HACCP合作项目及APEC成员经济体有机合作项目两个项目。这是质检领域自1998年承办APEC食品标签项目7年后再次承办APEC项目。此外，2005年8月国家认监委组织APEC成员经济体在印度尼西亚举办了APEC-EEMRA研讨会，来自APEC成员经济体的40多名代表参加了研讨会，共同探讨推动APEC/EEMRA。2005年10月，在APEC2005年第二次会议上，国家认监委、标准委与总局国际司、食品局与澳大利亚一起联合举办了APEC食品合作研讨会。该研讨会整合了APEC框架下的食品合作，并将成为APEC未来食品合作的一个平台。食品安全合作已成为2005年APEC领导人声明中的一项重要内容。

3. IEC及IECEE、IECEx和IECQ-CCEE

2005年，国家认监委组团参加IEC三大认证体系IECEE、IECQ-CECC和IECEx的相关会议及活动。

（1）ECEE上海会议

2005年6月国家认监委在上海承办了IECEE-CMC会议。IEC中国国家委员会主席、国家认监委王凤清主任出席了此次会议并向大会致辞。上海市市长代表当地政府致贺词，来自43个成员的100多名代表出席了此次会议，会议得到了IECEE主席和秘书长及与会代表的高度赞扬，取得了圆满成功。

(2)IECEx国际同行评审

2005年上半年，国家认监委国际合作部和认证监管部共同组织了IECEx国际同行评审工作。国家认监委领导对此项工作极为重视，成立了以孙大伟主任（时任国家认监委常务副主任）为组长，以谢军副主任（时任国际合作部主任）和刘卫军总工（时任认证监管部主任）为副组长的领导小组，指导IECEx国际同行评审工作。在10月IECEx英国2005年年会上，方圆标志认证中心及三个签约实验室上海仪器仪表自控系统测试所、国家防爆电气产品质检中心（南阳）、石油化工防爆质检中心（天津）正式被接受为IECEx认证机构和实验室，标志着中国在IECEx参与的实质性突破。自王凤清主任2003年连任国际电工委员会理事局（IEC/CB）成员以来，国家认监委始终与IEC保持着密切的联系。继2004年IEC秘书长AMIT先生来华访问并举办了"IEC与工业界"研讨会以后，2005年AMIT先生再次访华，中国认证认可协会王凤清会长和认监委孙大伟主任、谢军副主任等会见了客人。通过与IEC高层的不断沟通更加加深了中国与IEC的联系。

4. ISO/CASCO 工作

作为ISO/CASCO的国家成员机构的国内对口单位，国家认监委国际合作部负责组织并跟踪参与ISO/CASCO的相关活动及对CASCO制修订文件的评议和投票工作。2005年国际合作部共完成了ISO及ISO/CASCO各类文件的评议、投票。同时，国家认监委还组织派出专业人员跟踪参加CASCO相关工作组的工作，为实现中国实质性参与认证认可国际标准、导则的制修订工作、培养认证认可复合性人才向前迈进了一步。

5. PAC

2005年2月中国合格评定国家认可中心承办了2005年太平洋认可合作组织（PAC）执委会会议和多边互认管理委员会会议。

6. IPC

2004年，国际审核员培训与注册协会（IATCA）变更为国际人员认证（注册）协会（International Personnel Certification Association，简称IPC。国家认监委副主任刘卓慧继续担任IPC的执委。2005年，刘卓慧副主任出席了在希腊举行的两次IPC执委会会议，全面深入地参加了该组织的改组工作。

（三）在国际组织中具有举足轻重的地位，并得到进一步巩固和加强

1. 全权成员和互认协议集团成员的获得与保持

国家认监委是IECEE、IECQ-CECC、IECEx的国家成员机构，是ISO/CASCO的参加成员机构、OECD拖拉机协议的中国官方指定机构。国家认监委下属的认可机构分别是IAF、ILAC、IPC、APLAC、IAF、PAC等国际或区域性组织的正式成员，是ILAC、IPC、PAC等谅解备忘录集团成员，也是ILAC、IAF、IATCA、APLAC组织的多边互认协议签署成员，经国家认监委授权的有关认证机构还是IECEE、IECQ-CECC、IECEx等IEC检测与认证组织的认可认证机构。在这些国际、区域性组织中，中国还积极参

加了相关技术委员会、分技术委员会和工作组的工作。

2. 国际组织高层任职增强中国话语权

近年来，国家认监委通过有效扎实的工作逐步扩大了中国在国际认证认可领域的影响，加强了在国际认证认可技术工作中的作用，并进入了一些重要组织的决策层和管理层。目前，IEC中国国家委员会主席、中国认证认可协会王凤清会长是IEC理事局(IEC/CB)成员，刘卓慧副主任担任国际人员认证(注册)协会(IPC)执委，谢军副主任担任IECEE副主席和IEC/CAB成员，刘卫军总工程师担任IECEx副主席和APEC/EEMRA-JAC主席。国家认监委国际合作部薄昱民主任担任IEC/CAB替补成员，国际合作部陈英副主任担任国际标准化组织合格评定委员会政策顾问组(ISO/CASCO/CPC)成员，中国合格评定国家认可中心肖建华主任担任国际认可论坛(IAF)执委、互认委员会主席、互认管理委员会主席、太平洋认可合作组织(PAC)执委，中国合格评定国家认可中心魏昊副主任担任APLAC执委和培训委员会主席，中国认证认可协会(CCAA)副秘书长李强担任IPC技术委员会和项目委员会成员，中国质量认证中心李杰和方圆标志中心张伟担任国际认证联盟管委会(IQNet/BOD)成员。中国在相关国际/区域合格评定组织的技术层次也通过成为各层次工作小组成员参与相关技术活动，逐渐加强了参与的力度和深度。

2005年，国家认监委在巩固相关国际组织中的地位的同时取得了新的进展，刘卫军总工程师在英国伦敦举行的IECEx年会上通过竞选，顺利当选IECEx副主席。

上述人员将在更高层次和更广泛的范围内将中国的认证认可实践与相关国际组织活动紧密结合起来，从而使中国在国际合格评定领域有一个更强大的声音和更广泛的影响。

3. 深入而广泛地参与国际组织的技术工作，贡献中国的认证认可实践

为有效地参与国际组织的活动，参与相关标准、准则和合格评定程序的制定与组织实施工作，国家认监委和下属单位通过相关的组织体系，培养和选派了各类专家参与到国际组织的技术委员会、工作组和相关的咨询、申诉和同行评审活动中。截至到2005年底，中国有认可国际同行评审员5名，认证领域国际同行评审员23名，参加各类技术委员会、工作组工作的专家近50名。这些专家充分参与相关标准、准则及程序类文件的制订和对其他同行机构的资质评审活动，不仅影响到基础技术文件的制订，同时对于准确理解和实施相关文件意义重大，对整体提升中国合格评定的国际影响意义重大。

（四）进一步加强国家认监委下属单位参加外事活动的管理和协调工作

1. 为规范外事管理和参加国际组织活动，2005年年初下发了《关于进一步加强认证认可外事管理工作的通知》和《关于进一步明确承办认证认可国际组织会议和对外表态问题的通知》。

2. 2005年国家认监委更注重实质性深度参与国际组织的活动，从参会的各个环节加强管理和沟通。一方面，国家认监委国际合作部继上年出版《认证认可国际交流与合作工作报告汇编(2002-2003)》后，再次收集整理了2004年度国家认监委及下属机构出访工作总结报告并筛选整理、汇编成册，将编印好的《认证认可国际交流与合作工作报告汇编(2004)》发至相关人员，以实现信息共享。同时筹划建立国际合作最新信息通报制度，进一步加强信息交流。此外，继续采取措施加强对出国人员的外事管理和预案准备的指导，更加注重参会人员的梯队建设。

国家认监委进一步明确了中国参加IECQ-CECC、IECEE、IECEx的对外联络机制及国内成员机构的参与模式，形成了一个上下互动、协调运作的工作机制，国家认监委以一种更有力的姿态活跃在国际认证认可的舞台上。

2005年，国家认监委进一步规范了参加经合发展组织(OECD)拖拉机协议的活动，特别是就参加该组织活动中涉台问题给予了特别关注。

（五）完成与认证认可相关国际组织的合格评定表决和投票工作

国家认监委参加的一些国际组织需要经常完成对有关国际组织文件进行投票、表决、评议、咨询等工作，国家认监委国际合作部认真组织、精心准备，较出色地完成了相关工作。

1. 完成了ISO/CASCO成员对CASCO各阶段文件的研究及投票工作，先后对ISO/IEC未来标准、导则等进行了研究并提出投票意见。

2.对以国家认监委名义参加的国际组织如IECEE、IECEX、IECQ的规则完善、运作文件的制订及新领域的拓展等积极组织提出中方意见，并组织有关利益方提出中国的应对政策。如对生产商自我检测结果的使用、光伏电池及组件认证体系的扩展等，有效地保护了中国利益。

3. 承担了IEC中国国家委员会(合格评定)的日常管理和投票工作。

(六)组织参加相关国际组织的培训项目

认证认可是与国际紧密接轨的工作，及时了解国际发展动态、保持人员的知识更新极其重要。2005年,国家认监委组团赴马来西亚参加了太平洋认可合作组织(PAC)认可技术培训班,赴日本参加了亚太实验室认可合作组织(APLAC)培训,派员参加了商务部与瑞典政府合作组织的世界贸易与合格评定培训，赴日本参加WTO/TBT培训班等。

撰稿人:黄首耘　杜春景　魏　东　方　艳

审稿人:陈　英　薄昱民

2006

ZHONG GUO REN ZHENG REN KE NIAN JIAN

第十部分　全国认证认可工作部际联席会议

QUAN GUO REN ZHENG REN KE GONG ZUO BU JI LIAN XI HUI YI

·全国认证认可工作部际联席会议·

一、全国认证认可工作部际联席会议联络员会议

全国认证认可工作部际联席会议联络员会议2005年6月17日在北京召开。国家认监委主任王凤清，国家认监委常务副主任孙大伟，国家认监委副主任梁杰、程方、刘卓慧，部际联席会议各成员单位的联络员及国家认监委各部门负责人参加了会议。

全国认证认可部际联席会议制度经国务院批准于2002年建立，由国家认监委主任召集，有关部门负责人参加，现有成员单位24个。部际联席会议的日常工作由国家认监委承担，各成员单位指定一位司局级干部为联席会议联络员。部际联席会议制度的建立，实现了口对口的有效协商，解决了相关工作中的许多矛盾和问题。这次联络员会议，是根据当前认证认可部际协调工作的实际需要，也是为了认真落实第三次全国认证认可部际联席会议和第三次全国认证认可工作会议上国务院领导的指示和部际联席会议成员单位的建议而召开的，目的是进一步推动新时期认证认可部际合作和协调工作。

会议就国家认监委制定的《部际联席会议各成员单位共同参与认证认可工作的原则意见（讨论稿）》、《全国认证认可工作部际联席会议联络员会议制度（讨论稿）》及“拟与部际联席会议各成员单位共同研究的认证工作项目”等，进行了深入、细致、有效的讨论和工作磋商。“共同研究的认证工作项目”有：研究认证认可监督管理部门与行业主管部门共同推动强制性产品认证制度实施、进一步发挥主管部门在管理体系认证监督工作中的作用以及推动自愿性认证工作；研究建立国家统一的森林认证制度和统一的体育服务认证制度、道路交通安全产品认证、建筑产品认证、交通产品认证、消防产品继续开展强制性产品认证，扩大农机产品强制性认证范围等问题；根据2004年对农产品认证专项监督检查中发现的问题，研究对认证机构和获证企业的监督和查处工作问题；研究《中国零售商食品采购规范》制标、后续贯标工作和开展与GFSI标准基准性比较工作；研究联合开展对饲料产品认证、绿色市场认证有效性检查工作问题。

王凤清主任在会上讲话。她说，随着时间的推移，我们对部际协调重要性的认识在一步步深化，合作和协调的领域在不断地向纵深发展，工作的重心已经从初期的建立制度、完善规则、宏观筹划转移到按照确定的基本原则，实质性地解决具体问题的新阶段。工作的不断深入，迫切需要我们采取更加灵活多样的方式，因事制宜，拓展部际协调的新途径，增强部际协调的效果。因此，这次联络员会议的召开，不是一般意义的工作会议，而是认证认可部际协调深入发展的需要，是工作进入实质性阶段的重要标志。

王凤清指出，认证认可是促进社会经济发展、构建和谐社会的重要手段。开展部际协调，必须把这项工作纳入国际国内大的工作环境和政府部门机构改革大的形势下来考虑，指导思想要立足于“三个基本出发点”。

一是以促进国家经济建设和社会发展作为基本出发点。认证认可工作在国家改革开放和现代化建设中大有可为。在建立与完善社会主义市场经济体制的探索中，加强“三农”工作、加快推进经济结构调整和增长方式转变、推进区域协调发展，深化国有企业改革、加强市场体系建设、建设和谐社会等重要工作，都与认证认可有密切关系。认证认可只有与之紧密结合，才能充分发挥作用，得到发展。认证认可部际协调也必须以此为出发点，按照科学发展观的要求，以促进国民经济和社会发展为目标，解放思想、实事求是、与时俱进，不断推动国际规则的本土化，不断推进实践基础上的理论创新、技术规则创新、实践方法创新、运用方式创新，不断推进认证认可成果在各行各业的使用。

二是以突破国外遏制，维护国家利益为基本出发点。政府部门从事认证认可管理，开展相关协调，一定要站在国家的高度，顾全大局，精诚团结，加强信息沟通，加强协调协作。

三是以深化机构改革，加快政府职能转变为基本出发点。认证认可部际协调是政府部门之间的工作协调，与政府机构改革、职能转变密不可分。认证认可在一些领域、一定程度上已经成为政府依法行政的一个重要手段。在利用认证认可手段加强管理方面，观念上应该实现从微观到宏观、从直接管理到间接管理的转变。要改变大包大揽的做法，在统一管理的基础上共同实施，积极参与标准规则的制定，推动认证认可在本行业的运用，充分利用认证认可手段，利用认证认可成果加强行业管理。在相关机构管理上，要切实做到政企分开、政资分开、政事分开，鼓励和扶持相关机构按照市场经济规则做大做强。在工作协调上，也应该合理规划、科学安排，使认证认可的发展与政府机构改革的发展趋势相一致，与政府职能转变的要求相协调。

关于具体的协调工作，王凤清要求坚持"三个重要原则"。一是局部服从全局的原则。如果我们都能从国家利益出发，从工作大局着眼，相互理解，相互尊重，求同存异，友好协商，就没有解决不了的矛盾和问题。相反，如果只考虑局部不考虑全局，或是先考虑局部才考虑全局，只强调自己的特殊性，过分坚持己见，我们就什么事情也干不成。当然，我们强调全局不是不要局部，必须考虑各部门各行业的特点和具体情况，一些部门的利益也要合理保证。关键是一事当头必须优先考虑全局，在局部与全局有矛盾冲突的时候自觉服从全局。二是提高协调效率的原则。三是维护决议严肃性的原则。检验部际协调工作的成效，关键的一点，是看会议形成的决议是否落到实处。联络员在贯彻落实会议决定方面责任重大，要积极做好宣传解释和推动工作。联络员是认证认可部际协调这个大链条中非常关键的一个环节，担负着沟通连接，承上启下的重要任务，要多调查，多研究问题，多认真思考，多集思广益，充分发挥自身的聪明才智和工作优势，积极为推动认证认可工作献计献策。通过大家的努力，把我们的部际联席会议制度建设成为一个充满生机活力的工作机制，一个富有工作成效的工作机制，一个民主求实的工作机制，一个科学高效的工作机制，共同推动认证认可统一管理和共同实施机制的早日成熟和完善。

二、第四次全国认证认可工作部际联席会议

会议简介

2005年11月17日，第四次全国认证认可部际联席会议在北京召开。国家质检总局局长李长江、国家认监委主任孙大伟参加了会议并讲话，部际联席会议召集人、中国认证认可协会会长王凤清主持会议。中编办副主任王澜明、国务院法制办副主任张穹应邀出席。来自科技部、商务部和铁道部等22个部际联席会议成员单位和特邀全国供销合作总社、国家安全生产监督管理总局的代表参加了会议。

2006年，国家认监委将会同22个部委，在涉及国家经济建设和人民生命、财产安全、老百姓安居工程的认证项目上通力合作、共同实施，以促进国家经济建设、维护百姓生命财产安全、推动中国的认证认可事业的发展。

王澜明在讲话中说，部际联席会议机制建立以来通过扎实的工作取得了很大的成绩，体系基本建立、格局基本形成、队伍不断完善、质量不断提高。我国的"十一五"规划对认证认可提出了新的要求，发展空间很大。今后，中编办会更多地了解大家的需求，积极主动地在机制、体制方面做好保障工作。

张穹说，国务院体制办已经把认证认可作为重要的管理手段写进了国家新出台的法律法规中。同时，将工业许可证与认证认可的关系作了明确界定，今后行政许可的范围要逐步缩小，能通过认证认可实施的就不再实行行政许可。他还特别说明，要加快《合格评定法》的立法速度，争取早日颁布。今后的立法中，能将认证认可手段纳入的就一定要写进去。

李长江在讲话中说，部际联席会议是有中国特色的认证认可工作机制。目前我国已经建立了集中统一的国家认证认可制度，这是一个创新，它的特点一是体现了"统、分"结合的机制。"统"是实现统一体系、政策、标准和合格评定，"分"是在"统"的基础上体现分工合作，发挥各部分积极性。二是充分的协商。认证认可工作是一个复杂的事业，只有充分地协商才能把工作做好，现在国家认监委不仅有走访各成员单位的工作模式，还有就是联络员工作机制，这两方面的工作必须很好地结合。

三是成员单位间的相互密切配合，这也是有中国特色的领导方式。四是实现各得其所的机制，要发挥国家认监委和各个部委两个方面的积极性的问题，这就要通过各个层面的工作都取得进展才能得以实现。李长江对今后我国“认证认可“十一五”发展规划”的制定提出了6点要求：一是要突出科学的发展观，尤其要关注涉及到安全、卫生、健康领域要加强，节能、节水、节电加强和高新技术产业的问题。要依靠科学技术提高质量，体现以质取胜的战略。二是要实现跨越式发展。认证认可事业是朝阳产业，我们今后的发展规划必须体现跨越式发展，要有高起点的工作，更好地与国际接轨，使我国的认证认可工作在今后5年内达到国际水平，在某些方面达到国际先进水平。三是要充分体现统一管理、共同实施的工作机制。我们的工作之所以会有这样辉煌的成绩就是因为有这样的机制，体现了互相尊重、密切配合、共同协商，发挥两个积极性。四是加强监管。这是我们事业发展的需要。近年来，我国的认证认可事业发展快，如果不加强管理就会出现偏差。五是加强服务。对于国家认监委来讲，服务体现在为部际联席会议成员单位服务，也体现在为企业服务，提高企业的产品质量、管理水平是最大的服务。六是要体现出规范有序的发展。规范就是要依法、依纪、依据标准，规范化地开展工作；有序就是指各项工作要有计划、有步骤地开展。

孙大伟提出，国家认监委将对部际联席会议确定的任务做到件件有落实。首先是继续推进共同实施项目的落实。2006年需要共同实施的工作项目有5个：建立国家统一的森林认证制度，建立节水产品认证制度，扩大消防产品强制认证，涉及工程质量的建筑材料、构配件及设备和住宅部件认证，开展交通产品认证。这几项工作都是涉及到国家经济建设和人民生命、财产安全、老百姓安居工程的大事，有些工作涉及多个部门，各成员单位要充分协商，寻求最佳工作方案，使不一致的问题得到统一。其次是对各成员单位提出的建立自愿性产品认证制度、服务认证制度，在建设资源节约型、环境友好型社会中发挥认证认可作用、使认证认可监管与行业管理有机结合等意见进行整理和逐一落实。

在过去的几年中，国家认监委陆续与国家发改委等部门共同推动并成功实施了节能产品、绿色市场等方面的认证制度；与卫生部等部门共同开展了检测机构计量认证和实验室认可工作，均取得了明显的成效，成为这些部门进行行业管理的重要手段，充分显示了认证认可工作共同实施工作机制的重要作用。与此同时，全国认证认可工作部际联席会议目前已经建立了完善的联络员会议制度，召开了首次联络员会议；建立了成员单位间的信息网络；对成员单位涉及认证工作的法律、规范性文件以及政府采用认证结果情况进行了调查；推进了共同实施项目的有效落实。

在当天的会上，部分联席会议成员单位代表介绍了本部门开展认证工作情况，并对国家认监委提出的“认证认可‘十一五’发展规划”的草稿进行了讨论。

有关领导讲话

中编办副主任王澜明讲话（见第一部分《特载》）

国务院法制办副主任张穹讲话（见第一部分《特载》）

国家质检总局局长李长江讲话（见第一部分《特载》）

国家认监委主任孙大伟讲话（见第一部分《特载》）

中国认证认可协会会长王凤清讲话（见第一部分《特载》）

2005年部际联席会议工作概况

2005年以来国家认监委完善了共同实施的工作机制，建立了联络员会议制度和通讯员制度，开展了调查研究，对成员单位涉及认证工作的法律、规范性文件以及政府采用认证结果情况进行了调查。加强了对共同实施项目的落实力度，将共同实施的工作项目，分解落实到各个业务部门。

为了加强与各成员单位的沟通和协调，2005年10月至2006年1月国家认监委领导带队分别走访了发改委、建设部、铁道部、交通部、水利部、农业部、卫生部、广电总局、民航总局、林业局、食品药品监管局等11个成员单位，听取了成员单位对《认证认可事业发展"十一五"规划》的意见和建议，对双方共同实施和推进的认证工作项目中存在的问题进行了协调和研究，并提出了改进的措施意见，同时国家认监委还向成员单位通报了2005年对认证有效性、认证档案专项监督检查结果和认证满意度的调查情况。

部际成员单位对国家认监委的走访行动表示赞赏，国家认监委对成员单位多年来对认证认可工作给予的支持表示感谢。通过沟通和交流，国家认监委与成员单位达成了广泛共识，大家一致认为要齐心协力做好认证认可工作，要在建设资源节约型和环境友好型社会、支持建设新农村、提高食品和农产品安全卫生质量、提高服务质量、提高认证有效性方面充分发挥行业主管部门的作用，行业主管部门要主动配合国家认监委搞好认证认可工作（部际成员单位有关人员名单附后）。

附件 1　全国认证认可工作部际联席会议成员名单(截至 2005 年底)

序号	单 位	姓 名	职 务
1	发展改革委	欧新黔	副主任
2	科技部	李学勇	副部长
3	国防科工委	孙来燕	副主任
4	公安部	刘金国	副部长
5	建设部	黄 卫	副部长
6	铁道部	卢春房	副部长
7	交通部	黄先耀	副部长
8	信息产业部	娄勤俭	副部长
9	水利部	索丽生	副部长
10	农业部	牛 盾	副部长
11	商务部	魏建国	副部长
12	卫生部	蒋作君	副部长
13	海关总署	龚 正	副署长
14	工商总局	王东峰	副局长
15	环保总局	王玉庆	副局长
16	民航总局	王昌顺	副局长
17	广电总局	张海涛	副局长
18	体育总局	王 钧	副局长
19	林业局	江泽慧	党组成员,中国林科院院长
20	食品药品监管局	邵明立	局长
21	知识产权局	张 勤	副局长
22	旅游局	张希钦	副局长

附件 2　全国认证认可工作部际联席会议联络员名单(截至 2005 年底)

序号	单 位	姓 名	职 务
1	发展改革委产业政策司	王富昌	副司长
2	科技部发展计划司	申茂向	巡视员
3	国防科工委科技与质量司	马恒儒	副司长
4	公安部科技局	沈志工	总工程师
5	建设部标准定额司	陈 重	司 长
6	铁道部科技司	吴克俭	副司长
7	交通部体改法规司	柯林春	副司长
8	信息产业部电信管理局	鲁 阳	副局长
	信息产业部科学技术司	韩 俊	副司长

续表 全国认证认可工作部际联席会议联络员名单(截至2005年底)

序号	单 位	姓 名	职 务
9	水利部国际合作与科技司	陈明忠	副司长
10	农业部市场与经济信息司	张玉香	司 长
11	商务部科技司	周若军	助理巡视员
12	卫生部科技教育司	刘雁飞	副司长
13	海关总署政策法规司	王永水	副司长
14	工商总局消费者权益保护局	滕佳材	局 长
15	环保总局科技司	赵英民	副司长
16	民航总局航空器适航审定司	周凯旋	副司长
17	广电总局科技司	王 联	副司长
18	体育总局体育经济司	刘扶民	副司长
19	林业局科技发展中心	李明琪	副主任
20	食品药品监管局医疗器械司	王兰明	副司长
21	知识产权局协调管理司	马维野	副司长
22	旅游局政策法规司	张坚钟	司 长

附件3 全国认证认可工作部际联席会议通讯员名单(截至2005年底)

序号	单 位	姓 名	职 务
1	发展改革委产业政策司	周晓兰	副处长
2	科技部发展计划司	徐 芃	处长
3	国防科工委科技与质量司	杨多和	处长
4	公安部科技局	孟淑英	调研员
5	建设部标准定额司	杨力群	调研员
6	铁道部科技司	冯双洲	调研员
7	交通部体改法规司	葛援	副处长
8	信息产业部科学技术司	安平	工程师
9	水利部国际合作与科技司	刘咏峰	处长
10	农业部市场与经济信息司	董洪岩	副处长
11	商务部科技司	刘毓华	处长
12	卫生部科技教育司	宋广霞	调研员
13	海关总署政策法规司	武跟平	调研员
14	工商总局消费者权益保护局	郑善爱	副处长
15	环保总局科技司	王开宇	副处长
16	民航总局航空器适航审定司	杜伟军	科员
17	广电总局科技司	杨晓东	处长
18	体育总局体育经济司	安枫	副处长
19	林业局科技发展中心	李青	处长
20	食品药品监管局医疗器械司	张华	助理调研员
21	知识产权局协调管理司	王双龙	科员
22	旅游局政策法规司	王嵘山	调研员

三、2005年有关部委开展认证工作概况

科技系统认证认可理论与技术研究

一、科技综合实力显著增强，科技工作质量显著提高

（一）专利数量增加、质量改善

“十五”期间，中国专利工作加强了有关部门之间的协作，在促进技术创新成果的产权化方面采取了一系列重大举措：在国家主体科技计划中，如863、攻关计划，提出知识产权目标要求；继续落实“对外申请专利资金”，鼓励在国家重点领域取得的具有国际市场的重要技术和产品向国外申请专利；推进实施“专利战略推进工程”，帮助科技创新主体培育和形成新的科技优势。

专利意识的加强，工作力度的加大以及科技活动规模的扩大，促进了中国专利数量和质量的提高。“十五”期间，中国专利申请量以年均18%的速度迅速增长，高于“九五”时期的13%的增长速度，2004年达到35万余件。2003年来自国内的发明专利申请数量8年来首次超过来自国外的申请，扭转了国外发明专利申请绝对数量长期高于国内的局面，表明自主技术创新能力明显提高。“十五”成为企业职务发明专利申请量和授权量增长的黄金期。企业发明专利申请年均增长35.5%，2004年企业占国内职务发明专利申请总量的64.7%；企业发明专利授权年均增长63.5%，2004年国内职务发明专利授权量中一半为企业所有，2004年企业发明专利授权量是2000年的6倍。2004年，发明专利首次超过实用新型和外观设计，专利质量出现了根本性的改变。

（二）高技术产业发展迅速，高新技术产品出口增长迅猛

2004年，高技术产业增加值占GDP的比重已达4.6%，比“九五”末期提高了0.7个百分点；全员劳动生产率达到人均10.8万元，比“九五”末期提高了3.7万元，比制造业高出2.7万元。

国家高新区经过“二次创业”，发展迅速，成为区域经济增长的重要推动力量：高新区的年度总收入已占中国高新技术产业的半壁江山；规模以上高新技术企业占全国规模以上高新技术企业总数的65.4%，其中超亿元的高新技术企业数目占全国的一半；区内R&D投入占工业增加值的比例高于全国平均水平的8倍，占全国的1/3；2004年53家国家高新区实现年营业总收入2.7万亿元，工业总产值2.3万亿元，增加值5 500亿元，净利润1 400亿元，实现上缴利润1 200亿元，出口创汇824亿美元；2004年国家高新区高新技术产品工业增加值、出口创汇两项指标占全国的比重，分别比2000年提高3.8和6.4个百分点。自1992年以来，国家高新区所实现的工业总产值、工业增加值和出口创汇的年均增长率分别为50.9%，32.7%，55%，成为我国高新技术产业的重要基地。

为实施科技兴贸战略，发挥科技优势，落实科技兴贸行动计划，促进我国高新技术产品出口，科技部、外经贸部、财政部、国家税务总局和海关总署联合发布《中国高新技术产品出口目录》。为推动国家高新区环境质量的持续改善和促进社会经济的协调发展，科技部在各高新区中大力推行ISO 14000环境体系认证制度，通过了《国家高新区环境宣言》。

2004年高新技术产品贸易首次出现顺差，贸易特化系数首次达到正值。高技术产品进出口额比上年增长42.3%，分别高于商品和工业制成品同期进出口额增长速度6个和8个百分点。

（三）科技基础条件平台建设取得阶段性成果

2002年提出科技基础条件平台建设以来，国务院各有关部门、各地方积极参与科技基础条件平台建设，国家科技基础平台的宏观框架设计已基本完成，科技资源的共建共享工作取得重要进展：2003年7月，正式成立了由十六个国务院有关部门的部级领导参加的国家科技基础条件平台建设部际联席会；2004年7月，国务院办公厅转发了《2004~2010年国家科技基础条件平台建设纲要》。

这是国家第一次就科技基础条件平台建设提出指导意见和支持政策;2005年7月,四部委联合发布了《"十一五"国家科技基础条件平台建设实施意见》,为今后五年的工作指明了方向。

"十五"以来,重点建设了一批共性技术集成和工程化配套能力较强的行业技术推广示范中心、工程技术中心,大型科学仪器设备、自然科技资源、科学数据与文献共享试点工程顺利推进,一批国家重点实验室建设和国家重大科技基础设施建设相继启动,国家实验室筹建、省部共建实验室建设取得进展,已初步形成了一定的科技基础条件的基础网络:国家重点实验室共计183个,比2000年增加了27个,覆盖了中国基础研究和应用基础研究的大部分学科领域。共建设北京正负电子对撞机等20个左右国家重大科学工程,成为解决国家发展面临的重大问题的重要科研与实验基地;已组建国家工程技术研究中心147个,国家工程研究中心99个,为加速中国科技成果的转化和应用,产业共性技术的工程化、产业化方面发挥了重要的作用;资源共享和协作机制取得初步成效,大型科学仪器协作共用网、数据共享工程、网络科技环境建设、自然科技资源共享平台建设等,整合了科技资源,提高了利用效率;农业科技推广和培训稳步开展,36个国家农业科技园试点有效推动了农业科技成果的转化,科技特派员为带动广大农民科技致富奔小康发挥了重要作用;科技评估机构已经发展到约100家,专职人员近千人,科技咨询业迅速发展,从业人员达到十几万人,咨询年收入超过300亿元。

科技部在"十五"国家重大科技专项中专门设立了"重要技术标准研究"专项,由国家质检总局和国家标准委作为组织部门负责组织实施。技术标准专项实施以来,成果显著,社会反响巨大,提升了我国标准的研制能力,为我国建立适应市场经济和新的竞争挑战的技术标准体系与技术性贸易措施体系奠定了良好的基础,完成了专项的既定目标。食品、中药与天然药物有效成分、化妆品等检测技术的研究成果已应用于市场检验和企业检测,为百姓消费放心产品提供了有效的手段和方法,极大地丰富了认证认可的技术手段。

二、支持认证认可理论与技术研究

随着科技进步,对规范市场行为的有效手段——认证认可,提出了互动式的科技需求。认证认可科技理论水平的高低,认证认可技术手段的先进与落后,决了定认证认可工作能够开展的深度与广度。为解决社会经济发展对认证认可科技工作的紧迫需求,理论与实际相结合,推进认证认可科技工作,科技部在2005年的攻关计划中,设立了认证认可关键技术研究与示范项目。力求从认证认可的发展战略、认证认可对国民经济和社会发展的关系等理论角度,以及其在信息技术、生物技术、资源节约与可再生能源等技术领域的研究,提高认证认可对国民经济发展的能力。

(一)提高科技部门与认证认可管理部门的联合工作机制的成效

在全国认证认可工作部际联席会议制度框架下,提高科技部门与认证认可管理部门的联合工作机制的成效,使科技计划项目同认证认可的管理服务工作有效衔接,互相推动。特别是大力加强科技中介的能力建设,通过联合工作机制促进科技中介机构的服务,使科技中介机构坚持市场导向,及时将认证认可工作的科技需求反馈到科技部门,使国家在未来的科技计划项目中,通过系统的项目安排建立和完善科学、求实、高效、公正的技术保障体系,充分发挥行业、地方等力量,利用社会现有的资源,在更高层次和更广泛的领域内推动认证认可,促进科学技术与认证认可工作有机结合,优化资源配置,维护公众利益,提高国民经济的运行质量。

(二)开展认证认可前瞻性研究和预警工作

加强认证认可领域的前瞻性研究,如信息产品认证、生物技术产品认证、资源节约与可再生能源等技术领域的认证认可研究。收集分析国外认证认可领域的技术与工作进展,如生态纺织品认证、能效产品标签等,通过建立有效的预警机制和加强预警工作,及时将有关的信息告之企业与相关部门,提早应对,及早部署,减小受影响的程度;或通过有关渠道的反馈影响国外认证认可机构的策略,减少对我国企业的影响。

(三)提高检测技术水平,完善检测体系

加强产品检测与安全质量监控,完善检验检测体系建设,提高对产品安全、健康、环保性能的检测能力。国家将继续加强实验室的科技条件建设,研究高新技术产品的检测方法,完善检测手段,不断提高检测机构和实验室的整体技术水平,建成一批具有国内领先及国际先进水平的实验室。加强高新技术产品实验室的技术指导和管理,技术交流与合作,逐步完善高新技术产品实验室检测能力及其检测体系。在信息技术、生物技术、资源节约与可再生能源等技术领域,加大对科研的投入力度,为保障我国高新技术产品质量,扩大我国高新技术产品出口提供强有力的保障。

撰稿人:科技部发展计划司 朱星华

审稿人:徐 芃 高志前

国防科技工业实验室认证认可工作

2005年,国防科技工业实验室认证认可工作取得了明显成效,为武器装备和军工产品研制中的检测、校准服务提供了可靠的保障。

一、国防科技工业实验室评价制度意义重大

国防科技工业具有技术先进、专业配套的计量和检测技术体系。这些检测、校准实验室始终坚持"军民结合、寓军于民"的方针,不仅承担了武器装备、型号产品的技术保障工作,也为民用航天、航空、船舶、核能等技术的开发和利用提供了大量的技术支持和技术服务。

国防科技工业实验室的认证认可工作在国家统一的认证认可制度下组织实施,既满足了国家相关政策和标准的要求,又融入了特殊的行业要求。一次评审通过后,分别组织评定发证工作,使国防科技工业检测、校准实验室同时具备了国家和国防的实验室认可资格,避免了重复评审,减轻了实验室的负担。实践证明,国防科技工业实验室评价制度在推动实验室的建设和管理方面发挥了重要作用。

二、科技工业实验室认证认可工作成绩显著

近两年来,国防科技工业实验室认证认可工作持续稳步前进,在组织建设、制度建设和认证认可评价等方面都开展了卓有成效的工作。

1. 做好国防科技工业实验室认可工作

根据《认证认可条例》规定,结合国防科技工业发展的实际需要,国防科工委成立了"国防科技工业实验室认可委员会"(DILAC),统一管理和组织实施国防科技工业实验室认可工作,评审依据是《检测实验室和校准实验室的通用要求》(GJB 15481-2001)。2005年有174个国防科技工业实验室获DILAC认可,121个实验室获取了DILAC认可证书。

为顺利实施和逐步提高现场评审工作,DILAC培养了一支精干的评审员队伍。评审员经过培训,合格后申请成为DILAC注册评审员。DILAC已有注册评审员119人(其中CNAL注册主任评审员20人)。2005年DILAC举办了认可相关的培训班5期,参加人数近400人次。

为严格统一评审标准和要求,DILAC建立了责任制度和责任追究制度。该制度明确要求评审组长在评审过程中认真执行评审标准,确保评审工作质量;同时实行评审组长责任追究制,一旦发现评审中有不公正结果,将追究评审组长的责任;要求组长通过评审向DILAC推荐表现优秀的评审员,为扶优汰劣提供可靠依据。

为确保认可工作一致性,DILAC的工作人员同时纳入CNAL的人员管理,按照CNAL统一的工作程序,开展具有国防特色的认证认可工作,取得了良好的效果,荣获了CNAL颁发的"实验室国家认可杰出贡献单位奖"。

2. 参与实验室能力验证工作

能力验证是实验室质量保证的重要手段之一,也是监督实验室维持其认可能力的一种技术手段。为更好地开展实验室认可工作,满足实验室对能力验证计划要求,2005年DILAC代表CNAL组织完成了"直流标准电阻校准"等7项能力验证计划,取得了很好的结果。

三、推进国防科技工业实验室认证认可工作

DILAC要进一步加强获证实验室的管理,对管理水平和技术能力出现下滑的实验室,要坚决撤消其认可证书,确保国防科技工业实验室保持高水平。

"十一五"期间,DILAC将逐步建成国防科技工业质量可靠性技术体系和监督体系,以增强国防科技工业的质量保障能力。要求凡从事质量检测、可靠性试验、环境试验、电磁兼容试验、元器件质量控制、软件测评、理化检测、通用产品检测等军工科研生产任务的实验室都开展规范化管理,通过DILAC认可。

在国家认监委的监管下,DILAC将按照实施"强化基础,提高能力"的科技发展战略的要求,大力推进国防科技工业实验室认证认可工作,促进国防科技工业新体制、新机制的建设,使国防科技工业实验室认证认可工作持续、健康、稳步地向前发展,取得更大成效。

撰稿人:刘战军　审稿人:杨多和

铁路产品认证

2005年是铁路产品认证工作继续巩固的一年。在国家认监委的领导下，根据《认证认可条例》、《铁路运输安全保护条例》和ISO导则65等文件的要求，铁路部门进一步完善产品认证的管理，积极稳妥地推进铁路产品认证工作，取得了较大的成绩。

一、产品认证工作取得阶段性成果

自2003年4月铁路产品认证工作正式开展以来，铁路产品认证管理委员会和中铁铁路产品认证中心多次组织各业务主管部门专业人员培训，学习《认证认可条例》、《铁路运输安全保护条例》及法律法规和相关文件；积极参加国家认监委组织的各项活动，其中包括部际联席会议、工作会议、交流会等；通过国家认监委网站及与有关部门联系，了解最新动态，保证铁道部认证活动符合国家法律法规的要求。这些活动提高了铁道部认证业务，管理能力和政策水平。

3年多来，在国家认监委的大力支持和指导下，铁路产品认证工作得以顺利开展，不断完善规范性文件，发布了3批实施认证的铁路产品目录并制定了相应的产品认证规则，认证工作积累了较丰富的经验，取得了阶段性的成果。共颁发了184张产品认证证书，涉及92个企业、18种产品。产品认证的效果比较明显：通过产品认证，企业的管理水平得到了提高；二是通过认证中心对获证企业定期的监督评审，使企业的生产过程控制比较稳定，有利于提高产品质量；三是充分发挥了认证中心在产品准入、过程监督的作用，解决了行政审批、监督力量不足的问题。

二、继续巩固和发展铁路产品认证工作

1. 调整产品准入方式，扩大铁路产品认证范围

2005年是《铁路运输安全保护条例》实施贯彻的第一年，铁道部在推进各项行政许可工作的同时，铁路产品认证工作更加积极稳妥地全面开展。随着《行政许可法》和《铁路运输安全保护条例》等相关法规的实施，铁道行业进一步规范工业产品市场准入制度，一些原来实行行政许可审批管理的产品将会根据需要逐步转变为国际通行的产品认证的模式。为此，铁路主管部门组织专题研究，对铁路工业产品现行制度、执行标准、质量水平、管理现状做了进一步的调查，广泛征求部内各部门、铁路局及有关生产企业的意见，于2005年10月，经管委会批准发布了第三批实施认证的铁路产品目录，涉及铁路小型养路机械7类29种产品。同时，第四批认证目录正在准备提请管委会审议。

2. 完善和制订认证实施规则，铁路产品认证业务逐步扩大

铁路产品认证在具备充分的管理队伍、检查队伍、检验资源的条件下，随着先进技术设备的采用，适时组织起草有关产品行业标准及补充技术要求，不断完善已有产品认证实施规则；同时，根据铁路产品认证管理委员会发布的产品认证目录及时组织制定产品认证实施规则。共发布和修订了27项产品认证实施规则，其中2005年新发布产品认证实施规则11项，保证了产品认证工作的顺利开展。

2005年1月至2005年12月31日，共接收了11项产品、36家企业、46个认证单元产品初始认证的申请，接收并受理了9项产品18个企业30个认证单元的扩项申请，完成工厂初次审查和监督审查共104厂次，完成认证产品检验170项，发布产品认证公告10期，颁布产品证书91张（涉及64个生产企业、15种产品）。2005年中心认证监督企业49个，暂停证书6张（涉及6个企业的2种产品，暂停企业占总年度监督企业的12.2%），注销证书1张，对规范铁路产品市场秩序起到积极作用。

三、转变政府职能、完善准入制度，提高产品认证水平

完善和加强铁路产品认证工作已经列入铁路“十一五”科技发展规划，在总结经验，研究部署下一步工作时，将重点研究加强以下几个方面的工作：

一是进一步转变政府职能，完善铁路产品市场准入制度，规范市场经济秩序。铁道部将根据《行政许可法》、《铁路运输安全保护条例》、《认证认可条例》、国务院412号令等法律法规，规范行政许可项目，完善铁路产品市场

准入制度，把认证制度作为产品质量控制的重要手段。本着“抓大放小、突出重点”的原则，逐步形成“关键产品强制管理、重要产品推行认证、一般产品市场选择”的市场经济秩序。

二是加快认证中心的建设，进一步提高认证工作的水平。铁路产品认证工作正以良好的势头在发展，认证的企业也越来越多，认证的产品也会越来越多，中铁铁路产品认证中心要在现有的基础上，切实处理好认证数量和质量的问题，进一步提高认证的管理水平、检验机构的检测能力、认证人员的素质等，以满足铁道行业对认证质量的需求。

三是加强认证后的监督工作，为铁道行业产品质量监督服务。全国认证认可工作会议要求认证工作要服务于行业管理，对铁路来说，产品认证是铁道行业产品质量监督工作的一个方面，是通过技术机构实施认证来保证产品质量稳定的重要手段。随着认证产品和企业的增加，认证后的监督尤为重要，要花大力气，保证认证后的监督工作有力、有效，使认证产品的质量持续稳定。

撰稿人：铁道部科学技术司　曾会欣

广播电影电视行业认证概况

国家广播电影电视总局根据行业需要，在统一规划、标准和合格评定程序的前提下，积极推动自愿性认证工作，坚持企业自愿申请的原则，不干预企业的自主权；加强行业指导，提高业务水平，建立健全行业自律组织，形成认证工作机构的行业自律机制；强化认证的后续监督管理工作，严格对从事认证活动人员的管理，严肃处理违法违规的机构和人员；同时，学习和贯彻认证认可方面的规章和行政性文件，维护认证认可工作的统一性。

2005 年，国家广电总局制定了广播电视设备器材入网认证检测测评实验室、受理中心的管理办法，同时加强了产品设备的标准建设，加强了对认可过的检测测评实验室、受理中心的定期核准工作。2005 年，国家广电总局共颁发 644 张广播电视设备器材入网认证证书，保障了广电行业的顺利发展和节目的安全播出。

为提高广播电视设备器材产品质量水平，当前和今后一段时期，着力抓好 3 个方面的工作：

一是加强对认证工作的管理。坚持宣传、贯彻、执行国家有关质量法律、法规，规范广播电视质量管理行为；大力加强广播电视设备器材的质量监督管理工作，全面提高广播电视行业整体质量意识，深化广播电视设备器材入网认证工作，将部分特殊产品过渡为国家强制性认证的产品。

二是加强认证队伍建设。把队伍建设放在重要位置，加强对从业人员的思想政治教育和业务培训，努力培养造就一支政治思想好、业务能力强、工作负责、锐意进取的认证认可工作队伍。

三是切实加强对认证工作的监督管理。研究起草广播电视设备器材持证后使用广播电视设备器材的监督检查管理办法，实现监督管理工作的规范化。

国家广播电影电视总局科技司供稿

2006

ZHONG GUO REN ZHENG REN KE NIAN JIAN

第十一部分 地方认证监督管理

DI FANG REN ZHENG JIAN DU GUAN LI

·地方认证监督管理·

实施综合行政管理体系 促进事业发展

——北京出入境检验检疫局2005年认证监管工作概况

2005年，北京出入境检验检疫局(以下简称“北京局”)党组从解决影响基层政府职能部门执政能力的症结出发，提出将ISO 9000质量管理体系、绩效考核、能级管理等三种管理模式进行有机结合，建立以ISO 9000质量管理体系为基础、以绩效考核为核心内容、以能级管理为落脚点的“三位一体”综合管理体系。将认证认可工作同提高检验检疫自身能力建设结合起来，把全局的管理工作纳入科学化、规范化和制度化的轨道。

“三位一体”综合行政管理体系的主要做法

1. **以ISO 9000质量管理体系为基础，确保检验检疫工作质量。**为稳妥扎实地推进质量管理体系建设，北京局专门成立了质量办公室，负责体系建设和运行的日常管理和维护。采取先在直属单位认证试点，待试点取得一定经验后再在局机关和各分支机构进行的两步走方案，确保了体系建设工作逐步推进、有序进行。

北京局把ISO 9000的8项质量管理原则，贯穿于北京局检验检疫行政管理工作，在全局范围开展ISO 9000质量管理体系的动员、学习和实践活动，提高干部职工的思想认识，变“要我认证”为“我要认证”，自觉地投身到认证工作中。经过全局上下共同努力，2005年6月，顺利通过了体系认证，国家认监委王凤清主任为北京局颁发了认证证书。为有效提高质量管理体系的运行，北京局还开发了综合管理体系计算机软件，搭建了网络信息平台，将体系建设纳入信息化管理，及时对工作做出客观、公正、准确、适时的评价。

2. **以绩效考核为核心内容，有效解决“干多干少都一样、干好干坏都一样”的问题。**首先，针对一般干部考核中“德、能、勤、绩、廉”评定标准过于笼统和抽象的问题，将绩效考核的内容分为重点目标、质量管理体系执行情况、基础工作、特别奖励等四部分，将考核内容量化成具体的指标和分值，分解到每个部门，使考核工作有了操作性强的量化标准。第二，采取分步实施、逐级制定考核指标的策略，第一步是局党组对处级部门的考核，第二步是处级对科级的考核，第三步是科级对个人的考核。而且采用了多部门分别考核、即时考核与定期考核相结合的办法，取代了以往人事部门一家年底一次性考核的办法，使考核结果更科学、全面和客观。第三，与处级干部任职评价、选拔、任用紧密结合起来，将绩效考核的结果作为干部选拔任用考核的主要依据，从制度上保证了用人的公正、公开和公平，实现了人事机制的积极转换，激发了职工干好工作的责任感和主动意识，也为优秀人才选拔到领导岗位上，提供了有力的组织保证。最后，将部门绩效考核结果与班子每个成员考核分值挂钩，促使部门班子心往一处想、劲往一处使，以此增强部门班子的凝聚力。

3. **以能级管理为落脚点，优化检验检疫人力资源配置。**按照公务员工作性质、专业划分以及个人业绩、资历等情况，将能级管理定为十类七级。规定能级评定采取综合测评的办法；规定通过公布标准、个人申报、能力考核、能力考试、综合评分、能级审批等程序，最后确定参评人员得分和能级情况；规定实施按能上岗，实现能级与岗位、能级与个人职级、奖励机制的有机结合，并鼓励工作人员同时拥有不同专业类别的能级，实现一岗多能。将全部评定、审定、使用工作全面纳入动态性管理，每年都将根据个人具体情况进行调整，彻底杜绝“一劳永逸”。同时，能级管理制度对于每一名工作人员而言又都是双向激励的，大家既可以通过单位组织的培训、考试，提高能级评定成绩，又可以主动参加社会举办的各类学习培训，获得相应专业资质，提高能级评定成绩。因此推进能级管理，对激励检验检疫工作人员努力提高工作水平和工作能力起到了积极作用。

综合行政管理体系运行实践初见成效

体系的有效性，关键在是能否得到大家的认可并有效运行。北京局一年来的体系运行，使得全局上下“管理意识”、“质量意识”、“自我约束意识”不断增强。从开始的“为什么要搞体系”到现在的“怎样更好地推动体系运行，强化管理”，意识不断在飞跃。

各级领导干部在研究安排时，都会自觉地把工作成效与绩效考核结果联系起来，严格按照质量管理体系的要求认真做好工作，及时督促检查，保证了全局中心工作的完成。

一是有力地促进了检验检疫业务的规范化管理，推进了依法行政、依法施检。据统计，体系运行后，北京局相关部门已组织了46次业务培训，参加人员达2 058人次，执法人员的检验检疫政策和专业水平普遍得到提高。通过目标管理，避免了工作中的随意性和盲目性，出境、入境检验检疫业务工作时限符合率较体系认证前分别提高0.03%和7.5%；检验检疫证单差错率大幅下降，内部出境、入境检验检疫证单差错率分别为1.1%、1.5%，远低于体系建立前的证单差错率；对外出入境检验检疫证单差错率均为0，而体系建立前分别为2.1%和2.6%；检验检疫执法程序更严谨，逃漏检等违法行为无可乘之机，北京地区外埠流向货物的报检落实率由2004年9月的59%上升到2005底的93%。

仪器设备“多头”管理、检验检疫技术标准执行不一致、工作人员不足等妨碍执法效能提高的老大难问题也从不同程度上得以解决。

二是促进了实验室和科技的管理与发展，全面提升检验检疫技术执法水平。建立了专业齐全、布局合理的实验室体系。截至2005年底，北京局仪器设备总值近亿元，有博士20名，硕士80多名，研究员5名，省部级专家2名，还聘任了中科院和中国工程院院士、大学教授和国内外知名专家20余人为北京局的技术顾问，成立了“博士后科研工作站”，并启动科研工作内容。10个实验室列为国家质检总局重点实验室规划、6个实验室列为国家质检总局区域性中心实验室规划，基本形成了专业齐全、布局基本合理的实验室体系。2005年，北京局利用细胞培养和PCR技术，从两个监测渔场的样品中检出鲤春病病毒；上半年，从亨氏辣椒酱中检测出含“苏丹红Ⅰ号”的样品。同时，建立起了食品中苏丹橙G、苏丹红7B以及对位红的检测方法，在质检系统中进行了推广使用。

科研工作发展十分迅速。2005年，北京局一批关系国计民生的科研制标通过了专家鉴定验收。“2008北京奥运会马病、犬病和检疫性实蝇快速检测技术研究”通过科技部专家评审，列入国家“十五”规划“科技奥运”专项；国家“十五”科技攻关项目中的“疯牛病、禽流感快速检测技术研究”和“禽流感荧光RT—PCR检测技术应用与推广研究”分别通过科技部验收；“禽流感检测试剂盒”获农业部Ⅰ类新兽药证书；“人用SARS病毒灭活疫苗”进入临床试验；“兽药残留蛋白芯片检测平台系统”通过专家鉴定；磺胺二甲嘧啶、链霉素和恩诺沙星蛋白芯片检测试剂盒通过国家质检总局验收；“食品中诺沃克病毒检测”、“国境口岸媒介生物采样系统研究”、“出口新鲜蔬菜应用‘农药降解灵’的研究”、“生物被膜引起食品生物危害的研究”、“猪链球菌荧光PCR快速检测”和“西尼罗病毒快速检测”等课题通过质检总局鉴定验收；“新城疫强毒株荧光RT—PCR检测方法”等11项行标通过国家认监委审定。“猪链球菌荧光PCR检测新技术”等2项国标通过国标委审定。

在北京市科技奖励暨2005年科技会上，北京局主持的“真空循环熏蒸技术及设备研究”、北京局和市预防医学研究中心等单位共同承担的“北京公共健康安全体系资源调查、现状及应急体系和机制建设研究”获市“科技进步”三等奖。

北京局承担的“十五”国家重大科技专项的子课题《动物源性检疫实验室质量控制规范》和《分子生物学检测实验室质量控制规范》已通过专家鉴定，列入2006年国家标准的制定计划。

三是促进出口食品卫生注册，开创动物源性食品出口新局面。针对近年动物源性食品出口不断受阻问题，北京局充分认识到卫生注册在打破技术壁垒、扩大出口方面的独特作用，结合管理体系建设，坚持“以顾客为关注焦点”的质量管理原则，以北京地区动物源性食品出口创汇的支柱产业禽肉产品为突破口，帮助企业提高竞争力。

主要措施是：(1)扩大对外注册成果。在积极推荐新对外注册企业的同时，指导食品企业调整产品结构，以深加工替代初级产品，帮助已获对外注册的企业扩大注册范围、产品种类和生产能力。(2)积极参与对美注册，开拓高端市场，提高竞争力。(3)强化后续监管，建立注册、监督、检验监管控制程序；建立了原料肉生产与出口加工企业间的监管体系；与河北出入境检验检疫局联合建立了异地评审的注册监管模式，强化了两局的交流合作和监管。(4)从饲养源头抓起，落实“五统一”管理，帮助出口企业逐步由“公司+农户”向“公司+基地”模式转变；实施饲养场、饲料厂备案管理，健全记录，规范用药；实行驻厂兽医制度，加强过程监管，确保出口禽肉产品的安全卫生。(5)完善注册企业的疫病、药残和微生物监控计划，根据监控结果，指导企业持续改进，提高安全卫生质量。

通过一系列的卫生注册监管措施，使北京动物源性食品在风云突变的国际市场中站稳脚跟，顺利通过了日本对热加工禽肉改造、热加工偶蹄动物复查检查和美国屠宰企业注册检查，在发生禽流感的不利情况下实现了高门槛下的高增长。2005 年 1~10 月，北京地区出口热加工禽产品 27 356 吨，创汇 8 576.5 万美元，与 2004 年同比增长 20.2%。

在帮助企业进入国际市场的同时，还通过种植、饲养、运输、加工等产业推动了京、津、冀 40 多个区、县的农业产业化进程。2005 年，仅北京两家主要的鸡屠宰出口企业通过产业化方式带动农民 7 000 多户，养鸡 8 000 多万只，纯收入 1.4 亿元，户均收入达 2 万元。广大农户还通过延长产业链增加收入。禽产品出口的稳步增长给广大饲养农户和种植农户创造了脱贫致富的机会，促进了“三农”经济的快速发展，产生了良好的经济效益和社会效益。

四是促进强制性产品入境验证工作，严把国门。2005 年 1~10 月，北京局受理涉及 CCC 进口商品 1.4 万多批，金额 2.2 亿美元，实施现场开箱查货 23.8%，查处无 CCC 证书、未加贴 CCC 标志或加贴假标志、进口货物与认证证书不符及夹带 CCC 商品等问题 110 余批。不符合免办条件不予办理免办证明的 560 批，占免办申请的 20.3%。

从受理报验、审单、查验、放行、检验及处罚等环节完善制度，规范 CCC 认证工作；建立起 CCC 检验情况季度通报会、工作意见簿、CCC 认证网页等，定期通报 CCC 制度的新政策，公布办事指南及相关记录，收集意见；不断加强与市政府、市口岸办、海关、航空、铁路等部门的协调，将 CCC 宣传工作制度化。

2005 年 9 月，在对进口显示器的 CCC 入境查验中，查出 6 批、9 个型号 7 000 多台、价值 160 万美元已获 CCC 证书产品安全关键件一致性不符合认证要求，为保证对 CCC 制度的严肃性和统一性，北京局及时向国家认监委做了专门汇报，引起认监委的重视。

五是促进了全局提高执法效能的新思路、新办法、新举措不断出现。组织开发“强制性产品认证产品确认监管软件”。该系统在企业自愿的前提下，由企业将 HS 编码属于 CCC 认证范围的进口商品技术资料提交系统确认(包括产品实物图片)，经检验检疫专业人员确认其不属于认证适用范围的给予备案，下次该企业进口同种商品时，只需输入备案编码，计算机即可显示已确认，直接通关。同时该系统还可将以往已确认的 CCC 监管记录输入储存，形成 CCC 确认结果数据库，供监管人员查询。通过网络系统达到信息和技术共享，缓解了口岸专业技术不足问题，避免了进口时对货物的重复判断，加快通关速度。同时也减少了口岸放行的随意性，在一定程度上杜绝出现腐败问题。开发了检验检疫语音便民服务系统，使那些不具备上网条件的服务对象也能享受到语音咨询、传真服务、留言应答等便捷服务。开发使用了财务预算计算机管理系统，实现了财务预算编制、执行、查询、汇总、统计、分析、报告等的计算机网络化管理。建立了北京检验检疫诚信体系，使相关行政执法机关及时了解有关情况，共同做好行政执法工作。轻纺、化矿、机电等处室通过对不同企业实施不同的过程监控方式，全面推进出口企业的分类管理，对质量管理水平较好的企业实施了绿色通道管理制度，享受电子审单、快速核放等多项优惠政策，一方面有效地促进了企业不断提高产品质量，另一方面也大大提高了通关速度，节约了企业成本。

此外，通过强化执法监督和责任追究，保证了“有权必有责、用权受监督、违规要受罚”原则的贯彻落实。综合管理体系运行后，各级领导干部在研究工作、接受任务、布置安排工作时，都会自觉地把工作成效与绩效考核结果联系起来，严格按照质量管理体系的要求，一丝不苟地做好工作，并及时督促检查，从而保证了全局中心工作目标任务的完成。

北京出入境检验检疫局供稿

加大监督抽查力度 提高认证有效性

——北京市质量技术监督局2005年认证监管工作概况

在国家认监委领导的直接领导下，北京市质量技术监督局2005年主要开展了如下工作：

加大对强制性认证产品的执法力度

1. 加强培训，建设高素质执法队伍。为了深入贯彻《认证认可条例》，加强认证监管队伍建设，进一步提高认证监管人员业务素质和执法水平，建立认证监管人员培训制度和加强认证监管队伍的建设，北京市质监局2005年10月13~14日对系统内80余人组织了业务知识的培训，提高了执法队伍的业务水平。

2. 作好日常的执法检查工作。按照国家质检总局、国家认监委联发的《关于开展强制性产品认证行政执法工作的通知》要求，2005年年初北京市质监局向区县质量技术监督局印发了《关于下发2005年强制性产品认证行政执法检查计划的通知》，对国家列入《目录》内实施强制性产品认证的产品，做出了全年的执法工作安排。为落实陆昊副市长的批示，给各区县局下发了《关于进一步加强强制性产品认证执法检查工作的通知》，要求各单位在原工作计划的基础上，采取多种形式开展强制性产品认证的宣传工作，同时按照市局制定的《2005年强制性产品认证执法检查计划》要求，进一步加大对本辖区内尚未申请认证、假冒CCC认证标志及未正确使用标志等问题的查处工作。各区县局每月按照强制性执法月报表定期向市局上报当月的执法情况。截至2005年12月底，共检查了本市生产企业379家，外埠生产企业106家，其中应获证而未获证2家，立案1起，罚款0.1万元；假冒标志2家，立案2起，罚款0.9万元。

开展有效性稽查工作

1. 开展食品企业认证有效性监督抽查。根据国家认监委《关于开展食品企业认证有效性监督抽查的通知》文件要求，北京市质监局和北京出入境检验检疫局（以下简称"地方两局"）组织有关人员对20家获得ISO 9001认证的食品企业进行了稽查。通过稽查发现部分认证机构存在着认证咨询一条龙、低价竞争、隐瞒企业人数、认证有效性差等问题。建议国家认监委2006年工作中通过对获证企业有效性的监督，加大抽查力度，进一步加强对认证机构的管理。对存在问题的认证机构限期整改，规范自身认证行为，规范认证工作的开展，使获得认证的企业真正达到认证标准要求。

2. 开展对认证机构档案专项稽查。根据国家认监委《关于开展2005年认证机构档案专项稽查的通知》要求，北京市质监局组织有关人员研究制定了检查工作方案，并按照方案对10家认证机构的档案进行了专项稽查。通过档案稽查发现部分机构合同评审漏项，对企业的内审、管理评审、删减的合理性、特殊过程、顾客投诉的审核不充分甚至现场没有审核，文审报告中反映不出企业修改的文件，审核组长就在文审报告上签上了验证有效，以及审核人日不充分等问题。此次档案稽查表明，部分认证机构存在的问题直接影响了企业的认证有效性。建议国家认监委2006年工作中在继续加大档案稽查力度的同时，通过对获证企业有效性的监督进一步加强对认证机构的管理，要求对存在问题的认证机构限期整改，规范自身认证行为，规范认证工作的开展。

3. 对强制性认证产品——吸油烟机进行了专项监督检查。根据国家认监委《关于召开强制性认证产品专项检查工作会议的通知》精神，对在北京地区销售的强制性认证产品——吸油烟机进行了专项监督检查。本次在崇文区、西城区、宣武区、丰台区的3家大型商场、2家大型建材城，共抽查到全国35家企业生产的35个型号的样品。所抽查到的产品均为正在销售的合格产品，均有企业、制造商或经销商提供的产品认证证书。本次所抽到的产品基本覆盖了在北京市销售的吸油烟机产品约70%的品牌，其市场占有率为90%以上。覆盖了吸油烟机产品中深型机、欧式机、半深型机、薄型机等各种机型，高、中、低档次的产品各占本次抽样的22%、38%、40%，并且所抽到的型号大多数为销售量较多的型号。经检验：35个企业中的35个型号的样品，合格的有29个，占所抽查样品总数的83%;不合格的有6个,占所抽查样品总数的17%。

结果分析:国家对吸油烟机产品实施强制性认证制度和产品质量监督抽查制度所取得的成绩是十分明显的。2003年在企业进行的吸油烟机国家监督抽查,抽样产品17种,合格率88.2%;2004年在企业进行的吸油烟机的国家监督抽查,抽样产品20种,合格率85.0%。本次在市场进行的监督抽查,与近几年国家在生产企业抽查的合格率相当。

对所存在问题的总体分析:(1)标志和说明项不合格几乎是每次国家抽查或产品认证中表现最突出的问题。原因在于,产品的生产企业或设计者没有认识到标志和说明对产品安全的重要性,标志和说明不合格也会给消费者带来不安全隐患。(2)近年来国内企业在设计和生产吸油烟机时,对吸油烟机的性能和结构并没有更多的创新,只在控制部分用电子控制代替机械开关控制,或者简单模仿国外产品的外型。有些企业在模仿同行的时候,也一味追求外型,在结构设计和选材时忽略了安全因素。(3)有些企业受利益驱使,为降低成本,在大批量生产时,采用劣质的材料或减少必须的零件、采取降低元件档次的做法。在本次不合格的产品中:使用自攻螺钉作为接地装置,接地装置不带防松垫片、使用没有金属装置的压线帽作为接线端子、使用价格便宜的电源线。而这些做法在产品认证时是绝对通不过的。

4. 开展对食品和农产品认证标志专项监督检查。按照国家认监委召开的全国电视电话会议精神,部署了2005年第四季度组织的全国性的食品和农产品认证标志专项监督检查活动,并将《关于开展食品和农产品认证标志专项监督检查工作的通知》转发给各区县,按照全国电视电话会议精神和通知要求,各区县局认真做了大量工作。

本次对农产品认证标志的检查,全市共出动执法人员1 010余人次,重点检查了北京市76家大型商场的超市和专业市场的345种产品,涉及生产企业233家。其中检查有机产品认证41种,绿色食品262种,无公害农产品19种,安全饮品12种,安全食品10种,方圆标志1种。检查中发现的问题有:涉嫌伪造、冒用、非法买卖、违规转让认证标志的案件2件,在超出认证机构认证证书允许产品品种以外的产品上使用认证标志的案件4件,超出认证机构认证证书有效期使用认证标志的案件14件,绿色食品标志没有编号或号码与实际产品不符的案件5件,未按规定在获证产品或者产品的最小包装上施有机产品认证标志的1件,其他违规行为的12件。

对检查的问题的分析:(1)通过检查发现,企业在超出认证机构认证证书品种以外的产品上使用认证标志的现象比较严重。由于经销商对农产品认证知识了解的很少,尤其是对农产品各种标志掌握得还不是非常清楚,消费者对农产品认证的知识和各种农产品认证标志了解得更少,使不法商贩和企业有可乘之机,伪造、冒用农产品认证标志和采用虚假宣传误导消费者。(2)存在企业超期使用认证机构认证证书和部分认证机构随意出具证明的现象。(3)使用"无污染"、"纯天然"等文字误导宣传。(4)绿色食品标志没有编号或号码与实际产品不符。

应采取的对策措施:(1)完善农产品认证企业信息库,便于地方执法人员在监督检查中对相关情况的核实,缩短排查认证企业信息真实性的时间,提高监督检查工作效率和可靠性。(2)加强认证执法人员关于农产品认证知识的系统培训。农产品认证监督检查工作是一新执法领域,现行农产品认证种类较多,基层执法人员对农产品认证知识了解不够,实际检查中遇到的具体问题较多,应加强有关农产品认证知识和法律法规培训。

5. 参加部分认证培训机构的行政监督检查。参加了国家认监委组织的对6家培训机构的行政监督检查,这些机构有北京华夏认证培训中心、北京经纬方正技术咨询有限公司、北京陆桥质检认证中心有限公司、方圆标志认证中心、北京联合智业认证有限公司、北京国环环境认证中心。通过检查表明,这6家机构基本能够满足国家法律法规要求;专兼职人员基本能够满足要求。从专兼职人员管理、课程管理、培训档案管理、对外宣传材料方面都比较规范。

完成对认证咨询机构的审批换证工作

国家认监委将认证咨询机构的审批登记工作下放到地方局,部分认证咨询机构的证书有效期是2004年12月31日。为做好咨询机构的证书换发和新项目扩项及新设立审批工作,12月14日召开了北京市咨询机构工作会议。截至2005年底,已经有31家机构进行了申报,17家机构领取了证书。

参加各种培训班和座谈会

1. 2005年先后参加了国家认监委组织的食品企业认证有效性监督抽查和对认证机构档案专项稽查的培训,参加了2005年认证监管人员培训。

2. 参加了《认证咨询机构管理办法》和《认证培训机构管理办法》征求意见座谈会;参加了《认证认可条例》颁布两周年座谈会。

北京市质量技术监督局供稿

加强认证监管工作　促进地方经济发展

——天津出入境检验检疫局2005年认证监管工作概况

2005年，天津出入境检验检疫局（以下简称"天津局"）认真贯彻《认证认可条例》等有关法律法规及部门规章，发扬开拓创新、奋发进取、与时俱进的精神，认真履行职责，严格把关，热情服务，认证监管工作得到有效落实，进一步促进了地方经济的发展。

推动卫生注册工作有效开展

在出口食品卫生注册登记监管工作中，认真抓好认证监管规定的学习及人员的培训。组织全局相关部门及相关人员学习卫生注册登记管理规定，及时传达贯彻国家质检总局、国家认监委等有关出口食品卫生注册会议精神，安排有关人员及时参加相关培训。2005年9月组织全局100多人参加的出口食品卫生注册评审员培训班，使各级人员准确掌握了出口食品卫生注册登记管理规定及有关精神和要求，提高了相关部门各级人员的责任意识及监管人员的业务素质。

根据行政许可法规定和本局实际情况，制修订了《天津检验检疫局出口食品卫生注册登记管理办法》、《许可程序》等管理规定，进一步规范了出口食品卫生注册监督管理。对出口食品卫生注册、登记复查、新企业评审及HACCP的验证制定了工作计划。对企业申请的有关资料进行认真审核，对书面及现场审核发现的问题及时向企业反馈，提出整改要求，指导企业建立质量管理体系。将出口食品卫生注册监督管理工作的有效性作为局年内的重要管理目标，并明确各季度完成的进度和要求，局每季度组织对获证企业进行抽查监督。通过有效地开展工作，强化了对各业务处的监督管理，提高了出口卫生注册监督管理水平，促进了企业质量管理体系的进一步完善，和出口产品质量的提高。在管理工作中，对企业实施了动态管理，2005年注销、吊销卫生注册登记企业9家，新增卫生注册登记企业33家，使全局卫生注册登记企业达到281家，其中注册企业171家，登记企业110家，HACCP验证企业达到了53家，扩大了地区出口食品企业数量，扩大了食品的出口量，有力地支持了地区出口食品生产企业的发展。

积极地开展了向国外推荐卫生注册企业的监督管理工作。一是加强了申请材料的审核；二是成立专家组对拟推荐上报的企业进行初审；三是认真组织做好接待异地评审组的评审工作；四是加强对评审中和日常监管中发现问题的跟踪，指导帮助企业整改；五是及时向国家认监委上报相关材料。在开展工作中不仅对新企业加强评审监督管理，而且加强对已注册的需进行改扩建及更名企业的管理，把好向国外推荐卫生注册关。在2005年6月组织接待日本农林水产省检查中，先后召开准备会议8次，研究部署准备接待工作，组织认证监管人员进一步学习日本关于卫生注册方面的法律法规，组织企业人员分析接待中的可能会出现的问题，指导企业完善质量管理体系，积极采取应对措施，使问题解决在检查之前，使被检查企业符合日本的相关法律法规。到2005年底，天津局获得国外卫生注册企业达62厂次，扩大了天津地区在国外卫生注册的企业数量，促进了天津地区的食品出口。

加强出口商品质量许可管理

为促进天津地区产品的出口，天津局采取了积极的工作措施：一是按《行政许可法》规定，制定了《天津检验检疫局出口商品质量许可程序》、《天津检验检疫局出口商品质量许可操作规程》，规范出口商品质量许可工作；二是积极宣传出口商品质量许可制度；三是积极组织培训企业检验管理人员；四是深入企业指导帮助企业完善质量管理体系；五是加强对考核评审人员的管理；六是认真审核申请出口产品质量许可证企业提交的相关材料；七是加强对申请企业现场的评审考核；八是加快办理速度，使企业及时获证，方便企业产品的出口；九是加强获证企业的后续监督管理，组织对获证企业进行抽查。到2005年底天津地区获得出口产品质量许可的企业达到110多家，新增企业13家。工作中还特别根据天津地区出口自行车生产企业多的情况，有针对性地开展自行车生产企业出口质量许可证工作，积极开展培训，指导企业申请自行车产品出口质量许可证的办理，指导自行车生产企业完善质量管理体系，扩大自行车生产出口获证企业数量，使天津地区自行车生产企业获得出口产品质量许可证企业达60多家，扩大了自行车产品的出口，2005年天津地区出口自行车达到991.9万辆，出口额达到3.5亿美元，与2004年相比，数量和货值分别增加了24.6%和29.6%，天津地区自行车出口约占全国自行车出口总量的20%。

做好CCC免办工作

2005年为开展好免办工作，天津局采取了积极有效的措施：一是规范管理，先后制定了《天津检验检疫局强制性产品认证免办实施细则》、《天津检验检疫局强制性产品认证后续监督管理办法》、《天津检验检疫局特殊认证程序操作规程》等规章制度。二是开展培训，组织了局内70多名相关业务部门领导及认证监管人员参加的强制性产品认证培训班。三是严格审核，根据国家认监委的规定，严格审核企业免办申请材料，对不符合条件的不予办理免办。四是抓好免办的审核，局认证处积极指导业务处开展好免办的受理及初审。五是热情解答，对有关企业和有关人员的咨询，无论是打电话和来人咨询免办有关问题，都耐心解答，给予指导。六是加强请示，对在免办过程中遇到文件不明确的，及时向国家认监委请示，解决处理好遇到的实际问题。七是急事急办、特事特办，对企业急需使用的产品，加快免办速度。对领导外出无法书面审批的，通过电话请示审批，保证了企业产品的正常使用。八是不断探索研究工作中出现的新情况新问题，进一步修订来料、进料强制性产品免办管理规定。九是为方便空港局所辖企业办理免办，提高免办工作效率，将强制性产品免办工作由原来天津局统一办理的，部分下放到空港局。十是强化后续监管，对强制性产品认证免办进行后期的监督抽查。2005年全局办理强制性产品免办证明1 600批次，比2004年增长了111%，接待有关强制性产品认证免办咨询1 000多次，全年免办工作未出现任何差错。由于免办严格把关，热情服务，急企业所急、想企业所想，受到了企业的好评，树立了检验检疫部门把关服务的良好形象，促进了强制性产品认证监管工作的开展。

强化监督管理　提高认证有效性

天津局强化了对认证的监管。一是强化贯彻落实强制性产品认证管理制度。凡强制性产品认证目录内未获得认证的产品，不准进口、销售。认证监管处2005年召开会议10多次，学习有关规定和上级指示，统一认识，部署工作，强化管理，从事强制性产品认证的检验监管人员，必须经培训，不合格不得从事该项工作。二是加强对认证机构及相关食品企业的抽查。天津局成立了以局领导为组长的抽查小组，先后与天津市技术监督局联合抽查了15家通过ISO 9001质量管理体系认证的企业，检查认证的有效性，同时还检查了5家从事质量管理体系认证的认证机构。通过抽查，强化了对认证机构的监督管理，促进了认证企业质量管理体系的有效运行，促进了天津地区认证市场的进一步规范。三是开展了进口强制性产品认证产品特殊处理程序的试点工作。根据国家认监委在天津口岸对进口汽车进行特殊处理试点的指示精神，天津局研究制定了试点的具体的实施方案。在较短的时间内开展并完成了试点工作，为国家有效实施特殊处理程序提供了参考。在2005年8月国家质检总局及国家认监委实施特殊处理程序后，天津局及时制定了特殊处理的管理规定，2005年共受理了23批申请特殊处理程序的产品，23批中90%以上为汽车类，到2005年底，经国家质检总局及国家认监委审批，天津局放行了5批申请特殊处理程序的产品。

加强实验室监管　提升检测实力

2005年天津局首先抓了实验室的内部管理工作。年内举办了不同形式的培训6次，特别是根据实验室将要实施新的管理标准的情况举办了有80多人参加的实验室管理人员培训班，讲解了《检测和校准实验室能力通用要求》、ISO/IEC 17025国际标准、实验室管理层的作用和职责，并对参加培训的人员进行了书面考试。通过培训，不仅使实验室管理人员了解掌握了新标准的有关规定，而且进一步增强了实验室管理人员的管理意识，对提高实验室管理水平有很大帮助。

积极组织做好实验室认可和计量认证考核的准备工作。为使该工作落到实处，年初制定了相应的工作计划，并按计划实施，2005年全局的6个实验室通过了国家认可委计量认证和监督评审的工作。积极组织各实验室参加国内国外能力验证及国际技术交流活动，组织各实验室参加国家认监委及CNAL组织的能力验证活动，组织有关实验室参加国际组织的能力验证和对比试验，均取得满意结果。为加强实验室能力验证的管理工作，建立了严格的申报批准和备案制度，在人财物等方面给予大力支持，对获得满意结果的实验室给予奖励，以确保能力验证活动健康有序地开展。

撰稿人：曹忠义　审稿人：肖庆昕

从基础工作抓起　提高认证认可工作的有效性

——天津市质量技术监督局2005年认证监管工作概况

天津市的认证认可工作每年都有新突破。截至2005年,天津市取得3 033份管理体系认证证书,自愿性产品认证140份证书,CCC认证的生产企业673家,获得CCC认证证书数量是3 628张，获得国家认监委批准的认证咨询机构30家。另外,天津市已有215个产品质量检验机构(包括:依法设置、授权的质检机构88个)通过计量认证,计量认证已经广泛覆盖了包括机械、电子、冶金、医药、卫生防疫、公安、环境保护、能源、农业、市政建设等国民经济各个领域。通过实验室认可的实验室共有50家,还有部分实验室正在积极筹备实验室认可。天津认证认可工的开展,进一步净化了天津认证市场,为天津市经济的发展起到积极的促进作用。

探索适应新形式的认证认可监管模式

在认证认可工作监管上实施信息化管理，是天津市质量技术监督局(以下简称“天津市局”)在工作实践中的一个突破。对于实现扁平化管理、降低行政管理成本,提高认证认可工作动态监管水平和有效性，具有非常重要的作用。天津市局在认证认可监管工作上实施信息化技术的主要做法是:第一、建立了“天津市强制性产品认证监管系统”，通过该系统对全市的CCC企业实施动态管理，不仅全面掌握和了解了天津市CCC企业的认证情况,掌握了全市CCC工作的整体特点,清楚了监管与服务的对象；而且将全市各区县的监管部门和监管人员的监管责任和工作质量也纳入了系统，形成了天津市CCC工作的监管网络。这个系统已经通过了市科委组织的成果鉴定,受到专家好评,认为处于国内领先水平。第二、建立了“天津市食品农产品认证监管系统”。该系统能够适时掌握监督检查的工作情况,及时发现问题,极大地方便了检查数据的统计分析,有力地支持了检查工作,实现了对认证食品、农产品监督检查情况的动态监管。该系统得到了国家认监委的认可。这个系统是在短时间内研制的,还有一些不完善的地方,天津市局将认真总结经验,不断予以完善,力争尽快通过鉴定。第三、吸纳天津市科委、教委参加,建立了“天津市实验室资源管理系统”,该系统对天津市的整个实验室资源进行了整合汇总，已成为全市科技进步的重要技术平台。通过实验室资源管理信息系统的建设,宏观掌握了天津市实验室发展现状,为进一步合理配置社会资源,实现实验室资源的社会共享,促进实验室检测市场的可持续健康发展，为政府制订有关实验室改革和发展的政策和措施提供了依据。该系统已通过市科委鉴定,受到专家的一致好评。天津市局及时组织了17人的实验室考察团赴澳大利亚培训学习，以开阔眼界,全面提高实验室的整体实力。用信息化促进认证认可监管水平的提高是天津市局的一个有益探索和尝试,这一阶段的实践为天津市局今后全面推动质监系统信息化建设提供了宝贵的经验。

开展认证产品监督检查工作

天津市局认识到，组织开展CCC认证监督执法检查,是地方质监部门的重要职责,必须做到监管一方,保一方平安。天津市局按照国家认监委的统一领导和部署,依法开展CCC认证行政执法检查工作,严厉查处强制性认证产品逃避认证、加贴假冒认证标志及虚假认证等违法行为。对暂停或撤消CCC认证证书的生产企业,在天津市强制性产品认证监督管理系统中公布。同时,方便生产企业所在地技术监督部门边执法、边服务,一方面要求其在暂停或注消期内产品不得出厂销售,做好监管工作；另一方面,督促和帮助企业积极整改,保证CCC执法工作的顺利开展。截至2005年底,天津市取得CCC认证的企业,还没有发现重大的违规行为。为深入推动强制性产品认证行政执法工作，天津市局召开了部分区县局及执法稽查大队等认证监管人员参加的CCC行政执法工作研讨会，对如何全面开展强制性产品认证行政执法工作和如何进一步加强对强制性认证产品的监管进行了讨论。并以红桥区和和平区为试点,组织认证执法人员和行业专家,对低压电器产品的CCC认证生产企业认证产品的一致性和工厂质量保证体系进行检查,探索CCC认证监管工作的新方法和新途径，进一步完善强制性认证产品的监管体系。

继续加大对《认证认可条例》的宣传

天津市局认为，认证认可工作是国家推行的一项重要工作，涉及到社会的方方面面，与人民群众的切身利益有着千丝万缕的联系，必须不断地注重《条例》和认证工作的宣传，使全社会从法制高度，了解、关心和支持认证认可工作。为此，天津市局采取了六项举措：一是利用媒体进行宣传。在《天津日报》、《今晚报》、《每日新报》等报纸上报道认证工作信息22篇。通过电视台、电台公益广告形式宣传CCC认证制度。二是通过举办活动进行宣传。通过“3·15”、“质量月”等活动阵地，向社会发放认证认可制度汇编1 400册，有关宣传册和张贴画61 000份。三是利用天津市局的内、外网进行宣传。在网上开设认证专栏，向社会公布认证咨询机构、CCC认证机构、检测机构。四是通过举办免费培训班对认证制度进行宣传。举办认证认可说明会60余场，涉及生产及流通领域代表5 000余人参加。五是通过《认证认可条例》颁布的周年庆典为契机，深入宣传，并组织本系统239人参加了国家认监委“兆君杯”《条例》知识竞赛有奖问答活动，天津市局荣获本次竞赛活动的组织奖。六是组织认证推进会进行宣传。天津市局成功地举办了国家强制性产品认证颁证暨天津市CCC认证推进会，在会上，王风清主任对天津市局与天津市商委联合发布的《关于进一步推进国家强制性产品认证制度实施的通知》以及天津市114家商业企业在全国率先发出了不销售未经强制认证的相关商品的《天津百家大型商场联合声明》给予了高度的评价。实践表明，各种宣传工作的开展，切实提高了全市对认证认可工作的认识，为深入贯彻《条列》、规范开展认证认可工作，提高天津市认证认可工作有效性创造了条件。

建设一支专业过硬的认证认可监管队伍

天津市局认为，认证认可工作是一项法制性、政策性、专业性非常强的重要工作，必须努力建设一支专业过硬的认证认可监管队伍，否则难以做到规范监管，提高工作的有效性。为了建设一支专业过硬的认证认可监管队伍，天津市局重在建设，狠抓了四个方面工作：一是狠抓组织建设，建立起全市认证认可工作监管体制。市局明确了认评处为认证认可工作的主管部门，各区县局明确了负责认证监管工作的主管科室和认证监管人员，并建立了认证监管人员档案，形成了认证工作组织网络体系。二是狠抓业务培训，重在提高认证监管人员的业务能力。几年来先后多次组织召开了国家强制性产品认证制度知识和执法讲座、认证认可条例宣贯及农产品认证知识的培训等工作会议。聘请国家认监委有关部门的领导和专家对天津市系统内CCC认证行政执法工作人员进行CCC认证行政执法的专项培训。三是狠抓评审员队伍建设，保证评审工作质量。天津市局坚持每年对原有的评审员队伍进行一次调整，在统一培训、考核的基础上，建立了评审员库，基本满足了天津市计量认证评审工作的需要，评审实行组长负责制，保证评审工作质量。四是狠抓制度建设，严格认证认可的工作程序。天津市局相继出台了《天津市产品质量检验机构计量认证管理规定》、《关于对生产强制性认证产品的生产企业实施定期巡查制度的通知（试行）》、《天津市质量技术监督系统强制性认证产品辖区监督管理责任制（试行）》。下发了《天津市产品质量检验机构计量认证管理规定》，对认证的申请、实施、批准、复查、监督都提出了具体要求。《关于对生产强制性认证产品的生产企业实施定期巡查制度的通知（试行）》，明确了A、B、C类企业划分的标准，实现了对企业的分级管理，丰富了监管的内容和方式。《天津市质量技术监督系统强制性认证产品辖区监督管理责任制（试行）》，明确按照区域及职责将监管责任落实到具体的部门和监管人员。天津市局体会是，建立一支专业过硬、制度和责任到位的认证认可监管队伍，是规范认证认可监管，提高工作有效性的重要保证，也为实现认证认可监管动态管理创造了条件。

主动加强部门之间的协调配合

天津市局在实践中认识到，推动认证认可工作，提高认证认可工作在社会经济发展中的地位不能单打一，必须加强部门之间的协调配合，做到齐抓共管，全力提高认证认可的监管水平。根据这种思路，天津市局积极走访政府的相关部门，向他们介绍、宣传认证认可的政策和工作动态，密切与他们的联系，主动取得支持。天津市局十分注意发挥市政府各委办局及行业管理部门的作用，召开委办局工作联席会议，共同推动CCC认证工作的开展。天津市局主动酬集资金，并同市教委联合组织天津市各高校开展认证认可和实验室的战略定位研究，从理论上理清思路；同市发改委合作，开展CCC企业的调查研究工作，并将发展认证事业纳入全市发展现代服务业的总体框架；与市科委、教委联合发文，将天津市科研院所、大专院校的实验室纳入到天津市实验室管理系统。主动与有关集团公司，共同组织CCC认证企业工作座谈会，现场解答企业的有关问题，受到企业的好评。

还利用在天津市举办全国家电博览会的有利契机，与市一商总公司联合召开了天津市家电产品 CCC 认证及相关信息发布会。特别是与天津出入境检验检疫局共同开展了天津市食品企业认证有效性的检查暨天津市认证机构档案稽查工作。并与天津出入境检验检疫局联合，开展了对天津市 14 家无公害认证企业、绿色食品认证企业的现场检查和 13 个企业 25 个样品的抽样检验；开展了对天津市 6 家大型连锁超市经销的已获得“绿色食品”、“无公害农产品”、“有机食品” 认证农产品的执法监督检查工作，及时将检查情况上报国家认监委，受到了认监委领导的肯定和表扬。在与相关部门加强协调合作的同时，天津市局还加强了机关内部建设。市局机关通过了 ISO 9000 质量管理体系认证，成为全国省级质监局第一家通过认证的机关。

天津市质量技术监督局供稿

规范认证监管工作　提高监管效率和水平

——河北出入境检验检疫局 2005 年认证监管工作概况

2005 年，河北出入境检验检疫局（以下简称“河北局”）认证监管工作以抓规范化建设为着眼点，以提高出口企业质量管理水平为目标，通过加强业务培训和信息平台建设，积极发挥认证监管的职能作用，进一步规范了工作程序和执法行为，进一步提高了认证监管工作管理水平。在出口商品质量许可、出口食品卫生注册、强制性产品认证管理和体系认证管理方面取得了显著成效。

认证监管工作基本情况

1. **出口食品生产企业卫生注册登记工作。**2005 年河北局卫生注册登记企业达到 512 家，全年新增卫生注册登记企业 83 家，取消了 57 家；截至 2005 年底，河北省对外注册企业达到 55 家。全年通过南非注册冷冻分割鸡肉 1 家，通过韩国注册热加工禽肉企业 1 家及禽肉原料屠宰厂 1 家；通过美国果汁注册企业 1 家。注销对韩国注册水产企业 2 家；推荐和上报对日本注册出口鲜冻禽肉企业 4 家，对智利注册禽肉企业 4 家，对巴西注册热加工肉制品企业 4 家，对俄罗斯注册冰鲜猪肉 2 家，对南非注册禽肉 1 家。对卫生注册登记企业的监督管理水平显著提高。

2. **河北局出口商品质量许可证获证企业达到 498 家，木质包装除害处理企业 16 家。**2005 年新发质量许可证 15 家，注销 33 家，实现了动态管理。

3. **CCC 免办工作。**2005 年共批办 CCC 免办证明 177 份。确保了入境产品与申报用途相一致。

4. **自愿性体系认证。**2005 年颁发 QMS 认证证书 216 张、EMS 认证证书 11 张、HACCP 认证证书 24 张、OHSAS 认证证书 4 张。2005 年在认证新领域共颁发生态纺织品、GAP、IP、有机产品认证证书 12 张，为河北生态纺织品、农产品等打破国外壁垒，走出国门发挥了重要作用。

开展认证监管工作的具体做法

1. **建立机构、加强培训为全面提高认证监管工作管理水平奠定基础。**一是成立了机构，明确了职责，充实了人员。河北检验检疫局党组对认证监管工作高度重视，注重加强认证监管行政执法队伍建设，按照国家认监委关于成立认证监管机构的要求，省局及时成立了认证监管处，人员也由过去的 3 人管理增加到了 5 人。二是加强培训。先后举办了省级质检部门认证监管人员培训班、分支机构认证监管人员培训班和卫生注册审核员培训班，系统地学习了质量管理体系、环境管理体系、劳动安全管理体系、食品安全体系的相关内容以及认证认可条例，认证机构、认证培训、认证咨询机构管理办法等认证监管法律法规。三是举办了卫生注册培训班，为壮大评审队伍，进一步规范卫生注册工作，加强对卫生注册工作的管理奠定了基础，系统地学习了《出口食品生产企业卫生注册管理规定》、《出口食品生产企业卫生注册要求》、《质量许可和卫生注册评审员管理办法》、《进出口卫生注册评审员管理细则》、评审过程注意问题及审核技巧、卫生标准操作规范（SSOP）、HACCP 原理，进行了 SSOP 和 HACCP 体系审核时间的交流，提高了审核员的素质，在审核活动中锻炼了队伍，使审核员验证技术水平不断提高。四是加强基础建设。在合理分工的前提下讲究团结协作，实施了AB角制度在业务上相互补位，推进了认证监管工作的有效开展。

2. 坚持科学发展观，积极探索认证监管工作新思路。为提高认证监管工作的管理水平，提高认证监管工作的有效性，针对河北注册登记工作的现状，河北检验检疫部门提出了认证监管工作的新思路，从建章立制着手，认真落实国家质检总局2001年3号令，进一步规范认证监管工作，完善注册程序，不断创新工作方法和机制，推行审核员注册和审核员队伍动态管理制度，推行主任审核员负责制，坚持异地审核等措施，保证审核评定活动的公正、公平。

河北局领导对推行行政审批网络化管理高度重视，特批专项经费支持开发认证监管工作网络化管理系统，对卫生注册、许可证、危险品包装、木质包装除害处理、CCC免办等项工作初步实现了网络化管理，对申请、审核、注册登记办理流程的各个环节实行网上运行并有效监控，提高了工作效率和工作质量，对审核员信息、企业申请和基本信息建立了电子档案库。网上审批促进了诚信体系建设，为实现认证监管工作动态管理打下了良好的基础。

3. 加强对敏感商品的注册登记管理。对花生、粉丝、盐渍菜等敏感商品的卫生登记工作进行规范，制定了评审程序、完善了评价标准、使评审工作有法可依。在总结花生及制品生产企业卫生登记成功经验的基础上，制定了《河北检验检疫局出口花生及制品卫生登记要求》，并在全省范围内实施。

4. 加强认证认可监督管理工作取得了成效。根据国家认监委的统一部署，会同省技术监督局认评处于2005年10月联合组织了对2家认证机构的档案检查。对10家通过质量体系认证的食品企业开展认证有效性检查。

2005年8月~10月组织了肉类加工企业及屠宰场注册企业的检查，对辖区内19家出口水产品企业、34家出口肉及肉制品企业的加工设施提出了整改意见，对提高认证工作的有效性起到了积极的促进作用；以进口汽车、旧机电产品、医疗器械、以整机全数出口为目的的进口产品、进口装饰材料，CCC免办为重点，组织了强制性产品认证行政执法工作的自查，对发现的问题进行了规范和整改，进一步规范了部门的执法行为；会同省技术监督局认评处联合组织了对省内食品认证企业认证有效性检查。

在定期检查、日常监管、复查中，查处了水产企业2家，分别给予了注销证书的处罚，对违法企业的处罚情况书面通知了所有获证企业，使之从中受到警示，增强了自律意识和诚信意识。

对外注册工作取得显著成效

河北局迎接对外注册检查工作和国家认监委组织的异地审核工作，形成了一整套规范的工作程序，确保了检查的效果。

1. 圆满完成迎接对日注册检查工作。为了保证迎接对日注册检查的效果，河北局做了大量系统的准备工作。第一，按照“四个一致”的要求认真组织了预检，即：一是提交官方注册的图纸与现场一致；二是质量体系文件、规章制度与记录一致；三是工厂情况介绍、加工工艺与现实一致；四是接待程序做到相对一致；第二，强化培训，明确要求。针对2004年日本对热加工偶蹄动物产品的卫生要求进行了修订，为使河北局检验检疫人员和辖区对日注册企业深刻地理解和掌握《日本食品卫生要求》，河北局及时举办有关检验检疫人员和企业技术负责人参加的培训班，详细讲解了《中华人民共和国（香港、澳门除外）向日本出口热加工偶蹄动物产品的卫生要求（草案）（修改稿）》，使河北省企业按日本官方卫生安全质量体系要求整改；第三，认真做好日本检查官员来华前的全面检查。按照国家认监委的要求，河北局对辖区内8家对日热加工偶蹄动物产品注册企业进行了全面检查，检查内容包括CIQ的监管工作、原料管理、生熟界面控制、热加工过程的温度控制以及包装、储存和运输的卫生控制等。通过检查，使企业卫生管理水平有了明显的提高，达到了中国和日本的卫生要求；第四，加强交流，开展互查。为进一步做好迎检准备工作，2005年4月，河北局与北京局互派评审组，开展了对日注册偶蹄动物产品企业的互查活动。通过互查，进一步提高了企业的卫生管理意识，促进了企业对日本官方要求的理解，获得了更多的信息，开辟了河北局和北京局进行现场技术交流的先河，为今后河北局与其它局的合作与交流打下了良好的基础。通过大量充分的准备工作，2005年6月初顺利通过了日本农林水产省对河北省8家对日注册热加工偶蹄动物产品企业的检查，同时还对其中7家的热加工禽肉生产线进行了检查。

2. 顺利通过韩国水产品注册检查工作。2005年11月18~26日，韩国海洋水产部对河北8家对韩注册水产品企业进行检查。为保证被检查的企业能够顺利通过检查，在异地评审组检查的基础上，又对准备检查的企业进行了督察，并再次接待了认监委检查组对其中2家的抽查，收到了预期效果。检查前制定了既详细、可执行性较强的接待检查工作方案，指导相关分支局及时安排好接待工作，保证了接待工作的顺利进行。在检查中，通过与国家认监委陪同人员和分支机构的及时沟通和密切配合，使整个接待工作有条不紊地顺利进行。经过与韩国检查组进行有效的沟通与交流，使检查工作取得了较好的效果。

3. **加强对对外注册肠衣企业的管理力度，提升了企业的管理水平。**根据异地评审组对河北3家出口肠衣企业检查的情况，及时在保定召开了全省肠衣出口工作会议，确定了加大对出口肠衣企业管理的实施方案。一是将异地评审组检查中发现的问题进行汇总和通报，要求被查企业进行整改，同时将通报发给每一个对欧盟注册企业。二是对列入接待阿根廷检查的企业，派出检查组再次逐个对整改情况进行审核验收，整改到位达到要求的接待检查，否则取消接待检查资格。三是对没有接待阿根廷检查任务的对欧盟注册企业，由辖区检验检疫机构负责审核验收，对一些不能及时整改的问题要加以说明，在年底前再次组织审核验收，不能通过检查的企业，将暂停或取消对欧盟注册资格。通过对以上方案的认真落实，全面提高了河北省出口肠衣企业的卫生质量管理水平。

积极开展出口日用陶瓷质量许可证考核工作

组织陶瓷审核员培训考试，确定审核员队伍，充分利用全省的审核员队伍资源，推行异地审核制度和主任审核员负责制度，对省内48家陶瓷出口企业陶瓷质量许可证进行全面复查，注销2家不符合条件的企业，新推荐3家输美陶瓷企业向FDA认证，输美认证企业总数达到40家。

河北出入境检验检疫局供稿

加强培训　完善制度　推进认证认可工作健康发展

——河北省质量技术监督局2005年认证监管工作概况

2005年，河北省质量技术监督局（以下简称“河北省局”）贯彻落实科学发展观，积极进取、开拓创新，圆满完成了工作目标。根据CNAB的年报，河北省通过质量管理体系认证的企业6 233家；通过环境管理体系认证的企业526家；两项都位居全国第8位。通过职业健康安全体系认证的企业有319家，居全国第7位。全省已有1 305家企业通过了CCC认证，获得CCC认证证书3 724张。2005年河北省局共受理检验机构232家，通过计量认证机构215家，其中首次通过计量认证的79家，扩项机构51家，复评审85家，新建区域经济省站13家。通过国家实验室认可的检验机构有62家，进入全国前十名之列。

日常监督与集中检查相结合

1. **以3·15为契机，在全省范围内布置开展“强制性产品认证行政执法周”执法检查活动。**河北省局在省会石家庄，省、市局联合行动，对市区主要商家开展了执法检查活动。本次活动全省出动监督人员7 856人次，监督检查单位9 211家，查处案件728件，处罚金额21万元，涉案货值139.5万元。河北电视台、《河北日报》、《燕赵都市报》等均对此次检查进行了报道。执法检查结合实际突出重点，有效地打击了认证不规范现象。各地市质监局实施认证认可季报制度，对每辖区内认证认可执法情况进行汇总。利用网络手段及时传递执法办案信息，收到了良好的效果。

2. **以生产企业、暂停证书和被撤消证书的企业作为监督重点。**在“质量月”期间组织对建筑工地使用CCC产品情况进行监督检查。全省各市针对建筑工地进行了拉网式检查。共检查建筑工地1 300多个，查处涉及电线电缆、低压电器等产品的违法案件80余起。

3. **按照国家认监委对认证监管人员3年培训计划搞好培训。**2005年10月组织了省级认证监管人员培训以及考试。在11月~12月期间对河北省各市（区）县局认证监管人员和行政执法人员进行了培训，全省400多人通过了考核。此外河北省局注意解决执法中遇到的新情况、新问题。做好了新列入强制性认证产品的宣传和落实工作。

4. **圆满完成国家认监委布置的任务。**按照国家认监委的布置，河北省局与河北出入境检验检疫局共同对河北省20家通过ISO9001质量管理体系认证的食品生产企业圆满完成监督检查工作。河北省局与河北出入境检验检疫局还共同在省会城市的11家超市和农贸市场对农产品认证标志和食品安全认证标识监督检查，及时向国家认监委上报了检查情况。

5. 推动系统机关质量管理体系认证工作。按照省局“三年规划”，各市局积极努力完成本系统机关体系认证工作。系统机关已有66个市、县(区)局通过了质量管理体系认证。2005年有50家企业通过了ISO 9001质量管理体系认证。特别是在认证认可服务中心和方圆审核中心的努力下，石家庄市政府办公厅于2005年底通过质量管理体系认证。此举起到了示范作用，有力地推动了河北省质量管理体系认证工作的发展。

对检验机构监督服务并举效果显著

1. 在全省质监系统所属技术机构开展了“端正行业作风、确保科学公正”为目的的集中整顿。河北省局按照省局党组的要求，开展了全省质监系统所属技术机构的集中整顿检查工作。为使整顿检查有效进行，下发文件详细规定检查工作的原则、检查验收的内容、方法步骤。在各级技术机构自查自纠的基础上，各市县局对整顿工作进行了检查验收，全省共检查验收213家。省局为此组成检查组，由省局领导亲自带队，成员由省、市有关人员和技术专家组成，对整顿工作进行检查验收，省局抽查了82家技术机构。此次整顿工作领导重视，省、市、县三级联动，取得良好效果。为避免系统内技术机构出现违规违法行为，进行了积极的预防，增强了技术机构负责人的法律意识，并使检验工作得到了进一步规范和完善。

2. 顺利开展了机动车安全技术检验机构移交过渡工作。河北省局按照国家质检总局的要求，开展了车辆安检机构技术和管理人员的培训工作，组建了公交安检机构计量认证评审组，建立了信息统计和档案材料管理系统。派专业技术人员帮助公交安检机构准备计量认证申请材料，选试点召开现场咨询会，讲解计量认证的有关要求，促进了机动车安全技术检验机构计量认证工作在公安交管部门推开。

3. 制定和完善河北省认证认可工作的管理制度。为抓好日常管理工作，提高对实验室的管理和指导能力，河北省局制定了《河北省授权产品质量监督检验机构监督管理办法(试行)》，该《办法》为规范检验行为，提供了有效的依据，从政策上促进了河北省机构通过国家实验室认可。全省省级技术机构已通过了国家实验室认可，各市、县技术机构也开始启动国家实验室认可工作，使技术机构的整体水平上了一个新台阶。

4. 做好对质检机构的监督管理工作，紧抓实验室能力验证、比对工作。河北省局采取日常监督、监督评审、交叉评审、年度审核等形式加强对通过计量认证的机构进行监管。对全省技术机构的超范围工作、超期工作等违法行为及时查处。组织了县级检验所和各类疾病预防控制中心(卫生防疫站)的白酒样品比对。并对市、县交通部门实验室、建筑部门的实验室组织了能力验证比对。对全省172家机构进行了计量认证/审查认可(验收)监督评审。

5. 提高人员素质，继续抓好实验室的管理、检验人员的技术培训工作。随着全省经济的快速发展，河北省技术机构近几年发展较快，尤其是重视食品安全质量之后，购进了许多大型理化分析仪器，针对目前河北省机构普遍存在着技术人员实际操作水平较差的情况，河北省局认监处委托省局认证认可服务中心和河北大学联合举办了以实际操作为主要内容的培训班，突破了以往只注重理论培训的局限，强调理论与实际操作相结合，对每1名学员手把手教会操作，有效地提升了检测人员的水平和素质。为了加强检验检测机构有关人员进一步掌握内审和管理评审知识，解决内审和管理评审过程中存在的目的不明确、程序不规范、效果不突出等问题，河北省局累计培训内审员400人。河北省基本实现了实验室管理人员和检验检测人员的持证上岗，基本满足了机构发展的需求。

6. 作好了第二次实验室资源调查和食品检验检测资源调查工作。全省共计949家实验室参加了网上填报。为国家认监委和省局及时掌握河北省实验室资源状况，合理利用社会检验资源，科学合理地制定河北省食品安全检验体系的规划，起到了重要作用。

河北省质量技术监督局供稿

热情服务企业 促进企业出口

——山西出入境检验检疫局2005年认证监管工作概况

2005年,山西出入境检验检疫局(以下简称“山西局”)紧紧围绕李长江局长在全国质量监督检验检疫工作会议上的讲话精神,紧紧围绕国家认监委的工作部署,在坚持依法行政,坚决维护认证工作的公正、公平性,坚持在保证认证有效性的基础上,热情为企业服务,促进了山西对外经济贸易的发展。

主要工作概况

1. **出口食品生产企业卫生注册/登记工作。**评审出口食品卫生注册申请企业42家,组织完成HACCP官方验证考核企业10家,其中罐头类3家,肉及肉制品类2家,饮料类2家,速冻蔬菜类3家。完成了8家出口企业基地备案工作和4家出口速冻企业的定期监督考核工作。

2. **出口商品质量许可证工作。**受理并完成26家出口商品质量许可证企业的考核工作,其中新申请企业8家,复查换证的企业18家。

3. **国境口岸服务行业卫生许可工作。**受理并完成5家国境口岸服务行业卫生许可证的考核工作,其中新申请的1家,复查换证4家。

4. **出境货物木质包装除害处理标识加施企业考核工作。**受理并完成29家熏蒸、热处理出境货物木质包装除害处理标识加施企业的考核工作。并对27家出入境木质包装生产企业进行了普查。

5. **强制性产品认证监督管理工作。**办理《免于办理强制性产品认证证明》11份。免办产品主要是用于用户维修的配件。

重点工作和主要做法

1. **加强认证审核人员队伍建设,规范认证考核程序。**考核评审人员的素质对认证的有效性起着决定性的作用,因此山西局制定了《山西出入境检验检疫局评审员管理办法》,除组织相应的专业评审人员参加国家认监委组织的“出口食品生产企业食品安全管理体系系列标准宣贯培训班”、“认证监管师资培训班”、“认证机构稽查组长培训班”等各类考核评审培训班外,还定期进行评审员的培训及资格认定工作,实行评审员的备案和评估制度,举办评审人员交流研讨会,由主任评审员介绍实际评审工作的经验和做法,评审员之间对遇到的难题进行讨论,探讨解决问题的办法,相互交流评审同类产品出口生产企业掌握的标准尺度,加深对审核标准的认识和理解,大家在交流中学习,在学习中得到提高,通过这种方式全面提高整体素质和执法把关能力。针对在评审过程中遇到的实际问题,为更好地完善评审记录的可追溯性,经过多方调研,起草了10余份相关文件,建立了较完善的现场考核文件,这样不仅规范了考核程序,也方便了评审人员现场操作,同时认证主管部门审核时也有了内容和处理依据,运行一年来,取得了良好的效果。

2. **强化审核把关,提高证书有效性。**由于山西省申请两证的企业管理水平参差不齐,企业硬软件方面存在着比较大的差异,为了保证考核质量,山西局一方面加强考核的前期把关工作,如受理企业申请后,安排专人对企业的质量手册进行文件审核,对在文件审核中发现的不符合项提出修改意见,并帮助企业整改;另一方面组织评审人员学习审核标准,认定对影响产品质量和涉及安全、健康、环保的严重不符合项的统一标准,在审核中有针对性地加强把关、严格要求。在现场审核时,注重对企业建立的质量体系的符合性和实施的有效性进行检查,并加大对影响安全、健康、环保等关键环节的审核力度。如:对于陶瓷企业着重审核其影响铅、镉溶出量的工序及记录,如花纸的进厂、试烧检验记录、不合格品的处置记录等;对于卫生注册登记企业,重点查是否按国家质检总局20号令建立安全卫生质量管理体系,硬件是否满足卫生注册登记的条件,出口食品源头是否得到严格管理,生产过程是否得到有效控制。而且在考核中侧重对企业自测自控能力的考查,企业是否建立了相应规模的实验室,检测仪器能否适应产品的检测要求,计量证书是否在有效期内,检测人员是否熟悉掌握相关的检验标准,有无使用过期标准的情况，企业是否按培训计划对相关人员进行了培训等。针对企业存在的不符合项，共同研讨整改的措施，探讨消除不符合项的方式、方法，帮助企业在短期内完成不符合项的整改工作，同时加大不符合项的跟踪检查力度和考核报告的后期审核力度，如对于考核组提出的不符合项要求考核组安排专人进行跟踪检查，必要时提供相应的见证材料，对于考核组提交的每一份考核报告都要安排两人进行逐项检查，以此保证考核工作的质量。

3. 坚持原则性和灵活性相结合，在确保考核工作质量的基础上实行急事急办、特事特办。在申请“两证”的企业中，有许多是从未从事过商品出口的新申请企业，他们对考核程序知道得很少，这样就给考核工作带来许多问题，对此，山西局一方面加强与企业的沟通，耐心地为企业讲解认证工作程序，提供政策咨询，反复赴工厂指导认证前的技术准备和相关资料准备，另一方面举办学习班，向企业讲解建立质量体系的必要性，质量体系的要素、体系文件的编写要求等。并进行考核标准的宣贯、答疑，使企业能够尽早做好考核准备，进一步加快了企业认证进度。

为了保证企业按时履行合同，山西局在确保考核工作质量的基础上实行急事急办、特事特办，针对考核中出现的问题，及时向国家认监委请示，在保证产品质量和安全卫生的前提下，按照国家认监委的指示，灵活掌握考核标准。如：在对某机械制造公司实施质量许可证考核中，发现该企业是一个以设计、开发、成品组装为主的民营企业，没有产品加工车间，没有理化实验室，基本不进行产品零件加工，主要零件、铸件以外协件为主，专用件以外购为主，最后进行成品组装，现行的1992年《出口纺织机械质量许可证管理办法》不适用，但产品通过型式试验，各项指标符合国家标准规定。针对这种情况，山西局采取加强对外协、外购件生产企业进行合格供方评审并进行质量跟踪，对产品销售使用情况进行质量调查，经请示国家认监委同意后，为企业发放了出口产品质量许可证。这样将考核工作向两头延伸，既保证考核工作质量，又使产品顺利出口。

4. 加强认证稽查和日常监管工作。为加强获证企业的日常管理，召开由检验人员和认证监管人员参加的会议，强调对企业日常监管工作的重要性，要求检验人员在日常检验工作中监督企业质量体系的运行情况，利用现场检验检疫监管的机会帮助企业对照考核细则进行自查，对查出的不符合项督促其整改。发现存在影响产品质量、安全、卫生的重大问题及时向认证监管处反映，另外每季度由专人向业务处室了解获证企业情况，分类登记，对存在问题的企业，组织专人进行检查，根据企业具体情况作出限期整改或停止报检的决定。同时每月把获证企业名单在内部网上公布，方便检务及有关人员及时了解获证企业信息。

5. 积极扶持、引导企业向国外注册。山西省长治市云海肉食外贸有限公司是山西省唯一保留下来的出口兔肉生产加工企业，也是长治市政府农业产业结构调整的“龙头”企业，近年来该企业为获得对欧盟注册投入了大量的人力财力，改扩建了出口兔肉生产加工车间，新建了有管理权的养殖基地，硬件设施达到了同行业的先进水平。但该企业人力资源短缺，对目前国内外食品安全体系的建立要求不熟悉。针对这种情况，本着扶持企业，扩大出口的宗旨，由认证监管处牵头，聘请系统内的专家，抽调业务骨干，数次奔赴企业，帮助企业按照国家有关规定，建立了养殖基地管理程序和HACCP管理体系，使该企业从肉兔的养殖到生产过程都得到了有效的控制。同时对企业的养殖、兽医、生产管理、检测人员分批进行了培训，提高了企业工作人员的整体水平，使企业建立的安全卫生质量体系得到有效运行，保证了出口产品的质量。2005年11月顺利地通过了系统内专家的预评审，由山西局向国家认监委推荐为对欧盟注册企业。此外还组织了9家果园及水果加工企业对国外注册备案。

撰稿人：郭晓冬

做好认证监管工作　促进山西经济快速发展

——山西省质量技术监督局2005年认证监管工作概况

2005年，山西省质量技术监督局(以下简称“山西省局”)认证工作以服务山西经济建设为宗旨，以科学发展观为指导，以提高企业管理为目的，以贯彻《认证认可条例》为主线，以先进性教育活动为契机，开拓进取，努力工作，真抓实干，全省认证工作在以下几个方面取得了新的进展。

认证监管执法工作持续深入开展

1. 强制性产品认证执法持续深入。根据国家认监委的安排，全省质监系统深入持久地开展了CCC执法工作。一是组织对列入目录内产品实施全面执法检查，重点查处尚未申请、假冒CCC标志、逃避认证和执法检查等问题；进一步摸清CCC产品企业数量，继续完善全省CCC产品生产企业档案、建立CCC产品生产企业的动态监管机制；进一步加大对强制性产品认证制度的宣传力度，不断提高广大工商企业对CCC制度的认识和执行的自觉性；对多次指导帮助仍达不到生产条件、领不到证书的作出依法责令停止生产销售。到2005年底，全省150家CCC产品生产企业，有120多家获得了CCC产品认证证书。二是组织省、市局认证监管和执法人员对全省CCC产品销售市场进行了检查，在检查时发现一些商家仍在销售未加贴标识的CCC产品，检查人员当场责令停止销售并向销售商宣传了CCC的有关规定，较好地规范了CCC产品销售市场，保护了消费者的合法权益。三是进一步加强强制性产品认证意识。全省质监系统深入持久地加大CCC认证的宣传力度，更新宣传方式，变粗放为深入、变独家为联合，深入企业、乡村进行宣传。并举行了主题为“确保家居安全、维护生命健康”的装饰装修材料强制性认证大型宣传咨询活动以及组织开展了质量安全老区行活动，在媒体上开辟了质量汇点专栏，向社会广泛宣传CCC制度和认证认可知识。

2. 体系认证和自愿性产品认证市场的监管进一步加强。全省质监系统以规范认证机构行为、提高体系认证有效性为目标，进一步深入宣传ISO 9000、ISO 14000等标准和有关自愿性产品认证文件精神，积极推行科学、先进的管理模式，不断提高全省广大工商企业的管理水平，促进效益增长，促进经济发展；大力推进自愿性产品认证，使企业通过自愿性产品认证，不断提高产品质量，不断提高产品知名度，不断提高企业竞争力。为进一步落实以人为本的科学发展观，构建社会主义和谐社会，创造良好的生存生态环境，促进社会生产力持续发展，加强对环境管理体系认证市场的监管，不断提高认证监管工作的有效性；根据国家有关规定，会同山西环保局联合发文对全省获环境管理体系认证的组织进行监督检查，并针对检查中发现的问题，及时通知认证机构暂停了两家单位的环境体系认证证书。

3. 对认证咨询机构的监管不断加强。一是加强资质的审批管理，严把“入口”关。资质审批是从源头有效控制和规范认证咨询机构的重要措施。为此山西局始终将审批工作和认证监管工作有效的结合起来。在机构的审批过程中严格按照国家质检总局第82号令的要求和国家认监委的相关规定进行审批。在对原有取得资质的13家咨询机构审批中，对其9家机构由于其条件不符合规定给予了注销。二是着力打击非法认证咨询活动。重点打击“无证”违法活动，加大清查力度，使市场更加规范健康发展。第一，充分利用“12365”和“96315”投诉举报电话，建立了投诉举报制度。通过有重点地加强宣传和引导，鼓励各认证咨询企业揭发各种违法违规行为，形成强大的舆论威慑力量；第二，积极发挥合法咨询机构的作用，利用合法机构日常从业的方便条件，及时发现并报告“无证”违法违规机构或组织的行为，为山西省局打击非法认证咨询活动提供线索。

4. 对农产品、食品进行专项检查。根据国务院关于实施食品药品放心工程和加强食品安全工作的决定等精神，按照国家认监委的要求，积极推动农产品认证、食品认证、花卉认证等涉农认证工作。对国家认监委安排布署的关于食品、农产品获体系认证企业的有效性监督检查和食品、农产品标志专项监督检查工作，山西省局高度重视,及时组织,周密安排,组织晋中市局有关人员,共检查了8个获体系认证企业;食品、农产品标志专项监督检查出动了19个检查组595人次,涉及20个超市、118家(累计)企业、158种/类(累计)产品。并按时上报了检查结果和情况总结。

5. 认证执法监管人员培训工作不断加强。山西省局组织开展了2005年度认证监管人员培训工作。根据国家认监委《关于组织开展2005年度认证监管人员培训工作的通知》要求,全系统省级及省级以下认证监管人员分期、分批进行了集中培训,播放了由国家认监委统一录制的授课光盘,对培训教材进行了认真学习,并进行了交流讨论和严格的考试,全系统共有735人参加了培训考试,通过学习培训,进一步提高了认证监管执法水平。

计量认证及检测实验室监管工作取得新进展

1. 计量认证工作取得新进展。在全省质监系统认证人员努力下,计量认证及检测实验室监管工作不断取得新进展,到2005年底,有386家检测机构取得了计量认证合格证书,有110余家同时获得验收证书(其中33家为省级授权质检站),监督评审70余家。

2. 机动车安检机构计量认证工作取得进展。根据国家质检总局、公安部、国家认监委关于加强机动车安全技术检验机构管理有关工作的通知精神,山西省局主动与公安机关交通管理部门等加强联系,争取各部门和单位的支持,并及时召开了部分机动车安检机构计量认证座谈会、全省机动车安检机构计量认证工作会议,宣贯了国家计量认证评审准则和相关标准,明确机动车安全技术检验机构检测质量手册编写要求,布置安排全省机动车安检机构计量认证工作,为按时完成全省机动车安检机构的计量认证工作,打下了较好基础。

3. 检测实验室监管工作不断加强。一是为不断加强检测实验室监管工作,以省局22号文件下发了关于对计量认证获证机构开展以超范围检验为重点的监督检查的通知,主要检查获证机构的质量体系是否有效运行、是否按认证的项目开展检验、所依据的检测标准是否有效、在用计量器具是否按时检定、记录和报告信息是否齐全。通过检查,促进了检测实验室的管理工作,进一步规范了其检测行为。二是为规范检验检测市场秩序,要求市、县局加强对未经计量认证就开展检验检测和证书超期仍在开展检验检测行为的检查查处。在各市、县局的努力下,检验检测市场秩序进一步好转,复查换证的明显增多,无证检验的受到查处。三是为进一步规范省属授权质检机构的检验行为,根据晋质监局发[2005]22号文件安排和对省属授权质检机构开展了以超范围检验为重点的监督检查。为使检查发现的问题能及时得到纠正,山西省局召开省属授权质检机构认证认可会议,通报了对省属授权质检机构的监督检查情况,各省属授权质检机构交流汇报了各自的整改情况,要求各省属授权质检机构进一步提高认识,不断加强责任心,有效运行质量体系,切实搞好内审和管理评审,实行内审、管审和工作报告制度,发挥好各自优势,不断改进管理方式方法,保证检验检测准确可靠公正公平。

4. 计量认证工作队伍进一步壮大。一是加强全省计量认证评审员队伍建设,提高计量认证评审工作质量。山西省局举办了全省计量认证评审员培训,来自全省环境监测、城市供水水质检测等行业的60余名人员参加了培训。培训内容为有关计量认证的法律法规、规范性文件和计量认证评审准则,培训过程中还进行了现场模拟评审,通过笔试和面试,多数学员取得了较好的成绩。二是加强获证机构的自主管理意识,不断提高其内审员业务素质。组织办了120多人参加的内审员培训,培训中,内审员们学习了有关计量认证的法律法规、规范性文件和计量认证评审准则,还进行了模拟内审。经过培训,内审员的基础知识、内审技巧有了新的提高。

撰稿人:李素文 审稿人:盛佃清

积极推动认证认可工作　服务内蒙古地方经济建设

——内蒙古出入境检验检疫局2005年认证监管工作概况

2005年,内蒙古出入境检验检疫局(以下简称“内蒙古局”)认真贯彻国家质检总局和国家认监委所制定的各项法律法规,积极完成了认证认可及监管方面的各项工作。

成立认证监管处

根据国家质检总局文件的要求，内蒙古局从服从服务大局利益、加强对认证监管工作力度出发,克服了人员紧张工作量大的实际情况，在全局选调适合从事认证监管工作的人员,于2005年7月成立了认证监管处,明确了认证监管处的职责和工作任务,并在各地区局、办事处确定了专门部门和人员负责认证监管工作事宜，形成了有效的认证监管工作网络。

出口食品卫生注册/登记工作

1. 本年度共完成了31家新申请出口食品卫生注册登记企业,13家复查换证企业,10家HACCP官方验证企业的评审、审批、发换证工作;取消了5家卫生注册企业,取消了2家卫生注册企业对美国的对外注册申请。现有卫生注册登记企业145家，已通过HACCP官方验证的46家,对外注册企业9家,分别为:欧盟、韩国、以色列、日本、南非、斯洛伐克等6个国家和地区,对外推荐注册企业2家,推荐国家为马来西亚,推荐品种为冷冻及保鲜牛肉、鸭肉。现有1家出口牛肉企业通过了对马来西亚注册。

2. 在卫生注册管理及组织方面,全年共组织139人次进行了出口食品卫生注册企业的评审,48人次参加了出口食品卫生注册企业HACCP官方验证工作,通过对评审工作的安排和有关情况的掌握，基本了解了内蒙古自治区出口食品卫生注册企业的现状和迫切需要解决的问题,为进一步指导各辖区的卫生注册企业监管工作,提高卫生注册工作质量奠定了良好的基础。

3. 由于现有的卫生注册企业的屠宰加工企业产品只能销往中东和香港等一些国家和地区，以及出口肉类的屠宰加工企业有从冷冻、保鲜向熟制方面发展的趋势,因此为促进企业的发展，内蒙古局向国家认监委推荐了2家屠宰加工企业、2家熟制肉类加工企业对韩国的注册。经过国家认监委评审组的异地检查并接受了韩国官方检查团的现场检查,2005年2月韩国通过了上述4家企业的对外注册，使内蒙古地区的出口肉类注册企业走出了由简单的屠宰加工出口延长到熟制肉类加工出口的第一步,在一定程度上规避了疫病疫情的风险,拓宽了国际市场。这是内蒙古地区第一次参加对韩国的对外注册。

4. 2005年内蒙古局向国家认监委推荐了2家企业对马来西亚注册。8月,马来西亚检查团来中国对内蒙古地区的塞飞亚股份有限公司和科尔沁牛业股份有限公司的两家出口食品卫生注册企业加工厂进行了对外注册评审。马来西亚的肉类大部分依靠进口,有严格的规定,相应的法规也比较齐全,对卫生注册企业的要求很严格。为了做好此次对外注册,有关人员几次到申请企业指导,提高了企业的管理水平和卫生意识，使企业的卫生管理水平有了较大的提高。

5. 为了进一步做好内蒙古地区的卫生注册和对外注册工作,4月内蒙古局派员参加国家认监委对广州、深圳、上海等地的4家对日本偶蹄类注册企业的督察及异地评审工作,参加了大连、沈阳、鞍山等地的5家企业对韩国申请熟食注册及上海、黑龙江、大连等地的5家注册企业对新加坡、韩国申请的罐头、熟制品企业的异地评审工作。通过参加异地评审工作,学习、了解和掌握了其他地区的卫生注册情况和对外注册工作的要求和做法,对进一步做好内蒙古地区的卫生注册审核管理工作，做到了心中有数、管理有度。

6. 2005年派员参加了国家认监委在大连组织的对日本、美国的对外注册的有关问题的会议,掌握了两个国家的有关规定、相应的要求和来华检查的重点、难点及应对措施，为作好内蒙古地区的出口食品生产企业对外注册工作积累了经验。

7. 在卫生注册数据管理方面,完成了全区全年卫生注册企业的管理、注册数据库保存和国家认监委卫生注册数据的核实、上报工作。国家认监委对各个省级的卫生注册企业情况采取电子文本月报制，要求每月必须上报当月的卫生注册企业数量、变动情况、新申请注册和取消数量及正在进行办理注册的情况等，需上报的和变动的卫生注册企业信息量较大。内蒙古局虽然卫生注册的管理人员较少，需上报的数据繁杂和琐碎，但也较好地完成了工作，未出现差错和问题。

强制性产品认证和出口产品质量许可证工作

1. **全面展开 CCC 认证宣传工作。**内蒙古局在有关新闻媒体上组织宣传，并在报检大厅发放小册子、宣传画。根据内蒙古局实际情况，将强制性产品认证宣传工作的重点放在口岸上，满洲里局、二连浩特局多次组织召开外贸有关单位参加的强制性产品认证宣传会、座谈会，并积极上门对企业进行宣传，讲解强制性产品认证制度，保证了强制性产品认证制度的顺利实施，受到外贸单位的好评。

2. **在 CCC 监管工作中严格依法行政。**在进口产品方面，内蒙古局涉及强制性产品认证的主要是机电类产品，包括电机、汽车、汽车开关及线组等。内蒙古局对这类产品的监管工作主要是查验认证标志、认证证书和货证是否相符。在受理报验时，根据《强制性产品认证管理规定》的要求，要企业出示强制性产品认证的有关标志、文件，文件齐全方可接收报验，否则不予受理报验。检验人员检验时，依据相关文件与货物认真核对，只有货证相符才出具相关证书，否则不得销售、安装和使用。

3. **做好 CCC 免办工作。**内蒙古局严格按照国家认监委《关于无需办理强制性产品认证及免于办理强制性产品认证工作有关部门问题的通知》的精神要求，制定了《免于办理强制性产品认证工作程序》，2005 年共办理的 29 份免于办理强制性产品认证证明中，对两厂 6 份免办单进行了现场核实监督，确保了办理强制性产品认证证明的准确性。

4. **出口产品质量许可证工作。**到 2005 年 12 月底为止，内蒙古局累计审核发放出口产品质量许可证证书 29 份，主要有煤炭、危包等。

5. **加强对认证监管人员的培养提高和管理。**2005 年按照国家认监委的要求，组织并完成了内蒙古局省级认证监管人员以及省级以下监管人员的统一考试，使认证监管人员的能力和管理水平得到提高。

质量管理体系认证监管工作

内蒙古局认证监管处成立后，明确了认证监管处的职责，建立了内蒙古质量管理体系认证认可监管工作网络，积极有效地开展了监管工作。

1. **做好对管理体系咨询、认证机构监管工作。**经调研，属于内蒙古局管辖的质量管理体系咨询、认证机构有 3 家。其中，咨询机构 1 家，认证机构 2 家。内蒙古局对这 3 家机构的合法性、开展工作的合规性进行了监管，督促这些机构开展的业务活动符合国家认监委的有关规定。

2. **积极参加国家认监委组织的各项活动。**2005 年 9~10 月，为了深入贯彻《认证认可条例》，落实《国家质检总局关于进一步加强质量安全监管工作的通知》的精神，进一步规范认证市场，加强对认证有效性的监督，按照国家认监委的统一安排，内蒙古检验检疫局与内蒙古技术监督局合作，各派人员组成 2 个联合审核组，对内蒙古自治区 15 家获得 ISO 9000 认证的食品企业进行认证有效性监督抽查，内蒙古检验检疫局负责担任 7 个企业抽查活动的组长，在抽查活动中，与技术监督局的人员密切协作，抽查实施过程中，遵循客观公正、廉洁自律的原则。大部分企业的质量管理体系运行有效或基本有效，但也有个别企业卫生状况较差，未按时进行监督审核。

2005 年 10 月，内蒙古局认证监管处参加了国家认监委组织的认证机构档案专项稽查工作。

实验室认证工作

2005 年度在实验室认证方面主要做了以下工作：

1. **完成国家认监委下达的关于开展实验室资源调查工作。**为了贯彻落实国务院关于建立国家检验检疫资源共享和检测信息共享体系规划，国家科技部将提供基础数据的任务交给了国家认监委，国家认监委下达了《关于开展第二次全国检验检测资源及实验室状况调查的通知》，内蒙古局对 20 个实验室进行了调查及数据汇总工作，内容包含实验室概况、总体资源状况、实验室能力范围、主要仪器设备等 4 个方面信息，经过多方努力，圆满地完成了这项工作。

2. **完成了本系统 7 个实验室的计量认证定期监督评审工作。**组织实验室进行了自查，并对发现的问题认真进行整改。由于组织有效、措施得力，全部 7 个实验室顺利通过了 CNAL 委派的评审组对实验室的计量认证监督评审，完成了本局技术中心计量认证/认可二合一评审。

撰稿人：陈志峰　审稿人：于兴渤

加强实验室认证和监管　提高检测水平

——内蒙古自治区质量技术监督局2005年认证监管工作概况

1. 做好计量认证评审工作。派出评审组对2004年未完成评审的质检机构和2005年到期的以及新申报的质检机构进行了评审，截至2005年底完成实验室计量认证评审和发证109家，审查认可/验收评审9家，被评审实验室涉及18个行业。

2. 根据国家质检总局、国家认监委严厉打击含“苏丹红”食品的工作要求，内蒙古自治区质监局下发了相关文件，本着急事急办、特事特办的原则，给具备能力的产品质量监督检验所增加了食品中苏丹红含量的检验项目，为内蒙古自治区打击含“苏丹红”食品的检验工作提供了技术保障。

3. 实验室内审员培训注册工作。为提高质检机构的内部管理水平，2005年前半年组织乌兰察布市、巴彦淖尔市、呼伦贝尔市以及地矿部门举办了质检机构内审员培训班，对230多名内审员进行了注册和发证。

4. 加强对质检机构的监督管理工作。为进一步加强对获证实验室的监督管理，使其符合《评审准则》的要求，2005年下发了内蒙古自治区质检机构监督评审计划，这项计划仍在实施中。对2004年已到有效期还未提出申请的质检机构下发文件要求各盟市局进行核实查证并进行相应处理。

5. 以文件形式对2004年度获证的质检机构进行了通告。

6. 根据国家认监委《关于开展第二次全国检验检测资源及实验室状况调查的通知》要求，为做好内蒙古自治区的实验室状况调查工作，于2005年1月14日~16日召开全区实验室状况调查工作布置会，对内蒙古自治区实验室状况调查和食品检测资源的调查做出了具体详尽的安排。用近两个月的时间对自治区481家实验室进行了摸底调查，圆满完成此项工作。

7. 为加强对产品质量检验机构的管理，保证其所出具数据的公正、科学、准确，内蒙古自治区质监局对内蒙古自治区地矿系统的实验室下达了能力验证计划。共计20个实验室参加了此次能力验证计划，18个实验室获得通过，2个实验室未通过，正在整改过程中。

8. 内蒙古自治区质监局于2005年9月配合国家认监委对自治区8家获得ISO 9000认证的食品生产企业进行了认证稽查工作。

内蒙古自治区质量技术监督局供稿

家，待申证企业30余家，还有100余家未申证企业均处于停产或半停产。同时，根据本地区的特点和实际，辽宁省局在强制性产品认证执法工作中突出了“三个重点”，即：以查处未申证、获证生产企业为重点，切实把好强制性产品认证生产企业的厂门；以查处流通领域伪造、冒用CCC标志违法行为为重点，切实把好消费安全关；以查处电线、电缆等本地区生产企业较多的产品为重点，切实提高强制性产品认证生产企业的申证、获证率。2005年，辽宁省局先后3次组织进行了全省范围的强制性认证产品执法检查活动，集中查处了建筑工地使用的低压配电箱（柜）、装饰装修产品和安全防范产品，加大了对不具备条件未申证企业的处罚力度，并对具备条件而未申证的企业下达了限期责令整改通知，从而有效地促进和规范强制性认证产品生产企业，取得比较明显的效果。各市、县（区）局也根据本地区的实际情况，采取日常监督检查与专项检查相结合、生产领域与流通领域相结合的形式，组织进行了强制性认证产品的执法检查，有效地打击和遏制了强制性产品认证的违法行为，维护了企业和消费者的利益，也推动了强制性产品认证制度的有效实施。

5. 采取切实有效的措施，打击非法认证活动。辽宁省局在推进认证事业向前发展过程中，高度重视了两个方面问题，一方面树立正确的指导思想，积极稳妥，注重实效，不搞形式主义单纯追求量的扩张；另一方面全系统认证管理部门加强了对认证机构及认证咨询、培训机构的监管力度，及时发现问题，及时纠正违规行为，提高了认证工作的有效性、公正性。

（1）对“无证”违法活动加大清查力度，使认证市场规范、有序、健康发展。实施区域排查制度，避免监管出现盲区。辽宁省局要求市、县（区）局对本辖区内的认证活动开展清查工作，一是及时发现并掌握区域应认证而未认证的“无CCC证书”、“无CCC产品标志”、“伪造、冒用、买卖CCC认证证书或标志”生产企业的活动场所及活动行为；二是及时发现并掌握本区域未获自愿性认证或无自愿性认证标志而伪造、冒用、买卖认证证书或标志的生产企业违法行为。三是及时发现并掌握辖区内开展非法认证活动的组织或个人。

建立健全投诉举报制度。一方面通过有重点地加强认证有效性的宣传和引导，鼓励各认证企业揭露各种违法违规行为，形成强大的舆论震慑力量；另一方面积极发挥合法认证及认证咨询机构的作用，利用合法机构日常从业的方便条件，及时地发现并报告“无证”违法违规机构或组织的行为。

开展明察暗访工作。根据各种举报线索，在争取相关部门和有关新闻媒体的支持下，采取明察暗访的方式，掌握各类违法违规机构的非法认证活动的事实及大量的资料，为依法查处提供有效证据。

（2）清理并查处违法违规机构。根据国家认监委《关于对认证违法违规机构进行清查的通知》精神，辽宁省局对清查工作做出了具体安排，组织稽查支队全面开展查处工作。在查处过程中，辽宁省局在《辽宁日报》上公布了辽宁省具有认证咨询资格的机构名单。各大报刊以“质量认证不是谁都能搞”、“质量认证证书也注水”为题进行广泛宣传，在社会上引起了强烈反响，不少正在搞认证咨询的企业都要求对方出具认证咨询资格证书，收到了良好的效果。通过明查暗访，沈阳市、鞍山市先后查出了13家没有取得批准资格的违规认证咨询机构。辽阳市局、大连市查处工作也开展得有声有色。对这些事件的处理，有力地打击了认证咨询违法行为，维护了认证工作秩序，规范了认证市场。

6. 积极完成食品和农产品认证标志专项监督检查工作。辽宁省局根据国家认监委《关于开展食品和农产品认证标志专项监督检查试点工作的通知》（国认注[2005]56号）文件要求和食品农产品认证标志专项监督检查试点工作会议精神，于2005年9月1日~15日在沈阳市和大连市开展了食品和农产品认证标志专项监督检查试点工作。试点以来，辽宁省局始终围绕“统筹规划，科学布局、层次清晰、合理分工、突出重点、保障有力”的工作方针，把提高检查工作的准确性和实效性以及为全国提供可资借鉴的经验为第一要务，扎实稳妥地开展专项监督检查试点工作。试点检查共涉及生产企业数量691家，涉及认证机构6个。检查产品数量1 120种。检查结果发现标志违法违规产品数量共89种，涉及认证企业133家，认证机构6个，其他认证组织4个。

做好认证监管工作的几个关键环节

辽宁省局在工作中明确了如下几条进一步做好认证监管工作的关键环节：

1. 从振兴辽宁老工业基地出发，充分认识认证监管工作的重要意义。辽宁老工业基地，具有雄厚的资源和劳动力优势。要实现跨越性发展，必须做好固本强基的基础性工作，通过提高认证有效性等手段，切实提高产品质量和企业管理水平。但认证市场长期积累的认证质量问题没有得到根本解决，从而降低了认证工作的有效性。尽管违规违法的机构是极少数，但造成的影响极坏，直接导致了部分企业或组织对质量管理体系等认证的信任度降低。因此，要提高认证有效性，首先要建立健全认证市场监管机制，加强对开展认证活动组织的监管。针对这一特点，辽宁省局把工作的重点放在了建立健全认证市场监管机制上，通过积极研究认证市场监督管理的新模式，促进认证有效性的提高，从而为辽宁的经济发展提供有效的增值服务。

2. 依法行政，切实履行认证监管职责。健全市场监管机制，促进社会诚信体系建设，还要依靠法治力量，做到有法必依、执法必严、违法必究。《认证认可条例》对认证认可违法行为设定的处罚种类、处罚力度，在规范认证认可活动、对认证认可活动实行有效的监管、整顿认证市场秩序、提高认证认可真实性和有效性等方面提供了强有力的法律支撑。辽宁省局一方面组织学习，加深对《条例》的理解；另一方面，进一步明确了认证监管职责。按照“谁区域、谁监管、谁负责”原则，建立属地管理责任追究制。明确提出对无证及伪造、冒用、买卖认证标志或认证证书的违法违规行为做到及时发现、快速调查、事实清楚、证据确凿、严肃查处。对情况不清、职责不明、措施不力、检查不彻底，导致辖区内发生较大影响的认证违法行为的，对认证执法检查遇到阻力或疑难问题不进行报告、不作进一步检查、不过问的，对辖区内生产领域、流通领域和经营场所发生强制性认证产品安全、质量问题且性质严重，经查实属于质监部门责任的，要追究有关人员的监管责任。由于依据得力，职责明确，各地区局在认证监管工作中更能积极发挥作用，有了更大的工作主动性，从而使辽宁省的认证市场清理整顿工作取得了明显成效。

3. 坚持执法与服务并举。辽宁省局针对认证违法行为的执法制定了六项原则，其中的“有效性原则”、“处罚的合法性与适当性原则”等都体现了行政处罚与说服教育相结合的精神。执法检查的根本目的是为了推进认证制度的有效实施。辽宁省各级质检部门在进行执法检查过程中，坚持把推动企业产品通过认证作为工作的出发点和着力点。特别在执法检查初期，把指导、帮助、督促作为工作重点，对尚未通过认证的企业积极进行“帮、促、扶”，敦促他们尽早通过认证。在强制性产品认证制度执法检查工作中，虽然全系统共出动执法人员 1.2 万人次，共检查生产企业 1 200 余家，商店、商场等经销企业 1 000 余家，但其中被检查的 95%以上的企业及经销商都是在说服教育与帮扶下，责令其改正，只有对屡教不改、心存侥幸的违法违规企业按国家规定的执法查处重点进行了专项查处。几年来，辽宁省局一直坚持执法与服务并举的原则推动强制性产品认证制度的顺利实施。

4. 加强学习和探索，是做好认证监管工作的基础保障。为了更好地指导和推进认证及认证监管工作的开展，辽宁省局开展了一系列调查研究工作。一是组织各市局对认证企业广泛开展了认证有效性调查，向认证企业发出认证效果评价问卷调查表，在此基础上形成认证有效性调研报告。这个报告对辽宁省部分企业的认证实施效果做出了定性和定量分析，基本找准了全省认证企业总量存在的差距、认证在不同地区和不同行业间的不平衡性以及认证类别进度情况，从而为辽宁省局认证监管工作实际定位和创新指明了方向。二是为掌握全省强制性产品认证实施情况，提高强制性产品认证实施工作水平，在沈阳市选取部分获证企业、出口企业、经销企业进行问卷调查，以量化的形式从 14 个方面对强制性产品认证进行分析总结；组织辽宁省高低压开关成套设备质量技术协会召集占辽宁省 CCC 认证企业总数一半左右的高低压开关成套设备企业代表进行座谈；对部分大企业开展征文活动；对省局直属单位进行了信息跟踪等。这一系列的调研，基本摸清了企业对强制性产品认证制度实施的接受程度、CCC 认证对促进辽宁省产业结构调整产生的结果、CCC 认证促进辽宁省标准技术法规的贯彻实施以及 CCC 认证对中国入世后保护国内市场等方面的底数，从而为辽宁省局进一步理清了工作思路，加强督促检查和分类指导，为进一步提高认证有效性打下良好的基础。

撰稿人：林慧生　审稿人：刘　义

提高评审员素质
推动吉林省出口食品企业卫生注册工作

——吉林出入境检验检疫局2005年认证监管工作概况

各项工作完成情况

1. **继续实施强制性产品认证制度。**按照国家认监委的统一部署，吉林出入境检验检疫局（以下简称“吉林局”）监督检查了包括一汽集团公司在内的5家出口企业执行CCC认证制度的情况；办理了170多批CCC认证产品免办证书，货值200多万美元。

为发展吉林经济，特事特办，经请示上级批准，为长春龙嘉国际机场进口6台特种车辆办理了进口无需办理CCC产品认证手续，货值200多万美元，及时满足了机场清雪、除冰、牵引等特殊需要。

2. **加强质量许可证管理。**全年办理出口质量许可证8份，对6家已获出口质量许可证的企业进行了监督检查。

3. **集中精力抓实验室管理。**组织协调全局所属6个实验室通过了CNAL认可和计量认证（延边局因基建暂停）；会同保健中心实施了实验室生物安全预案演练；先后对吉林局的11个实验室和管辖范围内的具有一定食品检测能力的8家出口食品企业实验室的资源情况进行了调查，并将调查结果及时上报给国家认监委。

为落实“大通关”精神，制定了《吉林局认定实验室管理办法》，依此对华润赛力事达公司质检中心、吉林德大公司食品检测中心等5家企业的9个承担出口检测任务的实验室进行了严格审核，对其150多个检测项目给予了认定，颁发了认定证书，为快速验放，缩短检验周期，降低检验成本创造了条件。

4. **看力抓好卫生注册登记工作。**全年共受理出口食品企业卫生注册登记104家。协调派遣103个评审组，调动安排评审员320多人(次)，颁发卫生注册登记证书94 份。

推荐对美国、日本、韩国、马来西亚等国出口食品企业9家(次)。实施换证复查25家。协调组织相关部门、分支机构对15家出口水产品企业和8家肉类屠宰企业进行了专项检查。

5. **积极做好迎接国外官方对注册企业的检查工作。**先后迎接了马来西亚对长春皓月公司的注册复查工作；日本、韩国对吉林德大公司的检查。重点组织协调了迎接美国检查团对吉林德大公司的等效评估检查，国家认监委在日后发出的通报中，对吉林局的迎检工作给予了充分肯定。

6. **对涉及强制性产品认证制度的监管人员和出口企业质量管理人员进行培训。**采取专业人员课堂授课、车间现场模拟评审、典型企业现场观摩、以会代训等走出去、坐下来、动静结合的方式，先后举办了“全省出口食品卫生注册登记企业质量管理人员培训班”、“全省出口危包质量许可证考核细则培训班”、“全省出口食品卫生注册登记评审员培训班”、“全省速冻黏玉米现场会议”，共培训320多人(次)。此外，组织全局近40余名涉及强制性产品认证制度的监管人员参加了认监委10月14日的全国统一考试，进一步提高了认证监管执法队伍的素质。

加强卫生注册评审员培训

截至2005年底，吉林局共有卫生注册主任评审员8人、评审员37人。评审员分布在认证监管处、植检处、动检处、食品处和各分支机构。其中：省局有主任评审员6人、评审员17人；分支机构有主任评审员2人、评审员20人。评审员队伍中具有大学本科以上学历的42人，占评审员总人数的89.0%。

2005年度吉林局共受理出口食品企业卫生注册登记申请104家，协调派遣103个评审组，调动安排评审员320多人(次)，颁发卫生注册登记证书94份。推荐9家(次)出口食品企业对美国、日本、韩国、马来西亚等国注册。实施换证复查25家。组织相关检验处、分支机构对8家出口水产品企业和8家肉类屠宰企业进行了专项检查。

1. **用制度规范评审员管理工作**。为了规范卫生注册登记的评审工作,更好贯彻国家认监委制定的《进出口食品生产企业卫生注册登记审批程序》,2005年制定了《吉林局出口食品生产企业卫生注册登记评审工作程序》。对卫生注册登记评审工作,包括受理申请、组成评审组、文件审核、现场评审、评审方式、评审项目、审核结果评价分类、跟踪整改、审批发证等,以及时间和流程上都做出明确规定。对促进卫生注册登记工作的规范化、科学化,扩大吉林省食品农产品的出口起到积极的推动作用。

为推动吉林省出口食品企业的卫生注册工作,评审员主动上门服务,指导企业按卫生注册登记要求建立加工车间或对车间进行改造,使企业达到卫生注册登记要求。一年来共帮扶了30多家企业,使他们获得了卫生注册登记及对外注册,对吉林省食品出口起到了积极推动作用。通过热心指导、帮助企业建立和完善了卫生质量体系,使企业理解了卫生注册登记工作的意义和重要性,赢得了企业的好评。

2. **提高评审员素质**。为了把国家质检总局和国家认监委制定的有关法律法规、部门规章、规范性文件、注册规范、检验检疫行业标准及时宣贯到每个评审员,按照国家质检总局《质量许可和卫生注册评审员管理办法》(国家质检总局2000年第15号令)的要求,大力做好评审员培训工作。2005年9月,举办了一期出口食品企业卫生注册登记评审员培训班。全体评审员和拟作为评审员培养对象的12名检验员,共59人参加了培训。这次培训采取对吉林德大有限公司屠宰场和熟食加工厂现场评审的方式进行。通过现场评审、参观学习、座谈交流,主任评审员分专题讲解了《肉类屠宰加工企业卫生注册规范》和"如何做好迎接美国检查团对吉林德大有限公司的等效评估检查"及"日本卫生要求"等。评审员分组人人进行讲评,最后主任评审员对每个学员的讲评进行总结评议,并将每个评审员的讲评材料经主任评审员填写评审意见后存入评审员个人档案。通过专题讲解、学员讲评和总结,达到了预期培训目的。学员普遍反映培训班形式新颖、内容丰富、效果明显,为今后开展评审工作积累了理论知识,提高了业务水平。同时学到了许多好做法、好经验、好路子,为评审工作的深入开展创造了必要的条件。

为了全面提高吉林省出口企业的管理水平,对全局评审员和企业管理人员共180多人进行了培训。由主任评审员分专题讲解了"吉林省出口农产品(食品)现状、问题与对策"、"进出口食品的安全性管理"、"卫生注册登记企业的卫生质量手册编写"、"怎样准备卫生注册工作"、"标准卫生操作程序(SSOP)的编写"、"质量记录、作业指导书、质量计划的编写"等,通过培训锻炼了评审员队伍,进一步提高了素质。

扎实做好注册监管工作

由吉林省出口到韩国的干鳕鱼及其制品数量,约占韩国进口总量的90%。为确保吉林省出口水产品以质取胜,避免对韩国出口受限,按照《出口食品生产企业卫生要求》,制定了《吉林局出口鳕鱼加工卫生规范》(试行),加大了对已获注册登记的水产品加工企业的定期监管和日常监管工作力度,真正把工作抓实抓好,有力的保障了这种传统民族食品出口产业的发展。

2005年5~6月,组织了14名评审员对8家干鳕鱼出口企业进行了监督抽查,总结了管理比较好的企业的经验,肯定了成绩。同时也看到了问题并分析了原因。

在此次检查过程中,对存在问题较多的一家企业,限期三个月改进,对其他企业存在的问题,责令其立即整改。通过监督抽查,进一步增强了企业对安全卫生的管理意识,确保了吉林省水产品顺利出口。

针对检查中发现的问题,下发了《关于进一步加强对出口干鳕鱼登记企业监督管理的通知》(吉检认[2005]119号),要求企业按要求进行改进。

根据国家认监委《关于开展出口肉类屠宰加工设备设施整改和加强注册监管工作的通知》(国认注函[2005]135号)要求,由认证监管处牵头组织8名评审员分别对全省8家肉类屠宰加工企业进行了全面的监督检查。

对检查中发现的问题,要求企业限期改进,并责成有关部门督促企业按期完成改进。对多数企业在SSOP、HACCP建立及有效运行方面存在的问题,计划在2006年加强对出口屠宰加工企业人员的培训,使其逐渐全面符合卫生注册规定的标准。计划从2006年开始,由认证监管处牵头每年对全省的出口肉类屠宰加工企业进行一次"拉网式"监督检查,切实督促企业全面提高管理水平和完善硬件设施。

撰稿人:翟文阁　审稿人:陈　卫

强化认证认可监管　积极服务地方经济发展

——吉林省质量技术监督局2005年认证监管工作概况

吉林省质量技术监督局(以下简称“吉林省局”)在2005年认证与实验室评审管理工作中,紧紧围绕吉林省经济中心工作展开，抓住推动认证工作和加强质检机构建设这两个重点,扎扎实实、卓有成效地完成了全年的工作任务，为全省经济建设和振兴吉林老工业基地发挥了有力的服务保障作用。

加速推进认证工作

1. **扩大宣传,积极开展自愿性产品认证工作。**吉林省局把为县域企业提供认证服务作为广泛开展自愿性认证工作的切入点。一是增强服务意识,加大扶持民营企业认证工作力度。省局采取多种形式,全方位、多渠道、多范围地向民营企业宣传自愿性认证工作的重要意义，使民营企业充分认识到认证工作是提升产品质量、服务质量和企业管理水平的重要保证。引导和帮助民营企业全面开展质量、环境职业健康安全、食品安全管理体系的认证工作，为提高民营企业产品的市场竞争力和打入国际市场建立绿色通道,不断提高民营企业的经济效益,进一步促进县域经济发展。二是制定具体措施,确保民营企业认证工作落到实处。为确保县域民营企业认证工作的顺利实施,吉林省局成立了由孙秀文副局长任组长、认评处苗红处长任副组长的帮扶工作领导小组，下设帮扶工作办公室,具体组织协调帮扶工作。各市、州局也都成立了帮扶工作领导小组。吉林省局确定每年要为10户未认证的县域企业提供优质服务，并为县域民营企业开展认证工作提供可靠的咨询机构和认证机构，及时为企业提供内审员培训。同时,鼓励质检机构主动为企业提供技术咨询服务,解决技术难题。通化市局在督促企业、为企业咨询、指导服务方面做了大量工作。从局长到科长经常深入企业进行督促、帮助、指导,取得了很好的效果。延边宇星无公害农产品开发有限公司、中央储备粮榆树直属库、吉林市江滨食品工业有限责任公司等19户企业年内全部通过了认证。截至2005年年底,吉林省已经有近2 500多家企业通过了认证，通过使用先进的管理模式和方法进行管理,企业在生产和服务中降低了成本、提高了效益,同时提升了企业的信誉度、知名度和市场竞争力,使企业管理水平跃上了新台阶。

2. **落实《认证认可条例》,全面推进强制性产品认证制度。**为此,吉林省局一是抓了强制性产品认证制度相关知识的培训。2005年4月13日,吉林省局在法规处组织的全省系统行政执法人员培训班上，向参训人员讲授了《认证认可条例》、强制性产品认证制度和强制性产品认证行政执法等有关内容。另一方面,吉林省局于5月16日~17日，举办了生产和经销强制性产品的各相关企业参加的、为期2天的“CCC强制性产品认证知识暨法律法规培训班”。通过这两个培训,使系统内行政执法人员和各生产、经销强制性产品的企业这对监管者与被监管者,对强制性产品认证制度的基本情况、如何对强制性产品进行监管、企业如何开展强制性产品认证及强制性产品认证的有关法律法规等有了深刻的认识和比较系统的掌握。为进一步推进强制性产品认证制度,奠定了坚实的基础。二是开展了强制性产品认证行政执法工作。对列入第一批实施强制性产品认证目录内的产品、列入目录内的装饰装修产品和列入目录内的安全技术防范产品，分别从2005年1月1日、2005年8月1日和2005年10月1日起开展全面行政执法。为此,吉林省局认评处与法规、稽查和监督部门密切配合，对强制性产品生产企业比较集中的地域和产品，作为强制性产品认证行政执法工作的重点,对尚未申请认证、送检样品与生产产品不一致、假冒CCC标志和逃避认证等问题进行了全面的行政执法工作。例如组织白城市质量技术监督局查获了杭州一企业生产的斯达康手机没有经过CCC认证在白城市场上销售,白城市质量技术监督局积极督促其申请认证,并对其行政处罚10万元。对强制性产品认证生产企业始终坚持监督与服务相结合,在开展CCC执法的同时,主要是侧重对企业的宣传、督促、指导和帮扶,在处理上原则上不罚,以责令整改为主,取得了很好的效果。吉林省强制性产品认证生产企业已有236家企业获得了强制性认证，共获证书1 226张，部分企业正在申请中，获证企业与正在申请的企业已达到全省强制性产品认证企业的95%，有效地推动了强制性产品认证制度的贯彻实施。

3. **严密监管网络，加强认证认可市场监管**。不断加强认证认可工作监管网络建设。在省局层面上，认评处注重搞好与法规处、稽查队的密切配合。认评处主要从业务管理上牵头，统一布置、协调落实、严格把关；法规处注重在对执法程序、执法环节的把握；稽查队在一线抓好执法工作。从而形成了认评处、法规处和稽查部门各司其职、相互协调、相互配合的"三位一体"工作模式。在全省质监系统层面上，省局注重加强对系统内各市、州、县三级认证监管人员的指导。省局统一要求各市、州局把认证认可监管工作的职能放在各地质量科（处），选派思想素质好、有事业心和原则性强的人员负责认证认可工作，对县级局也要求把认证认可工作落实到具体人员，并建立了上情下达、下情上传和及时反馈情况的信息畅通渠道。

为加强对认证市场的监督管理，打击认证违法活动，维护认证工作秩序，提高认证行业的技术水平和信誉度，保证认证咨询结果的客观公正和真实有效，省局组织全省系统，利用一个月时间，对吉林省内的认证市场进行了一次集中清理。吉林省局下发了《关于对全省认证市场进行集中清理的通知》，对如何搞好清理工作提出了明确具体的要求。为了加强对认证咨询机构的监督管理，根据国家认监委关于"国家认监委和地方认证监督管理部门每年要对认证咨询机构及其分支机构进行监督"的有关要求，省局于2月24日~3月21日，对经国家认监委资质批准的吉林省8家认证咨询机构进行了一次全面监督检查。省局在全省范围内清理了9家不符合要求的认证咨询机构。通过对认证市场和认证咨询机构的监督检查，有效地净化了认证市场环境，规范了认证咨询机构的行为，提高了认证和咨询活动的有效性。

4. **积极筹建吉林省农产品认证中心**。国家认监委把吉林省确定为开展良好农业规范认证和建立良好农业规范认证示范基地试点后，吉林省政府十分重视此项工作。按照省政府的要求，省局经过认真研究，并征求吉林检验检疫局、吉林省农业委员会等相关部门意见，认为国家认监委把吉林省作为开展良好农业规范认证和建立良好农业规范认证示范基地试点，对于全面落实《国家质检总局、吉林省人民政府关于共同推动吉林食品农副产品生产加工和扩大出口合作备忘录》，推动吉林省农业规范、有序、健康发展具有十分重要的意义。省局还积极筹备成立吉林省农产品质量认证中心。中心批准成立后，吉林省将进一步做好吉林省的农产品、有机产品的认证工作，进一步推动吉林省开展良好农业规范认证和建立良好农业规范认证示范基地试点工作。

5. **加强督促，积极开展农产品、食品认证标志专项监督检查活动**。按照国家认监委的统一部署，省局组织长春市稽查队对长春市内的大型超市、商场和认证产品专卖店所经销的食品和农产品及其包装上加贴、印刷的认证标志情况进行了一次全面的专项监督检查。从10月28日~11月7日，省局共组织出动检查人员300余人次，对长春市内的欧亚商都、远方、南街等7家大型超市、商场和产品专卖店所经销的食品和农产品及其包装上加贴、印刷的认证标志情况进行了一次全面的专项监督检查，涉及产品66种、生产企业62家。通过这次专项监督检查，在食品和农产品认证标志上虽然没有发现问题，但取得了一定的收获，摸清了长春市内的大型超市、商场和产品专卖店所经销的食品和农产品加贴和印制认证标志情况，为实施认证监管提供了第一手资料。增强了商家经销合法认证标志食品和农产品的自觉性，有效地维护了消费者的切身利益。

加快质检机构建设步伐

1. **圆满完成了实验室资源调查和分析工作**。按照国家认监委《关于开展第二次全国检验检测资源及实验室状况调查的通知》要求，吉林省作为全国4个实验室资源调查试点单位之一，吉林省局在对9个市州实验室填报人员进行培训等前期准备工作的基础上，上半年利用4个月时间，对吉林省582家实验室状况和食品检验检测资源，从基本信息、资源、检测能力和收入等4部分资源数据进行了深入细致的调查和分析，并及时向国家认监委上报了调查和分析情况。这次全国实验室资源调查和分析，为摸清中国实验室的总量、管理体制、地域分布、行业分布、资质评定等情况，为政府提供全国实验室资源和检测市场的基本情况，从而有效地指导有关行政事业单位、企业和个人合理地投资建设实验室和检测机构，避免盲目投资，具有十分显著的经济效益和社会效益。同时，为实现检测机构信息资源共享，推动资源优化配置，提高检测机构竞争力，动态监督管理检测机构和建立服务体系具有十分重要的意义。

2. **认真研究，圆满完成省科技厅软科学项目《加入WTO后，吉林省质检机构建设发展战略》研究工作**。此课题2003年12月份经省课题厅立项列入软科学计划。2005年3月通过了省科技厅验收，整个研究形成了综合研究报告、技术报告、对比报告和工作报告。课题紧密结合吉林省的实际情况，认真总结吉林省质检机构的现状，深刻分析存在的问题，科学合理地提出吉林省质检机构改革、建设和发展的战略思路，对科学合理的规划建设吉林省的质检机构，促进经济健康快速、跨越式发展，为政府部门制定相关政策提供参考，促进检测市场的形成和完善都具有十分重要的意义。

3. **强化措施，食品安全检测体系建设取得实效。**党中央、国务院对食品安全工作高度重视，专门下发《国务院关于进一步加强食品安全工作的决定》(国发[2004]23号)。为扎实搞好吉林省食品安全监管工作，把食品安全体系建设落到实处，2005年6月，省局组织召开了有省卫生、药监、商务、农业等部门参加的“建立吉林省食品质量安全检测体系协调会”，在会上大家统一了思想，明确了职责范围，通报了检测机构资源调查情况，对就如何利用现有资源，不搞重复建设，如何建立食品质量安全应急反应机制，研究了可行的对策和办法。会后联合下发了《关于加强全省食品质量安全检验检测体系建设的意见》，为吉林省食品质量安全检测体系规划建设打下了基础。吉林省局结合吉林省食品监管现状做了5方面的工作。(1)摸清底数，搞好食品实验室资源调查工作。结合吉林省实际，自2004年12月~2005年3月对吉林省食品检测实验室的机构概况、资质状况、人力资源、固定资产、检测能力、主要仪器设备等情况进行了认真摸底调查，掌握了第一手资料。为吉林省的食品检测体系规划建设打下了坚实基础。(2)以点带面，落实食品监督安全实验室建设规范。省局制定下发了《吉林省质监系统食品安全实验室建设规范》，详细规定了质量技术监督系统食品安全实验室建设的基本原则，对实验室检测能力、环境条件、仪器设备的配置、人员素质要求以及具体管理等提出了明确要求。资金来源主要是每个实验室由省局补助30万，当地政府配套资金30万，各市、州质量技术监督局和职工集资解决一部分。省局由认评处牵头组织专家到各市、州质检所对实施《规范》进行现场规划、设计指导。并由认评处组成技术专家考核验收组，对市级质检机构落实情况进行全面验收。吉林省有吉林市等6个地区已通过吉林省食品安全实验室的考核验收。2005年8月，国家质检总局李长江局长到吉林视察工作对吉林市质检所的食品安全实验室建设给予了充分肯定，并给吉林市食品安全实验室50万元的经费补助。葛志荣副局长到延边州食品安全实验室进行了视察，蒲长城副局长到四平市食品安全实验室进行了视察，都给予了很高评价。(3)以人为本，提高食品检测人员业务素质。在构建吉林省食品安全检测体系工作中，省局始终坚持以人为本的方针，努力提高食品检测机构人员素质。省局通过采取实验室内部和实验室之间进行知识竞赛、仪器比对、人员比对等形式，广泛开展好检验人员的岗位练兵活动，认评处对从事食品安全和微生物检验的人员、大型仪器设备的操作人员统一进行培训考试，检验人员持证上岗，在提高食品检验能力上狠下工夫。重点解决好检验人员对仪器设备操作不熟练、标准理解不透彻、样品前处理操作不规范、检验水平低等问题，营造一种人人讲学习、人人钻研检测业务的浓厚氛围。(4)加强监管，狠抓食品安全实验室管理水平。食品安全实验室建立后，强化了后续的监督管理，首先各级食品安全实验室要严格按照《产品质量检验机构计量认证/审查认可(验收)评审准则》的要求，建立文件化的质量管理体系，要求实验室要建立健全各项规章制度，并严格执行。严格落实食品安全实验室每隔18个月的监督评审工作。同时根据需要强化实验室的日常监督，加大对实验室的监督检查力度，主要检查实验室的各项规章制度以及质量体系是否按评审准则运行。严格杜绝实验室不规范操作，超范围检验，出具虚假数据，伪造检验报告等行为的发生。(5)强化措施，建立快速反应应急制度。省局建立了通畅的信息通报制度，形成下情上传、上情下达、横向联合、纵项沟通的良好局面。省局主动跟踪国内、国际先进的管理方法、检验标准和突发事件。并要求实验室和相关管理部门要及时了解国内和国际的新思路、新标准和新方法。省局还注意发现、培养、储备食品检验检测方面的专家和技术人才，充分利用吉林省大专院校、科研院所、质检机构的人才技术优势，组建了技术专家组，提高了对应突发事件的能力。

4. **加强监督，开展计量认证专项监督检查工作。**按照国家认监委《关于开展2005年度计量认证专项监督检查工作的通知》(国认实字[2005]167号)要求，2005年10月，吉林省局开展了全省范围内的计量认证专项监督检查活动，检查采取各地区互查的形式，重点检查了从事食品检测的实验室。全省共抽取实验室50家，主要侧重对实验室管理体系、公正性、实验室检测能力和标准执行情况的核查，为掌握实验室运行的真实情况，要求检查组提前一天通知被检查单位。检查发现了一些问题，对其进行了相应的处理。对实验室进一步加强管理，提高检验能力和水平起到了有效的促进作用。另外，完成了对辽宁、黑龙江两个省10家实验室的跨省检查任务，得到了国家认监委的充分肯定。

5. **搞好规划，扎实做好机动车安全技术检验机构计量认证工作。**省局组织力量对全省机动车检测线的人员素质、仪器设备配置、检测环境条件、场地等情况进行了调查摸底，调查摸底情况及时上报了国家质检总局和国家认监委。省局在调查摸底和学习经验的基础上，积极组织并协调相关部门开展机动车安全性能和综合性能检测机构计量认证工作。协调吉林省公安厅三次联合下发文件对全省从事机动车安全技术检验任务的检验机构进行统一规划、监督管理。要求吉林省范围内从事机动车安全技术检验的机构必须社会化，坚持按区域合理布局、不盲目投资、不重复建设的原则统筹规划全省的机动车安全技术检验机构。并规定凡新申请建立机动车安全技术检验机构的，必须首先书面向省质量技术监督局提出意向申请，并附可行性和必要性论证报告，由省质量技术监督局商省交通管理局同意批准后，再进行办理工商营业执照、购置土地、购买设备、招聘人员等步骤的操作。未获得省质量技术监督局和省交通管理部门同意擅自建立机构的省质量技术监督局将不予受理。省局同时制定了机动车安全技术检验机构应具备的基本条件，并对已经获得计量认证的机动车安全技术检验机构加强监督规范其行为，确立了对机动车安全技术检验机构进行年度登记审核制度。通过统一规划严格监管，取得了很好的效果。全省共有机动车安全性能和综合性能检测机构83家。其中，机动车安全性能检测机构50家、机动车综合性能检测机构32家，已现场评审发证45家。其它机构的计量认证工作正在紧张有序进行。

6. 加强国检中心建设，积极组织开展科研开发，争取国家支持。省局积极与国家有关部门协调，经过积极努力，国家质检总局批准在吉林省建立国家饮用水质检中心、国家果酒及果蔬饮品质检中心，在国质检中心的筹建过程中，到现场帮助指导，并帮助选择建设地址。在管理方面积极帮助其建立质量体系，并指导其运行。截至2005年底，这两个国检中心筹建中的各项工作已有序进行。同时吉林省局鼓励组织国家农业深加工质检中心开展科研开发。2005年，该中心获得国家质检总局立项科研课题3项：《燕窝制品的掺伪鉴别技术研究》、《食品中多种重金属的快速测定》、《大豆制品中的蛋白酶抑制剂活性测定》；食品检验能力验证项目1项：《大米中铅砷镉汞的测定》；国家标准化委员会标准研究项目一项：《食品中滑石粉的测定》。上述课题获得国家质检总局项目资助资金60万元。在应对苏丹红、孔雀石绿、啤酒中甲醛等国内重大的食品安全突发事件中，组织检验机构科研技术人员进行技术研究，及时完成国家质检总局下达的应急检验工作任务，为国家质检总局抓好食品安全工作提供了支持，得到了好评，创造了良好的经济效益和社会效益。另外还组织省质检院参与国家总局负责向科技部申报的食品安全科技专项研究课题，起草了《农药残留的液相色谱—质谱检测方法研究》、《食品中掺假物以及非食用原料检验技术研究》、《食品中有害元素多组分快速检验和形态分析技术研究》等子课题的方案。参加《"十一五"国家科技基础平台建设》项目中的《食品安全领域的重要计量标准及其溯源体系》课题方案的起草工作，该项目已经在科技部立项，国家农业深加工产品质检中心成为主要参加单位之一。2005年经过积极努力，吉林省质检院获得国家局资金支持的建材产品检验能力提升技术改造项目和国家汽车零配件产品质检中心(筹建)实验室建设项目共计120万元。

7. 完成了计量认证监督管理和培训工作。吉林省局年初下发了2005年度计量认证/审查认可到期复查和监督评审计划；清理了2005年到期复查未提交复查申请的质检机构23家；受理了130家质检机构的复查（初)申请。全年共审批发放出计量认证合格证书120份。根据通化市质检所的申请，批准通化市质检所筹建"吉林省石油机械产品质量监督检验中心"根据《中华人民共和国计量法》及其配套法规规章的规定，省局对8家超过计量认证有效期的质检机构下发了注销计量认证合格证书通报，要求各市、州质量技术监督局要加大对质检机构的监督检查，对违反《计量法》和有关法规规章的行为依法严肃查处。2005年5月，省局对9家建筑消防设施消防电气检测机构进行了专项监督检查。通过检查，有效地规范了检测机构的行为，进一步提高了检测机构的管理水平。5月~9月，省局组织系统内粮油、卫生行业的市级质检机构对涉及食品检验项目的硫磷、苋莱红、亚硝酸盐过氧化苯甲酰等项目进行了能力验证，共参加单位37家，并对验证结果进行了通报。严格落实对质检机构的监督评审工作，完成了对全省107家实验室的监督评审工作。5月，省局还举办了一期质检机构内审员培训班，系统内外的质检机构共有45人参加了培训。10月举办了全省实验室测量不确定度的培训，共参加人员120人。年内举办了2期机动车检测机构检验人员培训班，共培训人员110多人，有效提高了检验人员的素质。为满足不同领域计量认证/审查认可评审工作需要，充分发挥科研院所、大专院校和事业单位技术专家的作用，使吉林省计量认证/审查认可工作更加规范、科学、公正，建立了全省技术专家数据库。

吉林省质量技术监督局供稿

规范认证监管工作
积极为振兴东北老工业基地服务

——黑龙江出入境检验检疫局2005年认证监管工作概况

2005年，黑龙江出入境检验检疫局(以下简称“黑龙江局”)紧紧围绕“以紧贴黑龙江经济发展为中心，以评审与服务并存，效率与质量并举为重点，以规范内部操作，提高人员素质为主线，全面开创认证监管工作新局面”的工作思路，较好地完成了各项工作。

认证监督管理

1. **出口食品注册登记管理。**2005年黑龙江局共组成40余个评审组对申请卫生注册登记或复查的173个企业进行卫生注册登记评审。截至2005年底，黑龙江省获得卫生注册登记的出口食品生产企业371个，其中注册企业125个，登记企业246个。其中新增企业160个，有12个企业被取消注册登记资格。完成HACCP验证企业10个。

登记企业增多主要是大米出口企业数量增加。全年共有120个大米生产企业获得卫生登记证书。通过对全省出口大米企业进行登记，有效地提高了生产企业的质量体系意识，规范了卫生操作要求，充分调动了黑龙江省大米企业出口积极性，为进一步提高黑龙江省大米企业的竞争力奠定了基础。

2. **对外注册工作情况。**黑龙江省东宁宁海水产品有限公司是黑龙江省唯一从俄罗斯远东海域进口鳕鱼和鲽鱼、经加工分装再出口到美国、欧盟、东南亚等国家和地区的生产企业。2004年年初成功获得对美国和韩国出口资格后，又进一步开拓欧洲市场，为此申请对欧盟注册。为确保该企业成功注册，黑龙江局派出人员督促和指导该企业在短期内完成整改，并对有关人员进行了相关知识的培训，以确保体系的持续符合，并及时将整改情况报告国家认监委。2005年7月6日，国家认监委下发《关于印发欧盟公布新注册水产品名单的通知》，该企业被列在名单中，表明对欧盟注册已取得成功。该企业成功对美国和欧盟注册，标志着近年来黑龙江省水产企业的安全与卫生管理水平已有了较大提高，而且将进一步带动更多的企业积极对发达国家和地区注册，使黑龙江省更多的食品跻身国际市场。

此外，黑龙江局接待了日本农林水产省对黑龙江北隆食品有限公司新增禽类项目的检查。同时推荐黑龙江北大荒集团宝泉岭肉业有限公司和黑龙江省汤原县四海发展实业有限公司生产的冻猪肉对俄注册。还推荐黑龙江正大实业有限公司对韩国注册。

3. **强制性产品认证免办业务和质量许可证业务。**随着国家认监委将免于办理强制性产品认证业务下放到各直属局，此项业务已成为黑龙江局认证管理部门的主要业务之一。所办业务涵盖全部8个项目，尤其以“为最终用户维修”项目最多。2005年上升趋势明显，共办理89份。

由于国家质检总局正在调研和调整有关许可证业务，黑龙江省绝大多数机电企业已划归CCC认证范畴，因此2005年许可证业务数量呈明显下降趋势。全年完成了全省9家企业质量许可考核工作，其中有3家危险品包装生产企业，4家普通包装生产企业，2家机电生产企业。

4. **实验室管理工作。**2005年年初，国家认监委对国家计量认证实验室进行监督检查。为了能客观公正的完成监督检查工作，同时学习其他系统实验室先进的管理经验，黑龙江局聘请了黑龙江省质量技术监督系统的评审员担任评审组长。黑龙江局提前1个月完成监督检查工作，上报的评审材料质量高，国家认监委给予了很高的评价。通过这次监督检查，对全省系统实验室的现状进行了深入调查，并针对实验室存在的问题、产生问题的原因及时采取了具体改进措施。

加强对全省系统内实验室管理是黑龙江局的工作重点之一，黑龙江局优质高效地完成了对绥芬河检验检疫技术中心、齐齐哈尔检验检疫局综合实验室和黑龙江检验检疫局煤炭检测中心（在鹤岗局）二合一的咨询、指导工作，经过共同努力，顺利通过中国实验室国家认可委的现场评审；组织开展了 ISO/IEC 17025：2005 版转换工作。黑龙江局组织有关人员认真学习新版的国际标准，并将新标准做成了教学片，为下一步开展全省实验室体系的转换工作做好了准备。

积极为振兴东北老工业基地服务

2005 年是实施东北老工业基地振兴战略的第二年，也是各项举措得以落实的一年。外地有许多企业积极利用优惠政策落户黑龙江，哈尔滨福泰祥木业有限公司就是其中一家。由于从未接触过出口业务，该企业与出口商签订合同时才知道危险品包装产品需要实施许可管理，而拿不到危险品包装企业质量许可证，出口商就不打预付款。为使企业不失去这次难得的商机，黑龙江局负责此项业务的人员在耐心介绍质量许可证程序及所需资料后，又详细地为企业介绍有关体系建立的相关事宜，并多次帮助企业理解许可证考核的有关要求，使企业在最短的时间内完善了相关体系。

整章建制，使认证监管工作进一步规范化

为进一步提高认证监管工作的有效性和一致性，黑龙江局先后修改和出台了 3 个管理办法，在黑龙江省范围内统一了监管尺度。

为了规范黑龙江省出口食品生产、加工、储存企业的卫生注册登记工作，保证出口食品的安全卫生质量，根据《行政许可法》、《出口食品生产企业卫生注册登记管理规定》等有关规定。结合黑龙江局出口食品生产企业卫生注册工作实际，于 2005 年 3 月出台了《黑龙江出入境检验检疫局出口食品生产企业卫生注册登记程序管理办法》，该办法为统一黑龙江省卫生注册登记尺度，提高注册登记水准奠定了基础。

为了进一步规范黑龙江省系统实验室和分包实验室的管理，2005 年黑龙江局根据工作需要和相关法规的要求，修改了上述两个办法，重新出台了《黑龙江出入境检验检疫局系统实验室管理办法》，使黑龙江局实验室管理工作更加规范和合理化。

结合黑龙江省开展强制性产品认证免办业务的实际情况，黑龙江局设计了 CCC 免办业务申请书，并及时上网公布，既方便了企业办理，也提高了该项业务的规范程度，同时起草了《黑龙江出入境检验检疫局免办强制性产品认证证明实施细则》，该细则的出台将使黑龙江省免办业务的管理更加具体和规范。

认证及相关机构

1. 中国质量认证中心黑龙江评审中心的认证工作。 2005 年开展 ISO 9000 认证 20 家，截至 2005 年共计开展认证 231 家。认证范围涉及食品、机械、外贸、家具、技术咨询服务、宾馆服务、建筑、化工、包装、电子、烟草、纺织、建材、医疗、制药、学校等诸多行业。2005 年该中心举办内审员培训班两期，共对 95 人进行了培训（包括 HACCP20 人）。

为确保中心人员素质的持续提高，2005 年，中心有 1 人参加 HACCP 审核员培训及通过专业面试；CCC 工厂检查员持续培训 6 人次，ISO 14001 内审员教师转换培训 1 人；ISO 14001 转版培训 2 人；有机产品检查员面试考试 2 人。

2005 年 10 月 8 日~9 日该中心通过 CNAB 年度内审；12 月 17~18 日 CQC 开展内审，总部王丛笑、周湘梅、刘晶参加，该中心通过年度内审。

2. 中国检验认证集团黑龙江有限公司的认证工作。 2004 年 6 月 28 日，中国检验认证集团黑龙江有限公司正式成立。内设财务管理部、检验业务部、认证业务部、综合管理部 4 个部门。认证业务部负责 ISO 9000、HACCP、ISO 14000、OHSAS 18000、SA 8000 和产品认证工作。

2005 年公司各项业务发展迅速，全年审核通过 130 家企业，颁发各类认证证书 150 余份。

黑龙江出入境检验检疫局供稿

加强监管 规范市场 提高认证有效性

——黑龙江省质量技术监督局2005年认证监管工作概况

2005年，黑龙江省质量技术监督局(以下简称“黑龙江省局”)的认证认可工作本着“集中精力、集中时间、突出重点、兼顾一般、统筹安排、科学开展”的原则，抓班子，带队伍、促工作，依法行政，严格把关，开拓创新，各项工作取得了新的进展。

2005年黑龙江全省通过质量管理体系认证的单位有123家，通过环境管理体系认证的18家，通过职业健康安全管理体系认证的36家，食品安全管理体系认证证书13份，自愿性产品认证证书5份，有机产品认证证书13份。全省266家企业通过了强制性产品认证，获得认证证书718张。2005年全年完成对114家实验室的计量认证评审工作，其中，初次认证41家，复查评审73家。

加强强制性产品认证工作的管理

黑龙江省局在年度工作要点中明确全系统强制性产品认证工作的任务和目标，把此项工作列入考核目标。同时提出了具体明确的工作要求，在系统局域网上定期发布获证企业和暂停、注销、撤销、恢复证书及相关批复的信息，使全系统的强制性产品认证行政执法工作进一步得到推动和提高。为提高依法行政水平，2005年，对全系统300余名执法骨干开展了强制性产品认证执法知识培训。在工作中坚持监管与服务并重的原则，帮助企业积极申请认证，做好有关的服务工作。

在2004年工作的基础上，继续组织各市(地)局开展强制性认证产品生产企业基础数据的动态管理工作，建立了强制性认证产品生产企业的信息管理系统，根据系统信息，督促有关企业申请CCC认证，在职责和技术能力范围内，积极为企业提供有关的帮助和服务，为推动认证工作奠定了良好基础。在强制性产品认证执法工作中突出了“三个重点”：第一，以查处未申证、获证生产企业为重点，切实把好强制性产品认证生产企业的厂门；第二，以查处流通领域伪造、冒用CCC标志违法行为为重点，切实把好消费安全关；第三，以查处电线、电缆等本地区生产企业较多的产品为重点，切实提高强制性产品认证生产企业的申证、获证率。

强化认证市场监管

1. 积极开展认证有效性稽查工作，对农产品及食品安全认证的企业进行监督检查。按照国家认监委的统一部署，于9月组织省内专家组对全省20家获证的食品生产企业进行监督检查，重点检查了企业获得认证后质量体系运行的有效性，验证认证机构实施认证审查过程的公正性和规范性。同时，通过抽查认证产品，确定其是否符合相关技术规范或者标准要求。其中5家企业质量管理体系不符合认证标准的要求，占抽查总数的25%。

2. 开展绿色食品、有机食品及无公害农产品认证标志监督检查。按照国家认监委的统一安排，省局与哈尔滨市局组成联合检查组，对哈尔滨市区内的大型超市内销售的标注“绿色食品、无公害食品、有机食品”的认证产品真实性、认证证书及认证标志的真实性进行了检查，共检查6个行政区18家大型超市、5家商场、10余家认证产品专卖店的859个批次的样品，逐个产品进行登记，对发现的问题进行了汇总分析，并统一进行微机录入，保质保量按时完成了任务。

3. 加强对行政执法人员的培训。2005年9月，举办了各市(地)质量技术监督局的认证监管人员培训班，重点对认证认可基本知识、主要的管理体系认证、认证机构的管理要求及管理体系认证的有效性检查等内容进行了培训，并对强制性产品认证行政执法工作进行了认真的指导。全省质监系统负责认证监管工作的500余人参加了培训和考核，并且全部通过了考试，取得了培训合格证书。

4. 对认证咨询机构进行备案管理。面对咨询市场的混乱局面，黑龙江省局从咨询人员的管理上下功夫，清理咨询师队伍，按照《认证咨询机构管理办法》的要求，严格进行咨询师转化培训工作，共转化培训了37名认证咨询师。同时，组织对全省未经批准的认证咨询进行了集中清查，并结合清查工作对本省12家咨询机构进行了重新年审备案。

加强实验室管理

1. **加强实验室的监管力度，确保出具数据的准确、公证。**为了加强对获得计量认证/审查认可（验收）的检验检测机构的监督管理，确保计量认证工作的有效性，保证其出具的检测数据公证、科学、准确，省局于2005年6月组织开展了对获得计量认证证书的检验检测机构的监督评审工作。此次监督评审覆盖了全省13个市（地）及农垦总局所属的检验检测机构，监督评审对象为2002年度和2004年度获得计量认证证书的检验检测机构，包括建筑、环境、交通、电力、质检、疾控中心等行业，共206家。重点检查了各检验检测机构的质量体系是否持续有效运行、在上次评审结束时提出整改意见的落实情况、检验标准变更及备案情况、仪器设备和实验室环境管理情况、是否有证书过期和超认证范围出据检验报告的情况等方面。通过开展监督评审，发现了实验室在质量体系运行、仪器设备的使用、样品管理等方面存在的问题，增强了实验室对计量认证工作的认识，促进了实验室管理能力和检验水平的提高。

2. **积极开展能力验证活动，促进实验室检验检测能力的提高。**为了进一步提高实验室的检测能力和水平，促进实验室的质量管理，确保向社会出具公证数据准确可靠，省局通过在不同行业开展能力验证来检验实验室的检测能力。一是在全省卫生系统的检验检测机构开展能力验证。主要试验项目为生活饮用水中总硬度、硫酸盐、氟化物和铜4项理化指标。全省共有76家疾病预防控制中心参加了能力验证活动，对成绩不合格的单位进行了通报，并组织参加第二轮能力验证。二是在全省质监系统市（地）级质检所开展能力验证。检验的参数为白酒中所含甲醇、杂醇油和铅，共有12家质检所参加了能力验证。对8家不合格的单位，组织其参加第二次比对检验。对第二次检验结果仍然不合格的，暂停其开展白酒检验项目的资格，认真进行整改，待整改合格后方可重新开展该项目的检测。

3. **以确保食品安全为关键点，认真开展食品检验检测机构监督检查。**按照国家认监委《关于开展2005年度计量认证专项监督检查工作的通知》的要求，黑龙江省局周密部署，精心组织，采取分组负责与档案检查相结合的方式进行，共分成4个检查组，对全省获得计量认证的具备食品检验检测能力的产品质量监督检验所、疾病预防控制中心及专门从事食品检验检测的148家实验室进行了监督检查。通过检查，摸清了食品检验检测机构的检测能力和现状，为进一步加强食品检验检测机构建设提供了有益的借鉴。

4. **以提高计量认证工作质量为着眼点，加大人员培训力度。**一是加强了评审人员知识更新的培训，举办了计量认证/审查认可（验收）评审员培训班，提高了评审人员的业务水平和评审工作质量。二是加强实验室内审员培训。共对500名质检机构的内部质量体系审核员进行培训，使其能够对其机构建立健全质量体系，持续有效的运行提供保证。三是开展质检机构检验员培训工作。为提高全省质量监督检验人员的检测水平，省局充分发挥省级质检站的作用，利用其实验室的检测条件和质检人员的检验经验，开展培训工作。对专业性较强的产品的检验员的培训及部分质检机构新调入人员的培训，责成相关省级质检机构开展个别培训，尽量满足各质检机构的培训要求，保证质量监督检验工作。

5. **加强制度建设，提高计量认证工作质量。**一是完善计量认证评审程序。省局对现场评审结束后提交的评审材料，采取聘请相关行业技术专家进行材料终审的方式，定期进行审核，对评审报告中存在的问题及时通知评审组长，进行改正，不断提高评审工作质量。二是进一步完善相关制度。在完善评审程序的同时，重点进行了《黑龙江省质量认证条例》（以下简称《条例》）的修改工作，依据国家颁布的法律法规，结合黑龙江省的实际，对原有的《条例》进行了修改补充，现已将修改上报省政府法制办。三是定期举行经验交流。省局定期召开计量认证评审组长和技术专家座谈会，交流研讨在评审过程中遇到的问题和积累的经验，使评审员的能力和水平在相互借鉴中得到提高，也为加强对实验室的监管提供了有益的经验。

撰稿人：薄晓红　审稿人：刘　实

重点突出 监管有效

——上海出入境检验检疫局2005年认证监管工作概况

CCC认证口岸执法

2005年,上海出入境检验检疫局(以下简称“上海局”)平均每月受理进口商品入境验证约1.5万批,涉及货物金额约8.7亿美元。根据国家有关免办强制性认证产品的规定,2005年共批准4 857批、2 662万美元的商品免于办理强制性认证,处罚违反强制性产品认证相关规定案件5起,处罚金额45万元人民币。

全面验证与重点监管结合

上海局采用信息化手段保证口岸验证全面性,为杜绝持假证书骗取检验检疫单证的现象,将国家认监委网站上的证书数据库下载至内部服务器,在CCC入境验证管理系统中实现CCC证书信息的实时查询功能。检务人员在接受报检人凭CCC证书报检时,能够通过CCC入境验证管理系统将证书复印件与该证书数据库进行比对,快速识别证书的真伪。该功能投入使用后,上海局多次查获不法分子变造CCC证书妄图将未获证产品蒙混进口的案件。此外,上海局还开发了检务助手系统,与CCC入境验证管理系统配合使用,使报检数据同CCC证书数据库实现自动比对,验证所需单证同步提示,使口岸CCC验证工作效率得到进一步的提高。

在全面执行口岸验证任务的同时,对于重点商品,如直接关系到消费者安全、健康和环保的汽车、医疗器械和家用电器等,上海局一直作为后续监管的重中之重,加强监管力度,通过凭证报检的单证审核与口岸查验、检验核查紧密配合,构筑完整的验证执法体系。

根据2005年年初的调查,上海口岸进口汽车中不贴CCC标志的车约占15%,冒用CCC标志的车约占5%,存在CCC标志问题的进口车辆约占总进口车辆的1/5。为防止这类存在安全隐忧的汽车蒙混进关,上海局从2005年起对上海口岸进口的汽车除加强CCC证书验证外,还进一步实施了严格的CCC标志后续监管核查。一方面,报检人凭CCC证书报检时,通过“自我声明”提供CCC标志序列号,凡无CCC标志或标志序列号与国家认监委网站CCC认证标志数据库不一致的,一律不予受理报检;另一方面,在对进口汽车实施检测时,核对车辆前挡风玻璃上实际加贴CCC标志的序列号与“自我声明”的一致性,比对结果不一致的,停止验车。通过上述措施,基本杜绝了上海口岸冒用CCC证书进口汽车的现象。

在对医疗器械这类高风险进口产品的后续检验监管中,上海局多次发现违反CCC认证相关技术法规的情况。如在2005年4月对2台凭CCC证书进口的X射线设备实施后续监管过程中,查获生产厂家擅自变更铭牌标识、电源插头、危险性警告标识、手持开关、紧急开关等关键原器件的行为。在对家用电器后续监管中,上海局先后查获了两起未获CCC认证擅自进口冰箱、微波炉、抽油烟机等产品的案件,依照《认证认可条例》对当事人进行了行政处罚。在国家认监委部署的CCC认证专项监督抽查中,上海局对17个型号的进口获证显示器进行抽查,发现擅自变更安全件的多达12个,不合格率高达70.6%,其中1个型号电磁兼容项目检测结果不合格。

保证免办审批严肃性

为支持上海市建设全球研发中心的目标,考虑到研发工作在时间上的要求,上海局对戴尔(中国)有限公司上海分公司、泛亚汽车技术中心有限公司等研发机构,在加强后续监管的同时,对研发样品的免办审批采取了便捷的模式,简化审批资料,加快验证核放速度,为研发中心进口样品打开了绿色通道。

上海同时也是众多跨国企业的维修服务中心,为满足这类特殊企业对物流速度的高要求,上海局在对企业诚信和管理水平综合考核评定的基础上,对符合要求的企业实施了先放行后监管的审批模式,在监管有效的基础上,将免办审批工作的资格审定前置,产品核定后移,加快了维修件的通关速度。

上海局一方面为急需进口的特殊货物打开免办绿色通道,另一方面为保证免办工作的严肃性,通过CCC入境验证管理系统明确免办审批人员的审批权限和时限，使得免办权力得到分解和制约。对每批免办实时监控，对有问题的审批迅速调阅单证进行核查，杜绝了滥用审批权利的情况发生。在对企业的监管中，上海局把重心从对纸质资料的审批转移到后续监管上，对重点事项、重点企业、重点商品实施重点监管，在免办审批便利化的同时，监管力度也在同步加强。在监管中，采取现场核实、抽取指定产品、核对产品的用途等方法。对于加工贸易方式进口的零部件，则联合海关和外贸主管部门对内销产品进行检查，一旦在监管中发现问题，就结合企业诚信管理，对相关企业实施黑名单监管，并且对违法违规案件加大处罚力度。

出口食品企业卫生注册登记

2005年，上海局除了完成将卫生登记工作下放分支机构具体实施这一重大制度变革外，还进一步完善和规范了卫生注册登记的各项工作，如：规范卫生注册登记程序、加强业务稽查、强化评审员培训等。截至2005年底，上海局辖内已获卫生注册登记的企业360家，其中注册248家，登记112家。2005年新增注册企业36家，新增登记企业32家，三年到期换证50家，完成HACCP官方验证23家，签发不予行政许可决定书17份，出具4份对美水产品的HACCP官方验证证书。

1. **改善卫生登记管理，促进出口健康发展。**为提高出口高风险食品的监管水平和贯彻执行中央提出的“促进出口、调控进口”的要求，上海局于2005年8月1日起将卫生登记的评审工作委托给下属10个分支机构实施。为此，上海局首先根据食品安全性风险确定注册和登记的条件，然后组织专业人员制定卫生登记评审条件和评审标准，按产品特点以及风险程度，设计了六大类卫生登记评审表。上海局还对各机构报送的“管理人员”、“受理人员”和“初审人员”共50余人进行了培训和考核，确保这一制度的顺利实施。这项工作由于是在风险分析的基础上进行的，上海局在加强高风险食品监管的同时将相对低风险食品生产企业的评审等工作下放给分支机构，加快了卫生登记办理流程，更好地为出口食品企业服务。

2. **规范注册工作程序，加强内部监督管理。**上海局对照《行政许可法》的具体要求，在卫生注册登记受理、实施、注册登记证书的领取等环节予以进一步规范，从而有效地规避可能的行政诉讼风险。为保证对外注册工作质量，上海局还制定了《上海出口食品生产企业对外注册推荐会签表》和具体实施程序，明确了管辖机构、管理部门各自的权限和工作职责，进一步完善了对外注册推荐工作中“一把手”推荐程序。2005年，上海局共接待了3次对外注册检查，分别是：接待日本农林水产省检查上海贸基、海皇、南翔速冻、日冷、大江二厂，接待日本厚生省官员检查上海获实食品有限公司，接待美国FSIS检查组，这些接待均取得了理想的结果。

在加强内部管理方面，上海局一直将评审员的继续培训工作作为提高评审员的专业水平、实现评审员跨专业跨类别评审的重要手段，针对不同的培训对象和培训需求，开展形式多样、内容丰富的培训。2005年上海局共举办了1期针对拟任评审员的资格培训，4期包括水产品、速冻方便食品、肉类、茶叶、罐头企业注册卫生规范的专题培训以及计量知识培训，共152人次参加了培训。此外，上海局还选派人员参加国家认监委等部门举办的各类培训班和研讨班共计22人次。

为提高注册评审工作的有效性，上海局在加强人员培训、提高业务水平的同时，还加大了对卫生注册评审组评审结果的稽查工作力度，并根据稽查结果，采取相应措施。在2005年已完成的7家注册评审稽查中，发现有重大问题而推翻评审组结论的有3家。

出口质量许可证工作

出口质量许可证工作属于行政许可行为，为使该项工作符合行政许可法的要求，上海局在对各类产品的许可证实施情况进行清理的基础上，对照《行政许可法》的要求修订了危包许可证工作规程、制定了玩具许可证工作程序，具体调整了行政许可行为实施的期限，增加了文书送达签收的要求等，使整个行政许可行为从执行依据到实施细节均符合行政许可法的要求。

为保证玩具许可证、危包许可证和日用陶瓷许可证工作的顺利开展和实施，上海局在改进工作程序和实施前期，从调研、制定工作程序到宣贯、培训，都做好了各项准备。为提高工作效率和方便企业，上海局将日用陶瓷许可证的考核与输美认证工作有机地穿插在一起，根据国家认监委要求对2名参与出口日用陶瓷质量许可/输美认证评审人员颁发了注册证书，建立相关档案，实施注册管理。

2005年，上海局共发放玩具出口质量许可证27份，日用陶瓷质量许可证1份，机电产品出口质量许可临时证明书5份，不予行政许可决定书1份(玩具)。上报危包质量许可证审批资料12份(已获批准并下发证书2份)。至此，上海局辖内有效证书共352张，其中机电产品150张，玩具133张，日用陶瓷1张，危包许可证68张。此外，实施临时许可证管理的有44家企业。2005年对涉及95张证书的获证企业进行了定期的监督检查。

实验室管理

2005年,上海局在实验室管理工作中,按照“力求突破,实践科技兴检战略”的思路,积极做好ISO/IEC 17025转版工作,协助有关中心实验室做好CNAL认可/计量认证维持和生物安全实验室认可准备工作。2005年度,上海局原中心下属化矿金属材料检测中心、纺织品检测中心、纸张纸浆与包装检测中心及机电中心下属电器检测实验室和玩具实验室接受CNAL/计量认证“二合一”监督评审,食品中心进行苏丹红检测项目计量认证扩项工作。

在实验室日常管理工作中,上海局及时将国家认监委、CNAL、社会机构等关于实验室能力验证/水平测试的计划及人员培训的通知及时下发各中心,并积极组织参加。2005年各实验室共参加水平测试38次(其中国际19次),参加各类质量、技术培训265人次。

此外,上海局还根据国家认监委要求完成了第二次全国实验室资源调查及食品检验检测机构资源调查工作,组织各中心实验室报名参加中国认证认可协会。目前,上海局机电中心、工原中心已加入会员单位,食品中心加入理事单位。

上海出入境检验检疫局供稿

强化监管 推进认证工作有效性

——上海市质量技术监督局2005年认证监管工作概况

2005年,上海的认证工作取得了新的进展。截至2005年底,全市有12 000余家企业获得了质量管理体系认证证书,800余家企业获得了环境管理体系认证证书,4 900余家企业获得了17 000多张强制性产品认证证书。

上海市质量技术监督局(以下简称“上海市局”)遵循国际认证规范与制度,培育发展认证中介机构,依法大力规范认证市场,净化认证环境。在2005年主要做了以下一些工作:

加强对认证中介机构的管理

1. 与上海出入境检验检疫局共同对上海申美饮料食品有限公司、上海力德尔食品有限公司等20家食品生产企业的认证有效性进行了监督抽查。重点是检查企业质量管理运行是否有效以及认证机构在提供认证服务时的公正性和规范性。

2. 会同上海出入境检验检疫局以及湖南、福建、河南地方两局,组织开展了对上海地区认证机构档案专项稽查。此次共有10名检查员分为4个组,集中对24家认证机构(内资机构6家、外资机构18家)的120份认证档案进行了抽样检查并评价。评价结果报国家认监委,由国家认监委统一公布。

大力推进强制性产品认证制度

1. 开展了对CCC认证产品(家用插头插座产品)专项检查。此次监督检查在上海市销售领域范围内抽查100批次产品,约占市场销售品牌总数的40%,抽查合格率为79.6%。对于不合格产品,上海市局采取了整治措施。

2. 协助国家认监委对上海耀奇安全玻璃制品有限公司、上海丽晨化工有限公司等获得CCC认证的企业进行监督检查,通过检查确定其认证有效性及相关指定认证机构的认证工作质量。

3. 为贯彻装饰装修产品CCC认证的实施、提高消费者维权意识、倡导企业质量诚信经营,举办了主题为“确保家居安全,维护生命健康”的建材CCC强制认证宣传活动。活动中,立邦涂料(中国)有限公司、上海汇丽涂料有限公司等12家已获CCC认证的企业向全市建材行业提出了“诚信经营,共筑安全居家环境”的倡议。

4. 针对2005年8月1日实施CCC认证的装饰装修类产品,开展了专项检查。8月,执法人员到宜山路上海建材商城、宜山路环保涂料一条街、浦东恒大建材市场等20余家销售点,对各类型木器涂料10多个品牌共800多罐产品进行了检查。总体情况良好,大部分产品均按要求加贴了CCC标识,且标识规范。但也存在一些问题:

(1)个别企业生产的硝基天拿水贴了CCC标识。(2)部分产品的CCC标识标贴不规范，贴在隐蔽处；有的CCC标识式样不符合规定要求。执法人员对被检查单位进行了CCC法规的宣传教育，对发现问题的单位，当场责令其整改。9月，执法人员对上海市生产企业和批发市场生产、经销瓷质砖的强制性认证情况进行了执法检查，涉及斯米克、优璐莱、新中源、冠珠、维罗等7个品牌的瓷质砖，共检查140余种型号160多种规格。检查情况总体良好，生产企业都按标准在产品的标识上标注了产品标准GB/T4100.1号和吸水率E≤0.5%并标注了CCC认证标志。但在检查中发现，有些瓷质砖销售企业对CCC认证的意识还不强，有些新产品没有及时向生产厂家索取认证证书的系列明细表，产品标签的标识也存在不规范现象。执法人员已向其指出了存在的问题，责令其改正。

强化农产品、食品认证规范

1. 根据国家认监委要求，组织稽查总队对日本有机和自然食品协会(JONA)未经批准擅自在中国开展有机产品认证的行为进行了调查处理，指导和敦促JONA整改并到国家认监委进行资格认可和备案，进一步规范农产品认证市场。

2. 根据国家认监委统一部署，在全市范围内开展了食品、农产品认证标志专项监督检查。此次专项检查涉及有机认证、全国无公害农产品、绿色标志认证、安全食品、安全饮品和方圆标志认证等6种认证类型。19个区县局共出动1 984人次，对大超市、大卖场、食品专卖店等60家场所的435种获证食品、农产品的认证标志进行了检查，发现标志有问题的产品103种，占总检查数的24%。

加大认证市场监管力度

1. 组织开展了对认证类机构无批准资格擅自从事认证、认证咨询活动等认证违法案件的调查和处理，有效打击非法认证中介机构，整顿了认证市场。

2. 加大对CCC违法行为的检查力度，组织、指导市、区两级执法人员全面开展CCC认证的监管和执法。重点对那些列入目录产品、无证生产、销售以及伪造冒用认证标志的违法行为，开展了行政执法工作。2005年共立案25起、涉案物品金额300余万元，有力地推进了CCC认证制度在上海市贯彻实施。

3. 为有效地推进认证工作、规范认证市场，上海市局在认证推进及监管工作中，较为注重以下几个方面：

(1)充分发挥区县质监局的作用。上海市局建立了市区两级认证监管体系，明确了区县质监局在强制性产品认证行政执法上的职责，并形成了一支较为稳定的认证监管队伍。为规范区县质监局的认证执法行为，实行了认证行政案件处罚事先告知制度和听证制度，重大案件报告、报批制度。加强对行政执法案卷的管理，组织了对区县局的认证执法案卷的检查。并通过对区县执法人员的不断培训，提高认证监管队伍的素质和业务能力。

通过明确区县质监局的认证监管职责、规范他们的执法行为、提高他们的业务能力、充分发挥他们的作用，形成了上海认证监管工作的纵向网络，提高了认证监管的效率。

(2)重视认证宣传工作。在认证工作推进过程中，上海市局十分重视认证的宣传，通过各种形式，特别是充分利用媒体资源，最大范围地介绍认证制度及其重要性，让全社会了解认证、认同认证、支持认证，力求使认证深入人心，让认证工作在促进经济发展、保障消费者权益方面发挥更大的作用。2005年5月28日，在装饰装修类产品实施CCC认证前夕，上海市局就会同上海市建筑材料行业协会、中国质量认证中心上海分中心等有关单位举行了主题为"确保家居安全，维护生命健康"的建材"CCC"强制认证宣传活动，并作现场咨询。上海电视台、东方电视台、新民晚报、东方早报等沪上各大媒体都对活动及强制性产品认证制度做了深度的报道，形成了一定影响，取得了良好的效果。

(3)认证监管注重"三个结合"。在认证监管过程中，上海市局根据上海认证工作的实际情况，以三个"结合"为导向，提高监管有效性。一是认证监管工作与服务企业相结合。上海市局在开展认证监管工作时，正确把握执法与服务企业的关系。在严格执法的同时，向企业宣贯认证认可条例等法律法规和政策，督促、指导相关企业自觉遵守相关法律、法规。二是认证监管与专项检查相结合。上海市局将CCC执法检查与专项打假检查工作有机的结合起来。在对建材专项打假工作中，重点检查了电线电缆、插头插座、照明器具等产品的CCC认证情况，查获了一批无CCC认证及冒用认证标志的产品，并已立案作进一步调查。三是市场检查和生产企业监管相结合。上海既是一个工业发达地区，同时也是一个经济贸易中心。根据上海自身的特点和认证监管的特性，上海市局在对生产企业进行普查、走访，掌握其基本信息、质量状况和认证情况，加大监管力度的同时，进一步在销售企业、专业市场开展专项检查。通过检查，全面掌握全市CCC认证实施情况。一旦发现目录内产品没有认证、假冒CCC认证标志等违法行为，就立即追溯到生产企业，依据有关法律进行处理。力争通过市场检查与企业监管相结合的方式，消除上海市CCC认证制度实施的死角。

上海市质量技术监督局供稿

加强基础建设 提高监管成效 促进江苏经济发展

——江苏出入境检验检疫局2005年认证监管工作概况

2005年,江苏检验检疫系统贯彻落实全国第三次认证认可工作会议精神,认真执行国家质检总局、国家认监委和江苏检验检疫局党组的工作部署,以《行政许可法》、《认证认可条例》为主线,全面整顿和规范认证监管工作,在全省检验检疫系统19个分支局组建了专职认证监管部门,建立管理工作网络,制定部门管理职责,培训认证监督管理人员,特别是通过参加保持共产党员先进性教育活动,江苏省系统已初步建立一支素质高、技术精、懂法知法、服务优良的注册评审员和认证监管人员队伍,从而为江苏开放型经济发展发挥了新的作用。

认证及认证监管工作新进展

全省出口食品卫生注册登记工作:全年受理注册登记申请291份,审核发证251张,不予许可1家,暂停2家,注销失效20份,累计出口卫生注册证书388份,出口卫生登记384份。有效卫生注册登记证书为772份,同比增长7%,全省出口卫生注册登记企业已达700家。对外注册企业60家91厂次,其中欧盟35家、新加坡3家、日本5家、俄罗斯1家、美国22家、韩国25家,同比增长1.7%和2%。

全省出口商品质量许可工作:全省累计获证企业1 128家,发放各类许可证1 538份。全年受理申请355份,评审合格发证301张,有5家不予注册,现场评审中发现1 400项不符合项。监督检查901家,限期整改155家,10家被注销,发现各类问题1 800多个。认监处对检查中发现的出口电动工具安全质量问题编写2005年第7期检验检疫专报,并在省政府2005年第49期信息简报转摘,受到国家质检总局和省政府的重视和关注。

全年共办理CCC免办证明3 139份,货值达30.17亿美元,不予办理405份,占12%。根据苏州工业园区达200亿美元进出口的特殊情况,经国家认监委领导确认,在苏州检验检疫局试点委托授权办理进料来料的免办证明,已办理523批,计21.47亿美元,得到地方政府和企业的高度评价。发现各类违法案例6起,教育告诫2起,调查处理4起,其中有镇江句容华叶新技公司逃漏检,新麦机械(无锡)公司骗取证明,江苏白雪公司提供过期手册,三洋家电(苏州)公司伪造合同案等。

明确工作重点 开创认证监管工作新局面

1. 明确工作思路:围绕一个中心,即提高认证监管成效,为地方外向型经济服务;强化两项管理,即加强全省检验检疫系统认证监管部门管理,加强对获证企业的注册管理和后续管理;实施三个改进,即改进内部管理方法,改进认证监管模式,改进工作作风。实现四个目标,即:争创文明标兵单位;提高行政许可规范水平;提高评审员、认证监管执法人员素质;建立数据信息处理系统,提高工作效率和服务水平。

2. 确定工作重点:(1)重点监管企业:国外卫生注册食品生产加工企业;输美陶瓷生产企业;出口机电类有安全环保要求的的企业;CCC免办进口样机重点企业;(2)重点监管品种和地区:出口食品类:南通、连云港、盐城;出口机电类:常州、苏州、扬州;出口玩具类:扬州、南京、盐城;出口陶瓷类:宜兴、镇江、南京;CCC强制认证:苏州、南京、无锡。

3. 召开全省认证监管工作会议。车文毅局长作了重要指示,郭喜良副局长作了工作部署。国家认监委法律部副主任蔡伟博士作了专题报告。省局各相关部门和各分支局分管局长、科室负责人50多人出席会议。经过学习讨论,确定四大工作重点:即强化出口卫生注册管理;强化强制性认证管理;强化政策法规理论研究;强化宣传指导。

4. 修订和完善相关质量管理体系文件,进行科室整顿和岗位调整。编制了部门和科室工作质量目标,并落实各科和相关岗位职责,制定内部管理制度,使本处的管理职能落实到每个岗位上,加强计划检查和持续改进。

加强调研和培训工作 提高监管和服务水平

1. 重点开展了认证监管工作如何执行《行政许可法》

和行政许可项目的规范化程序化研究。经过全省各分支局和有关专家的共同努力，在全国检验检疫系统最早发布试行了《出口食品卫生注册管理工作规范》和《出口商品质量许可工作规范》及相关评定准则(试行)，得到国家认监委领导和国家质检总局行政执法检查组的充分肯定和表扬。实现了行政许可项目程序的规范化管理模式要求，同时编发了获证企业质量监管手册950份，出口卫生注册申请指南2 000份，为加强获证企业后续管理和帮助出口卫生注册企业提高守法意识和自我控制水平，提供了指导性服务。

2. 加大培训力度，提高评审人员素质和认证监管人员执法水平。为执行新的出口卫生注册工作规范，江苏局认证监管处组织了5期培训班，分别是卫生注册管理人员1期，卫生注册评审员2期，认证监管部门负责人1期。认证监管执法人员1期，受训人员达400人次。通过宣讲、演示、评审交流、案例研讨，增强了培训效果。发放卫生注册电子工作手册光盘100份，进一步规范评审员的现场评审和监督管理活动。完成认证监管执法人员培训考试达138人次。

3. 2005年6月召开了全省系统行政许可项目研讨会。国家认监委法律部副主任蔡伟博士和认证监管部丁兆国参加研讨会，郭喜良副局长主持研讨会。省局相关部门及部分分支局共20多位代表参加研讨会，对认证监管工作如何符合行政许可项目要求进行了广泛的探讨。

4. 2005年1月与省经贸委等单位在扬州召开“江苏玩具产业发展论坛”会议，为推动玩具企业尽快适应国际市场提供了信息，受到玩具企业的好评。郭喜良副局长作了重要发言，国家认监委两名代表，国际玩具理事会1名代表专程到会并作专题发言。上海局、浙江局、山东局、宁波局、安徽局及各方代表300多人出席会议。国际玩具杂志等作了专题报导，受到国家认监委国际合作部的充分肯定。

5. 成功举办国家认监委组织的江苏省企业社会责任座谈会。国家认监委刘卓慧副主任及国家认监委法律事务部、认可部、财务部、科技部领导参加并主持会议，江苏省政府政策研究室、经贸部、外经贸厅、劳动和社会保障厅、总工会、工商联、机电商会的负责人，常州、扬州、镇江等分支局及省局部分部门代表，玩具、服装、纺织协会及16个企业代表共40多人出席会议。举办这类会议在江苏检验检疫局是首次，受到国家认监委领导的表扬。

6. 根据省局部署，举行检验检疫诚信体系课题项目的省级验收会议，无锡局试点取得明显成果，得到评定委员会的高度评价。

7. 开展出口卫生注册管理软件的设计开发，并作为省级科研项目取得了阶段性成果。

8. 在地方政府支持下，与南通局共同推进南通地区出口紫菜企业实行集团化管理，以提高安全卫生质量监控水平，减少出口风险。作为推进农产品扩大出口的试点基地，南通11家紫菜企业已经试运行。

9. 2005年11月，承办国家认监委、国际玩具理事会、美国玩具协会、中国玩具协会在江苏举办的国际玩具研讨会。国家认监委谢军副主任及国际合作部代表主持会议。美国旧金山大学、中国华东政法大学，山东、上海、浙江、安徽、宁波局及200多家企业代表出席大会，为玩具行业应对国际市场竞争，扩大出口发挥积极作用。

承接国外官方检查和专项抽查

1. 完成欧盟对江苏省盐城海马公司和欧亚公司的水产品检查，并制定纠正措施，受到检查方良好评价。

2. 完成日本农林水产省官员对江苏省连云港、扬州、南通、苏州5家热加工偶蹄类企业的验证。

3. 组织实施迎接日本厚生省对江苏省五家冷冻菠菜企业的官方验证。

4. 圆满完成国家认监委临时紧急下达的迎接美国FDA对中国出口蜂产品生产厂的现场验证。在时间紧、要求高、必保通过的严峻形势下，江苏检验检疫局精心策划，严密组织，在各单位的共同努力和受检公司的配合下，2家企业顺利通过检查，受到美方专家高度评价和国家认监委的通报表扬。

5. 全面完成输美陶瓷企业监督验证工作。4家企业无出口合同，暂停出口验证，1家验证不合格暂停6个月，1家限期整改，其余14家通过验证。宜兴输美日用陶瓷连续6年无质量问题，受到国外客户和国家认监委的好评。

6. 对19个输欧美国外卫生注册水产品企业进行专项抽查。先后发现冷库管理CCP点监控及加工用水处理等三大类几十个问题，针对不同问题进行整改跟踪检查并发布专题报告，推动全省国外卫生注册企业提高管理水平。

7. 开展区域合作，举办长江三角洲地区CCC强制认证监管五局协调会。上海、浙江、宁波、安徽局认证监管处代表参加，建立五局协调机制，每年召开一次协调会，为区域CCC认证监管协调机制打下基础。

8. 全面完成国家认监委下达的对10个食品获证企业和3个认证机构的专项检查工作。

9. 全面完成国家认监委对2个投诉认证机构的调查

取证工作。

加强卫生注册管理促进江苏地方经济发展

1. **泰州检验检疫局加强卫生注册管理，扶持地方特色产业发展。**泰州检验检疫局紧紧围绕扶持特色产业发展、提高服务地方经济能力这一中心，通过采取一系列切实可行的措施，积极帮助泰州地区农产品加工企业进一步提高抗御市场风险能力，促进了农产品继续扩大出口。在2005年国际贸易摩擦不断、农产品出口壁垒重重的形势下，泰州地区的农产品出口量仍保持上升的趋势。就果蔬菜和水产品这两大特色产业而言，全年累计出口果品蔬菜17 550t，创汇2 941万美元，同比分别增长13.9%和13.6%；出口水产品1 492t，创汇939万美元，同比分别增长40%和76.4%。

采取的主要措施，一是通过各类形式媒体，加大宣传力度，让更多的加工企业认识到取得卫生注册资格的重要性，提高帮扶脱水蔬菜企业“走出去”的能力；二是通过举办培训班，不断提高企业员工安全卫生意识和人员素质。如对所有脱水蔬菜生产企业加工人员进行SSOP有关知识培训，对30家注册企业63名实验室检测人员相关检测技能的培训；三是促进基地标准化建设，提高抓源头管理能力。帮助蔬菜种植基地建立规范的种植体系，严格做到“五统一”，即“统一计划、统一种植、统一管理、统一施肥用药、统一采收”。帮助水产品养殖场建立规范的养殖体系，严把“五关”，即“种苗投入关、饲料进场关、兽药使用关、水质关、厂场溯源关”。四是积极推广企业国际认证，提高企业标准化管理能力。至2005年底，该地区23家脱水蔬菜企业均通过了ISO 9000体系认证，其中2家蔬菜企业还通过了HACCP体系认证。国际标准的应用，极大地提高了出口食品企业的管理水平，提升了国际市场竞争能力。五是加大监管力度，提高出口食品企业卫生质量体系有效运行的能力。在具体监管过程中，检验人员采取监管记录和现场拍照等多种方式，增强监管的真实性、可追溯性。27家出口蔬菜企业和3家出口水产品企业已经全部建立企业档案。

2. **连云港检验检疫局为紫菜进入日本市场保驾护航。**从2005年开始，日本紫菜市场对中国实行配额进口制度。连云港是全国条斑紫菜养殖、加工基地。一家企业产品质量出现问题，将影响到整个紫菜行业的出口。为确保紫菜顺利出口日本，连云港局对紫菜生产企业的产品质量控制和交易的规范操作做了大量工作。首先对出口紫菜加工企业按照卫生注册要求进行一次拉网式检查。对企业的原藻生产和控制、加工过程中的卫生质量控制、加工人员的卫生控制、储存包装运输过程的卫生质量控制、标识管理以及厂房设备等硬件条件进行逐项评定。对符合要求的企业，发放卫生注册登记号；对存在问题较多、管理不善的企业，坚决不予注册登记。通过检查筛选，从近50家企业中，最终选出37家企业，保留其出口紫菜生产资格。其次，对紫菜交易市场提出了新的要求，即进入交易市场的紫菜必须100%来自注册企业，并按规定做好标识。2005年，在连云港举办的首次中日紫菜投标会上，成交量达8 000万张，其中连云港市紫菜占80%以上。

3. **盐城检验检疫局超前服务，把好卫生注册准入关。**盐城地区出口的水产品、蜂蜜、肠衣、蔬菜等都属于重点敏感商品，安全卫生质量一直是制约扩大出口的重要因素，也是工作的热点、难点和各级领导关注的焦点。盐城检验检疫局始终以迎接国外官方检查为抓手，围绕“抓住关键点、着力保安全、促进多出口”的思路，在严密、有效监管的同时，发挥信息技术优势，超前把好注册准入标准关。申证企业绝大多数一开始对注册标准不了解，为让企业不走弯路、规范达标，该局把关口前移、超前介入：其一，充分利用媒体、讲座、现场培训等多种形式宣讲注册法规。其二，义务现场勘探，反复推敲图纸，跟踪技术指导，做到达标一个、受理一个。其三，重点跟踪对外注册企业，特别是对地方“三农”带动性强、业务量大的规模型企业，从设备设施安装到安全体系建立等各方面进行精心辅导，以设施一流、管理一流、质量一流的高标准、严要求作为企业的起点，将其打造为全市乃至全省、全国同类企业的标杆。几年来，该市新获注册的6家企业起点高、规模大、后劲足，事先盐城检验检疫局都为其提供了的精心服务，修改图纸有160多处，找出不符合项500多个，培训人员600余人次，避免投资损失约2 300余万元。

实验室与设备监管工作概况

1. **切实加强实验室资质认定工作。**为配合实验室管理新版标准的实行，2005年11月，组织全省系统78名实验室质量负责人和内审员进行了ISO/IEC 17025：2005标准转版培训。2005年，全省系统又有盐城局烟花爆竹检测实验室、南京局电子电器检测实验室等6家实验室获得CNAL认可，有3个实验室通过CNAL复评审，31个实验室通过CNAL认可或计量认证监督评审，9个实验室、共100个检测项目通过扩项评审。至此，江苏检验检疫系统认可实验室数量已达36个，继续保持全国系统前列。共有25个实验室参加了IIS(实验室间测试研究所)、国际羊毛实验室协会、卫生部、国家质检总局、CNAL、认监委等机构组织的能力验证，总计134个项目，在已公布结果的项目中，结果为满意或可接受的比率达93%。

受国家认监委和CNAL委托，由江苏检验检疫局自行组织开展了对南通、昆山等11个分支局卫检实验室的计量认证监督评审工作。为保证评审工作质量，江苏检验检疫局对该项工作进行了周密部署和安排，评审组长全部选派了该省系统的CNAL主任评审员，评审组员也全部选派了该省系统的CNAL注册评审员。现场评审时，江苏检验检疫局均逐一安排人员进行了现场跟踪，有力地确保了该项工作的顺利完成。

2. 进一步推进实验室改革工作。2005年3月，在扬州组织召开了江苏检验检疫系统实验室改革研讨会暨实验室规划与管理专业委员会议。会上，江苏检验检疫局车文毅局长、卢艳光副局长就如何进一步深化改革，尤其是就如何加强市场营销、全面落实“四个统一”等实质性问题做了重要部署，并明确提出，要以江苏局工业产品检测中心、动植物与食品中心为试点，进一步深化实验室改革，切实在实验室人事、财务机制改革上有所突破。根据这一部署，江苏检验检疫局先后拟制了两大专业检测中心人事、财务机制改革的相关配套文件(草案)，两大中心也起草了相关的改革措施和配套文件(草案)。

3. 加强了检测业务分包管理。为了加强对检测业务分包的管理，3月在江苏检验检疫系统范围内对检测业务分包情况进行了调查，根据调查暴露出的问题，5月召开了江苏省系统检测业务分包管理工作会议，并发布了《江苏出入境检验检疫局检测业务分包管理办法》(试行)。并对部分分支局检测业务分包工作情况组织检查；开展了江苏全省系统实验室检测能力调查和汇总，在江苏检验检疫局内网上发布，为各分支局开展系统内检测业务分包提供了直接的参考依据。通过一系列整改措施的实行，全省系统检测业务分包工作进一步得到了规范。

4. 开展了实验室相关检测专业技能竞赛。根据该局党组关于开展岗位技能竞赛的部署，江苏检验检疫局组织了化矿、纺织品、生态纺织品、食品、微生物等五个检测专业组织岗位技能竞赛活动。整个竞赛过程计划周详、组织有序，先后出台了竞赛方案、竞赛实施细则、竞赛评分要素等一系列操作性很强的支持性文件，确保了竞赛活动进展顺利、圆满成功。江苏检验检疫系统各参赛单位在组织预赛考核、选拔的基础上，共推荐89人次集中参加了岗位技能竞赛决赛，参赛人员之多、范围之广在该省系统实验室领域都是空前的，对江苏检验检疫系统实验室的可持续发展起到了积极的促进作用。为及时总结经验，为今后开展类似活动提供借鉴，江苏检验检疫局还编辑出版了《实验室相关检测专业技能竞赛资料汇编》。

5. 完成了检验检疫实验室资源调查等工作。根据国家认监委和国家质检总局的要求，江苏检验检疫局及时组织全省系统实验室相关人员在网上填报了《实验室资源调查表》和实验室现有仪器设备数据，圆满完成了调查任务。

6. 开展了CNAL技术委员会检查机构分委员会相关工作。鉴于CNAL检查机构分委员会挂靠在江苏检验检疫局，为积极开展工作，该局于10月在无锡组织召开了CNAL技术委员会检查机构分委员会2005年工作会议。会上，CNAL检查机构分委员会主任、江苏局卢艳光副局长作了分委员会工作报告，对分委员会成立一年多来的工作进行了全面总结，对分委员会2005—2006年度的工作进行了安排和部署。国家认监委实验室与检测监管部齐晓副主任、CNAL秘书处宋桂兰副秘书长出席会议并作了重要讲话。会议还传达学习了《CNAL技术委员会分委员会管理办法》等管理文件，组织检查机构分委员会各工作组、各位委员广泛交流了一年多来开展检查机构认可研究与实践工作的做法和经验。该会议的顺利召开，对推动中国检查机构认可工作的发展起到了积极的推动作用。

推行强制性产品认证制度 提升企业质量安全水平

1. 江苏地区强制性产品认证概况。强制性产品认证制度自2002年5月1日实施以来，已风雨三载。作为中国政府一项新的市场准入的管理举措，社会各界普遍关注，在各级政府和管理部门的大力推动下，在认证相关部门的共同努力下，强制性产品认证取得了巨大的成果。截至2005年底，江苏地区企业通过CQC申请并获证的企业有3 990家，颁发强制性产品证书17 400余张。其中电线电缆类708家获证企业，1 451张证书；电路开关及保护或连接用电器装置类155家获证企业，570张证书；低压电器类1 210家获证企业，4 418张证书；小功率电动机类330家获证企业，468张证书；电动工具类119家获证企业，748张证书；电焊机类127家获证企业，243张证书；家用和类似用途设备类244家获证企业，2 577张证书；音视频设备类254家获证企业，825张证书；信息技术设备类158家获证企业，1 852张证书；照明电器类314家获证企业，617张证书；机动车辆及安全附件类164家获证企业，2 272张证书；机动车辆轮胎类18家获证企业，76张证书；安全玻璃类43家获证企业，512张证书；电信终端设备类42家获证企业，228张证书；医疗器械产品类13家获证企业,26张证书;安全技术防范产品类4家获证企业,4张证书;建材类15家获证企业,45张证书;这些成绩的取得,不仅仅反映了强制性产品认证这项制度已经逐渐深入人心,生产企业已自觉自愿地遵守认证的要求,而且随着监管制度执行的逐渐到位,它在促进区域经济发展、规范市场、保证人民生命财产安全等方面也显示出越来越重要的作用。

2. 强制性产品认证制度在江苏地区取得的成效。

(1) 强制性产品认证制度提高了企业的质量保证能力。对于基础薄弱的企业,通过贯彻强制性产品认证的相关规定要求,促使企业建立起必要的质量保证体系,从而保证认证产品的一致性,稳定了产品质量。江苏地区有不少从事电线电缆、电动工具、灯具等简单产品生产的中小企业,在国家强制性产品认证制度实施之前,这类企业大都没有建立符合自身要求的产品质量保证能力的体系,只能纯粹立足于生产出能暂时满足市场需求的产品,却无法保证产品的质量的稳定性,安全事件和顾客投诉时有发生。CCC实施后,所有工厂都能基本按照质量保证能力要求进行生产控制,有效地提高了产品持续符合要求的水平,整个产业水平显著提升。此外,不少企业在产品获得国家强制性产品认证之前,已获得ISO 9000质量管理体系认证证书。由于强制性产品认证更关注产品质量的符合性和一致性,对产品控制的要求更加明确,更加具体,两者相互促进,相辅相成,企业产品质量和管理水平全面提高。

(2) 促进产品贯彻执行安全和电磁兼容性能的国家强制性标准,保证消费者的人身和财产安全。根据中国标准化法的规定,各企业必须在产品生产中贯彻执行国家强制性标准。一些企业特别是中小企业有的由于本身技术力量有限,有的由于对产品质量的重视程度不足,有的受追求非法利润的驱使,在产品生产中不能很好贯彻相关标准,造成产品存在安全和电磁兼容性能等隐患,危及消费者的人身和财产安全。通过强制性产品认证制度的全面推进,企业不仅能通过产品认证型式试验把好标准符合性第一关,又能被告知及时获取有效版本的标准,并按照标准要求控制产品质量。促使企业通过努力,解决技术难关,确保产品质量达到标准规定的要求,从而保证了消费者的人身和财产安全。

(3) 强制性产品认证制度通过对企业的监督检查,有效地保证产品质量的持续稳定。通过认证机构对获证企业组织的定期监督检查及飞行检查,企业对认证的要求不断明确,执行的自愿性也不断增强,有效确保了认证产品持续稳定的保持与型式试验样品的一致性。

以电动工具行业为例,企业在采购元器件、原材料时不再将价格作为选择的首要条件,企业为了顺利通过型式试验,使用和申报的关键元器件和材料都是精心挑选的,获证后产品一致性的要求和认证机构严格的监督促使整机企业无法从偷工减料低成本的供应厂商处采购,确保配套市场良性发展,从源头上保证整机的安全质量。

再以电焊机行业为例,以前进行产品抽检时,产品主要不合格项目为:温升、外壳防护等级、保护性导体接线端、电缆固定装置、铭牌标志等,抽检合格率较低。一旦使用这些不合格产品,有可能因直接接触到带电部分而造成安全危险,或在正常工作条件下会发热超标,引起产品绝缘强度下降,降低产品的安全性能。而产品的铭牌更五花八门,对持续负载率随意标注,以小标大,欺骗消费者。强制性产品认证制度实施后,电焊机产品的实施规则中,对企业有了例行检验和确认检验的要求、产品一致性的控制要求。很多小企业过去简单装配、缺乏控制的做法行不通了,不得不增加检验设备,配备检测人员,加强过程控制和制成品检验,电焊机产品质量水平明显提高,2004年江苏全省的电焊机抽检合格率从2002年的不到50%达到了83.3%。

(4) 强制性产品认证制度的实施,促进了全民质量意识的提升。强制性产品认证制度推行之初,生产企业、商家、消费者对这一新的认证制度是非常陌生的。在国家认证主管部门、相关认证机构、各地质检部门、社会媒体等各方面的共同努力下,该制度已受到全社会的认同。消费者已经能有意识购买CCC产品,有的甚至能辨别标志的真伪,商家尤其是国内著名的家电连锁店也将未获证的产品拒之门外。这样,从消费终端有效地杜绝了无CCC认证标志产品的市场准入。此外,整机企业对目录内的CCC零部件也能认真选择,零部件供应商间也能彼此监督,通过市场自身的机制有效地促进了企业申请认证。

全民质量意识的提升,还体现在市民监督意识的加强。认证机构、执法机构能经常接到社会热心人的举报和监督,反映违规行为。2005年2月一位社会老专家亲笔写信投诉其在无锡一建筑工地发现的一台低压配电箱产品明显不符合相关安全标准,却贴有CCC标志的事件。强制性产品认证制度的深入人心,生产厂的这种偷梁换柱、欺骗消费者的行为已难有立足之地。

(5) 强制性产品认证制度促进了行业有序竞争,区域经济迅速发展。以摩托车这一产业为例:1993年,中国摩托车产量跃居世界第一,至今已连续十几年保持这一纪录。中国摩托车整车年综合生产能力达到1 200万辆,年产量约占世界总产量的50%。随着市场竞争加剧,2001

年全行业首次出现亏损，微亏达70多万元。2005年1~7月，中国摩托车行业亏损放大到7 100万元。摩托车行业无序竞争已是不争的事实。2002年5月1日国家强制性产品认证制度出台，对于摩托车产业来说，这是行业整顿的一记重拳。国家认监委规定，在2003年6月前所有摩托车企业必须通过CCC认证，否则将强行关闭。通过摩托车产品CCC认证实施规则中强制性标准的加严，三年以来全面促进了摩托车行业的重新整合。强制性产品认证制度规范了摩托车企业的开发能力，使得企业的主导产品要达到国际90年代中后期水平，新开发产品必须达到国际90年代末期水平，部分产品达到国际当代同步水平。摩托车产品可靠性平均故障间隔里程应达到10 000km以上，经济车速油耗比目前平均下降20%~25%，污染物排放限值达到欧洲标准的同期水平；规范了摩托车的产品结构，企业重点生产满足大中城市以绿色环保产品为本的更新换代摩托车，以高可靠性和耐久性、低排放、低油耗为目标。如：电控车、电喷车、双燃料车、电动车等。注重研究开发适合农村条件使用的车型，满足农村路况差、载荷量大、可靠性高、价格低、维修方便的条件。发动机及关键零部件以环保节能、高可靠性为目标，满足日益严格的标准、法规要求。

总之，强制性产品认证制度的实施，对保障人身安全、提高中国产品的质量、规范企业运作起到了巨大的推动作用，已在社会生活中发挥着越来越大的作用。当然，强制性产品认证制度有效的维持和推进，还需要加强监督，尤其是市场监督的力度，加大违法的打击力度，创造出更加公平的竞争环境。

积极开展国际管理体系标准认证

1. **管理体系认证概况**。2005年，江苏检验检疫局质量管理评审中心共计颁发管理体系认证证书996张，同比增长20%，其中ISO 9000证书850张，同比增长16%；ISO 14000证书126张，同比增长70%；OHSAS 18000证书20张，同比增长66%。

2005年，江苏评审中心管理体系认证工作有以下几个特点：

一是环境、职业健康安全管理体系认证快速发展，多体系认证项目不断增长，形成了以质量管理体系为龙头，带动多体系协调发展的良好格局。

二是在行政机关认证项目开发上取得了新进展。继在检验检疫、税务、工商、公安等多系统成功开展ISO 9000质量管理体系认证后，又将认证业务拓展到了海关、食品药品监督管理、国土资源管理、行政审批服务中心等行政机关。

三是集团性系统认证成效显著。继2004年实施了江苏地税系统58家地方税务局的认证审核后，2005年，陆续实施了全省海关系统、苏宁电器连锁、电力系统等组织的质量管理体系认证工作。

四是认证领域拓展到了一些新的行业，如产权交易、房地产测绘、电力营销、电信运营等。8月，对台湾美齐科技有限公司实施了质量管理体系审核，开创了江苏评审中心赴台湾审核的先例。

2. **认证效果**。CQC江苏评审中心成立13年来，已累计为近4000家各类组织进行了管理体系认证。实践证明，开展管理体系认证在提高组织产品质量和管理水平，促进服务型政府机关建设等方面起到了极大的促进作用。具体表现在：

(1)为组织提高市场竞争力提供了有力的支持。随着中国加入世贸组织，市场竞争日益国际化。当前，大多数国家均采用国际标准对供方组织的质量保证能力进行评价。组织通过管理体系的建立和有效运行，不但能够保证产品质量和服务质量的稳步提高，带动了产品结构优化和技术进步，而且为消除国际贸易壁垒，不断开拓国际市场奠定了坚实的基础。同时，获得权威认证，也使组织的市场诚信度和信誉得到提升，为拓展市场创造了更多的机会。

(2)为组织提高管理水平找到了有效的途径。提升组织的核心竞争力在于管理创新，要在竞争激烈的国际市场上赢得主动，必需要有严格、规范和科学的管理作为保障。经调查，大多数组织通过建立管理体系，理顺了业务流程，明确了职责权限，规范了内部管理，减少了管理中出现的"死角"、"扯皮"和工作行为不规范等现象，工作效率大大提高，工作效益显著提升。同时，在管理体系的建立过程和实施过程中，通过培训和实践，提高了人员素质，造就了一批高素质的专业管理人员。

(3)为政府机关转变职能，提升形象建立了良好的平台。

随着认证事业的不断发展，其影响力越来越大，覆盖领域也越来越广。近年来，广大政府行政机关纷纷借助管理体系认证这一手段，努力树立高效、公正、廉洁、提供一流服务的行政执法机关新形象。截至2005年，江苏地区已有140多家行政机关获得CQC颁发的管理体系认证证书。通过管理体系的建立及有效运行，切实帮助有关政府机构找到了一条理顺管理体制、完善工作机制、规范执法行为、优化资源配置、提高工作效率的科学途径，有力地促进了"转变政府职能"为中心的管理体制改革。

撰稿人：刘红斌、赵呈龙、李佳、杨辉、赵松渭

审稿人：郭喜良、刘红斌、曹苏榕

提高认证工作有效性
为富民强省实现江苏“两个率先”做出新贡献

——江苏省质量技术监督局2005年认证监管工作概况

2005年江苏省质量技术监督局(以下简称“江苏省局”)以服务江苏“率先全面建成小康社会、率先基本实现现代化”为重点,不断提高工作质量和工作效率,深入贯彻ISO 9000族标准,加强强制性产品认证的监督与执法工作,促进产品质量检测机构检测水平的提高,坚持依法行政和开拓创新,认证认可工作的有效性不断提高,认证认可服务经济社会发展的功能日益凸现。

认证市场监管

江苏省认证认可工作范围遍及农业、制造业、服务业和各种中介组织、社会团体以及行政机构,通过ISO 9000、ISO 14000、OHSMS 18000等管理体系认证的企业大多成为本行业、本系统、本领域的示范者和领先者,为其产品质量的改进、服务水准的提高发挥着积极的作用。截至2005年底,全省累计有20 744家企业获得质量管理体系认证证书,占全国获证企业总数的14%,位居全国第一。为维护江苏认证认可市场秩序,规范认证机构行为,提高认证工作的有效性,江苏省局按照国家认监委的统一部署,加大了对认证认可市场的监督检查力度。一是组织对扬州白天鹅食品有限公司等10家获得ISO 9000认证的食品生产企业进行了监督抽查(抽查的合格率仅为40%)。二是组织对50家获得CCC证书企业的电钻产品实施了抽查、检验和综合评定,达到了规范CCC生产企业行为、维护强制性产品认证的权威性和质量信誉、保护消费者合法权益的目的。三是开展了食品、农产品认证标志专项监督检查。通过抽查南京地区超市内食品和农产品加贴绿色食品标志、安全饮品标志、有机食品、无公害食品等各类认证标志的情况,进一步规范了食品和农产品认证标志的使用,维护了获证企业和消费者的合法权益。四是开展了2005年度认证机构档案专项稽查活动。组织专家组对“江苏九州认证有限公司”和“南京国环有机产品认证中心”进行了认证档案稽查,了解了认证机构自身的管理状况和存在的问题,为规范认证机构管理、提高认证工作有效性提供了第一手资料。通过推行国际先进的认证制度,加强对认证市场的监管,众多企业建立健全了质量、环境、安全等管理体系,提高了管理水平,培育出一批消费者认可的知名品牌,增强了江苏产品的市场竞争力。

强制性产品认证

江苏是电动工具、家用电器、信息技术产品等CCC产品生产大省,CCC产品生产企业约占全国总数的15%。据统计,2004年底全省有CCC产品生产企业4 400家,其中有95%的企业通过了CCC认证。2005年,江苏省局加强了强制性产品认证的监督与执法力度,先后有350家企业的CCC认证证书被认证机构暂停或撤销;125家生产规模小、技术条件落后的生产企业被迫关、停、并、转,主动申请注销了认证证书;200家左右家庭作坊式的CCC产品生产企业被淘汰出局。截至2005年9月1日,江苏省CCC产品生产企业数为4 100家,其中获证企业数约为4 000家,获证比例高达98%,获证企业中仅由中国质量认证中心颁发的CCC证书就有15 479张。通过持续坚持对企业“帮、扶、促”的工作思路,积极稳妥地开展行政执法,推动了强制性产品认证制度的顺利实施,使江苏省的产业集中度得到提高,专业化分工与合作得到加强,经济结构得到调整和优化升级,强制性产品认证制度对地方经济建设的促进作用正日益凸现。

为做好强制性产品认证工作,江苏省局重点抓了三件事。一是加强组织领导,落实工作职责。为此,省局专门下发文件,要求各级质监部门成立由局长任组长,分管局长任副组长,稽查、认证、法规等部门负责人为成员的强制性产品认证执法工作领导小组,在领导小组的统一组织协调下开展执法工作,同时各级稽查部门还明确了强制性产品认证专项执法人员,配备了专用执法工具,从组织、人员和经费上提供了强有力的支持。经过沟通协调，各级质监部门的认证处着重在法律、政策、业务、技术上予以指导和帮助，法规处在适用法律法规和办案质量方面予以把关，稽查处则在强制性产品认证行政执法的具体实施上发挥牵头、组织、协调、指导的作用。为加强信息资源共享，各市局建立了案件信息网络，每月将万元以上的案件以案情简报的形式在本辖区范围内互相通报，大案则以情况通报的形式及时上报省局，构建了畅通的信息平台。对流通领域、建筑行业等社会关注的热点领域、热点行业、热点产品出现的问题，以重要情况反映的形式及时向当地政府通报，以得到政府和相关部门的支持和配合。全省已建立起强制性产品认证行政执法上下通畅、横向协调的工作机制，保证了江苏省强制性产品认证行政执法的顺利进行和案件的办理质量。

二是加强宣传培训，提高执法水平。对于2005年8月1日开始实施认证的装饰装修产品、安全技术防范产品积极进行宣传促动，向消费者、生产企业宣传实施强制性产品认证制度的目的意义以及办理程序。对CCC生产企业提供技术指导，帮助企业及时取得市场准入资格。广泛开展认证监管与执法人员的专项培训，组织执法人员学习《认证认可条例》、《第一批实施强制性产品认证的产品目录》、《认证实施规则》等法律法规，不仅向各市县局及时转发国家认监委关于执法问题的批复、公告和文件，还积极收集了60多个典型案例及解决方案汇编成册发给基层，供基层执法人员学习借鉴和工作参考。11月在苏州举办了省、市、县三级认证监管、认证执法人员共150多人参加的业务培训班，除了讲解国家认监委教材规定的内容外，还根据CCC认证工作形势增加了强制性产品认证执法内容。通过典型案例解析、经验交流等形式，进一步提高了认证监管和执法人员对强制性产品认证行政执法的认识和行政执法水平。

三是狠抓源头，明确执法重点。江苏省局在开展强制性产品认证行政执法监督检查工作中反复强调四项重点。第一，为抓源头，工作重点应放在生产企业，而不是流通领域或经销商。第二，执法检查要立足"帮、扶、促"，杜绝一罚了之的情况发生。第三，处罚应依据《认证认可条例》、《产品质量法》、《行政处罚法》等法律法规，正确行使自由裁量权，坚持"教育和处罚相结合"、"过罚相当"的原则。第四，对吃不准的案件执法人员在处理时要多请示、多分析，执法必须准确恰当，防止出现失误和偏差，要注意收集有代表性的典型案例，开展执法工作交流。江苏省各级质监部门在CCC案件审理过程中，坚持由案审会讨论决定，拿不准的请示国家认监委。2005年，江苏省局就强制性产品认证行政执法问题向国家认监委的请示函就达20多个。由于要求明确，重点突出，至今全省未发生一起对强制性产品认证行政执法提出行政复议和行政诉讼的案件。树立了质监系统有为、有威的良好形象，有力地推动了强制性产品认证制度的顺利实施，为获证企业创造了良好的公平竞争环境。南京的熊猫牌电子产品、常州的新科电子、泰州的春兰牌空调、无锡的小天鹅洗衣机和远东电缆、苏州的永鼎牌电缆、扬州的宝胜牌电缆等100多个CCC目录内的产品被评为江苏省名牌产品和重点名牌产品，其中还有不少被评为国家名牌产品，这些通过认证的规模企业已成为各地工业经济发展的重要支撑。

据统计，2005年全省共出动行政执法人员13 000多人次，对低压成套开关设备、电线电缆、摩托车、通讯产品等和老百姓生活息息相关以及公共事业建设项目所涉及的产品进行了执法检查。共检查生产、销售、经营场所3 301家，督促新申请认证企业213家。查获涉嫌违法生产企业248家，其中产品未经CCC认证的占74%，假冒认证标志的占12%，未正确使用认证标志的占3%，总货值金额约3 900万元。由于专项执法监督检查力度大、教育和宣传到位，在江苏自觉抵制未经强制性认证的产品社会氛围已逐步形成。强制性产品认证制度的实施使江苏省200多家技术条件落后、产品质量差、污染严重、逃避认证的家庭作坊式企业被淘汰，促进了江苏省产业结构的优化升级，为落实科学发展观发挥了积极作用，赢得了广大企业的拥护和各级政府的支持。

检验机构资质管理

据《计量法》的规定"为社会提供公证数据的产品质量检验机构，必须经省级以上人民政府计量行政部门对其计量检定、测试的能力和可靠性考核合格"。计量认证工作对规范检验市场，提高和促进检验机构能力水平发挥着重要的作用。2005年6月，依据计量认证管理的有关规定，在省级新闻媒体上公布了2004年度首次取得计量认证资质的60家机构名单，同时依法公布了因自身原因被注销计量认证资质的检测机构18家。2005年，省局累计受理计量认证申请290家，其中首次申请95家，复评审112家，扩项83家。根据检验市场出现的新情况和新问题，江苏省局及时调整了工作思路和管理方式，加强了对检测机构的有效管理，促使检测机构行为公正、手段科学、结果准确、服务有效，为检测机构公平竞争创造了良好的环境。一是改进了专业评审组的管理模式，提高了计量认证工作的有效性。对原有的计量认证专业评审组进行了整顿，改组了建工、交通、疾控、环境、水质和气象等6个专业评审组，收回了原委托给计量认证专业评审组组织现场考核的职能，同时，将其名称由计量认证专业评审组改名为专业工作站，弱化了其原来的管理职能，强化了它在行业范围内受江苏省局委托从事计量认证技术保障、技术服务方面的职能，从而规范了行政许可行为，确保了依法行政。为进一步提高计量认证现场考核的工作质量和有效性，成立了局计量认证专家组，主要负责对评审组长的考核和现场评审资料及评审结论进行审查，并向认证处报告审查结果、发现的问题以及改进的意见和建议。同时研讨计量认证现场考核工作中有关技术问题，并提出改进意见。召开了计量认证评审组长研讨会，通报了评审组的工作情况和当前存在的主要问题，围绕统一计量认证考核工作的要求，提高考核工作的有效性展开了讨论和分析，并对评审中的若干技术问题形成了共识，明确了下一步的工作重点和打算。二是加强对检测机构监督管理。(1)开展了检验工作质量专项抽查活动。为了解质监系统内检验机构的工作质量，发现和解决检验工作中存在的问题，促进各质检机构规范运作，保证检测数据的准确可靠，2005年5月，结合“共产党员先进性教育”活动，在全省范围内开展了质监系统检验工作质量专项检查，对全省系统内的各级质检所、计量所、纤检所、锅检所和特检所等200家检验机构进行了检查。随机抽取了相关机构在规定时间段内的检验报告和原始记录等相关资料，并组织专家对检验报告进行评定和汇总。经过专家对检验报告的审查，发现部分检验机构存在检验报告不规范、原始记录缺失、使用作废标准、超范围检测等问题，暴露出系统内检验机构与日益发展的行业检验机构以及社会检验机构之间的差距。根据查找出的问题，组织了全体参加专项检查的检测机构负责人召开了专题讲评会，由专家讲解分析问题产生的原因、危害以及下一步的整改和防范措施。对问题严重的检测机构，根据问题的大小分别由省、市质量技术监督局下达整改通知书，督促机构进行了整改，省市局分别组织进行了验收和复查。2005年9月，又组织了对全省65家授权产品质检站进行了专项检查，发现授权检验机构也程度不同地存在类似的问题。部分授权站在市场经济形势下已不能满足当初设立时的条件和要求，为江苏省局下一步清理整顿授权站，规范检验市场提供了客观依据。11月，根据国家认监委关于开展2005年度计量认证专项监督检查工作的通知精神，对江苏省食品类检验机构开展了专项检查。江苏省局向全省220家食品类检测机构转发了相关文件和附表，要求检验机构对照计量认证评审准则的要求进行自查并填报附表，在机构完成自查的基础上，江苏省局派出了2个检查组，选取了14家有代表性的检验机构进行了抽查。在随后接受国家认监委组织的跨省检查中，被抽中的6家实验室中有3家(全国共18家)得到了认监委的通报表扬。(2)根据国家质检总局、公安部、国家认监委的文件要求，启动了江苏省车辆安检机构的计量认证工作。为推动全省车辆安检机构计量认证工作的顺利实施，通过协调，会同省公安厅向各市局质监、公安局转发了国家三部委的文件，并结合江苏省的实际情况提出了贯彻实施的具体要求和意见。全省106家由公安系统移交过来的车辆安检机构中的大多数已按规定领取了临时资质证书，并积极开始计量认证的申报准备工作。(3)对省、市授权的质检站进行了清理整顿。江苏省原有58家省级授权产品质检站，47家市级授权产品质检站，这些授权站多年来在配合质监部门对产品质量实施监督检查做出过一定贡献，但随着质监事业的发展和产业结构的调整，原先设置的部分授权站已不能适应当前的形势和工作需要，需要进行适当的调整。本着稳步推进、分步实施的原则，江苏省局首批撤销了18家省级站，22家市级站，对被撤销的授权站在政策上给予一定的支持，实现了平稳过渡，达到了预期的目的。三是全面开展了实验室资源调查活动。2005年年初，国家认监委在2002年全国实验室资源调查的基础上，又组织开展了第二次全国实验室资源调查活动。为完成好国家认监委的调查任务，同时也借此次机会建立起江苏省的实验室资源数据库，以对检测机构进行适时有效的动态管理，江苏省局对各市局的专职调查人员进行了业务培训，组织各市局的力量对全省实验室的基本状况进行了全面调查摸底，并通过新闻媒体动员社会实验室积极参与。经过动员培训、填报数据、审核汇总和调查数据综合等阶段，截至2005年5月底，江苏省共收集了966家检测机构的数据信息，基本包括了所有通过计量认证的检测机构以及大型食品生产企业内部实验室的数据。为对检测机构的信息进行动态管理，江苏省局还对计量认证工作程序进行了调整，规定检测机构在领取计量认证证书之前，必须登录国家认监委的网站，填报并修改国家实验室资源调查数据库中的信息，确保本机构所有的网上信息是最新且准确的。经过半年时间的运行，目前江苏省检测机构在《中国实验室资源调查网络系统》中填报的现行有效的数据已达1 000多条，为下一步编制查询系统，实现检测机构信息自动化动态管理奠定了坚实的基础。四是广泛开展了技术机构的能力验证活动。针对江苏省系统质检机构参加2004年长三角地区农药残留、重金属项目比对试验中情况不理想的状况，江苏省局专门召开了质检机构负责人会议，会上通报了比对试验情况，并针对存在的问题进行了分析，提出了具体的整改要求和意见。在2005年2月的比对试验中，各质检机构均取得了比较满意的结果。结合食品安全以及社会关注的焦点、热点问题，组织全省具备食品检验能力的检验机构重点对苏丹红、食品添加剂、白酒以及水质、空气质量等项目开展了能力验证活动；5月，转发了国家认监委2005年能力验证计划，组织系统内的机构按要求积极报名参加食品检验能力验证；7月~10月，会同省环境保护厅在全省106家环境监测检验机构中组织开展了水质中石油类、五日生化需氧量、空气中二氧化硫项目的能力验证；9月~11月，组织省市产品质检所参加了2005年度长三角能力验证活动，对食品中的添加剂含量检测、农产品中的土霉素残留含量检测进行了比对。通过能力验证活动促进了检测机构持续提高检测水平，保证了人民群众生命健康安全，也为全省经济建设发挥了重要作用。

江苏省质量技术监督局供稿

加大认证监管力度　促进浙江外贸经济健康发展

——浙江出入境检验检疫局2005年认证监管工作概况

2005年浙江出入境检验检疫局（以下简称“浙江局”）紧紧围绕国家质检总局、国家认监委和浙江局党组确定的工作目标和任务，积极稳妥地开展认证监管工作，为提高企业管理水平，扩大产品出口做了大量的工作，认证监管工作取得了新的发展。2005年，浙江局发放出口食品卫生注册登记证书221家，其中注册155家，登记66家。自动失效42家，暂停报检25家。累计有效证书747家，其中注册486家，登记261家。推荐食品生产企业国外卫生注册企业9家，新获注册9家，累计获注册253厂次。发放出口质量许可证证书165家，其中机械52家，轻工机电8家，玩具35家，输美日用陶瓷3家，危包65家。累计有效证书475家，其中机械207家，轻工机电50家，玩具113家，输美日用陶瓷2家，危包103家。颁发临时质量许可证93家。获CNAL认可7家，累计获认可21家；获国家计量认证7家，累计获认证20家。认可社会实验室2家，累计认可8家。

建立健全认证监管工作机制

根据国家质检总局、国家认监委关于加强认证认可工作的精神，浙江局于2005年6月7日设立认证监管处，下设综合监管科、认证管理科和注册管理科，并在健全制度、充实人员、制度建设、信息宣传等方面，采取了一系列的有效措施，加强了对认证监管的管理力度，使认证监管工作进一步适应国际通行规则，更好地为浙江外贸经济发展服务。

努力开创食品卫生注册工作新局面

1. 召开出口食品卫生注册登记工作会议。2005年12月19~20日浙江局在杭州召开了全省系统出口食品卫生注册登记工作会议，各分支检验检疫局、省局有关处室共40多名代表参加了会议。会议总结了一年来出口食品卫生注册登记工作情况，充分肯定了所做的工作和取得的成绩，并从国内、国际两个大的背景，监管能力、企业自身水平，注册与检验的关系三个层面，分析了浙江省卫生注册登记工作所面临的形势和存在的问题。会议对2006年卫生注册工作的主要任务进行了部署：一是对全省出口食品企业进行总量控制，强化初始评审和换证复查工作，扶优汰劣，提升出口食品生产企业整体水平；二是探索对获证企业有效监管的新模式，不断提高检验检疫的监管水平和获证企业的自检自控能力；三是加强对评审员的管理和培训，进一步提高评审工作质量。会议还提出了2006年卫生注册工作的10项具体措施：一是严把准入关，对新注册企业包括新对外注册企业由分支局、省局有关处室进行预审，省局认证监管处组织评审组进行现场评审，确保新注册企业的质量；二是严把换证关，在办理换证手续时核对企业的整改情况，对未按规定进行整改的不予换证，促进换证企业卫生质量管理水平的提高；三是加强对企业实验室（包括企业委托的实验室）检测能力和质量水平的监管，进一步提高企业的自检自控能力；四是加强监督检查工作；五是加大对违法违规行为的查处力度；六是进一步突出监管重点，集中力量抓好六大类需评审 HACCP 体系的产品及敏感出口产品生产企业的监管；七是加强对迎接国外官方检查工作的策划和管理；八是认真做好出口盐渍菜生产企业及出口化妆品生产企业卫生注册工作；九是成立 10 个出口食品卫生注册专题研究小组，研究卫生注册中存在的问题，提出解决应对方案；十是加强卫生注册评审员队伍建设。与会代表交流了食品卫生注册工作经验和体会，分析了卫生注册工作存在的问题并结合各地工作实际进行了研讨，统一了思想，达成了共识，提出了很多好的意见和建议，会议取得了预期效果。

2. **编制出口食品生产企业日常监管日志。**为加强对出口食品卫生注册登记企业的后续监管，针对企业卫生注册登记的日常监管缺乏有效记录和连贯性的问题，浙江局统一编制并印发了出口食品生产企业日常监管日志，并于 2005 年 1 月起使用。该日志既是检验检疫人员对出口食品生产企业进行现场检查的日常监管工作记录，也是浙江局内部监管督查的依据。日志明确了日常监管的主要内容，包括原料、辅料验收情况，卫生质量管理体系的有效运行情况，病原体、农兽药残留的监控等 7 个方面。日志的使用一方面提高了监管的针对性和有效性，把实现动态监管、整改后的跟踪真正落到了实处；另一方面加强了后续监管力度，督促企业持续满足卫生法规的要求，确保体系有效运行和产品安全卫生。

3. **迎接日本农林水产省对浙江企业的检查。**根据中日协议，2004 年 3 月 19 日，日本政府实施了新的《日本从中华人民共和国输入偶蹄动物肉类、培根、火腿、香肠的兽医卫生条件》。为此，日本农林水产省于 2005 年 2~3 月份分三批对中国已在日本获得注册的 80 多家偶蹄动物肉制品加工企业进行地毯式检查。

为迎接日本农林水产省对浙江企业的检查，浙江局专门成立了迎检小组，拟订多套工作方案，对企业进行多次督查，并积极与国家认监委沟通，了解日本官员的检查要求，使得迎检工作做到有的放矢。3 月 20~21 日，日本农林水产省动物检疫所检查官江崎由妃子对杭州知味食品有限公司、萧山速冻厂进行了全面检查，重点检查企业的原料控制、SSOP、热处理过程控制、CIQ 监管与检验检疫情况，检查结果，日方表示满意。

4. **圆满完成韩国海洋水产部对浙江省输韩水产品注册企业检查的迎检工作。**根据 2001 年 4 月 5 日实施的中韩《水产品卫生管理协议》及其附件要求，韩国海洋水产部于 11 月 18~26 日对浙江省获韩国注册的水产品加工企业进行符合性检查。由于正值输韩水产品及泡菜等质量问题而引发贸易纠纷的敏感时期，国家认监委和浙江局都高度重视此次迎检工作。国家认监委专门派人赴舟山进行督查；浙江局组成了由认证监管处领导带队的迎检小组，制订检查方案，赴舟山、嵊泗对迎接检查的 9 家企业进行了预查；舟山、嵊泗检验检疫局为迎接检查进行了充分的准备，并督促企业对检查中存在的问题及时整改。检查期间，认证监管处领导全程陪同韩方检查组，对检查过程中出现的问题及时研究解决。浙江省 9 家水产品加工企业顺利通过韩国官方检查组的检查，同时浙江局的监管体系、实验室检测能力及企业软硬件条件、快速整改等方面也受到了检查组的肯定。

5. **开展对金华火腿传统工艺改造调研。**金华火腿是浙江省的特色食品，在国内外享有很高的知名度，但由于受到生产条件和传统工艺的制约，目前绝大多数企业将火腿的晾晒工艺仍然放在室外进行，产品的安全卫生很难得到保证。2004 年新加坡 AVA 在检查金华市火腿厂后，明确提出了清洗、晾晒工艺必须在室内进行的要求。

为了解和掌握全省金华火腿的生产状况，浙江局认证监管处于 2005 年 12 月组成专题调研小组，会同金华、衢州检验检疫局有关人员，对三家火腿生产企业进行了现场调研，其中包括国家 863 科研项目的试点基地，并召开了由金华肉类联合加工厂等 6 家出口火腿生产企业负责人参加的座谈会。会上调研小组与企业代表进行了充分的沟通与交流，了解了生产企业在传统工艺改造方面面临的困难和存在的顾虑。

在综合分析了生产企业现状和座谈会所反映出的问题后，浙江局提出在金华地区选择二家有条件的企业开始对在室内洗晒又不影响金华火腿的传统风味进行专题研究，并积极参与科研，加强监管，确保课题的成功。当 2006 年下半年生产季节开始时，全省出口火腿企业必须将所有工序在室内进行，未完成改造的，将暂停该企业的生产和出口报检。同时，严格要求所有出口火腿原料必须来自经检验检疫机构注册或备案的饲养场，且在 CIQ 注册的屠宰场屠宰；建立对活猪饲养的疫病及药物残留的监控体系，确保原料的疫病及药物残留得到有效的控制。

加强后续监管
促进企业管理水平和产品质量的提高

1. **抓好获出口质量许可证企业的后续监管工作。**为加强对获出口质量许可证企业的后续监督管理，浙江局于年初制订并下达获出口质量许可证企业 2005 年度产品抽查和监督审核计划，组织全省系统对获证企业进行年审，以填报“年度申报表”方式，对获证企业进行一次全面调查摸底,并通报了年审情况。在后续监管计划的实施中,浙江局加强对计划落实检查。至2005年底,共对16家玩具生产企业实施了产品监督抽查,合格率为100%;对60家机械、轻工、玩具和危包企业实施了监管审核,确保了已颁发证书的有效性。

2. 组织对输美日用陶瓷企业进行监督检查。根据国家认监委《关于对输美日用陶瓷企业进行监督检查的通知》要求,浙江局组织对辖区内输美日用陶瓷企业进行监督检查。重点检查了获证企业的生产工序控制、检验和试验(铅镉溶出量)、包装、封识、批次管理等情况。对审查中发现的问题,及时要求企业整改纠正并进行跟踪验证,有效地促进了获证企业质量管理水平和产品质量的提高。

3. 组织对出口打火机企业进行异地评审。2005年1月,浙江局对温州地区首批申报出口危包质量许可证的打火机企业,组织了异地评审,统一考核目光活动。在这次活动中,浙江局选择不同管理水平的打火机生产企业进行试点考核,交流了评审经验,统一了考核细则(新修订)的评判标准,为全面开展出口打火机企业评审创造了良好开端。

加强认证监管人员队伍建设

1. 举办出口食品卫生注册评审员培训班。为加强卫生注册评审员队伍建设,浙江局于2005年6月7~10日在杭州举办了第三期卫生注册评审员培训班,各分支局、局本部相关处室和直属单位共50人参加了培训。培训班上,学员们系统地学习了中国出口食品卫生注册法律法规、注册登记工作程序和相关管理理论,了解了国内外食品安全卫生现状、法律法规以及监督管理发展趋势。经过培训学习,学员们基本掌握了食品卫生注册登记评审的程序和方法。此次培训,对确保浙江省进出口食品安全卫生体系的有效运作,提高评审工作质量起着重要的作用。

2. 举办出口质量许可评审员培训班。2005年7月11~14日,浙江局举办了第三期出口质量许可评审员培训班,全面系统地学习出口质量许可证业务知识、工厂条件审查方法和工作程序,全省系统共38人参加了培训并通过考试,加强和充实了出口质量许可评审员队伍。

3. 举办2005年认证监管人员培训班。根据国家认监委关于建立质检系统认证监管人员培训制度工作的整体部署和安排,浙江局于10月13~14日举办了2005年认证监管人员培训班,学习了认证认可基本知识、机构的管理要求、管理体系认证的有效性检查方法及认证行政执法有关要求等。全省系统共36名认证监管人员参加了培训和国家认监委组织的统一考试。

4. 组织开展出口质量许可、食品卫生注册评审员到期评审工作。2005年3月,浙江局质量许可评审员资格评定小组组织开展了出口质量许可评审员到期评审工作。经对评审员的政策水平、业务水平和工作质量等情况的评定,有81位评审员继续获得出口质量许可评审员资格。同年11月,浙江局卫生注册评审员资格评定小组按照《进出口卫生注册管理细则》要求对续任的出口食品卫生注册评审员进行评定,共43人通过资格认定。

执法与服务相结合
推进强制性产品认证制度实施

1. 开展对实施强制性认证的3种装饰装修材料行政执法检查。为配合2005年8月1日3种装饰装修材料强制认证的实施,浙江局联合当地工商管理部门对装饰材料市场进口溶剂型木器涂料和瓷质砖强制性认证情况进行行政执法检查,执法人员边检查,边宣传,提高了销售单位的认证意识,推动了装饰装修材料强制性认证的实施。

根据国家认监委《关于全面开展强制性认证目录内的装饰装修产品认证行政执法工作的通知》要求,为加大对实施认证的装饰装修产品的入境验证管理的力度,浙江局组织全省系统开展了相应领域的执法检查工作,明确了强制性产品认证入境验证工作的部门、人员的职责和工作要求。加强对进口商品的入境把关,重点审核相关文件,核查标志,确认规格型号等。对不符合强制性产品认证规定的,按有关要求进行处理。通过行政执法检查,提高了全系统各受理报检部门执法把关的意识,确保了强制性产品认证制度的全面贯彻实施。

2. 规范免办工作,加强对免办企业监管。2005年,浙江局坚持以把关与服务并重为宗旨,实施强制性产品认证制度为目的,认真做好进口免办工作。主要的工作措施是:将进口免办工作作为一项重要的工作来抓,加强内部自身的管理工作,制定《浙江出入境检验检疫局进口商品免办强制性产品认证实施细则》(试行),对进口免办的咨询、申请受理、审批签证、核查、后续监管和凭证报检等各项工作进行了规范,提高了工作质量和效率;在浙江局的网站上开辟了"CCC免办"专栏,公开办事程序和办理要求,使相关申办人员能够方便查询到有关申办程序、联系方式、申办所需资料及相关的政策法规等,真正做到了政务公开,方便了进口企业;主动征求免办企业的意见,不断完善免办证明审核程序,提高审核工作效率,缩短办证周期,最大限度地为企业提供便利;将免办工作与传统检验工作有机结合,提高了法定检验商品的报检率,有力地打击了逃漏检；结合日常监管情况和企业自身管理水平、产品质量水平及诚信成度对企业实施了分类管理，不定期抽查免办商品，监督免办企业。至2005年底，浙江局受理免办咨询1 000多人次，办理免办2 000多份。对提供虚假资料，骗取免办证明的，假冒CCC认证标志等违法行为，积极立案调查，依法行政处罚。2005年，共查处违法案件4件，涉案金额56.23万美元，处罚金额约35万元人民币。

加强实验室管理　为检验检疫工作提供技术保障

1. 开展2005年度计量认证专项监督检查。2005年8月16日，国家认监委下达了《关于开展2005年度计量认证专项监督检查工作的通知》，开展以食品检测类实验室为重点的计量认证监督检查，浙江局及时转发了国家认监委的通知，认真研究监督检查工作重点，布置和落实监督检查方案。11月，浙江局组织专项检查组对省局技术中心和温州、湖州、台州、衢州检验检疫局的相关实验室进行检查。结果表明，浙江检验检疫系统的5家实验室的检查结果均为一级——“满足要求”。2006年1月，国家认监委通报了全国2005年度计量认证专项监督检查情况的结果，浙江检验检疫系统参与检查的5家实验室成绩优秀。

2. 完成全省检验检疫系统实验室认可管理基本情况调查。为加强对全省检验检疫系统实验室的认可管理工作，浙江局于2005年11~12月，组织开展了一次全省系统内实验室的认可管理和技术能力基本情况调查，并根据调查统计的结果，编制了《浙江出入境检验检疫局系统实验室基本情况一览表》和《浙江局系统实验室能力验证、实验室间比对情况统计表》。这项工作的开展，为“十一五”期间浙江省检验检疫系统实验室发展规划提供决策参考信息，同时也为全省系统的实验室认可实时跟踪管理打下了良好的基础。

3. 加强社会实验室认可管理工作。2005年9月和12月，浙江局对石化集团杭州炼油厂油品实验室和杭州齿轮箱集团公司前进传动检测有限公司进行认可复查。根据《浙江局社会实验室认可管理暂行办法》的规定，同意其继续保持浙江检验检疫局认可社会实验资格。12月，浙江局对已经获得浙江出入境检验检疫认可资格的社会实验室进行了一次全面的清理和检查工作，并在此基础上重新编制发布了现行有效的《浙江局检验检疫社会实验室一览表》。

4. 指导省局保健中心建立运行质量管理体系和实验室管理体系。根据国家质检总局和国家认监委《关于加强国际旅行卫生保健中心质量管理体系认证和实验室认可工作的通知》要求，浙江局国际旅行保健中心应在2005年度内建立运行质量管理体系和实验室管理体系，2006年6月底以前通过质量管理体系认证和实验室认可。浙江局认证监管处负责保健中心建立体系的技术指导工作。经过一年的工作和努力，保健中心的质量管理体系和实验室管理体系已经分别于2005年7月和11月开始运行。根据体系运行情况和保健中心的工作安排，中心已于2005年12月正式向中国质量认证中心CQC和国家实验室认可委员会CNAL，提出认证认可申请，计划于2006年3月和4月，分别进行认证认可的现场评审。

开展调查研究　做好认证监管工作

1. 开展全省系统企业社会责任情况的调查研究。根据国家认监委《关于协助组织开展有关企业社会责任情况调研的函》的工作安排，国家认监委调研组计划赴浙江等地进行企业社会责任情况调研。为做好此项工作，浙江局于2005年8月26日下发了《关于组织开展有关企业社会责任情况调研的函》，要求各分支局和相关处室单位，开展调研活动，了解所辖地区在出口贸易中相关企业社会责任的情况。在此基础上于9月完成了《2005年浙江省企业社会责任调查情况汇总材料》。12月21~24日，浙江局在杭州承办举行了两次全省社会责任专题座谈会，由国家认监委调研组和浙江局相关人员一起，分别与浙江省和杭州市外经贸厅/局等18个政府相关部门、行业组织代表，以及浙江轻纺集团进出口有限公司等14家进出口企业、外贸公司代表进行座谈，认真听取和了解社会各界和进出口企业、外贸公司等相关单位代表对企业社会责任的认识、出口贸易中涉及的企业社会责任要求及实施情况。调研组还实地走访调查了杭州万谷服饰有限公司和嘉兴浙江伴宇实业股份有限公司，与公司决策层、管理层人员座谈，听取公司领导的汇报，并深入生产车间，现场查看了企业社会责任情况。

2. 加强对体系认证有效性的监督管理。2005年5月，浙江局按照国家认监委《关于对浙江诸暨弹簧总厂有限公司在认证过程中存在弄虚作假问题的投诉进行调查的函》要求，会同绍兴检验检疫局前往绍兴和江苏昆山进行了调查，并将调查结果上报国家认监委认可监管部。7月，浙江局根据国家认监委《关于开展食品企业认证有效性监督抽查的通知》要求，浙江局对浙江省范围内的10家获得ISO 9001认证的食品企业，进行认证有效性监督抽查。检查结果，8家企业的质量管理体系运行基本符合标准要求,2家企业为不符合。通过检查,加强了对认证市场的监督管理,提高了质量体系的认证有效性。10月,浙江局按照国家认监委《关于开展2005认证机构档案专项稽查的通知》要求,完成了对杭州中农质量认证中心和杭州汉德质量认证服务有限公司的专项检查工作,抽查有关档案,核查了认证机构工作的规范性、真实性和有效性。

3. **圆满完成对认证咨询机构的管理工作。**2005年1月,浙江局根据国家认监委《关于延长到期的认证咨询机构批准有效期的通知》精神,对浙江检验检疫系统内8家认证咨询机构做好了延期工作。2月,浙江局根据国家认监委《关于上报认证咨询机构年度报告的通知》要求,督促各咨询机构向国家认监委上报认证咨询机构2004年年度报告,并进行监督管理。同年12月,按照国家认监委《关于认证咨询机构审批工作有关事项的通知》的精神,将系统内8家认证咨询机构管理工作移交给浙江省技术监督局,圆满完成了对认证咨询机构的管理工作。

建立“认证监管”网页
宣传认证认可政策和信息

浙江局认证监管处成立后,在浙江检验检疫网站上建立了“认证监管”网页,利用网络信息技术为公众提供迅速、简便、周到的服务,将政府服务的平台从传统的办公室、窗口转向简单的网络平台。利用“认证监管”栏目,广泛宣传认证认可政策和信息,交流工作经验,指导全系统做好认证监管工作;公开出口质量许可、食品卫生注册登记和进口免办的办理事项、办事依据、办事程序和办事期限;同时从政府角度出发,对认证提供客观、公正和非营利性的咨询服务,交流有关认证认可信息,为企业申请认证做好帮促和服务工作。认证监管网运行以来,受到了领导、干部职工和企业的极大关注。

撰稿人:金映红　审稿人:戴永华

使认证认可在贯彻科学发展观中发挥积极作用

——浙江省质量技术监督局2005年认证监管工作概况

2005年,浙江省全面贯彻落实全国第三次认证认可工作会议精神,紧紧围绕省委省政府的中心工作和全省质监系统工作总体目标,依法履行监管职责,为促进浙江省经济建设和社会发展做出了新的贡献。

深入贯彻实施《认证认可条例》

1. 继续做好《认证认可条例》的宣贯工作,提高《条例》在全社会的认知度和影响力。重点做好强制性产品认证制度的宣传工作,组织开展CCC认证知识竞赛活动,进一步提高生产者、经营者和消费者对CCC认证制度的认知度,增强全社会的产品质量安全意识。

2. 根据国家认监委的授权,强化市、县局的合格评定监管职能,做到机构、人员、职能相统一,明确执法责任制,形成全省统一管理、共同实施、分工负责的工作机制。

3. 组织召开全省认证认可部门联席会议,向省级有关管理部门和社会团体通报全省各类认证、检验检测、认证咨询、认证培训等合格评定工作开展情况,增强宏观协调的主动性,提高认证认可在推动地方经济建设和社会协调发展中的积极作用。

4. 强化认证认可信息化建设,建立健全全省认证、检验检测等合格评定信息数据库,建立与国家认监委和国家认可中心保持畅通的信息渠道,实现动态管理。

培育发展合格评定市场　维护公平竞争秩序

1. 按照《认证认可条例》等有关法律法规和国家认监委的授权,进一步加强对CCC认证、体系认证、认证培训、认证咨询、检测检验等机构的监督管理。通过对认证机构开展档案检查,对食品认证企业实施有效性检查,组织对食品检验机构计量认证专项检查以及对个别检测机构违法行为进行查处等,进一步严格市场准入制度,规范认证检测市场行为。

2. 针对认证市场存在的突出问题，指导新昌、三门等县局开展对企业认证有效性的监督稽查，依法查处认证机构及认证企业的违法行为。

3. 加大对强制认证目录内产品的执法检查力度。先后组织开展电风扇、空调器、饮水机、开关、电器、装饰装修材料以及建筑工程中的强制认证产品市场稽查，重点查处逃避认证、产品与认证不一致、假冒 CCC 标志等违法行为。同时按照国家认监委的安排和要求，组织开展饮水机产品强制性认证监督抽查，探索对强制性认证产品的证后有效性行政监管措施和长效监管机制。

4. 进一步完善社会监督机制，着手研究全省认证市场巡查、信息通报以及违法行为查处制度，为构建政府、企业、认证、检验及其相关机构共同参与的认证市场监督机制积累经验。

推动企业提高管理水平和产品质量

1. 结合当前国家提出大力发展循环经济和建设资源节约型社会的发展战略要求，引导企业开展环境管理体系、职业健康安全管理体系、生态纺织品、绿色市场等认证，重点推动规模以上企业通过认证贯彻实施国际先进管理标准，促进全省经济增长向低消耗、低排放、高效率、符合可持续发展的模式转变。

2. 加大推动农产品和食品认证工作的监管力度。协助国家认监委开展花卉认证，推荐萧山传化集团参与 GAP 国家标准的制定。对农产品食品认证开展监督检查，参与国外农产品合格评定程序调研，促进浙江省"无公害食品行动计划"和"食品放心工程"的有效实施，推进农业产业化。

3. 进一步参与强制性产品认证制度的建立，及时组织开展对玩具、拖拉机、微型泵、植保机械等国家即将发布实施强制性认证产品生产企业的帮促和指导。

推进全省检验机构的科技进步

1. 坚持创新管理机制，充分运用认证认可手段，以检验机构计量认证/审查认可为抓手，集中力量做好全国第二次检验检测资源调查工作，促进全省检测体系建设和检测资源优化配置，建立动态的实验室资质管理机制，进一步完善全省社会公共检测服务体系建设。

2. 根据食品安全监督管理工作的需要，研究提出食品检验检测体系建设规划，牵头建立全省食品农产品安全检测体系，出台政策补助措施，加大对食品农产品检验机构检测仪器设备的财政补助，组织安排全省农产品监督检验。组织开展农残、食品添加剂、食品中蛋白质测定等能力验证活动，切实提高实验室的食品检测技术水平。

3. 加强食品农产品检验技术培训，选派 17 名技术人员出国培训，鼓励检验机构开展农产品检验方法的研究和开发，拓宽人才培训和技术交流渠道，多层次、多方位组织开展国际、国内检测技术交流和能力比对，指导行业协会开展国际食品农产品检测技术交流活动，为机构搭建技术发展平台。建立和实施全系统食品检验岗位持证上岗制度。

浙江省质量技术监督局供稿

发挥职能作用　强化依法行政

——宁波出入境检验检疫局2005年认证监管工作概况

2005年是宁波出入境检验检疫局(以下简称“宁波局”)认证监管工作突出发展的一年,2005年4月,宁波局成立认证监管处,有利于宁波局对认证认可工作统一归口管理，为规范开展认证认可工作打下坚实的基础。一年来,宁波局坚持科学发展观,认真贯彻落实《认证认可条例》的精神,统一监管职能,强化依法行政,严把出口质量许可和卫生注册登记关，确保了认证工作的质量,积极稳妥地发展了新的出口认证企业,同时严把进口CCC免办控制关,维护强制性认证制度严肃性,为宁波对外经济的发展把好关服好务,促进了认证认可工作的新突破。

确保认证监管工作规范有序

根据国家认监委的精神,宁波局于2005年4月成立了认证监管处。按国家认监委职责分工,将认证认可监管工作重点放在做好CCC产品入境验证和免办、出口质量许可证、进出口食品卫生注册、实验室管理等工作上,同时承担着宁波局分类管理、免验、表外商品抽查、进出口检验鉴定机构监督管理等工作职责。认证监管处克服人员新、人手紧、任务重的困难,努力工作,确保了宁波局认证监管工作规范有序。

2005年宁波地区全年共发放出口临时许可证29家(机械16家、轻工2家、玩具11家);发放正式出口许可证44家(机械22家、轻工2家、玩具12家、危包8家);新增食品卫生注册企业27家,登记企业14家;取消食品卫生注册企业11家,登记企业23家;新增对外注册企业11家(美国注册6家、欧盟注册1家、韩国注册4家)。截至2005年底,宁波地区共有出口许可证170家,其中机械70家、轻工20家、玩具53家、危包27家;出口食品卫生注册企业138家,登记企业102家;对外注册企业67家,其中对韩国注册29家、对美国注册19家、对瑞士注册9家、对欧盟注册9家、对日本注册1家。同时一年来对99家出口食品生产企业开展了监督考评工作;开具强制性认证产品免办证明638张。

切实提高认证监管能力

宁波局重视认证监管执法队伍和内审员队伍的建设,不断提高认证监管人员的资质和能力,努力造就高素质认证监管队伍。宁波局共有卫生注册登记主任评审员16人,评审员36人,为进一步开展卫生注册登记工作奠定了坚实的人力资源基础;组织实验室内审员培训班,组建了一支由96人组成的内审员队伍,为实验室日常质量体系的正常运行提供了良好的保障；按要求,两年内已二次开展了全系统的认证监管业务持续培训,共有70人获得国家认监委的省级质检部门认证监管人员资格认定,并被录入全国质检系统监管名录。宁波局已经初步建立了认证监管执法队伍,形成了认证认可执法监督网络,为认证监管工作的有效落实提供了充分的资源保障。

提升对卫生注册登记工作的管理力度

为使宁波局的卫生注册登记工作更加符合行政许可的程序要求和时效性的要求，在充分调研论证的基础上,根据《行政许可法》的有关要求,结合《出口食品生产企业卫生注册登记管理规定》(总局令第20号)和宁波局卫生注册登记工作的实际,出台了《出口食品生产企业卫生注册登记管理细则》。《细则》进一步理顺了卫生注册登记工作的各个环节的工作要求，明确各环节质量控制要求和时效要求，确定统一的专家评审期限,并对外公示,从而强化了全体评审员依法行政、执政为民、勤政高效的理念,树立检验检疫系统良好的对外形象。

为规范和加强对外注册企业定期监督检查工作,宁波局组织26个检查组定期监督检查宁波地区对外注册企业,34个检查组定期监督检查六大类需HACCP验证企业(对外注册企业除外)。进一步加强了对重点出口食品生产加工企业全过程的监督管理，确保了出口食品的安全卫生质量。

推行并维护CCC强制认证制度的实施

为维护好CCC强制认证制度的严肃性，重点抓好CCC免办工作。国家认监委于2005年3月发布了第3号公告，将免办的权限下放给直属检验检疫局。宁波局严格按规章审核，出台《宁波检验检疫局办理强制性认证产品入境验证特殊情况管理办法》，明确由认证监管部门承担审核和办理免办证明的职责，制定并公布了免办工作流程、免办申请须知等规定，为申请人办理免办证明提供明确的向导。截至2005年12月底，已办理免办证明1 642份，退办40多批次。其中，48.5%的证明属于“以整机全数出口为目的而用进料或来料加工方式进口的零部件”，35.5%的证明属于“为科研、测试所需的产品”，这两类商品构成宁波局办理免办证明的主要内容。同时，对免于办理CCC认证进口产品，宁波局引入了"红黑名单"管理制度，加强核销管理，加大后续监管力度，并做好监管记录，防止免办产品流入市场。

为推进宁波地区CCC强制认证制度的实施，2005年8月15日，中国质量认证中心杭州分中心成立了宁波办事处。宁波局为宁波办事处提供了良好的办公场所，以确保杭州分中心为宁波广大企业提供更为便利的优质服务。

对外迎检工作取得新成绩

为了迎接日本农林水产省对日注册热加工偶蹄动物产品生产企业的检查，宁波局由王松青副局长挂帅成立迎检工作小组，相继4次组织专项检查，对迎检企业的车间硬软件、人员素质等方面进行了深入细致的检查，帮助企业发现问题，研究落实整改措施，并多次派出检验员进驻生产一线，跟踪检查整改情况及质量卫生控制体系运转情况，及时拾漏补遗。2005年3月22日，日本农林水产省官员对宁波市惟一一家对日注册热加工偶蹄动物产品生产企业进行现场检查并顺利通过，于2005年下半年起恢复了该企业对日出口热加工禽肉产品的资格。

2005年4月24日，日本厚生劳动省官员一行3人对宁波局技术中心食品安全检测分中心及宁波市2家输日冷冻菠菜企业进行了考察。此次考察关系到日方是否解除第二批推荐的23家输日冷冻菠菜企业的“进口自肃”措施。由于日方对输日冷冻菠菜企业的检查以农残控制为突出重点，涉及从原料生产到成品出口的整个生产加工环节。而原料农残控制以及实验室检测，又恰恰是宁波市乃至中国大部分农产品生产加工企业所共同面临的难题。为帮助企业解决困难并加强原有的薄弱环节，宁波局提前几个月全面铺开迎检工作，组织人员深入菠菜种植基地，指导企业重点完善水源、基地标识以及农药化肥的管理使用情况等基地管理；专门组织技术中心专家到企业实验室进行技术指导，对3家企业实验室进行了盲样测试和比对试验以查找不足、消除隐患。经过连续数月的大量的基础工作，宁波企业顺利通过了日方抽查，为日方解除第二批推荐的23家输日冷冻菠菜企业的“进口自肃”打下了基础，宁波市3家企业冷冻菠菜对日出口也得到了恢复。

全面推进实验室建设工作

在实验室迎接CNAL认可工作中，宁波局要求各实验室提前按ISO/IEC 17025标准进行对照交流，并帮助实验室查找问题、改进提高。在评审组对实验室现场评审过程中，宁波局认证监管处抽调专人到评审现场进行沟通协调，帮助指导。2005年，宁波局奉化综合实验室通过CNAL初评，其他实验室均按计划顺利通过2005年度CNAL的监督评审或扩项审查。通过这一系列措施，宁波局3个分中心顺利通过2005年度CNAL的监督评审及扩项审查。

2005年5月27日，宁波检验检疫局技术中心被国家质检总局列为可承检电子电气设备中有害物质的第一批推荐实验室。同时，实验室参与了国家质检总局组织的RoHS指令检测方法的标准编制工作，已牵头组织进行两项行业标准的编写。2005年8月宁波局余姚电器检测中心成为国家CCC指定检测实验室。

帮促企业获得长足发展

为提高企业参与认证的积极性，宁波局积极建议市政府出台鼓励政策，如在项目审批、知名商标和名牌产品评定、技改贴息等方面对认证企业给予适当倾斜，以提高企业认证的积极性。同时为了方便企业认证，积极鼓励宁波局评审中心、商检公司推出了联合认证模式，这些举措极大地促进了宁波地区认证的推行。2005年度，新增ISO 9000认证企业600余家，ISO 14000认证企业近40家，OHSAS 18000认证企业近20家，目前，上述认证企业总数已经达到2 600多家。通过大力推进国际认证，固本强基，提高了外贸生产企业的产品质量和管理水平，增强了外贸生产企业的发展潜力和后劲，为宁波地方经济发展作出了贡献。

撰稿人：杨文潮　审稿人：王松青

加强认证监管体系建设　提高监管工作有效性

——安徽出入境检验检疫局2005年认证监管工作概况

2005年，安徽出入境检验检疫局(以下简称“安徽局”)评审出口食品生产企业76家，比上年同期增加43%。取消了22家企业的注册登记资格。现有注册企业157家、登记企业63家，共计220家。对外推荐注册2家，累计推荐78家。颁发质量许可证74份，增加17.5%，累计182份。签发CCC免办证明225份，增加14.8%，累计567份。农产品出口种植基地备案15家，累计26家。此外，水生动物养殖场备案15家。认证稽查15家企业和2家认证机构。

认证监管工作

2002年安徽局设立认证工作办公室，为临时过渡性机构。2005年4月，经总局批准设立认证监管处，为省局内设机构，承接原认证办的全部职能，将地理标志管理职能移交到认证监管处(简称“认监处”)，调配技术骨干，现有工作人员8人，保证了认证监管工作的连续性。认证监管工作也得到全省检验检疫系统各级领导和部门的大力支持，各分支局确定了辖区内认证监管工作的分管领导和兼职人员，省局有关业务处室也指定了主管人员。全省检验检疫系统的认证监管网络已基本形成。

2005年8月，安徽局组织召开了认监处成立以来的第一次全省系统的认证监管工作专题会议，分管此项工作党组成员、副局长于竞竞出席会议并就学习认证监管知识、加大宣传力度、加强认证监管、促进全省检验检疫系统认证监管体系建设提出了要求。各分支局、省局有关处室负责人共40余人参加了会议。会议采取以会代训形式，围绕认证执法监管体系建设，结合安徽局认证监管工作实际，系统地介绍了认证认可制度、认证认可条例、免办、入境验证、许可证、分类管理、卫生注册、农产品出口基地、地理标记等法规依据、工作程序以及日常监管要求。

2005年10月，全省系统52人参加了年度认证监管人员全国统一考试，比上年增加14人，增加比例为36.8%。

严格卫生注册登记管理

安徽省注册企业主要分布在阜阳、巢湖、滁州、合肥、芜湖、宣城、安庆等地(指20家以上)，多为粮食制品、蔬菜、茶叶、罐头、水产品、蜂产品、调味品、芝麻、肉制品企业。企业普遍存在质量管理水平不高、标准意识淡薄、自检能力差等问题。对此，在评审工作中，要求考核组加强对企业管理层特别是质量管理一线人员的现场培训，这种做法受到企业的普遍好评。

2005年，认监处与各分支局、业务处紧密配合，加强持证报检工作力度。每月初及时将过期或即将过期的企业名单通知各分支局、检验处和省局检务处，要求他们把关，与此同时，对已注册企业加强动态管理，对一年以上未出口注册登记品种的企业按照有关规定取消其注册登记资格。2005年共取消了22家企业的注册登记资格。对全省出口肉类(禽类)产品的注册企业进行了一次专项检查，督促企业加快硬件设备的改造，彻底消除卫生隐患，严格卫生质量管理，持续保持卫生注册的有效性。组织推荐了2家水产品企业对欧盟注册，联合局动检处、技术中心的人员多次冒着酷暑指导企业进行硬件设备的改造，并针对存在的问题和不足，逐条对照有关法规进行讲解、分析，为企业出主意、想办法，帮助企业进行认证的整改。这2家企业已由国家认监委通报至欧盟主管机关备案待批。

加强CCC免办工作

安徽局组织制定了免办实施细则、入境民用商品验证工作实施细则，并于2月份，组织召开了免办工作会议，宣讲国家认监委3号公告、免办具体要求，听取企业对免办工作的意见和建议。40多家企业70余人参加会议，会议收到预期效果。

对于单独进口的设备或零部件，凡是属于成套设备、旧机电中夹带的商品，不出具免办证明，严格执行国家质检总局《关于民用商品入境验证工作有关问题的说明》

（检函[2002]55 号），要求企业向辖区检验检疫机构报检，避免逃漏检。上半年，一家企业分批进口了一套设备及配件，经查问，发现该企业以生产线配套所需零部件的名义申请配件的免办，是为了既逃避设备检验，又让配件顺利通关。对此，不予签发免办证明，有效地制止了一起逃检行为。

2005 年共办理免办证明 225 份，货值 2 870 万美元，主要产品为接插件、压缩机、保险丝。

继续实施质量许可制度

随着检验检疫行政许可项目的公布和新商检法实施条例修订出台，出口商品质量许可制度也逐步明朗化，该制度需继续实施。这说明检验检疫执法把关方式和检验监管模式正在适应新形势，工作的重点由过去重把关向严格执法、引导企业提高质量、为对外贸易提供技术支撑和保障并举转变，充分发挥检验检疫执法与服务的功能。

实施好出口质量许可制度，正是检验检疫监管方式转变的具体举措。安徽局向国家认监委报送了《实施出口质量许可制度情况》专题报告，提出了下一步制度实施的意见和建议。

2005 年，新的商检法条例的第三十一条规定出入境检验检疫机构对涉及人身财产安全、健康的重要出口商品实施出口商品注册登记管理。安徽局派员参加了国家认监委召开的出口商品注册管理研讨会，对实施注册制度的目录、实施细则、管理办法提出了具体意见。

2005 年共颁发质量许可证 74 份，其中玩具 52 份、机械产品 21 份、陶瓷 1 份。累计有效期内企业 182 家，主要是机械类、陶瓷、玩具。

加强实验室认可工作

2005 年 3 月，安徽局 5 个实验室均通过了国家认监委组织的 CNAL 的专家组现场评审，实验室的全部工作按照 ISO/IEC 17025 标准运行，对于专家组提出的不符合项，已经完全整改。同时生物实验室通过 22 项认可范围的扩项。

由于实验室认可标准将换版为 ISO/IEC 17025:2005，针对认可准则的升级改版，根据实验室实际情况，以及实验室人员的变化，认真修订了实验室《质量手册》、《程序文件》以及相关作业指导书，进一步明确了内部的分工与职责，完善了质量管理体系的职能，为 2006 年正式颁布实施打下了基础。

加强了检验人员专业技术培训，全年共组织外部培训 25 人次，参加了国家质检总局举办的不确定度、禽流感检测技术、猪链球菌检测技术、内审员、阪歧肠杆菌检测技术等培训。在实验室内部开展了岗位技术培训以及体系文件培训，做到每个岗位都有两名以上的熟练技术人员。

组织实验室参加了 CNAL、国家质检总局食品安全局、国家认监委等水平测试 20 多项，已收到的结果，全部为满意。其中化学实验室完成并顺利通过了一项国际性质的水平测试，该实验室作为国家质检总局首批认可的黄曲霉毒素检测实验室，参加了英国农畜部组织的 FAPAS(r)黄曲霉毒素项目水平测试（B1、B2、G1、G2 和总量），在参加的 29 个国家 96 个实验室中总通过率仅为 20%，这在安徽局实验室历史上是第一次接受国际水平的检验。另外，生物实验室参加了“食品中致病弧菌检测”，全球 156 个实验室参加，平均合格率不足 2/3，生物实验室的检测结果不仅全部为满意，还准确检出了所有背景细菌。

设立在铜陵局的安徽检验检疫铜原料及产品实验室（简称铜产品实验室），是列入国家质检总局规划的国家级铜原料及产品重点检测实验室。铜产品实验室在多年的工作实践中，积累了大量的经验和数据，使用自制方法对粗铜中金、银含量进行火法测定，与国家标准方法长期进行比对，结果良好。

2005 年 3 月，该实验室参加了国家认监委组织的铜精矿实验室水平测试，参加的所有项目结果均为满意，无一离群。8 月份，参加了澳大利亚 BHP 公司组织的全球铜精矿水平测试。这已是该局实验室第二次参加 BHP 公司组织的水平测试。2003 年实验室通过各种途径与 BHP 公司联系，要求参加他们组织的全球铜精矿水平测试。当时 BHP 对铜陵局的实验室不太了解，提出每参加一次要缴纳 1 000 美元的测试费。这次水平测试，BHP 通过智利的 Escondida 矿业公司主动与铜陵局联系，发来了邀请函，并申明免交一切费用。

铜陵局经过精心组织，苦练内功，参加了此次铜精矿水平测试。BHP 公司于 11 月，将水平测试的统计报告发给铜陵局。在本次水平测试中，共有 29 家分布在世界各地的实验室参加，其中大部分为该行业的佼佼者。中国大陆共有 9 家实验室参加了本次的水平测试，其中检验检疫系统实验室为 5 家，除铜陵局实验室外，还包括天津、南京、南通等地的 CIQ 实验室。铜陵局实验室参加了 3 个样品所有 Cu、Au、Ag 项目的测试。BHP 用 5 种方法进行统计计算，该实验室所有项目全部为满意，无一离群，部分结果属于 29 家实验室的中间值。

积极开展质量体系认证

2005年,CQC安徽分中心审核认证企业658家。2005年,完成初审企业169家,其中:ISO 9000评审144家,ISO 14000评审14家,ISO 18000评审2家,HACCP评审9家。完成监督审核企业451家。完成复评审企业135家,被撤销认证证书的企业85家。撤销认证证书企业83家。

据中国质量认证中心(CQC)总部统计,安徽评审中心实际认证企业应当是1 400家左右。现有认证资质的有1 000家企业,其中ISO 9000认证918家,ISO 14000认证40家,HACCP认证35家,QS 9000认证7家。

2005年,CQC安徽分中心顺利通过IQnet同行复评审。针对提出的"预防发生证书暂停和撤销事件进行控制"的要求,积极组织改进。对企业审核时,同时进行企业发展状况评估并填写调查表备案,定期分析,事先进行预防。

CQC安徽分中心接受了国家认监委对机构的监督抽查。对发现的人员配备、档案原始记录、人员专业评审、审核记录等问题,及时制定措施加以纠正。对反复出现的问题,调整人员和职责,对工作质量进行跟踪记录。把工作质量和业绩考核紧密结合,进一步提高了工作责任心。

中心对从策划到材料归档整个流程进行了全面梳理,从制度上进行规范。制定了《审核策划方案》、《审核准则检查表》、《审核过程管理要求》等工作规范。建立组长负责制,从管理上和经济手段上进行制约。

中心质量管理工作明显改进,人员质量意识、自觉规范意识得到加强,审核管理、审核质量、材料的完整准确性明显提高,获CQC两次表扬。在国家认监委开展的2005年度对食品行业抽查中,CQC安徽分中心被抽查的3个企业,现场质量及认证质量都打了高分。CNAB对该中心的监督审核未开出不符合项,所查内容全部满足认证规则和程序要求,获得CNAB专家较高的评价。

为了摆脱市场挤压,防止业务下降,CQC安徽分中心将市场开发从培训开发部独立出来,聘用3名专职开发人员,调整了市场开发的策略,以灵活、务实、合理为原则,大力开发市场。

重点开发大客户。与合肥美菱股份公司签订了ISO 9000的认证合同。通过近一年的努力、多方做工作,与ABB配变公司也达成了认证协议和从DNV认证到CQC认证的转换认证协议。与青岛啤酒、江淮汽车集团、安利人造革有限责任公司、合肥市政府采购中心签订了认证协议,努力保证高端市场占有率。

CQC安徽分中心提出,通过评审认证,要让企业的无形资产有一个增值的过程。这个理念得到了企业的回应。江淮汽车过去是汽车专业评审机构认证的,因为相信CQC安徽分中心的认证质量,现在向他们一次性申请了ISO 9000、ISO 14000、ISO 18000认证。

开展农产品出口示范基地建设

安徽局会同安徽省商务厅、省农委、省财政厅联合开展农产品出口示范基地建设,是贯彻落实中央一号文件、省委省政府三号文件精神以及文海英副省长批示,落实省政府与国家质检总局签订的《备忘录》要求,促进农产品扩大出口的一项举措,是全省检验检疫系统2005年八项重点工作之一。

为了抓好农产品出口基地建设,安徽局成立领导小组,程杰局长任领导小组组长,多次深入基地考察调研,通过座谈、走访等多种形式,实地了解基地环境条件、生产规模和标准化、规范化生产落实情况,并向省政府报送了《考察报告》。对此,省长王金山作出了重要批示:"这件事做得好。什么任务都要一项一项地追踪落实,才会有实际效果。望再接再厉!"首批10家示范基地名单确定后,局党组要求全省检验检疫机构发挥自身技术、信息、政策等优势,对10个基地实行对口重点扶持,落实到相关处室、落实到具体负责人。对示范基地的建设,国家认监委确定的原则是:年出口增幅较大;具有一定规模且建立基地的卫生质量自检自控体系,确保原料质量卫生安全,风险从源头防范;结合当地资源优势和促进农民增收明显。

开展食品生产企业认证有效性专项监督检查

2005年9~10月,安徽局联合省质监局组成联合审核组,对国家认监委指定的15家食品企业质量管理体系认证有效性和2家认证机构认证档案进行了监督检查。安徽局作为组长单位检查了7家企业和1家认证机构。为了完成国家认监委部署的专项稽查,安徽局制定了监督抽查方案,经局领导同意后报国家认监委备案,确保选派的联合审核组符合要求,确定了检查时间表和检查路线,要求所辖地检验检疫机构给予配合支持。期间,分管领导于競副局长在认证监管处负责人的陪同下,两次赶赴审核现场,给予指导,慰问审核组。重点检查了企业质量管理体系运行情况,对企业管理层、经营销售、设计开发、采购供应、生产、质量检验(进货、半成品、成品)以及提供认证服务的机构进行了详细检查。根据检查情况,安徽局撰写了《质量管理体系认证企业认证有效性监督抽查工作总结》报国家认监委,并提出了加强监管的建议。

撰稿人:高　飞　审稿人:缪传真

建立长效机制 提高认证有效性

——福建出入境检验检疫局2005年认证监管工作概况

2005年，福建出入境检验检疫局（以下简称“福建局”）紧紧围绕“提高认证有效性，促进认证认可工作融入社会、经济发展”的工作目标，深入调研，积极思考，根据辖区企业实际，形成了“以促进企业能力建设为根本，以引导企业达标生产为载体，建立长效机制，落实监管职责，提高认证有效性”的工作思路。目的是针对进出口企业自身能力不足，导致一些获证企业的管理有形无实这一带有普遍性和根源性的问题，在加强官方验证监管的同时施以能力促进，通过提高企业安全、卫生、质量自控能力，从根本上改善认证有效性。一年来，在出口食品卫生注册登记、出口产品质量许可、CCC行政执法、标准化促进工作以及认证市场监督管理工作中取得明显成效。

探索提高认证有效性的途径

国家认监委成立后，尤其是《认证认可条例》实施以来，中国认证认可事业快速发展，在短短几年之间就取得了令人瞩目的成就。从证书数量上看，中国已经是认证大国。认证认可是国际公认的合格评定的主要方式，通过认证认可体制与国际的接轨，通过认证认可这一载体，国际上先进的管理理念和管理方法快速地导入了中国的社会经济建设，对中国社会主义市场经济发展起到了有效的助推作用。但是，福建局应该清醒地看到，由于中国市场经济体制建立时间不长，加上企业自律意识和能力上的制约，认证的有效性还存在明显不足。如何在“量”增长的同时确保“质”的提高，是认证监管部门迫切需要思考和解决的问题。

为寻求提高认证有效性的有力措施和途径，福建局按照国家认监委部署开展了大量的调研工作，认真思考影响认证有效性的根源所在。

首先，福建局以出口食品企业卫生注册监管的有效性为典型目标进行了调研和普查。卫生注册是对出口食品生产企业安全卫生控制能力与国际标准、规范要求的符合性的合格评定活动。卫生注册有效性取决于企业能否建立符合国际标准和规范要求的安全卫生管理体系并保持其持续有效运行，卫生注册实际上是一种特殊的认证行为。

在对近300家出口卫生注册食品企业调研和对定期监管资料的分析中，福建局发现，相当比例的企业建立的安全卫生质量体系或缺乏科学性和有效性，或与准入评审时相比出现了不同程度的“退化”。尤其在进口国官方实施检查时，常常临阵磨枪，四处求援，常常请求检验检疫部门实施紧急指导，也就是所谓的“突击迎检”。

福建局对全省260多家风险较高，官方强制要求建立HACCP体系的“六大类”出口食品企业（罐头、水产、肉类、冻菜、果蔬汁、含肉和水产品的调理食品生产企业）的HACCP管理小组成员进行了调查和统计分析，发现企业安全卫生控制体系运行效果“退化”的主要表现是控制能力存在缺陷，而调研表明，企业能力缺陷的关键原因是体系控制人员专业能力不足。

调查中也发现，有的企业投入大量资金购进国外先进的检测仪器设备，但是，所谓的安全卫生控制的自我验证数据未能体现有效性。

深入分析存在的这些现象，福建局发现，导致上述问题出现的最关键的原因有两个方面：一是企业自身安全卫生控制能力不足。由于能力的缺陷，企业无法建立完善的自控体系，或者建立了自控体系却无法保持有效运行；二是在准入评审和日常监管中，评审员能力不足，未能及时发现企业自控体系缺陷并要求企业整改。

在调研中，福建局还了解到，多数出口企业对开展认证活动有着很高的热情，他们已经认识到认证认可是安全卫生质量管理的国际潮流和先进模式，是跨越贸易技术壁垒、促进产品出口的有力“武器”。在认证认可过程中，他们也非常期望能够按照国际先进标准和技术规范的要求建立自身管理体系并保持其有效运行，使自身产品安全卫生得到有效保障。然而，由于技术能力的不足，许多企业在建立符合标准规范要求的管理体系过程中感觉力不从心，往往投入大量的人力、物力和财力却没有收到预期的效果。无奈之下，企业在认证评审时只好弄虚作假、蒙混过关。而官方评审人员同样存在专业能力缺乏的情况，致使在准入评审中缺乏有效性，在定期监管中缺乏有效性。

福建局还对10家ISO 9000获证企业、30家CCC认证企业进行了调研，同样发现部分企业的质量体系与获证评审时相比，出现了不同程度的“退化”，其中有企业、咨询、认证机构诚信和职业道德上的缺失的原因，但更重要的，仍然是企业管理人员认知能力和技术能力的严重不足。

通过对调研中发现问题的深入思考，福建局认为，在中国当前的社会经济背景下，影响认证有效性的因素主要有三个方面：社会环境、企业自身能力和官方监管能力。

社会经济环境方面的因素主要是文化、法律和社会诚信，西方国家企业通过100多年的工业化和市场化经济历程，形成了较为完善的法律制度、较高程度的自律意识和较为成熟的社会诚信。中国社会主义市场经济尚处在初级阶段，法律制度、社会文化以及诚信观念、自律意识，以及社会技术服务体系、官方监管体系都需要长期的完善、发展和提高。

企业方面因素主要是企业自身安全卫生质量管理能力，也就是技术能力不足。在当前出口企业中，安全卫生质量控制技术能力的欠缺是一个十分普遍的问题，也是制约其管理体系有效运行的关键问题。

中国社会经济环境和现阶段企业自身能力条件，决定了中国认证认可事业发展的未来一段时期，官方监管对保证认证有效性具有特殊作用。因此，官方监管部门的监管机制和专业技术能力，自然就成了影响和规范认证行为，提高认证有效性的重要因素。

通过以上分析，福建局认为，基于直属检验检疫部门职能，福建局应该以提高出口企业和检验检疫部门技术监管能力为基础，同时辅以有效的官方监管制约机制，寻求认证有效性的提高。

以出口食品生产企业卫生注册为试点
开展认证有效性建设

根据调研和分析，福建局提出，以“企业和检验检疫部门技术能力促进”为根本途径，全面开展认证有效性建设，促进辖区扩大产品出口。鉴于食品安全工作的高度敏感性，福建局首先以出口食品企业卫生注册工作为试点，开展人员技术能力促进工作。在试点取得成熟的经验后，再向强制性产品认证、管理体系认证、出口产品质量许可等领域逐步推进。

（一）建立能力促进长效机制

通过充分调研、酝酿以及组织有关专家反复研讨，福建局在出口食品企业卫生注册工作中，先后建立了《福建检验检疫局出口食品生产企业安全卫生自控能力促进计划》和《福建检验检疫局出口食品卫生注册评审员能力促进计划》，将其作为提高出口食品卫生注册有效性，促进辖区农食产品扩大出口的治本之策和长效机制加以推动实施。计划制订后，福建局认证管理职能部门深入14个分支机构和100多家企业，就计划的目的、内容和实施方案等进行了广泛的宣传和讲解，统一思想，取得共识。

1. 开展企业能力备案，建立企业能力数据库，为能力促进提供参考依据。福建局开展了辖区出口食品生产企业自控能力普查，在此基础上，建立了“福建省出口食品生产企业安全卫生自控能力(网络)动态备案系统”，对260多家“六大类”出口食品企业HACCP小组以及实验室人员的技术能力状况进行了动态备案。通过能力备案，建立辖区出口食品企业自控体系管理人员能力数据库，适时掌握了辖区内出口食品企业的能力动态，为能力促进工作提供有效的参考数据，大大提高了能力促进针对性。1 232名企业自控体系管理人员积极参与了备案。

2. 建立官方评审人员和企业自控人员专业能力分级和评价制度。将辖区卫生注册评审员和出口食品企业自控体系管理人员分成初、中、高三个能力等级，通过统一的能力测试验证，综合相关人员日常专业表现，由“卫生注册评审专家委员会”按照规定的程序评定能力级别。

3. 采用分专业、分级别的能力促进方式，持续提高官方评审员和企业自控人员专业能力。福建局组织了系统40多位有关专家，针对福建局辖区水产、肉类、蔬菜、罐头、方便食品等主要产品生产加工和官方监管的不同特点，编写了900多页70多万字的能力促进系列材料。在能力促进活动中，根据促进对象的专业和能力水平，实施针对性促进。既开设公共课程，也开设专业课程，即在讲解食品安全理论课程的同时，也讲解现场监管和现场评审以及实验室操作实践课程。2005年以来，参加能力促进活动的官方监管评审人员和企业安全卫生自控体系管理人员达到320人次。福建局所开展的专业化、系统化的能力促进工作得到了广泛的好评，尤其是促进活动的公益性质使出口企业表现出巨大的参与热情。

4. 对不同能力级别促进对象进行科学的使用管理，营造能力促进良好氛围。福建局在检验检疫卫生注册评审员中，推荐中级评审员参加全省性异地评审、业务研讨等交流活动，推荐高级评审员参加直属局和国家认监委的相关专家委员会，参加赴国外学习、研讨和评审等活动。在出口食品企业卫生注册准入评审中，在对企业分类管理的评价中，将企业安全卫生自控体系管理人员专业能力水平作为重要的评价项目之一，从而激发了企业人员参与能力促进活动的热情，也促使企业主们更加重视人才，爱护人才，充分使用人才。

（二）开展官方监管有效性和企业自控体系有效性的监督和验证

为了增强卫生注册工作有效性，福建局成立了“卫生注册评审专家技术委员会”，专司官方评审工作有效性和企业自控体系的有效性验证，并且制定了制度化的计划。按照年初制订的评审员能力监督检查制度和计划，充分发挥福建局卫生注册评审专家技术委员会作用，开展评审员能力和企业自控能力监督抽查。2005 年以来，对 12 个分支机构的 71 家企业卫生注册评审及监管质量实施了抽查，对检查中发现的评审员能力方面存在的问题进行了通报；对 7 家自控能力存在严重缺陷的出口食品企业，按照国家认监委《出口食品卫生注册登记管理规定》的相关条款，吊销其卫生注册证书或限期整改。监督检查制度的开展，有力促进了评审员和企业提高技术能力的自觉性。

（三）明晰职责定位，建立协作机制，整合科技资源，发挥多方优势，共同促进能力建设

由于食品安全卫生控制是多学科技术的集成，因此，能力促进工作需要不同领域的专家、学者以及社会各界的共同参与和积极推动。从根本上说，企业能力进步的责任在于企业自身，外在动力主要来自于专业技术机构的帮助。检验检疫作为官方机构，职能主要在于提高官方验证人员自身的技术能力，在于监督管理，在于建立和营造促进机制。但是，在当前特定的历史阶段，由于社会科技服务资源尚未完全整合，对企业的技术帮促还无法达到国际的水平，因而还需要官方的启动、导引和推行能力促进工作。

在能力促进活动中，福建局除充分利用自身技术资源外，打破长期以来检验检疫机关在出口食品企业安全卫生控制能力提升工作中大包大揽的习惯做法，明晰自身职责定位，还积极导入了中国食品科学技术学会、福建农林大学等学术团体、大专院校和技术机构，充分利用社会技术资源和社会实验室资源，共同促进出口食品企业自控能力的提高。

福建局在导入技术机构参与出口食品企业安全卫生控制能力建设的同时，还注意充分发挥自身职能，积极开展对技术机构的监督管理和验证工作，同时，引导企业正确甄别技术机构的服务能力和服务质量，建立优胜劣汰的监督机制，有效促进技术服务市场的健康有序发展。

为了促进技术机构与企业之间的互动，在中国食品科学技术学会第四届年会上，国家认监委组织了官方、企业和技术机构就“出口食品企业的科技支撑与科技服务”进行了研讨，与会专家就如何建立技术机构的协作互动机制、如何有效整合科技服务资源、如何充分运用科技手段，促进中国肉类、水产、蔬菜等出口农食产品安全卫生控制水平提高等议题进行了深入研讨和交流。此次研讨对以后推动社会科技服务资源在促进食品安全卫生控制能力上的有效整合，营造社会各界共同推动能力促进的氛围具有积极的指导意义。

在福建局辖区，通过官方、技术机构、企业的共同参与，一个以促进企业能力建设为手段，以提高认证认可有效性为目标的工作机制和工作氛围正在逐步形成。

以达标生产为载体，促进认证有效性的提高

认证是证明产品、服务和管理体系符合相关标准的合格评定活动，标准是认证的基础和依据，促进企业达标生产也是认证监管部门的重要职责。因此，标准化工作本身就是认证有效性建设的重要载体，是认证认可融入社会经济发展的重要途径。

福建省政府近年来高度重视企业标准化工作，同时，希望出口企业能在标准化推广工作中起“领头羊”作用，因此，将福建局作为“福建省工业产品标准质量管理联席会议”主要成员，要求福建局在福建标准化工作中承担重要角色。长期以来，标准化促进工作习惯于以建立标准数据库、标准宣贯、标准培训的传统形式开展，然而，在市场经济背景下，原来行业管理的概念逐渐淡化，传统的计划经济模式下的达标生产促进方式已难以收到成效。如何有效推动企业按照国际先进标准组织生产，成为困扰地方政府和检验检疫部门的一个难题。

随着近年来中国认证认可事业快速发展，地方政府和检验检疫部门正逐渐意识到，由于认证是评定企业是否符合标准的活动，企业要想通过认证，就必须按照国际先进标准建立安全卫生质量保证体系并组织生产。认证过程决定了它是贯彻、执行标准的十分重要、有效的渠道和手段，同时，达标生产本身又是科学建立和持续运行企业自控体系，提高认证有效性的过程。两项工作互相融合，互相促进。因此，2005 年年初，福建局有意识地将标准化促进工作职能转移到认证监管部门，要求以达标生产促进认证有效性的提高，以认证认可带动企业达标生产，促进企业技术进步。这项举措使认证在标准化和企业之间的“纽带”作用得以充分发挥，有力推动了出口企业标准化工作的开展，同时也切实提高了认证工作有效性。

在标准化促进工作调研中，福建局同时意识到，企业

能否按照国际先进标准组织生产，归根到底还是在于其自身的技术能力。因此，福建局提出，以能力建设促进企业达标生产，用达标生产促进认证有效性的提高。通过一年的实践，取得了明显的成效。

在出口食品企业认证方面，通过生产加工标准化能力促进，一大批农产品、食品企业按照国际先进标准建立了质量、安全、卫生控制体系，辖区260多家“六大类”出口食品企业（罐头、肉类、水产、冻菜、果蔬汁、含肉和水产品的调理食品生产企业）建立了SSOP、GMP、HACCP基础平台。在实施这些管理体系中，有效贯彻了欧、美、日等重要进口国的技术法规和标准。

为了有效控制出口农产品源头污染问题，福建局还积极引入良好农业规范（GAP）认证，作为全国六个良好农业规范认证试点省份之一，建立了果蔬、水产、肉类认证试点，导入了农药、兽药、微生物等安全卫生控制技术标准和技术法规，促进了福建出口农食产品安全卫生控制体系与欧美有关标准规范的接轨，为帮助福建出口农食产品跨越国外技术壁垒提供了重要平台。

在出口工业产品方面，通过跟踪研究国际标准，促进企业按照进口国要求，通过鞋类、服装、电器、陶瓷、饲料等大宗出口产品自愿性、强制性产品认证以及管理体系认证，积极导入欧美等主要进口国相关安全、卫生、环保标准、法规。

福建局通过能力促进和达标生产工作使企业管理体系得到不断完善充实，使越来越多的企业了解、掌握、应用国际先进标准，不断提升企业按照国际先进标准组织生产的能力，有力促进了认证有效性的提高。

关于进一步提高认证有效性有关问题的思考和建议

1. 认证认可合格评定源于西方发达国家，其产生和发展的基础是较为完善的法制体系，较成熟的企业诚信水平，较高的企业对认证服务质量的识别能力。其中，“自律”更是认证认可活动遵从的要义，第三方认证之所以能够成为合格评定活动的潮流，逐渐替代政府强制性职能，其土壤是企业的自觉。而福建局尚处在市场经济的初级阶段，在引入发达国家认证认可制度的同时，还应当考虑中国社会、经济、文化背景和企业能力的客观现实，因此，中国的认证工作在充分遵从自觉、自律这一认证认可主旨的前提下，应适当辅以官方验证，尤其官方在“采信”过程中加强对认证结果的验证。加强对认证机构和企业的制约，将是当前和未来一段时期内提高认证有效性的重要措施。建议在以采信企业产品认证、管理体系认证结果为基础的出口企业注册、许可、分类管理、诚信评级等行政行为过程中，加强官方验证工作，通过验证结果实现优胜劣汰，逐步净化认证市场。

2. 有什么样的消费者就有什么样的市场，也就有什么样的供应商。在认证认可活动中，企业是认证产品的“消费者”，认证机构是认证产品的“供应商”。当前时期，作为消费者，相当比例的企业在选择认证服务中以价格为首要考虑因素，而不是追求服务质量和服务能力，迫使认证机构随波逐流，相互之间良莠不分，从而导致认证有效性的严重不足。要提高认证有效性，就必须逐步改善大部分企业的认证动机，而要逐步端正企业的认证动机，则必须综合治理，这是认证认可工作面临的重要课题。

3. 调查、分析、思考中，福建局深刻地认识到，认证有效性的提高取决于企业认识能力和管理能力的提高，因此，企业能力不足是影响认证有效性的关键因素，要加快企业能力提高的进程，必须施以积极有效的能力促进。在企业能力提升过程中，迫切需要技术服务机构的技术服务。为此，建议大力培植具有良好职业道德、高效、专业、前沿的技术服务机构，尽快培育成熟的技术服务市场。同时，研究建立技术服务机构的权威机制。

撰稿人：朱晓南　审稿人：陈　宇

着力提高认证有效性 促进地方经济发展

——福建省质量技术监督局2005年认证监管工作概况

认证监管工作

1. **地方认证开展概况。**截至2005年12月31日，福建省共颁发9 564张认证证书；其中质量管理体系认证证书比率为47.8%，高于全国该项证书单项分类比率10个百分点；环境管理体系认证证书比率为7.0%，高于全国该项证书分类比率3.7个百分点；职业健康安全管理体系认证证书比率为1.29%，高于全国该项证书分类比率0.24个百分点；自愿性产品认证证书比率为4.03%，高于全国该项证书分类比率1.8个百分点；强制性产品认证证书比率为39.76%，低于全国该项证书分类比率16个百分点，说明了福建省强制性产品认证数量明显滞后于全国平均水平。

福建省的认证企业，仍然主要集中在福州、厦门、泉州、晋江、南安、龙岩、福清、三明、石狮等经济较发达的市县，合计占总数的70%以上。泉州、晋江当地政府对环境管理体系认证和职业健康安全管理体系认证给予一定的奖励，带动了这两项认证领域的发展。

2. **认证监管工作的开展。**

(1) 制定认证认可监管工作年度工作计划，科学合理、统筹安排全年认证认可工作。

(2)以人为本，加强认证监管人员队伍建设。选派人员参加国家认监委组织的全国认证监管人员师资培训；举办认证监管人员业务培训，2005年全省各地市县局有146名公务员参加省局组织的认证监管人员培训学习；组织全省260多名认证监管人员参加2005年度认证监管人员统一闭卷考试。

3. **规范认证工作。**召开认证机构、认证咨询机构工作座谈会。组织学习认证认可法律法规和规章，分析福建省认证市场现状，针对存在的问题，提出了认证工作规范要求。

4. **全面加强强制性产品认证行政执法工作。**对列入《第一批实施强制性产品认证产品目录》的产品开展专项执法检查，重点查处未申请强制性产品认证而出厂销售、假冒强制性产品认证标志、获证产品安全质量不符合强制性产品认证要求而出厂销售、申请认证时送检样品与实际生产产品不一致等违法行为。2005年共出动执法人员1 213人次，检查生产企业280家，经销商店710家，立案查处30起，涉案货值92万元，入库罚没款15.2万元。

5. **开展查处认证违法行为专项行动。**重点检查认证机构、认证咨询机构违法行为以及违法使用认证证书和认证标志的行为。对福州汇迪管理顾问公司等6家认证咨询单位未经批准擅自开展认证咨询活动进行立案调查和处罚。

6. **开展认证有效性稽查。**针对福建省认证市场存在的突出问题，重点选择获证的食品生产企业，强制性认证产品企业，群众反映意见较多的企业，抽取220家进行认证有效性检查。这次检查涉及面广、触动大，促进了福建省企业认证有效性的提高，同时锻炼和提高了基层认证监管人员素质。根据国家认监委指定的对象，开展对福建省区域内10家食品认证企业认证有效性稽查工作，并上报有关情况。开展对2家认证机构档案材料的检查。

7. **开展良好农业规范GAP试点准备工作。**认真履行省政府确定牵头的主管部门责任，组织农业、检验检疫等有关部门积极做好GAP试点前期准备工作，初步确定了13个参加GAP认证试点和建立GAP认证试点示范基地工作的市、县和农业生产领域。

8. **加强信息化建设。**为了提高认证认可工作效率和信息传播速度，在福建质量信息网上开设认证认可专栏，及时将国家认监委最新政策规定、工作动态等上网供查询。包括通过计量认证实验室的检测能力及项目等都挂在网上，供消费者和稽查工作查询。

9. **加强食品农产品安全监督检查。**开展食品和农产品认证标志专项监督检查工作，布置对福州、厦门市开展使用食品和农产品认证标志的合法性进行检查。

实验室建设和监管

1. 规范实验室管理，提高质检机构水平。2005年完成对福建省质量检验机构计量认证122家,监督评审42家,通过国家实验室认可9家。举办(计量认证/审查认可评审准则)培训班,培训外审员80人,内审员112人。按福建省局统一规范的"抽样方案,检测方法,判定依据"的"三统一"要求修订完善产品的"必检项目"。进一步规范各质检机构的行为,开展对重点检验岗位检验人员进行岗位技能培训考试工作,已对气相色谱、液相色谱检验员进行上岗培训考试。开展了食品检验实验室计量认证检查。

2. 为加强履行岗位职责的能力建设,福建省局实施检验人员持证上岗制度,依托中检所组织专家制定气、液相理论知识考试大纲,依托干校组织本系统的检测人员岗前培训和考核,促进了检测人员钻研技术的热情。

3. 根据国家认监委的要求,组织完成了第二次全国实验室资源调查,受到国家认监委的表扬。

4. 2005年有5家实验室顺利地通过国家认监委的专项稽查。2005年共收到241家实验室的申请,不符合条件未受理的54家,经评审、并100%整改的计量认证实验室达到187家(其中正审51家、监督68家、复审43家、增项25家)。

5. 为提高实验室监督评审质量,出台了福建省计量认证实验室监督评审指导书。

6. 简政放权,发挥地市质量技术监督局的作用。福建省局将县级质检机构的计量认证复评审、评审组组成、现场评审、完成评审报告等工作委托市级质量技术监督局进行。根据国家认监委《计量认证/审查认可(验收)获证检测机构监督管理办法》的要求,福建省局将每年县级质检机构的计量认证监督检查工作交由地市局来完成,并授权地市局长签发评审报告,极大地调动地市技术监督局对实验室管理工作的积极性,同时也树立了地市质量技术监督局在当地政府各行政部门的权威。

7. 强化服务意识。公布计量认证/审查认可的申办程序、要求、时限,并将所有的申请材料格式上网,方便质检机构下载和填报,满足质检机构的需要。同时将所有的实验室名单和能力表上网公告,方便社会各界人员的查询,也便于对质检机构的监督。

认证对地方经济的促进作用

1. **福建省认证强项行业。**根据全国认证证书数量的分析,排在前13位的行业见表1。

表1

排 名	行 业	比 率/%
1	基础金属及金属制品	14.02
2	电子、电气及光电设备	13.99
3	机械及设备	10.74
4	建设	10.59
5	化学品、化学制品及纤维	6.23
6	橡胶和塑料制品	5.82
7	食品、饮料和烟草	4.39
8	其它运输设备	3.99
9	纺织品及纺织产品	3.23
10	批发及零售	3.21
11	科技服务	3.20
12	非金属矿物制品	2.70
13	房地产	2.16

根据方圆福建审核中心对认证企业的调查分析,排在前13位的行业见表2。建筑、电子及电气、基础金属、纺织品及纺织产品、橡胶和塑料制品等行业为福建省认证强项行业;化学品、机械及设备等行业认证滞后于全国平均水平。认证的强弱行业基本上与福建省的产业特点相吻合。

表2

排 名	行 业	比率/%
1	建筑	10.3
2	电子、电气及光电设备	9.3
3	基础金属及金属制品	8.3
4	纺织品及纺织产品	7.4
5	橡胶和塑料制品	6.3
6	皮革及皮革制品	6.1
7	非金属矿物制品	6.1
8	食品、饮料和烟草	5.8
9	化学品、化学制品及纤维	5.3
10	机械及设备	5.0
11	科技服务	4.4
12	批发及零售	3.4
13	纸浆及纸制品	2.7

2. **获证企业产品质量经济效益明显提高。**福建省对近100家获证超过3年的企业,2003年至2005年的经

济指标进行统计分析。

获证产品销售额年平均增长率37.76%，区域内同行产品销售额年平均增长率18.94%。获证企业实现税利年平均增长率28.5%，区域内同行实现税利年平均增长率9.03%。获证企业产品出厂一次检验合格率97.0%，外界监督抽查平均合格率99.0%，区域内同行平均合格率96.4%。获证企业顾客满意率为95.1%。员工稳定率为86.3%。

统计数字显示，获证企业产品质量确实能够保持很稳定的优良状况，产品质量和经济效益大幅度提高，企业的综合竞争力明显增强。事实说明认证工作促进了社会经济发展并取得巨大成效。

3. **获证企业增强了综合竞争力**。企业通过认证活动和各类管理体系的实施和保持，促进了企业内部管理的协调化和规范化，部分企业改善了环境和安全条件，提升了企业的产品质量水平，增强了产品的市场竞争力，增加了企业的产量和效益，增强了企业的市场意识，改善了企业的售后服务质量，扩大了企业的知名度和市场份额，最终创造了经济效益和社会效益。所以，质量管理体系、环境管理体系、职业健康安全管理体系、CCC强制性认证等活动，在促进企业的产品质量的提高、建立环境友好和资源节约型社会、保护劳动者健康、维护公共安全最终推动国民经济的发展，确实起到了不可低估的作用。

存在的主要问题和对策

1. **存在的主要问题：**

(1)从事认证审核的人员的素质参差不齐。有许多技术精湛、作风过硬的审核员，也有不少技术低劣、行为恶劣的人员。当前审核人员中80%为兼职从事认证审核工作，时间和精力很难保证，审核技能不易保持和提高。由于审核员总体数量不足，审核员的审核工作量普遍过于饱满，作业质量不易精益求精。同时由于人手紧缺，对于一些确实不符合要求的人员，难以实施优胜劣汰措施。

(2)审核员数量不足、结构不合理。审核员队伍的已不能满足认证审核的现实需求，而且影响认证审核的有效性。必须吸引大量综合能力强、素质高的人员加入认证行业，专业从事认证审核工作，才能改善审核员队伍的现状，达到保证审核质量、提高认证审核的有效性的目的。

(3)福建省内认证机构中仍然存在有良莠不齐现象。有合格的认证机构，如方圆福建审核中心、CQC、CCIC、东南认证、世标、中质协等认证机构，但也存在一些不负责任的认证机构，暗中开展违规的认证活动，低价抢占市场，降低认证要求，违规发证等。这些违规操作的认证机构及个人，仍然严重干扰认证市场的秩序，阻碍认证行业的健康发展。

(4)认证工作仍然存在一些问题，影响认证的有效性，导致社会对认证的公信力降低。从认证机构的角度看，认证机构自我约束机制未形成，打价格战，无序竞争，审核员专业能力不足，现场审核不到位，文件审查和现场审查过程走过场，不同的认证机构、认证人员、认证活动之间差异很大，认证机构对无效证书的管理普遍不到位，认证证书的表述的覆盖范围过大和可信度不高等。从获证企业的角度看，企业过于依赖咨询机构和外界力量，没有致力于提高自身人员素质和管理水平，单纯地为了获取证书而申请认证，对管理和产品质量方面发现的问题，不积极地采取改进措施，不愿做促进管理体系有效性运行的实实在在的工作等。

2. **应采取的对策**。加强认证审核员队伍的建设，对违规人员实行终身禁止入行的淘汰措施；进一步强化对认证行业的监督及管理，净化市场环境；加强工作计划性。全年认证认可工作要统筹安排，各业务部门之间要加强沟通协调，下达任务要科学合理，增强计划性、科学性，尽可能避免出现某一时段集中布置过多的工作任务。要考虑地方局机构人员现状，否则，地方局无法从力量上保质保量完成任务；健全和完善认证认可监管工作的法规、规章和具体措施，进一步解决基层局监管的可操作性问题；加强认证认可信息化工作，要让基层局很容易从网上及时快速查询到CCC认证、各认证机构、认证咨询机构资质情况、获证企业信息，便于监管工作的开展。

福建省质量技术监督局供稿

创新模式 热情服务 促进认证工作跨越式发展

——厦门出入境检验检疫局2005年认证监管工作概况

2005年，厦门出入境检验检疫局(以下简称“厦门局”)立足厦门实际，认真贯彻落实国家认监委认证认可工作发展战略，积极探索、创新模式、强化管理、热情服务，不断扩大社会影响，不断提高认证认可工作有效性，圆满完成了各项工作，取得了良好成效。

切实加大认证认可工作宣传力度

2005年，厦门局在以往工作的基础上，进一步加强认证认可工作的宣传贯彻力度，特别是围绕《认证认可条例》实施2周年纪念活动，精心策划、认真准备，充分利用广播、报纸、电视、网站等媒体进行大幅专题报道，并召开了20多家厦门知名企业参加的座谈会，在社会上取得很大反响，效果显著。

1. 做好日常政策宣传解答工作。日常工作中，为更好地开展认证认可工作，及时为企业提供更多最新的认证认可工作信息，厦门局派专人对内外网站进行及时更新，尽可能在第一时间将各项相关法律法规、工作程序对外公布，同时开辟咨询通道，及时解答企业关心的热点、难点问题。

2. 积极开展“外经贸企业服务日”咨询活动。为贯彻落实《认证认可条例》，深入开展认证认可工作，作为主办单位之一，厦门局专门组织多名专家参加“厦门市外经贸企业服务日”活动，设立咨询台，围绕强制性产品认证等热门话题进行政策宣讲和专题讲座，宣传《认证认可条例》、中国强制性产品认证制度及国家认监委2005年第3号公告，并与现场企业代表开展咨询交流，取得良好效果。

3. 认真做好纪念《认证认可条例》实施2周年宣传工作。为热烈庆祝《认证认可条例》实施2周年，并以此为契机进一步扩大认证监管工作的社会影响力，厦门局于2005年9月中下旬即开始策划准备此次宣传贯彻活动。

首先，多方组织、联络，收集整理、精心组织素材，在福建电视台、厦门电视台、东南电视台以及《厦门日报》等新闻媒体进行《认证认可条例》宣传活动。在2005年11月1日《认证认可条例》实施2周年纪念日当天，厦门局在《厦门日报》用彩色半版、局长专访的形式报道了厦门局近年来开展认证认可工作的措施及成效，其他新闻媒体也进行了大篇幅的报道。自11月1日开始，在厦门局国检大厦和检验大楼分别悬挂“热烈庆祝《中华人民共和国认证认可条例》实施2周年”横幅，在国检大厦的电子显示屏滚动播放条例内容，面向相关企业人员和本局职工进行宣传。11月初，国家认监委网站也对厦门局深入贯彻《认证认可条例》进行了专题报道；《国门时报》在认证认可周刊对厦门局的认证认可工作所取得的“扩大宣传、健全机制、促进出口、规范市场”四大成效进行了大篇幅的报道。

其次，结合纪念日开展座谈活动。11月1日下午，厦门局召开了《中华人民共和国认证认可条例》实施2周年座谈会，邀请了检区内柯达(中国)股份有限公司、戴尔(中国)有限公司等世界500强及20家知名企业及相关单位代表参加。座谈会的召开，一方面加强了宣传和纪念活动的效果，另一方面也在不同行业的企业间架起了经验交流的平台，从而提高了检企双方对认证认可活动的统一认识。

健全机制 创新模式

一是健全工作机制，成立认证监管处。为切实履行认证认可监督职能，2005年初，在厦门局党组的领导下，厦门局将科技处分设为科技处与认证监管处，调整了领导及科室人员，建立了部门管理制度，从而使认证监管处工作重点突出，责任落实到人，促进了认证认可监管工作的规范化、程序化管理。

二是依法行政，确保认证监管工作质量。2005年，厦门局严格依照国家质检总局、国家认监委的规定要求，严把出口质量许可(注册登记)和卫生注册登记关，加大审核和监管力度，确保认证工作质量，积极稳妥地发展新的出口认证企业，不断扩大对外注册范围。全年共完成34家出口商品注册登记考核工作，其中新增企业16家，复查换证18家。厦门局辖区内获得注册登记的企业中，包装类企业85家，玩具类企业9家，机械类14家，蓄电池类1家。全年共完成63家出口食品生产企业的卫生注册登记工作，其中新增卫生注册登记企业20家，对美注册企业3家，并对40家卫生注册登记企业进行了换证复查；此外，还组织完成了对50家新建、扩建、改建出口食品生产企业的选址设计的卫生审查工作。厦门局辖区内共有卫生注册企业83家，登记企业59家，其中对外注册29家次，分别为美国8家、欧盟2家、日本2家、韩国8家、加拿大、德国和新加坡各1家。

为切实做好对获证企业的后续监管工作，保证企业质量管理体系的有效运转，厦门局注重加强对敏感重点商品获证企业的监管力度。全年共对全局辖区14家出口玩具和出口日用陶瓷质量许可证获证企业进行监督审核，查找问题，督促整改。在对卫生注册登记企业的监督管理中，对一家企业发出暂停受理该企业出口报检的书面通知；另对2家因停止生产经营的卫生注册登记企业发出《卫生注册资格自动失效通知书》。

为维护中国强制性产品认证制度的严肃性，厦门局不断加强内部管理，改进工作方式，提高工作效率，认真做好CCC认证产品的入境验证工作，加快入境产品通关速度，方便企业的加工生产。同时，严格按照国家认监委的免办要求，认真开展强制性产品认证免办工作。一是加强对国家认监委2005年第3号公告，以及《关于无需办理强制性产品认证及免于办理强制性产品认证工作有关问题的通知》(国认证函[2005]24号)有关文件的学习，围绕如何提高执法严肃性、有效性，严防不符合条件的商品入境等问题进行深入探索和研究；二是建立和完善档案资料的管理，制订《厦门出入境检验检疫局无需/免于办理强制性产品认证工作实施细则》，建立受理登记制度，促进规范化管理；三是充分利用厦门国检公众信息网，将CCC认证免办工作的办事流程、CCC免办的表格以及填写说明、随附资料清单等在局公共信息网上公布，及时通告国家认监委发布的有关公告，增加政策的透明度，接受社会监督，从而大大减少了企业申请材料的差错率，提高了办理效率。全年共审核近2 000份申请，签发了706份CCC免办证明。

为维护国家认证认可制度的权威性、严肃性，避免免办证代替强制性认证，打击骗取免办证的行为，促进CCC认证制度的实施，厦门局还按照国家认监委行政执法有关规定，组织了对企业的执法检查，加大抽查力度与比例，共查处不符合强制性认证制度规定的案件4起。2005年8月，制定《厦门出入境检验检疫局免于办理中国强制性产品认证证明后续监管工作方案》，抽调全局各相关部门15人分为4个小组对申请免办证的企业和产品进行后续监管，重点抽查了20家企业的76份证明。通过监督检查，提高了执法权威性，扩大了CCC认证的影响力，强化了免办证严肃性。

三是创新工作模式，对特殊情况采取特殊处理方式。对一些公司进口的部分需经技术确认是否属于认证范围的产品，根据有资质的实验室技术确认结果，对不在强制认证范围的，采取通过OA系统通报各报检窗口，实现一次性确认有效，这部分产品入境报检时不要求提供认证证书，从而加快了产品的入境通关速度。

四是深入完善规范卫生注册登记工作。2005年3月，开始着手制定《厦门出口食品卫生注册企业实验室监督管理办法》，并组织相关人员深入企业进行可行性调研；4月组织相关人员对厦门局的出口食品生产企业选址设计卫生审查工作进行研讨以完善规范此项工作；5月强化了卫生注册档案管理工作及建章立制工作，完成了对历年来国家质检总局及厦门局颁发的卫生注册相关文件的分类归档，并对近150家出口食品注册登记企业建立了系统详尽的文档管理系统；出台了《关于进一步做好出口食品卫生注册登记监管工作的通知》，从健全卫生注册登记监管工作责任制度、规范卫生注册登记日常监管工作程序、强化卫生注册登记定期监管工作及完善卫生注册登记工作档案等方面入手，明确了日常监管工作的职责、工作方式和内容，加强了对出口食品生产企业日常监管工作的督查及定期监管，进一步强化和规范厦门局的卫生注册登记监管工作；为进一步贯彻落实，2005年9月组织召开了出口食品卫生注册登记监管工作研讨会，总结了厦门局卫生注册登记工作的总体情况，指出了卫生注册登记监管工作中突出和亟待解决的问题和薄弱环节，并就如何切实做好厦门局卫生注册登记监管工作提出了明确的要求和改进的意见；10月，组建了4个定期监督检查组，每组成员由2名卫生注册主任评审员及1名评审员担任，同时被检查企业的第一日常监管责任人作为观察员一同参加检查，认真开展卫生注册定期监督检查工作，重点检查对外注册企业。10~11月，按照国家质检总局及国家认监委的要求，顺利完成了对杏村、龙鹏、天数利等3家出口烤鳗企业恢复输日出口的评审及推荐工作，完成了进居、欣榛、国峰等5家输日甜豆、荷兰豆生产“优良企业”的检查及推荐工作。

五是加强队伍建设。组织全局144人(占全局公务人员的38.7%)参加《认证认可条例》、CCC认证制度以及认证行政执法等方面的培训考试，从而使认证认可内容在广度和深度大大强化，切实提高了认证监管能力，保证了认证认可工作的顺利开展。

热情服务 帮扶并举 积极推动厦门地区外贸发展

1. **顺利完成辖区首家出口打火机企业的行政许可工作。**2005 年 1 月，亚洲规模最大的打火机生产厂——厦门王氏明发打火机有限公司建成投产，于 4 月初向厦门局递交出口危险货物包装容器质量许可证审核申请。对此，厦门局高度重视，一方面及时组织有关人员研究相关检验标准，认真进行开验前的各项技术准备，另一方面向企业详细介绍目前中国打火机生产及出口的有关管理规定，向其提供了有关打火机许可证的考核实施细则，结合该公司实际，提出了整改措施和合理化建议，帮助其完善质量管理体系。从该企业提出申请开始，封样、初审、正式审核、整改到向国家质检总局报送考核材料，环环紧扣，仅用了不到一个月的时间，之后也顺利通过了国家质检总局批准，获得了出口危险货物包装容器质量许可证。截至 2005 年底，该公司已有 139 批 521.3 万个打火机经检验合格顺利出口，厦门局的高效服务也得到了该公司的高度肯定。

2. **做好国外官员来华检查的迎检工作。**2005 年 4 月 22~23 日，日本厚生劳动省检查团对厦门辖区输日冷冻菠菜加工企业进行了检查，作为此次迎接日本厚生劳动省检查团来华考察输日冷冻菠菜加工企业的第一站，厦门局顺利完成了迎检工作，有力推动了地方经济的发展，受到国家质检总局及日方官员的好评。

3. **积极主动热情服务出口食品生产企业。**2005 年 6 月，国家农业产业化重点龙头企业、科技部国家科技创新型星火龙头企业厦门银祥集团向厦门局提出出口冷却肉申请。对此，厦门局立即召集相关人员成立专门工作小组，本着严格把关、热情服务的宗旨，帮助银祥集团按出口食品卫生注册的要求规范运行管理体系，尽快完成出口冷却肉的卫生注册，努力开创检企协作的经典品牌。

针对厦门银祥集团旗下的厦门银祥肉制品有限公司对日出口热加工偶蹄动物产品的对外注册申请，为配合该公司对日出口肉制品生产车间的规划设计工作，2005 年 7 月，厦门局专门邀请检验检疫系统中对日出口肉类企业监管检查具备丰富经验的专家，对该公司生产车间规划设计工作提供现场指导，从而使企业少走弯路，车间规划设计一步到位，符合对日注册的最新要求。

全面提升实验室建设和科研工作水平

一是着手进行海沧技术中心实验楼新项目建设。在检验楼原其他业务处室的感官实验室搬离后，对食品理化实验室的仪器室、样品制样室，动检实验室的细胞培养室，微生物实验室的仪器室、转基因检测室和毒理检验室，化矿金实验室的木材甲醛检测前处理室进行装修。同时，做好技术中心海沧实验楼的规划工作，基本完成各实验功能区的平面规划设计，为 2006 年该项目的动工做好准备。

二是重点进行实验室检测资源调查，并将全局检测能力通过网络向社会公布，让社会了解厦门局检测能力，扩大厦门局在地方的影响，为更好服务地方经济打下基础。

三是严格按照实验室管理体系要求规范实验室的管理，加强检测结果的质量监控，确保实验室的检测能力。组织实验室全体人员进行 ISO/IEC 17025 标准、实验室管理体系文件的培训。以技术中心为主体的新的实验室质量管理体系运行情况，分别于 2005 年 5 月、10 月进行了两次内部审核，11 月进行了管理评审，于 12 月上旬通过 CNAL 的监督评审。组织实验室参加国家质检总局、国家认监委和 CNAL 组织的实验室能力验证项目，如苏丹红 1 号、陶瓷地砖放射性、爱滋病确认项目等共 12 项，并获得满意评价；组织进行技术中心食品与动植物检验实验室接受国家认监委计量认证监督检查；对技术中心和旅保中心进行日常监督管理，力保两个中心及时按实验室认可委的要求进行实验室管理体系的换版工作；配合技术中心完成全中心整合后的监督和扩项评审的各项准备工作。

四是拓展实验室检测项目。食品理化实验室在较短的时间内开展了食品中苏丹红、对位红，水产品中孔雀石绿、无色孔雀石绿、结晶紫等新项目的检测；动检实验室新增乐毛、绒耗氧指数检测项目；电器实验室不断增加检测商品的种类，已经成为能够独立、较完整地开展小家电、灯具等产品安全和电磁兼容型式试验的电气实验室。保健中心实验室获得了 ISO/IEC 17025 认证证书，新开展了登革热、鼠疫抗体血清学检测等项目检测；HIV 确认实验室通过了 2004 年度卫生部参比实验室质量考评并获得优秀，在卫生部血液检验室间质评活动中各项参评项目都获满分。

五是积极开展食品安全相关的科研工作。派员参加了国家认监委承担的国家“十五”重大科技专项“食品安全关键技术”中 13-1 及 13-5 子课题的研究工作；厦门局负责的《进口食品生产企业登记备案管理模式的研究》科研项目 2005 年 8 月获国家质检总局立项，该课题将开展中国进口食品备案登记必要性和可行性研究，提出中国进口食品备案登记管理模式及工作程序，以现有检验检疫工作模式为基础，开发具有可操作性的进口食品备案登记管理电子信息系统，为国家认监委开展及推广此项工作提供决策的科学依据及富有实践意义的工作模式参考；完成了“十一五”国家重大科技项目建议书《食品安全卫生管理体系相关技术法规标准通用模式的研究》。

六是全面启用“LRP 2000 实验室资源管理系统”，实施技术中心的实验室信息化建设。根据国家质检总局关于推广使用“实验室资源管理系统”、实施实验室信息化建设的要求，技术中心于 2005 年 1 月前完成了“LRP 2000 实验室管理系统”的购置、安装、调试和试运行工作，1 月正式启用，逐步实现了 LRP 2000 和 CIQ 2000 系统的双向对接，适时采集相关的业务数据，实现数据共享，提高厦门局法检委托业务的工作效率；同时，充分利用 LRP 2000 系统的业务数据，方便各执法业务处室及时查询实验室检测结果，控制检验流程，并为建立厦门局进出口产品检验检疫风险分析和预警管理平台提供业务数据统计分析支持。

全面推进自愿认证工作

一是积极开展档案暨工作质量自查自纠。2005 年 1 月和 3 月，CQC 厦门评审中心分别开展了 2 次档案及工作质量自查自纠工作，于 3 月顺利通过了 CQC 总部的档案检查。

二是继续开展全员持续培训，保持和提升人员素质。2005 年 2 月底至 3 月初，组织全体人员进行内部管理、标准、业务、强制性产品认证、审核人员注册管理、审核一致性和有效性的持续培训，进一步改进审核工作质量，确保审核的有效性和一致性。

三是努力开拓管理体系认证业务。2005 年 7 月，CQC 厦门评审中心率先获得质量管理体系、环境管理体系、职业健康安全管理体系、食品安全卫生管理体系四个管理体系认证评审关键场所的资格，成为福建省内唯一获得所有管理体系认证项目关键场所的评审中心。

四是继续努力开拓管理体系评审认证业务，确保认证市场份额稳中有升。2005 年全年新评和复评 ISO 9000 质量管理体系企业 162 家，累计 1 100 家；新评和复评 ISO 14000 环境管理体系企业 21 家，累计 82 家；新评和复评 OHSAS 18000 职业健康安全管理体系企业 3 家，累计 22 家；新评和复评 HACCP 食品安全管理体系企业 12 家，累计 26 家；监督审核 478 家；暂停证书 73 张，撤销证书 170 张，恢复 13 张。

撰稿人：吴　琼　黄春梅　　审稿人：陈建良　徐　辉

夯实基础　加强监管　开创认证工作新局面

——江西出入境检验检疫局 2005 年认证监管工作概况

2005 年，江西出入境检验检疫局（以下简称“江西局”）深入贯彻《认证认可条例》，把认证认可工作作为贯彻落实国家质检总局与江西省人民政府签署的《关于加强质量监督检验检疫工作，为实现江西在中部地区崛起做好全面服务的合作协议》的重要措施，充分发挥认证认可工作在推动江西开放型经济发展中的重要作用，在健全认证监管机构的基础上，进一步加强制度建设，积极创新监管模式，不断提高认证的有效性，开创了认证监管工作的新局面。

基础建设

2005 年是江西局强化认证认可工作基础的重要一年，按照国家质检总局和国家认监委的指示，江西局进一步健全了认证认可监管工作机构，在原科技与认证处及认证认可办的基础上，于 2005 年 4 月设立了认证监管处，明确了其工作职责，调整了工作思路，建立了认证监管处统一管理、组织、协调，各相关部门共同参与的新机制。在此基础上，改革了认证审批方式，印发了《关于改进认证审批发证工作的通知》，对审批发证工作进行了改革创新，改变了由分管局领导单独随机审批的方式，建立了审批发证的集体决策机制，由分管局领导定期召开审批会，各相关部门领导、各现场评审组长和评审员参与，集体讨论评定，既促进了各部门负责人对认证工作的重视，又增强了评审人员的责任意识。

卫生注册

充分发挥卫生注册登记工作对出口食品安全风险控制的有效作用，强化了出口食品的卫生注册登记管理，切实提高从源头抓质量的能力，组织制定了《出口食品卫生注册企业检测资源和检测能力最低要求》，将卫生注册中对企业检测能力的要求具体化，推动了出口生产企业的自检能力和质量控制水平的提高。为保证评审工作的质量，对开好“见面会”、“内部会”和“总结会”提出了规范要求，并根据不同产品的特点，对原料的来源和质量验收、加工过程的卫生质量控制、员工的健康状况等关键环节要求必须收集有关的验证材料，使评审材料的说服力大大提高，这一措施实施后，各评审组既要掌握评审的全过程，又要注意评审的细枝末节，工作也更加细致了。针对2005年出口水产品中发生的“孔雀石绿”问题，进一步加大了定期监督的力度，组织了对出口烤鳗厂的全面监督检查，对检查出的问题及时进行了反馈，并督促企业限期整改。为保证卫生注册的有效性，加强了对获证企业的动态管理，先后对8家食品加工企业和59家超过1年未出口的大米加工企业作出了卫生注册登记证自动失效处理，吊销了9家养鳗场的备案证。2005年新增卫生注册登记企业16家，换证复查19家，颁发HACCP官方验证证书5份，实施定期监督检查80余次。

质量许可

在抓好日常出口商品质量许可管理工作中，着重组织实施了对输美日用陶瓷生产企业的监督检查工作，先后对13家获证企业进行了全面的监督检查，其中7家企业检查合格，继续颁发了质量许可证，并推荐上报对美注册，4家企业质量许可证已过期，又不提出申请，取消了其资格，2家企业1年多未出口，按规定暂停了其使用输美认证代号和认证标志。全年共颁发出口质量许可证32份，其中出口陶瓷14份，机电11份，玩具2份，烟花爆竹1份，打火机4份。

实验室认可

江西检验检疫系统共有4个实验室，即江西局综合技术中心、江西局卫生检疫实验室、江西局景德镇陶瓷检测中心（设在景德镇检验检疫局）、江西局烟花爆竹检测中心（设在宜春检验检疫局），均是通过计量认证和CNAL认可的独立注册的实验室。2005年，实验室管理体制发生较大变化，实验室的规划建设、资源配置和日常监管由科技处负责，认可注册管理由认监处负责，分工明确，且更加符合实验室管理规范。在实验室认可管理方面主要抓了以下三项工作：一是按照国家认监委国认实[2005]167号文的布置，对系统内实验室组织了计量认证专项监督检查，检查中发现的问题督促各实验室落实了整改，并对整改效果进行了验证；二是对全省高风险类出口食品生产企业的实验室状况进行了调研，并提出了加强检测能力建设的要求；三是将实验室认可工作引入出口企业分类管理中，根据国家质检总局51号令的规定，制定了对一、二类企业实验室全面认可的计划，并纳入目标管理中。

强制性认证与自愿性认证

加强了强制性认证管理工作，及时组织学习了国家认监委2005年第3号公告，将重点放到了验证和核销上，既加快了办证效率，又保证了免办的条件符合规定，全年共办理免办CCC认证证明26份，监督验证15家次。

在自愿性认证方面，江西局开拓了有机产品认证、文化生态环境认证、中国人民解放军总装备部军代室认证等认证类别，走出了一条认证多元化发展的路子，认证企业、学校、机关等各种组织超过了2 200家，位居全国检验检疫系统和江西省“第一”的认证业务达到10项。其中对江西铜业集团公司党建质量体系的认证，受到了中组部、国家认监委等上级组织的高度重视，先后进行了专题考察，新华社在2005年初进行了专题调研，中组部已发文在全国4个不同类型的大型国有企业试点推广，现在除江西铜业集团公司外，已有中国机械进出口公司党委、兰州市公交集团党委、山东沂水县沂水镇党委等党组织通过了党建质量体系认证。

认证队伍建设

保证认证有效性的关键在人。为此，首先强化了认证人员的责任意识、服务意识和职业道德意识；其次，加强了工作人员的培训，组织了卫生注册评审员能力持续培训，有44名卫生注册评审员参加了培训、考试和资格确认，按照国家认监委的3年培训计划，对全局30多名认证监管人员进行了培训，并参加了国家认监委组织的统一考试；加强了认证人员的监督，严格执行回避制，主管业务部门的人员不得担任评审组长，同时加强了制度建设，修改了《江西局认证认可评审员管理实施细则》，完善了评审员的动态管理机制。

江西出入境检验检疫局供稿

提高认证有效性 促进江西在中部地区崛起

——江西省质量技术监督局2005年认证监管工作概况

2005年,江西省质监系统认证认可工作紧密结合江西经济建设和社会发展的实际,认真履行认证监管职能,积极推动产品认证、体系认证和实验室认可,加大强制性产品认证行政执法力度,整顿和规范认证市场秩序,使全省的认证认可工作,在实现江西"在中部地区崛起"及建设"创新创业江西、绿色生态江西、和谐平安江西"的进程中,发挥着越来越重要的作用。

认证认可事业稳步发展

1. **强制性产品认证方面**。积极宣传和贯彻落实国家强制性产品认证制度,督促有关企业积极申报强制性产品认证。至2005年底,全省共有263家厂商取得了1 179张强制性产品认证证书。证书数占全国总数的0.74%,在全国列第19位。从通过CCC认证的情况看,家用和类似用途设备、机动车辆及安全附件、电线电缆产品和低压电器是江西省CCC认证的主体。这4类产品获CCC认证证书数占全省总数的80.9%,生产企业数占全省总数的65.8%。

2. **管理体系认证方面**。至2004年底,全省经CNAB认可的认证机构颁发的现行有效的管理体系认证证书2 974张,占全国总数的2.2%,在全国列第14位。

3. **实验室和检测机构建设方面**。至2005年底,全省共有20个实验室通过中国实验室国家认可委员会(CNAL)认可,占全国总数的1%,在全国列第20位。全省有937家实验室通过计量认证,86家质检机构通过计量认证/审查认可,主要业务涉及机械电子、化工医药、矿业冶金、建筑建材、轻工纺织、食品粮油、农业、特种设备及综合检验等领域。2005年完成复查、首次和扩项计量认证评审的实验室111家,并对150家有效期内的实验室进行了监督检查。全省拥有覆盖各专业门类的省级实验室评审员179人。新增省级实验室评审员43人。

4. **不断提高认证监管人员的业务素质**。《认证认可条例》颁布后,在全省质监系统各类培训班上,江西省局都认真进行《条例》宣贯,要求各学员充分把握和深刻认识《条例》的内涵和精神实质,以《条例》统一思想、行动,以《条例》指导认证监管工作。2005年11月~12月,江西省局在全省质监系统内举办了2期220人参加的认证监管人员业务培训班,并参加了国家认监委组织的统一考试,使每个县局至少有2名懂业务的认证监管人员。通过各类培训,不断提高全省认证监管人员的业务素质和执法水平。

5. **大力宣传认证认可工作**。一是充分利用报刊、电台、电视台等各种媒体,积极宣传认证认可工作对经济建设和社会发展的促进作用,使企业和消费者充分认识认证认可工作的意义、重要性和必要性,使全社会了解和熟悉认证认可既是中国加入世贸组织和参与经济全球化的需要,也是提高中国产品质量、增强企业竞争力、破除国外技术壁垒的需要。二是利用"3·15"、"质量月"等时机,向社会提供有关认证认可业务咨询,尤其是CCC认证业务咨询,发放各类CCC认证宣传资料,积极宣传国家实行强制性产品认证制度的重大意义及相关要求等内容。

认证监管工作逐步展开

1. **强制性产品认证监管**。2003年8月以来,全省质检系统严格按照国家质检总局和国家认监委关于加强强制性产品认证行政执法工作的有关文件精神,积极开展强制性产品认证行政执法工作,并将其作为一项重要工作来抓。全省质监执法人员先后深入有关企业、市场对电视机、电冰箱、洗衣机、台式电脑、插头插座、电线电缆、空调器、低压电器等产品进行了专项监督检查,取得了阶段性成果。

2. **食品和农产品认证标志专项监督检查**。按照国家认监委《关于开展食品和农产品认证标志专项监督检查工作的通知》(国认注[2005]79号)要求,江西省局组织开展了对南昌及其所辖县区内的大型超市、商场和认证产品专卖店等场所食品和农产品认证标志专项监督检查。共出动87个检查组,4 733人次,检查86个超市、商场等场所,检查产品744种,涉及生产企业304家。发现违法违规使用标志的产品299种,占检查产品总数的40.2%,涉及生产企业109家,认证机构6家。

3. **实验室监管**。为进一步规范江西省质检市场,加强对质检机构的监管,优化资源配置,2005年,江西省局撤销了72家不符合计量认证要求的实验室计量认证授权资格。

撰稿人:吴生龙　审稿人:蔡　玮

“能力建设”东风起　认证监管局面新

——山东出入境检验检疫局2005年认证监管工作概况

2005年是山东出入境检验检疫局(以下简称“山东局”)确定的“能力建设年”,是山东检验检疫能力飞跃提升的一年,也是山东检验检疫事业蓬勃发展的一年,更是山东局认证监管工作上层次、上台阶的一年。一年来,山东局紧紧围绕国家质检总局、国家认监委和山东局党组确定的工作重点和目标要求,借“能力建设年”东风,大力推进认证监管能力建设,以能力建设促工作质量提高,在卫生注册监管、出口商品质量许可管理、强制性产品认证监管、实验室建设等方面取得了长足的进步,有力地促进了山东外贸经济的发展。

完善认证制度体系　构筑严密工作防线

能力建设,制度先行。为了进一步加强认证监管工作,规范内部管理,山东局结合《行政许可法》的实施,制定并下发了《卫生注册工作指南》、《出口质量许可工作规范》、《强制性产品认证行政执法实施细则》、《强制性产品认证免办证明实施细则》、《卫生注册工作流程表》和《出口质量许可工作流程表》等规范性文件,明确了“两证”工作的程序和要求,重点强调了对“两证”企业的日常监管、定期监督检查等后续管理工作,对源头管理、企业实验室管理、评审员管理、上级对下级的督查及责任追究提出了具体要求,进一步规范了审批程序,明确了各环节的主办部门和职责,把山东省的“两证”管理工作纳入了制度化、规范化和科学化的轨道。

加强卫生注册工作　打造注册“精品工程”

1. 卫生注册的基本情况。

(1)出口食品卫生注册登记:2005年,新办出口卫生注册企业261家,自动失效97家,吊销17家,复查换证402家。累计已有1 481家罐头、水产品、肉类、蔬菜等20类加工企业获得卫生注册证书。另外,新颁发检疫卫生登记证书212份,自动失效121家,吊销11家,复查换证231家。到2005年底,卫生注册登记企业总数已达2 621家。

(2)国外卫生注册:2005年,向国外推荐企业123家,新获注册88家,其中美国水产品HACCP验证13家,韩国水产品注册49家,韩国熟制禽肉注册12家。吊销国外注册34家,其中美国水产品HACCP验证2家,欧盟3家,韩国水产品27家。截至到2005年底,全省累计共有975厂次水产品、禽肉、兔肉、肠衣和熟肉制品等加工企业获国外卫生注册。

2. 牢固树立精品意识,提高注册工作质量。食品农产品安全工作事关人民群众的身体健康和国家利益,山东局历来非常重视。卫生注册工作作为食品农产品出口安全的第一关,更是工作的重中之重。在2005年召开的全省出口食品农产品现场会上,于桦局长提出了卫生注册工作要确保工作质量,“注册一个,就要成为一个精品”的具体要求。会后,山东局研究并制定了“抓调研、抓培训、抓督查、抓企业、抓分支局、抓评审员”的六项措施,加大考核和后续管理力度,实现卫生注册过程的全过程监管,提高卫生注册登记管理工作的有效性,努力打造卫生注册的“精品工程”。

(1)抓调研,摸清工作现状。只有对全省的卫生注册工作做到心中有数,才能有针对性地加以改进和提高,才能为打造精品工程奠定基础。为此,山东局组织了几次大规模的摸底检查,结合“精品工程”、注册监管模式、日本注册企业热加工要求、企业整体搬迁情况等问题,展开了专题调研,对全省的卫生注册工作有了更为清晰、深入的了解。2005年1月,对全省水产品HACCP体系进行了检查;2005年5月,对威海地区水产品加工企业复查换证工作进行了检查;2005年10~11月,对烟台、青岛、潍坊、临沂地区的速冻蔬菜企业进行了检查;2005年11月,对肉类屠宰厂进行了全省普查。通过摸底检查,对全省的卫生注册工作的现状有了更为清醒的认识,并在此基础上,针对山东省出口食品的地区分布、出口食品的主要种类、出口食品的主要国家及目前为止山东省注册企业的情况分析,提出了针对性、可行性强的建议和措施。

(2)抓培训,提高人员素质。事业兴旺,人才为本。通过前一阶段的摸底检查,发现对企业人员和分支局人员的培训不足已经成为各方反映意见的焦点。从企业发生问题的内容和性质来看，培训不足引起的管理体系不能有效运转占了大多数。因此，加强培训成为2005年卫生注册工作的重点。为此，山东局于2005年3月举办了全省国外迎检情况通报及卫生注册培训视频会；2005年11月举办了卫生注册指南视频会和全省检验检疫人员HACCP培训班；2005年12月举办了有关注册基本卫生要求、SSOP、HACCP视频会和肉类、冷冻脱水果蔬卫生规范培训班。通过一系列的培训，各分支局及相关企业人员的卫生注册意识大大增强，知识能力普遍提高，为全省的卫生注册工作打下了坚实的人力资源基础。

(3)抓督查，强化评审实效。山东局从材料审核入手，采取对存在问题的评审报告或评审材料派评审组跟踪检查、对重要的评审直接由省局人员带队或进行监督的方式，确保了工作质量和评审实效。2005年，先后派人赴青岛、威海、烟台、石岛、潍坊、聊城、枣庄、日照、临沂、黄岛等地，就上报材料存在问题的复查换证企业、HACCP验证企业、日本农水省热加工注册企业及申请美国注册的禽肉屠宰企业进行督查，在当地分支局和企业中引起了很大的震动，促使他们积极转换思想，化被动为主动，由原来的别人提问题转变为自己主动找问题，增强了工作的主动性，收到了很好的效果。此外，山东局还把分支局的上报材料和评审组报告的审核评定程序表作为对分支局和评审组工作质量考核的手段，纳入绩效考核的范畴，增强了分支局和评审组的责任心，保证了评审工作的质量。

(4)抓企业，提升管理水平。在注册考核中，山东局将源头管理措施和原料控制情况作为考核的重要内容，从三个方面采取措施，切实帮助企业强化源头管理，提高自检自控体系管理水平。一是对重点的商品如供偶蹄动物国外注册企业原料的屠宰场实行等效于国外注册标准的考核；二是对企业实验室质量保证体系的建设提出具体要求，拟订了必须建立企业实验室的企业类别；三是进一步理顺源头控制体系，明确基地由企业辐射管理，待条件成熟后实行属地管理。同时按照国家认监委《关于开展出口肉类屠宰企业加工设施整改和加强注册监管工作的通知》要求，对所有的重点、敏感商品都进行了全面的摸底检查，要求存在问题的企业逐一制定详细的更新改造计划，及时督促其整改，本着“扶持一批、帮促一批、淘汰一批”的原则，对不合格的企业予以坚决取消。

(5)抓分支局，增强责任意识。卫生注册的具体工作，主要是靠分支局来完成。因此，分支局工作的好坏，直接影响着全省卫生注册工作的质量。山东局采取了绩效考核和问题定期通报相结合的方式，一方面在绩效考核中将注册企业指标改为向国外推荐指标；另一方面建立不定期通报制度，对注册登记企业管理工作中存在的问题，除绩效考核扣分外，还将在省内通报，从而对分支局负责的卫生注册登记相关内容加强了管理，切实提高了分支局做好监管工作的自觉性。

(6)抓评审员，打造高素质队伍。山东局从四个方面入手，力求建立一支素质高、作风硬的评审员队伍。一是强化业务知识培训。2005年11月召开了全省卫生注册评审员视频会，全面讲解了《卫生注册工作指南》，总结了在卫生注册登记评审工作及后续监管工作中存在的问题，进一步规范了卫生注册登记的做法；同时，积极推荐评审员承担国家质检总局和国家认监委的评审任务，2005年共推荐18人参加国家认监委举办的肉类和驻厂兽医主任评审员培训，增强了他们的理论水平。二是强化职业道德建设。设计了评审员工作情况反馈表，由每个被评审企业主要负责人，对评审员的工作态度、工作时间、业务表现、廉政情况进行评价，强化了对注册评审工作的监督。三是强化评审工作管理。制定并下发了《山东检验检疫局卫生注册评审员管理办法实施意见》，将工厂因管理或相关的卫生条件造成的质量问题与评审员工作挂钩；将国外检查、国家质检总局或国家认监委组织的异地评审结果与推荐的分支局及评审员工作挂钩。四是强化评审资格认定。2005年4月，对山东省所有400多名卫生注册主任评审员、评审员进行了上岗考试，不仅对评审员的资格进行了重新认定，而且提高了评审员对卫生注册工作重要性的认识，形成了以考试促学习、共同研究卫生注册业务知识、提高卫生注册工作质量的良好氛围。

3. 牢固树立服务思想，打破国外技术壁垒。针对出口的新形势和新问题，山东局以高度的政治意识和大局意识，本着为企业和地方经济服务的根本宗旨，大力发挥卫生注册工作在打破国外技术壁垒、扩大出口方面独特的重要作用，精心做好出口食品卫生注册企业对外注册的推荐和迎检工作，实现了农副产品出口的“高门槛下的高增长”。

2005年2~3月圆满完成日本对偶蹄动物热加工注册企业复查工作，全省28家企业全部通过了日本农林水产省官员的检查。这次迎检成功，不仅为接受日本对全省偶蹄动物注册企业的全面复查开了个好头，而且为兄弟局的迎检工作积累了经验，为更多企业恢复禽肉热加工产品对日出口奠定了基础。

2005年7月31日~8月4日，成功接待了美国农业部食品安全检验局（FSIS）对山东省肉类屠宰企业的检查，为美国最终认可中国使用自己的禽肉原料生产熟制品出口美国创造了条件。

2005年9月6~11日，成功接待了美国FDA对山东省果蔬汁的首次检查，FDA官员对中国政府特别是CIQ部门在推动HACCP应用中所做出的努力和成效进行了充分的肯定和赞扬。

此外，还成功接待了韩国、马来西亚、巴西等国对禽肉熟制品、屠宰企业的注册检查以及欧盟水产品检查团，为企业顺利进入国际市场奠定了基础。

强化认证监管力度　规范质量许可工作

1. **出口质量许可基本情况。**2005年新颁发出口商品质量许可证企业88家，自动失效40家，复查换证18家，全省累计持有效质量许可证的生产企业717家，其中机械产品405家，轻工机电产品6家，纺织机械产品8家，玩具131家，煤炭24家，陶瓷59家（其中输美陶瓷31家），危险品包装85家，出口打火机、点火枪类生产企业登记1家。颁发了34个临时质量许可证。

2. **加强对出口陶瓷企业的监管力度，规范出口陶瓷质量许可证的管理。**根据国家认监委《关于对输美日用陶瓷企业进行监督检查的通知》精神，2005年5月山东局组织对辖区内的输美陶瓷企业进行了全面检查。为做好这次检查，组织专家组制定了《山东输美日用陶瓷认证企业监督检查要点》，确定了这次监督检查现场评审时的原则。通过监督检查，取消铅镉溶出量控制体系失效的输美认证资格3家；铅镉溶出量控制体系运行不正常暂停报检资格、限期整改的3家；保留报检资格、限期整改的21家；一次性通过检查的7家。检查后，根据检查中存在的问题，向有输美陶瓷企业的青岛、济南、临沂、淄博检验检疫局下发了调研提纲，进一步征求做好输美陶瓷企业认证监管的建议，并在此基础上制定了有效措施，保证对输美日用陶瓷认证企业的监督管理。

3. **加强出口质量许可的基础管理工作。**依照《中华人民共和国行政许可法》，下发了《出口质量许可工作规范》等一系列文件，在受理申请、现场评审到发证、档案管理等各环节都作了明确的规定，使出口质量许可工作进一步规范化。对获得出口质量许可证企业实施动态管理，由分支局对获证企业进行年度审查和质量许可证到期换证企业的复查换证工作，对年度审查不合格企业限期整改，在规定期限内达不到要求的吊销其许可证书，对到期不复查换证的企业采取吊销或自动失效的措施，实现了出口企业的优胜劣汰。不断完善获证企业档案、质量许可证数据库和出口质量许可证评审员库，每月30日以前通过OA系统向分支局公布获得出口质量许可证企业名单和各分支局获证的基本情况。

加强调查研究　提高强制性产品认证监管水平

1. **加强调查研究，规范认证行政执法。**为了贯彻落实国家质检总局和国家认监委下发的《关于全面加强强制性产品认证行政执法工作的通知》和进一步提高强制性产品认证行政执法的有效性，促进外经贸事业发展，3月28日~4月1日组织调研组到广东、上海检验检疫局进行了调研，了解了兄弟局在强制性产品认证行政执法的一些好的做法。调研结束后，在吸收兄弟局经验的基础上，结合山东局实际，制定了《强制性产品认证行政执法实施细则》，明确了各有关部门在强制性产品认证入境验证中的职责，做到了职责明确，分工把关。

2. **强化行政执法监督，提高认证管理水平。**根据国家认监委《关于开展2005年强制性产品认证行政执法监督检查的通知》要求，组织进行了强制性产品认证行政执法监督检查。一是制定了强制性产品认证行政执法监督检查工作的实施方案，明确要求、精心部署、周密安排。二是根据各分支局执法自查情况，按照检查方案统筹安排，在10月下旬重点抽查了3个分支局的强制性产品认证行政执法工作。三是经过督查，共查处强制性产品认证行政执法案例8起，对违法企业根据具体情况进行了责令改正或行政处罚，引起了各分支局的高度重视，强制性产品认证行政执法得到了加强。

此外，根据国家认监委的要求，山东局还于2005年9月派出了联合审核组，对辖区内B组的10家食品企业进行了监督抽查。通过检查，多数获得认证的食品企业质量管理体系运行有效或基本有效，3家企业内审和管理评审到位，厂区环境优美，生产装备、控制设施和检测资源齐备，车间布局、工艺流程合理，卫生设施齐全，建立并实施了HACCP管理体系，产品质量安全能够得到有效控制，质量管理体系符合认证标准要求；4家企业质量管理体系基本符合认证标准要求。2家食品企业质量管理体系不符合认证标准要求。同时，根据国家认监委的统一部署，扎实有效地开展了认证机构档案稽查，参加了国家认监委对全国食品企业认证有效性监督最终的审核评定。

3. **贯彻文件精神，扶持地方企业发展。**为了更好地贯彻国家认监委2005年第20号公告，结合实际情况，山东局制定下发了贯彻实施意见，委托各分支局负责受理本辖区内需申请《强制性产品认证目录内进口产品特殊处理程序》（以下简称《特殊处理程序》）的事宜，负责按照《特殊处理程序》的抽样原则进行取样封样，负责监管申请人将所封的样品送达强制性产品认证指定实验室进行检测。为了使申请程序进一步规范化,还编制了"山东检验检疫局强制性产品认证目录内进口产品特殊处理程序申请书",方便了进口产品申请人,得到了有关企业的好评。

此外,根据国家认监委《关于无需办理强制性产品认证及免于办理强制性产品认证工作有关问题的通知》精神,重新制定并下发了《山东检验检疫局强制性产品认证免办证明实施细则》,在简化办理程序、加强操作性、强化监管力度等方面做了具体的规定,方便了进出口企业,取得了很好的效果。

4. 发挥认证监管职能,支持自愿性认证发展。山东局积极发挥监管职能,把CQC山东评审中心和CCIC山东分公司认证工作质量纳入绩效管理,由省局认证监管部门对其进行绩效管理日常考核,大力支持和配合CQC山东评审中心和CCIC山东分公司做好各类体系、产品认证工作的推广、实施。截至2005年底,CQC山东评审中心和CCIC山东分公司的体系认证企业总数突破3 000家。2005年共认证ISO 9000质量管理体系495家,ISO 14000环境管理体系63家,OHSAS 18000职业健康安全管理体系29家,HACCP食品安全管理体系107家,EUREPGAP认证、生态纺织品、饲料认证等自愿性产品认证52家。通过提高认证质量,帮助企业有效打破了国外技术壁垒,取得了更大的经济和社会效益,有力促进了地方经济发展。据统计,山东地区91.6%企业通过体系认证后,在同行业竞标中占有优势,在客户满意度、企业经济效益上有不同程度的提高,带动了当地经济的发展。如:青岛即发集团,自1996年建立了ISO 9000质量管理体系并通过CQC认证以来,质量管理水平和产品质量不断提高,生产效率比原来提高近一倍,产品市场由原来的单向出口加工扩展到向全球二十多个国家和地区出口,经济效益以每年不低于40%的速度递增,在全国针织工业协会的排序中,各项经济指标已连续4年位居前三名,其中出口创汇每年均居同行业榜首。

加强实验室建设 提高技术支持能力

1. 强化工作质量,提高质量管理水平。结合山东局实验室改革,对分支局进行了两轮工作质量检查和调研活动,听取了分支局和相关企业的意见和要求,制定并下发了2005年山东检验检疫系统实验室认可考核计划。2005年已完成了青岛局3个实验室和潍坊局、威海局、日照局、莱州局(计量认证)共7个实验室的认可/计量认证"二合一"监督评审和济南局、临沂局、淄博局陶瓷共3个实验室的复评审以及龙口局实验室的初评,完成了黄岛局的能力验证提供者的初评和淄博局的能力验证提供者的监督评审工作,另外还完成了全省4个保健中心(省局、烟台局、济南局和威海局)的ISO 9000认证和实验室认可的监督评审。

2. 加强人员培训,提升技术支撑能力。检验检疫工作,技术是支撑。因此,实验室把人员培训放在工作的第一位,切实提高人员素质和技术水平。一方面结合山东检验检疫具体业务特点和2005年的难点和热点,有针对性、目的性地制定了"2005年能力验证计划",对重点实验室和常规实验室的能力验证活动都进行了相关的规划,组织并参加了一系列国际、国内能力验证活动。8个重点农产品实验室还参加了FAPAS、FEPAS、CNCA、CNAL等组织的一系列能力验证活动,均取得了满意的结果。另一方面以考促学,组织了一系列专业技术培训和岗位资格考试。针对新设备管理系统、实验室新技术培训和人事处要求的岗位资格考试,通过全省视频会议系统和各种形式的交流和培训,有针对性地组织了一系列的多种形式的专业技术培训工作,对欧盟最新抗生素残留相关法规、检测技术要求、限量要求等作了系统的培训。另外,还针对2005年国内突发的猪链球菌疫情,进行了猪链球菌检测技术讲座,从动物检疫检测岗位上岗基础知识培训、禽流感、最新荧光PCR检测技术及植物等进行了技术交流和培训。

3. 推行实验室改革,提高管理运行水平。一是推行信息化建设,提高管理运行水平。根据国家质检总局《关于推广使用〈实验室资源管理系统〉的通知》要求,所有重点技术中心已全面开展推广并开始运行实验室资源管理系统(LRP2000),使全省实验室管理和运行水平上了一个新的台阶。二是出台改革方案,积极推进实验室改革进程。根据实验室改革工作统一安排部署,结合山东局实际,出台了《技术中心组建方案》、《技术中心机构设置方案》和《实验室规划管理方案》,为实验室改革工作的顺利推进奠定了基础。三是统一改造标准,提升全省实验室整体档次。为了使实验室改造工作统一有序,保证实验室改造工作的质量、水平,以及改造后的实验室以统一的形象面向社会,制定并出台了《山东检验检疫系统实验室建设改造统一标准》。四是积极规划技术中心大楼实验室布局,建设全国一流实验室。为了配合山东局技术中心改造工作,对瞿塘峡路70号进行了科学的分析、严格的筛选,制定出了技术中心大楼实验室规划方案及详细的设计,并进行了详尽的安排。

撰稿人:贠军锋、于 波 审稿人:田述军

健全机制　加强监管　扎实推进山东认证认可工作

——山东省质量技术监督局2005年认证监管工作概况

2005年，山东省质量技术监督局（以下简称“山东省局”）以服务山东经济建设为宗旨，以贯彻落实《认证认可条例》为主线，坚持依法行政和改革创新，不断探索认证监管工作新思路、新方法，全面推进认证认可各项工作扎实有效地开展，认证认可工作服务经济社会发展的功能日益凸现。

2005年，山东省有9 623家企业通过各类管理体系认证证书11 181张，居全国第4位；强制性产品认证取得突破性进展，有2 090家企业通过CCC认证，获CCC认证证书9 037张，居全国第5位；认证市场准入制度初步确立，有26家认证咨询机构通过了国家认监委的资质批准；实验室建设水平有了较大程度的提高，全省有1 065家检测机构依法通过了计量认证考核，有163家实验室通过了中国实验室国家认可委员会（CNAL）的认可，居全国第5位。认证认可事业的发展，对山东经济发展发挥了有效的促进作用。

加强执法机构建设

为落实《认证认可条例》赋予质量技术监督部门的监管职能，山东省局将健全认证监管体制、建立监管网络作为做好认证监管工作的首要工作来抓，在各市局的大力支持下，全系统建立起了由320人组成、覆盖全省17个市142个县（区）的认证监管网络，为实施认证监管夯实了基础。

针对认证监管与执法监督工作领域新、专业技术性较强的特点，山东省局重点抓了认证监管人员培训工作。按照国家认监委制定的连续3年培训的目标，针对认证监管不同时期的要求，组织开展了不同形式、不同层次的骨干人员专业培训，通过现场交流和典型案例剖析，提高了执法人员业务水平和解决实际案例的能力。几年来，山东省局累计培训认证监管和执法人员3 000人次，基层认证监管与执法人员的综合素质和执法水平明显提高。

依托“区域监管”
推动强制性产品认证制度有效实施

强制性产品认证制度实施3年来，通过推动引导和执法监督，山东省CCC认证制度实施顺利。通过连续两年的摸底调查，各市局基本摸清了全省CCC认证产品生产企业底数，建立了2 200多家认证企业档案。通过区域监管，对获证企业实施分类管理。山东省局与有关市局在济南、烟台等地多次召开企业座谈会，了解不同时期企业对认证过程中的意见及建议。与省汽车工业协会、济南重汽集团公司等单位建立联系点，定期走访行业协会及重点企业，及时沟通信息，积极提供服务。2005年组织全省对家用电器、开关、电线电缆、电动工具、摩托车、手机、饮水机、电焊机、微机等产品进行了集中检查。2005年全省共检查生产、销售、经营活动单位6 000余家，其中涉嫌违法行为的单位2 982家，涉案货值3 370万元，涉及经济处罚总金额703.5万元；山东省内列入目录的绝大部分强制性认证产品生产企业的主导产品均已通过认证，企业获证率比2004年同期增长了87%；获得强制性产品认证证书数量比2004年同期增长65%。

以专项监督检查为抓手　切实提高监管有效性

一是开展认证农产品市场监督检查。山东省局在质量月期间组织全省开展了农产品认证标志市场检查。全省各市局共出动执法人员3 400余人次，检查120家有代表性的大型超市和农贸市场。检查的农产品涉及粮、油、水果、茶叶、蔬菜等5大类与人们生活密切相关的农产品，检查重点是认证农产品标识标注内容的真实性、标志的使用范围及证书的有效期。本次共检查1 957批次产品，其中产品加施认证标志，并能够提供认证证书或其他有效证明的1 285批次，占66%。通过检查，基本摸清了全省认证农产品主要销售渠道的市场状况。

二是按照国家认监委的安排，对济南普利斯矿泉水有限公司、济南佳宝乳业集团等20家食品企业进行认证有效性监督检查；对山东科苑环境管理体系认证中心等8家认证机构的认证档案开展专项检查；组织济南、青岛两市稽查机构参加全国统一实施的农产品和食品认证标志市场检查；组织青岛市质检所对省内获得CCC认证的99家企业的152批轮胎产品进行符合性质量抽查；对省内260家食品实验室开展专项监督检查，在实验室自查的基础上，各市局抽查了173家实验室。山东省局还接受了辽宁省质监局对山东省实验室的跨省监督检查，同时承担了对安徽和江苏两省食品实验室的监督检查工作。

做好机动车安全检测机构的计量认证工作

为贯彻落实《道路交通安全法》及其条例，国家质检总局、公安部和国家认监委联合印发了《关于加强机动车安全技术检验机构管理有关工作的通知》，将机动车安检机构的资格及监督管理工作移交给质量技术监督部门。为认真贯彻"三部委"文件精神，山东省局与山东省公安厅两次联合下文，对机动车安全检验机构资格及监督管理职能的划转和计量认证工作进行了部署，并于2005年4月底顺利完成了相关移交工作。职能划转后，山东省局相继开展了如下工作：

一是对现有公安系统机动车安检机构调查摸底，完善基础资料和档案；二是和山东省交警总队联合召开了"全省机动车安检机构计量认证动员暨标准培训工作会议"，共249名人员参加了会议并接受了培训；三是明确机动车安检机构计量认证的有关问题，包括安检机构法律地位、质量体系运行、各岗位人员要求以及检测设备连网等。在山东省交警总队的配合下，机动车安检机构的计量认证工作顺利开展。

以计量认证工作为切入点
加强对检验机构的监督管理

一是规范工作程序，提高工作质量。依照《行政许可法》重新修订了《山东省计量认证和审查认可(验收)管理办法》；对受理申请、文件审查、现场评审、证书发放、收费公告、证后监管以及评审员管理等各环节逐一进行规范。并将程序、规则和相关信息向社会和实验室公开，提高工作透明度。为统一现场评审要求，提高评审质量，制定了计量认证现场评审和监督评审作业指导书，编写了《评审准则重点条款现场评审指南》等文件，确保现场评审的一致性。

二是加强实验室证后监督，提高计量认证工作有效性。2005年组织各市局对列入计划的219家实验室开展监督评审工作，注销了16家超期未申请复查的实验室的计量认证证书，对超出认证范围向社会出具检测报告、滥用计量认证标志等违法行为进行了处理。

三是组织开展实验室能力验证工作。2005年共安排了食品5种样液和奶粉、食盐、复混肥等8个项目的能力验证考核工作。考核工作结束后，对数据满意实验室进行了通报表扬，对检测数据存在问题的单位提出了整改要求和处理意见。通过组织能力验证考核，发现了实验室在检测技术中存在的一些问题，有效地促进了实验室内部管理和检测技术水平的提高。

四是组织编写了《食品通用实验室检验人员培训教材》。2005年8月对全省19个食品通用实验室的业务骨干进行了为期一周的理论知识和操作技能的培训，提高了食品检验人员的业务素质和技术技能。

五是做好国家认监委组织的实验室资源调查工作。完成了全省1008家实验室150余项调查数据的组织填报、审核汇总和整理上报工作。山东省的实验室资源调查工作受到了国家认监委的肯定和表扬。

六是开展全系统法定质检机构检验报告工作质量专项监督抽查工作。为规范系统内检验机构检验行为，确保检测数据准确可靠，山东省局组织开展了质检机构检验报告质量专项监督抽查活动。为确保检查活动客观、公正、真实地反映当前质监系统检验机构工作的现状，山东省局制定了严格的抽样规则，各市局负责交叉抽样，委托山东省质检院制定检验报告评定细则，并组织专家进行评定。专项监督检查工作结束后，召开专题通报会，通报了检查结果，对存在问题的检验机构进行了处理。

山东省质量技术监督局供稿

从党风建设入手推动认证监管工作全面发展

——河南出入境检验检疫局2005年认证监管工作概况

2005年，河南出入境检验检疫局(以下简称“河南局”)认证监管工作坚持思想政治工作和业务工作“两手抓，两促进”，紧紧围绕全国质检工作会议、全国认证认可工作会议提出的工作重点和局党组的工作部署，抓好班子、带好队伍，依法行政，严格把关，开拓创新，为促进河南外向型经济发展积极做好各项工作，取得了较好成效。

党风廉政建设和精神文明建设进一步加强

1. 搞好保先教育工作，实现“四个明显”，增强“四个意识”。通过开展保持共产党员先进性教育活动，把思想统一到中央、省委和局党组重大部署上来，扎扎实实地把先进性教育活动搞好，制定了《法制认证综合处开展保持共产党员先进性教育活动实施意见》；二是广泛征求意见，撰写好党性分析材料，过好组织生活会，查摆问题、对照检查；三是针对问题、抓好整改、制定措施、见诸行动。通过扎实有效的教育活动，实现了党员干部“四个明显”，即在思想上有明显提高，政治上有明显进步，作风上有明显转变，纪律上有明显增强；进一步增强了“四个意识”，即把握大局意识、管理创新意识、服务奉献意识、廉洁从政意识；通过先进性教育，进一步增强了全体党员和支部的凝聚力、战斗力、创造力，按照科学发展观的要求，解放思想，与时俱进，开拓创新，扎实工作，促进了各项工作的开展。

2. 坚持以人为本，注重实效，党风和勤政廉政建设进一步加强。针对河南省认证认可监督和管理工作事务多、人员少的现实，河南局坚持以人为本，抓好各项工作。一是加强制度建设，先后制定了《认证监管工作人员手册》等规章制度。二是抓好思想政治工作，在坚持正常的理论学习的同时，紧紧围绕《河南局2005年思想政治工作要点》，做好深入细致的思想工作，着力打造团结协作、奋发向上的良好氛围。三是进一步加强了支部建设和廉政教育，建立党风廉政建设责任目标，认真贯彻落实《质检系统行风建设“八严禁”规定》、“十不准”、《河南检验检疫系统2005年党风廉政建设和反腐败工作实施意见》等党风廉政建设各项制度，严格遵守三大纪律八项要求，严格执行河南检验检疫系统各级领导干部廉洁从政十条规定，认真贯彻落实《河南出入境检验检疫局工作人员廉政纪律手册》，积极参加局里组织的反腐倡廉警示教育展。四是根据业务情况确定的敏感岗位，并制定了《认证监管敏感岗位监管保证措施》。全年未发现任何违法违纪案件，有效地保证了各项工作任务的完成。

扎实有效做好各项业务工作

2005年，新考核颁发质量许可证29份，其中临时质量许可证16份、出口日用陶瓷认证企业8家、玩具企业3家、危包企业2家；办理强制性产品认证免办证明149份；考核出口食品卫生注册企业64家；考核推荐国外卫生注册企业18家，新增国外卫生注册企业11家次，河南省保持国外卫生注册企业69家，输美陶瓷认证企业25家；对49家出口食品注册企业进行了年度复审，注销了18家已不符合要求的企业；共对66家出口商品质量许可企业进行了年度复审，注销了7家已不符合要求的企业；对出口危包许可证企业进行换证审核，通过考核和报国家质检总局批准，30家企业取得了出口危险货物包装质量许可证；对44家出口日用陶瓷质量许可/25家输美日用陶瓷认证企业开展了“拉网检查”。

1. 加强教育培训，建立一支高素质的认证执法队伍。为了提高认证监管人员素质，建立一支政治合格、纪律严明、业务精通、作风过硬的认证队伍，河南局高度注重政治理论学习和业务知识的培训。一是组织认证监管人员参加局“十六届四中全会精神学习培训”、“思想政治工作培训”，“兼职纪检监察员培训”、“纪检监察工作培训”，“业务档案管理培训”、“网络宣传和信息上报业务培训”，“统计培训”、“《商检法》实施条例培训”、“行政许可法培训”，“实验室资源调查培训”、“新OA使用培训”、“出口危包培训”等项培训。二是按照国家认监委的统一部署，派4名相关人员参加了国家认监委组织举办的认证监管人员师资培训班。派人参加了“全国出口食品卫生注册主任评审员培训班”、“认证监管人员培训班”、“认证机构认证工作有效性稽查组组长培训”、“认证档案稽查组组长培训”、“全国实验室审核员培训班”。三是组织了对各分支局、办事处、省局有关业务处室的相关人员的认证监管业务培训和考试。通过参加培训,提高了有关人员的能力和水平,为做好注册认证工作奠定了坚实基础。

2. 制定完善工作程序,提高认证认可工作法制化、规范化、科学化。河南局认真贯彻落实《行政许可法》、《认证认可条例》以及国家质检总局、国家认监委的有关规定,以《认证认可条例》为基础,以《行政许可法》为主要依据,制定了《出口食品生产企业卫生注册登记工作程序》、《出口商品质量许可证管理程序》等5个行政许可工作程序;同时根据国家认监委《出口日用陶瓷质量许可/输美认证评审员管理细则》的要求,制定了《河南局出口日用陶瓷质量许可/输美认证评审员管理规定》;为了加强对河南省进出口领域免于办理强制性产品认证工作的监督管理,规范工作程序,确保强制性产品认证制度的顺利实施,根据国家认监委2005年第3号公告,以及《关于无需办理强制性产品认证及免于办理强制性产品认证工作有关问题的通知》等有关文件规定,结合河南省实际,制定《免于办理强制性产品认证证明工作实施细则》(试行)。通过这些制度建设,使行政许可工作实现了法制化、规范化和科学化管理。各项行政许可在受理、审核、批准等方面严格遵循程序和时限来完成,短缩了流程时限,提高了办事效率,受到了企业的充分肯定。在河南省优化办组织的《行政许可法》执法检查中,河南局的有关做法受到了充分肯定。

3. 继续认真贯彻国家质检总局和省政府签署的《促进河南重点农产品合作备忘录》,加大对外注册力度,促进河南省农产品出口。

(1)突出重点,狠抓落实,务求实效。一是加大国外卫生注册推荐工作力度,国外卫生注册工作实现跨越式发展。2005年河南局通过国家认监委向美国、加拿大、巴西、阿根廷、欧盟等国家和地区推荐国外卫生注册共计18家次;新增国外卫生注册11家次,其中对韩国注册7家,对美国注册3家,加拿大注册1家。截至2005年底,河南省出口食品卫生注册登记企业突破200家,达到215家,国外卫生注册企业69家,位居中西部省份首位。2005年3月,华英、人用、永达等3家出口热加工禽肉企业通过韩国卫生注册,实现了河南省对外注册的新突破。二是充分发挥技术、信息优势,发现、培育、指导、帮助21家农食产品生产加工龙头企业达到注册要求。对有出口意向的企业,主动上门服务,为企业提供注册认证、技术法规等各方面的指导帮助。指导生产企业建立HACCP和ISO 9000管理体系,做好出口种植、养殖基地备案工作等。先后指导帮助淇县众发肉羊食品开发有限公司、信阳卢氏茶叶有限公司等21家出口肉类、茶叶、水产品生产加工企业通过出口食品卫生注册。如信阳茶叶是中国著名的八大名茶之一,2005年信阳茶叶年产量近3万t,产值近27亿元,茶叶是信阳脱贫致富的支柱产业,实现国外注册是让信阳茶叶走出国门的唯一途径。信阳卢氏茶叶有限公司在2005年4月取得出口卫生注册后,已出口珍眉绿茶228吨,打破了信阳茶叶出口为零的历史,并将进一步带动信阳市茶叶精加工产品扩大出口;淇县众发肉羊食品开发有限公司于2005年4月取得卫生注册,是河南省目前惟一一家出口羊肉注册厂,产品供不应求。三是完成日本、美国官员对河南省卫生注册复查的组织接待工作。2005年6月4日,河南局组织接待了由日本农水省派出的第三批官员对河南省惟一一家对日卫生注册的热加工偶蹄动物产品生产企业——河南双汇投资发展有限公司第一工厂的复查。河南局组织制订了迎检方案,带领有关部门处室技术人员到现场进行检查指导,提出整改意见,确保了各项工作有条不紊进行。日方对企业在输日热加工偶蹄动物产品安全质量卫生控制方面未提出具体问题,肯定了河南CIQ就出口食品企业实施的注册检验监管等工作。

2005年9月14~16日,河南局组织接待了美国食品药物管理局(FDA)官员对河南省浓缩苹果汁企业进行的实地检查。为了确保顺利通过检查,河南局先后进行预检,指导企业和分支局做好准备,全程陪同FDA官员检查。在检查中,FDA检查员多次称赞企业对HACCP的深入理解和灵活应用,对CIQ采取的对输美果蔬汁企业的HACCP官方验证措施表示赞赏。检查结束时,FDA检查员只是口头提出了一点建议,没有开出不符合项报告。

(2)做好良好农业规范认证试点企业的推荐工作。根据国家认监委《关于开展良好农业规范认证试点有关问题征求意见的函》和《关于印发良好农业规范认证试点工作方案的通知》的要求,河南局积极组织有关部门人员进行调研,最终以省政府的名誉向国家认监委上报了河南省12个首批参加良好农业规范认证的市县和企业名单。

(3)加强协调,形成国外卫生注册工作齐抓共管的工作机制。出口食品安全工作是一项复杂的系统工程,需要商务、农业、畜牧、卫生、食品药品监督和环保等多个相关部门的协调配合,需要政府部门的大力支持。为此,河南局主动将认证注册工作纳入政府工作平台,打造齐抓共管的良好局面。通过促请省政府与国家质检总局签署《促进河南重点农产品出口合作备忘录》，成立了由主管副省长牵头、9个相关部门组成的“河南省国外卫生注册认证工作领导小组”，明确了各相关部门的职责，保证了各方面各司其职、群策群力共同做好工作。在接待国外注册检查时，作到了及时向当地政府、有关部门通报情况，以河南局为主，共同配合，做好工作。省政府及当地政府和有关部门都给予了全力支持，在重要检查中，主管省市领导都亲自会见，介绍情况，以期增强国外官方的信心。

(4)加强注册管理，狠抓落实，务求实效。将卫生注册工作与出口食品安全控制有机结合起来，落实“两个坚持、两个做到”，即：“坚持注册标准，做到宁缺毋滥”。对所有新申请注册企业，无论规模大小、性质如何，都严格坚持标准，一视同仁，严把注册“入口”关；“坚持优胜劣汰，做到强化监管”。不断加大对注册登记企业的后续监管力度，促使企业通过持续改进，提升出口食品的安全卫生质量控制水平。如双汇集团先后投资10多亿元，从日本、美国等引进了国际一流的肉类加工生产设备1 000多台套，为提高产品质量奠定了基础。大用公司先后投入近1 000万元对原有鸡肉分割注册车间生产设施进行改造。河南局还先后三次对全省卫生注册登记企业进行了全面清理整顿，取消30多家企业卫生注册资格，责令限期整改企业50多家次，推动了企业管理水平的不断提高。通过加强后续监管工作，提高了产品品质及市场竞争力，出口量呈逐年增长趋势

2005年1~10月，河南局共检验出境冷冻蔬菜、脱水蔬菜、盐渍蔬菜8 963.5t，货值1 034.5万美元，数量、货值分别比2004年同期增长48.5%、68.9%。特别是输韩冷冻辣椒，更是实现了由小批量零星出口到大批量出口的转变，已出口1 200t，货值60万美元。

4. 加强监督检查，提高认证有效性。一是依据《认证认可条例》和国家质检总局《关于进一步加强食品质量安全监管工作的通知》的精神，按照国家认监委《关于开展食品企业认证有效性监督抽查的通知》要求，河南局与河南省质量技术监督局组成联合审核组于2005年9月份对获得ISO 9001认证的10家食品企业开展了认证有效性抽查。二是根据国家认监委《关于开展2005认证机构档案专项稽查的通知》及《关于协助开展2005年认证机构档案专项稽查的函》要求，派员参加了对天津、河北、山西、内蒙古、黑龙江、安徽、山东等12省市认证档案专项稽查集中评价工作。三是根据国家认监委《关于开展2005年强制性产品认证行政执法检查的通知》的要求，于11月组织完成了2005年强制性产品认证行政执法检查。河南局对此次强制性产品认证行政执法监督检查工作高度重视，制定了《强制性产品认证行政执法监督检查方案》，专门召开会议研究部署检查工作，并提出明确要求，有关业务处和分支机构密切配合，共同开展检查，使检查工作顺利进行。四是从3月中旬开始，历时1个多月时间，组织完成了河南省44家出口日用陶瓷质量许可/25家输美日用陶瓷认证企业“拉网检查”，全面提升了河南省出口陶瓷行业质量管理水平。“拉网检查”组织工作情况受到了国家认监委充分肯定，并以《认证认可简报》专期予以刊发，在国家认监委网站“新闻报道”栏目中进行了全面报道，在全国质检系统产生了积极影响。五是组织完成了3个输美果汁企业、1个输美蜂蜜企业，3个输日热加工禽肉、1个输日热加工偶蹄动物产品、4个输加拿大果蔬罐头企业的预检和异地检查接待组织工作及出口肉类企业设施整改情况检查工作。通过检查有力地促进了企业整改，提高了注册认证的有效性。六是加强出口危包许可证企业的监管力度，通过考核和报国家质检总局批准，河南省已有30家企业取得了出口危险货物包装质量许可证。

组稿：胡清俊

履行认证监管职责 服务河南经济建设

——河南省质量技术监督局2005年认证监管工作概况

2005年,河南省质量技术监督局(以下简称“河南省局”)认真贯彻《认证认可条例》,坚持一手抓认证推动和服务,一手抓认证监督和管理,积极探索新形势下做好认证认可工作的方法和手段,制定认证认可工作目标和实施方案,建立认证监管的工作机制,加强对认证结果的有效性监督,确保了在强制性产品认证、自愿性产品认证、管理体系认证等方面实现稳步发展;促进了企业认证有效性逐步提高,使广大企业、事业单位等社会组织对认证需求趋于理性和务实;规范了认证机构的认证行为,拓宽了认证服务的领域,使获证企业的产品质量、服务质量及管理水平不断提高,使认证证书成为众多企业签订贸易合同、招投标、申请贷款的通行证。认证工作的开展,对河南省经济发展的促进作用越来越大。

认证认可工作取得阶段性成绩

河南省认证认可工作,紧紧围绕促进河南经济发展、社会进步及构建和谐社会这个目标,把工作重点统一到服从、服务于提高产品质量、调整经济结构、推进社会发展的大局上,以贯彻《认证认可条例》为中心,坚持依法行政和开拓创新,取得了明显成效。截至2005年底,全省通过体系认证的企业获得认证证书总数为5 837张,占全国认证企业总数的5%,位居全国前10位,基本上与河南省在全国的经济位次相匹配;CCC认证涉及的企业总数为820家,占全国CCC认证企业总数的2.5%;有2个经国家认可的认证审核分支机构,3家经过国家批准的认证内审员培训机构,26家备案咨询机构,40个经国家认监委认可的实验室,有2家承担强制性产品认证检测任务的检测机构。体系认证以持续、稳步增长的态势推进,对河南省经济发展起着积极的推动作用。

建立和完善认证工作体系

自国家认监委成立以来,河南省局按照省政府赋予的认证监督管理职能,把认证工作纳入重要工作议程,强化目标管理,着眼建立认证监督工作的长效机制。一是建立上下通畅的领导工作机制。省、市、县局主要领导亲自抓,有关职能处、室、科大力配合,提供政策法规、组织协调等方面的保障。二是建立横向协调的工作机制。各地质监、商检、工商部门建立起工作联络和协调会议制度,各司其职,各负其责,同时加强了横向协调,避免职责交叉、重复执法等现象发生。三是建立和完善严格的责任制,做到责任、人员、措施和投入“四到位”。四是建立行政执法的主体保障机制。调配精兵强将充实到推动认证和认证行政执法两项工作第一线,并对执法人员进行强制性产品认证制度的有关政策法规的专业培训,使行政执法者首先懂法。五是建立行政执法的信息保障机制。六是建立比较完善的强制性产品认证行政执法内部监督机制,坚决纠正执法违法行为。

从源头抓CCC认证监管 从基层抓制度落实

一是从源头抓监管。各地质量技术监督部门在所辖地区内对列入《目录》内的产品和企业开展扎实有效的摸底调查工作,充分了解和掌握生产企业的基本情况,明确自己所辖区内应当实施强制性产品认证企业分布,对列入《目录》中的820家CCC认证企业和产品建立了CCC认证企业质量档案。

二是广泛开展CCC认证宣传推动工作。2005年7月,河南省局领导在《河南日报》就CCC认证制度及行政执法问题答记者问;2005年7~8月,组织全省各地集中对大型商场、超市进行CCC认证宣传,提高广大经销商和消费者的质量意识;9月在全国质量月活动期间,又对CCC认证行政执法工作进行了专题宣传。

三是做好认证培训工作。按照国家认监委统一部署,2005年河南省局加强了对认证监督管理人员和执法人员的专业培训和法律培训,全年共举办三期认证培训班。一期是咨询师转换培训,共有50人参加培训;二期是CCC认证执法培训,共培训120余人;三期是体系认证监管培训,共培训60余人。通过培训,使每个认证执法人员懂专业、会执法,提高专业素质和执法监督水平。

四是稳步开展强制性认证的行政执法检查工作。2005年在全省全面开展CCC认证执法检查,共查处生产企业300余家,经销单位500余家,涉案违法案件130多起,违法金额500余万元。

五是从源头抓监管,从基层抓落实。地方各级质监部门是CCC认证执法的主体,但基层对CCC认证工作的认识比较薄弱,许多人还不太了解这一新制度,再加上强制性产品认证工作专业技术性强、涉及面广,为此,河南省局提出了"从源头抓CCC执法、从基层抓制度落实"的工作思路,加大培训力度,把CCC认证监管工作下移,从基层抓好落实,严把厂门质量关。

六是建立CCC认证信息快报制度、重大案件执法报告、举报制度。规范认证市场是一项长期、艰巨的任务,为确保CCC认证执法工作的稳妥开展,及时发现和解决行政执法中存在的问题,河南省局实行CCC认证监管举报制度、认证信息快报制度、重大案件报告制度、督办制度,要求各地指定专人负责CCC认证执法工作,每月5日前对CCC认证执法工作中的重大问题和大案要案以简报和专题报告形式上报省局,便于掌握全省CCC执法情况。

整顿和规范认证市场　促进认证市场健康发展

一是对在河南活动的认证机构、培训机构、认证咨询机构及认证机构的代表处、联络处、工作站等进行了集中调查和清理,对认证咨询机构的咨询档案进行现场抽查和封存调阅;对部分获证企业,派认证稽查员进行现场监督审核抽查;对CCC认证产品从源头进行监管;对认证咨询机构的规范性、公正性和人员资质能力状况进行监督检查;查处了认证机构、咨询机构、认证企业存在的认证审核不严格、虚假记录、超范围认证、审核时间不足等8类问题。

二是配合国家认监委开展了食品生产企业管理体系认证的监督抽查和对认证机构的认证企业档案的稽查。2005年集中9、10月两个月时间,对全省20家企业开展了2005年食品生产企业的认证专项监督稽查,对北京等地4家认证机构的23份档案进行了抽样检查。

三是组织开展了农产品食品认证标志监督检查。针对当前食品和农产品认证在流通领域存在的诸多问题,河南省局按照国家认监委统一部署,2005年10月25日~11月15日在郑州市开展食品、农产品标志专项监督检查活动。重点检查伪造、冒用、非法买卖、违规转让、超范围使用认证标志等方面存在的问题,保证流通环节的食品和农产品标志使用的合法性,以维护消费者利益、认证机构和获证企业的合法权益,促进食品和农产品认证市场秩序的统一、开放、健康、有序发展。本次监督检查共派出26个检查组,检查人次261人次,检查23个超市及专卖店,涉及59家农产品生产企业的63种产品,标志违规使用有25种产品。

切实做好认证的行政执法工作

实施强制性产品认证制度有两个关键:一个是推动认证的实施,另一个是认证的执法。认证是前提、是基础,执法是保障、是手段。近年来,河南省逐步建立健全了认证执法内部工作制度、监督制约机制和责任追究制度,全面履行行政执法职责,保证综合管理、行政执法职能到位,提高了工作的有效性。

1. 加强领导、抓好落实。全省各地把开展行政执法工作统一到服从、服务于提高产品质量、调整经济结构、推进社会主义市场经济发展的大局上来,把依法行政工作作为一项重要而紧迫的工作任务,抓好落实。为此,切实加强领导,建立完善领导责任制和监督制约机制。各市、县(区)质量技术监督局由主管领导具体负责强制性产品认证执法工作,主要领导人亲自抓,并调整充实一线执法人员,进一步加大强制性产品认证行政执法的力度,加大对行政执法经费的投入,确保强制性产品认证行政执法工作顺利开展。

2. 广泛深入宣传《认证认可条例》。一方面充分利用报纸、电视、广播等有关新闻媒体,通过专版、知识竞赛、答记者问、贴画等方式向社会广泛宣传,形成持续不断的宣传声势;另一方面,组织全省质量技术监督系统认真宣贯学习,使大家熟悉《条例》、理解《条例》、运用《条例》解决实际问题,提高依法办事、依法行政的水平和能力。

3. 加强行政执法队伍建设。这是依法行政的关键环节。加强对认证监督管理人员的专业培训和学习,使每个认证执法人员能够懂法、守法,提高依法行政的能力。坚持依法办事,严以律己、廉洁奉公,坚决杜绝有法不依、执法不严、执法违法等问题发生。

4. 进一步整顿和规范认证市场,培育健康、有序的市场环境。针对当前认证市场中存在的认证违法行为,按照《条例》的要求,依法加大监督管理和查处力度,为认证事业的健康发展创造良好的环境。

5. 按照《认证认可条例》的规定,严格依法行政。建立健全认证执法内部工作制度和监督制约机制,确保认证行政执法工作顺利进行,以科学、公正、廉洁、高效为准则,进一步规范执法行为,禁止行政执法不作为和滥作为。

撰稿人:宋松林　审稿人:毛　选

探索认证认可工作新思路　促进湖北率先中部崛起

——湖北出入境检验检疫局、湖北省质量技术监督局 2005 年认证监管工作概况

2005 年 12 月 2 日，第四次全国认证认可工作会议在湖北武汉召开。湖北出入境检验检疫局和湖北省质量技术监督局(以下简称“两局”)作为国家认监委授权的地方认证监督管理部门，牢固树立为湖北经济和社会发展服务的思想，积极开拓认证工作新领域，着力提升湖北企业的整体竞争力，尤其是《认证认可条例》颁布实施以来，认真做好认证认可条例的宣贯落实工作，短短几年内，通过两局广大干部职工的共同努力，湖北的认证认可工作得到了迅速发展，对推动湖北经济社会发展产生了积极影响。截至 2005 年 10 月底，共颁发质量管理体系有效证书 3 786 份，颁发环境管理体系有效证书 232 份，颁发职业健康安全管理体系有效证书 164 份，其他如 HACCP 等有效证书 26 份。

认真贯彻落实《认证认可条例》

《认证认可条例》颁布实施以来，两局高度重视，按照国家认监委的统一部署，组建认证监管部门，确定部门工作职责，及时组织认证执法人员进行学习培训。为了培养政治素质高、业务水平强的认证执法人员队伍，两局采取集中学习与业余学习相结合，培训考试与认证认可知识竞赛相结合等多种方式，先后派员参加国家认监委组织的认证认可法律法规及相关知识培训班，参加国家认监委的全国统一考试。组织人员参加《认证认可条例》和《强制性产品认证行政执法》等认证认可法规培训。通过加强认证执法人员培训，逐步提升两局认证执法人员业务素质和认证认可执法水平，促进认证认可工作健康持续发展。在此基础上，加大对《认证认可条例》和配套规章和规范性文件的宣传力度，深入社会认证机构和企业广泛宣传《认证认可条例》，利用新闻媒体和会议宣贯等方式，开展形式多样的宣传活动，提高社会各界对认证认可工作的认知程度，为规范认证执法工作奠定基础。

强制性产品认证制度是国家为了保护广大人民群众和动植物生命安全，保护自然环境可持续发展而实施的一项认证制度。为确保这项制度在湖北省全面实施，两局抽调专人组成 CCC 工作专班，组织编制《国家强制性产品认证制度文件汇编》，免费分发给相关企业进行宣传。按照认监委对强制性产品生产企业“帮、扶、促、限”的原则，开展调查摸底，掌握强制性产品生产企业的情况，主动上门为企业服务，帮扶企业了解认证要求，促进具备生产强制性产品条件的企业及时取得证书。由于工作扎实深入，目前湖北省列入强制性产品认证目录内的生产企业共取得 2 567 张强制性产品认证证书。

为了进一步规范强制性产品认证市场，切实保护广大消费者和动植物的安全，两局按照《认证认可条例》要求，将工作重点放在查处假冒、伪造强制性产品认证证书和认证标志、加强入境验证产品查验上。以汽车行业为切入点，先后对省内 67 家生产企业、29 种在武汉汽车市场销售品牌、80 余种型号的车辆进行执法检查。截至 2005 年 10 月底，共开展强制性产品认证行政执法 7 204 人次，检查生产销售企业 2 747 家，查处案件 1 250 起，涉案货值 8 125 万元，产品涉及电动工具、电线、电缆、家电产品、低压电器、手机、汽车及配件、安全玻璃、电信终端设备等。共受理涉及强制性认证产品入境验证共 2 725 批，货值 10 多亿人民币，做到查验率 100%，对没有获得证书的强制性认证产品一律不签发通关单，坚决将无证商品堵在国门之外。通过执法监督，规范了强制性产品认证市场秩序，保证了强制性认证产品质量，维护了消费者和已获证企业合法权益，为建设和谐社会发挥了应有的作用。

随着认证工作的迅速开展，少数认证机构及中介组织为了争夺认证资源，出现了无序竞争的现象。为了加强对认证机构及中介组织的管理，两局加大认证认可行政监管执法力度。一是按照国家认监委的指令，对帮迪管路系统有限公司、武汉安凯电缆有限公司等 6 家获国外认证机构认证的企业进行了认证有效性稽查。二是对武汉 URS、武汉 NQA 等 5 家中外合资认证机构进行了认证工作情况调查，联合省工商局、市公安局对武汉 URS、武汉

市金慧谷商务信息有限公司2家认证机构违法开展认证活动进行调查和查封。三是成立湖北省认证认可协会，制订“湖北省认证认可行业自律约定”，利用社会舆论监督与行业自律相结合的方式对认证市场进行规范引导。2004年底湖北省认证认可协会对省内的12家认证咨询机构开展了顾客满意率调查，经综合评价协会在2005年初授予了3家认证咨询机构为“湖北省优秀咨询机构”称号。

提供优质增值认证服务

湖北作为老的工业、农业大省，在中国国民经济结构中，一直有着举足轻重的地位，拥有象武钢、二汽、武锅、武重、神龙、葛州坝等一批在国内有影响的大型企业，也有像长飞、武汉正源等高新技术企业，还有像武汉小蜜蜂、洪湖德炎等农产品出口龙头企业。这些企业在管理方面走在湖北省的前列，并把自身形成的企业管理模式与国际先进的管理模式相结合，按ISO 9000标准、ISO 14000标准、OHSAS 18000、HACCP标准建立质量管理体系、环境管理体系、职业健康与安全管理体系、食品安全卫生质量管理体系，在整个生产过程中建立了以人为本，和谐发展的新的生产模式。如何推广先进的管理理念和好的经验，帮助更多的企业提高管理水平和产品质量，成为两局研究的新课题。两局认真按照《认证认可条例》的要求，帮助企业走精品名牌之路，将过去的单纯认证行政监管转变为服务加监管的方式，为企业提供优质增值服务。结合湖北名牌产品确认工作，对申报省名牌的126家企业的质量体系认证有效性进行了调查，现场对企业体系运行中存在的问题给予指导，为企业改进体系起到了推动作用。

为了更好服务“三农”，推动湖北省农业产业发展，促进扩大农产品出口，按照《出口食品的生产企业卫生注册登记管理规定》要求，以抓卫生注册为工作重点，从源头狠抓农产品出口安全卫生质量。一是帮助企业建立食品安全质量保证体系。从工厂选址、改扩建方案、卫生规范、质量体系、管理模式等方面实行全方位的指导，提出相关建议，帮助企业尽快达到出口对外注册登记要求。全省现有256家农产品、食品加工企业通过卫生注册登记，15家企业通过欧盟、美国等国外注册，产品顺利走向了国际市场。二是加强源头把关。对全省出口食品卫生注册登记企业定期进行“拉网式”检查，共派出69次检查组，对228家出口食品生产企业进行了检查，其中限期整改企业46家，吊销卫生注册登记编号企业5家，出口食品的安全、卫生质量得到了提高。湖北省主要出口农产品如水产品、食用菌、蜂产品、茶叶、果蔬类罐头等近年来大幅增长，2005年1~10月全省农产品出口2.4亿美元，同比增长12.5%。其中香菇出口额4 989.3万美元，同比增长130.3%；蜂产品出口额1 822.2万美元，继续保持全国第一；水产品出口跃上一个新台阶，首次实现年出口量过万吨，货值超5 000万美元。

积极探索、开拓认证工作新领域

近年来，两局在认证认可工作中，积极开拓认证新领域，将原涉及的机电、纺织、轻工等传统制造业的认证领域，逐步向市政建设、物业管理、交通运输、邮政、学校、建筑公司、园林设计、地质勘探、水利、装饰装璜等领域拓展。完成了对武汉市市政建设集团公司及市政一、二、三、四公司共5家公司的ISO 9000、ISO 14000、OHSAS 18000一体化审核，为推进湖北地区三位一体审核工作打下了良好的基础。在“武汉—光谷”等高新技术产业开发区积极推广体系认证工作，使华工数控为代表的12家高新技术龙头企业率先通过ISO 9001认证。通过在华工数控有限公司开展体系认证，使该企业由一家纯技术型校办企业转变为技术工业型企业，已成为中国最大的数控生产基地。对武汉常青花园社区、百步亭社区、香港（武汉）招商局物业管理公司等武汉最大的物业管理公司开展质量管理体系认证，有效地促进了“和谐社会”建设，其中的武汉市百步亭小区被中共中央宣传部等三部委评为全国最佳社区。

以认证认可工作为手段，突破国外技术壁垒。随着涉外认证认可工作领域不断扩大，认证认可在突破技术性贸易壁垒中发挥越来越重要的作用。美国2003年12月起实施的生物反恐法案，对输美食品产生不利影响，为避免湖北省输美产品因这一法律的实施造成损失，按照国家质检总局和国家认监委的要求积极组织应对措施，及时将此信息告知所有输美企业，并派员参加认监委组织的培训，专门举办“应对美国生物反恐法”培训班，对50多家企业的80名管理人员进行培训，讲解有关法规，提出应对措施，免费给企业发放注册指南，及时督促相关企业开展对美注册。对企业摸底调查，对相关企业取得FDA注册的情况进行跟踪、备案，现已有78家企业对美注册，为湖北省出口产品顺利进入美国市场取得通行证。

在开拓认证工作新领域方面，还进行了厂务公开的大胆尝试。在全省选择了300家企业，将江岸车辆厂厂务公开试点的经验进行广泛推广，并在武汉召开“运用ISO 9000标准实施厂务公开现场观摩交流培训会议”，受到了广大企业的欢迎，得到了全国厂务公开领导小组充分肯定。在抓好全省300家试点企业在厂务公开过程中，依据ISO 900标准，推出了《湖北省企业事业单位厂务公开民主管理控制程序(指导文本)》，这一指导文本被省国资委、省经委等12家单位联合以鄂纪发[2005]9号文件转发，全国各地对湖北省率先在厂务公开中运用ISO 9000标准及制订控制程序给予了较高的评价。

为认证认可工作提供技术支撑

近年来，两局本着突出重点、加强协作，实现资源共享、发挥整体效能、减少资源浪费的原则，按照分级定位、保证重点、分期分批、有序发展的工作思路，加强了对涉及安全、卫生、健康、环保等实验室的基础建设。两年来，湖北出入境检验检疫局新购仪器设备共计329台套，价值1 100万元，配备了各类先进检测仪器设备1 300多台(件)，建成了国家级重点实验室5个、区域性中心实验室10个、检验检疫常规实验室4个，建立了实验室质量管理体系文件，技术中心实验室通过CNAL现场评审，保健中心实验室通过ISO 17025实验室认可评审。所属实验室已全部通过国家计量认证，被国家认监委评为“出入境检验检疫实验室注册转换工作先进单位”。通过了韩国食品药物管理局现场评审，成为第一批获韩国食药厅国外公认检测机关资格的实验室。在食品、水产品、蜂产品、机电产品、化矿产品、纺织品等检测中形成了自身特色。

湖北出入境检验检疫局、湖北省质量技术监督局供稿

强化认证有效性　从源头把好出口产品质量关

——湖南出入境检验检疫局2005年认证监管工作概况

2005年，湖南检验检疫认证工作以保持共产党员先进性教育为契机，紧贴湖南检验检疫的中心工作，较好地落实了第三次全国认证认可工作会议的精神和国家认监委《2005年认证认可工作要点》，开创了湖南检验检疫认证工作的新局面，取得了新成绩。

卫生注册

1. 卫生注册登记工作开展概况。湖南出入境检验检疫局(以下简称“湖南局”)2005年颁发卫生注册证书32份、卫生登记证书16份、新增欧盟注册水产加工厂1家，对美国登记水产加工厂1家，对马来西亚注册牛肉加工厂1家。累计出口卫生注册登记企业135家，其中对国外注册14家。

2005年2月湖南局新成立了认证监管处，加强了对卫生注册工作的管理力度，把卫生注册作为认证主要工作，以新的机构设置为契机，把进一步规范管理程序，强化有效管理作为工作的着重点，制定了《注册登记质量许可备案等行政许可的工作程序》、《注册登记质量许可备案等行政许可评审作业指导书》，规定的工作程序，做到了“三个符合，三个创新，三个突出”。“三个符合”，一是符合国家质检总局和国家认监委有关卫生注册登记；二是符合湖南局目前工作实际情况；三是符合方便进出、监管有效的原则。“三个创新”，一是程序上创新，二是机制上创新，三是评审内容创新。“三个突出”，一是突出重点，二是突出严谨，三是突出实用。

2. 对卫生注册企业的管理。对卫生注册企业有效管理，2005年主要是抓清理整顿、严格准入和严格审批三方面工作。

(1)清理整顿工作。首先为配合清理整顿，维护认证证书的严肃性和权威性，明确一律凭有效证书的副本接受报检或实施检验检疫，其次分两阶段对已获认证企业进行清理。第一阶段清理，主要对认证企业档案清理，重点是查有效期。一季度全面完成对原有卫生注册、质量许可证近800家企业档案、编号进行清理，对120家连续一年未生产出口或逾期不申请复查的卫生注册、质量许可证企业按规定公布失效，同时对历年来核发的临时编号(含未给编号同意报检)进行一次全面清理，限期进行考核。第二阶段清理。主要是对卫生注册登记企业工厂条件符合性清理。为贯彻落实湖南局《关于进一步加强食品质量安全监管工作的通知》精神，制定了全省卫生注册登记监督检查实施方案，将现有效的134家卫生注册登记企业在各业务处(分支局)自查的基础上，对25家企业进行了现场检查。检查重点是获证企业执行检验检疫法律法规和规定的情况，养殖场(饲养场)、种植场备案情况，原料收购情况；工厂质量体系运行情况；原料、半成品、成品检验检疫情况；出口检验检疫以及实验室建设等，通过检查，对1家不符合条件的面制品加工企业，下发暂停报检的通知，督促4家肉类加工厂、2家水产品加工厂完成实验室改造或添置相关检测仪器。

(2)严格准入制度，促进企业完善自身验证能力。严格准入，主要是在受理申请时在对材料审核的基础上，加强和完善了自查、基地建设和实验室建设的三个方面的要求。卫生注册企业申请时必须提交自查报告，自查报告要求对照卫生注册评审要求逐项填写，并经法人代表签字确认，通过自查，企业对自己工厂的情况有一个全面了解，减少了申请的盲目性，同时也提高了评审效率。要求罐头、水产、肉类、甜酸荞头、蜂蜜、肠衣等高风险出口企业，必须按标准建立实验室。对肉类、水产、蜂蜜有基地建设要求的，一律要求有与出口加工企业生产能力相适应的备案基地。审核中，为严格要求，本着就高不就低的原则，从严掌握，将原作为一般食品考核的2家调味品厂，纳入罐头食品管理，要求限期进行HACCP官方验证。

通过清理整顿、严格准入和严格审批三项措施，提高了湖南省认证企业的整体水平，增强了湖南省出口企业的整体实力。

3. 出口食品卫生注册对地方农业发展的作用。卫生注册工作对促进地方经济，特别是"三农"的发展起到非常积极的作用。湖南是农业大省，农产品出口占有较大的比例，卫生注册工作直接影响到湖南"三农"的发展。2005年新增对欧盟注册水产厂1家，对美国FDA备案水产厂1家，成功地接待了马来西亚注册检查和香港食环署检查。6月底，四川省部分地区发生猪链球菌病疫情，香港暂停四川等省肉类产品进口，严格对进境肉品的检疫，不仅未对湖南省肉类出口造成任何影响，反而出口量增加。通过食品卫生注册，企业都得以长足发展，湖南每大类出口农产品都有一批成功的典型企业。湘潭伟鸿食品有限公司2001年首次获卫生注册，当年出口港澳冻猪肉仅200多t，出口值不足50万美元，在湖南局的帮助下，四年来，相继获得了多个国家的注册和认可，新开辟了俄罗斯、乌克兰、朝鲜、阿尔巴尼亚等国市场，2004年投资近1亿元人民币新建了一条年屠宰生猪100万头能力的自动化加工厂，2005年出口猪肉1.2万吨，创汇1 800万美元，成为湖南省名符其实的农业产业化龙头企业。2005年，湖南出口肉类注册企业近一半出口值过千万美元，大大促进了湖南养殖业的发展。湖南亚华水产公司2000年获准国内卫生注册资格，同年批准欧盟和美国注册，企业以国外注册为契机，不断完善管理，通过了HACCP、ISO 9000、ISO 14000认证，产品从单一的龙虾仁，扩展到整虾、叉尾回鱼片和甲壳素等，2000年只生产了40t虾仁，而且产品只能是间接出口，不能直接结汇，2005年出口总量达到1 500t，产值约1 200万美元，企业实现了质的飞跃。湖南熙可食品有限公司也是通过卫生注册后，不断创新管理，提高产品质量，成为开拓国际市场的成功典范。熙可公司1998年获卫生注册，几年来通过卫生注册复查、HACCP官方验证使企业管理稳定提升，同时在罐头行业率先通过了ISO 9000认证，继而通过德国IFS国际食品认证，美国犹太KOSHBR认证审核。该公司获出口注册资格8年来，年产量由最初的418t发展到2005年的3万t，资产由150万元扩大到1.8亿元，累计创汇1亿多美元，帮助3万户农民创收15亿元。湖南出口农产品的龙头企业，对促进农产品深加工，起到了很好的示范作用，带动了相关产业的发展。2005年湖南省出口农产品2.4亿美元，主要食品出口实现"高门槛"下的"高增长"，其中肉类产品出口货值6 252万美元，水产品2 000万美元，罐头6 882.8万美元，茶叶3 070万美元，均创历史新高，较2001年出口货值，罐头增长100%，茶叶增长78%；水产和肉类增幅最大，分别是2001年的4.2倍和9.5倍。农产品出口对促进"三农"的发展起到了举足轻重的作用。

4. 出口食品注册登记存在的问题及对策。

(1)提高卫生注册水平，加强评审员队伍建设。评审员素质的高低直接决定评审工作质量。针对近年来湖南局人员岗位变化较大，新进人员较多，评审员队伍与实际情况不相适应的状况，要加强卫生注册评审人员培训力度，提高对全省卫生注册人员组织、管理和协调能力，统一评审标准，保证评审质量。

(2)完善凭证报检体系，确保卫生注册工作权威性。未获得卫生注册不得加工和出口食品，法律法规已有明确规定，但在实际工作中存在未注册就接受报检的情况，卫生注册已过有效期未换证、接受报检的情况也时有发生。要杜绝此类问题发生，从根本解决这一问题，还得进一步完善CIQ 2000系统，使报检系统与卫生注册有效数据库链接，没有取得卫生注册资格，报检系统不接受相应生产企业产品报检。

(3)大力加强政府监控体系的建设，实施和加强源头控制。对出口食品原料基地实施备案管理，是国家质检总局从源头抓产品质量安全的重要举措，但目前基地自身管理相对薄弱，完全符合国家总局的条件还有一个过程。根据国家认监委的规定，凡是对外注册企业都要能随时接受国外官方检查。检验检疫部门将加大对水产品、冷冻果蔬、罐头、茶叶、肉类等主要出口产品的原料控制，形成以良好农业操作规范（GAP）为主的原料控制体系和以HACCP为主的生产加工安全卫生控制体系，尽量降低农兽药残、疫情疫病影响，保证安全。要配合政府和相关部门加强监控，逐步完善湖南省的整体监控体系。

(4)加大与政府其他部门的通力合作，促进企业的对外注册。加大宣传和培训的力度，选择条件较好、基本符合进口国要求的企业进行重点帮促，对湖南省相对薄弱的对欧盟和美国水产品、对美加罐头、对俄罗斯肉类产品等，要加大力度推动对国外注册。

出口商品质量监管

湖南局货检业务总体上保持平稳增长势头，结构上呈现出口增速、进口回升的格局。据统计，湖南局2005年全年出境货检验60 472批，货值22.15亿美元,同比增长14.92%和21.33%,检出不合格货物273批、828万美元(同比分别增加13.75%和20.91%)，批次不合格率下降0.01个百分点。主要大宗出口商品检验监管情况如下：

1. **机电产品**：2005年度，湖南机床出口形势较好，全省总计94个批次，162.2万美元。主要集中在长沙和株洲地区，全年长沙地区共有 86批次，货值148.2 万美元，株洲地区出口8批，货值14万美元。比2004年长沙地区出口的约50个批次以及货值不足100万美元相比，出口增长明显，主要出口到东南亚及中东地区，部分批次出口澳大利亚、德国及英联邦地区。产品整体质量高，且质量状况平稳。但株洲进口机床存在未黏贴警示标志或标志不明显的情况，其10批不合格商品中，数量短少6批，调试中发现货物主要部件不符合要求4批，上述产品经过与外商的协调，基本都及时索赔成功。

2. **出口锅炉**：湖南省锅炉出口主要集中在长沙地区和湘潭地区，2005年出口检验10批次，比2004年同期增长66%；货值83.4万美元，与2004年相比下降23%。由于锅炉是涉及安全的重要产品，为此，湖南局在检验监管中高度重视，主要采用日常监管模式，加强对其质量体系有效性的监督；在检验上高度重视核查当地技术监督部门的检验结果，同时对生产企业不能控制的外购重要部件重点控制，从全年检验结果来看，产品质量稳定，未发现不合格批次。

3. **金属及其制品**：2005年，湖南局共检验出口金属及其制品4 979批、73.92万t、61 142.9万美元，包括钢丝绳、钢丝、盘元、角钢、金属硅、锑锭、氧化锑、电解金属锰、锰铁、铬铁等，主要出口国有日本、欧盟及韩国等国家。检出不合格共46批、0.44万t、328.13万美元。

4. **打火机**：2005年，湖南局共检验出口袖珍塑料气体打火机1 766批，18.25亿只，申报货值4 778万美元，合格批为1 745批，批合格率为98.8%。与2004年同期比较，检验批次增长58.4%，数量增长57.6%，货值增长71.8%。主要出口到印度尼西亚、阿联酋、孟加拉和马来西亚等国家；全年共抽16个出口企业型式试验样品38个，送至国家局危险品检测中心检测的12个，湖南局实验室完成26个型式试验样品，不合格样品6个。常规检验不合格批为21批，检验不合格率为1.2%，比2003年下降了0.5个百分比。产品常规检验不合格项目主要为机壳登记代码和充灌量，分别占不合格批次的33%。

5. **烟花爆竹**：2005年，湖南局严格按国家局9号令要求，突出检出率，严格把关，认真履行检验监管职责，全年共接受出口烟花爆竹报检11 701批，1 597万箱，金额24 863万美元。其中浏阳办事处共接受出口烟花爆竹检验总批次为7 318批，比2004年的6 726批增长8.8%，出口总箱数为1 306万箱，比2004年的1 115万箱增长17.1%；出口总货值为20 878万美元，比2004年的17 370万美元增长20.2%；平均每箱价格16美元，比2004年每箱15.6美元增长2.6%；2005年株洲检验检疫局检验出口烟花爆竹4 383批，291万箱，比2004年同期的327万箱下降36万箱，下降11%，出口金额3 985万美元，比2004年的4 572万美元下降587万美元，下降13%。湖南烟花爆竹主要出口美国、香港以及欧洲市场，其中，出口美国数量排第一。

6. **陶瓷制品**：湖南局目前共有获陶瓷质量许可证企业79家(其中输美认证企业53家)，烤花企业19家，2005年，湖南局共检验出口陶瓷13 687批，220 168 147.26kg，货值18109.57万美元，与2004年同期相比，批次增加6.9%，重量下降11.7%，货值增加6.8%。其中，共检验出口日用陶瓷13 352批，207 606 169.26kg，货值17 102.25万美元，与2004年同期相比，批次增加6.78%，重量下降16.7%，货值增加6.66%；共检验出口陈设艺术陶瓷75批，219 082kg，货值65万美元，与2004年同期相比，批次增加29.3%，重量减少36.3%，货值增加27.7%；共检验出口卫生陶瓷260批，74万件，货值942.32万美元，与2004年同期相比，批次增加72.3%，件数增加1.4%，货值增加29.4%；共检验输美日用陶瓷2 134批，31 701 881kg，6 604.23万件，货值3 085.32万美元，与2004年同期相比，输美日用陶瓷批次减少2.96%，质量增加7.8%，件数增加2.14%，货值增加2.47%，输美日用陶瓷单价与2004年的0.47美元/件基本持平。

7. **玩具**:2005 年,湖南局辖区内出口玩具品种主要有毛绒及电动玩具,检验批次 22 批,数量 48 019 个,金额 98 055 美元,产品主要出口到西班牙、美国和中国香港。一次检验不合格的为 2 批毛绒玩具,数量 500 个,金额 1 460 美元,不合格原因是无玩具使用说明和无生产厂、经销商名称。全年无国外退货批次。

8. **服装**:2005 年,湖南局结合湖南实际,按照国家质检总局 51 号令,对出口服装企业主要采取了以分类管理、过程控制、检验监管为主要内容的监管模式。全年按类别年批次抽检率下厂进行检验,发现问题口头或出具《下厂监管发现问题通知单》,责令企业限期整改。根据欧盟对进口服装偶氮的要求,湖南局制定相关工作程序,加快"不含偶氮证明"的检测出证,有效预防风险。

2005 年湖南局辖区共出口服装 1 127 批,比 2004 年同期上升 34.6%,数量为 582.7 万件(条、套),出口货值 2 450.6 万美元,较 2004 年同期上升 47%。不合格 3 批,1.06 万件(条),货值 3.7 万美元,不合格原因为缝制不良、水洗不良和标识不合格,出口到西班牙和中国香港,无退货情况。

认证监管

1. **认证开展概况**:湖南评审中心 2005 年全年新签订认证合同 166 单(其中 QMS 136 单、EMS 16 单、HACCP 8 单、OHSAS 6 单),完成各类审核 539 家,新发放证书 151 张,收费 500 余万元,较 2004 年同期分别增长:43.1%、25%、20%、28%。稳居湖南首位。

2. **认证监管工作的开展**:2005 年湖南局首次开展了 CCC 免办工作的检查和认证机构档案有效性的检查,对 17 单免办证明实施了现场符合性核查,并与企业负责人进行了交流,宣传 CCC 免办的便利措施,同时重申有关免办规定;对湖南 CQC、中国检验认证集团长沙工作站 20 多家获证企业档案进行一次抽查,指出检查中存在的问题,并向全系统通报了检查情况。类似的检查,将作为今后认证部门的一项日常工作。

3. **认证有效性评价**:随着认证事业的发展和认证市场的变化,为实现湖南 CQC"公正规范、诚信高效、优质科学、创新卓越"的质量方针和"持续为客户提供满意增值的认证服务"质量目标,湖南 CQC 以建设"一流队伍、创造一流业绩、提供一流服务、确保一流质量"为指导思想,2005 年着重从提高认证质量和认证有效性入手,在内部管理,审核员队伍建设等方面作了较大的改进。通过狠抓认证质量和内部管理,强化质量监督,加强证后监管工作力度,提高了湖南 CQC 整体工作效率和从业人员的质量意识和服务意识,使审核质量和认证有效性得到提高。2005 年顺利通过了中国认证认可机构的检查和 CQC 总部年度内审及认证企业档案抽查,合格评定材料的质量一直保持在中国质量认证中心前十名。湖南 CQC 通过向认证企业发放调查问卷,对个人素质(公正性、独立性、保密性),基本能力(语言表达能力、沟通协调能力),审核技术(抽样的合理性,审核氛围和谐、融洽,审核时间掌握的合理,审核证据的充分性、适宜性,审核发现可靠性,不符合报告描述的准确、客观、合理性),专业能力(对管理体系标准/规范的熟悉程度,对工艺/服务规范的熟悉程度,关键过程和关键控制点辨识及其控制方法的掌握程度、相关法律法规的熟悉程度)等方面内容进行调查统计,各项指标反映,获证企业对湖南 CQC 评价优良。

4. **认证存在的主要问题及对策**:认证市场竞争的日趋激烈,造成认证价格下滑,重点认证机构客户流失。各认证机构所从事的认证业务种类基本一致,采用的是相同的标准,认证程序、认证方式也按照统一规范的模式进行,机构之间的差别主要是证书的含金量不同,而认证机构的品牌决定证书的含金量。

CQC 是中国认证的知名品牌,一是通过网站、广告牌、宣传资料等方式大力宣传 CQC 品牌,让市场了解 CQC 品牌价值,发挥品牌效益,从而稳住市场,赢得市场。二是发展"大、特、名、优、新"组织,三是鼓励开发政府管理和社会服务系统,抓住时机,响应中央关于落实科学发展观的要求,运用自己的优势,帮助政府机构和公共服务部门,引入认证理念,积极开展认证。

实验室监管

2005 年,湖南局通过国家财政预算投入 500 多万元用于购买实验室仪器设备,较为重要的仪器设备有湖南局技术中心的生物安全柜和原子吸收仪、常德检验检疫局的气相色谱仪。

由原业务处室管理的国家级陶瓷检测重点实验室和国家级烟花爆竹检测重点实验室合并到湖南检验检疫技术中心,认可检测技术能力范围扩大到 278 项,授权签字人扩大到 13 名;在农兽残和其他化学污染物质,生物毒素,微生物,烟花爆竹交收、安全性和型式试验,日用陶瓷铅、镉溶出量和物理性能等检测技术领域具有一定的领先优势;拥有仪器设备约 439 台套,固定资产原值达 2 040.2 万元;湖南局技术中心已成为名副其实的技术"航母"。

按照国家认监委《关于下达第三批国家计量认证评审计划的通知》部署,2005 年湖南局有局本部的危险品包装实验室和 5 个分支局综合实验室需接受计量认证监督评审。在湖南局实验室管理部门精心组织下，前期开展了内审、对比实验和人员培训工作，2005年底前，6个实验室都顺利通过了现场评审。

为了落实国家认监委对食品类或含食品检测项目实验室的计量认证专项监督检查的部署（国认实函[2005]167号），湖南局实验室管理部门组织检查组，从仪器设备、人员、环境、方法、标准物质或标准液等5个方面，对常德、岳阳、怀化3个分支局综合实验室食品检测技术能力进行了核查，结果满足要求，表明分支局实验室所开展的一定范围的食品中农兽残、生物毒素检测是湖南局食品检测技术力量的有力补充。

2005年12月，湖南局保健中心综合实验室通过了中国实验室国家认可委员会的“认可/计量认证二合一”评审，成为湖南局新的一家认可实验室，也是首家获得认可的医学类实验室。

基础性建设

2005年1月，湖南局按照国家质检总局的要求，成立了认证监管处，将原由科技认证处履行的卫生注册、质量许可证管理以及认证管理等职责由认证监管处承担，强化了认证工作的管理。

湖南出入境检验检疫局供稿

加强认证市场监督 强化技术机构管理 促进地方经济发展

——湖南省质量技术监督局2005年认证监管工作概况

2005年，湖南省质量技术监督局（以下简称“湖南省局”）全面加强认证认可工作，经全系统人员共同努力，较好地完成了各项工作任务。

管理体系认证工作

截至2005年底，全省有2 400家企业或单位通过质量管理体系认证，环境管理体系、职业健康安全体系、食品安全管理体系认证在国有大中型企业得到较快发展。

湖南省局积极宣传质量管理体系、环境管理体系、职业健康安全体系、食品安全管理体系标准，通过组织审核员和内审员培训，帮助大型企业组织标准宣贯等形式，不断宣传管理体系标准，提高企业管理人员贯标意识。共组织培训活动25次，培训各类人员1 528名。

根据国家认监委“通过三年持续培训，建立起全系统认证监管人员库”的要求，2005年湖南省局组织全系统97名相关人员进行了认证监管人员培训。

根据国家质检总局发布的2005年第82号令《认证咨询机构管理办法》的规定，按照国家认监委统一规定和文书格式，对湖南省11家认证咨询机构开展了审批、审查工作。

强制性产品认证工作

强制性产品认证制度已得到全社会广泛认同。全省约500家企业获得2 000张强制性产品认证证书，自愿性产品认证已得到企业的关注。组织实施了强制性产品行政执法工作。2005年3月召开了全省电视电话会议，部署对第一批强制性认证产品进行全面查处，各市、州县局都积极组织了监督检查，并建立了认证企业档案。

按照国家认监委的要求，开展了强制性产品认证行政执法监督检查自查工作，各市、州局通过自查自纠，解决了强制性产品认证行政执法工作中存在的一些问题。

加强农产品认证工作的监督检查。根据国家认监委的统一安排，2005年11月组织对长沙市4个大型批发市场和超市约80种食品、农产品进行了认证标志的监督检查。

技术机构管理工作

2005年，全系统共完成192家实验室（质检机构）计量认证/审查认可的新评、复查现场评审工作。按照国际通行标准积极推行实验室认可工作，全省累计已有32家实验室通过国家实验室认可。为确保计量认证评审质量，规范评审工作，制定并发布了《评审组长职责》、《湖南省计量认证/审查认可作业指导书》、《计量认证/审查认可现场评审用表格》等一系列文件。结合国家认监委的工作安排，开展了对全省180余家食品检验检测实验室的自查检查工作，培训、组织26名检查员，对其中市、州级以上38家实验室进行了现场检查。根据国家认监委关于计量认证专项监督检查的具体方案，由湖南省局牵头，完成了对湖北、贵州两省10个食品检验检测实验室的计量认证专项监督检查，客观、公正、有效地完成了国家认监委布置的任务。按照国家认监委的布署，完成了第二次实验室资源调查暨食品检测实验室调查活动，全省共对1 150家实验室进行了调查，其中食品检测实验室296家。

积极协调机动车安全技术检验机构移交工作，举办了1期计量认证/审查认可评审员培训班，举办了1期车检机构内审员培训班，组织制定了《湖南省机动车安全技术检验机构计量认证和资格确认基本要求》，完成43家机动车安检机构的计量认证现场评审工作。

湖南省质量技术监督局供稿

构建工作质量长效机制　探索认证认可管理新模式

——广东出入境检验检疫局2005年认证监管工作概况

2005年，广东出入境检验检疫局(以下简称“广东局”)充分发挥认证认可工作监督管理职能，坚持依法行政，规范管理，致力于构建认证监管工作质量长效机制，积极探索认证认可管理新模式，有效地开展卫生注册、质量许可、强制性产品认证行政执法、实验室认可与计量认证等工作。在工作实践中不断改进，逐步摸索适应广东经济发展形势和广东检验检疫工作实际的认证监管新模式，并取得积极成效。总体情况如下：

修订规章制度　完善内部管理机制

为进一步强化认证监管工作的程序化、规范化管理，提高认证监管工作的有效性，广东局积极探索构建认证监管工作长效机制。一是做好认证审批业务程序化、透明化。根据认证监管工作流程设立业务审批工作岗位，明确岗位职责，同时将各项认证审核程序以各种形式进行公示，增加办事透明度，实现政务公开。二是做好规范性文件的修订。对广东局历年来制定下发的规范性文件进行全面的清理，废止与现行文件相抵的规定，修订部分规章制度，对目前空白的管理项目组织人员制定规范性文件。已完成《广东局出口食品生产企业卫生注册登记工作程序规范》的修订，完成《广东出口食品卫生注册登记企业监督检查规定》、《广东局卫生注册评审员管理规定》、《广东局输美陶瓷生产厂认证工作程序》的制定。

加强卫生注册管理　严把出口食品质量关

截至2005年底，广东局辖区获证卫生注册企业897家，卫生登记企业247家，获国外官方注册企业275家，分别为对美国注册水产品生产企业137家，对韩国注册水产品生产企业92家，对欧盟注册水产品生产企业23家，对日注册烤鳗、速冻点心生产企业20家，对加拿大注册罐头生产企业1家，对阿根廷注册肠衣生产企业1家，对马来西亚注册动物产品生产企业1家。

1. 开展卫生注册“拉网式”检查，做好获证企业后续管理。根据国家质检总局《出口食品生产企业卫生注册登记管理规定》和国家认监委《出口食品注册登记企业监督管理计划》的要求，在往年“拉网式”检查基础上，2005年对广东局辖区的1 400家卫生注册登记出口食品企业进行了“拉网式”检查。检查内容包括：原料种养殖场的周围环境状况、卫生管理条件、疫情疫病、农兽药残留控制情况，加工企业安全卫生质量管理体系运行情况，原料及生产加工的可追溯性，实验室的检测能力及不合格品的控制情况，注册、登记编号的使用情况，出口产品在国外的质量反馈情况，其他可能对出口食品安全卫生质量产生影响的情况等。通过“拉网”检查，促使出口食品企业不断提升安全卫生质量控制水平，同时也全面提高全省检验检疫卫生注册管理质量，逐步实现对出口食品生产企业由静态管理向动态管理的转变。

2. **积极应对，顺利通过国外官方的检查。**2005 年 3 月~9 月，广东局先后成功接待了来自欧盟、日本、马来西亚、美国的 4 个官方检查团对广东出口食品加工企业的检查。广东局认监处克服时间紧、任务重、责任大、要求高、内容多、范围广等困难，经过精心组织与周密部署，顺利圆满地完成了迎检任务，在各项检查中，检查组都未发现严重问题。在每次迎接国外官方来粤检查前，充分利用联席会议制度，将国外官方来粤检查的计划、内容、时间安排、准备方案以及需要各方协调的要求等情况以书面的形式报告省政府，省政府在省领导签署意见后将文件发送给联席会议成员单位，要求联席会议各成员单位按照各自的职责和分工，认真安排和做好迎接考察工作。由于部门之间沟通顺畅，协作关系良好，各项工作得以在要求时间内完成。由于充分发挥广东省迎检联席会议制度的作用，各级地方政府、联席会议成员单位全力支持和配合，对各自部门职责范围内的迎检工作进行布置、排查和整改，为顺利完成迎检任务奠定了坚实的基础，也极大地提高了检验检疫部门的知名度和影响力。

贯彻执行出口许可制度 组织实施输美陶瓷认证

截至 2005 年底，广东局辖区内出口许可证获证企业共 2 568 家。国家认监委对出口商品质量许可的实施目录进行了调整，并对出口商品质量许可审核的程序进行了修订，为适应新形势发展，保证认证工作有效实施，广东局一方面派员参加了学习与调研，及时进行传达，另一方面为配合新目录的调整，及时组织分支局业务骨干对《广东局出口商品质量许可证工作程序》进行了修订。

与此同时，广东局持续做好输美陶瓷认证工作，在国家质检总局、国家认监委的领导下，依法对出口日用陶瓷生产企业实施监督管理，推动广东地区日用陶瓷企业的技术改造、升级和提升陶瓷行业整体质量管理水平，保证符合要求的输美日用陶瓷厂及时获得美国 FDA 备案，为广东日用陶瓷进入美国市场开辟一条绿色通道，促进了陶瓷对外贸易的快速发展。据统计，2005 年向国家认监委新推荐并获美国 FDA 备案的企业 21 家，截至年底，广东局辖区获 FDA 备案企业共 257 家，占全国获备案数的一半以上。为了进一步加强输美日用陶瓷工作的管理，规范输美日用陶瓷工作，广东局 2005 年组织人员制定了《广东局输美日用陶瓷生产厂认证工作程序》，对认证过程做出了具体的要求，并明确了认证过程中各环节的工作责任。该规范已于 2006 年 3 月份正式下发。

强化认证认可监管 加大认证市场监管力度

1. **配合国家认监委进行认证市场监管。**根据国家认监委的统一安排和部署，派员对认证、认证咨询机构进行了监督检查。2005 年 9 月，与广东省质量技术监督局联合，对广东省内获得 ISO 9001:2000 认证的食品企业进行认证有效性监督抽查。此次检查涉及全国 20 家认证机构，以及番禺、增城、顺德、中山、东莞、新会、深圳、廉江、陆丰共 9 市的 20 家企业；10 月，对广东省内认证机构进行认证档案专项稽查，抽取广州、深圳 3 家认证机构的 18 份认证档案，进行现场评价。组织了对 3 家认证咨询机构的年度复查。

2. **持续做好强制性产品认证执法监管工作。**强制性产品认证制度实施以来，广东局坚持以把关与服务并重为宗旨，推动强制性产品认证制度为目的，认真踏实地做好执法监管工作。随着强制性产品认证目录逐步扩大，执法监管业务量也逐年递增，广东局口岸多，涉及企业范围广，因此给执法工作带来了新的考验。为了更好地贯彻执行强制性产品认证制度，广东局一方面加大宣传力度，通过各种方式在不同场合向社会各界进行制度的宣传，同时分发资料到全省分支机构向企业进行宣贯，另一方面要求各分支局建立内部确认机制，由业务部门向检务部门提供技术支持，协助对进口产品是否属目录内进行判别，确保执法工作顺利进行。与此同时，鼓励分支机构根据当地实际情况，因地制宜地制定强制性产品认证口岸执法程序，为一线执法人员提供口岸查验指南。

广东地区外商投资企业居多，尤其是进、来料加工企业，仅东莞地区加工贸易企业就有几万家。相应的，广东局免办证明的审核工作非常繁重，特别是 2005 年国家认监委 3 号公告下发后，免办证明全部申请条件下放直属局审核，广东局业务量急剧增加。据统计，2005 年共审核发放免办证明数量 4 952 份，较 2004 年增加了 54%。工作量的大幅增加给免办证明的审核工作带来了相当的难度，为配合国家认监委 3 号公告，按时保质完成免办审核，进一步方便企业，广东局一方面对现行的工作审核程序及时进行了调整，另一方面通过网站发布办理免办证明须知、办事程序，印刷宣传品加强宣传。从情况看，整体运作良好，企业反映较满意。

推进实验室认证认可 提高实验室管理水平

1. **实验室建设总体情况。**近年来，广东局积极推动“科技兴检”战略的实施，在深化实验室改革的基础上，统一规划，积极推进实验室内部管理体系建设和资质认定工作,取得了良好成效。截至2005年底,广东局现有各种类型的检验检疫实验室（含技术中心、保健中心)67个,其中获得CNAL国家实验室认可及国家计量认证资质的24个。广东局党组一向重视实验室建设工作,近年来广东局的实验室改革与建设取得了飞跃发展,检测能力有了较大的提高。据统计,2005年全省投入实验室设备的购置资金达4 000万元,截至年底,全局实验室设备固定资产已达2亿多元。2005年底成立了广东局检验检疫技术中心，统一管理原广州局所属的9个实验室,实验室改革进入了实质性阶段。通过深化改革,广东局基本形成了布局合理、运作高效、声誉卓著的检验检测网络。

2. **扎实推进广东局实验室认证认可。**一方面与国家质检总局、国家认监委、CNAL秘书处等实验室主管部门保持工作联系,及时获得上级的指示和新的信息,确保广东局实验室建设工作符合上级的要求；另一方面积极向国家认监委和国家认可机构推荐具备条件的实验室申请认可和计量认证，积极推动广东局实验室认可和国家计量认证“二合一”评审。2005年,广东局新增4家认可实验室,8家实验室通过了实验室国家认可委员会的监督审核,19个实验室接受并通过了国家计量认证监督审核评审。

在国家认监委的统一组织下,2005年在全局范围组织实验室比对试验活动,其中“食品中恶喹酸检测比对实验”和“橘小实蝇鉴定比对实验”被国家认可委列为国家能力验证计划项目。

设立基层认证监管部门　完善认证监管组织架构

国家质检总局、国家认监委2004年底联合下发《关于加强认证认可监管工作有关问题的通知》，要求各分支机构需设立认证监管部门。广东局党组高度重视,人事处于2005年初制定并下发了广东局分支局认证监管部门工作职责,明确了业务范围。根据局党组的要求,分支局陆续设立认证监管部门,及时调配人员,确定部门工作职责,因人手不足无法设立认证监管部门的分支局也指定专门科室负责认证监管业务。分支机构设立认证监管部门,结束了认证监管业务长期分散,无法统一协调、集中管理的局面,使广东局认证认可工作向规范化、制度化发展。

强化队伍建设　提高人员管理水平

广东局历来注重认证监管队伍建设，规范认证认可管理行为,2005年重点做好以下两方面工作：

1. **努力提高评审员队伍素质。**广东局为提高卫生注册、出口许可证评审员综合素质,采取了一系列的措施：

首先,严格执行国家认监委对评审员的管理规定,对评审员申请资格严格把关。第二，强化注册评审员的培训，每年广东局都有计划地对卫生注册评审员和出口许可证审核员进行一到两次的业务培训，所有获证评审员都必须参加。另外还不定期地举办业务研讨会,提供一个交流经验的平台。第三,采取“传、帮、带”方式,合理安排评审组的专业人员和技术配备，让更多的专业对口人员有机会参加评审,增加学习机会,保证评审员队伍的稳定性。广东局在册的各类评审员共378人,其中卫生注册评审员159人，出口质量许可评审员122人，日用陶瓷许可/输美陶瓷认证审核员97人。

2005年,广东局分别举办了2期卫生注册评审员培训班、1期实验室管理专项培训班、3期“两个认可”审核员培训班、1期输美陶瓷认证审核员培训班,共培训人员500多人次。

2. **持续做好认证监管人员资格培训与考试。**根据国家认监委的统一安排，广东局连续两年进行了认证监管人员资格培训与考试,先后举办了两期培训班,全省分支局共有142人次参加了认证监管人员培训与考试，有效提高了广东局认证监管人员的业务知识和管理水平。

撰稿人:林　仪　审稿人:何腾瑞

坚持“三服务”方针 认证认可取得显著成效

——广东省质量技术监督局2005年认证监管工作概况

2005年，广东省质监系统紧紧围绕国家质检总局和国家认监委确定的工作重点和目标要求，认真履行职能，坚持“质监工作在任何时候都要服务于地方经济发展、服务于企业需要、服务于维护社会稳定”的“三服务”工作方针，坚持依法行政和开拓创新，积极推进认证认可工作，取得了显著的成效。

认证工作新发展

1. **强制性产品认证。**2005年，全省质监系统按照国家认监委的统一部署，继续做好目录内CCC产品认证的宣传推动工作，动员企业申请认证。全省新增CCC获证企业2 276家、证书10 464张，CCC获证企业累计总数达到11 306家，证书49 216张，获证企业和证书数仍然处于全国领先地位。

2. **管理体系认证。**把抓名牌战略与企业体系认证工作结合起来。在名牌评价中，把企业通过体系认证作为评名牌的必备条件，以此推动企业申请认证，提高企业的整体水平，使体系认证工作更好地服务地方经济的发展。2005年，全省新增各种管理体系认证证书1 845张，累计证书数15 565张。排在全国第三位。

3.**计量认证及审查认可。**2005年，全省通过计量认证的检验、检测机构有268家(累计数1 718家)，获证检测机构数量居全国前列。获证检测机构覆盖机械、化工、轻工、纺织、冶金、地质、水利、电子、建材、城建、煤炭、农牧渔林、石油、安全防护消防、交通、医药卫生、环保、机动车安检等18个行业。通过审查认可的质检机构有41家(含复查和扩项)，累计134家(省质量监督检验中心1家、地级以上市质计所21家、纤检所1家、县(区)质量技术监督检测所4家、农检中心3家、本系统省站61家、外系统省站43家)。针对申请资质认定的行业和检测机构不断增加的情况，连续举办了3期评审员培训班，主动吸收有关行业的专家加入评审员队伍，不断壮大评审员队伍的规模，适应认证工作的需要。新增计量认证评审员196人(累计407人)。

认证认可监管工作

1. **对获得ISO 9001认证的食品生产企业认证有效性监督抽查。**广东省质监局与广东检验检疫局共同组派审查组于2005年9月对指定的获得ISO 9001认证食品生产企业开展了认证有效性监督抽查，进一步规范了广东省认证市场。

2. **认证机构档案专项稽查工作。**根据国家认监委《关于开展2005年认证机构档案专项稽查的通知》要求，广东省质监局组织审查组对国家认监委指定的认证机构认证档案进行抽样和评审，对认证机构实施认证活动的质量和认证活动的持续有效性进行评价。通过对认证机构档案的专项稽查，加强了对认证机构认证有效性的监管，对规范认证机构的认证活动，提高认证工作质量起到了重要的作用。

3. **强制性认证产品的专项监督检查。**根据国家认监委的统一安排，从2005年9月开始，在广东省辖区内对获得强制性认证的电饭锅产品进行专项监督检查，共对广东省169家获证企业进行了抽样检查，抽取169组样品。检测结果：不合格样品为71组，合格样品为98组，合格率为58%。通过对获证产品实施专项检查，发现存在的问题和产生原因，了解获证产品的状况，及时发现认证企业和认证机构存在的问题，并及时进行解决和处理，这对于打击CCC认证违法违规行为，维护CCC认证的权威性和质量声誉以及维护广大消费者的合法权益起到重要作用，同时，对认证机构和获证企业起到鞭策和促进作用。

4. **加强对计量认证和审查认可获证机构的证后监管。**采取能力验证、定期监督评审和不定期检查等方式加强了对获证机构的动态监管。一是制订了监督评审计划，按期组织监督评审，首次对建筑、环保等行业107个机构进行监督评审。二是对违法获证机构进行严格查处。对监督中发现的和群众投诉举报查实的违法获证机构，从严处理，取消了1家质检机构的产品质量检验机构资格和授权。三是认真执行国家认监委布置的监督任务，对全省

182个食品实验室进行了监督检查。四是加强了对获证机构变更项目的审核,提高了管理的时效性。五是加强能力验证工作,组织了环保类检测实验室和质检机构的复混肥、纺织品检测能力验证,对能力验证的结果进行了详细的分析并进行了通报。

认证行政违法案件查处

2005年度,全省质监系统共出动执法人员3 561人次,立案查处案件350宗,涉案货值1 442.91万元,罚款586.83万元,查处生产经销单位335家,捣毁窝点26个。

对认证监管和执法人员的专业培训

继续加强认证监管队伍建设,对62名认证监管人员进行了业务培训,进一步学习有关认证认可基本知识、机构的管理要求(认证、认证培训、认证咨询机构等)、主要的管理体系(ISO 9000、ISO 14000、ISO 18000等)、管理体系认证的有效性检查、认证行政执法等有关内容,提高了认证监管人员的政治素质和业务水平。

广东省质量技术监督局供稿

创新完善求发展　尽职尽责抓落实

——深圳出入境检验检疫局2005年认证监管工作概况

2005年,深圳出入境检验检疫局(以下简称“深圳局”)以设立认证监管处为契机,在认证监管工作方面,结合深圳特区检验检疫工作实际,求真务实,奋发向上,以实实在在的工作业绩,为建设和谐深圳、效益深圳做出了重要的贡献。

积极主动　帮助对外注册企业应对外方评审

2005年2月6日,深圳局接到日本官方将于3月初到深圳检查对日注册企业的通知,时间紧迫。淘大公司因天花板出现少量冷凝水而有可能难以通过日方的严格检查,急须改造。为此,深圳局多次组织业务骨干深入该企业对其生产加工过程中的卫生控制进行考查,找出存在的不符合项目并指导其进行整改。经过双方人员的努力,深圳淘大食品有限公司顺利通过了日方的复查。

深圳铭基食品有限公司为增加对日出口数量,向深圳局提出改造升级其中一条生产线以具备生产蒸气加热类产品的能力。经国家认监委同意,深圳局立即成立了专家小组指导企业进行改造升级,2005年3月20日顺利通过了日方的评审,4月12日恢复了对日出口,对日出口量得到了明显增长。

2005年7月,香港食环署派出专家组到南山肉联厂进行跟踪审核。为此,深圳局高度重视,选派专家多次到现场进行指导。经审核,香港专家组认为南山肉联厂能满足生产供港冰鲜猪肉的卫生要求。

严格卫生注册　大刀阔斧进行清理整顿

1. 认真做好选址审图、注册评审和换证复查工作。 2005年,深圳局在出口食品卫生注册登记工作中坚持把好出口食品(包括食用动植物)的准出门槛,为出口食品的安全卫生打下良好基础。在办理卫生注册登记工作中,既热情服务,又严格把关。2005年,卫生注册选址审图109家,新办理注册登记37家;取消120家注册登记资格(其中食品生产企业40家,活禽饲养场41家,养猪场3家,水生动物养殖场33家,蔬菜收购站1家,饲料生产企业2家)。

出口食品生产企业换证复查是深圳局2005年的工作重点之一。2005年,深圳局共受理了93家企业的换证复查申请,其中有8家复查不合格。通过换证复查工作,促使企业改进了生产设施、提高了管理水平。

2. 对种植场、养殖场进行全面清理核查。 2005年4月5日~18日,深圳局对深圳辖区在册的31家供港食用水生动物养殖场进行了拉网式检查,取消了22家养殖场的注册登记资格。6月,对供港活禽饲养场逐家核实了有关资料(包括营业执照、卫生注册证书等)。通过清理与核查,取消了一批达不到注册登记要求的企业。7月,对24家供港蔬菜收购站进行了清理检查。9月~12月,对深圳辖区出口食品(含动植物)卫生注册企业进行了全面检查。

为进一步加强对供港食用水生动物、活禽养殖场的规范管理，深圳局于2005年7月29日召开了供港活禽养殖场、食用水生动物养殖场有关营业执照问题的会议，并向各有关企业印发了《关于提交卫生注册养殖场营业执照的通知》，要求有关企业必须在2005年11月30日前办理营业执照并到深圳局备案，否则将注销其卫生注册登记资格。12月5日，对24家未能提交营业执照的活禽养殖场暂停活禽出口。通过清理核实，进一步规范了供港活禽养殖场、食用水生动物养殖场的管理，有力地保障了供港食用水生动物、活禽的安全卫生。

3. **对卫生注册登记企业实施不定时抽查。**为更加有效地促使企业做好日常生产的安全卫生控制，深圳局加大了对注册企业不定期突击检查的力度。通过加强对企业的突击检查，处理了一批不符合要求的企业，对企业形成了较大的威慑力。

改革创新　CCC行政执法工作成效突出

1. **CCC免办工作严格审批、分类管理。**深圳局根据国家认监委相关文件精神，结合深圳检验检疫工作实际，对免于办理强制性产品认证证明申办企业实施了分类管理：

(1)对原来占深圳局CCC免办85%~90%工作量的深圳地区进料、来料加工企业不再逐批逐项审批《CCC免办证明》，而以备案方式办理《CCC免办监管手册》，极大地方便了企业，同时又减轻了检验检疫人员的工作量，对CCC免办产品的后续监管也更有针对性。

(2)对以其他7种理由申办的，仍逐单办理《CCC免办证明》，以及严格按照3号公告和24号文的有关规定审批，并加强后续监管。

(3)对深圳市一些大型企业，如盐田国际、华为技术、中兴通讯、康佳集团等企业开设了CCC免办绿色通道，随到随办。

2. **进一步加强了CCC目录内产品入境验证工作。**CCC目录内产品入境验证是CCC制度得以贯彻落实的重要环节。针对CCC目录内产品入境验证执法工作专业性、技术性较强的特点，深圳局指定专人，通过热线电话为一线检验检疫人员提供优质、高效、点对点的服务。高水平的服务不仅方便了一线工作人员，而且大大加快了通关速度。

针对干部刚刚完成大规模的轮换工作，深圳局下发了《关于切实加强强制性认证产品入境验证工作的通知》。通知对CCC目录确认、CCC证书查询、货证核查、CCC标志核查等工作做了详细的要求。深圳局还在网上公布了《CCC免办证明》和《CCC免办手册》名单，便于一线检验检疫人员在CCC目录内产品入境验证时上网查询。

2005年，深圳局查获了不符合要求的强制性产品认证目录内入境货物91批，货值268.8万美元。其中无有效证书案例15件，货值70.99万美元；货证不符案例10件，货值18.47万美元；未正确使用CCC标志案例30件，货值107.82万美元。行政处罚案件1件，货值5 350美元，罚款金额1 134元。

3. **建立了协同把关、突出重点的CCC免办产品后续监管体系。**深圳局制定下发了《关于明确免于办理强制性认证产品后续监管工作的通知》，明确了各部门在后续监管中的职责分工。深圳局认证处作为后续监管的组织部门，将组织分支机构采取定期检查和随机抽查方式对《CCC免办证明》获证企业的进口CCC免办产品进行后续监管，并根据后续监管的情况建立企业诚信档案，作为审批CCC免办的重要参考因素。

为便于企业加强对CCC免办产品的自我管理，深圳局要求企业申办《CCC免办证明》时必须填写《CCC免办产品情况登记表》，如实报告已进口CCC免办产品的管理状况。

2005年，深圳局已组织对10家企业进口的CCC免办产品进行了后续监管。对其中管理不到位的4家企业下达了限期整改通知。

实验室认可和出口质量许可证工作长抓不懈

1. **加强实验室认可与监督检查。**为摸清实验室的动态信息，根据国家认监委的相关文件精神，深圳局对局下属的工业品检验中心下属8个实验室和玩具检验中心、动植物检验中心、食品检验中心、保健中心下属实验室的认可信息进行了汇总统计，掌握了第一手资料。

根据国家认监委《关于开展2005年度计量认证专项监督检查的通知》要求，深圳局组织检查组，重点对食品实验室进行了计量认证专项监督检查。检查结果及时上报国家认监委。

2. **加强实验室内部建设。**为持续加强实验室内部建设，深圳局举办了两期实验室内审员培训班，局各技术中心、保健中心近100多人参加了培训。此外，深圳局还组织了ISO/IEC 17025:2005标准转换培训班以及多项水平测试工作。

3. **加强对外委托检验工作。**针对局内实验室不能检测的产品和项目，深圳局分别与信息产业部光通信产品质量监督检验中心和深圳建筑科学研究院签订了委托检验协议书，方便了该类产品的检验，加快了通关速度。

4. **加强出口质量许可证工作。**出口商品质量许可制度是为保证出口商品质量安全的一项重要行政许可管理措施。2005年，深圳局规范操作程序、提高办事效率，相关处室通力合作，全年共签发各类出口质量许可证262张，其中玩具229张，轻工8张，包装24张，陶瓷1张，有效地保证了出口商品质量，促进了对外经济贸易发展。

认证认可政策宣贯讲究实效

1. **认真做好网站信息宣传工作。**为集中宣传认证认可法律法规和相关政策，深圳局在其网站的显要位置增设"认证注册"栏目，指定专人负责，不断更新充实认证认可政策法规和有关资料、信息，方便一线工作人员上网学习、查询，方便企业了解认证认可及强制性产品认证的要求和办事流程。

2. **编印《中国强制认证实用手册》。**为了保证CCC制度的有效实施，深圳局将《中华人民共和国认证认可条例》等政策法规、CCC入境验证参考目录等文件编写进《中国强制认证实用手册》。一线工作人员人手一本，颇受欢迎，不仅保证执法力度和执法尺度的统一，还加快了入境验证的效率。

3. **召开强制性产品认证知识巡回宣贯会。**为尽早尽快将最新的文件精神和最新出台的规章制度传达到每一个执法人员，也为及时收集一线工作人员的意见和建议，深圳局认证处由处长带队，组织人员到各分支局、办事处，巡回开展CCC行政执法宣贯活动。

4. **组织《认证认可条例》知识竞赛活动。**2005年8月30日，深圳局举办了认证认可知识竞赛。深圳局各分支局、办事处共组成了13支代表队39人参加。这次竞赛活动激发了深圳局干部职工学习认证认可知识的热情，进一步加深了对《条例》的理解，营造了学习法律法规的氛围，这为认证认可条例在深圳地区的深入实施起到了积极的推动作用。

撰稿人：李晓春、袁　琳　审稿人：刘志光

完善认证监管体制　服务珠海地方经济

——珠海出入境检验检疫局2005年认证监管工作概况

2005年，珠海出入境检验检疫局（以下简称"珠海局"）按照第三次全国认证认可工作会议确定的工作方针，认证认可工作在以下八个方面取得成效。

建立认证监管网络　完善相关工作制度

在国家质检总局的重视和支持下，根据国家认监委《关于加强认证认可监管工作有关问题的通知》和珠海局《关于调整部分内设机构的通知》要求，珠海局于2005年8月16日正式成立认证监管处（以下简称认证处）。认证处主要工作是宣传、贯彻国家认证认可方面的法律法规，辅助企业越过准入制度这道门槛，打破国外企业的贸易壁垒；推动强制性产品认证制度的实施和各项自愿性认证活动的开展；负责进出口食品和化妆品生产、加工企业的卫生注册登记及其监督管理；组织实施出口质量许可管理；与质量技术监督局共同组织、联合实施强制性产品认证工作的市场稽查，受理对认证活动的申诉和投诉，组织查处认证违法行为等工作。2005年，《珠海出入境检验检疫局认证认可管理办法》、《珠海出入境检验检疫局强制性产品认证管理工作规定》、《珠海出入境检验检疫局出口商品质量许可管理工作制度》、《珠海出入境检验检疫局出口食品生产企业卫生登记管理工作制度》4项工作制度相继出台，还有4项工作制度已在征求意见阶段。

以人为本　加强队伍建设

科技兴检，人才强检。以人为本，加强队伍建设，这是做好认证认可工作的基础所在。认证认可工作涉及多学科领域，培养一批政治素质高、业务水平强的人员队伍，是做好认证认可工作的前提保障。为了进一步提高认证监管人员业务素质和执法水平，加强认证监管队伍建设，根据国家认监委《关于建立认证监管人员培训制度加强认证监管队伍建设的通知》的要求，珠海局在

2005年举办认证监管人员业务培训班两期，共培训直属局和分支局120多人。2005年召开本局CCC相关业务会议5次，组织全局的干部职工学习CCC认证的有关业务，积极与口岸局处沟通，结合珠海局口岸实际工作中的具体问题，制定了有关的管理要求，保证CCC执法工作的顺利开展。

结合行政许可要求完善相关管理

为配合行政许可法正式实施，在认证监管工作过程中，根据行政许可法的基本原则完成了各类业务办理流程表/图的编制，在办理窗口的显著位置设置了公示栏，提供给申请人准确和实用的信息。对国家的相关新规定和办事程序，及时对外公告，将相关信息在本局网站上公布，申办程序一目了然，相关表格可以直接下载，提高了办事效率。在受理过程中，严格按照办事程序运作，极大地提高了办事效率和对外透明度。作为认证认可行政许可之一的出口商品质量许可，在受理过程中，严格按照办事程序运作，在申请受理、审查与决定、送达等环节正确运用行政许可文书。2005年共新受理并批准5家企业的出口商品质量许可证申请、3家企业的食品卫生注册申请；对9家企业进行了出口商品质量许可证的复查换证、7家企业进行了食品卫生注册复查换证；注销或暂停了8家企业的食品卫生注册资格。全部工作严格按照行政许可的工作规定程序办理，无一例企业投诉情况。截至2005年12月31日，珠海地区共有81家企业获得各类出口质量许可证书，其中机电类5家；玩具类25家；包装类50家；陶瓷类2家；出口食品卫生注册/登记企业65家。

全过程监控 提高认证注册有效性

针对认证产品出口贸易较敏感，风险性较大等特点，认证监管工作人员从源头开始，对认证监管进行全过程监控。

1. 进一步加强口岸CCC入境验证和免于办理强制性产品认证证明的签发工作(以下简称“免办工作”)，认真落实国家认监委2005年3号公告，严格执行审批程序，规范申请资料，避免使免办工作流于形式，2005年签发了667份《免于办理强制性产品认证证明》，比2004年同期增长了70%。其中“属于以进料加工复出”的315份，及时退回16份不符合免办条件的申请。2005年珠海口岸涉及CCC入境验证共10 000多批次，其中凭CCC证书验放1 500余批次，主要集中在九洲、横琴、湾仔三个口岸，涉及产品范围主要集中在：显像管、开关、电源线、压缩机、焊机、打印机等。

2. 进一步完善免办产品的后续监管方式，以到申请人生产/办公现场核查为主，现场确认申请人进口的CCC免办产品是否按规定的用途使用。对符合免办条件第1条至第6条的进口货物，在监管过程中到现场检查货物和“CCC免办监管标识”内容是否对应，相关人员对CCC免办产品的管理是否明确，现场清点数量，跟踪其用途及最后处理方式，以防止其不按规定用途使用。2005年对佳能公司、格力电器、三美电机等40家大型企业进行现场监管抽查50余次。

3. 针对2005年食品“苏丹红”事件以及水生动物的“孔雀石绿”事件，珠海局党组高度重视，成立了以局长为组长的食品安全监督检查领导组，对辖区出口食品企业展开安全生产大检查，将安全隐患消灭在源头。在开展为期1个月的出口食品企业安全生产大检查活动中，对辖区可能涉及的30多家食品生产企业和20多家水产品养殖企业实施了大检查。

转变工作作风 将服务送到企业中去

在党中央创建服务型政府的号召下，认证监管人员加大了对企业的帮服工作，将认证注册服务工作送到企业中去。2005年来，随着食品安全风险隐患的增加，美、日、韩、欧盟等国家地区的官方机构纷纷派员来华检查出口卫生注册工作。2005年4月和9月，珠海局辖区的出口企业迎接了日本农林水产省和美国FDA检查，在局党组的关心支持下，局领导直接挂帅，与地方政府组成了迎检工作组，精心部署，落实每一项具体工作，认真制订迎检工作方案，使迎检企业顺利通过日本农林水产省和美国FDA的检查，获得了国家认监委的高度评价。

积极开展对相关企业的培训整顿工作，2005年免费为30多家企业的相关管理人员进行质量体系管理、卫生注册及HACCP相关知识培训，为企业培养了大批管理人才。与此同时也加大对实际操作者的培训力度，为不影响农民兄弟的日常生产工作，专门组织有经验的专家晚上到农场对他们进行培训，这一举措得到了他们的热烈欢迎。其中有20%以上的企业通过帮扶工作完成了ISO 9000、HACCP认证，大部分通过认证的企业一方面对认证工作有了更为深入地认识，另一方面在经济效益方面有了大幅度的提高。

对符合免办规定的材料，提高工作效率，尽量加快办理，配合企业的生产加快节奏。为确保珠海国际赛车这一国际赛事的顺利进行，认证处、九洲办通过对“珠海国际赛车场”进境参赛车辆及备用品的CCC免办工作的详细调研、认真研究后，因地制宜地对赛车及其备用品制定了“快进快出”免办工作程序，工作程序得到了国家认监委主管部门的认可，同时也得到了珠海市地方政府的高度评价。

积极开展标准及资料管理

2005年共向认监委申报了18个制标项目。2005年先后组织有关专家对20多个兄弟局寄送的20多个标准征求意见稿进行审核，逐一提出意见回复，受到兄弟局的赞扬。建立了较为完善的检验检疫标准信息资源库，建立了计算机网上标准查询服务，利用资料室计算机直接连接深圳标准信息服务网，更便捷、简单、快速地直接在线阅读标准文件并可将其下载、打印，且能够及时更新。积极做好标准、图书、期刊、资料等文献的整理、加工和录入工作。为全局人员提供一个相对集中、优越的查询环境；建立了良好的文献标准图书资料等信息收集渠道，保证图书标准、资料等文献信息顺畅获得收集。为配合全局业务、科研工作需要，加大了适应检验检疫业务及科研需要的期刊信息收集。

圆满完成实验室各项认可工作

根据国家质检总局下达的《珠海局实验室规划方案实施意见》，珠海局拥有质检总局指定的重点实验室2个，中心实验室7个，区域性实验室2个。2005年珠海局两个中心各实验室顺利通过实验室认可、能力验证、ISO 9000认证等活动。

2005年3月，中国实验室国家认可委员会(CNAL)评审组对珠海局技术中心进行了为期两天的监督评审，此次评审共安排了41项现场试验，并全部顺利通过。

2005年技术中心化学分析实验室成为国家质检总局推荐的ROHS指令中六种有害物质检测实验室；技术中心电气安全实验室成为香港机电工程署(EMSN)的“认可核证团体”成员。

2005年12月保健中心顺利通过了中国实验室国家认可委员会的认可和计量认证二合一的现场评审以及中国质量认证中心的ISO 9001认证的现场审核。

积极开展管理体系认证推行工作

2005年CQC珠海评审中心顺利通过了CNAB及CQC内审专家组复评审核及内部审核。

截至2005年12月，CQC珠海中心共认证企业458家，其中ISO 9000获证企业405家，ISO 14000获证企业27家，HACCP获证企业23家，OHSMS 18000获证企业3家。2005年1~12月新增认证企业73家，其中ISO 9000认证56家；ISO 14000认证11家；HACCP认证5家；OHSMS 18000认证1家。2005年中心共完成监督审核186家，与2004年同期相比增加43%。

撰稿人：陈　健　审稿人：陆　山

加强认证认可工作　服务海南经济建设

——海南出入境检验检疫局2005年认证监管工作概况

2005年，海南出入境检验检疫局(以下简称“海南局”)全面落实国家质检总局和国家认监委的各项工作部署，重点加强认证监管队伍建设、出口食品卫生注册、强制性认证产品监管和实验室资质认定工作，特别是在推动认证认可工作为服务地方经济建设、促进海南外贸扩大出口方面取得了较好的成绩。

健全认证监管工作机制　加强认证监管队伍建设

按照国家质检总局“关于建立健全认证监管机构，充实认证监管人员”的要求，结合海南局人事制度“五项改革”任务，海南局于2005年初撤销了“科技与认证处”，成立了“认证监管处”，明确了认证监管处的工作职责，建立健全处科两级领导班子和管理体制，保证了海南局认证监管工作的正常开展。此外，根据国家认监委关于继续加强认证监管队伍建设的要求，海南局结合实际加大认证监管人员的培训力度，先后举办了以强制性产品认证、认证咨询机构管理、认证行政执法、实验室资质认定工作为重点内容的认证监管人员培训班，着力提高全局系统认证监管队伍的整体素质。

促进食品、农产品扩大出口

卫生注册工作是检验检疫对出口食品、农产品实施质量管理的重要监管制度，是出口企业产品参与国际市场竞争的有效通行证，也是检验检疫把关服务的重要任务。海南局在立足海南省情，确保安全，促进地方发展的思路指导下，把扩大食品、农产品出口作为工作的重点，始终贯穿于工作之中，常抓不懈，力促成效。海南局注意把握好“两个关系”，即卫生注册工作与检验检疫工作之间的关系，卫生注册工作与促进地方经济发展的关系；帮助建立“三大体系”，即指导帮助企业建立疫病防治体系、药残监控体系、产品质量保证体系；实现了“四个突破”：一是出口食品、农产品检验检疫工作纳入地方政府工作平台有新突破，与地方政府共同构建工作机制，并开展了有效的合作，推动了文昌鸡、荔枝、芒果、菊花、冬瓜等海南特色产品首次出口；二是对外注册企业数量有新突破。在全省 58 家获得卫生注册企业中，通过欧盟、美国、韩国等国外注册的已达 33 家，占全省卫生注册企业的 58%；在有 10 家获得欧盟注册的基础上，2005 年底又有 5 家推荐欧盟注册的企业通过国家认监委的异地评审，有望获得欧盟注册；三是食品、农产品出口有新突破。全年经检验检疫出口的食品、农产品 4 596 批，货值 2.36 亿美元。其中，仅水产品出口达到 2 539 批，总量 5.24 万 t，货值 1.83 亿美元，同比分别增长了 27.5%、26%、38.9%，出口总量与 2002 年比翻了一番；四是检验检疫把关服务水平有新突破。抓源头、抓过程、抓关口、抓检测的“四抓”落到实处；基地备案关、企业注册关、检验放行关“三关”严把到位，提高了检验检疫工作的前瞻性、针对性和有效性，促进了海南省食品、农产品产业结构的优化升级、安全卫生质量的提高和出口可持续增长。

大力开拓认证市场　积极开展体系认证

在海南认证市场资源有限、竞争激烈的条件下，海南评审中心、海南禧特咨询公司在积极为企业提供体系认证、认证咨询服务的同时，不断加强与兄弟省市认证、认证咨询机构的合作，主动开拓省外认证、认证咨询市场，努力扩大体系认证在认证市场的占有率。2005 年，海南评审中心完成各类体系认证 47 家，监督审核 55 家，海南禧特咨询公司完成 26 家管理体系认证咨询服务。截至 2005 年底，海南评审中心已完成 ISO 9000 体系认证 100 家，HACCP 体系认证 12 家，ISO 14000 体系认证 4 家，涉及到食品加工、机械制造、纺织轻工、医疗防疫、酒店管理等行业。特别是在物业管理、人力资源、设计装饰等行业首次开展了质量管理体系认证。

加强监督管理　提高认证工作有效性

2005 年，海南局继续加强进口强制性认证产品入境验证、强制性认证产品免办、质量许可产品考核发证等工作。在出口食品安全质量日益严峻形势下，海南局加大对卫生注册企业的后续监管力度，通过日常监管、定期检查、换证复查等监管措施，促进了注册企业卫生质量的巩固和提高。对条件降低、一年内未出口食品或逾期未申请换证的 14 家注册企业，注销了证书编号，保证了卫生注册工作的有效性和严肃性。

加强实验室资质认定工作

至 2005 年底，海南局技术中心、保健中心、热带植物隔离检疫中心实验室已获得认可和计量认证证书，三亚、八所、洋浦、清澜 4 个分支局实验室获得计量认证证书。获证实验室积极开展管理评审和内部审核，举办质量管理体系培训班，接受 CNAL 的定期监督评审和 CNCA 计量认证考核等活动，进一步提高实验室的质量管理水平。2005 年，为促进系统内实验室的规范化建设，保障实验室检测技术水平的不断提高，重新对全局系统内实验室进行科学规划和战略调整。结合事业单位改革，重组了专业实验室，以技术中心为核心，以西部洋浦石化实验室和南部三亚食品实验室为分中心建设覆盖全岛的“2 小时检测圈”实验室网络。同时还重点实施了国际旅行保健中心三亚分中心、热带植物隔离检疫实验室建设，投入 800 多万元用于购置检验检疫仪器设备。对重新设置的实验室和分中心，海南局在抓好实验室建设的同时，把实验室资质认定工作亦一并列入计划抓紧进行。

总之，2005 年海南局的各项认证监管工作取得了长足的进展，为维护地方经济起到了重要的作用，成为海南外向型经济不可或缺的保障力量。

海南出入境检验检疫局供稿

结合海南质量兴省工作　推动认证事业的发展

——海南省质量技术监督局2005年认证监管工作概况

截至2005年底，海南省累计获得各类认证证书数为433张。其中，获得GB/T 19001质量体系认证证书11张，累计236张，获得GB/T 24001环境管理体系认证证书10张，累计36张，获得GB/T 28001健康安全认证证书2张，累计16张，自愿性产品认证证书12张，累计24张，获得绿色食品认证证书25张，获得CCC强制性产品认证证书3张，累计96张。实验室认可工作，147家产品检验机构获得计量认证，其中通过年度计量认证评审的单位132家。2005年，省内外有20多家认证咨询机构和认证机构在海南参与认证咨询和认证工作。省内现有的2家认证咨询机构分别是海南创鑫认证咨询服务中心和海南禧特管理技术咨询有限公司；2家认证机构分别是中国方圆标志认证中心海南分中心(CQM)和中国质量认证中心海南分中心(CQC)，他们分别挂靠在海南省质量技术监督局和海南出入境检验检疫局。截至2005年底，中国方圆标志认证中心已向海南97家企业颁发了100张质量体系认证证书，59张国际认证联盟(IQNET)证书和24张产品认证证书。

质量管理体系认证工作

质量认证工作是为企业提供增值服务、树品牌、提升企业知名度的有力手段。2005年，结合质量兴省的实施，对企业加大了质量体系认证的宣传工作力度。一是组织开展《认证认可条例》知识竞赛活动，推动全社会关注学习《认证认可条例》。年内，在多家新闻媒体、电台、电视台开辟报道认证知识栏目，向社会进行广泛宣传，同时，在2005年9月举办的质量月活动中，海南省质量协会、海南特区报社、海南12365信息网联合进行了《认证认可条例》和《产品质量法》为主要内容的“海南省第二届万人质量知识书面有奖竞赛活动”，通过《海南特区报》刊登全文竞赛试题，抽取一等奖1名，二等奖3名，三等奖5名，幸运奖10名给予奖励。二是结合海南省质量兴省工作，有效推动认证事业的发展。全面落实《海南省质量兴省工作方案》文件精神，从2005年至2010年，海南省将在全省范围内实施质量兴省工作，经过6年努力，要达到1 000家企业通过质量体系认证和其他相关标准认证的目标，使全省的质量工作和认证工作得到进一步提升。三是开展强制性认证行政执法人员培训和考试，提高认证监管队伍整体素质。按照国家认监委的要求，对省内已获得2004年认证监管人员资格证书的人员，组织了学习培训，并组织考核，有28人通过了全国统一组织的认证监管人员考试。四是加强专业人员培训，进一步提高审核技术水平。采取举办审核研讨班的方式，通过个案分析，现场实践，增强审核人员的审核技巧，提高审核能力。组织了一次专兼职审核员行业知识培训班，学习酒店管理相关知识及酒店管理专业审核作业指导书，除对审核员管理知识和审核技巧进行培训外，还对物业管理专业审核作业进行了培训。安排现有质量管理体系(QMS)实习审核员、审核员进行重点培训，合理安排审核经历，至2005年底，有5名实习审核员满足审核员审核经历，为晋级奠定了基础。

通过一系列宣传工作和采取得力措施，使全省的质量认证工作有了明显的进步。2005年，新增通过质量管理体系认证的企业11家，增长了5%，通过质量认证年度审查的企业31家。

强制性产品认证

强制性产品认证有新的发展。新增的强制性产品认证，主要是钢化玻璃、电线电缆和高低压配电柜领域。2005年获得CCC认证的企业3家，从而使海南获得CCC认证企业达到了28家，获证数达65张，至此，省内实行强制性产品认证的产品均获得了CCC认证。

认证行政执法工作

组织开展强制性产品认证监督检查。按照国家认监委2005年11月7日召开的食品和农产品认证标志专项监督检查电视电话会议和《关于开展食品和农产品认证标志专项监督检查工作的通知》要求，2005年11月9日~11日，组织了对海口市区的主要商品集散地、各大商场和超市进行检查。三天的检查中，5个检查组共出动

162人次，检查商品批发市场和各零售商品超级市场共10个，检查食品和农产品54种。其中，无公害农产品2种，绿色食品47种，安全食品5种。涉及生产企业37家，其中，无公害农产品生产企业2家，绿色食品生产企业30家，安全食品生产企业5家。上述检查得到了被检查单位的积极配合。在被检查的47种食品和农产品认证标志中，广东省中山市超日食品饮料有限公司生产的盒装玉米酱，无任何合法认证机构颁发的绿色食品证书标志，属违反认证标志标识规定的产品。其他均符合认证标志标识要求。

为了摸清省内强制性产品认证企业产品质量状况，确保强制性认证的有效性，2005年9月开展了对省内8家企业生产的电线电缆进行监督检查，共抽查39个样品，经检验这些CCC认证的产品质量全部合格。

海南省质量技术监督局供稿

严格规范执法 为广西经济和社会发展服务

——广西出入境检验检疫局2005年认证监管工作概况

2005年，广西出入境检验检疫局（以下简称“广西局”）认真贯彻国家质检总局和国家认监委的指示精神，更新观念、转变作风，依法管理和改善服务，认真抓好各项认证认可工作的落实，取得了明显的成效。

加强强制性产品认证监管

认真履行《认证认可条例》赋予的监督职责，积极开展强制性产品认证行政执法工作。

1. 加强强制性产品认证监管队伍建设。广西局全系统已有40多人两次或两次以上经过了国家认监委组织的认证监管业务系统培训，并通过全国统一考试，为开展强制性产品认证行政执法工作打下了坚实基础。

2. 严把国门，杜绝未经CCC认证的产品入境。在接受强制性产品认证目录内产品进口报检时，严格按规定要求报检单位提供所报检产品的CCC认证证书，未获得CCC认证的产品一律不接受报检，不允许进口。同时坚决打击列入目录的产品未经认证擅自进口或者在其他经营活动中使用及伪造、冒用认证标志等行为。经过严格监管，广西进口生产经营单位已能做到依法生产和经营销售。在进口检验中发现违反强制性产品认证制度行为的都及时得到了纠正和处理，较好地履行了“把好国门”的职责。如梧州市环球贸易有限公司于2005年8月1日向梧州检验检疫局报检了1批进口的“米其林”轮胎，梧州检验检疫局发现其强制性产品认证证书复印件是编造的，且“米其林”轮胎上加施了韩国“锦湖”卡车轮胎的标志，进口轮胎数量、型号、产地与实际到货相差甚远，梧州检验检疫局依照有关法律法规对该公司进行了行政处罚，并将该批轮胎退运出境。

3. 认真做好免于办理强制性产品认证证明工作。截至2005年底，广西局认证监管处已为企业办理免办证明100份，涉及商品金额5 500多万美金，为方便企业开设了绿色通道。同时，根据风险分析，不定期对企业进行抽查，杜绝进出口企业违反强制性产品认证制度行为的发生。

4. 开展对认证有效性的监督检查。广西局认证监管处对广西出口生产企业质量管理体系认证情况进行一次调查。到2005年底，广西出口生产企业中获得质量管理体系认证及HACCP体系认证的企业共有92家，约占出口生产企业总数的1/3，主要分布在南宁、柳州、桂林、北海、防城港、玉林、贵港、梧州、贺州等地。为这些企业做认证的分别有外资认证机构、检验检疫系统下属的认证机构及其他的认证机构。重点抽查了8家获ISO 9000和HACCP认证的出口食品生产企业。经调查发现，获质量管理体系认证的企业大部分认证是基本有效的，但个别企业质量管理体系运行明显不足，企业执行认证标准深度不够，有的企业在获证后工作有所放松。同时也发现了广西境内从事认证、认证咨询以及认证从业人员在开展认证活动中，涉及公正性、规范性和有效性方面仍存在不少问题。这次认证有效性检查对认证机构起到了一定的监督促进作用。

5. 完成强制性产品认证行政执法自查工作。按照国家认监委《关于开展2005年强制性产品认证行政执法监督检查的通知》要求，组织本系统开展强制性产品认证行政执法检查自查工作，并按时上报自查总结，及时向国家认监委反映在开展强制性产品认证执法过程中存在的问题，并有针对性提出了有关意见和建议。

6. 与区质量技术监督局开展联合执法检查。与区质监局一道对广西生产领域和销售领域进行强制性产品认证联合进行执法检查，对两局CCC行政执法工作的统一性和有效性进行了有益探索。如2005年利用"3·15"活动日，与区质监局组织执法人员联合开展执法检查。

诚心诚意服务外贸并有所作为

2005年以来，广西局认证监管处按照广西局党组五个有所为要求，诚心诚意服务外贸，并做到有所作为。

1. 提高办证效率，为更多企业创造出口机会。按照《行政许可法》及相关要求，认真做好"出口商品质量许可证"和"出口食品卫生注册登记证"的管理工作，对符合条件的企业及时发证。经统计，2005年1~11月底，接受企业申请办理出口商品质量许可证16家，评审15家，审批发证12家，取消出口商品质量许可证企业1家，广西现有出口商品质量许可证企业78家(其中出口陶瓷质量许可证54家，机电23家，玩具1家)；接受企业申请办理卫生注册登记企业89家，新批准卫生注册企业51家，换证复查36家，注销卫生注册证书企业10家，通过HACCP官方验证25家，广西现有卫生注册登记企业194家(其中卫生注册企业135家，登记企业59家)；获国外注册认证企业39家。

2. 加强对获证企业的后续监管工作，不断提高出口企业的质量管理水平。对获卫生注册登记、质量许可、强制认证的企业，根据国家认监委的有关规定落实日常监管、定期监督检查、换证复查等工作，并做好监管记录，完善企业档案管理，切实做到管理规范，监管有效。一是通过抽查"监督检查记录"等方法，督促检查各分支机构、商品主管处做好对本辖区的获证企业的日常监督检查计划的落实；督促相关企业做好到期换证复查工作。二是重点加强对敏感出口产品如输美日用陶瓷、肉类、水产、罐头等企业的监督检查和年度复审工作。三是配合相关商品主管处做好在加快检验检疫监管模式转变方面的有关工作。将认证监管与检验分类管理、种养殖原料基地备案等结合起来，形成一个有机的监管体系，降低管理成本，方便企业产品出口，适应中国—东盟自由贸易区和现代国际贸易快速通关的要求。四是对出口食品生产企业卫生注册登记实施"动态"管理，加强出口食品原料生产的源头管理。五是做好六类风险高的出口食品企业的HACCP验证工作。

3. 加强对国外注册工作，提高出口企业的竞争能力。2005年重点组织对欧盟、美国、韩国出口水产品注册、对加拿大出口低酸性蔬菜罐头注册，对美国出口浓缩果蔬汁注册等对国外注册工作，2005年推荐4家水产企业向欧盟注册，有3家水产企业获准欧盟注册，1家正在等待欧盟方面的确认；推荐3家罐头企业对加拿大出口低酸性蔬菜罐头并获准注册；推荐1家浓缩果蔬汁企业对美国注册并获准注册；2005年共有7家企业获国外注册。广西现有国外注册企业30家，其中出口水产企业26家(6家获准欧盟注册，9家获准美国注册，11家获准韩国注册)。2005年广西水产品出口创历史最好水平，据统计，全区出口水产品突破13 000多t，金额达3 600万美元，产品畅销美国、韩国、日本等国家和中国香港地区，没有发生退货索赔事件。

4. 帮助企业打破和跨越国外技术壁垒。广西局认证监管处积极收集国外技术壁垒措施信息，帮助企业满足进口国的技术要求，消除技术障碍，在跨越国外技术壁垒、促进广西农产品出口方面做到有所作为，2005年重点扶持帮助水产品、果蔬罐头、果蔬汁、柿饼等大宗特色产品的出口创汇。

(1)帮助企业获美国注册。为使企业赢得宝贵的出口订单和交货时间，在广西局认证处和北海局的帮助下，广西北海市果香园果汁有限公司及时获得美国注册，生产的浓缩菠萝汁冲破了美国FDA制定的浓缩果蔬菜汁PART 123法规限制，首次打入美国市场。

(2)帮助企业获加拿大注册。在广西局认证处和桂林局的帮助下，广西荔浦县罐头食品厂、桂林日盛食品有限责任公司获得加拿大注册，其生产的马蹄罐头在2005年4月4日国家质检总局与加拿大食品检查署(CFIA)签署的《输加蔬菜备忘录》)正式生效后得以顺利进入加拿大市场，为企业避免了贸易索赔的风险。

(3)提高柿饼卫生质量，促进柿饼出口。桂林地区柿饼近二年畅销海外市场，尤其是韩国市场占出口量的80%以上，给当地农民带来较大的经济利益，成为当地经济发展新的增长点。但传统柿饼加工分散到各家各户，卫生状况差，二氧化硫含量时有超标，而且出口形成了无序竞争。为了扶持当地经济发展，引导柿饼加工户，树立出口食品安全、卫生、质量意识，广西局认证监管处2005年将出口柿饼列入专项检查范围，汇同桂林局一起，通过检查督促帮助企业改善生产条件和生产工艺，提高卫生管理水平,提高产品质量,严格市场准入,使企业在稳定中发展。据统计,2004年底广西仅有5家出口柿饼加工企业,2005年增加到12家出口企业。

5. 加强输美陶瓷认证,帮助企业跨越美国技术壁垒。输美日用陶瓷认证是依据中美两国签订的备忘录实施的,根据备忘录的要求,中国日用陶瓷产品想进入美国市场,必须获得输美日用陶瓷认证后方可顺利在美国通关。为了跨越美国的技术壁垒,扩大日用陶瓷产品出口美国,广西局加大了对输美陶瓷的认证工作,按新标准要求组织对全区输美陶瓷企业进行全面监督检查,指导企业对检查中发现的问题及时整改,帮助企业解决陶瓷铅、镉溶出量控制等问题,全面提升了企业的管理水平,扩大了出口。2005年共有9家出口日用陶瓷生产企业通过了复查并保留美国认证。认证工作的有效促进了广西陶瓷出口,全区2005年出口的日用陶瓷6 557批,金额达1.3亿美元,仍居全国第6位。

另外,广西局还扶助了陆川大兴瓷业有限公司。针对该公司在申请出口日用陶瓷质量许可证时企业管理基础较差,企业管理人员素质不高,对出口日用陶瓷出口质量许可审核标准不熟悉,企业想在短期内通过许可证的考核有一定的难度等情况,广西局认证监管处积极帮助该公司修改质量体系文件,并认真指导和帮助培训,使该企业顺利通过了现场审核,企业产品数量和质量明显提高,2005年产值达1 200万元。

6. 全面推行政务公开,提高办事效率。为做好政务公开相关工作,编制了《出口质量许可证办事指南》、《出口食品卫生注册登记证办事指南》、《CCC免办指南》以及相关工作流程图等公开性文件,并作为范本在全系统推广,同时,广西局在公共网站上开设公共信箱,将相关公开性文件公布于信箱中,大大方便企业了解办理质量许可等行政审批的有关信息,增加了行政审批的透明度。重新修订下发了《出品商品质量许可证管理工作程序补充规定》和《出口食品生产企业卫生注册登记管理工作程序的补充规定》,制定下发了《广西局关于进一步做好出口生产企业监督检查工作的意见》,不断完善工作程序和内部协调管理机制,进一步规范了行政许可行为,提高了办证效率和管理工作质量。

实验室管理工作取得新成绩

1. 按计划圆满完成实验室建设和管理任务。在建设方面,一是组织专家组指导和协助完成了龙邦、蒲寨、贺州办事处,玉林、防城港实验室基建改造工作;二是学习新技术,组织人员培训,实现了广西局实验室资源的网络化、动态化、远程化管理;三是广西局与贵港局精心规划、加强监督和严格验收,高标准完成了北海、贵港局的BSL-2实验室建设,其中,北海局的实验室被验收组专家认为是广西局首家符合国家标准且条件最先进的生物安全实验室。

在管理方面,一是制定发布了《广西局实验室管理办法》,以及正在征求意见的《广西局设备管理办法》;二是受国家认监委委托完成了梧州局、钦州局、凭祥局、东兴局等4个计量认证实验室监督评审,以及北海局等10个食品实验室专项监督任务;三是组织实验室参加了20多次各类能力验证活动,其中包括苏丹红1号、食品中的苯甲酸、白酒中的杂醇油等;四是为本系统90人举办了二期实验室质量管理培训。

2. 用好专项经费,科学合理配置实验设备。加强对实验室设备配置的论证,制定完成了2005年度设备计划,并落实全年设备专项经费643万元,采购设备161台(套)。结合办公自动化的推行,配合完成了一批356台电脑和156台打印机的采购和发放核对工作,并印发了《广西局办公自动化设备配置办法(试行)》。另外,按照广西局实验室的建设要求组织专家论证,及时配置和调拨仪器设备20多台(套),调剂20多万元经费维修好大型仪器设备12台(套),深入调查和处理有关部门X光机损坏事宜,避免了近10万元的巨额经济损失。

广西出入境检验检疫局供稿

努力开创认证工作新局面

——广西壮族自治区质量技术监督局2005年认证监管工作概况

2005年，广西壮族自治区质量技术监督局(以下简称“广西局”)结合广西经济建设和社会发展的实际，认真贯彻《认证认可条例》，督促方圆广西分中心积极做好全区认证认可工作，各项工作取得了新的进展。截至2005年12月，广西共有1 475家企业通过了管理体系认证。其中，有1 285家企业通过了ISO 9000认证，获ISO 14000认证证书的企业有89家，认证企业由传统的机械、水泥、建材、电力行业扩展到电子、服装、农药、宾馆等行业。另外，自2001年国家开展强制性产品认证工作以来，广西的强制性产品认证工作也取得了明显成效，获强制性产品认证证书892张，自愿性产品认证证书106张。通过认证，提高了广西企业的管理水平和产品档次，对引导消费和推行政府采购制度发挥了重要作用。

质量管理体系认证工作

1. **积极宣传发动企业认证。**质量管理体系认证是质量监督管理的重要内容，也是标准化工作的延伸。为此，在广西局工作计划中，对质量管理体系认证的宣传每年都作为重要内容之一，积极鼓励企业认证，并从各方面予以支持，使许多企业理解了认证的意义，自学规范，逐步提高内部管理，加入贯标认证的行列。

2. **加强对认证、咨询机构的监督。**广西局在《认证认可条例》规定的职责范围内，积极履行协助管理认证市场的义务，主要抓了咨询机构的备案工作和协助调查认证机构的规范运作。积极帮助辖区内的咨询机构到国家认监委备案，同时注意已备案机构日常管理，要求在辖区内从事认证和咨询工作的认证机构和咨询机构，必须严格执行国家认证认可规范，将认证和咨询严格分开，加强人员的管理，为企业提供良好的服务。同时对有违规的机构，实施训诫或交由稽查大队调查取证，上报认监委处理。

3. **在广西质监系统内推行ISO 9000质量体系管理。**在广西局系统内引入ISO 9000的管理思想，建立质量体系规范行政管理工作。下辖的北海局已开始运行，区局机关也编制了《质量手册》和相关程序文件。在全局的目标中列入质量管理体系认证的考核内容，要求区局通过ISO 9000认证，下辖的桂林、柳州、玉林、百色、梧州等5个市级局也要通过ISO 9000质量管理体系认证，并要求县局至少要帮助1~2家企业贯标认证。

4. **加强人员培训，为开展认证工作储备人力资源。**2005年12月，对区局机关的业务骨干进行了3天的ISO 9000质量管理体系内审培训学习。局领导还在各种会议上强调质量管理体系知识学习的重要性，对各市局人员进行系统的质量管理体系知识培训，完成《质量手册》、程序文件的编制并贯彻执行。同时责成中方委广西审核中心、质量检验协会积极开展培训工作，为广西的企业培训了大量的内审员、检验人员。2005年举办了1期QMS和1期EMS外审员培训班，平均通过率达到90%。2005年度广西审核员队伍有较大发展，QMS有4人升为高级审核员，再注册高级1人，11人从实习转为审核员；EMS有1人升为高级审核员，1人从实习转为审核员。2005年7月，在桂林举办了获证组织管理者代表和高层人员研讨会，会上就认证组织关心的技术问题，体系标准理解中的难点问题，如何提升体系有效性等问题进行了深入的讨论，通过这次活动，使得认证机构和获证组织在相互了解上得到进一步加强。

5. **努力探寻质量体系认证工作的新思路。**鉴于相关法律法规赋予地方的职责不太多，操作性也不强，为了抓好质量认证工作，广西局不断探讨一些新的问题，开拓新的思路。如加强与认可委的联系，建立信息的交流和通报制度；组织对认证有效性的稽查；开展对认证从业人员规范运作的调查；进一步指导获证组织提升管理水平(绩效评价或实施ISO9004)等。

强制性产品认证工作

1. **大力开展认证认可制度的宣传、培训工作。**广西局充分利用新闻媒体，加大强制性产品认证的宣传报道工作，为强制性产品认证制度实施创造良好的舆论，提高全社会对强制性产品认证制度重要意义的认识。已向社会各部门发放各类宣传资料2万余份，并就强制性产品认证制度的实施向生产、经销企业做了大量耐心细致的解释工作；并委托各市局对相关企业负责人培训强制性产品认证知识500余人次，发放培训教材1 000余份，通过一系列宣传发动工作，营造了强制性产品认证工作的良好氛围。

2. **强化组织领导。**广西局认真落实认证认可工作的责任、人员、措施和组织保障四到位。以稽查总队为主组成了专项执法队伍，并明确了相应职责。各市局按照要求也分别成立了领导组织和专项执法队。同时，建立了市局领导包县责任制、县局定期汇报、明查暗访等项制度，使强制性产品认证工作形成了区市县三级局合力推进、分层抓落实的工作格局。

3. **进行了广泛调查摸底，建立健全企业档案。**为摸清广西强制性认证产品生产企业的情况，区局组织市、县局对全区强制性产品生产企业的数量、产品主要类别、生产规模及区域分布情况进行了深入调查，建立了企业档案。

4. **积极争取强制性产品认证检验机构和项目获得授权，支持了广西民族经济快速发展。**2005年8月，广西质量监督检验院获得CQC正式授权，承担国家强制认证产品"溶剂型木器涂料"CCC认证工作。此举填补了广西无CCC产品认证检测机构的空白。

5. **积极开展强制性产品认证行政执法队伍建设。**2004、2005两年来，广西局组织学习班对全区执法骨干进行了有关强制性产品认证法律法规的培训，共有1 000余人次参加培训，为执法工作奠定了基础。

6. **稳步推进强制性产品认证的行政执法检查。**对列入《目录》内的产品，生产、经销《目录》内产品的单位进行了全面排查。通过执法检查，提高了企业对强制性产品认证工作的认识，增强了他们遵守CCC认证有关法律法规的自觉性，维护了消费者的合法权益。

2005年1~10月广西质监部门在全区强制性产品认证执法工作中立案查处违法案件共计104起，涉案违法产品货值共计106万元。违法案件类别主要是无CCC认证、伪造、冒用认证证书和标志等。

计量认证/审查认可工作

广西获得计量认证证书的实验室总数为723家，其中，机动车安全检测计量认证已按时完成了89家。2005年，共完成实验室计量认证评审38家，审查认可、验收评审7家，单项扩项实验室8家，复查评审11家，被评审实验室涉及质检、卫生、消防、环保近10个行业。

为确保广西的计量认证/审查认可工作的一致性，提高评审工作质量，广西局还制定了计量认证/审查认可（验收）工作程序，对计量认证的申请受理、现场评审等都做了详细的规定和说明，使全区的计量认证/审查认可（验收）评审工作有据可依。

为进一步加强质检机构评审员队伍的管理，规范评审工作，做到参与评审的人员必须做到持证上岗，对85名质检机构计量认证/审查认可（验收）评审员进行了培训，培训成绩合格者进行登记注册，发放计量认证、审查认可评审员证书。

积极开展了实验室资源调查，建立全区实验室资源管理系统。按照国家认监委的要求，广西质监局组织对全区800余家实验室的资源状况调查，初步摸清了全区大部分实验室资源的状况，并及时向国家认监委上报调查结果，建立了自治区实验室数据库，为下一步合理利用实验室资源打下良好基础，为政府决策和各类实验室的规划布局提供了依据。

撰稿人：欧伦芳

强化监管职能　保证认证制度贯彻落实

——重庆出入境检验检疫局2005年认证监管工作概况

强化监督管理职能

2005年，重庆出入境检验检疫局（以下简称“重庆局”）以保持共产党员先进性教育为契机，认真宣贯《认证认可条例》、《行政许可法》和有关配套规章，进一步明确认证监管部门和认证监管人员职责，落实各项工作，认证认可工作取得阶段性成果。

出口食品生产企业卫生注册登记和出口商品质量许可工作

按照《行政许可法》的要求，公开具体行政许可项目的申请书格式，申请材料要求、考核程序、考核依据、考核范围、考核方法、工作流程、工作时限、获证企业名录等，保证了认证工作的透明度和公证性，同时，热情接待企业的咨询、来访，细心地向企业讲解有关认证的法律法规要求，对有关企业提供技术指导和技术支持。

对具体的行政许可项目实行评审组负责制，在文件评审符合要求后再开展现场评审工作，对评审发现的一般不符合项企业必须提供书面的整改材料，并对其整改措施的有效性进行跟踪验证，符合规定要求后经审批颁发证书。对已获证企业，严格定期监管制度，促进企业不断提高管理能力和管理水平，使企业的管理体系有效运行。同时，专人负责企业档案管理工作和评审员档案管理工作。

1. **对出口食品生产企业实施动态管理**。至2005年底，重庆局有卫生注册主任评审员6人，评审员29人。在实际的评审工作中，强化服务意识，进一步加强对企业的前期指导工作，开展出口食品生产企业图纸审定工作，使企业在新建、改建或扩建过程中少走弯路，符合规定要求。从2005年起，对罐头类、肉及肉制品、果蔬汁等6类产品的出口食品生产企业，其初次评审或复查必须进行HACCP体系的官方验证工作。对已获卫生注册登记资格的企业，按照《出口食品注册登记企业监督管理计划》(2004版)的要求，开展定期监督检查和到期复查工作，对到期不申请复查的企业发放《注册登记证书自动失效通知书》，对监督管理过程中发现的不符合项限期不予整改或整改达不到要求的企业，坚决吊销其注册登记资格，从而实现真正意义上动态管理。同时，每月向国家认监委发送注册登记企业的有关信息。

至2005年底，重庆局有注册登记企业95家。本年度共对49家企业进行了考核，其中新增注册企业30家、登记企业3家，复查注册企业13家、登记企业3家，按规定吊销注册企业7家、登记企业9家，对10家企业进行了HACCP管理体系的官方验证工作。重庆局已对应进行HACCP体系官方验证的20家企业中的14家进行了HACCP体系的官方验证工作。

针对茶叶注册企业基础条件差、管理水平不高的情况，要求茶叶注册企业（5家）必须提交切实可行的整改方案，并在规定时限或企业承诺时限内完成整改，对整改达不到注册要求的企业，将吊销其卫生注册资格，至2005年12月，茶叶注册企业均已制定了书面的整改方案。

对肉类和肠衣类注册企业，要求企业对卫生死角和卫生隐患进行自查，并对存在的问题制定并实施整改计划和设施更新计划，以提升企业的硬件设施条件和管理水平，至2005年底，所有企业均已按计划实施整改。

根据国家认监委《关于印发〈出口泡菜生产企业注册卫生规范〉的通知》的要求，重庆局辖区内有28家盐渍菜类生产加工企业将参照《出口泡菜生产企业注册卫生规范》重新进行卫生注册评审，为此，重庆局及时向有关企业转发了国家认监委文件，并敦促企业在规定时限内重新申请卫生注册。

2. **出口商品质量管理工作**。按规定为2家铅酸蓄电池生产企业办理了出口商品质量许可证，开展了对2家输美日用陶瓷企业一年一度的监督检查工作和2005年度实施的专项检查工作。同时，对出口日用陶瓷质量许可和输美陶瓷认证的评审实行评审员制度。

有4家危险品包装容器生产企业通过新的《出口危

险品包装容器生产企业质量许可证考核实施细则》考核，获国家质检总局颁发的《出口危险货物包装容器质量许可证》

3. 启动了进出口快件运营单位备案工作，并对1家单位实施了备案管理。

强制性产品认证监督管理工作

重庆局领导高度重视认证认可监督管理工作，明确认证处为重庆局认证认可监督管理工作的牵头部门和组织部门，会同有关职能部门、分支局、办事处组成强制性产品认证行政执法监督检查机构，明确认证监管部门和认证监管人员职责，强化培训工作，统一思想认识，开展强制性认证产品的入境验证工作和特殊情况下的免办工作，查处进口商品违反国家强制性认证制度规定的行为等。按照国家认监委要求，有计划、有步骤，采用自查和联合监督检查的方式开展强制性产品认证行政执法监督检查工作，保证强制性产品认证制度贯彻落实。

为更好地履行对认证市场监督管理的职能，做好对相关强制性认证产品的入境验证工作和特殊情况下的免办审批工作，为强制性产品认证制度的有力实施提供组织保证和人员保证，重庆局将强制性产品认证行政执法监督检查工作的队伍建设和人员素质建设作为工作重点。2005年10月，采用集中学习和自学的方式，对认证监管人员进行法律法规培训和相关专业知识培训，主要学习《认证认可条例》、国家关于免办的规定、以及《2005年质检系统认证监管人员培训教材》等，经培训的23人参加了国家认监委统一组织的考试。

在强制性认证产品的入境验证工作中，未发现不符合规定的情况。重庆局机电处负责受理、审批、签发《免于办理强制性产品认证证明》，2005年共签发119份，比2004年同比增长164%，其中，为科研、测试所需的产品为73份，直接为最终用户维修目的所需的产品为31份，工厂生产线/成套生产线配套所需的设备/部件（不包含办公用品）为5份，仅用于商业展示，但不销售的产品为4份，以整机全数出口为目的而用进料或来料加工方式进口的零部件为4份，为考核技术引进生产线所需零部件为1份，暂时进口后需退运出的产品（含展览品）为1份。

2005年10月，重庆局对涉及强制性认证产品入境验证和免办工作的3个分支机构、4个职能处室、2个办事处在自查的基础上进行监督检查，主要检查强制性产品认证制度的实施情况、行政违法案件的查处情况、以及工作中存在的问题等，并向国家认监委上报了有关工作情况。

2005年11月，协助国家认监委在重庆进行合格评定法调研和强制性产品认证制度实施情况调研。为此，重庆局精心准备汇报材料，向调研组详细汇报了重庆局认证认可工作情况，并得到了国家认监委领导对工作成绩的充分肯定。同时，依托于现有的信息宣传队伍，指定认证认可信息联络员，及时报送认证认可信息。

实验室的规范化和标准化管理工作

至2005年底，重庆局共建立国家级重点实验室1个，区域中心实验室8个，设备747台（套）、原值近两千万元人民币。实验室严格按照ISO/IEC 17025要求开展建设，全面实施实验室计量认证和实验室认可。所制定的《重庆检验检疫局实验室管理办法》从制度上对实验室管理体制、职责分工、计量工作管理、社会实验室管理等进行了明确。组织各实验室管理骨干和新进人员25名进行了实验室认可辅导和内审员培训。

为了进一步提高实验室管理水平，为保健中心购置体检管理软件和设备，实现实验室检测、数据处理、报告等过程自动化，并为今后检验检疫电子监管的推广提供技术保障。

撰稿人：孔凡义　审稿人：李　进

夯实工作基础 强化监管手段 增强服务意识

——重庆市质量技术监督局2005年认证监管工作概况

2005年是“十五”计划的最后一年，也是承上启下的关键一年。重庆市质监局(以下简称“重庆市局”)以“开放办局”、积极争取各方面支持为指导，以推动认证认可事业又快又好为工作重点，以做硬基础、做强手段、做高科技、做宽领导、做活政策、做大事业为支撑，在增强依法行政能力、提高认证有效性、推动可持续性发展上下功夫，取得了一定的成效。

开展认证有效性专项检查工作

1. **开展CCC认证有效性检查。**一是组织开展CCC认证综合执法检查工作。对《第一批实施强制性产品认证目录》中产品和溶剂型木器涂料、瓷质砖、混凝土防冻剂等3种装饰装修材料产品进行了执法监督检查，检查企业、销售商890余家，查处销售未获CCC认证产品、假冒认证标志等违法案件140余件，涉案货值金额320万元，保障了消费者的生命财产安全。二是组织开展全市两轮摩托车生产企业专项检查。针对重庆市摩托车企业较多，在认证有效性方面普遍存在问题的情况，按照专项治理和综合治理相结合、市场整顿和服务企业相结合的原则，对全市28家两轮摩托车企业认证的真实性、符合性进行全面检查。此次检查中，共出动检查人员112人次，抽检样品40批次，基本摸清了全市两轮摩托车生产企业的产品质量状况和认证规则执行情况，规范了企业生产经营行为，维护了消费者合法权益。

2. **开展食品、农产品认证标志检查。**为加强对食品和农产品认证活动的监督管理，规范流通领域中食品和农产品认证标志的使用，打击伪造、冒用、非法买卖、转让和超范围使用认证标志等违法违规行为，在全市范围开展食品、农产品认证标志专项监督检查工作，出动检查人员5 239人次，对全市141家大型商场、超市所销售的857种产品的认证真实性进行了检查，对检查中发现存在问题的141种产品责令下柜，保证了流通环节的食品和农产品标志使用的合法性，保护了消费者利益，维护了认证机构和获证企业的合法权益，促进了食品、农产品认证市场秩序的健康、有序发展。

3. **开展认证市场检查。**围绕规范认证秩序、培育发展认证市场的目标，加强对认证机构、认证咨询机构和企业的规范管理和沟通，对22家认证咨询机构资格进行了再确认，对4家在渝认证机构的认证活动和全市366家企事业单位的认证真实性情况进行了检查，对9家获证企业实施了稽查，对10家非法从事认证咨询、培训活动的机构进行了查处。

严把计量认证关 提升技术机构管理水平

1. **进一步加强实验室规范化管理。**根据《行政许可法》和《重庆市质量技术监督局行政许可专家评审管理办法》的有关规定，进一步创新了计量认证现场评审工作，使计量认证评审工作制度化、规范化。一是建立并有效实施评审组长负责制度。按照专家评审和发证考核相分离的原则，制定了《重庆市计量认证/审查认可评审员管理办法》、《计量认证/审查认可评审组长指南》等规范性文件，严格评审程序和评审要求。评审组长负责制度实施以来，顺利完成了79家技术机构的计量认证现场评审工作，受到被评审方的广泛好评。二是规范检测工作行为。对190余家技术机构的日常管理、检测工作和发展状况进行调查了解，针对调查中发现部分技术机构混淆使用检验报告、未正确使用认证标志等情况，重新调整和制定了产品质检机构的监督抽查检验报告和委托检验报告的格式文书，规范了CMA、CAL标志的使用，保证检测工作公正、准确。三是强化获证后监督。为认真贯彻《行政许可法》，改变过去重发证、轻监督的状况，加大了对获证机构的监督力度，提高技术机构的管理水平和检测能力，对全市73家技术机构进行了定期监督评审，同时，在全市随机抽取20家技术机构进行了“飞行检查”，对1家内部管理存在严格问题的技术机构暂停了计量认证资格。指导区县质监部门开展对辖区内技术机构的日常指导和监督工作，增强技术机构执行质量管理体系的自觉性，及时发现和纠正其存在的问题和不足，促进技术机构规范管理。

2. 推进质监系统技术机构改革。结合全市质监系统技术机构改革整体方案要求和对人员、检测项目的清理，积极研究探索质监系统技术机构合并改革后认证工作的新模式，为今后重庆市计量质量检测院和6个区域性检测中心的计量认证和审查认可工作奠定基础。

3. 加强食品检测能力建设。深入贯彻落实《国务院关于进一步加强食品安全工作的决定》精神，对全市45家食品检测机构进行能力核查，掌握食品检测机构的检验能力状况。针对区县产品质检机构食品检验能力薄弱，难以履行食品监管职能的实际，以提升人员的技能素质为突破口，对区县产品质检机构的食品微生物检验和化学卫生检验人员进行了培训，共培训192人次，提高了质监系统基层检验人员的技术能力。

4. 开展机动车安检机构计量认证工作。实施机动车安全技术检验机构的计量认证工作是国家赋予质监部门的一项新职责，是关系到车辆行驶安全的大事。重庆市局采取“摸情况、抓宣贯、推认证”的工作措施，对全市39家机动车检验机构进行了摸底调查工作，夯实了工作基础；召开了全市机动车安全技术检验机构计量认证工作会议，对98名管理和技术人员进行了有关计量认证法律法规、评审内容、工作程序的宣传和培训，提高了认知度；紧密结合重庆实际，制定了认证评审工作方案，确保对17家机动车安检机构的现场评审工作顺利实施。

抓好队伍建设　提供人才保障

1. 加强质监系统监管队伍建设。根据认证认可工作的新形势、新任务，组织认证认可监管人员开展专项培训79人次，进一步加强对认证认可监管人员，特别是基层监管人员的政治思想教育和业务知识培训，提高其综合素质和工作水平，努力打造一支业务精、素质高、战斗力强的监管队伍。

2. 加强评审专家队伍建设。随着评审组长负责制的实施，评审专家队伍业务技能和政治思相素质的高低直接关系到现场评审工作质量的好坏，是促进计量认证持续健康发展的关键。通过加强管理，注重评审专家的综合素质，进行分类培训，将食品、车辆检测等领域的56名专家充实到专家队伍中，扩大了评审员队伍的专业覆盖面，适应认证认可事业不断拓宽领域的需要。

3. 加强技术机构人员队伍建设。通过加强人员培训，着力提高技术机构人员的质量管理意识和业务技能，确保技术机构检测工作质量，对上述人员开展了培训，共培训考核检验人员302人次、管理人员81人次、内审员282人次。

建立信息服务平台　实现动态化监管

坚持“科技强手段、创新促发展”的工作方针，积极探索运用现代信息技术强化认证认可监督管理工作手段，研究和开发了认证认可综合信息管理系统“金点子”项目。通过前期大量的调研工作和技术人员的艰辛研发，已基本完成了认证认可综合信息管理系统的第一阶段检测技术机构检测报告子系统的开发工作，实现了检测报告网上管理和审批，政府主管部门远程查阅和监控等功能，并在9家技术机构进行了试点，赢得了试点单位认同和好评。

强化宣传教育　营造良好社会环境

以宣传贯彻《认证认可条例》为契机，坚持日常宣传与重大节日、重大活动宣传相结合，采取多种形式、多种方式、多种渠道开展认证认可宣传教育工作，在“3·15消费者权益日”、“质量月”等重大活动期间，采取现场咨询、设置专题展板、散发宣传资料等方式，大力宣传认证认可有关政策及相关知识，提高了全民的认证认可意识和认证认可法制观念，营造了人人关注认证认可工作的良好社会氛围，促进了认证认可工作的顺利开展。

重庆市质量技术监督局供稿

健全机构　建章立制　依法行政　提高认证有效性

——四川出入境检验检疫局2005年认证监管工作概况

2005年四川出入境检验检疫局（以下简称“四川局”）认证认可工作在国家质检总局和国家认监委的领导下，在四川省政府的大力支持下，在体制上健全了机构，壮大了队伍，在建章立制上出台了各项工作规范，在各个工作层面加强了监督管理，在行政许可上规范了工作程序，促进了四川进出口贸易的健康发展。

健全机构　建章立制　依法行政

为加强四川局认证认可工作，四川局党组根据国家质检总局和国家认监委关于“建立健全认证监管机构，充实认证监管人员”的要求，于2005年9月成立了认证监管处，三个分支局成立了综合科，进一步充实认证监管工作人员，完善机构设置和职能配置，建立相应工作机构，加大对认证工作的监督管理力度，保证认证认可工作的健康发展。

强制性产品认证制度，是各国政府为保护广大消费者人身和动植物生命安全，保护环境、保护国家安全，依照法律法规实施的一种产品合格评定制度。2001年12月7日，国家质检总局和认监委发布了“四个统一”的规范性文件。这些文件的发布和实施标志着国家强制性产品认证的全面实行，中国的认证认可制度发展到了新阶段。为了完成国家赋予检验检疫部门监管的重任，四川局严格按照国家质检总局、国家认监委的相关要求，立足四川实际，完善和规范各项管理办法。认证认可监管部门认真调研，下功夫吃透政策，积极探索创新，在较短的时间里制订出《四川局办理免于办理强制性产品认证工作规范》、《办理须知》及《工作流程》，根据将监管前推后移、提高监管有效性的思路，将申请免于办理强制性产品认证证明的初审和后续监管工作进行合理分置，形成以认监部门主管，同时与业务部门和分支机构协作、对办理免CCC证明的入境商品无间隙监管的方式，从而大大地提升了监管的有效性。

从制订四川局制定免于办理强制性产品认证的实施细则到具体实施，前后不足半个月的时间。认证认可监管部门加班加点，跑各个口岸部门和相关业务处，认真研究国家局的要求，力求使制订出的各项措施落到实处。实施细则正式实施以来，成果已经初现，从2006年初办理的近百批免CCC证明看出，广大货主及货代对四川局这一工作细则普遍反映良好，他们纷纷表示，现在办理手续明了，各部门职责明确，比过去更加方便了，通关速度也更快了。

出口食品卫生注册登记工作是四川局重要工作之一。虽然有国家质检总局下发的20号令，但结合四川辖区实际还需要制定出更为详细、更为有效的具有可操作性的管理规范。为此，走访了10多家企业，多次召开了相关部门参与的研讨会，对卫生注册登记工作涉及到的各个方面进行了分析和讨论。通过3个月多的辛勤工作，制定了《四川局出口食品生产企业卫生注册登记管理规范》、《四川局出口食品卫生注册登记文件控制程序》、《四川局出口食品卫生注册登记证书变更工作程序》以及各种工作表单12套。新《规范》及相关措施的出台，使出口食品卫生注册登记管理更加规范，各项流程更为有效，出口食品卫生注册登记的监督管理职责更加明确。

在认证认可监管部门的努力下，先后又出台了《四川局进出口商品检验鉴定机构许可（处审）办事指南》、《四川局办理出入境检验检疫熏蒸、消毒处理机构及人员核准资质证（处审）办事指南》。这些文件通过印发企业和给有关部门对外公布，确保了工作透明、办事规范。

严格把关　确保认证认可工作质量

1. 严格按照规定办理“免办证明”，加强入境验证管理。四川局认证认可监管部门成立后，由于加强了监管，免办证明的工作业务增长较快，已签发了159份“免办证明”，涉及金额50多万美元。在办理过程中，严格审定申办产品是否属于免办范围，认真核查申请及相关的证明材料是否齐全有效，对申报批次和申报数量较大的企业到现场进行了核查，确保了办证工作质量。

四川局认证认可监管部门按照《进口许可制度民用商品入境验证管理办法》及其相关规定要求，严格进行入境查验的监督管理工作，要求有关部门对未经强制性产品认证的《目录》内产品，均不接受报验，不许进口。同时对各进出口口岸部门的执法把关方面实施监督检查，一是到各分支机构、各报关口岸进行现场调研，检查其按照规定进行入境验证工作情况；二是要求各分支局定期自查并上报检查情况；三是到执法部门抽调有关证书档案进行检查。使强制性产品认证执法，有理有据，严格执法，把住入境验证关，将不符合规定的商品拒于国门之外。自认证认可监管部门成立以来，通过与口岸部门密切的配合，将7批不符合强制性产品认证要求的商品退运出境。

2. **努力提高四川省出口食品卫生注册登记工作质量。**为把好出口食品卫生注册登记关，保证卫生注册登记评审质量，认证认可监管部门在把好“四关”上下功夫：一是把好申请材料关。对企业的申请材料按照国家质检总局《出口食品生产企业卫生注册登记管理规定》以及其他相关法律、法规的要求审核其合法性和完整性，符合规定的方接受申请。二是把好评审组织关。按照申请注册登记的产品，组织评审小组，按照《出口食品生产企业卫生注册登记管理规定》的要求严格进行评审，满足《出口食品生产企业卫生注册登记管理规定》的向四川局推荐，不符合的提出合理的整改意见，跟踪落实。三是把好评审材料关。对评审小组提供的评审材料严格审核，确保评审材料完整有效。四是把好时间关。对注册登记的整个过程严格按照行政许可时限的要求进行，保证在法定时限内完成。

为提高对出口食品生产企业服务质量，认证认可监管部门随时把“服好务”放在心上。四川幅员辽阔，物产丰富，辖区内的进出口食品企业生产的产品品种多、工艺杂，有时有些客户对企业的产品要得急，而一个出口食品企业从申请到注册登记至少需要1个月以上时间。复杂的注册登记程序不能满足出口食品企业所需。成都福喜食品有限公司正是这么一家有困难的企业，他们在提交申请的当天就希望在四天内取得卫生注册证书，好去争取供应麦当劳的米饼订单。认证认可监管部门在知晓情况后，急企业所急，及时向上级汇报，得到了有关领导的大力支持。当天就派出了认证认可监管部门最有经验的主任评审员担任组长。在考核过程中，评审组以其丰富的评审经验和耐心的评审风格赢得了企业的信任，给企业留下了很深的印象。企业心服口服地对不符合项目采取了纠正措施。评审材料回来后，认监处又特事特办，给企业办理了卫生注册证书。为该企业赢得宝贵的时间，同时，也为该企业取得麦当劳的米饼供应商资格迈出了关键性的一步。事后，该企业在感谢信中写道：“在我公司办理出口卫生注册的过程中，贵局每一位工作人员用他们的热情周到的服务最高地体现了为人民服务的精神，树立了人民公朴的优秀形象。”

3. **切实做好四川局出口危包企业《质量许可证》考核和相关质量许可方面的工作。**一是切实将工作重点转移到涉及安全、卫生、环保的项目上来，根据《行政许可法》有关规定取消了普通包装质量许可制度，减轻企业负担，支持四川出口。二是针对危险品生产的地域特点，加强对四川省危险品包装生产企业的考核工作，在全面清理的基础上，进一步完善对出口危包企业的各项管理规范，组织考核了36家出口危包生产企业。三是鉴于重要商品注册登记目录和相关考核管理办法尚未正式出台，对四川省的出口生产企业情况进行深入调研，为即将开展的出口商品注册登记工作掌握第一手资料。

履行认证监管职能　提高认证工作有效性

1. **对相关的体系及产品认证机构实施有效监管。**为了对四川局管辖的四川评审中心、中检集团四川分公司及有关认证培训、咨询机构实施有效监督，一是保持联络渠道畅通，及时转发最新政策法规；二是不定期召开座谈会，大力宣传认证认可有关法律法规，积极引导认证市场的开拓创新，协调无序竞争的矛盾；三是对认证机构的认证过程和培训实施日常监管，考核其工作质量及收集受认证的企业对机构工作的反映，先后参与了对12家企业的ISO 9000、HACCP体系认证过程监管，同时建立监管记录档案，不断充实对机构监管的基础资料；四是多方面收集其工作信息，统计分析后采取相应措施，使大家的观念逐步由过去数量见效益转变为质量见效益，使各认证机构认真处理好认证数量与认证质量的关系，实现快速发展与内部管理跟进、资源优化配置的协调共进。为了由“做大”转变到“做优”，从“做优”推进到“做强”，CQC四川评审中心在进一步加强管理的基础上，建立起以评审部、技术部、审后服务部为构架的管理机制，从而使认证工作做得更加规范、更加专业、更加稳健，同时在评审过程中，积极帮助企业强化管理水平，提高产品质量，以实实在在的工作得到了获证单位的认可，取得了可喜的评审成绩：ISO 9000 2 108家，ISO 14000 101家，OHSAS 18000 33家，HACCP 81家。

2. **加强获证企业的后续监管，确保国家局有关规定的落实。**在强制性产品认证方面，针对四川局辖区内强制性产品认证的实际情况，以机电产品及建材产品为主，先后到有关的装饰装修材料和电器产品生产企业，对CCC认证的基本情况、标志的使用情况及进口的CCC产品使用情况等进行调查。针对办理“免办证明”较多的“进口生产线/成套生产线配套所需的设备/部件”和“直接为最终用户维修目的所需的产品”，通过巡查、抽查等方式对免办产品及企业加强后续监管，实施现场的核查工作。先后到一些重点企业进行后续监管，总体情况都比较好，均能如实进行申报和按申报用途使用该批产品，同时也使企业对强制性产品认证制度有了更深入的了解。

在对出口食品企业监管方面，一是做好日常管理工作。截至2005年12月底，共有273家出口食品企业获得注册或登记证书；二是加强了出口肉类屠宰加工企业和出口泡菜加工企业的后续监管。按国家认监委《关于开展出口肉类屠宰加工设施整改和加强注册监管工作的通知》和加强出口泡菜企业监督管理的有关要求，组织人员对四川省20余家出口肉类加工企业进行逐个检查、分析，结合企业现状，制定有针对性并切实可行的肉类屠宰加工设施设备整改计划，明确了每个企业的整改项目、整改期限、责任人，并督促部分企业按计划进行了整改；三是针对中国输韩泡菜虫卵事件，组织有关人员对四川省1家韩式泡菜加工企业和3家即食性盐渍菜生产企业进行了全面检查，针对加工卫生方面存在的问题指导企业进行整改，对泡菜加工企业实行卫生注册管理；四是加强了对国外注册的出口食品企业的监管。共清理了24家对俄罗斯、新加坡、欧盟及美加等国的出口食品生产企业，重新确认了10家出口食品企业，并新推荐11家对国外出口食品企业。为大力推进四川这个农业大省丰富而优质的农产品走出国门、行销国际做出了应有的贡献。通过监督检查，促进企业改进了加工卫生条件，提高了出口企业加工卫生水平和管理水平。

强化服务地方经济意识　提升服务水平和质量

为了切实加强四川省认证认可工作，在省委、省政府领导的大力关心、支持和相关部门的通力协作下，2003年4月成立了四川省认证认可领导小组，建立起了成员单位联席会议制度，领导小组办公室设在四川局。通过四川省认证认可领导小组开展大量工作，使四川省的认证认可工作进一步加大了对省内企业开拓国际市场、扩大出口，提升企业的竞争力的帮扶力度，促进四川外向型经济的健康发展。一是努力造就一支高素质的认证认可监管队伍。随着认证认可工作的不断深入，认证认可工作由原来的单一认证向加强后续监管延伸，提高认证认可执法队伍的执法水平迫在眉睫。自认证认可监管部门成立之日就把认证认可法制培训和业务培训作为提高认证执法人员业务素质、改善执法环境的重要工作来抓。四川局认证认可监管部门先后参加了ISO 9000、ISO 14000、HACCP体系审核员的培训。为在较短时间内建立一支政治坚定、业务精湛、作风优良的认证认可执法队伍，组织举办了5期认证认可有效性、强制性产品抽查、管理体系认证以及产品认证等认证认可知识的培训，分支局及相关业务处认证认可执法人员都参加了相应的培训，受训人员达到200多人次。二是简化卫生注册和出口质量许可程序。出口食品生产企业卫生注册登记和出口商品质量许可因为涉及安排考核组到企业现场进行审核，所以办证周期较长。四川局根据《行政许可法》要求，本着监管有效的原则，将办证部门由3个减少至1个，办证环节由7个减少至4个，并对每个环节和每个具体经办人员作出了严格的时限规定，要求有关部门和人员均不得超期办理，从而大大缩短了办证周期。三是积极扩大对强制性产品认证工作的宣传面。为方便CCC免办企业办理业务，在全省各报检窗口公示“强制性产品认证证书”及“免办证明”的证书样本；印制了强制性产品认证和“免办证明”的办理须知及产品目录小册子向相关企业分发；将有关信息公布于四川局网站上，方便企业查询；并针对四川地区的进出口业务大多由代理报检单位代理的实际情况，采取电话联系、走访和集中开会等方式，告之“免办证明”的办理要求，提高了办证申请的有效性，方便了企业，此举受到了申请人的欢迎。四是在把好关的同时，热情服务，急事急办，特事特办，先后为国际医博会和四川电视节的参展设备及时办理了免CCC证明，从考核到办证仅用1天半时间就为一美资企业福清食品办完了所有卫生注册工作，受到了企业好评。五是加强实验室管理，促进系统内实验室技术水平的有效提升。四川局共有实验室9个，全部获得国家级计量认证证书，其中3家还获得了中国实验室国家认可委员会认可。为加强计量认证的后续管理，保证计量认证后的实验室的工作质量的持续性，2005年5月底对5家实验室进行了计量认证定期监督检查。2005年10月，还对5个涉及食品检测的实验室进行计量认证的专项检查。为保证检测结果的准确性，3个认可实验室多次参加APLAC、CNAL、卫生部以及其它机构组织的能力验证，成绩优良，为检验检疫数据的公正性、准确性提供了重要的技术保障。为逐步形成统一的评价体系，使实验室更加满足市场需要和相关法律法规要求，国家认监委要求检测机构做好独立法人资格和相关资质认定资格。对此，四川局党组高度重视，成立了以认证认可监管部门牵头的实验室整合协调小组，小组在充分了解和评价四川局的现实条件和实际需求后，编写出四川局实验室整合管理体系，使四川局的实验室管理迈上了新的台阶。

四川出入境检验检疫局供稿

强化认证监管力度 提高认证有效性

——四川省质量技术监督局2005年认证监管工作概况

2005年，四川省质量技术监督局以宣传贯彻《认证认可条例》和推进强制性产品认证制度为主线，以规范管理检测技术机构为重点，以认证监管队伍建设培养为支撑，围绕四川经济发展大局，强化对认证市场的监管力度，以为求位，以为树威，为推动四川经济发展作出了应有的贡献。

工作成绩：截至2005年底，全省共获得体系认证证书5 803张；通过强制性产品认证的企业有796家，获CCC证书3 550张；50余家实验室获得国家实验室认可，近800余家检验机构通过省级计量认证；基本形成了运转协调、管理规范的工作体系，培养造就了一大批认证审核咨询和监管人员。在川的CQC成都分中心、四川评审中心、CMS四川分中心、三峡认证公司等4家认证机构发展迅速，20余家认证咨询机构也取得长足进步，省内认证市场总体发展态势良好，认证机构之间恶性竞争的状况得到有效遏制。

加大宣贯及内外协调力度

1. **继续抓好《认证认可条例》的学习贯彻。**省局结合《认证认可条例》配套规章的贯彻，在全省质监系统范围内组织对80余名认证监管人员的再次宣贯，同时还组织对认证、培训、咨询机构、省级部门及省级检测机构的宣贯培训。各市州局也按照省局要求，在本辖区内组织对强制性产品生产企业、经销商和经营使用者、已获质量体系认证证书的企业、市县级计量认证/审查认可的检测机构的宣贯活动。据不完全统计全省有近3 000人参加了宣贯学习。

2. **建立健全认证认可工作协作网。**为整合工作资源，省局确定认证处承担WTO/TBT办公室工作。在改革完善现行认证工作体系的同时，以组建省级厅局间应对技术性贸易措施工作机构为契机，将其与认证工作机构合而为一，建立了有省级17个厅局参与的认证网络，创办并印发专项简报12期，牵头召开了两次专题研讨会，有效形成了认证工作和TBT应对工作合力。

3. **抓好专项调研和信息报送工作。**全省认证信息工作在原有基础上有了较大的飞跃，三季度即完成全年政务信息年度目标，多条信息被省委、省政府采用。同时，结合制定认证工作“十一五”规划，面向省内机关、企事业广泛开展“认证与经济发展”征文活动，组织对通过体系认证的政府机关进行了专题调研。2005年9月19日，为纪念《认证认可条例》颁布实施两周年和计量认证实施20周年，省局组织召开了《质量认证与经济发展》座谈会。国家认监委、省政府和省局、省商检局领导出席了会议并作了重要讲话，相关政府主管部门及部分市州质监局分管负责人、认证机构、咨询机构和企业代表80余人参加了会议；中国质量报、四川日报、四川电视台、四川质量报等新闻媒体均在显著版面给予深入宣传报道，并汇总编辑出版了四川质量认证与经济发展论文集。

发挥计量认证的强制作用

省局从1987年即组建统一机构承担计量认证和审查认可工作，经过多年的努力，计量认证标志已经成为可以信赖的一块金字招牌。按照“抓规范、保品牌、促管理、上水平”的总体要求，进一步加大了管理规范力度，全年审核发证近180余家，监督检查200家获证机构，使计量认证的作用和信誉度得以进一步提升。

1. **集中力量，突破机动车安全技术检测机构计量认证工作。**为贯彻《道路安全法实验条例》关于机动车安全技术检测机构计量认证的要求，省局积极协调，提出了“开展调查摸底、宣贯说明动员、培训内审人员、做好前期准备”的工作思路。首先组织了机动车检验机构的调查摸底工作，初步掌握全省基本状况。在省交警总队向省局移交了全省机动车安全技术检验机构的资质及监督管理工作后，省局即向各市州质监局发出通知，对车辆安检机构的计量器具和安检专用设备的计量检定情况进行检查。同时，按照国家认监委要求，省局在7月集中力量对原经公安机关委托授权的机动车检验机构进行计量认证。截至2005年底，全省25家原经公安部门委托授权的检验机构通过了计量认证，9家交通系统的机动车综合性能检验机构通过了计量认证；完成6家民营检验机构的计量认证。

2. 关注民生，抓好质检机构食品安全检验能力的建设。省局组织了质检机构食品卫生微生物检验人员培训，聘请华西医大公卫学院的教授就食品卫生微生物检验要求、实验室基本配置等进行培训，并实地考察了华西医大公卫学院检测中心微生物检验实验室；组织质检机构食品检验能力验收。结合国家建立食品安全检验检测体系的规划和四川省质检机构的实际情况，会同局科技、监督处召开专题研讨会，安排部署了食品检验实验室检验能力的验收工作，组织技术专家制定了验收方案，全系统已有5家市级质检机构基本完成微生物检验室筹建工作。

3. 抓好典型，积极推进中国实验室国家认可工作。为应对检测市场开放的挑战，积极促进有条件检测机构按国际标准建立质量体系，加快与国际接轨速度，为实验室互认创造条件，省局加强了ISO/IEC 17025：1999标准的宣贯，2005年有70余家检测机构按ISO/IEC 17025：1999标准和计量认证的特殊要求建立了质量体系；指导、帮助3个机构通过了中国实验室认可。

4. 突出重点，加强对技术机构计量认证行政许可后的日常监督。贯彻《计量认证/审查认可获证检测机构监督管理办法》，加强对计量认证行政许可后的日常监督，符合性监督评审作为一项制度坚持下去。对获证检测机构的环境条件、人员、仪器设备发生较大变化以及发生检测质量事故、用户投诉等情况的检测机构，责成有关市局或组织专家进行不定期检查。2005年监督抽查了200家获证检测机构，对其中监督检查不合格的5家机构进行停牌处理。

为确保全省计量认证评审工作质量，省局在抓好业务工作的同时，加强了人员培训和认证队伍建设，举办了多期培训班，培训计量认证内审员、计量认证评审组长、认证监管及执法人员、食品卫生微生物检验人员近千人。

强力推进强制性产品认证制度实施

强制性产品认证制度是中国应对入世的政府承诺。为了保证使该项制度的实施顺利，根据全国强制性认证工作会议要求，省局把继续抓好强制性产品认证产品执法检查提到了重要议事日程，按照国家认监委的统一部署，加强了对强制性产品认证产品执法检查范围内产品的监督执法检查。据统计，2005年全省强制性产品行政执法专项行动共出动执法人员6 990人次，执法车辆2 468台次，检查各类电脑城及电器商场6 411家，检查电视、电脑、电冰箱、洗衣机等各类电器51 500台，检查电线电缆63 000圈，发放宣传资料12 500多份。同时，及时加强对认证执法的业务指导，对市、县局认证执法中反馈的问题及时进行解答。各级质监部门高度重视强制性产品行政执法工作，做到了精心组织、明确责任、周密部署，务求抓出实效。为进一步加强协调，促进管理，2005年10月12日，省局组织各市州质监局认证工作负责人、稽查队长以及省局稽查分局、认证处全体人员共计40余人召开了强制性产品认证行政执法工作座谈会，就如何更加深入理解强制性产品认证制度，提升强制性产品认证行政执法监督有效性展开讨论。省局纪检组长罗召贵、总工程师陈高原出席会议并作了重要讲话。会上，CQC成都分中心负责人专门就认证产品范围、判断细则作了专题讲解和演示，并发放了相关的文件资料。在执法过程中，省局狠抓大案要案的查处工作，主要针对电线电缆、汽车、无线商务电话，既严格执行国家法律法规，又对企业实际情况给予充分考虑，收到了较好的效果。在组织对获得绿色、无公害、有机食品认证产品的监督检查中，按照国家认监委的统一部署，省局牵头组织成都市、区认证监管、执法及技术专家50余人，在成都市选择了知名度较高的8个大型超市和1个大型农贸市场，现场抽查了标注有"绿色食品"、"无公害农产品"、"有机食品"的108个产品。同时，根据国家认监委授权，组织了对10家食品认证企业认证有效性的检查，组织对全省食品检测机构进行了监督抽查，接受了湖北省局互查组对四川省5家机构的监督检查，结果符合国家有关标准，并派出2名技术专家参加对青海、甘肃食品机构的监督检查。

撰稿人：周传军　冉炜炜

大力实施体系认证 促进地方经济发展

——贵州出入境检验检疫局2005年认证监管工作概况

2005年,贵州出入境检验检疫局(以下简称“贵州局”)按照国家质检总局的部署,成立了认证监管处,认证注册监管工作得到了全面发展和进步,体系认证工作取得了很大的突破,有力地促进了地方经济的发展。

认证注册工作基本情况

2005年,中国质量认证中心(CQC)贵州评审中心按照CQC提出的“围绕一个中心,促进两个提高,完善三项体制,实现四个目标”的工作思路,结合中心工作特点和实际,开辟新思路、寻找新突破、采取新举措,在业务工作和自身建设方面均取得了一定的成绩。全年新认证组织76家,复审换证54家,监督审核276家。

在卫生注册登记工作中,贵州局认真贯彻执行《出口食品生产企业注册登记管理规定》和《出口食品生产企业卫生注册登记程序性文件》中规定的工作程序开展卫生注册登记工作,组织评审均由主任评审员任组长,在评审中严格执行评审工作要求和工作纪律,严格把好资料评审和现场评审关。为了能对企业进行有效的帮助,根据贵州多数出口食品生产企业管理基础薄弱的实际,及时提供政策性指导和帮助,积极指导企业进行卫生注册登记工作。2005年,共有40家卫生注册登记在册企业,其中注册38家(有2家对外注册)、登记2家。当年审核9家、换证复查5家,另有蔬菜种植基地备案在册15家、养殖场备案5家、食品标签登记发证9份。还对辖区内6家国境口岸食品生产、经营、储存单位按照国境口岸卫生许可证工作规范进行了管理和复查换证工作。贵州省已经拥有一些在国内较有影响的出口食品企业,如贵州茅台酒厂、老干妈风味食品有限公司等,有的加工企业已成为贵州省对外出口的龙头企业。贵州局的卫生注册登记工作为促进贵州外贸经济发展,扩大食品、农产品出口做出了贡献。

此外,还认真做好进口产品验证工作,对未提供相关认证证明文件的不准进口,对于与证明文件不符的,通知检验检疫业务部门现场认真核实。改进CCC免办证工作方式,对于窗口部门难以确认是否列入CCC目录的产品,由机电轻纺检验处和认证监管处共同负责确认。同时,在CCC免办工作中严格按国家认监委2005年第3号公告的规定办理,共办理了26份免办证明。

在加强CCC认证管理工作的同时,不放松出口产品质量许可证的管理,严格把关,凭证报检。对许可证考核工作从严要求,每次工厂考核严格按照流程和标准进行。考核资料经过职能部门的严格审核,合格后才颁发质量许可证书。对到期证书,及时组织换证评审。对于违法行为,坚决依法处理。贵州省内获得机电等出口产品质量许可证企业原有20余家,去除与CCC认证重复的企业后,已有11家企业列入许可证管理。此外,还有出口产品包装质量许可证企业32家,其中危险品包装7家,对这些企业进行了适时的监督管理和复查。2005年共完成出口产品质量许可证审核换发证5家,出口包装质量许可证审核换发证及更名3家。

一体化认证取得实效

2005年,CQC贵州评审中心在2004年的基础上继续推进一体化审核工作。针对一些规模较大,实力较为雄厚的优质客户,积极宣传环境管理体系和职业健康安全管理体系认证,努力实现在同一客户中不同体系的业务扩展。全年共实施一体化认证企业5家,并顺利完成了对贵州茅台酒股份有限公司一体化认证审核,将国酒茅台的生产厂家列入CQC客户名录,实现了历史性突破。

2005年11月7日,全国政协委员、中国认证认可协会会长王凤清出席了在贵阳举行的中国质量认证中心、贵州局颁发贵州茅台酒股份有限公司一体化管理体系认证证书暨贵州评审中心认证企业600家新闻发布会,并与出席新闻发布会的贵州省副省长蒙启良及中国质量认证中心主任李怀林分别向茅台酒股份有限公司颁发了ISO 9001质量管理体系、ISO 14001环境管理体系和ISO 18001职业健康安全管理体系证书。与茅台酒公司的成功合作,标志着中国质量认证中心在白酒行业三体系一体化认证零的突破。

规范认证注册工作

按照国家质检总局的部署,2005年6月贵州局成立了认证监管处，将过去科技与认证处的认证监管职能划由认证监管处统一管理，使贵州局的认证监管工作得到进一步加强,工作更加规范。认证监管处成立后,严格按照国家质检总局和国家认监委的要求加强认证监管注册工作,对认证监管人员和卫生注册评审员实行统一管理,统一调配使用,有效地利用了有限的人力资源,为进一步做好认证注册工作奠定了坚实基础。

按照《出口食品注册登记企业监督管理计划》的要求,贵州局对用于生产加工出口食品原料的养殖、种植基地周边的疫病、疫情以及农药、兽药使用及残留情况,饲料使用情况、卫生管理条件等进行了检查;重点对卫生注册登记企业的原料、辅料的验收,产品的病原微生物,农药、兽药残留情况及有毒有害物质的控制监测情况,卫生质量管理体系有效运行以及持续符合卫生注册登记条件等情况进行了检查。事前认真准备检查计划,组织评审员结合受检企业实际对检查内容及评判尺度进行了仔细讨论,统一了要求。在检查过程中认真做好相应记录,对发现的问题在检查组内充分交流意见，形成共识后才向企业提出。提高了检查结果的客观和公正性,促进受检企业改进卫生管理,从而保证了出口食品质量。

严格评审员的监督管理。一是建立了由分管局长任组长的评审员资格评定小组。按规定的条件和程序对拟定的评审员进行评定，确认符合要求的人员取得评审员资格;二是加强对评审员的职业道德教育,防止评审工作的违纪违法行为发生。通过培训班、研讨会等形式加强教育,提高评审员的政治素质。同时,通过认证监管处主管部门对评审工作质量的检查、上报评审记录、报告等的严格审核,防止不公正现象的发生;三是按年度对主任评审员和评审员进行工作总结和评价，主任评审员要书面上报工作总结,注册领导小组进行评定。

加强内部管理和培训

2005年,贵州局积极组织评审员学习国家质检总局和国家认监委下发的相关文件和政策法规，使大家随时了解上级文件精神，以保证卫生注册登记工作有明确的方向和工作要求。组织评审员参加了2005年认证监管人员培训,培训严格按照国家认监委《2005年质检系统认证监管人员培训教材》及其配套音像资料的内容要求进行，参加培训的人员均通过了国家认监委组织的统一考试,有效提高了评审员的执法水平。同时,还积极选派人员参加国家质检总局、国家认监委组织的主任评审员和HACCP培训班。到2005年底,已选派了7人参加主任评审员的培训,近20人参加了HACCP培训。组织主任评审员结合注册工作实际,重点对国家认监委翻译、编辑的欧美等国家地区《食品卫生法规汇编》、《肉类食品生产企业安全体系官方验证实例集》、《HACCP体系建立和实施指南》等资料的学习和研究。配合中国检验检疫科学研究院在贵阳举办了食品安全管理体系标准（SN/T 1443.1—2004)培训班。通过一系列的培训工作,贵州省评审员队伍已基本适应了贵州局卫生注册登记评审工作的需要。

2005年,CQC贵州评审中心加强了内部管理和队伍建设,根据中心人力资源现状,结合贵州市场业务发展需求,选派人员参加执业资格培训,以满足认证活动需要。2005年共有8人次参加了OHSMS 18001体系审核员和ISO 14001体系审核员的培训，两名人员通过了OHSMS审核员的持续培训。上半年,根据CQC的要求,中心将所有专职审核员的资料整理上报，注册CCC工厂检查员，除1名人员外均已注册成功。2005年,中心组织了3名人员参加CNAT审核员面试，为12名审核员办理QMS审核员、高级审核员注册手续；新聘用12名QMS审核员。中心共有QMS高级审核员6名，审核员29名,EMS高级审核员1名,OHSMS高级审核员2名、审核员2名。与2004年相比,人员队伍得到进一步优化和加强。为满足审核需要,2005年8月开始重新申报审核员和技术专家的审核专业，年底前审核专业覆盖了CQC所有被认可的专业,使得今后认证审核时不用再到其他机构借用人员。

通过建章立制,明确岗位职责,进一步规范运作。2005年,CQC贵州评审中心在CQC体系文件的基础上，结合自身工作特点，制定了内部管理制度，将职责和权利明确到人。以CQC档案检查为契机,加强对认证文件、记录、认证企业和认证人员档案的管理,强化员工遵章守纪的意识,严格按照程序办事,工作效率及协调性大大加强。开拓思路,与兄弟评审中心优势互补,共同开发市场。由于中心目前尚无HACCP审核员,相应业务开展基本处于停滞状态。为扭转被动局面，中心主动与CQC四川评审中心联系开展合作,利用四川的人力、技术资源和贵州的市场资源,努力扩大CQC在贵州HACCP认证市场的占有率。同时,CQC四川评审中心帮助贵州培养审核人员，达到互利互惠，共同发展的目的。在这种合作机制下,已发展客户10余家,取得良好效果。2005年下半年,CQC贵州评审中心有多名审核员参与了HACCP认证和监督审核,在实践中得到了锻炼和提高,为今后中心自己审核队伍的发展壮大打下了良好的基础。

撰稿人:王志文　审稿人:田　虹

健全工作体系和工作机制 履行好行政职能

——贵州省质量技术监督局2005年认证监管工作概况

2005年，贵州省质量技术监督局(以下简称“贵州省局”)在深入实际调查研究的基础上，进一步明确了全省认证认可工作的总体目标和工作方向，制定了“围绕一个中心，建设两个体系，推动三方面工作，落实四项基础”的工作思路，即围绕经济建设这个中心，建设以质监系统为主干的认证认可监督管理体系和服务体系，推动质量认证、强制性产品认证、检测机构计量认证三方面的建设工作，着力抓好监管人员政治、业务、素质的提高，组织队伍建设，科学管理和宣传发动四项基础工作。按照这一工作思路，加快了贵州省认证认可工作的发展，多次受到国家质检总局、国家认监委领导的表扬。

建立健全工作体系和工作机制

健全有效的工作体系和工作机制是做好认证认可工作的基础和前提。贵州省局充实了认评处职能，使其与国家认监委的职能相对应，同时在全省各地、州、市、县也确定了对口职能科室，承担起地方质量认证监管和质量检验机构监督管理职能，在全省形成了上下协调一致的认证认可监管体系。针对贵州省工作量大、面广、信息闭塞、群众对认证认可工作理解不深、市场行为不规范诸多问题，贵州省局做出了工作安排，制定了相关的制度。制订了贵州省《质量认证咨询机构备案登记管理办法》、《质量认证实施细则》，下发了《贵州省认证咨询机构进行清理整顿通知》，在国家认监委统一领导下开展了全省认证认可有效性监督检查。在监督检查中，对认证咨询机构加强了规范性管理，对质检机构实验室更加注重提高其检验检测的公正性、科学性、有效性。在监督检查中，注重以服务为主，服务到位，全面履行好行政职能。

热情服务 强化监管

贵州省局按照国家质检总局、国家认监委的各项部署，注重工作中的服务意识，较好地完成了以下工作：

1. **组织完成全省实验室资源调查工作。**按照国家质检总局、农业部、卫生部、商务部、国家工商总局、国家食品药品监管局、国家认监委联合下发的《关于食品检验检测体系建设有关工作安排的通知》、《关于开展食品检验检测资源调查的通知》、国家认监委《关于开展第二次全国检验检测资源及实验室状况调查的通知》要求，贵州省局认评处于2005年初下发《关于对实验室资源调查工作的补充通知》，要求各市(州、地)加大此次资源调查的工作力度。贵州省局认评处还下发了《关于进一步做好检验检测资源及实验室状况调查工作的通知》，要求各市(州、地)局广泛发动各有关方面积极参与此次资源调查。贵州省局网络数据库已对312家实验室的资源数据与国家认监委联网。

2. **组织完成全省食品检验检测资源调查工作。**2005年1月31日，以黔质技监认[2005]12号文件《关于转发〈关于开展食品检验检测资源调查的通知〉的通知》部署了在全省范围内开展食品检验检测资源调查的工作，公布了贵州省局设置的资源调查汇总邮箱。2005年3月10日，由贵州省局汇总统计的食品检验检测机构共34家的数据已全部导入中国实验室资源调查网络系统数据库。通过这次调查，基本摸清了贵州省食品检验检测实验室的检测通用能力等基本情况。在本次汇总的34家贵州省食品检验检测机构中质监系统机构11家，其中省级1家，地级8家，县级2家；高校实验室4家；农业系统实验室4家；粮食系统实验室4家；企业实验室4家；其他部门及科研院所实验室7家。

3. **积极做好机动车安全技术检验机构的计量认证工作。**根据国家质检总局、公安部和国家认监委联合下发的《关于加强机动车安全技术检验机构管理有关工作的通知》文件要求，贵州省局与省公安厅配合积极做好机动车安全技术检验机构的资格确认、监督管理及计量认证工作。会同省公安厅交通警察总队对全省机动车安全技术检验机构开展了基本信息统计、人员信息登记、技术人员培训等，建立了相关的技术档案。并在时间紧、任务重的情况下，积极开展机动车安全技术检验机构的计量认证评审工作，截至2005年6月30日，全省共有32家机动车安全技术检验机构通过计量认证，另外有13家汽车综合性能检测线通过计量认证，获得了《计量认证合格证书》。

4. 组织认证咨询机构开展管理体系咨询师转换相关工作。根据国家认监委《关于调整转换注册咨询师培训方案的通知》和CNAT《关于调整转换注册认证咨询师培训相关事宜的通知》要求，贵州省局认评处积极组织辖区内的认证咨询机构开展管理体系咨询师转换相关工作。为了帮助贵州省认证咨询机构减轻咨询人员赴外地参加培训、考试的负担，经过贵州省局向CNAT的积极争取，CNAT本着支持西部落后地区正常开展认证咨询工作的精神，特别批准于2005年8月在贵阳安排一次认证咨询师转换统考。该项工作的培训、考试已完成，贵阳考生取得较好成绩，除1人外，其余均通过考试。

5. 组织完成对检验/检测技术机构内审员进行培训、考核、注册工作。2005年按国家认监委要求，举办2次全省认证认可执法人员培训，参加2次国家认监委统一考试。深入基层，配合县级局做好计量认证内审员的培训工作，培训内审员约200名，2005年3月、6月贵州省局认评处按照《贵州省检验/检测实验室内部审核员管理办法》的规定和要求分两期举办了计量认证/审查认可内审员培训班，166人经考核合格得以注册并取得了贵州省计量认证/审查认可内审员证，相关考核材料已归档。

6. 组织完成对检验/检测技术机构评审员进行培训、考核、注册工作。2005年6月贵州省局认评处按照《贵州省检验/检测实验室评审员管理办法》的规定和要求举办了计量认证/审查认可评审员培训班，34人经考核合格得以注册并取得了贵州省计量认证/审查认可评审员证，相关考核材料已归档。

7. 加强认证认可监管工作。2005年1月28日以黔质技监认[2005]8号文件下发《关于转发〈关于加强认证认可监管工作有关问题的通知〉的通知》。据此对全省认证监管部门及人员进行了重新登记，进一步理顺了工作关系。

8. 组织完成对申请计量认证/审查认可的技术机构的资格审查、评审和发证工作。全年完成计量认证机构98家，计量认证/审查认可机构4家。相关考核评审材料及发出证书附表已归档保存。截至2005年12月底，通过计量认证的实验室有300家。

9. 认真开展各地、县CCC执法工作。安排部署了强制性产品认证目录范围内的装饰装修材料、网吧电脑等的执法工作。同时，较好地完成国家认监委下达的计量认证监督检查工作。

贵州省质量技术监督局供稿

完善机构　规范程序　提高认证有效性

——云南出入境检验检疫局2005年认证监管工作概况

2005年，是云南出入境检验检疫局(以下简称"云南局")认证监管工作中非常重要的一年。云南局党组根据国家质检总局、国家认监委和云南省政府的部署，从组织机构、管理制度、办事程序以及工作内容等方面，对于认证监管工作进行了全方位调整、充实、规范和加强，为构建云南边陲安全卫生检验检疫屏障和促进地方经济发展，作出了应有的贡献。

认证监管综合情况

1. 健全认证监管部门。根据国家质检总局和国家认监委的要求，云南局克服编制不足等困难，在局内选派既熟悉认监业务、又富有开拓和组织领导能力的干部，抽调具有多年认证监管经验、工作能力强的人员，调配办公场所和设备，于2005年7月25日正式成立了认证监管处。

在全局各处室的大力支持配合下，认监处用最短的时间完成了工作交接和平稳过渡，在短短的两个多月中，完成了行政许可模式转变、认证监管执法人员培训等多项由国家认监委和本局统一安排的全局性工作，实现了开门红。

2. 修订完善了《云南出入境检验检疫局认证认可工作管理规定》。2005年5月，在总结《云南出入境检验检疫局认证认可工作管理暂行规定》运行3年来经验的基础上，结合《行政许可法》实施和云南省政府关于行政许可实行“一个窗口对外”的要求，重新修订并正式出台实施《云南出入境检验检疫局认证认可工作管理规定》。

3. 完成行政许可模式转换，实现“一个窗口对外”。 在云南局涉及的多项行政许可中，属于认证监管业务范围有3项。而其中“卫生注册登记”和“质量许可”两项为专业性最强、程序最复杂、涉及内部部门最多的项目。而且多年来在实际工作中已形成出口企业、对口业务处和认证监管部门都认可的、较为完善的工作模式，其中不乏有很多行之有效的合理做法。一旦改变，各有关方都感到困难很多、思想上一时难以接受。

云南检验检疫局党组为贯彻执行国家依法行政方略，落实云南省政府关于行政许可“一个窗口对外”的要求，决定由云南检验检疫局有关部门对照《行政许可法》的要求反复调查、研究、协商、讨论，在确保符合法律规定的前提下，对“窗口”、认证监管部门以及对口业务处之间的职责和办理时限进行了合理分配，重新形成了“既满足行政许可时限和程序要求、又发挥各部门专业特长，既方便申请人、又保证各环节审批质量”的新的运作模式，自2005年6月27日实际运行以来，情况良好，有关各方均较为满意。

4. 规范行政许可格式文书，完善许可项目的流程登记，提高办事效率。 由于与认证监管有关的行政许可尚未纳入国家质检总局的CIQ 2000业务管理系统，流程管理相对薄弱。为了严格执行《行政许可法》的时限规定，云南局通过规范采用国家质检总局统一制发的《一次性告知书》、《不予受理通知书》等行政许可格式文书，使用电子表格对认证监管相关行政许可项目实行全过程的流程登记，并加强了对专家组评审过程的管理和督办，审批质量明显提高，办理流程明显加快，受到申请人的广泛好评。

5. 按要求完成认证监管执法人员业务培训和考试。 国家质检总局和人事部举行的任职资格考试定于10月16日举行，与国家认监委10月15日主办的认证监管执法人员业务培训统考时间仅隔一天。云南局通过精心组织和安排，参加培训的各有关部门、分支机构的分管领导及主管业务人员共55人，发扬不怕困难、连续作战的精神，圆满完成培训任务并在上述两项考试中取得优异成绩。

卫生注册登记管理

1. 基本情况(见下表)

年度	新增		复查		取消		有效数			HACCP验证	
上年11月~本年10月	注册	登记	注册	登记	注册	登记	注册	登记	合计	应验证	已验证
2002	37		10		45		275				
2003	17	25	41		116	103	56	42	98	17	4
2004	21	43	7	11	4	3	73	82	155	20	14
2005	44	25	23	8	9	7	108	100	208	17	17

2. 开展的主要工作

(1)使用计算机对卫生注册登记项目实行全过程的流程登记，并加强了对评审组管理和督办，审批质量明显提高，办理流程明显加快。弥补了因未纳入CIQ 2000业务管理系统形成的流程管理相对薄弱的情况。

(2)采用统一数据库对申请、报批材料的审查情况进行记录，并据此打印《一次性告知书》。免去了因书写原因给申请人造成的困惑，也便于认监人员统一目光、使用标准用语、避免误解，还方便解答申请人的问询。

(3)对于申请过程中发现的常见问题进行总结和汇总，组织人员编写《卫生注册登记申请书填写及随附材料准备注意事项》，以进一步方便申请人。

(4)按国家质检总局和国家认监委的统一部署，对云南水产品出口加工企业和进口销售企业进行专项检查。

(5)鉴于国家认监委网站上的卫生注册登记有效名录不能正常维护这一情况，在云南局内外网上同时保持注册登记名录及时更新、适时有效。为国家认监委委托的《检验检疫》杂志社校对并提供云南省2004年有效卫生注册登记名录1次。

2. 对云南农产品出口的促进。 在有关各方的共同努力下，卫生注册登记工作对促进云南省农产品出口起到了明显的作用。云南农产品出口创汇从2004年的4.2亿美元，增长到2005年的4.8亿美元。其中松茸及制品保持创汇在5 000万美元以上，数量为1 367t(比上年增长约10%)；茶叶创汇1 930万美元，比上年增长50%，实现较大突破；蔬菜类产品出口131 573t、创汇4 174万美元，分别比上年增长36.9%和52.3%，还形成了洋葱、山葵、甜豌豆等特色和优势出口品种，特别是向要求很高的日本实现出口12 081t、创汇1 507万美元，取得较好经济效益。

强制性产品认证行政执法工作

1. 对进口的CCC目录内产品进行了入境验证。

2. 结合出口产品生产企业的质量许可证管理和日常监管工作，对生产CCC产品的出口企业下厂实施了认证监管。

3. 根据国家认监委国认证函[2005]24号文件要求，及时制定了免办内部工作程序和申请表，严格按照规定程序办理。2005年对符合条件给予办理CCC免办证明的共计30家次。加强对CCC免办中办理流程的管理和后续监管工作，组织对办理量较大的挖掘机销售维修企业及其用户进行了一次实地调查。

4. 在检验和监管中尚未发现重大问题，未实施过行政违法案件查处。

质量许可证管理

云南省涉及出口质量许可的产品主要是机电产品，此外还有少量的煤炭和日用陶瓷。因新的《商检法实施条例》的延迟发布，国家认监委新的质量许可管理办法(除日用陶瓷外)一直没有发布实施，仍按临时许可证管理要求开展工作。云南局2005年共考核、发放(换发)机电产品生产企业临时出口质量许可证10份。

三类机构的管理情况

云南省尚无外资及合资的认证、认证培训和认证咨询机构。云南局对CQC云南评审中心和CCIC云南分公司开展不定期监督检查，其运作较为规范，尚未发现违规行为。

实验室管理

1. 通过精心组织、积极准备，云南局技术中心于2005年9月通过了CNAL组织的“实验室认可/计量认证监督评审+扩项评审”。

2. 完成了国家认监委委派的检验检疫系统内实验室计量认证评审考核。勐腊、版纳、临沧、德宏、文山、河口6个局实验室均通过了计量认证监督评审考核。

3. 根据国家认监委《关于开展2005年度计量认证专项监督检查工作的通知》(国认实函[2005]167号)的要求，组织对本系统各有关实验室进行计量认证专项检查。

云南出入境检验检疫局供稿

完善工作机制　健全工作制度　提高监管质量

——陕西出入境检验检疫局2005年认证监管工作概况

2005年，陕西出入境检验检疫局(以下简称“陕西局”)进一步强化认证监管工作，成立认证监管处，完善职能界定，充实工作人员，明确岗位职责，规范认证认可工作程序，严格依法行政，加强认证认可监管，提高工作质量，为促进陕西地区对外经济贸易发展做出了新的成绩。

强制性产品认证监督管理工作

1. **大力宣传强制性产品认证制度，推动强制性产品认证制度在陕西地区的开展。**按照国家质检总局统一部署，2005年“3·15”举办了“健康、安全”为主题的宣传活动，同时邀请中国质量认证中心西安分中心提供现场咨询服务，宣传强制性产品认证有关政策法规。此次活动共散发宣传材料2 500份，解答群众咨询100余次，收到较好的宣传效果。

2. **依法开展进口强制性认证产品的入境验证。**依据《陕西进口许可制度民用商品入境验证操作规程》，加强对进口商品的入境把关。各业务部门依照《涉及强制性产品认证产品审查表》进行产品信息传递，符合入境条件的准予入境，不符合入境条件的责令退货。入境产品由指定的部门进行现场查验，核对认证证书和产品认证标识等。手续完整齐备的受理报检。货证相符，货物准予安装、使用；货证不相符，立即封存，并按照规定进行检测、处罚等。

3. **加强强制性认证产品生产企业的监督管理，推动强制性产品认证制度的实施。**陕西局加强对涉及强制性认证产品的出口企业的监督和宣传，详细为企业讲解认证工作程序，提供政策咨询；结合检验工作，检查认证标志的使用与管理和证书的有效期，现场抽查部分技术指标，及时纠正不规范的标志使用，监督改进生产管理，加快了企业申办强制性产品认证进度。

4. **强制性产品认证免办工作有序进行。**2005 年 4 月之前，陕西局只有来料加工复出口的免办权，办理了 1 份免办证明。4 月后，国家认监委将免办权全部下放各直属检验检疫局，陕西局共办理《免于办理强制性产品认证证明》22 份。按照新的规定，重新整理了免办的条件和要求，在信息网站上对外发布；按照国家认监委关于免办条款的八个方面汇总、整理了免办资料的具体要求，在工作人员中共享，保证了免办咨询、办理的一致性和连续性；加强了免办产品入境验证工作，防止免办产品和进口货物不一致的情况，确保免办工作真正落到实处。针对 1 家企业免办新产品，进口旧设备，陕西局收回免办证明，并勒令该企业退货。

出口食品生产企业卫生注册/登记工作

陕西局认真贯彻国家质检总局、国家认监委召开的“全国进出口食品卫生注册工作会议”、“对欧盟出口动物源性食品安全工作会议”、“促进食品、农产品扩大出口工作现场会”三个重要会议精神，强化食品安全风险意识，积极督促和指导生产企业建立出口食品生产质量保证体系，加强出口食品的安全卫生控制，规范卫生注册管理工作。至 2005 年 12 月底，陕西局卫生注册登记企业共计 78 家，通过 HACCP 体系官方验证的企业 25 家。开展的主要工作有：

1. **全面迎接美国 FDA 对出口果汁和蜂蜜企业考察工作。**2005 年 9 月，美国 FDA 检查官员对中国 10 家向美国出口果汁、蜂蜜的生产企业的安全质量控制管理体系进行官方验证，其中陕西地区有 3 家果汁和 1 家蜂蜜生产企业。按照国家质检总局和国家认监委的有关要求，陕西局高度重视，积极组织，周密安排，部署迎检工作。一是研究制定了以“企业全面迎检，政府创造条件，出入境检验检疫机构陪同检查”为原则的迎检方案，召开有省政府有关部门、迎检企业参加的迎检准备工作会议，全面动员，协调配合，明确责任分工；二是编写了《迎接美国 FDA 检查出口果汁、蜂蜜生产企业准备工作资料》，下发到被检企业和有关部门，对受检企业进行现场检查指导和整改，重点帮扶基础工作薄弱的企业，指导其完善管理体系文件与相关记录、标识等，督促其改善硬件设施和管理水平；三是利用检验检疫技术中心先进的检测设备和技术，对企业送来备检的 300 多份原料与成品中的农兽残、重金属等 2 000 多个项目进行了检测，严把检测质量关。四是在美方检查官到达前夕，召开包括省政府各有关部门、迎检企业所在地的政府及其农(果)业主管部门负责人、企业负责人参加的迎检工作协调会议，进一步明确迎检原则和分工等，对可能遇到的问题提前准备，确保迎检工作有序进行。由于措施具体，准备充分，经美国 FDA 官员的官方验证与核查，现场未发现严重不符合项，FDA 官员对陕西局的监管工作给予了高度评价。

2. **加强出口动物和肉类卫生注册企业的养殖场备案管理。**陕西局严格备案养殖场的防疫、消毒工作，实行养殖场疫情报告制度，从源头杜绝疫病的感染，确保出口肉类动物安全健康。开展出口肉类源头疫情监测，分别对备案养殖场的鸵鸟、猪、羊采集了 135 份血样进行禽流感和口蹄疫的免疫抗体监测。在日常监管中核查企业的实施记录，严把宰前检疫收购关、严格关键控制点的管理、重视企业卫生检验人员的培训，发现不规范操作等问题，及时要求企业限期改正，并随时检查纠正情况，保证出口肉类的质量。

3. **加强对出口猪肉、蛋粉、蜂蜜产品中农兽药残留的监控检测，指导企业完善安全卫生质量控制体系。**陕西局制订了 2005 年度出口猪肉和蛋粉残留物质监控抽样及检测工作计划，采集了 42 份样品分别寄送相关检测单位。加强了对原料蜂蜜中农兽药残留的监控检测和对蜂农的备案登记工作，开展了迎接欧盟残留监控考察团的准备工作。

4. **加大对新建出口食品加工企业的审核。**按照《出口食品生产企业卫生注册登记管理规定》的要求，加大了对新建出口食品加工企业的设计方案或图纸的审核力度，保证企业在建设时硬件满足卫生注册登记的条件，使其少走弯路，减少损失，为其建立出口食品的安全卫生体系奠定良好基础。

出口质量许可工作

至 2005 年底，陕西局发放出口质量许可证书共 34 份；上报国家质检总局审批通过的出口危险货物包装容器质量许可企业共 5 家。

1. **制定可操作的出口商品质量许可考核细则。**为有利于出口质量许可考核工作顺利进行，陕西局将原有考核细则与 ISO 9001:2000 质量体系标准结合起来，制定了操作性较强的考核细则。

2. **加强出口商品质量许可日常的监督管理工作。**将日常的检验监管与每年一次的出口质量许可的工厂监督审核结合进行,对检查中发现的问题要求企业限期整改,促进获证企业不断提高管理水平,保证出口产品质量。

3. **做好出口危险品包装容器质量许可的宣传与监管工作。**出口危包质量许可的办理程序发生变化后,陕西局先后发文明确出口危险货物包装容器质量许可证的申请、受理、考核、审批和发证的权限、工作程序及办理时限等相关内容,并在局信息网站公布。利用下厂检验监管的机会,帮助企业对照考核细则自查,对查出的“待改进项”、“不符合项”督促其整改。

4. **严格执行受理、考核的工作内容和工作程序。**陕西局严把质量管理体系文件的预审关,现场重点核查质量记录的完整性、真实性,质量体系的符合性和管理体系持续改进情况。从材料预审、受理、现场考核到审批,形成规范性文件。

检验检疫实验室建设和管理工作

陕西局实验室包括技术中心、保健中心、地区局实验室三大系列,先后通过计量认证、实验室认可和 ISO 9000 认证。

1. **检验检疫技术中心实验室加强规范管理,提高检测能力。**2005 年重点对原食品、化矿和微生物检测等 3 个注册实验室的质量管理体系文件进行整合、修改,建立了一套以技术中心为主体的质量管理体系并投入运行,通过 CNAL 组织的实验室认可现场评审。认可的检测范围涵盖了化工、矿产、金属材料、轻工、食品、饮料、酒类、蛋制品、乳制品、罐头、果汁等 28 类产品的 196 个检测项目。参加了国家认监委组织的苏丹红 1 号、食品中山梨酸、苯甲酸、白酒中甲醇、杂醇油、小麦粉中过氧化苯甲酰、蔬菜中甲基毒死蜱、氯氰菊酯、乐果等残留果汁中 L–脯氨酸等 6 个产品的检测能力验证。食品实验室接受并通过了国家认监委 2005 年度计量认证专项监督检查。

2. **保健中心加强管理体系建设。**2005 年,陕西国际旅行卫生保健中心推行 ISO 9000 管理,通过由中国质量认证中心(CQC)总部派出的评审组进行的现场评审,获得 ISO 9001 标准管理体系认证。HIV 确认实验室以优秀成绩通过卫生部艾滋病预防控制中心专家组监督评审。临床检验实验室依据 ISO/IEC 17025 标准建立了质量管理体系,规范管理,强化岗位责任制,在传染病检测手段和能力方面有了很大提高,推进了实验室认可的准备工作。

3. **下属分支机构实验室通过“二合一”评审。**汉中局和榆林局实验室通过了 2005 年国家认监委组织的计量认证监督检查,正在做计量认证/实验室认可“二合一”评审的准备工作。宝鸡局综合实验室 2005 年顺利通过 CNAL 的实验室认可/计量认证二合一现场评审并获得证书。

规范认证认可依法行政工作

1. 严格依法实施认证行政许可工作。开展了强制性产品认证行政执法监督检查自查工作,从强制性认证制度实施的整体状况、生产企业的监管情况、强制性产品认证免办工作情况、行政执法队伍建设、执法人员专业培训等方面进行自查,总结上报国家认监委。接受了国家质检总局对陕西局贯彻执行行政许可法执法检查,涉及认证行政许可的项目有出口质量许可、出口食品企业卫生注册、出口危险品包装容器质量许可。检查结果总体良好,检查发现未出具行政许可受理文书和时限拖延的问题,已全部纠正。

2. 按照国家认监委要求,对陕西地区出口商品质量许可制度实施情况进行了深入调查,走访了相关出口企业和贸易单位,了解对出口质量许可制度的看法和意见,统计出口商品质量许可获证情况,结合陕西局实施出口商品质量许可的情况,总结上报了国家认监委。

3. 呈报对国家认监委《良好农业认证实施规范》及有关问题的修改意见和建议。根据陕西省人民政府办公厅的转办文件要求,陕西局组织有关专家对国家认监委《关于开展良好农业规范认证试点有关问题征求意见的函》及附件《良好农业规范综合农业保证认证实施规则(征求意见稿)》和《良好农业规范综合农业保证控制点与符合性系列规范(征求意见稿)》进行了认真讨论,对相关内容提出修改意见和建议。

4. 按照国家认监委的统一安排,参加了认证机构档案专项稽查活动,并组织对陕西地区 1 家认证机构 5 份企业档案进行了稽查。

撰稿人:贾明贵　审稿人:王彦魁

认真履行职责 努力做好认证与实验室监管工作

——陕西省质量技术监督局2005年认证监管工作概况

2005年,陕西省质量技术监督局(以下简称“陕西省局”)认真履行职责,努力做好认证与实验室监管工作,完成了既定工作任务,取得了一定成绩。

认证监管工作

1. 加强宣传,提高社会认知度,推动陕西省认证工作。一是利用陕西省局在“3·15国际消费者权益日”和质量月期间的大型宣传活动发放资料,加强对《认证认可条例》及相关法规政策的宣传。二是配合国家认监委在全国开展的农产品、食品认证标志专项监督检查工作,面向全省大型商业企业开展了认证认可制度的专项宣传活动。在各方面共同努力下,陕西省认证工作稳步发展,截至2005年10月,全省共获得各类自愿性认证证书2 867张,强制性产品认证证书1 754张。

2. 健全队伍,提高业务素质,夯实认证监管工作的人员基础。按照国家认监委相关文件精神,2005年年初,陕西省局要求各市局明确承担认证监管职责的业务科室,并确定专职认证监管人员。文件下发后,全省11个市局迅速落实,有些市局在所辖县区局也落实了认证监管人员。至此,陕西省质监系统认证监管人员队伍基本健全。

为提高认证监管人员业务素质,陕西省局采取积极措施,加强培训工作。一是想办法给省市县三级共139名认证监管人员都配发了培训教材,要求大家加强自学;二是按照国家认监委统一部署,分别在2005年10月和11月组织了省级和市县级认证监管人员业务培训和考试。由于精心准备、认真实施,取得了较好的培训效果。全省共有131名认证监管人员获得了2005年度培训合格证书,比2004年增加了73人。

3. 积极引导,有效监管,规范陕西省认证市场秩序。

(1)积极引导,规范合法机构的经营活动。截至2005年底,陕西省持有国家认监委有效批准证书的认证咨询机构共计11家。5月,陕西省局派员走访了全部咨询机构,了解基本情况,听取各机构对陕西省局认证监管工作的意见和建议,并要求合法机构要规范经营,严格自律,树立合法认证咨询机构良好形象。

(2)履行政府服务职能,为咨询机构提供相关服务。2005年7月,中国认证人员与培训机构国家认可委员会(以下简称CNAT)开始组织转换注册认证咨询师培训考试。初期,全国只有北京、上海、广州、沈阳四个地方设立考点。经陕西省局与CNAT积极协商,争取到在西安增设考点。8月26~27日,陕西省局人员全程协助CNAT工作人员,成功组织了西安考点的考试。因准备充分,陕西省参考人员也取得了良好成绩,参考63人次,全部获得合格证书。此项工作获得了陕西省各认证咨询机构的普遍好评,认为是政府主管部门为他们做了一件实实在在的好事。

(3)发挥认证监管职能,严肃查处认证违法案件。一是按照职责划分,积极受理并严肃查处查办有关认证违法案件。2005年,先后查处了“陕西家具行业绿色产品评审委员会”未经审批擅自开展认证活动违法案件、深圳市英达司思企业管理咨询有限公司西安分公司未经审批擅自在陕开展认证咨询活动案件。这些案件的查办,对违法者起到了一定的震慑作用,规范了陕西省的认证市场秩序。二是按照国家认监委统一部署,在10月10日~25日,与陕西出入境检验检疫局组成联合评价组,按照国家认监委抽样清单,对西北农大杨凌认证中心进行认证机构档案专项稽查,并在现场评价后将汇总情况报国家认监委。

质检机构(实验室)监管工作

1. 认真组织好质检机构(实验室)的评审工作。2005年,认真组织实施对质检机构(实验室)的现场评审工作,注重评审的有效性,共对近100家质检机构(实验室)进行了计量认证评审,对13家质检机构进行了计量认证/审查认可评审。

2. 加强对获证机构的证后监管工作。

(1)组织实施了对部分获计量认证证书建材类检验

机构的监督检查工作，对检查结果进行了通报，并对3家机构进行了通报批评。

（2）对渭南市质检所等20家获得计量认证/审查认可证书的质检机构进行了监督检查。

（3）对全省获证特检机构进行了监督检查，并按照新标准对特种设备的分类和要求，结合陕西省实际情况，重新核实了各机构的检验能力和授权范围。

（4）组织了一次对未经计量认证及计量认证证书逾期质检机构（实验室）的集中清理工作。

3. 机动车安检机构的接收和监管工作。机动车安检机构的监督管理工作是《道路交通安全法》及其实施条例赋予质检部门的一项新职责，按照国家质检总局和国家认监委的部署，努力做好机动车安检机构的接收和监管工作。

（1）做好接收工作。根据国家质检总局、公安部、国家认监委《关于加强机动车安全技术检验机构管理有关工作的通知》（国质检监联[2005]39号）和国家质检总局、国家认监委《关于做好机动车安全技术检验机构监督管理接收工作的通知》（国质检监联[2005]77号）的要求和安排，经和省公安厅交警总队车管部门多次沟通，联合转发了国质检监联[2005]39号文，并顺利完成了陕西省机动车安全技术检验机构的接受工作，共接收机动车安检机构25家。

（2）组织召开了全省机动车安检机构监督管理及计量认证工作会议。会上宣贯了国家相关政策，了解了各机动车安检机构的情况，部署、安排了陕西省机动车安检机构监督管理及计量认证工作会议。

（3）组织对机动车安检机构计量认证准备工作进行辅导。为了便于各机构及早做好计量认证的准备工作，组织人员对各机构的计量认证准备工作进行了辅导。编制了《机动车安检机构计量认证准备阶段工作要点》，并发放给各机动车安检机构。组织对各机构进行了计量认证评审准则的宣贯培训，并派人赴机动车安检机构进行现场辅导。

（4）认真实施现场评审。组织人员对已完成准备工作的机动车安检机构及时实施了现场评审。针对机动车安全检验存在重复性差的问题，在现场评审时注重对各机构检测技术能力的评审。在反复试验的基础上制定了《现场评审试验比对考核方案》，规定了机动车各线上检验项目人员比对、设备比对、机构之间比对的判定限值和试验方法。评审组按照评审准则和《现场评审试验比对考核方案》进行了认真评审，对3家准备不够充分的机构采取了中止现场评审的措施。到2005年底，已完成了全部机动车安检机构的计量认证评审工作。

国家认监委安排的其他工作

1. 按照国家认监委的部署，组织开展了食品检验机构计量认证的专项监督检查工作。发文部署各食品检验机构进行自查，在全省88家机构进行自查之后，又组织评审员对食品检验机构进行了抽查。此外，接受国家认监委委托，作为组长单位实施了对宁夏、新疆两省区8家食品检验机构的跨省互查工作。

2. 完成了国家认监委安排的实验室资源调查工作，全省共完成317家检验机构各类数据的网上输入和审核上传工作。

陕西省质量技术监督局供稿

加强监督管理 促进甘肃省认证认可工作健康发展

——甘肃省质量技术监督局2005年认证监管工作概况

2005年,甘肃省质量技术监督局(以下简称“甘肃省局”)认证认可工作以服务于经济建设和维护正常的市场经济秩序为宗旨,认真贯彻《计量法》、《计量法实施细则》、《认证认可条例》、《产品质量检验机构计量认证\审查认可(验收)评审准则》等法律法规,积极推进认证认可工作的改革创新,从规范认证认可工作行为,提高质检机构(实验室)的工作质量和加强监管等方面入手,使全省认证认可工作逐步走向了公正、公开、规范、科学的轨道。

认证认可工作概况

1. **强制性产品认证工作有序开展。**2005年,甘肃省局对全省强制性认证产品生产企业进行了调查。经调查全省《第一批实施强制性产品认证的产品目录》内产品生产企业共有77户,涉及电线电缆、低压电器、小功率电动机、家用和类似用途设备5大类14种产品,甘肃省通过强制性产品认证的企业85户,获证462张。

2. **管理体系认证工作迅速发展。**至2005年,甘肃省通过ISO 9000、ISO 14000、ISO 18000质量管理体系认证的企业已达1 334户,比2004年增加了207户,增长率为16%。认证企业已从传统产业向商业、服务、交通、物业管理等第三产业发展。

3. **计量认证和审查认可成效显著。**2005年完成87户产品质量检验机构(实验室)的计量认证,其中7户是产品质量检验机构所(站)的计量认证/审查认可。严格按照《评审准则》要求把关,确保了认证工作质量。

开展认证监管情况

1. **开展CCC执法检查。**从2005年3月至9月,甘肃省局在全省范围集中组织开展了强制性产品认证监管工作。在此期间,全省共出动认证监管人员5 400多人次,检查生产企业77家,检查商业销售门店1 000多个,行政处罚140起,查获无证产品和未按规定标注强制性认证标志产品货值达600多万元,通过全省上下协同努力,圆满地完成了强制性产品认证监管工作。

2. **加强实验室监管。**依据《甘肃省计量认证/审查认可监督评审报告》的规定,对实验室公正性地位、组织管理、人员状况、设施环境、检验(测)报告和计量认证标志使用等5个方面35条内容进行了监督评审。同时,对食品检验机构检验食品添加剂的检验能力也进行了监督评审。2005年对已获得计量认证在一年半以上三年以下(含三年)的84户实验室的资质情况进行了监督评审。从监督评审结果看:绝大多数实验室建立的质量体系符合实际工作要求;保证了检测数据的准确和检验结果的公正性。

规范认证认可行为

1. **强化和规范计量认证监管。**发布了《甘肃省计量认证和审查认可监督评审报告》,规范监督评审,制定了实行质量体系内审和管理评审的评审前置制,实行计量认证评审组的问责制、责任追究规定。进一步规范和加强了全省产品质量检验机构的计量认证和审查认可(验收)工作。

2. **积极宣传贯彻《认证认可条例》等法律法规。**为贯彻《认证认可条理》精神,甘肃省局要求全系统行政执法人员深刻理解,切实掌握《条例》内容,并在执法中正确运用。要求各市州区县执法人员学习强制性产品认证知识的同时,结合本地实际采取灵活多样的方式向本地生产企业、销售企业宣传有关规定并做好服务指导,使企业能够自觉主动地积极申请认证。

认证对地方经济社会发展的促进作用

1. **企业管理水平明显提高。**通过认证,企业普遍反映,促进了管理水平和产品质量的提高,增强了产品的竞争力和市场占有率。同时,绝大多数企业注意保持认证成果。

2. **社会和经济效益显著。**2005年,全省产品抽检合格率为94%,全省有18户企业的产品获得国家免检;205

户企业的215种产品获得甘肃名牌产品称号;4个产品获得国家地理标志产品;食品市场准入企业达736户。市场经济秩序明显好转,假冒伪劣产品在一定程度上得到遏制。

加强认证监管基础建设

1. **健全了工作机构。**以国家认监委认证认可工作会议精神为契机,于2005年12月甘肃省编委批准,单独成立认证监管处。现有人员3名,进一步加强了认证认可工作,强化了监督管理。

2. **加强队伍建设。**为深入贯彻计量认证法律法规及国家质检总局颁布的《计量认证/审查认可(验收)评审准则》,强化法制意识,对计量认证/审查认可管理范围内产品质量检验机构的管理人员进行了《评审准则》的培训,举办培训班1期,培训人员144人。

3. **建立健全基础档案资料。**甘肃省局还对历年来的认证认可档案资料进行了整理、分类,建立了法律法规、标准、工作制度及获证机构台账等,为规范管理、强化获证机构监督打下了良好的基础。

撰稿人:胡秀枫

加大认证制度宣传力度　提高认证监管的有效性

——青海省质量技术监督局2005年认证监管工作概况

2005年,青海省的认证工作,以保护人民群众人身健康安全,维护市场秩序,提高产品质量为宗旨,认真贯彻国家认证法律法规,不断完善认证监管工作机制,加强执法检查,大力宣传有关认证制度,有效地推动了全省质量认证、产品认证、计量认证及强制性产品认证的开展,提高了全省广大企业对认证制度重要性的认识。截至2005年底,全省共有240家企业通过了ISO 9000质量管理体系认证,取得了148张强制性产品认证证书,18家实验室取得了计量认证证书。主要工作如下:

强制性产品认证

1. **加强宣传,推进强制性认证工作。**一是充分发挥广播、电视、报刊、网络的宣传作用,将强制性产品认证的有关制度、内容融入重大活动中。在2005"年质量月"活动中,除在全省范围广泛向社会和企业发放国家认监委提供的有关认证认可宣传资料外,青海省局还制作印发了有关认证认可知识内容的宣传手册。活动期间,制作认证认可宣传展板300余块,散发宣传资料3万余份;二是在推进名牌战略工作,将企业强制性产品认证及认证工作的开展情况列入"名牌产品"评价考核范围,促使企业对认证工作的高度重视;三是2005年9月在青海省会议中心召开了"先进质量管理经验"报告会,邀请国家质检总局质量管理司惠博阳副司长、中国质量协会周宏宁副秘书长等专家作专题报告,系统介绍了ISO 9000、ISO 14000等知识及先进质量管理理念,全省有60余家企业,10个政府职能部门共300余人参加了报告会。

2. **建档立案。**青海省列入《强制性产品认证目录》生产企业主要分布在省会西宁地区,企业规模普遍较小,以民营企业为主,产品涉及的类别主要有:电线电缆、电动工具、低压成套开关设备、电灶、环卫车等。为使强制性产品认证监管工作有效开展,青海省局把全省强制性认证生产企业全部纳入质量建档范围,不断完善认证企业质量档案,全面掌握全省CCC认证企业情况,明确监管范围,促进了强制性认证工作的有效开展。

3. **切实加强行政执法,严格认证制度,使认证监管工作经常化、规范化。**青海省局把CCC执法检查纳入了全系统行政执法体系,列入考核范畴。全省各地在行政执法中,把强制性认证产品融入其中,坚持日常监管和专项整治相结合,突出重点,标本兼治。2005年CCC认证专项执法检查,共出动执法人员805人(次),检查了11个大型商场、超市,近300家企业,共检查涉及5大类的87种产品,查获有问题产品16种,有力地规范了市场秩序。

4. **加强培训,提高认证监管人员的自身素质。**青海省局始终把提高认证监管人员自身素质作为重要工作目标,列入了议事日程,2005年全省质监系统有30人参加了由国家认监委统一组织的培训考试，为提高青海省质监系统认证监管人员素质起到了积极作用。要求全省各级质监部门指派专人负责此项工作，做到责任分明，人员到位。

质量认证

青海工业基础薄弱，企业规模小、数量少、管理水平不高，质量认证意识相对不强，为此，青海省开展认证工作相对缓慢，近几年，青海省质量技术监督局采用多种形式，广泛宣传有关国家认证政策，促进了企业对质量认证的认识，明白了质量认证对企业发展的作用，充分调动了企业认证的积极性，2005 年全省有 77 家企业通过了 ISO 9000 质量管理体系认证，认证企业数由 2004 年的 163 家上升为 240 家，取得了 148 张强制性产品认证证书，较 2004 年增加了 109 张，认证企业已从单一的工业企业向服务、医疗、金融等行业发展。

计量认证

一是举办实验室内审员培训班，提高实验室内审和管理评审质量。针对获证实验室内部审核和管理评审工作质量普遍较低的情况，青海省局组织对获证实验室的 80 余名质量主管进行《计量认证/审查认可(验收)评审准则》的辅导、培训和现场模拟讲解，使参加培训的学员了解了内审、管理评审的目的、程序和要点，培训工作取得了明显效果。二是加大对计量认证获证实验室的监管，保证检测数据的准确、可靠。青海省局本着不断提高实验室检测能力，确保获证实验室质量体系持续、有效运行的原则，并结合国家认监委年度工作安排，组织开展了对 10 家机动车安全技术检验机构的监督检查，并针对全省机动车安检机构普遍存在人员素质较低、检测条件较差、管理水平不高等问题，组织机动车安全技术检验机构有关技术人员和管理人员召开计量认证现场学习观摩会，通过相互交流和学习，使全省机动车安检机构进一步规范了实验室的检测行为，同时在检测设备配置、检测能力、管理水平等方面得到了明显提高，保证了实验室质量体系的有效运行。三是组织开展实验室间的比对试验，不断提高实验室检测技术水平。为确保获证实验室检测能力持续得到维持，保证检测数据准确可靠，组织 25 家建材实验室进行了水泥物理性能的检测能力比对试验。比对结果显示，检测结果的准确率较 2004 年提高了 19.2%。通过开展实验室比对试验，使实验室及时发现检测过程中所存在的缺陷，提高了检验检测技术能力和管理水平，检测工作得到了规范，进一步强化了计量认证工作的权威性。四是认真按照国家认监委计量认证专项检查的要求组织开展实验室核查工作。根据国家认监委《关于开展 2005 年计量认证监督检查工作的通知》(国认实函[2005]167 号)要求，青海省质量技术监督局对监督检查工作进行了周密地安排部署，明确了此次食品检验检测实验室计量认证专项监督检查的工作目标，要求对省内具有食品检测能力的实验室进行拉网式检查，使食品检验检测机构切实做到质量体系运行有效，“人、机、料、法、环、测”等各环节严格受控，检验检测报告规范，检验检测结论准确。通过实验室自查、监督检查、总结提高三个阶段，使实验室在组织管理、仪器设备和环境、人员、检测报告、量值溯源、实验室公正性、实验室日常管理水平等方面得到了明显的提高。

2005 年，组织对 20 家实验室进行计量认证首次评审、复查评审，首次评审实验室 9 家、复查评审实验室 11 家，有 18 家实验室取得计量认证证书。其中，医药领域实验室 5 家，建材领域实验室 6 家，机动车安全技术检验机构 6 家，其他实验室 1 家。并对 15 家获证实验室进行了监督检查。

撰稿人：肖林青　审稿人：张晓东

开拓进取　积极推进认证监管工作

——宁夏出入境检验检疫局2005年认证监管工作概况

宁夏出入境检验检疫局(以下简称“宁夏局”)认真贯彻落实国家质检总局和国家认监委指示精神,2005年6月10日正式成立了宁夏局认证监管处,进一步明确了工作职责和任务,积极开展工作,加强认证认可宣传培训,提高监管人员业务素质,完善管理制度,加大认证监管力度,各项工作都取得了良好的成效。

出口食品企业卫生注册登记工作

2005年,宁夏局共受理评审了出口食品企业卫生注册登记初审、复查换证32家,其中初次申请的有15家,经HACCP官方验证的有5家。累计获得出口食品卫生注册登记证书并在有效期内的企业共41家(注册35家,登记6家),其中有13家经HACCP官方验证。新增了牛羊肉、羊肠衣、调味品等品种。41家中有25家获得ISO 9001认证,有10家获得HACCP认证。卫生注册评审员共7人,其中主任评审员3人。

1. 规范操作程序,做好服务把关工作。为积极贯彻《行政许可法》的相关要求,更好地落实国家质检总局《出口食品生产企业卫生注册登记管理规定》,宁夏局制定了卫生注册登记评审工作程序,进一步规范了操作规程,做到热情服务,严格把关。积极引导企业建立卫生质量管理体系,推动企业进行ISO 9001认证和HACCP认证。现场评审时,严格按照“评审表”项目要求进行考核,对要求HACCP官方验证的企业评审时,针对企业存在的问题和不足,及时向企业提出整改要求和建议,并积极主动与企业商讨解决方案,落实整改计划,帮助企业不断提高卫生管理水平。许多企业反映,通过卫生注册,大大促进了企业的卫生质量管理工作,使企业逐渐步入了科学化、规范化的管理轨道,卫生质量和管理水平逐年提高,出口份额年年增加。如:2004年宁夏出口荞麦1 797t、蜂蜜48t,2005年分别增至6 976t和1 725t。2005年7月,宁夏局根据国家认监委《关于开展出口肉类屠宰加工设施整改和加强注册监管工作的通知》要求,组织相关部门深入辖区对出口肉类加工企业进行了走访、调研和检查,针对检查出来的问题和不足,及时向企业提出了屠宰加工设施设备更新改造的建议和要求,与企业商讨制定了整改工作计划,部署了定期督促检查整改计划落实情况的工作安排。在做好热情服务的同时,严把注册关。2005年,17家卫生注册企业复查换证,对不再符合相关卫生注册规定的3家脱水蔬菜生产企业坚决不予换证。同时,严格凭证报验,使企业增强“以质取胜”观念,提高管理水平和卫生意识。

2. 指导和帮助企业成功向国外注册。2005年7月,马来西亚兽医局官员一行3人对宁夏农垦贺兰山清真羊产业(集团)有限公司申请马来西亚注册进行现场官方验证,这是宁夏企业首次接受此类检查。宁夏局党组高度重视此项工作,成立了由局党组书记、局长任组长的迎检小组,相关业务处室工作人员深入一线,依据相关法规、卫生标准及进口国要求,帮助企业认真细致地做好卫生管理体系的自查和完善。通过检查,马来西亚兽医局官员对该公司的整体建设、规模发展等给予了肯定,并提出了整改意见和建议。检查结束后,宁夏局立即督促企业进行认真整改。9月,该公司成功获得了马来西亚的注册,这是宁夏肉类食品加工企业首次获得国外注册。

出口商品质量许可工作

认真贯彻落实《行政许可法》,规范出口质量许可证考核工作。2005年,宁夏局办理出口煤炭质量许可证企业2家,截至2005年9月,累计持有效出口煤炭许可证企业共7家。9月12日,国家质检总局下达《关于进出口煤炭检验监管有关规定的通知》后,宁夏局积极、认真地贯彻执行,对辖区内出口煤炭生产加工企业进行分级动态管理。截至2005年底,宁夏有10家出口煤炭生产加工企业获得B级以上动态管理。

2005年,办理出口危险货物包装容器质量许可证企业8家。截至2005年底,持有效出口危险货物包装容器质量许可证企业共有12家。其中几家规模较小的私营包装生产企业通过出口质量许可证考核，建立了企业的质量管理体系，管理水平和产品质量有了明显提高。

认证监督管理工作

2005年，宁夏的认证工作有了较大发展，全区管理体系认证企业数由2004年底的331家增至461家。强制性产品认证企业数由2004年底的39家增至125家。自愿性产品认证企业为9家。宁夏局在认证宣传、培训和监督管理方面主要做了以下工作：

1. **争取地方支持，推动认证工作。**在宁夏局的努力下，认证认可工作得到了宁夏自治区政府的高度重视和大力支持。2005年7月19日，正式成立了由自治区政府、各地市政府相关领导及各大厅局相关领导组成的自治区认证认可工作领导小组，领导小组由自治区副主席担任组长，办公室设在宁夏局，并建立了领导小组成员单位联席会议制度。由政府引导，进一步推动宁夏地区强制性产品认证和自愿性管理体系认证，积极建立和开展宁夏地区特色食品和农产品认证，促使认证工作更好发挥引导宁夏产业发展、促进产品结构调整的作用。另一方面，对宁夏地区确定优先发展和重点扶持的产业、出口企业、出口基地加大培育和帮扶力度，对在质量、安全、环境和资源节约等方面达不到要求、危害社会长远利益的企业及产品，运用认证认可措施加以限制。

2. **加强业务学习，增强监管能力。**根据国家认监委《关于组织开展2005年度认证监管人员培训工作的通知》要求，认真组织认证监管工作人员就认证认可工作所依据的法律法规、认证标准、认证基础知识、管理体系认证行政执法等内容进行了系统学习，有2人参加了国家认监委于2005年10月14日组织的认证监管知识统一考试。有2人参加了11月国家认监委举办的“2005年全国卫生注册主任评审员培训班”。通过培训学习，提高了认证监管人员的业务知识和监督管理综合素质，为做好认证监管工作打下了良好基础。

3. **加大认证培训，服务地方经济。**以国家对西部开发定制优惠、扶持政策为契机，加大宁夏认证培训宣传力度。经宁夏局申请，国家认监委于2005年8月25~26日在宁夏银川市举办了“有机农产品认证与西部开发”培训，这次培训是国家认监委进一步实施西部人开发战略，落实王凤清主任在“第七届西部论坛”上提出的对西部地区认证技术培训加大扶持力度的指示精神所采取的重要举措。全区直属8个农业及食品主管部门负责人、22个市县（区）农业及食品主管部门负责人以及业务骨干、农产品及食品出口企业相关人员、宁夏局相关人员共计150多人参加了培训。通过这次培训，宁夏学员对认证工作的由来与发展，认证对西部地区发展的作用，中国食品出口与HACCP应用的发展，绿色食品及无公害食品的概念以及食品安全控制技术的发展等理论和知识有了进一步了解和掌握，达到了开阔眼界、更新知识、提高技能的目的。为推动宁夏有机农产品认证、促进宁夏农业发展起到了积极作用。

精心组织安排，圆满完成了国家认监委2005年6月在银川召开的“CNAB过程方法应用和多体系结合审核技术研讨会”的组织承办工作，来自中国认证机构国家认可委员会和全国62个认证机构主管及工作人员共计110名代表参加了研讨会。会议通过专题演讲、现场提问、分组讨论、难点释疑等方式，对过程方法应用和多体系结合审核技术进行了交流探讨，达到了预期的效果和目的。

4. **做好市场稽查，提高认证有效性。**国家认监委《关于全面开展强制性认证目录内的装饰装修产品认证执法工作的通知》下发后，2005年9月，宁夏局组织相关工作人员深入辖区规模较大的3个建材装饰家具市场，对8月1日以来进口的装饰装修产品是否进行了CCC认证进行了严格稽查，未发现宁夏市场上有列人目录内的进口装饰装修产品。

实验室监督管理工作

宁夏局内设综合技术中心（简称“技术中心”）和宁夏国际旅行卫生保健中心（简称“保健中心”）。技术中心内设化矿金属材料实验室、微生物实验室、食品实验室、农畜实验室4个实验室。仪器设备216台（件），1万元以上设备84台，10万元以上设备10台，总资产600万元。现有工作人员23人(包括聘用人员)，其中高级工程师6人，工程师4人。2005年完成各种检验3 029批，11 527项次。保健中心成立于2001年。2005年，中编办〔143〕号文批复，保健中心为具有独立法人资格的医疗机构，内设临床实验室和艾滋病初筛实验室，仪器设备104台（件），1万元以上设备6台，10万元以上设备3台，资产105万元。现有工作人员13人(包括聘用人员)，其中副主任医师1人，主管医师4人。2005年共监测和预防接种出人境人员1 696人次，签发有效证书1 800多份，社会体检1 040人次。

1. **建立实验室管理体系。**2005年11月，保健中心在宁夏地区医疗机构中，率先通过了ISO 9001质量体系认证、ISO/IEC 17025实验室检测能力认可和计量认证。同月，技术中心也获得了ISO/IEC 17025认可证书。两个中心通过认证认可，使其质量管理更加科学、严谨，运行更加行之有效，质量管理达到更高的水平。

2. **加快实验室的基础建设。**宁夏局实验室坚持统一规划、合理布局、突出重点、资源共享的原则，将“国家级枸杞检测重点实验室”增挂“宁夏回族自治区枸杞检测重点实验室”、“宁夏回族自治区商务厅科技兴贸国家级重点实验室”两块牌子，把实验室做大做强，为地方经济建设和外贸发展服务。此举以文件的形式上报自治区政府（宁检办[2004]2号），得到了自治区政府的认可与支持。宁夏局党组积极部署规划实施，加大对技术中心的投入，2004年购置了原子荧光光度计、M64+VITIK32微生物鉴定分析系统、气相色谱质谱联用仪、酶标分析仪、氮吹仪、旋转蒸发仪等大型检测设备。2005年又购置了液相色谱仪、荧光PCR分析仪等设备。

3. **提高技术水平，为地方经济服务。**技术中心在检测过程中，不定期进行盲样、盲标比对试验。例如在大宗产品硅铁的检测过程中，随时暗插盲标进行测试，如果测试不合格，则返工重新测试，特别是在检测过程的重点环节——制样上，严格把关，不定期将大样调出重新制样分析，以检测制样误差。技术中心还参加了CCIBLAC组织的陶瓷铅熔量水平测试和白酒、甲醇、杂醇油、重金属含量水平测试及兄弟局羊绒样品的验证工作。开展了《植物工程疫苗——抗肝炎枸杞新品种培育的研究》。已经完成了基因引进、载体构件、基因转化、转基因植株的获得、转基因植株的移栽及分子生物学鉴定等工作。有2篇论文参加了国际学术研讨会。具备了“苏丹红”检测能力，完成了输日辣椒等产品“苏丹红”检测工作。

2005年，禽流感疫情在我国蔓延，宁夏也属疫情传入地区，在对禽流感和氯霉素两个检测项目开发中，技术中心完成了对68个鸡血清样品中H5型、H7型、H9型禽流感病毒抗体和新城疫病毒抗体的检测，同时用ELISA方法对鸡的肝脏、肾脏中氯霉素进行检测，初步建立了自己实验室的检测方法。另外，技术中心农畜实验室在植检室还未建成的情况下，积极创造条件参加中国实验室国家认可委员会（CNAL）组织的植检实验室“橘小实蝇”识别与鉴定能力验证，并以优异成绩顺利通过了验证，开创了宁夏局植物检验检疫第一例。食品实验室不断提高自身检测水平，积极参加苏丹红Ⅰ、Ⅱ、Ⅲ、Ⅳ的检测和盲样测试，参加实验室间比对，加强了实验室之间的交流，拓展业务，提高了技术中心在全区的地位和影响，为今后的发展创造条件。2005年，技术中心共派出12人次参加国家质检总局组织的各种专业技术培训，加强理论学习和技术交流，以更好适应不断发展的检验检疫事业对检验技术的要求，为当地的经济建设服务。

撰稿人：牛　莉　审稿人：乔惠同

加大对实验室的日常监管 提高认证有效性

——宁夏回族自治区质量技术监督局2005年计量认证/审查认可工作概况

实验室资质认定工作现状

在国家质检总局和国家认监委的指导下，宁夏回族自治区质量技术监督局(以下简称“宁夏自治区局”)严格执行国家认证认可的法律法规和《产品质量检验机构计量认证/审查认可(验收)评审准则》,较好地完成了全区质检机构的计量认证/审查认可工作。

计量认证/审查认可基本情况

宁夏自治区局计量认证/审查认可的工作机构是计量与认证监管处,工作人员4人,全区共有经国家质检总局考核持证的评审员12人。在工作中宁夏自治区局严格按照产品质量检验机构计量认证行政审批程序的要求进行。截至2005年底,宁夏自治区局共对159家质检机构进行了计量认证,对40家实验室进行了审查认可,实验室类别有建材产品检测、机动车检测、环境检测、地质勘测、煤质检测、农产品检测、药品检验、防疫检验等。

对实验室的服务和监管

为了提高宁夏回族自治区实验室审核人员素质，2005年宁夏自治区局组织了全区实验室内审员培训班，培训实验室内审员140名。

加大对实验室的监管力度，结合每年对实验室的监督评审的工作,对于在监督评审中发现的问题,都要求实验室及时整改,并向其它的实验室进行通报,解决存在的共性问题,提高了实验室日常监管的有效性。2005年宁夏自治区局配合国家认监委宁夏检查组完成了对4家食品质检实验室的检查,全部得到通过。检查结果表明这几家实验室总的说来管理规范,满足要求。

2005年宁夏自治区局对全区已获计量认证证书的134家实验室的基本情况在宁夏自治区局的网站上予以公布。

通过计量认证,对规范质检机构检验行为,加强质检机构的管理,提高检测技术水平,确保向社会出据准确可靠的数据起到了重要作用，为日渐形成的检测市场创建了一个公平、有序的竞争环境。

存在主要问题

1. 由于宁夏自治区局未能设立独立的认证处,认证监管与计量工作在一个处,工作量大,人员紧缺,因而对已获得计量认证证书实验室监督检查的力度不够。

2. 有些实验室能力验证计划制定得不够详细,操作性不强,能力验证活动开展的较为单一,未能完全达到能力验证目的。

3. 规模较小的实验室还普遍存在一些问题,一是质量体系文件的水平及其运行的有效性有待提高；二是质量体系内审和管理评审不到位的问题比较突出；三是有些实验室存在仪器设备超检定周期使用和未进行计量检定的现象。

今后的工作着力点

1. 加强对实验室能力验证活动的督查,保证能力验证活动持续有效地开展。组织区内的同类实验室开展比对活动,如建材产品、食品、疫病预防等实验室。

2. 加强对实验室的质量体系文件的审核,解决部分实验室质量体系文件不完整或操作性不强的问题。对于未进行质量体系文件评审或文件评审不合格的，都不予以现场评审。采取有效措施,帮助实验室建立切实可行的质量管理体系文件，为实验室实施有效的质量管理奠定基础。

3. 加强对实验室内审员的培训，提高内审员的素质，通过培训帮助质检机构获得质量体系内审和管理评审的能力。

4. 开展对大型企业,特别是生产出口产品企业实验室的计量认证,提高实验室的管理水平和检测水平,从而有利于与国际接轨,有利于产品出口。

宁夏回族自治区质量技术监督局供稿

出口食品注册登记制度
推动新疆特色农业产业的发展

——新疆出入境检验检疫局2005年认证监管工作概况

认证监管队伍建设

1. **认证监管机构的设立。**新疆出入境检验检疫局（以下简称“新疆局”）高度重视认证监管组织机构建设，2005年6月22日，根据《关于同意新疆出入境检验检疫局内设机构调整的批复》，正式成立新疆局认证监管处，处室成员4人。处室成立之后，明确了认证监管处室工作职责。为进一步加强新疆局档案管理，认证监管处对认证企业和人员档案重新整理和归档。按照入档要求，对档案内容严格检查，使认证人员和企业档案连续，便于查找、检索和对企业的后续监督管理。为加强审核工作的规范性，一方面处室人员要经过共同讨论、统一认识、慎重提出评审意见；同时要求认证人员责任明确，给企业的解答为一次性答复，并实行审核签名责任确认制。另一方面，加强与区外的兄弟局交流，借鉴好的经验，制定并对外公示了《出口食品生产企业卫生注册登记程序》和《出口危险货物包装容器质量许可证考核程序》，从而方便了企业、规范了认证认可工作.

2. **认证监管人员培训。**2005年，新疆局举办了1期培训班，1期交流会，共培训卫生注册评审员32人、出口企业食品安全管理体系内审员29人、认证监管人员39人。培训内容为：强制性产品认证制度及行政执法相关知识、食品安全管理体系及标准、出口食品卫生注册登记验证标准、HACCP的危害分析及体系建立、全球的食品安全管理体系发展趋势、出口食品卫生注册评审的长期规划和规范要求等。通过培训，提高了新疆认证监管人员整体素质和出口企业管理者的认证水平，为依法行政奠定了良好的基础。

为加强评审员的管理工作，新疆局定期进行评审员的培训及资格认定工作。2005年9月20日，经综合评定，授予3名见习评审员为评审员。新疆局现有卫生注册主任评审员7人、卫生注册评审员6人、ISO 9000级别审核员48名、见习审核员35名，ISO 14000级别审核员8名、见习审核员22名，OHSMS 18000级别审核员6名，见习审核员7名，HACCP级别审核员4名，见习审核员16名，具有《认证认可条例》师资格的人员2名，具有中国强制性产品认证行政执法监管业务师资格的人员4名，具有工厂检查员资格的3名。

出口食品卫生注册登记

1. **出口食品卫生注册登记情况。**2005年，新疆局共受理申请出口食品卫生注册登记企业51家，考核通过企业42家，其中复审企业23家，HACCP体系验证企业27家，未通过出口食品卫生注册登记企业审核的复审及新申请企业共9家。

积极推动企业对外注册。2005年7月22日~24日，新疆局人员陪同马来西亚兽医官员一行3人及国家认监委顾绍平处长，对新疆塔城裕民县新疆悦羊畜牧发展有限公司进行对外注册肉类生产加工的检查。在检查组来新疆检查之前，新疆局积极向自治区人民政府作了专题报告，与自治区畜牧厅、民宗委、伊斯兰协会积极配合，协调一致，作好这次检查工作的前期沟通与准备，同时新疆局认证监管人员积极协助企业检查现场动态卫生管理情况、HACCP体系和GMP体系运行情况及文件与记录的完整性和有效性，为顺利通过此次检查作好良好铺垫。检查后，马来西亚检查团表示，该厂的伊斯兰屠宰的整个程序非常规范，卫生管理也非常好。国家认监委注册管理部对新疆这次注册工作组织安排给了很高的评价。

2. **出口食品注册登记对当地经济的促进。**2005年共检验监管出口食品2 643批（检验批），20.096万t，货物总值1.53亿美元。出口食品主要有：番茄酱、肠衣、杏酱、面粉、柠檬酸、葡萄酒、脱水蔬菜、方便面等。产品主要销往欧洲、日本、韩国、澳大利亚、东南亚、北美、南美等国家和地区。

新疆自治区"十一五"规划中,将特色农业、林果业、畜牧业做为新疆经济发展的支柱产业。新疆维吾尔自治区政府支持和推动出口食品卫生注册登记,把提高产品质量、扩大产品出口作为当务之急。全疆番茄制品的生产已有50多个生产厂,生产能力达70万t,出口番茄制品贸易量已占世界贸易量30%左右。杏是南疆一大经济作物,种植面积在13.3万hm^2以上,并逐年增加。国内番茄酱和杏酱需求量较低,产品绝大多数出口,出口食品注册登记制度督促企业建立良好卫生管理程序和规范企业生产,推动这些产业迅速发展。

动物源性食品出口的卫生注册登记,对促进新疆畜牧业向集约化养殖、专业化区域和"公司+基地+养殖小区+标准化"的经营模式发展产生了积极作用,对促进新疆畜牧业产业结构的调整、从传统畜牧业生产向现代畜牧业生产转化产生了良好作用;提高了生猪养殖场的管理水平,推动了生猪饲养场朝着正规化、产业化和绿色无公害的现代化畜牧业方向发展;各个备案饲养场根据出口备案养殖场的要求制定了一整套符合实际的生产管理办法和规定,从人员、饲料、兽医用药、疫病免疫预防和控制及防疫消毒等各个方面都进行了规定,进一步规范了各个备案饲养场对饲料的使用和管理,特别是对饲料添加剂的使用管理,同时促进了饲料加工企业对饲料的安全卫生质量的控制和规范化生产;有利于从源头上提高出口动物食品安全卫生,促进了养殖企业建立重大疫病自控体系,提高了养殖企业对疫病的防控能力,规范饲养管理,减少和避免了重大疫病对新疆畜产品出口的影响。

3. 出口食品企业监管情况:

(1)加强源头管理。2005年为了进一步加强对出口蔬菜和酒类食品的安全质量管理,新疆局年初拟定了《2005年出口脱水蔬菜、葡萄酒原料基地农残监控调查计划书》,在5月~9月定期派出有关人员对脱水蔬菜、葡萄酒的生产基地进行了监管,从农药种类、使用方法、剂量及停药时间等方面进行了调查,分发各类小宣传册,规定了允许使用的农药的种类、剂量、浓度和用药的安全间隔时间,种植前加强了农药种类和安全使用方法的培训和管理,建立有效的田间档案记录和跟踪追溯体系。有6个蔬菜种植基地和全部的葡萄原料基地在认证监管处进行了备案登记。开始对油品原料(转基因)、大蒜粉原料进行基地管理。

(2)实施食品安全质量承诺制度。按照国家质检总局《关于进一步加强食品安全监管工作的通知》的要求,为增强企业法人代表作为食品安全第一责任人的责任意识,新疆局要求新疆出口番茄酱、辣椒酱、方便面和使用着色剂的出口生产企业实行食品安全质量承诺制度,以书面的形式公开承诺本企业产品安全质量保证。其食品安全质量承诺的内容包括:一是不弄虚作假,不生产、加工和销售假冒伪劣食品;二是不使用有毒、有害、腐败变质的原辅材料以及非食品原料生产加工食品;三是严格按国家标准或进口国官方规定使用原料、食品添加剂和着色剂,所使用的原料不含禁用农药和添加剂、着色剂,保证所使用的添加剂、着色剂不超过规定限量;四是保证食品经检验合格后才能报检出口,未经检验合格的食品决不出厂;五是销售的食品如存在安全质量问题,必须召回问题食品。为了确保承诺制度的有效实施,还制定了统一格式,并要求出口企业公布企业的安全质量监督举报电话、地址、邮箱,以接受公众和社会的监督。

(3)为贯彻落实国家质检总局"全面推进检验检疫电子监管工作"的要求,新疆局成立了出口食品电子监管领导小组,制定了"新疆检验检疫局出口番茄制品电子化监督管理实施方案",选择了产品质量相对稳定、管理水平较高、配备了网络系统的5家企业作为试点单位,此项工作正在进行之中。

(4)针对国家质检总局发布"加强对含有苏丹红(Ⅰ号)、对位红食品检验监管的紧急通知"要求,新疆局立刻做出紧急部署,下发了《关于切实加强对可能含有苏丹红(Ⅰ号)、对位红进出口食品检验监管的通知》,并专门组成检查小组,对辖区内的16家出口分装番茄酱、辣椒酱、方便面调味料、脱水蔬菜等食品生产企业进行了清查。同时抽取样品进行"苏丹红(Ⅰ号)"和"对位红"的检测,结果表明新疆出口番茄制品未发现含有"苏丹红(Ⅰ号)"和"对位红"型色素。

(5)2003年和2004年新疆维吾尔自治区番茄酱质量普遍下降,突出的问题是霉菌超标严重,霉菌超标的比例(国家标准为霉菌计数不超过50%阳性视野)占到总批数的72%。对此,下发了《关于切实加强出口番茄酱质量的通知》,将2005年作为新疆出口番茄制品"控制霉菌污染年",成立了以出口企业法人为组长的质量管理领导小组,在生产期间派员下厂进行监控,加强原料的验收管理,使2005年度产品霉菌超标的现象得到了遏制。

(6)由于新疆出口番茄制品贸易量已占世界番茄制品贸易量的30%左右,而中国现行番茄制品的国家标准与国际贸易通行的检验方法和执行标准相差很大,给外贸出口带来一定的困难。新疆局组织人员广泛收集信息,编译了世界番茄主要贸易生产加工国的技术规范和官方要求,并已汇编成册正式出版,以便指导出口生产加工企业。这一举措受到出口企业和外贸公司的欢迎。

（7）对出口猪肉屠宰生猪的养殖场实施了备案登记管理。2005年11月，新疆局对天康食品有限责任公司申报的7家出口猪肉屠宰生猪饲养场进行了考核，考核内容包括：生猪养殖场的场区布局、免疫预防（疫苗的购入、使用、保存登记情况）、日常兽药使用和有无使用国家禁止使用兽药、饲料的来源及饲料添加剂的使用、防疫消毒和污物处理等。其中6家生猪饲养场，即农八师142团畜牧总场、天康畜牧米泉分公司、农五师赛里木畜牧开发有限责任公司、天康畜牧军户分公司、农八师132团畜牧养殖场和奇台县金奇种猪繁育有限责任公司，基本达到了备案饲养场的要求，通过了考核，准予向新疆天康食品有限责任公司猪肉屠宰生产加工厂提供出口屠宰用生猪。

（8）派驻厂兽医对出口猪肉屠宰加工实施检验检疫监督。在企业每次出口猪肉时，驻厂兽医对生猪来源是否来自备案养殖场进行确认；对宰前、宰后检验检疫和全生产过程进行监督，对屠宰过程中出现的问题监督整改纠正。

（9）开展了对出口动物源性食品有毒有害残留物质残留检测监控和重大疫病的检测监控。近年来冻猪肉、羊肉和禽蛋也开始批量出口吉尔吉斯、哈萨克斯坦等国家。新疆已注册的出口肠衣生产加工企业4家，出口禽蛋养殖备案场2个，出口羊肉注册厂1家。注册猪肉加工企业1家，为进一步确保出口动物源性食品的安全、卫生，2005年对羊肉、肠衣、鸡肉三种商品232个样品进行了农、兽药残留物质的监控，对养殖基地的牛、羊、鸡进行了免疫抗体效价的监测。

（10）进一步强化对4家出口肠衣加工企业的监督管理。强化对原料安全卫生的控制，进一步监督出口肠衣生产企业加强对肠衣原料新鲜度、运输过程的控制，使出口肠衣质量稳定，品质不断提高。监督企业提高对生产加工过程的安全卫生质量的控制，不断完善和提高安全卫生质量管理体系。

（11）针对伊犁地区新注册登记企业多的情况，伊犁局在伊宁市举办了为期3天的出口食品生产企业卫生注册登记培训班，对辖区内20余家食品生产企业的48名质量管理人员进行了出口食品生产企业卫生要求、HACCP原理及应用、出口食品检验监管及食品生产企业卫生质量体系的建立与实施等内容的培训。并到各企业累计培训企业员工近400余人次、累计培训64课时，由于开展培训与每个企业具体情况相结合，有针对性地解决了企业卫生质量管理过程中存在具体问题，效果明显，深受企业好评。

（12）针对不同食品生产企业产品属性、工艺特点，制定相应监控措施。针对辖区出口方便面生产企业产品微生物检测出现几批不合格情况，重点加强了小料生产车间设备和工器具清洗消毒、人员卫生控制、微生物项目检测三个方面监控。针对辖区内出口饮料的生产企业重点加强了原料验收和热力杀菌监控，保证了出口饮料产品棒曲霉素含量和微生物指标控制达到标准要求。

出口危险货物包装容器生产企业质量许可证考核

2005年是国家质检总局下发《出口危险货物包装容器生产企业质量许可证考核实施细则》的第一年，新疆局认证监管人员以各种形式向企业宣讲《实施细则》，取得了较好的社会效果。同时，通过对相关生产企业进行监督检查及核查，提高了企业对贯彻《实施细则》的认识，并积极申请出口危险货物包装容器生产企业质量许可证。经过认证监管人员的努力，在2005年全疆接受申请企业13家。

强制性产品认证执法监督检查

新疆局领导高度重视进出口强制性认证产品的执法和监督管理，从2005年11月~12月对新疆维吾尔自治区进口强制性认证产品（主要为进口机电产品）实施了行政执法检查。为规范强制性产品认证执法监督检查，全系统统一进行了地区大检查，对行政执法检查活动提出了具体的要求，并在经费、车辆和人员上给予了全力保证。新疆局依据国家认监委《关于开展2005年强制性产品认证监督检查的通知》文件精神，下发了《关于对进口机电和强制性认证产品进行执法监督检查的通知》。在执法检查中以宣传、教育为主，对各大医院、经销商发放宣传材料。通过执法检查积极宣传《中华人民共和国进出口商品检验法》、《中华人民共和国进出口商品检验法实施条例》及《认证认可条例》。按照实施方案的要求，新疆局组成了8个检查组在天山南北的13个地市展开检查。在近一个月的执法检查活动中，重点对医疗机构、石油企业、纺织企业、食品企业、机电市场、灯具市场、电器商场和其他企业共计127家实施检查，检查重点为流通领域涉及强制性认证的进口产品，检查设备共计1 000多台（套），查出涉嫌逃漏检设备货值6 672.9万人民币，取得了良好的社会效益。

为提高新疆流通领域对《商检法》、《认证认可条例》、中国强制性产品认证制度、进口食品及化妆品等相关知识的认识，举办了一期新疆相关企业经理、经销商专业知识培训班，经过较为详细的讲解和现场解答，使学员们更加重视以上法规，积极配合新疆局开展工作。

在2005年度内，新疆局在进口商品入境检验中，共办理《免办证明》10份，入境验证《凭证报检进口商品验证核查证明》（以下简称“核查证明”）70份，其中现场检验货证不符的共8批，重新办理证明的有12批，并对现场检验中发现未申报的6批货，严格要求办理《核查证明》，主要为医疗器械、仪器仪表、打印机及电线电缆等，并对涉及CCC的103批进口货物进行了现场验证，较好地落实国家强制性产品认证制度。除了验证已办理《核查证明》的70批进口货物，还在检验工作中现场验证了33批进口货物的CCC证明文件及标记。这些货物品名主要为医疗设备项下必须办理强制认证证明文件的各类X光机、CT机、血液透析器等。在现场验证工作中，检验人员发现一批依靠北欧政府贷款进口的医疗设备既无CCC证明文件，又未在设备上发现CCC标记。新疆局在请示了国家质检局后，对该批货物中必须办理强制认证手续的设备进行了暂扣封存。待用户拿来相应的CCC证明文件后，对其货物解除了封存。

管理体系认证工作

新疆局2005年有209家企业实施了管理体系认证现场审核，其中174家企业完成了管理体系认证，并获得认证证书，获得ISO 9000质量管理体系认证证书企业123家，获得ISO 14001环境安全管理体系认证证书企业19家，获得OHSAS 18000职业健康安全管理体系认证证书企业17家，获得HACCP食品安全管理体系认证证书企业20家，获得有机产品认证证书企业1家。新疆局积极开展新的认证领域和周边国家的体系认证，重点开拓家具、生态纺织品、食品安全领域及花卉领域的认证。其中对新疆屯河投资股份有限公司的杏子种植和杏酱生产有机产品认证是全国CIC系统的第一家，也是全国杏酱生产的第一家有机产品的证书。

为进一步加强认证市场管理，加强认证稽查，新疆局认证处派出有关人员参加了国家认监委在沈阳举办的“认证机构稽查组长培训班”。全国在10月开展认证档案稽查工作，新疆虽无抽查档案任务，为能使新疆认证稽查作好准备，加强对认证有效性的监督，新疆局认证人员被国家认监委抽调至北京参加了当地的档案稽查工作。

加强口岸防疫熏蒸消毒

新疆局加强了口岸防疫熏蒸消毒的资格审核和证书的监管。通过对九洲熏蒸公司的熏蒸消毒资格认证认可和对防疫熏蒸消毒从业人员的管理，进一步规范了口岸防疫熏蒸消毒工作。2005年九洲熏蒸公司依据新疆局的要求，扩大了防疫熏蒸消毒业务，防疫熏蒸消毒业务面已覆盖全疆17个一类口岸；并以ISO 9000质量管理体系为标准，建立与实施质量管理体系，通过举办质量管理体系培训班，对卫生除害人员进行了资格评定，圆满完成除害处理、卫生处理工作8.3万多批次，其中废钢100多万t，皮张400多万张，原木3万多m^3，交通工具10万多辆，检疫处理达到99%，检疫处理合格率99%，顾客满意率95%。

实验室建设

1. **实验室的建设和改革**：新疆检验检疫系统现有新疆局技术中心专业实验室4个（纺织原料实验室（棉花）、食品（番茄制品）实验室、动植物实验室和化矿金属实验室）；轻纺处包装实验室1个；分支局综合实验室8个（阿拉山口局理化实验室、阿拉山口局动植物实验室、伊犁局综合实验室、塔城局综合实验室、阿勒泰局综合实验室、库尔勒局综合实验室、阿克苏局综合实验室、喀什局综合实验室）。按国家质检总局规划，新疆局技术中心的纺织原料（棉花）实验室、食品（番茄制品）实验室为国家重点实验室，动植物实验室、化矿金属实验室、轻纺处包装实验室为区域中心实验室，分支局实验室为综合实验室。

新疆局技术中心的4个实验室于2005年5月通过国家认监委专家组CNAL实验室质量体系认可考核，其余实验室在2003年由注册实验室直接转为国家计量认证实验室，并取得计量认证资格。

实验室的建设改革：能力验证是评价实验室技术能力的重要依据之一，是判定和监控实验室能力的有效手段，同时，也是维持国际间认可机构互认的基础之一。因此，技术中心十分重视CNAL和国家认监委及相关机构组织的能力验证活动。2005年，纺织原料实验室参加了中纤局组织的手扯长度、HVI项目的实验室能力验证，还参加了北京局羊毛羊绒测试中心组织的无毛绒绒含量比对试验。动植检实验室参加了CNAL组织的滑韧线虫PCR鉴定实验室验证能力和“橘小实蝇的鉴定”能力验证。食品实验室申请参加国家认监委组织的能力验证计划5项，已完成1项；组织与喀什局、阿勒泰局实验室对比试验2次。同喀什局综合实验室组织了海纳粉的重金属项日比对试验，还同阿勒泰局综合实验室组织了面粉中灰份的比对试验。化矿金实验室参加了CNAL组织的铜精矿中S、As、Pb、Zn、Ag、Au、Cu测定，并组织了同自治区技术监督局质检所燃料油闭口闪点、润滑油运动黏度及本实验室不同方法、不同人员、不同检测设备等比对实验12项。这些能力验证有的已完成,有的还在进行中。已收到的能力验证结果均达满意。

2005年,技术中心实验室仪器设备得到进一步加强,经验收、调试、技术培训的设备有:定量荧光PCR仪、凝胶萃取系统、燃气报警系统、高纯锗γ谱仪、凝点仪、开口闪点仪、闭口闪点仪等7台套。维修、保养的设备有:PE200原子吸收仪、恒温恒湿系统、空气压缩机。改造完成的项目有:纺织原料实验室两套小型通风系统、装饰板材有害成分检验四实验室和油漆实验室改造。2005年8月,在新疆局的支持下技术中心安装并运行"检测与校准实验室资源管理系统"(LRP2000-AQSIQ)。

把"科技兴检"战略落到实处,必须不断提高技术中心人员的管理和专业技术水平。技术中心根据年初制定的培训目标和培训计划,派出人员参加国家质检总局、国家认监委和国家认可委举办的"中加小农项目实验室管理培训班"、"实验室能力验证培训班"、"荧光PCR检测技术培训班"、"能力验证总结会及培训会"、"口蹄疫检测培训班"、"乳粉中坂歧杆菌检测培训班"、"能力验证与食品安全检测关键技术国际学术研讨会"、"苏丹红检验技术学习交流"、"食品安全学习班"、"CNAL注册评审员培训班"、"赴内地局考察农、兽残检验技术"11人次。参加培训的人员回来后,要在中心范围内进行"技术培训讲座",使相关人员也得到培训。还参加了新疆局组织"实验室质量体系管理内审培训班"18人次,参加仪器设备公司在本地组织"设备使用培训和检测技术培训"10人次,参加技术中心内部组织的岗位培训35人次。

不断深化技术中心实验室改革是中心领导常抓不懈的工作,2005年下半年狠抓了实验室内部调整,强化综合室的力量,由综合室抓"两头",即把以前由各室接样、出证的任务统一由综合实验室完成,保证了对外服务、检测报告的一致性,并由综合实验室统一管理设备、试剂及消耗品的采购和管理,既规范了管理又降低了实验成本,杜绝了浪费现象。在实验室人员使用上打破实验室界限,人员实行动态管理,大型仪器设备实行"双岗制"。改变了以往的技术中心副主任分管实验室的模式,由技术中心副主任分别担任技术中心技术负责人和质量负责人,防止了分管出现的权力交叉或管理真空。强化财务管理,制定相关财务管理制度,使财务管理更加规范化。不断开拓委托检验市场,已与中检公司、工商局等建立了良好的检测服务关系。

2. 提高内审员素质。2005年1月新疆局开办了内审员培训班,培训对象为局技术中心和分支局实验室技术人员及主管实验室工作的分支局领导,内容为GB/T 15481(idt ISO/IEC 17025)实验室质量管理体系,参加培训的人员45人,为提高实验室管理水平做好准备。

3. 组织实验室的内部评审。2005年1月~4月,由新疆局组成实验室审核小组,对分支局8个实验室:阿拉山口局理化实验室、阿拉山口局动植物实验室、伊犁局综合实验室(霍尔果斯羊毛实验室)、塔城局综合实验室、阿勒泰局综合实验室、库尔勒局综合实验室、阿克苏局综合实验室、喀什局综合实验室及新疆局轻纺实验室进行了实验室监督审核和跟踪审核。指导监督实验室完善管理体系。分支局的实验室在评审小组的指导下进行整改工作后,评审小组再次进行检查评审,以督促其完善实验室质量管理体系的严格要求。

新疆出入境检验检疫局供稿

2006

ZHONG GUO REN ZHENG REN KE NIAN JIAN

第十二部分　认证认可行业新发展

REN ZHENG REN KE HANG YE XIN FA ZHAN

·认证认可行业新发展·

一、认证认可行业新发展

机构发展概况

认证认可行业主要有如下主体组成:认证机构、认可机构、认证咨询机构、认证培训机构、检测机构、标准制定机构等。

截至2005年底，国家认监委共批准内资认证机构139家(分类统计见附件2),其中2005年新增9家,因注销、合并等撤销7家,比2004年净增2家;外商投资认证机构共计33家（分类统计见附件3），比2004年增加6家;认证审核员培训机构38家(分类统计见附件4),比2004年增加3家。

认证人员概况

2005年,绝大多数机构都加强了对审核人员的培养和管理,从职业道德和业务能力方面进行培训,并不断开发新的继续教育培训课程,拓宽审核人员的知识面,注重能力评价工作,提高审核能力。建立了审核员优胜劣汰机制,通过客户评价、内部考评等机制对不称职的审核员实行淘汰制。通过客户反馈、审核组内部控制、对管理工作实行监督,建立了机构内部目标考核制度,并建立了相应的奖惩制度。根据各机构报送材料的统计,目前各机构的从业审核员总数是22 961,其中专职人员10 356,专职比率为45.1%。详细情况见《2005年内资认证机构专职审核员总数统计表》(附件5)、《2005年外资认证机构专职审核员总数统计表》(附件6)和《2005年外审员培训机构专职教师总数统计表》(附件7)。

业务发展概况

认证认可行业所开展的业务活动是认证以及与认证相关的业务。这些相关业务包括认可、认证咨询、认证培训、检测、标准制定等。就认证来说,主要有管理体系认证、产品认证和服务认证。产品认证又包括强制性产品认证和自愿性产品认证。2005年,国家认监委积极推动自愿性产品认证和服务认证,先后与国家发改委、建设部、水利部、交通部、体育总局等有关部门从健康、安全、环保方面考虑,推出了康居认证、节水产品认证、交通产品认证、体育场所服务认证等新的产品、服务认证制度。

对各机构上报数据的统计分析显示，截至2005年底,有效认证证书总数为227 188份(分类统计数据见附件1)。在管理体系认证领域,认证证书计189 739份,占证书总数的83.5%，其中ISO 9001质量管理体系认证有效证书167 404份(其中带有CNAB标志的143 823份)，占证书总数的73.7%;ISO 14001环境管理体系认证有效证书15 554份(其中带有CNAB标志的12 683份),占证书总数的6.8%；职业健康安全管理体系认证有效证书6 122份(其中带有CNAB标志的5 922份),占证书总数的2.7%。可以看出,2005年各认证机构的业务量比2004年均有一定程度的增长，有效证书仍然以质量管理体系认证证书为主。

在自愿性产品认证领域,认证证书数量增长迅速,截至2005年底，有效证书总数为37 449份（不含CCC证书),占证书总数的16.5%;其中带有CNAB标志的8 859份。

机构经营管理概况

2005年，多数规模较大的认证机构的利润有所提高,中小型机构基本持平。各机构对开发新的认证领域、扩展业务范围的工作都非常重视,尤其是产品认证机构,增加了对新的认证领域产品的标准跟踪、制订和研发力度，部分认证机构新开拓的认证领域获得了行政许可或技术能力认可。

2005 年,多数机构通过严格控制认证流程,规范分支及办事机构的运作,有效降低了认证的风险。有的机构制定和完善了机构内部工作、审核人员报酬和纪律等方面的规章制度以及绩效考核制度,并要求从业人员严格遵守,提高工作效率;有的机构结合国家认监委开展的档案稽查、认证企业有效性调查工作,进行了机构内部整改;有的机构对获证企业开展了进一步的自查自纠,撤销、注销或暂停了一批不符合认证要求的认证证书;有的机构对分支及办事机构进行了清理,主动撤销了部分运作不规范的办事处,同时加强了对分支及办事机构的控制和管理;有些机构强化了风险防范意识,拨出专款建立认证风险基金或参加认证责任保险,有效降低了认证风险;有的机构开展了顾客满意度调查,并结合调查结果改进了工作方式,提高了服务质量;有的机构加大了机构内部信息化系统的投入,建立了中心数据库。此外,很多机构提出了建立学习型组织的目标并付诸实施。

机构年度总结报告上报概况

在总结 2004 年年度报告实施经验的基础上,国家认监委对各机构 2005 年的年度报告提出了新的要求。上报年度报告的文件发出后,绝大多数机构比较重视,按照文件的要求,对照机构自身在 2005 年完成的工作情况,从遵守国家法律法规、履行认证认可规范、维护认证的有效性和公正性、强化内审和管理评审、以质量求生存、以创新求发展等方面进行了认真总结。

从年度报告内容完整性来看,做得比较好的机构有(排名不分先后):中国船级社质量认证公司、中国检验认证集团质量认证有限公司、北京中大华远认证中心、北京中油健康安全环境认证中心,辽宁方圆有机食品认证有限公司,联合信诚(北京)认证中心,中国建筑材料检验认证中心,中国绿色食品发展中心,上海电子仪表质量审核所,摩迪英联认证有限公司,贝尔国际验证技术服务(成都)有限公司等。

但是,也有个别机构明显敷衍了事,年度报告过于简单,一年的工作仅报来几个数字,没有具体工作内容的总结;有的机构填报不完整,提供数据前后矛盾,明显不真实。这不仅表明这些机构不重视年度报告工作,也表明他们对自己全年工作的不重视、不负责任。甚至有个别机构无视国家认监委的要求,未提交年度报告。这些机构是:北京中设认证服务有限公司、上海市劳动保护科学研究所、北京海萨博质量认证中心、中国信息安全产品测评认证中心、安徽天园有机产品认证有限公司、奥瑞(沈阳)认证有限公司和中国职业安全健康协会。对未上报年度报告的机构提出了通报批评。各机构年度报告提交情况将记录在案,作为今后机构信誉评价的依据之一。

存在的主要问题

1. 个别认证机构达不到《认证认可条例》中对人员的要求,专职审核员严重不足。个别培训机构达不到《认证培训机构管理办法》中对于认证培训机构的基本要求(如应有 4 名专职教师、注册资金不低于 20 万元等)。从各机构上报的材料看,以下机构达不到要求:厦门永续认证中心有限公司、北京中轻联认证中心、北京中冷通质量认证中心有限公司、中国安全技术防范认证中心、北京中绿华夏有机食品认证中心、北京中水卓越认证有限公司、中纺标(北京)检验认证中心有限公司、北京中创和认证中心有限公司、大连市环境科学设计研究院、西北农林科技大学认证中心、中奶协(北京)认证中心有限公司、上海奥世管理体系认证有限公司、珂玛认证培训有限公司、江苏九州认证有限公司(培训)等机构。另外,深圳市康达信管理顾问有限公司、天津佩美克管理科学研究中心、天津市长城认证培训中心、北京品士质量管理顾问有限公司、北京国宣环境管理培训中心、北京国环环境认证有限公司、青岛中化阳光管理体系认证中心等机构在新的《认证培训机构管理办法》出台后,没有相应地增加专职教师人数,造成人员达不到要求。

2. 一些认证机构忽视长期经营的目标,选择牺牲诚信、追求眼前利益的短期行为,助长了整个认证市场的无序、低价、低水平竞争,从而对认证行业的公信力造成了损害。

3. 审核人员和管理人员参差不齐,良莠并存,低能力化倾向明显。其中,审核人员素质不理想、知识结构老化以及学习积极性低的问题比较突出。

4. 培训市场竞争激烈,培训机构效益下滑。由于认证市场对审核员需求数量下降的整体情况,各培训机构均表示 2005 年培训的业务量呈萎缩态势,市场竞争激烈,机构效益下滑。培训成本较高、生源的不足和培训收费降低、相应的管理措施跟不上成为影响教学质量的主要因素。有的机构任意降价,随意招生,严重扰乱认证培训市场。

监管部门的后续改进措施

针对上述问题,国家认监委将采取如下监管措施:

1. 国家对认证机构、认证培训机构资质有明确的要求,凡已经获得批准的机构,不再能满足资质要求的,限期予以补足；到期仍未满足的，将撤销相应的业务范围直至撤销认证机构、认证培训机构的资格。

2. 未按时提交年度报告的机构，在向国家认监委办理申请事项时，应说明情况并补交上一年度工作报告。

3. 针对收费方面低价无序竞争问题，国家认监委将与国家发改委等价格主管部门研究提出相应的措施。

4. 2006 年，将委托地方认监部门对办事机构的法律地位、人员状况、工作运行状况等进行检查。

5. 要加大地方认监部门对认证有效性日常监督的力度，重点解决虚假认证、认证走过场的问题。此类问题，一经发现，严肃处理。属于审核员问题的，要撤销审核员的资格，同时机构也承担管理责任。

行业建设新起点——中国认证认可协会成立

中国认证认可协会于 2005 年 9 月 27 日在北京正式成立。协会第一任会长由原国家认监委主任王凤清担任。

中国认证认可协会（英文缩写为 CCAA）根据国家有关法律法规成立，是由从事认证及相关工作的机构、人员自愿组成的非营利的全国性行业组织，依法取得社会团体法人资格的机构。本协会依法接受业务主管单位国家质量监督检验检疫总局、登记管理机关民政部的业务指导和监督管理。

中国认证认可协会的宗旨是服务、教育、监督、管理和约束会员机构和从业人员自觉遵守国家法律法规，加强行业诚信，恪守职业道德，完善自律机制，协调行业关系，提供行业服务，建立沟通渠道，维护社会公众利益和会员合法权益，促进共同发展。

协会的业务范围包括：(1)贯彻落实国家认证认可方针、政策和法律法规，宣传认证认可工作的重点意义；(2)向政府反映认证认可方面的意见和建议；依据法律法规要求，参照标准和准则以及行业特点，研究、提出具体实施的有关规范和办法；总结经验，探索、完善和推动认证制度和方法；(3)接受政府委托协助制定行业发展规划和相关技术文件；(4)代表会员共同利益，组织制定行业自律、公平竞争、服务质量、运作机制和行业规范等准则和操作规范并监督实施；(5)维护会员的合法权利，调解同行之间执业活动中发生的纠纷；受理对会员的投诉，协助政府主管部门进行调查处理；(6)经政府授权根据国际标准和国际相关组织的规定，并结合中国各类从业人员的实际情况，拟订各类认证及相关人员执业注册准则、规则，监督、检查实施情况；(7)组织国内外业务、学术交流，开展理论研讨，专业再发展培训，促进行业创新，组织参加国内外相关组织和国际相关机构的活动；(8)建立信息系统，对认证情况进行统计、分析，为政府决策和社会提供信息服务；(9)开展认证的宣传教育和推广工作，编辑、翻译出版认证方面的标准、期刊、书籍、文集和资料等；(10)完成政府主管部门交办的工作。

附件：

1. 内资认证机构有效证书总数统计表
2. 内资认证机构分类统计表
3. 外资认证机构分类统计表
4. 外审员培训机构分类统计表
5. 2005 年内资认证机构审核员总数统计表
6. 2005 年外资认证机构审核员总数统计表
7. 2005 年外审员认证培训机构教师总数统计表

撰稿人：张惠才　审稿人：赵宗勃

附件 1：

内资认证机构有效证书总数统计表(1)

序号	类别	2005 年新增证书数	有效证书总数
1	质量管理体系认证证书	10 897	143 823
2	环境管理体系认证证书	3 821	12 683
3	职业健康安全管理体系认证证书	2 319	5 922
4	食品安全管理体系认证证书	197	326
5	软件过程及能力成熟度评估证书	–3	20
6	自愿性产品认证证书	3 714	8 667
7	有机产品认证证书	170	192
8	未经认可的体系认证证书	25	29
9	未经认可的产品认证证书	9 209	21 885
合计		30 349	193 547

注：本报表第 1 至 7 项采用 2005 年 CNAB 统计的数据，第 8、第 9 项根据各机构提供数据统计。

内资认证机构有效证书总数统计表(2)

序号	类别	2005 年新增证书数	有效证书总数
1	质量管理体系认证证书	8 191	23 581
2	环境管理体系认证证书	884	2 871
3	职业健康安全管理体系认证证书	95	200
4	食品安全管理体系认证证书	102	284
5	自愿性产品认证证书	6 357	6 644
6	其他	14	61
合计		15 643	33 641

注：本报表根据各机构提供数据统计。

管理体系认证证书统计表

序号	类别	2005 年新增证书数	有效证书总数
质量管理体系认证证书	带 CNAB 标志	10 897	1 43 823
	不带 CNAB 标志	8 191	23 581
	总计	19 088	167 404
	占证书总数的百分比	—	73.7%
环境管理体系认证证书	带 CNAB 标志	3 821	12 683
	不带 CNAB 标志	884	2 871
	总计	4 705	15 554
	占证书总数的百分比	—	6.8%
职业健康安全管理体系认证证书	带 CNAB 标志	2 319	5 922
	不带 CNAB 标志	95	200
	总计	2 414	6 122
	占证书总数的百分比	—	2.7%
食品安全管理体系认证证书	带 CNAB 标志	197	326
	不带 CNAB 标志	102	284
	总计	299	610
	占证书总数的百分比	—	0.34%

注：本报表根据各机构提供数据统计。

自愿性产品认证证书统计表

类别	2005 年新增证书数	有效证书总数
带 CNAB 标志自愿性产品认证证书	3 884	8 859
不带 CNAB 标志自愿性产品认证证书	15 580	28 590
总计	19 464	37 449
占证书总数的百分比	—	16.5%

注：本报表根据各机构提供数据统计。

附件 2:

内资认证机构分类统计表

内资认证机构总数量的统计

年份	2002 年	2003 年	2004 年	2005 年
机构总数	108	112	138	139

按照业务范围分类

类别	QMS	EMS	OHSMS	SPCA	ISMS	HACCP	产品认证	无公害	有机	绿色市场	饲料	测量体系	服务认证
数量	76	63	64	2	4	29	73	1	28	3	6	1	1

按地域划分

北京	94	广东	6
上海	7	浙江	4
辽宁	4	江苏	3
天津	3	河北	2
安徽	4	福建	2
山东	3	黑龙江	2
其余:湖北、新疆、陕西、四川、香港等各 1 家。		共计:139 家	

附件 3:

外资认证机构分类统计表

外资认证机构总数量的统计

年度	2002	2003	2004	2005
数量	10	22	27	33

按照业务范围分类

类别	QMS	EMS	OHSMS	产品认证	HACCP
数量	33	10	3	9	3

按地域划分

北京	8	山东	1
上海	15	浙江	1
江苏	3	四川	1
天津	3	辽宁	1
共计:	33 家		

附件 4:

外审员培训机构分类统计表

外审员培训机构总数量的统计

年度	2002	2003	2004	2005
数量	30	32	35	38

按照业务范围分类

类别	QMS	EMS	OHSMS	产品认证	HACCP	其他
数量	23	20	19	3	5	4

注:其他类还有 ISO/TS 16949 注册审核员培训、环境标志产品认证检查员培训、测量管理体系认证审核员培训等。

附件 5:

2005 年内资认证机构审核员总数统计表

序号	批准号	机构	审核员总数	专职人员	专职比例/%	备注
1	CNCA-R-2002-001	中国质量认证中心	6 477	3 933	60.7	
2	CNCA-R-2002-002	方圆标志认证中心	1 177	285	24.2	
3	CNCA-R-2002-003	上海质量体系审核中心	409	148	36.2	
4	CNCA-R-2002-004	华信技术检验有限公司	85	25	29.4	
5	CNCA-R-2002-005	中国船级社质量认证公司	428	172	40.2	
6	CNCA-R-2002-006	中质协质量保证中心	537	133	24.8	
7	CNCA-R-2002-007	广东中鉴认证有限责任公司	338	100	29.6	
8	CNCA-R-2002-008	中国新时代认证中心	333	75	22.5	
9	CNCA-R-2002-009	长城(天津)质量保证中心	366	50	13.7	
10	CNCA-R-2002-010	东北认证有限公司	392	90	22.9	
11	CNCA-R-2002-011	中国电子技术标准化研究所	45	40	88.9	
12	CNCA-R-2002-012	广州赛宝认证中心服务有限公司	127	68	53.5	
13	CNCA-R-2002-013	浙江公信认证有限公司	196	58	29.6	
14	CNCA-R-2002-014	中联认证中心	158	35	22.2	
15	CNCA-R-2002-015	杭州万泰认证有限公司	288	137	47.6	
16	CNCA-R-2002-016	北京新世纪认证有限公司	430	149	34.7	
17	CNCA-R-2002-017	北京兴国环球认证有限公司	202	52	25.7	
18	CNCA-R-2002-018	中国检验认证集团质量认证有限公司	986	371	37.6	
19	CNCA-R-2002-019	四川三峡认证有限公司	118	33	28.0	
20	CNCA-R-2002-020	北京中大华远认证中心	387	99	25.6	
21	CNCA-R-2002-021	华夏认证中心有限公司	410	203	49.5	
22	CNCA-R-2002-022	北京国金恒信管理体系认证有限公司	144	52	36.1	
23	CNCA-R-2002-023	北京中建协认证中心	129	53	41.1	

续表

序号	批准号	机构	审核员总数	专职人员	专职比例(100%)	备注
24	CNCA-R-2002-024	深圳市环通认证中心有限公司	369	187	50.7	
25	CNCA-R-2002-025	北京国建联信认证中心有限公司	219	46	21.0	
26	CNCA-R-2002-026	北京天一正认证中心	148	37	25.0	
27	CNCA-R-2002-027	北京中设认证服务有限公司				未提交报告
28	CNCA-R-2002-028	北京中安质环认证中心	419	173	41.3	
29	CNCA-R-2002-029	江苏九州认证有限公司	107	29	27.1	
30	CNCA-R-2002-030	泰尔认证中心	42	15	35.7	
31	CNCA-R-2002-031	北京三星九千质量认证中心	127	65	51.2	
32	CNCA-R-2002-032	天津华诚认证中心	73	32	43.8	
33	CNCA-R-2002-034	北京航协认证中心	62			填写不完整
34	CNCA-R-2002-035	兴原认证中心有限公司	178	64	35.9	
35	CNCA-R-2002-036	北京宇航剑质量体系认证中心	40	32	80.0	
36	CNCA-R-2002-037	北京外建质量认证中心	49	19	38.8	
37	CNCA-R-2002-038	北京世标认证中心有限公司	474	183	38.6	
38	CNCA-R-2002-039	北京埃尔维质量认证中心	174	148	85.1	
39	CNCA-R-2004-040	上海市劳动保护科学研究所				未提交报告
40	CNCA-R-2002-041	深圳鹏程国际认证有限公司	66	41	62.1	
41	CNCA-R-2002-042	上海电子仪表质量审核所	25	20	80.0	
42	CNCA-R-2002-043	北京联合智业认证有限公司	266	60	22.6	
43	CNCA-R-2002-044	北京中经科环质量认证有限公司	329	80	24.3	
44	CNCA-R-2002-045	北京大陆航星质量认证中心	165	60	36.4	
45	CNCA-R-2002-046	北京博天亚认证有限公司	91	37	40.7	
46	CNCA-R-2002-047	北京国医械华光认证有限公司	86	46	53.5	
47	CNCA-R-2002-048	北京泰瑞特质量认证中心	66	48	72.7	
48	CNCA-R-2002-049	广州中诚标志认证中心有限公司	35	33	94.3	
49	CNCA-R-2002-050	北京中电联认证中心有限责任公司	47	12	25.5	
50	CNCA-R-2002-051	上海爱索质量认证中心	10	10	100.0	
51	CNCA-R-2002-052	北京中水源禹国环认证中心	54	27	50.0	
52	CNCA-R-2002-053	北京恩格威认证中心	113	113	100.0	
53	CNCA-R-2002-054	北京中检联合质量认证中心	89	19	21.3	
54	CNCA-R-2003-055	农业部农产品质量安全中心	503			填写不完整
55	CNCA-R-2002-056	浙江省环科环境认证中心	14	11	78.6	
56	CNCA-R-2005-057	中启计量体系认证中心				新设立
57	CNCA-R-2004-058	中国检验有限公司认证中心	未在中国大陆发证			

续表

序号	批准号	机构	审核员总数	专职人员	专职比例(100%)	备注
58	CNCA-R-2002-059	武汉新兴联合认证有限责任公司				填写不完整
59	CNCA-R-2002-060	厦门永续认证中心有限公司	11	5	45.5	
60	CNCA-R-2002-061	深圳市南方认证有限公司	23	22	95.6	
61	CNCA-R-2003-062	北京陆桥质检认证中心有限公司	42	21	50.0	
62	CNCA-R-2002-063	中国安全生产科学研究院	47	33	70.2	
63	CNCA-R-2002-064	北京思坦达尔认证中心	11	11	100.0	
64	CNCA-R-2002-065	北京中物联联合认证中心	46	30	65.2	
65	CNCA-R-2002-066	北京振业兴管理体系认证有限公司	39	22	56.4	
66	CNCA-R-2002-067	北京恒标质量认证有限公司	57	57	100.0	
67	CNCA-R-2002-068	北京中油健康安全环境认证中心	96	44	45.8	
68	CNCA-R-2002-070	北京军友诚信质量认证有限公司	17	42	40.5	
69	CNCA-R-2002-071	中汽认证中心	77	23	29.9	
70	CNCA-R-2005-072	北京康居认证中心				新设立
71	CNCA-R-2002-073	公安部消防产品合格评定中心	145			填写不完整
72	CNCA-R-2002-074	北京中轻联认证中心	151	8	5.3	
73	CNCA-R-2002-075	北京中化联合质量认证有限公司	92	30	32.6	
74	CNCA-R-2003-076	北京中润兴认证有限公司	65	43	66.2	
75	CNCA-R-2002-077	上海东方信息技术认证有限公司				填写不完整
76	CNCA-R-2002-078	中包认证中心有限公司	10	10	100.0	
77	CNCA-R-2002-079	北京海萨博质量认证中心				未提交报告
78	CNCA-R-2002-080	北京东方凯姆农机认证中心	10	10	100.0	
79	CNCA-R-2002-081	中国信息安全产品测评认证中心				填写不完整
80	CNCA-R-2005-082	安徽中兴产品认证有限公司				新设立
81	CNCA-R-2002-083	福建东南标准认证中心	44	6	13.6	
82	CNCA-R-2002-084	中食恒信(北京)质量认证中心有限公司	28	19	67.9	
83	CNCA-R-2003-085	北京赛迪国软认证有限公司	15	11	73.3	
84	CNCA-R-2003-086	北京中冷通质量认证中心有限公司	18	7	38.9	
85	CNCA-R-2002-087	北京科正平起重运输机械检验所	11	11	100.0	
86	CNCA-R-2002-088	合肥通用机械产品认证中心	26	26	100.0	
87	CNCA-R-2002-089	黑龙江省农产品质量认证中心	16	16	100.0	
88	CNCA-R-2002-090	中标认证中心	109	50	45.9	
89	CNCA-R-2003-091	北京鉴衡认证中心有限公司	97			填写不完整
90	CNCA-R-2002-092	山东科苑环境管理体系认证中心	13	13	100.0	
91	CNCA-R-2003-093	中国安全技术防范认证中心	55	6	10.9	

续表

序号	批准号	机构	审核员总数	专职人员	专职比例(100%)	备注
92	CNCA-R-2005-094	北京新华节水产品认证有限公司				新设立
93	CNCA-R-2003-095	中国电磁兼容认证中心				填写不完整
94	CNCA-R-2003-096	杭州中农质量认证中心	28	10	35.7	
95	CNCA-R-2005-097	北京中水润科认证有限责任公司				新设立
96	CNCA-R-2002-098	上海环科环境认证有限公司	34	14	41.2	
97	CNCA-R-2002-099	北京国体世纪体育用品质量认证中心有限公司	16	16	100.0	
98	CNCA-R-2002-100	北京中绿华夏有机食品认证中心	161	5	3.1	
99	CNCA-R-2003-101	北京中教英才教育认证中心	10	10	100.0	
100	CNCA-R-2002-102	中铁铁路产品认证中心	147	27	18.4	
101	CNCA-R-2002-103	北京九鼎国联汽车管理体系认证有限责任公司	25	25	100.0	
102	CNCA-R-2003-104	山东世通质量认证有限公司	73	49	67.1	
103	CNCA-R-2002-105	中环联合(北京)认证中心有限公司	349	96	27.5	
104	CNCA-R-2002-106	中国绿色食品发展中心	181	181	100.0	填写不完整
105	CNCA-R-2002-107	中饮标(北京)安全饮品认证中心	16	16	100.0	
106	CNCA-R-2002-108	中环协(北京)认证中心				
107	CNCA-R-2002-109	中国建筑材料检验认证中心	66	28	42.4	
108	CNCA-R-2003-110	北京华电万方管理体系认证中心	23	23	100.0	
109	CNCA-R-2003-111	河北英博认证有限公司	21	20	95.2	
110	CNCA-R-2003-112	青岛中化阳光管理体系认证中心	37	28	75.7	
111	CNCA-R-2005-113	北京中水卓越认证有限公司	38	5	13.2	
112	CNCA-R-2003-114	北京东方纵横认证中心	44	41	93.2	填写不完整
113	CNCA-R-2003-115	北京五洲恒通认证有限公司	16	16	100.0	
114	CNCA-R-2003-116	北京华思联认证中心				填写不完整
115	CNCA-R-2003-117	上海英格尔认证有限公司	46	46	100.0	
116	CNCA-R-2003-118	北京力友和信息技术有限公司				
117	CNCA-R-2004-119	联合信诚认证(北京)中心	13	13	100.0	
118	CNCA-R-2004-120	河北赛普认证有限公司	16	16	100.0	
119	CNCA-R-2004-121	中纺标(北京)检验认证中心有限公司	8	8	100.0	
120	CNCA-R-2004-122	辽宁方园有机食品认证有限公司	11	11	100.0	
121	CNCA-R-2004-123	黑龙江绿环有机食品认证有限公司	14	11	78.6	
122	CNCA-R-2005-124	中标研国联(北京)认证中心	11	11	100.0	
123	CNCA-R-2004-125	安徽天园有机产品认证有限公司				未提交报告
124	CNCA-R-2005-126	电能(北京)产品认证中心有限公司				新设立
125	CNCA-R-2004-127	北京中创和认证中心有限公司	5	5	100.0	

续表

序号	批准号	机构	审核员总数	专职人员	专职比例(100%)	备注
126	CNCA-R-2004-128	辽宁辽环有机食品认证中心				填写不完整
127	CNCA-R-2004-129	北京五岳华夏管理技术中心	10	10	100.0	
128	CNCA-R-2005-130	北京中机诚业质量认证有限公司				新设立
129	CNCA-R-2004-131	新疆生产建设兵团环境保护科学研究所	17	12	70.6	
130	CNCA-R-2004-132	大连市环境科学设计研究院	10	5	50.0	
131	CNCA-R-2004-133	西北农林科技大学认证中心	5	5	100.0	
132	CNCA-R-2004-134	南京国环有机产品认证中心	51	21	41.2	
133	CNCA-R-2004-135	中奶协(北京)认证中心有限公司	3	3	100.0	
134	CNCA-R-2004-136	中酒联合(北京)质量认证中心	64	12	18.8	
135	CNCA-R-2004-137	北京光大联合国际认证有限公司	10	10	100.0	
136	CNCA-R-2004-138	北京绿源天地生态环境科技中心有限公司	24	10	41.7	
137	CNCA-R-2004-139	安徽裕安安全认证中心	12	12	100.0	
138	CNCA-R-2005-140	江苏捷通认证有限公司				新设立
139	CNCA-R-2005-141	北京华安联合认证中心有限公司				新设立

注:本报表根据各机构提供数据整理

附件6:

2005年外资认证机构审核员总数统计表

序号	批准号	机构	审核员总数	专职人员	专职比例/%
1	CNCA-RF-2002-05	莱茵技术-商检(青岛)有限公司	92	63	68.5
2	CNCA-RF-2002-07	上海天祥质量技术服务有限公司	24	24	100.0
3	CNCA-RF-2002-08	江苏添福产品服务有限公司	66	51	77.3
4	CNCA-RF-2002-09	上海埃比埃斯技术检验有限公司	12	11	91.7
5	CNCA-RF-2002-11	劳氏质量认证(上海)有限公司	33	32	96.9
6	CNCA-RF-2002-12	珂玛认证培训有限公司	9	9	100.0
7	CNCA-RF-2002-13	贝尔国际验证技术服务(成都)有限公司	42	31	73.8
8	CNCA-RF-2002-14	北德认证(天津)有限公司	12	12	100.0
9	CNCA-RF-2002-17	英标管理体系认证(北京)有限公司	90	90	100.0
10	CNCA-RF-2003-18	上海德世爱普管理体系认证有限公司	47	31	65.9
11	CNCA-RF-2003-19	上海恩可埃认证有限公司	64	34	53.1
12	CNCA-RF-2003-20	摩迪英联认证有限公司	138	109	78.9
13	CNCA-RF-2003-22	苏州UL美华认证有限公司	15	15	100.0
14	CNCA-RF-2003-23	法立德国际质量认证(北京)有限公司	40	40	100.0
15	CNCA-RF-2003-24	佩里约翰逊质量认证(上海)有限公司	14	14	100.0
16	CNCA-RF-2003-26	上海奥世管理体系认证有限公司	17	9	52.9

续表

序号	批准号	机构	审核员总数	专职人员	专职比例(100%)
17	CNCA-RF-2003-27	北京挪华威认证有限公司	44	40	90.9
18	CNCA-RF-2003-28	江苏艾凯艾国际标准认证有限公司	25	25	100.0
19	CNCA-RF-2003-29	上海赛瑞质量认证有限公司	25	11	44.0
20	CNCA-RF-2003-30	北京中新炎黄认证有限公司	12	12	100.0
21	CNCA-RF-2003-31	上海达卫师认证有限公司	51	24	47.1
22	CNCA-RF-2004-33	杭州汉德质量认证服务有限公司	40	36	90.0
23	CNCA-RF-2004-34	北京于达克华信认证有限公司	24	24	100.0
24	CNCA-RF-2004-35	上海诺耐德质量认证服务有限公司	19	19	100.0
25	CNCA-RF-2004-37	上海凯瑞克质量体系认证有限公司	20	20	100.0
26	CNCA-RF-2004-38	标准认证服务(上海)有限公司	54	50	92.6
27	CNCA-RF-2005-39	奥瑞(沈阳)认证有限公司	未提交报告		
28	CNCA-RF-2005-40	上海禾邦认证有限公司	27	27	100.0
29	CNCA-RF-2005-41	天津西凯质量认证有限公司	27	20	74.1
30	CNCA-RF-2005-42	天津华诚艾肯锡认证有限公司	17	16	94.1
31	CNCA-RF-2005-43	卡狄亚标准认证(北京)有限公司	11	11	100.0
32	CNCA-R-2002-33	通标标准技术服务有限公司	176	173	98.3
33	CNCA-R-2002-069	哈特福德全球标准认证(北京)有限公司	84	31	36.9

注:本报表根据各机构提供数据整理

附件 7:

2005 年外审员认证培训机构教师总数统计表

序号	批准号	机构	审核员总数	专职人员	专职比例/%
1	CNCA-P-2002-001	北京国培认证培训中心	53	5	9.43
2	CNCA-P-2002-002	中国质量认证中心	54	15	27.8
3	CNCA-P-2002-004	华信技术检验有限公司	18	13	72.2
4	CNCA-P-2002-006	深圳鹏程国际认证有限公司	4	4	100.0
5	CNCA-P-2002-007	上海质量教育培训中心	18	10	55.6
6	CNCA-P-2002-008	北京市经纬方正技术咨询有限责任公司	19	4	21.1
7	CNCA-P-2002-009	深圳市深监管理认证培训中心有限公司	12	6	50.0
8	CNCA-P-2002-011	北京纳威尔格质量咨询有限公司	14	5	35.7
9	CNCA-P-2002-012	深圳市康达信管理顾问有限公司	11	3	27.3
10	CNCA-P-2002-013	北京华夏环科技术培训中心	14	5	35.7
11	CNCA-P-2002-014	广州赛宝认证中心服务有限公司	10	9	90.0
12	CNCA-P-2002-015	北京英达管理培训中心	4	4	100.0

续表

序号	批准号	机构	审核员总数	专职人员	审核员总数
13	CNCA-P-2002-017	天津佩美克管理科学研究中心	5	3	60.0
14	CNCA-P-2002-018	北京中质协卓越培训中心	12	5	41.7
15	CNCA-P-2002-019	天津市长城认证培训中心	4	3	75.0
16	CNCA-P-2002-020	沈阳审核员培训中心	9	6	66.7
17	CNCA-P-2002-022	浙江公信管理培训有限公司	13	5	38.5
18	CNCA-P-2002-033	东北认证有限公司	9	8	88.9
19	CNCA-P-2002-034	四川三峡认证有限公司	5	5	100.0
20	CNCA-P-2002-042	北京陆桥质检认证中心有限公司	8	4	50.0
21	CNCA-P-2002-043	北京品士质量管理顾问有限公司	3	3	100.0
22	CNCA-P-2002-045	方圆标志认证中心	60	6	10.0
23	CNCA-P-2002-061	中国检验认证集团质量认证有限公司	64	33	51.6
24	CNCA-P-2002-074	江苏九州认证有限公司	2	2	100.0
25	CNCA-P-2002-076	北京国宜环境管理培训中心	9	3	33.3
26	CNCA-P-2002-087	北京联合智业认证有限公司	17	8	47.1
27	CNCA-P-2002-089	深圳市国信认证培训中心有限公司	6	4	66.7
28	CNCA-P-2002-090	华夏认证中心有限公司	43	5	11.6
29	CNCA-P-2002-096	北京国环环境认证有限公司	7	3	42.9
30	CNCA-P-2002-104	北京中安质环认证中心	15	6	40.0
31	CNCA-P-2003-106	中环联合(北京)认证中心有限公司	18	13	72.2
32	CNCA-P-2003-124	中国安全生产科学研究院	未提交培训部分报告		
33	CNCA-P-2004-129	上海市劳动保护科学研究所	未提交报告		
34	CNCA-P-2004-130	青岛中化阳光管理体系认证中心	3	3	100.0
35	CNCA-P-2004-131	中国职业安全健康协会	未提交报告		
36	CNCA-P-2005-145	威第安质量管理认证技术培训(北京)有限公司	新设立		
37	CNCA-P-2005-146	中启计量体系认证中心	新设立		
38	CNCA-P-2005-147	江苏商检培训中心	4	4	100.0

注:本报表根据各机构提供数据整理

二、2005 年部分认证及相关机构发展概况

中国质量认证中心

努力提高服务质量和水平

2005 年，中国质量认证中心(CQC)按照国家质检总局和国家认监委的要求和部署，按照 CQC 年初确定的“一个中心、两个提高、三个完善、四个一流”的工作基本思路，开拓创新，求真务实，抓先教、促认证，实现了学习教育与认证工作、市场拓展与认证监管、物质文明与精神文明双丰收。

从 2005 年 1 月 1 日至 9 月 30 日，CQC 颁发强制性产品认证证书 45 812 张，累计颁发有效证书 136 768 张；颁发 CQC 标志认证证书 3 301 张，累计颁发证书 13 851 张；颁发各类管理体系证书 6 165 张，其中，颁发 ISO 9000 质量管理体系认证证书 5 383 张，ISO 14000 环境管理体系认证证书 429 张，OHSMS 18000 职业健康安全管理体系认证证书 107 张，HACCP 食品安全控制体系认证证书 238 张，QS 9000 汽车体系认证证书 8 张，累计颁发各类管理体系认证有效证书 31 503 张。作为国际认证联盟(IQNet)和国际电工委员会(IECEE)CB 体系的成员机构，CQC 颁发 IQNet 证书 1 621 张，累计发证 6 974 张；颁发 CB 证书 1 335 张，累计发证 6 323 张；颁发 CE 证书 284 张，累计发证 698 张。举办各类培训班 61 期，培训人员 2 567 名，累计聘用各类审核员、工厂检查员 6 500 多人。现将 2005 年主要工作总结如下：

一、以取得实效为关键，将先教活动锻造成为群众满意工程

中共中央作出在全党开展保持共产党员先进性教育活动的决定后，按照国家质检总局先教活动领导小组和国家认监委先教活动领导小组的统一部署和要求，CQC 从 2005 年 4 月 15 日全面启动了先教活动。CQC 总部 9 个党支部的 83 名党员全部参加了此次集中教育活动，在学习动员、分析评议、整改提高 3 个阶段以及 13 个环节中都切实保证了人员、时间和内容，做到了不漏一个环节，不少一个学时，不落一个党员。虽然这次先教活动的时间有限，但目标明确、内容充实、安排有序、形式生动，切实做到了不漏一项任务、不降一丝标准，圆满完成了全部工作任务。在 CQC 先教活动情况通报会上进行的群众满意度测评结果也显示，99.82%的被问卷人对 CQC 总部先教活动表示满意。

二、以换证为突破口，积极推进各项认证工作

(一)精心组织，通过新版标准换证稳步拓展 CCC 认证

根据国家认监委 2004 年第 26 号公告和《关于部分家用电器执行新版标准有关要求的通知》(认证办[2005]3 号)等文件要求，对摩托车及其发动机产品、汽车产品、低压元件产品、灯具产品、镇流器产品以及空调等 6 类家电产品进行换证工作。CQC 高度重视，确定了“以换证为中心，把做好当前工作与可持续发展、客户维护与业务开拓并举，稳步推进 CCC 认证及关联业务”的工作思路。一方面，组织技术力量，加班加点编制认证执行所需的作业指导文件，确定检测项目和执行方案；另一方面，利用网站、电话、传真、电邮、杂志、报刊以及会议等方式，迅速将有

关规则修改和换证的信息及时传递给所有国内外客户。为方便相关企业,CQC还及时推出了“家门口标准换版”的认证服务,现场受理企业换证申请。另外,积极组织相关检测机构召开换证检测专题工作会议,统一试验要求,明确新版规则检测项目的执行标准以及补做差异试验的要求等,督促和协调检测机构优先安排换证检测工作,以保证换证任务顺利按时完成。截至2005年底,CQC对汽车、摩托车及其发动机产品换证就达1万多张。在做好换证工作的同时,充分发挥CQC分中心的市场前沿阵地作用,加强宣传和发动,不仅维护和巩固了老客户,而且还吸引和开发了一批新客户,进一步扩大了CQC的市场份额和影响。

CQC韩国分中心自2004年10月正式挂牌成立以来,除认真做好总部下达的CCC工厂检查任务外,还积极推进与LG、三星等韩国大企业的合作,并在韩国、泰国等地多次组织召开CCC认证宣贯会、说明会,在2005年上半年提前实现了财务收支平衡的预定财务目标,不仅拓展了海外认证市场,提升了CQC品牌形象,还为韩国分中心的可持续发展和进一步推进CQC国际化发展战略奠定了更加坚实的基础。

(二)周密部署,全面推进产品认证、体系认证和培训业务

1. 全力拓展产品认证新领域。CQC积极开拓工作思路,利用认证说明会、技术服务会和宣贯会等各种形式,积极拓展包括CCC认证在内的产品认证。在生产特色产品集中的地区,如小家电生产企业比较集中的山东省淄博周村、中国水泵之乡温岭市大溪镇、中国最大的玩具礼品生产基地澄海等地有针对性地开展认证宣贯和推进工作,上门直接给企业讲解CCC、CB、CE认证以及CQC标志认证的作用和申请程序及要求。同时,充分利用第65届全国电子展览会、2005现代服装纺织高科技发展研讨会、2005中国澄海国际玩具工艺品博览会、2005中国饲料工业展示交易会等平台,大力宣传推进装饰装修、饲料、家具、玩具、纺织品等认证;为满足认证市场的需求,在2004年成功推出家具、生态纺织品质量环保认证后,2005年又正式推出涂料及胶粘剂类产品质量环保认证;2004年CB体系扩项成功后,CQC可以颁发覆盖12大类产品、480余项标准的CB证书,2005年专门召开IECEE-CB扩项总结大会及IECEE国家同行评审员会议、CB认证论坛和上海年会等,深层次推动中国CB认证事业的发展;为应对欧盟“在电子电气设备中限制使用某些有害物质指令”(简称RoHS指令),帮助企业产品出口到欧洲,经过充分的技术、人才准备和广泛宣传,在各相关实验室的配合下,CQC在2005年3月及时推出了RoHS认证,受到企业热烈欢迎,已向TCL、华为等30多家电子电气企业颁发了RoHS认证证书,这为帮助国内企业的产品顺利出口至欧盟市场,同时也为提高中国消费者的环保意识、减少电子电器产品对环境的污染发挥着重要作用。与2004年同期相比,2005年CQC标志认证发证数量增长了9.7%,CE认证增长了50%。

2. 全力开拓管理体系认证新领域。与中国对外承包工程商会合作,2005年陆续对中国国际人才开发中心和国旅集团海外经营合作公司等单位开展了ISO 9000的现场审核;经过精心策划和充分筹备,成功中标了商务部对外援助工程第二方审核项目。同时,2005年还开拓了众多新领域:宁波市政府办公厅成为首家成功导入ISO 9000的全国副省级以上政府办公厅单位;江苏移动通讯有限责任公司获得首张电信运营业ISO 9000证书;西安市房产测量事务所获得中国首家房产测绘行业ISO 9000证书;蚌埠市中级人民法院成为安徽政法系统首家通过ISO 9000认证的单位;湖南省万家丽家居建材广场成为湖南省首家同时获得ISO 9000、ISO 14000和OHSMS 18000三标一体认证的建材超市;中国人民银行泰安市中心支行成为中国人民银行系统首家获得ISO 9000认证证书的银行,等等。另外,积极推进国际旅行保健中心体系认证、传媒认证、政府机构认证等项目工作,全力配合九鼎国联开展了ISO/TS 16949认可的相关准备工作。2005年7~8月,国际汽车监督署(IAOB)对九鼎进行了现场见证审核,并将审核结果提交国际汽车特别工作组(IATF)全体成员大会投票表决。

2005年2月,中国认证机构国家认可委员会(CNAB)发布了“十五”国家重大科技课题《食品安全关键技术》的子课题“食品企业和餐饮业HACCP体系的建立和实施”的初步研究成果——“HACCP体系通用评价准则及肉及肉制品、水产品、速冻果蔬、含肉或水产品的速冻方便食品、罐头、果蔬汁及餐饮7个专业的专项评价准则”,进入到课题阶段性成果的试点阶段,并将以此作为认可的审核准则。为成为首批获得该课题全部7个专业CANB认可资格的认证机构,CQC及时向CNAB提出了参加课题试点的申请和认可扩项申请(包括肉及肉制品、水产品、速冻果蔬、罐头4个专业)并获得批准,承担了CNAB确定的137家试点企业中的30余家企业的认证试点工作。为此,CQC精心组织制定了详细的工作实施计划、工作质量标准及奖惩措施,指定了技术负责人和业务骨干专门负责此项工作。该试点工作正有条不紊地开展。

同时，密切跟踪 ISO 14001:2004 国际标准最新变化，加强了新版 ISO 14000 实施技术研发，组织了 EMS 内审员转换培训，修订了《文件评审记录》、《证书变更申请表》等体系文件和记录；编制了《中国质量认证中心 ISO 14001：2004 版标准转换工作计划》、《中国质量认证中心实施依据新版 GB/T 24001 环境管理体系认证的转换规定》和《新版 GB/T 24001 证书转换上报审核材料要求》等指导性文件，积极为转版工作做准备。

3. 积极开拓认证培训新领域。依据中国认证人员与培训机构国家认可委员会(CNAT)发布的《食品安全管理体系审核员培训课程准则》及《食品安全管理体系审核员培训教学大纲》，结合近千家食品安全管理体系认证审核经验及国家“十五”重大科技专项—食品安全关键技术研究课题成果，CQC 及时组织技术力量完成了食品安全管理体系国家注册审核员课程案例、教学指导书、学员手册、胶片等全套教学资料研发工作，在 2005 年 5 月课程顺利通过了 CNAT 文件评审及课程见证并获得认可。至此，CQC 成为拥有四大管理体系国家注册审核员培训资格的认证培训机构，进一步扩大了培训领域，增强了培训能力，为中心多元化经营和可持续发展打下了更加坚实的基础。另外，CQC 还研发了食品安全管理体系审核员持续培训课程、环境管理体系审核员转换培训课程等；根据企业需要，积极为中国铝业集团、河北世纪大饭店等企业提供个性化的特色培训服务。

三、以技术研发为动力，积极争取成为 IEC/TC 111 标准国内归口单位

(一)果断决策，全力以赴，IEC/TC 111 标准国内归口单位建设取得阶段性成果

IECEE 于 2004 年 6 月设立了新的技术委员会——电工电子产品与系统环境标准技术委员会(IEC/TC 111)，标准委决定以 P 成员的身份加入 IEC/TC 111，经过积极争取，中国顺利进入了 TC 111 主席顾问团和现有的 3 个工作组，为更深入地参与 IEC/TC 111 范围内相关国际标准及技术文件的制定创造了有利条件。CQC 果断决策，全力争取成为 IEC/TC 111 标准的国内归口单位。标准委已正式授权 CQC 牵头组建“电工电子产品与系统的环境标准化工作组”，搭建起了组织架构，起草了工作章程，制定了 IEC/TC 111 对口国内的标准体系以及 45 个标准项目的构建方案；参与标准委组织的 IEC/TC 111WG 3“电器产品中限用物质浓度的检测程序”的 IEC 标准草案研讨；CQC 成立了环境技术研究室，为下一步对口 IEC/TC 111 做好组织保证。在标准委立项的 10 个国家标准中，CQC 承担了“电子电气产品中有害物质检测产品拆分及均一检测单元的获取”、“电子电气产品和材料中有害物质表示方法的通用要求”2 项标准的牵头制定工作。IEC/TC 111 标委会国内归口单位的取得，标志着认证中心在原有的机电类产品认证优势的基础上又拓展了有毒有害物质环境评估的新领域，具有“强上加强”的战略意义。

(二)开拓创新，加强了认证技术研发工作

在《科技课题管理办法》的基础上，为进一步使课题经费的管理制度化和规范化，起草制定了《科技课题经费管理办法》。2005 年 CQC 已有 11 项课题上报国家质检总局和国家认监委申请立项，推荐了 8 位专家参加国家质检总局及国家认监委认证认可科学技术委员会各专业技术委员会。首次承担了 ISO/IEC 17030、ISO/IEC 17050 标准的翻译及国际标准转化工作，同时还参与了 GB/T 27065 理解与实施、ISO/IEC 导则 67、68 的国标转化工作。由 CQC 牵头组织实施的科技部“十五”攻关课题《食品安全关键技术》中的子课题《重要食品安全标准的基础研究及技术措施》中的子课题《畜禽屠宰 GMP》专题研究取得了实质性成果，已经完成了《关于畜禽屠宰企业生产过程中质量管理情况的研究报告》和《畜禽屠宰企业良好规范(GMP)》标准的编制及标准的编制说明，并在中国食品发酵工业研究院组织的课题汇报交流会上进行了专题汇报。积极参与了国家认监委“认证认可工作战略专项研究”和“认证认可对国民经济及社会发展的作用研究”以及有机产品、玩具产品、机动车零部件等实施规则制修订工作。根据《认证认可条例》、《有机产品认证管理办法》、《GB/T 19630-2005 有机产品》及相关要求，受国家认监委委托主持制定的《有机产品认证实施规则》也顺利通过了专家审定，此规则的实施必将进一步规范有机产品认证工作，促进中国有机产业的可持续发展。CQC 加强了对各国市场准入/认证制度的研究，加大了新项目审定和开发的力度，2005 年上半年已完成涂料和胶粘剂质量环保认证、鞋质量环保认证、劳动保护产品安全认证、摩托车出口越南零部件认证及摩托车零部件 CQC 标志认证等项目的审定工作，还对饲料、防盗门、防盗锁、手机锂电池、氧化物镍电池等新研发项目实施规则进行了审定。此外，各相关业务处在完成各项认证业务的同时，也加强了认证技术研发，鼓励工程师钻研包括标准、检测、报告格式等在内的认证技术。CQC 还积极加强 ISO 13485 医疗器械体系认证、ISO 26000 社会责任认证、BS 7799 信息安全管理体系认证等体系认证新项目的跟踪研发工作。

四、以提高有效性为着力点，加强了认证质量监管，提高了服务质量和水平

（一）狠抓落实、严格把关，提高认证有效性

1. 建立了质量监督员制度。为提高认证有效性，把好质量关，在《质量监督管理办法》的基础上，制定了《质量监督管理实施细则》，对实施常规监督、专项监督、特殊监督的工作程序和要求进行了具体规定。完善内部质量监督体系，在总部各业务部门设立了质量监督联络员，在分中心设立了质量监督员，而各分中心质量监督员均是由分中心主任或副主任兼任，代表总部监督处在各分中心完成对产品认证公正性和有效性的监督工作。为此，CQC分别召开了质量监督联络员会议和分中心质量监督员会议，明确了质量监督人员的职责、工作内容、方式、方法等。通过以上举措，形成了质量监督工作网络，为防范法律风险、提高认证有效性发挥了积极作用。

2. 开展了质量管理专项行动。CQC从2004年11月至2005年2月集中精力开展了为期3个月的内部质量管理专项行动。各处室、分中心、评审中心都按照CQC统一部署和要求，积极开展自查自纠工作，分析问题和隐患，并在此基础上提出了具体的工作计划、整改措施、行动方案以及整改预期效果。结合各部门的整顿工作方案、各项认证工作程序部门、岗位职责等制定了验收工作标准，邀请外部专家和调用内部工作人员组成了31个验收组，按照产品认证、管理体系认证、人员管理与培训、综合职能工作4个方面，对内部质量管理专项行动进行验收。验收结果显示，通过内部质量管理专项行动，CQC管理能力、认证质量、人员素质、服务水平等方面都得到明显提高。作为这次行动的延续和深化，CQC还对11个分中心同时开展了包括文书、档案、人事、财务等在内的行政督查，使分中心行政综合管理工作更加科学、规范、高效。

3. 完善了认证技术文件。2005年CQC进一步加强了从认证申请、工厂检查、产品检测、审核、合格评定、发证、后续服务等各环节的管理和监督。为便于操作，编写了涉及CCC认证定期确认检验、例行检验、运行检查、指定试验、一致性检查要求等100多个专业技术文件，制定实施了《监督抽样检测管理程序》、《抽样、封样作业指导书》。仅工厂检查这一环节，2005年，先后制定实施了《工厂现场检查作业指导书》、《工厂检查记录填写指南》、《工厂检查报告填写指南》、《工厂检查结果评价指导书》、《工厂检查结论判定指导书》、《产品认证标志使用的工厂检查作业指导书》、《产品认证证书使用的工厂检查作业指导书》、《产品认证证书注销、撤消、暂停、恢复的作业指导书》等工厂检查技术文件，还重新修订了《产品认证证书暂停、恢复撤消、注销的条件和程序》、《初始工厂检查程序》和《产品认证获证后监督程序》等程序文件，确保工厂检查和认证工作的有效性、时效性和可操作性。

4. 加强了对认证人员管理和监督。根据国家认监委和CNAT的要求和统一部署，所有CNCA指定的承担强制性产品认证的认证机构从事强制性产品认证工厂检查人员（包括境外人员）必须在2005年3月1日前完成注册工作。CQC充分利用这一契机，对工厂检查员队伍进行一次全面清理整顿。在这次注册评定过程中，有4 169人次的申报材料在CQC内部初次评定就被截住。通过注册评定严格把关，进一步净化了认证队伍，提高了人员整体素质。CQC还根据认证人员管理工作的特点，优化管理工作流程，加强人员网络管理，开发完成了认证人员管理系统，初步建立了认证人员能力评价模型，进一步完善了培训课程监督机制和教学质量评价机制。

（二）加强交流和沟通，进一步完善了内外部客户服务体系

1. 优化认证流程，提高工作效率和服务水平。CQC经过反复研究论证，对认证流程和环节再次进行了梳理，将初次工厂检查工作由检查处调整到了各相关业务处室，对样品通关工作也进行了调整，从而缩短了接口时间，实现信息的快速传递。增强了工作计划性，压缩了会议、培训、调研、外事访问团组数量和费用等。以质量管理体系文件为基础将质量管理体系、环境管理体系、职业健康安全管理体系、食品安全管理体系、汽车质量管理体系五大体系认证的质量手册、程序和作业指导书等文件进行了有机整合，既简化了程序，也便于统一管理，更保证了认证的有效性和时效性。另外，为健全和规范认证客户服务，CQC起草制定了《客户服务工作手册》。该《手册》坚持"以客户为中心"的服务理念，按照"分级管理"和"全员参与"的原则，运用先进的客户管理办法，实行"首问责任制"和"客户经理负责制"，根据不同的客户及其需求提供相应的增值服务，该体系已处于试运行阶段。为加强内部纵向的沟通和横向的协调，2005年CQC在网站上开通了主任信箱，设立了每月一次的主任接待日，面对面地听取员工的意见和建议；建立了各部门主要负责人定期工作沟通和业务通报制度；创办了加强CQC内部沟通和信息交流的报纸《我们》；在建立健全外部客户服务体系的基础上，正积极着手建立内部客户服务机制，以保证工作整体质量、整体效率以及对外整体形象。

2. 积极推进信息化建设。进一步充实了网络管理系

统，调整和完善了产品认证、工厂检查、监督检查、查询、统计分析模块，新增加了 RoHS 认证申办管理模块。全新的认证业务管理（CMS 2.0）系统也正在组织实施之中，建成后的该系统将涵盖分中心、评审中心、海外分支机构、签约检测机构，成为包括产品认证系统、体系认证系统、培训人员管理系统、实验室管理系统、工厂检查管理系统、财务管理系统在内的全方位、多领域的全新业务管理程序。CMS 1.0 系统数据清理和整理工作已经完成，系统所需硬件设备也已全部到位并安装调试完毕，而且该项目软件开发也完成了需求分析、系统分析和程序开发工作。随着 CMS 2.0 版系统的正式投入运行，必将进一步提高 CQC 整体服务水平和工作效率，加强认证监管和提高认证质量。同时，在该系统基础上，CQC 还启动了电子化办公（OA 系统）和档案电子化工作。

五、以质量、安全为核心，高效、安全稳步开展收楼和装修工作

总部基地新办公楼的收楼和装修是 CQC2005 年的重点工作之一，关系到 CQC 百年发展大计。为确保装修工作的安全高效，认真进行了前期调研与准备，成立了装修工作领导小组，对装修工作进行决策、管理、指导、监督和部署。装修工作领导小组下设装修工作办公室，具体负责装修工作的组织和实施。在此基础上，明确了每位成员的工作职责，制定了装修工作制度和工作纪律，同时借鉴其他单位经验，每位参与装修工作的人员都签定了《中国质量认证中心新址装修工作廉正公约》，同时还制订了《中国质量认证中心新址装修工作廉正责任书》，作为与各有关合作乙方签约的附加条件，以保证新楼装修质量，做到廉洁高效，不出任何纰漏。在前期调研和资料收集的基础上，经过多次研究讨论、修改和完善，最终确定了《CQC 总部基地新办公楼装修工作计划和流程》和办公楼的功能设计和分配方案。收楼和装修两条线同时开展，既分工明确，又相互配合，确保了新楼各项工作高效、安全、顺利进行。

六、以重大会议为舞台，承担起中国认证机构主力军的重任，全面提升 CQC 在国内外的地位和影响

（一）参加中国经济高峰会，标准经济引起广泛关注

5 月 24 日，CQC 主任李怀林参加了中国北京科博会 2005 中国经济高峰会。在人民大会堂的开幕式暨中国深化改革主题报告会上，李怀林主任作为特邀嘉宾作了题为《标准、认证与经济发展》的主题演讲。李怀林主任从经济全球化的角度，对标准、认证与经济发展的互动关系进行了精辟阐述，明确提出了中国必须大力发展标准经济的全新观点。

（二）承办 IECEE-CMC 上海年会，取得丰硕成果

2005 年 6 月 29~30 日，由国家认监委与 CQC 共同承办的国际电工委员会电工产品合格测试与认证组织认证管理委员会（IECEE-CMC）第八届年会在上海举行。本次年会对 IECEE 机构运行情况进行了审议，对中国代表团提出的零部件确认计划（CRP）等 6 个正式提案进行讨论审议。此次年会准备充分，服务周到，达到了预期效果，促进了国内外与会代表之间的友谊与合作，进一步提升了中国及中国认证机构在国际认证舞台的地位和影响。

（三）举办 CB 认证论坛，促进电工产品出口

为了向国际社会宣传 CB 体系在中国的良好发展及未来前景，让中国的企业更好地了解 IECEE 和 CB 体系在国际贸易中的作用，2005 年 6 月 24 日，作为 IECEE 的中国国家认证机构——CQC 在西安主办了“CB 认证与中国电工产品进出口论坛”。此次论坛赢得了与会代表的普遍赞誉，使他们开阔了眼界，进一步了解了电工产品国际贸易的相关制度和规则，为企业扩大产品出口拓展了思路。

（四）举办欧盟指令研讨，推进 RoHS 认证

为进一步了解和掌握欧盟 RoHS 和 WEEE 指令，了解 IEC/TC 111 的最新动态，推动认证、检测技术国际交流与合作，2005 年 4 月 6~7 日，CQC 在京举办了欧盟 RoHS 和 WEEE 指令国际研讨会。会议对欧盟 RoHS 和 WEEE 指令的实施、中国 RoHS 认证认可管理、RoHS 检测标准以及 CQC 推出的 RoHS 认证情况等进行了深入而广泛的介绍，与会者还就中国出口企业如何应对两个指令进行了深入探讨。此次研讨会的召开以及认证中心推出的 RoHS 认证，为中国企业及时了解欧洲最新标准指令，及早应对相关技术贸易壁垒，推动中国产品顺利进入欧洲市场创造了极好的条件。另外，在 IQNet 第 14 届年会上，CQC 李杰、邓云峰两位专家正式成为了首批管理体系认证的 IQNet 同行评审员。通过国际交流与合作，不仅使中国认证机构及时了解国际认证行业最新动态、学习先进经验，而且有利于提升中国认证机构的国际形象和地位。

七、以打造国际知名认证机构为目标，加强了改革和战略规划力度

(一)加强战略规划，加快了改革和发展步伐

CQC编制实施了《中国质量认证中心五年（2006~2010年）发展纲要》(以下简称“纲要”)，对今后五年战略机遇期的发展目标、发展步骤、发展措施等方面进行了宏观规划。本“纲要”将成为CQC发展的纲领性文件，在把CQC打造成国际知名认证机构的前进道路上将发挥战略指导性的作用。为使“纲要”中的各项工作落到实处，中心积极筹备成立发展战略研究小组，制定与“纲要”配套的实施细则，以便于操作执行和监督考核。CQC还编制了“十一五”人才发展规划，以更好地实施人才发展战略。CQC实验室建设也取得新进展，进一步修订完善了《中国质量认证中心实验室整体规划方案》，2005年中心与11家实验室进行了合作商讨，已与3家市场先导型实验室正式签署了投资合作建设协议。

(二)强化品牌管理，提升CQC品牌形象

采用“走出去、请进来”的方式，一方面，开展品牌管理调研工作，收集有关品牌管理资料；另一方面，邀请多家品牌管理机构到CQC为品牌建设和组织文化建设会诊把脉。为提高员工的品牌意识，还专门举办了以品牌管理为主题的2005年信息宣传工作会议和品牌管理知识系列讲座；启动了成立20周年纪念活动，筹备认证论坛，编辑《20年，中国质量认证中心》画册和《认证研究》(第二卷)；编印面向客户的宣传刊物，及时把最新的认证信息传递到客户手中，有效地维护客户关系；向社会广泛征集CQC歌曲和广告语，强化员工品牌意识，树立认证机构良好社会形象。及时在《人民日报》、《经济参考报》、《中国国门时报》、《中国质量报》、《中国质量认证》等媒体进行业务和形象宣传，使CQC的知名度和影响力进一步提高。

八、以增强凝聚力为核心，积极开展党群工作，全力推进精神文明建设

2005年CQC进一步加强了党建工作，增选了两名党委委员，成立了中心纪委，将党支部设置调整为9个。在先教活动期间，加强了制度建设，制定了CQC党委工作制度、入党积极分子培养和发展工作程序、党支部工作制度、党建评优工作制度等，进一步健全了相关规章制度，推进党建工作规范化、制度化。同时，CQC领导班子和党委积极支持工会、团总支工作。成立了工会妇女工作委员会，通过开展工作交流、学术研讨、文化娱乐等形式多样的活动，维护女职工的合法权益，及时向有关部门反映女职工的合理要求，关心女职工的身心健康。

今后一段时期，CQC将继续按照“一个中心、两个提高、三个完善、四个一流”的工作基本思路，求真务实，开拓创新、团结协作，促进认证事业更大的发展，进一步提高CQC的知名度和美誉度，为国民经济建设和发展、构建社会主义和谐社会做出新的更大的贡献。

中国质量认证中心供稿

中国检验认证集团有限公司
大力拓展新业务领域

2005年，中国检验认证集团有限公司在国家质检总局和国家认监委的正确领导下，按照“打基础、立规矩、讲改革、求发展”的指导方针，紧紧围绕“四阶段”发展战略和年初确定的工作目标，突出重点，狠抓落实，创新模式，积极开拓，在集团系统全体同仁的共同努力下，较好地完成了各项任务：先进性教育取得了阶段性成果；制定了中检集团检验业务发展战略规划；搭建了检验业务平台；召开了首次全球总经理会议；制定并启动实施了海外公司改革方案；在全球分(子)公司中开展了ISO 17020的贯标和认可工作；购买了办公大楼；注册了中检集团国际控股公司和中检集团物业管理公司。集团系统全年实现业务收入11.66亿元人民币，同比增长42%。集团公司本部的营业收入、利税总额、净利润同比也有较大幅度的增长。中检集团国内现有40家一级子公司，113家二级子公司和办事处，及5家合资公司。国外现有23家公司和1个代表处。全集团现有4 360人，比2004年增加1 404人，同比增长47%。其中国内总计3 994人，国外总计366人。

一、先进性教育活动和党风廉政建设工作成效显著

按照国家质检总局和国家认监委两级先教活动领导小组的部署，中检集团公司自2005年4月15日~6月15日开展了“保持共产党员先进性教育活动”。在国家认监委先教活动领导小组的领导和国家质检总局第一督导组的直接指导下，集团公司认真贯彻落实党中央关于开展保持共产党员先进性教育活动的有关精神，加强领导，周密部署，精心计划，按照理论学习、分析评议，整改提高三个阶段具体组织实施。集团国内各分(子)公司和海外公司也在集团公司统一组织或地方局的指导下，积极开展“先进性教育活动”。通过集中教育，党员思想认识有了新的提高，工作作风明显改变，党群关系更加密切。并以此为契机，全力推动党风廉政建设，结合依靠制度约束、建立渠道沟通、树立榜样宣传、组织活动深化等多种方式，使党风廉政建设工作落到实处，形成了一批长效机制。思想观念上的提高，有力地推进了集团公司各项工作的开展。

二、明确四阶段发展战略，重组改制工作基本完成

2005年9月，集团召开了CCIC历史上首次全球总经理会议，全面总结了集团公司成立以来的工作，认真分析了所面临的国内外检验认证行业的竞争环境和发展趋势，明确集团公司“四阶段”发展战略，制定了检验、认证业务板块的战略规划和未来5年、10年和15年的阶段性目标，达到了统一思想，转变观念，明确目标，增强信心的目的，对CCIC的发展具有历史性的重要意义。现集团重组改制工作已基本完成。其中资产划转情况为：湖北、北京、陕西3家公司“非转经”问题，已准备将材料报送国管局；黑龙江、江西、河北、山西、重庆、云南、宁夏、青海、四川9家公司材料已上报国家局计划财务司；内蒙古、贵州、甘肃3家公司正在解决净资产不足、房产产权不清等问题，待拿出方案后上报。产权登记情况为：已完成资产划转工作的包括18家公司，3家新设公司（质量认证公司、检验公司、珠海公司）和1家办理变更的公司(加美华公司)，及二、三级子公司5家(浙江华通认证公司、温州检验认证公司、深圳华通威公司、山东商检公司、山东商检烟台公司)，共27家企业。

三、提高工作质量，规范业务管理，创新经营模式，大力拓展新业务领域

2005年，本着“边改革、边发展、边理顺、边提高”的原则，根据集团系统的业务现状，CCIC系统全面开展ISO17020质量体系的标准贯彻和认可工作，并在国内公司及海外公司试点运行，制定了主要业务线的检验规程，通过树立全员的质量意识，提高业务流程、工作规范和服务标准上的质量，逐步实现CCIC全球质量一致性。

在保证工作质量的基础上，集团公司规范业务管理，创新经营模式，大力拓展新业务领域。

一是在检验业务方面：

1. 把检验鉴定业务作为重点发展的业务板块，制定了52种商品检验鉴定规程和作业指导书，颁布并实施了多项规范海外公司业务的规定及措施。

2. 根据国际检验市场的发展趋势，结合CCIC自身的检验资源特点和问题，创新经营模式，成立了中检集团检验有限公司，建立起集整合内外资源、增值传统业务、强化质量管理和客户服务、拓展新业务领域为一体的检验鉴定业务操作平台。标志着检验业务由粗放式经营向集约式经营的转变，逐步实现“统一品牌经营、统一证书管理、统一客户服务、统一市场开拓、统一产品开发、统一管理报价”的管理目标。通过规模经营效应，建立集团系统检验鉴定业务的核心竞争力。

3. 大力推进集团系统检验资质报批工作。CCIC系统共有152家公司取得检验资质。其中：国内公司131家，包括35家一级子公司、8家二级子公司、88家分公司和办事处；海外公司21家。另有4家海外公司的检验资质报批工作正在进行当中。

4. 努力开拓新业务，调整业务结构，丰富业务品种，获得突破性进展。大幅度提高了PSI检验质量，巩固了与COTECNA、BV和ITS的业务关系；成功开发了大连商品交易所的农产品期货检验业务；积极开发中纺粮油进出口有限公司进口大豆的装船前检验业务；大力开发中国纸张纸浆进出口公司的纸浆检验业务，该公司已初步同意将其委托给CIQ的业务委托给CCIC来做；申请成为联合国注册供应商，为联合国国际采购提供检验服务打下基础；参与联合国国际采购检验服务的招标并成功中标，为中国出口伊拉克的政府大选选票用具提供检验；参与世界粮食署鱼罐头检验项目的投标并成功中标，申请加入了中国物流采购联盟(CELP)；开展司法鉴定业务；积极开发保险公估业务，与平安保险、天安保险、大地保险公司建立了业务合作关系；检验公司与日本石川岛公司就工业品检验和工程监造项目签订合作协议，与伟得公证公司签订乌兹别克斯坦出口棉花装船前检验合作协议；检验公司与日本三菱商事株式会社和CCIC上海公司合资成立上海菱祥检测技术有限公司，探索检品业务；与

伟得公证公司探索中国出口乌兹别克斯坦货物的装船前检验业务，与智利CASMEC检验公司探索中国出口智利货物的装船前检验业务。

二是在认证业务方面：

1. 修订了认证业务的运作规则和管理规定，制定了集团《认证业务合资合作原则》。

2. 与UL签署了新的跟踪检验协议；更新并签署了与CSA/QMI的新合作协议；与德国VDA-QMC合作的VDA6.1业务开始启动；TUV莱茵、KEMA合资项目评估报告完成；CSA合资项目谈判工作启动。

3. 加强跟踪检验业务管理，在检验费率降低的困难条件下，营业收入反而有所提高。

4. 体系认证发证数量位居全国第三。

5. 整合QMS、EMS、OHSMS、HACCP及产品认证业务，发布实施了第五版管理体系文件，从根本上将认证工作文件化、系统化、规范化；调整业务流程，提高认证有效性；开展技术管理工作，建立了较为完善的检测分包体系；加强认证业务中心建设，建立认证业务营销及客服系统；建立信息化管理系统并进入测试阶段；完成大面积专业范围扩项工作；新取得HACCP国家注册审核员培训资质；低压电器、电焊机认证业务获CNAB认可；与荷兰CONTROL UNION开展CHINAGAP和EUREPGAP合作项目进入合同起草阶段；颁发了国内第一张绿色市场认证证书。

四、全面推进海外公司改革

实施集团海外机构改革，规范海外公司管理，打造强大的海外军团，是实现集团整体战略目标的重要组成部分。2005年，集团公司在国内改制重组工作基本完成的基础上，全面推进了集团海外公司管理模式和运作模式的改革。

1. 制订并启动实施了《CCIC海外公司管理改革方案》及配套制度。

2. 针对2004年海外公司暴露的工作质量问题，颁布并实施了《中检集团认可废物原料供货企业自验管理办法》、《进口废物原料环保控制标准参考手册》、《CCIC海外公司业务管理办法》等切实可行的措施，加大了政策性业务把关力度。

3 根据集团公司的部署，海外公司陆续开展了认可供应商检验的工作，认可了一批供货商自验企业，废物装船前检验逐步走上管理有章可循、检验工作受控的良性轨道。

4. 逐步实施统一定价。

5. 查处了部分公司跨地区检验和买证换证的做法，海外公司的证书全部进行了网上备案和存档。

6. 为打破海外公司长期业务类型单一、技术含量低、附加值低的局面，积极争取旧机电装船前检验业务，制定了海外公司旧机电装船前检验实施方案和具体操作办法，并于2006年年初获质检总局批准试点操作。

7. 完成除南美公司外其它所有海外机构公司更名、股东更名的工作；新设4家海外公司(其中包括1家办事处)，另有4家公司(其中包括1家办事处)的注销工作正在进行当中。

8. 针对海外公司财务管理中存在的问题，着力做了三方面工作：完成了香港中检集团国际控股公司的注册工作，下发了《海外公司财务管理制度》；加强国际税收的筹划工作，规范了向各海外公司收费的法律文件，与7家高税区公司签署了收费合同；初步建立了海外公司的会计月报系统和资金监控系统(网上银行)，实现了通过会计月报系统掌握海外公司经营情况、通过网上银行系统监督海外公司资金运营情况和预期目标。

五、加强制度建设和基础设施建设

1. 按照现代企业制度的要求，结合集团自身实际，继续推进和完善各种管理制度，提高系统管理的效率和效能，不断提高管理的能力和水平。一是人力资源管理方面：颁布并实施了《中国检验认证集团人力资源管理指导意见》、《中国检验认证(集团)有限公司员工退休、退养、让贤、待岗管理办法(暂行)》、《CCIC海外公司人力资源管理办法》；完成了外派人员三方协议；起草了《海外公司绩效考核方案》、《中国检验认证(集团)有限公司薪酬福利管理办法(试行)》及集团公司和地方公司绩效考核方案；启动了员工补充医疗保险和意外保险方案以及企业年金方案。二是财务管理方面：颁布并实施了《海外公司财务管理制度》；加强税收策划工作，规范了向各海外公司收费的法律文件；初步建立起海外公司的会计月报系统和资金监控系统(网上银行)。

2. 加强了企业基础设施建设。2005年集团公司经过几个月的艰苦努力，成功购买了办公大楼。集团部分分(子)公司也购置了新的办公场所。这提高了沉淀资金的收益率，增强了员工的归属感，同时也提高了CCIC的品牌形象和内涵，取得了一定的经济效益和社会效益。

中国检验认证集团有限公司供稿

方圆标志认证集团有限公司

完善机构建设　打造核心竞争力　创建民族品牌

2005年,方圆标志认证集团有限公司(以下简称"方圆")在改制重组、认证认可、分支管理、体系运行、国际交往、市场开拓、人员储备与课题研究与学术建设等方面均取得了持续、协调、全面的发展。

一、机构建设健康发展,软硬件条件日趋完善

1. **集团改制**。2005年,方圆改制工作全面启动。3月18日在南京组织召开了方圆主任座谈会;5月9~10日在北京组织召开了出资人会议;6月18~19日在北京组织召开了集团公司的成立大会暨第一届股东会会议;6月30日以"方圆标志认证集团有限公司"为核心企业组建"方圆标志认证集团"的名称方案获工商总局核准;2005年8月1日组建方圆标志认证集团的整体改制方案获主管部门国家标准委的批准;2005年8月25日"方圆标志认证集团有限公司"被北京市工商局核准注册;截至2005年12月底,吉林、辽宁、大连、四川、湖北、安徽、福建、广西8个有限公司,湖南、山东2个分公司已完成工商注册;方圆标志认证集团的注册材料也已通过北京市工商局的注册审查。

2. **分支发展**。方圆系统的发展离不开广大分支机构的协作与支持,除原有的23家分中心外2005年重庆分中心通过了认可委的现场评审;甘肃分中心的设立正在积极筹备过程中,申请材料已报送国家认监委。截至2005年10月底,在全国26个省、自治区、直辖市建立了24个分中心、3个办事处和1个筹建的分中心,工作网络遍布全国,可向具有认证、培训需求的客户提供适时、高效、便捷的服务。

3. **人员储备**。方圆一贯重视人才的培养和管理。审核人员队伍建设是保证认证工作顺利开展、保证认证有效性的关键,为此,通过建立和完善科学的审核人员评价制度和专业能力保障机制,通过人员开发、培训、考核等手段,建立和保持了一支符合认可要求和方圆持续发展需要的专业队伍。截至2005年12月底,人员数量从2005年1月份的4 747多人增加到的5 200多人,增加了500人。

4. **检验资源**。随着事业发展的需要,2005年与饲料产品认证、Ex产品认证、食品包装产品认证检验机构联系办理了签约事宜。根据检验任务的需要与40多家新机构签约,并与50家原签约机构续签了分包检验协议。目前与方圆签约的经国家认可的检验机构已超过130家。

5. **信息化建设**。随着方圆业务的迅速发展,业务量不断增大,现有的办公系统已不能满足工作需要。根据管评会的决议要求,为推进方圆系统信息化工程的建设,由方圆总部牵头,部分分支参与组成了软件工作组,经多方考察、综合评定,同时考虑到方圆系统已有近十几个分支在用的软件情况,经多次协商,2005年11月21日与上海华狮软件有限公司签订了合作协议,正式启动新的软件系统的建设工作。整个项目计划分8个步骤、历时10个月,先行在总部、北京、锅检和上海进行培训、试用、个性化需求分析与修改,待试用成功后再向其它分支推广使用,全系统的正式应用有望在2006年的9月完成。

6. **办公环境的改善**。2005年12月2日经与开发商多次商谈签订了新办公楼(增光路33号楼,1~4层共3 900m²)的商品房购买合同,并争取到了写字楼的冠名权、广告位的优先选择权等多项权益;已组织、协调装修方案的制修订。

7. **顾客满意度调查**。对国家认监委通报的2004年度顾客满意度调查结果进行了深入分析,并将分析结果通报到个分支机构。年初形成了《2005年顾客满意度调查工作安排意见》,下发相关分支机构,随后组织相关人员召开了协调会议,部署了各个阶段的工作,提出了《调查须知》,明确了调查工作的各个细节。向总部客户和上海、山东、西安、广西分方圆的客户发出了问卷,对回收的问卷进行了统计分析,撰写了顾客满意度调查分析报告,提交管理评审。通过调查分析明确了方圆的改进方向和

下一步工作重点。

二、体系运行与控制——措施配套、实施有效

1. **在认可工作方面**。完成了防爆产品认证的初次认可评审，通过了 IECEx 国际同行评审，获得了 IECEx 证书；在 HACCP 方面，参与 CNAB 课题试点，并通过认可，专业由原来 5 个中类扩至 14 个中类；完成环境管理体系(EMS)转版工作。完成食品包装产品认可，为下一部开展强制性认证做好了准备。

2. **在监督评审方面**。组织完成了质量管理体系、环境管理体系、职业健康安全管理体系、HACCP 以及产品认证的年度认可监督，年度认可监督共涉及 7 个分中心；另有重庆分中心通过了初次认可评审。

3. **在专业扩项方面**。扩项认可：QMS 11 个小类；EMS 批准 4 个；OHS 批准 3 个；产品批准 3 个，其中包括食品包装产品认可，为下一部开展强制性认证做好了准备；HACCP：9 个中类；还有部分专业在办理中。

4. **在专项检查方面**。2005 年 9 月 1 日通过国家认监委 CCC 专项检查，2005 年 10 月 11 日通过国家认监委认证档案专项稽查。

5. **在 IECEx 国际同行评审方面**。2005 年 7 月 14~15 日顺利通过了 IECEx 同行评审。

6. **在体系文件管理方面**。为统一管理，保证方圆认证的一致性与有效性，不断提高方圆的总体业务水平与质量，针对 06 版体系文件试运行情况的反馈和 04 版认可规范，修改完善 06 版质量手册、程序文件、作业文件和表格记录，于 2005 年 3 月 1 日发布实施。在修改过程中进一步明确了各部门的职责和接口关系。各分支机构结合自身特点组织了多种形式的学习和培训。结合方圆内审对各分中心办事处进行了有针对性的培训。为全方圆统一运作要求，提高工作的一致性起到了关键作用。同时结合 06 版体系文件的实施、外部要求的变化，对所有的公开性文件进行了换版修订。

7. **在内审方面**。2005 年 4 月 11 日~7 月 3 日，由 17 名内审员分别组成 30 个内审组按照审核计划安排对总部及 23 个分中心、3 个办事处进行了质量管理体系的内部审核，对 2 家筹建的分中心进行了验收。对内审中发现的不合格进行了分析，并在内审报告中进行了阐述；利用内审对各分中心的运作特点进行了了解，并听取了分支机构对总部的意见和建议。另外还专门组织了 HACCP 认证、产品认证、IECEx 认证的专项内审，内审活动的有效性有了提高。

8. **在证书换版方面**。按照方圆改制工作的总体部署，结合国人的审美取向和客户的需求，借改制更名之机，对方圆的原有证书样式与内容进行了重新设计与规范，起草了证书管理办法，并制订了详细的证书换版实施方案与计划，新版证书已按计划印制完成。

三、业务发展——稳步推进，客户数量持续增长，市场竞争力日益加强

1. **在业务领域方面**。方圆已发展为可同时提供 CCC 强制性产品认证(建材：涂料、瓷质砖)、CQM 自愿性产品认证(产品合格认证、产品安全认证、Ex 防爆电气产品认证、有机产品认证、饲料产品认证)、GB/T 19001 质量管理体系认证、GB/T 24001 环境管理体系认证、GB/T 28001 职业健康安全管理体系认证、HACCP 食品安全管理体系认证、分包 IQNet 成员认证机构的管理体系认证业务和 GB/T 19001 国家注册审核员培训、GB/T 24001 国家注册审核员培训、GB/T 28001 国家注册审核员培训、HACCP 食品安全管理体系培训、各类内审员培训、QS 9000、TL 9000、ISO/TS 16949 等标准培训和其他合格评定活动的综合性机构。

2. **在认证方面**。截至 2005 年 12 月底，已累计颁发各类认证证书 34 774 张，有效证书 24 625 张；有效证书中 QMS 认证证书 18 840 张、EMS 认证证书 2 043 张、OHSMS 认证证书 916 张、HACCP 认证证书 180 张、自愿性产品认证证书 1 532 张、CCC 强制性产品认证证书 1 114 张。

2005 年新增证书 10 222 张，其中 QMS 认证证书新增 7 362 张、EMS 认证证书新增 971 张、OHSMS 认证证书新增 473 张、HACCP 认证证书新增 143 张、自愿性产品认证证书新增 438 张、CCC 强制性产品认证证书 835 张。

3. **在认证市场的规范方面**。2005 年度为加强对获证组织的证后服务，同时也为了规范市场、坚决抵制低价竞争的不良市场行为，总部身体力行，先是在认证业务部内设立了专门的客户服务岗位，后又把市场开发、客户服务的职能从认证业务部中剥离出来与培训部合并而成——客户服务与培训部，并本着培训为认证服务、认证瞄向高端客户的策略适时调整了总部在认证、培训方面的市场策略，取得了一定的成效。一是跟踪了一些重点项目和客户，经过近半年的跟踪工作，方圆在中铝集团、海淀区政府的认证机构招标中中标，但在烟草系统的采购中失利，方圆在继续做跟踪工作，并没有放弃。二是通过努力工作，9 月 6 日商务部对外援助司正式发文，同意方圆标志

认证方圆承担援外工程贯标第二方监控审核任务。

4. **在联合认证方面**。累计为124个客户办理了联合认证、为8个企业办理了等效声明，其中2005年度为13个客户办理了联合认证，为15个客户办理了联合认证的监督手续。

5. **在认证培训方面**。截至2005年底，通过进一步加强规范管理和市场开发力度，共举办各体系外审员培训班166期，其中QMS培训84期，参加人数979人；EMS培训26期，参加人数343人；OHS培训28期，参加431人；HACCP注册审核员培训28期，培训人数395人。1~11月份实现培训业务收入2 987 880元。其中直接办班完成QMS注册审核员培训16期，培训人数223人；完成EMS注册审核员培训12期，培训人数165人；完成OHSMS注册审核员培训14期，培训人数167人；完成HACCP注册审核员培训13期，培训人数180人。

共组织举办各类认证人员培训16次，包括HACCP认证管理人员培训、EMS标准转换及专业发展培训、认证人员管理培训、防爆电气认证培训、审核组长培训、有机产品认证和GAP培训，并进行人员储备。

四、课题研究与学术建设

方圆2005年度完成了能力分析与评价系统、方圆产品认证发展研究报告；参与国家"十五"课题"食品企业和餐饮业HACCP体系建立和实施"的国家标准的起草及相应宣贯教材的编写；承担ISO/IEC导则67的国家标准的申请立项、翻译和转化工作；参加国家标准ISO 17030、ISO 17050的国家标准转化工作；成立专项工作组负责对IQNet 9004的学术研究与应用推广。

五、国际合作与交流

2005年7月成功策划并举办了IQNet亚洲成员会议，进一步提升了方圆在国际同行中的地位与影响力；协调安排JQA专家赴上海进行IQNet 9004的演讲，为方圆的客户创造了与国际最新管理念与要求的零距离接触机会。

2005年10月经CNCA推荐和IECEx体系国际同行评审，方圆被批准为IECEx认证机构(ExCB)，4个签约试验室国家防爆电气产品质检中心、上海仪器仪表自控系统测试所和石油化工防爆质检中心被批准为IECEx检验实验室(ExTL)。方圆已经开始受理防爆电气产品IECEx国际认证申请，可为中国广大的防爆电气产品生产企业提供防爆电气产品国际认证和产品检验服务。

方圆标志认证集团有限公司供稿

中标认证中心

扎实推进节能、节水、环保产品认证工作

中标认证中心(以下简称“CSC”是国家最早成立的专门从事资源节约产品认证的专业机构。2005年,CSC迎来了节能、节水产品认证工作的春天。当年,节能、节水认证工作被写进了《国务院关于做好建设节约型社会近期重点工作的通知》(国发〔2005〕21号)、《国务院关于加快发展循环经济的若干意见》(国发[2005]22号)、《中国节水技术政策大纲》(国家发展改革委、科技部、水利部、建设部、农业部2005年第17号)等政府文件中;CSC成为“十一五”中国十大节能工程的完成单位之一、《节能产品政府采购清单》的技术支持单位,被财政部、国家税务总局吸收进入《企业所得税》税改工作组,成为国家推进资源节约战略的核心机构之一;这一年,CSC圆满完成《国家节水产品(设备)目录》编制工作,承接了国家认监委“认证认可关键技术研究与示范”科技攻关项目中“资源回收与综合利用认证技术体系研究”的课题;CSC的认证成果被国家发改委、国家财政部、国家质量监督检验检疫总局认可和采纳。

一、节约资源领域的专业机构

中国节能产品认证工作开始于1998年。节能产品认证是在《中华人民共和国节约能源法》中明确规定开展的产品认证制度。为了实施好这项认证制度,国家成立了CSC(前身是中国节能产品认证中心),国家发改委全面负责此项工作。

中国节水产品认证工作开始于2002年,国家在充分肯定CSC在节能产品认证上取得的成绩,国家认监委以认证办函[2002]97号文授权CSC对节水产品实施节水产品认证,随后在国家发改委、建设部、水利部大力支持和领导下,CSC逐步在坐便器、水龙头、感应器具方面实施和推进了节水产品认证工作,为国家节水工作做出了重要的贡献。

7年的中国节能产品认证历程、3年的中国节水产品认证历程,浓缩了CSC所有的工作成果,7年来在资源节约领域的专注发展,CSC从一项认证制度的实施者,逐渐发展成为集认证实施、标准制订、政策研究和咨询、资源节约的基础和战略研究、标准及政策推进、社会公益宣传、国际间协调于一身的涉足节约资源整个领域的国际知名专业机构。

CSC取得的成绩:

1. **已完成的技术标准**:节能方面:68个;节水方面:52个;环保方面:135个。

2. **协助国家出台的法规和政策**:《中华人民共和国节约能源法》、《节约用电管理办法》、《中国节能产品认证管理办法》、《能源效率标识管理办法》、《节能中长期专项规划》、《节能产品政府采购实施意见》、《海水利用专项规划》。

3. **完成的研究成果**:《政府机构节能项目》。2002年按照原国家经贸委要求开始研究工作,研究成果先后得到温家宝总理、曾培炎副总理、国家发改委马凯主任等国家领导的重要批示;《节能产品政府采购项目》。2004年承担了“节能产品政府采购项目”的研究,提出了“节能产品政府采购实施意见”。2004年12月17日,财政部、国家发改委联合发布了《节能产品政府采购实施意见》,正式实施节能产品政府采购工作;编制《国家鼓励的节水产品(器具)目录》。受国家发改委的委托,2004年CSC编制了国家《节水产品(器具)目录》工作;中国绿色照明工程项目认证子课题;《重点用能产品节能及环境效益评估》;《我国办公设备和视听产品待机能耗现状分析及对策研究》;《我国政府机构能耗现状调查及节能对策研究》。

4. **社会公益宣传**。2005年7月,CSC积极配合中宣部“节约-中国”大型宣传工作、配合中央电视台“节约-中国”栏目,制作了6期节能/节水常识,在CCTV《新闻联播》中播出,这一节目社会反响极大,对全国媒体广泛宣传节约型社会起到了积极作用。配合《每周质量报道》制作播出了“节能家电物有所值”专题片。

5. **创办中国节博会,为节能、节水产品提供展示的舞台**。根据《国务院办公厅关于开展资源节约活动的通知》(国办发[2004]30号)指示要求,按照国家主管部门国

家发改委环境和资源综合利用司的工作安排,CSC 自 2004 年开始,连续两年主办了展会面积高达 10 000m² 的中国节博会,获得国家发改委、国家认监委等部委的高度认可,为推动节能、节水产品应用和推广带了一个好头,为建设节约型社会在企业和政府、百姓之间搭建了一个好的平台,获得了社会各界的好评,影响广泛。

6. 组织召开"政府机构节能采购"研讨会。2005 年 6 月,CSC 在国家发展和改革委、财政部、国务院机关事务管理局的大力支持下,组织召开大型"政府机构节能采购研讨会",来自全国各地的近百名政府采购中心官员和企业负责人参加了本次会议。会议解析了节能产品政府采购政策实施要点,交流了节能产品政府采购政策的实施经验,分析了节能产品政府采购政策实施过程中存在的问题,探讨了如何进一步贯彻落实和完善节能产品政府采购政策的方案,加强了政府、采购执行人员、企业之间的对话与交流,更好地推动了政府节能采购工作深入开展。

7. 参加"'2005'建设节约型社会展览会"。为贯彻中共十六大会议精神,落实科学发展观,充分展示节能、节水等资源节约工作的成就,宣传和推广节能、节水产品和技术,根据《国务院关于做好建设节约型社会近期重点工作的通知》(国发〔2005〕21 号),国家发展和改革委、中宣部、全国人大环资委、科技部、财政部、国土资源部、建设部、水利部、农业部、国资委、环保总局、北京市人民政府决定于 2005 年 12 月 17~21 日在北京展览馆联合举办"'2005'建设节约型社会展览会"。CSC 作为国家节能/节水/环保产品权威机构受命组织国家节能、节水产品展,展现 CSC 的认证成果,成为展会中唯一允许参展的认证机构。

二、节能、节水、环保等节约资源领域产品认证成绩

2004 年 CSC 在国家发改委、财政部、建设部、水利部、国家质检总局、国家认监委的支持和帮助下,经过全体员工的努力,节能、节水、环保产品认证数量明显提高,认证业绩迈上了新的台阶。

1. 节能认证情况:2005 年新增认证企业 151 家,比 2004 年增长 387%,颁发证书 560 张;累计认证企业达到 394 家,颁发证书 2102 张。

2. 节水认证情况:2005 年新增认证企业 28 家,比去年增长 86.7%,累计认证企业达到 46 家,颁发证书 94 张。

3. 环保认证情况:2005 年新增认证企业 65 家,颁发证书 129 张;累计认证企业达到 222 家,颁发证书 338 张。

4. CCC 认证情况:2005 年新增认证企业 60 家,颁发证书 151 张;累计认证企业达到 133 家,颁发证书 255 张。

自 1998 年启动节能产品认证工作,到 2005 年底已开展电冰箱、电视等民用产品,以及电动机等工业产品共计 40 类产品,已有 394 家企业的 2 839 个型号产品通过认证,仅电冰箱项目为累计全社会节约能源 11.7 亿 kw·h,节省能源费用支出 6.7 亿元。

自 2002 年建立了中国节水产品认证制度,到 2005 年底已开展水嘴、便器、冷却塔等 62 类产品,已有 46 家企业的 502 个型号产品通过认证,仅在水嘴、便器等生活用水产品开展节水认证工作将年节水 60 亿 m³。

三、认证成果政府采信

CSC 以"公正科学、严谨求实、顾客满意、持续改进"为质量方针,公正科学地对节能、节水、环保产品实施认证,认证成果被国家各部门、国家各项政策纷纷采纳。

1. 为了保护消费者利益,打击劣质产品,国家质检总局发出产品选购指南,提醒消费者"认清节水标志,购买节水产品。

2. 国家质检总局自 2004 年开始,在国家免检工作中,明确要求申请免检产品的企业提供节能认证情况。

3. 国家质检总局自 2004 年开始,在国家名牌评选工作中,给予获得节能、节水产品认证的企业加分。

4. 获得节能、节水产品认证成为入选《节能产品政府采购清单》的首要指标。

四、强大的科技创新能力

CSC 一直以认证作为核心工作领域,把培养科技创新能力作为持续发展的动力源泉,为此 CSC 开展了多项重大课题研究,为认证工作的发展打下良好的基础。2005 年已完成或开展以下主要研究项目:

1. **节能财政激励政策的研究。**受国家发改委的委托,CSC 正在组织制定"关于进一步加强政府机构节能工作的若干意见"以及"在京中央机关节能实施方案"、"激励政策"等政策文件,以指导政府机构节能工作的全面开展,进一步深化"政府机构节能"这一大的研究课题。

CSC 作为国家政府机构节能项目的唯一技术支持单位,2005 年继续协助国家有关职能部门加强政府机构节能的研究和实施工作,重点是做好政府节能采购的配套服务,协助国家组织实施政府机构节能工作。此外,还将

进一步加强政府机构节能项目的国际交流与合作，借鉴国际经验，推进中国政府机构节能进程。

2. 能源管理体系可行性研究(国家发改委、国家认监委科研项目)。为促进组织能源节约与合理利用工作，CSC启动了“能源管理体系”的研究工作。通过对宏观能源管理政策和微观能源管理模式的综合调研分析，参照ISO 9000等管理体系，建立能源管理体系并制定能源管理体系系列通用标准或指南。通过试点建立能源管理认证制度，提出能源管理体系推广应用的政策建议，推动不同组织系统内部的能源管理工作，促进循环经济的发展和资源节约型社会的建设。能源管理体系研究项目受到国家发改委、国家认监委的高度重视并引起国际同行关注，是一个非常具有发展前景的研究项目。

3. 国家节水目录产品财税政策。继2004年CSC受国家发改委委托，承担《国家节水产品目录》制订后，又参加了“国家节能(水)目录产品财税政策”项目研究。

4. 资源节约认证技术体系研究及示范。该项目是国家认监委国家科技攻关大型项目之一，研究内容涉及：

(1)资源节约型组织认证技术体系研究及应用。

(2)工程类节能认证技术体系研究及应用(如建筑物节能、光伏系统等)。

(3)汽车节能认证技术体系研究。

(4)能源管理体系认证技术体系研究。

(5)资源回收与综合利用产品认证技术体系研究。

该课题将采用理论研究与实际相结合的方法，首次系统研究资源节约型社会建设中的各个要素（节约型组织、节能型工程、节油型汽车、组织能源消费的科学管理方法、资源回收与综合利用产品等)认证的关键技术。

5. 节能产品政府采购研究。2004年完成《节能产品政府采购》项目，2005年重新修订了《节能产品政府采购清单》。

6. APEC政府机构节能比较研究项目。承担APEC政府机构节能比较研究工作，为进一步深化中国的政府机构节能打下基础。

五、国际领导地位逐渐形成

2005年对于CSC来讲是具有里程碑意义的一年。CSC从国际活动的一般参与者、跟踪者，一跃成为发挥主要领导作用的国际机构，从而有能力协调组织亚太地区的相关工作，协调解决国际贸易中存在的节能、节水、环保技术壁垒问题。

这一年，CSC的李铁男主任成为APEC能源效率和节能专家组主席，CSC被联合国环境计划署和联合国亚太经社会确定为“亚太可持续生产和消费技术支持中心”，CSC全面接管ELI国际认证(全球高效照明认证)具备了组建“节能产品国际认证联盟”的平台，CSC主办了由12个APEC经济体20余位政府官员及能源专家参加的“APEC政府机构能源管理项目国际研讨会”。

同时，与美国“能源之星”的协调互认工作迈出了实质性的一步，中美双方共同启动和完成了“电源适配器节能认证技术要求”，并采用这同一标准同时启动两国的电源适配器节能认证项目。目前，欧盟、澳大利亚、加拿大等国家已明确表示将直接采用该标准。与澳大利亚温室气体办公室达成初步合作协议，澳大利亚将直接采用中心的认证用技术要求(首先是紧凑型荧光灯)作为澳大利亚的最低能效标准和能效标识标准。

中标认证中心供稿

中国安全技术防范认证中心

深入开展安全技术防范产品认证

2005年7月20日，公安部、国家质检总局、国家认监委联合发布了《关于加强对列入强制性产品认证目录内的安全技术防范产品质量监督管理的通知》(以下简称《通知》)。这是三部委首次联合发布对安防产品强制性认证工作的规范性文件，将对规范和净化安防产品市场，提高安防产品生产企业的产品质量和管理水平，确保安防产品强制性认证的有效性，促进安防行业的健康发展有重要意义。

《通知》明确指出，根据国家质检总局、国家认监委2001年第33号和2004年第62号公告：对列入第一批实施强制性产品认证目录的1类(入侵探测器)4种(室内用微波多普勒探测器、主动红外入侵探测器、室内用被动红外入侵探测器、微波与被动红外复合入侵探测器)安全技术防范产品自2003年8月1日起，列入新一批实施强制性产品认证目录的4类(入侵探测器、防盗报警控制器、汽车防盗报警系统、防盗保险柜(箱))7种(磁开关入侵探测器、振动入侵探测器、室内用被动式玻璃破碎探测器、防盗报警控制器、汽车防盗报警系统、防盗保险柜、防盗保险箱)安全技术防范产品，自2005年10月1日起，未获得强制性产品认证证书和未加施中国强制性认证(CCC认证)标志的，不得擅自出厂、销售、进口和在其他经营活动中使用。

根据国家质检总局、国家认监委2001年第33号和2004年第62号公告，中国安全技术防范认证中心(以下简称安防认证中心)是国家认监委指定的惟一一家承担上述4类11种安防产品强制性认证的认证机构。三年来，安防认证中心共受理了200余家境内外企业的CCC认证申请，按照国家规定的“产品型式试验+初始工厂检查+发证后监督”模式实施了认证(包括多个国家的境外工厂检查)，先后向100余家企业颁发了300余张CCC证书。

从第一批和新一批列入CCC认证目录内的安防产品通过认证的情况看，大部分国内外产品生产骨干企业都能依照国家相关规定，通过了强制性认证。但也有一部分企业仍未按规定申请产品的强制性认证。其原因虽然是多方面的，但其中重要原因是有法不依，执法不严。这些企业将面临违法违规而被查处的可能。三部委发布的《通知》将对提高认证执法监督的权威性、严肃性、有效性给予重要的法律和政策保障，将有力推动安全技术防范产品认证的开展。

《通知》要求，在国家质检总局、国家认监委统一领导下，各地质检部门和公安机关技防管理部门要密切配合，相互沟通，在各自职责范围内切实做好列入强制性产品认证目录内的安全技术防范产品（包括国产和进口的产品)的质量监督管理工作。《通知》进一步要求，对列入强制性产品认证目录内的安全技术防范产品的日常监督检查，由各地质检部门、公安机关技防管理部门依据有关法律、法规组织实施。这是三部委首次以文件的形式明确了各地质检和公安技防管理部门对CCC认证目录内安防产品质量实施行政执法监督，有助于形成执法监督经常性、权威性的联合执法强大的态势，使违反国家CCC认证规定的非法经营活动得以收敛和遏制。

《通知》还特别强调各地公安机关技防管理部门要加强对列入强制性产品认证目录内的安全技术防范产品在安全技术防范系统工程应用的监督管理，加大对安全技术防范系统工程设计、施工、竣工验收环节对强制性认证产品的监督检查，防止未经强制性认证的产品在重点单位安全防范和社会防控报警等安全技术防范系统工程中的使用。必要时，应会同当地质检部门开展专项监督检查。

《通知》要求加大对列入强制性产品认证目录内的安全技术防范产品违法行为的查处力度，并对重点查处范围作了明确规定：对于未通过强制性产品认证的；已通过认证，但未按规定加施CCC标志的；产品型号与认证证书不相符的；虽通过强制性认证并加施CCC标志，但产品出现安全质量问题的安全技术防范产品。对上述情况的产品应当依照《中华人民共和国产品质量法》、《中华人民共和国认证认可条例》、《强制性产品认证管理规定》

(国家质检总局令 2001 年第 5 号)的相关规定进行查处。

《中华人民共和国产品质量法》第五十三条规定:“伪造或者冒用认证标志等质量标志的,责令改正,没收违法生产、销售的产品,并处违法生产、销售产品货值金额等值以下的罚款;有违法所得的,并处没收违法所得;情节严重的,吊销营业执照。”

《中华人民共和国认证认可条例》第六十七条规定:“列入目录的产品未经认证,擅自出厂、销售、进口或者在其他经营活动中使用的,责令改正,处 5 万元以上 20 万元以下的罚款,有违法所得的,没收违法所得。”

《强制性产品认证管理规定》第二十五条规定:“《目录》中的产品,未按本规定实施认证的,可以处三万元以下罚款,责令限期实施认证。”第二十六条规定:“《目录》中的产品获得认证证书、未按规定使用认证标志的,责令限期改正;逾期不改的,可以处一万元以下罚款。”第二十七条规定:“伪造、冒用认证证书、认证标志,以及其他违反国家有关产品安全质量许可、产品质量认证法律法规的行为,依照有关法律法规的规定予以处罚。”

《通知》规定,安全技术防范产品强制性认证的实施和检测工作由国家认监委指定的认证机构和实验室承担。这些认证机构和实验室应严格依照与强制性产品认证有关的法律、法规、认证基本规范和认证实施规则开展认证和获证后跟踪监督工作，保证安全技术防范产品强制性认证的安全质量,提高强制性产品认证的有效性。

随着中国加入 WTO 及市场经济发展的需要,将会有越来越多的公共安全产品采用认证管理制度。三部委联合发布《通知》,将对加强 CCC 认证目录内的安防产品质量监督管理,确保产品安全质量,打击无证和假冒伪劣产品,维护获证企业合法权益,保护公私财产和公民人身安全具有重要意义,也是构建社会治安防控体系,促进社会主义和谐社会建设的重要举措。《通知》对安防认证中心的工作提出了更高的要求，安防认证中心要认真学习和贯彻《通知》精神,更加密切与各地质检部门和公安机关技防管理部门的合作，尤其要加强那些认证工作开展还较薄弱地区的宣传贯彻力度，从整体上推动我国安防产品认证工作。安防认证中心要不断提高认证的能力和水平,把机构工作做大做强,打造出国内外权威的品牌专业认证机构。

撰稿人:孙玉丽

北京东方凯姆质量认证中心

实施植保机械强制性产品认证取得成效

一、植保机械强制性认证取得了明显的成效

中国的强制性产品认证制度是按照国际惯例建立的一种与其他国家对等的技术评价机制，认证用标准大多等同采用或等效采用了国际标准，该项制度便于认证结果的国际互认，这为突破国外技术性贸易壁垒提供了基础。国家认监委和农业部对涉及人身质量安全的农机产品、环保产品非常重视,从中国经济迅速发展和保护广大人民群众生命健康的需要出发，建立了农机产品强制性认证制度。国家认监委于 2001 年将背负式植保机械列入 19 大类 132 种第一批国家强制性认证产品目录,北京东方凯姆质量认证中心于 2002 年被国家认监委指定为惟一承担植保机械强制性认证工作的认证机构。北京东方凯姆质量认证中心已受理植保机械强制性产品认证申请企业 263 家，累计颁发认证证书 255 张，获证企业达到 249 家,包括日本、马来西亚、台湾、香港等国家和地区的 7 家生产企业。背负式植保机械强制性产品认证业务得到了稳步的扩展和有效运行。

通过几年的国家强制性产品认证工作的实施，背负式植保机械强制性产品认证工作的社会成效日益显现，产品质量和企业管理水平有了新的提高，取得了较好的成果。一是生产企业办理了工商注册,合法经营,规范了市场经济秩序。已提出认证申请的 200 多家企业都从工商部门领取了营业执照。二是企业的基础设施和生产设备得到了改观和完善。通过 CCC 认证企业都在不同程度上添置生产及检测设备，改善后的基础设施和较先进的生产设备为制造出合格产品提供了重要保证。三是提升

了行业质量管理水平，通过认证的企业每一家都按照认证规则建立了质量管理体系，并开始步入正常运行。根据企业调查表统计，约有70%企业的质量管理体系是在CCC认证制度实施后建立的。四是增强了企业的法律法规意识，国家强制性标准得到了有效贯彻。植保机械强制性产品认证的主要依据就是国家强制性标准GB 10395.6-1999《农林拖拉机和机械 安全技术要求 第6部分：植物保护机械》。但在以前，许多植保机械企业尽管生产了多年喷雾器、喷雾喷粉机，却不知道这种产品还有国家标准，更不知道标准的内容，一般只是照样品生产，或做些小的改进。据调查得到的信息统计，有51%的企业是在CCC认证制度实施后才知道这个国家标准并努力去贯彻落实的。现在通过认证的企业都有了国家标准文本，都知道了标准的内容，并将标准的各项要求具体贯彻到了本企业各个生产过程之中。五是促进了植保机械行业产品更新的速度，产品质量有新的提高。CCC认证制度实施前，约有70%的企业没有图纸、没有生产工艺文件，不搞产品检验，现在普遍有了图纸，制定了工艺文件，制定了检验规程，购置了检测设备，并按工艺生产，按规程检验。同时对关键工序的操作人员、对产品检验员根据需要重新进行了培训，使这些人员的素质和质量意识得到了提高。上述措施的实施，使企业产品质量和管理水平得到了新的提高。此外，为满足用户日益增长的需求，许多企业不断开发结构更先进、造型更漂亮、性能更优良的新产品来参与市场竞争，使植保机械市场上新产品层出不穷。由于新产品的开发，这一、两年内大约有40%的企业向中心提出了认证产品扩项的申请。六是广大农民用户从CCC认证中得到了实惠。植保机械CCC认证关注的是产品安全性问题，诸如产品不能有农药泄漏造成使用者中毒的问题，不能有安全隐患，造成使用者碰伤、烫伤的问题。通过认证的符合国家标准的植保机械比较好地保证了操作者的人身安全。通过对背负式植保机械强制性产品认证的实施，对规范企业行为，净化市场，保障农产品质量安全，保护农民利益，发挥了重要作用。

通过对植保机械强制性产品认证制度的有效实施，不难看出，强制性产品认证制度在推动国家各种技术规则和标准的贯彻、规范市场经济秩序、打击假冒伪劣行为、促进产品的质量管理和保护消费者合法权益等方面，具有其他工作不可替代的作用和优势。

二、存在问题与对策建议

(一)存在问题

一是该实施强制性认证的产品不申请强制性产品认证，对规范市场有一定的影响。一些企业对实施该项制度缺乏足够的认识，该认证的企业产品没有申请认证，有些产品生产企业存在着等待观望的侥幸心理，与执法人员捉迷藏，逃避市场监督检查，钻监管不力的空子，能卖就卖。这种情况一方面给获证企业造成认证与不认证都一样的消极影响，挫伤了获证企业的积极性；另一方面，未经认证的产品流入市场，产品质量很难保证，会给用户带来不应有的损失，势必会影响市场流通和营销环境。

二是广大消费者对该项制度不熟悉，新制度的实施缺乏广泛的群众基础和有效的监督。

三是从植保机械生产企业规模来看，大部分企业规模比较小，一般为十几个人，生产旺季时二十几个人，企业领导及工作人员文化水平低。据了解，生产植保机械生产企业的人员大部分是小学或高中毕业水平，导致对强制性产品相关文件规则一时理解不深和难以有效地按文件的规定要求执行。

四是由于市场不够规范，企业领导缺少诚信，原材料涨价较快等因素，有的企业偷工减料，致使产品出问题。

(二)对策建议

1. 加大对强制性产品认证工作宣传力度。通过加强宣传，提高生产企业对国家实施的强制性产品认证工作的认识，并且在宣传工作中积极宣传获证企业，为用户、政府和社会提供选择产品的信息。开通东方凯姆认证中心网站，更新网页，将国家实施的强制性认证文件和中心对植保机械实施强制性技术要求上网告示，使企业知晓认证要求。

2. 加大对未获强制性产品认证企业查处力度和对获证产品的监督管理力度。建议国家认监委和农业部每年列出专项打假和监管经费，组织认证机构和检验中心人员在每年春季开展全国范围的植保机械质量安全监督检查工作，查处活动重点放在浙江、江苏、山东等生产植保机械企业较多的省份。通过这样的活动，净化市场，使用户购买安全可靠的产品，以维护强制性产品认证的正常市场秩序。

3. 全面实施植保机械强制性认证制度，将植保机械产品的关键件与整机一样纳入强制性管理。将正在实施的手动喷雾器强制性认证扩大到其它植保机械，逐步扩大认证产品范围。目前全国植保机械生产企业整机装配的关键件大多数来自浙江台州市生产的产品，如喷雾器的气室、喷杆、开关、胶管等，台州也是生产植保机械配件的发源地。抓住这部分产品质量问题的源头，这对控制植保机械产品质量至关重要。建议国家对涉及植保机械关键件，如气室、喷杆、开关、胶管、喷头等，纳入到强制性产品认证范围。严格控制这部分产品质量，对提高认证产品的一致性和有效性具有重要意义。

4. 加强对认证企业质量管理人员的培训，提高企业管理者素质。针对获证企业人员素质及管理情况，开展对认证企业培训工作，提高企业管理者对认证标准的理解与把握，指导企业对关键件采购、产品检验、生产等环节的质量控制，强化产品一致性控制要求，使企业真正掌握和熟悉质量管理体系的内容和要求。

5. 对获得国家强制性认证产品给予政策上的优惠。建议农业部对获得国家强制性认证的产品给予支持。其鼓励办法可采用对获证企业进行筛选，评选企业规模较大、产品生产量大、质量稳定的生产企业为扶持对象，对评选上的产品给予一定的补贴。将先进适用、优质高效的植保机械纳入《国家支持推广的农业机械产品目录》，鼓励农民选用优质植保机械，带动植保机械生产企业上能力、上规模、上水平，促进植保机械行业发展，推进这部分生产企业的产品尽快进入市场，逐渐淘汰一些生产能力差、质量不稳定的企业，使市场上优质产品占有率比例增大。如辽宁省根据农业部《2005 年农业机械购置补贴专项实施方案》的有关规定，首次将小型植保机械列入农业机械购置补贴产品目录中，取得了较好的效果。

6. 加大对国家监督抽查不合格产品的处理力度。借用社会的力量来推动生产企业不断提高产品质量，对国抽中出现的关键项目不合格的产品，制定严格措施，加大处理力度，维护国家强制性产品认证的权威性，巩固强制性产品认证的成果。

7. 认证机构与产品产销地技术监督部门密切合作，共同推进植保机械产品质量的提高。认证机构与产品产销地较多的浙江、山东等地的技术监督部门探讨加强植保机械监管的有效措施，双方建立一种长效的监督机制，共同做好日常的产品质量监督工作。

8. 对植保机械发展实行扶持政策。除上述加强强制性产品认证工作外，建议国家有关部门尽快出台新政策，加大扶持力度，使中国植保机械行业健康、有序地发展。

(1)加强基础和应用技术研究。加大国家科技攻关投入力度，设立专项，引导农药、植保和植保机械等行业整合科研、生产力量，多学科结合组织科技攻关。

(2)建议农业部组织农机推广、农技推广、生产企业、认证机构、检验机构等单位联合进行一次植保机械新机型的普查工作，筛选(必要时进行比对试验)出一批产品先进、质量好的喷雾器，经过认证、产品检验合格后推向市场。

(3)制定《植保机械强制性报废办法》，同时由国家设立专项资金，利用 3~5 年时间，采取以旧换新、国家补助、分步实施的方式，对全国技术落后、质量低劣、严重污染环境的在用老式手动喷雾器，进行强制性淘汰，提高在用机具的整体水平。

(4)加强技术培训。国家设立专项培训资金，全面开展针对农民的施药技术培训。

通过以上的一些措施和方法，在国家认监委和农业部的正确领导下，经各有关方面齐心努力，植保机械产品质量一定会有一个新的提高和新的改观。

撰稿人：李 伟

公安部消防产品合格评定中心

努力提高认证质量和效率

2005年是公安部消防产品合格评定中心(以下简称“中心”)业务拓展、持续改进、不断创新的一年。在公安部消防局和国家认监委的领导、支持下,中心在有效提高人员素质、健全完善规章制度、不断规范自身行为的基础上,开创了消防产品合格评定工作的新局面,较好地完成了消防产品市场准入评价工作,机构建设发展取得了长足的进步。

一、建立健全规章制度,强化机构人员的法治理念

(一)制、修订规范性文件,确保认证工作法制化

根据国家新颁布的《认证机构认可导则》的要求,中心按期完成了《质量手册》和23部程序文件的换版修订工作,系统阐述了中心的性质、任务、特点、质量方针及质量目标;明确了组织领导和监督管理关系;提出了质量管理体系的基本要求;细化了机构内部各部门的职责、权限和相互关系;规定了业务工作各个环节的程序要求。同时,根据国家标准换版后的要求,中心还启动了灭火剂、灭火器、室内消火栓、火灾报警产品国家标准换版后附则部分的修改工作。

(二)完善作业文件、工作流程,确保认证行为规范化

为保证《质量手册》、《程序文件》的贯彻落实及质量管理体系的有效运行,中心各部门结合岗位工作实际,进一步编制和修改了作业指导文件及工作流程要求。特别是组织国内外专家,对《消防产品(CCC认证)现场产品一致性检查记录填写要求及判定准则》、《消防产品(型式认可)现场产品一致性检查记录填写要求及判定准则》进行的修订工作,为规范认证行为,提供了更全面的执行依据。

(三)严格行政管理要求,确保机构建设制度化

自2004年4月以来,中心发布了涉及人员管理、部门职责、技术评定要求、资料及档案管理、财务规则等近20项机构管理的规章制度;建立了中心议事制度和周例会制度。规章制度的建立完善,进一步强化了机构管理要求,增强了从业人员的法治理念,形成了具有自身特色的运行体系,基本达到了业务工作规范化、机构建设制度化、队伍管理正规化的要求。

二、加强内部监督管理,确保质量体系的有效运行

首先,加强了机构内部的自检自查。根据公正性、时效性的要求,2005年的内审和管理评审重点监督检查了质量体系运行情况、各部门协调配合情况和各项工作的有效性、合理性、规范性落实情况;其次,加大了申、投诉处理力度,进一步明确了申投诉处理的职责分工、政策原则、方法步骤,使申诉、投诉事件得到了及时有效的处理;第三,细化了分包检测机构的管理,对机构设置、检测人员考核、收费标准、样品留存、检测数据标准化及检测工作时效性要求等进一步明确;第四,强化了专业技术人员培训和资质审核工作。对工厂检查人员和技术专家的管理,主要着手于检查计划的落实、检查人员的培训和检查工作的规范化管理等内容。年内,有计划地对中心内部工作人员进行了全员培训;分期分批对工厂检查人员进行了素质培训;按公安部消防局的指示,对各地公安消防监督人员进行了专业培训。

根据国家认监委《关于对指定机构进行监督检查的通知》要求,中心积极开展了自查工作。2005年9月,顺利通过了国家认监委、认可委及认证人员与培训机构国家认可委组织的CCC认证工作专项监督检查暨国家认可监督评审工作。中心在业务工作和管理工作中的不断规范和进步,受到了认证监管部门领导的好评。

三、牢记执业为民宗旨,提高认证工作的质量和效率

业务受理是评价工作的第一道程序,也是中心对外

服务的一个主要窗口，工作水平、服务质量直接关系到中心的形象和声誉。中心始终把宗旨教育作为重要内容来抓，使全体员工牢固树立依法执业、廉洁为民意识，把受理工作作为整改的首要环节狠抓落实，建立了"首问负责制"和"一站式受理"服务方式，有效地缩短了认证周期，受到国内外企业的一致好评。

为有效开展消防车强制性认证工作，中心组织有关专家编写了消防车强制性认证申请书、认证程序、工作流程、工厂检查作业指导书等一系列技术和管理文件，按期开展了消防车强制性认证工作。截至2005年底，中心已向近20家国内外企业发放了消防车产品强制性认证证书，顺利完成了第一阶段的工作目标。

认证资料评审、拟定派组和证后监督，任务量大、技术性强、涉及人员多，工作十分繁重。面对繁重的工作任务，中心坚持按照规则、程序要求，在公开、公正的基础上科学有序地安排派组、资料评审、证后监督等工作，保质保量地完成了任务；同时结合工作实际，积极探索证后监督工作的新思路和新方法，不断完善证后监督要求。首先在国内8个地区组织开展了对181人次的监督检查人员的培训工作；组织召开了消防产品强制性认证与型式认可监督工作总结暨计划安排会议，针对产品质量状况，强调监督重点、检查原则，特别是出台了要求获证企业正式出具产品销售使用报告、中心将随时配合公安消防监督部门在产品使用领域进行监督的措施；在证后监督方式上也进行了调整和改进，有效地解决了过去因一部分企业未能及时交纳年金、监督检查费，使监督派组受到时间限制的被动局面。

依法执业、廉洁为民是中心管理工作的又一重点，通过对接待工作、受理工作、认证结论处理等环节的综合把关，特别是本年度实施的各类暗查、互查工作，使执法为民根基更加牢固，中心工作人员婉拒礼品、礼金的好人好事不断涌现，热情周到、方便快捷、办事公正的工作作风受到了客户的普遍赞誉和好评，收到了几十余家中外企业送来的锦旗。

四、紧密配合齐抓共管，落实消防产品专项整治行动的有关部署

为配合国家三部委开展的全国落实消防产品专项整治行动，中心根据中央领导关于"清除一批假冒伪劣消防产品，消除一批火灾隐患，查处一批不法厂商，帮助督促一批具有合法资格但产品质量不稳定的企业提高产品质量，切实提高全社会的消防产品质量意识"的指示精神，积极与各地公安消防监督部门和地方质量监督管理部门密切配合，及时接收有关信息，认真调查核实，对部局和各地方消防监督部门、质监部门提供的有关质量情况反映，坚持"有一件查一件，件件有处理，事事有回声"的原则，对发现各种问题的相关企业进行了严肃处理。

截至2005年末，中心共为安徽、陕西、山东、江苏、福建等消防总队核实确认93家企业的相关信息，为各地质量技术监督局核实确认企业有关信息共16次，并且均已回复或做了处理。

在整个专项整治活动中，中心共对34家企业的112张质量认证证书进行了暂停或撤销处理，终止了10家企业的认证程序，有效地震慑和打击了假冒伪劣产品和违规行为；同时，为有效提高企业产品质量水平，中心还在安徽、浙江、山东、广东、广西、福建、江苏等地分片召开了消防产品认证规则宣贯会，宣传消防产品市场准入制度、相关规则及工厂检查要求等内容，参加会议的共近2 000家企业，受培训的法人代表和负责人共2 500余人。

在当前的新形势下，中心将认真研究消防产品认证工作面临的新情况、新问题，及时掌握消防产品认证工作的新趋势、新特点，积极探索加强消防产品认证工作的新思想、新方法，加大改革力度，坚持自主创新，选准突破口，重点在简化认证程序、提高评审工作技术含量、加强内部监督管理、与接口单位协调配合、创新证后监督体系等方面出台新举措，在建立和完善体制、机制、制度方面狠下功夫，更好地为社会和企业提供优质高效的服务。

公安部消防产品合格评定中心供稿

中汽认证中心

从提高员工素质入手着力提高认证有效性

认证机构是保证认证制度有效实施的操作者和主体。认证机构运作的规范性、一致性直接影响到认证实施的有效性。认证机构不能片面追求经济效益而放弃社会效益和担负的社会责任。认证机构对自身的要求应有“五个到位”:一是工作人员的意识到位,包括服务意识,责任意识和职业道德意识;二是人员素质到位,人员对认证的政策和规范应该清楚; 三是文件化管理体系有效实施到位,并不断改进完善质量体系,执行规范一致;四是监督到位,认证机构应该有自我监督机制;五是创品牌意识到位,要树立认证品牌意识。这就要求认证机构具备运转良好的组织机构、规范有效的管理体系、完善实施认证制度的操作规程、与认证制度实施相适应的职业道德和业务素质过硬的人员队伍,并真正按照“客观独立、公正公平、诚实信用”原则,以所确定的“认证基本规范”、“认证实施规则”和操作规程为依据,规范性地展开认证活动。

中汽认证中心(以下简称“中心”)作为国家认监委首批指定的承担强制性产品认证的认证机构,自2002年5月1日起正式开展汽车产品强制性认证,在国家认监委的正确领导和统一部署下,中汽认证中心始终坚持“客观公正,依法认证,科学管理,确保质量”的质量方针。作为国家首批指定的强制性认证机构,担负着国家赋予实施强制性汽车产品认证的重要工作职责,特别注重强制性认证工作的有效性。中心始终注重教育,强化从业人员法律意识、责任意识,提高中汽认证中心依法认证的履责能力。

4年多来,中心以多种方式举办了各种类型的学习班和培训班,共培训认证人员、认证企业管理人员近1 000人次。

2004年~2005年,中心组织有关专家以强制性认证为主线对原有的经CRBA审查、批准的《汽车产品认证审查员教材》进行了全面修改,并进行了宣讲。通过不断的教育,中心工作人员深化了对CCC认证各项政策和规则的理解,提高了队伍的整体素质,在2005年CNAT产品强制性认证检查员重新注册工作中,中心对申请的检查员进行了严格的审查筛选,上报CNAT的83名检查员均一次通过了国家认可的资格审查。

1. **强化机构组织建设,完善中心管理体系。**为了保证CCC认证工作有效性,中心对管理体系和机构进行了相应调整,积极改进工作流程,提高工作效率,加强对认证工作的自我约束和监管机制,中心的管理体系在运行中不断改善,已经完全适应强制性产品认证工作的需要。

(1)组建了技术部。其主要目的是对CCC认证实施规则进行研究,制定实施细则,保证认证的可操作性,同时在实施规则和认证标准变更时,策划和组织变更措施计划的实现。

(2)为了更有效地作好认证企业的服务工作,提高认证工作效率,中心在受理岗位设置上进行了调整和分工。设立境内受理、境外受理、获证企业管理(包括监督、扩项、变更、复评等)等不同岗位,建立了按委托方不同、项目性质不同的更为专业化的工作机制。

(3)为保证认证工作有效性,中心安排责任心强的专业技术人员和认证人员充实认证决定的各个岗位。在审核部设置了评价、审查专职人员。同时规定了对于认证报告必须经3个以上专家组成员审查签字以及技术管理者签字的严格的工作程序,才能报主任批准,完善了自我约束和自我监管的机制。

2. **不断加强各项基础工作整改和建设。**为适应国家强制性产品认证制度和规范的要求,中心几年来始终坚持抓紧基础工作的建设和完善。

(1)2002年下半年至2003年3月,根据《强制性产品认证管理办法》、《机动车辆强制性认证实施规则 汽车安全带产品》、《关于清理整顿和规范认证市场的通知》和有关认证机构认可规范的要求,中心组织力量对质量手册和程序文件全面进行了修改。就质量手册和程序文件修改的重点内容进行了专题集中宣贯、内部自查和质量体系内部审核,通过整改,中心的质量手册、程序文件完全符合强制性产品认证指定认证机构的要求,即CNAB-AC 21:2004《产品认证机构的通用要求》,保证了中心质量体系的有效运行,多次通过国家认可委对产品认证的认可现场评审和突击检查并受到好评。

(2)按照2004年最新版的认可规范要求,中心组织了质量手册和程序文件再次评审修订,使中心的质量体系更加规范。

3. **强化服务意识、增强工作活力。**强制性产品认证制度作为一种市场准入制度,与认证企业的利益直接相关,由于市场竞争日益激烈,企业的产品开发速度成为竞争成败的关键,认证企业普遍对认证时限十分关注。在不降低工作质量的前提下,强化用户服务意识,缩短认证工作时限是中心认证工作的着眼点。为此,中心优化了认证工作流程,调整人员配置,按认证工作流程图编制了工作时限控制图表,在图表上两节点之间测算出时限,各部门、各工作岗位的人员职责清晰、时限明确,认证工作的实效性始终处于受控状态。同时,中心实行了首问责任制、“红口袋”运行制度等一系列行之有效的管理措施,经过几年来的工作实践和改进,中心已经基本实现了认证时限方面的目标:原订“工作日”目标已变成“自然日”,原目标90天减为了70天。

4. **积极推进汽车零部件的CCC认证工作。**从2004年国家认监委汽车专家组武汉会议后,国家认监委按照CCC认证推进计划,开始着手进行第二批计划转入强制性认证的汽车零部件实施规则的准备工作。中心受国家认监委委派开始进行13种汽车、摩托车零部件产品强制性认证实施规则的起草工作,中心内部的技术人员和行业内的专家针对这部分零部件特点和标准,结合工厂生产条件,完成了实施规则的初稿,报国家认监委汽车和摩托车专家组分别进行了讨论,在经过多次修改后,上报了报批稿;并受国家认监委委托组织了审定会,审定通过的共有11种汽车、摩托车零部件强制性认证实施规则。

2005年12月,在国家认监委发布新的实施规则之后,中心组织约200人参加的强制性认证实施规则技术交流会,进行宣贯,取得了良好的效果。

中心按照《认证认可条例》第10条“从事产品认证的认证机构,还应当具备与从事相关产品认证活动相适应的检测、检验等技术能力”的要求。自2002年开始,经过艰苦奋斗,于2005年完成了中汽寰宇机动车检验中心的一期建设,初步具备机动车零部件的检验和人员培训的能力,并于2005年12月被国家认监委指定为强制性认证产品检验机构。

5. **中心下步工作的设想。**国家认监委要求将提高认证认可有效性确定为下步工作的首要任务,而要提高认证工作有效性,其最重要的是要提高认证认可从业人员的素质,中心在今后的1~2年里,将把对中心认证人员的管理放在重要的工作位置上。中心已经基本完成的人员能力评价分析系统以及人员信息数据库将逐步充实和完善;中心已对认证人员重新建立档案,并进行重新评价,同时计划将这项工作持久地的开展起来,使之成为中心资源管理和有效性控制的重要手段。

开展强制性产品认证的一个先决条件是具备满足认证要求的强制性标准。中国汽车行业存在的主要问题是标准滞后和落后,以至成为影响认证工作开展的瓶颈,例如:

目前境内的许多高档汽车都已配置了安全气囊。安全气囊作为汽车被动安全的一个重要组件,与汽车安全带、汽车座椅等构成了一个完整的约束系统。目前因缺少安全气囊的认证标准而没有开展,这已经成为很多境外生产企业十分关心的问题。

境外轿车已普遍选装儿童座椅和带儿童保护功能的汽车安全带装置。随着中国家用汽车的普及,为保证儿童的乘车安全,建议尽快制订和发布适合机动车儿童乘员安全带和约束系统的标准,以适应认证工作需要。

中心将继续改进流程、提高效率,加强岗位责任制,努力提高中心的管理水平和服务水平,完善认证工作机制,建立机构的诚信声誉,为社会各界利用认证成果提供方便。同时,努力提高中国强制性产品认证的有效性,促进国际互认早日实现。

撰稿人:黄学平

中国电子技术标准化研究所

着力把产品自愿认证的潜在需求变成现实需求

国内开展产品认证工作已有20多年历史，重点主要放在强制认证方面，并且取得了较大的成功。相比之下，产品自愿认证由于需求不足，对市场难以产生足够大的影响。令人欣慰的是，目前的认证需求开始有了新的变化，一些潜在的需求正在逐步显现出来。随着新产品新技术的迅猛发展，消费类产品更新换代越来越快。即使是基础类产品，也由于各种新材料新工艺的广泛使用与以往相比产生了很大的不同。这些产品是否需要认证，如何找到有价值的认证需求，如何用简捷有效的认证手段满足市场的需要，已经成为认证机构必须经常考虑的问题。

市场中的一些产品，如采用数字技术的电视机，呈现了以下特点：市场竞争激烈、宣传混乱；受产业政策影响大；创新机会多，技术含量高；量大面广，品牌意识强；消费者辨识能力不足。以上特点构成了开展认证、特别是自愿认证的基本要素。通过对这些特点逐条做一个解读，可以反映对数字电视产品开展自愿认证的客观需求。

在信息产业部发布数字电视系列行业标准之前，市场上出售的数字电视产品出现了大量的“高清电视”——即“高清晰度电视”的模糊宣传，由于标准尚未出台，生产厂家为取得更多的市场份额纷纷在宣传上加大力度，对“数字”、“高清”的说法各出奇招，一般的消费者被一些不切实际的宣传所左右，最终买回家的可能只是一台采用了一点数字技术的普通电视机，不但不是真正的数字电视机，更不是高清晰度电视机。本着对消费者负责的态度，规范是必须的。

国家将于2015年全面进行数字电视信号的播出，这是基于数字电视的先进性特点而决定的。信息产业部适时发布数字电视系列行业标准，体现了政府部门引导、规范企业行为，鼓励和推动企业技术进步、调整产品结构的作用，为2015年中国全面实现数字电视机的普及打下良好的基础。这也是产业政策通过标准体现的一种方式。此外，政府采购也将是促进产品结构调整的力量。认证则是产业政策落实的手段之一。

数字电视的研发过程中，会不断产生新的技术，在国家提倡科技创新的形势下，新技术的产业化应用将受到极大的鼓励，同时，也会对认证技术提出更高的要求。长期从事认证活动的人都知道，以往的认证工作技术含量偏低，对产业的促进能力有限，当国外认证机构进入中国市场时，除了强制认证对方无法介入，国内的自愿认证是难以同对方竞争的。未来的产品认证领域将是以技术实力为核心的竞技场，手段和人员技术能力建设是吸引、提升认证需求的关键。

电视产品已成为人们日常生活中的一部分，无论是产值还是利润都是GDP不可忽略的贡献者。数字电视产品不是对以往产品的升级，而是全新的技术在传统视音频领域的革命性体现。生产厂家的品牌意识均很强，在现阶段鱼龙混杂的情况下更需要权威的认证机构对其产品给予认证。同时，也需要通过认证澄清市场上数字电视的“真伪高清”之争，使企业自律其行为，使消费者明白消费。

由于数字电视的性能需要复杂的检测设备才能证实，普通消费者的辨别能力是有限的，需要依赖某种标识来保证所购买的是其预期的产品。因此，有效、明了的认证标志自然是不可缺少的。中国电子技术标准化研究所推出的“高清认证”、“标清认证”和“机卡分离认证”标志解决了普通消费者的问题。

综上所述，可以发现，凡具备上述特点的产品，其认证需求是客观存在的。依此类推，移动电话机、便携多媒体设备等均有类似的需求。可以说，数字电视认证的成功推出，为认证机构寻找认证需求提供了较好的判断思路。

有认证需求不代表有认证价值，对于成熟产品，同质化竞争激烈时企业经营者也会产生认证需求，并幻想以此为手段击败竞争对手。但消费者不感兴趣，因为此时吸引他们的只是品牌和价格。认证的目的也不在此，规范和促进才是认证的使命。

标准是认证的基础，标准的实施产生的社会效益不会小于由此带来的经济效益，认证是一种把标准的社会效益转化成经济效益的好方法。发现和挖掘认证的价值，使认证发挥出应有的作用是最完美的结果。选择什么产品做认证、对产品的什么性能做认证，需要考虑多方面的因素，比如产业政策导向、国际贸易需求、规范市场的需要、技术壁垒的应对措施等等。就某一种产品而言，认证的价值不是一成不变的，在其寿命周期内，认证的价值趋势是由高渐低的，不能期望其价值的永恒不变。结论是：认证机构对所确定的认证需求应有一个认证价值的预期！

国内认证工作的历史不算短了，对认证工作的研讨不应仍局限在有效性、规范性的层面上，更不能把在新领域、新产品中所做的认证视为创新。

撰稿人：王 彦

广东中鉴认证有限责任公司

迈上国际化现代认证机构创建之路

中鉴认证有限责任公司（原广东质量体系认证中心）简称 GZCC，成立于 1993 年，是全国首批经中国质量体系认证机构国家认可委员会（原 CNACR，现 CNAB）认可的认证机构之一，专门从事质量管理体系、环境管理体系、职业健康安全管理体系、食品安全管理体系、有机产品等多类型认证，并获得了美国注册认可委员会（ANAB）和英国皇家认可委员会（UKAS）认可资格，成为国内可同时直接提供 CNAB/ANAB/UKAS 认证证书的认证机构。

2005 年，GZCC 着眼于国际化现代认证机构的建设，继续在拓展市场、健全功能、充实力量、规范运作等方面狠下苦功，在全体员工齐心努力下，认真贯彻落实公司制定的年度工作计划，经受了认证业市场竞争的挑战，全面确保了公司各项业务的平稳发展和经营目标的实现。

一、拓展、稳固市场

1. 在注重既有网络维护的同时，加强了以商务经理为主的“统一战线”建设；灵活运用价格杠杆作用，平衡协调多级营销的利益关系，强制推行了“有功必赏”的营销奖励政策，为年度任务完成提供了组织和利益机制的保障。

2. 积极捕捉市场热点，关注特殊行业贯标动向，承揽了江门市政府 10 个部门的认证业务，打开了社会公共管埋认证的新局面。

3. 继续贯彻留住青山（存量市场）方针，实施一对一绩效挂钩考核奖罚，调整内部运行框架，订立相应的运作规则，在建立客户经理负责制，重视与客户的“零距离沟通，零距离服务”方面取得了经验。

二、扩大资质、增强服务功能

进一步巩固并扩大认证范围和领域，继续实施人无我有，人有我全的战略，公司的发展进入功能化配套、服务品种齐全的广阔延伸轨道。顺利完成了国家认可委、美国 ANAB、英国 UKAS 的各资质评审、现场审核、后期整改、管理体系调整等各项工作。系列认可资质及跨国资质的取得，使得 GZCC 的服务品种可选性增强，服务范围进一步拓宽，发展进入了功能化配套服务齐全的广阔延伸轨道，成为了真正意义上的国际认证机构。

三、加强审核人员队伍建设

1. 通过网站、杂志等媒介及其他各渠道招贤纳士，不断充实公司的队伍，以增强业务发展能力。目前人力资源的储备已基本可满足业务工作的需求。

2. 全年组织专职审核人员培训共 16 期 22 次，比 2004 年增加了 6 期培训，全年培训计划完成率达 95%。GZCC 还首次举办了异地审核员年度业务集训；举办了《商务礼仪及个人职业形象》和《6σ 与现代企业管理》培训；设立了审核人员的“学习园地”，以各种形式加强内部培训和交流。

3. 不断加强对各领域审核人员的培养，并派出多人参加了国家认监委组织的良好农业规范（GAP）认证检查员培训，为进一步争取创办 GAP 认证提供了资源准备。

4. 按新的人员评定方案对所有挂靠公司的各级别审核员、技术专家、认证管理人员专业能力进行了重新评定。

四、规范业务管理

1. 以IAF导则62指南和CNAB新版认可规范为契机，结合公司运作和管理的特点，启动并完成了GZCC认证管理体系(F版)修订工作，通过长达半年的努力，对原相关体系在识别分类过程及其流程化策划基础上，按通用化、总分部一体化、流程化、继承性和创新性、体系文件/实际运作/系统记录三态合一的原则，全面系统地修订了体系文件并组织了大规模培训和演习，为公司业务的规范化管理提供了体系保障。

2. 整顿了认证审核档案管理，建立了资料三级审查制度，从资料接收、审查、资料整改到资料归档、保管，各岗位人员以及资料审查员各司其职，认真负责，确保审核资料的及时、齐套和正确，在同行资料抽查评比中排名比2004年有较大提高。国家认监委稽查组于2005年10月对GZCC食品类认证档案进行现场抽取评价的专项稽查，并给予了96.8高分的总评价分。

3. 按照《认证认可条例》及GZCC《办事处管理通则》和国家认监委的要求，加强对各分部的管理、控制和适时调整，先后撤消了北京分公司和南京办事处，并加强了对各分部审核人员的聘用、使用、考核等日常管理工作的指导和监督。

五、搞好综合服务

1. GZCC培训部全年共举办培训班25期，培训学员总人数991人。除定型班定期开办外，还首次开办了ISO 10002顾客满意培训班、卓越绩效评价等新班型。并结合ISO 14001:2004转版，及时组织了相应的培训课程，共开办转版培训班三期，为转版客户提供了方便。

2. 面向获证企业、相关方及公司内部员工共征集质量管理格言1 129条，环境管理格言997条，职业健康安全管理格言1 362条。经过六轮评选，筛选出570条，设计编印了《企业管理宣传挂图》(38式/套)、《企业管理格言集萃》，更新提升了认证企业文化。

3. 组织编写了ISO 14001:2004标准升版教材、HACCP内审员培训教材，对环境和职业健康安全管理体系内审员培训教材及内审员考试试题库进行了更新换版，并编辑上网发行了《广东认证》4期。

4. 开展了两次"GZCC认证服务工作客户满意度调查"活动，征询认证企业对公司综合运作管理状态和现场审核人员职业操守表现及工作改进的评价和意见，以利不断改善认证服务质量、更好地为客户提供"规范、务实、高效、经济"的认证服务；开展了向获证企业赠送《中国质量认证》杂志的活动；坚持每年两次(中秋、新年)对获证客户等的节日慰问制度，加强了与相关方感情的联络。

2006年，GZCC将根据不断变化的形势，研究新的工作思路，采取有针对性并有效的工作措施，着力于"值得尊敬的公司"的创建，继续朝着"公正权威、实力雄厚、执业规范、管理科学、运行有序"的国际化现代认证机构的目标迈进。

撰稿人：吕　顺

通标标准技术服务有限公司

贯彻国际标准　提升服务质量

2006年2月，通标标准技术服务有限公司(SGS-CSTC)获得中国实验室国家认可委员会(CNAL)的ISO/IEC 17020认可。SGS-CSTC为中国检测认证行业的良性和稳健发展，提供了一个值得参考的典型，那就是结合中国市场的特点，按照国际公认的检验行业标准，完善管理体系，有效地提升服务质量。

改革开放后，中国经济的飞速发展和良好的社会竞争秩序，使SGS对中国市场充满了信心，中国市场已经成为SGS集团在全球发展战略的重点。作为全球检验、鉴定、测试和认证服务的领先者和创新者，SGS在1991年与中国标准技术开发公司合资建立通标标准技术服务有限公司(SGS-CSTC)并正式进入中国内地。15年来，通标公司赢得了越来越多的客户信赖，也为自身的发展提供了保障，已在中国大陆成立了24个分公司、9个办事处，拥有专业员工超过4 000多名。在行业竞争日益激烈的今天，第三方检验、测试和认证机构在积极开拓市场的同时，着力改善自身的服务质量，共同打造一个良性、持续发展的行业环境，更是SGS发展战略的重中之重。

SGS-CSTC 历时 1 年多，投入了巨大的人力物力，在 11 个分支机构中全面导入和实施 ISO/IEC 17020 标准便是其中重要的举措之一。

SGS-CSTC 获颁 ISO/IEC 17020“A 类检查机构”认可证书，成为国内第一家通过该《检查机构能力通用要求》国际标准的中外合资检验、测试及认证机构，也是已通过 CNAL 认可的规模最大、服务领域最广、检验技术最全的综合型检查机构。认可的能力范围涵盖了农业和农产品、工业机械设备、电子电器、纺织、轻工产品、食品、石油化工、矿产、货物鉴定、工厂检查等众多技术领域，充分证明了 SGS 在检验服务领域的国际领先能力，体现了 SGS 不断进行技术革新的商业理念和加快本土化发展的战略，以及为中国的企业和产品提供一流品质及技术保证的宗旨。

检验、认证机构通过实施国际标准既提升了自身的技术服务实力，也赢得了更广泛的国际组织的认可，而企业客户和终端消费者无疑将是最终的受益者。在中国地区强大的机构网络基础上，SGS 还将不断根据不同地区产业结构的差异，精心部署不同的专业实验室和各个层次的专业人才，切实提升检验、实验室测试、认证等核心服务产品的品质，使整体服务布局更加符合中国各地产业结构和经济增长趋势，更加贴近市场和企业。SGS 将以持续改善的优质专业服务，更加有效地帮助企业提升管理水平和市场竞争优势，更积极地开拓国际国内市场。

通标标准技术服务有限公司供稿

中铁铁路产品认证中心

为铁路建设实现跨越式发展提供质量保证

中铁铁路产品认证中心（简称 CRCC），是 2002 年 10 月经国家认监委批准，2002 年 11 月国家工商注册、2003 年 4 月正式挂牌成立，2005 年 5 月 20 日取得 CNAB 认可证书的国有独资企业。CRCC 是实施铁路产品认证的第三方认证机构，具有独立的法律地位。

CRCC 实行铁路产品管理委员会（以下简称“管委会”）领导下的中心主任负责制，目前中心下设综合业务部、检查协调部、检验协调部、标准协调部、申诉监理部及专家工作组，接受国家认监委和认可机构的监督。

一、2005 年认证工作开展情况

1. **发布铁路产品认证项目目录。**随着国家“行政许可法”和相关法规实施，铁道行业进一步规范市场准入制度，一些原行政许可审批管理的产品将会根据需要逐步转变为国际通行的产品认证的模式。为此，铁路主管部门组织专题研究，对铁路工业产品现行制度、执行标准、质量水平、管理现状又做了进一步的调查和了解，广泛征求各业务局、铁路局及有关生产企业的意见，结合国家政策，经管委会批准发布了第三批铁路市场准入产品认证目录共 7 种产品，目前经管委会批准的 3 批目录共计 34 种产品。同时，第四批认证目录草案（计 20 种产品）已经提请管委会审议。

2. **完善和制订铁路产品认证实施规则。**铁路产品认证在具备充分的管理队伍、检查队伍、检验资源的条件下，随着铁路跨越式发展和先进技术设备的采用，适时组织起草有关产品行业标准及补充技术要求，不断完善现行产品认证实施规则，同时根据管委会发布的认证目录及时组织制定产品认证实施规则。2005 年新发布产品认证实施规则 11 项，并在认证运作过程中对已批准的 17 项认证规则进行了修改完善，有效地保证认证工作的顺利开展。

3. **开展铁路产品认证业务情况。**2005 年是《铁路运输安全保护条例》实施贯彻的第一年，铁道部门在推进行业其他各项行政许可工作的同时，铁路产品认证工作更加积极稳妥地全面开展，在发布新的产品认证目录和产品认证实施规则的基础上，2005 年 1 月至 2005 年 12 月 31 日，共接收了 11 项产品、31 家企业、38 个认证单元产品初始认证的申请，正式受理申请 24 家；接收并受理了 9 项产品 18 个企业 30 个认证单元的扩项申请；完成工厂初次审查和监督审查共 93 厂次；完成认证产品检验 156 项；发布产品认证公告 10 期，颁布产品证书 91 张（涉及59个生产企业、12种产品)。

4. **加强认证后的监督**。对铁路来说,产品认证是行业市场准入的一种重要手段,铁路用户通过技术机构实施认证来保证产品质量稳定。随着认证产品和企业的增加,认证后的监督尤为重要,CRCC借助多种信息渠道、多种监督方式,保证认证后的监督工作有力、有效,使认证产品的质量持续稳定。在严格机构自身对认证后企业及产品进行定期监督的同时,特别加强认证产品一致性的检查,编制统一的监督检查作业指导书,规范监督检查组长的审核技巧和审查重点。2005年认证监督企业58个,暂停证书6张(涉及6个企业的2种产品,暂停企业占总年度监督企业的10.3%),注销证书1张,对规范铁路产品市场秩序起到积极作用。

二、质量体系运行情况

1. **通过认可机构的认可**。根据中铁铁路产品认证中心2004年6月的认可申请,CNAB组成认可评审组,依据CNAB-AC 21:2004 (ISO/IEC导则65:1996)《产品认证机构通用要求》及相关法律法规,先后于2004年12月至2005年3月对CRCC的产品认证运作进行了初次办公室评审和2个企业产品认证现场审查的见证,2005年5月20日取得CNAB认可证书,认可证书编号为:CBAB102-P,认可的产品范围18类、涉及51个标准。2005年12月21~22日通过CNAB年度监督办公室评审。

2. **完善体系文件**。CNAB新版认可规范文件于2005年1月1日实施,过渡期为1年,由于新版文件对产品认证机构的认可要求相对变化较小,主要在业务范围的划分、编码上有较大变化,考虑到CRCC在2004年12月进行机构认可时已对业务范围及部分文件进行了相应修改,因此对体系文件调整相对较晚。2005年12月1日根据CRCC内审不合格项的要求,对照CNAB新版规范的要求对现行《质量手册》的3个章节进行小改,同时修改4个程序文件。

根据产品认证实际运作经验的总结,2005年增加了1个作业指导书、3个质量记录,修改了3个(共计7个)程序文件或作业指导书。

3. **进行内审与管理评审**。2005年,CRCC先后进行了2次内审(分别为2005年4月和11月)、2次管理评审(分别为2005年5月30日和2005年12月13日),两次内审共开出10个不符合、8个观察项,这些不合格项大多为实施性的不符合,且均已关闭。两次管理评审提出6项整改要求也已按计划完成。

三、认证工作队伍的建设与培训情况

为了保证铁路产品认证的质量,中心领导非常重视认证队伍建设和岗位培训,在各种会议上多次强调队伍建设问题,要求树立良好的形象、优良的作风、要有严明的纪律。首先,CRCC加强对专职工作人员的管理。CRCC的认证项目草案、认证规则草案和工厂现场审核均由专职检查人员负责;其次,CRCC在加强人员业务、专业技术素质方面也做了大量工作,CRCC的专职检查人员大部分长期从事铁路产品质量检验或标准制修订工作,对铁路产品的技术状况、技术标准理解较深,同时还准备培养一批铁道部重点产品验收队伍的兼职检查人员,随着铁路跨越式发展和先进技术设备的采用,CRCC重视这些专兼职人员的专业能力培养与提高;第三,努力提高认证结果一致性,CRCC做到每个产品认证规则均组织专业审核队伍进行逐条逐款的学习、理解、讨论和对标;第四,提高检查员现场审核水平,严格执行国家对注册审核员的注册准则要求和对产品认证检查员确认要求。至2005年底,已有7名产品认证专职检查人员注册为国家QMS高级审核员、13名产品认证专职检查人员注册为国家QMS审核员。

四、产品认证检验能力情况

CRCC是在铁道部产品质量监督检验中心(简称部质检中心)的基础上设立的,具备从事铁路产品认证的检测资源。质检中心及15个检验站于2002年首次取得国家实验室整体认可,2003年实现换版,2005年4月通过了国家实验室认可委的监督评审。同时,为了适应产品认证业务范围的扩大,2005年3月经管委会批准新增2个产品认证检验机构,这2个机构的检验范围均通过了CNAL的认可。

中铁铁路产品认证中心供稿

北京国体世纪体育用品质量认证中心

扩展体育用品产品认证领域 提高产品认证有效性

北京国体世纪体育用品质量认证中心有限公司(英文缩写为 NSCC) 是经国家认证认可监督管理委员会批准，由国家体育总局相关部门共同组建的具有独立法人地位、实施体育用品和器材认证的第三方认证机构,其认证业务范围包括室内健身器材、室外健身器材、竞赛器材、体育场地场馆设施辅助器材和其他体育产品认证的增值服务。

NSCC 在工作过程中,遵行“服务至上”的原则,注重社会效益。在国家认证认可监督管理委员会的指导和监督下,积极开展体育产品质量认证工作,为企业严把质量关,促使中国的体育产品质量不断提高,帮助树立中国民族品牌形象，也为中国竞技体育运动以及全民健身活动的开展提供良好的物质基础。

在《中华人民共和国认证认可条例》指导下,NSCC 通过市场引导,自我完善,开拓发展,体育用品产品认证工作步入稳定建设的阶段。

一、把提高体育产品认证的有效性作为工作重点

第三次全国认证认可工作会议为刚刚组建的体育产品认证机构指明了工作方向,NSCC 密切结合体育工作实际,深入学习领会会议精神实质,把提高认证有效性确定为首要任务；把扩展体育用品产品认证领域作为中心工作;把加强自身建设获得领导部门认可,以提高体育产品认证有效性作为重点工作。

2005 年 5 月,NSCC 通过了中国认证机构国家认可委员会(CNAB)的认可审核,之后又成为了中国认证认可协会首批理事单位。加入中国认证认可协会后,NSCC 自觉遵守协会章程,积极参加协会活动,从中吸收“营养”,学习先进的认证经验,借鉴先进的认证模式,以完善机构运行机制,加强自身建设,维护中心诚信形象。

二、加强内部建设,扩大对外宣传,满足发展需要

1. **制度建设**。确保审核质量是搞好认证的生命,提高服务水平是搞好认证的前提，而加强内部管理是搞好认证的强有力保证。2005 年,NSCC 制定了《NSCC 内部管理制度》,明确各部门主要职责,并开展了 5S 管理活动,在中心内部开展了全面的整顿工作。

2. **人力资源建设**。审核员队伍建设是保证认证认可工作顺利开展、保证认证有效性的关键。NSCC 一贯重视对人员的培养和管理,通过建立和完善科学的人员评价制度和专业能力的保障机制，通过人员引进、开发、培训、考核等手段,发展起一支符合国家认证要求和 NSCC 发展需要的专业队伍。NSCC 于 2005 年年初建立了“能力分析与评价系统”。建立该评价系统,将使 NSCC 重新审视自身的发展状况并调整发展战略,不断优化人力资源,采取更为有效的运营模式和资源配置,提高认证效率。

3. **对外宣传**。利用冬夏两次体育用品博览会,通过广泛与企业接触,设计宣传版面,发放宣传资料,加强了信息交流,提高了广大企业对认证工作、对 NSCC 的认知度;设立宣传橱窗,开通了自己的网站,由此广泛而持续地对中心进行形象宣传。

三、拓展认证范围,推进体育用品标准化

根据《认证认可条例》和认证合同规定,为巩固认证成果,NSCC 在 2005 年对 17 家已获证组织(企业)进行了监督审核,重点是对产品安全性的督察,以确保认证质量和保持产品的一致性。同时,NSCC 密切关注市场的发展动向,根据客户和市场的需求,不断开展新的认证项目,重点开发与电气安全密切相关和生产市场相对混乱的产品。

NSCC 在原有体育产品认证业务范围的基础上,继续宣贯原有标准(室外健身器材、球类器材等),并组织有关部门和专家制定体质监测器材、室内健身器材、体育竞赛器材的新标准；努力开展运动鞋帽和运动服的新标准研制,拓展产品认证业务。2005 年,NSCC 承办了《体育用人造草》国家标准审定会;召开了“欧盟 EN 957 固定式训练器材标准翻译暨标准等同转换研讨会”;并参与了《中小

学体育器材和场地》系列标准的研制工作；2005 年共制定了《NSCC 产品认证技术条件》约 25 种、《产品认证实施细则》11 套；正在组织翻译国际体操联合会的《体操器材标准》12 项，已完成 8 项。

四、NSCC 认证成果被社会广泛采用

NSCC 开展产品认证两年多来，切实为企业体育产品的质量起到监督保障的作用，因此，越来越多的省市政府、企事业单位以及招标公司开始将 NSCC 认证成果作为企业获得投标准入权的必要条件之一，这表明 NSCC 在体育产品认证领域得到了越来越多的信任与认可。

2005 年 8 月，北京教委中小学体育器材采购招标明确提出投标单位必须通过 NSCC 认证；沈阳市体育政府采购中心在国内公开招标文件中提出“所投健身器材产品必须取得 NSCC 认证”；山西大运体育走廊体育器材采购招标也要求各投标单位通过 NSCC 认证方可获得投标资格；另外，江西瑞安市体育事业发展局、江苏省体育局等单位的采购招标文件中也要求各企业参与投标必须出具 NSCC 的认证材料。

NSCC 正以长远的发展战略，坚实的核心能力，卓越的专业管理，诚信的品牌形象，全方位地积极参与市场竞争。

北京国体世纪体育用品质量认证中心供稿

长输管道检测评价中心技术能力资格认证和检测评价市场领域取得双突破

一、基本概况

长输管道检测评价中心（以下简称中心），地处四川省双流县华阳镇输气小区。中心为副处级单位。截至 2005 年 12 月 30 日，有在册职工 26 人，机构设置有办公室（包括财务室、行车班）、技术部、检测室、工程部。

中心主要从事长输管道检测与评价工作。检测方面主要开展管道外防腐层检测、管体无损检测、输送介质腐蚀性检测、管道阴极保护有效性检测、管道敷设环境调查；评价方面主要开展管道剩余强度评价、管道剩余寿命预测、管道风险分析、管道防腐层评价、管道理化性能与材料适用性评价。可通过检测评价结论开展管道事故调查分析和评估工作。另外，还从事清管技术咨询和提供清管服务。

在长期的长输管道检测实践中，中心掌握了用于检测涂层异常、评价涂层质量的交流电流衰减检测法(PCM 法)、用于检测阴极保护水平的密间隔电位检测（CIPS）法、用于检测涂层缺陷、判定涂层缺陷大小、判定管道区域处于阳极或阴极状态的 DCVG（直流电位梯度）检测法、用于检测涂层缺陷但无法辨明缺陷大小的皮尔逊检测法等。在多年丰富的管道检测经验积累的基础上，中心已不限于单一检测手段的“单兵种作战”，而是针对以上单一检测技术的局限性，集成多种检测工具，在对各种管道外检测技术、方法、设备和应用经验、优缺点、适用范围及实用性充分了解的基础上，开展“集团军作战”。通过外检测技术的综合应用（涂层地面检测、阴极保护系统检测、杂散电流检测及直接开挖检测等），对涂层破损的大小进行判定，对管线的外腐蚀状况进行更加准确、全面的评估，提出更有针对性的腐蚀缺陷修复建议，提高外检测技术的应用水平和应用效果。

二、2005 年工作成就

1. 检测评价市场领域取得历史性突破。2005 年中心共计检测管道长度 638.2 km（包括 PCM 检测、防腐层与管体壁厚测试、焊缝 X 射线检测、管材理化性能分析等），评价管道长度 514.9 km（包括管道剩余强度评价、风险评价等），发现防腐层漏损点 4 412 个，发现管道泄漏点 3 个，管道变形点 1 个。检测评价项目共计开展：

（1）遂武线（川中油气矿）

（2）黄金线（川东北气矿）

（3）磨深 1 井—联合站（川中油气矿）

（4）付安线（输气管理处）

（5）蜀南气矿 12 条管线（蜀南气矿）

（6）大面—向阳段输气管道（龙泉天然气公司）

(7)威成线(输气管理处)

(8)威青线(输气管理处)

(9)南充嘉能天然气公司城市燃气管网(川中油气矿)

(10)井口配气站—陈家桥站(重庆利民天然气有限公司)

(11)牧马山—双流机场输油管道(中国航空油料西南公司)

(12)旺一井—赤水输气管道(中石化赤水天然气分公司)

(13)宝源—赤水输气管道(中石化赤水天然气分公司)

中心积极增强在管道检测领域的竞争力，在加强输气管道业务的同时，也开展了对输油管道市场的开拓，并在检测评价市场开拓方面取得历史性突破，首次打入中航油和中石化管道检测领域，首次开展航油输送管道检测工作，并与中国航油西南公司达成了进一步合作的意向。另外，中心还承担了川西北气矿平借线(平落坝—观音段)56.88 km 的清管作业项目；并配合了中石油西南油气田分公司输气管理处北干线智能清管作业，使得中心在开创了检测评价工作量再上新台阶的可喜局面下，也保持了在清管作业方面的传统优势。

2. 技术能力资格认证的历史性突破。2005 年为中心"管理基础年"的启动阶段，中心除了狠抓了内控体系、QHSE 体系、企业文化体系等"三大体系"的建设，还针对中心自身运作的特点，开展了适应 ISO/IEC 17020、ISO/IEC 17025 的中心管理体系的建设，统称"四大体系"建设，于 2005 年 4 月至 6 月，完成了中心质量体系文件的修订和完善工作，编制了约 20 万字的适应中心特点的质量手册、程序文件、作业文件，并于 2005 年 7 月 1 日发布实施。2005 年 10 月，开展了质量体系运作内部审核工作，以检验中心质量体系文件运作的有效性和符合性，并在 11 月落实了整改措施，于 12 月开展了管理评审，以评价中心质量体系的适用性。

在扎实的工作基础上，中心继 2004 年 12 月 23 日通过中国实验市国家认可委 CNAL 的监督评审，维持了中心国家实验室资质认可，继续保持了中心在检测技术方面的能力认可后，又于 2005 年 1 月 28 日通过了 CNAL 关于检查机构的初次评审，获 B 类检查机构证书，取得了包括压力设备检查领域里管道防腐层评价、管道材料适用性评价、管道风险评价、管道剩余寿命预测的能力认可。

3. 理论提升与科技研发迈上新台阶。2005 年 5 月 11 日，国家质量监督检验检疫总局特种设备局副局长宋继红、国家质量监督检验检疫总局特种设备局压力管道安全监察处副处长修长征、四川省质量技术监督局特种设备处副处长杨鹏一行来中心调研时，对中心工作予以高度评价，认为中心作为全国第一家获得国家质量监督检验检疫总局锅炉压力容器安全监察局颁发的压力管道检验许可证书的单位，在四川乃至全国的长输管道检测评价方面起到了领头羊作用，为政府职能部门提供了技术支持，决定在中心搞长输管道的普查登记和检验使用登记试点，并将中心编写的企业标准《天然气管道检验规程》升级为国家标准。能跳出行业的框框制订修编国家标准，使得中心的工作经验不仅仅面对本企业，而是面对整个油气储运行业、乃至面向全国发挥作用。

2005 年中心处于开题审查、研究开发、验收评估等不同阶段进程的科研项目共计股份公司级 1 项、分公司级 1 项、处级 4 项，分别为：

(1)股份公司级科研项目：中心承担的中国石油天然气股份有限公司科学研究与技术开发项目《在役油气管道安全与风险评价技术应用及规范研究》，于 2005 年 5 月 24 日顺利通过中国石油天然气股份有限公司天然气与管道分公司专家小组的验收。研究成果达到国内领先水平，其评价结果对于对管道完整性评价工作具有重要的指导作用，对于管道的安全运行管理具有重要的参考价值。

(2)分公司级科研项目：中心关于西南油气田分公司科学研究与技术开发项目《管道外检测技术的综合应用研究》的开题申请，于 2005 年 11 月 26 日通过西南油气田分公司专家小组审查，获准开题。借此研究，希望可以精确识别管线上的腐蚀活动区域，提供关于管道腐蚀方面的更为详尽、综合的整体评价，提高中心长输管道外检测技术的应用水平和应用效果。

(3)处级科研项目：中心承担完成输气管理处 2005 年科研项目两项，分别是《PCM 法防腐层检测评级参数选取研究》和《管道最大腐蚀坑深的极值统计方法及应用研究》。前者的研究成果可确定 PCM 法进行防腐层评价过程中的重要参数 L、C 值的测试和取值方法，使 PCM 检测的评价结果更符合实际。后者的研究成果将为管道剩余寿命预测和管道的改造提供更科学和可靠的依据，节约改造成本，也将有利于中国油气管道完整性管理与评价工作的开展，推动油气管道完整性管理与评价的系统化、规范化。该项目于 2005 年 12 月通过验收。

2005 年 11 月，中心申报的两项科研项目，分别为《测量不确定度研究》和《管道检测评价工程定额研究》已获准开题。前者的研究，可找出影响长输管道检测测量结果的诸多因素，为提高测量的准确度提供指导方向，进一步保持中心在管道检测方面的优势地位，并在检测报告中出具不确定度评定结果，使中心检测报告质量达到与国际接轨的先进水平。后者的研究，可制定出管道检测评价工程工程量清单计价规范，对 GB50500—2003《建设工程工程量清单计价规范》作出相应补充；并根据自身的施工技术和管理水平，以及有关工程造价资料制定出中心的企业定额（施工定额），使其成为测算中心管道检测评价项目的人工、材料和机械台班的消耗量标准。

2005 年长输管道检测评价中心落实科学发展观，年度成就斐然。2006 年中心将再接再厉，以求创新增效天地宽。

撰稿人：陶　力　审稿人：周　敏

深圳市计量质量检测研究院

为实施深圳城市发展战略提供有力技术支撑

2005 年，深圳市计量质量检测研究院（以下简称“SMQ”）按照“先一步，高一层，创一流”的要求，以服务经济、促进发展为中心，以建设国内一流、在检测领域最受欢迎的实验室为目标，坚持“检测立院、科技兴院、人才强院”的战略，不断增强服务能力、创新能力和市场竞争能力，实现业务健康快速发展。至 2005 年底，SMQ 共完成计量器具检定/校准 449 921 台件，产品检验 46 911 批次；产值突破亿元大关，达到 10 048 万元，同比增长 18.1%的好成绩，取得了显著的社会效益和经济效益。

一、积极发挥技术优势，为政府管理提供技术支撑

SMQ 树立“政府业务第一时间”的工作理念，贯彻“三个主动”（主动提供监督方案策划及资讯、主动承担政府监督后处理工作、主动提供知识培训）、“三个优先”（受理优先、检验优先、报告发放优先）工作方针，在产品监督检验批次大幅增长的情况下，SMQ 合理调配资源，克服人力、车辆等资源不足的困难，发挥技术优势，积极配合市质监系统、工商系统、消委会、卫生、药监、法院、公安消防、海关等部门，认真做好产品的抽检工作，按时保质保量完成各级政府监管部门下达的监督抽查任务，得到一致好评。2005 年共承担政府监督抽验 6 500 批次，同比增长 25%。

“民以食为天，食以安为先”。在近几年食品安全形势较为严峻的形势下，SMQ 不断加强食品检测能力的研究，做好技术储备，在食品安全突发事件中做出了突出贡献。如在 2005 年初的“苏丹红”事件中，SMQ 以高度负责、敢于承担责任的态度和扎实的技术实力，成为全国第一个检出“苏丹红”的质检机构，为全国“剿灭”“苏丹红”做出突出贡献；在坂歧肠杆菌事件中，成为全国质检系统惟一测出坂歧肠杆菌的实验室，成为国家质检总局指定承接全国样品检测的实验室，受到国家质检总局高度赞扬。近两年 SMQ 承担的食品检验任务不断增长，2005 年承担国家、省、市质监局和省、市工商局食品监督检验 4 896 批次，比上年度翻一番，服务政府的能力和水平不断提高。

与此同时，SMQ 积极配合市质监系统，大力推进计量器具强检工作的开展，维护公平公正的市场环境。积极与市质量技术监督局、各分局加强沟通协调，通过加强计量法规宣传、开展专项整治、积极探索行政执法与舆论监督相结合、发送“计量检定告知书”等方式，推进计量强检工作有效的开展，在医疗器械、邮政、珠宝、医药等领域的计量器具强制检定工作取得新突破。据统计，2005 年共完成计量器具检定 169 963 台件。

二、积极做好标准化工作，帮助深圳企业抢占市场高端

SMQ 积极引导技术人员端正“重检测、轻科研”的观念，主动参与科研工作，在科研工作方面取得重大成就。全院参与科研工作的技术人员达 180 人，科研立项达 38 项，比 2004 年增加 15 项，其中标准、规程编制有 26 项，获市政府标准制定资助项目位居全市第 3 位，连续两年处三甲位置。SMQ 还承担了 RoHS 指令 6 种有害物质中

4种检测方法国家标准的编制任务，完成2005年市政府重大调研课题“深圳市建设检测技术服务平台的调研报告”，并相继完成《非发酵性豆制品通用技术条件》等8项深圳经济特区技术规范、《基于户用脉冲计量表的数据采集器》等国家标准的编制工作，在完善深圳市标准体系，为政府推进相关领域监管提供标准支撑上做出新的贡献。

三、加大国际认证建设，帮助企业拓展国际市场

针对全球化趋势，SMQ不断拓宽国际合作领域，与国际实验室认可合作组织多边互认协议(ILAC-MAR)的50多个成员国实行互认，加大国际实验室合作和互认力度，在巩固原来国际认证机构合作的基础上，持续深化同国际知名认证机构的合作，针对当前产品热点开拓新合作领域，拓展新的多项国际认证业务，先后获得美国FCC、UL、ATCB、德国TüV莱茵、TüV PS、加拿大IC、英国BABT、SEMKO、日本VCCI、新加坡PSB、俄罗斯GOST、波兰认证局、挪威NEMKO、捷克EZU、斯洛伐克EVPU、香港机电工程署等在内的国际权威机构认证资质，逐步构建“一个标准、一次检测、全球通行”的认证体系。据统计，SMQ年均发放电子产品类认证证书近3 000份，证书数量居国内领先地位，帮助“深圳制造”在突破技术壁垒、拓展国内外市场上迈出坚实步伐。

四、积极推进业务流程再造，实现服务持续改进

在提升检测能力的同时，SMQ坚持“以市场为导向、以客户为中心”的服务理念，不断推进流程再造，努力提高服务客户的能力和水平。

1. 成立客户服务中心，进一步强化客户服务职能，构筑统一的客户维护平台，使全院“一个窗口”对外，进一步改善客户送检手续烦琐的现象，“一站式”服务日趋完善。

2. 不断创新客户服务模式，建立客户俱乐部，对客户推行差异化、个性化服务。

3. 创新服务手段，相继推出“检测再提速”、“上门收样”、“保姆式服务”等特色服务，满足客户的服务需求。

4. 建立客户回访制度，开展客户满意度评价，推动流程再造、服务持续改进，使服务更贴近客户，满足客户需求。

5. 积极与兄弟单位合作，共享信息资源，为企业提供“一站式”海外市场准入服务。

6. 出台实施了《价格体系管理规定》，规范了价格管理，进一步提高客户管理和服务水平。

五、围绕深圳城市发展战略，抓好重点项目建设

近几年来，SMQ紧紧围绕深圳建设“创新型城市、国际化城市”以及“和谐深圳、效益深圳”的城市发展战略，以建设深圳市公共检测技术平台为己任，加大投入，不断完善“测试、认证、培训、咨询”四大服务平台，努力在完善深圳的投资软环境，提供政府监管技术支撑，为企业的产品研发、生产、销售及检测技术服务等方面做出更大的贡献。如根据“净畅宁”工程的需要，SMQ切实做好“油品实验室”项目建设；根据深圳产业的发展趋势，建设了“声学振动检测技术平台”、“数字视频产品性能测试平台”等项目。2005年，SMQ又针对深圳把高新电子作为该市支柱产业的实际，积极向国家质检总局申请建立“国家数字电子产品质量监督检验中心”。“国检中心”已通过市政府批准立项，各项筹建工作正紧张有序开展，2005年6月通过国家质检总局现场评审专家组的评审。“国检中心”的建成将是深圳首个、国家级检测技术服务平台。

深圳市计量质量检测研究院供稿

诠泰电子(东莞)有限公司美泰检测中心

提升企业检测技术　全面支持绿色环保

随着欧盟 WEEE、ROHS 指令的发布,各国相关环境控制标准的出台,人类环境问题进一步受到生产者、消费者的关注。诠泰电子(东莞)有限公司作为电脑部件的龙头生产企业,早在 20 世纪 90 年代就推行 ISO 9000 国际质量管理标准,以良好产品质量和服务态度获得了客户的肯定,曾多次评为广东省东莞市优秀企业。公司于 2004 年推行 ISO 14001,并取得认证。为更好的贯彻和执行 ISO 14001 标准,公司于 2005 年开始策划并改建 RoHS 检测实验室——美泰检测中心。

一、实施 ISO 17025:2005 国际标准,提高企业检测技术

推行 ISO17025:2005 国际标准的重要目地之一就是提高企业的检测能力,满足顾客的要求,提高客户满意度,为企业带来更大的效益。公司投入巨额资金,从国内外购买先进的设备、仪器组建公司中心实验室,包括塑胶性能检测室(物理检测)、RoHS 检测室(化学检测),全面对产品质量进行监控和检测。为使实验室达到 ISO 17025:2005 的认可要求,公司一方面委派人员多次参加专业外训,外出到相关单位就管理方面、检测技术等方面进行学习;另一方面聘请专家进行实地考核、指导,不断完善实验室管理体系、提升检测技术。同进,中心还多次策划和组织外部比对及内部比对,购买塑胶标样检测等技术校核手段对中心检测能力进行验证,以“行为公证,方法有效,数据准确,服务规范,持续改进”为指导思想,提高检测技术得到客户的信任。

二、召开 RoHS 说明会,全面支持绿色环保

自 WEEE、RoHS 指令发布实施以来,各行业对重金属、溴化物的管控要求越来越严格,为适应行业发展的要求,让众多产品制造商全面了解、支持绿色环保,诠泰电子(东莞)有限公司——美泰检测中心就有害物质的危害、应用领域、检测方法、检测结果评价等方面邀请相关客户、供应商及同行企业人士召开了 RoHS 说明会,通过会议使相关企业界重新认识了环境问题及检测方法,公司此举得到相关企业及业界人士好评。

三、与时俱进,拓展检测范围

为适应市场的需求,以科学技术为基础,中心在做好现有检测的同时开始研究有机物多环芳烃项目检测以更好的服务客户。

诠泰电子(东莞)有限公司美泰检测中心供稿

上海达卫师认证有限公司

SHANGHAI D.A.S. CERTIFICATION CO., LTD.

上海达卫师认证有限公司是经中国国家认证认可监督管理委员会（CNCA）批准的中外合资认证机构（批准号：CNCA-RF-2003-31）分包 UKAS/DAS 认证。

英国皇家认可委员会 UKAS（United Kingdom Accreditation Service)的认可标志在世界上得到一百多个国家的一致认可，带有UKAS皇冠标志的认可标记和认证证书是全球质量、权威、信誉和成功的象征。

上海达卫师认证有限公司质量方针：真诚、权威、科学，助您成功和腾飞！

DAS 服务宗旨：

正　正气正派

尊　尊师厚道

真　真诚实干

准　准确判断

增　增值服务

英国 DAS 管理体系认可范围：

ISO9001:2000, ISO22000, ISO14001, ISO18000, ISO27001

地址：上海市西康路1068号维多利广场A楼14A座（200060）

电话：021-62773910　62773930
62773346

传真：021-62773343

E-mail: das_shanghai@yahoo.com.cn

Website: http://www.dascertification.co.uk

http://www.das-group.com.cn

质量使神仙腾飞

上海神仙酒厂创建于1958年，现有职工500余人，是中国白酒协会常务理事厂和上海市酿酒协会副会长厂，同时还是上海唯一的大曲酒酿造企业，企业占地60000平方米，年产各类白酒6000余吨，年创税收千余万元，是"中国白酒工业百强企业"。1995年成立了以神仙酒厂为核心的神仙集团。我厂拥有先进的白酒生产成套设备和科学的管理方法，企业产品质量和管理水平居国内同行先进水平。

神仙牌曲酒是在集全国名白酒生产工艺精华的基础上，选用优质高粱、传统大曲为原料，采用续糟混蒸、窖池发酵、老五甑传统工艺，量质摘酒、分级贮存，结合现代技术精心勾兑而成。神仙美酒以其清澈透明、窖香浓郁、绵甜爽净、回味悠长的独特风格，被广大消费者赞誉为"上海小茅台"，是海派酒文化的优秀代表。近年来，企业先后开发了小神仙以及上海老窖（1608）等新产品，丰富了产品文化内涵，提高了产品竞争力。

企业已连续十六年被市人民政府命名为"上海市文明单位"，是"上海市重合同守信用百家优秀企业"。通过了ISO9001质量管理体系认证和出口食品厂卫生注册。神仙牌商标蝉联"上海市著名商标"，神仙牌曲酒多次荣获市优、部优称号，已连续十年被评为"上海名牌产品"，近年来先后荣获"国家质量达标食品"和"中国名优白酒"殊荣，2004年上海老窖荣获中国国际品酒会金奖。

"质量是神仙永恒的主题，顾客是神仙永远的上帝"，我们将一如既往，为上海这个国际大都市增光添彩。

地址：上海市奉贤区四团镇　邮编：201412

电话：（021）57533181，57533150

传真：（021）57533150，57533179

http://www.shshenxian.com

E-mail:shenxianjiu @ 163.net

意大利IG(意杰)认证股份有限公司

ISTITUTO GIORDANO SPA

ACCESS THE GLOBAL MARKET 开拓全球市场

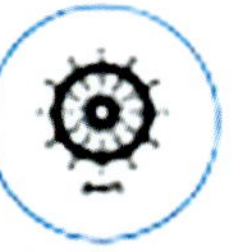

IG认证股份有限公司是意大利最大的质量认证和产品认证测试机构之一。IG自从1959年成立以来，作为质量管理体系和产品认证领域的领导者，IG目前被众多国家的认可组织和政府机构广泛认可。

IG的上海办事处的设立，向广大客户提供全面，快捷，高效的服务，从而帮助您的产品有效地进入欧洲市场。

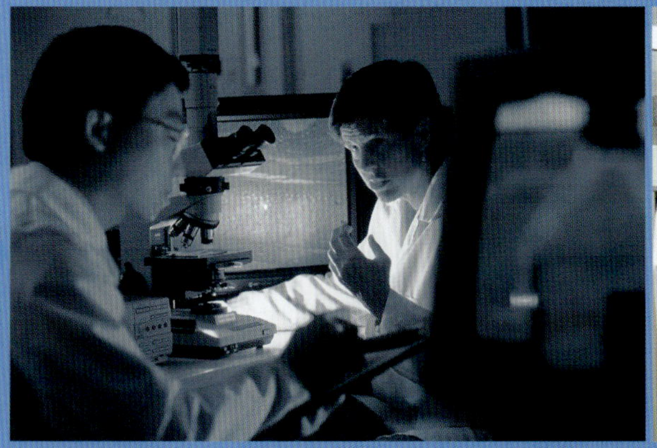

产品认证服务(CE标志)

作为欧盟公告机构之一，IG能帮助您以最快的速度获取CE标志。

IG的专家在众多工业和消费品领域有着丰富经验，特别是以下领域：承压设备，简单压力容器，燃气具设备，机械，玩具和化学，船舶设备,游乐船艇，低压电器，电磁兼容实验，建筑产品。

产品测试服务

IG还能提供众多的产品质量和性能测试，包括以下领域：皮革；服装，箱包，家具；门锁，保险箱；门窗；其他消费品

装船前检验服务

起源于50年前，该服务确保产品的质量和数量符合合同的规定。

使产品通过第三方检验和测试来进一步提升其国际声誉.

产品研发服务

地址：上海市静安区愚园路172号 环球世界大厦2707室 邮编：200040
电话：0086-21-32140386 传真：0086-21-62487098
http://www.igchina.com http://www.giordano.it
E-mail: info@igchina.com

国家认监委王凤清主任与北京出入境检验检疫局魏传忠局长共同为中检集团北京公司揭牌

中检北京公司 06 年认证评定培训

中国检验认证集团北京有限公司

对工业设备实施现场检验

中国检验认证集团北京有限公司，是中国检验认证集团的一级子公司，前身为中国进出口商品检验总公司北京分公司，成立于1980年，是从事以检验、鉴定、认证、测试为主的权威性机构。

凭借着广泛的服务网络、雄厚的技术实力、良好的社会关系以及全面的业务范围，本着公正、科学、快捷可靠的服务理念，我们将竭诚为国内外各个领域的客户提供专业化服务。

中检集团北京有限公司自2004年重组改制以来，拥有一支专门从事以检验、鉴定、认证、测试业务为主的专业化队伍，聘请了大量具有丰富行业经验的专家并得到来自全国质量监督检验检疫系统的强大的技术支持，在稳定的前提下积极拓展检验业务市场，加速认证业务发展速度，并以创新、健康为核心大力推进企业文化，创造和谐内部氛围，凝聚企业核心价值观。

审核人员实施现场审核

业务范围：

商品检验

◆商品的品质、规格、数量、包装、标志等项目的产地检验、装运前检验、到货检验

◆全面监管计划（CISS）业务

◆UL，CSA，TUV-Rheinland, TUV-PS, KEMA, JET产品认证跟踪检验

鉴定业务

◆价值鉴定◆货物的残损鉴定◆货物的监视装载、监视卸载、◆监视转运◆货物数量、重量鉴定◆装载、运载工具的适量性鉴定◆包装鉴定◆标记鉴定◆积载鉴定

对陶瓷产品实施装船前检验

测试服务

◆实验室测试服务◆实验室合作

体系认证业务

◆质量管理体系认证（QMS）◆环境管理体系认证（EMS）◆职业健康安全管理体系认证（OHSMS）◆食品安全管理体系认证（HACCP）◆绿色市场认证

对工程设备实施现场检验

产品认证业务

◆自愿性产品认证◆轻工、机电产品认证◆有机产品认证◆饲料产品认证◆生态纺织品认证◆玩具产品强制性认证（CCC）

其它认证业务

◆良好生产规范认证（GMP）

◆良好农业规范认证（GAP）

◆非转基因身份保持认证（NON-GMO IP）

培训业务

◆质量管理体系审核员培训◆环境管理体系审核员培训◆职业健康安全管理体系审核员培训◆食品安全管理体系审核员培训◆内部审核员培训

方圆标志认证集团有限公司山东分公司

方圆标志认证集团有限公司山东分公司是经国家认证认可监督管理委员会和方圆标志认证集团批准设立的认证分支机构，在方圆标志认证集团的认可业务范围内提供自愿性产品认证、强制性产品认证、质量管理体系、环境管理体系、职业健康安全管理体系认证、HACCP食品安全管理体系认证等多种认证服务。

方圆认证集团山东分公司成立近10年来，认证、培训、许可证审查以及管理技术研究与服务等业务协同发展，认证业务已占山东全省的近20%，具备了较为全面的服务领域和较强的服务能力。方圆认证集团山东分公司遵循公正运作、客观评价、科学管理、规范服务的质量方针，承公正、严谨、优质、高效的方圆认证品牌，通过规范管理、优质服务以及认真有效的认证审核，为客户提供增值服务，取得丰硕成果，受到社会各界的广泛认同和赞誉。

方圆认证集团山东分公司以严谨的工作和优质的服务，在国内和国际认证领域树立了良好的行业形象。方圆认证已得到国际同行的广泛认同。方圆标志认证集团是国际认证联盟（IQNet）、国际有机农业运动联盟（IFOAM）的成员，获得方圆认证的组织，按照IQNet的程序规定，可申请换发一个或多个国外著名认证机构的证书。

顾客满意永远是方圆认证的最高标准，认证决定的"零缺陷"是方圆认证永恒的目标。方圆认证集团山东分公司把服务客户、增强顾客满意作为永恒的目标，将一如既往地为获得方圆认证的组织的可持续发展提供高效、增值的认证服务。

地址：济南市历山路146－6号
（山东省质量技术监督局办公楼6层）
邮编：250014
电话：综 合 部 0531-82969000 82679271 82679272
事业发展部 0531-82912058 82679295 82679296
培训中心 0531-82610331 82679286 82679289
传真：0531-82969000 82679288
邮箱：sd@sdcqm.com.cn
网址：www.sdcqm.com.cn

珠海国际旅行卫生保健中心

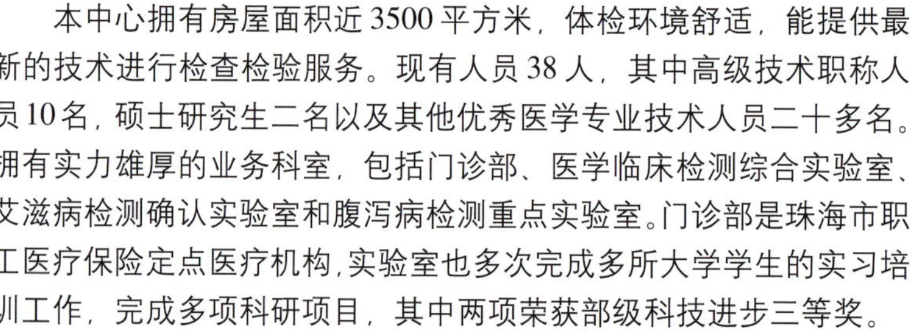

珠海国际旅行卫生保健中心是珠海出入境检验检疫局直属事业单位，是一所设备先进、技术精湛，集预防、保健、科研、教学为一体的大型专业健康体检中心，是珠海地区首家通过ISO/IEC17025和ISO9001两个质量管理体系的医疗机构。

本中心拥有房屋面积近3500平方米，体检环境舒适，能提供最新的技术进行检查检验服务。现有人员38人，其中高级技术职称人员10名，硕士研究生二名以及其他优秀医学专业技术人员二十多名。拥有实力雄厚的业务科室，包括门诊部、医学临床检测综合实验室、艾滋病检测确认实验室和腹泻病检测重点实验室。门诊部是珠海市职工医疗保险定点医疗机构，实验室也多次完成多所大学学生的实习培训工作，完成多项科研项目，其中两项荣获部级科技进步三等奖。

门诊部拥有彩色多普勒超声诊断系统、东芝黑白B超、500毫安日立X光诊断系统、日本电子鼻咽喉镜、日本非接触性眼压计等一大批先进的医疗设备，为体检结果的准确性提供了最先进的硬件支持。可提供健康检查、预防接种、国际旅行卫生疫情信息咨询、保健咨询和艾滋病咨询等服务。

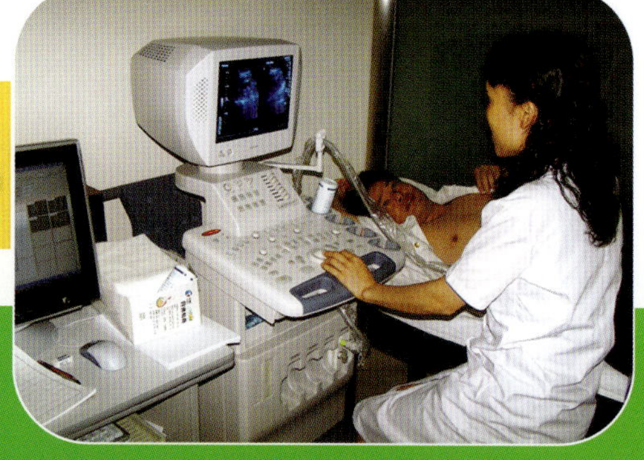

医学临床检测综合实验室高度重视质量控制，自2002年起参加广东省临床化学室间质评，每年成绩均为优秀。2006年参加卫生部临床检验中心举办的细菌学、免疫学室间质评，分别获得了100分和98分的优异成绩。实验室配有目前珠海市最先进的日立7180全自动生化分析仪、全自动酶免分析仪等仪器设备。

艾滋病检测确认实验室是卫生部在珠海地区最早批准的艾滋病检测确认实验室。实验室严格执行质量管理体系和各项操作规程，连续六年以“优秀”的成绩通过由卫生部组织的血清考评和职能工作考核，2003年获得了国家质检总局的通报表扬，并于2005年通过了卫生部的现场检查。

腹泻病检测重点实验室由国家质量监督检验检疫总局批准为国家级腹泻病检测重点实验室，是我系统在该专业领域内唯一一家重点实验室。每次都通过CNAL的能力验证和各种实验室间比对测试。可进行腹泻病病原体的分离鉴定（弧菌科、肠杆菌科等）、分子生物学检测等项目。

本中心是一个专业的体检机构，我们追求检查、检验结果的客观准确和公正，使每位顾客都能得到准确的数据和保健建议，并能享受优质周到的服务。

地址：珠海市拱北侨光路133号
邮编：519020
电话：0756-8889496
0756-8897415
传真：0756-8897415

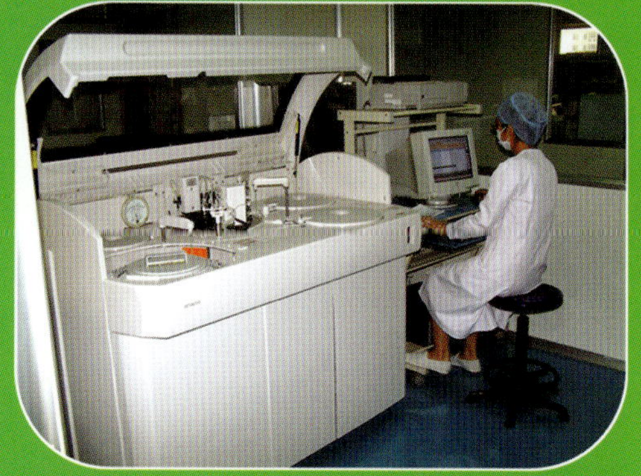

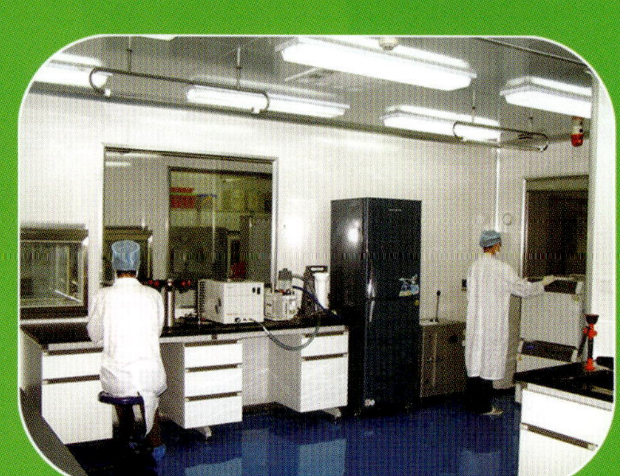

长春国际旅行卫生保健中心

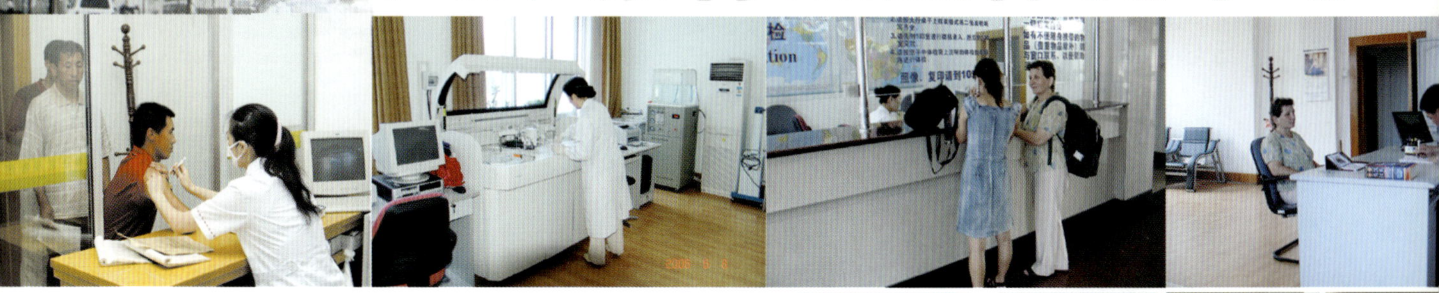

QUALITY SYSTEM CERTIFICATE

质量管理体系认证证书

中国质量认证中心

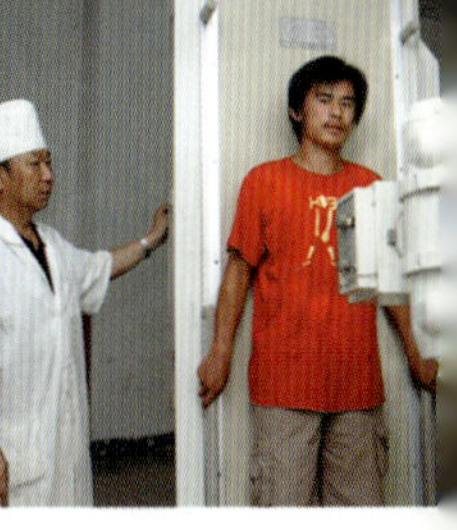

长春国际旅行卫生保健中心（以下简称“中心”）是吉林出入境检验检疫局直属事业单位，主要承担本地区出入境人员传染病监测、国际旅行预防接种、卫生保健咨询、卫生检疫技术科学研究与开发、提供相关技术指导与服务等任务。

中心现有工作人员36名，其中正、副主任医（技）师3名，主治医（技、护）师15名，其他各级医、技、护人员6名，并拥有岛津X-光机、日立X-光间摄机、彩色超声诊断仪、黑白数字B-超机、全自动血球计数仪、全自动生化分析仪、全自动酶标仪、全自动蛋白印迹仪、全自动细菌培养箱、无蒸汽高压灭菌器、超低温冰箱、生物安全柜、荧光显微镜等先进的辅助诊断仪器和实验室检测设备50余台套，价值人民币近600万元。

中心设有健康咨询室、内科、外科、妇科、口腔科、五官科、心电室、B-超室、X-光室、常规实验室、艾滋病病毒抗体初筛实验室、艾滋病病毒抗体确认实验室、微生物实验室、预防接种室，中心通过了ISO9001:2000版国际质量管理体系认证，所属实验室通过了ISO/IEC17025实验室认可。中心一直奉行人性化管理、人性化服务这一管理与服务理念以及公平、公正、客观、科学的工作方针，为防止国际间传染病的传入传出，严守国门。认真履行职责，为保障国际旅行人员和国内公民的身体健康，提供一流的国际旅行卫生保健服务，确保国际旅行人员健健康康出行、平平安安归来。

地址：吉林省长春市皓月大路902号

邮政编码：130062

电话：0431-7607222　7607224

传真：0431-7607988

中心正面剪切

科学、公正的检测技术机构——

国家机动车产品质量监督检验中心（上海）

国家机动车产品质量监督检验中心（上海）是为了适应机动车产业迅猛发展和我国加入WTO的形势要求，采用多元出资方式组建的具有第三方公正地位的国家级综合性机动车检测机构。

中心是在集成和逐步整合上海现有的机动车检测资源基础上建立的，是目前我国投资规模大、技术门类齐全、技术装备水平高、组建体制新的非营利性中立技术机构。

中心坐落于上海安亭国际汽车城内，总投资达7.2亿元人民币，规划占地面积12万余平方米。本中心技术力量雄厚，检测试验设备精良，拥有国际一流水平的汽车被动安全实验室、机动车排放实验室和机动车安全部件实验室等。在其发展历程中，培养了一支经验丰富、技术过硬的产品检测、质量审核队伍。在汽车、摩托车、汽车和摩托车零部件、灯具、材料分析、计量校准、检测技术研究等领域具有行业知名的技术专家，并且拥有一批具备机动车技术、质量工作经验背景的国家级审核员。中心以先进的检测设备为基础、以一流的员工为依托、以科学的质量体系为保证、以优质服务使用户满意为己任、向社会提供准确可靠的检测数据和结果。

中心下属的上海摩托车研究所、上海汽车灯具研究所分别是摩托车和汽车灯具的国家标准的起草和归口单位，在行业中具有权威地位.。

中心已于2004年5月通过了中国国家实验室认可委员会的现场评审，中国实验室国家认可委员会授权中心的检测范围已涉及：机动车整车及零部件检测、机动车与摩托车灯具检测、材料理化性能试验、零件几何量精密测量、摩托车整车、发动机及零部件检测、计量器具的校准或检定、车载电子系统及产品检测、电磁兼容性能检测等，包括检测产品68个类别258个项目参数，可校准的测量仪器33类。并且可以为企业的质量管理提供全面服务。

目前，中心已相继成为国家认监委汽车和摩托车整车及机动车零部件强制性产品认证、国家质检总局汽车缺陷产品召回检测、国家环保总局汽车和摩托车排放污染物申报、国家发改委摩托车产品公告申报等指定检测机构。

长春汽车检测中心

安全碰撞试验室

电磁兼容试验室

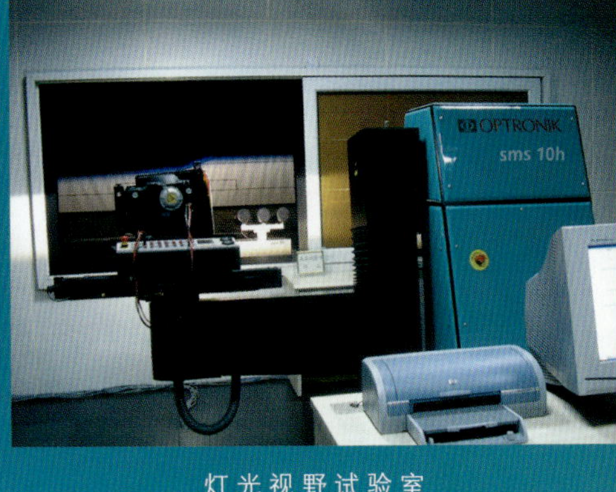

灯光视野试验室

长春汽车检测中心为检测和校准类实验室，成立于1986年10月。本部位于吉林省长春市，汽车试验场位于海南省琼海市。先后被原国家技术监督局授权为“国家汽车质量监督检验中心”；被原国家进出口商品检验局授权为“国家进出口商品检验局汽车认可实验室”；被国家科学技术委员会和原国家技术监督局授权为“科技成果检测鉴定国家级检测机构”；被国家环境保护总局授权为“机动车排气污染物国家级检测机构”；被国家发展和改革委员会指定为“汽车新产品申报《公告》检测机构”；被国家认证认可监督管理委员会指定为“汽车产品强制性认证检测机构”。

检测中心现有员工150余人；检测和校准用仪器设备640多台套；固定资产4.4亿元。具有汽车整车、底盘、发动机、车身附件、汽车电器、汽车用非金属材料、轮胎等80余种产品的检测能力和非接触速度计等10种汽车专用仪器的校准能力。从事汽车整车及零部件的用户委托检验；汽车整车申报产品《公告》的可靠性和法规项检验；汽车整车及零部件强制性认证检验和工厂审查；汽车整车及发动机申报环保《目录》检验等。同时还参与国家有关部门汽车认证和检测政策、实施方案的制定及标准的制修订等工作。

地址:长春市创业大街1063号
联系电话:0431-5788311
传真：0431-7677111
邮编：130011

国家摩托车质量监督检验中心（天津）

天津摩托车质量监督检验所

天津摩托车质量监督检验所组建于1988年，2001年4月注册为独立事业法人单位，于1998年12月首次通过中国实验室国家认可委员会（CNAL）认可，是第三方检测机构。

天津摩托车质量监督检验所是一个检验设备和设施配套齐全，检验技术完善，人员结构合理，管理手段科学的检验机构。目前检验所设有综合管理部、总工程师办公室、检验部、认证技术部四个部门。现有员工70人，其中高级职称人员16名，中级职称以上人员占员工总数的70%。

在国家有关主管部门的领导下，天津摩托车质量监督检验所承担的主要任务是：

1. 承担国家下达的检验所检验范围内的进、出口商品质量检验任务；

2. 承担国家下达的检验所检验范围内产品质量的监督检验任务；

3. 承担国内外企业委托进行的产品质量检验工作；

4. 承担有关方面委托进行的产品质量认证和管理体系认证工作；

5. 承担新产品的检验工作；

6. 承担和参与摩托车和轻便摩托车、摩托车和轻便摩托车发动机、零部件、通用小型汽油机和柴油机等产品所用的国家标准、行业标准及技术法规的制订和修改及各类标准的验证工作；

7. 收集国内外检测技术的发展动态，研究开发新的检测技术、方法和专用检验设备；

8. 开展产品质量检验方面的国际合作、认证、评审和技术交流。

天津摩托车质量监督检验所的检验范围是：

1. 摩托车和轻便摩托车质量检验
2. 摩托车和轻便摩托车发动机质量检验
3. 柴油机质量检验
4. 通用小型汽油机质量检验
5. 零部件质量检验

天津摩托车质量监督检验所保证将根据客户和社会不断增长的质量要求，提高测试水平和能力，提高服务水准，不断完善和改进管理体系，持续保证客户对本检验所的信心。

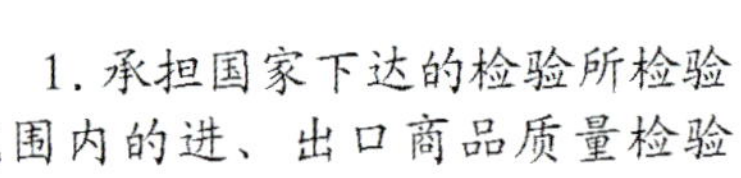

方法科学先进 METHOD- SCIENTIFIC & ADVANCED

服务优质高效 SERVICE-TIMELY & EFFICCENT

结论公正准确 CONCLUSION-JUST & ACCURATE

南昌摩托车质量监督检验所

南昌摩托车质量监督检验所始建于1980年，前身是“航空工业部摩托车检测研究中心站”。1988年由原中国汽车工业联合会批文成立，是国家授权面向全国摩托车行业的具有独立法人地位的检验机构。

南昌摩托车质量监督检验所通过了国家计量认证、CNAL实验室国家认可及CCIBLAC商检实验室国家认可；是国家认监委强制性产品认证指定检测机构、国家发改委授权的摩托车质检机构、国家环保总局授权的新生产机动车排放污染检测单位、全国工业产品生产许可证办认可的内燃机产品生产许可证检测单位；是中国质量认证中心（CQC）、中国方圆认证委员会（CQM）、中国汽车产品认证中心（CCAP）的签约实验室。与德国莱茵技术监督顾问股份有限公司（TÜV）签约，承担Emark认证产品检测工作。

南昌摩托车质量监督检验所现有员工43人，科技人员占88%。目前建有20个摩托车整车、零部件及发动机科研和检验工作的实验室，实验室面积3000平方米，傍有2500米长、70米宽的机场跑道及标准噪声测试专用路面，现有各类检测仪器设备共180项，价值2000万元，是国内高水平的试验室。南昌摩托车质量监督检验所检测手段先进，技术力量雄厚，能满足强制性产品认证、环保、安全节能项及摩托车主要性能的检测和摩托车及零部件商品检测。

认可检测业务范围为：摩托车和轻便摩托车、助力车/电动车、发动机、小型汽油机、前照灯、车速表、光信号装置、后视镜、燃油箱、锁止防盗装置、轻合金车轮、轮辋、蓄电池、减震器、车用喇叭、磁电机、点火线圈、点火开关、调压器、起动电机、起动继电器、回复反射器、排气消声器、制动器、辐条、制动操纵杆、制动踏板等零部件检测。

二十余年来，南昌摩托车质量监督检验所面向社会服务，承担了国内上千家企业、单位委托、定型和仲裁检验，先后承担摩托车排放、噪声、制动、油耗国家标准及轻合金车轮国际标准修订的验证工作，承担了历年国家的摩托车统检、省质检、航空系统质检工作；围绕环保工程进行降噪、排放、消声器的研究工作，并向社会提供标准、质量、技术、培训等技术咨询服务。

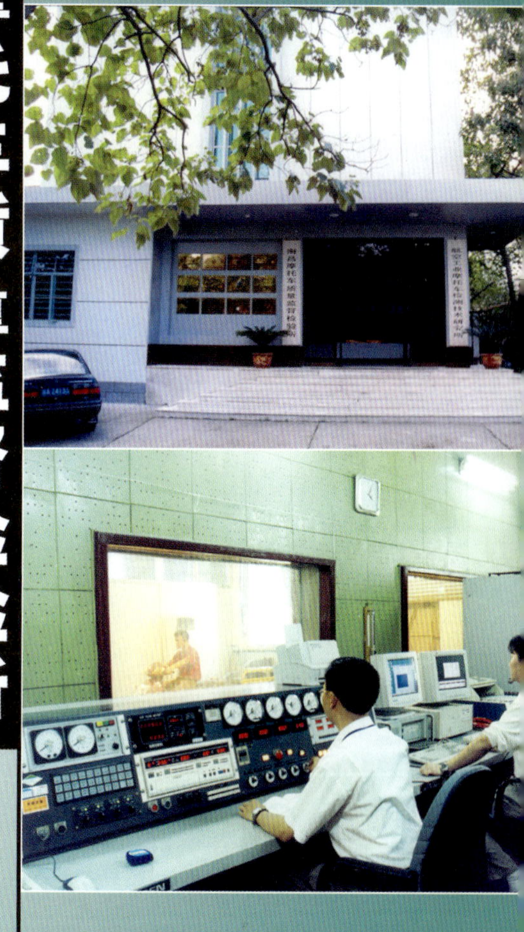

公正的检测　科学的分析
准确的结论　优质的服务

北京市医疗器械检验所
BEIJING INSTITUTE OF MEDICAL DEVICE TESTING

北京市医疗器械检验所是中国实验室国家认可委员会(CNAL)、国家食品药品监督管理局(SFDA)、北京市药品监督管理局和北京市质量技术监督局等部门认可授权的一所大型综合性的国家级医疗器械产品检测机构。CNAL授权检测范围达206类产品、406项标准，SFDA授权检测产品和项目500类产品、538项标准。

我所技术力量雄厚，检测设备精良，业务素质过硬，服务安全可靠。拥有两千多万元近400台(套)各类进口和国产检测仪器设备。可承担并完成质量监督检验、注册检验、强制性安全认证检验、进出口商品法定检验、安全认证和质量认证检验、计量器具新产品定型鉴定检验、科技成果鉴定检验、委托检验、以及质量申诉、仲裁检验和质量鉴定检验等工作任务。

全国医用临床检验实验室和体外诊断系统标准化技术委员会，全国放射治疗、核医学和放射剂量学设备标准化分技术委员会秘书处设在我所，承担着ISO/TC212和IEC/TC62C的对口技术工作和国际标准转换工作，负责国家及行业标准的制定与修订。

2003年“SARS”期间，我们全力以赴，昼夜连续奋战，用6天时间制定出“脱脂纱布口罩”、“医用防护口罩”、“医用防护服”三项标准，并以国家标准发布，在非常时期以非常速度完成了非常任务，得到了上级领导的表扬和高度评价。

国家食品药品监督管理局、北京市药品监督管理局的领导来我所视察工作

北京市副市长陆昊来我所视察工作

与世界卫生组织(WHO)专家进行技术交流

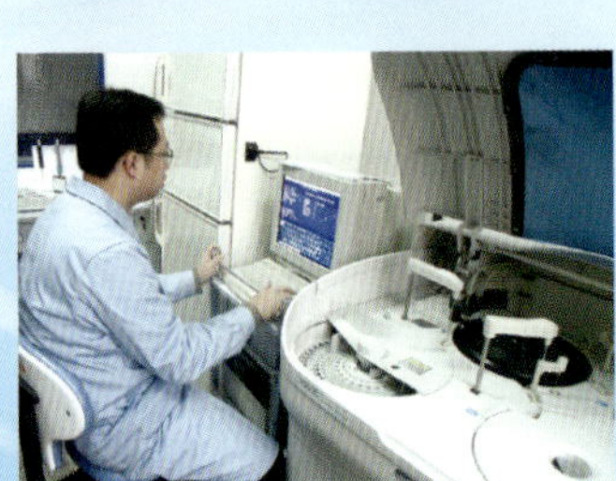
检测人员正在检测生化试剂

检测人员正在进行多参数监护仪的检测

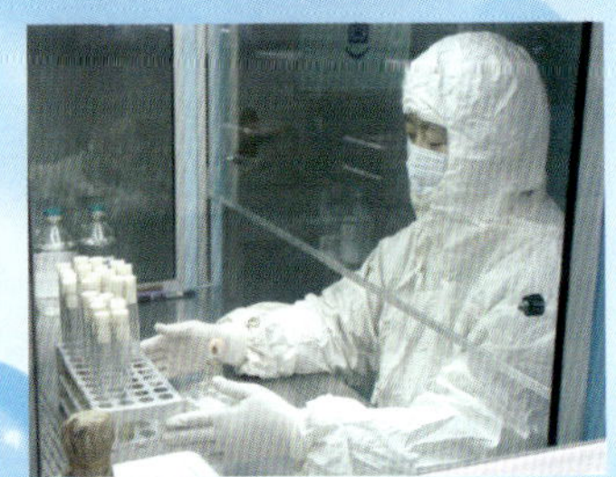
检测人员正在进行无菌实验

地址:中国北京北三环中路2号　传真:+86(10)62025329
电话:+86(10)62013862/62354086　邮编:100011
业务接待:+86(10)62059605　电子信箱:bimt@bimt.cn

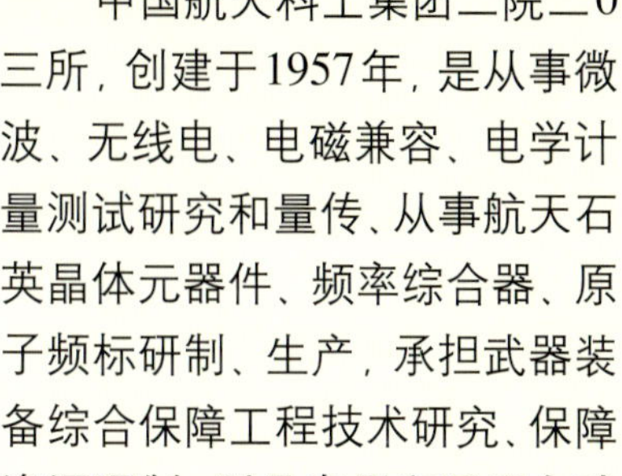

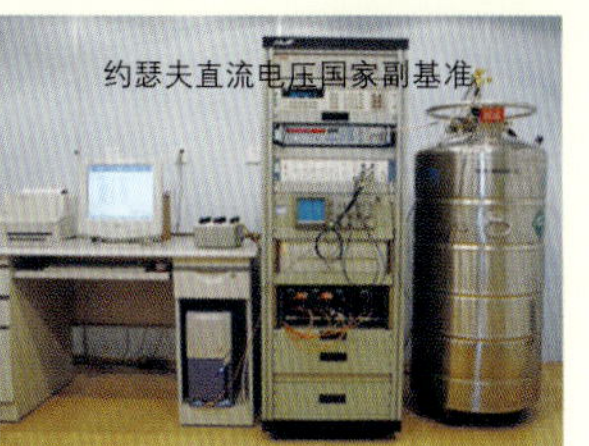

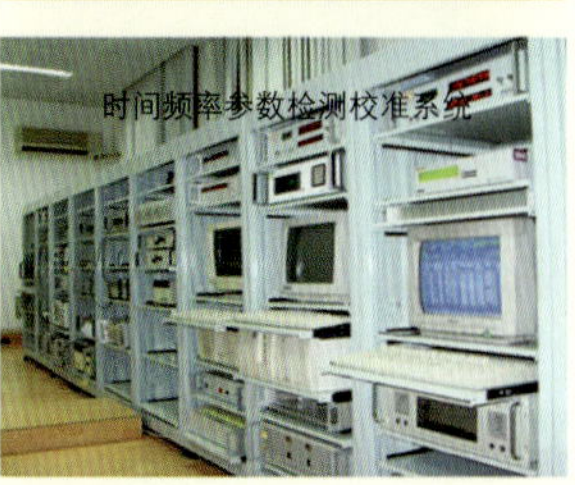

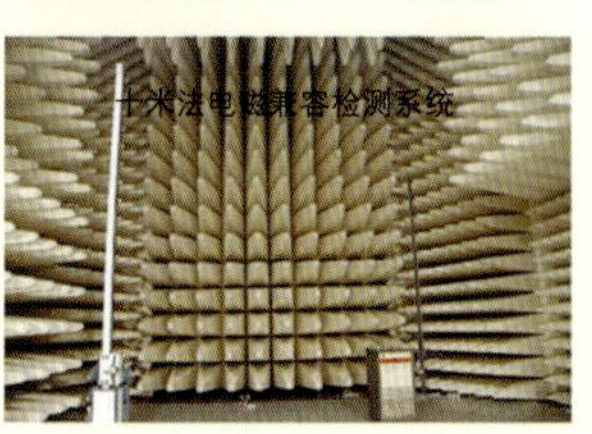

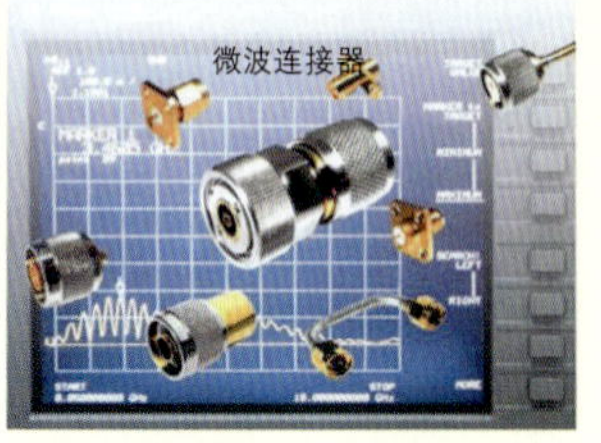

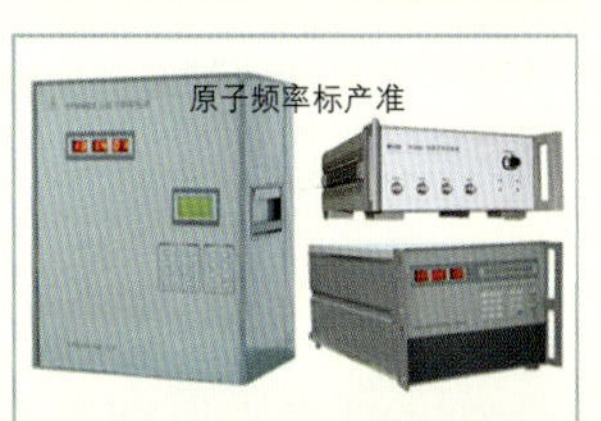

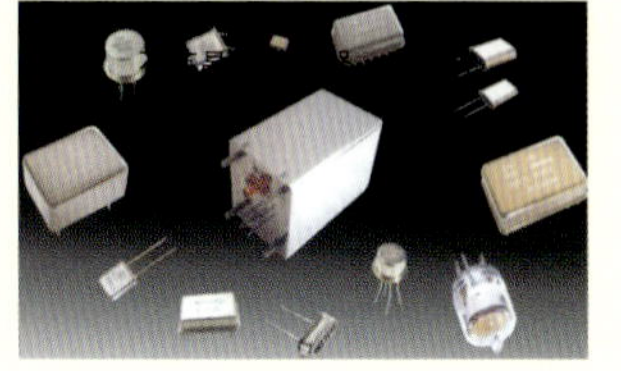

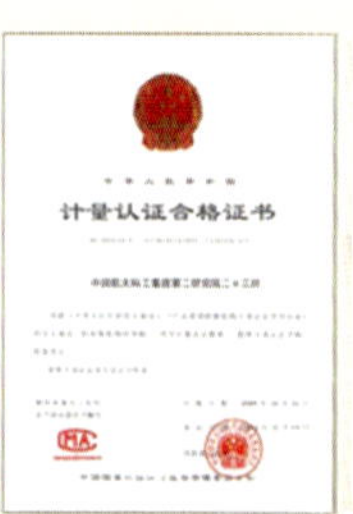

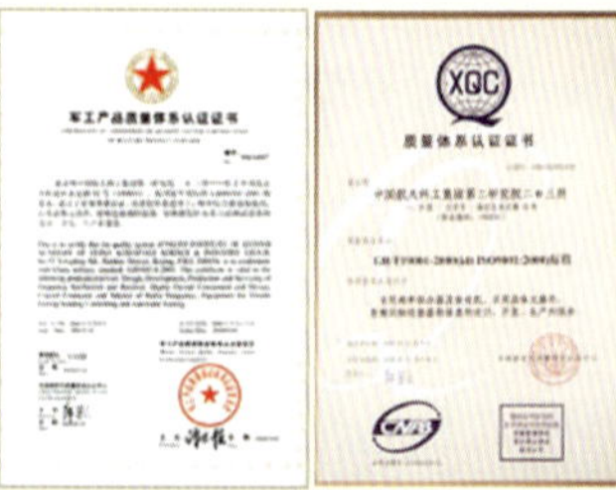

地址：北京市海淀区永定路50号
邮编：100854
信箱：北京142信箱408分箱
电话：010-68385464 68385477
传真 010-68385477
E-mail：market@casic203.com
www.casic203.com

民 政 總 署
INSTITUTO PARA OS
ASSUNTOS CÍVICOS
E MUNICIPAIS

澳门民政总署化验所

民政总署于2005年12月成功举办了首次以食品及水质微生物学为专题的学术交流会—"2005澳门食品及水质微生物－分析技术及应用研讨会"，民政总署作为其中一个合办机构，由化验所（简称民署化验所）邀请了国内外及本澳专家学者及工作人员进行学术交流及经验分享，藉此希望可提高本地区微生物学化验人员的学术水平，同时有助推动本澳在微生物分析技术的发展，是一个很好的开端。于研讨会上，化验所亦发表了有关食品微生物不确定度的技术文章，这领域是一个崭新的课题。所撰写的相关文章已在大型会议—"第五届珠海检验检疫学术研讨会"、"能力验证与食品安全检测关键技术（大连）国际学术研讨会"、"食品检测实验室测量不确度评定研讨会"、"美国120th AOAC Annual Meeting & Exposition"中发表，引起各地专家的深入探讨。

在2006年，民署化验所继续贯彻ISO的精神，持续不懈地提高分析工作的质量及数量，在管理体系方面进行持续改善。自年初开始，设立九个实验室，包括生物化学实验室、食物化学实验室、植物检疫实验室、水化学实验室、水微生物实验室、食物微生物学实验室、动物检疫实验室、微生物细菌鉴定室及汽油检测实验室，由各实验室组长负责各自的管理及技术工作。在各组长的领导下，实验室建立了良好的管理机制，也提高了员工士气，在质量方面不断提高。同时，将质量控制员纳入质量保证组内，以更好地对各个实验室进行监察。于2005年至2006年上半年，化验所共参加了19次有关水化学及水微生物学、食物化学及食物微生物学的国内及国际的能力验证活动（组织机构分别为中国合格评定国家认可委员会、美国Environmental Resource Associates、英国弗帕斯分析实验室能力验证测试中心及澳洲The National Association of Testing Authorities）均取得十分理想的成绩，肯定了化验所的技术水平，表明分析工作符合标准要求。

此外，民署化验所于2006年亦顺利完成了中国合格评定国家认可委员会（CNAS）第二次的监督评审工作，目前已扩项的水化学及水微生物参数超过70个，授权签字人有8名。

地址：澳门何贤绅士大马路
电话：(853)230229　　传真：(853)230434
网址：http://www.iacm.gov.mo/lab/

东北电力电器产品质量检测站

东北电力电器产品质量检测站成立于1998年，坐落在沈阳市虎石台高压试验场，隶属于东北电力科学研究院有限公司和东北电网有限公司。

1998年通过了辽宁省质量技术监督局计量审定；2002年10月25日通过了GB/T19001-2000质量管理体系认证；2003年5月，大容量试验室等项目通过国家实验室认可；2003年8月与中国质量认证中心（CQC）签约，成为国家低压成套设备强制检定（CCC）实验室；2004年5月与中国质量认证中心（CQC）签约，成为国家高压电器设备自愿认证检测实验室。

主要从事高压成套开关设备、低压成套开关设备、3～12kV负荷开关及断路器、3～550kV高压隔离开关、高压组合电器、电流和电压互感器、高压套管、高压/低压预装式变电站、电力变压器等电器的产品检验工作。以及带电作业工器具的检测、带电作业新产品的定型、技术鉴定、投产认定和质量认证和带电作业培训工作。

虎石台高压试验场还承担着东北电网防污闪、带电作业、高压电气设备绝缘性能的试验研究工作，是"中国带电作业技术中心"、"电力工业带电作业工器具质量检验测试中心"所在地。

高电压大容量测试系统布局合理紧凑、试验设备选型先进，如采用了永磁操作机构的真空断路器作为操作开关，提高了控制精度。整个系统由计算机通过可编程序控制器控制，主回路参数的变化均由气动开关按程序控制，实现全过程自动化，安全可靠。

获得的主要科技奖励有：

"盐密测量方法及标准的研究"，东北电力集团公司科技进步一等奖；

"500kV同塔双回线带电作业的研究"，获四川省科技二等奖，辽宁省电力公司、四川电力公司科技进步一等奖；

"CZQ-50型叉车装配带电清扫车"，辽宁省科技进步三等奖及辽宁省电力公司科学进步二等奖；

"高压带电作业绝缘工具和电气复合绝缘管的综合绝缘检测与诊断技术研究"，电力工业部科技进步三等奖；

"500kV线路绝缘子自然污秽性能的试验研究"，东北电力集团公司科技进步二等奖；

"辽宁省污区分布图"，东电直属单位科技进步二等奖；

"增强真空开关投切电容器组能力的研究"，东电科技进步三等奖、东北电网二等奖；

"高电压大容量测试系统"，国家电网公司科技进步三年。

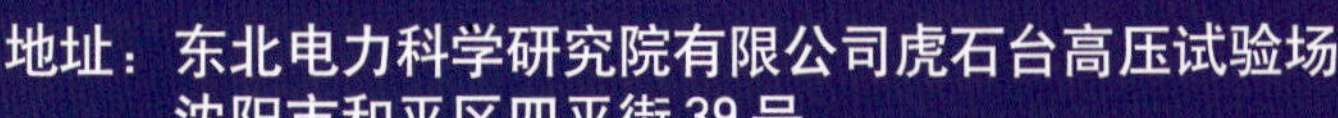

地址：东北电力科学研究院有限公司虎石台高压试验场
沈阳市和平区四平街39号
邮编：110006
电话：024–23102227

沈阳电气传动研究所

机械工业低压防爆电器产品质量监督检测中心

机械工业低压防爆电器产品质量监督检测中心地处东北三省的枢纽城市—沈阳，紧临张士经济技术开发区。其开展低压电器产品检测工作始于1955年，1974年国家投资扩建，1984建成并投入运行，是东北三省唯一一家覆盖了低压电器、低压成套开关设备和防爆电器产品检测的检测机构。经过多年来的发展，先后通过了中国实验室国家认可委员会认可、中国国家认证认可监督管理委员会计量认证和国家机械工业联合会机构认可，是国家质量检验检疫总局批准的生产许可证检测单位和国家认证认可监督管理委员会批准的CCC强制认证指定检测机构。检测中心下设主任室、质量部、业务部、电气检验室和防爆检验室，占地面积9500m²，建筑面积6000m²，各种检测用设备和仪器仪表共700余台(套)，现有工作人员38人，全部为工程技术人员，技术力量雄厚，检测手段先进，试验能力强（220V：1.2～80kA；380V：2～100kA；660V：3～60kA；1140V：4～35kA）。

检验能力：

1.低压电器：低压开关和控制设备（包括断路器、接触器、继电器、电磁起动器、自动转换开关、控制电路电器和开关元件等）、家用及类似用途装置（包括过电流保护断路器、剩余电流动作断路器、机电式接触器、剩余电流动作保护继电器）、低压熔断器等；

2.低压成套开关设备：低压开关柜、起重机电控设备、动力配电箱、母线槽、配电板等；

3.防爆电器：爆炸性气体环境用电气设备（包括隔爆型电磁起动器、隔爆型断路器(空气开关)、隔爆型组合开关、防爆操作柱、防爆照明(动力)配电箱和各种隔爆型、增安型灯具、本质安全型电器等）、可燃性粉尘环境用电气设备等各类防爆

多磁路温升试验装置

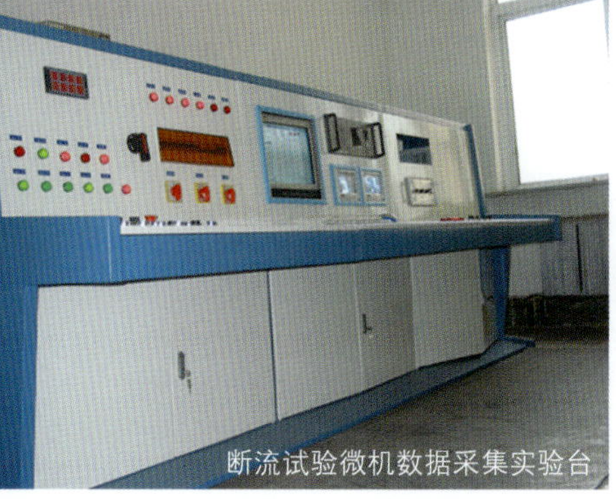
断流试验微机数据采集实验台

防爆试验装置

电气设备。

4.箱式变电站。

业务范围

1.强制性产品认证（CCC）检验、产品质量监督抽查、生产许可证产品检验；

2.委托检验：包括新产品鉴定检验、型式试验、定期试验等；

3.产品质量纠纷的仲裁检验；

4.试验方法、试验技术和测试设备的研究和开发；

5.参与有关专业标准和试验导则等标准的制、修订。

检测中心从1988年至今，先后多次承担了全国防爆电器产品生产许可证产品检测和企业工厂条件审查验收工作、全国低压成套开关设备的检验工作、全国低压电器产品生产许可证的检验工作及全国防爆电器、配电板的国家监督抽查与统检工作。2003年，国家认证认可监督管理委员授权我检测中心为强制性产品认证（CCC）的指定检测机构及中国质量认证中心(CQC)委托检测实验室。经过中国认证人员与培训机构国家认可委员会的审定，现有14人具备强制性产品认证（CCC）的工厂检查资格，其中2人为高级检查员，12人为检查员，另外还有3人为专业技术评定人员。

100kA断流试验户外降压站

单位地址：沈阳市于洪区巢湖街10号

联系人：易兰立、田杰

邮政编码：110141

E-mail：sy_ex@sina.com

电　话：024-25833213、25303261-8898、024-25833213、25303261-8123

传　真：024-25833213、25303261-8004，024-25313368

北方汽车质量监督检验鉴定试验所

www.noveri.com.cn

电磁兼容实验室

淋雨实验室

道路模拟实验室

车辆环境实验室

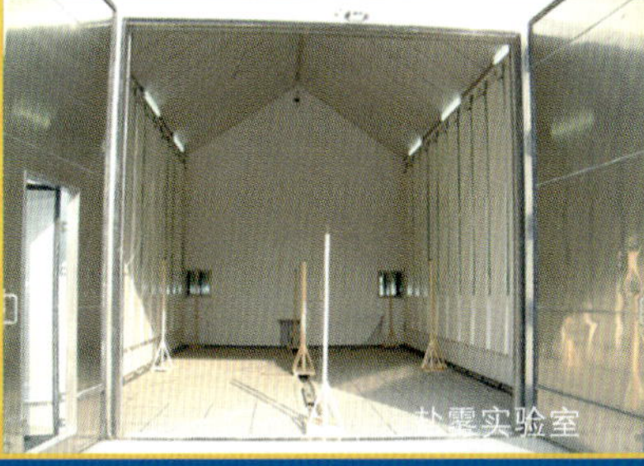
盐雾实验室

质量质心实验室

北方汽车质量监督检验鉴定试验所始建于1986年9月，1987年开始正式承担国家汽车行业的汽车整车、发动机质量监督抽查、可靠性考核及委托检验任务，成为汽车行业认可的具有第三方公正地位的汽车质量监督检验鉴定的试验机构。目前已通过国家实验室认可、国家质量监督检验检疫总局计量认证和国家机械工业联合会的机构认可，是国家发展改革委员会所属的全国汽车行业新产品试验、鉴定的专业检测所之一。是我国特种车辆试验、检测基地。

北方汽车质量监督检验鉴定试验所试验设备规模大，功能全，设备原值高，多个试验室在国内占据领先的地位。

车辆环境实验室：

试验室所有主要设备均从美国引进。主要包括三部分：环境模拟部分、车辆测功部分、测试系统部分。可以对各种车辆及设备进行温度湿度环境模拟试验和动态加载试验，并配备先进的测试采集系统，对试验中车辆和设备的各项参数进行实时监控和记录。

★试验间尺寸（内部）：16m(长)×6m(宽)×4.5m(高) ★温度范围：-57℃～74℃ ★湿度范围：10%～95%R.H

盐雾实验室：

盐雾实验室主要设备从意大利引进，可以进行符合国标、国军标等的盐雾模拟试验。

★盐雾试验间尺寸：12m(长)×6m(宽)×5m(高)

道路模拟实验室：

该试验室拥有整车多轴激励道路负荷模拟试验台、悬挂系统和底盘行动部件等14个试验台，可对整车、悬挂装置、减振器、传动轴、扭杆、车桥等部件进行性能、强度和可靠性试验。其中整车多轴激励道路负荷模拟试验台可对14轮、7轴以内的轮式、履带式车辆进行各种路面的模拟试验。

电磁兼容实验室：

电磁兼容实验室是车辆行业唯一能够进行大型车辆整车EMC测试的专业试验室，拥有德国、美国引进的国际先进EMI、EMS自动控制测试系统及各类检测设备200余台，可以进行军用车辆、民用汽车、工程机械、家用电器、车载电子设备等的各项国际国内标准测试。

★半电波暗室(10米法)尺寸：18m×13m×8m ★地面承重60t ★转台：直径6m、承重20t ★测试频率：10kHz－18GHz

★最大场强：200V／m ★配有自动化通风排烟系统

中国国家实验室认可委（CNAL）认可检测项目：

1.汽车整车 2.发动机 3.变速箱 4.传动轴 5.前轴 6.驱动桥 7.半轴 8.汽车悬挂系统固有频率 9.钢板弹簧 10.螺旋弹簧 11.油气弹簧 12.筒式减震器 13.客车车身骨架 14.汽车用冷却风扇（含汽车塑料风扇）15.空气滤清器 16.车辆防护 17.锂离子蓄电池 18.镍氢蓄电池 19.锌空气蓄电池 20.铅酸蓄电池（动力型）21.铅酸蓄电池（起动型） 22.超级电容器 23.扭杆弹簧 24.消声器 25.中冷器 26.整车及车辆电子电器件电磁兼容 27.信息技术设备电磁兼容 28.电气和电子设备电磁兼容 29.电动汽车 30.橡胶隔振器 31.散热器 32.汽车转向节

法人代表：毛明　　所长：杜志岐

常务副所长：樊江滨　　联系人：师庆萍

地址：北京市丰台区槐树岭4号院

通讯：北京969信箱25号　　电话：(010) 83808542

邮编：100072　　传真：(010) 83809707

网址：www.noveri.com.cn　　邮箱：DX010006@autoinfo.gov.cn

江苏省产品质量监督检验研究院

江苏省产品质量监督检验研究院前身为江苏省产品质量监督检验中心所，2006年8月11日，经江苏省机构编制委员会办公室批准更为现名，是江苏省人民政府和国家质检总局依法授权设立的非营利性综合检验机构。在20多年发展的基础上，目前已形成一整套完善的质量管理体系，1995年，成为国家实验室认可委员会国内首批认可的省级产品检验机构之一，并先后与美国安泰检验集团、美国FDA、瑞士SGS等国际知名认证机构建立了技术交流和往来。国家质量监督检验检疫总局先后授权在该院设立了国家化妆品质量监督检验中心、国家农药产品质量监督检验中心（南京）、国家工程复合材料质量监督检验中心。

江苏省产品质量监督检验研究院的主要业务范围：从事国家授权产品的监督检验、工业产品生产许可证发证检验、认证产品检验、3C产品检验，突发性产品质量安全检验及市场商品监督检验，开展性能检验、环境及机械性能检验、安全及可靠性试验和各种委托检验。受质量监督行政主管部门的委托，开展产品型式试验、新产品质量鉴定检验、科技成果检测鉴定、采用国际标准检验、产商品质量纠纷中的仲裁及鉴定检验等；开展产商品的质量鉴定、技术咨询、技术服务及检验检测人员的培训工作；开展产品标准的制修订及标准的验证工作；承担工业产品生产许可证、3C产品工厂审查中的技术性工作；开展产品检验的能力验证、实验室间比对工作。

目前，江苏省产品质量监督检验研究院拥有员工180多人，中、高级技术人员达到82%，实验室面积10000多平方米，检验设备总值近3500万元。并拥有一批国内一流、国际先进的检验设备和检测实验室，可承担：食品、农副产品、电子、通讯、电器、电线电缆、工程复合材料、冶金、建材、装饰装修材料、五金、包装、眼镜、机械、燃气具、太阳能、化妆品、农药、化肥、饲料、石油化工及有毒有害物质等1034个产品，数百种参数的检测，所有检验项目均通过国家实验室认可委（CNAL）认可。

总部邮编：210029　　分部邮编：210007

总部地址：南京市石鼓路227号　　分部地址：南京光华东街5号

电　话：（025）86608929　　电　话：（025）84470235

传　真：（025）86608930　　传　真：（025）84470236

http：//www.jszj@.cn

院长黄晓风同志

国家总局李长江局长视察我院食品中心实验室

2006年3月30日李长江局长视察光华东街新院址.

能源再生组织考察我院太阳能检测中心

与国际检验机构开展相互认证合作

支树平局长在省局夏鸣局长的陪同下，饶有兴趣地观看线缆中心拉力器实验

在苏丹红中有突出表现的食化中心先进团体

质检所正门

广州市产品质量监督检验所

该所是政府依法设立授权的第三方质检机构，它坚持创新发展，打造“广州质检”优势：

★ **内设国家级、省级机构**

国家加工食品质量监督检验中心(广州)

国家包装产品质量监督检验中心（广州）

全国工业产品生产许可证办公室危险化学品包装物、容器产品生产许可证审查部

广东省技术监督日用化工产品质量监督检验站

广东省计算机及网络产品质量监督检验站

广东省技术监督包装产品质量监督检验站

广东省鞋类产品质量监督检验站

广东省钟表产品质量监督检验站

★ **国家资质**

通过中国实验室国家认可委员会（CNAL）的"三合一"计量认证、审查验收和国家实验室认可

通过亚太实验室认可合作组织（APLAC），取得美、日、澳、港、台等十多个国家和地区实验室认可组织认可

国家提升食品质量安全检验能力示范性实验室

食品QS市场准入、化妆品、危险品包装、人造板、建筑外窗、溶剂型木器涂料等许可证、3C认证产品的授权检验机构

国家食品用塑料包装容器工具等制品市场准入专业委员会成员、审查机构和授权检验机构

中国质量认证中心、中国方圆标志认证中心、中标公司、中化联长期签约检验机构

★ **技术实力**

约5000种产品检测能力，其中1515项通过国家实验室认可委认可，涉及标准1812个专业技术人员占全员75％以上，其中高工23人，工程师53人，硕/博士19名。

建筑面积约16000m²，仪器设备3000多台套，其中气（液）相色谱—质谱联用仪、转基因分析仪等一大批进口仪器在业内领先历次参加APLAC、CNAL组织的能力验证试验，结果准确性为国内外一流

非典、毒酒、大头婴、苏丹红等重大质量事件中出色完成科研攻关重任

在众多重点市政项目如内环路、机场、地铁、大学城等建设中成为政府监管建材质量的主导力量

★ **业务范围**

一、检验检测

加工食品、食品添加剂、饲料、饲料添加剂

化妆品、洗涤剂、香料香精、牙膏、油墨、表面活性剂、各种日用化工原料

金属管件、卫生陶瓷、洁具、建筑五金、家具板材、钟表、燃气具、厨具、食品包装容器、包装材料、气雾罐、纸制品

建筑钢材、各种材质管材及配件、铝合金型材、建筑门窗、油漆涂料、胶粘剂、防水材料、防火材料与构件、建筑工程土壤氡、室内空气质量

电子电气产品：家用电器、电池、低压电器、电线电缆、电磁兼容、计算机软硬件

汽车V带、轮胎、汽车橡胶配件、胶管、橡胶密封材料、鞋类、皮具、文体用品、玩具等

二、技术服务

QS认证技术咨询、验货、技术鉴定、科技成果鉴定、认证和技术咨询、培训等

★ **联系方式**

地址：广州市八旗二马路38号　　邮编：510110

电话：020-83398062 83398020 83191007　　传真：020-83191007

网址：http://www.qmark.com.cn

E-mail：qc@qmark.com.cn

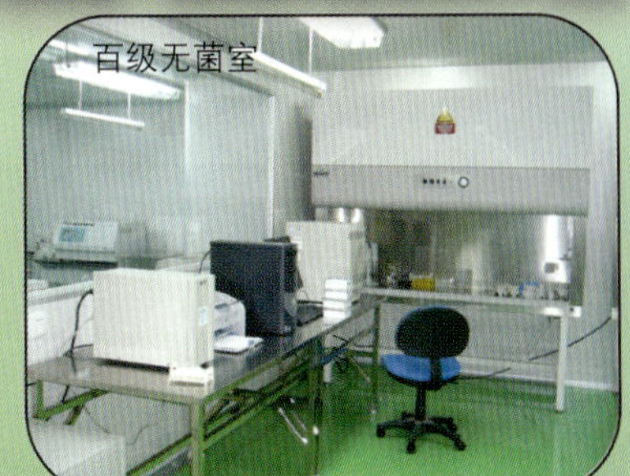

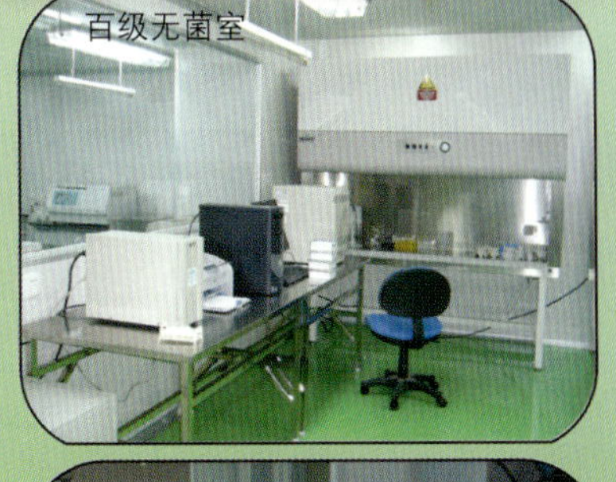

百级无菌室

氨基酸测定仪

液质仪

Ci4000 氙灯日晒老化机

广东省珠海市质量计量监督检测所

公平　科学　廉洁　优质　高效

广东省珠海市质量计量监督检测所是2003年7月由原珠海市产品质量监督检验所和珠海市计量测试所合并设置的法定质量计量监督检测机构，隶属于广东省珠海市质量技术监督局，是具有独立法人地位的事业单位。本所现有实验场地近7000平方米，拥有一批业务能力强、素质高、经验丰富、训练有素的专业技术人员，现有员工90人，其中高级工程师、工程师60多人。广东省技术监督电池产品质量监督检验站和珠海市金银珠宝检测中心设在本所。

本所于2004年1月通过国家认可委员会（CNAL）实验室认可现场评审。

本所的主要业务是贯彻执行国家质量计量法律、法规、方针、政策，对本行政区域的产品质量进行监督抽查检验、定期检验；参与产品标准制订、修订和宣传贯彻工作；承担产品质量仲裁检验（特殊产品除外）和委托检验；指导企业建立健全检验制度，统一检验方法，完善检测手段；受有关部门委托承担新产品投产鉴定检验和优质产品评选检验、采标验收检验以及质量认证检验等；承担其他检验工作；承担本行政区域内最高计量标准和社会共用计量标准研究、建立、保存工作；开展量值传递；执行计量检定规程，依法执行强制检定；提供计量检定、校准、测试服务；受上级主管部门委托，承担检定、检测人员技术培训工作；并承担国防科工委广东地区的国防计量检测业务。

本所经认证开展的产品质量检验，主要涉及产品有食品、饲料、化妆品、洗涤去污品、石油化工产品、机电、电子、电器、电池、轻工纺织产品、眼镜、贵金属、珠宝玉石及其饰品、观赏石等；经CNAL授权和法定计量检定机构授权开展的检定、校准、测试项目主要包括长度、力学、温度、电学、时间频率、无线电、理化、医疗卫生等专业各类计量仪器。

多年来，我所还承担澳门特别行政区包括食品、化妆品、电器、石油化工产品及化学危险品、澳门机场航油等多种产（商）品的委托检测，以及澳门特别行政区计量仪器设备的检测/校准，出具的检测/校准报告数据准确，具有良好信誉，为珠澳两地经济合作贡献着力量。

地址：珠海香洲人民东路240号(计量)
邮编：519000
计量业务:0756-2139562/2139563
传真:0756-2139675

地址：珠海香洲人民西路133号(质检)
邮编：519000
质检业务:0756-2661220/2661221
传真:0756-2661282
E-mail:ZHSZJS@zhuhai.gov.cn

http://www.fszjzx.com

佛山市质量计量监督检测中心

广东省佛山市质量计量监督检测中心是政府依法设立的具有事业法人资格的第三方公正检测和检定机构，现设立在我中心的检测、计量机构有国家燃气具产品质量监督检验中心（佛山）、国家陶瓷产品质量监督检验中心（佛山）两个国家中心和广东省燃气具产品质量监督检验站、广东省技术监督摩托车产品质量监督检验站、广东省技术监督电光源产品质量监督检验站、广东省饲料产品质量监督检验站、广东省技术监督陶瓷产品质量监督检验站、广东省铝型材产品质量监督检验站、广东省质量监督工业气体产品佛山检验站、广东省质量监督不锈钢建筑装饰材料检验站（佛山）、广东省医疗卫生计量监督检定站九个省站。

多年来，中心以公正求是、高效严谨的发展理念作为立所之本，在人才培养、基础设施、设备投入方面不断地强化自身，现有实验室面积23000平方米（其中质检部分18000平方米、计量部分5000平方米），正在兴建的3.5万平方米的实验室明年将正式交付使用，现质量检测设有食品、化工、陶瓷、机械、金属材料、纺织、燃气用具、电子电器共8个专业，计量检定分设长度室、力学室、衡器室、热工室、电磁室、综合室。职工总数达260人，其中博士1人，硕士18人，专业高级技术人员25名，技术人员达全部人员的80％以上。

自2000年首次全面通过国家实验室认可以来，中心重新确立了“以专业化为根本、以制度化循规范、以市场化求生存、以国际化促腾飞”的长远发展战略。经过5年的努力，检测和检定能力又有了新突破，授权确认项目已达 1145 项（其中质检 1045 项，计量 100 项）。成为中国质量认证中心（CQC）、方圆认证中心、中国环保产品认证中心等认证机构的签约实验室。还获得了美国安泰认证、欧洲CE认证和香港安全认证等出口产品的检验资格。是国家认证认可监督委员会指定的瓷质砖CCC强制认证检测机构。

今天的佛山市质计中心无论是在能力和实力方面均已跨入我国质检机构的先进行列，中心将进一步以“公正、科学、准确、高效”的服务宗旨，用一流的管理和技术继续为社会各界提供一流的服务。

中心主任：李旭辉

地址：佛山市禅城区影荫路影荫二街2号（质检部分）
　　　佛山市人民路76号（计量部分）

电话：83982202（质检）　　82320225（计量）

传真：83982447（质检）　　82320225（计量）

网址：http://www.fszjzx.com（质检）

DONGGUAN LABORATORY
CHINA

顺德区质量技术监督检测所

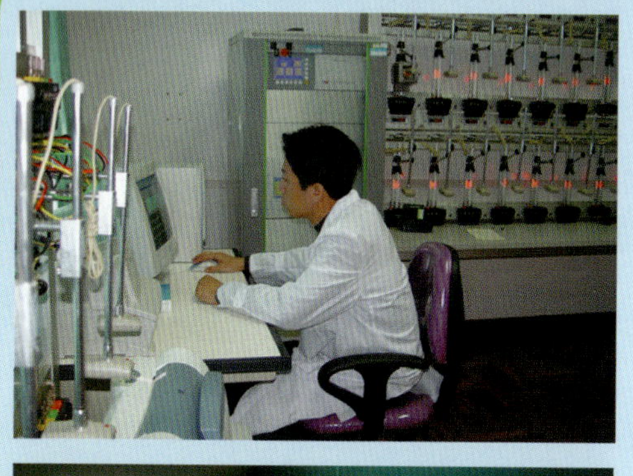

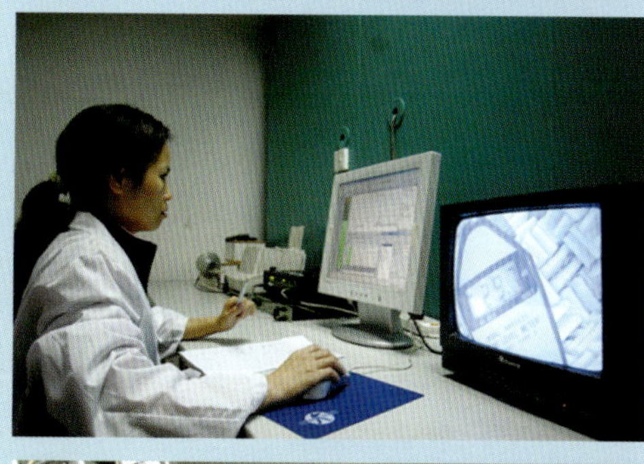

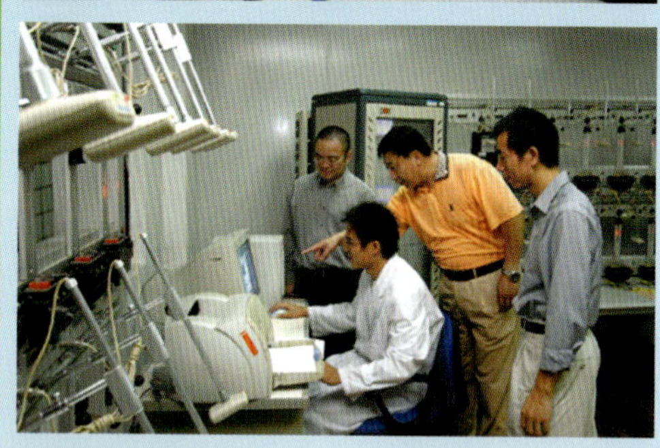

佛山市顺德区质量技术监督检测所是顺德区质量技术监督局依法设置的国家法定计量检定机构，也是区质监局指定的在本行政区域内执行计量器具强制检定工作的唯一机构。2002年已通过了中国实验室国家认可委员会(CNAL)校准实验室的认可，同年获广东省质量技术监督局授权为广东省水表检定专业计量（顺德）站，也是广东省质监系统内的第一个水表检定省站。其综合检测实力在国内同级机构中位于前列。

本所实验室面积约2200平方米，精密恒温室面积占600平方米；现有专业技术人员59人，占总人数的88%；分设长度室、电学室、热工理化室、力学衡器室、定量包装商品净含量检验五个专业室和水表检定专业计量站。

目前，实验室拥有二等标准量块、Mahr粗糙度测量仪、DJ21两米测长机、Fluke 5520A多功能校准源、Wavetek 1281数字万用表、Fluke PM6685R／671铷钟计频器、HP 8902A校准接收机和HP 8648A信号发生器、E1标准砝码、七通道Pulse 3560c-S15型振动台检定装置、二通道Pulse 3560C-S22型声级计检定装置、声分析仪检定装置、Sartorius MC5、CC3000比较器、Metter KD1500(1.5t／2g)电子天平、一等铂铑-铂热电偶、-30℃～1300℃黑体辐射源、一等活塞式压力计、Druck压力仪表校准装置、0.2级10L、100L、500L、2000L钟罩式气体流量计等检定装置、十二米光轨的发光强度光亮度光照度标准装置、标准风洞等；现有社会公用计量标准108项、授权检定项目175项、校准/检测项目183项、国家实验室认可校准项目177项，覆盖了长、力、热电、时间、频率、无线电、声、光、化、电离辐射十大计量领域。实验室所出具的数据均可溯源至国家计量基准和国际标准，出具的检定/校准证书、测试报告具有权威性和公证性。

本所的质量方针是：科学、公正、廉洁、高效。

我们承诺是：严守科技和检测人员职业道德规范，以先进的设备设施及科学的态度进行工作，确保一切检测都公平、公正，数据真实、准确可靠，以最好的服务态度，以最快的检测速度，最合理的收费和最高的检测质量，满足用户的检测要求，竭诚为社会各界提供优质的检测服务，并热情地欢迎用户提出宝贵意见。

法人代表：毕景刚

业务咨询电话：0757-22222277　　传真：0757-22219939

E-mail：SDJLS@vip.sina.com　　Http：//www.SDJLS.com

地址：佛山市顺德区大良县东路三巷2号 邮编：528300

计量检测关系国计民生

顺德区质量技术监督检测所综合检测实力居全国同级机构前列

广东省清远市质量计量监督检测所

广东省清远市质量计量监督检测所是广东省清远市质量技术监督局的直属事业单位，是广东省清远市辖区内经广东省质量技术监督局审查认可、授权的第三方公正质量检验、法定计量检定和校准的技术服务机构。

广东省清远市质量计量监督检测所现职工作人员91人，拥有647台套检验检测设备、3500平方米的办公、检验检测场所。经广东省质量技术监督局计量认证/审查认可的检验产品（项目）747个，范围覆盖食品、化工、农产品、建筑材料、装饰装修材料、皮革、电工材料、燃料、室内空气质量、放射性物质等类别；经广东省质量技术监督局授权的计量检定项目37个、校准/项目31个，范围覆盖长度、力学、电磁、热工、无线电、理化分析、医疗卫生等专业。2006年9月获得中国合格评定国家认可委员会实验室认可，证书号：No.CNAS L2792，获得认可的检测产品（项目）140个、校准项目25个。

广东省清远市质量计量监督检测所的质量方针是：

科学、公正、规范、准确、高效、满意

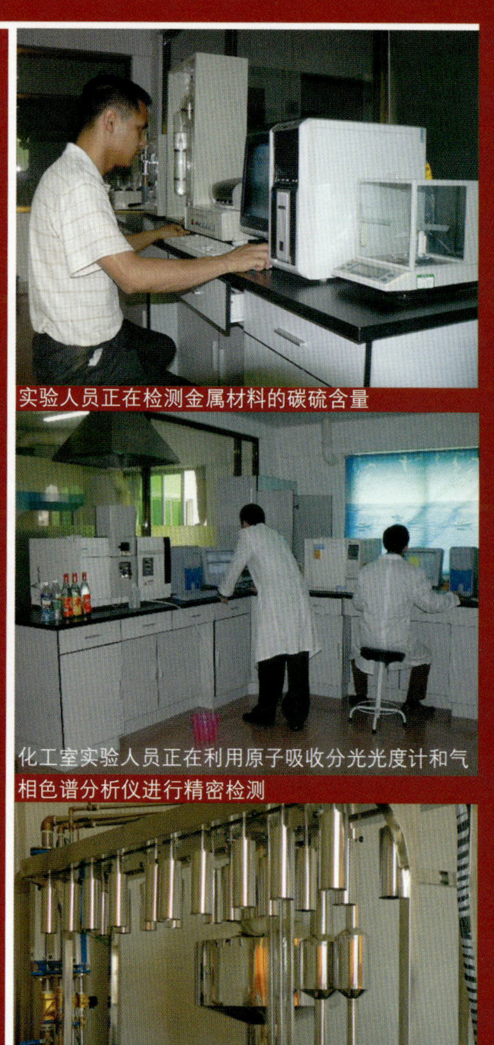

实验人员正在检测金属材料的碳硫含量

化工室实验人员正在利用原子吸收分光光度计和气相色谱分析仪进行精密检测

先进的全自动水表检定装置

衡器检定员正在现场检定地磅

中国储备粮管理总公司河南分公司粮油质量监督检测中心

中心陈华社主任

中国储备粮管理总公司河南分公司粮油质量监督检测中心隶属于中储粮河南分公司管理。总面积530平方米，分设办公区和工作区，办公区设有办公室、资料档案室、综合室等；工作区分设收样室、样品室、检验室、烘焙室、天平室、粉质室、色谱室、光谱室等。

本中心拥有：高效液相色谱仪、气相色谱仪、原子吸收分光光度计、紫外——可见分光光度计、近红外品质分析仪、布拉本德粉质仪及拉伸仪、质构仪、农药残留快速测定仪、博通降落数值仪及面筋测定仪、烘焙设备等进口和国产大中型仪器设备60多台，具备了对原粮、成品粮、食品、饲料、油料、油脂等品种的物理、化学检验、品质分析、卫生检验在内的全方位检测分析和研究能力。

本中心2002年通过省级计量认证，2006年2月通过中国国家实验室认可。

检测区　办公区

山东迪尔安装集团有限公司
试验检测分公司

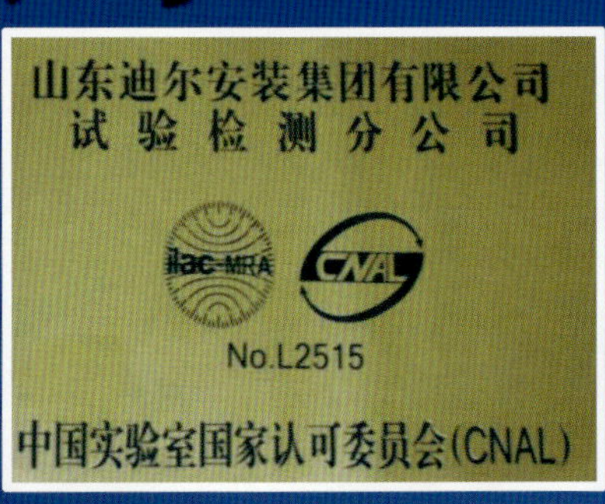

试验检测分公司是山东迪尔安装集团有限公司的直属公司，山东迪尔安装集团有限公司是在原山东工业设备安装总公司第二公司基础上创立的规范化的有限责任公司，属综合性设备安装公司。试验检测分公司主要任务是为电力、石油化工、冶金、机械、建材、轻工、医药、造纸等行业的建筑安装工程，提供无损检测、电气调试、自控试验、整套启动试运、理化试验及仪器校准等工作。试验检测分公司技术力量雄厚，装备精良，现有工程技术人员四十余人，高、中级技术人员25人，均具有丰富的理论知识和现场工作经验；拥有设备先进的无损检测、电气、自控、理化、机炉、计量六个试验室。

近十年来，公司承接检测/校准工程1000余项，其中大中型重点工程百余项，荣获国家、省（部）优良工程奖30余项，其中荣获鲁班奖（国家优质工程奖）三项和国家银质奖一项。

试验检测分公司已在电力设备及各类机电设备的安装、调试、运行方面积累了丰富的施工经验，并于2006年1月25日获得了中国实验室国家认可委员会（CNAL）颁发的认可证书（证书编号：NO：L2515）。今后，试验检测分公司将以"提高客户投资效益、成就客户事业"为己任，秉承"厚积薄发、追求卓越"的企业精神，坚持"科学准确保质量，诚信高效为客户"的原则，竭诚为广大新老客户服务。

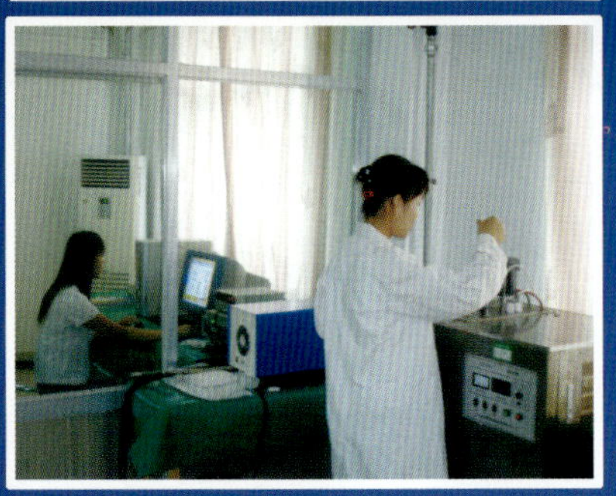

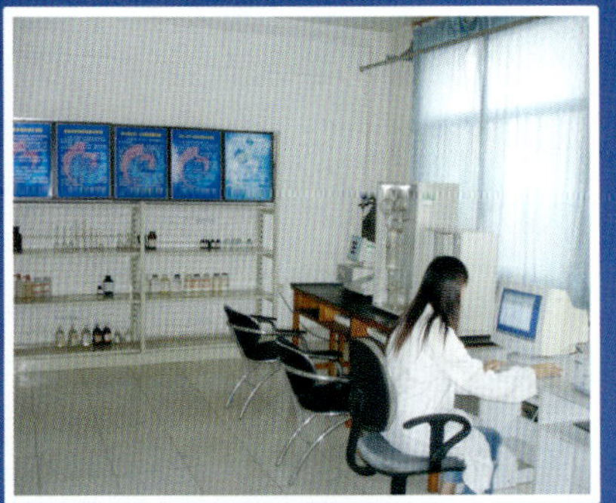

实验室名称：山东迪尔安装集团有限公司试验检测分公司
经理：贺兆华
联系人：夏玉静
电话：0537-2601518
传真：0537-2320274
地址：山东省济宁市建设南路15号
邮编：272013
网址：www.sdraz.com

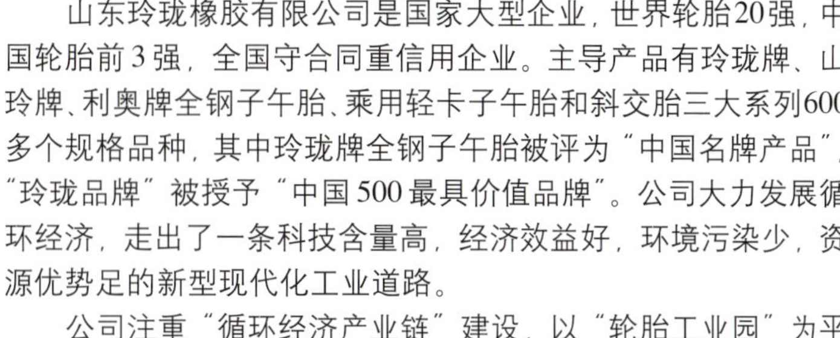

山东玲珑橡胶有限公司是国家大型企业，世界轮胎20强，中国轮胎前3强，全国守合同重信用企业。主导产品有玲珑牌、山玲牌、利奥牌全钢子午胎、乘用轻卡子午胎和斜交胎三大系列600多个规格品种，其中玲珑牌全钢子午胎被评为“中国名牌产品”，“玲珑品牌”被授予“中国500最具价值品牌”。公司大力发展循环经济，走出了一条科技含量高，经济效益好，环境污染少，资源优势足的新型现代化工业道路。

公司注重“循环经济产业链”建设，以“轮胎工业园”为平台，实施了全钢、半钢、热电、炭黑、钢丝、水泥等八大项目联产，形成了年产300万套全钢、600万套乘用轻卡子午胎、400万套斜交胎、发电24亿千瓦时、5万吨炭黑30万吨水泥的生产能力。

山东玲珑橡胶有限公司非常注重轮胎的开发与研究，始终把质量工作渗透于生产经营的各个环节，拥有国家级实验室，检测手段、配套设施行业领先。先后完善了自检、互检、抽检、全检等产品质量检验程序，使产品检验环环相扣，持续改进，精益求精。

质量管理体系先后通过了QS9000和VDA6.1以及ISO9001:2000，TS16949质量体系认证，产品通过美国DOT、欧洲ECE和中国CCC强制认证。企业先后荣获“全国行业质量示范企业”，“中国产品质量消费者满意单位”等荣誉称号

山东玲珑橡胶有限公司实验中心（原为烟台轮胎厂实验室），始建于1988年，是山东玲珑橡胶有限公司的实验基地和质量检测

山东玲珑橡胶有限公司

机构。分物理检验室、化学分析室两部分，主要从事橡胶制品及原材料的检测。

实验中心占地面积4602平方米。拥有各类检验检测人员25名，其中工程师3名，助理工程师11名，技术员5名，实验员6名，拥有固定资产(不含房产)11500万元，检测设备200多台（套），国际先进水平的32台套，具有国内领先水平的55台套，能够独立全面地对橡胶原材料、轮胎半成品和轮胎成品进行检验。

随着集团公司在国内、外业务范围的扩大、知名度的提高，为促进行业间的交流与实验结果互认，快速同国际标准接轨，积极开展了国家认可实验室工作，于2005年10月9日顺利通过现场评审，成为中国轮胎行业首家通过评审的实验室，也是自2005年9月1号国家认可委发布新的检测和校准实验室认可准则（ISO/IEC 17025：2005）以来，第一家按照新准则运行的实验室，并于11月30日取得正式认可证书，提高了公司产品的信誉度和诚信度，标志着我公司的实验室管理水平及检测能力已达到一定的高度。

十一五期间，公司将借助轮胎工业园进行集约化生产，充分整合集群优势，一如既往地以大手笔实施技术改造，以大气魄膨胀企业规模，实现1211工程，即销售收入突破100亿元，轮胎总量达到2000万套，职工1万人，成为具有世界一流管理水平和技术水平的轮胎制造基地。

单位地址：山东省招远市金城路170号　邮编：265400
实验室联系电话：0535-82426723　传真：8213349
E-mail:hrm1296@sina.com

江西省高等级公路管理局质量监督站

江西省高等级公路管理局质量监督站成立于1993年，主要负责江西省高等级公路的质量监督及从事建设项目和大中修工程的试验检测工作。1998年9月通过江西省技术监督局计量认证；1999年10月取得江西省建设厅一级《工程质量检测机构技术资质证书》；2000年5月通过南昌市建筑工程质量监督站桩基检测注册；2001年3月取得江西省交通厅乙级《公路工程试验检测机构资质证书》；2003年与江西赣粤高速公路股份有限公司共同出资成立了江西省嘉和工程咨询监理有限公司；2004年11月以江西省高等级公路管理局质量监督站和江西省嘉和工程咨询监理有限公司一起通过计量认证/审查认可复审；2006年5月，江西省高等级公路管理局质量监督站试验检测中心和江西省嘉和工程咨询监理有限公司试验检测中心一起通过中国国家认可委员会现场评审。

本站试验检测中心拥有国内一流的检测试验设备1545余万元，是技术能力较强的一流智能化检测试验中心。在建筑工程检测与试验方面，尤其是在高速公路工程的试验方面具有很强的检测实力；拥有从澳大利亚公路研究所进口的道路几何数据采集仪（RGDAS）、美国劳雷公司进口的SIR-10H型探地雷达、美国动力公司进口的PIT桩身完整性测试仪，以及交通部公路科研所研制的颠簸累计仪、自动弯沉仪和路面横向力系数测定仪。

全桥检测车

主要业绩：

1996年，完成昌九公路路面平整度、路面厚度检测；

1996年-1998年，完成九景公路桥梁桩基检测800根；

1999年，完成经中央电视台《焦点访谈》等多家媒体曝光的九江长江大桥检测与评估，共进行了桥面水系调查、桥面板与钢筋相对振动分析、桥面铺装层厚度及无破损超声检测、桥面板接缝破损检测等多项检测；

五激光断面仪检测车

1999年-2000年，完成修水宁红大桥桩基低应变和超声检测；

2000年，完成九景公路九湖段平整度、路基压实度检测和K14公桩路基空洞调查与检测；于都东山坝大桥桩基无破损检测；

2001年，梨温高速公路桩基检测800根；抚州南门口大道路面厚度、平整度、强度检测；

2001年-2002年，昌泰高速公路桩基检测1000根、梁板静载试验72片、台背检测与加固、整桥试验；

梁板检测中

2001.7-2003.6，赣粤高速公路昌傅至泰和段总监理工程师办公室中心试验室；

2002.11-2004.1，赣粤高速公路泰和至赣州段总监理工程师办公室中心试验室；

2002年，湖口大桥监控检测；

2002年-2003年泰赣高速公路桩基检测1000根、梁板静载试验150片、台背检测与加固、整桥试验；赣定高速公路桩基检测1850根；昌金高速公路桩基检测340根；京福高速公路桩基检测1060根；

桩基检测中

2003年，厦昆高速、泰赣连接线桩基检测360根、梁板静载试验26片、台背检测与加固；

2003.10-2005.3，江西泰井高速公路SRA2高级驻地办试验室；

2004年，泰井高速桩基检测440根、梁板静载试验72片、台背检测与加固；嘉圆房地产商住楼桩基竖向静载试验6根。

2005年，南昌市银三角立交桥检测、评估；

2005年，景婺黄（常）高速公路桩基检测；

2004-2005年，昌九高速公路试验路中心试验室；

2005.12至今，江西赣粤高速公路试验检测工作。

http://www.wtxxw.com

KGEC 昆明岩土工程公司工程质量检测中心

检测中心主任工程师 张志清

昆明岩土工程公司工程质量检测中心是中国水电顾问集团昆明勘测设计研究院下属的机构 实体。中国水电顾问集团昆明勘测设计研究院（KHIDI）是中国水电工程顾问集团公司（原国家电力公司）直属的勘测、设计、科研、施工总承包甲级资质单位，现有职工约1339人，其中教授级高工59人，高工约430人，工程师约300人。自1992年开展全国勘察设计单位综合实力百强评比以来历年都为百强之一、1998年获全国勘察设计单位综合实力百强第十名、云南省勘察设计单位综合实力五十强第一名。1999年通过国际ISO9000质量体系认证。共获30余项国家级奖、133项省部级奖、41项水规总院级奖。

昆明岩土工程公司工程质量检测中心成立于1999年6月，现有职工39名，其中教授级高级工程师2名、高级工程师11名、工程师15名。国家注册一级建造师1名，国家注册监理工程师2名，国家注册岩土工程师2名。拥有美国SIR-2型地质雷达和澳大利亚DLS-5综合测井仪等多套进口和国产先进仪器设备，总资产达450万元以上。工程质量检测中心于1995年取得建设部工程桩动测资质证，1999年通过ISO-9000国际质量标准认证，2000年通过云南省技术监督局的计量认证（CMA），2006年通过中国实验室国家认可委员会（CNAL）的认可。

公司办公大楼

昆明岩土工程公司工程质量检测中心现主要开展地震勘探、综合测井等多种工程地球物理勘探方法和地下洞室工程地质勘察及质量无损检测、桩基检测等多种工程质量检测方法，先后完成了小湾等云南省内大部分大中型水电站的勘察和质量检测任务，承揽了楚（雄）-大（理）公路等省内大部分高等级公路隧道和桥梁的质量检测任务。工程质量检测中心完成的多项工程被评为优质工程从而获奖，其中"南盘江天生桥一级水电站大坝面板脱空探测研究"分别获得云南省科学技术进步三等奖和水电水利规划总院科技进步二等奖；"云南省玉元公路隧道工程地质预报与检测"获云南省优秀工程勘察二等奖。

地震勘探野外工作现场

弹性波层析成像（CT）成果图

地　址：昆明市小龙路

邮　编：650041

主任工程师：张志清

电　话：(0871) 3335206

传　真：(0871) 3335206

E—mail：gaocaikun@263.net

zhang_zq@163.com

网　站：http://www.wtxxw.com

http://www.khidi.waterinfo.net.cn

新会中集集装箱有限公司材料实验室

新会中集集装箱有限公司材料实验室始建于1999年，行政上隶属于新会中集集装箱有限公司领导，业务上相对独立，可以科学、公正、高效地出具检验报告。

实验室现设有力学实验室、物理实验室、样品资料室、化学室、展示室、办公室六个检测和办公场所，占地面积1500平方米，室内实用面积470多平方米，配备先进的电子万能试验机、湿热试验箱、高效液相色谱仪、金相显微镜、智能高速分析仪等二十多台仪器和检测设备，可检测的材料品种有箱用胶合板、实木地板、钢材复合材料等。实验室管理和技术人员均受过与其职责或检测任务相适应的教育和培并具备相应的管理技术知识和检测技能。实验室还曾多次参与行业标准和国家标准的工作，为行业规范化做出了积极的贡献。

2005年11月2日，新会中集集装箱有限公司材料实验室获得中国实验室国家认可委员NAL)颁发的认可证书，认可编号：No. L2297。

地址：广东省江门市新会区大鳌镇中集工业园　　邮编：529144
电话：+86-750-6248888　　传真：+86-750-6248666
E-mail：xhlab@cimc.com

今皓光电(昆山)有限公司检测中心

公司领导－陈柏寿总经理

今皓光电(昆山)有限公司检测中心创建于1999年,率属于母体今皓光电(昆山)有限公司,中心严格按照ISO/IEC17025:2005要求管理,并于2006年通过国家实验室认可委员会认可;本中心CNAL认可名录中的注册编码为L2767.

本中心现有工作人员24名,其中授权签字人3名,主要仪器设备32台(套).主要的检测设备有ICP-OES,GC/MS ,XRF,TDR,NA......我们在认可领域范围内的主要检测产品/产品类别6项,检测项目50项分别是:

★环境管理物质的检测产品/产品类别3项,共13个项目,主要是塑料中镉,铅含量测试,电线电缆废弃物中的铅含量测试及有机材料中的镉,铅,汞,铬,砷,锑,硒,钡,PBB,PBDE定量测试;

★物理及电气性能的检测产品/产品类别3项,共37个项目,主要是电线电缆,电子电气类产品及连接器的环境试验和可靠性试验;高频传输特性测试和耐电压,绝缘电阻测试等;

以下是检测中心的发展历史:

1. 自创建以来,隶属于母体－今皓电子(昆山)有限公司
2. 2003年10月3日通过MS稽核,并成为第四家通过MS稽核的实验室;
3. 先后于2004年5月12日及2006年4月6日 Approved and issued by procurement Global Head Office(procurement Center) Sony Corporation ;
4. 2005年4月1日 经苏州市昆山质量监督局 考核取得 四类计量标准考核证书
   a.检定千分尺类量具标准器组;
   b.检定砝码标准器组;
   c.检定游标量具标准器组;
   d.检定数字指示秤标准器组;
5. 2005年11月1日正式迁址到张浦厂－今皓光电(昆山)有限公司,根据新版标准要求ISO/IEC17025:2005建立并完善了管理体系;

X-ray设备

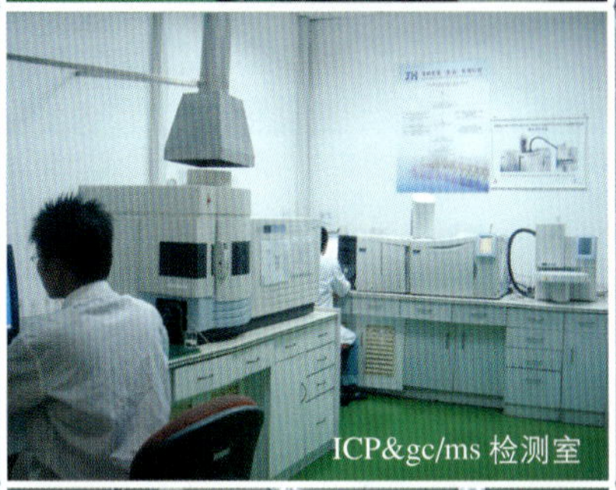
ICP&gc/ms检测室

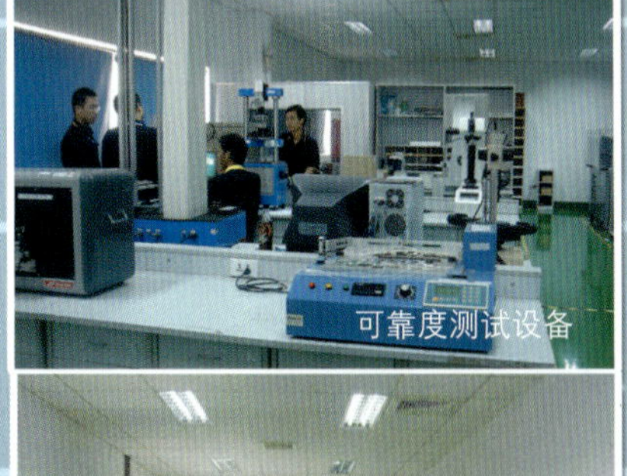
可靠度测试设备

现场评审

机构名称:今皓光电(昆山)有限公司检测中心

联系人: 检测中心主任:张哲嘉

质量负责人:何样花

E-Mail: kstc@jihaw.com.cn

联系电话:0512-57452388-2001

联系地址:江苏省昆山市开发区张浦配套区江丰路18号(215321)

佛山市华夏建筑陶瓷研究开发中心
华夏陶瓷测试中心

佛山市华夏建筑陶瓷研究开发中心——华夏陶瓷测试中心，是英国陶瓷研究协会CERAM在中国成立的唯一认可实验室，华夏陶瓷测试中心和华夏建筑陶瓷研究开发中心是由“中国建陶第一镇”——南庄镇人民政府与中国惟一陶瓷高等学府——景德镇陶瓷学院于2002年8月共同创办。

经过三年的投资建设，本中心引进了近100台国际先进的建筑、卫生、日用陶瓷检测分析仪器，全套建筑、卫生、日用陶瓷工艺试验设备。除此之外，还经CERAM专家培训的专业检测技术人员，以确保为客户提供的检测分析报告真实、准确、高效、公正。

本中心与英国陶瓷研究协会CERAM建立了良好的合作关系，于2005、2006年通过CERAM的审核，获得其“认可实验室”资格。本中心也是CERAM在中国大陆唯一的认可实验室，具有发布CERAM检测报告的权利。

2006年6月24至25日，华夏陶瓷测试中心通过了CNAL/AC001：2005（ISO/IEC 17025：2005）和CNAL/AC01：2003相关准则的现场专家评审。2006年8月，通过了中国实验室国家认可委员会的评定，正式成为中国实验室国家认可委员会的认可实验室。

本中心将不断地完善实验室的建设，致力于为企业提供高效率，可信赖，具有竞争力的服务，达到帮助企业把住原材料的入口关、及时解决生产过程中出现的技术问题、鉴定产品质量、稳定企业生产、降低生产成本、提高企业经济效益。更重要的是，作为一个平台，为企业提供方便快捷的、成本较低的检测服务，包括英国、欧盟、美洲、亚洲、非洲和澳大利亚标准的检测项目。

中心图片

地址：广东省佛山禅城区南庄镇陶博大道42座　　邮编：528061

TEL:（电话）0086-757-88029302　　FAX:（传真）0086-757-88029301

联系人：黄 健　　手机：13380205206　　网址：http://www.hx-ceram.com

E-mail:ceram-huaxia@vip.163.com

英国陶瓷研究协会授权证书

X荧光光谱仪

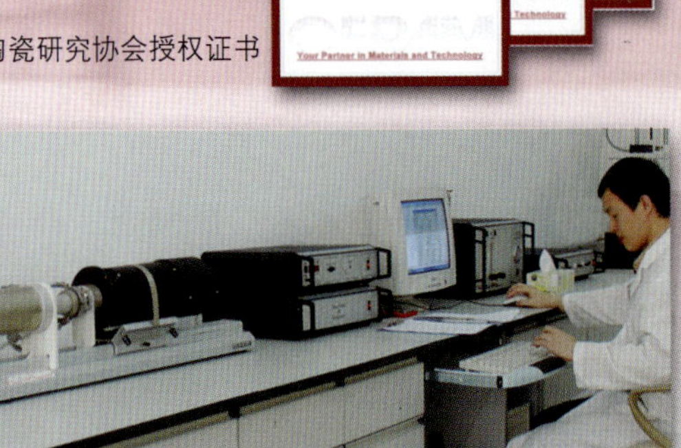

热膨胀及综合分析仪

实验室认可证书

西门子与中国的合作历史可以追溯到1872年。公司的中国业务正迅速发展成为西门子全球业务的基石。西门子的全部业务集团都已进入中国，并活跃在中国的信息与通讯、自动化与控制、电力、交通、医疗、照明以及家用电器等各个行业中。

截至2005财年（即2005年9月30日），西门子在华的长期投资总额已突破106亿人民币，销售额达到443亿元人民币。西门子至今已在中国建立了70多家运营公司和55个地方办事处。这种区域组织结构让公司更好地把握市场脉搏，了解本地信息，更加有效的满足客户需求。为进一步提高本地市场渗透率，公司中期计划将其地方销售办事处增至60个。西门子的员工超过36,000人，是在华拥有员工数最多的外商投资企业之一。

在产品认证方面，西门子所有产品范围内涉及到3C目录的产品从低压电器，医疗器械，汽车电子，楼宇自动化到家用电器，照明等都已经陆续通过3C认证并不断地跟进相应的法规变更，以确保产品能更快地、合法地进入中国市场。

西门子的运营公司都实施贯彻了以ISO9000为基础的质量管理体系，并在此基础上还执行了更为高要求的行业管理标准并通过了相应的认证，比如说通信领域的TL9000，汽车领域的ISO/TS16949，VDA6.1，QS9001，医疗器械领域的ISO13485。尤其是西门子行业应用服务集团(SBS)在通过ISO20000的认证过程，极大地提高了IT服务的效率和质量。

西门子全球在ISO14000的基础上建立了更为严格的的全球环境保护管理体系，目前已有10多家运营公司在中国获得了ISO14001认证。

随着西门子在中国研发的大力投入，相应配套的实验室也陆续在中国建立并积极通过中国的相关实验室认可。

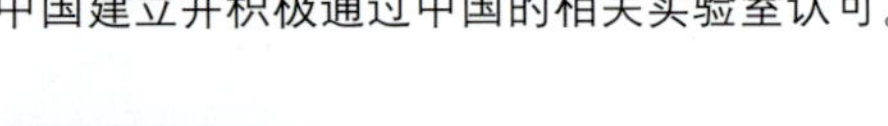

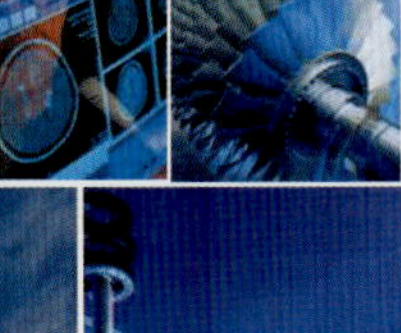

西门子自动化与驱动集团（A&D）是全球工业自动化领域的领先供应商，可在生产自动化、过程自动化、楼宇电气安装和电子装配系统领域提供多种创新、可靠、高效和优质产品、系统、解决方案和服务。

西门子交通技术集团（TS）是中国铁路主要的国际供应商之一。作为单一来源的供应商和系统集成商，该集团为城轨、地区线和干线提供信号与控制系统、牵引供电系统和机车车辆，同时在项目管理和前瞻性服务理念上也拥有丰富的经验。

工业系统及技术服务集团（I&S）是工业系统和服务以及专业IT解决方案的主要供应商，涉足冶金、造纸、造船、石油和天然气、石化以及智能交通系统领域。

西门子楼宇科技（中国）有限公司（SBT）提供完整的楼宇解决方案，通过在整个建筑使用寿命期间确保安全环境下的安全和舒适性以及降低维护费用来提高效率。该公司提供的产品、系统和服务包括：用于供暖、通风、空调控制的楼宇管理系统、消防以及包括防盗保护、门禁和电视监控在内的安保解决方案等。

西门子发电集团（PG）是中国电力行业建设高效、环保发电厂和提供相关服务的忠实伙伴。

作为产品、系统、解决方案和服务供应商，西门子输配电集团（PTD）活跃在中国输配电行业的各个领域。集团的任务是确保电能从发电厂安全、高效地传输给消费者。该集团的创新技术保证了电能在长距离传输时能源损耗降至最低。

西门子医疗系统集团（MED）是全球唯一的可提供全面医疗解决方案的供应商，包括心脏解决方案、肿瘤解决方案、医院IT解决方案以及医院整体解决方案（全包解决方案），以其创新的医疗科技、高质量的服务和全面解决方案而著称。

西门子威迪欧汽车电子集团（SV）致力于为蓬勃发展的中国汽车行业提供电气、机电和电子系统、模块和元件，以增强驾驶的安全性、舒适性，提高发动机性能和进行尾气控制。该集团的产品包括：车身电子系统、发动机与驾驶管理系统、感应系统、燃油系统和尾气排放系统的部件、信息娱乐系统、驾驶舱信息系统，以及安全电子和底盘电子等。

在照明领域，西门子的全资子公司欧司朗(OSRAM)是领先的照明解决方案供应商，为通用和自动化领域提供灯泡和照明系统，并为其它应用领域——如家庭、体育馆、机场、购物中心、大型建筑物和工厂等——提供光学照相灯泡。

西门子通信集团（Com）可为企业和运营商提供先进的网络基础设施以及相关服务。

西门子已在中国家电市场成为家喻户晓的品牌。博世-西门子家用电器有限公司（BSH）面向中国消费者制造和销售电冰箱和滚筒洗衣机。

上汽通用五菱汽车股份有限公司

上汽通用五菱汽车股份有限公司是由上海汽车集团股份有限公司、通用汽车（中国）投资有限公司、柳州五菱汽车有限责任公司三方合资组建的大型微车制造企业，于2002年6月4日正式签约成立。

公司位于西南地区工业重镇柳州市西郊，占地面积89.2万平方米，得天独厚的工业环境使公司在合资前就确定了其在微车行业中的领先地位，合资之后在股东方的大力支持下，公司更是凭借国际化资源的运作能力，重新整合公司的整个供应链，形成了领先于市场的核心竞争力，公司产销量以远高于行业平均水平的增长幅度连年提升，2005年共生产汽车340088辆，销售汽车337188辆，产销量涨幅双超40%，市场占有率达到了30.71%，稳居行业第二的位置。

公司有一支强大的自主研发队伍，有先进的C3P（CAD/CAE/CAM/PDM）和数据管理系统技术，以及具有SGMW特色的研发流程。在自主品牌五菱之光取得巨大成功的同时，不断推出贴近市场需求的新品种，以自主研发和自主品牌为核心，充分利用国际资源，形成了商用和乘用两大产品系列的格局。制造系统成功导入世界领先水平的GMS（全球制造体系）管理模式，创造出上汽通用五菱特色的卓越制造体系，极大的提升了产能和产品质量，体现了"低成本、高价值"的特色，目前公司制造能力已达到国内领先水平。

秉承"为用户创造价值"的初衷，公司致力于产品质量和服务水平的提升，2003年公司通过国家"3C"认证，05年获得全国质量信誉"AAA"级企业，微轿产品雪佛兰Spark更是在国际权威调查机构J.D.Power紧凑型轿车质量调查中排名第一。国际化的品质加上专业化的服务，使公司最终赢得了广大顾客的青睐。

继承企业原有"艰苦创业、自强不息"优秀文化，公司一直致力于自我超越和提升，并形成了以优秀文化为企业发展的方向盘，以人力资源、资本、创新和优秀资源为推动企业发展车轮的"四轮一盘"战略思想。05年，公司新发动机工厂正式奠基，并将被建设成为国际先进、国内一流的发动机生产基地，使公司未来产品品质更具竞争力；青岛分公司的正式启动也构建了企业快速发展战略布局，公司已初步具备规模优势，企业管理和品牌等内外竞争力获得持续提升，走出了一条超越自我、追求卓越的发展之路，并不断向国内领先，国际上有竞争力的宗旨目标迈进。

地址：广西柳州市河西路18号
邮编：545007
电话：0772-3750251
http://www.sgmw.com.cn

桑菲模塑中心成立，不仅可以满足自身模具、手机塑胶件的供应，还可以对外承接加工业务。

深圳桑菲消费通信有限公司成立于1996年，是中国电子信息产业（CEC）集团旗下的重要控股企业之一。公司注册资金3300万美元，吸收荷兰飞利浦公司及深圳市桑达实业股份有限公司资金，投资总额4080万美元。主要生产经营GSM数字移动电话和MP3等电子信息产品。

深圳桑菲消费通信有限公司

办公室

2005年11月，桑菲正式启动6Sigma项目，开创提高企业创新开发能力的全套突破性理念，通过系统地、集成地采用质量改进流程，实现无缺陷的过程设计，从而提高质量和服务水平、降低生产成本、缩短运转周期，达到客户完全满意。

公司秉承一贯的优良品质政策，所有产品均获得英国BABT质量证书或中国3C证书，并且通过了TL9000和ISO9001质量管理体系认证，以及OHSAS18001职业健康安全管理体系认证和ISO14001环境管理体系认证。

桑菲成立物流中心、研发中心、模具中心，向客户提供了一应俱全的产品组合，并为多家手机厂商提供OEM、ODM服务。截止2005年底公司移动电话累计产量突破3000万部，产品供应国内外市场。2005年桑菲还荣入中国企业500强，中国制造企业500强。

中健公司总经理丁运昭

南京中健卫生实业有限公司

中键公司办公楼外景

南京中健卫生实业有限公司（以下简称中健公司）于1996年5月在南京市工商行政管理局注册成立，公司的主要经营范围是为南京口岸进出境货物和运输工具提供各种卫生处理服务，公司成立以来，凭籍自身熟悉业务和技术的优势，较好地完成了南京口岸各种处理任务，受到了货主及代理等有关单位的一致好评，取得了良好的社会效益。

1999年8月，根据国家机构改革方案，"三检"合并，政企分开，中健公司既得到了良好的发展机遇，同时也面临新的挑战。一方面公司的业务范围得到了扩大，已涵盖了与动植物检疫、卫生检疫有关的所有卫生除害处理；另一方面公司进一步推向市场，接受市场竞争和挑战。在这种情况下，中健公司及时调整结构，充实人员，添置药品设备，完善各种手续，制定各种规章制度和安全规范，和同行建立了广泛联系和合作关系。到目前为止，中健公司能独立或合作完成包括大轮熏蒸、罩膜熏蒸在内的各种卫生除害处理工作，为南京口岸各种货物的安全进出境，防止人类传染病和有害生物的传入和传出作出了贡献。

中健公司是江苏出入境检验检疫局批准的卫生除害处理单位，公司严格遵守"公正、规范、及时、准确"的质量方针，全年完成业务总量及经济效益均取得显著增长，并实现了"服务质量事故为零"的质量目标。公司于2004年11月底迁至新装修的南京市中央路40号办公楼，办公面积达600多平方米，改善了办公条件，提升了公司对外形象。公司设总经理办公室、综合部、财务部、业务部，现有员工21人。其中，综合部负责人事、办公、后勤等综合管理工作，财务部负责中健公司的会计及财务管理工作，业务部在南京港新生圩码头、禄口国际机场、王家湾物流中心及南加工区设有工作点，承担南京口岸各类卫生除害处理工作。江苏省卫生除害处理专业委员会办公室设在中健公司。

对进口废钢进行消毒处理

空港口岸首次进口奶牛，并实行严格的卫生处理

大型消毒处理车

对来自疫区的集装箱进行卫生

为了适应国际日益复杂的检验检疫要求，促进南京地区对外贸易的发展，中健公司将在有关职能部门的指导帮助下，不断努力开拓进取，从各方面完善自己，争取把中健公司建成为拥有一流设备和具备一流技术的卫生除害处理队伍。

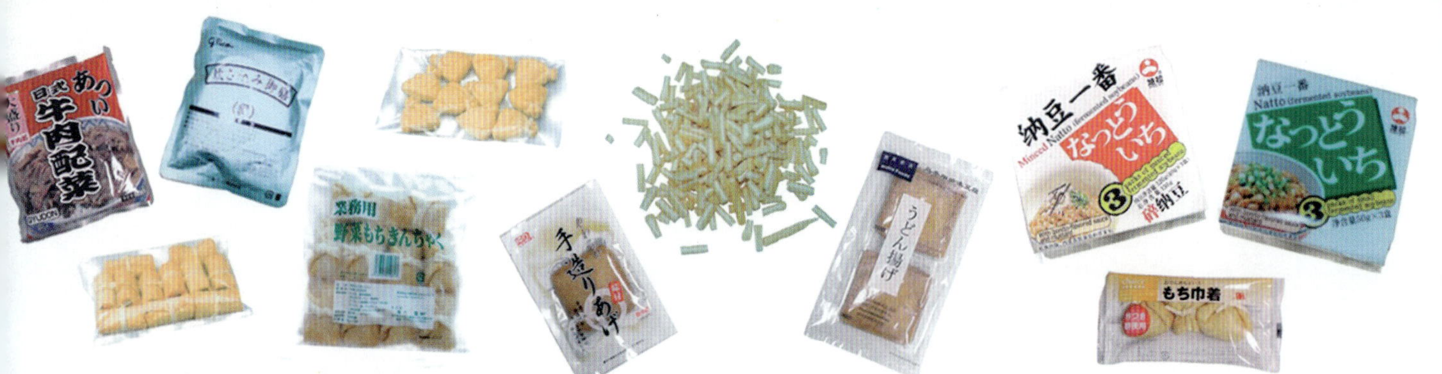

HACCP认证工厂

西 尾 食 品

Nishio Foods

西尾（珠海）豆制品有限公司
珠海保税区西尾食品有限公司

NISHIO (ZHUHAI) BEAN PRODUCTS CO., LTD.
NISHIO FOODS (ZHUHAI FREE TRADE ZONE) CO., LTD.

我们着眼于发展开拓世界的食品工厂，让食品的未来世界更加丰富多彩。

西尾（珠海）豆制品有限公司由日本白色株式会社创建于1993年12月，主要生产豆制品、大米制品、蔬菜、肉、禽类、海产类等加工制品、冷冻食品。公司本着董事长提出的"向顾客提供健康、安全、美味、高品质的产品"的经营目标和"开拓世界的食品工厂，经营身心健康的食品，许社会和员工的未来"的经营理念，经过12年多的不懈努力，产品远销欧洲、美国、日本、新加坡、香港，与国外厂家和商家建立了密切伙伴关系，树立了良好的企业信誉。

珠海保税区西尾食品有限公司座落在我国美丽的珠海保税区，占地面积5万m²。一个技术先进、规模宏大的保税区工厂于2003年二月竣工，一批如真空冷却机（包装机）、X光异物检测机、深绞包装机等主要设备已安装到位、并顺利经过试产阶段。先进的工艺生产线、严格的品质管理和高素质的管理人员将把西尾食品推向更高的阶段。

伴随着时代前进的步伐，我们在拼搏进取的征程上，制定了严格的管理制度并将其落实到位；我们注重人才的培养选拔和培训，保证公司发展的人力资源；建立了良好的企业精神和经营理念，以及这种经营理念所延伸的文化内涵。经过公司全体同仁的不懈努力，公司于2001年顺利通过对日出口偶蹄类动物热加工肉类食品企业的认证；2003年12月顺利通过了中国质量论证中心的HACCP体系认证和官方验证。伴随着中国加入WTO，西尾公司在珠海奋斗的第十三个年头的到来，我们愿与国内外朋友真诚合作，为发展经济携手共进。

董事长兼总经理 **西尾 拓**
副总经理 **松原一之、王云峰**

TEL:0756-8616506 FAX:0756-8616507
TEL:0756-8687188 FAX:0756-8687500

We concentrate on developing food factories across the world and creating a rich and colorful world of food in the future.

Nishio (Zhuhai) Bean products co.,Ltd.,established by white Food Corporation in December 1993,mainly produces bean products, rice products,vegetables, meat,poultry,marine products and other processing and frozen food. Aiming at the business target of "providing healthy ,safe, tasty and quality products to customers" and adhering to the business concept of "exploring food factory across the world, dealing in foods to physical and mental health, and promising a future to the society and employees",both proposed by Chairman, the Company sells its products far into Europe,US,Japan,Singapore and Hong Kong and establishes close partership with overseas manufacturers and distributors after more than12 years of unremlitting efforts. It has good image and high reputation in the industry.

Nishio Foods (Zhuhai Free Trade Zone) Co.,Ltd.,is located in the picturesque Zhuhai Free Trade Zone of China, occupying on ared of 50,000m2. A technologically advanced and large-scale factory was completed in the free trade zone in February 2003,with major equipment like vacuum cooler {packer}.X-ray foreign-body detector and deep-drawing packer already in place and successfully passing trial run its advanced production line, strict quality control and high quality managers push Nishio Food to a higher stage.

As the age goes forward. We have formulated and implemented the management system to the letter on the way of combat and progress. We place particular emphasis on selection and trainig of talents to ensure human resources for business development. We have also established positive corporate spirit and business concept and its extension culture. With China joining WTO. Nishio greets its thirteenth year of struggling in Zhuhai. We are sincerely willing to cooperate with friends all over the world and make common efforts to develop economy.

Nishio hiraku ,chairman and General Manager
Matsubara kazuyuki,Wang Yunfeng,Deputy General Manager

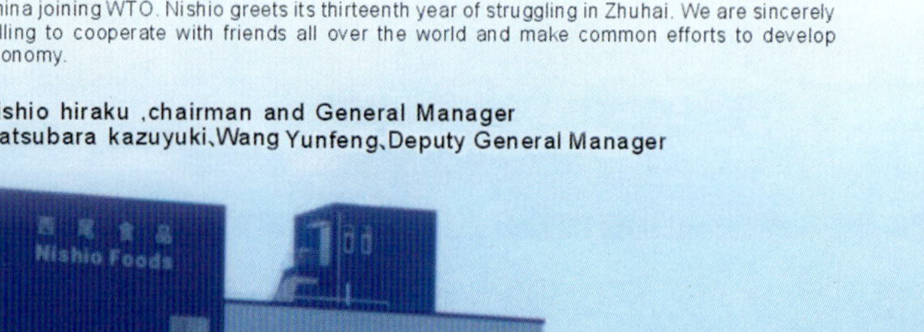

公司总部

锡矿山闪星锑业有限责任公司

质量体系认证证书、实验室认证证书

系列产品 2

三氧化二锑自动化控制室

系列产品 1

锡矿山闪星锑业有限责任公司位于湖南省冷水江市，以锑采、选、冶为主，集锌冶炼、化工生产和科研于一体的大型有色金属联合企业，是我国锑工业的摇篮和锑品主要出口基地，也是世界上最大的锑品生产厂家。现已形成4万吨锑品、3万吨粗锌和4万吨精锌、10万吨化工产品的生产能力。生产的产品有锑锭、三氧化二锑、三硫化二锑、锑酸钠、无尘三氧化二锑、锌锭、铟等有色金属产品及液氯、液碱、固碱、盐酸、硫酸、硫酸锌等化工产品。

自1897年开采以来，锡矿山在锑工业生产中已走过了百余年的历程，积累了丰富生产经验，所产锑品质量优良、品种齐全，90%以上的产品远销日本、美国、欧洲等50多个国家和地区，在国际国内享有很高声誉。2004年被国家工商局授予“重合同、守信用”称号。注册的“闪星牌”商标荣获湖南省著名商标。三氧化二锑、锑锭曾先后获国家质量银质奖章、第二届北京国际博览会金牌奖。三氧化二锑、锑锭、锌锭还多次获湖南省名牌产品和有色金属产品实物质量金杯奖等称号。

公司技术力量雄厚，大力依靠科技进步，提高生产技术水平。先后有26项技术获得国家发明专利，58项科研成果获省、部级以上科学技术进步奖，其中有4项获国家级奖励。利用自主知识产权建成的国家“双高一优”工程——高新技术氧化锑生产线，其工艺技术、经济技术指标、产品质量处于国际领先水平。

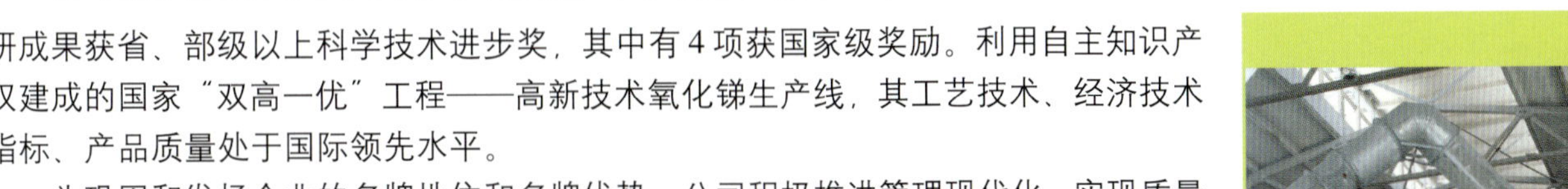

为巩固和发扬企业的名牌地位和名牌优势，公司积极推进管理现代化，实现质量管理与国际接轨。通过贯彻实施ISO9001:2000和ISO/IEC:1999标准，公司分别获得了中国质量认证中心的质量管理体系认证和中国实验室国家认可委员会（CNAL）的认可，建立了一个持续适宜并不断改进的质量管理体系。2005年12月三氧化二锑、锑锭经国家质量监督检验检疫总局专家评审组免验审核，2006年批准成为出口免验商品。

作为中国锑业的龙头企业，锡矿山闪星锑业有限责任公司将继续实施“开发公司内外锑资源、开发含锑新产品、开发锑以外新产品”的发展战略，不断优化产品质量，保持“闪星牌”锑品在国内、国际市场上的良好声誉。

所在地址：湖南省冷水江市飞水岩　邮政编码：417502

联系电话：0738-5811364（传真）

四万吨锑白炉

厂区一景

办公区

屠宰排酸间

湖南加华生物科技发展有限公司

证 书

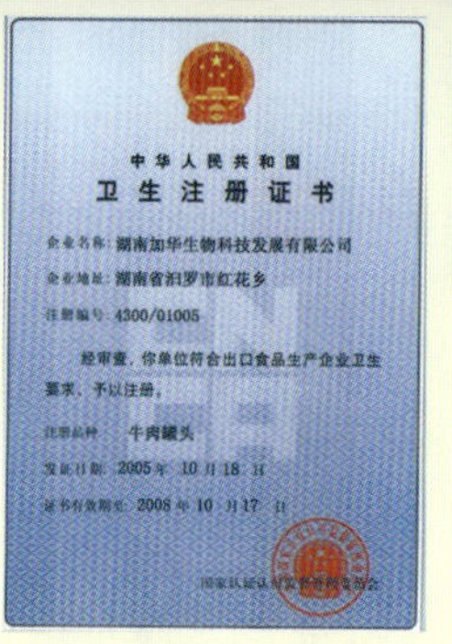

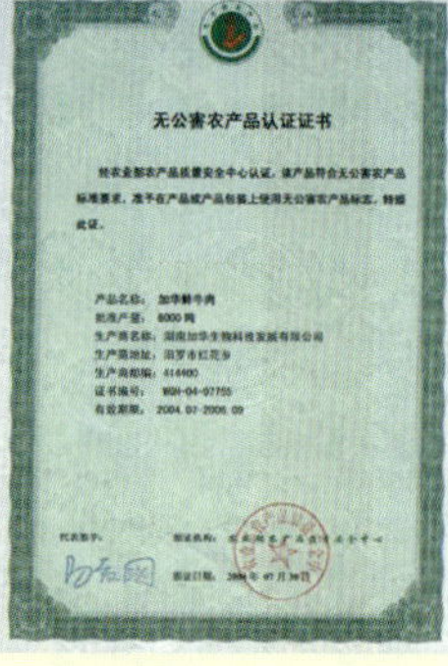
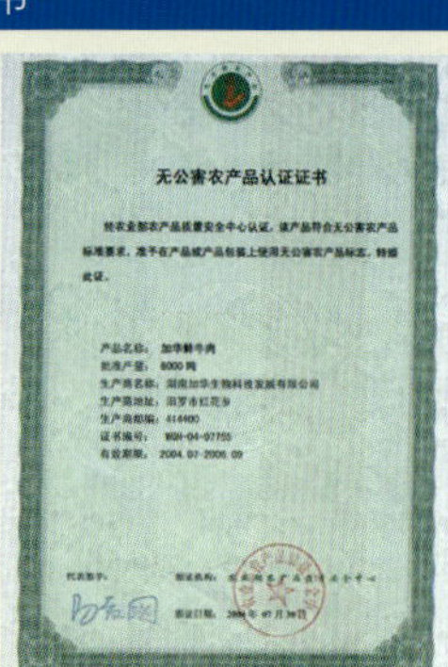

湖南加华生物科技发展有限公司是由加华投资控股集团投资兴建的集牧草种植、品种改良、肉牛育肥、屠宰加工、牛肉食品生产于一体的农业产业化龙头企业。注册资本为7188万元，主要承担的是国家计委2001年8月27日批准立项的良种肉牛贸工农一体化项目。该项目已被列入湖南省重点工程。项目的发展目标是以屠宰深加工为龙头，以湖南优质草场（高山与湖区）为基础，以现代科学育肥为手段，以“公司＋基地＋农户”为纽带，运用现代化生物技术、数字技术和保鲜技术，改良当地肉牛品种，生产优质无公害牛肉食品及相关深加工产品，开创中国南方养牛新模式。

加华公司投资1.6亿元，现已建成占地1000亩的管理、科研、加工基地，其中包括：年屠宰、加工、分割6万头肉牛的机械化生产线；容积为1000吨的急冻、冷藏库；年可加工1万吨牛肉深加工食品的食品加工车间；年产2万吨青贮饲料和5000吨精饲料的饲料加工厂；可存栏5000头肉牛的育肥场；年产1.5万吨优质生物有机肥的有机肥厂；年产8000吨优质牧草的人工草场。

加华公司以生产一流产品，创造一流品牌为目标，以各项认证为龙头，强化企业管理，提高产品质量，先后获得了ISO9001：2000质量管理体系认证证书，HACCP认证证书和中国伊斯兰教协会清真认证证书，通过了输港活牛养殖场验收，通过了无公害产品认证，安全食品认证，还通过了马来西亚官方商检认证和伊斯兰认证，具备了一个肉牛产业和食品加工企业应有的各种资质。

加华的冷鲜牛肉以及手撕牛肉、干锅牛肉等牛肉系列产品已畅销于以长沙为中心的大中城市市场。其中冻鲜牛肉已运销马来西亚等东南亚国家，深受国内外消费者欢迎。加华的品牌已被评为湖南省著名商标。

地址：湖南省汨罗市107国道1543公里处　　法定代表人：蔡建华

电 话：0730—5612808　　传 真：0730—5612192

网 址：http://www.canwa.com.cn

吉林省长春皓月清真肉业股份有限公司

吉林省长春皓月清真肉业股份有限公司，地处长春市皓月大路11111号。1998年8月开始建设，2000年1月正式投产。现已完成的一期工程投资10亿元，占地300万平方米，建筑面积40万平方米。

吉林省长春皓月清真肉业股份有限公司现已形成集肉种牛繁育、肉牛饲养、饲料种植、浓缩饲料生产、屠宰分割、熟食加工、皮革加工、有机复合肥生产、生物制品、物流、旅游观光一体的农牧工商一体化、产加销一条龙、公司加基地带小区连农户的大型产业化龙头企业。2005年，公司共实现销售收入12.6亿元，利税11033万元，产品出口到中东、东南亚和俄罗斯等17个国家和地区，占全国牛肉出口量二分之一，出口创汇1500万美元。

吉林省长春皓月清真肉业股份有限公司在2000年就开始按照ISO9002与HACCP体系的要求，

建立质量管理和食品安全控制体系。在2000年7月获得了出口注册证书，2000年11月通过ISO9002：1994认证。2003年2月又顺利通过了中国质量认证中心（CQC）ISO9001：2000质量管理体系转版认证工作。2003年5月份，在全国肉牛屠宰行业中第一个通过了HACCP体系认证。它标志着吉林省长春皓月清真肉业股份有限公司的质量管理和食品安全达到了一定的水平。

地址：吉林省长春市皓月大路11111路
免费服务热线：8008468799
销售热线：0431-7958614

创建皓月牛肉民族品牌
打造中国肉牛产业航母

四川华腾公路试验检测有限责任公司

本公司是在一九八九年建立的原“四川省交通厅公路局公路检测中心”和“四川省公路工程试验检测研究所”的基础上发展起来的，2002年11月通过改制成为集体所有制企业，正式更名为四川华腾公路试验检测有限责任公司。2001年8月四川省交通厅以川交函建（2001）526号文审核我公司获得公路工程试验检测乙级资质/四川省质量技术监督局以（2001）量认（川）字（P1083）号进行了计量认证并颁发了相应的资格证书。2002年9月成都市武侯区税务局进行了登记。今年1月公司职工均在武侯区劳动与社会保障局办理了社保险。公司占用土地25.8亩，试验检测用房有4000平米。公司现有职工总数45名。其中教授级高工3人（包括博士生导师1名），高级工程师5名，工程师10人，从事试验检测工作五以上的有23人，其中硕士研究生2人。公司的最高机构为股东代表大会，由总经理主持日常工作。一名副总经理/一名总工/一名质量负责人协助。下设材料试验部/检测部/综合部/财务部。

地址：成都市龙腾东路2号杜甫花园商务楼5楼 邮编：610041

电话：028-87031085 87031083 传真：028-87031085

澳大利亚 ASF 上市公司
澳门万国控股集团有限公司

2006 年，澳门万国控股集团的二级公司与“ASF Group Ltd”合作在澳洲成功上市，这这标志着集团的跨区域经营又迈出了坚实的一步。十六年来，集团本着“重视人才，多元发展”的经营理念，在集团主席刘雅煌先生和全体员工的共同努力下，业已发展成为一家拥有员工一千六百余名，集地产、矿业、旅游、金融、珠宝、百货、会展及文产业等十多个行业于一体，投资及经营地域分布于港澳、中国内地、日本、美国、澳洲、英国等国家和地区的多元化集团公司.

集团坚持走质量效益型发展道路，注重提升企业的竞争力。2006 年 5 月 11 日，由中国认证认可协会会长王凤清女士、澳门特区行政长官何厚铧先生以及中联办主任白志健先生等有关领导主礼颁发的 CCIC ISO9001 认证，更激发了万国控股集团广大同仁再创新绩的激情与活力。

与特区政府提出的“发展适度多元化经济”路向相契合，集团从注重人文关怀、文化氛围与智能科技的港澳及内地房地产业，到销售三百多个国内外知名品牌商品的连锁大型购物城，从拥有二十九家旅游连分公司的大型综合旅游企业，到总储值逾三十亿港元的铜、铁矿产开发业，都取得了长足的发展。除此之外，集团在人力资源合理配置的基础上，又在珠宝、餐饮、工艺制造、国际贸易、农业开发、烟草销售、影视制作、IT 网站等行业不断拓展业务并获得可喜的业绩。近年，刘雅煌先生继被评为亚洲知识管理协会院士后，又连续两度被国务院发展研究中心授予“全国创业之星大奖”。成绩的取得，是跟刘雅煌先生卓越的投资眼光，执著而坚韧的现代企业家素质分不开的。

怀着一颗爱国爱澳的心，集团主席刘雅煌先生一向重视回馈社会，先后为办学、赈灾、学术研究、资助贫困大学生等公益事业捐资逾千万港元，被聘为国家发改委中国经济学奖管委会常务理事、国务院侨办海外扶贫顾问等。

澳门回归后，特区政府为企业发展提供了良好的活动空间和有力的政策支持。澳门万国控股集团将继往开来，立足澳门，背靠祖国，面向国际，在不断推进企业向更高层次发展的同时，也为构建和谐社会，促进澳门适度发展多元化经济做出应有的贡献。

中国认证认可协会会长王凤清女士,澳门特别行政区长官何厚铧先生,中联办主任白志健先生等有关领导主礼集团 ISO9001 证书颁发仪式

联络人：刘美君　　电话：28701913(60 线)
传真：28703513　　E-mail：mhg123@gmail.com
地 址：澳门友谊大马路 1023 号南方大厦二字楼 B、C、D；
四字楼 A、I、L、M、N、O、P、Q、R、S、T、V、X 座

刘雅煌主席在万国控股集团 ISO9001 证书颁发仪式上致辞

何厚铧行政长官在贵宾签名版上签名

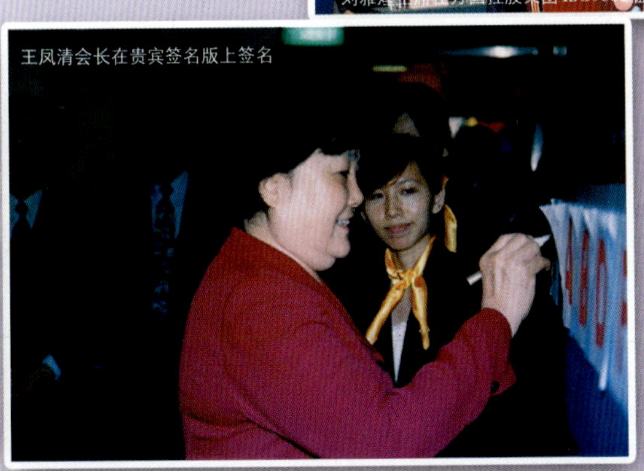
王凤清会长在贵宾签名版上签名

加强认证认可管理 给产品注入高品质的灵魂

EMC 试验室 1

EMC 试验室 2

环境试验室一角

华为技术有限公司实验室认可证书

华为技术有限公司是全球领先的下一代电信网络解决方案供应商，致力于向客户提供创新的满足其需求的产品、服务和解决方案，为客户创造长期的价值和潜在的增长。华为以质量好、服务好、运作成本低为目标，优先满足客户需求，提升客户竞争力和赢利能力，在认证认可方面，取得了丰硕的成果。

建设自主检测能力，获得多方国际认可：电信产品技术含量高，测试复杂，华为从 1996 年开始在产品质量控制方面投入巨资，建成了国际一流的环境可靠性、电磁兼容、安全、射频和电信指标测试实验室，并且按照国家实验室认可准则和国际标准对实验室质量体系进行严格管理，2001 年获得了中国国家实验室认可，2003 年获得了美国实验室协会认可，期间还获得了美国 FCC、UL、ISTA，德国 TUV 南德、TUV 莱茵、CETECOM，日本 VCCI，澳大利亚 NATA 等多个机构和组织的实验室认可。目前华为实验室出具的测试报告在欧洲、美洲、澳洲、东南亚等多个国家和地区被认可。

从源头做起，将认证意识贯彻于设计和生产中：华为投入大量人力，广泛、深入地研究各国认证认可法规和要求，严格按照国家和国际标准设计产品，在产品开发早期就注入了认证符合性的基因。在开发过程中，经过多种严格的测试，最终顺利通过认证获得证书。目前，华为产品已经获得了中国 CCC，CQC，美国 UL，FCC，FDA，PTCRB,欧盟 CE，GCF，WIFI，Bluetooth，WEEE，ROHS，澳洲 A-tick，C-tick 等多个国家地区和组织的认证。

超越认证要求，将客户的根本利益放在首位：在确保产品满足认证要求的基础上，华为还建设了例行检验、环境筛选、高加速寿命冲击和高加速应力筛选（HALT&HASS）等手段，用挑剔的眼光来检验产品，对产品的质量提出了更严格的要求，确保产品的高品质、一致性和稳定性。

综上所述，华为公司在认证认可方面，做到了思想上高度重视，研发上大量投入，测试上严格把关，将客户的根本利益放在首位，给产品注入高品质的灵魂，赢得了全球 90 多个国家众多客户的广泛认同。

研发基地

持续改进质量 追求卓越绩效

白求恩国际合平医院质量建设蓬勃发展纪实

贯彻 ISO9000 标准动员大会　　团结奋进的医院党委　　现场审核　　正电子发射断层显像

近年来，白求恩国际和平医院认真贯彻科学发展观，坚持正确的服务方向，把持续改进医疗质量和保障医疗安全作为医院管理的重点，以建立长效管理机制，构建和谐关系为工作目标，牢固树立了管理造品牌、管理树形象的“大管理”思想，依据国家法律、法规、规章等有关规定，按照ISO9000质量管理体系标准要求，制定编写了医院质量手册、质量方针、质量目标、程序文件、流程文件、人员职责等3332个体系文件，建立了医院ISO9000质量管理体系，并于2004年11月通过了中国方圆标志认证公司的质量认证，医院管理实现了由“经验型、粗放型管理向科学、集约型管理”转变。同时，医院还以落实ISO9000质量管理体系标准为载体，以完善考核机制为重点，建立从医院最高领导、部门领导、机关科室领导、责任单位领导到具体责任人的“54321”层层负责的“链式问责管理模式”，推行了科主任领导下的分组负责制，今年又研发了平衡计分卡绩效管理系统，为实现精细化科学管理搭起了夯实的平台，从而使医院各项工作落实得到了有效保证。医院科学管理方法得到上级机关的充分肯定，作为经验做法被新华社内参转发，科学的管理方法也给医院带来了显著的社会和经济效益，病人对医院综合满意率由87.5%上升到98.2%。医院已连续6年被总部评为“全军为部队服务先进医院”；连续三年被中国医院协会评为“全国百姓放心医院”；2004年被评为“全国首批百姓放心示范医院”；医院党委还被总政治部评为先进基层党组织；今年初，又被总部评为“十五全军先进医院”。

目前，医院质量管理体系已步入良性运行轨道，医院的全面建设呈现出蓬勃向上、可持续发展的良好态势。

创新提升质量　名牌促进发展

秦皇岛正大有限公司

秦皇岛正大有限公司是中、泰合资企业，创建于1995年3月，总投资5亿元人民币，是集肉种鸡饲养、雏鸡孵化、肉鸡饲养、饲料加工、毛鸡屠宰、肉品深加工于一体的大型现代化“一条龙”企业。公司以“生产道德、销售人品”为理念，用一流设备，一流管理，精心生产一流产品，真诚奉献一流服务，真正实现了从养殖厂到餐桌的全程安全监控。公司有两座熟食加工厂及一座肉食加工厂，均是严格按照《出口食品生产企业卫生要求》建立及投产使用，并获得出口卫生注册，完全具备了出口产品能力。公司产品新鲜、营养、卫生、安全，畅销国内外市场，同时远销日本、中东、南非、俄罗斯、韩国、香港等国家和地区，享有极高的声誉。

公司在发展过程中，一直以国内外法律法规为依据，秉承“诚信、互惠、优质、创新”的质量管理理念，以一种百折不挠的“不倒翁”精神，奋力拼搏，锐意进取，积累了丰富的管理经验，使公司经营规模不断地扩大，效益不断地攀升，公司管理水平不断地提高，从而形成了秦皇岛正大有限公司独特的管理模式。公司先后取得IS09002质量体系认证、ISO14001环境管理体系认证及HACCP食品安全管理体系认证；同时对外注册及国内认可方面取得了可喜成绩。2004年4月对日注册成功，秦皇岛正大成为了全国35家热加工禽肉注册厂之一；于同年11月，熟食二厂及屠宰厂对韩注册成功；国内收益颇丰，9月获得了QS市场准入的成功、获得九部委颁发的国家级重点龙头企业证书、国家科技进步企业奖、同行业唯一一家少数民族特需用品定点生产工厂、2005年9月荣获“中国名牌”、2006年8月接受了智利检查官的检查......

正是由于公司长期以来，始终把质量作为企业的第一生命线，公司产品品牌之树才会长青。至此，2004年、2005年效益节节攀升，2005年公司总营业额突破10亿元人民币，实现了销售利润3600万元人民币的好成绩。

公司十多年的发展，从农场到餐桌整个食物链拉动了养殖业、食品业、包装业、机械制造业等产业的迅猛发展；食品厂录用农民工4000多人，解决了周边地区至少十万人的就业问题，带动了地方经济的快速发展，累计放鸡雏2.6万万只，农户增加收益3.9亿元，为消费者提供放心肉55万吨，累计出口肉品11万吨，出口创汇2.3亿美元，完成工业增加值12亿元，完成各种税费6000万元，环保累计投入3000万元，取得了经济效益及社会效益的双赢。

方正集团

方正科技简介

方正科技集团股份有限公司（简称"方正科技"），是北大方正集团旗下的内地上市企业，也是国内最有影响力的高科技上市企业之一。1998年5月11日，以北大方正为代表的北京大学所属企业公告通过二级市场购买股票，入主延中实业董事会，成功实现了由"延中实业"向"方正科技"的转变。方正科技以诚信经营和优良业绩赢得了广大投资者的信赖和支持，于2002年入选"上证180指数"，并在2004年成为"上证50指数"样本股之一。

方正科技拥有专业化加工生产基地、高效的企业管理平台和实力雄厚的研发机构，始终保持着经营稳健、适度扩张、持续增长的良性发展态势。作为方正科技的主导产品，方正电脑荣获政府颁发的"中国名牌"和"国家免检产品"称号。2006年第二季度，方正科技市场占有率稳步上升，连续7年名稳居国内市场前两位，台式PC销量跻身全球前七，PC产品销量位居亚太第四，国内品牌第一的地位得以巩固。

在坚持PC为主营业务的基础之上，方正科技积极拓展相关业务领域：拥有多项自主知识产权技术的打印机产品排名国内市场占有率前五位，与扫描仪等计算机外设业务共同成为方正科技逐鹿中国信息技术市场的生力军；服务咨询和解决方案业务也为方正科技的长远发展提供了新的活力。此外，方正科技于2003年收购珠海多层电路板有限公司，正式进入快速发展的PCB（印刷电路板）行业，并以此作为重要的利润增长点。

在北京大学和北大方正集团的支持下，方正科技秉承"以客户为中心"的企业理念，以高科技、高质量定位为根本，以创新发展为原则，积极实施管理创新，整合优势元素，开展产业联盟，积极开展国际合作，适时涉及新兴领域，致力于成为国内综合实力第一的IT厂商。

方正科技坚持"诚信、创新、客户导向、全局观念、主动高效、追求目标和赏罚分明"的核心价值观，通过持续创新、卓越运作和精细管理，为客户提供高品质的产品，不断追求客户、员工、合作伙伴和公司的共同发展。

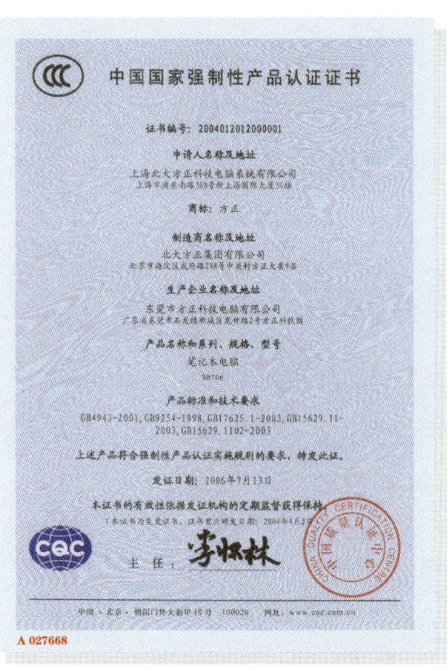
中国国家强制性产品认证证书

证书编号：2004012012000001

申请人名称及地址

上海北大方正科技电脑系统有限公司

商标：方正

制造商名称及地址

北大方正集团有限公司

生产企业名称及地址

东莞市方正科技电脑有限公司

产品名称和系列、规格、型号

笔记本电脑

产品标准和技术要求

GB4943-2001, GB9254-1998, GB17625.1-2003, GB15629.11-2003, GB15629.1102-2003

上述产品符合强制性产品认证实施规则的要求，特发此证。

发证日期：2006年7月13日

CQC 主任：

A 027668

从2003国家3C认证强制实施以来，方正电脑共获得了300余份认证证书，并于2004年获得了无线局域网认证（WAPI）全国首张证书。

长城汽车股份有限公司

长城汽车股份有限公司，是国内首家在香港H股上市的民营整车汽车企业、中国最大的皮卡SUV专业厂、跨国公司。公司以稳健经营而著称，连续10余年创造高增长和盈利的业绩，连续多年为保定市工业企业第一利税大户，是保定市最大的工业企业、河北省龙头企业。

自2004年来，入选为“民营上市公司十强”、“中国企业500强”、“中国机械500强”、“中国制造500强”、“河北民营百强之首”、“河北省百强企业”等。2006年4月，被中国机电产品进出口商会评为“推荐出口品牌”。2006年入选全国“汽车工业销售收入”三十强。

2006年8月进入《福布斯》中国顶尖企业100榜。2006年8月，被国家商务部、发改委授予“国家汽车整车出口基地企业”。

2005年3月，长城自主开发的“混合全能车型”哈弗CUV正式下线。目前，哈弗CUV在国内民族品牌中高档车型当中，市场表现最好，增长和销量第一。

目前公司的产品中，形成了迪尔、赛铃、赛酷、风骏四大系列皮卡，柴油机、汽油机、两驱、四驱四大系统，大双、中双、小双、一排半、大、小单排、厢式等七种规格，一网打尽国内皮卡品种。

长城汽车不仅产品最全，质量也过硬，获授国际国内五大认证，即ISO9001国际质量体系认证、UKAS英国皇家认证、GCC海湾认证、SASO沙特认证和CCC国家强制性产品认证。荣获了“全国产品质量、售后服务双达标先进企业”“河北省名牌产品”、“河北省著名商标”、“河北省质量效益型企业”、“高新技术企业”等称号。

在海外发展战略上，长城汽车把售后服务当成一个重点，为中国品牌在国际上留下了良好口碑，为规范中国汽车出口的市场秩序起到了带头作用。

长城产品理念是“定位于全球市场，融汇最新技术，把握制造细节，打造高性价比的精美产品”。下一步，仍坚持以市场为创新导向，继续发挥在皮卡领域和SUV领域的优势，开发更适合国内、国外两个市场的轿车、家用车品种。

喷涂车间机器人

20万辆轿车生产基地

万辆生产基地

长城零部件生产基地

中铁大桥局集团第一工程有限公司
试验检测中心

中铁大桥局集团第一工程有限公司试验检测中心是中铁大桥局集团第一工程有限公司的工程质量检测机构，自1953年大桥局成立以来，参与了武汉长江大桥、南京长江大桥、宁波大榭公铁两用跨海大桥、夷陵长江大桥、郑州黄河公路二桥等许多在国内有较大影响的工程的建设（有多项工程荣获"鲁班奖"），为这些工程的优质建成提供了可靠的质量保证，具有丰富的现场检测经验。

试验检测中心于2005年通过了国家计量认证。我中心技术力量雄厚，现有检测人员70余名，其中高级工程师3名，工程师18名。中心各种检测仪器设备齐全，可提供以下检测项目服务：水泥混凝土（建筑砂浆）的配合比设计、力学性能试验；水泥、外加剂、集料试验；沥青及沥青混合料的常规性能试验；土工试验；路基路面现场检测；钢筋、预应力钢材的性能试验；锚具检测；金属、非金属材料的无损检测；高强度螺栓试验；桩基成孔检测；桥梁结构荷载试验。可为工程单位提供各种检测仪器设备的租赁，并派驻检测人员进行现场技术服务。

试验检测中心坚持"科学、公正、严谨、求实"的质量方针，遵循"以技术求生存，以诚心求发展"的服务宗旨，不断提高自身综合实力和质量保证能力，竭诚为用户服务。

联 系 人：祝振辉
联系电话：0371-63675337 0371-63757094(传真)
E-mail: syjczxbg@126.com
地　　址：河南省郑州市金水区南阳路93号中铁大桥局集团一公司试验检测中心
邮　　编：450053

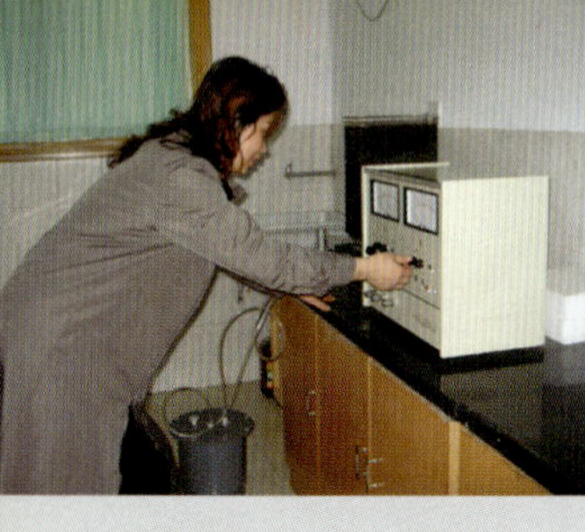

中心主任：李平

NECCA

国培认证培训（北京）中心

NATIONAL EDUCATIONAL CENTER FOR CONFORMITY ASSESSMENT

国培认证培训（北京）中心（原名北京国培认证培训中心，英文简称"NECCA"）是中国国家认证认可监督管理委员会(CNCA)和中国认证人员与培训机构国家认可委员会（CNAT）首批批准和认可的认证培训机构（CNCA批准号：CNCA-P-2002-001；CNAT认可号：CNAT-001-2002）。其前身"国家质量认证培训中心"，是1994年由原国家质量技术监督局和原对外经济贸易合作部共同批准成立的认证培训机构。

从1993年经原国家质量技术监督局授权举办首期质量管理体系国家注册审核员培训班至今，NECCA一直本着"广泛开拓、规范教学、优质服务、不断进取"的工作理念和经营宗旨，致力于向社会各界倡导先进的管理理念和经验。在多年从事认证培训服务的过程中，NECCA为我国认证人员培训和注册事业的发展和国际接轨做了大量的卓有成效的工作，积累了丰富的培训教学和服务管理经验，具备了较强的培训课程研发能力，储备了较强的师资力量，逐步形成了规范而科学的服务提供管理模式，凭借"雄厚的师资力量、严谨的教学作风、科学的管理模式、一流的培训服务"使培训教学和服务管理质量保持着较高的水平，在国内树立了良好的信誉和形象，享有较高的声誉，被誉为造就认证人才的"黄埔军校"。

质量方针

以顾客满意为中心　　持续提供全方位优质服务
以科学管理为基础　　努力倡导先进的管理理念
以持续改进为宗旨　　不断拓展新兴的服务领域

服务项目

☆ 各类管理体系审核员／内审员／咨询师培训服务
☆ 各类管理体系实习审核员代理注册服务
☆ 管理体系的策划和指导服务

联系方式

☆ 通讯地址:北京市朝阳区安外北苑路172号15号楼403
☆ 邮编:100101
☆ Http:WWW.NECCA.ORG.CN
☆ E-mail: necca@necca.org.cn

培训发展部:
☆ 电话:010-84851988/84851200/84851300
☆ 传真：010-84851300

技术研发部：
☆ 电话：010-84853991/84853994
☆ 传真：010-84853994

综合管理部：
☆ 电话：010-84853995
☆ 传真：010-84853995

卓有成效的培训　认证人员的摇篮

温州市科能企业管理顾问有限公司

温州市科能企业管理顾问有限公司（原温州市科建企业管理顾问有限公司）成立于1998年，于2000年11月经浙江省质量技术监督局批准，荣获质量认证咨询机构国家备案资格证书（浙-014-2000）；2002年4月经国家环境保护总局批准，荣获中国环境管理体系咨询机构备案资格证书（环资备字[2002]163号）；2003年1月获"浙江省咨询行业先进企业"荣誉证书；2003年8月全国首批荣获国家认证认可监督管理委员批准，为浙江省首家同时具备ISO9000/ISO14000/OHSAS18000管理体系认证咨询、CCC强制性产品认证代理中办业务的大型认证咨询机构；2005年9月当选为中国认证认可协会第一届理事单位；2006年3月当选为浙江省质量合格评定协会理事单位；2006年又获准开展HACCP认证咨询、QS9000/TS16949认证咨询及清洁生产审核；在台州、丽水、金华、上海、江苏、福建等地设有分支机构，能就近为客户提供咨询服务，也是浙江省最大的咨询公司之一（100余名员工）。自成立以来为20来个行业2000多家企业提供了认证咨询、管理咨询服务。

地址：温州市新城华泰大厦2-503室　　邮编：325000

电话：0577-88916001　88916002　88916009　　传真：0577-88916016　88916007

Http://www.keneng.org.cn　　E-mail:keneng@keneng.org.cn

浙江蓝箭万帮标准技术有限公司

浙江蓝箭万帮标准技术有限公司，是浙江省标准化研究院所属省内最大的专业咨询机构，主要为企事业单位提供国内外认证咨询、技术咨询等各类增值服务。公司拥有一批资深的质量管理和实验室管理专家，包括CNAT国家注册审核员培训教师。我们是目标是专业、效益、诚信、卓越　我真诚希望能为各行政机关、企事业单位、实验室提供卓有成效的咨询服务，使组织在顺利通过认证的同时，真正提高管理水平，获得良性的持续发展。

专业认证咨询

* CCC、CE、GS、UL、CQC等国内外产品认证咨询和代理
* 节能、节水、环保产品认证咨询
* ISO9000、ISO1 4000、OHSAAl8000、QS9000、HACCP、SA8000、ISO／TSl6949、ISO13485管理体系认证咨询和代理
* 企业计量检测体系、业标准化良好行为规范
* 食品质量安全市场准入咨询
* 实验室认可、计量认证咨询
* 绿色食品认证咨询
* 环保产品认证咨询
* 消防产品型式认可咨询
* 企业标准化水平确认和计量水平确认的认证咨询
* 各类生产许可证和计量器具制造许可证咨询

咨询电话：0571-85026221　13777815007　13777815005　13777816085　　网　址：http://www.ljwb.cn

浙江万特企业管理咨询有限公司

浙江万特企业管理咨询有限公司前身系绍兴市万泰企业管理咨询有限公司（绍兴市万泰质量体系咨询中心）是浙江省内最早从事管理体系认证咨询/代理的专业机构之一，一九九九年就经浙江省质量技术监督局批准并获咨询备案资格证书（备案号：浙-017-1999），二00二年国务院批准成立国家认证认可监督管理委员会（国家认监委），并逐步规范认证、咨询市场，万特公司同时为首批获准具有合法资格的专业咨询机构[批准注册号：CNCA-Z-12Q-2002-056]。

公司专业从事各类管理体系认证咨询、国内外产品认证代理、管理知识培训、清洁生产审核等业务。具体业务范围如下：

① 各类管理体系认证咨询：SA8000 社会责任认证、ISO9000质量管理体系认证、ISO14000环境管理体系认证、OHSAS18000职业健康安全管理体系认证、ISO/TS16949汽车行业管理体系认证、ISO13485 医疗器械管理体系认证、HACCP/ISO22000食品安全管理体系认证、ISO/IEC17025实验室认可管理体系认证等等。

② 国内外产品认证代理：CCC、CQC、CE、ROHS、GS、UL等等。

③ 管理知识培训：各类质量管理体系内部审核员培训（ISO9000/ISO14000/OHSAS18000/TS16949/HACCP等等）、5S现场管理及定置管理、现代质量管理培训、实用统计技术、企业管理经验、人力资源及绩效考核

④清洁生产审核

地址：绍兴市胜利东路265号香舍丽都403室　　邮编：312000

电话：（0575）5204866 5204766 5138261 5136803 5110750 5228802 5222665

传真：（0575）5135983　　E-mail :wantaizixun@163.com

湖南电器研究检测所

湖南电器研究检测所 1981 年建立，主要从事电器科研及电器产品试验，1997 年、1998 年通过了国家商检实验室认可委和中国国家实验室认可委的审查认可。2002 年 3 月经国家认证认可监督管理委员会确认，成为承担强制性产品认证 (CCC) 的检测工作的检验机构，2002 年 4 月成为中国质量认证中心（CQC）签约实验室。

实验室现占地面积 5900m^2，建筑面积 4100 m^2，固定资产近 600 万元，检测设备 400 多台套，建有计算机数据采集系统和计算机局域网管理系统，检测范围涵盖了低压电器低压成套开关设备、整机保护设备、开关和控制设备三大类实施强制性产品认证（CCC）的产品。检测项目有温升试验、特性试验、高低温试验、湿热试验、短时耐受能力试验、通断能力试验、寿命试验、着火危险试验、漏电起痕指数试验等。试验容量三相 420V 120kA、单相 550V、120kA，COS Φ < 0.2。

实验室现有人员 39 人，其中技术人员 30 人，占总人数 77%，高中级技术人员 28 人，占总人数的 71%。机械工业部生产许可证部级审查员 8 人，国家注册审核员 3 人，国家实验注册评审员 3 人。

实验室多年来坚持"管理科学、测试公正、服务优良"的质量方针，不断完善检测手段，提高测试能力和精度，加强人员培训，提高服务质量，做到"守信、守约、守法"，树立了准确、快捷、权威的检测形象，为实现建成国际一流实验室的目标奠定了坚实的基础。

(2003)国认监验字(30)号

(2003)量认(闽)字 (A0134)号

(NO.L0236)

厦门市产品质量检验所

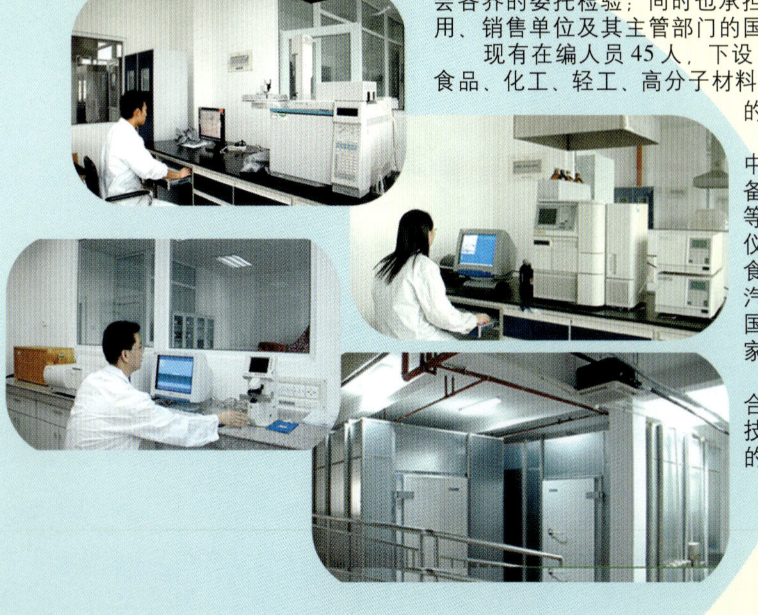

厦门市产品质量检验所是厦门市人民政府依法设立的综合性产品质量监督检验机构。主要任务是依法承担产（商）品质量监督检验、第三方评价性检验、质量仲裁和接受社会各界的委托检验；同时也承担有关标准的制修订任务，是完全独立于开发、生产、使用、销售单位及其主管部门的国家法定的公正检验机构。

现有在编人员 45 人，下设 2 个管理室和 4 个专业检验室。拥有机械、电子、电气、食品、化工、轻工、高分子材料及纤纺等专业的中高级工程技术人员 47 人，占职工总数的 90% 以上，其中有博士 4 人，硕士 8 人。

2004 年建成现有的检验大楼，总面积 5500 平方米，楼中实验室面积为 5100 平方米。拥有全套 LED 光源检测设备、超高效液相色谱串联质谱仪、全自动微生物鉴定系统等国际先进仪器设备并建立了微生物P2实验室，现有各种仪器设备 700 多台套，总价值 3100 多万元。业务范围涉及食品、化工、家电电子、电磁兼容、LED 灯具、工程机械、汽车、眼镜、塑胶、纤纺、服装等多个领域。2003 年通过国家实验室认可及福建省计量认证复评，2005 年度通过国家实验室认可监督评审。

厦门市产品质量检验所愿与各界朋友加强技术交流与合作，努力为社会公众提供全方位的科学、公正、权威的技术服务，共同为加强我国的产品质量监管工作做出应有的贡献。

联系地址：厦门市湖滨南路170号　邮政编码：361004
电话：(0592) 2699777 2699789
电子邮箱：xmzjs @ xublic.xm.fj.cn

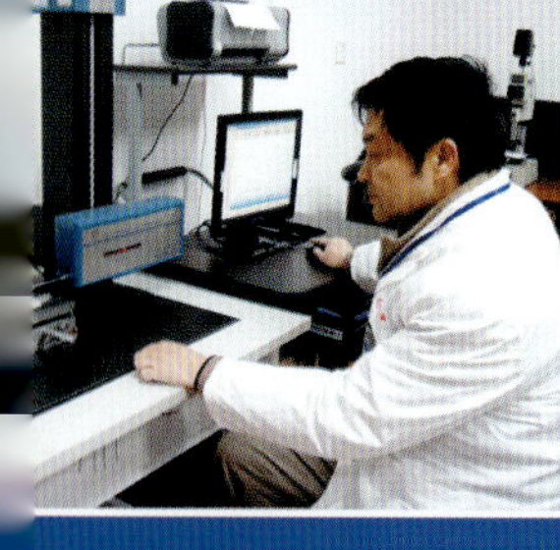

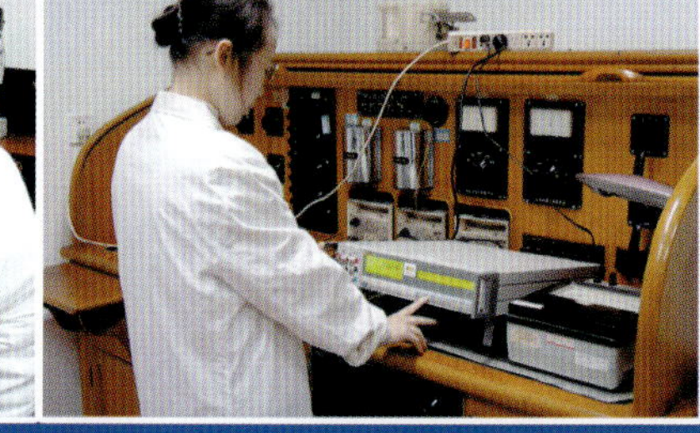

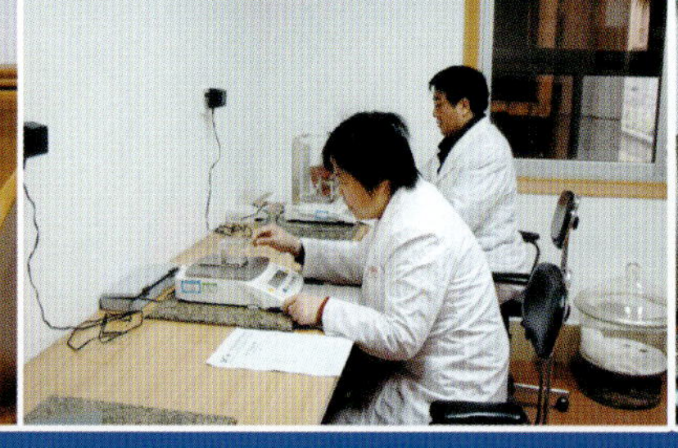

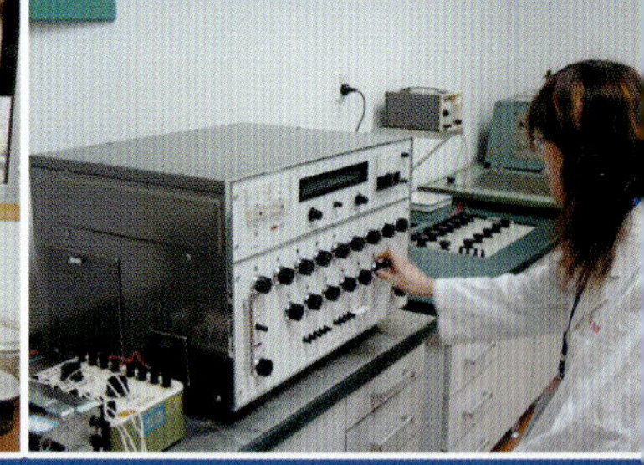

保定市纤维检验所

科学、公正、廉洁、高效

保定市纤维检验所成立于1986年，隶属于保定市质量技术监督局，业务上受河北省纤维检验局领导，是具有独立法人地位的纤维质量监督机构和第三方公正检验机构。经有关部门批准，保定市纺织产品质量监督检验站设在本所。

现有办公、检验用房面积1280平米，其中检验室面积680平米，恒温室面积160平米，主要检验仪器设备50余台（件），其中配备美国乌斯特公司大容量棉纤维快速测试仪（HVI1000C）设备两台。在职人员23名，高级工程师5名，注册棉检师6名，工程技术人员占87%。下设5个科室：办公室、业务室、棉检室、纺织品室、稽查室。

依法承担棉、毛（绒）、麻、茧丝等纺织纤维的质量监督工作，依法承担棉花的公正检验，受市质量技术监督局委托承担保定市纤维制品（纺织品）的质量监督行政执法工作。

本所2003年通过省质量技术监督局关于检验机构的计量认证/审查认可；2005年在河北省市级纤检机构中第一个通过中国实验室国家认可委员会组织的实验室认可。本所实验室具备棉、毛（绒）、化纤等纺织纤维及纺织品、服装的检测能力；具备向纺织纤维及纺织品、服装生产企业、商业销售企业、单位和个人提供技术服务和技术咨询的能力。

本所以科学、公正、廉洁、高效的宗旨，热情向社会各界提供优质服务。

保定市纤维检验所办公门口楼

技术人员在操作HVI检验

所长：顾锁群　电话：0312-5979908　业务服务：0312-5979900　传真：0312-5979906

地址：保定市五四东路715号　邮编：071000　电子邮箱：baodingxianjiansuo@tom.com

广东省中山市农产品质量监督检验检测中心

广东省中山市农产品质量监督检验检测中心是经中山市政府批准成立的正科级公益性非营利技术监督事业单位，是中山市政府"放心工程"的重要环节。2002年底组建，2006年初通过"广东省计量认证"和"中国国家实验室认可"。中心根据实际情况配备各学科、各层次的专业技术人员20人：大专以上学历15人，研究生4人，在读研究生1人，中级职称6人，初级职称10人。

中心面积1200平方米，其中实验室面积600平方米。配有气相色谱-质谱联用仪、高效液相色谱仪、原子荧光光度计、原子吸收分光光度计、紫外可见分光光度计、微波消解系统、定氮仪、超纯水发生器、酶标仪、测汞仪、微量分析天平等精密分析仪器40多台。现通过"广东省计量认证"和"国家实验室认可"的项目91个，覆盖粮食、蔬菜、水果、水产品、农田水、土壤、饲料、饲料添加剂、饲料预混料等十几类农业投入品、农业环境及农业产出品质量的安全指标。

中心成立以来，严格遵照《检测和校准实验室认可准则》建立和完善质量保证体系，切实执行我国现有质量监督检验检测的有关法律法规，按照"认证""认可"要求严格执行质量方针和质量目标。逐步形成快速，准确，有效的农产品检验检测技术体系。为中山市政府正确决策、科学生产、行政执法和农产品质量评估等提供科学、公正、准确、有效的监测数据。为中山市政府"放心工程"提供有力保障。

中心致力于把自身建设成为设备齐全，技术先进，管理科学，服务一流的农产品检验检测机构。

华南理工大学机动车辆技术设备厂／研究所

华南理工大学机动车辆技术设备厂/研究所,是华南理工大学机动车辆检测技术开发服务的单位,主营机动车辆检测、机动车检测设备研制、机动车检测技术研究等; 2003年10月通过广东省质量技术监督局CMA计量认证，2005年12月成为在机动车安全检测检查领域全国首批同时通过国家实验室认可委员会实验室认可(CNAL L2376)、检查机构认可(CNAL I0054)的安检机构，大大促进了科研实验和测试技术的发展，使我单位成为华南地区机动车安全检测检查领域重要的基地。

我单位早在1985年开始与原广东进出口商品检验局合作对进出口机动车进行安全检验，取得了良好的社会效益。2001年12月开始，经广东出入境检验检疫局考核合格，2002年开始受广州出入境检验检疫局委托，与广州黄埔出入境检验检疫局共同对在广州黄埔口岸进口机动车进行检验。近几年，在进口机动车检测中，先后发现了多宗安全隐患，比较典型的如日本五十铃CXH系列底盘车转向系统运动干涉问题、日本五十铃CXZ系列底盘车制动系统安全隐患问题等，国家质量监督检验检疫总局因此多次发表公告及预警风险。

单位: 华南理工大学机动车辆技术设备厂／研究所
地址:广州市天河区五山华南理工大学校内北区 邮编:510640
电话:020-87059959 87059442 传真:020-87110104
E-ail: atep_gzb@21cn.net atepscut@pub.guangzhou.gd.cn
http://www.atep.cn:8080

澳门特别行政区政府卫生局公共卫生化验所

澳门特别行政区政府卫生局所属的公共卫生化验所是澳门地区从事传染病检验、食品安全、药品质量及环境质量监测的检验机构。主要职责是为传染病监测和预工作提供化验诊断服务，为疾病爆发调查工作提供快捷的化验支援。检测领域包括临床类样品的结核杆菌检验及药物敏感测试，多种病毒的血清学测试、培养和确认；临床和食物样品的寄生虫检验、食品微生物和理化检测、化妆品的卫生安全检测、药品的卫生质量检测、各类水体的卫生和质量检测、环境沉积物的理化检测、部分量器具的校准。化验所本着以服务市民和配合卫生局施政方针，努力开发和应用先进的检测技术，积极参加各类国际能力验证活动，使各主要检验项目有合格有效的能力验证结果支撑，确保检验结果的准确和可靠，是化验所质量管理工作的核心要求。经过多年努力，化验所于2006年3月整体性获得了中国实验室国家认可委的认可，认可的检测项目有167项，涵盖了化验所所有检测／校准领域。为贯彻执行化验所的长期质量方针，化验所将持续改善质量管理工作，使检验工作向地区先进水平迈进。为获得持续改进的动力，化验所乐于接受各方面的意见和建议，努力提高检测的技术和能力，改进质量。

中国水利水电第十一工程局中心试验室

中国水利水电第十一工程局中心试验室（以下简称"中心试验室"）是由1956年建立的三门峡黄河工程局试验室逐渐调整变化而形成的。

黄河三门峡工程局试验室，在三门峡水利枢纽的建设期间和三门峡水利枢纽的Ⅰ、Ⅱ期改建工程中，承担了所有建筑材料的检验和工程质量的测试工作。

1978年至1993年，主要致力于故县水利枢纽工程的建筑材料检验和工程质量的测试工作。1993年后，中心试验室的主要工作是小浪底水利枢纽工程及局内承揽的其他水利工程建筑材料的检验和工程质量的测试工作。同时参与了三门峡地区各类建筑工程质量的检测和建筑材料的检验工作。

中心试验室1996年取得国家技术监督局计量认证资质。2001年通过换证复查。2004年通过监督与扩项评审。

中心试验室现设有综合办公室、技术科、结构材料检测室、土工检测室、安全监测室。

中心试验室现有检测人员37人，其中高级工程师6人，工程师10人，技师3人，助理工程师4人，具有检测设备223台套和微机16台套，试验办公面积1300 m²。

中铁二十三局集团

第一工程有限公司测试中心

中铁二十三局集团第一工程有限公司测试中心，其前身是铁道兵第四师第十六团试验室，成立于一九五四年，一九八四年改为铁道部第十四工程局第一工程处试验室，，一九九五年改为处测试中心，成为处机关的行政职能部门，2000年改为中铁第十四工程局第一工程处测试中心，2004年改为中铁二十三局集团第一工程有限公司测试中心。主要承担公司内外施工单位的建材、土工及工程结构等检测任务。中心下设综合室、检测一室、检测二室、设备管理室四个部门，现有职工50人，其中高工1人，工程师10人，助理工程师6人，技术员7人，试验员26人，均持证上岗（其中持交通部试验证28人，铁道部试验员证11人，建设部桩基检测证1人，超声波回弹检测证1人，山东省建筑工程试验员证8人），主要仪器设备320台套，原值490余万元，工作房屋1200m²。。

检测资质：

中心于1990年首次通过国家计量认证，认证参数95项；2001年通过山东省建筑企业二级试验室考评，2006年1月通过中国国家认证认可监督管理委员会批准的计量认证和中国实验室国家认可委员会批准的实验室认可。

主要业绩：

主要参加的铁路工程有：青藏铁路、京九铁路、浙赣铁路复线，内昆铁路、秦沈客运铁路专线，渝怀铁路等；高速公路有：潍（坊）莱（阳）高速潍坊段，青银高速青岛段、同三高速青岛段、临红高速临沂段、上三高速浙江段、京福高速枣庄段、日东高速日照段、安徽沿江高速芜湖段；青岛流亭立交桥、宁波潘火立交桥、芜湖长江大桥北引段、南京刘村立交桥、浙江舟山跨海大桥、天津塘沽海河大桥、济南燕山立交等工程的试验检测任务。

中国实验室国家认可委员会

认 可 证 书

(No.L2550)

上海电气输配电试验中心有限公司

中华人民共和国

计量认证合格证书

METROLOGY ACCREDITATION CERTIFICATE

上海电气输配电试验中心有限公司

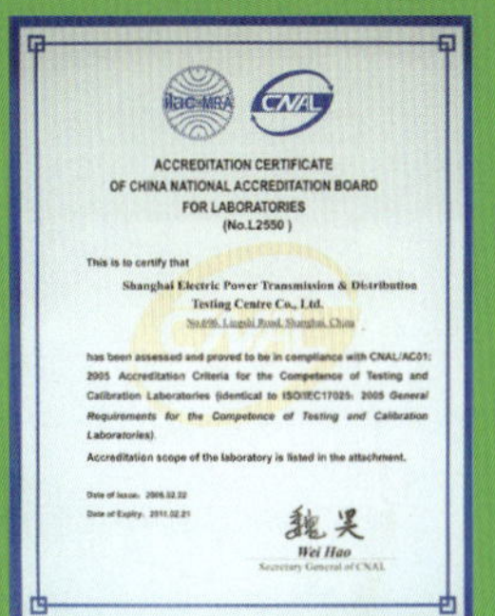

ACCREDITATION CERTIFICATE

OF CHINA NATIONAL ACCREDITATION BOARD

FOR LABORATORIES

(No.L2550)

This is to certify that

Shanghai Electric Power Transmission & Distribution Testing Centre Co., Ltd.

Accreditation scope of the laboratory is listed in the attachment.

Wei Hao

Secretary General of CNAL

上海电气输配电试验中心有限公司

SHANGHAI POWER TRANSMISSION & DISTRIBUTION TESTING CENTRE CO.,LTD

由上海输配电股份有限公司组建的上海电气输配电试验中心有限公司（SETC),其前身是建于1957年的原上海华通开关厂中央实验室，是国内最早的高压大容量实验室之一。2005年经大规模技术改造，建设了126kV/40kA(50kA)的合成回路。2005年12月通过了中国实验室国家认可委员会（CNAL）的认可，成为我国具有第三方资质的高压大容量国家检测实验室。

试验中心拥有220kV网络专线、220kV/60MVA（1500MVA）冲击变压器组；35kV电缆进线电源、35kV/15MVA（750MVA）冲击变压器组；配备了BE3200型程序控制器、CY2003型试验数据采集系统等测控设备，试验能力达到国内先进水平。

经CNAL评审，确认我中心具备根据GB、JB、DL和IEC标准开展额定电压126kV、开断电流40kA、短时和峰值耐受电流100kA/250kA及以下高压电器产品型式试验的能力：

① 高压交流断路器 ② 高压交流负荷开关 ③ 高压交流负荷开关-熔断器组合电器④ 交流金属封闭开关设备 ⑤ 交流高压接触器和基于接触器的电动起动器 ⑥ 高压交流隔离开关和接地开关 ⑦ 高压/低压预装式变电站 ⑧ 矿用隔爆型高压真空配电装置 ⑨ 矿用隔爆型移动变电站。

中心主要的检测项目：

①开断及关合能力试验（含出线端短路、有功负载、电缆线路充电电流及其他特殊项目）②绝缘试验（含局放、湿耐压等）③机械试验 ④温升试验 ⑤短时和峰值耐受电流试验 ⑥气体密封及水分含量检测 ⑦内部故障电弧效应试验。

我公司将秉承“公正、严谨、科学、规范”的精神，为国内外高压开关电器设备生产厂家提供优质服务。

地 址：上海市闸北区灵石路696号　　邮 编：200072

联系人：戚军 黄晶　　电 话：021－56037283　　传 真：021－56037283

统一企业(中国)投资有限公司昆山研究开发中心

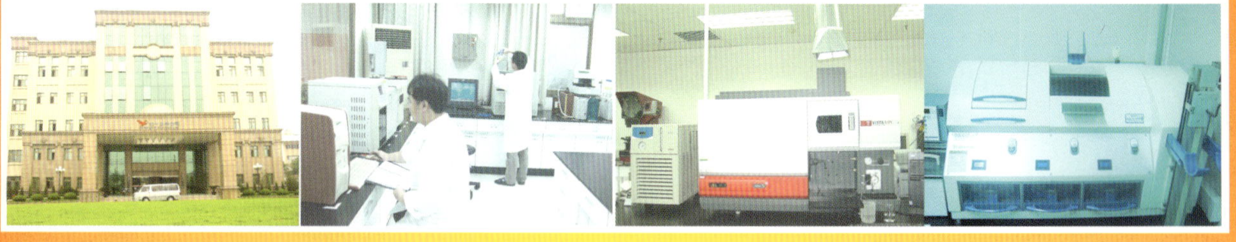

统一企业(中国)投资有限公司昆山研究开发中心成立于2001年9月，是按国务院有关文件的精神，经外经贸部批准成立的外商投资企业公司内部的研究开发中心。统一企业（中国）投资有限公司昆山研究开发中心食品检测实验室直属于统一企业（中国）投资有限公司昆山研究开发中心，结合台湾母公司中央研究所食品安全研究开发中心雄厚的资源优势和技术支持，主要开展和从事食品品质、营养、安全等方面的检测和研究工作。

实验室现有留德博士1名，资深硕士2名，副高级工程师2名，工程师2名，专职检测分析人员5名，本科及以上学历人员占比100%。引进了包括气相色谱、液相色谱、等离子发射光谱（ICP）、粉质仪、拉伸仪等在内的成套进口仪器，主要仪器设备达50余台，价值400余万元。

实验室目前通过CNAL认可的项目有23个，涉及的相关标准达33个。本着科学、公正、准确、高效的质量方针，以加强人员培训、提高检测水平、保证检测质量、确保检测数据准确无误为质量目标，竭诚为广大客户提供满意、优质的服务。

联络信息：

名称：统一企业（中国）投资有限公司昆山研究开发中心食品检测实验室

地址：江苏省昆山市经济技术开发区青阳南路301号　　邮编（P.C）：215300

电话（Tel）：0512-57706960　　传真（Fax）：0512-57706084

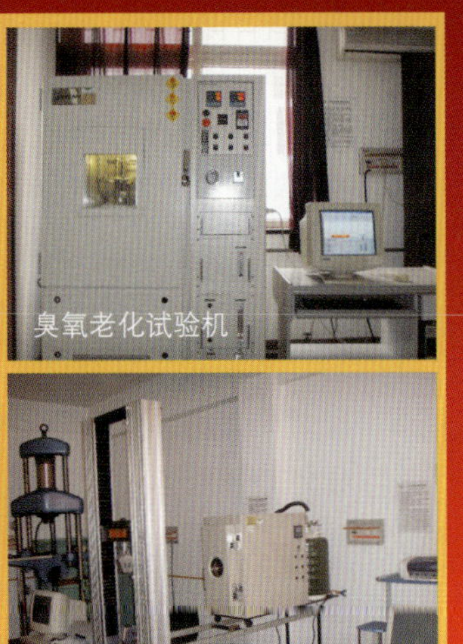
臭氧老化试验机
高低温拉力试验机

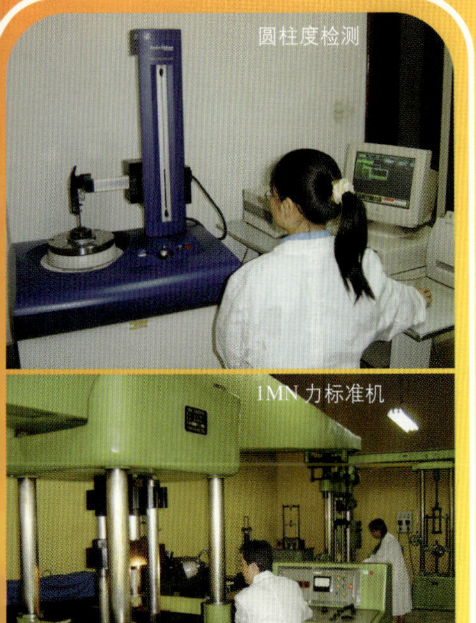
圆柱度检测
1MN力标准机

重庆市电子电器商品质量监督检验站

重庆市电子电器商品质量监督检验站成立于1984年10月，是重庆市质量技术监督局授权成立的法定质检机构，负责对重庆市流通领域中的电子、家用电器、电工类商品进行质量监督检验、委托检验。质检站也是中国商业联合会交家电商品质量监督检测中心、重庆市进出口商品检验检疫局认可实验室、重庆市司法鉴定检验机构、重庆市建委建筑工程质量检测单位，重庆市家用电器产品质量监督检验站和重庆市五金商品质量监督检验站。

质检站设有电子产品检验室、家用电器产品检验室、电工产品检验室、五金建材产品检验室、环境实验室。检验服务范围：电子、电器、电工、五金建材类产品，进行第三方公正检验；委托检验，仲裁检验，监督检验，司法鉴定检验，经销单位或消费者有争议商品的质量检验，新产品试验，标准制修订和人员培训。

检测能力包括电子类：电视接收机、录像机、激光视盘机、组合音响、电视器材、

微型计算机及辅助设备、手机电池；家电类：电风扇、电冰箱、空调器、厨房电器、电热器具、电动器具、保健电器、小功率电机、小型发电机、电工工具、家用交流调压器；电线电缆、电器附件、节能灯、低压电器、汽车用电动暖风机、灯具的检测，电磁兼容测试，五金建材产品的检测。

※ 服务承诺：

遵守国家法律、法规和认证认可机构的要求，对社会各界开展公正检测服务，履行法律义务，承担法律责任。

坚持公开、公平、自愿、无歧视性的检测服务原则。

保护客户的所有权和专利权不受侵犯。

地址：重庆市渝中区信义街26号（朝天门）
电话：（023）63841535、63724062、63776897　　传真：（023）63716911
网址：www.ccccq.org　　邮箱：cqzjzx@cqlab.net

MTC
诠泰电子（东莞）有限公司
－美泰检测中心

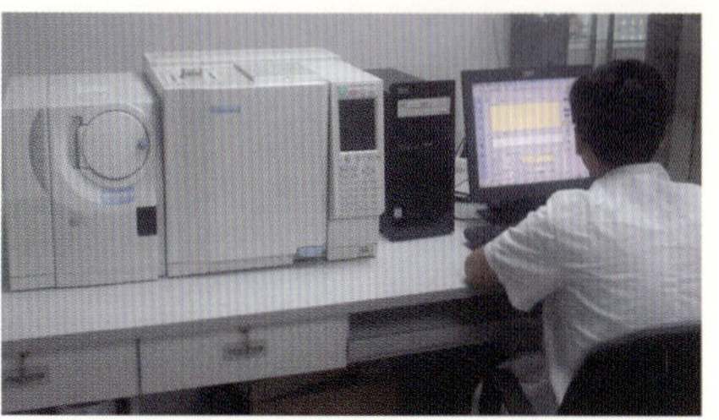

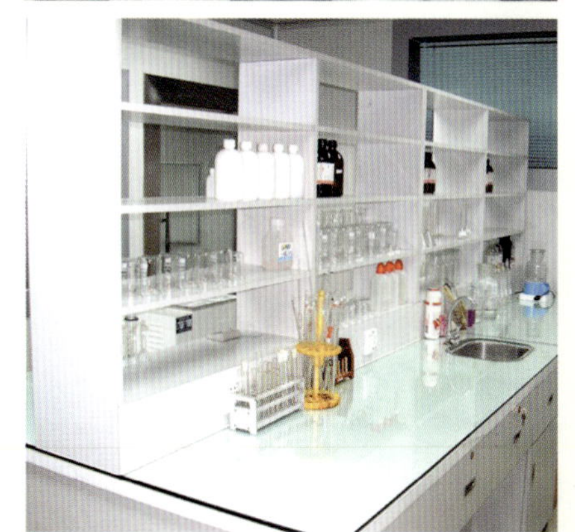

美泰检测中心的前身是2002年5月建立的检测实验室。2005年8月1日成立本检测中心，为隶属诠泰电子(东莞)有限公司的中心实验室，集研究、开发、检验于一体，是目前国内外塑胶行业中技术力量雄厚、检测设备先进的企业实验室。主要负责公司内产品及原材料的检测。

本中心拥有完善的开发和检测设备，包括德国斯派（SPECTRO）公司的全谱直读等离子体发射光谱仪(ICP)，日本岛津公司的气相色谱质谱联用仪(GC/MS)和紫外分光光度计，美国进口UV耐候试验机、硬度试验机，台湾进口的万能材料试验机、熔融指数机、比重测试机、冲击试验机、光泽度测试仪、热变形维卡试验机、燃烧试验机等。还有完整的化学分析前处理实验室及设施，总价值近500万元。本中心拥有一支多学科高素质的专业人才，目前拥有8名员工，设有化学检测和塑胶物理性质检测专业检测实验室和办公室，能够对塑胶产品及原料依国际标准（如EPA，EN，ASTM)进行化学及机械性能检测和分析，如塑胶等相关产品ROHS指令检测等。

本中心管理体系完善，在实验室一开始就导入ISO/IEC17025实验室管理模式，中心本着"行为公正、方法有效、数据准确、服务规范、持续改进"的原则，为企业产品质量提供科学、准确、公正、可靠的检测数据，加速企业的发展

机械工业表面覆盖层产品质量监督检测中心

机械工业表面覆盖层产品质量监督检测中心是通过了国家计量认证和国家实验室认可的检测实验室，是国内唯一被授权从事金属与非金属表面覆盖层产品及其相关产品检测的权威机构。

检测中心拥有健全的管理体系及雄厚的技术力量和先进的仪器设备，能按照相关国内外标准对各类电镀层、热浸层、有机涂层、转化膜层产品以及电镀溶液添加剂、钢铁表面处理液和金属材料的理化性能进行鉴定检测能力。检测中心建筑面积750平方米，检测仪器设备86台套，其中进口仪器设备56台套，固定资产780万元。技术人员占100%，授权项目的检测能力达100%，检测水平达到国内先进水平。

检测中心成立以来，承担了国家与行业下达的产品质量监督检验；行业产品质量等级评定；产品质量仲裁检验；新产品新工艺鉴定检验；军工、科技成果鉴定检验；生产许可证及名牌产品质量评定；以及对电子、汽车、交通、轻工等行业以及建设工程等社会委托检测，同时还承担国家和行业相关标准的制修订，为企业提供技术咨询与技术培训，在社会享有良好信誉。

检测中心一贯奉行“公正严明、科学准确、廉洁高效、优质服务”的质量方针，以优质的服务，竭诚为社会各界提供可以信赖和满意的服务。

地址：武汉汉口宝丰二路126号

邮编：430030

电话：027-83641671

传真：027-83641671

E-mail：wuhanbfj@126.com

网址：http://www.bfjz.com

宁波信泰机械有限公司检测中心

NINGBO XINTAI MACHINERY INDUSTRIAL CO.,LTD INSPECTION CENTER

宁波信泰机械有限公司检测中心始建于2002年，并于2006年初成立了嘉兴检测分站。检测中心下设：环境实验室、材料实验室、化学分析实验室、汽车零部件模拟实验室、精密测量实验室、计量标准实验室、样品制备室。主要检测领域：金属、塑料及相关制品，漆与有关的表面涂料的理化试验、环境试验和性能试验、水质分析；校准领域：三大类量具的校准。目前检测中心拥有固定资产1000余万元，检测仪器设备80余台，工程技术人员16名，（其中高级工程师3名）。

检测中心通过了世界各大汽车公司如：通用、福特、日产、本田等的评审，并按照ISO/IEC17025:2005《检测和校准实验室能力认可准则》建立管理体系，配备必要资源，于2005年4月通过了中国实验室国家认可委员会的认可。2006年4月通过了扩项和监督评审。

检测中心一贯奉行以科学为动力，以管理为基础，以公正为核心的原则，为向客户提供一流的服务而不懈努力。

地址：浙江省宁波市北仑大港工业城大港6路8号　邮编：315800

联系人:刘安峰　邮箱:liu_anfeng@minth-co.com

电话：0574-86856312　传真：0574-86801089

公司网址:www.minth.com.cn

2006

ZHONG GUO REN ZHENG REN KE NIAN JIAN

第十三部分 认证实效

RENZHENG SHI XIAO

·认证实效·

北京市海淀区政府系统

全面推进质量管理体系认证 用科学高效的管理优化公共服务质量

海淀区地处京都腹地，位居中关村科技园区核心，高科技园区高新企业星罗棋布，林立密集。2005 年初，海淀区政府在全市区政府系统中率先导入 ISO 9001 质量管理标准。经过一年多的探索和实践，全区政府系统 64 个单位，全部通过认证审核，标志着海淀区政府系统办公向规范化、国际化建设迈出了重要的一步，同时也为全市的政府系统推进质量管理体系认证做出了有益的探索和尝试。

一、引入先进科学的质量管理体系认证

为打造北京市的首善之区，近几年来，海淀区政府以创建“讲效率、讲质量、讲成本”的服务型政府为理念，以“为纳税人服务”活动为中心，推行了一站式办公、电子政务等一系列的管理服务新举措。为实现“三个代表”的重要思想，落实科学发展观，海淀区政府在全区政府部门全面引入 ISO 9001 质量管理标准，通过引入 ISO 9001 质量管理体系，创新政务管理水平，以政务信息化技术为依托，通过对现有程序、信息、责权等资源重新整合，进行行政流程再造，并从制度设计上确保每个公务员按照程序、依据标准完成自己岗位职责，确保政府工作的便捷高效、公开透明、依法规范，提高服务对象的满意度，促进区域经济社会的和谐发展，为首都经济和中关村高新技术企业的腾飞奠定坚实的基础。

二、推行 ISO 9001 质量管理体系认证的具体做法

为确保这项投入人员多、涉及范围广的认证工作扎实有序地进行，成立了海淀区质量认证领导小组，区长周良洛亲自任组长，将认证工作确定为“区长工程”，制定了详细可行的实施方案，由区质量技术监督局牵头，明确要求各单位一把手要亲自抓，同时把此项工作列入政府年度考核内容之一，政府资金方面予以保证。

在主管区长的带领下，认证小组在大量基础性调研的基础上，完成了一份具有较强指导意义的政府系统推行 ISO 9001 质量管理体系可行性报告，为海淀区的质量认证工作奠定了理论基础。海淀区政府针对海淀区机构大、人员多等特点，决定采取试点先行，分三批梯次推进的办法。首先选择内部管理基础较好、办事程序性、规范性较强、内设机构较多的部门先搞试点，通过试点积累经验，然后在全区政府系统全面推进质量管理认证工作。

2005 年 2 月，第一批以政府办为首的 6 家试点单位认证工作启动，同年 5 月第二批 28 家委、办、局按期启动，7 月第三批乡镇政府和街道办事处按计划全面启动。

作为“区长工程”，全区各委办局对此项工作高度重视，一把手亲自抓，并将质量认证工作与正在开展的共产党员保持先进性教育活动相结合、与开展创建文明单位活动相结合、与实际工作相结合。

各单位分别召开了认证工作动员大会，按照认证要求组织全体人员进行封闭学习和讨论，有效地保证了贯标和培训的效果。在编写体系文件过程中，各单位对所有对外办理的事务以及内部管理文件进行了全面的梳理，一方面规范了工作程序，解决行政管理职能交叉问题，另一方面找出了工作中存在的不足，进一步明确了今后工

作改进的方向。

三、ISO 9001 质量管理体系认证的成效

(一)行政管理制度发生了明显的变化

1. 行政管理理念发生变革——以人为本,树立以人民群众为关注焦点的服务理念,与国际行政管理接轨,提升政府公信力。将“以顾客为关注的焦点”的理念植根于每一位公务员的心中,是海淀区政府系统推进 ISO 9001 质量认证的关键点。海淀区政府通过全区公务员大讨论,以每一位公务员对“顾客”的理解作为依据,确定了政府的顾客就是人民群众,就是企业,关注的焦点就是公众利益的全新行政管理理念。从政府的角度,以“服务”意识替代了“管治”意识,改变了行政行为的设计起点。

在 ISO 9001 质量管理体系建立过程中,通过贯标培训首先搭建了先进的质量管理思想平台,在政府工作中树立起了质量意识。各部门“以顾客为关注焦点”为核心,确立了质量方针、质量目标,明确了工作理念。在思想认识上解决了“为谁执政、为谁掌权、为谁服务”和“如何行政、如何服务”的问题,是推动政府工作不断前进的动力和源泉,是与时俱进的直接体现。

例如区财政局在认证之初确立了“为纳税人管好每一分钱”的管理理念。率先在全国实现了会计人员执业资格管理、外商投资企业管理网上办公,极大地方便了服务对象。区药监局制定了“依法行政优化服务是我们的行为准绳、保障人民用药安全是我们的神圣职责”的质量方针,对药品的监管做到了有计划、有步骤、有检查、有跟踪、有记录、有专人负责。

2. 行政管理模式发生变革——依法行政,以法治代替人治,以标准化管理代替经验性管理,形成了一整套科学、严谨的全员量化管理解决方案,实现数字化行政管理体系的升级。过去行政管理过程中,部分岗位职责不够清晰明确,一些管理规定不够具体、明确,工作结果可测量性差,有的岗位衔接不紧,有些工作落实不够,服务不到位等等问题,已经成为影响政府服务质量和效率的难点。推行 ISO 9001 标准体系正是解决这些“粗放式”管理的弊端的良方,从管理体系的整体角度,系统地建立标准化管理模式,从而形成一整套科学严谨、持续改进、自我完善、全员量化的行政管理解决方案。

区地税局通过开展质量管理体系认证,使“依法治税”的工作局面得到进一步的完善。运用体系方法随时将已经发现或者可能出现的问题解决在萌芽状态,使税收征管过程和与此相关的其他内部管理过程始终处于受控状态,减少工作中的随意性,从而进一步规范税收执法行为,提高依法行政的水平。区国税局在开展认证过程中,对税务行政许可、非行政许可审批和备案项目进行全面梳理,取消了 101 个环节填报的 145 种税务文书和资料,简化办税流程;并对 CTAIS 系统、金税工程和出口退税等三大系统的资源进行整合,进一步深化税收征管改革。并规范了 11 种表、册、单书的填制要求、流转程序和时限,明确了传递人、接收人及相关事宜的办理要求,加强了稽查与征收、管理各环节互动配合。花园路街道在引进质量认证后,以不变的质量管理应对多种多样的街道工作,通过实施先进的质量管理体系,在城市建设、综合治理、安置下岗失业人员和创建和谐社区等方面发挥了重要作用,群众和社会满意率逐年上升。

3. 行政管理体系发生变革——行政管理愈加精细、机构内部职责明晰、第三方审核公平公开,形成促“勤”、激“能”、推“优”的立体行政管理体系。认证前,区质监局由多部门同时负责受理、解决投诉,通常一件事要多次投诉才能找对部门,给消费者带来不便。在编制体系文件时,全局重新梳理了职能,投诉举报工作改由一个部门统一受理,统一记录,统一内部分配,并且建立了内部的投诉举报处理监督机制,极大地提高了工作效率,案件回复率达到 100%,消费者满意率超过 98%。

推行 ISO 9001 管理体系认证还有助于有效地排除考核中存在的弊端。例行的考核在政府部门已成为惯例,这对于促进工作发展有积极作用,但也存在很大的弊端:一是每年浪费了大量人力物力,影响了正常工作;二是碍于人情面子容易使考核流于形式;三是容易在部门间产生矛盾。在质量体系文件中除确立总的质量方针和目标外,还把部门目标和年初制定的考核目标统一起来,把对认证的质量量化考核与各科室的目标考核统一起来,有效地克服了机关内部评价和考核的弊端。通过第三方考核,公平公开地推举优秀的公务员,大大激励了政府的每一位公务员在自己的岗位上不断追求卓越,使政府形成促“勤”、激“能”、推“优”的立体行政管理体系。

4. 行政管理监督机制发生变革——行政管理由“要素模式”变为“过程模式”,建立起多元化的监督和约束机制,确保政府勤政高效、工作持续改进。过去,政府机关的监督管理一般仅局限于对结果的监督,即“要素模式”。通常只是强调事后审核,在发现问题后,才审查、改正,而造成的问题和损失已很难弥补。通过认证,行政机关每个工作流程、每个工作环节都在文件的约束下实施,从而杜绝了工作中的随意性,大大提高了行政管理的精细化程度,建立起了政府各项业务工作过程中的监视和测量方法,为促进行政业务工作流程与体系文件有效结合,明确每

个工作环节的记录制度，搭建了一个科学、量化的监督标准和考核机制平台。政府根据各种记录和数据进行统计分析，各部门的领导者找到了社会和群众的关注焦点，找准了工作中的薄弱环节，从而以更加科学的决策，更加透明的措施加以实施改进，使行政管理由“要素模式”转变为“过程模式”，将行政管理工作提高到落实科学发展观的角度上来。

同时，质量管理体系将政府的行政行为推到“前台”，使政府的每个“规定动作”都能“清晰可见”，促使社会舆论、企业和民众对政府形成有效的多元化监督约束，这无疑为从根本上解决行政腐败问题，建立和完善一种符合国际规范的社会监督机制和为建设和谐社会提供了机制上的保障。

(二)取得了良好的社会效益

1. **树立起了诚信政府的新形象**。从认证的实践来看，ISO 9001 标准的实施结束了人管人的模式，实现以制度管人，真正达到了法治化、标准化的要求，增强了民众对政府部门的信任，提高公信力，改变老百姓“共产党的章是圆的，政策多变，说话不算话”的印象，在民众的心目中树立起诚信政府的形象。

2. **优化了投资环境**。ISO 9001 质量管理体系的导入，直接受益者是到政府部门办事的投资者和市民，他们获得了政府更优质、高效的服务；间接受益者是全体市民，因为投资环境的改善，将会吸引到更多的外来投资，从而会促进就业岗位的增加、发展机会的增多和生活水平的提高。即实现了地区“洼地”效益，引导了人流、物流的正确流向，优化了地区投资环境，提升了政府的国际管理能力。

3. **使政府更加亲民便民**。导入 ISO 9001 质量管理体系后，市民和投资者是最直接的受益人。一是得到了政府部门更主动的服务。群众的更深感受，将是政府越来越为百姓着想。网上办公、公布监督举报电话、事件办结情况反馈、群众满意度调查等便民举措把百姓与政府的距离拉得更近了。二是得到政府部门更热情的服务。认证后，群众和投资者普遍反映，现在政府机关工作人员“笑脸”服务多了，“吃、拿、卡、要”现象和“衙门习气”少了，政府部门的服务意识、服务态度、服务质量都有了质的好转。三是得到政府部门更高效的服务。ISO 9001 质量管理体系运行以来，政府部门办事效率显著提高，各类行政事项的办理时间大为缩短，有的甚至当天就能办好。

海淀区政府系统推行 ISO 9001 质量体系认证的实践表明，要提高公共服务水平，改进政府服务质量，关键是在落实科学发展观的同时，运用科学的管理方法和保障机制，大力推进公共服务的观念、体制、技术和管理创新，建立与社会主义市场经济体制相适应的公共服务体系。2005 年，海淀区地区生产总值比上年增长 10.7%；财政收入比上年增长 22.11%城镇居民可支配收入比上年增长 13%；海淀园技工贸总收入比上年增长 14.7%。

四、巩固 ISO 9001 质量管理体系认证成效，实现政府管理机制持续改进的新突破

通过质量认证可以使政府的执政质量、执政效率、执政水平不断增强，进而全面促进政府执政能力的提升。但政府部门认证后，如何正确认识 ISO 9001 质量管理体系，如何进一步巩固质量管理体系持续改进机制，如何继续进行现代政府科学管理、创新管理、规范管理的不断探索，是政府系统推行认证工作取得实效和长效的重要课题。

(一)正确认识政府系统质量管理体系认证

认证不能以取得证书为最终目的，外审通过、取得证书只是建立先进的服务型政府的第一步。建立政府的质量管理体系及持续改进机制是一项长期的工作，ISO 9001 标准的管理思想和管理方法对于各种组织的自我完善、持续改进是长期适用的，只有在质量管理体系的长期坚持、不断完善过程中，才能更深刻的体会它的科学内涵及改进效果。同时，ISO 9001 标准也不是万能的，随着实践的发展，需要不断地创新和改进。

(二)保持质量管理体系的有效改进

通过质量体系认证后，各部门应加强对质量管理体系的监督与管理，确保体系持续有效地运行。应充分利用内审、管理评审等自我评价机制实现自我持续改进。特别是应关注认证机构的外审意见、社会反馈、满意度调查等外部信息，根据体系文件要求落实整改制度并采取切实有效的措施实施改进。建立体系并实施认证对大多数政府部门来说是新事物、新挑战，像海淀区这样在地方政府系统内部大规模推行的实例非常少。质量认证的实践表明，政府部门实施质量管理体系认证的关键是要把管理体系制度与现有的行政管理体制和日常工作有效融合，按照标准的要求留下日常各项工作的记录，让日常工作公开化、透明化，形成质量体系和工作考核都能使用的验证证据，避免形成体系和工作互不相关的“两张皮”现象。在通过运用体系改进工作、通过工作完善体系的过程中，必须坚持并充分发挥质量管理体系的持续改进作用。

(三)通过质量认证加强责任型、服务型政府的建设

由于种种原因，部门单位之间、内部科室之间还存在

着一些职能交叉问题，而认证工作是梳理工作流程、明确岗位职责的必经之路。实现政府各部门各司其职、各负其责，不仅仅需要各单位的领导高度重视，还需要引进先进的管理模式，继续推行质量管理体系认证，加强协调和配合，真正按照本部门编制的管理体系运作执行起来，取得实效。海淀区正在承担全市行政管理体制改革的试点，海淀区的重点是在事业单位进行改革。2005年7月，北京市海淀区公共服务委员会正式挂牌成立，将以“转变政府职能”为中心，以“政事分开、管办分离”为突破口，以推行ISO 9001认证为契机，整合行政资源，提高社会管理和公共服务质量，探索与市场经济相适应的行政管理体制。随着质量认证工作的推进，有理由相信，海淀区政府部门的职责分工会更加明确，对市场的监管力度会不断增强，社会管理将呈现专业化趋势，必将促进质量管理体系在机关的深入实施，全面提升政府系统的服务质量。

根据全区政府认证推进情况，各部门对认证工作有了更充分的理解和重视，也暴露出政府质量管理体系客观资源配置不足的问题。为了进一步突出认证成效，政府正加大协调力度，把认证工作与推行政务公开、全程办事代理和网上办事中心以及“为纳税人服务活动”等工作有力统一起来，使之相互补充，相互促进，更好地为人民服务。在政府系统广泛开展质量管理体系认证是一项需要不断实践摸索和逐步巩固提高的系统工程。只有政府部门全员都能够提高质量认识、服务意识，充分运用科学的发展观指导政府的日常管理，认真贯彻工作标准和规范，真正的服务型政府才能建立起来。

海淀区政府在全区政府系统率先引进、推行国际先进的ISO 9001质量管理体系认证，是海淀区创造良好的投资、国际化的服务环境，走国际化发展道路、建设新型政府的必由之路，是落实和坚持科学发展观、全面推进“质量立区”战略、构建和谐海淀的战略选择。

海淀区质量技术监督局供稿

江门市直机关
全面实施ISO9001质量管理体系

2003年开始，广东省江门市从建立长效机制入手，积极推进管理创新和服务创新，率先在市直机关（共51个部门、单位）全面实施ISO 9001质量管理体系，实现了机关作风建设由治标到治本的跨越，有效地促进了市直机关的标准化、规范化建设，进一步提高了服务能力和服务质量，提升了机关作风建设水平。2006年2月，国家认监委原主任、中国认证认可协会会长王凤清亲自来到江门给获证单位颁证，对江门市在市直机关全面贯彻实施ISO 9001标准给予了高度评价，认为“江门市认证范围之广、规模之大、部门之多，在全国是少有的，江门市委、市政府通过实现ISO 9001认证，达到提高服务质量、提高服务意识、提高服务效率的目的，反映了江门市领导的远见卓识”。

一、江门市直机关全面实施ISO 9001质量管理体系的做法

1. **统一认识，加强领导。**实施ISO 9001质量管理体系，是从传统的经验型管理向科学的规范化管理的转变，是新的管理理念向原有的思维定势的挑战，是规范的管理方式与传统的习惯做法的冲撞，对机关来说是一次自我革命。在工作初期，不少人存在着一些模糊认识和抵触情绪。市委、市政府从教育引导入手，通过召开市直机关实施ISO 9001质量管理体系动员大会、举办ISO 9001知识讲座、组织去已贯标的外地政府机关参观等，比较好地统一了大家的思想认识，调动了实施贯标工作的积极性。江门市委、市政府切实加强了对实施工作的领导，成立了江门市直机关导入ISO质量管理体系工作领导小组及其办公室，由市委副书记、市纪委书记谭继祖担任组长，市委常委、宣传部长陈照平，市委常委、组织部长叶启和市政府副市长陈杭担任副组长，成员由市委办、市府办、市纪委（监察局）、市直机关工委、市财政局、市人事局等部门负责人组成，由江门市机关作风建设领导小组办公室负责抓工作落实。在贯标过程中，机关各部门也相应成立了以一把手为组长的ISO工作领导小组，由一名副职领导担任管理者代表，负责研究、协调、组织和落实各项贯标工作，从而保证了贯标工作统一、稳步和有序。

2. **稳步推进。先行试点。**市政府办公室是政府工作的指挥协调中心和管理服务中心，首先在市政府办公室实施贯标工作，具有很强的示范和指导作用。2003年10月，市政府办公室率先开展了贯标工作。整个贯标过程分为动员准备、文件编写、试运行和认证审核四大环节，历时半年。根据“对外减少中间环节、提高工作效率，对内进行过程控制，提高工作质量”的指导思想，市政府办公室对各项工作流程进行优化，明确工作环节的责任主体，确立办文、办会、办事的执行标准，对每项工作“如何做”、“做到什么程度”都做了明确的规定。据统计，市政府办公室编制的《质量手册》、《程序文件》、《服务规范》等质量管理体系文件102份达40余万字。2004年3月26日，江门市政府办公室一次性通过了审核，获得国内、国际双认证，成为中国首家成功实施ISO 9001质量管理体系的地级市政府办公室。

稳步推进。市委、市政府认真分析总结了市政府办公室贯标工作的成功经验和取得的实际效果，决定在市直机关逐步推进ISO 9001贯标工作。2004年，市发改局、市外经贸局、市高新技术开发区等11个单位正式启动了贯标工作，2005年1月全部一次性通过国家权威机构的现场审核，并获得了认证证书。2005年6月，继续在市纪委、市教育局、市司法局、市总工会等39个党政机关部门全面实施ISO 9001质量管理体系，2006年2月全部获得了ISO 9001质量管理体系认证证书。

3. **注重实效。**在市直机关全面实施ISO 9001质量管理体系，绝不是为赶时髦、摆样子和拿证书。从贯标工作一开始，江门市委、市政府以及市导入ISO 9001质量管理体系工作领导小组就明确了贯标工作的指导思想和工作定位，把贯标工作的立足点和着眼点放在培育公共服务理念、加强内部管理、提高工作效率和服务质量上，放在创新管理、建立机关作风建设的长效机制上。市领导重视和加强了对贯标工作的领导、督促和检查，市委副书记、市领导小组组长谭继祖亲力亲为，多次主持召开专门会议，审定咨询公司、听取咨询公司、机关部门和领导小组办公室的工作汇报，到机关部门检查指导工作，研究解决贯标工作遇到的问题。为确保贯标效果，非常重视咨询公司的挑选工作，领导小组和办公室先后3次召开成员会议，按照公开、公平、公正、择优的原则，集体筛选和审定咨询和认证机构担任市直机关的咨询辅导和认证审核工作。

领导小组办公室加强了对贯标工作的指导，细化工作计划，加强督促检查，对个别贯标工作比较拖拉的部门，进行重点帮促。在贯标单位比较多的2005年，专门从2004年的已贯标单位抽调7人组成3个督导组，加强对工作的督促检查，建立了咨询工作和贯标工作情况周报制度，及时组织对贯标工作效果进行检查验收和开展效果测试，并开展“ISO 9001贯标工作先进单位”、“优秀咨询公司”、“优秀咨询师”的评选活动，从而保证了实施ISO 9001质量管理体系工作的健康有效开展。

二、江门市直机关实施ISO 9001质量管理体系的效果

一是树立和实践了“以顾客(服务对象)为关注焦点”的服务理念，丰富了“服务型政府”的内涵，增强了机关工作人员的服务意识，改善了机关形象。ISO 9001质量管理体系强调以顾客为中心，符合江门市委、市政府提出的打造“民本政府”的理念和目标要求。对机关单位而言，顾客就是上级领导、基层单位、人民群众和投资者。通过实施ISO 9001质量管理体系，机关工作人员“以顾客为关注焦点”的服务理念和主动服务、贴近服务的意识明显增强。各部门大力改进服务作风，创新服务方法，规范服务方式，增强了服务能力，受到了群众的好评。

二是全员参与建立ISO质量管理体系，明确规定岗位职责，进一步增强了机关工作人员的责任意识。通过建立ISO 9001质量管理体系，对每项工作的程序、步骤以及操作标准都作出了明确规定。各单位按照体系要求制定了符合实际的质量方针和目标，并逐层分解落实到单位内部的每一部门、具体岗位和具体工作中，较好地解决了机关部门内部职能不清、责任不明和职能交叉的问题，增强了机关工作人员的岗位意识和责任意识。同时，按照体系要求，通过制定《工作情况(项目)检查表》等，将重要的日常业务详细纪录，进行“过程控制”，有效地消除了过去在管理和服务上的随意性，较好地解决“人管人、人管事”的弊端，实现用制度管人、用制度管事的工作机制，提高办文、办事效率。江门市高新区过去在“企业开业申报”工作中，需要经过15~18个过程，每个过程是什么时候进行的、什么时候完成的、办理过程中会出现什么问题都很难说清楚。通过贯标建立了一整套的“跟踪纪录”，就不仅方便了检查监督，而且能够对出现的问题进行追溯分析，大大增强了工作人员的责任意识，减少了工作差错，实现了“防患于未然”。许多机关工作人员深有体会地说：“现在做每一件事情，都要考虑是否符合ISO 9001质量管理体系的要求和标准，不然就会犯错误！”

三是确立了“依法依规办事”、“过程控制”、“预防为主”、“持续改进”的业务管理新模式，进一步提高了工作质量和效率。各单位坚持把实施ISO 9001质量管理体系

与贯彻《行政许可法》、《公务员行为规范》和审批制度改革等有机结合起来，进一步规范了服务行为，并建立了一套预防和处理"不符合要求的行政管理与服务"的机制，较大程度上解决了传统的管理与服务中存在的执法不严、执法随意性比较大的问题，促进了依法行政。在改进工作方面，由于以往机关每半年一次或一年一次工作总结，只能为改进工作提供两次机会，工作改进缺乏连贯性；而通过贯标，引入了持续改进机制，对工作、管理中出现的问题和差错就能够得到及时处理和纠正，工作的时效性大大增强；尤其是"过程控制"方法的引入，实现了对机关工作人员每项工作的每一环节进行"质量监控"，部门负责人或管理者代表开出的"不合格服务通知书"，成为进行月度、季度、年度考核的依据，忘事、漏事、错事、工作忙乱、被动应付等现象大幅减少。江门市环保局以往曾因工作繁多，科室之间缺乏沟通，导致一些科室之间的"边缘工作"出现工作上的失误，自 ISO 9001 质量管理体系试运行以来，就未再出现因岗位职责不明确而导致工作失误的问题。尤其是该局将"12345"政府服务热线的投诉处理纳入 ISO 质量管理体系、实行规范化流程化管理后，保证了投诉事件的及时处理和督办，收到了很好的效果。江门市政府办公室实施 ISO 9001 质量体系两年多来，机关建设全面加强，服务质量明显提升，工作效率大大提高，一般文件的办文时间由 7~15 天缩减到 3~5 天，并有 2/3 的文件在当天办结，重大工作差错得到了有效控制。2004 年和 2005 年，江门市政府办公室在作风建设考评中连续两年被评为"先进单位"。

四是按照 ISO 9001 质量管理体系的要求，建立了监督、检查、考核机制，确保了各项制度的贯彻执行，使制度化管理落到实处，而考核机制的创新，进一步改进了机关工作人员的工作态度。以往每年一次的"德、能、勤、绩"年度考核，重结果、轻过程，缺乏对机关工作人员全部工作实施严格的约束，常常导致制度落实不好，出现"干好干坏一个样"、"做快做慢一个样"、"做与不做一个样"等问题。贯彻实施 ISO 9001 质量管理体系后，各单位通过定期内审检查和实施绩效考核，对所有科室的全部工作进行全面认真的符合性审核，对不符合文件规定的工作和做法开具不合格报告，并要求确定和落实纠正措施，对工作及时进行量化评分，实现了考核的全员、全程和及时，机关工作人员工作的质量和效率得到了及时量化反映，激发了工作人员的积极性。此外，认证机构每年还对各单位进行一次符合性监督审核，若不能通过审核，将被吊销证书，这也就迫使各单位必须认真执行管理文件和制度。这种内外相结合的监督机制大大强化了制度的贯彻执行，真正实现了制度化管理。江门市交通局结合贯标工作完善半月工作汇报制度，每季度对各科室政务公开任务完成情况包括工作任务、责任人、要求、时限、进展情况、存在问题、下步打算等加以公开，纳入干部考核内容。同时还开展"满负荷工作"系列评选活动，从思想政治观念、工作绩效、科务站务、廉政建设等 4 个方面，设立 23 项考核内容，制定具体、严格的评分标准，通过自评、小组评审、群众参评，评选出满负荷科室（站）和满负荷科（站）长，全局上下形成了"事争先进，业争一流，高效服务"的工作格局。

江门市在市直机关实施 ISO 9001 质量管理体系，坚持了以科学管理代替经验管理，以程序管理代替随意管理，实现了管理机制的创新，基本做到了"凡事有人负责，凡事有章可循，凡事有据可查，凡事有人监督，凡事有得结果"。2005 年底，对全部 51 个贯标部门从一把手重视、全员参与、体系运行、持续改进、岗位职责、内部管理、工作规范、办事效率、服务水平、能力素质等 10 个方面进行测评，结果显示，各贯标部门贯标效果较好，满意率达到 91%，其中 16 个单位满意率达到 100%。

江门市在党政机关中全面贯彻实施 ISO 9001 质量管理体系，使得党政机关的管理和服务更趋理性，岗位设置更加科学，工作职责更加明晰，工作流程更加规范，绩效评估更加有效。尤其是"以顾客为关注焦点"的服务理念的确立、过程控制和持续改进创新了工作模式，使江门市直机关的作风建设具备了持久发展的内在动力，贯彻实施 ISO 9001 质量管理体系，已成为推进机关作风建设深入发展的长效机制。ISO 9001 并不能包治百病，它虽然明确了职责以及工作责任的归属，但机关管理的质量主要取决于人，而如何追究责任则是干部管理体制的问题，没有一个奖勤罚懒、奖优罚劣、能上能下、能进能出的干部管理的激励机制，就很难调动干部的积极性，ISO 9001 质量管理体系的效用也就会打折扣。因此，江门市还要在坚持持续改进、突出"以人为本"的管理、不断将 ISO 9001 与执法责任追究制、干部考核末位淘汰制等科学的干部管理机制相结合等多方面继续努力，只有这样才能从总体上提高 ISO 9001 管理体系的效用。

江门市直机关导入 ISO 质量管理体系工作领导小组供稿

广州市黄埔区人民检察院
创新理念 规范管理

广州市黄埔区人民检察院是广州市检察院和广东省检察院确定的规范化建设示范院。该院早在2003年就汲取ISO 9001的先进管理理念,对法律监督工作逐步实行规范管理。2005年,该院严格贯彻ISO 9001标准,建立了质量管理体系,并顺利通过第三方认证,成为广东省检察机关首家通过质量认证的检察院。ISO 9001贯标认证全面促进了该院检察工作的发展,特别是在规范法律监督行为、保障案件质量和加强队伍建设方面成效突出,2005年该院荣获“全国先进检察院”称号。

一、贯彻ISO 9001标准的可行性论证

2003年,该院在规范化建设过程中经过深入的反思,清醒地认识到在基层检察院的传统管理中主要存在以下三方面的问题:一是权责不清晰,基础管理较薄弱,管理的“链条”主要靠经验判断来维系,主观随意性较大;二是程序不够规范、严格,有重实体轻程序、工作环节随意跳跃的现象,案件质量意识不够强;三是工作透明度不高,案件质量监督以事后监督为主,案件质量缺乏统一、科学的评价标准。要“强化法律监督,维护公平正义”,就必须摒弃传统凭经验的管理方法,寻求行之有效的现代管理模式。经过深入的调研和充分的论证后,该院认为ISO 9001质量标准能够满足规范化管理的需求,其过程控制、预防为主和持续改进等核心理念有利于基层检察院管理系统的整体规范和优化。因此,该院决定汲取ISO 9001标准的先进理念,构建基层检察院规范管理新模式。在经过两年的运行和实践后,该院认识到原有的管理模式并非严格按照ISO 9001标准而建立,执行情况缺乏刚性监督。为进一步提升管理水平,2005年该院决定严格贯彻ISO 9001标准,建立完善的质量管理体系,并申请第三方认证。对该院来说,贯标认证绝非为了拿一纸证书,而是希望通过贯标认证工作,切实解决基层检察院管理中的实际问题,并继续为广东省、乃至全国检察机关基层检察院的规范化建设积累宝贵的经验。

二、贯标认证的主要做法

较之一般的贯标认证组织,该院的贯标认证工作具有良好的思想认识基础和文件编写基础。在贯标认证过程中,该院主要做好四方面的工作:第一,领导高度重视。该院及时成立了贯彻ISO 9001标准领导小组,设立了质量管理办公室,任命一名副检察长为管理者代表,全面领导和推动贯标认证工作,多次召开院党组会议、中层干部会议和全院干警大会,反复强调贯标认证工作的重要性,逐步统一干警的认识。第二,狠抓标准条款的培训和学习。该院多次聘请质量管理专家为干警讲解标准条款,并通过标准条款知识竞赛、部门学习讨论和专题研讨会等多种形式来深化干警对标准条款的理解。第三,精心编制体系文件。该院抽调了精通业务的干警严格按照标准条款的要求,编制了《质量手册》、11个程序文件和238个工作规范,约30万字。第四,严格执行体系文件。该院要求全院干警严格按照体系文件的要求开展工作,并将质量管理活动与信息化建设紧密结合,通过计算机网络系统对体系文件执行情况实行动态监督。

三、贯标认证的主要成效

该院以贯标认证为契机,以点带面,推动了全院工作的整体进步,贯标认证的成效主要体现在以下四个方面:

1. **职权明确,逐步形成管理合力。**该院明确界定各项工作的职责权限、办理主体、工作要求和办理时限,实现对工作过程的连续控制,从而大大提高了干警的工作责任心和主动性,有效地减少了部门之间的推诿和扯皮现象,逐步形成管理合力。2005年该院线索的审查处理率达到100%,98%的信访件在3日内完成审查分流处理。

2. **严密的过程控制,进一步提高了工作质效。**工作过程程序化和模式化,有效缩短干警熟悉工作的周期,减少不必要的请示汇报,优化工作习惯和工作方法,使办案

质效进一步提高。该院2005年批捕案件保持无超期、无赔偿，不捕案件保持零复议、零复核；公诉案件起诉准确率达100%。

3. **工作透明度增大，廉政建设水平进一步提升。**严密科学的体系文件和规范统一的工作流程，将工作的过程、权限、时限、结果、记录和审批环节透明化，健全和规范了检务公开，有效遏制了执法行为的随意性，使廉政工作从事后补漏转变为事前预防，廉政建设水平明显提高。

4. 树立了检察机关的良好形象，群众满意度提高。该院通过规范法律监督行为，严格依法办案，文明办案，2005年该院纪检部门没有收到有关该院干警在办案过程中违法违纪等问题的投诉举报，法律监督综合满意率为100%，法律监督工作赢得了人民群众和社会各界的肯定。

撰稿人：郭　琼　审稿人：李善炽

贵州茅台酒业集团

贯彻五大管理体系标准　生产经营不断追求卓越

1. 2005年在质量、环境、职业健康安全、计量四大管理体系的基础上又贯彻了ISO 22000食品安全管理标准，建立了公司食品安全管理体系，申请了质量、环境、职业健康安全管理体系双重认证和产品质量等级（优级）认证；质量、环境、职业健康安全管理体系于2005年8月通过了中国质量认证中心的双重认证，公司贵州茅台酒、茅台王子酒、茅台迎宾酒3大系列6个单元的全部产品于10月底通过了中酒联合（北京）质量认证中心的产品质量等级（优级）认证。通过贯彻ISO 22000食品安全管理标准，建立食品安全管理体系，增强了员工的食品安全意识和卫生意识，纠正了员工的一些不良卫生习惯，加强了对食品危害的防范意识，通过设立关键控制点强化了从原辅材料采购到产品交付过程中可能引入的食品安全危害的控制。通过实施食品安全管理体系认证、产品质量等级（优级）认证和质量、环境、职业健康安全三大体系双重认证，进一步规范和夯实了公司的各项基础管理工作，提升了产品的声誉和品牌的形象。

2. 公司内审组分别于2005年4月和7月两次对与管理体系运行有关的32个单位进行了内审，共提出了不符合项44项；分别于7月、8月和10月三次接受第三方审核，共提出了不符合项44项，改进建议61项；内外审中提出的问题已全部得到改进，通过内外审后相关部门对不符合项和存在的问题以及改进建议的落实和改进，使体系运行中各项活动的开展更加规范有效，管理方法更加先进。

3. 各单位严格贯彻"以顾客为中心，以质量求生存，以创新求完善，永葆国酒地位"的食品质量安全方针，严格全过程的质量控制，严格关键控制点的控制把关，使各关键工序、重要的食品安全危害得到有效的控制，全年无食品质量安全事故的发生。通过召开生产调度会、质量例会、供方座谈会、经销商座谈会、包装材料改进专题会等质量管理活动的开展，对从产品设计开发、采购、生产、销售等过程中出现的问题、管理环节中的脱节、信息传递渠道不畅等进行了改进。通过对优秀供应商、经销商实行奖励和授牌，激励供应商、经销商更好地服务于茅台，实现了双赢，提高了顾客和相关方的满意度和忠诚度，原辅材料、包装材料采购合格率均在99%以上。主要包装材料质量持续改进，如：茅台酒瓶盖出现铝盖、脱漆，向厂家反馈后及时得到了改进；市场反映系列纸箱版面设计和墨头式样多，消费者难以识别，公司经研究后对此进行了系统的改进，统一了纸板质量、字体、图案颜色，增加了生产许可证号、酒精度、净含量等标识，减少了材料的浪费，也利于顾客识别；在500mL茅台迎宾酒、茅台王子酒瓶盖内增加了内垫，使渗漏酒问题得到了较好的改进，较大地满足了顾客需求，增加了产品的销量，给公司带来了较大的经济效益。

4. 公司技术中心根据市场需求研制开发了53度高档名将酒并投放市场；配置了35个兼香型样品酒作为兼香型酒的技术储备，样品已得到相应经销商的认可，一旦市场需求，能立即投入批量生产。翻沙酒和碎沙酒两种基酒的开发已成规模，并通过初步评审，两种基酒各项指标均达到了预期效果；完成了新产品基酒结果调整实验，设计了梯度递减的方案，采用替代品或符合国家要求的外加酒精指标两套成功技术，形成了技术储备。

5. 各单位严格贯彻公司职业健康安全方针和环境方针，在年初对所涉及的危险源和环境因素进行了充分的识别与评价，确定重大危害源和重要环境因素，并对重大危险源和重要环境因素制定了相应的管理方案进行控制，确保了职业健康安全管理体系和环境管理体系的持续有效运行，全年无较大职业健康安全事故和环境污染事故发生，未发生1例职业病，44项重大危险源风险值降到可控范围内，圆满实现四零一低的目标。

(1)职业健康安全方面，认真落实全员安全风险责任制，强化了安全宣传教育、培训和事故应急演练，加强了道路交通安全管制，加大了日常安全检查监督管理和每月绩效考核的力度，深入开展了安全专项检查、综合考核、施工现场安全检查，督促单位自查，坚决消除事故隐患，严肃查处违章和事故，把职业健康安全管理工作不断推向深入。加强了安全和消防设施的检查与使用实验，保证设施完好有效，为安全管理奠定了基础。通过体系运行和贯彻落实，大大促进了员工关注安全、关注健康的意识，积极主动自觉参与安全管理，到岗位上始终坚持识别危险因素第一的原则，把自己岗位周边的危险因素识别出来，并及时消除或报告处理，确保了岗位无隐患、无违章、无事故。

(2)在安全管理方面，始终坚持预防为主的方针。如：2005的8月4日四川宫阙老窖酒厂发生静电爆炸重大安全事故一案后，公司领导亲自带领公司相关人员到现场考察。回来后多次召开专门会议总结经验教训，并进行安排部署，对公司所有带静电的酒罐车、储酒罐等安装了防静电装置，对相关岗位的员工进行了安全知识培训。把带有火种作业的酒库维修班从库房内搬出。对酒库、包装、制曲、供应销售库房的电器设备、电源线路进行专项安全年检，对特级防火单位进行了"抽血式"全面安全"体检"。挑选子公司安全管理人员开展了"茅台集团行"安全检查活动。开展了锅炉压力容器、气瓶、食品卫生、危险化学药品、防投毒等专项检查，对避雷设施进行了检测，督促有关部门对特种设备如电梯、行车、锅炉等设备进行安全技术检测，及时消除安全隐患，使之完好有效，防止了雷击、火灾、洪灾和设备事故的发生。

(3)制定了化学危险品、化学试剂的采购、储存、运输、管理和使用的管理办法，在技术中心建立了危险化学药品电子库，对化学药品实施统一采购、动态管理，解决了过去存在一些通用药品大量积压的问题，加强了化学药品的使用监管力度，理顺了废弃化学药品报废处理和有毒有害化验废液处置的程序，确保了危险化学药品的安全使用、保管和处置。

(4)环境管理方面：2005年6月新增绿化面积18 000m²。公司生产部、动力车间和环保处收集了10多家锅炉脱硫除尘改造方案，初步筛选出3家比较完整和适合公司的方案，正在对3家的方案进行论证。制酒高浓度有机废水、职工医院病毒污水、锅炉冲渣水、锅炉烟气等通过加强治理设施的运行管理和日常的监督，污染物均得到有效治理。据遵义市环境监测中心站(2005)第31号监测报告，公司新区2#锅炉烟气中烟尘排放浓度为89.8mg/m²，排放量2.14kg/h，SO_2排放浓度为838mg/m²，排放量20kg/h；公司厂界噪声昼间(55dB)、夜间(44dB)均未超标；污水处理站废水排放：CDO18mg/L、BOD35.7mg/L、SS4mg/L、pH8.46、色度10倍、氨氮0.31mg/L，各项污染物监测结果均优于国家污水综合排放标准。可回收固体废弃物(如窖泥、生活垃圾等)全部运到垃圾场填埋；危险固废得到较好的处置。与贵阳医学院生物确定室共同研究利用丢弃的酒糟制作农家肥料，推动资源循环使用，促进了经济持续发展。在新扩改建项目中认真执行环保"三同时"制度，严格控制新增污染源，同步实施了新增车间的生产废水清污分流，确保了新增污染物全部得到有效治理。

6. 各单位严格执行GB 8951—1988《白酒厂卫生规范》、操作性前提方案和HACCP计划，确保了厂房、设备、卫生设施、消防、水电能源等基础设施处于完好状态，生产过程中可能引入的食品安全危害(员工的健康、水质、采购的原辅料和包装材料)得到有效控制，全部控制到可接受水平。通过生产部、企管部、质检部等部门对现有执行情况和有效性的验证以及质检部对最终产品的检测数据，可以证实公司制定的操作性前提方案和HACCP计划是适用有效的。

7. 为保证设备运行的安全性，在设备管理过程中除了加强对设备运行状况的检查监督外，还重点加强了对设备操作人员所涉及的岗位职责的检查考核力度，从设备运行的原始记录到操作人员对设备的操作管理均列为检查重点。结合公司的实际情况，起草编制了《不锈钢酒罐安全操作规程》等相关安全操作规程、管理规定等共计5项，对《行车工操作规程》、《锅炉操作规程》等关键设备的操作规程进行了完善，并合理更改了部分设备运行记录。

8. 为不断追求卓越，贯彻和落实科学的发展观，进一步提高管理绩效，公司根据五大管理体系标准的要求，从年中开始广泛征求了各主管职能部门、执行部门以及相关岗位操作人员的意见，结合内审和外审中发现和提出的问题与建议，以及日常检查中发现存在的不足，对公司管理体系程序文件和相关作业文件重新进行了系统的策划，对几大管理体系中要求相同或基本相近的部分进行了整合，对程序文件中重复要求和操作繁琐的内容进行精简，对与实际操作不一致的地方进行了修改和补充。通过对五大管理体系文件进行补充修改和整合，增强了文件的可操作性和管理程序的科学性、系统性，将促进今后管理绩效的进一步提高。

贵州茅台酒业集团供稿

吉林德大有限公司
在实施HACCP体系中不断开拓市场

一、吉林德大有限公司的基本情况

吉林德大有限公司是于1989年成立的肉鸡加工一条龙企业。企业是由吉林省松辽禽业联营公司与泰国正大集团分别出资50%合资兴建的，于1992年正式投产运营。经过十几年的发展，现已经形成农牧工商一体化，产加销一条龙的大型农业产业化龙头企业，是全国最大的肉鸡“龙头”企业，是国家农业产业化重点龙头企业。

经过17年的发展，吉林德大有限公司成功走出一条“公司+农户”的农业产业化之路，已形成肉鸡“一条龙”项目和粮油加工项目两条经营战线。生产经营的品种有鸡肉、饲料、豆粕、色拉油、种雏、酒类、大米加工和粮食贸易八大类产品，300多个品种。德大公司的固定资产已达到19亿元。

德大公司不断发展的同时，十分注重品质管理工作，产品的质量不断提高。公司获得HACCP食品安全体系和ISO 9001质量管理体系双体系认证。公司的产品在满足国内市场供应的同时，积极开拓国际市场，产品出口到亚洲、非洲的20多个国家和地区。火腿肠、速冻调理禽肉熟食产品两类产品是中国名牌，火腿肠是国家质检总局认可的中国免检产品。

二、HACCP体系的建立

自1996年开始德大公司就系统地引进HACCP体系来管理食品加工的全过程，并成为吉林省第一个获得HACCP体系认证的企业。在向社会供应健康食品的同时，也向社会宣贯了健康消费的理念。德大公司根据HACCP体系的精神实质不断提高自己的管理水平和产品的质量，使公司的市场份额和企业效益逐年增加。

（一）以分割鸡肉为例，简介德大公司的HACCP体系的主要内容

1. 组成HACCP小组。公司HACCP小组由相关学科或专业的人员（由采购、生产加工、研发、质量保证、设备、食品检验、销售等）组成。HACCP小组成员经最高管理者批准，具有与组织的产品、过程、所涉及危害相关的专业技术知识、技能和经验。HACCP小组的主要职责就是建立和实施HACCP计划。

2. 产品描述。

2.1 产品说明。

2.1.1 加工类型：屠宰加工。

2.1.2 产品名称：德大牌 冻、鲜鸡胸/鸡腿/鸡翅/排产品/块产品/串产品/副产品。

2.1.3 使用方法：加热后食用。

2.1.4 包装类型：内包装：塑料袋、真空包装/非真空包装；外包装：瓦楞纸箱。

2.1.5 贮存温度和保持期限：

冻品：-18℃以下保存18个月。

鲜品：-2℃~+2℃之间保存0~6天。

2.1.6 销售方式：出口/内销/一般消费者。

2.1.7 标签说明：产品品牌、名称、生产日期、保存条件、保存期限、重量、生产厂家、联络方式。

2.1.8 特殊的分销控制：冷藏或冷冻。

2.2 原、辅料说明。

2.2.1 生产原料：毛鸡（一般情况下，自养44~48日龄，代养46~50日龄，特殊情况随订单而定）。来源于本公司内部受控环境下的AA+鸡苗，使用德大牌全价饲料饲养，并严格控制活鸡的停药时间，确保鸡肉中无抗生素和化学物质残留。

2.2.2 生产辅料：葱、蒜、香菇、野菜（注：仅在做串产品时使用）。

2.2.3 包装辅料：塑料袋、单片、编织袋、包装盒、包装箱、胶带、竹签。

3. 识别预期用途。根据自己产品的特点，针对分割鸡肉的特点，食用时采取熟制、再加工后食用的处理方法。属于大众食品。

4. 工艺简述和流程图及现场验证。公司产品有几百个品种，公司将他们按照加工的特点分为鸡肉、炭烤、油炸、蒸煮、高温熟食和低温熟食等六类。公司按系列描述产品的工艺，并制定工艺流程图，由领导小组成员对流程现场进行确认。

5. 危害分析和预防措施策划。针对各个工艺流程图的步骤，动员各个专业领域的人员参与危害分析，找到每步工艺可能存在的安全隐患。分析的方法采取集思广益，畅所欲言的方式，公司称为“思维风暴”。针对生物性、化学性、物理性等方面的安全隐患，对每步工艺，具体分析这个工艺是引入了危害还是增加了危害，是控制了危害还是消除了危害的思路，采取不同分析方法，采取相应的预防措施。

6. 确定关键控制点（CCP）和关键限值（CL）。根据危害分析的结果，利用判断树确定关键点。根据国家或进口的要求，结合企业的实际为各个关键点确定关键限值。在选择关键限制时，既考虑到限值的实用性，也要考虑可操作性。对于一些需要很长时间的测量、化验才能得到结果的限值是不予采用的。以温度、时间、长度等直观、便于测量的指标作为关键限值来设定。

7. 监控程序的建立与实施。对关键控制点的监控是运用美国 21CFRpart123 介绍的监控程序进行，即“监控什么、怎样监控、监控频率、谁监控”。规定了监控的对象、实施的人员、方法手段和实施的频率等项目。使不熟悉生产实际的外人也能很直观地了解关键点的控制情况和方法。

8. 纠偏行动的建立。当监控发现关键限值发生偏离时，受影响产品可能含有显著危害，监控人员立即停止相应关键控制点所在操作步骤的运行，并及时通知纠偏人员采取纠偏行动，确保将危害控制在组织的特定操作之内。

9. 验证程序与实施。针对分割鸡肉加工过程的三个关键点，主要有以下验证方法：主管现场检查并复查记录，每日每生产部至少 1 次；每周对温度计校正 1 次；化验室取样进行鸡体表生菌数检验，每周每生产部至少 1 次。

10. 文件与记录保持程序策划实施。德大公司 HACCP 体系记录包括：CCP 监控、纠偏、验证记录；SSOP 计划执行、检查、纠正记录；化验记录等。记录归档是按每日装订保存。文件管理本身也有相应的记录。

11. 不合格产品处理计划。原料、半成品、成品的检验、内审、外审时发生不合格或发生消费者投诉等（除 CCP 和 SSOP 偏离外）都要按照对不合格产品所采取的处理措施处理。处理措施包括：隔离和保存要进行评估的产品、重新加工、降级处理、销毁产品等。

12. 设备设施维修计划。针对不同设备对产品加工的影响，保持设备安全卫生的使用，按照计划对他们实施维修和保养。

13. 人员培训计划。对从事与质量有关的人员进行培训，从而提高他们的质量意识和专业技能，并对特殊岗位的工作人员进行资格鉴定，确保满足质量工作要求。

14. 产品标识、追溯。对于接收、生产和交付的产品以适当的方式进行标识，以便识别和分辨各类产品、检验状态和原料来源，在有要求的场合达到可追溯性的目的。

15. 召回计划和模拟回收。为了保护消费者的利益，有效地回收本工厂生产的已经发生或潜在的有可能发生不安全的出口产品，对产品实施召回制度。

16.对顾客抱怨的处理程序。针对顾客提出的质量问题，有关的部门经理或负责人按消费者的内容进行分析，查明原因，采取预防措施，消除隐患。

17. 内审程序。为了对本公司已运行的 HACCP 体系进行全面审核，以确保该体系达到预期的食品安全卫生控制效果，持续改进，每年至少对 HACCP 体系进行 2 次内部审核，涉及到所有的管理部门和生产现场，以及客户提供的检查体系，包括审核准备、文件审核、现场审核、纠正措施等几个环节。

18. 应急程序。在 HACCP 计划执行过程中，当发生意外情况（如停电、停水等突发状况）时，为了保证产品的卫生安全所应该作出的反应程序。

（二）SSOP 的策划、实施

为防止食品操作的环境和人员对食品的污染，德大公司制定并实施 SSOP 计划，至少包括以下方面的要求：确保与食品接触物表面接触的水（冰）的食用安全；确保与食品接触的表面的清洁和卫生，避免对食品污染；防止食品之间的交叉污染。

确保操作人员手的清洗与消毒，卫生间设施的清洁；防止润滑剂、燃料、清洗消毒用品、冷凝水及其他化学、物理和生物等污染物对食品造成污染；正确标注、存放和使用各类有毒化学物质；保持组织人员的身体健康和卫生习惯；预防和清除鼠害、虫害。

针对这些方面全部指定了详细的控制方法和检测计划。SSOP计划的有效实施对危害预防起到重要作用并产生直接影响，是HACCP实施的前提之一。

（三）符合国家规定的设备设施是实施HACCP体系的基础

如果没有符合国家规定的设备设施，即使有最完美的体系文件和实施机构，想要生产出安全放心的食品也是无本之木。为此，德大公司按照国家针对出口食品企业的注册规范，不断完善企业的基础设施，使公司的产品在高起点开始，按照高标准生产，始终处于竞争的最前沿。

三、实施HACCP体系管理的体会

德大公司实施HACCP体系管理之后，食品安全质量逐渐提高，客户反应有关食品安全方面问题越来越少。日常CIQ的监管和官方验证、指导，使德大公司HACCP体系管理水平不断提高。德大公司先后代表国家参加了对美国、巴西、日本、韩国等国家和地区对中国禽肉行业的考察和注册，并获得这些国家的好评。

在德大公司获得注册检查的国家和地区中，比较有代表性的有美国、巴林、瑞士、马来西亚等国家和地区。美国联邦法规针对HACCP体系专门有416、417两个部分规定和具体要求。美国农业部的FSIS官员不仅严格验证美国国内的肉类生产企业，对于计划向美国出口肉类产品的国家和地区也要严格按照美国416、417法规验证。德大公司自2004年以来接受了美国FSIS官员的严格检查。通过他们的检查，使中国的熟制禽肉产品得以登陆美国市场。如果没有HACCP体系的实施，这种结果的取得是根本没有可能的。巴林、马来西亚、瑞士等国和地区和美国的国家强制要求不同，这些国家和地区虽然对HACCP体系没有明确的国家要求，但是那里的客户却对供应商明确提出实施HACCP体系的要求。比如巴林的客户针对德大公司的HACCP体系实施情况进行严格的评估后，最后在众多国家和地区的投标企业中选择了德大公司作为他们的供应商。即使是在高致病性禽流感肆虐的时期德大公司也没有终止对巴林出口禽肉产品。

通过这些事实，可以看到实施HACCP体系对一个企业的作用不是一般意义上的重要。如果没有HACCP体系的实施，这些成绩的取得是不能想象的。

吉林德大有限公司供稿

长春皓月清真肉业股份有限公司
走认证认可之路　不断提升食品安全控制水平

吉林省长春皓月清真肉业股份有限公司2000年1月正式投产。皓月公司现已形成集肉种牛繁育、肉牛饲养、饲料种植、浓缩饲料生产、屠宰分割、熟食加工、皮革加工、有机复合肥生产、生物制品、物流、旅游观光一体的农牧工商一体化、产加销一条龙、公司加基地带小区连农户的大型产业化龙头企业。2005年，公司共实现销售收入12.6亿元，利税11 033万元，产品出口到中东、东南亚和俄罗斯等17个国家和地区，占全国牛肉出口量1/2，出口创汇1 500万美元。特别是公司通过走认证认可之路不断提升食品安全控制水平，取得了可喜的成绩。

公司建设初期，就提出了“高起点和与国际接轨”的建厂方针。在企业尚未投产时就已在吉林进出口检验检疫局领导和专家的指导下，开始了HACCP体系的培训，并将其具体要求和工厂设计与建设紧密融合。在工厂设计时公司在国外专家的指导下参照美国、欧共体及中国的国家标准制定了规范化的生产工艺、卫生和产品质量标准；在工程设计时，招标选择了国内和省内最好的设计单位和施工单位进行设计和施工；在设备配置上，选用了世界上最先进的德国、西班牙、意大利等国家的屠宰和熟食产品加工设备。屠宰生产线具有全自动程序控制，幻觉引导、自动劈半、真空吸髓、快速预冷等独特的工艺方法，代表了当今世界屠宰行业的先进水平。制冷系统由大连冰山集团提供，主机为美国约克公司制造，各用冷点采用自动程序控制，具有亚洲最大的预冷和冷藏区，快速预冷间可达世界先进水平。使肉牛屠宰和熟食加工在国际兽医卫生组织认可的卫生环境中进行。

公司在2000年就开始按照ISO 9002与HACCP体系的要求建立质量管理和食品安全控制体系。在2000年

7月获得了出口注册证书,2000年11月通过ISO 9002:1994认证。2003年2月又顺利通过了中国质量认证中心ISO 9001:2000质量管理体系转版认证。2003年5月,又在全国肉牛屠宰行业中第一个通过了HACCP体系认证。

几年来,皓月公司走认证认可之路,按照标准要求,严格、认真进行实施,提高了质量管理水平,从而保证了产品质量。

皓月公司从牛源开始至整个工艺流程都实行了过程控制。建立了质量管理体系,编制了《质量手册》和15个程序文件,对质量管理体系、管理职责、资源管理、产品实现、测量、分析和改进等过程进行全方位控制。

皓月公司设置了技术质量部,下设工艺组、产品研发组、体系管理组、兽医室、质检室、化验室、卫检室,分别负责技术、产品研发、体系管理、检疫、质检、化验、卫检等工作。

化验室按国家要求、公司要求及出口产品的质量要求配备了所需的仪器、设施。设有百级净化无菌间、理化检验室、微生物检验室等,有精度为万分之一的分析天平、生物显微镜、分光光度计、测汞仪、AA分析仪、气谱、液谱仪等,能够开展肉品、水质、饲料、包装物及生产全过程的卫生监测等方面的化验工作。

工艺室按国家、公司及出口产品的质量、卫生有关规定编制了原辅材料、半成品、成品的加工工艺,对过程的质量、卫生等进行控制。产品必须由主检兽医开据产品检疫合格证明,方可出厂。

计量器具、检验仪器或设备,按规定周期送计量检定部门进行周期检定,使其始终处于良好状态,以保证检验数据的准确。

质量室按国家、公司及出口产品的质量、卫生有关规定编制了检验指导书,对原辅材料、半成品、成品、加工过程的质量、卫生等进行控制。

在生产过程设立了六道检验检疫关(宰前检疫、牛头、蹄、红脏、白脏、胴体),根据HACCP原理,建立了冷冻牛肉的四个CCP关键控制点(活牛接收、去白脏、胴体冲淋、金属探测)和冷鲜牛肉的五个CCP关键控制点(活牛接收、去白脏、胴体冲淋、真空热浸、金属探测),使公司的产品在工艺过程中受到严格的监控。同时,按SSOP要求制定了生产用水、肉品接触表面、防止交叉污染、洗手消毒和卫生设施、防止肉品被污染物污染、有害化合物管理、员工健康与卫生知识培训、厂区车间灭害虫以及生产、贮存环境、设备、车辆等9个卫生操作程序,建立了全员、全过程、全方位的卫生控制系统,使公司的生产过程达到了人员无污染、环境有保证、器具全消毒、杜绝虫鼠害,也就是实施了"从农场到餐桌"的全过程严格质量控制。

公司目前正以欧美的注册标准为依据,向欧美食品企业学习,不断完善硬件设施和提高公司食品安全卫生的控制能力,并且正在建立ISO 14001环境管理与OHSAS 18000职业健康安全管理体系,使工厂条件、资源水平进一步与国际接轨,使公司的体系管理水平更加适应国际市场的要求,进而将产品推进到世界各地,为中国的食品工业立足于世界之林而努力。

长春皓月清真肉业股份有限公司供稿

黑龙江摇篮乳业股份有限公司
在实施四体系认证中成为行业佼佼者

2005年11月由CCIC审核员组成的审核组对黑龙江摇篮乳业股份有限公司进行了第二阶段的审核,该公司顺利地通过了现场审核,并于2005年12月获得了中检集团质量认证有限公司(CCIC-CAS)颁发的质量管理体系、食品安全管理体系、环境管理体系、职业健康安全管理体系及GMP认证证书。同时获得四体系5张证书的认证企业在国内是佼佼者。该公司顺利地通过审核为中国检验认证集团黑龙江有限公司审核工作奠定了良好的基础。

黑龙江摇篮乳业股份有限公司由黑龙江农垦正元乳业有限责任公司(成立于1999年1月6日)发展而来,是一家股权多元化、具有多种经济成分的公司,成立于2001年4月27日。公司的主营业务为乳制品、大豆制品的生产与经营。公司现有员工293人,其中管理人员83人,生产一线210人;具有大中专以上学历的技术人员223人,占公司总人数的76.30%。固定资产约3 500万元,流动资金约2 000万元。年产量达到6 000t,销售额达到1.80亿元，上交税金1 500万元。公司主导产品有摇篮、正元、本元、大磨4个品牌60多个品种。公司拥有四个生产基地：位于黑龙江畔的农垦宝泉岭管局的二九〇乳品厂和共青乳品厂、位于有“红色草原”之称的肇州乳品厂和位于松嫩平原的依安乳品厂。

严格的管理手段是公司蓬勃发展的根本保证。公司从上到下都实行了5S管理，即在整理、整顿、清扫、清洁、修养等方面都达到5S管理标准，同时制定了各岗位工作程序和规范，形成部门手册，每周组织员工岗位培训并进行考核。在管理上认真贯彻ISO 9000族标准，建立HACCP体系，通过危害分析和关键控制点控制，有效预防、消除、降低食品安全危害，提高食品安全管理水平。建立QHSMS 18000管理体系，使企业能够全面规范、改进职业健康安全管理，减少了各种伤亡事故和职业疾病隐患，保障企业的财产安全，提高了工作效率；改善了企业和员工的公共关系，增强了企业凝聚力，增强了企业综合竞争力；提高了金融信贷信用等级，降低了保险成本。采用ISO 14000管理模式，提高了管理者和员工的环境意识，通过改进工艺，提高技术水平，促进节能降耗，减少了排污收费，避免了环境污染事故的发生，减少了法律纠纷和环境投诉。

公司自成立以来，由于坚持了生产优质产品、创造一流公司的宗旨，以高质量的产品和优秀的售后服务，赢得了广大顾客特别是婴幼儿和中老年的信任。目前公司的产品已销往全国23个省、156个市，拥有了一级网络228个，二级网络967个，县级柜台6 733个，城市柜台约10 000个，初步形成了以东北、中原、东南三大区为主框架的市场基本格局和稳定的三级市场销售网络。

黑龙江摇篮乳业股份有限公司供稿

天津中鸥表业集团有限公司

实施体系认证　坚持自主创新　培育“海鸥”品牌

天津中鸥表业集团有限公司是一个拥有50年手表生产历史的大型企业，隶属于海鸥手表集团公司，其前身是天津手表厂，拥有的“海鸥”品牌已享誉国内外，是中国最大的表业集团公司。公司现在除主产品生产手表以外，在精密加工方面，已涉及通讯、电子及附属外部设备、仪器、仪表、照相机、摄像机、录像机、医用显微手术器械中的高精度机械零件加工。在新的形势下，为进一步提升管理，参与市场竞争，公司实施质量管理体系认证。自2000年后质量保证体系先后通过了ISO 9002:1994版、ISO 9001:2000版的国际标准认证，成为国内手表整机生产厂家惟一通过ISO 9000质量体系认证的企业，使企业质量管理体系得到进一步提升，产品质量越来越高，产品市场占有率得到不断扩大，企业得到了前所未有的发展，实现了第二次腾飞。

中国第一只符合国际标准的女表，第一批出口海外的国产表，第一只自动男表，第一只自动女表……，这几个“第一”都是中鸥集团在中国钟表业发展史上树立的一座又一座里程碑。改革开放后，国内外市场供求关系发生巨大变化，电子表异军突起，日本、瑞士等国际手表垄断企业的产品大幅降价，造成国产普通机械表库存积压，商业欠款，再加上国有企业管理体制弊端等诸多因素，上世纪90年代中期中国手表工业开始下滑，全国38家定点生产企业陆续关、停、并、转，天津手表厂也没能逃过这一劫。曾被授予全国机械制造业500强和国家一级一类的天津手表厂，一度身陷困境，减产调整。全厂员工从4 000多人裁减到几百人，日产量由每月40多万只下降到每月2~3万只，相当于辉煌时期1~2天的产量。在严酷的市场竞争面前，“海鸥”的经营班子没有消极沉沦，而是卧薪尝胆、励精图治，带领浓缩后的“海鸥”精英奋发图强，立志要让海鸥第二次腾飞，让海鸥在大海中搏击翱翔。在市有关领导和部门的大力支持下，公司积极推动企业体制改革和技术创新，狠抓产品质量，抓质量管理，公司深刻认识到质量不但是企业存在的根本，也是企业永恒发展的主题。1999年是天津手表厂以及现在的中鸥表业集团有限公司发展史中重要的一年，在经营团队决策者的带领下，公司开始从低谷爬坡，手表产量开始回升，提出每月目标保6万争7万只。在生产刚刚起步的同时公司领导就深刻认识到认证工作的重要性并且以此为切入点，从加强质量管理入手，规范和提高各项管理，提高产品质量，当即决策着手申请质量认证的各项筹备工作。改制后的中鸥公司 2000 年试运行，经过将近一年的准备，于 2001 年 7 月顺利通过了天津质量评审中心 ISO 9002：1994 版质量管理体系标准认证，继而又通过 ISO 9001：2000 版的标准认证，至今已成为国内手表整机生产厂家惟一通过 ISO 9000 质量体系认证的企业。公司的各项工作始终贯彻了“设计追求水平，结构服从市场，质量满足顾客，管理符合标准”这一原则，始终按照公司程序文件制定的每年定期开展内审和管理评审，及时发现质量管理和产品质量方面存在的问题和不足，及时修改质量和管理标准，及时根据市场动态变化，调整工作思路和目标，及时发现管理中存在的问题，制定积极的应对措施，不断提高管理水平。

天津中鸥表业集团有限公司通过实施质量管理体系认证，已发展成为一个技术、设备力量雄厚的企业，拥有国内外先进的生产设备及检测仪器两千多台（套），尤其近几年来每年以千万元的资金用于技术中心的建设和设备、仪器的更新改造，新增加了瑞士、日本产加工中心、数控自动车床多台以及数控凸轮铣床、高精度的 3 次元视像测量机、圆度仪、表面粗糙度/轮廓度测量仪等。使精密零件的加工能力、检测能力跃居全国手表制造业领先的位置。在人力资源方面，中鸥表业拥有一支团结向上、拼搏进取、技术过硬的员工队伍，其中高级工程师 28 名、中级技术人员 33 名、高级技师 13 名、技师 25 名。近几年又招聘多名硕士研究生、大本、大专毕业生充实到技术中心和精密数控机床操作岗位，从而使设计能力和加工水平大幅提高，新品手表机芯和多功能系列品种平均 7~10 天推出 1 种。公司与美国、丹麦、日本、韩国、德国、意大利等国的多家大型跨国集团确立了长期配套业务，以其雄厚的技术实力和真诚的合作态度深得外商及国内各相关企业的信赖。现在的天津中鸥已经逐步形成中国北方的精密机械配套加工基地，成为中国自动机械手表生产规模最大、出口量居全国同行业榜首的龙头企业，在世界手表产业中成为继瑞士、日本之后的第三大手表机芯生产企业。

几年来，中鸥表业集团有限公司取得了惊人的成绩，成为天津国有企业深化改革的成功典范。2000 年后公司以每年两位数字的增长速度快速发展，2003 年，实现销售收入 1.5 亿元，2004 年 2.2 亿元，2005 年 2.3 亿元，新产品的收入占销售收入的 40%以上，出口创汇年递增 10%以上，2005 年达到 490 万美元，企业利润指标年增长 20%以上，2005 年实现净创润 2 600 万元，2005 年机芯产量 520 万只，已有 80 多个品种，346 种花色机芯在生产，产品产量和销售占国内同类产品的 40%以上，产品质量和综合效益指标继续保持国内领先水平。

除此之外，天津中鸥表业集团有限公司的计量工作曾被评为国家一级计量单位，在长度、热工、力学、时间频率的计量方面有较完善的量值传递系统。公司建立了内部局域网和图形工作站，利用数字化信息技术和设计平台，采用三维 CAD 的产品设计手段，对产品进行整体模拟、装配，有效地提高了新产品的可靠性和研发速度，形成了比较雄厚的产品储备能力，大大缩短与国际先进水平的差距。公司拥有自主知识产权的产品达到 90%以上，其中达到国内领先水平的 ST 17、ST 19、ST 25、ST 80 系列多功能机械表脱颖而出。尤其是通过刻苦攻关，研制出了代表当今世界手表制造高技术水平，具有飞返示能、日历等多功能的陀飞轮高档机械表和 ST 19 镂空表，成为国内高档机芯的代表性产品，已经销往日本、德国、俄罗斯、香港等国家和地区。倍受国内、外商家关注的第二代自动日历飞返，日历、周历、双飞返多功能陀飞轮机芯也在试制过程中，即将投放市场。公司还充分利用专利武器，加快建立健全企业专利保护网，截至目前申请专利 44 项，专利拥有量在国内手表行业名列第一。

总之，这些成绩的取得是和公司认真贯彻落实《认证认可条例》、实施质量管理体系认证、坚持自主创新、大力培育海鸥品牌分不开的。公司确定的目标是把海鸥培育成为中国手表产业第一名牌，手表的质量达到国内领先、瑞士中档水平，为天津工业争光，为民族手表产业争光。

天津中鸥表业集团有限公司供稿

天津田歌纺织有限公司

实施质量管理认证　促进企业健康发展

天津田歌纺织有限公司是天津市科委认定的高新技术企业,从事中高档色织面料的生产和经营,产品远销港、澳地区和日本、韩国、东南亚及欧美各国。公司现占地20余万 m^2,员工1 900多人,拥有纺纱、染纱、两个织造、整理等5个大型生产车间。公司自从2000年改制后,为在新的市场经济中焕发青春,在市场竞争中站稳脚跟,于2000年、2002年先后实施ISO 9001质量管理标准、ISO 14001及Oeko-tex Standard100生态纺织品认证的贯标与认证工作,并于当年通过了天津质量评审中心的认证,从而有效地提升了企业经营、管理、服务水平,促进了企业的健康发展。

为了能始终保持公司在国内色织行业的领先地位,尽早赶超国际先进水平,田歌公司提出了"打造卓越品质"的质量目标。质量是企业生存的基石,是企业寻求更好发展的立足点,公司在色织行业中能否走得更远,质量是一个关键因素。ISO 9001质量管理体系标准是国际通行的质量管理体系标准,其核心意义在于规范企业管理,加强部门之间及与外部的沟通,为企业管理的持续改进创造一个平台。ISO 9001认证能否得到合理、坚决的执行是关键,其合理的使用将会产生巨大、长远的效益,而不执行或执行不力则其他管理工作都是浪费人力、物力。

2000年,中国加入了WTO,纺织行业面临的形势严峻,为了争取更有利的竞争地位,争取更多的客户,确保自己在色织行业的领先地位,提高企业的市场形象,为了更有效地执行流程化生产程序,及时有效地开展工作,提高企业的管理绩效,田歌公司开始了ISO质量体系认证的探索。

公司深知,质量工作并不是光靠说、靠文件控制就能做好的,它需要全员参与,需要一整套行之有效的质量保证与控制体系,需要员工对质量有较深的认识。为此,公司展开了长达半年的宣传和培训,员工从思想上提高了对质量的认识,"质量是生产出来的,不是检验出来的"这个道理日益深入人心。在对企业员工进行灌顶式的宣传后,公司开始调研,弄清楚员工对企业开展质量体系认证的看法,并把握具体实施的难易程度。通过宣传和调研,开始了贯彻标准、建立并实施质量体系和认证两个阶段。

第一阶段主要是对照ISO国际标准建立公司的ISO 9001质量管理体系。此阶段公司的重点工作是进行全员的质量标准培训,初步建立质量标准体系,制定质量体系策划方案,编写公司的质量体系文件。公司聘请了CQC授课人员就建立质量体系的相关内容进行了详细的培训,培训的目的一方面是为了宣贯全员质量控制的重要性,另一方面也是培养合适的内审员。经过全体人员的齐心协力,初步建立起了天津田歌纺织有限公司的ISO 9001质量管理体系。体系建立后,为了更好地完善并对其进行维护,公司对新建的体系进行了试运行。通过一段时间的运行调试,及时纠正运行过程中出现的一些问题,公司定期对体系进行内部质量审核和管理评审,进一步完善了质量管理体系。

经过公司内部一段管理时间的运行调试,天津田歌纺织有限公司的ISO 9001质量管理体系运行处于良好状态时,这时工作就进入第二阶段,即进行企业认证。经过全体人员的共同努力,公司在2001年通过了ISO 9001质量管理体系认证。

自建立质量管理体系后,公司加快了产品设计和研发的力度,现公司生产的"田歌"牌精梳纯棉、涤棉色织面料平均每天就有40多个花型投产。这些产品都是采用新型纺织纤维材料、特殊组织规格、特殊功能整理的高新技术产品,具有色泽鲜艳、纹路清晰、颜色牢度高、手感好等优点。多年来,田歌公司产品绝大多数为外销出口,所采用的都是国际标准,包括美标、日标、欧标、英标、德标等。公司生产的"田歌"牌产品,抗皱级别10次水洗3.5级、色牢度达4级以上、甲醛含量 20×10^{-6} 以内、pH值5~7,这些指标都已经达到国际先进水平。

田歌公司通过对各工序的严格过程控制,坚决杜绝不合格品流入下道工序,确保了每道工序生产产品的质量符合标准。为了能更科学、有效地开展质量活动,公司在2004年引入全面质量管理概念，并通过各部门、各工序间人员的共同协作，对每个特殊品种实行工序跟踪方法，确保每个新产品的质量要求。通过TQM活动的开展，完善了公司的质量管理体系，并对各项活动的范围和目的、做什么、谁来做、何时做、何地做、如何做、采用什么设备和材料、如何对活动进行控制和记录等都做出详细的规定，真正做到了工作有章可循、有章必循、违章必纠。

田歌公司取得质量管理体系认证已近5个年头了，回顾这5年，无论是生产制造、市场销售、产品质量、新品开发，还是基础管理、企业文化建设、员工队伍建设、企业形象铸造以及基础设施建设，公司都取得了不错的成绩。5年来，全体田歌员工在“坚持以人为本、不断发展创新、打造卓越品质、确保顾客满意”的质量方针指引下开展各项工作，质量意识逐渐深入人心，质量管理如火如荼地在田歌开展。由于质量上的优质保障，田歌公司一年上一个新台阶：产品销售量从2002年的2 222万m扩大到2005年的3 175万m；2005年产品销售额（含出口）为46 626万元，比2002年增加了22 872万元；2005年出口创汇4 400万美元，比2002年增长了56.4%；市场占有率也从2002年的8%上升到如今的13%。

田歌公司2002年先后通过了Oeko-tex Standard 100生态纺织品认证以及ISO 14001:2004环境管理体系认证，2002年2月被天津市人民政府评为“天津市百强私营企业”，7月被天津市科学技术委员会评定为“高新技术企业”，11月公司设计的“色织棉斜纹布”获得中国纺织行业协会、中国色织行业协会、全国棉纺织印染产品调研中心颁发的“优良设计产品奖”。2005年，田歌公司被天津市人民政府授予“2004年度天津市出口五十强企业”称号。2005年7月，国家纺织品开发中心、中国色织行业协会授予公司承担2005~2006年国家纺织品开发中心“色织品开发基地”任务。

回顾这5年田歌公司所取得的各项成果，都是与田歌公司认真贯彻执行ISO 9001质量管理体系，确保产品持续改进和质量稳步提高分不开的。田歌公司自2001年通过ISO 9001质量管理体系认证以来，一直把ISO 9001质量管理体系作为质量合格的保证，并纳入管理工作的重要议程。公司各部门严格按照ISO 9001标准要求开展各项工作，ISO 9001质量管理体系顺利通过了认证机构年度监督检查，产品质量得到有效控制，市场信誉明显提高。与此同时，公司积极引进全面质量管理，运用SPC等管理工具对生产过程质量进行控制，对各阶段、各种零部件的质量控制实行岗位责任制和绩效考核，并根据考核结果对目标责任人进行奖惩，并加强检验检测人员队伍的素质建设，先后对所有检验检测人员进行产品及质量知识培训，对新员工进行相关知识的岗前培训，做到了所有检验检测人员持证上岗，使产品质量得到有效控制并较上年有所提高，出口产品商检合格率达到100%，主要顾客满意度达到95%以上。有效的质量控制和稳定可靠的产品质量为田歌公司超常规发展提供了有力的保证。

天津田歌纺织有限公司供稿

鲁泰纺织股份有限公司

勤奋进取 追求卓越

鲁泰纺织股份有限公司是外商投资股份制企业，A、B股上市公司，拥有从日本、德国、瑞士等国家引进的具有国际先进水平的机器设备8 800多台（套），现年产纱10 000t、色织布7 800万m、衬衣900万件，是具有纺纱、漂染、织布、整理、制衣综合垂直生产能力的纺织企业集团，世界产量最大的高档衬衣色织面料生产厂商。鲁泰纺织股份有限公司现有员工13 000余人，总资产44.16亿元、净资产17.37亿元；拥有纺纱、漂染、织布、整理、制衣等十几个生产工厂；在北京、上海、青岛设立3家分公司；全国拥有11家控股子公司。

鲁泰公司在创建伊始经营业绩也比较理想，但当时公司的整体管理状况却没有一套非常系统的思路，管理绩效并不十分明显。为找到突破口，进一步提高产品质量及管理水平，公司于1994年开始关注ISO 9000质量管理体系的相关知识，专门组建了由公司总经理总体决策，高层领导牵头，各部门负责人全员参与的质量管理体系建设工作小组，对整个体系建设过程进行了详细的策划，根据生产过程编制体系文件，为体系成功建立和运行奠定了基础。在中国质量认证中心山东评审中心的协助下，鲁泰公司于 1995 年开始建立实施质量管理体系并顺利通过了 ISO 9000 质量管理体系的认证。随后，公司持续落实科学发展观，坚持高档次、高品质、不断创新的发展理念，于 1998 年、2003 年先后获得了中国质量认证中心的 ISO 14000 环境管理体系及 OHSAS 18000 职业健康安全管理体系的认证，公司产品也相继获得欧洲环保纺织品 Oeko-Tex Standard100 认证和中国 CQC 的生态纺织品认证。2004 年公司产品“鲁泰格蕾芬”衬衣被评为“中国名牌”产品，“鲁泰格蕾芬”色织布也分别于 2004 年、2005 年被评为“质量国家免检产品”、“中国名牌”产品。

鲁泰公司坚持讲求实效的工作原则，在体系建立伊始便充分调配资源组建了国际标准管理体系办公室，专门负责质量管理体系的建立、实施和维护工作；同时将公司内包括物业管理公司、事务部、财务部等在内的所有部门均纳入质量管理体系覆盖范围，确保了全公司管理模式的一致性。体系建成后公司根据生产经营情况结合标准要求，明确规定由国际标准管理体系办公室根据体系标准、法律法规、公司 ABC 三层次文件及合同条款等相关内容，每年对体系覆盖范围内的所有部门体系的运行情况进行不低于两次的内部审核，审核结论将作为管理评审的一项依据。为保持体系运行的效果，公司还专门安排各部门体系管理员出去学习，现已有 60 余名体系管理员取得了内审员的资格；同时，公司还明确规定由国际标准管理体系办公室组织，总经理主持每年对公司体系运行情况进行评审，巩固了管理体系在公司管理中的地位，并每年结合评审情况，由国际标准管理体系办公室组织各相关部门对体系文件进行系统讨论修订。次文件修订前，公司专门从各相关部门调配人员组建了编写小组，在以往的编写模式及文件结构上，对每一个文件的修订提出修订意见，在各部门相关专家小范围讨论后提交公司大会讨论通过，并对部分流程更改较大的文件则采取试点试验的方式，证实可行后方可进行最终定稿，确保了文件的符合性和有效性。

鲁泰公司一直视产品质量是企业的生命之本，遵循“以品质和服务赢得客户，与客户共发展”的经营理念。自建立 ISO 9000 质量管理体系以来，按照 ISO 9000 国际质量标准，建立完善质量管理体系的同时，引进了瑞士 Uster IV 型纱线检测仪和美国 Datacolor 公司电子测配色系统，根据 ISO/IEC 导则 25 要求，成立了国际标准纺纱实验室、织染实验室和染整实验室。质量检测中心获英国 M&S 认证，色织衬衫面料获欧洲环保纺织品 Oeko-Tex Standard 100 认证。从原棉、纱线、染化料助剂的进货，到纺纱、漂染、织布、整理、制衣的各个生产过程和最终产品，执行美国 AATCC、日本 JIS、英国 M&S 的质量标准，进行严格的品质检验。

公司在成功建立实施 ISO 9000 质量管理体系之后，随着国际社会对环境管理及职业健康安全管理关注程度的提高和企业对环境管理及职业健康安全管理意识的提高，公司又相继在中国质量认证中心山东评审中心的指导下于 1998 年和 2003 年建立了环境管理体系及职业健康安全管理体系。为确保两体系有效运行，公司除由国际标准管理体系办公室专门负责两体系的建立、实施及运行维护工作外，还特别组建了安全检查处、保卫处及能源环保处等职能部门，专门负责公司的职业健康安全、消防安全及环境管理工作，在此基础上公司还将财务部、人力资源部、事务部等部门纳入两体系的组织机构中，为两体系的有效运行提供了充足的财力、物力及人力资源的保障。体系建设过程中在质量管理体系运行良好的基础上，对公司生产运营过程中所涉及到的环境因素及危险源进行了充分的识别，对识别出的重要环境因素及危险源制定了相应的目标、指标及明确的管理方案。为保证所有相关过程均不背离环境及职业健康安全方针、目标、指标，公司将两体系涉及的所有相关过程建立了 39 个《程序文件》，用以指导相应的运行过程。对识别出的潜在的事故和紧急情况，公司结合实际情况均制定了相应的《事故应急准备与响应》，并定期按规定的工作流程进行演习，以确保能对潜在的事故有充分的准备，一旦发生时及时做出响应，预防或减少可能伴随的影响。公司还根据体系标准要求建立了《法律法规识别、获取、更新控制程序》，确保了公司相关法律法规识别的充分性，为公司相关具体工作的开展提供了全面的法律依据，系统地满足了公司生产经营的需求。同时公司在两体系正常运行的情况下，为确保体系文件的系统性和严肃性，鲁泰公司根据 ISO 14000 环境管理体系及 OHSAS 18000 职业健康安全管理体系的标准特点对其进行了整合，现正在使用的是整合版第二版的环境及职业健康安全管理体系文件。

鲁泰公司通过有效建立、实施和保持 ISO 9000 质量管理体系、ISO 14000 环境管理体系和 OHSAS 18000 职业健康安全管理体系，使中、基层管理人员得到了充分的解放，变人情化管理为标准化管理，提高了公司的综合管理水平，使管理更趋于与国际标准接轨，有效提高了企业的知名度及产品的市场占有率，稳定了顾客群。企业通过吸收外界先进知识及管理理念，结合公司实际情况，采用过程控制模式和 PDCA 的工作方法，遵循八项质量管理原则，定期进行内部审核和管理评审来评价管理体系是否具有适宜性、充分性和有效性，并根据定期的审核及管理评审的结果，以改进过程的方式达到管理体系的持续改进，有效保障了产品实现过程，确保了产品质量。同时，通过有效识别环境因素及危险源，并对其进行控制，保障了公司环境管理及职业健康安全管理绩效，使公司在M·S、PVH等国际知名公司的验厂过程中，产品质量控制过程及环境、职业健康安全管理状况也得到了充分的肯定。

公司在以往体系建设及管理经验的基础上，为优化内部管理体系，减少文件数量，提高管理绩效，正策划对公司现有的ISO 9000质量管理体系、ISO 14000环境管理体系及OHSAS 18000职业健康安全管理体系三套体系文件进行整合，以确保三套管理体系的持续有效性及适宜性。

鲁泰公司一直认为能否在市场经济的竞争中立于不败之地，是由很多因素决定的，其中最基础的一点就是企业的内部管理。传统的企业管理归纳起来就是6个字：人（人力资源管理）、财（财务管理）、物（生产资料管理）、产（生产控制管理）、供（原材料供应管理）、销（产品销售管理），即管理六要素。

作为一个现代企业来说，鲁泰公司认识到管理应该是建立在现代企业制度的基础上，以提高市场竞争力为企业管理的核心，并不断进行管理创新。管理创新就是要在建立和完善管理基础工作，加强实物资源和有形资产管理的同时，不断采用适应市场需求的新的管理方式和管理方法，以人为本，重点加强知识资产管理、机遇管理和企业战略管理，有效运用企业资源，把管理创新与技术创新、制度创新有机结合起来，形成完善的动力机制、激励机制和制约机制，加强成本管理，不断提高产品的技术含量，以提高企业的综合竞争优势。

鲁泰公司首先以质量管理体系为基础，将创新与人力资源管理相结合，建立了企业管理创新的激励和制约机制；建立了公平、公开、透明的内部招聘制度；建立了明确的公司内部横向及纵向沟通的渠道，并且每年举行“技术比武”、“评先树优”等活动，充分调动了员工的积极性和主动性。

第二，为使质量管理体系得到更好的贯彻落实，公司建立和完善了企业生产经营为一体的企业资源管理信息网络系统，使得企业内部资源达到共享，减少了信息沟通费用，确保了信息的准确性与及时性，使得生产流程更加顺畅，部门间的沟通更加便利。

第三，为将八项质量管理原则中排在第一位的“以顾客为关注焦点”得到贯彻，公司还成立了技术研发中心，专门负责科研攻关工作，确保了产品的前沿性。

第四，公司一直坚持“以人为本，科学管理”的管理理念，结合质量管理体系“能力、意识和培训”方面的要求，在人力资源保障方面，公司与淄川第二职业中专及青岛大学进行联合办学，确保了招录员工的工作技能及素质要求。

鲁泰公司在ISO 9000质量管理体系、ISO 14000环境管理体系及OHSAS 18000职业健康安全管理体系有效贯彻实施的基础上，将持续改进作为公司发展的源动力，使得公司在色织行业取得了较好的业绩，鲁泰公司也有充分的信心，在以后的发展道路上取得更好的成绩。

供稿人：袁欣梅

山东拳王实业集团有限公司

结合企业实际深入贯彻质量环境双标准体系

山东拳王实业集团有限公司是ISO 9001国际质量体系和ISO 14001国际环境管理体系双认证企业。厂区位于山东省潍坊市外商投资开发区玉清街北，占地66 600m²，员工1 000余人，年生产能力250万件、年创汇300万美元。公司以自营出口和外贸加工为主要生产方式，出口产品占产品总量的98%以上。主导产品为衬衫、西裤、睡衣（套）袍、茄克、裙装、休闲服装等15大系列300余品种。

一、建立质量、环境管理体系

拳王实业集团将国际标准化管理与企业基础管理有机结合，编制了质量环境手册和程序文件，制定了符合企业状况并能做到持续改进的质量环境方针和目标；按标准和文件规定理顺了企业内部职能管理部门，并按部门按岗位制定了相应的质量职责；按企业内生产工艺流程编制完善各种作业文件和操作规程并严格现场管理考核制度；采用PDCA模式、以过程为基础控制资源的输入和输出，运用统计技术监视相关方满意程度并确定评价标准；通过内部质量环境管理体系审核和管理评审验证体系运行的适宜性、充分性和有效性。

1. **对采用的标准进行全员培训及宣贯。**拳王实业集团成立了以企管办为主的两大体系贯标认证工作小组，选定中国质量认证中心为认证机构，对企业质量、环境现状进行差距分析，并制定了具体的认证计划和全员培训计划，以提高全员的质量和环境意识。根据计划，企管办按劳资科编制的年度培训计划组织不同层次的培训班，分别对不同层次的人员进行了内容各异的培训，高层管理者重点明确领导的作用，明确需要直接参与哪些工作，作好一体化管理体系的策划；各车间部门领导及内审员重点掌握标准的重点及变化，更好地实施一体化管理；基层员工结合实际工作学好标准。全体员工都要树立以顾客为关注焦点、持续改进、不断提高体系有效性的思想。领导层及内审员培训采用国际先进教材，集中由持有国家级评审员资格的教授进行授课，通过教授的讲解和大量充分的练习，对标准有了充分的认识。各车间、部门运用黑板报、宣传栏、小黑板等向全体员工进行标准知识培训，达到了全员培训的良好效果，为下一步建立一体化管理体系打好基础。

2. **质量、环境双标准一体化管理体系的策划、建立。**

(1)整合标准，策划结构。整合质量、环境二大国际管理体系标准，统一策划组织的管理体系结构。在充分考虑二大管理体系标准差异的基础上，构筑综合管理体系，从优化组织结构、理顺管理职能入手，实现管理职能一体化。

为全面贯彻企业的质量环境方针、目标，企管办在董事长、总经理/管理者代表的指导下，建立健全了质量与环境管理体系框架，编制了质量手册42章节、25个控制程序，61个作业文件，282个质量记录；搜集了132篇法律法规文件，对19个部门做了环境因素调查后分别对50项环境因素进行了评价，从中识别出潜在的火灾隐患等7项重要环境因素；对19个部门分解了41项目标、57项指标进行按月考核，整个体系运行良好。

(2)识别过程，策划过程。在充分理解标准的基础上，结合工作实际，部门利用流程图的形式描述了工作流程，再根据流程图对涉及的过程进行识别，做到明确产品实现主要有哪些过程、过程中有哪些活动、活动有哪些职能、职能由哪些部门执行即部门职责，并同时识别出各过程中的50项环境因素和影响企业安全的危险源。结合标准的要求和企业的实际，规定相应的职责和权限，共编制了各级各类人员质量职责29篇，对识别出的环境因素和危险源进行集中分析，策划环境因素和危险源的评估方法以及对重大环境因素和不可接受风险的控制方法，同时，对潜在的事故或紧急情况下的应急措施进行策划，以预防或控制可能发生的危害。

(3)方针目标的策划。最高管理者根据组织的宗旨结合标准的要求，根据企业生产、经营的现状和法律法规及其他要求制定出“采用先进的生产工艺和设备，建立健全质量与环境管理体系，树立‘顾客在我心中、质量在我手中、环境源自保护’的意识，遵守法律法规，减少环境污染，坚持持续改进。创世界一流的‘拳王’品牌，做永远不败的世界‘拳王’”的企业质量方针，充分体现了企业的质量环境管理核心。在手册中制定了质量与环境目标指标，各部门根据企业的总目标充分细化并层层分解，对19个部门分解了41项目标、57项指标，对这些目标和指标进行按月考核并落实到人。

(4)建立文件化的质量环境管理体系。为了保证过程受控并有效进行，根据策划的结果，建立文件化的质量环境管理体系。企管办组织各部门进行学习、开办讲座并编写了一体化管理手册和程序文件。质量环境手册结构以PDCA循环为框架，对企业管理体系的主要过程及过程间的相互作用加以描述，在管理手册附录中用矩阵图分别对三个管理体系和要素过程展开分析。通过管理手册，明确了各自的职责和各体系过程的管理要求。

在程序文件中，对三个体系相同的要素编写了通用的程序文件，如管理评审、文件控制、记录控制、内审、培训、信息交流、监视与测量等，根据标准要求和企业管理实际，又编写了危险化学品管理，锅炉管理、能资源管理、应急准备与响应控制程序等文件。

按标准要求，企业收集了质量、环境、职业健康、安全等相关法律法规和其他要求近140部，由企管办、后勤部、设备科识别评估后，以传达、培训、分发等形式传达给相关部门，相关部门领导利用班前会、例会、黑板报等形式传达到每位员工，以保证企业的各项业务管理活动符合法律法规的要求。根据工作实际需要还编写了59个管理制度和61个作业指导书，将原有并执行的规章制度充分理顺后纳入体系统一编号管理。同时规范了23个设备操作规程，统一了操作方法并纳入体系管理。

二、加强质量、环境双标准一体化管理及体系运行后的控制

在将企业基础管理融入标准化管理的过程中，促使企业加大了对基础管理工作的力度，加强了对生产、经营、服务过程的控制。通过体系运行，对企业生产的计划性、周期性、连续性、效益性进行了重点监视、测量和改进，对在制品的产量调度、质量控制、成本核算、工艺流程、技术指导、环境保护和安全防范实行过程控制。在控制过程中，企业加强了对一线工人的质量、环境意识教育，要求职工在提高产品产量的同时保证产品的质量，加强环保理念，降低产品的返修率，确保了生产计划的完成和出口合同的按期交货，2005 年的顾客满意率一直保持在 93%以上，比目标规定高出了 3 个百分点，大大提升了企业的管理水平，增强了市场竞争力，自 2004 年 6 月实施至 2005 年 12 月共创成果效益 154.8 万元。

1. **以顾客为关注焦点，加强产品质量控制。**在质量管理方面，全员树立起以顾客满意为最终目标的思想，重点放在产品质量控制上，生产各部门严格进行供货检验、过程检验、最终检验、不合格品控制等，对原材料、半成品、成品进行质量控制，减少不良品的产生。形成快速住处反馈制度，下工序及时将不良住处反馈到发生不良工序，尽快找出原因，杜绝了大批量不良品的产生。

2. **降低成本，保护环境。**在企业内部开展采购控制，降低采购成本。加强了原、辅材料进厂后的检验手续、检验质量责任到人。同时加强在库物资管理，定额考核，杜绝跑、冒、滴、漏对环境的污染；以节约挖潜来降低成本、费用，增加效益。办公室、生产车间、技术科都制定了切实可行的费用标准、消耗定额标准，认真考核工艺（工作）过程、合理确定秒值，提高工时利用率、设备利用率和劳动生产率，提高车间管理和劳动分配的透明度，切实调动了广大员工的劳动热情和劳动积极性。裁剪车间在运行控制过程中加强了管理，使换片率降低了 1%；对边角余料分类放置和管理处置，使废料的回收率提高了 7%，每年多创效益近 2 万元。

3. **加强目标指标考核，降低费用支出。**企业根据可持续发展规划，按现代化、标准化、信息化模式制定了目标指标管理方案，按方案规定，企业投资 56 万元建立了企业局域网和 ADSL 宽带、并建立了 7 个 CAD（服装设计）工作站，对企业内部信息交流的方式进行了一次革命，提高了工作效率和产品设计水平，增强了准确程度并降低了办公、通讯费用。在运行控制过程中，企业结合质量、环境管理体系运行程序，除了对供方的控制、把关外，制定了相关的作业文件，进行严格控制。对于打印用纸尽量双面使用，企业内部发行的文件和资料基本上做到了网上浏览，纸张的消耗节约了约 1/3、传真费用每月降低在 60%以上。财务管理中企业依靠严格财务制度、控制费用支出来降低生产成本；合理、及时地交纳各项税赋，避免不必要的开支发生，争取以最小的投入换取最大的经济效益。通过大量严格、深入、细致的工作，使企业微观经济效益逐步好转，全年消化吸收原材料涨价因素 260 万元，节约管理费用 78.8 万元。各项生产、储备资金运转正常，总资产周转率提高了 7%，资产运营效率的提高使生产资金得到充足的保障，企业效益明显增加。

在环境目标指标考核中，企业加大了废水处理过程控制，确保废水达标排放，将达标排放的废水统一管道排口，控制跑、冒、滴、漏；对企业内的各种废弃物严格分类排放，在垃圾站设立分类收集箱，将一般生活垃圾、可回收资源性垃圾和危险废弃物分类存放，在办公室设立旧电池收集箱，由专人统一、回收，使废弃物得到合理存放，避免污染土地，而可回收的资源性废弃物在 2005 年为企业增加了近 3 万元的收入。设备科按目标指标管理方案，安装了 IDR 节能器，投入使用后平均用电单耗比上年同期降低 9.15 个百分点，2004 年累计节电 10.2 万度。

4. **加强预防工作，杜绝安全事故发生。**坚持“预防为主”的原则，在体系运行中由设备科负责安全控制和监督检查，制定了动火管理规定、消防使用管理规定和消防操作规程等安全管理制度，通过实施化学品安全管理控制程序，由专人设专门区域进行管理，定期组织员工举行紧急疏散演练和消防操作预演，各部门负责人与设备科签订了“安全生产责任书”，实施安全生产负责制。定期组织职工学习安全生产知识，提高了职工的自我保护意识，杜绝了事故的发生。

5. **自我检查、做好持续改进。**保证体系运行质量。体系运行后，企业按照体系运行控制程序内审和管理评审要求，针对企业的质量环境管理体系进行审核检查，审核目的是检查管理体系是否按照 ISO 9001:2000、ISO 14001:1996 标准有效运行以及改进自身的管理体系，发现问题，纠正和预防不合格，确保体系的有效运行。通过审核，各部门对开出的不合格报告及提出的纠正和预防措施，认真整改、评审验证。通过体系运行和进一步督促检查，各部门能按照体系的要求开展各项工作，产品质量、环境保护意识有了较大程度的提高，企业经济效益比

去年提高 24.7%，该成果实施半年时间共创成果效益 54.8 万元，比上一年累计提高了 5 倍。

质量与环境管理体系的有效运行，在全员中树立了以顾客满意为最终目标的思想，形成了全面持续改进的良好态势，促进企业持续改进产品和过程，实现产品质量的稳定提高，增加了消费者选购产品的可信程度，树立了良好的企业形象，提高了企业的信誉和知名度，并取得了较好的经济效益。

撰稿人：徐 蓓

双星集团

实行科学管理 创立民族品牌

双星集团是拥有 80 多年发展历史的跨国界、跨行业、跨所有制的国际型企业集团，双星已形成了鞋业、轮胎、服装、机械、热电五大支柱产业及印刷、绣品、三产配套在内的八大行业，拥有 5 万名员工，140 余家成员单位，资产总额 60 亿元，出口创汇 1.7 亿美元，年销售收入 80 亿元。双星专业运动鞋、双星旅游鞋、双星皮鞋和双星轮胎荣获“中国名牌”，双星品牌价值 492.92 亿元。

1. **倚重管理抓质量，创品牌**。改革开放 20 多年来，中国制鞋业取得了快速的发展，在激烈的国内外市场竞争中，中国争得了全球鞋产量第一和出口量第一两项“桂冠”，已经成为名副其实的鞋业“制造大国”。但是令人遗憾的是，制造大国却并不意味着市场对中国品牌的认可。因为，中国的产品出口真正获得的利润很低，甚至 80%的利润被品牌经营者和中间商拿走。这就是说，企业很难获得积累来支撑技术创新，很难提升自身价值，很难获取应得的效益。双星人认识到“创立民族品牌刻不容缓”。

为了全面保证产品质量，双星集团自 1995 年起宣贯 ISO 9000 系列标准，在全集团公司范围开展贯标活动，于 1995 年 8 月获得中国质量认证中心颁发的 ISO 9000 质量管理体系认证证书，并顺利通过了 2000 版 ISO 9000 系列标准转换，使集团公司质量管理逐步与国际接轨。同时在实施过程中，通过内部审核、管理评审等手段不断寻求改进机会，先后对管理手册、程序文件进行了多次修改完善和换版，使管理体系文件进一步得到完善和提升。双星集团已经顺利进行了 3 次复审换证，体系与集团实际情况结合日益紧密，适用性愈加显著。

双星重视质量管理，创立自己的品牌，努力营造“人人关心质量，愈是名牌愈要重视质量，愈是名牌愈要提高质量”的质量意识，树立“对质量问题不能放松、对质量问题不能讲情、对质量问题不能原谅”的质量态度；按照“价格的竞争是暂时的，质量的竞争是永恒的”，“质量是干出来的，不是检查出来的”质量理念，从上至下踏踏实实按照 ISO 9000 标准要求和质量手册、程序文件要求狠抓落实，努力做到产品质量“领导安心、用户称心、职工放心”。同时，双星注重科技创新意识的培养，以“市场无止境、科技无终点、名牌无终身”为出发点，激励员工树立“创新意识、竞争意识、拼搏意识、协作意识”。通过实施名牌战略、人才战略、科技战略，强化资金管理，降低各项费用，提高企业的综合素质，成功地实现了国有企业由计划经济向市场经济转变的全过程，创出了当今世界制鞋业规模一流、管理一流、质量一流的现代化、综合性跨国企业集团。

2. **科学管理创效益**。双星鞋业已成为全国规模最大的制鞋企业集团，并相继在双星开发区、海江工业园、鲁中、瀚海、中原、成都、贵阳、张家口、福建等地建立了 10 大鞋城，拥有 140 多条鞋类生产线，热硫化鞋、冷粘鞋、布鞋、皮鞋、注射鞋、专业鞋六大类并举，年产各类鞋近亿双。并在全国建起 10 大经营战区、4 000 多家连锁店的营销网络；在国外设立了美国、德国、俄罗斯、阿联酋等 10 家分公司，并与 200 多家国外客户建立贸易伙伴关系，拥有中国鞋业惟一的国家级技术科研开发中心和皮革鞋类检测中心。“双星”商标首批被认定为“中国驰名商标”；双星鞋连续 15 年荣列全国同类产品销量第一，稳居中国制鞋行业的龙头地位。

双星轮胎具备生产全钢载重子午胎、半钢子午胎、斜胶载重轮胎、农用轻卡轮胎、工程胎、内胎、垫带及特种专业化轮胎等 1 000 万套的生产能力，拥有覆盖全国、具有良好发展潜力的市场网络，产品远销东南亚、中南美、中东等 130 多个国家和地区，成为中国同行业中获准进入国际市场范围最大的企业之一。双星轮胎总体实力排名中国轮胎行业前5位，双星轮胎被评为“十大民族品牌”，并荣获全国质量管理先进企业荣誉称号。

双星机械成为集科研、设计、制造、安装调试与咨询服务为一体的综合性大型机械制造加工企业。下属10个子公司，主导产品为清理设备、砂处理设备、造型设备、橡机设备、塑料机械、空气除尘设备、污水处理设备、锻压设备、轮胎模具等，产品远销俄罗斯、印度、巴基斯坦等十几个国家和地区。双星铸机占据全国50%以上清理机械市场份额，各项经济指标居全国同行业首位，双星铸机入围中国机械500强。双星橡机具备全套斜交胎、农用胎设备的生产能力，并成功研制了30多种高、精、尖的子午胎关键设备。双星机械获得“山东省机械工业设备管理先进单位”等多项荣誉称号。

双星服装现已构建起南北服装产业集群、产供销一体化的产业链和强大营销服务网络，具有近30个经营单位，近百家服装生产核心工厂，形成运动休闲服、专业比赛服及各类运动休闲包、球类产品、帽、袜和运动器械等系列产品。双星服装荣获“中国服装行业质量合格、顾客满意，国家标准产品(单位)”荣誉称号。2004年获评“青岛名牌”，2005年被评为“山东名牌”和国家质量免检产品。

另外，双星集团还拥有下属双星热力厂和双星热电厂，其中热力厂是青岛市市区主要供热单位，热电厂是胶南市工业区主要供热供电单位。

在经济全球化的新时期，双星将依托五大支柱产业、八大行业，继续用科学规范化的管理，将双星打造成“中国销售收入过百亿元的综合性制造加工业特大集团”，在世界经济的舞台上充分展示中国企业的实力和风采。

供稿人：袁欣梅

浙江花为媒集团公司

认证让产品畅销国内外

浙江花为媒集团公司经过近9年贯彻ISO 9000标准，使公司成为全国大型家具生产企业，全国软床垫行业企业创新先进典型。企业现有总资产8.5亿元，职工2 000余人，2005年企业实现工业总产值7.17亿元，总销售收入6.88亿元。

花为媒在公司范围内组织开展贯彻ISO 9000国际标准工作以来，坚持以品质立业，通过建立和完善质量管理体系，提升了企业的质量管理水平，增强了产品的市场竞争力，赢得了广大用户的信赖，取得了成效。

1. 贯彻ISO 9000标准，使公司实物质量有了显著提高。质量体系建立之初，公司产品以手工业生产方式为主要。传统的管理模式，制约了公司质量管理体系的有效运行和管理效能提高。导入ISO 9000标准后，一是改变了原有的作业方法，从单件生产向流水线生产，提高了生产能力。二是建立了质量保证体系，对生产过程进行了有效的控制，使产品的实物质量有了明显的提高。先后取得了“中国名牌”、“国家质量免检产品”、“国家A级产品”、“全国用户满意产品”、“浙江名牌”、“浙江省著名商标” 等荣誉。

2. 贯彻ISO 9000标准，促进了人员素质的提高。花为媒企业于1997年开始，贯彻执行ISO 9001国际质量体系标准，倡导“以人为本”。多年来公司注重人才的培训和引进，9年来公司共引进各类技术、设计、管理人才百余名，又率先在企业中推行“5S”现场管理规范，成立了30个QC小组。组织各类管理培训，倡导“日事日毕，日清日高”的管理效率和工作作风。

贯彻ISO 9000标准，从培训入手，全员参与，使员工的质量管理意识有了很大的提高，通过质量控制，质量检验，生产工人分批分层次培训，标准化作业，严格的工序质量控制，生产工人的自控以及对重点工序的质量把关，以“不接受，不制造，不传递缺陷”、“质量是制造出来”的作为每个员工的行为准则，促进了人员素质的提高。

3. 贯彻ISO 9000标准，促进了产品结构的有效调整。贯彻ISO 9000标准，建立了一支良好技术人才、敬业的员工队伍，为产品的结构调整打好了坚实的基础。在产品结构上，围绕床垫、沙发两大主体产品进行了较大规模的技术改造，在此基础上，又引进国际先进的生产流水线，生产高级酒店家具和多功能医用床产品，使得公司的产品结构更合理，更具备市场竞争优势。目前，这四大类产品的出口和国内销售状况较好，企业实现了可持续发展。

4. 贯彻ISO 9000标准，促进了国际市场的开拓。贯彻 ISO 9000 标准，使企业的管理逐步规范，也吸引了更多的海外买家来到公司洽谈业务。同时，在与国外大客户合作的过程中，包括沃尔玛、科斯克、杰森·班尼等国际著名商业和家具销售巨头的严格、规范、人性化的验厂标准和程序都推动花为媒的管理不断提升。美国、加拿大、英国、澳大利亚、日本、中东、韩国、西班牙等国家和地区的客户日益增多，出口额和出口量在全国同行业中名列前茅。

5. **贯彻 ISO 9000 标准，推动了标准的实施。**贯彻 ISO 9000 标准，使企业内部标准化得到了提升。花为媒公司在行业中率先实施 QB/T 1952.2—1994 标准，对于床垫产品的一次合格率从 92%逐步提高到 99%，其他家具产品的合格率程度也达到了行业技术先进标准。2000 年企业作为中国家具标准化中心特邀代表，参与拟定了代表国内目前行业最高技术和产品的标准——QB/T 1952.2—1999 标准；2003 年，通过与国际睡眠协会(ISPC)深入接触，又率先按照 ISO/TC 136 的标准对生产的床垫产品进行了更高技术标准的提升和改进。在这个过程中，企业始终坚持按照 ISO 9000 标准要求开展各项工作，产品质量不断提高，客户和国内外市场不断增多，平均每年的经济指标增长幅度超过 28%，企业的规模和品牌的实力都得到了长足发展。

6. **贯彻 ISO 9000 标准，推动了品牌战略的实施。**花为媒贯彻 ISO 9000 标准，树立科学、规范、先进的市场竞争和品牌观念，运用灵活、有效的营销手段赢得市场和客户的肯定。贯标工作使企业的内外部环境都发生了比较大的变化，生产系统、产品品质、服务体系都更上了一层楼，增强了公众对花为媒品牌和企业的信心。9 年来，花为媒始终坚持产品创新、市场创新、管理创新、思想创新，这是花为媒把企业做大、做强的必由之路。创品牌，是一项长期的系统工程，花为媒将脚踏实地地开展企业的各项规范化管理和市场运营工作，将企业的发展推向一个更高层次，为社会做出更大的贡献。

浙江花为媒集团有限公司供稿

西安电力机械制造公司销售公司

贯彻质量管理体系文件　推动企业管理创新

西安电力机械制造公司销售公司(简称“西电销售公司”)成立于 1983 年，是以西电集团各产业公司为依托的、具有法人地位的专业营销公司，代表西安电力机械制造公司(以下简称“西电公司”)及所属产业公司营销西电集团输变电为主的高压电器产品。随着电力市场的迅猛发展和市场竞争的加剧，西电销售公司清楚地意识到“优胜劣汰，适者生存”不仅适用于生物界，同样适用于企业。所以如何根据外部不断变化的环境，结合公司的营销实践，通过贯彻执行 ISO 9001:2000 质量管理体系，推动企业管理创新，提高企业的质量管理水平和竞争能力，从而使企业在竞争激烈的市场大潮中抓住机遇，追求卓越业绩，一直是西电销售公司不断探索的永久课题。

西电销售公司自 2000 年 12 月通过中国质量认证中心西北评审中心的 ISO 9001 质量管理体系认证以来，已按照 ISO 9001 标准构建了一个系统的、适宜的科学管理框架，为实施规范化、精细化管理奠定了基础。

公司奉行“忠诚、敬业、勤奋”的企业理念，以人为本构筑和谐有效的西电销售网络，增强企业的凝聚力和核心竞争力，转变增长方式，提高增长质量和效益，并在工作中取得了显著的效果。2004 年 11 月又通过了 ISO 9001:2000 质量管理体系的换版、认证、注册。通过 ISO 9001 质量管理体系在公司的有效实施，促进了企业的规范化精细化管理，增强了市场的竞争能力，保证营销协调、快速、健康地持续发展，使西电公司产品市场占有率连年提高，为使西电公司成为中国输变电设备制造业百强之首做出了积极的贡献。

1. **领导推动，全员参与，是建立和实施 ISO 9001:2000 质量管理体系的根本保证。**建立和实施 ISO 9001:2000 质量管理体系是公司历届领导管理工作的重要内容，其过程真正体现了管理者推动，全体员工参与的有机结合。

公司历任总经理、副总经理都把质量管理工作当成首要工作去做，坚持组织全员培训，领导亲自编制讲义，宣传讲解质量管理标准，带领员工系统学习 ISO 9001:2000 质量管理体系文件，规范员工作业行为，增强员工的质量意识；同时成立经营管理办公室为质量管理职能部门，由兼任企业管理者代表的副总经理直接领导，负责质量管理的日常工作，全面履行公司 ISO 9001:2000 质量管理体系的建立、实施、保持并持续改进的职责，在每个单位都设置了质量管理人员和内审人员，负责各单位日常的质量管理工作和质量管理体系的内部审核工作。公司的质量管理工作充分体现了领导推动和全员参与的原则。

2. 密切结合营销业务流程，制定切实可行的体系文件，使之成为员工的行为准则和营销作业指导。ISO9001:2000 质量管理体系文件是企业最基本的管理制度和管理标准。西电销售公司根据 ISO9001:2000 质量管理体系标准的要求，密切结合本公司实际营销业务流程，针对企业的信息管理、合同管理、合同履约、顾客服务、资源(包括固定资产、人力资源)管理、文件管理和管理评审、内部评审，以及营销业绩的监视测量分析和改进等都制定了相应的切实可行的体系文件，文件对营销工作的主要过程都进行了策划，做出了规范性的要求，对提高西电销售公司的管理水平，提高营销运行质量起到了很重要的规范指导作用，已成为全体员工的行为准则和营销作业指导性文件。

全体员工依据规范化的体系文件，按照本身的工作职责实施管理和作业，并形成相应的记录，真正做到文件要求的要写到，写到的要做到，做到的要有记录，把体系文件作为营销行为的规范、营销作业的指南。通过员工优良高效的工作质量使营销业务的各个环节处于有效受控状态，从而保证了营销运行质量的提高，工作效率的提升和企业效益的增长。

按照审核的时间间隔，公司还组织内审员陆续对大多数的驻外公司和西电销售公司本部进行内部质量审核，对查处的不符合项分别进行整改，并且进行跟踪验证，取得了显著的成效。

3. 以顾客为关注焦点，向顾客提供合格的产品和及时有效的服务，不断提高顾客满意程度。

(1)针对行业特点，公司制定了“保质保量按期履约，诚信及时有效服务，规范管理持续改进，提高顾客满意程度”的质量方针，切实把顾客的需求落实到实处。各辖区驻外公司还坚持把顾客的满意程度作为衡量自身工作成效的标准，结合自身的特点，开展了有效的服务活动。

(2)通过广泛的市场调研和用户走访，公司同时制定了“保持 ISO 9001:2000 质量管理体系有效运行；销售合同完成率 92%；顾客满意率 92%”的质量目标，向顾客提供合格的产品和及时有效的服务，不断提高顾客满意程度。西电销售公司从多年营销实践中证明，保质保量按时间向顾客提供合格优良的产品和诚信、及时有效地向顾客提供全方位过程的优良服务，是西电销售公司的核心竞争力。销售公司为强化服务意识及能力，还专项配置了工程服务专用车，向用户提供零距离服务。各营销部门也针对产品的不同地区分布，配备了相应的专职服务人员，帮助用户更好地使用、维护产品，保证产品的正常安全运行，树立了良好的西电企业声誉和西电产品形象，使西电销售网络成为向顾客提供服务的纽带和桥梁。

(3)面对电力系统的改革，顾客群体的管理也相应地进行了重新调整，特重量级的顾客群和一般顾客群所关注的焦点有了更进一步的明确。不同顾客对产品的要求、过程的要求和质量体系的要求通过质量管理体系的有效运行都得以实现。

(4)为确保公司的服务能满足顾客的需求和期望，公司积极搭建与国家电网公司、南方电网公司、各大发电集团、各地区电网公司以及招投标单位的沟通平台，并且建立了良好的合作关系，使顾客的需求信息得到了及时准确的传递，从而及时采取满足顾客要求和期望的有效措施。

实施质量管理体系以来，公司坚持顾客至上、为顾客和供方提供诚信、及时有效服务的营销宗旨，赢得了良好的信誉。使公司成为国内重大电力建设项目的重要供应商，具备了参加重大输变电设备投标的资质和向顾客提供合格产品和良好服务的条件和能力。

4. 以市场为导向，通过贯标提高营销工作质量，连续创造了营销业绩新高。公司管理层在认证初期就有正确的认证目的，即通过 ISO 9001:2000 质量管理体系的建立、实施和保持，做到规范化、精细化管理，提高营销工作质量。西电销售公司由于不失时机地抓住了国家电网公司实行集中采购的大好机遇，抓住了国家加大电源建设和输变电网架建设的机遇，乘着国内输变电市场快速发展的势头和 XD 产品愈来愈好的市场信誉，以市场为导向，通过 ISO9001:2000 标准的换版和贯标，充分运用了“以顾客为关注焦点、领导作用、全员参与、过程方法、系统管理、持续改进、以事实为决策依据、互利的供方关系”等八项管理原则。全体员工以体系文件要求的标准，严格规范的工作方式对地域市场进行开拓、培育、建设和巩固，实现了集约化规模化营销，并取得了骄人的营销业绩，连续五年全面完成各项营销指标，从 2000 年认证注册时承接合同 8.7 亿元猛增到 2005 年的 52 亿元，连年创营销业绩新高。

通过贯标分布在全国的 18 家驻外营销子(分)公司走上了集约化规模化营销的轨道，北京、广州、太原、郑州、福州、济南、重庆、成都等子(分)公司已成为所在城市区域的纳税大户，为所在地域的电力建设直至为国家的电网建设做出了积极的贡献。

公司内部已经形成了良好的按照体系文件办事的工作氛围，各部门、各级人员通过认真履行各自的职责，按照质量管理体系文件要求严格做好各自的工作，保证了公司整个营销工作、实现过程和服务的提供过程处于很好的受控状态。

5. **坚持持续改进，实施管理创新，追求卓越业绩。**公司质量管理体系的正常有效运行，对提升公司的营销服务质量起到了关键性的作用。2006 年是"十一五"规划的开局之年，根据中国资源结构状况，未来中国将进一步调整电源结构，中国电源结构调整的方向是"优先发展水电，优化发展火电，积极发展核电，因地制宜发展其他新能源发电"。

在这大好形势下，西电销售公司在新的一年里开好局，起好步，具有十分重要的意义。依据 ISO 9001:2000 质量管理体系文件的要求，公司管理层坚持全面贯彻质量方针、落实质量目标为整个营销工作的核心，以审核结果、数据分析、纠正和预防措施、管理评审、项目过程、服务过程控制，持续改进质量管理体系的符合性及有效性，通过对营销过程的监视和测量，应用相应的统计技术进行分析，识别出公司质量控制过程存在的问题和改进空间，使营销过程得到不断地改进和提升。同时根据质量管理体系要求，继续推行信息化管理，促进管理更加规范化、精细化；实施管理创新，坚持以人为本，创建合作和谐的工作环境；全面落实科学发展观，促使西电销售公司营销工作全面协调、快速、健康、持续发展，再创卓越的营销业绩。

西安电力机械制造公司销售公司供稿

宝鸡机床厂

以完善的质量管理体系增强企业效能

宝鸡机床厂是具有外贸进出口自营权的国家大型工业企业。总资产 5 亿元，现有职工 2 100 名。企业主要由宝鸡机床厂、忠诚机床股份有限公司及 2 个分厂、6 个合资公司组成。1999 年 9 月通过了 ISO 9001 质量管理体系认证，2005 年 3 月车床产品通过德国莱茵公司 CE 安全认证。

宝鸡机床厂近 3 年连续获得中国机床工具行业"产品销售收入十佳"、"创品牌活动十佳"、"数控产值十佳"和"出口创汇十佳"殊荣，连续两年被授予"中国机械行业竞争力之星"。先后荣获"全国五一劳动奖状"、"质量效益型先进企业"、"全国名优产品售后服务先进单位"等荣誉称号。

早在 1996 年宝鸡机床厂就将 ISO 9001 质量管理体系认证作为一项重要工作列入计划，经过积极准备和认真宣贯，于 1999 年 9 月顺利通过了 ISO 9001:1994 质量管理体系认证，并于 2002 年 10 月通过了 ISO 9001:2000 质量管理体系换版认证。按照 ISO 9001:2000 标准要求，制定了企业质量手册、程序文件和管理制度汇编，在生产经营中严格按体系文件执行，确保了质量管理体系的充分、正常、有效运行。每年按年度质量计划组织内部质量管理体系审核，进行最高领导者主持的管理评审，同时接受认证机构的监督审核。

宝鸡机床厂坚持"科技创新、忠诚为本、顾客满意、持续改进"的质量方针，狠抓产品实物质量的持续提高，以质量占领市场，赢得用户，达到增强企业效能。

1. **以顾客为中心开展质量经营。**为保证用户利益最大化，提升用户满意度，由厂长直接聘任 1 名质量监督员。这位质量监督员由技术全面、责任心强、经验丰富的人员担任，代表用户对产品质量进行抽查，直接向厂长和用户负责，从而保证了产品质量的稳定提高，提升了用户的满意度，树立了企业良好的产品形象。

2. **最高管理者直接领导下的质管机构。**宝鸡机床厂成立了以厂长为主任、各职能部门负责人为成员的厂质量管理委员会，统领全厂质量管理工作。形成以管理者代表、质量管理委员会办公室、质量检查处三级质量监督体系和质量管理委员会办公室、售后服务部、质量检查处三级质量反馈体系，各分厂、车间建立以部门领导人主管、专人负责的管理基层组织，形成了质量工作上下齐抓共管的管理格局。

宝鸡机床厂领导从思想上认识到建立一个运转有序

的质量管理体系对企业的重要性，并把这项工作当作头等大事来抓，依据标准的要求，加强质量控制，进行持续改进，不断完善改进质量管理体系。使质量管理体系的基本思想深深地植根日常工作中。并牢固树立“诚信质量”、“下道工序就是用户”、“人人都是检验员”三大质量理念，充分调动和发挥员工的积极性和主观能动性，通过员工质量意识的提高，保证产品实物质量稳步提升。

3. **以科技进步增强产品竞争力。**“工欲善其事，必先利其器”，产品质量的提高，一靠科学管理，二靠科技进步。宝鸡机床建成了省级技术中心，全面采用 CAD、CAPP、PDM 系统，在自主研发的基础上，先后与美国、日本、韩国、台湾的企业进行技术合作，联合开发研制适销对路的新产品，以满足各层次的用户需求。

2002 年以来，针对实现企业跨越式发展的需要，由工厂出资与西安交大合作举办工程硕士研究生班，对部分在技术岗位工作两年以上且工作成绩优秀的工程技术人员进行再深造，储备了技术创新力量。

以市场需求为导向，不断开发适销对路的产品。扩大 CK、CH、CS 系列产品规格品种，提高产品性能、技术含量和档次，延长老产品的寿命周期，进一步满足不断变化的市场订货需求，设计高科技含量的新产品，开展数控机床可靠性研究工作。

4. **建立供需互利共赢的合作关系。**采购物资质量的优劣直接影响机床的整机质量。建立规范的采购制度，严格选择合格的供方，与供方建立互利共赢合作伙伴关系，帮助供方提高产品质量。对供方进行分级管理，每年进行一次业绩评定，对其质量保证能力进行跟踪评价，激励供方进行质量改进。对采购物资进行严格的质量监控是控制采购件质量的重要环节，完善进货质量管理，加大入库检验力度，对关键件、重要件采取派员到供方生产现场进行指导验证的方式进行质量控制。

5. **完善的工艺管理考核制度。**全厂共制定 10 大工艺系列，从铸造工艺到油封包发的全部工艺流程，均采用先进的工艺方法，以高于国家标准的企业内控标准严格控制工艺要求。为了确保达到工艺要求，制定了严格的工艺纪律和质量纪律，成立了以科技处工艺室牵头的工艺纪律检查小组，在各车间设有专门的工艺纪律巡检员，检查小组每周对全厂工艺纪律质量纪律执行情况进行监督检查、通报，每月进行讲评，并和月度岗位经济责任制考核挂钩。车间工艺纪律巡检员负责车间日常生产中工艺纪律的执行情况，保证工艺纪律质量纪律的有效执行。

6. **广泛的销售网络，迅捷有效的服务体系。**宝鸡机床厂以优良的产品质量、可靠的企业信誉、畅通的销售渠道，赢得了市场的信赖。在国内各省份建立了长期的销售网点，与用户的直接沟通，为用户提供一流的服务。

宝鸡机床厂设立有专门的技术支持和售后服务部门，专门从事市场调研、用户问题处理及向用户提供专业的技术支持工作。从售前、售中、售后全方位提供服务。并建立了独具特色的销售片区经理负责制，全国范围内设立了 11 个网络片区。经过严格的培训、考核，建立了高素质的服务队伍。各片区的服务人员不仅是产品的宣传员、用户购买时的导购员、售后维修员，还是向用户提供技术支持的专业人员，同时承担反馈售后服务信息和用户的期望。为了对售后服务工作统一管理，工厂建立了严密完善的管理制度，并坚持不懈地对售后服务人员进行业务素质培训，不断提高他们的服务意识和业务技能，对他们的服务质量进行全方位监控，严格进行考核，使他们随时为用户提供优质高效的服务。

2005 年，宝鸡机床厂共生产机床 7 354 台，其中数控机床 2 063 台，实现产值 9.4 亿元，出口创汇 1 515 万美元，各项指标均保持了 20%以上的递增速度，取得了良好的经济效益和社会效益。同时，在宝鸡高新技术开发区投资新建成了集生产、科研、开发为一体的“宝鸡机床工业园”。随着工业园的全面投用，企业经营规模将会有大幅提高。

宝鸡机床厂供稿

山东双轮集团

系统性的企业管理与质量管理

系统管理原理是现代企业管理的基本原理，是指人们在从事管理工作时，要把企业视为一个有机的系统，并运用系统的观点、理论和方法去认识和解决管理中的各种复杂问题，使企业的各个要素按照系统的要求进行计划、组织、指挥、领导、控制和创新。能否运用系统管理去指导和处理管理问题，是现代企业管理与小生产管理方式的根本区别。因此，2000版ISO 9000族标准质量管理八项原则之一就是："管理的系统方法——将相互关联的过程作为系统加以识别、理解和管理，有助于组织提高实现目标的有效性和效率。"

体系源于系统。而在管理领域，在ISO 9000族标准中，将二者作为同义词，即质量管理体系也就是质量管理系统。

现代企业管理本身是一个复杂的、多层次的开放系统。整个企业是一个总系统，而其中企业战略、市场营销、技术研发、生产采购、质量管理、环境管理、职业卫生与安全、人力资源、资产财务、企业文化等各方面职能，则是相互区别而又相互关联、相互作用、相互依存的各个子系统，并共同组成了围绕企业经营目标开展活动的有机整体。

显然，质量管理是企业全部管理职能的一个方面，该职能是围绕质量而开展的计划、组织、指挥、领导、控制和持续改进等所有管理活动的总和。质量管理应该也必须与企业其他方面（而不仅仅是环境、职业卫生与安全）管理有机地整合成为一个管理体系才能经济、有效地实现企业经营目标。

然而有很多企业建立一套看上去很美的形式上的"文件化质量体系"，而实际却游离于企业运作之外，形成所谓的"两张皮"问题。这固然有企业基于形象宣传的目的"取证"、对标准不能正确理解等问题，但同时也不能排除94版标准强调"证实"的作用，无异于强化了企业做样子给别人看的现象。这在中国企业管理水平普遍不高，多年来又习惯于应付各种名目繁多的形式主义的检查、评比的环境下尤为突出。

相比94版标准，2000版标准的内涵和外延都有了进一步的深化和拓展。标准名称不再有"质量保证"一词，表明ISO 9000族标准要求除了产品质量保证之外，还旨在增强顾客满意，并帮助企业实现、保持和改进企业的整体业绩和效率（ISO 9004）。特别需要指出的是，2000版ISO 9000族标准不仅总结了世界各国多年来标准化、质量管理、质量认证等的实践经验，而且运用了许多现代管理学的理论与方法（包括战略管理、目标管理、系统工程等），并以过程为基础，在八项原则指导下，用PDCA循环对质量管理职能进行规范化描述（而PDCA即是对管理职能——计划、组织、指挥、领导、控制和创新的另一种表述形式）。

所以，将企业管理（总系统）中的各项管理职能（子系统），包括质量、安全、环境体系作一个整体系统性地整合，形成一体化管理体系，既是2000版ISO 9000族标准所倡导的，也是企业有效开展质量管理及其他管理活动、实现持续改进的必由之路。

山东双轮集团是泵行业重点骨干企业、中国机械工业管理进步示范企业。山东双轮集团生产的双轮水泵是国家免检产品，双轮商标为泵行业唯一的中国驰名商标。一贯重视产品质量并持续改进的双轮集团，在认证、质量管理与企业的一体化管理方面既有经验也有教训。

在市场竞争环境下，双轮集团基于认证的要求，编制了由质保部归口的四个层次的质量体系文件，并于1997年获证。1999年集团又进行了规范化管理咨询（重组），建立了用于指导企业规范化运作的由企划部归口的管理制度体系。结果不仅使文件数量剧增，而且由于政出多门，管理制度体系与质量体系文件存在重复、重叠甚至冲突，致使两类文件贯彻执行都不到位，影响了企业的运作效率。

众所周知，在建设法制化社会和规范化企业当中，法规、制度就是游戏规则，有了规则就可以消除很多不确定性，控制和降低过程活动参与者行为的不可预见性，从而降低运作成本，提高资源配置效率。这些即使法规、制度条文有缺陷，有也比没有好。但是，有法不依，执法不严，就等于没有规则，反而会破坏法规、制度的权威性和公信力，有倒不如没有。

在企业质量管理及持续改进需求的驱动下，在山东省质量认证中心的指导下，双轮集团从2003年底开始，运用系统工程原理、2000版ISO 9000族标准基础理论及标准化的原理与方法，经过统一、简化、优选，基于过程的方法，在八项原则指导下，结合双轮集团近年来企业管理特别是质量管理的实践，进行企业文件化管理体系的系统性整合，并把质量体系文件与管理制度的发布统一归口到企划部，由企划部系统性地策划与整合。

在统一后的管理文件（包括质量管理体系文件和管理制度）体系（总系统）中，包含了市场营销管理、生产采购管理、资产财务管理、技术研发管理、人力资源管理、行政事务管理、质量管理以及综合管理八大子系统，将原来116个管理文件、27个质量体系文件，系统性整合为59个管理制度和16个质量体系文件。基于对稳定过渡的考虑，仍然保留管理制度和程序文件两种文件格式。从文件结构和内容上看，管理制度除具有质量体系文件的全部内容（即规定如何做）之外，还明确规定有“做不到了对责任者的考核”内容，执行力度和效果更好。因此，在文件整合时，在满足认证要求的前提下，尽可能以新的管理制度代替原质量管理体系文件。

管理体系文件的编制与发布，只是明确了管理的要求、管理职责、资源配置、过程实现的途径，是否能够有效地运作管理体系，还需要“测量、分析和改进”。除按照ISO 9000族标准对质量体系进行监视和测量外，双轮集团要求各种管理文件发布后，由各文件归口解释部门（职能部门）负责组织宣贯到相关部门和员工，并保持文件学习贯彻的书面记录。特别是，把文件的贯彻作为一个闭环过程：对贯彻学习中发现和反馈的问题，由各部门以《文件贯彻记录表》书面反馈到解释部门办理，并由企划部负责跟踪验证。从而确保了各种管理事项的有效沟通，使员工认识到所从事活动的相关性和重要性，以及如何为实现管理要求和目标做出贡献。

为加强管理文件执行的有效性和持续改进，双轮集团把各种管理文件的贯彻执行情况，列入各职能部门负责人的绩效考核，要求每个职能部门负责人保持对本部门负责归口管理的每个管理文件的书面检查考核记录，作为干部月度绩效考核的附件，报高层分管领导及最高管理者进行月度绩效考评，考评结果与干部月度工资直接兑现。而对于难以测量（检查考核）的文件，则规定每半年要进行一次有效性及适用性评估（监视）报告，该报告纳入干部年度绩效考评并与年薪兑现。并且在文件检查考核中坚持：严格执行文件规定，违规必究，考核不讲下不为例；任何员工（从董事长到普通员工）在规章制度面前一律平等；检查依据是文件，与检查人员的行政级别和职位高低无关；考核依据是事实和证据，不假设和推断。

通过系统性的建立并有效地实施文件化管理体系，促进了双轮集团质量管理水平和管理效率的提高，降低了管理成本，并为企业稳定、健康的发展打下了坚实的基础。

撰稿人：段炜旻

南方汇通股份有限公司

深化贯标　提高三个体系认证运行效果

南方汇通股份有限公司位于贵阳市白云区都拉营，是由原中国铁路机车车辆工业总公司独家发起，将贵阳车辆厂优良资产重组而成立的股份制有限公司。

公司的主营业务为铁路货车修造，能修理和新造多种铁路货车，是西南地区惟一的铁路货车厂修基地。现已具有年修理货车6 000辆、新造货车2 000辆的生产能力。公司是中国铁路运输“提速、重载”车辆配件的重要生产基地，拥有技术先进、规模强大的弹簧生产线和铸钢件生产线，年生产能力均已达到12 000t。

公司先后通过了ISO 9001质量管理体系和ISO 14001环境管理体系、OHSAS 18001职业卫生和安全认证。公司现有员工4 000余人，占地面积120余公顷，拥有资产15.5亿余元，其中固定资产5亿余元，属国家大型企业。

通过ISO 9001质量管理体系认证，公司的新产品开发速度、开发力度得到大大增强，产品质量进一步提高，主业产品销售收入逐年上升，各方面的管理水平大大增强。

一、在质量管理方面，通过 ISO 9001 质量管理体系认证

公司成立了以总经理、主管副总经理、总工程师等领导为主的质量管理体系领导小组。成立了以综合技术部、质量保证部、采购部、营销部、储运部、生产部、教培中心、人力资源部等相关部门参加的质量管理体系工作小组，明确规定各部门的主要职责。成立了以各单位内审员、质量员和业务骨干为主的质量管理体系贯标小组，进一步完善了公司质量管理体系。认真贯彻铁道部“规范管理，强基达标”总体部署和“安全第一、质量为本、机制取胜”工作思路，巩固深化修制改革，以货车“五防”为重点，加大安全基础建设力度，提高修造和配件质量，确保全路第五次提速和铁路运输的安全。

1. 在技术管理方面，建立健全技术台账管理制度，规范信息统计、管理、上报。确保产品图样、技术条件持续符合铁道部有关规定要求。编制了工艺操作规程、作业指导书，并根据铁道部有关规定要求，及时修订，保证文件的持续有效。

2. 在工序质量方面，建立了工艺监督落实控制机制，明确了技术、质量检验及生产车间负责人的主要控制职能。建立关键工序过程检查制度，明确技术、质量保证及生产车间负责人检查的项点、频次和考核标准。对关键工序质量，质量检查员做到了全检查，生产车间技术负责人员，每人每天检查 2 个以上项点，并建立检查记录。建立了总经理、副总经理和生产车间负责人等管理人员交车制度。建立工序质量定期分析制度，在总经理的主持下，每月召开质量分析会。通报公司内、外部质量信息，各部门提出问题、分析问题，制定整改措施计划，并落实上月质量会提出的问题的整改情况。

3. 配件质量管理方面，建立健全配件采购、入厂检验和自制配件质量检查管理制度，所采购的配件、原材料和自制配件均符合铁道部要求。外购配件入厂都进行复检，复检项目和检查频次，按铁道部的通知规定等要求执行。复检后均填写有关记录。杜绝不合格的配件装车使用。主管副总经理、技术管理人员对外购配件、自制配件，进行不定期抽检。抽检数量符合铁道部要求。

4. 工装设备管理方面，加强检修基础工装设施建设，提高检测手段的科学化、自动化、数字化，努力提高检修设备的机械化、自动化，变人控为机控，提高检修质量。按照铁道部有关规定要求，配齐了相关工装设备和工卡量具，并建立管理台帐。建立健全设备、工卡量具管理考核办法。主管副总经理、技术管理人员、车间负责人，按规定对关键设备进行抽检，并填写抽检记录。明确设备点检、校验规定和日常检查制度，操作者按规定进行设备性能、技术状态检查和校验，并填写有关记录。技术管理人员每周对操作者落实点检、校验情况进行 2 次以上抽查。各单位对外购设备所发生的设备质量问题，及时通知生产厂家，并督促厂家做好质量跟踪和服务。

5. 基础培训方面，组织对全公司与铁路货车修造和配件生产相关人员，进行理论和实际操作技术培训，进行严格的考核。关键设备及焊接等特殊工种，经考试合格后，方可上岗。根据铁道部有关规定要求，及时修订培训内容，保证培训的针对性和实效性。对与铁路货车修造和配件生产相关人员定期进行培训和考核，保持在岗人员适应生产要求。

6. 在信息化方面，巩固和完善信息化建设。在 HMIS 建设到车间的基础上，积极开发和使用工位数据采集系统，逐步完善技术数据自动采集范围，确保基础数据的准确率。随机抽查 HMIS 信息上传情况，对数据输入情况进行通报。各修程检修车使用便携式读出器（转储器）采集货车标签信息，并接入 HMIS 段级应用系统。

7. 开展检查人员持证上岗活动。组织开展检查人员持证上岗活动，制定检查人员持证上岗技术条件和管理办法，加强对检查人员的技术培训和考核，提高检查人员的技术素质，同时加强新技术应用的理论培训和实际操作演练，提高职工的技术素质。

8. 在质量保证体系方面，公司制定质量检查考核办法，把质量与各单位的经营考核、有关领导业绩考核、技术管理人员、质量检验员和操作人员的经济收入挂钩，明确责任，量化指标，落实考核，确保质量控制措施落到实处。质量体系管理上，除对上述 5 方面进行监督检查外，还定期进行质量检查。检查的重点内容是产品质量、工程质量和工作质量。此外，公司每半年组织一次例行的质量体系内审，每月进行质量体系日常监督审核，结合公司的产品开发，不定期地进行专项合同、产品的质量保证体系审核。对审核中发现的问题，按公司的问题跟踪制度进行跟踪处理，并建立了专门的检查记录和问题跟踪制度记录。完善质量责任追溯制度，对外购配件和有关设备、工卡量具出现问题，按规定追究责任和索赔。公司把产品质量、工作质量、工程质量作为控制重点，确保了铁路货车修造和配件生产的质量控制，保证铁路运输安全。

二、在环境管理体系、职业健康安全管理体系方面，通过 ISO 14001、OHSAS 18001 认证

1. **完善了环境和职业健康安全管理规章制度。**通过体系文件的建立，编制了环境和职业健康安全管理手册、程序文件及相关作业指导书。对原有的环境和职业健康安全管理规章制度进行了修订，进一步完善了公司环境和职业健康安全管理制度，实现了公司环境和职业健康安全工作的制度化、规范化管理。

2. **实施对危险源和环境因素的有效管理。**开展危险源辨识、环境因素识别及风险评价工作，弥补了公司在安全、环境管理上的不足，夯实了环境和职业健康安全管理基础工作，为实施对危险源和环境因素的有效管理和控制，减小职业健康安全风险，保护环境发挥了重要的作用。

3. **建立了较完善的监视和测量管理系统。**建立并制定了管理体系运行监测、职业健康监测、生产安全监测、环境监测以及目标、指标和管理方案实施评审等全过程控制内容，明确了具体的监测项目、方法、频次和责任部门，使职业健康安全管理由传统的被动管理转变为主动预防控制，环境管理由过去的点源管理转变为全过程控制。

4. **建立、完善应急管理机制。**制定了突发、重大安全事故、事件应急救援预案，定期开展应急演练和评价工作，提高了应对突发、重大安全事故的能力，减小或避免由此造成的重大人员伤害、经济损失和社会影响。

通过环境和职业健康安全管理体系的建立和实施，公司培训了一批环境和职业健康安全管理骨干队伍，他们在日常管理中应用规范化、科学化、持续改进的管理理念和管理方法，提高了工作效率和工作水平。同时，通过各种方式的体系文件培训，提高了员工对生产过程中存在危险的认识，员工的环境和职业健康安全意识、持续改进理念明显增强，遵守环境和职业健康安全规章制度和安全操作规程已成为员工的自觉行为，违章现象明显减少。

环境和职业健康安全管理体系的建立与运行，进一步地改善了公司的生产、生活环境，规范了作业秩序，为实现安全文明生产奠定了基础。

公司环境和职业健康安全管理体系的建立和认证证书的获得，标志着环境和职业健康安全管理工作迈上了一个新台阶，实现了规范化、科学化管理，不但提高了公司环境和职业健康安全管理水平，也为公司开展国际技术合作，拓展市场空间，提高产品的市场竞争力以及获得合作方及顾客的信任，提供了有利合法的证据；也进一步树立了公司良好的外部企业形象，必将为公司生产经营的持续、健康发展发挥较好的作用。

三、在相关系统管理方面

近年来，公司按照国家振兴装备业的要求，结合中国南车集团的战略部署，在传统产业实施“精品”战略，用高新技术改造传统产业，建成了 10 条高标准、高水平的生产线，达到了年修理货车 6 000 辆、新造货车 2 000 辆的生产能力，可以修理铁路平车、棚车及各型敞车，新造敞车、罐车等。同时，针对铁路货车“提速、重载”的要求，建立了现代化的货车配件研发生产基地，能生产从 10mm 到 50mm 范围内材料直径的各种规格的铁路专用弹簧和用于高速重载的铁路货车摇枕侧架。另外，公司开发了多种锻铸新产品向国际市场推广，先后通过西门子、金斯顿、阿尔斯通和 GE 公司等国际化大公司的二方审核，与上述跨国公司建立了良好的合作关系。

1. **强化人力资源管理，推进三项制度改革。**为了促进公司的快速发展，公司大力推进以优化人力资源配置为核心的三项制度改革。一是全面实施人事制度改革，变身份管理为岗位管理，建立全员竞争上岗、岗位职务能上能下的人事管理机制；二是深化劳动用工制度改革，建立职工能进能出的用工机制，试行人事代理制；三是改革工资分配制度，建立工资能增能减的激励机制，实行多种分配方式，拟申请试行管理层收购(MBO)和员工持股。

2. **整合资源，推进辅助系统走向市场。**根据前几年后勤系统成功实行社会化经营的经验，公司结合国家和中国南车集团公司的有关政策，制定了主辅分离、辅业改制的总体方案，让职工带资分流，并初步取得了成果。其中，分离原有辅助车间、组建装备公司的方案已基本成熟，在原有运输系统的基础上组建客运公司的方案，这些方案，在得到中国南车集团公司和贵州省、贵阳市的批复后实施。主辅分离、辅业改制后的现代幼教集团已成为贵州省主辅分离、辅业改制企业的学习典范。

3. **依靠发展，在发展中解决再就业问题。**随着各项改革的不断深入，公司也遇到了减员增效、下岗分流的难题。公司始终把广大职工的根本利益放在首位，克服了“改革就是减人，把职工推出去不管”的错误观念，坚持实施“无情竞争，有情安置”的思路，权为民所用，情为民所系，利为民所谋，在发展中解决下岗职工的再就业问题，不随意把职工推向社会。一是积极教育、引导广大下岗职工树立“就业靠市场、岗位靠竞争”的观念，使下岗职工增强了市场意识和危机意识；二是依靠发展安置下岗职工，

即通过扩大产业规模、发展多经产业、盘活后勤资产等方式，积极为下岗职工想办法、谋出路，使他们走上工作岗位；三是用机制激励下岗职工，使他们通过转岗培训掌握了第二技能并最终走上再就业的道路；四是对下岗职工进行政策扶持，对他们进行一定时期的补贴、照顾，鼓励他们自谋职业。这些措施的实施，使多名职工受到了转岗培训，并成功地实现了再就业，正确地处理了改革、发展和稳定的关系。

南方汇通股份有限公司供稿

山东天元建设集团有限公司
三个标准体系认证全面提升企业核心竞争力

山东天元建设集团有限公司是一家有50多年历史的大型一档施工企业、AAA特级信用企业，拥有房屋建筑施工、机电设备安装、装饰工程、钢结构工程等多个一级资质并具有涉外经营资格。

集团公司多年来在质量、安全与环境管理工作方面取得了一些成绩，但由于没有建立起一套完整、科学、规范的管理体系，在管理的方法和手段上有一定的随意性，对工程施工的各环节和影响质量、安全与环境保护的诸多因素的控制不够严密，以致影响了工程质量的进一步提高，发生了一些安全事故、影响了周围的环境，制约了企业的发展。随着经济体制改革的不断深入，为促进集团公司在竞争日趋激烈的市场经济大潮中不断发展、壮大，集团公司于1996年开始宣传贯彻ISO 9000系列标准，并于1997年底一次通过了中国方圆认证中心的现场审核，成为当时山东省首批通过质量体系认证的企业之一。在成功运行质量管理体系5年的基础上，集团公司又于2002年10月份顺利通过环境管理体系和职业健康安全管理体系的认证审核，进一步完善了企业的各项管理工作。

三个标准管理体系的认证和有效运行，使集团公司的社会信誉和市场占有率稳步提高，工程质量、经济效益和管理水平一年一个台阶，取得了较为突出的成绩。

在工程质量方面，质量管理体系是一套比较完善、全面的模式。通过制定相应的管理工作程序，加强了对工程施工过程的全面控制，保证了工程施工过程的质量。对于施工过程中发现有一些不合格，通过制定相应的纠正预防措施，避免了相应问题的再次发生，起到了有效的预防控制措施，使工程质量得了持续不断的提高。培训也是质量管理体系的一项重要的管理工作程序，通过加强技术人员的培训，提高技术人员的业务水平和实际操作能力，以此来提高其在工程质量方面的管理水平。通过管理评审会议，不断改进质量管理体系运行中所存在的问题，促进工程质量管理水平的不断提高。通过近几年质量管理体系运行，集团公司的工程质量取得了丰硕成果，创出了多项“鲁班奖”工程、“省工程质量奖”、“泰山杯”奖工程，为集团公司的质量管理工作树立了良好的榜样。

在经济效益方面，企业发展必须以创造经济效益为基础，只有创造出更好的经济效益，才能推动企业的持续发展。通过3个标准体系的认证，集团公司一是按照管理体系的指导原则，制定了经营战略目标；二是寻求符合市场经济规律的最佳管理体制，特别是经营上采取激励机制；三是依据市场发展的需要，从企业自身特点入手，平衡各项生产要素，使之相互促进，以高起点、高效率、高稳定的工作来保证企业经济目标的实现。质量管理体系正常运行为集团公司创出了许多国家、省、市级优质工程，创造了集团自己的品牌工程，这些工程为集团带来了巨大的经济效益。

几年来集团施工面积和施工产值连年攀升，成功开拓了许多外埠市场，2005年集团施工产值达20亿元之多。集团公司逐步成为山东建筑业的龙头企业，先后被省政府授予“山东省明星企业”和“创纪录效益杯企业”，并被国家建设部授予“中国建筑施工综合实力百强企业”和“建设系统25家最佳经济效益建筑企业”称号，被国家统计局、国务院发展研究中心评为“中国500家最大经营规模和最佳经济效益企业”。

在企业管理方面，集团公司先后通过了ISO 9002、ISO 14001和OHSAS 18000管理体系的认证，逐步健全了集团公司的各项管理制度，进一步形成了质量技术管理、经营管理、财务成本、材料设备、人力资源等十大管理系统。并依照管理体系的要求，明确了各级管理人员的工作职责，做到责任到人、工作到位，进一步促进企业的管理水平不断提升。集团体会到，管理标准化要和文明施工相结合，要创造优美、健康、安全的生产环境，保障工人的人身健康安全，保证环境不受污染。公司通过职工健康安全管理体系的运行，保障了职工健康安全，提高了职工的安全意识，减少了工程安全事故的发生，提高了企业的管理水平。为了建设优美的企业环境，集团公司在环境布置、施工现场等方面突出统一、鲜明的天元标识，在每一个办公场所、厂区、施工现场做到净化、绿化、亮化、硬化、美化。

运用文化手段来提高管理体系的运行质量，在生产经营实践中根据企业发展的需要逐步形成了集团的文化理念识别系统、行为识别系统、视觉识别系统，并在此基础上设计提炼集团企业文化方案，形成《企业文化手册》。注重通过媒体和其他宣传渠道来展示集团文化建设成果的魅力，进一步提高了集团公司在社会上的知名度和美誉度，使集团品牌深深地烙印在用户心中、扎根于社会，使集团公司在多次大型工程的招投标过程中与国内数个知名企业竞争连连中标，为企业创造了较好的经济效益。

质量、环境与健康安全3个标准管理体系是企业全面管理的重要组成部分，3个标准管理体系的基本思路是一致的，基本原则是一致的，具有共同的管理原则，各个系统之间以科学的方式相互综合就可以创造出一个全新而充满活力的大系统。集团公司自3个标准管理体系认证以来，始终保持3个管理体系的正常运行，各项管理工作进行得有条不紊，集团工程质量、职工的质量意识和健康安全意识大大提高，企业管理水平和经济效益也不断提高，企业文化得到了长足发展。3个管理体系的认证及正常运行，为集团公司的发展奠定了坚实的基础，也提高了集团公司在今后发展过程中的竞争力。

山东天元建设集团有限公司供稿

江苏汇鸿国际集团
贯标使企业管理刚柔相济

江苏汇鸿国际集团是江苏省重点外贸企业集团，主营进出口贸易，在2000年通过ISO 9002:1994版认证（2003年顺利转换为ISO 9001:2000）的基础上，又于2005年3月通过ISO 14001:1996认证，成为江苏省第一家通过质量和环境双体系认证的大型外贸企业集团。

市场竞争是残酷的，它遵循“物竞天择、适者生存”的规律。历经市场经济洗礼的汇鸿集团清醒地认识到，在经济全球化的背景下，面对日益激烈的国际国内竞争，要处于不败之地，实现持续发展，必须在开拓业务的同时进行国际化规范管理，靠“两条腿”，才能走出一条坚实宽广的自我发展之路。因此，汇鸿集团未雨绸缪，较早开始了贯标工作，这是企业参与国际竞争的需要，也是提升企业社会形象的需要，更是保持企业持续竞争力，实现可持续发展的需要。

汇鸿集团经历了自身ISO标准体系从无到有、从建立到健全的过程。5年的时间里，汇鸿人体会最深的就是ISO标准“不断创新、持续改进”的管理精髓。贯标带来的不仅是一张进入国际市场的通行证，它更多带给企业的是一种先进、科学的管理理念。纵观历史上的社会变革和工业革命，均起源于理念的转变。因此，理念的转变是本质的，如凤凰涅磐般地产生巨大影响。根植于中国传统文化，并从计划经济体制中走过来的中国企业的管理普遍存在着较多的人为因素和主观随意性，管理中软性成分较多。而起源于西方的ISO标准主张通过制度来规范管理，刚性很强，它强调职责明确、责任落实、协调一致，重视预防为主，加强过程控制，通过记录进行数据分析，注意不断改进，通过PDCA周而复始的循环来促进企业持续不断提升管理水平。贯标可以使中国企业的管理刚柔相济。秉承国际先进管理理念，汇鸿集团实施了业务流程再造，将进出口业务、办公室综合管理、财务核算、人力资源、审计法律、投资发展等全部工作环节都放置于ISO标准的覆盖之下，补充、修订、完善原有的各项管理制度，加强员工培训，提高全员素质，增强标准的可操作性，使各项日常管理工作规范化、制度化、程序化、文件化。

企业的日常基础管理为质量环境体系的运行提供平台，而体系的有效运行又促进了管理水平的不断提高。汇鸿集团质量环境管理体系从建立伊始，就以顾客为关注焦点，以改进环境表现为己任，与集团日常工作相互融合，相互促进，共同提高。在建立质量环境管理体系策划时，从系统工程出发，以过程管理为重点，全员参与为基础,持续改进为永恒目标,加强记录管理和数据分析,要求从公司管理层到各部门员工,摈弃原有的习惯做法,以标准和体系文件为依据,同心协力,努力工作,为企业、顾客努力创造更大的价值。汇鸿集团建立质量、环境管理体系后,在整个公司管理工作过程中,每个员工都认识到自己是企业不可缺少的组成部分,自己的工作表现关系体系运行的好坏。这使员工的主人翁意识不断增强,企业的凝聚力进一步提高,管理水平和环境表现持续改进,以实际行动落实科学发展观,实现了可持续发展的要求。汇鸿人在体系运行的过程中,实践着"汇鸿要发展,发展靠大家"的企业文化,而体系运行中的不断创新、持续改进精神又充实着企业文化的内涵。"科学技术是第一生产力",管理同样也是生产力,科学合理的管理体系极大促进了企业的发展,为汇鸿集团带来了勃勃生机。建立健全质量、环境管理体系以来,管理水平不断提高,企业内控机制的日趋成熟,使企业抗风险能力和市场应变能力不断加强。近年来,虽然外贸企业面临的形势越来越严峻,市场竞争越来越激烈,但汇鸿集团的主营业务还是得到了快速发展,进出口规模由2000年的3.7亿美元增长至2005年的10亿美元,企业效益也保持了较好的水平。

5年来,从懵懵懂懂到醍醐灌顶,再到从形式和内容上对国际标准的遵从、理解和认同,汇鸿人感受着ISO标准的管理精髓和魅力。通过认证和获得卓越管理组织证书不是结果而是新的开始,汇鸿人将一如既往地向更高的目标迈进,通过全体员工的共同努力赢得汇鸿集团更辉煌的明天!

江苏汇鸿国际集团有限公司供稿

福建亚通新材料科技股份有限公司

以ISO 9001为基础 以认证为推动力 追求卓越绩效

福建亚通新材料科技股份有限公司是一家专业从事高分子材料及其制品研究开发和生产制造的上市公司。现系建设部全国唯一塑料管道产业化基地,全国化学建材骨干企业,全国化学建材工作先进集体,国家级博士后科研工作站,科技部、建设部联合定点的国家科技成果推广示范基地,中国塑料加工工业协会塑料管道专委会理事长单位,福建塑料管道技术开发基地。

公司成立于1994年,成立之初领导层就制订出"经营规模化、产品多元化、管理标准化、市场国际化"的经营战略。公司内树立起"强化质量管理,提高产品质量,对客户负责,对企业自身负责"的质量价值观,当时恰逢中国兴起ISO 9000:1994族标准,公司领导予以极大关注,1996年即请专家到公司给管理层授课讲解质量体系标准,正式启动企业标准化工作。

一、公司实施企业标准化历程

年 份	标准化项目	关注程度
1997年	建立质量管理体系	同行中首家通过质量管理体系和产品质量双认证。
2003年	建立ISO 9001、ISO 14001、OHSAS 18001一体化管理体系	同行中首家通过质量、环境、职业健康安全一体化管理体系认证。
2005年	建立企业标准体系	同行中首家、福州地区首家通过国家4A级标准化良好行为的企业,亦是全国首批(52家)4A级企业之一。

二、以ISO 9001为基础,建立一体化企业标准体系

公司自1997年建立质量体系后,质量管理和质量保证工作得以规范化,标准化带来的管理有序、质量可追溯、强化培训提高员工操作技能、提高产品合格率、提高原料利用率、缩短故障时间、持续改进等方面效果显著。

公司领导感受到建立ISO 9001质量体系给公司带

来的效益后，又把目标扩大到保护社会和员工利益，决定建立 ISO14001、OHSAS18001 管理体系，以节约能源、预防污染，以改善员工工作条件，预防员工工伤事故。考虑认证标准间具有兼容性及公司质量管理机构和职能比环境、安全职能成熟，故公司建立环境、职业健康安全体系时，以质量管理文件为主线，兼顾三个标准要求，制定了适合企业运行的质量、环安一体化管理体系。

各个管理体系都是标准化的体现，它们的建立为企业标准体系的建立奠定基础，公司标准体系分为四个分体系：综合性基础标准分体系、技术标准分体系、管理标准分体系和工作标准分体系。公司企业标准体系组成图及各分体系文件数统计如下：

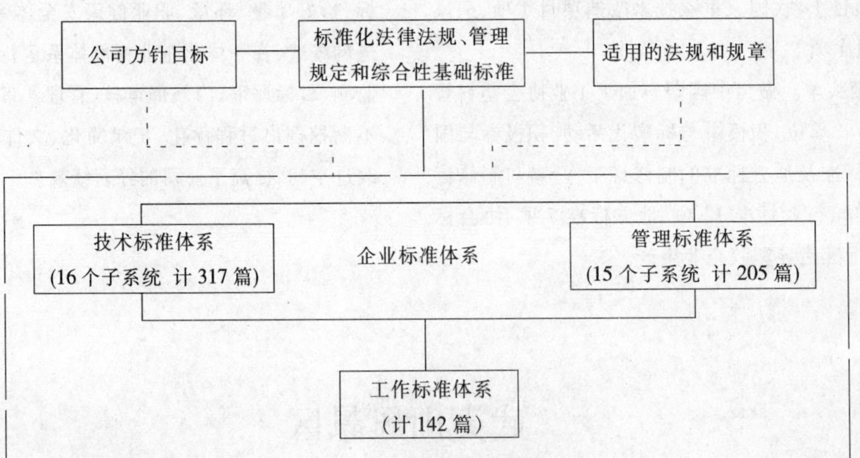

公司企业标准体系组成图

三、认证推动企业完善管理体系(标准体系)

认证是一种自愿行为，但公司建立的质量、环境、职业健康安全体系均申请第三方认证，因认证过程又是一个增值过程：

1. 认证是供方取得需方信任的手段，可减少需方对供方的重复检查评定，认证证书为开拓国内国际市场提供了通行证。

2. 第三方审核人员是专业人员，见多识广，在审核过程中会提出一些很好的建议，同时旁观者清，能发现企业所忽视的问题，为企业改进体系提供依据。

3. 每年的监督亦是一种压力和推动，促使企业管理体系有效运行并持续改进，避免建立的体系文件被束之高阁。

四、企业标准化促进企业发展

标准化使企业"有法可依"，内外部审核、管理评审使企业"有法必依"，绩效考核使企业"违法必究"。几年执法下来，公司取得显著成效，主要体现在以下几方面：

1. **员工质量、环安意识提高**。通过体系标准的全员宣贯，操作技能的强化培训，绩效考核的有效实施，员工质量、环境、安全意识大幅度提升，他们有了生产成本概念，生产过程中注重浇口、切割粉屑、废产品的回收，注重废油回收，注重设备维护保养，减少设备故障时间，注重安全预防，对发现的安全隐患及时上报整改，故公司产品一次合格率、原料利用率稳步提高，工伤事故下降。

2. **产品质量稳定**。"亚通牌"系列产品荣获"国家免检产品""福建省名牌产品"称号，注册商标"亚通"被评定为福建省著名商标。公司利用质量与品牌优势，在河南、河北、内蒙古、重庆、湖北、北京、甘肃等地建立了生产基地，公司这套体系宣贯至各生产基地。

3. **市场覆盖面广**。公司在上海、北京、沈阳、天津、广州等 20 多个城市建立了销售分公司和办事处，构建起遍及全国的销售和服务网络。同时产品已远销沙特阿拉伯、新加坡、牙买加等国际市场。产销量居同行前 3 位。

4. **产品多元化**。原来生产单一的建筑领域给排水电工塑料管，现已研发了工程塑料管道、塑料异型材系列产品、新型高分子功能复合材料、高效农业节水灌溉系统，产品广泛应用于建筑、高速公路、水利、通信、电力等领域。

5. **技术力量雄厚**。公司共有20多项科技成果通过省级技术鉴定，共有26项获得国家专利局授权专利。共承担国家级重点新产品项目5项，国家级技术创新项目2项，科学技术型中小企业创新基金1项，国家高新技术产业化推进项目1项，国家重点技术改造项目1项，国家火炬计划项目1项。

6. **行业领头羊**。做为中国塑料加工工业协会塑料管道专委会理事长单位，积极参与标准化活动，积极参与国家标准、行业标准及地方标准的制修订工作，参与制修订国家标准24项、行业标准12项、地方标准7项、协会标准4项，利用标准指导塑胶企业生产。

7. **快速响应市场需求**。如今很多工程均采用招标方式来选择供方，要求供方在短期内提供大量资料证明有能力提供质量稳定的产品；或者采用第二方验证的方式，需方组织人员到企业考察，对企业方方面面进行审检。完善的有效运行的体系(体系文件)可快速响应市场需求，赢得订单。

8. **持续改进**。追求卓越是公司内部管理追求的目标，恰好质量、环境、职业健康安全体系模式均是持续改进的模式，在一体化企业标准体系运行过程中，公司通过监测、目标评审、内外部审核、管理评审、自我评价等手段不断挖掘出过程优化、记录简化、文件整合、节能降耗的改进空间，提高了公司的经营绩效。

撰稿人：吴钰英

武夷山风景区
管理促效　永续利用

武夷山是国务院首批公布的44个重点风景名胜区之一，1996年被国家建设部授予“卫生山”称号，1999年被授予“全国文明风景名胜区旅游示范点”，同年12月被联合国教科文组织列为“文化与自然”双遗产地，并于2000年和2005年分别被评为国家AAAA级风景名胜区和全国文明风景旅游区。

一、管理的思考

武夷山景区一向重视保护。随着武夷山双世遗品牌的建立，也为景区的管理提出了新的课题。景区的机构庞大，部门设立明细，职能交叉，管理上下沟通不畅，加上外部各旅游产业链中的各个利益群体的无序管理，这些都成为景区发展增效和永续利用的不利因素。因而武夷山景区决策者们决定导入ISO国际管理标准化体系，以此为机，深度疏理各职能要求，本着严格管理，合理开发的原则，建立一套基本的管理架构，从而不断深入，建立积极的组织管理文化。

二、强力推行

武夷山景区为独特的企业形式，它的产品就是“服务”，追其根源也就是“顾客满意度”，只有周到的服务、优美的景观，才能使所到人士，不虚此行。周到服务主要体现在有效的管理监督和健全的服务机构体系及完善、便捷、安全的基础设施。而优美的景观则来自于有效的保护和合理的景观优化。武夷山景区自2001年始导入ISO管理体系以来，在服务上建立了专门的服务质量监督机构和严格的服务质量保证管理制度，重处罚、重奖励，从而在全员树立周到细致的服务意识。在基础设施建设上，武夷山景区斥资数亿，对景区的基础设施进行了全面的疏理和改造，建立了环景区公路、游人区内交通线及环保车辆、游人信息智能化管理系统和景点的老旧游路改造等一系列设施，从周到、安全、便捷的角度为游人提供了更加完善的旅游服务机制。

在武夷山自然景观的保护上，景区从根本上全面完善。建立了专门的环境监测动态信息中心。对景区进行划分，分级保护。建立了一整套包括卫生管理、古树名木、巡山护林、应急处置的文件化的管理要求，使景区的持续保护得到了有效保障，并通过建立文件化的管理要求，使各职能的责、权、利更加明确，上下沟通渠道通畅，工作成效更加显著。在环保的硬件投入上，武夷山景区对景区内所有的公厕进行了环保改造，设立卡口和游人运送专门环保车辆，减少景区污染，建立专门污水处理厂，规范了景区垃圾终端处置和过程管理。在应急准备中也进行了大量的投入。从而使景区景观从根本上得以完善。

武夷山景区每年还斥资千万，对景区周边村镇的建设进行合理引导，订立保护协议、设置协管人员进行保护，以调动全社会的保护力量，营造了强大的保护氛围，使景区的环保工作能达到“景区保护，人人有责”的效果。

三、管理促效、永续利用

在现今旅游产品的激烈市场竞争环境中，武夷山景区及时导入ISO 9000质量管理体系和ISO 14000环境管理体系，在推行两体系认证后，景区的游人在不断地增加，年接待游人300余万人次，创造了可观的经济效益，带动了武夷山整体旅游产业的发展。

在游人增加的情况下，通过有效的管理机制使游人的“快适性”得到了更大的满足，顾客满意度不断提升，认证几年来，每年的满意度都高达98%以上，在激烈的竞争环境中武夷山的知名度和美誉度不减反增，这都得益于有效的管理机制和合理的市场开发。

武夷山风景名胜区管理委员会供稿

西尾(珠海)豆制品有限公司

坚持持续改进　不断完善管理体系

西尾(珠海)豆制品有限公司由日本白色食品株式会社创建于1993年12月。主要生产豆制品、大米制品、蔬菜、肉、禽类、海产类等加工制品、冷冻食品。公司本着“向顾客提供健康、安全、美味、高品质的产品”的经营理念，经过12年的不懈努力，产品远销欧洲、美国、日本、新加坡、香港，与国外厂家和商家建立了密切的业务伙伴关系，树立了良好的企业信誉。公司的年出口营业额也从创业初期的191万人民币达到了2005年的4320多万人民币，年出口量已达2500多吨。为了满足进一步的扩产需要，2002年4月由日本白色食品株式会社与西尾(珠海)豆制品有限公司共同投资创建了珠海保税区西尾食品有限公司。

珠海保税区西尾食品有限公司座落在美丽的广东省珠海保税区，主要生产豆制品、大米制品、蔬菜、肉、禽类、海产类等加工制品、冷冻食品。2005年公司的年出口营业额达到11768万元人民币，年出口量已达5000多吨。

西尾(珠海)豆制品有限公司于2001年通过了对日出口偶蹄类动物热加工肉类食品企业资格认证；与此同时，西尾(珠海)豆制品有限公司与珠海保税区西尾食品有限公司又于2003年12月双双通过了CQC的HACCP管理体系认证。先进的工艺生产线、严格的品质、卫生管理和高素质的管理人员使西尾食品在国内外享有盛名。

为了保证HACCP管理体系的有效运行，公司主要做了以下工作：

1. 建立了标准化管理体系、提高了企业的管理水平。公司自推行HACCP管理体系开始，便依照体系标准对各项管理制度进行了整顿和完善，建立了文件化的管理体系，对影响质量卫生的方方面面都做出了明确的规定，并在全公司上下深入宣传，使全体员工对HACCP管理体系有明确认识的基础上逐步提升了食品安全生产的意识。在贯彻实施HACCP管理体系的过程中，公司依据标准和程序文件，建立了“不断更新，创一流产品，向顾客提供安全、卫生、美味、高品质的产品”的质量卫生方针。同时，在质量卫生方针的指引下，每年设定质量目标，并将质量目标层层分解，落实到相关的职能部门和每一个员工处，让员工做到了为达到质量目标而互相配合、共同努力工作。

2. 建立了内部审核机制、加强了监督管理。为了加强监督管理，公司培训了一支高素质的内审员队伍。这些内审员不仅掌握了各项国家以及国外相关的行业标准，同时，还具备丰富的现场工作经验，对生产工艺以及相关工艺数据非常了解和熟悉。公司根据每年的内部审核计划以及日常不定期的审核机制，对发现的不符合项督促和监督相关职能部门在指定期限内给予整改，取得了显著的效果。另外，对于每一种产品，公司还坚持进行产品生产过程审核，并通过每年的管理评审确保了HACCP管理体系的有效运行。

3.坚持持续改进、不断完善管理体系。为了不断满足顾客的要求和迎合国际市场的需求，公司鼓励员工在生产、管理方面不断创新，在公司内部设立了成本控制委员会、安全生产委员会、进出口贸易委员会等组织，从原料采购到生产工艺到出口，都严格按照相关标准和要求进行了管理。同时，通过每月定期的会议，及时处理和分析所存在的问题，制定纠正或预防措施，不断改进和完善了公司的各项管理体系。

西尾(珠海)豆制品有限公司供稿

中国检验认证集团浙江有限公司
导入ISO/UEC 17020认可体系　提升公司管理服务水平

中国检验认证集团浙江有限公司是以“检验、认证、鉴定、测试”为主业的综合性检验认证机构，是中国检验认证集团(CCIC)9家核心公司之一。

公司的业务范围：进出口商品检验、鉴定，社会委托的检验、鉴定、测试，认证及认证培训，商品及其运载工具的消毒除害，商务代理及相关咨询，仪器设备的计量校准等服务。公司在浙江地区设有13家分(子)公司、办事处，营运网络遍及全省各地；依托CCIC在全球的业务网络和良好的合作关系，凭借拥有的高素质员工队伍和雄厚技术实力，为国内外客户提供公正、快捷、可靠的本地化服务。

根据集团公司的统一部署，公司将导入ISO/IEC 17020认可体系作为提高自身服务质量，规范检验鉴定业务管理，为客户提供一致性服务的良好契机。为此，公司成立了以总经理为最高管理者，分管检验业务的副总经理为管理者代表的17020认可体系领导小组和工作小组，多次召开体系认可专项讨论会，研究确定公司的认可工作方案。全体员工在管理层的带领下，按照制定的认可工作方案，分动员/培训、文件编写/试运行、内审和管理评审、继续改进和迎接集团公司评审、持续改进和接受正式审核等5个阶段付诸实施。2006年3月顺利通过国家实验室认可委员会(CNAL)对公司ISO/IEC 17020体系的评审。

实施ISO/IEC 17020认可体系，有效地提升了管理、服务水平，主要作用体现在以下几方面：

1. 取得认可资格，提升公司经营品牌。ISO/IEC 17020是由国际标准化组织(ISO)和国际电工委员会(IEC)批准的实验室认可体系标准，在世界范围内的检查机构中得到了广泛推行和采用，是世界各国在检验检测领域中相互认可的唯一国际标准。根据“中检集团公司2005年工作要点”，集团公司启动了ISO/IEC 17020认可工作，并作出具体部署。公司作为集团公司的核心公司，通过这次体系认可是势在必行的。公司要发展壮大，要在竞争中立于不败之地，就必须重视质量管理水平。顺利通过ISO/IEC 17020体系认可标志着CCIC浙江公司的质量管理和检查能力得到了国家权威机构的认可，为公司检查业务迈向国际市场提供了一张绿色通行证。

ISO/IEC 17020认可体系的建立，推行实施了统一的业务流程、工作规范、服务标准，建立了符合标准要求的自检/分包流程和认可机制，统一了实验室设备和样品等技术管理要求，完善了各类产品的检测作业指导，提高了检验结果的有效性，从而赢得了国内外客户的信赖，提升了公司品牌的知名度和市场竞争力。2005年，在检验市场竞争日趋激烈、费率下降明显的情况下，公司凭借自身技术优势和优质高效的服务，在稳定原有国内外客户的同时，建立和开发了汽配、纺织等检查领域的新客户，保持了公司委托检验业务稳定增长的势头。

2. 适应国际形势，提升公司服务质量。建立贯彻执行认可体系，为用户提供可以信赖的检验服务，增强了用户对公司的信赖，增加了公司的竞争能力，同时也标志着公司检验服务与国际接轨迈出了坚实的一步。

导入ISO/IEC 17020认可体系后，公司狠抓规范业务流程，控制检验风险，提升工作有效性。建立年度员工培训计划，做好每个员工的上岗培训、岗前培训和在职培训等三阶段培训工作，提高员工的检验技能和管理水平，有效控制签发证书/报告出错率；建立顾客满意度调查反馈机制，不定期向客户征求意见，寻找和改进检验服务的不足，提高顾客满意度；建立质量监督控制机制，制定公司督查计划，加强对质量的日常监督，规范检查活动，提高检查和服务质量，保证各类业务全过程工作质量；建立影响结果准确性保证程序，严格控制影响检查结果的各环节因素，对影响检验风险因素做出及时的评估，不断提升公司的检验质量技术水平。通过以上举措，有效提高了检验服务质量，控制了检验业务的质量风险。体系运行至今，公司客户满意度为100%，无有效的申投诉记录，很好地达到了公司认可体系规定的各类要求。

3. **建立文件化管理制度、规范检验业务流程。**通过贯彻执行ISO/IEC 17020标准，公司管理工作得到一次飞跃。公司将建立科学规范管理作为公司发展的重要保证，在集团公司质量手册、程序文件和A类规范的基础上，结合公司实际将全省地方公司和各部门的业务规范和流程进行汇总、修改、补充，制定了公司质量分手册和涉及装运前检验、司法鉴定、监视装载等业务共18个B类规范，并将此装订成册，组织每个员工认真学习公司ISO/IEC 17020体系和检验规范，特别是与自身工作相关的检验规范。要求每个员工按章检验，真正将规范融入检验工作当中，提高检验工作的质量和有效性。公司实施质量管理体系形成了文件化管理使各项管理工作规范性，做到了有章可循、有章可依，从而为今后的工作提供了正确的指导与依据，提高了服务质量，规范了业务管理，提升了管理水平。

CCIC浙江公司将依据“公正诚信，准确可靠，为全球客户提供质量一流的服务”的质量理念，最大限度地满足客户和市场的需求。更加深入、更加持久地开展体系认可工作，把通过ISO/IEC 17020的评审作为CCIC浙江公司开展质量管理工作的起点，而不是终点，不断提高公司的质量管理水平。

中国检验认证集团浙江有限公司供稿

第十四部分 法 规

FA GUI

·法 规·

一、部门规章

认证培训机构管理办法

（国家质量监督检验检疫总局令 2005 年第 81 号）

第一章 总则

第一条 为加强对认证培训机构的监督管理，规范认证培训活动，根据《中华人民共和国行政许可法》、《中华人民共和国认证认可条例》以及国务院有关规定，制定本办法。

第二条 本办法所称的认证培训机构，是指对从事认证评审、审核、检查以及其他与认证活动有关的人员进行基本培训活动的组织。

第三条 在中华人民共和国境内从事认证培训活动，应当遵守本办法。

第四条 国家认证认可监督管理委员会（以下简称国家认监委）负责认证培训机构及其认证培训活动的统一管理和监督工作。

各级地方质量技术监督部门和各地出入境检验检疫机构(以下统称地方认证监督管理部门)按照各自职责分工，依法对所辖区域内的认证培训活动进行监督检查。

第五条 国家鼓励认证培训机构取得国家认监委确定的认可机构(以下简称认可机构)的认可，以保证其持续、稳定地具有认证培训能力。

第二章 设立条件和批准程序

第六条 设立认证培训机构，应当经国家认监委批准，并依法取得法人资格后，方可从事批准范围内的认证培训活动。

第七条 设立认证培训机构，应当符合下列条件：

(一)有固定的经营场所和必要的培训教学设施及办公条件；

(二)注册资金不得少于人民币 20 万元；

(三)有 4 名以上具有注册培训教师资格的专职教师，每项课程的专职教师不得少于 2 名；

(四)有符合有关认证培训机构要求的质量管理体系文件；

(五)拥有自有或者相关组织授权的知识产权培训课程；

(六)依法应当具备的其他条件。

设立外商投资的认证培训机构除应当符合上述条件外，外方投资者还应当取得其所在国家或者地区法律规定的认证培训从业资格和认证培训授权，并具有认证培训授权相应的师资。

第八条 设立认证培训机构的审批程序：

(一) 设立认证培训机构的申请人（以下简称申请人)，应当向国家认监委提出书面申请，并提交相关证明材料；

(二)国家认监委应当对申请人提交的申请材料进行初步审查，并自收到申请材料之日起 5 日内作出受理或者不予受理申请的书面决定；

(三)国家认监委应当自受理申请之日起，对申请材料的实质内容进行审查和核实，并在20日内，作出是否批准的决定。决定批准的，向申请人出具《认证培训机构设立批准通知书》，不予批准的，应当书面通知申请人，并说明理由；

（四）申请人凭国家认监委出具的《认证培训机构设立批准通知书》，依法办理有关登记手续，凭依法办理的登记手续领取《认证培训机构批准书》。

国家认监委应当公布依法设立的认证培训机构名录。

第九条 《认证培训机构批准书》有效期为4年。

认证培训机构需要延期使用《认证培训机构批准书》的，应当在《认证培训机构批准书》有效期届满前90日内向国家认监委提出申请。

第十条 境外认证培训机构在中华人民共和国境内设立的常驻代表机构应当经国家认监委书面备案，方可从事有关业务联络、市场调研、技术交流等宣传推广活动，但不得从事认证培训经营性活动。

第十一条 认证培训机构分包境外认证培训机构或者组织的相关培训课程，应当经国家认监委批准。

第十二条 认证机构、认证培训机构、认证咨询机构可以从事其批准范围内的内审员培训活动，但认证机构不得对向委托其认证的认证委托人开展内审员培训活动。

内审员培训教师应当具有高级审核员或者高级咨询师资格。

第三章 行为规范

第十三条 认证培训机构应当按照国家认监委制定的认证培训基本规范、认证培训课程准则、规则等有关要求从事认证培训活动。

属于认证培训新领域，尚未制定统一认证培训课程准则、规则的，认证培训机构可以自行制定相应的认证培训课程准则和规则。

第十四条 认证培训机构应当公开认证培训基本要求、收费标准等信息，并保证信息的真实、准确、全面。

第十五条 认证培训机构应当完成认证培训机构和认证培训课程准则、规则规定的课程设计、课程管理、学员管理、证书管理和管理评审等基本程序，保证认证培训的完整、真实、有效，不得减少、遗漏认证培训程序和内容。

认证培训机构应当对认证培训过程作出完整记录，并归档留存。

第十六条 认证培训机构应当建立与认证培训课程准则、规则相适应的培训课程管理和培训教师能力评价制度，必要时可以取得认可机构的确认。

第十七条 认证培训机构及其认证培训教师应当及时作出认证培训结论，并保证认证培训结论的客观、真实。

经认证培训符合要求的，认证培训机构应当及时颁发认证培训合格证书；不符合要求的，应当告知被培训人，并说明理由。

第十八条 认证培训结论经培训教师签字后，由认证培训机构负责人或者其授权的人员签署。

认证培训机构及其认证培训教师对认证培训结论负责。

第十九条 认证培训机构应当对其认证培训活动的有效性实施监控和评价，至少每12个月实施1次内部质量体系审核和管理评审。

认证培训机构应当于每年1月底前向国家认监委和所在地方认证监督管理部门提交上1年度工作报告。

第二十条 有下列情形之一的，认证培训机构应当在发生变更之前向国家认监委报告，并办理相关变更事宜：

（一）认证培训业务范围发生变更；

（二）法定代表人、股东发生变更；

（三）专职教师发生变更；

（四）认证培训机构名称发生变更。

第四章 监督检查

第二十一条 国家认监委应当对认证培训机构实施监督检查。监督方式包括：年度报告审查；现场监督；对认证培训活动及结果进行抽查；组织同行评议；向认证培训对象征求意见。

第二十二条 认可机构对已取得认可的认证培训机构应当实施认可监督。

第二十三条 地方认证监督管理部门应当依照本办法的规定对认证培训活动实施监督检查，对违法行为予以查处。

第二十四条 任何单位和个人对认证培训违法违规行为，有权向国家认监委和地方认证监督管理部门举报。国家认监委和地方认证监督管理部门应当及时调查处理，并为举报人保密。

第二十五条 有下列情形之一的，国家认监委应当依法办理认证培训机构批准决定注销手续：

(一)《认证培训机构批准书》有效期届满未延续的;

(二)认证培训机构依法终止的;

(三)认证培训机构已经不具备认证培训能力的;

(四)法律法规规定的应当注销认证培训机构批准决定的其他情形。

第二十六条 有下列情形之一的，国家认监委根据利害关系人的请求或者依据职权，可以撤销对认证培训机构作出的批准决定:

(一)工作人员滥用职权、玩忽职守作出批准决定的;

(二)超越法定职权作出批准决定的;

(三)违反法定程序作出批准决定的;

(四)对不具备申请资格或者不符合法定条件的申请人准予批准的;

(五)依法可以撤销批准决定的其他情形。

第五章 罚则

第二十七条 未经批准擅自从事认证培训活动的，责令其停止认证培训活动,处3万元罚款,并予以公布。

第二十八条 未经批准擅自分包境外认证培训机构或者组织的相关课程培训的，责令其停止所分包的培训业务,处2万元罚款;情节严重的,国家认监委应当责令停业整顿,直至撤销批准文件,并予以公布。

第二十九条 申请人申请设立认证培训机构时,隐瞒有关情况或者提供虚假材料的，国家认监委应当不予受理或者不予批准,并给予警告。

第三十条 认证培训机构以欺骗、贿赂等不正当手段取得批准文件的,责令其停止认证培训活动,处3万元罚款;国家认监委应当撤销批准文件,并予以公布。

第三十一条 认证培训机构超越国家认监委批准的业务范围进行认证培训活动的，责令改正，处3万元罚款;情节严重的,国家认监委应当责令停业整顿,直至撤销批准文件,并予以公布。

第三十二条 认证培训机构涂改、出租、出借批准证书或者以分包本机构认证培训业务、委托招生等形式非法转让认证培训业务的,责令改正,处3万元罚款;情节严重的,国家认监委应当责令停业整顿,直至撤消批准文件,并予以公布。

第三十三条 认证培训机构在公开信息、网站和广告等宣传活动中进行虚假或者误导性宣传的,责令改正,处5 000元罚款;情节严重的,国家认监委应当责令停业整顿,并予以公布。

第三十四条 违反本办法第十三条至第二十条规定的,责令改正,给予警告;情节严重的,处5 000元以上2万元以下罚款。

第三十五条 认证培训机构在国家认监委或者地方认证监督管理部门对其实施的监督检查中，隐瞒有关情况、提供虚假材料或者拒绝提供反映其活动情况的真实材料的,责令改正,处1万元以上3万元以下罚款;情节严重的,国家认监委应当责令停业整顿,并予以公布。

第三十六条 境外认证培训机构在中华人民共和国境内设立的常驻代表机构未经国家认监委备案或者从事认证培训经营性活动的,责令改正,处2万元罚款,并予以公布。

第三十七条 认证培训机构聘用未经认可机构注册或者确认的培训教师进行认证培训活动的,责令改正,处5 000元罚款;情节严重的,国家认监委应当责令停业整顿,并予以公布。

第三十八条 认证培训机构在被国家认监委责令停业整顿期间,继续从事认证培训活动的,责令改正,处3万元罚款;情节严重的,国家认监委应当撤销批准文件,并予以公布。

第三十九条 买卖、伪造或者冒用批准文件、认证培训证书以及其他认证培训证明文件的,责令改正,处3万元罚款。

认证培训机构有前款规定的违法行为的，国家认监委应当责令停业整顿,直至撤销批准文件,并予以公布。

第四十条 国家认监委和地方认证监督管理部门的工作人员在认证培训机构审批工作中，违反本办法第二十六条第一项至第四项规定的，由其主管部门给予行政处分;构成犯罪的,依法追究其刑事责任。

第六章 附则

第四十一条 香港特别行政区、澳门特别行政区和台湾地区的申请人在中华人民共和国其他省、自治区、直辖市设立认证培训机构或者常驻代表机构，应当比照本办法办理有关审批以及其他事项。

第四十二条 认证培训收费，应当符合国家有关价格法律、行政法规的规定。

第四十三条 本办法由国家质量监督检验检疫总局负责解释。

第四十四条 本办法自2005年11月1日起施行。

有关认证培训机构审批以及其他管理规定不符合本办法规定的,自本办法施行之日起停止执行。

认证咨询机构管理办法

(国家质量监督检验检疫总局令2005年第82号)

第一章 总则

第一条 为规范认证咨询活动，加强对认证咨询机构的监督管理，根据《中华人民共和国行政许可法》、《中华人民共和国认证认可条例》以及国务院的有关规定，制定本办法。

第二条 本办法所称的认证咨询机构，是指为使产品、服务和管理体系符合相关认证标准和技术规范而提供技术指导和服务的组织。

第三条 在中华人民共和国境内从事认证咨询活动应当遵守本办法。

第四条 国家认证认可监督管理委员会（以下简称国家认监委）负责认证咨询机构及其认证咨询活动的统一管理和监督工作。

国家认监委委托省、自治区、直辖市人民政府质量技术监督部门(以下简称省级质量技术监督部门)承办其所辖区域内的认证咨询机构的审批工作。

第五条 省级质量技术监督部门应当以国家认监委的名义，并在委托权限内实施认证咨询机构审批工作，不得再委托其他组织或者个人实施审批。

第二章 设立条件和批准程序

第六条 设立认证咨询机构，应当经国家认监委批准并依法取得工商登记后，方可从事批准范围内的认证咨询活动。

第七条 设立认证咨询机构应当符合下列条件：

(一)有固定的场所和必要的设施；

(二)注册资金不得少于人民币10万元；

(三)有符合认证咨询要求的管理文件；

(四)有4名以上取得注册的专职认证咨询师，其中至少有1名高级咨询师；

(五)依法应当具备的其他条件。

设立外商投资的认证咨询机构除应当符合上述条件外，外方投资者还应当取得其所在国家或者地区法律规定的认证咨询从业资格。

第八条 设立认证咨询机构的审批程序：

(一）设立认证咨询机构的申请人（以下简称申请人），应当向所在地省级质量技术监督部门提出书面申请，并提交相关证明材料；

(二)省级质量技术监督部门应当对申请人提交的申请材料进行初步审查，并自收到申请材料之日起5日内作出受理或者不予受理申请的书面决定；

(三）省级质量技术监督部门应当自受理申请之日起，对申请材料的实质内容进行审查和核实，并在20日内，作出是否批准的决定。决定批准的，向申请人出具《认证咨询机构设立批准通知书》，不予批准的，应当书面通知申请人，并说明理由；

(四)申请人凭《认证咨询机构设立批准通知书》依法办理有关工商登记手续，并凭工商登记手续领取《认证咨询机构批准书》。

省级质量技术监督部门应当公布依法设立的认证咨询机构名录，并向国家认监委报送本辖区内获得批准的认证咨询机构名录。

第九条 《认证咨询机构批准书》有效期为4年。

认证咨询机构需要延期使用《认证咨询机构批准书》的，应当在《认证咨询机构批准书》有效期满前90日内向所在地省级质量技术监督部门重新提出申请。

第十条 省级质量技术监督部门应当按国家认监委统一制定的认证咨询机构审批文书格式办理审批事项。

第十一条 认证咨询机构设立分支机构，应当向设立分支机构的所在地省级质量技术监督部门备案。

第十二条 境外认证咨询机构在中华人民共和国境内设立的常驻代表机构应当经国家认监委备案，方可从事有关业务联络、市场调研、技术交流等宣传推广活动，但不得从事认证咨询经营性活动。

第三章 行为规范

第十三条 认证咨询机构应当建立对认证咨询实施有效控制的质量体系和程序,并至少每12个月实施1次内部质量体系审核和管理评审。

第十四条 认证咨询机构应当建立与认证咨询活动相适应的认证咨询实施程序，并按照认证咨询实施程序为认证咨询委托人提供认证咨询服务，保证认证咨询活动的真实、有效。

认证咨询实施程序包括:调研诊断、体系策划、人员培训、文件编写、文件发布、体系运行(至少要保证有3个月的运行期)、内部审核、管理评审和符合性审核。

环境管理体系、职业健康安全管理体系等特殊领域的认证咨询还需要包括环境、危险因素识别、评价等程序;产品认证咨询还需要包括产品符合性确认、设计等程序。

认证咨询机构应当对认证咨询实施过程作出完整记录,并归档留存。

第十五条 认证咨询机构应当建立专、兼职认证咨询人员聘用、培训、考核及能力评价制度。

认证咨询机构在聘用认证咨询人员时，应当选聘具有良好职业道德、一定专业知识和相关行业实践经验,并取得认证咨询师注册资格的人员。

第十六条 认证咨询机构应当对认证咨询过程实施管理、监控和评价,并建立相应程序,以衡量其咨询活动的进度、质量和有效性。必要时应当将认证咨询过程情况和评价结果向客户反馈。

第十七条 认证咨询机构应当在每年1月底前向所在地省级质量技术监督部门提交年度报告，年度报告包括上年度本机构所咨询的组织名录、在本机构执业的专、兼职认证咨询人员的咨询规范性和有效性评价情况、本机构内部质量体系审核和管理评审情况。

第十八条 有下列情形之一的，认证咨询机构应当自发生变更之日起30日内向所在地省级质量技术监督部门报告,并办理相关变更事宜:

(一)法定代表人、经营范围、经营场所等有关内容发生变更;

(二)《认证咨询机构组织章程》发生变更;

(三)股东、负有执行职责的最高管理者发生变更;

(四)专职认证咨询人员不再符合认证咨询机构批准所规定的基本要求;

(五)分支机构发生变更。

第十九条 认证咨询机构不得有下列行为:

(一)使用不具备认证咨询师注册资格的人员独立进行认证咨询;

(二)向其他机构分包认证咨询业务或者以其他合作方式从事认证咨询活动;

(三)认证咨询机构的办事机构从事认证咨询经营活动;

(四)干涉被咨询方自主选择认证机构的权力;

(五)代收认证费用或者接受对认证咨询活动产生公正影响的资助;

(六)介入认证机构的审核活动或者作为认证机构的分支机构及以其他方式从事认证活动;

(七) 为被咨询方编造体系文件运行记录或者帮助、授意被咨询方隐瞒自身实际情况;

(八)作出误导、欺诈性宣传或者承诺;

(九)向未经国家认监委批准的认证机构推荐经其认证咨询的单位进行认证;

(十)其他违反法律、行政法规、部门规章规定的行为。

第四章 监督检查

第二十条 国家认监委应当对受委托的省级质量技术监督部门实施的认证咨询机构审批行为进行监督、指导。

省级质量技术监督部门超越委托权限实施审批,给当事人合法权益造成损害的,自行承担法律责任。

第二十一条 各级质量技术监督部门和各地出入境检验检疫机构(以下统称地方认证监督管理部门)应当依照本办法的规定对认证咨询活动实施监督检查，对违法行为予以查处。

省级质量技术监督部门应当对所辖区域内的认证咨询机构提交的年度报告进行审查，并于每年3月底前将审查情况上报国家认监委。

第二十二条 任何单位和个人对认证咨询违法违规行为,有权向国家认监委和地方认证监督管理部门举报。国家认监委和地方认证监督管理部门应当及时调查处理,并为举报人保密。

第二十三条 有下列情形之一的，省级质量技术监督部门应当依法办理认证咨询机构批准决定注销手续:

(一)《认证咨询机构批准书》有效期届满未延续的;

(二)认证咨询机构依法终止的;

(三)认证咨询机构已经不具备认证咨询能力的;

（四）法律法规规定的应当注销认证咨询机构批准决定的其他情形。

第二十四条 有下列情形之一的，国家认监委或者省级质量技术监督部门根据利害关系人的请求或者依据职权，可以撤销对认证咨询机构作出的批准决定：

（一）工作人员滥用职权、玩忽职守作出批准决定的；

（二）超越法定职权作出批准决定的；

（三）违反法定程序作出批准决定的；

（四）对不具备申请资格或者不符合法定条件的申请人准予批准的；

（五）依法可以撤销批准决定的其他情形。

第五章 罚则

第二十五条 未经批准擅自从事认证咨询活动的，责令其停止认证咨询活动，处3万元罚款，并予以公布。

第二十六条 申请人申请设立认证咨询机构时，隐瞒有关情况或者提供虚假材料的，省级质量技术监督部门应当不予受理或者不予批准，并给予警告。

第二十七条 认证咨询机构以欺骗、贿赂等不正当手段取得批准文件的，责令其停止认证咨询活动，处3万元罚款；国家认监委应当撤销批准文件，并予以公布。

第二十八条 认证咨询机构及其分支机构超越批准业务范围进行认证咨询活动或者分支机构未经备案的，责令改正，处1万元以上3万元以下罚款；情节严重的，国家认监委应当责令停业整顿，直至撤销批准文件，并予以公布。

第二十九条 违反本办法第十三条至第十八条规定的，责令改正，给予警告；情节严重的，国家认监委应当责令停业整顿，并予以公布。

第三十条 违反本办法第十九条规定的，责令改正，处1万元以上3万元以下罚款；情节严重的，国家认监委应当责令停业整顿，直至撤销批准文件，并予以公布。

第三十一条 认证咨询机构在国家认监委或者地方认证监督管理部门对其实施的监督检查中，隐瞒有关情况、提供虚假材料或者拒绝提供反映其活动情况的真实材料的，责令改正，处1万元以上3万元以下罚款；情节严重的，国家认监委应当责令停业整顿，并予以公布。

第三十二条 境外认证咨询机构在中华人民共和国境内设立的常驻代表机构未经国家认监委备案或者从事认证咨询经营性活动的，责令改正，处2万元罚款，并予以公布。

第三十三条 认证咨询机构聘用被暂停或者撤销认证咨询执业资格的人员从事认证咨询活动的，责令改正，处2万元罚款；情节严重的，国家认监委应当责令停业整顿，直至撤销批准文件，并予以公布。

第三十四条 认证咨询机构在被国家认监委责令停业整顿期间，继续从事认证咨询活动的，责令改正，处3万元罚款；情节严重的，国家认监委应当撤销批准文件，并予以公布。

第三十五条 国家认监委和地方认证监督管理部门的工作人员在认证咨询机构审批工作中，违反本办法第二十四条第一项至第四项规定的，由其主管部门给予行政处分；构成犯罪的，依法追究其刑事责任。

第六章 附则

第三十六条 香港特别行政区、澳门特别行政区和台湾地区的申请人在中华人民共和国其他省、自治区、直辖市设立认证咨询机构或者常驻代表机构，应当比照本办法办理审批以及其他事项。

第三十七条 认证咨询收费，应当符合国家有关价格法律、行政法规的规定。

第三十八条 本办法由国家质量监督检验检疫总局负责解释。

第三十九条 本办法自2005年11月1日起施行。

有关认证咨询机构审批以及其他管理规定不符合本办法规定的，自本办法施行之日起停止执行。

实验室和检查机构资质认定管理办法

（国家质量监督检验检疫总局令 2005 年第 86 号）

第一章 总则

第一条 为规范实验室和检查机构资质管理工作，提高实验室和检查机构资质认定活动的科学性和有效性，根据《中华人民共和国计量法》、《中华人民共和国标准化法》、《中华人民共和国产品质量法》、《中华人民共和国认证认可条例》等有关法律、行政法规的规定，制定本办法。

第二条 本办法所称的实验室和检查机构资质，是指向社会出具具有证明作用的数据和结果的实验室和检查机构应当具有的基本条件和能力。

本办法所称的认定，是指国家认证认可监督管理委员会和各省、自治区、直辖市人民政府质量技术监督部门对实验室和检查机构的基本条件和能力是否符合法律、行政法规规定以及相关技术规范或者标准实施的评价和承认活动。

第三条 在中华人民共和国境内，从事向社会出具具有证明作用的数据和结果的实验室和检查机构以及对其实施的资质认定活动应当遵守本办法。

第四条 国家认证认可监督管理委员会（以下简称国家认监委）统一管理、监督和综合协调实验室和检查机构的资质认定工作。

各省、自治区、直辖市人民政府质量技术监督部门和各直属出入境检验检疫机构（以下统称地方质检部门）按照各自职责负责所辖区域内的实验室和检查机构的资质认定和监督检查工作。

第五条 实验室和检查机构的资质认定，应当遵循客观公正、科学准确、统一规范、有利于检测资源共享和避免不必要的重复评审、评价、认定的原则。

第二章 资质认定

第六条 资质认定的形式包括计量认证和审查认可。

计量认证是指国家认监委和地方质检部门依据有关法律、行政法规的规定，对为社会提供公证数据的产品质量检验机构的计量检定、测试设备的工作性能、工作环境和人员的操作技能和保证量值统一、准确的措施及检测数据公正可靠的质量体系能力进行的考核。

审查认可是指国家认监委和地方质检部门依据有关法律、行政法规的规定，对承担产品是否符合标准的检验任务和承担其他标准实施监督检验任务的检验机构的检测能力以及质量体系进行的审查。

第七条 从事下列活动的机构应当通过资质认定：

（一）为行政机关作出的行政决定提供具有证明作用的数据和结果的；

（二）为司法机关作出的裁决提供具有证明作用的数据和结果的；

（三）为仲裁机构作出的仲裁决定提供具有证明作用的数据和结果的；

（四）为社会公益活动提供具有证明作用的数据和结果的；

（五）为经济或者贸易关系人提供具有证明作用的数据和结果的；

（六）其他法定需要通过资质认定的。

第八条 国家鼓励实验室、检查机构取得经国家认监委确定的认可机构的认可，以保证其检测、校准和检查能力符合相关国际基本准则和通用要求，促进检测、校准和检查结果的国际互认。

第九条 申请计量认证和申请审查认可的项目相同的，其评审、评价、考核应当合并实施。符合相关规定要求的，可以取得相应的资质认定。

取得国家认监委确定的认可机构认可的实验室和检查机构，在申请资质认定时，应当简化相应的资质认定程序，避免不必要的重复评审。

第十条 实验室和检查机构，应当在资质认定范围内正确使用证书和标志。

第十一条 有关法律、行政法规对实验室和检查机构的其他技术条件和能力有特殊要求的，可以在利用资质认定结果的基础上进行评审、评价或者考核。

第十二条 公民、法人或者其他组织，需要核实实验室和检查机构资质认定的真实性和有效性的，可以向国家认监委和地方质检部门提出书面申请，国家认监委和地方质检部门应当对申请核实的事项予以确认。

第三章 实验室和检查机构的基本条件与能力

第十三条 实验室和检查机构应当依法设立，保证客观、公正和独立地从事检测、校准和检查活动，并承担相应的法律责任。

第十四条 实验室和检查机构应当具有与其从事检测、校准和检查活动相适应的专业技术人员和管理人员。

从事特殊产品的检测、校准和检查活动的实验室和检查机构，其专业技术人员和管理人员还应当符合相关法律、行政法规的规定要求。

第十五条 实验室和检查机构应当具备固定的工作场所，其工作环境应当保证检测、校准和检查数据和结果的真实、准确。

第十六条 实验室和检查机构应当具备正确进行检测、校准和检查活动所需要的并且能够独立调配使用的固定的和可移动的检测、校准和检查设备设施。

第十七条 实验室和检查机构应当建立能够保证其公正性、独立性和与其承担的检测、校准和检查活动范围相适应的质量体系，按照认定基本规范或者标准制定相应的质量体系文件并有效实施。

第四章 资质认定程序

第十八条 国家级实验室和检查机构的资质认定，由国家认监委负责实施；地方级实验室和检查机构的资质认定，由地方质检部门负责实施。

第十九条 国家认监委依据相关国家标准和技术规范，制定计量认证和审查认可基本规范、评审准则、证书和标志，并公布实施。

第二十条 计量认证和审查认可程序：

(一)申请的实验室和检查机构(以下简称申请人)，应当根据需要向国家认监委或者地方质检部门（以下简称受理人)提出书面申请，并提交符合本办法第三章规定的相关证明材料；

(二)受理人应当对申请人提交的申请材料进行初步审查，并自收到申请材料之日起5日内作出受理或者不予受理的书面决定；

(三)受理人应当自受理申请之日起，根据需要对申请人进行技术评审，并书面告知申请人，技术评审时间不计算在作出批准的期限内；

(四)受理人应当自技术评审完结之日起20日内，根据技术评审结果作出是否批准的决定。决定批准的，向申请人出具资质认定证书，并准许其使用资质认定标志；不予批准的，应当书面通知申请人，并说明理由；

(五)国家认监委和地方质检部门应当定期公布取得资质认定的实验室和检查机构名录，以及计量认证项目、授权检验的产品等。

第二十一条 资质认定证书的有效期为3年。

申请人应当在资质认定证书有效期届满前6个月提出复查、验收申请，逾期不提出申请的，由发证单位注销资质认定证书，并停止其使用标志。

第二十二条 已经取得资质认定证书的实验室和检查机构，需新增检查检验检测项目时，应当按照本办法规定的程序，申请资质认定扩项。

第二十三条 从事资质认定评审的人员应当符合相关技术规范或者标准的要求，并经国家认监委或者地方质检部门考核合格。

第二十四条 国家认监委和地方质检部门应当建立资质认定评审人员专家库，根据需要组成评审专家组。评审专家组应当独立开展资质认定评审活动，并对评审结论负责。

第二十五条 地方质检部门应当自向申请人颁发资质认定证书之日起15日内，将其作出的批准决定向国家认监委备案。

第五章 实验室和检查机构行为规范

第二十六条 实验室和检查机构及其人员应当独立于检测、校准和检查数据和结果所涉及的利益相关各方，不受任何可能干扰其技术判断的因素的影响，并确保检测、校准和检查的结果不受实验室和检查机构以外的组织或者人员的影响。

第二十七条 实验室和检查机构的人员不得与其从事的检测、校准和检查项目以及出具的数据和结果存在利益关系；不得参与任何有损于检测、校准和检查判断的独立性和诚信度的活动；不得参与与检测、校准和检查项目或者类似的竞争性项目有关系的产品的设计、研制、生产、供应、安装、使用或者维护活动。

第二十八条 实验室和检查机构从事与其控股股东生产、经营的同类产品或者有竞争性的产品的检测、校准和检查活动时，应当建立保证其检测、校准和检查活动的独立性和公正性的质量体系及其文件，明确本机构的职责、责任和工作程序，并与其控股股东从事的设计、研制、生产、供应、安装、使用或者维护等活动完全分开。

第二十九条 实验室和检查机构应当建立并有效实施与检测、校准和检查有关的管理人员、技术人员和关键支持人员的工作职责、资格考核、培训等制度，确保不因报酬等原因影响检测、校准和检查工作质量。

第三十条 实验室和检查机构应当按照相关技术规范或者标准的要求，对其所使用的检测、校准和检查设施设备以及环境要求等作出明确规定，并正确标识。

实验室和检查机构在使用对检测、校准的准确性产生影响的测量、检验设备之前，应当按照国家相关技术规范或者标准进行检定、校准。

第三十一条 实验室和检查机构应当确保其相关测量和校准结果能够溯源至国家基标准，以保证结果的准确性。

实验室和检查机构应当建立并实施评估测量不确定度的程序，并按照相关技术规范或者标准要求评估和报告测量、校准结果的不确定度。

第三十二条 实验室和检查机构应当按照相关技术规范或者标准实施样品的抽取、处置、传送和贮存、制备，测量不确定度的评估，检验数据的分析等检测、校准和检查活动。

第三十三条 实验室和检查机构应当按照相关技术规范或者标准要求和规定的程序，及时出具检测、校准和检查数据和结果，并保证数据和结果准确、客观、真实。

第三十四条 实验室和检查机构按照有关技术规范或者标准开展能力验证，以保证其持续符合检测、校准和检查能力。

第三十五条 实验室和检查机构及其人员应当对其在检测、校准和检查活动所知悉的国家秘密、商业秘密和技术秘密负有保密义务，并建立相应保密措施。

第三十六条 实验室和检查机构应当建立完善的申诉和投诉机制，处理相关方对其检测、校准和检查结论提出的异议。

第三十七条 实验室和检查机构因工作需要分包检测、校准或者检查工作时，应当将其工作分包给符合本办法规定并取得资质的实验室或者检查机构。

第六章 监督检查

第三十八条 国家认监委依法对地方质检部门及其组织的评审活动实施监督检查。

地方质检部门应当于每年一月向国家认监委提交上年度工作报告，接受国家认监委的询问和调查，并对报告的真实性负责。

第三十九条 国家认监委依法组织对实验室和检查机构的资质情况进行监督抽查；对不符合要求的，按照有关规定予以处理。

第四十条 任何单位和个人对实验室和检查机构资质认定中的违法违规行为，有权向国家认监委或者地方质检部门举报，国家认监委和地方质检部门应当及时调查处理，并为举报人保密。

第四十一条 有下列情形之一的，国家认监委或者地方质检部门，可以根据利害关系人的请求或者依据职权，撤销其作出的实验室和检查机构取得资质认定的决定：

(一)资质认定审批工作人员滥用职权、玩忽职守作出实验室和检查机构取得资质认定决定的；

(二)超越法定职权作出实验室和检查机构取得资质认定决定的；

(三)违反认定程序作出实验室和检查机构取得资质认定决定的；

(四)对不具备法定基本条件和能力的实验室和检查机构作出取得资质认定决定的；

(五)依法可以撤销资质认定的其他情形。

第四十二条 申请人申请资质认定时，隐瞒有关情况或者提供虚假材料的，资质认定监督管理部门应当不予受理或者不予批准，并给予警告；申请人在一年内不得再次申请资质认定。

第四十三条 实验室和检查机构以欺骗、贿赂等不正当手段取得批准决定的，国家认监委和地方质检部门应当撤销其所取得的资质认定决定，并予以公布。

实验室和检查机构自被撤销资质认定之日起 3 年内，不得再次申请资质认定。

实验室和检查机构出具虚假结论或者出具的结论严重失实，情节严重的，应当撤销其所取得的资质认定，并予以公布。

第四十四条 地方质检部门应当自作出撤销决定之日起 15 日内，将其撤销决定书面报告国家认监委备案。

国家认监委通过其网站或者其他方式向社会公布撤

销资质认定的实验室和检查机构的名录。

第四十五条 从事实验室和检查机构资质认定的工作人员滥用职权、玩忽职守、徇私舞弊的，依法给予行政处分；构成犯罪的，依法追究刑事责任。

第四十六条 对于实验室和检查机构的其他违法行为，依照有关法律、行政法规的规定予以处罚。

第七章 附则

第四十七条 下列用语的含义：

（一）实验室，是指从事科学实验、检验检测和校准活动的技术机构；

（二）检查机构，是指从事与认证有关的产品设计、产品、服务、过程或者生产加工场所的核查，并确定其符合规定要求的技术机构；

（三）实验室和检查机构的基本条件，是指实验室和检查机构应满足的法律地位、独立性和公正性、安全、环境、人力资源、设施、设备、程序和方法、质量体系和财务等方面的要求。

（四）实验室和检查机构的能力，是指实验室和检查机构运用其基本条件以保证其出具的具有证明作用的数据和结果的准确性、可靠性、稳定性的相关经验和水平。

第四十八条 资质认定收费，应当按照国家有关规定办理。

第四十九条 本办法由国家质量监督检验检疫总局负责解释。

第五十条 本办法自2006年4月1日起施行。1987年7月10日原国家计量局发布的《产品质量检验机构计量认证管理办法》同时废止。

二、行政规范性文件

软件过程能力及成熟度评估管理办法

（国家认证认可监督管理委员会、信息产业部公告2005年第4号）

第一条 为加强对软件过程能力及成熟度评估活动的管理，促进我国软件产业健康发展，根据《中华人民共和国认证认可条例》（以下简称条例）和国家有关产业政策，制定本办法。

第二条 本办法所称的软件过程能力及成熟度评估，是指由评估机构证明软件过程能力及成熟度符合相关技术规范和标准的认证活动。

本办法所称的评估机构是指经依法设立的从事软件过程能力及成熟度评估活动的认证机构。

第三条 在中华人民共和国境内从事软件过程能力及成熟度评估活动，应当遵守本办法。

第四条 国家对软件过程能力及成熟度实行统一评估制度。

第五条 国家认证认可监督管理委员会（以下简称国家认监委）负责软件过程能力及成熟度评估活动的统一管理、监督和综合协调工作。

国务院信息产业行政管理部门（以下简称信息产业部）负责软件过程能力及成熟度评估的有关产业政策及行业管理。

国家认监委会同信息产业部制定和发布软件过程能力及成熟度评估基本规范和相关技术规则，并共同对软件过程能力及成熟度评估制度的实施情况进行监督、指导。

第六条 从事软件过程能力及成熟度评估活动的评估机构应当经国家认监委批准，并依法取得法人资格后，方可从事批准范围内的评估活动。

第七条 设立评估机构应当符合下列条件：

（一）有固定的场所和必要的设施；

（二）有符合软件过程能力及成熟度评估和认可要求的管理制度；

（三）注册资本不得少于300万元人民币；

（四）有10名以上具有软件过程能力及成熟度评估师资格的专职认证人员（其中至少一名为主任评估师资格）。

第八条 评估机构的申请和批准程序：

（一）设立评估机构的申请人（以下简称申请人）应当向国家认监委提出书面申请，并按照本办法第七条的规定提交相关证明文件；

（二）国家认监委受理申请后，应当将申请人的相关材料通报信息产业部，并征求信息产业部意见；

（三）国家认监委应当自受理申请之日起90日内，根据本办法第七条的规定和信息产业部意见，作出是否批准的决定。决定批准的，向申请人出具批准文件，决定不予批准的，应当书面告知申请人，并说明理由；

（四）申请人凭国家认监委的批准文件，依法办理登记手续；

国家认监委应当公布依法设立的评估机构的名录，

并书面通报信息产业部。

第九条 在境内已经开展软件过程能力及成熟度评估活动的单位和个人，应当自本办法公布后90日内向国家认监委提出申请，并按照本办法第六条、第七条、第八条的规定办理有关手续。

第十条 从事软件过程能力及成熟度评估活动的人员应当取得评估师资格并经注册后，方可从事相应的评估活动。

中国认证人员与培训机构国家认可委员会具体负责评估师的注册工作，并会同信息产业部指定的专业机构制定评估师指定培训课程的有关要求。

第十一条 评估师分为实习评估师、评估师和主任评估师。

第十二条 申请评估师应当符合下列条件：

(一)在一个评估机构从事专职或者兼职工作；

(二)具有相关专业大学本科以上学历；

(三)经评估师指定课程的培训，并取得培训合格证书；

(四)评估师至少有5年信息系统、软件项目管理和软件工程经历，并取得国家规定的专业技术资格，在申请前2年内参加过不少于2次软件能力成熟度评估；

(五)主任评估师至少有10年信息系统、软件项目管理和软件工程经历，并取得国家规定的专业技术资格，在申请前2年内参加过不少于2次软件能力成熟度评估(其中至少担任1次评估组组长)。

第十三条 评估机构应当按照国家认监委和信息产业部联合发布的《软件过程及能力成熟度评估指南》及相关评估基本规范、技术规则开展评估活动，并对评估结果的真实性和可信性负责。

第十四条 评估机构应当建立推荐、聘用、管理、保持与提高评估人员业务能力的程序，评估人员仅代表评估机构提供评估服务。

第十五条 任何从事软件开发的法人、组织和个人可以自愿委托依法设立的评估机构进行软件过程能力及成熟度评估。

评估的用途可以包括企业内部软件过程能力改进、合同供应商的选择，以及软件项目实施过程的监督。

国家在软件产品政府采购及国家信息系统工程项目招标时，优先选择软件能力达到规定成熟度等级的企业。

第十六条 国家认监委会同信息产业部采取组织同行评议，向被评估企业征求意见，对评估活动和评估结果进行抽查，要求评估机构报告业务活动情况等方式，对其遵守条例和贯彻产业政策的情况进行监督。

第十七条 信息产业部对软件过程能力及成熟度评估活动的有效性进行年度分析和评价，并向国家认监委提出评估管理的意见和建议。

第十八条 评估机构应当将评估结果向信息产业部备案，信息产业部对涉及商业秘密的备案内容予以保密。

第十九条 评估机构及其评估人员取得境外认可机构认可、注册的，应当向国家认监委备案。

第二十条 信息产业部将依据国家产业发展政策，对软件能力评估技术的研究、推广和应用给予必要的支持。

第二十一条 软件过程能力及成熟度评估收费管理办法按国家有关规定执行。

第二十二条 对于违反本办法的，按照国家有关认证认可法律、行政法规和部门规章予以处罚。

第二十三条 本办法由国家认监委和信息产业部负责解释。

第二十四条 本办法自2005年4月1日起施行。

国家认监委认证认可专项监督检查管理规定

国认法(2005)47号

一、为了加强对认证认可专项监督检查工作的管理，规范专项监督检查行为，增强专项监督检查工作的有效性，根据《中华人民共和国认证认可条例》(以下简称《认证认可条例》)的规定，制定本规定。

二、认证认可专项监督检查（以下简称专项监督检查）是国家认监委依据《认证认可条例》的有关规定，结合监督管理工作的需要，在全国范围内或者局部地区有重点、有针对性地组织对认可机构、认证机构、认证咨询机构、认证培训机构、检查机构、实验室以及人员(以下简称专项监督检查对象)的认可、认证、认证咨询、认证培训、检查、检测活动实施定期或者不定期监督检查，并依法进行处理的具体行政行为。

三、专项监督检查应当遵循统一管理、分工负责、突出重点、避免重复、客观公正和监督与服务相结合的原则。

四、国家认监委有关业务监管部门应当于每年12月20日前将下一年度专项监督检查计划，报国家认监委委主任办公会议讨论通过后实施；省、自治区、直辖市质量技术监督部门和直属出入境检验检疫机构（以下简称省级质检部门)，有关技术机构和相关技术专家接受国家认监委的委托，承担专项监督检查具体检查任务，并制定具体的实施方案报国家认监委。

五、专项监督检查人员的组成由国家认监委组织专项监督检查的有关业务部门确定。专项监督检查人员到专项监督检查对象以及所涉及的单位或个人进行检查时，至少应当有2名以上(含2名)检查人员参加，并出具国家认监委统一印制的《认证(认可)专项监督检查通知书》(《认证(认可)专项监督检查通知书》式样见附件1)。

《认证(认可)专项监督检查通知书》应当载明检查的目的、要求和专项监督检查对象或者所涉及的单位或者个人的名称、姓名及其权利、义务等内容。

六、专项监督检查工作结束后，检查人员应当要求专项监督检查对象以及所涉及的单位和相关人员对专项监督检查事实予以确认，并由专项监督检查对象、所涉及单位的主要负责人签字，加盖单位公章。

七、接受委托的省级质检部门、有关技术机构和相关技术专家应当在规定时间内将专项监督检查工作报告及有关材料报国家认监委。

八、国家认监委和接受委托的省级质检部门、有关技术机构及其工作人员、相关技术专家应当为专项监督检查对象或所涉及的单位保守正当的技术秘密和商业秘密。

九、国家认监委应当将专项监督检查结果及时告知专项监督检查对象，并告知权利。(《认证(认可)专项监督检查结果告知书》式样见附件2)

十、专项监督检查对象和相关人员对专项监督检查结果有异议的，可以自收到专项监督检查结果之日起15日内向国家认监委提出书面申辩，说明理由。逾期未提出异议的，视为认同专项监督检查结果。

对专项监督检查对象和相关人员提出的异议，国家认监委应组织有关人员进行核查，并作出最终结论。

十一、专项监督检查结果由国家认监委公布，接受委托的省级质检部门、有关技术机构、相关技术专家不得自行公布专项监督检查的有关信息。

十二、国家认监委对专项监督检查发现的问题的处理方式包括：

(一)对专项监督检查对象存在的问题予以通报或者公告；

(二）对专项监督检查对象的主要负责人给予告诫(《行政告诫书》式样见附件3)；

(三)下达整改通知书，督促专项监督检查对象限期整改并组织验收复查(《限期整改通知书》式样见附件4)；

(四)专项监督检查对象涉嫌违反《产品质量法》、《认证认可条例》有关规定的，需要依法追究行政法律责任的，按照《国家认监委实施认证认可行政处罚若干规定》(国家认监委2003年第17号公告）的有关规定执行，即先交地方质检部门调查处理，在地方质检部门实施罚款

后，依法需要实施停业整顿或者撤销批准文件等能力罚的，由国家认监委实施能力罚。(《案件交办通知书》式样见附件5)

十三、专项监督检查后的处理工作由国家认监委法制部门和委内相关业务监管部门共同负责。

十四、对在专项监督检查中发现的涉及企业生产的产品违反《认证认可条例》及其他法律、行政法规和部门规章规定的，由地方质检部门和相关认证机构依照国家法律、行政法规和部门规章的规定分别采取相应的处理措施。

十五、国家认监委法制部门负责统一制定专项监督检查所需格式文书式样，并对《行政告诫书》、《行政限期整改通知书》、《行政案件交办通知书》等文书实施统一管理。

十六、涉及专项监督检查的申诉、投诉工作由国家认监委法制部门负责调查处理。

附件1:《认证(认可)专项监督检查通知书》

国家认证认可监督管理委员会
认证(认可)专项监督检查通知书

国认监通字(　　)第　　号

____________:

根据《中华人民共和国认证认可条例》第51条的规定，我委决定从______年____月____日起，由(　　　)人对你(单位)进行______________认证(认可)专项监督检查。请予以积极配合，并提供有关资料和必要的工作条件。

告知事项：

对检查人员少于二人，并未出示认证认可专项监督检查通知书的，你(单位)有权拒绝检查。

对检查人员在实施检查中有违法违纪行为的，你(单位)有控告和检举的权利。

如你(单位)认为以上检查人员与你(单位)有直接利害关系，有权书面申请回避，检查人员是否回避，由我委审定。

委　章

年　　月　　日

附件2:《认证(认可)专项监督检查结果告知书》

国家认证认可监督管理委员会
认证(认可)专项监督检查结果告知书

国认监告字(　　)号

____________:

由我委组织的______________认证(认可)专项监督检查工作已经结束。现将我委对你单位的专项监督检查结果通告如下：

你单位如果对此专项监督检查结果有异议，可以在收到专项监督检查结果之日起15日内向我委提出书面申辩，说明理由。逾期未提出异议的，视为认同该专项监督检查结果。

委　章

年　　月　　日

附件3:《行政告诫书》

国家认证认可监督管理委员会
行 政 告 诫 书

国认诫字(　　)第　　号

____________:

我委在______年___月___日开展认证(认可)专项监督检查中，发现你(单位)在方面______存在以下问题：

____

____，

违反了______________________________________规定，根据《中华人民共和国认证认可条例》第54条的规定，给予告诫，责令你(单位)认真进行整改，并将整改情况用书面报告我委。

委　章

年　　月　　日

附件 4:《限期整改通知书》

国家认证认可监督管理委员会
限 期 整 改 通 知 书

国认改字(　　)第　号

________________:

你(单位)在________________________方面违反了国家认证认可法规政策,存在以下问题:________________________,根据________________________责令你(单位)于______年______月____日前对所存在的问题进行整改,并将整改情况用书面报我委或者____________。

委 章

年　月　日

注:本通知书一式两份,一份交当事人,一份存档。

附件 5:《案件交办通知书》

国家认证认可监督管理委员会
案 件 交 办 通 知 书

国认案交字(　)第　号

____________:

经我委初步审查,对________________________违法案件,已经立案调查。根据《国家认证认可监督管理委员会实施行政处罚若干规定》(国家认监委 2003 年第 17 号公告)第七条、第八条的规定,交由你局对该案依法进行调查处理,并将调查处理结果及时告知我委,我委将根据调查处理结果和有关证据材料依法进行审理。

附:本案有关材料　　份

法制部门印章

年　月　日

体育服务认证管理办法

（国家认证认可监督管理委员会、国家体育总局2005年第32号公告）

第一章　总　则

第一条　为规范体育服务认证活动，提高体育服务质量，促进体育服务业的发展，根据《中华人民共和国体育法》、《中华人民共和国标准化法》、《中华人民共和国认证认可条例》和《公共文化体育设施条例》，制定本办法。

第二条　本办法所称体育服务认证是指由认证机构证明体育场所、体育活动的组织与推广等服务，符合相关标准和技术规范要求的合格评定活动。

第三条　在中华人民共和国境内从事体育服务认证及其监督管理适用本办法。

第四条　国家实行统一的体育服务认证制度。

全国体育服务认证的监督管理工作，由国家认证认可监督管理委员会、国家体育总局按照各自职责，分工协作，共同实施。

第五条　体育服务认证采用统一的认证标准、技术规范和认证程序，执行统一的认证收费标准，使用统一的认证标志和认证标牌。

第六条　国家鼓励体育场所、体育活动的组织与推广等服务的提供者（以下简称体育服务提供者）申请体育服务认证。

第二章　认证机构和认证人员

第七条　从事体育服务认证的机构及其认证人员，应当符合有关法律、行政法规规定的资质能力要求。

第八条　从事体育服务认证的机构（以下简称认证机构）应当经国家认证认可监督管理委员会批准后，方可从事批准范围内的体育服务认证活动。

国家认证认可监督管理委员会批准认证机构的体育服务认证业务范围时，应当征求国家体育总局的意见。

认证机构应当具备从事体育服务认证的技术能力，并获得国家认证认可监督管理委员会确定的认可机构（以下简称认可机构）的认可。

第九条　认证机构应当履行以下职责：

（一）在批准的业务范围内开展认证工作；

（二）对获得认证的体育服务提供者，颁发或者撤销认证证书，决定允许或者停止使用认证标志；

（三）对认证证书、认证标志和认证标牌的使用情况进行跟踪检查；

（四）对认证的持续符合性进行监督审查；

（五）受理有关的认证申诉和投诉。

第十条　从事体育服务认证活动的审查员，应当经认可机构注册后，方可从事相应的体育服务认证审查活动。

第三章　体育服务认证的实施

第十一条　国家认证认可监督管理委员会会同国家体育总局制定体育服务认证规则。体育服务认证规则由国家认证认可监督管理委员会发布。

国家认证认可监督管理委员会和国家体育总局共同组建体育服务认证技术专家组，为体育服务认证活动提供技术支持，并负责起草体育服务认证规则。

第十二条　体育服务认证包括服务流程管理文件、行为规范、设施和设备、健康和卫生、安全保障和环境保护、服务承诺等内容的现场审查，以及获证后的监督审查。

第十三条　体育服务认证的申请人（以下简称申请人）应当向认证机构提交书面申请，并提交以下材料：

（一）申请人基本情况。包括名称、地址、资产状况、从业人员和主要体育设施设备的配置基本情况等；

（二）申请人的法人证明以及其他合法经营资质的证明；

（三）申请人的服务流程管理文件；

（四）保证执行体育服务标准和技术规范，以及认证申报材料真实性的声明；

(五)必要时有关工种从业人员职业技能鉴定的资质证明；

(六)体育服务认证相关的检测项目的检测报告；

(七)其它有关材料。

第十四条 认证机构自收到认证申请之日起，应当在规定时间内完成对所提交材料的审核，并将审核结论书面通知申请人。

第十五条 认证机构受理体育服务认证申请后，应当按照体育服务认证规则、认证标准和技术规范的规定，实施认证活动，在规定的时间内做出认证结论。

认证结论为符合认证要求的，认证机构应当及时向申请人出具体育服务认证证书，准许使用体育服务认证标志和认证标牌。对不符合认证要求的，应当书面通知申请人，并说明理由。

第十六条 认证机构应当对持有体育服务认证证书的体育服务提供者(以下简称认证证书持有人)符合认证要求的持续性，每年进行不少于一次的跟踪审查，并根据审查情况做出认证证书的保持、暂停或者撤销的决定。

第十七条 申请人对认证机构的认证决定或者处理有异议的，可以向做出决定的认证机构提出申诉。对认证机构处理结果仍有异议的，可以向国家认证认可监督管理委员会申诉或者投诉。

第十八条 认证机构应当定期向国家认证认可监督管理委员会、国家体育总局报告认证证书持有人的相关信息，并定期公布认证证书持有人的名单和相关信息。

第四章 认证证书、认证标志和认证标牌

第十九条 体育服务认证证书、体育服务认证标志由国家认证认可监督管理委员会统一规定，其使用应当符合《认证证书和认证标志管理办法》的规定。

第二十条 体育服务认证证书(以下简称认证证书)包括以下基本内容：

(一)认证证书持有人的名称和地址、服务提供场所的名称；

(二)获得认证的服务范围；

(三)认证依据的标准和技术规范；

(四)发证机构和认证证书编号；

(五)发证日期和有效期；

(六)其他需要说明的内容。

第二十一条 认证证书有效期为3年，有效期满需要继续使用的，认证证书持有人应当在有效期满前3个月向认证机构申请复审，复审的认证程序与初次审查相同。

第二十二条 体育服务认证采用国家推行的统一的体育服务认证标志(以下简称认证标志)。认证标志的基本式样、颜色见附图1。

附图1：体育服务认证标志的基本样式、颜色(蓝底白字)

体育服务认证标牌（以下简称认证标牌）由认证标志、体育服务提供者名称、获得认证的服务项目名称、认证机构名称等内容组成。认证标牌的基本式样、颜色见附图2。

附图2：体育服务认证标牌的基本样式、颜色(银色标牌、蓝黑字体、五角星为服务等级)

第二十三条 认证证书持有人可以在相关宣传材料中印制认证标志，可以根据需要等比例放大或者缩小，但不得变形、变色。

第二十四条 认证证书持有人可以在获得认证的服务项目提供场所悬挂认证标牌。未获得认证的服务项目提供场所不得悬挂认证标牌。

第二十五条 认证机构对有下列情形之一的，应当注销并收回认证证书，通知认证证书持有人停止使用认证标志和认证标牌：

(一)认证证书超过有效期，认证证书持有人未申请复审的；

(二)获得认证的体育服务项目不再向社会提供服务的；

(三)认证证书持有人申请注销的。

第二十六条 认证机构对有下列情形之一的，应当通知认证证书持有人暂停使用认证证书、认证标志和认

证标牌：

（一）认证证书持有人未按照规定使用认证证书、认证标志和认证标牌的；

（二）认证证书持有人违反认证机构要求的；

（三）监督审查结果证明获得认证的体育服务项目提供的服务不符合认证要求的，但不需要立即撤销认证证书的。

第二十七条 被暂停使用认证证书和认证标志的认证证书持有人，采取有效纠正措施并经认证机构确认符合认证要求的，可以恢复使用认证证书、认证标志和认证标牌。

第二十八条 认证机构对有下列情形之一的，应当撤销并收回认证证书，通知认证证书持有人停止使用认证证书、认证标志和认证标牌：

（一）认证证书暂停使用期间，认证证书持有人未采取有效纠正措施的；

（二）不符合认证要求，导致严重质量、安全和卫生事故的。

（三）监督审查结果证明获得认证的体育服务项目提供的服务不符合认证要求的，需要立即撤销认证证书的。

第二十九条 任何单位和个人不得转让、买卖、伪造、冒用认证证书、认证标志和认证标牌。

第五章 监督管理

第三十条 国家认证认可监督管理委员会和国家体育总局依法对全国的体育服务认证活动进行监督管理，共同组织对认证机构定期或者不定期的监督检查。

地方认证监督管理部门和体育行政管理部门根据职责，依法对所辖区域内的体育服务认证活动进行监督管理。

第三十一条 认证机构应当遵守以下规定：

（一）根据国家有关法律、行政法规规定，实施认证审查工作；

（二）保证认证活动的客观独立、公开公正和诚实信用，并承担相应的法律责任；

（三）保守认证申请人的商业秘密和技术秘密，不得非法占有他人的科技成果；

（四）不得从事认证工作职责范围内的咨询、产品开发和营销等活动；

（五）配合有关执法部门对违法、违规行为的查处工作。

第三十二条 认证证书持有人应当遵守以下规定：

（一）保证提供实施认证工作的必要条件，接受认证机构的监督审查；

（二）保证获得认证的服务质量持续符合认证标准和技术规范的要求；

（三）正确使用认证证书、认证标志和认证标牌，不得利用认证证书、认证标志和认证标牌误导公众；

（四）依法接受有关执法部门的监督检查。

第三十三条 国家认证认可监督管理委员会和国家体育总局受理对认证机构和认证证书持有人违法行为的举报，并依法进行调查处理。

第三十四条 对违反国家有关法律、行政法规规定的，依照法律、行政法规规定处罚。

第六章 附 则

第三十五条 体育服务认证机构应当按照国务院价格主管部门批准的收费标准收取认证费用。

第三十六条 本办法由国家认证认可监督管理委员会、国家体育总局负责解释。

第三十七条 本办法自2006年1月1日起施行。

2006

ZHONG GUO REN ZHENG REN KE NIAN JIAN

第十五部分　大事记

DA SHI JI

·大事记·

1月

1月4日 国家认监委主任王凤清出席国家质检总局局长办公会,国家认监委常务副主任孙大伟列席会议。

1月5日 国家认监委召开干部民主测评专题会,国家质检总局人事司张玉宽副司长、国家认监委常务副主任孙大伟,副主任梁杰、程方、刘卓慧,总工程师夏铮铮,各部室主任、副主任和注册部的全体人员参加了会议。

1月6日 国家认监委主任王凤清、常务副主任孙大伟、副主任梁杰、程方、刘卓慧到中国质量认证中心现场办公,听取中心主要领导及相关处室负责人关于产品认证、体系认证、分支机构建设和管理、人事改革、财务管理、海外发展的工作汇报。各部室负责人参加了现场办公活动。

1月7日 (1)国家认监委主任王凤清出席国家质检总局党组会,常务副主任孙大伟列席会议。(2)国家认监委常务副主任孙大伟列席国家质检总局局长办公会。(3) 国家认监委副主任梁杰在认可中心参加党建工作引入 ISO 9000 体系认证研讨会。(4)国家认监委在京召开认证认可新闻记者通气会,由程方副主任通报国家认监委 2004 年工作情况及 2005 年工作要点。刘卓慧副主任出席了会议。来自中央电视台、新华社、《人民日报》、《光明日报》等中央及北京各大媒体的 50 余名新闻记者参加了会议。

1月10日 (1)国家认监委主任王凤清主持委领导年度考核述职报告会。国家质检总局党组成员、人事司安国司长,国家认监委常务副主任孙大伟、副主任梁杰、程方、刘卓慧,总工程师夏铮铮,机关副处级以上干部和下属单位领导班子成员参加了会议。(2)国家认监委常务副主任孙大伟参加中国检验认证集团和中国质量认证中心领导年度考核总结述职会。(3)国家认监委副主任程方陪同国家质检总局副局长葛志荣会见乌拉圭驻华大使。

1月11日 (1)国家认监委主任王凤清代表国家质检总局出席北京出入境检验检疫局 2005 年工作会议并讲话。期间,王凤清主任还参观了北京出入境检验检疫局实验室。(2)国家认监委常务副主任孙大伟参加国家认监委认证部、办公室领导年度考核总结述职会。(3)国家认监委副主任梁杰会见美国质量学会高级项目主管吴国瑞,双方就中美在质量领域的交流与合作进行了会谈。(4) 国家认监委副主任梁杰参加机关党委领导年度考核总结述职会。(5)国家认监委副主任程方参加注册部领导年度考核总结述职会。(6)国家认监委副主任刘卓慧参加认可部领导年度考核总结述职会。(7)国家认监委总工程师夏铮铮参加法律部领导年度考核总结述职会。

1月12日 (1)国家认监委主任王凤清出席国家质检总局党组会,常务副主任孙大伟列席会议。(2)国家认监委副主任梁杰参加国际部领导年度考核总结述职会。(3) 国家认监委副主任程方参加财务部领导年度考核总结述职会。(4)国家认监委副主任刘卓慧参加科技部领导年度考核总结述职会。(5)国家认监委总工程师夏铮铮参加实验室部领导年度考核总结述职会。

1月13日 (1)国家认监委主任王凤清出席国家质检总局召开的传达中纪委五次全会精神会,国家认监委常务副主任孙大伟,副主任梁杰、程方、总工程师夏铮铮和委机关全体干部参加了会议。(2)国家认监委主任王凤清会见韩国现代汽车集团副会长薛荣兴一行,双方就产品质量等共同关心的问题交换了意见,常务副主任孙大伟参加了会见。(3)国家认监委常务副主任孙大伟参加国家质检总局葛志荣副局长主持的外事计划专题会议。(4)国家认监委副主任刘卓慧在认可中心出席培训机构稽查总结会并参加了认可中心领导年度考核总结述职会。(5)国家认监委接待泰国合格评定考察团一行。应泰方要求,国际部、法律部、认可部、认证部、实验室部和科技部有关负责人向考察团介绍了中国的认证认可制度和实施情况。

1月14日 (1)国家认监委主任王凤清出席中央专题报告会。(2)国家认监委副主任程方参加机关服务中心领导年度考核总结述职会。

1月17日 (1)国家认监委常务副主任孙大伟主持召开专题会议，传达国家质检总局外事计划专题会议精神，听取办公室关于2004年委外事管理工作情况汇报，讨论2005年委外事计划。(2)国家认监委常务副主任孙大伟会见美国国家标准学会总裁兼首席执行官马克·赫卫兹,双方就合格评定等问题进行了友好的会谈。(3)国家认监委副主任梁杰参加国家质检总局李长江局长听取国家质检总局信息中心工作汇报活动，委信息中心负责人列席会议。

1月18日 (1)国家质检总局召开党员先进性教育活动动员大会,常务副主任孙大伟、副主任梁杰、程方、总工程师夏铮铮、委机关全体干部和下属单位领导班子参加了会议。(2)国家认监委副主任程方主持专题会议,研究"十一五"规划有关问题,有关部室负责人参加了会议。

1月18日~19日 国家认监委副主任刘卓慧在深圳出席深圳鹏程国际认证有限公司发展战略研讨会。

1月19日~20日 国家认监委在京召开财务工作会议,总结2004年工作情况,并对2005年的财务工作提出要求。国家认监委副主任程方、财政部企业司、国家质检总局财务司、委财务管理部、下属单位分管财务工作的领导和工作人员参加了会议。

1月20日 国家认监委常务副主任孙大伟、副主任梁杰、程方、刘卓慧、总工程师夏铮铮和各部室主要负责人参加国家质检总局召开的质检系统党风廉政建设工作电视电话会议。

1月21日 国家认监委党组副书记孙大伟主持召开了2005年国家认监委第1次党组会。会议研究确定了委2004年公务员年度考核优秀等次人选;听取办公室关于2005年公务员招录工作情况汇报,研究了招录人选问题;研究人事问题;研究并原则同意了委机关党委提交的《国家认监委关于开展保持共产党员先进性教育活动的实施方案》。党组成员梁杰、程方、刘卓慧、夏铮铮参加了会议,有关部门负责人列席了会议。

1月24日 (1)国家认监委在京召开2004年工作总结大会,国家认监委副主任刘卓慧主持会议。国家认监委常务副主任孙大伟作2004年国家认监委工作总结,并部署了2005年的主要工作;程方副主任通报了委党组民主生活会整改情况；孙大伟常务副主任宣读了国家质检总局关于国家认监委办公室和注册部有关领导任免的文件。国家认监委机关全体人员及下属单位处级以上干部160多人参加了会议。(2)国家认监委常务副主任孙大伟出席国家质检总局李传卿书记主持召开的专题会议,讨论政府工作报告。

1月26日 (1)国家认监委常务副主任孙大伟主持委党组中心组学习，委党组成员梁杰、夏铮铮参加了学习。(2)国家认监委副主任刘卓慧参加中国国际贸易促进会召开的中国进出口政策高级研讨会。

1月26日~27日 国家认监委副主任程方赴海南调研有关基建投资问题。

1月27日 国家认监委发布公告,公布了修订后的《乳胶制品类(橡胶避孕套产品)强制性认证实施规则》。修订后的规则为《乳胶制品类(橡胶避孕套产品)强制性认证实施规则》,原《乳胶制品类(橡胶避孕套产品)强制性认证实施规则》作废。

1月28日 国家认监委副主任刘卓慧参加联合智业认证有限公司党支部成立会。(2)国家认监委副主任刘卓慧参加认可中心2004年工作总结会。

1月31日 国家认监委机关党委书记梁杰主持召开党支部书记会议,部署共产党员先进性教育有关工作。

1月31日~2月1日 国家认监委在京召开委管单位工资总额审定会,对2004年工资总额的执行情况进行总结,核算有关单位2005年的工资总额。

2月

2月1日 (1)国家认监委副主任刘卓慧出席北京市海淀区政府系统推行ISO 9001认证动员大会并讲话。(2)2004年度国家计量认证行业评审组工作总结座谈会在京召开。国家认监委副主任程方、总工程师夏铮铮出席会议并讲话。这是自国家认监委成立以来,国家认监委举办的第四次年度国家计量认证行业评审组工作总结座谈会。会议总结了2004年计量认证工作,通报了计量认证专项监督检查情况，研讨进一步作好计量认证工作的有关措施和办法。

2月2日 (1)国家认监委常务副主任孙大伟参加国家质检总局蒲长城副局长主持召开的研究任务分解工作的专题会议。(2)国家认监委常务副主任孙大伟参加国家质检总局葛志荣副局长主持的贯彻落实吴仪副总理批示的专题会议。(3)国家认监委副主任程方在山东烟台对输日热加工偶蹄动物产品生产企业进行检查。

2月3日 (1)国家认监委常务副主任孙大伟,副主任梁杰、刘卓慧,总工程师夏铮铮、委机关全体党员和下属单位领导班子成员参加国家质检总局召开的保持共产党员先进性教育活动专题报告会。(2)国家认监委副主任梁杰参加国家质检总局党风廉政建设领导小组会议。

2月4日 (1)国家认监委常务副主任孙大伟代表委党组到中认大厦看望了驻楼的干部职工,并到信息中心观看了进口废物原料装运前检验电子监管系统的运行情况。(2)国家认监委副主任梁杰到认证中心参观职工摄影展,并到信息中心观看了进口废物原料装运前检验电子监管系统的运行情况。

2月7日 国家认监委常务副主任孙大伟主持召开2005年委第1次委务会议。讨论并原则通过了《认监委2005年会议、培训和调研计划》;原则通过了认监委2005年外事计划;听取了法律部关于委托专门的知识产权服务机构对有关认证标志进行监测的设想汇报,同意试行一年。梁杰、程方、刘卓慧副主任,夏铮铮总工程师和各部室负责人参加了会议。

2月17日 国家认监委副主任梁杰、刘卓慧分别到保持共产党员先进性教育活动联系点(信息中心、机关服务中心)指导工作。

2月21日 国家认监委副主任程方主持专题会议,研究起草食品检验检测体系规划有关问题。实验室部、认可中心CNAL有关负责人和来自国家食品质检中心、部分质量技术监督局的专家出席了会议。

2月24日 (1)国家认监委常务副主任孙大伟、副主任梁杰会见了德国TUV南德意志集团执行副总裁史坦普肯一行。双方签署了《中国国家认证认可监督管理委员会与德国TUV南德意志集团合作谅解备忘录》,并就加强和深化在认证领域的合作问题进行了会谈。(2)国家认监委副主任程方主持专题会议,研究关于日本农林水产省官员来华对输日热加工偶蹄动物产品生产企业进行检查的相关工作。

2月27日 国家认监委副主任程方到天津对输日热加工偶蹄动物产品生产企业进行预检。

2月26日~27日 国家认监委常务副主任孙大伟在马来西亚出席由中国国际贸易促进委员会主办的《中国对外贸易》理事会年会暨中国经济发展与对外贸易合作论坛并作主题演讲。期间,视察了中检集团马来西亚公司的筹建情况。

2月28日 国家认监委副主任刘卓慧主持专题会议,讨论"中国-欧盟小项目便捷基金项目"中的"中欧企业社会责任认证研究"项目有关问题,委相关部室负责人以及标准化研究院、认可中心的负责人参加了会议。

3月

3月1日 (1)国家认监委常务副主任孙大伟参加国家质检总局与国务院新闻办联合召开的介绍质检工作新举措的新闻发布会。(2)国家认监委党组副书记孙大伟主持2005年第2次委党组会,听取了委保持共产党员先进性教育活动领导小组关于成立保持共产党员先进性教育活动督导组及人员组成、职责任务、成立群众监督组组成人员的情况汇报;讨论并原则通过了委保持共产党员先进性教育活动第二阶段的工作方案;讨论并原则同意委机关党委提交的委共产党员先进性标准。党组成员梁杰、程方、夏铮铮参加了会议,机关党委、办公室、财务部的负责人列席了会议。(3)国家认监委副主任刘卓慧参加国家质检总局召开的全国质量管理工作电视电话会议。

3月2日 (1)国家认监委常务副主任孙大伟出席IECEE中国国家认证机构(NCB)中国质量认证中心召开的IECEE-CB扩项总结大会及IECEE国家同行评审员会议。(2)国家认监委副主任梁杰、刘卓慧参加中国认证机构国家认可委员会(CNAB)第一届四次全体委员会议。

3月3日 (1)国家认监委保持共产党员先进性教育活动领导小组召开下属单位开展保持共产党员先进性教育活动准备工作会议。委先教活动领导小组副组长梁杰主持会议,副组长孙大伟代表领导小组对下属单位开展先进性教育活动作了动员,刘卓慧副主任等领导小组成员、认可中心、认证中心、中检集团领导班子成员和从事党务工作的人员参加了会议,国家质检总局和委先教活动领导小组办公室的人员列席了会议。(2)国家认监委副主任程方参加委机关服务中心召开的《中国质量认证》杂志社发展与改革座谈会。

3月5日~6日 国家认监委副主任程方在广州、珠海就中国质量认证中心改革问题进行调研。

3月7日 (1)国家认监委常务副主任孙大伟,副主任梁杰、程方、刘卓慧、总工程师夏铮铮分别参加国家认监委认证部、国际部、注册部、认可部、实验室部党支部的先进性教育学习活动。(2)国家认监委副主任程方与审计署海关审计局进驻国家认监委的工作人员进行座谈。

3月8日 (1)国家认监委党组副书记孙大伟主持2005年第3次委党组会,听取了委机关党委关于开展保持共产党员先进性教育活动学习动员阶段的情况汇报,讨论并原则通过了《国家认监委开展保持共产党员先进性教育活动学习动员阶段工作总结》;讨论修改了《国家质检总局机关共产党员先进性具体要求》;通报了国务院WTO领导小组会议及国家质检总局有关会议精神。党组成员梁杰、程方、刘卓慧、夏铮铮出席会议,机关党委、办公室、财务部负责人列席会议。(2)委机关党委书记梁杰主持机关党委会议,研究中国质量认证中心增补党委委员、成立纪委有关问题。(3)国家认监委副主任刘卓慧走访认证认可专家咨询委员会部分委员。

3月9日 (1)国家认监委副主任梁杰到委信息中心研究工作。(2)国家认监委副主任程方主持专题会议,通报《食品卫生法》修订的最新情况,研究食品质量安全认证工作思路。(3)国家认监委副主任刘卓慧出席中国认证人员与培训机构国家认可委员会(CNAT)秘书处在京举办的第一期质量管理体系认证咨询师教师培训班开幕式。

3月11日 (1)国家认监委常务副主任孙大伟主持召开2005年国家认监委第1次主任办公会议。会议传达了温家宝总理、吴仪副总理、国家质检总局李长江局长、葛志荣副局长关于中国加入WTO后过渡期应对方案的一系列指示精神。

3月13日 国家认监委、农业部在京联合召开中国饲料产品认证首批获证企业颁证会,国家认监委副主任程方出席会议并讲话,39家获证企业获得了首批饲料产品认证证书。来自国家认监委、农业部、中国饲料工业协会、部分省市饲料办、获证企业和认证机构的代表以及新闻媒体记者共150多人参加了会议。

3月15日 (1)国家认监委常务副主任孙大伟参加国家质检总局在王府井组织的保持共产党员先进性教育主题实践活动——百名党员干部"3·15"现场咨询服务。国家认监委设立了认证认可业务咨询台并提供了现场咨询服务。(2)国家认监委常务副主任孙大伟,副主任梁杰、程方、刘卓慧、总工程师夏铮铮和各部室负责人参加国家质检总局召开的保持共产党员先进性教育活动转段动员会。(3)国家认监委副主任刘卓慧在标准化研究院参加研究"中国-欧盟小项目便捷基金项目"有关问题的专题会议。

3月16日 (1)国家认监委副主任梁杰主持委先教活动征求意见会,孙大伟常务副主任,程方、刘卓慧副主任和各部室主任、副主任参加了会议。(2)国家认监委副主任梁杰主持委机关处以上干部代表先教活动征求意见会。(3)国家认监委副主任程方会见中国酿酒协会有关人员,研究葡萄酒质量等级认证工作。

3月18日~19日 为贯彻落实关于开展机动车安全技术检验机构计量认证的有关文件精神,国家认监委实验室与检测监管部在京召开机动车安全技术检验机构计量认证工作部署和培训会议,会议全面部署并启动了全国机动车安全技术检验机构的计量认证工作。

3月21日 国家认监委副主任刘卓慧参加国家标准委召开的全国标准化工作电视电话会议。

3月22日 国家认监委副主任程方陪同国家质检总局局长李长江分别会见法国外经贸部部长罗斯一行和芬兰农林部部长科瑞佳一行。

3月23日 (1)国家认监委党组副书记孙大伟主持2005年第4次委党组会,学习胡锦涛总书记2005年2月11日在贵州考察工作时对开展先教活动所作的重要讲话;听取委先教活动领导小组办公室关于对委机关及机关党员干部意见和建议汇总情况的说明。党组成员梁杰、程方、刘卓慧、夏铮铮参加了会议,机关党委和办公室负责人列席会议。(2)国家认监委副主任刘卓慧出席全国塑料制品标准化技术委员会(SAC/TC 48)年会。

3月24日 (1)国家认监委副主任梁杰主持委党支部书记会,传达国家质检总局党支部书记会议有关精神,对先教活动征求意见阶段的工作做出说明,并部署下一步的分析评议工作。(2)国家认监委副主任刘卓慧出席认可中心召开的培训机构工作会议。

3月29日 (1)国家认监委常务副主任孙大伟、副主任梁杰、程方、刘卓慧,总工程师夏铮铮参加国家质检总局召开的质检系统优秀党员座谈会。(2)国家认监委副主任梁杰主持召开委党支部书记会,部署先教活动第二阶段第四环节召开民主生活会的有关工作。(3)国家认监委副主任刘卓慧出席中国认证人员与培训机构国家认可委员会(CNAT)全体委员会会议并讲话。

3月30日 (1)国家认监委党组副书记孙大伟主持2005年第5次委党组会,听取了财务部关于审计署委派海关总署审计局对委2004年预算执行进行审计的情况汇报,通报了审计结论;听取了认证部关于下拨强制性产品认证质检系统地方两局执法经费工作安排的情况汇报;通报了有关人事问题;通报了国家质检总局党组关于同意认可中心购置办公用房的决定。党组成员梁杰、程方、刘卓慧、夏铮铮出席会议,办公室、法律部、认证部、财务部的负责人列席会议。(2)国家认监委常务副主任孙大伟主持召开2005年国家认监委第2次委务会议,会议讨论了国际部提交的关于中国加入WTO后过渡期认监委的应对方案;原则通过了法律部提交的《认证管理规定(征求意见稿)》。(3)国家认监委常务副主任孙大伟主持召开2005年国家认监委第2次主任办公会议。会议听取了认证部关于体育服务认证有关情况的汇报,决定启动体育服务认证工作。(4)国家认监委常务副主任孙大伟，副主任梁杰、程方、刘卓慧，总工程师夏铮铮，机关全体工作人员和下属单位领导班子成员参加国家质检总局召开的质检系统优秀共产党员先进事迹报告会。

4月

4月1日 (1)国家认监委党组副书记孙大伟主持委党组中心组学习，为党组专题民主生活会做准备，学习了胡锦涛总书记在新时期保持共产党员先进性专题报告会上的讲话和在贵州考察时就保持共产党员先进性教育活动所做的重要讲话。党组成员梁杰、程方、刘卓慧参加了学习。(2)国家认监委副主任程方会见了美国农业部海外服务局科可兰培训项目办公室主任爱文斯·梅森彼克，双方就进一步合作和交流进行了会谈。(3)国家认监委召开认证咨询机构座谈会，会议讨论并征求了对咨询师转换培训方案的意见，20多个认证咨询机构的负责人参加了会议。

4月4日 加拿大食品检查署(CFIA)正式实施新的《关于验收检验中国出口到加拿大的低酸性蔬菜罐头食品备忘录》(以下简称《输加蔬菜罐头备忘录》)。同时，CFIA接受中方推荐的60家蔬菜罐头企业名单。《输加蔬菜罐头备忘录》正式实施，标志着中加两国主管部门建立了一种新的合作机制，体现了加拿大政府对中国出口卫生注册制度的认可。

4月7日 (1)国家认监委党组副书记孙大伟主持召开2005年认监委第6次党组(扩大)会。听取机关党委关于先教活动中广泛征求相关部门和个人对国家认监委工作意见，并将意见进行汇总和整理情况的汇报；通报了国家质检总局党组关于先教活动征求意见和边整边改工作的情况；布置委先教活动第二阶段后面三个环节的工作及注意事项；通报了委党组关于委领导分工调整的情况。(2)国家认监委常务副主任孙大伟会见蒙古标准计量局副主席阿尔登比勒格并签署合格评定领域合作谅解备忘录，梁杰副主任出席了会见和签字仪式。(3)"十五"国家重大科技专项食品安全关键技术"01课题"食品安全检测实验室质量控制规范课题鉴定会在京召开。来自科技部、国家质检总局、国家认监委和CNAL的有关负责人以及中国食品安全领域的70多名专家参加了会议。

4月7日~9日 国家认监委在京举办了认证机构负责人法律培训及经营管理研讨会，国家认监委副主任刘卓慧到会并讲话。来自120多家内资认证机构的法人代表、负责人参加了会议。

4月8日 (1)国家认监委常务副主任孙大伟出席公安部召开的国家安全防范报警系统质量监督检验中心授牌仪式并讲话。(2)国家认监委副主任程方参加国家质检总局副局长蒲长城主持的研究食品安全的专题会议。(3)国家认监委副主任刘卓慧会见法国质量认证有限公司BVQI全球总裁皮托·福斯基一行，双方就BVQI在中国的业务发展进行了友好会谈。

4月12日 (1)国家认监委常务副主任孙大伟主持召开2005年认监委第3次主任办公会议。听取了机关服务中心关于CCC标志换版有关问题的汇报；听取了注册部关于有机产品认证标志的印制和发放等问题的汇报；听取了法律部关于对四家国外有机产品认证机构进行查处问题的汇报。梁杰、程方、刘卓慧副主任，法律部、认可部、认证部、注册部、财务部、机关服务中心的负责人参加了会议。(2)国家认监委副主任刘卓慧参加国家质检总局直属挂靠单位先教活动第一阶段动员大会。

4月14日 (1)国际电工委员会(IEC)中国国家委员会主席、国家认监委主任王凤清会见了来访的IEC前主席、IEC官员高柳诚一，双方就进一步加强IEC与中国政府的关系以及未来中国更深度参与IEC的活动等议题交换了意见。国家认监委常务副主任孙大伟、IEC中国国家委员会成员也参加了会见。(2)国家认监委组织召开食品检验检测体系领导小组办公室会议，程方副主任主持会议，会议通报了食品检验检测资源调查工作的进展情况，农业部、卫生部、商务部、工商总局、食品药品监管局和国家标准委的相关负责人参加了会议。

4月18日 (1)国家认监委常务副主任孙大伟，副主任梁杰、程方、刘卓慧参加国家质检总局传达中央文件精神的专题会议。(2)国家认监委常务副主任孙大伟会见中国东南技术贸易总公司及戴姆勒-克莱斯勒代表，向外方介绍中国的汽车产品强制性认证制度，双方就进一步合作进行了探讨。

4月19日 国家认监委在京召开国家信息安全产品认证管理委员会成立大会，标志着中国建立统一的信息安全产品认证认可体系已进入实质性的实施阶段。国家质检总局局长李长江、国务院信息化工作办公室副主任曲维枝、国家认监委主任王凤清出席会议并讲话。国家认监委常务副主任孙大伟主持会议。公安部、安全部、信息产业部、保密局、密码局、质检总局、国信办、国家认监委等有关部门，产品认证、检测机构，产品生产企业及用户代表共50多人参加了会议。国家认监委副主任梁杰参加认证认可双多边协议备案准备会。

4月25日 国家认监委常务副主任孙大伟陪同国

家质检总局副局长葛志荣会见朝鲜国家质量监督局副局长朴成国一行，并代表国家认监委与朝鲜国家质量监督局签署了《认证认可领域合作协议 2005~2006 年实施计划》。

4 月 26 日　国家认监委副主任程方主持召开专题会议，研究有关基建项目。财务部、机关服务中心，海南出入境检验检疫局、中检(香港)有限公司的负责人参加了会议。

4 月 20 日~26 日　国家认监委副主任刘卓慧赴希腊雅典出席国际审核员培训与注册协会(IATCA)执委会会议。

4 月 28 日　(1)国家认监委召开认证认可国际合作最新信息通报会，国家认监委常务副主任孙大伟，副主任程方、刘卓慧，各部室、认可中心、认证中心、中检集团、方圆标志认证中心等单位的 70 多人参加了会议。(2)国家认监委召开 IECEX 国际同行评审领导小组会议，国家认监委常务副主任孙大伟出席会议听取有关工作汇报，国际部、中国质量认证中心、方圆标志认证中心等单位相关负责人出席了会议。

4 月 29 日　国家认监委发布第 9 号公告，加强对病原微生物实验室生物安全认可工作的管理。公告指出，病原微生物实验室生物安全的认可工作由中国实验室国家认可委员会(CNAL)承担，国家认监委依据《病原微生物实验室生物安全管理条例》和《中华人民共和国认证认可条例》将对 CNAL 实验室生物安全认可活动进行监督管理。

5 月

5 月 10 日　国家认监委主任王凤清主持召开 2005 年国家认监委第 4 次主任办公会议。听取办公室关于国家认监委各职能部室及内设处职责分工调整情况的汇报，并对各部室职责逐一进行了研究讨论。孙大伟常务副主任，梁杰、程方、刘卓慧副主任和各部室主任、副主任参加了会议。

5 月 11 日　(1)国家认监委在京召开中国认证认可战略研讨会。王凤清主任、孙大伟常务副主任、程方、刘卓慧副主任以及国家质检总局有关司局负责人，来自国务院研究室、国家科技部的领导及经济学、社会科学、国际贸易、质量管理、标准界等方面的专家、学者共计 50 余人参加了会议。专家们从不同角度就中国认证认可战略研究的重要性、紧迫性及战略研究的思路和框架等进行了研讨，提出了大量建设性的意见和建议。此次研讨会标志着中国认证认可战略研究工作正式启动。(2)国家认监委副主任刘卓慧出席中日韩三国认可机构 CNAB、JAB 和 KAB 合作备忘录签字仪式。

5 月 12 日~13 日、19 日~20 日　国家认监委分别在广州和上海召开了计量认证工作调研座谈会，国家认监委副主任程方出席会议并讲话。会议听取了各省、自治区、直辖市计量认证工作情况的汇报，并就计量认证工作发展近 20 年所取得的巨大成绩、存在的问题、如何进一步做好计量认证工作进行了研讨。期间，程方副主任还走访了国家燃器具质检中心(佛山)、上海市产品质量监督检验所等单位。来自 28 个省、自治区、直辖市质量技术监督局的 44 名代表参加了座谈会。

5 月 16 日　国家认监委党组副书记孙大伟主持召开了 2005 年国家认监委第 7 次党组会。讨论研究并原则通过了委党组先教活动第三阶段整改工作方案（征求意见稿）。党组成员梁杰、程方、刘卓慧出席会议，办公室、机关党委和财务部的负责人列席了会议。

5 月 17 日　国家认监委在京召开 2005 年质检系统认证监管人员培训教材审定会，国家认监委副主任刘卓慧和法律部、认可部的有关人员参加了会议。

5 月 20 日　国家认监委副主任刘卓慧参加检科院召开的奶粉中阪崎肠杆菌检测方法检验检疫行业标准审定会。

5 月 23 日　(1)国家认监委副主任程方会见欧洲零售商协会主席 Nigel Garbutt 并签署《中国国家认证认可监督管理委员会与 EUREPGAP/FoodPLUS 技术合作备忘录》，为双方加强在良好农业规范领域的合作奠定了良好的基础，将进一步推进中国良好农业规范与国际接轨的进程。(2)国家认监委副主任刘卓慧会见 SGS 集团执行副总裁 Jeffrey Mcdonald 一行，Jeffrey Mcdonald 介绍了 SGS 业务发展的情况，刘卓慧副主任介绍了中国对于国外认证机构在华开展认证检验检测业务的政策。

5 月 23 日~24 日　国家认监委在京召开食品检验检测体系领导小组专家组工作会议，讨论食品检验检测资源调查报告，国家认监委副主任程方出席并讲话。来自商务部、农业部、卫生部、食品药品监管局、工商国家质检总局、标准委等部门和国家质检总局科技司、委实验室部的有关负责人参加了会议。

5 月 24 日　(1)国家认监委党组书记王凤清主持召开了 2005 年国家认监委第 8 次党组会。传达国家质检总局关于在先教活动中表彰一批先进党支部、优秀共产党员和优秀党务工作者的工作安排和有关要求，听取委机关党委关于在国家认监委开展先教活动表彰工作设想情况的汇报，研究部署了表彰的具体工作；听取财务部关于财政部对委2005年财务预算批复及专项经费实行绩效考核、7月1日起将实行国库集中支付等工作情况的汇报。(2) 国家认监委主任王凤清主持召开国家认监委2005年第6次主任办公会议。讨论修改认证部起草的进口CCC目录内商品特殊认证实施办法；听取认证部关于强制性产品认证实验室指定和调整方案的汇报。孙大伟常务副主任，梁杰、刘卓慧副主任和办公室、法律部、认证部的有关负责人参加了会议。(3)国家认监委常务副主任孙大伟会见了来访的荷兰KEMA质量认证公司总裁一行，听取了KEMA方面就其全球和在华业务发展情况的介绍，并就国家认监委相关政策以及国内相关机构与国外机构在认证、检测领域开展合作应遵循的原则等问题进行了说明。梁杰副主任参加了会见。(4)国家认监委副主任刘卓慧与认可部和认可中心研究审核员监管工作。

5月25日 (1)国家认监委常务副主任孙大伟主持专题会议，研究CQC与澳大利亚标准化协会国际认证公司有关合作问题，办公室、认可部、国际部、财务部、CQC的负责人参加了会议。(2)国家认监委机关党委书记梁杰主持支部书记会，传达国家质检总局关于在先教活动中表彰一批先进党支部、优秀共产党员和优秀党务工作者的工作安排和有关要求，部署表彰具体工作。机关各党支部书记参加了会议。(3) 国家认监委召开花卉认证座谈会，就中国建立和实施花卉MPS认证、促进花卉出口及产业发展的有关问题进行了研讨。国家认监委副主任程方到会并讲话，法律部、认可部的负责人和相关的12个认证机构的代表参加了会议。(4)国家认监委副主任刘卓慧在天津参加中国汽车技术研究中心成立二十周年庆典活动。

5月26日 (1)国家认监委常务副主任孙大伟主持召开国家认监委2005年第7次主任办公会议，对国家质检总局提供的“中国—智利自贸区协定TBT章节”中合格评定部分的草案进行了讨论。(2)国家认监委召开计量认证行业评审组座谈会，26个国家计量认证行业评审组的40多位代表参加了会议。。

5月31日 (1)国家认监委党组书记王凤清主持召开了2005年国家认监委第9次党组会议，研究讨论委各职能部室及内设处职责分工调整修订稿。党组成员孙大伟、梁杰、刘卓慧、程方出席了会议。(2)国家认监委召开2005年实验室能力验证项目说明会，国家认监委副主任程方到会并讲话，检科院等7个承担实验室能力验证协调工作单位的代表和实验室部的人参加了会议。(3)国家认监委副主任程方参加中美疯牛病检测技术研讨会开幕式。(4)国家认监委副主任刘卓慧参加认证认可协会筹备领导小组会议。

6月

6月1日 (1)国家认监委常务副主任孙大伟参加国家质检总局组织召开的技术性贸易措施部际联席会议第四次全体会议。

6月2日 (1)国家认监委常务副主任孙大伟列席国家质检总局党组会议。(2)国家认监委副主任梁杰主持党支部书记会议，通报国家认监委及向国家质检总局推荐表彰的先进党支部、优秀党员、优秀党务工作者候选名单。通报国家质检总局关于进一步做好整改提高阶段工作的要求。(3)国家认监委发布2005年第11号公告，公布了《有机产品认证实施规则》。为规范有机产品认证活动，确保认证程序和管理基本要求的一致性和认证的有效性，根据《中华人民共和国认证认可条例》和《有机产品认证管理办法》的规定，国家认监委制定了《有机产品认证实施规则》。此规则自2005年6月2日起施行。

6月3日~5日 国家认监委在天津召开部门规章审核论证会，对《认证培训机构管理办法》和《认证咨询机构管理办法》的科学性、合理性及可操作性进行了论证。国家认监委副主任刘卓慧出席会议并讲话。

6月6日 国家认监委副主任刘卓慧参加中国质量万里行促进会召开的质量论坛。

6月8日 由国家认监委、建设部、加拿大自然资源部以及加拿大住房与抵押贷款署联合举办的“中加建筑木材产品认证技术研讨会”在京召开，国家认监委副主任程方出席会议开幕式并致辞。来自中加双方政府的主管部门、行业协会、研究所、认可机构、认证机构和相关企业的近100名代表参加了会议。

6月9日 (1)国家认监委党组书记王凤清主持召开2005年国家认监委第10次党组会议。党组成员孙大伟、梁杰、程方、刘卓慧参加。会议听取了委机关党委关于按照国家质检总局和国家认监委的部署，开展在保持共产党员先进性教育活动中表彰先进党支部、优秀共产党员、优秀党务工作者推荐工作的情况汇报；研究《国家认监委党组在先教活动中的整改方案和整改情况的通报》。(2)国家认监委副主任程方主持专题会议，研究落实国家质检总局食品安全监管任务分工。注册部、实验室部相关人员参加。(3)国家认监委副主任程方会见了来访的加拿大自然资源部、住房与抵押贷款署、木业协会以及木材产品认证评估机构代表，介绍了中国建立木材产品认证认可体系的设想以及中国在此领域相关的法律法规。

6月10日　国家认监委主任王凤清出席中国机械设备进出口总公司在京举行的党建质量管理体系认证颁证会，为企业颁发了证书和铭牌。

6月12日　国家认监委召开保持共产党员先进性教育活动情况通报会。国家认监委常务副主任孙大伟代表党组通报了国家认监委开展先进性教育活动的有关情况和整改成果，并进行了先进性教育活动群众满意度测评。王凤清主任、国家质检总局先进性教育活动领导小组副组长、直属机关党委常务副书记刘顺经到会并作了讲话。梁杰、刘卓慧副主任，国家认监委机关全体干部，机关服务中心、信息中心的全体党员职工，认可中心、认证中心、中检集团领导班子成员以及群众监督评价小组成员参加了通报会。

6月13日　国家认监委发布第13号公告，公布了《溶剂型木器涂料强制性产品认证证书和认证标志的使用规定》，对《装饰装修产品强制性认证实施规则 溶剂型木器涂料产品》中认证证书和认证标志的使用规定进行了细化。

6月14日~16日　(1)国家认监委在安徽合肥召开了2005年检验检疫行业标准计划项目审议会。国家认监委副主任刘卓慧出席会议并讲话。会上审议了2005年行业标准制(修)订计划项目，同时对2005~2007年检验检疫行业标准制(修)订规划进行了调整和审议。来自国家质检总局、检验检疫系统代表共计80余人参加了会议。(2)国家认监委副主任程方在云南进行花卉认证调研。

6月17日　国家认监委在京召开全国认证认可工作部际联席会议联络员座谈会。国家认监委主任王凤清出席会议并讲话。会议由国家认监委常务副主任孙大伟主持，梁杰、程方、刘卓慧副主任和来自认证认可工作部际联席会议成员单位的联络员参加了会议。会议就认证认可监督管理部门与行业主管部门如何共同推动强制性产品认证制度实施、如何进一步发挥主管部门在管理体系认证监督工作中的作用以及如何推动自愿性认证等问题进行了座谈。

6月19日~21日　中韩合格评定分委会第二次会议在韩国举行。中方首席代表、国家认监委常务副主任孙大伟与韩方首席代表、韩国技术标准院安全服务标准部长赵基成签署了会议纪要。在韩国期间，孙大伟常务副主任还视察了中国质量认证中心韩国分中心。

6月21日　(1)国家认监委副主任程方参加国家质检总局副局长蒲长城主持召开的研究中央农村和农业政策有关情况报告会。(2)国家认监委副主任刘卓慧参加认可中心召开的合格评定词汇和标准审定会。

6月22日　(1)国家认监委副主任刘卓慧在京会见美国商务部副助理部长李凡，商议2005年中美标准与合格评定研讨会有关事宜。(2)6月22日，国家认监委发布第16号公告，公布了调整后的承担强制性产品认证检测任务的实验室及其业务范围。公告指出，2003年第8号公告、第12号公告、第20号公告以及2004年第7号公告、第22号公告、第23号公告等文件中有关承担强制性产品认证检测任务的实验室及其业务范围的相关规定同时废止。

6月21日~23日　国家认监委主任王凤清参加国家质检总局检验检疫系统高级专业技术职称资格评审会。

6月22日~23日　国家认监委副主任刘卓慧参加中国质量认证中心与方圆标志认证中心联合举办的认证有效性座谈会。

6月23日　国家认监委副主任刘卓慧与国家体育总局商谈有关体育服务认证问题。

6月24日　国家认监委召开保持共产党员先进性教育活动总结暨表彰大会，国家认监委主任王凤清出席并讲话，国家质检总局先进性教育活动领导小组副组长、直属机关党委常务副书记刘顺经到会并作了讲话，国家认监委常务副主任孙大伟主持会议。

6月25日　国家认监委副主任程方出席第三届中国(厦门)国际食品交易博览会并为厦门银祥集团颁发了全国首张“绿色市场”标志牌。

6月28日~30日　国际电工委员会电工产品合格测试与认证组织认证管理委员会(IECEE—CMC)第八届年会在上海举行。IEC中国国家委员会主席王凤清出席开幕式并讲话，国家认监委常务副主任孙大伟、国际电工委员会秘书长和来自40余个国家和地区的成员机构以及国家认证机构的100多名代表参加了会议。会议期间，王凤清主任会见了美国UL新任总裁 Keith E. Williams 先生一行，双方就进一步加强合作问题，进行了充分的交流。

6月29日　国家认监委副主任程方参加国家质检总局研究《食品安全法(草案)》专题会。

7月

7月1日　国家认监委在京召开中国—新西兰标准合格评定程序比对研讨会，国家认监委副主任梁杰出席会议。

7月4日　国家认监委主任王凤清主持召开2005

年国家认监委第3次委务会。国家认监委常务副主任孙大伟，副主任梁杰、程方、刘卓慧，各部室及认可中心负责人参加了会议。会议讨论并原则通过了《国家认监委落实〈国家质检总局关于进一步加强食品质量安全监管工作的通知〉的工作方案》；审议并原则通过了《认证管理规定（征求意见稿）》、《认证咨询机构管理办法》、《认证培训机构管理办法》、《国家认监委认证认可专项监督检查管理规定》。

7月5日 国家认监委常务副主任孙大伟为地市级领导干部质量监督专题研究班讲课。

7月6日~8日 国家认监委副主任程方赴三亚同海南出入境检验检疫局、香港中检公司研究国家质检总局三亚培训中心基建项目的有关问题。

7月7日~14日 国家认监委主任王凤清率团出访日本。在日期间，拜访了中国驻日本大使馆和大阪总领事馆；为加强中日检验界的交流与合作，举办了中日经贸和检验界座谈会，宣传了中国进口废物原料装运前检验的相关政策法规；调查了解了日本出口废物原料情况，实地考察了废物原料加工、分拣、打包企业；并于12日出席了中检集团日本有限公司在大阪成立的庆典，孙大伟常务副主任、国家认监委和中检集团有关人员以及日方有关人士出席了庆典。

7月14日~16日 国家认监委在京组织召开认证认可战略研究课题向科技部申报立项材料起草工作会议，国家认监委副主任刘卓慧参加会议并讲话。

7月19日 (1)国家认监委副主任程方参加检科院召开的中国检验检疫发展战略研讨会。(2)国家认监委副主任刘卓慧与中国认证人员与培训机构国家认可委员会研究人员注册的有关问题。

7月22日~23日 国家认监委在京召开思想政治工作研讨会，国家认监委副主任梁杰参加会议。委机关、信息中心、服务中心各支部书记，认可中心、认证中心、中检集团党委书记和党务干部参加会议。

7月25日 (1)国家认监委党组书记王凤清主持召开2005年国家认监委第11次党组会。党组成员孙大伟、梁杰、程方、刘卓慧参加会议。会议研究了有关干部任职试用期满转正问题；孙大伟传达了党中央、国务院领导和国家质检总局领导近期对食品安全问题的指示精神及国家质检总局的有关要求。(2)国家认监委主任王凤清主持召开2005年国家认监委第4次委务会议。孙大伟常务副主任，梁杰、程方、刘卓慧副主任，各部室及认可中心负责人参加了会议。会议审议了《体育服务认证实施办法》；会议还对暑期干部休假工作进行了安排部署。(3)国家认监委主任王凤清主持召开国家认监委2005年第8次主任办公会。孙大伟常务副主任，梁杰、程方、刘卓慧副主任，办公室、认证部、法律部、财务部、服务中心及信息中心负责人参加了会议。会议听取了信息中心关于信息化建设情况的汇报，服务中心关于CCC标志改版情况的汇报，国际部和认证部关于对CCC认证的境外工厂监督检查业务工作的情况报告；会议研究并原则同意了认证部关于开展对获得强制性认证产品进行专项监督检查的方案。

7月20日~26日 国家认监委在京举办了两期认证监管人员师资培训班，国家认监委副主任刘卓慧出席开班仪式。来自质检系统的96名认证监管人员参加了培训，并通过培训考核。

7月26日 (1)国家认监委在京召开"认证认可关键技术研究与示范"项目专家论证会，国家认监委常务副主任孙大伟、副主任刘卓慧参加会议。(2)国家认监委副主任程方出席中国实验室国家认可委员会召开的首家生物安全实验室颁证会并讲话，同时向武汉大学生物安全三级动物实验室颁发了中国首张高级别生物安全实验室的国家认可证书。

7月28日 (1)国家认监委副主任刘卓慧参加中美标准合格评定研讨会预备会电话会议。(2)国家质检总局和国家认监委联合召开新闻发布会，发布针对欧盟《关于在电子电气设备中限制使用某种危险物的指令》(ROHS指令)制定的6项检测方法标准，国家认监委副主任刘卓慧出席发布会。

7月28日~31日 国家认监委副主任程方在吉林、山东对迎接美国农业部食品安全检验署(FSIS)检查的禽肉企业进行预检。在吉林期间，程方副主任出席了国家质检总局与吉林省人民政府签署农产品检验检疫合作仪式。

8月

8月1日 国家认监委常务副主任孙大伟主持召开中俄总理会晤委员会经贸合作分委会标准、计量、认证与检验监管常设工作组预备会议。

8月3日 (1)国家认监委孙大伟常务副主任参加国家质检总局召开的进口废物原料装运前检验工作研讨会。(2)国家发改委、国家认监委在京召开《强制性产品认证检测收费标准》修订工作座谈会，会议就新修订的《强制性产品认证检测收费标准》(草案)进行了研讨。

8月5日 国家认监委副主任程方参加商检公司体

制改革办公室会议，研究讨论中检集团海外公司管理改革方案。

8月8日　国家认监委副主任程方与荷兰花卉环境项目(MPS)基金会总裁在京签署了《中国国家认证认可监督管理委员会与MPS合作备忘录》。

8月8日~19日　2005年中美标准与合格评定研讨会在美国首都华盛顿召开，中国派出由国家认监委副主任刘卓慧带队，包含有关单位共29人组成的代表团参加了本次研讨会。美方则派出由商务部助理部长本·吴带队，包含美国国家标准技术研究院(NIST)、美国标准协会(ANSI)以及有关行业协会、制造商、生产商代表共100余人组成的代表团参会。在参加完本次研讨会之后，代表团顺访了美国的有关机构，主要走访了美国商务部、美国国家标准技术研究院（NIST）、美国电器制造商协会(NEMA)、美国保险商实验室(UL)、美国"全球负责任制衣生产"组织(WRAP)。

8月9日　(1)国家认监委副主任梁杰会见荷兰KEMA质量认证公司副总裁马丁·凡·杜森，双方就KEMA中国合资公司的建立和发展的问题进行了交谈。(2)国家认监委下发2005年第19号公告，对《机动车辆类强制性认证实施规则汽车安全带产品》有关内容进行了修订。公告指出，将原规则"5.2"标志加施获得认证证书的汽车安全带，应将认证标志缝在安全带固定点附近的织带上。修改为"5.2"标志加施获得认证证书的汽车安全带，应将认证标志缝在安全带固定点附近的织带上或直接模压在安全带总成(含带扣)的非受力位置上，标志应清晰并能永久保存。加施位置应保证在安全带总成安装到车辆上后认证标志仍能被清楚的识别。

8月10日　国家认监委下发2005年第20号公告，对因特殊用途或因特殊原因而未获得强制性产品认证的小批量进口产品申请免于办理强制性认证的有关事宜作了规定。公告指出，对未获得认证且不符合国家认监委2005年第3号公告免于办理强制性产品认证条件的进口强制性产品认证目录内产品，各地出入境检验检疫机构应劝其退运，未经特殊处理程序的，不得进口。

8月17日　(1)国家认监委党组书记王凤清主持召开了2005年国家认监委第12次党组会议。党组成员孙大伟、梁杰、程方参加会议。会议听取了认证认可协会筹备情况报告，对协会章程、组织机构、徽标、标志管理办法、会员管理办法和成立日程等文件进行了审议并原则同意了上述文件；听取了财务部关于中办、国办联合转发中纪委等六部委《关于严肃纪律加强公务员工作管理的通知》和《做好清理规范津贴工作的意见》的汇报，会议决定成立清理规范津补贴领导小组；会议确定由办公室牵头，研究提出第四次全国认证认可会议和部际联席会议的主要议题及会议的有关安排；会议还研究了人事问题。办公室、认可部、财务部、服务中心、认可中心和协会筹备组负责人列席会议。(2)中央国家机关工委对国家认监委保持共产党员先进性教育活动导入ISO9000理念进行专题调研，国家认监委常务副主任孙大伟、副主任梁杰参加调研会议。

8月18日~19日　全国认证认可信息宣传工作会议在成都召开。会上，与会代表对新形势下如何建立上下联动、左右通达的工作机制，做好认证认可信息宣传工作展开了讨论；对《认证认可政务信息工作管理规定》和《认证认可新闻宣传工作管理办法》提出了进一步的修改意见和建议。四川省委常委、宣传部长王少雄到会致辞，国家质检总局副局长蒲长城、国家认监委常务副主任孙大伟出席大会并讲话，来自质检系统地方两局、国家认监委下属单位的代表100余人参加了会议。

8月20日　全国电工电子产品与系统的环境标准化工作组在京成立。环境标准化工作组的成立有利于协调平衡各方的利益，整合现有资源、统一规划，起到对中国已有和即将颁布的相关法律法规执行的技术支撑作用。工作组将结合中国企业的具体情况并参考国际上的相关标准制订出一整套国家标准，从而使标准真正起到为国民经济把关、服务的功能。该工作组的主要任务是开展对口IEC/TC 111电工电子产品与系统的环境领域标准化工作，并开展有关针对欧盟废旧电器指令和电器中限制某些有害物质指令的标准研究及制定等有关标准化工作。

8月22日　国家认监委副主任梁杰会见马来西亚标准工业研究院执行总裁Ab.Razak salim。双方就中国产品出口马来西亚合格评定方面的贸易便利措施进行了商谈。

8月22日~25日　中俄总理定期会晤委员会经贸合作分委会中俄标准计量认证检验监管常设工作组第三次会议在俄罗斯圣彼得堡和莫斯科举行，国家认监委常务副主任孙大伟带队出席会议。会议期间，双方就信息交流、促进双边贸易发展措施、检验检疫证书互认、实验室认可互认、计量与标准领域合作、卫生与植物卫生、装运前检验、商品质量安全的监督管理等问题深入交换了意见，并就达成的共识签署了会议纪要。

8月24日　(1)国家认监委副主任梁杰参加检验检疫协会召开的"协会发展研讨暨理事会"。(2)国家认监委在京召开"认证认可关键技术与示范"课题论证会。科技部、认证部、认可部、认可中心有关人员及相关领域专家参加论证会。

8月24日~28日　国家认监委副主任程方赴广东就迎接美国FDA 9月中旬对中国水产企业注册检查工作进行预检。

8月25日~26日　国家认监委在银川举办了“有机农产品认证与西部开发”讲座。国家认监委副主任刘卓慧出席了讲座。宁夏主管农业的相关部门领导和各市、县(区)农业主管部门领导以及各食品生产企业的负责人共150人参加了培训。

8月26日　国家认监委主任王凤清在人民大会堂为通过HACCP食品安全管理体系认证的国内保健食品行业企业天狮集团颁证。

8月29日　(1)国家认监委主任王凤清、常务副主任孙大伟会见加拿大标准协会集团(CSA)总裁兼首席执行官罗布·格林芬一行,双方就加强认证领域的合作进行了充分交流。王凤清主任、孙大伟常务副主任还出席了《CCIC与CSA客户服务中心合作协议》的签约仪式。(2)国家认监委主任王凤清、常务副主任孙大伟会见美国安全检测实验室公司新任总裁兼首席执行官肯斯·威廉姆斯一行,双方就加强认证领域的合作进行了充分交流。

8月30日　(1)国家认监委常务副主任孙大伟参加国家质检总局和美国消费品安全委员会(CPSC)联合举办的中美消费品安全峰会。(2)国家认监委副主任程方出席解放军总医院获首家医学实验室认可颁证会。

9月

9月1日　(1)国家认监委党组书记王凤清主持召开国家认监委2005年第13次党组会。党组成员孙大伟、梁杰、程方、刘卓慧参加会议。会议传达了8月30日国家质检总局党组会关于成立中国认证认可协会等有关问题的决定精神;研究了2006年委招录公务员计划。办公室有关负责人列席会议。(2)国家认监委主任王凤清在人民大会堂出席中国名牌暨中国世界名牌产品表彰大会。

9月1日~2日　国家认监委副主任程方赴长春参加由商务部、国务院振兴东北办和吉林省政府共同主办的第一届中国吉林·东北亚投资贸易博览会。

9月5日　国家认监委副主任程方出席认可中心在大连召开的食品安全实验室能力验证与食品安全检测关键技术国际学术研讨会开幕式并发表讲话。

9月6日　(1)国家认监委主任王凤清会见澳门民政署署长刘仕尧。双方就加强检测认证领域的合作,促进内地与澳门之间贸易发展进行了充分的交流。(2)国家认监委主任王凤清出席北京出入境检验检疫局获得ISO 9000认证颁证仪式。

9月7日　国家认监委副主任刘卓慧会见瑞士SGS集团管理与服务认证部西欧区域经理皮特·马利特、认可业务经理迈克·拜伦一行,双方就认证机构认可领域的有关问题进行了深入的交流和探讨。

9月8日　(1)国家认监委主任王凤清,常务副主任孙大伟,副主任程方、刘卓慧出席委副处级以上干部会,国家质检总局对有关干部进行了民主测评。(2)国家认监委常务副主任孙大伟参加国家质检总局信息化建设领导小组第七次会议。(3)全国花卉标准化技术委员会、花卉认证工作指导委员会在北京成立,国家认监委副主任程方出席会议并讲话。

9月9日　(1)国家认监委党组书记王凤清主持召开国家认监委2005年第14次党组会。党组成员孙大伟、程方、刘卓慧参加会议。会议审议并原则通过了《国家认监委党组关于进一步加强自身建设的意见》;审议通过了《关于贯彻落实〈建立健全教育、制度、监督并重的惩治和预防腐败体系实施纲要〉的实施意见》;听取了财务部关于国家认监委清理津贴补贴的情况,并审议了《国家认监委津贴补贴清理审核报表》;研究了人事问题。(2)国家认监委副主任程方参加国家质检总局书记李传卿主持召开的研究水产品质量专题会。

9月12日　(1)国家认监委副主任程方与信息中心研究卫生注册数据库有关问题。

9月13日　(1)国家认监委常务副主任孙大伟参加国家质检总局司局级干部保持共产党员先进性教育活动检查小组座谈会。(2)国家认监委副主任梁杰参加国家质检总局蒲长城副局长主持的传达中宣部《进一步做好食品安全报道工作的意见》的会议。(3)国家认监委副主任程方出席天津市食品农产品标志专项检查会议。(4)国家认证认可监督管理委员会、商务部正式发布第一部以认证方式证明酒类产品质量等级部门规范性文件——《食品质量认证实施规则——酒类》。

9月13日~14日　国家认监委在长春召开认证认可行风座谈会,国家认监委副主任梁杰出席会议并讲话。来自25个省、自治区和直辖市的质量技术监督局和出入境检验检疫局纪检监察部门的40余位人员参加了会议。

9月13日~16日　国家认监委副主任刘卓慧赴黑龙江和吉林开展《合格评定法》立法调研。

9月14日　(1)国家认监委常务副主任孙大伟为中组部、国家质检总局组织的市地级领导干部检验检疫专题研究班讲课。(2)国家认监委副主任程方在农业部参加良好农业规范(GAP)认证座谈会。

9月15日~16日，由商务部、国家认监委主办，商务部外贸发展局承办的有机农产品出口培训班在北京举办。

9月19日　国家认监委副主任刘卓慧在成都参加四川省认证与经济发展座谈会并讲话。

9月20日　(1)经济合作与发展组织(OECD)农林拖拉机官方试验标准规则第十三届试验工程师会议在北京召开，国家认监委常务副主任孙大伟出席开幕式并致辞。(2)国家认监委副主任程方与美国农业部食品安全检验局国际部等效评估办公室主任沙莉·怀特召开电话会议，双方就工厂检查员的付费方式进行了研究和沟通。

9月22日，国家认监委发布2005年25号公告，公布了修订后的《机动车辆类(汽车产品)强制性认证实施规则》。

9月26日　(1)中国认证认可协会第一次会员大会在北京国际会议中心召开，国家认监委主任王凤清、常务副主任孙大伟、副主任刘卓慧出席会议。大会由国家质检总局人事司巡视员兼副司长朱光沛主持，认证认可协会筹备组组长刘卓慧向大会作协会筹备工作报告，认证认可协会筹备组副组长生飞对协会章程(草案)、协会工作方针、工作原则和标志管理办法做了说明。大会还分组讨论和审议了协会章程及工作方针、原则，标志管理办法。来自政府行政部门、认证机构、认证培训机构、认证咨询机构、实验室和检查机构、认可机构和有关研究机构以及获证企业的300余名代表参加了会议。(2)国家认监委副主任程方参加国家质检总局召开的《商检法实施条例》宣传贯彻会。

9月27日　(1)国家认监委主任王凤清主持召开中国认证认可协会第一届理事会，会议审议并通过了协会会员管理办法、协会组织机构和工作计划，并选举产生了协会的65名常务理事和领导人，王凤清主任当选协会首任会长。(2)中国认证认可协会成立大会在京召开，吴仪副总理为协会成立发来了贺信，国务院副秘书长徐绍史、国家质检总局局长李长江、民政部副部长罗平飞出席大会并讲话，国家认监委主任、中国认证认可协会首任会长王凤清做了工作报告，认证认可工作部际联席会议成员单位的部分领导出席了会议。来自认证认可行业的会员代表和新闻界人士共计400余人参加会议。

9月29日　(1)国家认监委主任王凤清主持召开国家认监委2005年第9次主任办公会议。会议听取了办公室关于召开全国认证认可工作会议和认证认可工作部际联席会议有关问题的汇报；听取了信息中心关于进口废物原料装运前检验电子监管系统推广使用工作的情况汇报。(2)国家认监委副主任刘卓慧会见法国AFNOR集团董事总经理Olivier Peyrat，双方就在原有良好基础上加强认证领域的合作充分交换了意见。

10月

10月2日~11月8日　国家认监委副主任谢军赴广西、重庆调研CCC认证执法和合格评定法立法问题。

10月3日~7日　国际电工委员会防爆电气设备标准认证体系(IECEx体系)年会在英国巴克斯顿举行。国家认监委总工程师刘卫军顺利当选IECEx体系副主席，方圆标志认证中心（CQM）成为IECEx体系的认证机构(ExCB)，和方圆签约的3个检验实验室同时成为该认证体系的检验实验室。年会上，刘卫军顺利当选为IECEx体系副主席，这是中国在认证认可领域国际合作中取得的重要成果，是可喜可贺的一件大事。

10月9日　国家认监委副主任程方与国家质检总局标法中心研究中国申请欧盟有机互认的问题。

10月9日~14日　国家认监委副主任刘卓慧赴希腊参加国际人员认证协会(IPC)执委会。

10月10日　(1)国家认监委召开委机关全体会议，宣布国家质检总局及国家质检总局党组对国家认监委领导班子成员的任免决定。会议宣布了国家质检总局关于任命谢军为国家认监委副主任，任命刘卫军为国家认监委总工程师，免去梁杰国家认监委副主任职务的决定；国家质检总局任命梁杰为国家认监委巡视员(正局级)的决定；国家质检总局党组关于任命谢军、刘卫军为国家认监委党组成员，免去梁杰国家认监委党组成员的决定。国家认监委主任王凤清出席会议并讲话，常务副主任孙大伟，副主任梁杰、程方出席会议，会议由国家质检总局巡视员兼人事司副司长朱光沛主持。(2)认可中心召开全体会议，宣布国家质检总局及国家质检总局党组对认可中心领导班子成员的任免决定。国家质检总局巡视员兼人事司副司长张玉宽宣布了国家质检总局党组关于任命刘欣为认可中心党委书记，任命肖建华为认可中心党委副书记的决定；宣布了国家质检总局关于任命肖建华为认可中心主任，任命刘欣为认可中心副主任的决定。国家认监委主任王凤清出席会议并就认可中心工作作了讲话，会议由国家认监委常务副主任孙大伟主持。(3)国家认监委发布2005年第28号公告，公布了《机动车用喇叭产品强制性认证实施规则》等13种机动车零部件产品强制性认证实施规则。根据《中华人民共和国认证认可条例》、《强制性产品认证管理规定》，国家认监委在完成WTO通报程序、征求各方意见的基础上制定了《机动车用喇叭产品强制性认证实施规则》等13种机动车零部件产品强制性认证实施规则，自2005年12月1日起施行。

10月11日 (1)国家认监委党组书记王凤清主持召开了2005年国家认监委第15次党组会。会议研究了委领导的分工问题。(2)国家认监委主任王凤清会见法国国际检验局(BV)全球总裁福兰克·皮德列。双方就加强认证领域的合作以及BV在中国的发展等问题交换了意见。国家认监委常务副主任孙大伟、副主任谢军参加会见。

10月14日~23日 国家认监委副主任谢军率团赴南非开普敦出席由国际电工委员会(IEC)南非国家委员会承办的第69届IEC大会。会议期间，谢军副主任参与了IEC标准化、合格评定管理和决策活动，并作为合格评定局(CAB)成员参加了CAB的会议。代表团积极开展双、多边磋商活动，参加了IEC亚太领导小组、太平洋地区标准大会等区域会议及多边磋商会议。按照已建立的双磋机制，代表团应邀分别与欧洲电工委员会和IEC美国国家委员会举行了双边会谈，在加强IEC领域合作的同时，共商IEC发展大计，并确定了合作的具体项目安排。

10月15日 国家质检总局召开国家质检总局机关副司，国家认监委、标准委部门负责人以上干部，直属挂靠单位领导班子成员，各直属检验检疫局局长和各省级质量技术监督局局长干部会议，会议宣布了领导干部任免事项。根据中共中央、中共中央组织部、国家质检总局党组关于国家质检总局党组领导的任免决定，王凤清不再担任国家质检总局党组成员，国家国家认监委党组书记、主任职务。孙大伟任国家质检总局党组成员，国家认监委党组书记、主任。

10月15日~26日 国家认监委副主任刘卓慧率团赴欧洲进行企业社会责任考察。期间访问了欧盟委员会企业与工业总司、就业与社会事务总司、德国劳动经济部、欧洲对外贸易协会和相关认证机构。

10月17日 国家认监委副主任程方主持召开研究贯彻国家质检总局10月14日防治禽流感紧急工作会议精神专题会，注册部有关人员参加会议。

10月19日 国家认监委副主任程方赴唐山检查在韩国注册的水产品加工企业。

10月21日 国家认监委在京召开全国食品农产品认证标志专项监督检查电视会议，对专项监督检查工作进行了动员和部署，国家认监委副主任程方出席会议并讲话。会议在全国28个省、自治区、直辖市设立了分会场。

10月24日 国家认监委副主任程方会见巴西农业部国际关系秘书长伊丽莎白·塞拉迪奥，双方就中、巴两国肉类注册企业考察的问题交换了意见。

10月26日 国家认监委副主任程方陪同国家质检总局局长李长江会见韩国海洋水产部长官吴巨敦，双方就两国水产贸易、卫生安全领域加强合作的方案，输往韩国的中国水产品卫生问题及中韩活水生动物卫生协议的履行情况交换了意见。

10月27日 国家认监委党组书记孙大伟主持召开了2005年国家认监委第16次党组会。党组成员程方、刘卓慧、谢军出席会议。会议听取了中检集团关于准备购置办公楼的情况汇报；研究了下属单位2006年接收高校毕业生的计划；研究了机关服务中心有关人事问题；传达了10月21日国家质检总局局务会会议精神，部署了近期工作并提出了要求。办公室、机关党委、财务部和中检集团负责人列席会议。

10月31日 国家认监委召开委机关全体干部及下属单位处以上干部会议，宣布中共中央、国务院及国家质检总局党组对国家认监委领导班子成员的任免决定，国家质检总局李长江局长出席会议并讲话，国家质检总局党组李传卿书记主持会议。李传卿宣布了中共中央、国务院关于王凤清、孙大伟的任免决定；国家质检总局党组任命朱光沛为国家认监委党组成员、副主任的决定。孙大伟主任出席会议并讲话，程方、刘卓慧、谢军副主任出席会议。

11月

11月1日 (1)国家认监委在深圳组织召开纪念《认证认可条例》实施两周年座谈会，国家认监委副主任谢军出席会议并讲话。来自地方认证监督管理部门、认可机构、认证机构及其他相关机构、获证企业的代表共计60余人参加了会议。(2)国家认监委下发2005年第30号公告，公布了调整后的《实施出口食品卫生注册、登记的产品目录》。根据《出口食品生产企业卫生注册登记管理规定》，国家认监委在对出口食品的风险评估的基础上，调整了《实施出口食品卫生注册、登记的产品目录》，将"腌渍菜类"纳入出口食品卫生注册管理，自2005年12月1日起施行。

11月2日 (1)国家认监委副主任程方召集下属单

位传达国家质检总局等部委关于食品安全宣传工作的要求。(2)国家认监委副主任程方陪同国家质检总局局长李长江会见西班牙卫生和消费大臣埃莱娜·萨尔加多·门德斯。双方就共同关注的欧盟关于边境口岸卫生调控,特别是海产品的法律法规;中国通过西班牙加纳利、瓦伦西亚、巴塞罗那和维戈港向欧盟出口食品事宜;中国进口西班牙产品事宜等问题进行了友好磋商。

11月3日 (1)国家认监委主任孙大伟、副主任朱光沛走访国家林业局。(2)国家认监委主任孙大伟走访建设部。(3)国家认监委副主任朱光沛出席标准委全体会议。(4)国家认监委副主任程方走访铁道部。(5)国家认监委副主任刘卓慧参加国家发改委召开的无线电局域网安全标准(WAPI)工作协调会。

11月4日 (1)国家认监委主任孙大伟主持召开2005年国家认监委第5次委务会,朱光沛、程方、刘卓慧副主任出席会议。会议审议了办公室负责汇总起草的《认证认可事业发展"十一五"规划(征求意见稿)》;会议听取了认可部关于召开全国认证认可工作部际联席会议的情况汇报;会议根据最近委领导班子的调整情况,对委领导工作分工做了部分调整;会议要求各单位认真组织学习贯彻10月31日国家质检总局李长江局长在委机关全体干部及下属单位处以上干部会议上的讲话;会议要求有关部门年底前要认真组织好《公务员法》的学习活动;会议传达学习了中宣部等七部局《关于进一步做好食品安全报道工作的意见》(中宣发[2005]35号)的主要精神;会议还对近期召开会议、出差休假、年终总结工作提出了要求。各部室主要负责人参加会议。(2)委信息化领导小组召开第一次会议,领导小组组长国家认监委副主任朱光沛主持会议并讲话,程方、谢军副主任出席会议。会议听取了委信息办关于"十五"期间认证认可信息化主要工作情况的汇报,并对《认证认可信息化"十一五"规划(征求意见稿)》进行了讨论。(3)国家认监委副主任程方出席商务部召开的研究落实温家宝总理对"进一步做好农产品进出口工作"重要批示的会议。(4)国家认监委副主任刘卓慧走访水利部。

11月7日 国家认监委副主任程方主持召开全国实验室资源调查专家会。

11月7日~9日 国家认监委副主任程方代表国家质检总局率调查团赴辽宁进行禽流感调查。

11月8日 国家认监委主任孙大伟会见日本海事检定协会(NKKK)会长中川靖之。双方回顾了合作的历史,并就开拓新的合作领域进行了友好会谈。

11月10日 国家认监委下发2005年第32号公告,公布了《体育服务认证管理办法》。为规范体育服务认证活动,提高体育服务质量,促进体育服务业的发展,国家认监委和国家体育总局联合制定了《体育服务认证管理办法》,自2006年1月1日起施行。

11月11日 (1)国家认监委主任孙大伟,副主任朱光沛、程方听取湖北出入境检验检疫局关于全国认证认可工作会议筹备工作情况的汇报。(2)国家认监委副主任朱光沛主持召开委信息化领导小组会,国家认监委副主任程方、谢军出席会议。

11月12日 国家认监委在北京举办国家产品质量监督检验中心负责人培训班开班仪式,国家认监委副主任刘卓慧出席仪式并讲话。

11月12日~13日 国家认监委副主任程方出席标准委在京组织召开的《良好农业规范》系列国家标准审定会并讲话。

11月14日 (1)国家认监委主任孙大伟主持召开国家认监委2005年第10次主任办公会,国家认监委副主任谢军出席会议。会议研究了IECEE认可基于SMT(监督下的制造商测试)CB证书的有关问题;会议研究了是否加入IECEE/PV体系的问题。法律部、认证部、国际部和认证中心相关人员参加会议。(2)国家认监委副主任刘卓慧与美国商务部官员商谈中美合格评定2006年研讨会有关事宜。(3)国家认监委副主任谢军陪同国家质检总局副局长支树平会见并宴请罗马尼亚经济商务部国务秘书博格·卓特。双方回顾了在特种设备安全监察领域的长期友好合作,同时还就质量、市场监督、计量、标准和认证领域的合作交换了意见,并就进一步发展在质检领域的合作关系达成共识。

11月15日 (1)国家认监委主任孙大伟,副主任朱光沛、刘卓慧走访科技部。(2)国家认监委党组书记孙大伟主持召开2005年国家认监委第17次党组会。党组成员朱光沛、程方、刘卓慧、谢军出席会议。会议听取了科技部关于认证认可技术研究所组建情况的汇报,并对相关具体问题进行了研究;会议研究了委机关、下属单位有关干部人事问题;会议审议并原则通过了第四次全国认证认可工作部际联席会议的有关文件。办公室、认可部、财务部和科技部相关人员参加会议。

11月16日 国家认监委主任孙大伟出席认证中心召开的"认证与经济发展论坛"并讲话。

11月17日 (1)国家认监委在京召开第四次全国认证认可工作部际联席会议。部际联席会议召集人、中国认证认可协会会长王凤清主持会议。国家质检总局李长江局长,中编办副主任王澜明、国务院法制办副主任张穹应邀出席会议并讲话。国家认监委主任孙大伟向会议通报了部际联席会落实2004年部际会的有关情况，2005年国家认监委工作情况和2006年的工作重点。与会单位分别介绍了本部门开展认证工作情况，并对国家认监委提出的《认证认可十一五发展规划》草稿进行了讨论。来自科技部、商务部、铁道部等22个部际联席会议成员单位和特邀全国供销合作总社、国家安全生产监督管理局、国家质检总局的代表参加了会议。(2)国家认监委主任孙大伟会见国际电工委员会/国际电工产品检测与认证体系主席哥斯特·弗里德克森及IECEE秘书长皮埃尔·德儒风一行。双方就进一步加强中国在IECEE组织的参与和影响进行了会谈，谢军副主任陪同会见。会见结束后，谢军副主任与IECEE主席和秘书长就中国参与IECEE活动的一些政策性问题进行了双边会谈。

11月18日~20日 国家认监委在江苏南京召开企业社会责任研讨会，国家认监委副主任刘卓慧出席会议。

11月21日 国家认监委副主任程方主持召开全国认证认可工作会议材料准备工作专题会。法律部、认可部、认证部、注册部和实验室部负责人参加会议。

11月22日 (1)国家认监委主任孙大伟出席商务部召开的中美纺织品协议情况通报会。(2)国家认监委副主任朱光沛出席《中国国门时报》创刊十周年庆典。(3)国家认监委在京举办国家产品质量监督检验中心负责人培训班(第二期)开班仪式，国家认监委副主任刘卓慧出席仪式并讲话。(4)国家认监委副主任刘卓慧出席中国计量测试学会召开的计量工作新闻发布会。

11月23日 (1)国家认监委主任孙大伟主持召开认可中心人注委、中国质量认证杂志社业务人员划转工作专题会。国家认监委朱光沛副主任，办公室，认可中心和协会有关负责人参加会议。(2)国家认监委副主任刘卓慧与盐业检测中心商谈工作。

11月24日 (1)国家认监委副主任朱光沛出席信息中心召开的强制性产品认证平台项目研讨会。(2)国家认监委副主任谢军会见荷兰KEMA质量认证公司副总裁马丁·凡·杜森，双方就KEMA在中国开展业务的问题交换了意见。

11月29日 (1)国家认监委党组书记孙大伟主持召开2005年国家认监委第18次党组会。党组成员朱光沛、程方、刘卓慧、谢军出席会议。会议研究了干部人事问题；研究讨论并原则通过了全国认证认可工作会议的有关文件。(2)国家认监委党组书记孙大伟主持学习《公务员法》，党组成员朱光沛、程方、刘卓慧、谢军及办公室、机关党委有关人员参加学习。(3)国家认监委主任孙大伟，副主任朱光沛、程方出席国家质检总局人事司在国家认监委召开的干部考核会，各部(室)负责人及认证部全体人员参加会议。(4)国家认监委副主任朱光沛到信息中心了解进口废物原料装运前检验管理系统进展情况。(5)国家认监委副主任刘卓慧出席国家发改委召开的无线局域网标准与认证协调会。

11月29日~12月1日 国家认监委在江苏南京组织召开中美玩具研讨会，国家认监委副主任谢军出席会议并讲话。来自部分出入境检验检疫局和玩具生产企业的200余名代表参加会议。

12月

12月2日~4日 国家认监委在湖北武汉组织召开第四次全国认证认可工作会议。国家质检总局局长李长江、湖北省副省长韩忠学、中国认证认可协会会长王凤清出席会议并讲话。国家认监委主任孙大伟全面总结了2005年中国认证认可工作所取得的成绩，并向会议通报了国家认监委2006年工作要点。来自质检系统地方两局的代表，中纪委、审计署、国务院办公厅和国务院研究室的代表共200多人参加了会议。

12月5日 (1)国家认监委主任孙大伟会见美国俄亥俄州副州长兼发展厅长布鲁斯·约翰逊，国家认监委副主任谢军陪同会见。双方就加强政府机构间合作、服务中美双边贸易等事宜交换了意见，并就美方代表团关心的产品认证相关问题进行了具体说明。(2)国家认监委副主任刘卓慧会见欧洲外贸协会高级顾问汉斯丹特·卡帕，双方就企业社会责任相关事宜交换了意见。

12月6日 (1)国家认监委副主任刘卓慧出席标准委召开的国际标准化组织(ISO)管理体系报告会。(2)国家认监委发布2005年第34号公告，公布了自2005年12月1日起，在对焊机送丝装置、TIG焊焊炬、MIG/MAG焊焊枪进行CCC认证时，采用2005年12月1日开始施行的GB/T 15579.5—2005《弧焊设备安全要求 第5部分：送丝装置》、GB/T 15579.7—2005《弧焊设备安全要求 第7部分：焊炬(枪)》新标准进行样品检测，不再使用已经废止的旧标准。

12月7日 (1)国家认监委党组书记孙大伟主持召开国家认监委2005年第19次党组会，党组成员朱光沛、程方、刘卓慧、谢军出席会议。会议听取了认证认可协会秘书长关于协会组建情况的汇报，研究了相关业务和人员划转问题；研究了认可中心内设机构的调整问题。办公室、认证认可协会和认可中心负责人列席会议。(2)国家认监委副主任朱光沛与国家质检总局通关司、认证部研究CCC编码与海关衔接问题。

12月8日　(1)国家认监委主任孙大伟陪同国家质检总局局长李长江会见国际标准化组织秘书长阿兰·布莱登。双方就如何进一步加强中国与ISO在管理层和技术层的合作及技术人员的培训工作等方面进行了讨论。(2)国家认监委副主任朱光沛与海关总署商谈进口产品CCC认证编码问题。(3)国家认监委副主任刘卓慧赴青岛出席国家棉花质检中心(青岛)成立揭牌仪式。

12月9日　(1)国家认监委主任孙大伟出席国家质检总局召开的纪念国家监督抽查20周年暨国家免检产品颁证大会。(2)国家认监委主任孙大伟、副主任谢军出席全国贸易技术措施部际联席会议。(3)国家认监委副主任朱光沛主持召开协会人员划转领导小组会议。(4)国家认监委副主任程方听取农业部市场司和中国绿色食品发展中心汇报辽宁嘉禾公司冒用绿色食品标志问题的调查情况。(5)国家认监委副主任刘卓慧参加科技部科技资源共享平台项目启动会。

12月13日　(1)国家认监委党组书记孙大伟主持召开国家认监委2005年第20次党组会，党组成员朱光沛、程方、刘卓慧、谢军出席会议。会议听取了认可中心关于购买办公用房的情况汇报；听取了中检集团关于购买三元大厦有关情况的汇报。办公室、机关党委、财务部、认证认可协会、认可中心和中检集团负责人列席会议。(2)国家认监委主任孙大伟、副主任朱光沛走访卫生部。

12月14日　(1)国家认监委副主任朱光沛赴认证中心广州分中心调研。(2)国家认监委在京组织召开国家标准《合格评定 词汇与通用原则》协调会，国家认监委副主任刘卓慧、谢军出席会议并讲话。(3)国家认监委副主任刘卓慧走访国家民航总局。

12月15日　国家认监委副主任程方主持召开自愿性认证收费管理标准和办法修订座谈会，国家认监委副主任刘卓慧、谢军出席会议。发改委价格司、委机关各业务部门和下属单位有关人员60余人参加会议。

12月15日~18日　国家认监委主任孙大伟、副主任朱光沛赴深圳出席全国检验检疫局长会。

12月19日　国家认监委副主任谢军在京会见美国商务部副助理部长亨利·勒文，双方就2006年中美"减少电子电器产品中有毒有害物质的使用：战略与实践"圆桌会议安排交换了意见。

12月19日~20日　国家认监委在湖南长沙召开2005年度计量认证专项监督检查总结会，国家认监委副主任刘卓慧出席会议并讲话。会议总结了2005年度计量认证专项监督检查工作情况，研究并讨论了2006年度计量认证专项监督检查工作计划。来自国家认监委及地方局代表共38人参加了会议。

12月19日~21日　国家认监委主任孙大伟、副主任程方在海南调研香港中检公司三亚培训项目问题。

12月20日　国家认监委副主任谢军召集认证中心、认可中心有关人员研究参加国际组织活动的问题。

12月21日　(1)国家认监委在京召开2005年人事工作总结会暨委管事业单位工资总额审定会，朱光沛副主任出席会议并讲话。会议总结了国家认监委2005年度人事工作开展情况，并就国家认监委2006年度人事工作要点、《国家认监委干部人事"十一五"规划》、《国家认监委委管单位海外机构外派人员管理暂行规定》及《国家认监委委管事业单位试行人员聘用制度实施意见》等草案稿进行了研讨。会上还审定了委管事业单位2005年工资总额计划执行情况并就2006年工资总额预算申请进行了初步审核。(2)国家认监委副主任刘卓慧出席认可中心召开的国家"十五"重大科技项目"食品安全检测实验室质量控制规范研究"科研课题验收会。

12月22日　(1)国家认监委副主任刘卓慧参加国务院信息化办公室召开的信息安全协调小组会。(2)国家认监委副主任谢军走访食品药品监督管理局。

12月22日~25日　国家认监委主任孙大伟、副主任朱光沛赴上海出席全国质量技术监督局长会。

12月27日　(1)国家认监委主任孙大伟主持召开国家认监委2005年第6次委务会，国家认监委副主任朱光沛、程方、刘卓慧、谢军，总工程师刘卫军出席会议。会议传达了国家质检总局12月中下旬分别召开的全国出入境检验检疫局长会议和全国质量技术监督局长会议的主要精神；审议并原则通过了《实验室能力验证管理办法》和《认证技术规范管理办法》；会议还要求各部门确保元旦、春节期间的安全，禁止用公款互相宴请、铺张浪费。各部(室)负责人参加会议。(2)国家认监委副主任程方出席国家质检总局副局长葛志荣主持召开的国家质检总局与吉林省《关于共同推动吉林食品农副产品生产加工和扩大出口合作备忘录》第一次联席会议。

12月28日　(1)国家认监委主任孙大伟主持召开国家认监委2005年第11次主任办公会，副主任朱光沛、程方、刘卓慧、谢军、总工程师刘卫军出席会议。会议听取了实验室与检测监管部工作汇报。(2)国家认监委副主任朱光沛出席北京通州出入境检验检疫局成立揭牌仪式。(3)国家认监委在京组织召开中欧小项目工作会，刘卓慧副主任出席会议并讲话。认可部、认可中心、标研院的有关人员参加会议。(4)国家认监委总工程师刘卫军参加外国专家局召开的赴美国培训总结会。

12 月 29 日 (1)国家认监委副主任朱光沛、直属机关党委书记梁杰出席委纪检干部学习班开班仪式并讲话。国家认监委直属机关纪委委员,机关和下属单位各支部纪检委员等 30 多人参加了此次培训。(2)由国家认监委、计量院、检科院共同承担的国家科技基础条件平台建设重点项目"全国检测资源状况及共享战略研究"项目验收会在京举行,国家认监委副主任程方代表项目组向专家组进行了研究成果汇报。专家组经过认真讨论一致同意通过验收。此项目顺利通过国家科技部专家组的验收,标志着为期两年的"全国检测资源状况及共享战略研究"项目圆满结束。

12 月 30 日 (1)国家认监委副主任程方出席国家质检总局与山东省人民政府促进山东农产品出口第六次联席会议。(2)国家认监委副主任刘卓慧出席"产品认证机构通用要求"教材审定会。(3)国家质检总局和国家认监委共同下发第 198 号公告,公布了《实施强制性产品认证的玩具产品目录》。公告指出,自 2007 年 6 月 1 日起,凡列入本强制性产品认证目录内的玩具产品,未获得强制性产品认证证书和未加施中国强制性认证标志的,不得出厂、销售、进口或在其他经营活动中使用。自 2006 年 3 月 1 日起,委托人可以向指定认证机构提出认证产品的认证委托。

CNCA 2006

ZHONG GUO REN ZHENG REN KE NIAN JIAN

第十六部分 国家认监委机关综合工作

GUO JIA REN JIAN WEI JI GUAN ZONG HE GONG ZUO

·国家认监委机关综合工作·

一、思想政治工作

2005年，国家认监委直属机关党委的中心任务是贯彻落实中共中央关于在全党开展保持共产党员先进性教育活动的工作部署，扎实开展党员先进性教育活动。为此，从1月18日到6月底，直属机关党委根据中央先进性教育活动领导小组和国家质检总局的统一部署，在国家认监委机关及其下属单位全面开展了以学习实践“三个代表”重要思想为主要内容的保持共产党员先进性教育活动。在委先进性教育活动领导小组的领导下，委机关和下属单位28个支部的200多名党员以高度的政治责任感参加了这次活动，完成了学习动员、分析评议、整改提高等三阶段13环节的各项工作。党员参加率100%，最终经过综合测评，群众满意度达到了100%。通过先进性教育活动，全面加强了国家认监委党的思想、组织、作风和制度建设，进一步提升了党组织和党员领导干部贯彻科学发展观的自觉性，有力推进了思想政治工作和精神文明建设，为认证认可事业的改革和发展提供了坚强的思想保证和组织保证。先教活动期间，直属机关党委共制发各类文件107份；撰写领导讲话和总结材料30余份，编发简报33期，在网站先教活动专栏刊发各类稿件200多篇；并将ISO 9000质量管理体系的理念导入先教活动，编制了《国家认监委保持共产党员先进性教育活动工作程序》，确保目标明确、过程清晰，成为国家认监委保持共产党员先进性教育活动的一个鲜明特点。

先进性教育活动后，直属机关党委按照科学发展观的要求，抓紧抓好先进性教育整改方案的全面落实，进一步巩固和扩大先教活动成果。经中编办批复，单独设置了国家认监委直属机关党委，为国家认监委直属机关党的建设各项活动的正常开展奠定了基础。思想建设方面，按照十六届五中全会要求，围绕党建工作长效机制和构建国家认监委和谐团队等主题，召开国家认监委第二次思想政治工作研讨会，举行了首次思想政治工作论文评选，编制了《国家认监委思想政治工作优秀论文集》；党风廉政建设方面，起草制定了《国家认监委党风廉政建设领导小组关于贯彻落实2005年反腐倡廉工作部署的实施意见》和《国家认监委关于贯彻落实〈建立健全教育、制度、监督并重的惩治和预防腐败体系实施纲要〉的实施意见》；集中解决文件多、会议多、检查多、应酬多、抓差多等“五多”问题，进一步规范了培训办班工作；召开了第二次全国认证认可行风建设座谈会，进行了行风检查和调研，进一步发现和查找了认证认可行风建设中存在的问题，提出了针对性的改进意见。组织建设方面，对在先进性教育活动中涌现出的先进党支部、优秀党员和优秀党务工作者进行了表彰，举办了第二期入党积极分子培训班；精神文明建设方面，继续做好维护稳定工作和精神文明单位创建活动，再次获得中央国家机关文明单位称号；开展各种形式的扶贫济困工作，指导工会、共青团等群众开展了各种群众喜闻乐见的活动。

二、文件管理工作

2005年，国家认监委办公室加强了对收发文的登记、审核、呈批、编号、印制、封发等工作的管理，全年办理发文874份，办理内部请示报告486份，登记收文2 135份，信访71件。完成了《2003年度认证认可重要文件汇编》的编纂和《2004年认证认可重要文件汇编》的初定工作，按照新的档案整理规则整理了2004年度委内收发文件。完成了11期委内大事记的编印下发，办理请销假100多人次，编发领导工作日程安排305期。圆满完成文件、资料、信函的送呈和日常会议的安排。以上工作有效地保障了机关办公的日常运行。

三、综合协调工作

办公室根据第三次全国认证认可会议精神，把国家认监委2002~2004年年度工作计划的相关工作目标细化分解，结合各部室的年度工作总结，将3年来的工作任务完成情况进行了对照检查。建议各部门落实工作目标责任制，将工作任务分解落实到人，进行量化考核，促进了机关作风转变和工作效率提高。落实领导指示，制发了《督察事项通知及反馈单》71份、督查专报3份。印发了《关于建立认证认可工作情况报告制度的通知》，完善机制，加强了对认证认可信息的搜集整理和综合分析。组织各部室认真研究，结合全年工作安排，提出了2005年国家认监委7大项调研计划并监督按计划实施。结合工作实际，科学合理安排，提高工作效率，减轻了有关单位负担。对各部室提出的2005年度会议（培训）计划进行审核汇总，按照委领导要求，与各部门充分协商，本着精简2005年会议（培训）的精神，在上报数的基础上进行了两轮精简合并，共精简会议21个，培训11个，并首次对2005年会议（培训）实行了编号管理，收到了较好的效果。全年办理人大代表建议7件、政协委员提案9件，协助有关司局办理建议及提案11件。

四、信息宣传工作

在信息宣传工作方面，办公室开动脑筋，想方设法，加强了宣传力度和与地方认证监管部门的沟通，为信息畅通创造了条件，为认证认可事业发展营造了良好舆论氛围。

通过召开委内座谈会、研讨会、书面征求意见等方式，多方面征求各业务主管部门对加强认证认可信息宣传工作的意见和建议。年初召开了部分地方认证监督管理部门专业人员和信息宣传负责人座谈会，在此基础上，8月在四川召开了全国认证认可信息宣传工作会，听取了上下协同配合、共同做好信息宣传工作的意见和建议，制定了《认证认可政务信息管理规定》和《认证认可新闻管理办法》。

紧密配合业务工作开展了宣传活动。充分利用"3·15"等时机，免费印发了20万份宣传材料。宣传材料下发到地方两局，并组织两局积极开展认证认可宣传，取得了很好的效果。组织有关人员参加了国家质检总局在北京王府井举办的宣传活动，社会反响良好。为配合饲料认证制度的推行，组织了饲料产品认证首批获证企业颁证新闻发布会，并组织了系列宣传活动，有力地促进了这一工作的开展。为配合信息安全产品认证工作的开展，办公室有针对性地做好国家信息安全产品认证管理委员会成立大会的宣传工作，适时组织了新闻发布会（google搜索约有502项符合"国家信息安全产品认证管理委员会"的查询结果）。为认证认可协会成立提供了宣传保障，联系多家单位，掀起舆论造势，除中央电视台、人民日报、新华社、中国新闻社刊发消息外，新浪、搜狐等门户网站和国家质检总局、商务部、财务部、民政部网站以及包括教育、证券、轻工、电子、制品、皮革等19个行业网站、17个省市和33个城市网站、15家地方质检部门网站、多家认证机构网站也纷纷转载（google搜索约有18 500项符合"认证认可协会"的查询结果）。加强了对下属单位的新闻宣传管理，为下属单位提供了必要的宣传支持和指导，包括中国首家高级别生物安全实验室获得国家认可、能力验证与食品安全检测关键技术（大连）国际学术研讨会、认证与经济发展论坛等大型活动的宣传等。办公室还加强了与新闻单位的联系，做好了日常的新闻宣传工作，与中央电视台、新华社、人民日报等重要媒体建立了良好的工作关系，基本做到了认证认可工作中发生的大事都能在第一时间及时、准确地宣传出去，重要工作注意纵深扩展效果。

创新了宣传模式。加强网站管理，做到网站信息新、准、快。与《中国食品报》共同开办了"认证专刊"，以每周一期的形式对认证认可工作进行了全面的宣传报道。组织开展了"中国认证认可"宣传光盘的前期准备工作。为加大认证认可理论宣传力度，启动了编纂"中国认证认可工作丛书"的工作。组织了强制性产品认证有效性征文活动。《中国认证认可年鉴》的编纂工作已经顺利走上正轨，2005年版已经正式出版发行。

承担了全国认证认可工作会议、全国认证认可部际联席会议、部际联席会议联络员会议等重要会议和新闻宣传口径拟定、国家质检总局征求意见反馈、认证认可事业发展"十一五"规划等文字综合工作，较好完成了任务。

五、人事外事工作

人事外事工作在抓好认证认可机构职能建设，强化干部人事管理，加强人才队伍建设，深化所属企业事业管理方面，取得了一定的成绩，为认证认可各项事业发展提供了必要的组织保证和智力支持。

制订了切实可行的认证认可干部人事工作"十一五"规划。制定并出台了《国家认监委借用人员管理办法（暂行）》，及时出台了《国家认监委干部培训管理办法（暂行)》,规范了相关工作。经外交部批准同意,解决了地方直属出入境检验检疫局干部随国家认监委团组出访的外事审批问题。根据财政部、人事部联合发通知要求,保质保量完成了工资统发的准备及执行工作。配合财政和相关部门,按《中华人民共和国公务员法》和公务员工资制度改革有关要求,完成了清理规范津贴、补贴工作。

提出了加强质检系统认证监管组织机构建设的建议,并由国家质检总局和国家认监委联合下发了《关于加强认证认可监管工作有关问题的通知》,强化了国家认监委与地方认证监管部门纵向沟通的工作机制,进一步完善了认证认可组织体系。请示中编办批准成立了国家认监委认证认可技术研究所,协助相关部门启动了组建工作。办理中国信息安全认证中心的报批工作。就认证认可协会内部机构设置、人员的工资福利、养老保险等重要事宜做了进一步的深入调研和协调。积极推动中检认证集团海外公司进行改革,对海外公司改革方案进行认真审核,目前中检集团所属22家海外公司的改革正在进行中。进一步规范海外公司承担的进口废物原料装运前检验工作,取得较好的效果,完善进口废物原料装运前检验电子管理系统,促进了海外公司基础工作,全面加强了海外公司装运前检验业务统计工作。

圆满完成了2004年度干部考核工作,完成了2名局级干部退休手续的办理工作;协助国家质检总局完成9名司局级干部的职务调整工作;请示国家质检总局党组调整2名副部级领导干部的职务;完成了11名司处级领导干部试用期满的任职工作;完成认证中心、认可中心8名处级干部的聘任备案工作;完成服务中心2名处级干部的聘任职务的民主考核、测评及同意聘任工作。根据工作实际需要,及时完成干部调配工作,录用应届毕业生5人充实到委机关工作,同时拟定并上报了2006年国家认监委增人计划。积极组织委机关及下属单位人员,完成了职称评审工作。

六、行政管理工作

2005年,办公室坚持规范管理、热情服务理念,行政管理工作为创造良好工作条件和确保委机关工作正常秩序运行起到了保障作用。

按照办公用品(设备)申领程序,办公室为委机关发放办公用品195人·次,为本年度新增人员配备了电脑、打印机、办公家具等。调整、调剂办公用房、办公设备,解决了新组建单位和临时帮助工作人员办公需要。加强办公设施、房屋的维护、维修和保养,保障工作正常运行。完成了对党组会议室、21楼会议室顶部的改造。加强临时帮助工作人员的出入证、餐卡以及工作餐的登记管理,努力压缩开支。

按照政府采购规定要求和委机关2005年政府采购计划,严格执行办公用品和办公设备的政府采购工作。坚持属于政府采购范围之内的,坚决走政府采购程序,按其要求进行购买、报销和登记。截至2005年11月30日,参加政府采购购买办公用品38次,金额83 989元;印刷品3次,金额75 715元;办公设备3次,金额8 678元。

应用中央行政事业单位《固定资产管理系统》软件,完成了国家认监委登记固定资产305笔,总价值5 445 480.8元,其中交通工具2 353 218元。根据国家质检总局《关于印发〈国家质检总局机关职工购买经济适用住房及腾退旧房的实施办法〉的通知》及2004年11月23日国家质检总局办公会议机要精神,办公室对委机关1999年以后无房户进行了调查,办公室安排了31名职工参加国家质检总局分房排分和排队工作,已有5名职工分到住房。建立了职工住房档案管理信息系统,登记录入职工111人(委机关94人),住房68套,面积5 963m²。完成制定委机关职工上下班交通补贴核发管理办法工作和职工福利发放工作。加强了委机关安全保卫工作。克服时间紧、任务重等诸多困难,圆满完成了中国认证认可协会成立大会会务保障工作。厉行节约,精打细算,将会议费用“大包制”,转变为以自行组织为主,部分活动交由会议公司承办,节约资金近40万。

七、财务工作

落实国家财政管理体制改革政策,实行财政资金国库集中支付制度。国家认监委于2005年2月实行了职工工资的财政统发;2005年9月按照财政部文件要求和国家质检总局规定的时间,开设了国库集中支付零余额账户,顺利实行了财政资金国库集中支付。

建立财政资金绩效考评体系,加强资金运行监管。根据财政部和国家质检总局要求,对农产品认证管理项目进行专项资金的绩效考评,完成并上报了《国家认监委2004年农产品认证管理项目绩效考评报告》,得到了财政部的较高评价,绩效级别评定为优;对于下拨地方两局的专项经费,采取跟踪监督管理的方式,要求各地方局每年度12月上报专项经费使用情况明细表和文字说明。

探索新的项目资金管理办法,为中欧项目提供财务保障。2005年6月,国家认监委和欧盟签署了“中欧企业社会责任(CSR)要求比较和中国CSR领域标准建立及合格评定体系建设的研究”项目赠款协议,接受国外赠款。

为此，财务部门专门制订了该项目的《财务管理办法（暂行）》，作为财务管理依据，并要求项目的其他参与单位也遵守此办法。同时，上报了开设专项账户申请，向银行出据了款项划转说明等，完成了各项前期工作，保证了该项目顺利实施。

审计署对国家认监委的审计工作顺利完成。审计署海关审计局于2005年2月对国家认监委及下属单位2004年财务预算执行情况进行了审计，在财务部门的积极配合下，该项工作进展顺利，保证了审计局在较短时间内完成了审计工作。

加大管理力度，规范对下属单位的财务监管。2005年，国家认监委主要是通过起草及帮助下属单位完善财务管理制度并审批、对下属单位重大财务事项进行审批等，加强和规范对下属单位财务工作以及企业国有资产的管理和监督。印发并实施了《国家认监委财务报告编报规定（暂行）》，统一了国家认监委9个下属单位财务报告的内容、格式、报送时间和程序等。相继对认可中心成立科技服务有限公司、认证中心成立合资公司、中检集团成立深圳、越南公司、中检集团海南公司变更股权、中国检验有限公司成立三亚投资公司等重大事项进行了审批。

加强对企业国有资产的管理和监督。为加强企业运营监管，防止国有资产流失，在国资委组织的企业国有资产产权登记工作中，财务部组织下属中认物业管理有限公司和中检集团及其所属公司共计36家企业进行了国有资产产权登记。

监督认证认可收费情况，着手制订新的收费标准。根据《强制性产品认证检测收费标准》试行期2年已到期，需由国家发展改革委重新核定的情况，财务部会同有关业务部室配合发改委分别组织召开了有认证企业、认证机构、检测机构以及相关行业组织参加的专题座谈会，对试行中的收费项目、收费标准进行了深入研究和讨论，汇总了各方面的意见和建议，提出了新的《强制性产品认证检测收费标准》（草案）。在几经征求意见、修改后，9月，将新的《强制性产品认证检测收费标准》（草案）报送国家发展改革委申请重新核定。

针对自愿性产品认证和体系认证管理办法和收费标准已不适用的情况，国家认监委财务部会同有关业务部门，通过向200多家认证机构发函，以及网上征集等形式，多方征求意见，并将反馈意见按类别汇总，专题向国家发改委做了汇报。在此基础上开始进行修订自愿性认证收费标准的工作。

2006

ZHONG GUO REN ZHENG REN KE NIAN JIAN

第十七部分　统计资料

TONG JI ZI LIAO

·统计资料·

一、强制性产品认证信息

(一)按省(含港澳台)统计证书、申请人、生产厂数量(2005 年 1 月 1 日~2005 年 12 月 31)

国内省份	证书数量	申请人数量	生产厂数量
北京市	2 525	578	396
内蒙古自治区	122	28	28
黑龙江省	339	97	86
浙江省	8 840	2 176	2 281
湖北省	1 151	230	216
广东省	16 471	4 126	3 944
香港特别行政区	78	27	1
天津市	1 585	388	337
山西省	212	104	93
江西省	443	116	95
澳门特别行政区	1	1	0
河南省	1 183	267	266
广西壮族自治区	250	65	52
云南省	190	79	64
青海省	67	15	9
辽宁省	1 384	380	378

续表

国内省份	证书数量	申请人数量	生产厂数量
上海市	5 758	1 360	665
福建省	1 350	330	293
湖南省	824	226	198
贵州省	257	63	55
西藏自治区	46	5	1
甘肃省	151	33	33
宁夏回族自治区	30	15	14
河北省	1 044	375	447
吉林省	958	58	65
江苏省	7 160	1 588	1 615
安徽省	1 211	257	244
山东省	3 763	956	920
海南省	44	17	14
重庆市	2 275	191	180
四川省	1 448	368	370
陕西省	671	153	136
新疆维吾尔自治区	162	68	64
台湾省	1 170	208	140
合计	63 163	14 948	13 700
国外	证书数量	申请人数量	生产厂数量
	4 076	854	1 319
国内外小计	67 239	15 802	15 019
	其他含有 872 条省地区是空的	其他含有 256 条省地区是空的	其他含有 227 条省地区是空的
国内外总合计	68 111	16 058	15 246

(二)按大类统计证书、申请人、生产厂数量

按大类统计数量(2005 年 1 月 1 日~2005 年 12 月 31)

大类名称	证书数量	申请人数量	生产厂数量
电路开关及保护或连接用电器装置	1 801	627	621
小功率电动机	1 268	756	692
照明电器(不包括电压低于 36V 的照明设备)	2 268	896	863
机动车辆及安全附件	14 659	943	1 135
乳胶制品	214	93	45
电焊机	875	313	295
音视频设备(不包括广播级音响设备和汽车音响设备)	3 887	993	1 013
安全玻璃	1 128	328	338
医疗器械产品	309	85	116
安全技术防范产品	424	178	167
低压电器	11 911	3 053	3 059
家用和类似用途设备	14 477	3 097	2 591
电信终端设备	1 876	312	346
消防产品	724	128	133
装饰装修产品	2 567	1 357	1 230
电线电缆产品	2 790	1 289	1 203
电动工具	787	173	163
信息技术设备	5 505	1 205	1 326
机动车辆轮胎	605	194	199
农机产品	36	36	36
合计	68 111	16 056	15 571

二、CNAB 认证机构认可年报

发布单位：中国认证机构国家认可委员会(CNAB)秘书处　　发布日期：2005 年 12 月 31 日

(一)获得 CNAB 认可的认证机构共 115 家(注销 1 家，撤销 1 家)，按认证领域划分，其中：

质量管理体系认证机构 77 家；

环境管理体系认证机构 64 家(注销 1 家)；

职业健康安全管理体系认证机构 57 家(撤销 1 家)；

食品安全管理体系认证机构 17 家；

软件过程及能力成熟度评估机构 3 家；

产品认证机构 33 家；

有机产品认证机构 9 家。

(二)经 CNAB 认可的认证机构颁发的现行有效认证证书共 387 461 份，其中：

质量管理体系认证证书 143 823 份；

环境管理体系认证证书 12 683 份；

职业健康安全管理体系认证证书 5 922 份；

食品安全管理体系认证证书 326 份；

软件过程及能力成熟度评估证书 20 份；

自愿性产品认证证书 8 667 份；

强制性产品认证证书 215 828 份；

有机产品认证证书 192 份。

(三)对认证证书的分类统计

1. 按认证标准/认证规范统计

认证领域	标准类型/认证规范	证书数	比率/%
质量管理体系认证	GB/T 19001—2000/ISO 9001:2000	143 161	36.948
	QS-9000:1998	645	0.166
	TL 9000 3.0	17	0.004
环境管理体系认证	GB/T 24001—1996/ISO 14001:1996	11 298	2.916
	GB/T 24001—2004/ISO 14001:2004	1 385	0.357
职业健康安全管理体系认证	GB/T 28001—2001	5 922	1.528
食品安全管理体系认证	CNAB-S I52 或 HACCP-EC	326	0.084
软件过程及能力成熟度评估	SJ/T 11234 或 SJ/T 11235	20	0.005
产品认证	自愿性产品认证	8 667	2.237
	强制性产品认证	215 828	55.703
有机产品认证	CNAB-S I21 或 GB/T 19630-2005	192	0.050
总　计		387 461	100.000

2. 按所在地域统计

地域	QMS 认证	EMS 认证	OHSAS 认证	HACCP 认证	SPCA 认证	自愿性产品认证	强制性产品认证	有机产品认证
北京	8 232	1 344	790	27	10	921	6 694	10
天津	2 848	258	178	7	1	215	3 281	0
河北	6 233	526	319	8	0	193	3 145	2
山西	2 345	226	166	2	0	51	486	1
内蒙古	1 051	103	80	3	0	13	230	0
辽宁	7 404	573	334	13	0	164	3 105	11
吉林	1 840	109	59	8	0	60	1 593	16
黑龙江	2 446	165	148	16	0	68	718	13
上海	9 347	687	254	69	1	715	15 718	2
江苏	20 744	1 460	597	25	1	1 277	17 070	24
浙江	18 754	1 512	387	35	1	1 023	24 632	97
安徽	3 088	187	101	0	0	102	2 684	3
福建	4 573	670	123	9	1	385	3 803	0
江西	1 720	91	42	4	0	78	1 081	0
山东	9 623	1 040	484	34	1	651	9 037	4
河南	5 397	259	175	6	0	143	2 975	0
湖北	3 923	283	191	3	0	233	2 363	0
湖南	2 226	150	80	1	0	89	1 885	1
广东	13 212	1 740	585	30	2	1 526	44 259	1
广西	1 285	89	99	2	0	106	892	2
海南	236	31	19	0	0	25	96	0
重庆	3 353	107	39	0	1	95	4 043	0
四川	5 330	291	163	3	0	285	3 566	0
贵州	925	73	57	2	0	31	494	2
云南	1 424	97	60	4	0	68	452	1
西藏	168	11	11	0	0	0	55	0
陕西	2 351	196	116	3	1	53	1 441	1
甘肃	1 136	110	98	4	0	21	462	0
青海	220	9	11	0	0	1	148	0
宁夏	407	30	18	2	0	9	125	0
新疆	1 106	131	136	3	0	39	498	1
台湾	0	0	0	0	0	0	3 378	0
香港	800	109	0	0	0	0	161	0
澳门	13	6	0	0	0	0	44 259	0
国外	63	10	2	3	0	27	10 999	0
总计	143 823	12 683	5 922	326	20	8 667	215 828	192

3. 按质量管理体系覆盖产品所属专业范围统计

类型代码	产品所属专业	证书数	比率/%
1	农业、渔业	983	0.60
2	采矿业及采石业	611	0.37
3	食品、饮料和烟草	7 247	4.39
4	纺织品及纺织产品	5 343	3.23
5	皮革及皮革制品	1 102	0.67
6	木材及木制品	1 273	0.77
7	纸浆、纸及纸制品	2 087	1.26
8	出版业	41	0.02
9	印刷业	1 821	1.10
10	焦炭及精炼石油制品	571	0.35
11	核燃料	28	0.02
12	化学品、化学制品及纤维	10 286	6.23
13	医药品	260	0.16
14	橡胶和塑料制品	9 613	5.82
15	非金属矿物制品	4 457	2.70
16	混凝土、水泥、石灰、石膏及其他	3 426	2.07
17	基础金属及金属制品	23 166	14.02
18	机械及设备	17 746	10.74
19	电子、电气及光电设备	23 108	13.99
20	造船	236	0.14
21	航空、航天	37	0.02
22	其他运输设备	6 598	3.99
23	其他未分类的制造业	2 852	1.73
24	废旧物资的回收	40	0.02
25	发电及供电	360	0.22
26	气的生产与供给	52	0.03
27	水的生产与供给	179	0.11
28	建设	17 500	10.59
29	批发及零售汽车、摩托车、个人及家庭用品的修理	5 310	3.21
30	宾馆及餐馆	613	0.37
31	运输、仓储及通讯	2 377	1.44
32	金融、房地产、出租服务	3 567	2.16
33	信息技术	2 864	1.73
34	科技服务	5 280	3.20
35	其他服务	1 457	0.88
36	公共行政管理	1 222	0.74
37	教育	378	0.23
38	卫生保健与社会公益事业	383	0.23
39	其他社会服务	723	0.44
总 计		165 197	100.00

注:因为一张证书所覆盖的产品可能涉及专业范围中的几个类别,所以按制裁量管理体系覆盖产品所属专业范围统计的证书总数大于其他方法统计的证书总数。

三、CNAT注册审核员、咨询师、检查员年报

发布单位：中国认证人员与培训机构国家认可委员会（CNAT）秘书处　　　　发布日期：2005年12月31日

（一）各类别审核员注册情况统计

类别		质量管理体系		环境管理体系		职业健康安全管理体系		食品安全管理体系	
		本年累计	总累计	本年累计	总累计	本年累计	总累计	本年累计	总累计
审核员	实习	7 131	39 143	2 305	14 784	1 893	6 589	408	920
	审核员	3 558	8 348	727	1 652	823	1630	39	382
	高级	1 558	7 849	335	1 114	524	964	32	197
	合计	12 247	55 340	3 367	17 550	3 240	9 183	479	1 499

（二）各级别审核员再注册（复查换证）情况统计

类别		质量管理体系		环境管理体系		职业健康安全管理体系		食品安全管理体系	
		本年累计	总累计	本年累计	总累计	本年累计	总累计	本年累计	总累计
审核员	审核员	580		85				1	
	高级	1 077		109				3	
	合计	1 657		194				4	

（三）各类认证咨询师注册情况统计

类别		质量管理体系		环境管理体系		职业健康安全管理体系	
		本年累计	总累计	本年累计	总累计	本年累计	总累计
咨询师	实习	7	142	11	194	20	109
	咨询师	128	2 999	64	841	59	360
	高级	85	952	5	124	17	149
	合计	220	4 093	80	1 159	96	618

（四）各类检查员注册情况统计

类别		有机食品		饲料产品		强制性产品认证检查员	
		本年累计	总累计	本年累计	总累计	本年累计	总累计
检查员	实习	7	154				
	检查员	1	39	93	123	2 589	2 589
	高级	0	0	15	30	594	594
	合计	8	193	108	153	3 183	3 183

注：由于一些审核员具有几项管理体系审核员的资格，绝对人数要小于本年报的统计数。

四、CNAL认可实验室年报

发布单位：中国实验室国家认可委员会(CNAL)秘书处　　发布日期：2005年12月31日

截止到2005年12月31日，CNAL共认可实验室2 368个，其中含校准实验室303个；认可港澳及国外实验室13个(香港特别行政区8个，澳门特别行政区2个，日本2个，韩国1个)；认可检查机构56个，能力验证计划提供者6个，生物安全实验室2个，医学实验室5个，标准物质生产者1个。

(一)CNAL批准认可实验室情况

项　目	数　量
批准认可校准实验室	303
批准认可实验室	2 065
合计认可实验室	2 368
批准认可检查机构	56
批准认可能力验证计划提供者	6
批准标准物质生产者	1
生物安全实验室	2
医学实验室	5

(二)能力验证开展情况

统计项目 / 能力验证类别	次数	项目数	参加实验室数
	280	880	10 672
	76	329	287

2006

ZHONG GUO REN ZHENG REN KE NIAN JIAN

第十八部分　附　录

FU　LU

·附 录·

一、2005年认证认可重要文件(选登)

(一)综合

关于印发2005年认证认可工作要点的通知

国认办[2005]4号

各直属检验检疫局,各省、自治区、直辖市和计划单列市、副省级城市及新疆生产建设兵团质量技术监督局:

为增强工作的透明度、指导性和计划性,根据第三次全国认证认可工作会议的决定,现将《2005年认证认可工作要点》印发你们,请地方两局结合当前认证认可工作面临的新形势、新情况、新问题,围绕全国认证认可工作会议确定的工作目标、主要任务和工作重点认真研究,提出本单位具体工作计划和切实可行的措施。同时,请你们及时将工作中出现的问题和意见报国家认监委,以建立上下联动、信息畅通的工作机制。

二〇〇五年一月十一日

2005年认证认可工作要点

2005年,认证认可工作要以"三个代表"重要思想为指导,全面贯彻党的十六大和十六届三中、四中全会精神,按照科学发展观和提高执政能力的要求,贯彻全国质检工作会议精神,结合第三次全国认证认可工作会议确定的基本原则,加快认证认可的改革,扎实抓好各项工作的开展,完善既符合国情又与国际接轨的中国特色认证认可工作体系,为推动国家经济建设和社会发展助力。

一、推动认证认可工作法制化进程

1. 深入宣传、贯彻落实《认证认可条例》。按照《国家认监委2005年立法工作计划》,加快配套规章和行政规范性文件的制定。同时抓紧对认证认可法规进行清理,完善认证认可法规体系。有重点、有针对性地开展《条例》宣传教育和培训活动。

2. 严格规范行政审批行为。认真落实《行政许可法》的基本要求,严格规范认证行政审批行为,健全审批公示制度,提高审批的公开性和透明度。完善相应的审批操作规程,改进审批方式,减少审批环节,简化审批手续。对认证、认证培训和认证咨询等机构的设立审批履行公示和专家参与评审制度,将认证咨询机构审批、内审员培训机构审批权限下放地方认监部门,建立和完善行政审批监督检查、责任追究和信息反馈制度。

3. 加强对地方认证监督管理部门的执法指导。进一步完善认证行政执法指导机制，有针对性地加强对地方认证监管部门有关认证认可知识、认证违法行为认定、违法处罚尺度、认证市场行政执法等方面的指导，提高其执法能力和水平。加强对认证行政执法工作特别是对强制性产品认证，农产品和食品认证的行政执法指导。继续规范、推动农产品、食品认证行政执法调研。及时发现和解决执法中遇到的新情况、新问题，组织编纂《认证行政执法案例汇编》，提高行政执法的有效性和规范性。

4. 完善认证行政执法监督检查机制。通过巡查、抽查、定期检查等方式，强化内部层级监督。建立行政执法重大事项请示报告等工作制度，积极推行认证行政执法责任制，推动建立权责明确、行为规范、监督有效、保障有力的认证行政执法体制。建立符合法制工作要求的科学、高效、规范的行政处罚运作机制，完善行政处罚案件内部工作程序，建立行政处罚工作责任制和错案追究制度，严格依法办案，提高办案质量。完善认证认可申诉投诉管理机制，提高案件处理效率。

5. 加强对认证行政执法人员的培训。进一步落实国家认监委关于建立"认证监管人员培训制度"的要求，把法制培训和认证认可业务培训作为提高认证监管人员行政执法水平、改善执法环境的重点工作来抓，继续落实用三年时间对地方认证监督管理人员进行系统培训的工作目标，细化培训方案、提高培训效果。

6. 积极开展立法工作。在年内形成《合格评定法》草案。启动《实验室管理条例》立法研究工作，争取列入总局立法研究计划。做好法规协调和涉及认证认可工作领域的有关法律、行政法规的统计和研究工作。

二、建立健全科学的工作机制

1. 明确地方两局职能。按照《行政许可法》和《认证认可条例》等要求，配合总局人事司，在原有地方两局分工的基础上，进一步合理划分和依法规范认证监管工作，明确工作职能，使地方认证监管部门在工作安排上有更大的主动性。

2. 健全组织机构。配合总局人事司落实全国质检工作会议精神，在省级质量技术监督局和各直属检验检疫局设立负责认证监管工作的职能机构，充实配备相关人员。在技术监督地市局和检验检疫分支机构设立对口机构，指定专人从事认证监督管理工作。建立地方两局的工作协调机制，合理利用监管资源，实现资源共享。

3. 加强信息化建设。加强信息沟通，畅通上情下达、下情上传的渠道。建立统一的认证认可信息化平台，完善强制性产品认证数据库及网上查询系统，逐步建成强制性产品认证申请、强制性产品认证标志申请、注册人员申请等网上申办系统。根据业务需要，合理设计工作模型，建立认证认可信息适时通报系统、建立认证企业、获证产品、认证人员等各类认证认可数据即时查询系统，以满足执法部门工作需求。做好卫生注册监管系统、进口再生原料检验系统的完善及实验室资源调查系统后续工作，做好国家认证认可信息化一期工程建设和"大通关"项目中涉及的认证认可信息化工作。

4. 完善工作机制，加强横向协调。进一步发挥认证认可部际联席会议的作用，坚持和完善统一管理、共同实施的工作机制。除召开年会外，计划增开联络员会议，全年继续走访成员单位，加强沟通与联系。充分发挥认证认可专家咨询委员会的作用。

三、建立规范化的长效监管机制

1. 进一步健全监管制度。组织对原2002年四部委联合发布的《认证机构及认证培训、咨询机构审批登记及监督管理办法》进行修订，对认证机构及认证培训、咨询机构分别制定审批登记及监督管理办法。针对2005年底我国认证检测市场开放的新形势，研究提出对境外认证机构的监督体系和监管方式，明确国家认监委和地方认监部门在对认证及相关机构的审批登记和监督管理工作中的职责分工。

2. 加强对认可、认证及相关机构的行政监管。有效运用《条例》授予的权限，对认证及相关行为实施同行评议、征求意见、抽查、询问、调查、告诫和责任追究等监督手段，建立认可机构、认证及相关机构的定期工作报告制度。在二季度分别组织对认可机构的满意度调查和监督检查，确保认可工作质量。按照《条例》要求，改革认证人员的培训、考核、注册制度。全年组织2期认证机构法人及主要负责人参加的认证认可法规、认证相关知识培训班，组织编制《认证监管手册》，供地方认监部门在市场监管工作中使用。

3. 建立认证认可诚信和评价体系。建立认证机构评价体系。以各项监督抽查结果、各类投诉案件的调查处理结果和认监部门的监督检查结果为依据，建立机构诚信档案；综合运用量化测评、认可机构认可结果、同行评审结果、顾客满意度调查和认证企业稽查结果，参照国际通行等级符号，对机构资信状况进行标记，实施分级分类管理。上半年完成认证认可协会的报批和筹备工作，实现机构的自我约束。建立社会监督机制。建立认证认可义务监督员的选聘程序、工作职责和工作报告制度，并进行试点工作，总结经验以利推广。

4. 加强对CCC认证的监督管理。建立对CCC认证活动和认证结果的长效监督管理机制，建立制度化、规范化的管理体系，开展对指定机构的专项监督检查和获证产品的市场监督检查，建立指定机构的准入、退出机制。进一步加大CCC目录内产品执法检查工作的力度，重点查处尚未申请认证、送样与产品不一致、假冒CCC标志等问题。继续与有关单位开发研制便于执法人员检查，便于商品最终使用人防伪查询的CCC标志防伪技术。协调和处理有关CCC认证证书、认证收费、认证信息等工作，加强与质检总局、海关总署等部门的沟通，做好CCC目录产品HS编码更新及与CIQ2000系统的衔接，及时协调解决地方在CCC行政执法中的问题。

四、巩固认证成果，拓展认证领域

1. 完善CCC认证体系。重点是完善工作制度，加强CCC认证实施过程和实施结果的后续监督管理，提高工作质量和认证的有效性。根据产品特点和市场经济发展需要，适时调整CCC认证模式，修订实施规则。重点修订电工、电子产品、消防产品、乳胶产品、轮胎产品、玻璃产品等CCC认证实施规则，方便企业和贸易。研究建立指定检查机构独立运作制度，建立CCC认证工厂检查员注册管理制度，逐步实现对CCC认证实施分类指导和分层次管理监督。根据实际工作需要，合理调整CCC认证、检测机构布局。完善技术专家组工作机制，充分发挥其技术支持的作用。

2. 研究提出自愿性认证制度和发展规划。按照《条例》要求，对原有的国家批准的自愿性产品认证制度进行清理整顿，出台认证机构相关备案程序、标志备案程序等规范性文件，规范和完善自愿性产品认证制度体系。

3. 加强农产品和食品认证工作。根据国务院关于实施食品药品放心工程和加强食品安全工作的决定等要求，建立食品质量认证制度和农产品良好农业规范(GAP)认证制度，制定相关基本规范和规则，基本完成我国农产品和食品认证体系的建设工作。制定发布有机产品认证实施规则，组织开展有机产品认证检查员培训和注册工作，规范我国有机产品认证活动。继续有针对性地组织实施农产品和食品认证专项监督检查，规范绿色食品、无公害农产品等认证行为，研究建设农产品和食品认证长效监管机制。积极与有关部门协商制定、落实对农产品和食品认证的优惠政策，扶持获得认证的优质农产品和食品扩大出口，促进我国农产品和食品认证工作的发展。

4. 积极拓展认证新领域。适应经济和社会发展的需要，根据国务院相关部门的需求和行业管理政策，适时拓展新的强制性产品认证目录。抓住行政管理和行政审批制度改革机遇，积极推动有关主管部门改变传统的管理模式，利用强制性认证和自愿性认证手段和成果，实现行业管理设定的目标。建立实施信息安全产品认证认可体系。研究提出强制性认证制度发展规划，与有关方面协商建立信息安全产品、防爆电器、食品加工与运输、食品仓储设备、食品包装、消防产品、农机产品、汽车零部件、机械、玩具、建筑部件、交通安全和节水性产品的强制性认证制度。

重点推动、实施环保产品、环境标志产品、食品、体育用品等领域的国家自愿性认证制度。加快能效标识、文教用品、环保产品、环境标志产品、花卉认证、冶金制品及其他基础材料、消费品等产品认证工作。推进森林管理体系、食品安全管理体系认证和饭店等级评定、影院星级评定等工作。积极研究、探索并开展服务认证工作，研究制定《体育服务认证管理办法》，开展体育服务认证。

五、加强实验室资质管理和检验检测体系建设

1. 加强检查机构和实验室资质管理。根据实验室管理工作的新情况和新问题，及时调整工作思路和管理方式，通过建立动态化的资质管理机制和开展能力验证等方式，实现对实验室的有效管理。报请总局尽快出台《检查机构和实验室资质认定管理办法》，组织修订《国家产品质检中心管理办法》，加强国家产品质检中心年审备案工作。

2. 规范检测市场。起草有关规范实验室评审活动的管理规定，继续开展计量认证专项监督检查，并向社会公布监督检查结果，使检测机构行为公正、手段科学、结果准确、服务有效，创造公平竞争的良好环境。

3. 建设食品检验检测体系。根据国务院59次常务会议和《国务院加强食品安全工作的决定》精神，落实与相关部委联合发文，做好食品检验检测体系有关工作安排，组织好食品检验检测资源专项调查的培训，完成专项调查数据和结果的汇总，提出建设食品检验检测体系的意见和建议。跟踪《农产品质量安全法》进展，为建立食品检验检测体系做好先期准备工作。

4. 继续抓紧抓好"全国检测资源状况及共享战略研究"课题等重点工作。开展全国检测资源普查动员培训工作，收集相关数据和结果，编纂调查报告，为国务院有关部门解决"重复建设"和"不必要的重复检测"问题提供参考建议。

5. 继续开展重点项目能力验证活动。结合食品安全工作，组织开展农残、食品添加剂、食品中蛋白质测定、人造板中甲醛测定等重点项目能力验证活动，出台《实验室能力验证办法》并组织实施，切实提高实验室技术水平。

做好高防护水平微生物实验室的强制认可工作，利用中加小农合作项目培训计划，对西部省份实验室人员进行业务培训。

六、加强食品卫生注册

1. 进一步做好出口卫生注册工作。按照中央确定的“促进出口，调控进口”的要求，采取积极措施，打破国外对我国出口农产品（尤其是肉食品）的技术性贸易壁垒，帮助企业满足进口国的技术要求。修订出口食品注册企业的监督管理程序文件，对出口食品生产企业卫生注册登记实施“动态”管理。组织好对美、欧、日、韩、拉美等国出口食品企业注册的推荐和迎检工作，强化出口食品原料生产的源头管理，开展肉类微生物监控计划的应用研究，促进我国农产品出口。加强出口食品原料生产的源头管理，在风险分析的基础上进一步实施对出口食品生产企业的分类管理。研究建立对出口化妆品企业卫生注册登记制度，开展出口化妆品企业卫生注册登记工作。加强出口日用陶瓷质量许可及输美日用陶瓷认证工作。

2. 推行HACCP。继续开展“统计过程控制(SPC)”、“热加工杀菌工艺验证”等HACCP应用研究和推行工作，做好六类风险高的出口食品企业的HACCP验证工作。

3. 加强进口卫生注册工作。积极稳妥地做好国外食品生产企业的注册工作，完成欧洲、南美等国家和地区的肉类进口注册工作。配合质检总局关于加强进口肉类管理的统一部署，组织修订进口食品国外生产企业卫生注册程序文件和实地评审指南，增加对韩国在华注册企业检查次数，开展对越南等国家对华出口水产品企业卫生注册及检查工作，强化进口卫生注册工作，为国家对外经贸战略服务。

七、加强认证认可科技和标准化建设

1. 组织认证认可基础理论、支撑技术及前瞻性发展等重大课题研究。加强对认证认可基础理论、技术的研究，针对不同领域推出多种形式的认证基本规范、规则，不断创新出新的认证模式。组织制定认证认可“十一·五发展规划”，提出影响认证认可工作发展的重大课题，组织力量加强重点课题的攻关。“认证认可战略研究”力争在科技部设立专项，重点突破对“认证认可经济”理论的研究。组织认证认可与经济、社会发展的适应性、国外认证认可现状和发展趋势研究，完善与国际接轨基础上的中国特色认证认可体系。组织研究新领域认可、认证制度建立，创新认证认可制度模式。研究认证认可监督管理、评价新模式；组织“优势进出口产品标准体系及重要技术标准研究”，推进检验检疫标准化工作的持续发展。

2. 加强科技标准建设。基本完成认证认可科技和标准化基础管理制度、组织机构及运作机制的建设，成立认证认可科技委，为科技活动提供组织支持。出台《认证认可科技与标准化工作管理办法》、《认证用标准管理办法》，举办研讨活动，推出优秀科技论文评选、专业科技带头人及学术交流等活动，并形成制度，营造出全体参与科技标准工作氛围。

全面跟踪、重点突破实质性参与国际标准的制修订，完成核心标准的转化制订工作，为规范认证认可活动提供根本上的支持。建立公开、透明、高效、协调一致的标准制修订工作机制和全面跟踪、参与CASCO工作机制，培养一批骨干，推进实质性参与。推动认证认可标准化与科技工作紧密结合，提高标准质量，加强标准宣贯，客观评价标准的实施效果，探索提高标准实施有效性的途径。启动与标委联络机制，与相关专业技术委员会协调配合，共同服务认证认可，满足认证认可对标准的需求。

3. 加强检验检疫标准化工作。完善基础制度建设，制定标准制修订快速程序管理办法等，对标准制修订立项管理进行改革，对重点标准试行招投标管理制度。建立检验检疫标准规划及制修订计划。加强检验检疫标准化组织和队伍建设，建立专业委员会，建立检验检疫行业标准专家库及相应的配套管理制度。完成检验检疫标准电子信息管理系统建设并全线运行。组织完成重点标准制修订，如化学危险品分类标准、食品、农产品检测标准、机电产品标准、动植物检疫标准、卫生检疫标准、实验室管理标准等。

八、扩大认证认可国际合作

1. 巩固并扩大双边合作成果。积极落实认证认可国际合作双边协议，加强对国内有关机构国际合作工作的监督、指导。进一步加大与国外政府主管部门的合作力度。根据中俄元首和政府首脑确定的原则，积极开展有效的合作。积极与美国商务部继续联合举办合格评定领域的活动，并探讨建立长效合作机制。积极落实与越南、朝鲜、韩国、巴基斯坦、新加坡、新西兰等国的合作协议，推动双边合作的深入进行。做好总局与欧盟委员会合作机制中的合格评定组和汽车组的牵头工作。

2. 与外国有关机构开展更为实质性的合作。进一步推介中国认证认可制度。积极开展和进一步推进与相关机构如欧洲电工委员会、美国电信联盟、全球食品安全行动计划、有机统一与协调组织、国际有机运动联盟，国际农产品标准、检测、认证机构等的合作，推动我国有机产品认证、良好农业规范认证、食品质量安全认证国际互认工作，减少我出口产品的技术壁垒，推动开发新的认证领域和模式。在此基础上，指导我国认证认可机构开展与对口机构的合作。摸索出一套我国与国外相关机构、经济体合作的新模式，使认监委成为我国认证认可机构、工业界及其他有关部门与国际沟通的桥梁，从信息交流着手，激励各相关部门、机构、行业积极参与相关活动并在其中发挥作用。

3. 进一步提高参与国际组织认证认可活动的力度和有效性。充分利用我国在相应国际组织中担任重要职务的有利条件，提升我国在认证认可国际组织中的话语权，争取更多地参加到政策、技术标准和工作规范的制定进程中，维护国家经济利益。着重推动IEC中国国家委员会的工作，强化中国在IEC各管理层次和技术层次上的参与，推动中国企业积极参与IEC的工作，充分发挥在IEC决策层和管理层的地位优势。进一步深化实质性参与ISO/CASCO的组织活动，推动认证认可国际标准、导则的国内转化工作。组织承办在上海举行的2005年IECEE/CMC年会、在北京、洛阳举行的OECE拖拉机协定工程师会议，并协调做好2005年PAC执委会和多边互认管理委员会北京会议工作。组织指导IECEx的认证、检测机构同行评审。加强参加国际组织活动的队伍建设，构建认证认可国际会议参会代表梯队，保证参与国际组织活动的连续性和有效性，并积极向国际组织推荐专家和竞争管理职位。积极组织力量研究OECD、WP29、ITF等与我国认证认可业务相关组织的技术活动。充分利用国际组织合作项目和能力建设项目，推动我国认证认可工作的国际化，为培养我国的认证认可复合型人才创造条件。

4. 加强对认证认可国际发展动态及趋势的研究。组织力量对认证认可国际组织及APEC/SCSC、ASEM等综合型国际组织和国外认证认可机构的政策、动态及发展方向的研究，及时收集、整理和分析国际认证认可动态和信息，为我国认证认可工作新的发展提供支持。加强WTO框架下认证认可领域工作内容的研究，做好WTO日常通报的评议、咨询和答复工作。尝试建立利用WTO技术性贸易壁垒、措施的通报、咨询机制，开展突破国外技术壁垒、扩大中国产品出口的研究工作。

九、其它工作

1. 进一步改进和加强直属机关党的建设工作。贯彻落实十六届四中全会精神，上半年，按照中央有关要求和总局统一部署，开展保持共产党员先进性教育活动，做好学习动员、分析评议、整改提高等各项工作。推进党建工作的制度化建设，充分调查、论证、分析，加快在直属机关党建工作中导入ISO9000质量管理体系的工作进程。认真贯彻落实《建立健全教育、制度、监督并重的惩治和预防腐败体系实施纲要》，标本兼治，查防并举，加强党风廉政建设的开展，做好对领导干部的监督和管理，推动党风、政风建设；切实落实纠风工作专项治理各项任务，推动认证认可行业作风建设。切实抓好对全体党员群众的教育管理，深入学习三个代表重要思想，抓好基层党支部（党委）委员的学习和培训；维护党员权利，健全党内民主生活制度，认真开好民主生活会；加强对工会、共青团工作的领导，关心群众生活，积极支持群众组织开展工作。

2. 促进认证认可手段和成果在西部开发、东北振兴战略中的应用与转化。研究支持西部开发和东北振兴的认证认可工作发展战略规划，促进当地生态建设和可持续发展战略的实施。在基础设施建设和重点工程建设项目中大力推行环境管理体系、质量管理体系、节水节能产品认证。推动西部地区中小企业认证和农产品认证，在西部和东北老工业基地召开关于认证认可技术交流的研讨会，举办4~5期认证认可知识讲座，为当地培养技术力量。扶持一批信誉好、实力强的认证及为认证服务的实验室、认证培训、咨询机构，鼓励其在西部和东北老工业基地建立分支机构。

3. 加强内部管理。进一步理顺国家认监委内部工作关系。适当调整部门职能，合理界定部门分工，提高行政管理效能。改进机关工作作风，强化内部管理，加强对认监委年度工作计划、规章制度执行情况的督促检查，加强对下属单位文档密工作的指导和管理。规范办文、办会工作。进一步规范工作秩序，大力压缩文件和精简会议，提高文件和会议解决问题的有效性，为机关各项业务工作的开展提供优质服务。进一步加强外事管理，严明外事纪律。规范外事报批制度，执行出国团组上交工作报告制度，试行国际会议季度吹风会制度，完善出国团组总结报告制度。建立并不断充实完善出访总结报告数据库。

4. 进一步加大认证认可的宣传和知识普及力度。提高政府工作人员和企事业管理人员对认证认可工作的认识，面向广大消费者加强CCC及农产品和食品认证等认证制度的宣传，使认证制度更加贴近消费需求。做好委内出版物统一管理。

5. 加强财务管理。对下属单位财务管理内容、方式和考评办法形成制度，并严格检查制度落实情况。进一步细化经费预算，做好专项经费预算的编制、执行工作，提高专项经费使用的社会效益和经济效益。

关于印发《国家认监委培训管理办法(暂行)》的通知

国认人[2005]33号

各部室、下属单位:

现将《国家认监委培训管理办法(暂行)》印发给你们,请遵照本办法的有关规定,切实加强培训工作的计划性和规范性,提高培训质量,减少不必要的培训,使培训工作能够积极有效地促进认证认可事业的发展。

附件:国家认监委培训管理办法(暂行)

二○○五年五月十六日

国家认监委培训管理办法(暂行)

第一章 总 则

第一条 为全面提高认证认可行业干部的政治素质、业务水平和工作能力,进一步加强干部培训管理,促进培训工作的科学化、规范化、制度化,根据国家有关规定制定本办法。

第二条 干部培训必须以马列主义、毛泽东思想、邓小平理论和"三个代表"重要思想为指导,贯彻理论联系实际、学用一致、按需施教、讲求实效的原则,为促进认证认可事业持续、健康发展服务。

第三条 本办法适用于国家认监委机关、各下属单位干部参加的各类教育培训活动以及国家认监委机关面向认证认可行业组织举办的各类教育培训活动。各下属单位面向认证认可行业组织举办的教育培训活动不适用本办法的规定。

第四条 干部有参加培训的权利和义务。干部培训期间的学习成绩和鉴定是其任职、定级和晋升职务的重要依据之一。

第二章 培训类型

第五条 国家认监委机关、各下属单位干部参加的培训分为初任培训、任职培训、专门业务培训、更新知识培训和学历教育培训等种类。委机关各部室面向认证认可行业举办的培训(以下简称"对外培训")主要为专门业务培训和更新知识培训。

第六条 初任培训是指对经考试新录用进入单位,担任主任科员以下非领导职务人员的培训。通过培训,使新录用人员了解本单位的工作性质、特点和行为规范,初步掌握即将从事工作所需的基本知识、工作程序和工作方法等。

初任培训在试用期进行。初任培训合格者方能任职定级,未参加培训或培训不合格的不予任职定级。

第七条 任职培训是指对晋升司局级(含司局级)以下领导职务的人员,按照相应职位要求进行的培训。

任职培训一般在到职前进行。经任免机关批准,也可先到职后培训,但最迟必须在到职后一年内完成。

任职培训可与党校、行政学院干部进修班学习培训结合进行。

第八条 调入机关任职和在机关内部晋升为助理调研员以上非领导职务的人员,参照本办法第七条接受培训。

第九条 专门业务培训是指根据专项工作需要,对干部进行的专门业务知识方面的培训,其目的是使受训干部具备拟从事的专门业务工作所需的知识、能力和工作方法,从而能够胜任专项工作。

第十条 更新知识培训是指对干部开展的以增新、补充、拓宽相关知识为目的的培训。

第十一条 学历教育培训是指为提高干部业务管理水平,根据职位要求进行的以认证认可管理、行政管理及相关专业为主要内容,以取得学历、学位为目的的培训。

学历教育培训必须坚持“学以致用”的原则，采取单位组织和干部本人申请两种形式。

第三章 参加培训的条件和待遇

第十二条 参加专门业务培训和更新知识培训的干部，应在本单位工作3年以上。

第十三条 参加国外培训的干部，应在本单位工作3年以上，年龄在50周岁以下，并具有培训所需要的外语水平。

第十四条 参加学历教育培训的干部，应在本单位工作5年以上，一般男性不超过55周岁，女性不超过50周岁。

第十五条 除单位组织外，干部参加学历教育培训应当由本人向所在部门提出申请，并由委人事部批准同意后进行。

本人申请参加的学历教育应在不影响本职工作的前提下利用业余时间进行，确因考试等特殊情况需要占用工作时间的，按事假处理。

第十六条 干部接受培训期间，享受与在职干部同等的工资福利待遇。

第十七条 干部参加本单位组织的学历教育培训，其学习费用按照国家和我委的有关规定办理。

干部参加经批准的由本人申请的学历教育培训，其学习费用按照单位和个人共同负担的原则，在学习结束并取得相应学历、学位后，可在一定限额内按比例由本单位补助部分学费。

干部参加未获批准的各类培训的，其培训费用由个人承担。

第十八条 每名干部只可享受一次学历教育培训学费补助。补助学费后，如因个人原因未能在本单位继续工作满3年而申请调离的，应退还所报销的费用。

第四章 培训管理

第十九条 委人事部是我委培训工作的主管部门，负责组织制订培训政策制度、编制培训规划计划、审核委机关各部(室)的年度培训计划、对培训实施情况进行督促检查等。

第二十条 委机关各部(室)和下属单位，根据各自的职责和实际工作需要，负责组织制订本单位业务范围内的教育培训计划并组织实施有关教育培训项目。

涉及两个以上部门的教育培训项目由该项目所属的业务主管部门负责，其他部门有协助组织实施的义务。

第二十一条 委机关各部(室)干部参加的各类培训由委人事部统一负责组织实施。委人事部与相关部(室)商定、推荐参加培训人选，并报委领导审批同意。

第二十二条 各部(室)应当根据职责划分和实际工作需要，制订本部门的年度培训计划，填写《培训计划申报表》(见附件1)，并于上年12月底前报委人事部审核汇总，送委务会审议通过后，统一编制我委的年度培训计划。各下属单位应当于每年1月底之前将本单位的年度培训计划报委人事部备案。

对于未列入计划而确实需要组织的培训，各部(室)应说明原因并提出培训计划和实施方案，经人事部和有关部门审核报经委领导批准后进行。

未经审批，各部(室)一律不得以任何形式自行举办对外培训。

第二十三条 各部(室)举办对外培训，应当尽量利用本单位的师资力量。在本单位人员不足的情况下，应尽量委托我委下属单位承办培训。在特殊情况下，经委领导审批，可委托质检系统内单位(包括质检系统地方两局、总局直属挂靠单位)承办培训，但应当合理收费并保证培训质量。

各部(室)一律不得委托系统外单位承办对外培训。

第二十四条 每年1月底前，各部(室)应将上年度组织的各类培训班的总结材料，书面报送委人事部备案。总结内容应包括培训目标、对象、内容、方式、时间、教材、费用、项目负责人、教师名单、效果评估等。

第五章 培训证书

第二十五条 各部(室)举办教育培训的，应当向按照要求完成培训任务、达到培训目标的参训人员发放培训合格证书。

第二十六条 委人事部统一负责培训证书的审核和发放。

教育培训活动的具体组织部门，应当在培训结束后填写《培训班基本情况表》(见附件2)，书面报送委人事部，由委人事部审核合格后向参训人员发放培训证书。

第二十七条 培训证书由参训人员本人保存，是干部参加培训的有效凭证，作为干部考核以及职务晋升、上岗任用、专业技术职务评聘的重要依据。

第六章 培训经费

第二十八条 教育培训经费应当列入预算，以保证教育培训计划的落实。

各部(室)举办培训班，应有正常的经费来源。各部室应将培训经费列入预算，并填入《培训计划申报表》，于上年12月底前报委人事部审核、并会签财务部后，送委务会审议通过。

第二十九条 委机关干部参加的、由我委支付费用的培训，在经委人事部、财务部和有关部(室)审核，报委领导审批同意后，从我委经费中支出费用。

第三十条 各主办部(室)应当在举办培训前20天，将培训班的有关收费标准报委人事部备案，并在培训通知中列明收费标准、项目和数额，并接受社会监督。

具体收费标准可参照《国家认监委机关会议费管理办法》中对三类会议的有关规定执行。

第三十一条 各部(室)列入年度培训计划、由我委支付费用的对外培训项目，在预算经费中支出。

各部(室)未列入年度培训计划但事后经批准并由我委支付费用的对外培训项目，主办部(室)需先调整预算，经委财务部审核，报委领导批准同意后，从本部(室)经费中支出费用。

第三十二条 举办对外培训应当坚持自愿参加的原则。培训收取的费用应主要用于教材资料、教师酬金和租用教室等与培训直接相关的项目，不得挪作他用。

第七章 附则

第三十三条 自费出国培训(留学)的干部，应根据有关规定经审查合格，办理辞职手续后，再办理出国培训(留学)事宜。

第三十四条 本办法由国家认监委人事部负责解释。

第三十五条 本办法自2005年6月1日起施行，我委其他有关培训管理的规定如与本办法规定不一致，以本办法为准。

关于印发《国家认监委2006年度规章和行政规范性文件立项计划》和《国家认监委2006年度规章和行政规范性文件立项计划分解表》的通知

认办法函[2005]311号

委内各部室：

经委领导批准，现将《国家认监委2006年度规章和行政规范性文件立项计划》和《国家认监委2006年度规章和行政规范性文件立项计划分解表》(以下简称计划)印发你部，请遵照执行。为保证立法工作的顺利进行，现将有关事项通知如下：

一、计划共11件，其中规章5件(其中一类规章3件，二类规章2件)、行政规范性文件6件。列入计划的一类规章年内应当完成，二类规章抓紧研究，条件成熟适时安排；行政规范性文件年内应当完成。

二、列入计划的规章和行政规范性文件，不受类别限制，成熟一件，制定一件。对于未列入计划，而实际工作需要制定的部门规章和行政规范性文件，经委领导批准后，可以补入立项计划。

三、请各部根据《立法法》、《行政许可法》、《规章制定程序条例》、《认证认可法规和行政规范性文件制定程序的规定》的规定，按照立法程序，制定规章和行政规范性文件草案，确保立法质量。

按照《国家认监委2005年度立法计划》，尚未完成的规章和行政规范性文件，起草单位要继续抓紧工作，确因情况有变或者条件不成熟的，要及时进行调整。

附件：

1. 国家认监委2006年度规章和行政规范性文件立项计划

2. 国家认监委2006年度规章和行政规范性文件立项计划分解表

二〇〇五年十二月十四日

附件1：

国家认监委2006年度规章和行政规范性文件立项计划

一、部门规章5件，其中：

(一)一类部门规章3件：

1.《出口商品登记注册管理办法》认证部负责起草

2.《强制性产品认证管理规定》认证部负责起草

3.《出口化妆品生产企业卫生注册登记管理规定》注册部负责起草

(二)二类部门规章2件：

1.《认证机构管理办法》认可部负责起草

2.《道路机动车辆生产企业及产品准入管理办法》认证部负责起草

二、行政规范性文件6件：

1.《强制性产品标志管理办法》认证部负责起草

2.《花卉认证管理办法》注册部负责起草

3.《进出口卫生注册评审员管理办法》注册部负责起草

4.《检测实验室计量认证管理办法》实验室部负责起草

5.《食品检验检测人员资格管理办法》实验室部负责起草

6.《国家级产品质检中心授权管理办法》实验室部负责起草

备注：以上名称均为暂定名

附件 2：

国家认监委 2006 年度规章和行政规范性文件立项计划分解表

负责部门	序号	类别	名　称	拟完成时间	责任人	备　注
认可部	1	二类规章	认证机构管理办法	06 年第四季度	赵宗勃	制定
认证部	2	一类规章	出口商品注册登记管理办法	06 年第四季度	蔡　伟	制定
	3	一类规章	强制性产品认证管理规定	06 年第四季度	金立萍	修订
	4	二类规章	道路机动车辆生产企业及产品准入管理办法	06 年第四季度	金立萍	与国家发改委联合制定发布
	5	行政规范性文件	强制性产品认证标志管理办法	06 年第四季度	金立萍	修订
实验室部	6	行政规范性文件	检测实验室计量认证管理办法	06 年第四季度	李文龙	修订 1987 年原国家计量局发布的《计量认证管理办法》
	7	行政规范性文件	食品检验检测人员资格管理办法	06 年第四季度	齐　晓	制定
	8	行政规范性文件	国家级产品质检中心授权管理办法	06 年第四季度	齐　晓	制定
注册部	9	一类规章	出口化妆品生产企业卫生注册管理规定	06 年第三季度	杨志刚	制定
	10	行政规范性文件	花卉认证管理办法	06 年第四季度	王茂华	制定
	11	行政规范性文件	进出口卫生注册评审员管理办法	06 年第四季度	陈海洋	修订原国家出入境检验检疫局 15 号令《质量许可和卫生注册评审员管理办法》和《进出口卫生注册评审员注册管理细则》(国检认(2000)226 号)

(二)认证

关于明确强制性产品认证标志申购、审批及使用有关规定的通知

国认证[2005]12 号

CCC 认证标志发放管理中心：

为了规范强制性产品认证标志的管理工作，方便获证企业申购及使用强制性产品认证标志，根据《强制性产品认证管理规定》(质检总局 2001 年第 5 号令)和《强制性产品认证标志管理办法》(认监委 2001 年第 1 号公告)的规定，我委对强制性产品认证标志申购、印刷/模压标志审批及使用的有关要求明确如下，请遵照执行。

一、关于 CCC 标准规格标志的申购、发放和使用要求

1. 申请人购买CCC标准规格认证标志时,如果生产厂、产品种类相同(根据质检总局、认监委发布的强制性认证产品目录,CCC证书编号中的第7至第10位数相同,可认定为产品种类相同)、使用的标志类型相同(指S或S&E等),可使用一份CCC证书申请购买CCC标准规格标志并可加施在此生产厂生产的同一产品种类其他获CCC认证产品上。

2. 申请人购买CCC标准规格认证标志时,其购买CCC标志的大小尺寸及加施位置,你中心应按照认证实施规则中的规定执行,不作其他要求。

二、关于对企业申请自行印刷/模压CCC标志使用形式的审批要求

1. 对企业申请自行印刷/模压CCC标志使用形式的审批内容应包括:

(1)CCC标志的制作方式:指印刷、模压、丝印、打戳等。

(2)CCC标志的尺寸大小。

(3)CCC标志的颜色。

(4)CCC标志的类型(S、S&E、EMC、F)。

(5)获证企业的工厂代码。

(6)CCC标志的位置(指CCC标志加施在产品本体、包装、铭牌上的位置)。

2. 关于审批CCC标志印刷/模压的使用形式工作,你中心仅负责审批自行印刷/模压CCC标志的使用形式(批准图案),根据需要应相应核对CCC证书涵盖的内容。无关CCC证书的内容不在审批范围之内,请企业遵照相关法律法规的规定正确使用。你中心应在《中国强制性产品认证印刷/模压标志批准书》上标注相关说明。

3. 为便于监督管理,申请人申请自行印刷/模压CCC标志使用形式时,须在CCC认证标志下加施CCC认证工厂代码。

4. 关于在产品外包装上申请印刷/模压CCC标志的问题,如申请人只提出在外包装上自行印刷/模压CCC标志的,申请人还应提供产品本体已加施CCC标志的自我声明,CCC认证规范性文件中规定可以只在产品外包装上加施CCC标志的产品除外。

5. 关于申请人申请自行印刷/模压CCC标志使用形式的年审,申请人递交的多份不同时段的《中国强制性产品认证印刷/模压标志批准书》的年审申请,如果CCC标志的使用形式相同、对应的产品种类相同(根据质检总局、认监委发布的强制性认证产品目录,CCC证书编号中的第7至第10位数相同,可认定为产品种类相同)、并且均为同一生产厂,按一种CCC标志使用形式收取年审费用,并合并为一张批准书。

二〇〇五年一月二十八日

关于标准修订时强制性产品认证有关问题的通知

国认科联[2005]18号

各直属检验检疫局,各省、自治区、直辖市、计划单列市及副省级城市质量技术监督局,新疆生产建设兵团质量技术监督局,各强制性认证产品指定认证机构:

为保证强制性产品认证制度的有效实施,规范强制性产品认证依据用标准修订转换期的认证活动,现就有关问题通知如下:

一、强制性产品认证依据用标准修订后,自标准实施之日起,按照修订后的新版标准实施认证。

二、在新版标准发布后、正式实施前的转换期,可根据申请人的意愿,按老版标准或新版标准实施认证。

三、对已经按老版标准获证的产品,应在新版标准正式实施后、下一次跟踪检查之前,完成按新版标准的产品确认工作,换发新的认证证书。在下一次跟踪检查日期后未取得新的认证证书的,原认证证书自动失效。

四、对于新版标准实施前已经出厂、投放市场并且已经不再生产的获证产品,无需按新版标准重新进行确认和换发新的认证证书。

各地质检部门在开展强制性产品认证行政执法检查中应按本通知的要求执行。

二〇〇五年三月九日

关于强制性产品认证境外委托工厂检查工作有关问题的通知

国认证[2005]58 号

各强制性产品认证指定认证机构：

随着强制性产品认证指定认证机构委托境外机构执行境外工厂检查工作的增多，这一分散委托境外机构执行境外工厂检查的合作方式，已不利于强制性产品认证工作在境外的统一开展。为此，国家认监委（以下简称CNCA）为加强强制性产品境外委托工厂检查工作的监管,就有关问题提出如下要求,请各强制性产品认证指定认证机构遵照执行。

一、强制性产品认证指定认证机构的境外合作工作应遵循统一管理的原则

1. 强制性产品认证指定认证机构受理境外工厂强制性产品认证申请后的首次工厂检查，原则上必须由本机构完成,不得委托境外机构执行。

2. CNCA 统一协调和管理强制性产品认证指定认证机构的境外工厂检查的合作工作。强制性产品认证指定认证机构委托境外机构进行工厂检查时，原则上只能和与 CNCA 签署了谅解备忘录(MOU)基本框架协议的境外机构开展境外工厂检查的委托工作，并商谈具体的委托合作协议,经 CNCA 批准并正式对外签署后,方可开展境外工厂检查的委托工作。

3. 强制性产品认证指定认证机构委托境外机构执行境外工厂检查时，应本着方便企业、缩短认证周期的原则,在专业能力许可的情况下,尽量委托同一技术机构进行工厂审查，避免多家认证机构对同一国家同一品牌公司的同一制造工厂进行年度工厂监督检查。

4. 如果一家强制性产品认证指定认证机构已与某一国家在某一领域的境外机构达成委托协议，其他强制性产品认证指定认证机构原则上应选择委托该机构对相同国家相同领域的相同工厂执行检查任务。

5. 强制性产品认证指定认证机构应按照强制性产品认证实施规则，定期对委托机构工厂检查工作进行跟踪监督检查，加强对委托境外机构执行工厂检查工作的管理,确保境外获证产品的有效性。

二、对承担境外委托工厂检查任务的检查员实行统一的资格注册制度

CNCA 按照《强制性产品认证检查员管理办法》,对承担强制性产品认证指定认证机构委托的境外工厂检查任务的检查员实行统一的资格注册制度，未取得中国强制性产品认证检查员的注册资格的人员不得从事相关的工厂检查任务。

三、境外工厂检查年度委托计划实行统一的备案制度

强制性产品认证指定认证机构应将境外工厂检查年度委托计划和承担委托任务的境外机构名单在执行前报 CNCA 备案，各境外机构经备案后方可具体承担境外工厂检查任务。同时,各指定认证机构委托境外机构执行工厂检查任务的计划，应根据 CNCA 的有关规定调整及时做出调整。

本通知执行过程中的有关问题，请及时与我委认证监管部联系。

二〇〇五年八月二十四日

关于明确强制性产品认证有关要求的通知

国认证[2005]72 号

各强制性产品认证指定认证机构、检测机构：

近日，一些地方质检部门向我委反映个别 CCC 认证指定认证机构和检测机构存在向 CCC 认证范围外产品发放 CCC 认证证书和出具 CCC 认证检测报告；对非本机构发放的 CCC 认证证书产品的变更申请进行解释、答复；或者对有关 CCC 认证的询问的答复含糊不清等问题，影响了 CCC 认证执法活动。为进一步规范指定认证机构和指定检测机构（以下简称各指定机构）的行为，确保 CCC 认证的严肃性、统一性，避免由于各指定机构的作法不一，引起执法混乱，现再次明确 CCC 认证有关要求，请遵照执行。

一、各指定机构应严格按照国家认监委关于实施 CCC 认证的产品目录的有关规定受理申请，不得受理非 CCC 认证范围产品的 CCC 认证申请。

即日起，各指定机构应对已经颁发的 CCC 认证证书进行全面清理，凡有向非 CCC 认证范围产品颁发 CCC 认证证书的，应立即撤销该 CCC 认证证书。

二、已获证产品的变更申请（指获证产品的结构或关键件发生变化，但不涉及证书内容的变化），只能由颁发该产品 CCC 认证证书的指定认证机构（以下简称发证机构）受理，并由发证机构向申请人出具变更结论。非发证机构不具备受理或向申请人进行有关该变更申请的答复的资格。各有关方面对发证机构做出的结论有异议的，应直接向国家认监委认证监管部反映。

各指定检测机构在进行 CCC 认证产品检测及变更检测时，不得为非 CCC 认证范围产品出具 CCC 认证检测报告，不得为非原发证机构出具获证产品的变更检测报告。

三、各指定机构在答复地方行政执法机构或其他单位有关 CCC 认证的询问时，应严格按照国家认监委指定的业务范围，在全面了解所询问事项的前提下，慎重答复，答复应清晰、准确、客观，不得片面、答非所问或磨棱两可，也不得超本机构业务范围随意解释。

各指定机构应根据上述要求，完善本机构的 CCC 认证实施程序和相关管理制度，并将相关要求告知认证申请人和证书持有人。对于违反上述要求的，国家认监委将根据情节轻重进行处理，直至取消指定的 CCC 认证业务资格。

二〇〇五年九月二十六日

关于印刷模压强制性产品认证标志有关问题的通知

国认证[2005]78 号

北京中强认产品标志技术服务中心：

为了进一步加强强制性产品认证（以下简称 CCC 认证）标志的管理工作，统一规范 CCC 认证获证企业（以下简称企业）自行印刷/模压 CCC 标志的使用和审批，国家认监委决定对企业自行印刷/模压 CCC 标志的审批内容调整如下，请你中心遵照执行。

一、关于企业自行印刷/模压 CCC 认证标志批准书有关内容的调整

（一）关于 CCC 工厂代码信息的调整

1. 自 2005 年 11 月 1 日起，除安全玻璃、轮胎、汽车零部件、摩托车零部件、电线电缆等 5 类产品外，CCC 认证产品目录内的其他产品获证企业在申请自行印刷/模压 CCC 认证标志时，你中心在核准企业自行印刷/模压 CCC 认证标志批准书（以下简称批准书）时，无需再加注

CCC 认证的工厂代码信息。

对于上述安全玻璃、轮胎、汽车零部件、摩托车零部件、电线电缆产品，你中心应按照获证产品、获证证书及发证机构三者一一对应的原则，对 CCC 认证的工厂代码信息进行严格审核，并在批准书内容中加以注明。

2. 为确保 CCC 认证工作的延续性，对本决定通知之日前你中心已核准的包含 CCC 认证工厂代码信息的批准书，可继续使用至 2006 年的年审日期。在年审时，按照本决定的要求，统一进行更换，但不再额外收取费用。

3. 批准书中的工厂代码信息，仅作为指定的认证机构和你中心对工厂的识别信息，不是行政执法依据。

(二)关于批准书中相关信息内容的调整

为进一步完善对批准书的管理，自 2005 年 11 月 1 日起，在企业自行印刷/模压 CCC 认证标志批准书中增加“制造商”内容，其相应信息应与获证证书一致。

二、关于印刷/模压 CCC 认证标志使用方式的统一

为方便获证企业，自 2005 年 11 月 1 日起，CCC 认证目录内的产品，其 CCC 认证标志的印刷/模压的使用方式，应当严格按照已颁布的《强制性产品认证标志管理办法》(2001 年认监委第 1 号公告）的规定执行。消防类 CCC 认证产品的印刷/模压标志的使用方式，还应遵循已颁布的《消防产品类强制性认证实施规则》(CNCA-09C-044（火灾报警）、CNCA-09C-045（消防水带）、CNCA-09C-046(喷火灭火器))的相关规定。

二〇〇五年十月十五日

关于无需办理强制性产品认证及免于办理强制性产品认证工作有关问题的通知

国认证函[2005]24 号

各直属检验检疫局：

国家认监委 2005 年第 3 号公告(以下简称第 3 号公告)已于 2005 年 3 月 3 日发布，该公告规定了无需办理或免于办理强制性产品认证的条件，为保证在进口环节中无需/免于办理强制性产品认证规定的顺利实施，现将有关问题通知如下：

一、条款解释：

(一)对于无需办理强制性产品认证的条件的解释

1. 外国驻华使馆、领事馆和国际组织驻华机构及其外交人员自用的物品

本款中的国际组织指的是国际官方机构，如联合国(UN)、世界贸易组织(WTO)等，并不是指跨国公司或跨国公司组成的某种利益集团(如跨国公司组成的协会、标准组织等)。对于本款中的物品，贸易关系人在报检时应提供外国驻华使馆、领事馆和国际组织驻华机构的正式公函或证明材料。

2. 香港、澳门特区政府驻内地官方机构及其工作人员自用的物品

对于本款中的物品，贸易关系人在报检时应提供香港、澳门特区政府驻内地官方机构的正式公函或证明材料。

3. 入境人员随身从境外带入境内的自用物品

本款的重点在于“随身携带”和“自用物品”，这两个条件需同时具备。这并不包含在国外采购后在中国有关商店(如出国人员服务总公司)取货的情况。《关于进口汽车和无需办理强制性产品认证进口汽车的验证工作等有关问题的通知》(国质检检函[2002]87 号)中所规定的“国家政策允许的入境人员从境外带入境内的自用汽车，可在海关监管下进口使用”可适用本款。

4. 政府间援助、赠送的物品

本款指的是外国政府用物品对我国进行的援助和赠送时的情况，并不包括外国政府资金援助后我国用该资金购买的物品。贸易关系人在报检时应提供县级以上政府机构的正式公函或证明材料。

(二)对于可免于办理强制性产品认证的条件的解释

1. 为科研、测试所需的产品

本款指的科研是对该产品进行研究、开发，以开发、生产出相关产品所需的产品，并不是指进行研究工作所需的科研器材，本款所指的测试是对该产品进行测试以获得测试数据或测试某一产品的部分性能所必须用到的该产品（如开发测试某一型号的打印机软件所需进口的少量该型号打印机）。以上产品均不得在境内再次销售或提供给普通消费者使用。

此类产品的免办申请人必须是对这些产品进行研究、开发、测试的机构，申请人应证明其有相应的研究、开

发、测试能力并提供本次研究、开发、测试计划书/项目书。鉴于此类产品的特殊性,在厂家自我声明对其安全性负责后,可免于提供相应的检测报告或符合性证明。

2. 为考核技术引进生产线所需的零部件

本款指的是从国外引进生产线后，需试运行或考核该生产线所需的最终成品的零部件。

此类产品的免办申请人必须是使用引进生产线的工厂,申请时应提供引进生产线的有关证明材料。

3. 直接为最终用户维修目的所需的零部件/产品

此类零部件/产品的免办申请人必须是维修单位(须提供最终用户向其申请维修的相关资料)或最终用户。这些零部件/产品的数量应控制在合理范围内。

本款也适用于少量在用产品出口维修后复进关的情况,但不适用于产品召回改进后复进关的产品。出口维修后复进关免办的申请人应是使用这些产品的公司，申请人应在申请材料中应提供当时出口时的有关单证。

4. 工厂生产线/成套生产线配套所需的设备/零部件(不包含办公用品)

本款与国家质检总局《关于民用商品入境验证工作有关问题的说明》(质检检函[2002]55 号)“对于进口成套设备、旧机电中夹带有验证范围内商品或为维修成套设备进口验证范围内商品的,经各局检验监管部门认定,如果所夹带的验证范围内的产品与整机是一起安装或配套使用,无须提供认证文件直接放行。”的规定并不矛盾,国家质检总局的文件解决的是夹带的问题,而工厂生产线/成套生产线配套用的设备/部件单独进口时适用本款。需要重点说明的是:不是工厂生产线/成套生产线配套用的物品一律不得免办(如工厂/公司所需要的办公用品(如计算机、打印机)等,即使这些办公用品是海关监管的)。

此类设备/零部件的免办申请人必须是使用这些设备/零部件的工厂。

5. 仅用于商业展示,但不销售的产品

此类产品的免办申请人必须是负责商业展示的公司，申请人应在申请材料中表明展示的时间及展示后该产品的处理方式（不得销售或提供给普通消费者使用),并保证其不改变产品的用途。

6. 暂时进口后需退运出关的产品(含展览品)

此类产品的免办申请人必须是使用这些产品的公司,申请人应在申请材料中表明暂时进口的时间。申请人应在申请材料中承诺产品退运出关后两周内到签发《免办证明》的直属检验检疫局办理核销手续。

7. 以整机全数出口为目的而用一般贸易方式进口的零部件

此类零部件/产品的免办申请人必须是使用这些零部件/产品的工厂,申请人应在申请材料中承诺成品出口后两周内到签发《免办证明》的直属检验检疫局办理核销手续。

8. 以整机全数出口为目的而用进料或来料加工方式进口的零部件

此类零部件/产品的免办申请人必须是海关《登记手册》/电子帐册中的工厂,为便利企业,对于此类商品,在厂家自我声明对其安全性负责后，可免于提供相应的检测报告或符合性证明。

为便利企业,在监管有效的前提下,对于工厂所在地及进出口报检均在某一直属局管辖地内的企业，各直属检验检疫局可根据本地区的实际情况，采取便利的管理方式。

二、第 3 号公告中符合免办条件的进口产品/零部件的免办工作由使用/研究/展示这些产品/零部件的所在地直属检验检疫局办理,自 2005 年 4 月 1 日起,国家认监委不再办理符合第 3 号公告中第二款条件的《目录》中产品的《免于办理强制性产品认证证明》(以下简称《免办证明》)。

三、各直属检验检疫局在免办工作中应注意的事项:

1. 各局应配备必要的人员及办公设备。根据辖区的实际情况,本着监管有效及便利的原则,制定并公开相应的免办实施细则,并将该实施细则上报我委备案。

2. 各局应严格遵守免办的相关规定,严格把关,不得以罚代证,不得使免办工作流于形式,特别是要加强对办理免办部门的监督管理，不得对不符合条件的产品签发《免办证明》。

3. 我委将制定免办工作的监督管理措施,对各局的免办工作进行监督、管理。

4. 各局应制定监督管理措施,防止第 3 号公告第三款所列情况的发生，尤其要加强对第 3 号公告第二款第 5、6、8 条产品的最后处理方式的监督/抽查工作。有条件的直属检验检疫局应建立黑名单制度，对于列入黑名单可以采取加严审查资料或不予办理《免办证明》。各局可对所管辖的申请《免办证明》的机构进行分级管理,对于资质良好的机构可给予放宽《免办证明》有效期等优惠待遇。

5. 各局的《免办证明》式样可参照本文附件制订,编号原则如下:M+各省编号(4 位)+年代号(2 位)+6 位顺序号。例如:M410005001001 为广东检验检疫局 2005 年签发的 1001 号免办证明。

6. 各局无正当理由不得拒绝承认其它直属检验检疫局依据本文规定签发的《免办证明》。

7. 各局在签发《免办证明》时应注明该证的有效期，应保存申请人所提供的免办资料，保存期不少于 18 个月，以备我委抽查。

8. 各局必要时可委托下属检验检疫局负责相应的免办工作，但应制定严格的监督管理措施。

四、本通知自 2005 年 4 月 1 日起生效。《关于免于办理强制性产品认证证明有关问题的通知》（国认证函[2002]95 号）、《关于强制性产品认证免办工作补充规定的通知》（国认证函[2003]200 号）同时废止。

附件：

1.免于办理强制性产品认证证明

2.申请《免于办理强制性产品认证证明》所需资料

二〇〇五年三月三日

附件 1：

免于办理强制性产品认证证明

编号：________

申 请 人：________ 合同号：________

商品名称：________ 型 号：________

商品使用商标：________ 商品数量：________

生产厂名：________________

收 货 人：________________

根据国家认监委的有关规定，上述商品属于：

☐ 为科研、测试所需的产品；

☐ 为考核技术引进生产线所需零部件；

☐ 直接为最终用户维修目的所需的产品；

☐ 工厂生产线/成套生产线配套所需的设备/部件（不包含办公用品）；

☐ 仅用于商业展示，但不销售的产品；

☐ 暂时进口后需退运出关的产品（含展览品）；

☐ 以整机全数出口为目的而用一般贸易方式进口的零部件；

☐ 以整机全数出口为目的而用进料或来料加工方式进口的零部件。

可免于办理强制性产品认证，请将此证交有关检验检疫部门壹/多次核销检验放行。

本证明有效期： 年 月 日至 年 月 日

经办人：________

发证日期： 年 月 日

本证明仅供进口报检使用

附件 2：

申请《免于办理强制性产品认证证明》所需资料

一、正式申请书

1.企业的有关介绍、说明；

2.希望免于办理认证的产品的特点；

3.希望免于办理认证的原因、理由并提供证明这种原因、理由的证据；

4.说明需办理免办的产品的名称、商标、数量、规格/型号（如数量较多，请附细表）；

5.对该产品的安全性能做出保证，自我声明对该产品在生产或使用过程中的安全问题负责；

6.对所提供资料的真实性、合法性负责，并承诺协助质检机构对资料真实性的调查（如质检机构认为有必要对资料真实性进行调查时）。

二、企业工商营业执照的复印件

三、产品符合性声明，声明该产品符合哪些安全标准要求，并提供相应的检测报告（复印件即可，国内外或制造商自己的实验室报告均可）

四、进口许可证（如该产品需进口许可证，复印件即可）

五、配额证明（如该产品需配额证明，复印件即可）

六、商业合同（复印件即可）

七、如缺少（四）、（五）、（六）中其中一项，需提供其他材料，如提单、发票及其他官方证明等说明性文件作为替代。

注：各质检机构在监管有效的前提下，可依据实际情况对申请《免于办理强制性产品认证证明》所需的资料进行调整。

关于部分家用电器执行新版标准有关要求的通知

认办证[2005]3 号

各有关指定认证机构、检测机构：

国家标准 GB 4706.2-2003、GB 4706.15-2003 已于 2004 年 1 月 1 日开始实施；GB 4343.1-2003 已于 2004 年 6 月 1 日开始实施；GB 4706.13-2004、GB 4706.17-2004、GB 4706.19-2004、GB 4706.32-2004 将于 2005 年 2 月 1 日实施。鉴于上述标准变化情况，现将强制性产品认证执行新版标准的有关事项通知如下，请各机构遵照执行。

一、从 2005 年 2 月 1 日起，各有关强制性产品指定认证机构、检测机构应采用新版标准实施检测认证。自新版强制性国家标准实施之日起，企业生产的和进口的产品应该符合新标准。

二、新版安全标准与旧版标准存在差异，并有新增试验项目。对已经获证的产品，原则上在次年度监督检查前应按照新版标准进行补充检测并换发证书，证书转换工作应于 2005 年 12 月 31 日前完成。针对新版标准，各类产品须补充的检测项目详见附件。在进行补充试验时须遵循如下三个原则：

1.附件所列差异试验内容仅适用于换证产品。

2.由于不同的产品结构不同，所列试验项目仅在适用时进行。

3.附件所列为基本试验项目，如发现有不符合新版标准要求的情况，可根据需要增加相关检测项目。

三、新版 GB 4343.1-2003 与旧版 GB 4343-1995 存在标准差异，但对强制性产品认证的家用电器产品未增加新的限值要求和测试项目，已经按照旧版标准获得认证证书的产品可以不做差异试验直接换发新版标准的证书。

四、按标准换版实施的证书换发工作应该本着保证产品的安全和电磁兼容性能的原则，通过方便企业的便捷程序进行，尽可能减轻企业负担。各指定认证机构应制定相应的公开文件，明示相关程序和技术性要求，并采取相应措施以满足下述要求：

1. 对于获证产品由于申请时间先后的原因，可以合并为一个单元而未合并的，补充测试时按照一个单元处理。

2. 新版标准测试项目变化只针对产品某个元件的，补充测试应尽量在元件的认证或测试环节完成。

以上规定在执行中如有问题，请将意见反馈我委认证监管部。

附件：新旧标准换版差异项目

二〇〇五年二月二日

附件：

新旧标准换版差异项目

1. 电熨斗

新版标准：GB 4706.2-2003《家用和类似用途电器的安全 电熨斗的特殊要求》

GB 4706.1-1998《家用和类似用途电器的安全 第一部分：通用要求》

旧版标准：GB 4706.2-1996《家用和类似用途电器的安全 电熨斗的特殊要求》

GB 4706.1-1992《家用和类似用途电器的安全 通用要求》

送样数量：2 台

章节	名　称	差异试验
7	标志	标志中要求的一些内容改变，增加一些特殊要求。
8	对触及带电部件的防护	通用标准对可拆卸部件的定义改变、试验指形状改变、试验要求和试验方法也是不同。
11	发热	11.2 增加对压力式蒸汽电熨斗，无绳电熨斗和带自动卷线盘器具的试验条件的要求。
15	耐潮湿	15.3 增加了无绳电熨斗的溢水试验。
19	非正常工作	通用要求中增加了相应的试验。19.4 增加“试验的输入功率不同”等要求。
22	结构	22.11 条变化较大，增加试验的方法来考核提供防触电保护，防水，防止与运动部件接触的部件。 22.7 特殊要求对水箱的压力试验要求进行了修改，即分类给出要求。增加 22.102-106 的要求。
24	元件	24.1.3 增加用于控制蒸汽或水喷射的开关应经受 50 000 个工作循环的试验。
25	电源连接和外部软线	25.5“对旅行电熨斗和无绳电熨斗允许 z 型连接方式”。25.14 对弯曲试验的负载规定为 2kg；对所使用的电源线的规格进行了一些调整；对软线可能卷绕在器具增加了 180°的弯曲试验。
27	接地措施	27.4 对于提供接地连续性的载流部件增加了镀层试验。
29	爬电距离和电气间隙	29.1 无绳电熨斗的支座，插座与表面之间的距离至少为 5.7mm。

2. 皮肤及毛发护理器具

新版标准：GB 4706.15-2003《家用和类似用途电器的安全 皮肤及毛发护理器具的特殊要求》

GB 4706.1-1998《家用和类似用途电器的安全 第一部分：通用要求》

旧版标准：GB 4706.15-1996《家用和类似用途电器的安全 皮肤及毛发护理器具的特殊要求》

GB 4706.1-1992《家用和类似用途电器的安全 通用要求》

送样数量：2 台

章节	名　称	差异试验
7	标志和说明	标志中要求的一些内容改变，增加一些特殊要求。
8	对触及带电部件的防护	对可拆卸部件的定义改变、试验指形状改变、试验方法和要求也不同。
13	工作温度下的泄漏电流和电气强度	13.3 电动机绝缘要做电气强度试验。
16	泄漏电流和电气强度	16.2 电动器具要求做泄漏电流试验。
19	非正常工作	通用要求中增加了相应的试验。对便携式干发器增加了 19.102 的试验。
21	机械强度	21.101 手持式器具增加了一个跌落试验。
22	结构	由于定义不同，产品分类及试验方法有变化。
25	电源连接和外部软线	25.14 对手持式器具增加了 180°的弯曲试验； 25.10 对装有旋转连接的器具增加了的试验。
26	外部导线用接线端子	26.3 装有旋转连接的器具中的 X 型连接接线端子应不能通过螺钉连接电源软线，且不应是无螺纹型。
27	接地措施	27.4 对于提供接地连续性的载流部件增加了镀层试验。
30	耐热耐燃耐漏电起痕	30.1 增加某些情况下的球压试验

3. 制冷器具、冰淇淋机和制冰机

新版标准:GB 4706.13-2004《家用和类似用途电器的安全制冷器具、冰淇淋机和制冰机的特殊要求》

GB 4706.1-1998《家用和类似用途电器的安全 第一部分:通用要求》

旧版标准:GB 4706.13-1998《家用和类似用途电器的安全 电冰箱、食品冷冻箱和制冰机的特殊要求》

GB 4706.1-1992《家用和类似用途电器的安全 通用要求》

送样数量:1套

章节	名 称	差 异 试 验
7	标志和说明	标志中要求的一些内容改变,增加一些特殊要求。
8	对触及带电部件的防护	对可拆卸部件的定义改变、试验指形状改变、试验方法和要求也不同。
10	输入功率和电流	10.2 输入电流试验。
13	在工作温度下的泄漏电流和电气强度	13.3 电动机绝缘要做电气强度试验。
19	非正常工作	19.1 所有电动机进行附录 AA 的堵转试验
20	稳定性和机械危险	20.103 装有滑动抽屉的器具的稳定性试验; 20.104 带有不需开门可触及的滑动抽屉的器具的稳定性试验
21	机械强度	21.102 灯头接触试验
22	结构	22.7 使用可燃制冷剂器具的制冷管路的压力试验;22.106、22.107 条、22.107.1 条、22.107.2 条、22.108 条、22.109 条、22.110 条:对使用可燃制冷剂的器具的相关试验;22.112、22.113:含有自由空间的抽屉的拉力试验;22.11 对可拆卸部件的结构试验
24	元件	24.1.2 对自动控制器按 GB/T14536.1-1998 进行第 17 章试验时的工作循环次数的核查;24.1.3 对开关进行工作循环次数的核查
25	电源连接和外部软线	25.13.2 软线入口处绝缘的检查
27	接地措施	27.4 对于提供接地连续性的载流部件增加了镀层试验。

4. 电动机—压缩机

新版标准:GB 4706.17-2004《家用和类似用途电器的安全 电动机—压缩机的特殊要求》

GB 4706.1-1998《家用和类似用途电器的安全 第一部分:通用要求》

旧版标准:GB 4706.17-1996《家用和类似用途电器的安全 电动机—压缩机的特殊要求》

GB 4706.1-1992《家用和类似用途电器的安全 通用要求》

送样数量: 3台包括:运转机、堵转机、开盖机

章节	名 称	差 异 试 验
7	标志和说明	标志中要求的一些内容改变,增加一些特殊要求。
19	非正常工作	增加 19.102 电动机-压缩机的启动电容和运行电容的开路和短路的试验;带有电子电路的电动机-压缩机必须经受 19.11、19.12 的试验,通过 19.13 检查其合格性
24	元件	24.1.2 对启动继电器、自复位保护器、非自复位保护器等的工作循环次数的核查
27	接地措施	27.1 增加"器具的电源软线直接连接到电动机-压缩机的接线端子时,才需要接地端子"。27.4 对于提供接地连续性的载流部件增加了镀层试验。

5. 液体加热器

新版标准：GB 4706.19-2004《家用和类似用途电器的安全 液体加热器的特殊要求》

GB 4706.1-1998《家用和类似用途电器的安全 第一部分：通用要求》

旧版标准：GB 4706.19-1999《家用和类似用途电器的安全 液体加热器的特殊要求》

GB 4706.1-1992《家用和类似用途电器的安全 通用要求》

送样数量：整机 2 台

章节	名称	差异试验
19	非正常工作	19.7 增加："蒸汽压力咖啡壶试验周期为 5min。" 19.103 增加："带有 2 个自复位热断路器的电水壶，将某个热断路器短路后按 19.101 规定的条件进行试验。在另一个热断路器动作后的 2s内，在电水壶中注入温度为 15℃±5℃的水。1min 后将电水壶中的水倒掉。试验进行 100 次。
22	结构	22.107 增加"电水壶在额定电压下工作到水沸腾"、"水从壶中倒出时，壶盖不会掉出且水仅能从壶嘴中流出"；（仅适用于水壶、咖啡壶）
24	元件	24.1.2 增加："满足 19.101 试验需要的自复位热断路器，要承受 3000 个周期的动作。

6. 热泵、空调器和除湿机

新版标准：GB 4706.32-2004《家用和类似用途电器的安全 热泵、空调器和除湿机的特殊要求》

GB 4706.1-1998《家用和类似用途电器的安全 第一部分：通用要求》

旧版标准：GB 4706.32-1996《家用和类似用途电器的安全 热泵、空调器和除湿机的特殊要求》

GB 4706.1-1992《家用和类似用途电器的安全 通用要求》

送样数量：1 套

章节	名称	差异试验
7	标志和说明	标志中要求的一些内容改变，增加一些特殊要求。
8	对触及带电部件的防护	对可拆卸部件的定义改变、试验指形状改变、试验方法和要求也不同。
13	在工作温度下的泄漏电流和电气强度	13.3 电动机绝缘要做电气强度试验。
15	耐潮湿	15.4 淋溅试验。
16	泄漏电流和电气强度	淋溅试验后应进行全章的试验。
19	非正常工作	19.13 带有 PTC 发热元件器具的非正常试验； 19.15 带有辅助加热器的器具的覆盖物遮挡试验。
22	结构	22.11 对可拆卸部件的结构试验
24	元件	24.1.2 对自动控制器按 GB/T14536.1-1998 进行第 17 章试验时的工作循环次数的核查； 24.101 有可更换部件的热控制器装置应以一种能识别可更换部件的方式进行标识。
25	电源连接和外部软线	25.13.2 软线入口处绝缘的检查
27	接地措施	27.4 对于提供接地连续性的载流部件增加了镀层试验。
31	防锈	对可能导致危险的铁制件的防锈试验

7. GB 4343.1-2003 与 GB 4343-1995 差异说明

GB 4343.1-2003 与 GB 4343-1995 的差异主要有以下几个方面：

(1)标准名称

GB 4343-1995 的标准名称为《家用和类似用途电动、电热器具，电动工具以及类似器具无线电干扰特性测量方法和允许值》，为保持与 CISPR 标准体系的一致性，GB 4343.1-2003 的标准名称改为：《电磁兼容 家用电器、电动工具和类似器具的要求 第 1 部分：发射》。

(2)适用范围

GB 4343.1-2003 的适用范围较 GB 4343-1995 更具体，增加了“电动/电子玩具”，玩具的电磁兼容测试规定在新版标准中有较多描述，明确了在其他国家标准中明确地提出其射频范围内所有发射要求的设备为标准的不适用范围。

(3)骚扰限值

新版标准增加了电栅栏激发器的端子电压限值和玩具的辐射骚扰限值，此内容不涉及 CCC 认证的家电类产品。

(4)断续骚扰判定

有关断续骚扰的判定，新版标准进行了详细的规定和补充，此变化未比老标准加严要求。

(5)测量方法和运行条件

新版标准增加了一些测量的布置要求和空气调节器等产品的运行条件，使测量方法更明确。此外，玩具的测量是新版标准内容变化最多的部分，增加了对不同功能玩具产品的限值要求。

关于执行 GB 19484.1—2004、GB 19483—2004 标准有关要求的通知

认办证[2005]7 号

各有关指定认证机构、检测机构：

GB 19484.1-2004 和 GB 19483-2004（以下简称新标准)已于 2004 年 10 月 1 日实施，自实施之日起，原行业标准 YD/T 1169.1-2001 和 YD/T 1103-2001(以下简称旧标准)自动作废，新、旧标准相比，内容未发生变化。鉴于此，现将 CCC 认证中执行新标准的有关要求明确如下，请遵照执行。

一、即日起，在对 CDMA 移动用户终端、无绳电话终端类产品进行强制性产品认证时，应采用新标准，《电气电子产品强制性认证实施规则 电信终端设备》(编号：CNCA-07C-031：2001)中规定的检测标准 YD/T 1169.1、YD/T 1103 停止使用。

二、对于已经按照旧标准获得认证证书的产品，可继续使用旧标准的 CCC 认证证书直至认证失效；也可按照申请人自愿的原则，直接换发新标准的认证证书。

请认证机构根据上述要求制定执行新标准和转换证书的相关文件，并通过网站或以其他方式告知申请人。

二〇〇五年二月六日

关于部分电动工具产品执行新版标准有关要求的通知

认办证[2005]32 号

各有关指定认证机构、实验室：

电动工具 GB 3883-2005 系列国家标准(共 7 份)已于 2005 年 8 月 1 日开始实施。根据《关于标准修订时强制性产品认证有关问题的通知》(国认科联 [2005]18 号)中的有关规定，现将强制性产品认证中的电动工具产品执行新版标准的有关事项通知如下，请遵照执行。

一、自 2005 年 8 月 1 日起，各有关指定认证机构、实验室应采用新版标准实施认证、检测，各企业生产和进口的产品应符合新版标准的要求。

二、对于已经获得强制性认证的产品，其旧版标准证

书转换新版标准证书时，应按照附件一中规定的补充试验项目进行检测，合格后换发新版标准证书。证书转换工作应于2006年7月30日之前完成。在进行补充试验时应遵循以下原则：

1. 附件一所列差异试验内容仅适用于换证产品；

2. 由于不同的产品结构不同，所列试验项目仅在适用时进行；

3. 标准换版及证书换发工作应该本着保证质量、便利厂商的原则进行，附件一所列为基本试验项目，如发现产品的安全和电磁兼容（电磁兼容端子电压和干扰功率依据检测标准为GB 4343.1-2003）性能有不符合新版标准要求的情况，报我委同意后可根据需要增加相关试验项目。

三、为确保证书转换工作顺利实施，各指定认证机构应制定相应的公开文件，明示相关程序和技术性要求并及时通知旧版标准证书持有人，以使其能够在规定期限内完成证书转换，并采取相应措施以满足下述要求，以简化程序、减轻企业负担：

1. 对于获证产品由于申请时间先后的原因，可以合并为一个单元而未合并的，补充测试时按照一个单元处理。

2. 换证产品检测工作应在依据我委规定的检测地域范围划分的前提下，尽可能在原检测机构进行。

四、认证机构应按季度将证书转换情况（包括换证率、存在的问题等）报送我委认证监管部，以便及时掌握证书转换工作进展情况。

以上规定执行中如有问题可将意见反馈我委认证部。

附件：1.GB 3883系列新旧标准差异项目

2.补充试验送样数量实例

二〇〇五年八月二十九日

附件1：

GB3883系列新旧标准差异项目

序号	章条号(旧/新)	GB 3883新旧标准主要差异		补充试验(检查)项目
		GB 3883.1-1991(旧)	GB 3883.1-2005(新)	
1	7.1/8.1	标志	增加“制造商地址和原产地”	做标志补充检查(注1)
2	7.7/8.8	接地符号	改为 ⏚；增加：熔丝额定电流、延时熔断器标志	I类工具需做标志补充检查；带熔断丝工具作标志检查
3	7.13/8.12	说明书	增加：定牌产品供应商的名称、地址；增加详细说明	对说明书做补充检查
4	---/9.2		增加：不得使用可触及的螺纹形熔断器、断路器	对带电源箱的工具需做补充检查
5	10/11.1	输入功率和电流(正常负载)	空载试验	做补充试验
6	11.2/12.2	当电压范围差小于平均值的10%时，取电压范围平均值为试验电压	不考虑电压范围差是否小于平均值的10%，以下限0.94倍、上限1.06倍和电压范围平均值为试验电压	如果E级绕组温升已超过80K，做下限0.94倍、上限1.06倍的发热补充试验
7	14.1/14.1	防潮；水密	GB4208；IP代码	IPX3及以上，按GB4208做补充试验
8	---/16		增加：变压器及其相关电路的过载保护，测量绕组和低压导线绝缘的温升	对有变压器的工具，做补充短路试验(有证书者除外)
9	17.2/18.8		增加：感应(含三相)电动机的堵转试验，测量绕组温升	对采用感应电动机作动力的工具，做补充堵转试验
10	17.5/18.12	在考虑中	在1.6倍负载电流下连续运行，测量泄漏电流和进行耐电压试验	做补充试验
11	17.5/18.2~18.6	在考虑中	增加：有电热元件或温控器的工具的不正常操作试验	装有电热元件或温控器的工具，做补充试验
12	18.1/19.3		增加：拆除集尘装置后，应触及不到运动零件	有集尘装置的工具，做补充试验

续表

序号	章条号(旧/新)	GB 3883 新旧标准主要差异		补充试验(检查)项目
		GB 3883.1-1991(旧)	GB 3883.1-2005(新)	
13	19.2/20.3	撞击钢板试验	1m 高跌落试验	做补充试验
14	20.19/21.18.1 和 21.18.2	开关的锁定问题	增加了规定要求	由第二部分决定是否作补充试验
15	---/21.22	增加:扣紧装置机械应力试验等	增加:定牌产品供应商的名称、地址;增加详细说明	做补充试验
16	---/21.32		增加:非 III 类工具,操作者连续握持手柄的手应不能触及金属件,否则该金属件应由双重绝缘或加强绝缘与带电零件隔开	I 类工具做补充试验
17	22.1/23.1		增加:干扰抑制电容器、隔离变压器和安全隔离变压器、器具耦合器等关键元器件的符合性要求	缺项做补充随机检查。如果某元件已有证明其符合相关标准的文件,免试(注 2)
18	29.2/29.2	热芯轴试验	灼热丝试验	做补充试验
19	---/26.4		镀层厚度核查	查企业声明

注 1:8.1 条的标志检查中,对制造商和生产厂为同一单位时,只需标上一个地址,地址的最小单位为:县级市;对制造商与生产厂不是同一单位时,制造商和生产厂的名称和地址都必须标上。

注 2:22/23 条:器具开关应符合 GB15092.1-2003 的规定。

序号	章条号(旧/新)	GB 3883 新旧标准主要差异		补充试验(检查)项目
		GB 3883.2-1991(旧)	GB 3883.2-2005(新)	
1	16.2/17.2	5s 空载/5s 断电,24h	冲击扳手:100s 空载/20s 断电,24h;再加上 1s 冲击/9s 断电,24h	做补充试验
2	23.3/24.4	普通氯丁橡胶 YZW	冲击扳手:重型氯丁橡胶 YCW	需做电源联接补充试验

序号	章条号(旧/新)	GB 3883 新旧标准主要差异		补充试验(检查)项目
		GB 3883.4-1991(旧)	GB 3883.4-2005(新)	
1	2.2		增加:定义	无

序号	章条号(旧/新)	GB 3883 新旧标准主要差异		补充试验(检查)项目
		GB 3883.7-1991(旧)	GB 3883.7-2005(新)	
1	16.2/17.2	30s 锤击/90s 断电,24h	100s 空载/20s 断电,24h; 再作 30s 锤击/90s 断电,24h	需做补充试验
2	23.3/24.4	普通氯丁橡胶 YZW	重型氯丁橡胶 YCW	需做电源联接补充试验

序号	章条号(旧/新)	GB 3883 新旧标准主要差异		补充试验(检查)项目
		GB 3883.8-1991(旧)	GB 3883.8-2005(新)	
1	23.3/24.4	普通氯丁橡胶 YZW	重型氯丁橡胶 YCW	需做电源联接补充试验

序号	章条号(旧/新)	GB 3883新旧标准主要差异		补充试验(检查)项目
		GB 3883.9-1991(旧)	GB 3883.9-2005(新)	
1	11.2/12.2	1min加载/1min断电,断续运行	30s加载/90s断电,断续运行	降低要求,免

序号	章条号(旧/新)	GB 3883新旧标准主要差异		补充试验(检查)项目
		GB 3883.9-1991(旧)	GB 3883.9-2005(新)	
1	11.2/12.2	正常负载(额定输入功率)	额定输入功率连续运行	免

注:对新标准中不涉及到做补充试验(检查)的差异问题,未列入在本附件内。如:新标准规定允许使用Y型、Z型联接,老标准不允许使用;新标准允许使用微隙开关,而老标准不允许使用等。

附件2:

补充试验送样数量实例

序号	工具类型	类别	标 准 号	送样数量
1	普通型、带电源箱螺丝刀	Ⅰ类	GB3883.2-2005	两台
2	普通型螺丝刀	Ⅰ类		两台
3	普通型螺丝刀	Ⅱ类		两台
4	普通型、带电源箱螺丝刀	Ⅲ类		两台
5	普通型单相冲击扳手	Ⅰ类		三台
6	普通型三相冲击扳手	Ⅰ类		三台
7	普通型冲击扳手	Ⅱ类		三台
8	普通型砂光机	Ⅰ类	GB3883.4-2005	两台
9	普通型砂光机	Ⅱ类		两台
10	普通型电锤	Ⅰ类	GB3883.7-2005	三台
11	普通型电锤	Ⅱ类		三台
12	普通型电剪刀	Ⅰ类	GB3883.8-2005	两台
13	普通型电剪刀	Ⅱ类		两台
14	普通型攻丝机	Ⅰ类	GB3883.9-2005	两台
15	普通型攻丝机	Ⅱ类		两台
16	普通型曲线锯	Ⅰ类	GB3883.11-2005	两台
17	普通型曲线锯	Ⅱ类		两台

关于执行GB/T15579.5-2005、GB/T15579.7-2005标准有关要求的通知

认办证[2005]49号

各有关指定认证机构、检测机构：

GB/T 15579.5-2005《弧焊设备安全要求 第5部分：送丝装置》和GB/T 15579.7-2005《弧焊设备安全要求 第7部分：焊炬(枪)》(以下简称新标准)将于2005年12月1日正式实施，自新标准实施之日起，JB/T 9533-1999《焊机送丝装置：技术条件》、JB/T 9529-1999《TIG焊焊炬技术条件》和JB/T 9532-1999《MIG/MAG焊焊枪技术条件》(以下简称旧标准)废止。

各强制性产品认证指定机构在执行上述新标准时，应遵守《关于标准修订时强制性产品认证有关问题的通知》(国认科联[2005]18号)的规定及如下要求：

一、自2005年12月1日起，在对焊机送丝装置、TIG焊焊炬、MIG/MAG焊焊枪进行强制性产品认证时，应采用GB/T 15579.5-2005、GB/T 15579.7-2005进行样品检测，《电气电子产品强制性认证实施规则电焊机》(编号：CNCA-01C-015:2001)中规定的检测标准JB/T 9533-1999、JB/T 9529-1999和JB/T 9532-1999停止使用。

二、鉴于GB/T 15579.5-2005、GB/T 15579.7-2005等同采用IEC标准，与JB/T 9533-1999、JB/T 9529-1999和JB/T 9532-1999在标准构架、技术要求等方面均有较多差异，旧标准证书持有人在申请转换新标准证书时，应按照新标准要求进行全项目样品检测，检测合格后换发新标准证书。

三、为确保证书转换工作顺利进行，认证机构应根据上述要求制定执行新标准的具体实施文件，并采取有效方式将有关要求及时通知旧标准证书持有人，敦促其尽快提交换证申请和进行送样检测，以使其在规定期限内完成证书转换。

四、认证机构应按季度将证书转换情况（包括换证率、存在的问题等）报送我委认证监管部，以便及时掌握证书转换工作进展情况。

二〇〇五年十一月三十日

关于电饭锅、冷热饮水机产品强制性认证执行标准有关要求的通知

认办证[2005]53号

各有关指定认证机构、实验室：

根据中华人民共和国质量监督检验检疫总局、国家标准化管理委员会2005年第146号公告的要求，GB 4706.6-1995(《家用和类似用途电器的安全 自动电饭锅的特殊要求》)、GB 4706.42-1999(《家用和类似用途电器的安全 冷热饮水机的特殊要求》)两项国家标准(以下简称废止标准)已于公告发布之日起废止。

经研究决定，自2006年1月1日起，各指定认证机构、实验室应依据GB 4706.1-1998(《家用和类似用途电器的安全 第1部分：通用要求》)、GB 4706.19-2004(《家用和类似用途电器的安全 液体加热器的特殊要求》)、GB 4343.1-2003(《电磁兼容 家用电器、电动工具和类似器具的要求 第1部分：发射》)、GB 17625.1-2003(《电磁兼容限值谐波电流发射限制（设备每相输入电流≤16A)》)标准开展电饭锅产品的强制性认证、检测工作；依据GB 4706.1-1998(《家用和类似用途电器的安全

第 1 部分 通用要求》)、GB 4706.19-2004（《家用和类似用途电器的安全 液体加热器的特殊要求》)、GB 4706.13-2004(《家用和类似用途电器的安全 制冷器具、冰淇淋机和制冰机的特殊要求》)标准开展冷热饮水机产品的强制性认证、检测工作(本段中提及各标准,以下简称替代标准)。

为了保证强制性产品认证制度的有效实施,依据《关于标准修订时强制性产品认证有关问题的通知》(国认科联[2005]18 号)中的有关规定,现将强制性产品认证中电饭锅、冷热饮水机产品执行替代标准有关的事项和要求通知如下,请各有关单位遵照执行。

一、自 2006 年 1 月 1 日起,各有关指定认证机构、实验室必须采用替代标准实施认证、检测工作。

二、由于部分替代标准与废止标准存在差异,对于已经获得强制性认证的产品，废止标准证书持有人应于 2006 年 1 月 1 日后、下一次跟踪检查之前,向指定认证机构提交转换替代标准证书的申请并依据替代标准完成样品检测工作(但最晚不应迟于 2006 年 12 月 31 日之前完成)。旧版标准转换新版标准证书时,应按照附件中规定的补充差异试验项目进行样品检测，合格后换发新版标准认证证书。

已获废止标准认证证书的产品，在下一次跟踪检查后未取得替代标准认证证书的，认证机构应注销废止标准认证证书。

各指定认证机构、实验室在进行补充差异试验时应遵循以下原则:

1. 附件所列差异试验内容仅适用于换证产品;

2. 由于不同的产品结构不同,所列试验项目仅在适用时进行;

3. 标准换版及证书换发工作应该本着保证质量、便利企业的原则进行,附件所列为基本试验项目,如发现产品的安全和电磁兼容性能有不符合替代标准要求的情况,可根据需要增加相关试验项目。

三、为确保证书转换工作顺利实施,各指定认证机构应制定相应的公开文件，明示相关程序和技术性要求并及时通知废止标准证书持有人，同时应采取相应措施满足下述要求,以简化程序、减轻企业负担:

1. 对于获证产品由于申请时间先后的原因,可以合并为一个单元而未合并的，补充测试时按照一个单元处理。

2. 换证产品检测工作应在依据我委规定的检测地域范围划分的前提下,尽可能在原实验室进行。

四、相关指定认证机构及实验室应按季度将证书转换情况(包括换证率、存在的问题等)报送我委认证监管部。

附件:1.电饭锅产品替代标准与废止标准差异

2.冷热饮水机产品替代标准与废止标准差异

二〇〇五年十二月二十七日

附件 1:

电饭锅产品替代标准与废止标准差异

(GB 4706.1-1998、GB 4706.6-1995 与 GB 4706.1-1998、GB 4706.19-2004 标准差异)

章节	废止标准 GB 4706.1-1992 GB 4706.6-1995	替代标准 GB 4706.1-1998 GB 4706.19-2004	是否需补差异试验
2	充分放热条件时，注额定容积15%的冷水	充分放热条件时,注额定容积冷水;增加 II 类结构和 III 类结构的定义	
5	电饭锅的额定电压为单相交流220V~	在第 1 章范围中规定不超过 250V~	
7		取消 M 连接的电源线连接的定义;接地标志的符号不相同；防水标志符号不相同（对电饭锅可能不适用)GB 4706.19-2004 增加部分标志和说明:如:对于通常使用后需要清洗,且清洗时不能浸入水中的器具,说明中应陈述:器具不得浸入水中。	需补差异试验

续表

章节	废止标准 GB 4706.1-1992 GB 4706.6-1995	替代标准 GB 4706.1-1998 GB 4706.19-2004	是否需补差异试验
8	无Ⅱ类结构的要求	增加Ⅱ类结构的要求,另外,试验指的形状有改变	需补差异试验
10	偏差值有差异	不需补差异试验,但需重新判断合格与否	
11	电饭锅放在测试角中进行试验,加额定容积15%的冷水,电饭锅按充分放热条件连续运行直至达到稳定状态为止。器具插座的插脚温升限值为95K;手柄、开关、旋钮等温升限值为:金属制的:30K 陶瓷或玻璃材料制的 40K 模压材料、橡胶或木材制成 50K	电饭锅放应在远离测试角进行试验,加额定容积冷水,带控温器的便携式器具:控温器第一次动作后持续 15min。器具插座的插脚温升限值为:适用于高热环境的 130K,适用于热环境的 95K,适用于冷环境的 40K;手柄、开关、旋钮等温升限值为:金属制的:35K 陶瓷或玻璃材料制的 45K 模压材料、橡胶或木材制成 60K	需补差异试验
15	普通、防滴、防溅、水密型结构	IPX0-IPX7;增加 5°倾斜角的溢水试验;对浸入水清洗的器具,增加浸水试验(15.101)	需补差异试验
19	19.2 条不适用	19.2 条规定:器具尽可能靠近测试角边壁。器具在无水时进行试验,且试验时选择盖子打开或盖上较不利的情况。	需补差异试验
	19.3 条规定:电饭锅按本标准 11.7 条规定进行试验,并将电源电压调到使输入功率等于 1.24 倍额定输入功率。	重复 19.2 条试验,试验电压为 1.24 倍额定输入功率。	需补差异试验
	19.4 条规定:重复 19.3 条试验,但在充分放热条件下进行,且需将 11 章试验中用于限温的任何温控器短路。(靠近测试角,1.24 倍额定输入功率)	19.4 条规定:按 11 章的试验条件进行,输入功率为 1.15 倍额定输入功率,并将 11 章试验期间用来限制温度的任一控制器短路。(远离测试角,1.15 倍额定输入功率)	需补差异试验
	19.5 条规定:重复 19.3 条试验,但在充分放热状态条件下进行直到建立稳定,试验时温控器不应被短路,与额定工作时间无关	19.5 条规定:装有带管状外鞘或埋入式电热元件的 0 Ⅰ类和Ⅰ类器具,重复 19.4 条试验,但控制器不短路,而电热元件的一末端要与其外鞘相连。将器具电源极性颠倒和电热元件另一末端与外鞘相连,重复上述试验	需补差异试验
		19.6 增加 PTC 发热元件的试验要求	需补差异试验 (仅对使用 PTC 发热元件的器具)
22		22.6 条规定:排水孔的直径至少为 5mm 或一边宽至少为 3mm,面积为 $20mm^2$ 的孔。	需补差异试验 (测量孔径是否符合要求)
		22.11 增加试验指甲考核是否属于可拆卸部件	需补差异试验
	22.12 仅对可能承受轴向力的非电器元件的机构施加拉力	22.12 不分电器元件和非电器元件,只要可能承受到轴向力,均施加 30N 的力	需补差异试验
		22.14 增加:器具不应有在正常使用或用户维护期间能对用户造成危险的粗造或锐利的棱边	需补差异试验
		22.23 增加:含多氯代联苯的油类(PCB),不应使用在器具之中	无需补差异试验 (原认证的电饭锅产品无使用该类材料)

续表

章节	废止标准 GB 4706.1-1992 GB 4706.6-1995	替代标准 GB 4706.1-1998 GB 4706.19-2004	是否需补差异试验
		22.108 增加：额定容积超过 3L 用以产生沸水的便携式器具，将器具注入额定容量的水，并按使用说明书的要求将盖盖上，慢慢倾斜 25°角，如器具翻倒，则在此位置保持 10s，然后将其恢复到正常位置，水泄出的速率不得超过 16L/min。	需补差异试验
		22..30、22.31、22.32 增加 II 类结构	需补差异试验
24		24.1 对连接器中装有控温器、热断路器或熔断丝的器具耦合器增加试验；24.101 增加：除了电水壶以外，器具为符合 19.4 的要求所装的装置应是非自复位的。	需根据实际情况判定是否需补差异试验查以往检测情况，电饭锅产品无使用类似耦合器，且全装有熔断体
	电饭锅应带有一个器具输出插口或带有卷线器的电源软线。	允许耦合器连接、X 连接、Y 连接	无需补差异试验
25	电源线采用纤维编织或橡胶绝缘护套，及类似性能的铜芯软线，有效长度不得短于规定值 1.80m。	不能使用纤维编织线	如原认证产品使用了纤维编织线，则需更换电源线补差异试验
		额定电流不超过 10A 的便携式器具的电源线，若其电源线的长度小于 2m，则可用标称截面积为 $0.75mm^2$ 的电源线	
26	不适用	适用	需补差异试验
27		增加镀层厚度的要求	无需补差异试验（提供电镀层厚度声明）
30	载流件超过 0.5A 的部件灼热丝材料为 850℃	载流件超过 0.5A 的部件灼热丝材料为 750℃	灼热丝不需补差异试验，但需补充漏电起痕的要求。（适用时）
	30.5 规定：电饭锅的绝缘，在正常条件下工作时，无漏电起痕要求。	30.3 条的漏电起痕适用	

附件 2:

冷热饮水机产品替代标准与废止标准差异

(GB 4706.1-1998、GB 4706.42-1999 与 GB 4706.1-1998、GB 4706.19-2004 标准差异)

章节	名称	GB 4706.42-1999 与 GB4706.19-2004 的标准差异	补做试验
1	范围	GB 4706.19-2004 分类中,没有饮水机产品的详细定义。	否
2	定义	GB 4706.19-2004 中 2.2.9 条发热试验条件不同,负载不同。	否
7	标志和说明	GB 4706.19-2004 中 7.1 条中增加浸入水中清洗的器具要求。7.12 条中增加浸入水中清洗和非浸入水中清洗的器具的说明书警告语要求。	适用时
11	发热	GB 4706.19-2004 中 11.2 条的放置位置不同,规定便携式器具应远离测试角边壁。11.6 条联合型器具按照电热器具进行试验。11.7 条的试验方法不同。GB 4706.42-1999 中的 11.101 条用与 GB 4706.13-2004 标准替代。11.8 条中温升点的限值变化。	是
15	耐潮湿	GB 4706.19-2004 中 15.2 修改了溢水试验的方法增加了在有怀疑时应进行 5 度的倾斜溢水试验。15.101 条增加了浸入水中清洗的器具的试验要求。	适用时
19	非正常	GB 4706.19-2004 中 19.2 条对便携式器具的放置方法不同, 并且该条强调器具要在无水的情况下进行试验。19.3 条对便携式器具的放置方法不同。19.4 条对便携式器具的放置方法不同。增加 19.102 条的试验。	否
20	稳定性和机械危险	GB 4706.1-1998 中 20.1 条增加 15 度倾斜试验。20.2 条 GB 4706.19-2004 要求采用通用要求内容进行试验。	适用时
22	结构	GB 4706.19-2004 中 22.6 条、22.7 条增加了对器具排水孔的尺寸要求和对压力容器承压的要求。另外,GB 4706.19-2004 条增加 22.101 对固定式器具的试验要求和 22.108 条对产生沸水的便携式器具的试验要求。	适用时
24	元件	GB 4706.19-2004 中 24.1 条增加带有连接器的器具的元件要求。	适用时
30	耐热、耐燃和耐漏电起痕	GB 4706.19-2004 中 30.2 条对于保持液体或食物在一定温度范围的器具灼热丝试验温度按照 30.2.3 条试验。其它器具按照 30.2.2 条试验。	是

(GB 4706.1-1998、GB 4706.42-1999 与 GB 4706.1-1998、GB 4706.13-2004 标准差异)

章节	名称	GB 4706.42-1999 与 GB 4706.13-2004 标准差异	补做试验
7	标志和说明	GB 4706.13-2004 中 7.1 条增加器具应标有: 制冷剂的标志及质量、气候类型、压缩式器具应标额定电流的要求。	否
10	输入功率和电流	GB 4706.13-2004 中 10.2 条补做输入电流试验。(制冷运行和联合运行时,环境温度按气候类型)	是
13	工作温度下的泄漏电流和电气强度	GB 4706.13-2004 中 13.2 条 I 类器具泄漏电流限值为 1.5mA	否
16	泄漏电流和电气强度	GB 4706.13-2004 中 15.2 条 I 类器具泄漏电流限值为 1.5mA	否
22	结构	GB 4706.13-2004 中 13.2 条 22.115 固定式器具的固定方式应有足够的机械强度,进行压力试验。	是

无需办理和免于办理强制性产品认证条件的公告

2005年第3号

根据《强制性产品认证管理规定》(中华人民共和国国家质量监督检验检疫总局令第5号)，针对出厂销售、进口和经营性活动中的特殊情况，对于《实施强制性产品认证的产品目录》(以下简称《目录》)中的产品无需办理强制性产品认证或可免于办理强制性产品认证的条件，予以公告。

一、符合以下条件的，无需办理强制性产品认证。

1.外国驻华使馆、领事馆和国际组织驻华机构及其外交人员自用的物品；

2.香港、澳门特区政府驻内地官方机构及其工作人员自用的物品；

3.入境人员随身从境外带入境内的自用物品；

4.政府间援助、赠送的物品。

符合以上条件的《目录》中的产品，无需申请强制性产品认证证书，也不需加施中国强制性产品认证标志。

二、符合以下条件的，可免于办理强制性产品认证。

1. 为科研、测试所需的产品；

2. 为考核技术引进生产线所需的零部件；

3. 直接为最终用户维修目的所需的产品；

4. 工厂生产线/成套生产线配套所需的设备/部件(不包含办公用品)；

5. 仅用于商业展示，但不销售的产品；

6. 暂时进口后需退运出关的产品(含展览品)；

7. 以整机全数出口为目的而用一般贸易方式进口的零部件；

8.以整机全数出口为目的而用进料或来料加工方式进口的零部件。

符合以上条件的《目录》中的产品，生产厂商、进口商、销售商或其代理人可向有关质检机构提出申请，并提交相关的申请书、证明符合免办条件的证明材料、责任担保书、产品符合性声明(包括型式试验报告)等资料，经批准获得《免于办理强制性产品认证证明》后，方可出厂销售、进口和在经营性活动中使用。

三、《目录》中的产品，有下列情况之一的，依照《中华人民共和国认证认可条例》及配套法规进行处罚。

1. 不符合本公告条件而借口无需办理强制性产品认证擅自出厂销售、进口和在经营性活动中使用的；

2. 符合本公告条件但没有获得《免于办理强制性产品认证证明》擅自出厂销售、进口和在经营性活动中使用的；

3. 编造虚假材料骗取《免于办理强制性产品认证证明》的；

4. 获得《免于办理强制性产品认证证明》后不按原申请目的使用的。

四、相关生产厂商、进口商、销售商或其代理人有义务配合质检机构开展对无需/免于办理强制性产品认证事宜的监督、调查工作。

五、本公告自2005年4月1日起实施，国家认监委2002年第8号公告同时废止。

特此公告。

二〇〇五年三月三日

关于取消国家认监委实施的强制性产品认证代理申办机构的注册工作的公告

2005年第5号

根据《中华人民共和国行政许可法》和国务院第412号令《国务院对确需保留的行政审批项目设定行政许可的决定》要求，原由国家认监委实施的强制性产品认证代理申办机构(以下简称代理申办机构)的注册工作已经取消，现就有关事宜公告如下：

1. 国家认监委不再对代理申办机构实施注册。

2. 原经国家认监委批准注册的137家代理申办机构(见附件)的资格予以撤销。上述机构不得再以国家认监委批准注册机构的名义对外宣传和开展工作。

二〇〇五年三月七日

附件：原经国家认监委批准注册的强制性产品认证代理申办机构名录

附件：

原经国家认监委批准注册的强制性产品认证代理申办机构名录

公 司 名 称	注册证书号
EURO EMC & Safety co.,	CJ 0604001
财团法人电气安全环境研究所	CJ 0604002
三义公证行有限公司	CJ 0604003
SIMCOM International Holdings. Inc.	CJ 0604004
Cosmos Corporation	CJ 0604005
A-Pex International Co., Ltd.	CJ 0604006
北京东方易捷认证咨询服务有限公司	CJ 0604007
杭州顶峰信息咨询有限公司	CJ 0604008
莱茵技术(上海)有限公司	CJ 0604009
北京新普康国际商务信息咨询有限公司	CJ 0604010
广州三师产品质量认证代理有限公司	CJ 0604011
东莞市泰科科技有限公司	CJ 0604012
北京通商广业认证咨询有限公司	CJ 0604013
福建万维管理技术培训中心	CJ 0604014
北京清大志诚科技发展有限公司	CJ 0604015
北京载德信息咨询有限公司	CJ 0604016
北京比格瑞技术咨询有限公司	CJ 0604017
佛山市安联咨询评价事务所有限公司	CJ 0604018
上海强思企业管理咨询有限公司	CJ 0604019
北京慧宏达信息标准技术中心有限责任公司	CJ 0604020
杭州天辰企业管理咨询有限公司	CJ 0604021
广州欧安信认证咨询有限公司	CJ 0604022
上海科虹企业管理有限公司	CJ 0604023
北京智光宇管理咨询有限责任公司	CJ 0604024
北京世纪兴质企业管理咨询中心	CJ 0604025
杭州万科质量技术信息咨询有限公司	CJ 0604026
北京天地恒通物流有限公司	CJ 0604027
杭州西线技术咨询有限公司	CJ 0604028
河北惠通进出口商品检验服务有限公司	CJ 0604029
北京科力得质量管理咨询有限公司	CJ 0604030

续表

公 司 名 称	注册证书号
北京金晨亮点管理咨询有限责任公司	CJ 0604031
河南华源认证咨询有限公司	CJ 0604032
上海易普技术咨询有限公司	CJ 0604033
广州市中硕咨询服务有限公司	CJ 0604034
北京博聚诚质量技术咨询中心	CJ 0604035
上海正洋仪器仪表有限公司	CJ 0604036
上海信星认证培训中心	CJ 0604037
上海慧士通标准技术服务有限公司	CJ 0604038
合肥科佳技术咨询有限责任公司	CJ 0604039
深圳市超新科技有限公司	CJ 0604040
盐城市久千咨询服务有限公司	CJ 0604041
北京国门宏信咨询有限公司	CJ 0604042
厦门金三维管理技术有限公司	CJ 0604043
北京质量协会质保中心	CJ 0604044
甘肃质督认证咨询广告有限公司	CJ 0604045
嵊州市华诚技术协作有限公司	CJ 0604046
深圳市安杰信商品检验有限公司	CJ 0604047
北京鑫康达仓储有限公司	CJ 0604048
广州新安标技术有限公司	CJ 0604049
台湾德国莱因技术监护顾问(股)有限公司	CJ 0604050
富兰德林咨询(上海)有限公司	CJ 0604051
乐清市协和技术咨询服务有限公司	CJ 0604052
深圳市明赛电子技术服务有限公司	CJ 0604053
北京正四方科技发展有限公司	CJ 0604054
广州同励认证咨询有限公司	CJ 0604055
北京科信诚达管理技术咨询有限公司	CJ 0604056
宁波万诚质量咨询有限公司	CJ 0604057
北京国经兆维认证咨询中心	CJ 0604058
广州市联拓技术顾问有限公司	CJ 0604059
顺德市翰林技术服务有限公司	CJ 0604060

续表

公 司 名 称	注册证书号
北京铭冠商务信息咨询有限公司	CJ 0604061
福建省龙格知识产权事务有限公司	CJ 0604062
青岛海永成认证服务有限公司	CJ 0604063
莱茵技术-商检(青岛)有限公司	CJ 0604064
青岛兴周管理技术服务有限公司	CJ 0604065
上海华帜信息技术有限公司	CJ 0604066
宁波市通达测试认证咨询服务有限公司	CJ 0604067
郑州方圆企业管理咨询有限公司	CJ 0604068
青岛三义鉴定评估咨询有限公司	CJ 0604069
温州市科建企业管理顾问有限公司	CJ 0604070
深圳市新纪元管理策划有限公司	CJ 0604071
北京谱纳通科技发展有限公司	CJ 0604072
广州市桓贤管理顾问有限公司	CJ 0604073
顺德市容桂区信理咨询服务有限公司	CJ 0604074
上海检验公司	CJ 0604075
中国照明学会	CJ 0604076
上海质量认证咨询中心	CJ 0604077
温岭市仁杰企业管理服务有限公司	CJ 0604078
北京市海淀质量技术监督学会	CJ 0604079
温州市红太阳企业管理咨询有限公司	CJ 0604080
北京中环佳环境标志产品技术发展中心	CJ 0604081
北京市波特晟科贸有限公司	CJ 0604082
北京联手通质量技术咨询服务有限公司	CJ 0604083
广州圣捷咨询服务有限公司	CJ 0604084
北京仁人伟业科技发展有限公司	CJ 0604085
北京京富祥企业管理策划有限公司	CJ 0604086
济南光华卓越企业管理有限公司	CJ 0604087
山东省科力苑科技咨询有限公司	CJ 0604088
北京永罡企业信息咨询顾问有限公司	CJ 0604089
河北鼎信管理咨询培训有限公司	CJ 0604090

续表

公司名称	注册证书号
北京帝凯星认证咨询有限责任公司	CJ 0604091
广州市三翼检验有限公司	CJ 0604092
深圳市质量保证中心	CJ 0604093
天津市宗本科技咨询有限公司	CJ 0604094
天津市格莱特管理咨询有限公司	CJ 0604095
天津市英格管理方略咨询有限公司	CJ 0604096
宁波市江东硕博企业管理咨询有限公司	CJ 0604097
北京龙格斯威产品质量认证咨询中心	CJ 0604098
青岛鲁检卫生科技服务中心	CJ 0604099
北京航富货运咨询服务有限公司	CJ 0604100
无锡市科华认证技术服务有限公司	CJ 0604101
陕西华岳质量体系认证咨询有限公司	CJ 0604102
广东诚之信技术咨询有限公司	CJ 0604103
上海圣介技术商务有限公司	CJ 0604104
安徽省皖江质量认证咨询中心	CJ 0604105
上海浦泰商务咨询有限公司	CJ 0604106
北京东方威信贸易有限公司	CJ 0604107
武汉市长江大众认证咨询有限公司	CJ 0604108
无锡市胜祥技术服务有限公司	CJ 0604109
合肥皖通质量认证咨询有限公司	CJ 0604110
重庆市顺通质量认证服务中心	CJ 0604111
上海品界质量认证咨询服务有限公司	CJ 0604112
苏州 UL 美华认证有限公司	CJ 0604113
北京世纪科环企业管理咨询中心	CJ 0604114
天津市华虹质量认证咨询中心	CJ 0604115
天津市方规质量技术事务所	CJ 0604116
天津市贯标科技服务有限公司	CJ 0604117
北京海立联合科技有限公司	CJ 0604118
广东加美华(商检)认证服务中心	CJ 0604119
北京中宸宇企业管理咨询有限公司	CJ 0604120

续表

公司名称	注册证书号
慈溪市万行企业管理咨询有限公司	CJ 0604121
莱茵技术监护(深圳)有限公司	CJ 0604122
北京科衡技术贸易有限公司	CJ 0604123
北京和信智业技术管理咨询有限公司	CJ 0604124
山西兆维认证咨询中心(有限公司)	CJ 0604125
emc compliance management group	CJ 0604126
广东索源电子科技有限公司	CJ 0604127
北京市思特标准化技术咨询中心	CJ 0604128
新疆华纳产品质量咨询中心	CJ 0604129
河北质环认证咨询中心	CJ 0604130
广东协检认证培训咨询中心	CJ 0604131
深圳市聚创实业有限公司	CJ 0604132
北京市阳光万泰企业管理顾问有限公司	CJ 0604133
深圳市冠智达实业有限公司	CJ 0604134
上海双赢洁净科技有限公司	CJ 0604135
中国出入境检验检疫协会	CJ 0604136
北京比瑞思科技服务中心	CJ 0604137

关于废止《关于开展强制性产品认证行政执法工作有关问题的通知》

2005年第10号

为做好强制性产品认证工作过渡期的安排，我委于2003年4月18日发出了《关于开展强制性产品认证行政执法工作有关问题的通知》(国认法[2003]21号，以下简称《通知》)。作为强制性产品认证行政执法过渡阶段的政策性规定，《通知》中规定了属于强制性产品认证目录内产品，虽未经认证，但允许销售的“六种”情况。鉴于《中华人民共和国认证认可条例》于2003年11月1日起正式施行，该《通知》中的政策规定已不再适用。

现予公告。

二〇〇五年五月三十日

关于溶剂型木器涂料产品CCC认证证书及标志的公告

2005年第13号

装饰装修产品强制性认证已于2004年5月1日正式实施，并将从今年8月1日起，列入目录内的装饰装修产品，未获得强制性认证证书和未加施强制性认证标志的，不得出厂、销售、进口或在其他经营活动中使用。针对化工产品的特点，为进一步规范溶剂型木器涂料强制性认证证书和标志的管理，我委对《装饰装修产品强制性认证实施规则 溶剂型木器涂料产品》(CNCA-12C-049：2004)中认证证书和认证标志的使用规定进行了细化(见附件)，现予以公告，请遵照执行。

附件：溶剂型木器涂料强制性产品认证证书和认证标志的使用规定

二〇〇五年六月十三日

附件：

溶剂型木器涂料强制性产品认证证书和认证标志的使用规定

一、溶剂型木器涂料多组分分别包装和销售，相关要求见下表：

主要树脂类型	组分类型	认证证书必须描述的信息	CCC标志加施方式及包装上须描述的产品信息
聚氨酯类	单组分(漆组分)	产品名称/类别	在最小销售包装上加施CCC标志
	多组分(漆+固化剂+稀释剂)	1.产品名称/类别；2.所配固化剂的型号和制造厂；3. 所配稀释剂的型号和制造厂	1.在主漆的最小销售包装上加施CCC标志，不得在固化剂、稀释剂的包装上加施CCC标志；2.施工配比；3.所配固化剂、稀释剂的信息，应与认证证书描述信息一致
硝基类	单组分(漆组分)	产品名称/类别	在最小销售包装上加施CCC标志
	多组分(漆+稀释)	1.产品名称/类别；2.所配稀释剂的型号和制造厂	1. 在主漆的最小销售包装上加施CCC标志，不得在稀释剂的包装上加施CCC标志；2.施工配比；3. 所配稀释剂的信息，应与认证证书描述信息一致
醇酸类	单组分(漆组分)	产品名称/类别	在最小销售包装上加施CCC标志
	多组分(漆+稀释剂)	1.产品名称/类别；2.所配稀释剂的型号和制造厂	1.在主漆的最小销售包装上加施CCC标志，不得在稀释剂的包装上加施CCC标志；2. 施工配比；3.所配稀释剂的信息，应与认证证书描述信息一致

二、如果配套销售(多种组分在一个外包装中)，应在最小销售包装上加施CCC标志。认证证书信息描述、CCC标志加施方式及包装上须描述的产品信息同上表。

关于修订后的《机动车辆类强制性认证实施规则汽车安全带产品》的公告

2005年第19号

为方便广大企业,规范强制性产品认证标志的管理,根据《强制性产品认证管理规定》和《强制性产品认证标志管理办法》,国家认监委对《机动车辆类强制性认证实施规则汽车安全带产品》(CNCA-02C-026:2004)有关内容进行了修订:

将原规则"5.2 标志加施获得认证证书的汽车安全带,应将认证标志缝在安全带固定点附近的织带上。"修改为"5.2 标志加施获得认证证书的汽车安全带,应将认证标志缝在安全带固定点附近的织带上或直接模压在安全带总成(含带扣)的非受力位置上,标志应清晰并能永久保存。加施位置应保证在安全带总成安装到车辆上后认证标志仍能被清楚的识别。"

原规则其他内容不变,修订后的实施规则为《机动车辆类强制性认证实施规则汽车安全带产品》(CNCA-02C-026:2005)(见附件)。

本规则自发布之日起实施,请遵照执行。

附件:《机动车辆类强制性认证实施规则汽车安全带产品》(CNCA-02C-026:2005)

二〇〇五年八月九日

附件:

编号:CNCA-02C-026:2005

机动车辆类强制性认证实施规则 汽车安全带产品

目　　录

1. 适用范围

本规则适用于安装在M和N类汽车上,且由前向成年乘员作为独立装备单独使用的安全带和约束系统。

2. 认证模式

型式试验+初始工厂审查+获证后监督。

3. 认证实施的基本要求

3.1 认证申请

3.1.1 申请单元划分

原则上同一生产厂生产的且在以下几方面没有差异的汽车安全带产品，视为同一单元：

3.1.1.1 卷收器的类型、结构、型号及主要部件（卷簧、锁止零件、卷带轮等）；

3.1.1.2 织带的材料、编织方式、截面尺寸；

3.1.1.3 带扣的类型、结构及尺寸，带扣连接件的类型与结构；

3.1.1.4 高度调节器、连接件和调节装置的结构、尺寸和材料；

3.1.1.5 预紧装置的类型、结构；

3.1.1.6 此外应适当考虑

3.1.1.6.1 安全带总成的固定方式、几何形状；

3.1.1.6.2 卷收器安装角度，支架及固定件的结构及尺寸；

3.1.1.6.3 织带的颜色；

3.1.1.6.4 吸能(限力)装置的类型、结构和性能；

3.1.2 申请资料

认证申请所需资料见附件1。

3.2 型式试验

3.2.1 送样原则

应从认证申请单元中选取代表性样品送样进行型式试验。型式试验后，应以适当方式处置已经确认合格的样品和/或相关资料。

3.2.2 送样

3.2.2.1 型式试验的样品由委托人送样。

3.2.2.2 每一申请单元提供安全带总成6套，安全带织带15m。

3.2.3 检测项目和检测依据

检测项目和检测依据见附件2。

3.3 初始工厂审查

3.3.1 审查内容

3.3.1.1 工厂质量保证能力审查

初始工厂质量保证能力审查的基本要求见附件3。

3.3.1.2 产品一致性检查

1)认证产品的标识；

2)认证产品的结构及参数；

3)现场指定检验：织带或卷收器检验、带扣检验、锁止极限值、标志。

3.3.1.3 工厂质量保证能力审查应覆盖申请认证产品的加工场所，产品一致性检查应覆盖申请认证产品。

3.3.2 初始工厂审查时间

一般情况下，型式试验合格后，再进行初始工厂审查。根据需要，型式试验和工厂审查也可以同时进行。

工厂审查时间根据所申请认证产品的单元数量确定，并适当考虑工厂的生产规模，一般每个工厂为2~6人日。

3.4 认证结果评价与批准

型式试验结果的评价由检测机构作出；初始工厂审查结果的评价由工厂审查组作出；认证批准由认证机构作出。

3.4.1 认证型式试验结果的评价

当所有的检测项目检测结果全部符合标准要求时，方可认为认证型式试验结果合格。若有个别检测项目不合格，可允许重新送样进行检测，重新检测时再出现任何一项不合格，即认为认证型式试验结果不合格。

3.4.2 初始工厂审查的评价

3.4.2.1 如果整个审查过程中未发现不符合项，则审查结论为合格；

3.4.2.2 如果发现轻微的不符合项，不危及到认证产品符合安全标准时，工厂应在规定的时间内采取纠正措施，报审查组确认其措施有效后，则审查结论为合格；

3.4.2.3 如果发现严重不符合项，或工厂的质量保证能力不具备生产满足认证要求的产品时，则可终止审查。委托人3个月后方可重新申请认证。

3.4.3 认证批准

认证机构对型式试验、工厂审查的结果进行综合评价，型式试验和工厂审查均符合要求，经认证机构评定后，颁发认证证书(每一个申请单元颁发一个认证证书)。认证证书的使用应符合《强制性产品认证管理规定》的要求。

3.4.4 认证时限

认证时限是指自受理认证之日起至颁发认证证书时止所实际发生的工作日，包括型式试验时间、提交工厂审查报告时间、认证结论评定和批准时间、证书制作时间。

型式试验时间为25个工作日。

提交工厂审查报告时间一般为5个工作日。

认证结论评定、批准时间以及证书制作时间一般不超过5个工作日。

3.5 获证后监督

3.5.1 认证监督检查频次

3.5.1.1 一般情况下从获证后的12个月起，每年至少进行一次监督检查。

3.5.1.2 若发生下述情况之一可增加监督频次：

1)获证产品出现严重安全质量问题或用户提出安全质量方面的投诉并经查实为生产厂责任的；

2)认证机构有足够理由对获证产品与标准要求的符合性提出质疑时；

3)有足够信息表明生产厂因变更组织机构、生产条件、质量管理体系等，从而可能影响产品符合性或一致性时。

3.5.2 监督的内容

3.5.2.1 工厂质量保证能力复查

从获证起的4年内，工厂质量保证能力复查范围应覆盖附件3的全部内容。每个工厂每次的复查时间通常为1~2人日。

获证后的第5年，应按附件3的规定对工厂质量保证能力进行全面审查，审查内容和审查时间与初始工厂审查相同。

3.5.2.2 产品一致性检查

从获证起，按本规则3.3.1.2及3.5.1.1条的规定进行现场核查。

3.5.2.3 需要时，抽查产品送检测机构进行检测。

3.5.3 认证后监督结果的处理

监督检查合格后，可继续保持认证资格、使用认证标志。如存在不符合项则应在3个月内进行整改，逾期将停止使用认证证书和标志，并对外公布。

4. 认证证书

4.1 认证证书的有效性

证书的有效性依赖认证机构定期的监督获得保持。

4.2 认证的变更

4.2.1 认证证书持有者需要变更与已经获得认证产品为同一系列内的产品认证范围时，应从认证申请开始办理手续，认证机构应核查变更产品与原认证产品的一致性，确认原认证结果对变更产品的有效性，针对差异做补充检测或审查，合格后颁发认证证书或换发认证证书。

4.2.2 认证证书持有者需要变更商标、委托人及工厂信息和质量保证能力时，针对差异应做补充审核，合格后颁发认证证书或换发认证证书。

4.3 认证的暂停、注销和撤销

认证的暂停、注销和撤销按《强制性产品认证管理规定》的要求执行。

5. 认证标志的使用规定

证书持有者必须遵守《强制性产品认证标志管理办法》的规定。

5.1 准许使用的标志样式

5.2 标志加施

获得认证证书的汽车安全带，应将认证标志缝在安全带固定点附近的织带上或直接模压在安全带总成（含带扣）的非受力位置上，标志应清晰并能永久保存。加施位置应保证在安全带总成安装到车辆上后认证标志仍能被清楚的识别。

6. 认证收费

认证收费由认证机构按国家有关规定统一收取。

附件1：

汽车安全带产品强制性认证所需资料

以下各项所需详细资料由各认证机构自行规定：

1.产品规格型号汇总表；

2.产品调查表；

3.生产企业概况；

3.1 生产情况（所申请产品的年生产能力及生产历史）；

3.2 关键外购件、原材料目录(包括：名称、型号、规格、供货单位、进厂检验项目)；

3.3 生产企业的主要检测仪器设备登记表（包括:名称、型号、规格、数量、精度、检定周期)；

3.4 与附件3有关的质量管理体系文件目录及机构框图/表和职责规定文件；

4.必要的认证检测项目的检测报告；

5.申请视同(免做部分或全项检验)时需填写产品差异描述表。

附件2：

检验项目和检测依据

1. 检测项目

1.1 腐蚀试验；

1.2 微滑移试验；

1.3 织带的处理和抗拉载荷试验(静态)；

1.4 带有硬件的安全带总成部件的试验；

1.5 带有卷收器的附加试验；

1.6 安全带总成或约束系统的动态试验；

1.7 带扣开启试验；

1.8 有预紧装置的安全带的附加试验；

1.9 织带的燃烧特性试验。

2. 例行检验和确认检验项目

2.1 例行检验

2.1.1 织带或卷收器检验(见 GB14166-2003 附录 K)

2.1.2 带扣检验(见 GB14166-2003 附录 K)

2.1.3 锁止极限值(见 GB14166-2003 附录 K)

2.1.4 标志

2.2 确认检验

按 GB14166-2003 附录 L“生产一致性的控制”执行

其中的动态试验最小频次暂定为每年每种一次

3. 检测依据

3.1 GB 14166-2003 机动车成年乘员用安全带和约束系统

3.2 GB 8410-1994 汽车内饰材料的燃烧特性

附件 3:

产品强制性认证工厂质量保证能力要求

为保证批量生产的认证产品与已获型式试验合格的样品的一致性，工厂应满足本文件规定的产品质量保证能力要求。

1. 职责和资源

1.1 职责

工厂应规定与质量活动有关的各类人员职责及相互关系,且工厂应在组织内指定一名质量负责人,无论该成员在其他方面的职责如何，应具有以下方面的职责和权限：

a)负责建立满足本文件要求的质量体系,并确保其实施和保持；

b)确保加贴强制性认证标志的产品符合认证标准的要求；

c)建立文件化的程序,确保认证标志的妥善保管和使用；

d)建立文件化的程序,确保不合格品和获证产品变更后未经认证机构确认,不加贴强制性认证标志。

质量负责人应具有充分的能力胜任本职工作。

1.2 资源

工厂应配备必须的生产设备和检验设备以满足稳定生产符合强制性认证标准的产品要求；应配备相应的人力资源，确保从事对产品质量有影响工作的人员具备必要的能力;建立并保持适宜产品生产、检验、试验、储存等必备的环境。

2. 文件和记录

2.1 工厂应建立、保持文件化的认证产品的质量计划或类似文件，以及为确保产品质量的相关过程有效运作和控制需要的文件。质量计划应包括产品设计目标、实现过程、检测及有关资源的规定,以及产品获证后对获证产品的变更(标准、工艺、关键件等)、标志的使用管理等的规定。

产品设计标准或规范应是质量计划的一个内容,其要求应不低于有关该产品的国家标准要求。

2.2 工厂应建立并保持文件化的程序以对本文件要求的文件和资料进行有效的控制。这些控制应确保：

a)文件发布前和更改应由授权人批准,以确保其适宜性；

b)文件的更改和修订状态得到识别,防止作废文件的非预期使用；

c)确保在使用处可获得相应文件的有效版本。

2.3 工厂应建立并保持质量记录的标识、储存、保管和处理的文件化程序,质量记录应清晰、完整以作为产品符合规定要求的证据。质量记录应有适当的保存期限。

3.采购和进货检验

3.1 供应商的控制

工厂应制定对关键零部件和材料的供应商的选择、评定和日常管理的程序，以确保供应商具有保证生产关键零部件和材料满足要求的能力。

工厂应保存对供应商的选择评价和日常管理记录。

3.2 关键零部件和材料的检验/验证

工厂应建立并保持对供应商提供的关键零部件和材料的检验或验证的程序及定期确认检验的程序，以确保关键零部件和材料满足认证所规定的要求。

关键零部件和材料的检验可由工厂进行，也可以由供应商完成。当由供应商检验时,工厂应对供应商提出明确的检验要求。

工厂应保存关键件检验或验证记录、确认检验记录及供应商提供的合格证明及有关检验数据等。

4. 生产过程控制和过程检验

4.1 工厂应对关键生产工序进行识别，关键工序操作人员应具备相应的能力，如果该工序没有文件规定就不能保证产品质量时,则应制定相应的工艺作业指导书,使生产过程受控。

4.2 产品生产过程中如对环境条件有要求,工厂应保证工作环境满足规定的要求。

4.3 可行时，工厂应对适宜的过程参数和产品特性进行监控。

4.4 工厂应建立并保持对生产设备进行维护保养的制度。

4.5 工厂应在生产的适当阶段对产品进行检验，以确保产品及零部件与认证样品一致。

5. 例行检验和确认检验

工厂应制定并保持文件化的例行检验和确认检验程序，以验证产品满足规定的要求。检验程序中应包括检验项目、内容、方法、判定等。并应保存检验记录。具体的例行检验和确认检验要求应满足相应产品的认证实施规则的要求执行。例行检验是在生产的最终阶段对生产线上的产品进行的100%检验，通常检验后，除包装和加贴标签外，不再进一步加工。

确认检验是为验证产品持续符合标准要求进行的抽样检验。

6. 检验试验仪器设备

用于检验和试验的设备应定期校准和检查，并满足检验试验能力。

检验和试验的仪器设备应有操作规程，检验人员应能按操作规程要求，准确地使用仪器设备。

6.1 校准和检定

用于确定所生产的产品符合规定要求的检验试验设备应按规定的周期进行校准或检定。校准或检定应溯源至国家或国际基准。对自行校准的，则应规定校准方法、验收准则和校准周期等。设备的校准状态应能被使用及管理人员方便识别。

应保存设备的校准记录。

6.2 运行检查

对用于例行检验和确认检验的设备除应进行日常操作检查外，还应进行运行检查。当发现运行检查结果不能满足规定要求时，应能追溯至已检测过的产品。必要时，应对这些产品重新进行检测。应规定操作人员在发现设备功能失效时需采取的措施。

运行检查结果及采取的调整等措施应记录。

7. 不合格品的控制

工厂应建立不合格品控制程序，内容应包括不合格品的标识方法、隔离和处置及采取的纠正、预防措施。经返修、返工后的产品应重新检测。对重要部件或组件的返修应作相应的记录，应保存对不合格品的处置记录。

8. 内部质量审核

工厂应建立文件化的内部质量审核程序，确保质量体系的有效性和认证产品的一致性，并记录内部审核结果。

对工厂的投诉尤其是对产品不符合标准要求的投诉，应保存记录，并应作为内部质量审核的信息输入。

对审核中发现的问题，应采取纠正和预防措施，并进行记录。

9. 认证产品的一致性

工厂应对批量生产产品与型式试验合格的产品的一致性进行控制，以使认证产品持续符合规定的要求。

工厂应建立产品关键零部件和材料、结构等影响产品符合规定要求因素的变更控制程序，认证产品的变更（可能影响与相关标准的符合性或型式试验样机的一致性）在实施前应向认证机构申报并获得批准后方可执行。

10.包装、搬运和储存

工厂所进行的任何包装、搬运操作和储存环境应不影响产品符合规定标准要求。

关于因特殊用途或特殊原因而未获得强制性认证的小批量进口产品申请免于办理强制性认证有关事宜的公告

2005年第20号

为保证强制性产品认证制度的权威性、严肃性，保证免于办理强制性产品认证相关工作的规范、有效进行，对因特殊用途或因特殊原因而未获得强制性产品认证的小批量进口产品申请免于办理强制性认证的有关事宜，特作如下规定：

一、对未获得认证且不符合国家认监委2005年第3号公告免于办理强制性产品认证条件的进口强制性产品认证目录内产品，各地出入境检验检疫机构应劝其退运，未经特殊处理程序的，不得进口；

二、为保证贸易需求，并借鉴国际上的实施经验，对确因特殊用途或因特殊原因而未获得强制性产品认证的小批量用于生产和生活消费的进口产品可以按照《强制性产品认证目录内进口产品特殊处理程序》(附后）进行处理。

二〇〇五年八月十日

强制性产品认证目录内进口产品特殊处理程序

一、本程序适用于列入《实施强制性产品认证的产品目录》内确因特殊用途或因特殊原因而未获得强制性产品认证的小批量用于生产和生活消费的进口产品。

二、因特殊用途或因特殊原因而未获得强制性产品认证的小批量用于生产和生活消费的进口产品须按本程序检测合格后，方准进口。

三、特殊处理程序由认监委负责统一管理和组织实施，各直属检验检疫局及经认监委指定或批准的实验室具体执行。

四、申请特殊处理程序的进口产品申请人首先应向所在地直属检验检疫局申请，并提交有关申请资料（见附件1)。

五、直属检验检疫局对材料进行初步审核(审核原则见审议稿附件2)并将材料及初审意见报认监委，同时抄报质检总局检验监管司。(5个工作日内)。

六、认监委审核同意(审核原则见附件2)并会签质检总局检验监管司，发文通知直属检验检疫局正式受理有关申请。

七、直属检验检疫局按照本程序抽样原则(见附件3)进行取样封样(封样单参照法检制度要求)，申请人在直属检验检疫局的监管下将所封的样品送达强制性产品认证指定实验室进行检测。具备国家实验室认可委员会认可资格的口岸实验室经认监委同意后也可承担此项任务。(5个工作日内)

八、样品到达指定实验室后，由实验室按照本程序规定的检测要求(见附件3)进行检测。检测要求根据不同产品特点按照现行强制性产品认证实施规则规定的型式试验项目全项目检测（按规定有些产品破坏性检测项目和需零部件送样的检测项目除外)；按现行强制性产品认证检测收费标准收取相关检测费用。检验完毕后，由申请人自行取回试验样品，相关资料按实验室的要求处置。实验室对试验情况和申请资料进行综合评价，并出具检测报告(1式3份)，并送直属检验检疫局。其中检测报告只覆盖经过检测的批次产品。

九、直属检验检疫局将检测报告留存1份，交申请人1份，另外1份送认监委审核。

十、认监委对检测结果和相关资料进行审核批准，会签总局检验监管司后发文将审核批准结果通知直属检验检疫局，合格的据此接受报检，不合格的产品，由直属检验检疫局向申请人出具不合格通知书(见附件4)，一律退运出境或经申请人申请、直属检验检疫局同意后在检验检疫机构监管下进行销毁。

十一、各直属检验检疫局按照入境验证管理办法对检测合格的产品开展后续工作，对已进行过检测的项目不再重复进行。

十二、符合特殊处理程序要求的进口产品应直接交付最终用户，或在申请的特定区域内销售和使用，不得转运到其他区域销售。检测结果及相关产品信息由认监委建立基本数据库并在认监委网站上予以公布。

十三、认监委及质检总局检验监管司对特殊处理程序的执行情况进行必要的监督检查。

十四、负责执行特殊处理程序的各直属检验检疫局、有关实验室及其工作人员应当为特殊处理程序申请人保守正当的技术秘密和商业秘密。

十五、涉及执行特殊处理程序过程的申诉、投诉工作由认监委法律部门负责调查处理。

十六、本程序由认监委负责解释。

附件1:特殊处理程序申请材料及格式

附件2:特殊处理程序审核原则

附件3:特殊处理程序抽样原则及检测要求

附件4:特殊处理程序不合格通知书

附件1:

特殊处理程序申请材料及格式

一、正式申请书

1.申请人及生产厂名称及地址、申请人及生产厂有关介绍、说明;

2.申请产品的特点;

3.未取得认证的原因、理由并提供证明这种原因、理由的证据(如海关手册等);

4.说明申请产品的名称、商标、数量、规格/型号，如果产品有序列号需提供产品序列号(如数量较多，请附细表。);机动车产品须提供车辆 VIN 号和发动机号(如数量较多，请附细表。);

5.对该产品的安全性能作出保证，自我声明对该产品在生产或使用过程中的安全问题负责;如用于销售，还应提供维修服务承诺;

6.对所提供资料的真实性、合法性负责，并承诺协助国家认监委或直属出入境检验检疫局对资料真实性、合法性的调查。

二、申请人工商营业执照的复印件

三、产品符合性声明，声明该产品符合哪些安全标准要求

四、进口许可证(如该产品需进口许可证，复印件即可)

五、配额证明(如该产品需配额证明，复印件即可)

六、商业合同(复印件即可)，海运提单、装箱单、发票及其他官方证明等说明性文件。

七、其他所需的材料

强制性产品认证目录内进口产品特殊处理程序批准书

编号:____________

申请人:____________

收货人:____________

申请原因:(可另加附页)____________

合同号:____________ 海运提单号:____________

产品名称:____________ 产品型号:____________

产品商标:____________ 产品数量:____________

产品序列号(如整车 VIN 编码，发动机号):

(可另加附页)____________

产品最终用户或特定销售使用区域:____________

生产厂名:____________

直属局初审意见:检验监管司会签意见:认证部审核意见:

(加盖公章) (加盖公章)

特殊认证模式检测机构:____________

此批产品特殊认证模式检测结论:□合格 □不合格

(检测报告附后)

根据国家认监委的有关规定，上述产品符合特殊处理程序要求，准许据此办理入境验证和法定检验等后续工作。

本证明有效期:____________

国家认监委认证监管部 批准日期:

(加盖公章)

附件 2:

特殊处理程序审核原则

一、通过对申请信息建立电子文档,建立相关产品的数据库等方式对同一型号，同一批次申请的进口产品进行数量控制，对同一申请人多次申请的同一型号产品进行总数量或总次数控制(视具体情况再做规定),以防利用本政策逃避正规 CCC 认证行为。

二、同一型号不同生产厂生产的产品视为不同型号产品。

三、对于在申请过程中弄虚作假或未遵守相关规定和要求及时送样、接受监管的申请人停止受理其申请。

四、同生产厂生产的同一型号的产品已发现认证项目不合格的,不予批准。

五、同生产厂生产的同一型号向中国出口规格的产品已获得强制性产品认证的，向其他国家和地区出口规格的产品不予批准。

附件 3:

特殊处理程序抽样原则及检测要求

一、电工产品

批量	1	2~15	16~50	51~150	151~500	501~1200	多于 1200
样本量	1	2	3	5	8	13	禁止进口

对于电工设备对整机进行检测,不对其中的元器件进行单独考核。检测所依据的标准和技术要求为该产品对应的 CCC 认证实施规则中的标准和技术要求。

二、安全玻璃

建筑用安全玻璃必须取得 CCC 认证;汽车用安全玻璃同批报检数量超过 50 片禁止进口，必须取得 CCC 认证;

当同一规格、型号、尺寸的汽车前窗用夹层玻璃数量小于 50 片时,参照 GB9656-2003《汽车用安全玻璃》国家标准应至少抽取 8 片制品进行如下项目及数量的检验:

检验项目	制品/样品数量	备 注
光畸变	4	
副像偏离	4	
颜色识别	4	有颜色玻璃
耐辐照、透射比	3	300×76mm 从制品切割
耐湿性	3	300×300mm 从制品切割
耐热性	3	300×300mm 从制品切割
抗穿透	6	300×300mm 从制品切割
抗冲击	24	300×300mm 从制品切割
人头模型冲击	4	

当同一规格、型号、尺寸的汽车前窗以外用钢化玻璃数量小于 50 片时,参照 GB9656-2003《汽车用安全玻璃》国家标准应至少抽取 10 片制品进行如下项目及数量的检验:

检验项目	制品/样品数量	备 注
碎片试验、透射比	4	备用样品 4 片
抗冲击	6	

所有检验项目均合格后，才能认为该批产品为合格产品。

三、机动车轮胎产品

1.抽检基数:按照申请批次界定,每批数量小于等于 100 条,超出 100 条禁止进口,必须取得 CCC 认证。

2.轮胎产品划分为载重汽车轮胎、轿车轮胎和摩托车轮胎三类，进口每批数量小于等于 100 条应按照不同类别进行抽样检测。

3.检测项目:强度和脱圈阻力(无内胎轮胎加做)。

4.抽样数量:每类别 1 条。

四、摩托车、摩托车发动机产品

同一申请人单一车型的申请数量控制在 20 辆/每年。

同一申请人单一车型每批的申请数量控制在 10 辆及以下。

超出以上数量范围的需按正常认证模式进行认证。

每批次进口同型号产品(10 辆及以下)抽取一台样品按照以下表检验项目 2 进行全项目检测，其余部分车辆在确保产品一致性基础上按照下表检验项目 1 要求进行台台检测。

摩托车小批量检测项目

序号	检验项目	检验标准	检验项目1	检验项目2	备 注
1	车辆识别代号(VIN)	GB16735-2004	★	★	
2	车辆标记	GB7258-2004 GB/T18411-2001	★	★	是否考核中文、标志、内容
3	外廓尺寸	GB7258-2004 GB/T5373-1994	★	★	
4	侧倾稳定角	GB7258-2004 GB/T16708-1996	★	★	
5	车速表校核	GB7258-2004	★	★	
6	转向装置	GB7258-2004	★	★	
7	整车前照灯性能	GB7258-2004	/	★	
8	安全防护装置	GB7258-2004	★	★	
9	操纵件、指示器及信号装置的图形符号	GB15365-1994	★	★	
10	驻车性能	GB/T15363-1994 GB/T15364-1994	★	★	
11	无线电骚扰特性	GB14023-2000	/	★	
12	排气污染物(怠速法)	GB14621-2002	/	★	
13	制动力	GB/T5382.2-1996GB 17355-1998	/	★	制动力不合格以制动距离判定
14	后视镜安装	GB 17352-1998GB7258-2004	★	★	
15	转向锁止防盗装置	GB 17353 -1998	★	★	
16	喇叭声级	GB 15742-20013.1.1、4.1.2	/	★	
17	照明和光信号装置的安装	GB18100-2000	★	★	

注:“/”表示不做检验,“★” 表示需做检验。

同批报检发动机超过 50 台，禁止进口，必须取得 CCC 认证;同批报检发动机超过 10 台,少于 50 台,每种型号抽取样品按照认证实施规则进行全项目检测，其余部分发动机在确保产品一致性基础上按照以下要求进行台台检测;同批同型报检不超过 10 台,每台发动机按照以下检测要求进行台台检测;

摩托车发动机产品小批量进口抽样检验方案

序号	检验项目	检验要求
	起动性能	发动机起动性能按 GB/T 5363-1995 中 4.1 进行测量,起动时间不大于 15.0s。
	怠速性能	发动机怠速性能试验方法按 GB/T 5363-2002 中 4.2 进行测量，并应符合下列规定:发动机在规定怠速转速下能稳定运转 10min,其怠速波动率不大于±15%,突开节气门后,发动机不熄火。
	怠速污染物	发动机怠速污染物应按 GB/T 5466-93 进行测量,应符合 GB 14621 的规定。

检测机构分工:

天津口岸、大连口岸进口由国家摩托车质量监督检验中心(天津)承担检测任务;上海口岸由上海机动车检测中心承担;深圳、广州黄埔口岸及其他口岸由国家摩托车质量监督检验中心和重庆机动车检测中心承担。

其中,全项目检测必须在指定实验室进行,部分检测项目可以由指定检测实验室利用口岸实验室在取得认可资格并经过我委同意条件下开展检测。

五、消防车产品

同批报检车辆超过 10 辆,禁止进口,必须取得 CCC 认证;同批报检车辆不超过 10 辆台台检测,检测所依据的标准和技术要求为该产品对应的 CCC 认证实施规则中的标准和技术要求。

六、汽车安全带

同批报检数量超过 50 条禁止进口，必须取得 CCC 认证；同批不超过 50 条，在该批次中每种型号随机抽取两套样品进行下列试验：

1.常规检验

按照标准中 4.2.1.1 条的规定：安全带的硬件，如带扣、调节装置、连接件等，不得有导致易于磨损或割伤织带的锐边。

2.腐蚀试验

按照标准中 4.2.1.2 条的规定：在经 5.2 的腐蚀试验后，不允许出现可能影响正常功能的变质和由有经验的检验人员能用肉眼观察到的明显腐蚀。

3.带扣的检验

按照标准中 4.2.2.2 进行检验的项目有：

①无论车辆处于什么位置，即使带扣不受力，也应保持锁止状态。不能存在偶然或用小于 10N 的力打开带扣的可能性；

②带扣应通过按压按钮或某个类似装置来开启；

③带扣按钮的面积：

对于封闭环式带扣：面积不小于 450mm²，宽度不小于 15mm；

对于非封闭环式带扣：面积不小于 250mm²，宽度不小于 10mm；

④带扣按钮颜色应为红色，带扣其他部分不得呈红色；

⑤按照标准中 4.2.2.3 进行检验的项目有：

①按照标准中 5.5.3 条的规定将两套完整的安全带总成样品置于-10(C(1(C 的低温箱内 2h，从低温箱取出后，带扣互相配合的部分应用手啮合到一起，带扣应能正常工作。

4.刚性构件的静强度检验

①带扣按照标准中 4.2.2.6 条的规定：带扣应按 5.5.1（对于双带扣按 5.5.5）的要求进行载荷试验。承受规定的负载时，带扣不得断裂、严重变形或自行开启；

②调节装置按照标准中 4.2.3.3 条的规定：全部调节装置应按 5.5.1 进行强度试验，在承受规定载荷时(9800N)，不得出现断裂和脱开；

③连接件和高度调节器按照标准中 4.2.4 条的规定：连接件应按 5.5.1 和 5.1.2 的规定进行强度试验，安全带高度调节器应按 5.1.2 的规定进行强度试验，在承受规定载荷时(14700N)作用下，不应破裂和脱开；

④卷收器按照标准中 4.2.5 条的规定：卷收器应按 5.5.1(9800N)和 5.5.2(14700N)进行强度试验，卷收器应能承受的规定载荷。

5.预紧装置

①按照标准中 4.2.6.1 条的规定：在经受 5.2 规定的腐蚀试验后，预紧装置应能正常工作（该条可以与前面的 2.腐蚀试验一起试验和判定）；

②火药式预紧装置：按照标准中 4.2.6.3.1 条的规定：在按 5.9(60(C (5(C 的温度下保持 24h，将温度升至 100(C (5(C 保持 24h，接着在-30(C(5(C 温度下保持 24h）规定进行环境试验后，预紧装置不能因温度原因而起作用，装置应正常工作。

同批次其余安全带每条按以下检测要求进行检测：1.查看安全带的标志和出厂合格证；2.查看安全带的型号和外观结构是否相同；

七、汽车整车

接受特殊认证模式报检的车辆必须符合国家汽车产业发展政策和汽车贸易政策相关规定中对进口汽车的要求。同批同型号报检车辆超过 20 辆，禁止进口，必须取得 CCC 认证；同批同型号报检车辆超过 5 辆，少于 20 辆的，每 5 辆车抽取 1 辆车按照以下全项目检测要求进行检测，其余部分车辆在确保产品一致性基础上按照以下部分项目检测要求进行台台检测；同批同型报检不超过 5 辆，抽取 1 辆车按照以下全项目检测要求进行检测，其余部分车辆在确保产品一致性基础上按照以下部分项目检测要求进行台台检测；

报检数量	1~5 辆	5~10 辆	10~15 辆	15~20 辆
抽样数量	1 辆	2 辆	3 辆	4 辆

汽车产品特殊认证模式检测项目(全项目)

序号	项目名称		收费标准							备注
			*M*1	*M*2	*M*3	*N*1	*N*2	*N*3	0	
1	汽车标记		*	*	*	*	*	*	*	包括 VIN 检查
2	汽车尺寸		*	*	*	*	*	*	*	
3	侧翻稳定角		*	*	*	*	*	*		
4	转向装置		*	*	*	*	*	*		
5	制动装置		*	*	*	*	*	*	*	
	制动 ABS		*		*			*	*	资料审查
6	前方视野		*							
7	后视镜	安装	*	*	*	*	*	*		内后视镜安装要求 1000 元 下视镜安装要求 600 元
8	除霜	性能	*							资料审查
9	除雾	性能	*							资料审查
10	刮水器	装置	*	*	*	*	*	*		
		性能	*							
11	照明与信号装置安装		*	*	*	*	*	*	*	
12	前照灯	位置和强度	*							
		配光	*							每灯丝
13	车速表		*	*	*	*	*	*		装车性能
14	汽车喇叭		*	*	*	*	*	*		
15	图形标志		*	*	*	*	*	*		
16	燃油系统及排气管		*	*	*	*	*	*		
17	护轮板		*							
18	侧部防护装置						*	*	*	
	后部防护装置						*	*	*	
19	汽车号牌板		*	*	*	*	*	*	*	
20	客车结构			*	*					
21	噪声		*	*	*	*	*	*		
22	排气污染物	工况	*			*				
		怠速	*	*	*	*	*	*		
		曲轴箱	*			*				
23	发动机排气污染物			*			*			总质量>3.5t 车辆,资料审查
24	装用压燃式发动机车辆排气可见污染物	自由加速	*							
25	含氟物质		*							有空调的车

汽车产品特殊认证模式检测项目(部分项目)

序号	项目名称		收费标准							备注
			M1	M2	M3	N1	N2	N3	0	
1	汽车标记		*	*	*	*	*	*	*	包括 VIN 检查
2	汽车尺寸		*	*	*	*	*	*	*	
3	转向装置		*	*	*	*	*	*		
4	制动装置		*	*	*	*	*	*		
5	照明与信号装置安装		*	*	*	*	*	*	*	装置检查
6	前照灯	位置和强度	*							
7	车速表		*	*	*	*	*	*		
8	汽车喇叭		*	*	*	*	*	*		
9	燃油系统及排气管		*	*	*	*	*	*		
10	防护装置						*	*		装置检查
11	汽车号牌板		*	*	*	*	*	*	*	
12	排气污染物	怠速	*	*	*	*	*	*	*	装点燃式发动机
13	装用压燃式发动机车辆排气可见污染物	自由加速	*							
14	一致性核查		*							
15	专用汽车	安全防护装置	*							装置检查
		液压系统系统压力	*							
		上车操纵室	*							

汽车产品特殊认证模式检测项目(部分项目)　专用汽车

序号	产品名称	项号	检验项目名称	收费标准/元	备注
	专用汽车	1	质量参数	*	
		2	作业噪声	*	
		3	安全防护装置	*	
		4	操作系统	*	
		5	整车稳定性	*	
		6	液压系统液压软管	*	
		7	液压系统系统压力	*	
		8	上车制动器	*	
		9	起升、变幅、伸缩、回转机构	*	
		10	结构强度	*	
		11	上车操纵室	*	

检测任务分工：

结合目前我委已经指定CCC检测机构的情况，检测机构由我委指定的天津汽车检测中心、上海机动车检测中心、长春汽车检测中心、国家汽车质量监督检验中心(襄樊)承担。大连口岸由长春汽车检测中心承担检测任务；天津口岸由天津汽车检测中心承担检测任务；上海口岸由上海机动车检测中心承担检测任务；深圳、广州黄埔口岸及其他口岸由国家汽车质量监督检验中心(襄樊)会同香港中检公司承担。专用汽车由国家工程机械质量监督检验中心会同以上四个检测机构承担。全项目检测必须在指定实验室进行，部分检测项目可以由指定检测实验室利用口岸实验室在取得认可资格并经过我委同意条件下开展检测。

八、医用X射线诊断设备

同批同类产品超过2台，禁止进口，必须取得CCC认证；每年进口的相同品牌同类产品累计价值不得超过人民币800万元并且相同品牌同类产品的数量累计不得超过3台。

同批同类产品少于等于2台，每台按实施规则规定的以下标准进行检测(不含破坏性检测项目)。

1. 标准:GB9706.1-1995
2. 标准:GB9706.3-2000
3. 标准:GB9706.11-1997
4. 标准:GB9706.12-1997
5. 标准:GB9706.14-1997
6. 标准:GB9706.15-1999
7. 标准:GB9706.18-2000

九、下列产品同批报验超过以下限量，禁止进口，必须取得CCC认证；同批产品未超过限量，按照如下原则抽检，检测所依据的标准和技术要求为该产品对应的CCC认证实施规则中标准和技术要求。

1. 背负式喷雾喷粉器(机):限量20台
2. 入侵探测器:限量10个
3. 防盗报警控制器:限量2个
4. 防盗保险柜:限量5个
5. 防盗保险箱:限量5个
6. 心电图机:限量5台

以上1~6的产品按下表抽取样本量

批量	1	2~20
样本量	1	2

十、瓷质砖

同批报验超过200m²，禁止进口，必须取得CCC认证；同批产品未超过200m²，一律抽样3kg，检测所依据的标准和技术要求为该产品对应的CCC认证实施规则中的标准和技术要求。

十一、以下产品必须获CCC(免办除外)，不得少量进口

植入式心脏起搏器
血液透析装置
空心纤维透析器
血液净化装置的体外循环管道
人工心肺机
橡胶避孕套
点型感烟火灾报警探测器
点型感温火灾报警探测器
火灾报警控制器
消防联动控制设备
手动火灾报警按钮
消防水带
洒水喷头
湿式报警阀
水流指示器
消防用压力开关
溶剂型木器涂料
混凝土防冻剂
汽车防盗报警系统

附件4：

特殊处理程序不合格通知书

第　　号

________：

你单位在申请特殊处理程序中抽样检测样品不符合国家标准要求，产品存在安全质量问题，不能进口，特此通知。

盖 章

年　月　日

关于CCC标志换版的公告

2005年第23号

根据国家质检总局《强制性产品认证管理规定》(2001年第5号令)和国家认证认可监督管理委员会《强制性产品认证管理办法》(2001年第1号公告),国家认证认可监督管理委员会决定自2005年10月1日起启用2005年版中国强制认证标志(以下简称05版CCC标志)。现将有关事宜通知如下:

一、05版CCC标志自2005年10月1日起正式启用。2005年9月1日起开始发放。

二、2002年版中国强制认证标志(以下简称02版CCC标志),自2005年12月31日起停止发放。

三、已购置02版CCC标志的获证企业,可将尚未使用的02版CCC标志使用至2006年3月31日。自2006年4月1日起,凡获证产品一律加施05版CCC标志,不得再加施02版CCC标志。

四、2006年3月31日后获证的企业,其尚未使用的02版CCC标志,可交CCC认证标志发放管理中心免费更换。

有关详细规定,可与国家认监委认证监管部、CCC认证标志发放管理中心联系。

咨询电话:(010)82262674、65994055、65994077

二〇〇五年九月十二日

关于指定承担部分机动车零部件产品强制性认证的认证机构和检测实验室的公告

2005年第33号

根据《认证认可条例》和国家质检总局65号局长令的规定,按照国家认监委2005年26号公告的要求,经专家委员会评审和征求国务院有关部门的意见,决定指定承担部分机动车零部件产品强制性认证任务的认证机构和检测任务的检测实验室。具体如下:

一、指定认证机构

序号	机构名称	指定的业务范围	通信地址
1	中国质量认证中心	CNCA-02C-055:2005《机动车用喇叭产品》 CNCA-02C-056:2005《机动车回复反射器产品》 CNCA-02C-057:2005《汽车制动软管总成产品》 CNCA-02C-058:2005《汽车外部照明及光信号装置产品》 CNCA-02C-059:2005《汽车后视镜产品》 CNCA-02C-060:2005《汽车内饰件产品》 CNCA-02C-061:2005《汽车门锁及门保持件产品》 CNCA-02C-062:2005《汽车燃油箱产品》 CNCA-02C-063:2005《汽车座椅及座椅头枕产品》 CNCA-02C-064:2005《摩托车外部照明及光信号装置产品》 CNCA-02C-065:2005《摩托车后视镜产品》	北京朝阳区朝阳门外大街甲10号,100020, 联系人:谢鹏鸿 电话:010-65994038;65994037 www.cqc.com.cn

续表

序号	机构名称	指定的业务范围	通信地址
2	中汽认证中心（原中国汽车产品认证中心）	CNCA-02C-055:2005《机动车用喇叭产品》 CNCA-02C-056:2005《机动车回复反射器产品》 CNCA-02C-057:2005《汽车制动软管总成产品》 CNCA-02C-058:2005《汽车外部照明及光信号装置产品》 CNCA-02C-059:2005《汽车后视镜产品》 CNCA-02C-060:2005《汽车内饰件产品》 CNCA-02C-061:2005《汽车门锁及门保持件产品》 CNCA-02C-062:2005《汽车燃油箱产品》 CNCA-02C-063:2005《汽车座椅及座椅头枕产品》 CNCA-02C-064:2005《摩托车外部照明及光信号装置产品》 CNCA-02C-065:2005《摩托车后视镜产品》	北京宣武门西大街乙 97 号尚座大厦 4 层(100031) 联系人:黄学平、黎亮 电话:010-66418590~9 传真:010-66412670 www.cccap@public3.bta.net.cn
3	中国安全技术防范认证中心	CNCA-02C-066:2005《汽车行驶记录仪产品》 CNCA-02C-067:2005《车身反光标识产品》	北京市宣武区莲花池东路 102 号天莲大厦十层,100055, 联系人:马智扬 电话:010-63345560,010-51651890-812 传真:010-63345545 www.csp.gov.cn

二、指定检测实验室

序号	机构名称	指定的业务范围	通信地址
1	长春汽车检测中心	1《机动车用喇叭产品强制性认证实施规则》(CNCA-02C-055: 2005) 2《机动车回复反射器产品强制性认证实施规则》(CNCA-02C-056: 2005) 3《机动车制动软管总成产品强制性认证实施规则》(CNCA-02C-057: 2005) 4《汽车外部照明及光信号装置强制性认证实施规则》(CNCA-02C-058: 2005) 5《汽车后视镜产品强制性认证实施规则》(CNCA-02C-059: 2005) 6《汽车内饰件产品强制性认证实施规则》(CNCA-02C-060: 2005) 7《汽车门锁及车门保持件产品强制性认证实施规则》(CNCA-02C-061: 2005) 8《汽车燃油箱产品强制性认证实施规则》(CNCA-02C-062: 2005) 9《汽车座椅及头枕产品强制性认证实施规则》(CNCA-02C-063: 2005) 10《车身反光标识产品强制性认证实施规则》(CNCA-02C-067: 2005)	地址:长春市创业大街 1063 号(130011) 联系人:程猛 电话:0431-5788311 传真:0431-7677111 E-mail:chenwl@cqc.com.cn

续表

序号	机构名称	指定的业务范围	通信地址
2	国家汽车质量监督检验中心(襄樊)	1《机动车用喇叭产品强制性认证实施规则》(CNCA-02C-055: 2005) 2《机动车回复反射器产品强制性认证实施规则》(CNCA-02C-056: 2005) 3《机动车制动软管总成产品强制性认证实施规则》(CNCA-02C-057: 2005) 4《汽车外部照明及光信号装置强制性认证实施规则》(CNCA-02C-058: 2005) 5《汽车后视镜产品强制性认证实施规则》(CNCA-02C-059: 2005) 6《汽车内饰件产品强制性认证实施规则》(CNCA-02C-060: 2005) 7《汽车门锁及车门保持件产品强制性认证实施规则》(CNCA-02C-061: 2005) 8《汽车燃油箱产品强制性认证实施规则》(CNCA-02C-062: 2005) 9《汽车座椅及头枕产品强制性认证实施规则》(CNCA-02C-063: 2005)	地址:湖北省襄樊市高新技术开发区汽车试验场(441004) 联系人:王盛 电话:0710-3311212 传真:0710-3310964 E-mail:was@mail.nast.com.cn
3	天津汽车检测中心	1《机动车用喇叭产品强制性认证实施规则》(CNCA-02C-055: 2005) 2机动车回复反射器产品强制性认证实施规则》(CNCA-02C-056: 2005) 3《机动车制动软管总成产品强制性认证实施规则》(CNCA-02C-057: 2005) 4《汽车外部照明及光信号装置强制性认证实施规则》(CNCA-02C-058: 2005) 5《汽车后视镜产品强制性认证实施规则》(CNCA-02C-059: 2005) 6《汽车内饰件产品强制性认证实施规则》(CNCA-02C-060: 2005) 7《汽车门锁及车门保持件产品强制性认证实施规则》(CNCA-02C-061: 2005) 8《汽车燃油箱产品强制性认证实施规则》(CNCA-02C-062: 2005) 9《汽车座椅及头枕产品强制性认证实施规则》(CNCA-02C-063: 2005)	地址:天津市河东区程林庄道天山路口(300162) 联系人:刘鑫 电话:022-84771805/6 传真:022-24375350 E-mail:tatc@catarc.ac.cn

续表

序号	机构名称	指定的业务范围	通信地址
4	国家机动车产品质量监督检验中心(上海)	1《机动车用喇叭产品强制性认证实施规则》(CNCA-02C-055: 2005) 2《机动车回复反射器产品强制性认证实施规则》(CNCA-02C-056: 2005) 3《机动车制动软管总成产品强制性认证实施规则》(CNCA-02C-057: 2005) 4《汽车外部照明及光信号装置强制性认证实施规则》(CNCA-02C-058: 2005) 5《汽车后视镜产品强制性认证实施规则》(CNCA-02C-059: 2005) 6《汽车内饰件产品强制性认证实施规则》(CNCA-02C-060: 2005) 7《汽车门锁及车门保持件产品强制性认证实施规则》(CNCA-02C-061: 2005) 8《汽车燃油箱产品强制性认证实施规则》(CNCA-02C-062: 2005) 9《汽车座椅及头枕产品强制性认证实施规则》(CNCA-02C-063: 2005) 10《摩托车外部照明及光信号装置强制性认证实施规则》(CNCA-02C-065: 2005)(不包括摩托车牌照灯) 11《摩托车后视镜产品强制性认证实施规则》(CNCA-02C-064: 2005) 12《汽车安全带产品强制性认证实施规则》(CNCA-02C-026: 2005)	地址:上海市嘉定区安亭镇于田南路68号(201805) 联系人:贾再明/龚燕燕 电话:021-69502027/69502028 传真:021-69502111 E-mail:zaimingj@smvic.com.cn
5	国家客车质量监督检验中心	1《机动车用喇叭产品强制性认证实施规则》(CNCA-02C-055: 2005) 2《机动车回复反射器产品强制性认证实施规则》(CNCA-02C-056: 2005) 3《机动车制动软管总成产品强制性认证实施规则》(CNCA-02C-057: 2005) 4《汽车外部照明及光信号装置强制性认证实施规则》(CNCA-02C-058: 2005) 5《汽车后视镜产品强制性认证实施规则》(CNCA-02C-059: 2005) 6《汽车内饰件产品强制性认证实施规则》(CNCA-02C-060: 2005) 7《汽车门锁及车门保持件产品强制性认证实施规则》(CNCA-02C-061: 2005) 8《汽车燃油箱产品强制性认证实施规则》(CNCA-02C-062: 2005) 9《汽车座椅及头枕产品强制性认证实施规则》(CNCA-02C-063: 2005)	地址: 重庆市北部新区经开园(401122) 联系人:谭龙 电话:023-86305439 传真:023-86305440 E-mail:tanlong@ccrdi.com

续表

序号	机构名称	指定的业务范围	通信地址
6	国家重型汽车质量监督检验中心	1《机动车用喇叭产品强制性认证实施规则》(CNCA-02C-055: 2005) 2《机动车回复反射器产品强制性认证实施规则》(CNCA-02C-056: 2005) 3《机动车制动软管总成产品强制性认证实施规则》(CNCA-02C-057: 2005) 4《汽车外部照明及光信号装置强制性认证实施规则》(CNCA-02C-058: 2005) 5《汽车后视镜产品强制性认证实施规则》(CNCA-02C-059: 2005) 6《汽车内饰件产品强制性认证实施规则》(CNCA-02C-060: 2005) 7《汽车门锁及车门保持件产品强制性认证实施规则》(CNCA-02C-061: 2005) 8《汽车燃油箱产品强制性认证实施规则》(CNCA-02C-062: 2005) 9《汽车座椅及头枕产品强制性认证实施规则》(CNCA-02C-063: 2005)	地址：重庆市九龙坡区陈家坪朝田村101号(400039) 联系人:李剑平 电话:023-68677860、68821302 传真:023-68966987 E-mail:catc@ccari.com
7	济南汽车检测中心	1《机动车用喇叭产品强制性认证实施规则》(CNCA-02C-055: 2005) 2《机动车制动软管总成产品强制性认证实施规则》(CNCA-02C-057: 2005) 3《汽车内饰件产品强制性认证实施规则》(CNCA-02C-060: 2005) 4《汽车门锁及车门保持件产品强制性认证实施规则》(CNCA-02C-061: 2005) 5《汽车燃油箱产品强制性认证实施规则》(CNCA-02C-062: 2005)	地址：山东省济南市英雄山路165号(250002) 联系人:孙利 电话:0531-85586162 传真:0531-85586176 E-mail:jnatcsl@163.com
8	天津摩托车质量监督检验所(国家摩托车质检中心(天津))	1《机动车用喇叭产品强制性认证实施规则》(CNCA-02C-055: 2005) 2《机动车回复反射器产品强制性认证实施规则》(CNCA-02C-056: 2005) 3《机动车制动软管总成产品强制性认证实施规则》(CNCA-02C-057: 2005) 仅限摩托车产品 4《摩托车外部照明及光信号装置强制性认证实施规则》(CNCA-02C-065: 2005) 5《摩托车后视镜产品强制性认证实施规则》(CNCA-02C-064: 2005)	地址：天津市南开区卫津路92号(300072) 联系人:包铁成 电话:022-27403115 传真:022-27407628 E-mail:baotc@tju.edu.cn
9	国家摩托车质量监督检验中心(宝鸡)	1《机动车用喇叭产品强制性认证实施规则》(CNCA-02C-055: 2005) 2《机动车回复反射器产品强制性认证实施规则》(CNCA-02C-056: 2005) 3《摩托车外部照明及光信号装置强制性认证实施规则》(CNCA-02C-065: 2005) 4《摩托车后视镜产品强制性认证实施规则》(CNCA-02C-064: 2005)	地址:陕西省西安市灞桥区米秦路6号(710032) 联系人:段保民 电话:029-86795295 传真:029-86795296 E-mail:yuansenzhu@cnmtc.com.cn

续表

序号	机构名称	指定的业务范围	通信地址
10	国家摩托车质量监督检验中心(重庆)	1《机动车用喇叭产品强制性认证实施规则》(CNCA-02C-055: 2005) 2《机动车回复反射器产品强制性认证实施规则》(CNCA-02C-056: 2005) 3《摩托车外部照明及光信号装置强制性认证实施规则》(CNCA-02C-065: 2005) 4《摩托车后视镜产品强制性认证实施规则》(CNCA-02C-064: 2005)	地址:重庆市北部新区经开园(401122) 联系人:刘兴富 电话:023-86305436 传真:023-86305436 E-mail:czjjdcs@163.com
11	南昌摩托车质量监督检验所	1《机动车用喇叭产品强制性认证实施规则》(CNCA-02C-055: 2005) 2《机动车回复反射器产品强制性认证实施规则》(CNCA-02C-056: 2005) 3《摩托车外部照明及光信号装置强制性认证实施规则》(CNCA-02C-065: 2005) 4《摩托车后视镜产品强制性认证实施规则》(CNCA-02C-064: 2005)	地址:南昌摩托车质量监督检验所(330024) 联系人:蒋康毅 电话:0791-8448694 传真:0791-8430119 E-mail:ncmjs@vip.163.com
12	江苏大学车辆产品实验室	1《机动车用喇叭产品强制性认证实施规则》(CNCA-02C-055: 2005) 2《机动车回复反射器产品强制性认证实施规则》(CNCA-02C-056: 2005) 3《汽车外部照明及光信号装置强制性认证实施规则》(CNCA-02C-058: 2005) 4《汽车后视镜产品强制性认证实施规则》(CNCA-02C-059: 2005) 5《汽车内饰件产品强制性认证实施规则》(CNCA-02C-060: 2005) 6《摩托车外部照明及光信号装置强制性认证实施规则》(CNCA-02C-065: 2005) 7《摩托车后视镜产品强制性认证实施规则》(CNCA-02C-064: 2005)	地址:江苏省镇江市学府路301号(212013) 联系人:陆勇 电话:0511-8791797 传真:0511-8780220 E-mail:qms@ujs.edu.cn
13	北京中汽寰宇机动车检验中心	1《机动车回复反射器产品强制性认证实施规则》(CNCA-02C-056: 2005) 2《汽车外部照明及光信号装置强制性认证实施规则》(CNCA-02C-058: 2005) 3《汽车内饰件产品强制性认证实施规则》(CNCA-02C-060: 2005) 4《摩托车外部照明及光信号装置强制性认证实施规则》(CNCA-02C-065: 2005)	地址:北京市大兴区北臧村镇工业天荣街16号(102609) 联系人:巩金龙、雷叶琴 电话:010-60279702/66418592 传真:010-66412672 E-mail :ccap@mail.cccap.org.cn
14	武汉汽车车身附件研究所质量监督检验中心	1《汽车后视镜产品强制性认证实施规则》(CNCA-02C-059: 2005) 2《汽车内饰件产品强制性认证实施规则》(CNCA-02C-060: 2005) 3《汽车门锁及车门保持件产品强制性认证实施规则》(CNCA-02C-061: 2005)	地址:湖北省武汉市江岸区解放大道2855号(430011) 联系人:李再华 电话:027-82318175 传真:027-82302973 E-mail:whauto8@public.wh.hb.cn

续表

序号	机构名称	指定的业务范围	通信地址
15	江苏省车用灯具产品质量监督检验中心	1《机动车回复反射器产品强制性认证实施规则》(CNCA-02C-056: 2005) 2《汽车外部照明及光信号装置强制性认证实施规则》(CNCA-02C-058: 2005)(不包括驻车灯、侧标志灯、后牌照板照明装置) 3《汽车内饰件产品强制性认证实施规则》(CNCA-02C-060: 2005) 4《摩托车外部照明及光信号装置强制性认证实施规则》(CNCA-02C-065: 2005)(不包括轻便摩托车前照灯)	地址:江苏省丹阳市新桥镇为民西路28号(212322) 联系人:汪伟华 电话:0511-6357899 传真:0511-6357899 E-mail:jscdsys@yahoo.com.cn
16	公安部交通安全产品监督检测中心	1《汽车行驶记录仪产品强制性认证实施规则》(CNCA-02C-066: 2005) 2《车身反光标识产品强制性认证实施规则》(CNCA-02C-067: 2005) 3《汽车外部照明及光信号装置强制性认证实施规则》(CNCA-02C-058: 2005)(不包括前照灯、前雾灯、倒车灯、转向灯、驻车灯、侧标志灯) 4《摩托车外部照明及光信号装置强制性认证实施规则》(CNCA-02C-065: 2005)(仅限摩托车牌照灯、轻便摩托车牌照灯及前照灯)	地址:江苏省无锡市钱荣路88号(214151) 联系人:潘汉中 电话:0510-5501127 传真:0510-5503152 E-mail:panhzh@vip.sohu.com
17	广州日用电器检测所	1《汽车外部照明及光信号装置强制性认证实施规则》(CNCA-02C-058: 2005) 2《摩托车外部照明及光信号装置强制性认证实施规则》(CNCA-02C-065: 2005)	地址:广州新港西路204号(510300) 联系人:陈伟升 电话:020-84451692 传真:020-84183160 E-mail:goffice@gtihea.com
18	国家汽车零部件产品质量监督检验中心(长春)	1《机动车制动软管总成产品强制性认证实施规则》(CNCA-02C-057: 2005)	地址:长春市南湖大路6888号(130012) 联系人:戴军 电话:0431-5531668 传真:0431-5510488 E-mail:cczjlee@163.com

二〇〇五年十一月十五日

关于《家用和类似用途电器的安全——自动电饭锅的特殊要求》等两项国家标准废止的公告

2005年第36号

根据中华人民共和国质量监督检验检疫总局、国家标准化管理委员会2005年第146号公告的要求，GB 4706.6-1995（《家用和类似用途电器的安全 自动电饭锅的特殊要求》）、GB 4706.42-1999（《家用和类似用途电器的安全 冷热饮水机的特殊要求》）两项国家标准（以下简称废止标准）已于公告发布之日起废止。

自2006年1月1日起，各指定认证机构、实验室应依据GB 4706.1-1998（《家用和类似用途电器的安全 第一部分：通用要求》）、GB 4706.19-2004（《家用和类似用途电器的安全 液体加热器的特殊要求》）、GB 4343.1-2003（《电磁兼容 家用电器、电动工具和类似器具的要求 第1部分：发射》）、GB 17625.1-2003（《电磁兼容限值谐波电流发射限制（设备每相输入电流≤16A）》）标准开展电饭锅产品的强制性认证、检测工作；依据GB 4706.1-1998（《家用和类似用途电器的安全 第1部分：通用要求》）、GB 4706.19-2004（《家用和类似用途电器的安全 液体加热器的特殊要求》）、GB 4706.13-2004（《家用和类似用途电器的安全 制冷器具、冰淇淋机和制冰机的特殊要求》）标准开展冷热饮水机产品的强制性认证、检测工作（本段中提及各标准，以下简称替代标准）。

已经获得强制性认证的产品，废止标准证书持有人应于2006年1月1日后、下一次跟踪检查之前，向指定认证机构提交转换替代标准证书的申请并依据替代标准完成样品检测工作（但最晚不应迟于2006年12月31日之前完成）。已获废止标准认证证书的产品，在下一次跟踪检查后未取得替代标准认证证书的，认证机构应注销废止标准认证证书。

特此公告。

二○○五年十二月二十七日

关于对机动车灯具产品等机动车零部件产品实施强制性认证的公告

总局联合公告第137号

根据《中华人民共和国产品质量法》、《中华人民共和国标准化法》、《中华人民共和国进出口商品检验法》、《中华人民共和国认证认可条例》和国家质检总局《强制性产品认证管理规定》的规定，现决定对机动车灯具产品等机动车零部件产品（详细目录见附件）实施强制性产品认证。

自2006年12月1日起，凡列入本目录内的机动车零部件产品，未获得强制性产品认证证书和未加施中国强制性产品认证标志的，不得出厂、销售、进口或在其他经营活动中使用。自2005年12月1日起，委托人可以向指定认证机构提出认证产品的认证委托。

特此公告。

二○○五年九月十二日

附件：

实施强制性产品认证的机动车零部件产品目录

机动车灯具产品（前照灯、转向灯；汽车前位灯/后位灯/制动灯/视廓灯、前雾灯、后雾灯、倒车灯、驻车灯、侧标志灯和后牌照板照明装置；摩托车牌照灯、位置灯）；机动车回复反射器、汽车行驶记录仪，车身反光标识、汽车制动软管、机动车后视镜、机动车喇叭、汽车油箱、门锁及门铰链、内饰材料、座椅及头枕。

关于玩具产品实施强制性认证的公告

总局联合公告第198号

根据《中华人民共和国产品质量法》、《中华人民共和国标准化法》、《中华人民共和国进出口商品检验法》、《中华人民共和国认证认可条例》和《强制性产品认证管理规定》的规定，现决定对部分玩具产品实施强制性产品认证(目录见附件)。

自2007年6月1日起，凡列入本强制性产品认证目录内的玩具产品，未获得强制性产品认证证书和未加施中国强制性认证标志的，不得出厂、销售、进口或在其他经营活动中使用。自2006年3月1日起，委托人可以向指定认证机构提出认证产品的认证委托。

特此公告。

附件：实施强制性产品认证的玩具产品目录

二〇〇五年十二月三十日

童车、电玩具、弹射玩具、金属玩具、娃娃玩具、塑胶玩具 玩具产品强制性认证对应HS编码

产品大类	产品名称	对应的HS编码
童车类	儿童自行车	8712 00 81 最大鞍座高度为435mm~635mm，带或不带平衡轮的各种轮径、款式的儿童自行车。
	儿童三轮车	9501 00 00 各种款式的儿童三轮车(含：推骑两用儿童三轮车；车轮与地面接触点呈现梯形，且窄轮距小于宽轮距的一半的儿童三轮车)。
	儿童推车	8715 00 00 各种款式的可调节或不可调节的儿童推车(如：坐式、卧式、坐卧两用、多用途的儿童推车)。
	婴儿学步车	8715 00 00 各种框架结构的婴儿学步车(如：X型、O型、折叠式、可调节弹性框架的婴儿学步车)。
	玩具自行车	9501 00 00 最大鞍座高度小于435mm的各种轮径、款式的玩具自行车。
	电动童车	9503 80 00 各种款式的电动童车，如：二轮式、三轮式、四轮式等。
	其它玩具车辆	9501 00 00 各种类型的踏板车。
电玩具	电动玩具	9503 80 00 其他各种不同控制方式(手动开关式、遥控式等)的电驱动玩具。 9503 10 00 各种玩具电动火车及配件。 9503 49 00 各种电动动物玩具，如：电动玩具狗、遥控玩具恐龙。
	视频玩具	9503 90 00 各种带视频的玩具，如：学习机玩具等。
	声光玩具	9503 50 00 各种电驱动发声光的玩具，如：乐器玩具。 9503 90 00 各种电驱动发声光的语音玩具。

续表

产品大类	产品名称	对应的HS编码
塑胶玩具	静态塑胶玩具	9502 91 00 各种静态塑胶的玩偶服饰类附件,如:塑胶玩偶鞋、靴、帽。 9502 99 00 除服饰类附件的其他各种静态塑胶的玩偶零件、附件,如:塑胶玩偶的书包、手持饰品及零配件等玩具配件。 9503 30 00 各种静态塑胶建筑玩具及建筑套件,如:塑胶建筑拼插玩具、建筑积木玩具等。 9503 49 00 各种静态塑胶的动物玩具,如:塑胶玩具狗等。 9503 50 00 各种静态塑胶玩具乐器,如:塑胶吉它玩具、架子鼓玩具等。 9503 60 00 各种静态塑胶智力玩具,如:塑胶魔方玩具、棋类玩具等。 9503 70 00 各种静态塑胶的套装玩具。
	机动塑胶玩具	9503 80 00 各种非电机芯驱动塑胶玩具,如:塑胶惯性玩具、发条玩具等。 9503 49 00 各种非电机芯驱动塑胶动物玩具,如:塑胶发条玩具狗等。
金属玩具	静态金属玩具	9503 30 00 各种静态金属建筑玩具及建筑套件,如:金属拼插玩具桥、金属玩具塔等。 9503 49 00 各种静态金属动物玩具:如:金属玩具狗等。 9503 60 00 各种静态金属智力玩具,如:金属巧环玩具等。 9503 70 00 各种静态金属组装成套的其他套装玩具。 9503 90 00 其他各种未列名的静态金属玩具,如:金属车、摩托车以及模型玩具等。
	机动金属玩具	9503 80 00 各种非电机芯驱动金属玩具,如:金属惯性玩具、发条玩具等。 9503 49 00 各种非电机芯驱动金属动物玩具,如:金属发条狗玩具等。
弹射玩具	弹射玩具	9503 80 00 各种带有弹射机构的弹射玩具,如:以弹簧、弹性绳、气压式蓄能的弹射玩具。 9503 90 00 各种非蓄能弹射玩具,如:玩具弓箭、玩具飞镖等。
娃娃玩具	娃娃玩具	9502 10 00 各种着装或不着装的玩偶娃娃。 9502 91 00 各种娃娃服装及附件,如:娃娃的鞋、靴、帽等附件。 9502 99 00 其他娃娃的零件、附件,如玩偶的发卡、梳子等及可装配的附件。

根据每年HS编码变化适时调整。

(三)认可

关于认证咨询实施统一考试和注册制度的通知

国认可[2005]82号

中国合格评定国家认可中心,各有关机构:

根据国家质量监督检验检疫总局《认证培训机构管理办法》(第81号令)和《认证咨询机构管理办法》(第82号令)的规定,国家认监委决定实施统一的认证咨询师考试和注册制度,委托中国认证人员与培训机构国家认可委员会秘书处(以下简称CNAT)具体负责实施。

CNAT每年应根据国家认监委的工作安排以及认证咨询工作的发展需要,发布认证咨询师考试大纲。凡具备考试大纲知识要求的认证咨询人员,可直接参加统一考试,考试成绩合格作为申请咨询师注册的必备条件。

国家认监委今后不再对认证咨询师培训机构进行审批,相关机构可根据考试大纲的要求自行编制学习培训课程,组织培训。此前确定的认证咨询师培训试点机构自本文发布之日起,结束试点工作。

二○○五年十一月三日

关于2005认证机构档案专项稽查情况通报

国认可函[2005]238号

各认证机构:

为了深入贯彻落实《中华人民共和国认证认可条例》,检查认证机构实施认证活动的质量和认证活动的有效性,国家认监委于10月8日~25日组织实施了2005年认证机构档案专项稽查,现将专项稽查情况及结果通报如下:

一、基本情况

此次认证机构档案专项稽查工作由国家认监委统一组织和协调,按照国家认监委统一制定的评价内容和标准,由20个省、自治区、直辖市质量技术监督局和直属出入境检验检疫局行政监管人员,在认证机构工作现场抽取认证档案和实施评价,评价结果由认证机构确认。中国合格评定国家认可中心(CNAB)组织评审员协助对稽查中发现的问题进行一致性复核,并对稽查结果进行了统计汇总。

认证档案专项稽查的范围是经国家认监委批准的认证机构在2004年7月至2005年6月期间实施的质量管理体系、环境管理体系、职业健康安全管理体系、HACCP、无公害和有机产品认证档案。每个认证机构至少抽查5份档案,重点是食品生产企业,在食品生产企业档案不足的情况下,则抽查建筑、电子和机械等重点领域的认证档案。共抽取119家认证机构的643份档案,其中93家内资认证机构档案513份,26家合资认证机构档案130份。

此次稽查还有一些认证机构因各种原因没有参加检查和评价。其中2005年新获得国家认监委批准的机构5家;获得批准后未认证/复评企业的机构8家;处于暂停期的机构7家;其他原因的机构3家;农业部农产品质量安全中心为无公害农产品认证机构,因其认证及管理模式与通用规则和档案管理要求差距较大,评价后未进行评分排序。

二、检查结果

通过档案评价,结果如下:

1. 90%的被抽查认证机构对本次专项稽查比较重视,能积极配合检查组的工作,认证档案管理工作有了较大提高。经过2004年的档案稽查,各认证机构普遍加强了对认证档案的管理,2004年度发现的档案管理不到位和涂改档案记录、审核人员不到审核现场等问题已基本得到解决;80%的认证机构设置了专门的档案室,配备了专门档案管理人员;档案的归档留存和对认证活动记录基本符合要求。

2. 经过认可的认证机构,档案的管理相对比较规范,未经过认可的机构,特别是有机产品认证机构,认证档案的管理与认证基本规范的规定和要求存在一定的差距,需要尽快加以改进。

3. 多数外资认证机构的档案管理与国家认监委提出的《外资认证机构认证客户档案管理要求》(国认可函[2005]6号)存在一定差距,部分机构未按要求对2005年2月1日前的认证客户档案进行必要的整理或补充。

三、存在的问题

通过专项稽查未发现档案管理的新问题,但2004年认证档案专项稽查中发现的一些问题目前仍然存在,主要表现为:

1. 对认证企业符合法律法规要求的证明文件收集不全或没有归档,其中没有收集归档食品企业的生产许可证、QS标志的情况比较多。

2. 部分机构对认证企业的不符合项没有按照认可准则的要求,对企业采取的纠正措施进行验证并确定有效就颁发了认证证书。

3. 机构在食品领域的人力资源普遍不能满足要求,对食品企业的审核活动中审核组和认证决定人员专业能力明显不足。

4. 部分机构审核用文件过于简单,审核记录仍采用"√""×"或"符合"、"基本符合"的形式表述,无法真正体现审核的实施过程。

5. 机构对审核人员的专业范围评定不当,尤其外资机构专业范围评定过大,且不能提供人员的审查程序及相关记录。

另外审核人日数不足、审核计划不周密、审核记录不完整等问题依然存在。

四、后续措施

1. 对于稽查中发现的严重问题包括重复出现的问题,国家认监委将在2006年继续组织地方认监部门进行重点的监督检查,对没有采取有效措施,问题重复发生的机构要做出相应处理。

2. 中国认证机构国家认可委员会(CNAB)要加强认可监管的针对性和有效性,对于此次稽查存在问题多且性质比较严重的机构,要作为监督重点,适当增加监督频次或进行非例行检查。

3. 各认证机构应根据专项稽查提出的问题,认真做好自查工作,结合明年工作重点和提高认证有效性的要求,提出具体整改措施。

4. 外资认证机构应依照《认证认可条例》第二十二条和《外资认证机构认证客户档案管理要求》的相关规定,做好认证档案的管理,为了便于检查,要建立中文版的认证档案。

5. 国家认监委将进一步改进档案专项稽查的组织管理工作,更好地发挥档案稽查对促进认证机构规范管理,提高认证有效性的促进作用。

二〇〇五年十二月七日

关于2005年认证机构顾客满意度调查情况的通报

国认可函[2005]239号

各认证机构:

为深入贯彻落实《中华人民共和国认证认可条例》,建立健全认证机构评价体系,国家认监委自2004年起开始开展认证机构顾客满意度调查工作,目的是了解企业需求和对认证服务的期望,加强对认证机构的监管,提高认证机构的服务质量和有效性。2005年国家认监委委托用户评价机构再次进行了认证机构顾客满意度调查工作,现将有关情况通报如下:

一、基本情况

1. 测评指标的确定

2005年认证机构顾客满意度测评指标,是通过顾客对认证工作质量、认证价值的认识和对于认证工作期望的角度考虑,分析顾客满意度、顾客抱怨、顾客忠诚度和机构品牌形象的状况,依照认证服务过程以及服务质量的特征,从环境、认证规范、人员素质、服务效率和组织沟通等方面设计了调查问卷,进行满意度调查活动。

2. 调查的范围和方式

2005 年接受顾客满意度调查的认证机构是经国家认监委批准的从事管理体系和自愿性产品认证的机构(包括合资认证机构)；调查的企业是上年度调查未抽查过的企业；采取的方法是随机抽取调查对象(获证企业)进行电话访问。共调查 6 475 家认证企业，涉及全国 31 个省、自治区、直辖市及香港地区，其中管理体系认证企业 5 304 家，产品认证企业 1171 家；被调查的民营企业占 62.5%，国有企业占 14.7%，中外合资和外商独资企业占 14.4%，其他企业占 8.4%，比例与上年基本保持了一致。

调查涉及的认证机构 95 家(内资机构 84 家，合资机构 11 家)；51 家机构(内资 36 家，合资 15 家)因提供样本过少，满足不了统计学方面的要求未实施调查，将采用其他方法了解；另有 9 家处于暂停处罚期间的认证机构未实施调查。

二、调查结果

1. 2005 年认证机构顾客满意度平均分数(依照调查样本量等因素计算)为 82.03，内资认证机构满意度平均分数为 82.05，合资认证机构满意度平均分数为 80.56，(详见附件 2、3)。满意度结果与上年持平，顾客满意度结果最高的为 85.69 分，最低的为 69.86 分，其中满意度高于 80 分的机构共有 51 家，占被调查机构的 54%。说明一半以上认证机构的服务质量得到获证企业的较高评价。

2. 调查结果显示，顾客忠诚度与上年度相比有所提高，顾客抱怨也未见上升，企业对于机构提供服务质量的感知，高于期望水平。这些都说明认证机构确实采取了措施，努力改进服务质量，且得到多数获证企业的肯定。认证机构的品牌形象有所上升，机构形象进一步得到获证企业的认可，从调查结果看出品牌是企业选择认证机构的主要因素之一。

调查结果还表明产品认证机构的品牌形象好于管理体系认证机构，反映出产品认证机构注重品牌建设和维护，管理体系认证机构在此方面仍需要进一步改进。

3. 认证机构在公开认证信息和提供公开文件方面比上年有所改进。但是一些机构的业务人员在向企业介绍认证相关知识和事宜的能力上仍存在较大问题，服务态度仍需改进和提高；机构对企业初次审核和监督审核的一致性方面的问题反应突出；这些问题上年度调查中已经存在，需要引起机构的足够重视，采取有效的措施加以纠正和改进。

4. 通过对认证有效性方面的调查看出，认证对于提高企业的整体管理意识、提升整体人员素质水平和建立持续改进的机制方面产生了积极的促进作用，获得产品认证的企业对认证在提高产品质量，提高生产效率方面所发挥的作用体会尤为明显。认证在提高产品市场竞争能力，增加销售额、降低成本和增加产品出口方面的效果体现不十分明显，与获证企业的期望还有差距。这些方面也需要认证机构在今后的认证审核服务中加强研究，提高认证的有效性。

5. 企业盲目选择认证机构的情况明显减少，认证机构的品牌、专业背景和行业的推荐是企业选择认证机构所优先考虑的三大方面。其中获管理体系认证企业，机构背景和行业推荐对其选择认证机构的影响加大；获产品认证企业更关注认证机构的专业背景。

6. 企业申请和实施认证的目的性增强，绝大部分企业是为了提高自身管理水平，这一趋势比 2004 年更为明显。获产品认证的企业更多是为了提高生产水平和产品质量。由此可以看出企业对认证机构提供服务和有效性的要求不断提高。

三、措施建议

国家认监委连续两年对认证机构的顾客满意度调查活动，一方面促进了认证机构不断改进工作和认证服务质量，提高认证有效性，以此来提高整体的客户满意度；另一方面也为获证企业提供了一个对认证机构的服务质量进行评价的正常渠道，使认证机构能够更好地了解获证组织的愿望和需求，不断改进服务质量和提高认证工作有效性。从这两次调查的情况来看，还需要采取进一步的措施，不断地加以改进和提高，更好地发挥满意度调查的作用。

1. 各认证机构要根据调查的结果，从提高管理水平，增强服务意识，规范认证行为入手，减少审核计划和实施调整的随意性，保证初次审核和监督审核活动的一致性，加强对工作人员和审核人员的专业培训，提高认证人员的基本素质，重视认证后续服务等方面采取有效措施，不断满足顾客的需要。

2. 发挥行业协会的作用，建立机构之间的信息交流和沟通平台，通过行业评价和机构自我评价的方式建立和完善评价体系及客户满意调查工作。进一步加强机构品牌建设，鼓励机构创品牌、树品牌，形成优胜劣汰的良性竞争机制。

3. 国家认监委将继续在规范认证行为，创造健康、有序、和谐的认证市场环境方面加大工作力度，完善各项评价指标体系，以多种方式向社会发布各类信息。针对此次调查在对各机构结果进行分析汇总后将分析资料发送各机构。

二〇〇五年十二月七日

关于印发《测量管理体系认证管理办法》的通知

国质检量联[2005]213 号

各省、自治区、直辖市质量技术监督局,有关单位:

为加强对测量管理体系认证工作的管理，保证计量单位的统一和量值的准确可靠，推动我国企业计量工作的发展,国家质量监督检验检疫总局、国家认证认可监督管理委员会制定了《测量管理体系认证管理办法》。现印发给你们,请遵照执行。

二〇〇五年六月二十八日

测量管理体系认证管理办法

第一章 总 则

第一条 为加强对测量管理体系认证工作的管理，保证计量单位的统一和量值的准确可靠，推动我国企业计量工作的发展,根据《中华人民共和国计量法》(以下简称计量法)、《中华人民共和国认证认可条例》(以下简称认证认可条例),制定本办法。

第二条 本办法所称的测量管理体系认证工作,是指由测量管理体系认证机构(以下简称认证机构)证明企业(或其他组织)能够满足顾客、组织、法律法规等对测量过程和测量设备的质量管理要求，并符合国家标准 GB/T19022-2003《测量管理体系 测量过程和测量设备的质量管理要求》的认证活动。

本办法所称的认证机构是指依法设立的从事测量管理体系认证活动的认证机构。

第三条 国家对测量管理体系实行统一的认证制度。测量管理体系认证坚持政府推动、企业自愿的原则。

第四条 国家质量监督检验检疫总局（以下简称国家质检总局)负责推广测量管理体系在企业中的应用。国家认证认可监督管理委员会(以下简称国家认监委)负责测量管理体系认证活动的统一管理、监督和综合协调工作。

省级质量技术监督部门在本行政区域内负责测量管理体系认证活动的监督管理工作。

第五条 本办法适用于在中华人民共和国境内的测量管理体系认证活动。

第二章 组织管理

第六条 从事测量管理体系认证的认证机构，由国家认监委按照认证认可条例有关规定审核批准，并征求国家质检总局意见。获得批准的认证机构,方可从事测量管理体系认证活动。

第七条 申请设立从事测量管理体系认证的认证机构及其认证人员应当具备认证认可条例规定的条件,从事测量管理体系认证的认证机构应当有 30 名以上具有测量管理体系认证资格的专职审核人员。

第八条 国家质检总局和国家认监委制定测量管理体系认证实施规则，确定认证标准、技术规范和认证程序。

认证机构可以制定内部相关规范、规则,报国家认监委备案后实施。

第九条 从事测量管理体系认证的认证机构履行以下职责：

（一）在批准的业务范围内按规定要求开展认证工作;

(二)按照规定对获得认证的企业,颁发或者撤销认证证书,决定允许或者停止使用认证标志；

(三)对认证标志使用情况进行监督管理；

(四)对认证企业的持续符合性进行监督检查;

(五)受理有关的认证投诉、申诉和争议工作。

第十条 测量管理体系认证机构设置非法人分支机构需要得到国家认监委的批准，并按照有关法律法规的规定开展工作。

第十一条 从事测量管理体系认证的审核人员经过注册后,方可从事相应的认证活动。从事测量管理体系认证审核员培训的机构须得到国家认监委的批准，按照指定的培训课程开展相关的培训工作。

第三章 认证程序

第十二条 申请测量管理体系认证，应当向认证机构提交书面请,并提交相关资料:

(一)申请人基本情况,包括名称、地址、硬件设施、资产状况、信用等级、经营情况等;

(二)申请人的营业执照或证明其合法经营的其他资质证明复印件;

(三)申请人的管理体系文件及相关文件;

(四）保证执行测量管理体系标准和技术规范的声明;

(五)其他有关材料。

第十三条 认证机构负责受理申请人的认证申请。经审核,材料不符合要求的,应当书面通知申请人。

第十四条 对申请材料审核符合要求的申请人,认证机构应当在规定时限内委派认证人员，按照测量管理体系标准和技术规范对其进行现场审核。

第十五条 认证机构应当根据申请材料、现场审核报告等进行综合评价,并做出认证决定。向获得认证的申请人颁发测量管理体系认证证书，准许使用测量管理体系认证标志。测量管理体系认证证书有效期 5 年。

第十六条 认证机构应当将其颁发的认证证书的复印件向国家质检总局备案。

第十七条 认证证书期满需要继续使用的，应当在有效期满 90 天前向认证机构申请复审,复审的申请手续同初次申请。复审通过后重新颁发认证证书。

第十八条 认证机构可以通过国家认监委确定的认可机构的认可,以持续、稳定地保证其认证能力。

第四章 认证标志管理

第十九条 认证机构可以制定测量管理体系认证标志,并报国家认监委备案。

第二十条 获得测量管理体系认证的企业可以在认证有效期内使用测量管理体系认证标志，并接受认证机构的监督管理。

第二十一条 获得测量管理体系认证证书的，获证企业可以在宣传材料等信息载体上印制测量管理体系认证标志，但不得在销售的产品或者产品的包装上使用测量管理体系认证标志。

第二十二条 印制测量管理体系认证标志时可根据需要按基本图案规格等比例放大或者缩小,但不得变形、变色。

第二十三条 认证机构对有下列情形之一的，应当注销认证证书,并停止其使用认证标志:

(一)认证适用的标准变更,获得测量管理体系认证证书的企业不能满足变更要求的;

(二)认证证书超过有效期,获得测量管理体系认证证书的企业未申请复审的;

(三）获得测量管理体系认证证书的企业申请注销的。

第二十四条 认证机构对有下列情形之一的，应当暂停其使用认证证书和认证标志:

(一)获得测量管理体系认证证书的企业未按规定使用认证标志;

(二)监督检查结果证明获得测量管理体系认证证书的企业运营中不符合认证要求，但是不需要立即撤销认证证书的。

第二十五条 认证机构对有下列情形之一的，应当撤销认证证书并停止其使用认证标志:

(一）监督检查结果证明运营中不符合认证要求,需要立即撤销认证证书的;

(二)认证证书暂停使用期间,获得测量管理体系认证证书的企业未采取有效纠正措施的;

(三)测量管理体系出现严重质量事故的。

第二十六条 任何单位或个人不得伪造、冒用、转让、买卖测量管理体系认证证书、认证标志。

第五章 监督管理

第二十七条 认证机构应当对获证企业的测量管理体系每年进行一次跟踪监督检查，也可根据情况进行不定期抽查。

第二十八条 监督检查合格的，认证证书继续使用;监督检查不合格的,暂停使用认证证书和测量管理体系认证标志,并限期整改。整改合格的继续使用认证证书和测量管理体系认证标志,整改无效的,撤销其认证证书，并停止使用认证证书和测量管理体系认证标志。

第二十九条 申请人对认证机构的认证决定或者处理有异议的，可以向做出决定的认证机构提出申诉，对认证机构处理结果仍有异议的，可以向国家认监委申诉、投诉。

第三十条 国家质检总局和国家认监委采取专家审定、向被认证企业征求意见、对认证活动和认证结果进行抽查、要求认证机构报告业务活动情况等方式，对认证机构和获证企业遵守法律法规的情况进行监督。

第三十一条 对于违反国家有关认证认可法律法规规定的，按相关法律法规处理。

第六章 附 则

第三十二条 国家质检总局和国家认监委鼓励企业实施测量管理体系认证。对获得测量管理体系认证证书的企业，实施其他认证时，可免于对相关条款的审核。

第三十三条 测量管理体系认证按照国务院价格主管部门批准的收费标准收取认证费用。

第三十四条 本办法由国家质检总局和国家认监委负责解释。

第三十五条 本办法自发布之日起施行。

(四)卫生注册登记和农产品食品认证

关于国家有机产品认证标志印制和发放有关问题的通知

国认注[2005]34 号

各有机产品认证机构：

国家质检总局公布的《有机产品认证管理办法》(2004 年第 67 号令)自 2005 年 4 月 1 日起开始实施。为加强有机产品认证标志(以下简称有机标志)的印制和发放管理，有利于施行监督检查，防范假冒和滥用标志，维护有机产品认证机构的权益，现就有关有机产品标志的印制、发放等问题通知如下：

一、根据《中华人民共和国认证认可条例》和《有机产品认证管理办法》，国家认监委依法对有机标志的印制和发放实施监督检查，根据有机标志的使用情况确定印刷和发放管理方式。

二、委托印制单位承印有机标志的认证机构，必须是按照《中华人民共和国认证认可条例》的规定依法设立的、经国家认监委批准的有机产品认证机构。各有机产品认证机构在委托印制和签订印制合同时，应当在印制合同中注明国家认监委的批准文件及文号。

三、各有机产品认证机构应注意选择信誉好、质量可靠并符合本通知规定条件的印制单位承印有机标志。同时，应当将本机构确定的有机标志印刷厂家名称、地址、联系方式和签订的印刷合同(复印件)及有机标志的样品(各种规格的实物，每种规格不少于 10 枚)，报国家认监委备案。

四、各有机产品认证机构应当建立有机标志的发放登记制度及出入库台帐，并存档保存备查。

五、承担有机标志印刷业务的印制单位，应当具备以下基本条件：

(一)经工商行政管理部门依法注册登记，具有合法的营业证明；

(二)获得公安、新闻出版等相关管理部门发放的许可证明；

(三)有与其承印有机标志业务相适应的技术、设备和仓储保管设施等条件；

(四)掌握标志的防伪技术和辨伪能力；

(五)健全的管理制度；

(六)符合国家有关规定的其他条件。

六、印制单位应当根据《有机产品认证管理办法》有关式样、色标和规格的规定，印制有机标志，不得擅自改变式样、颜色和规格。

七、印制单位应当建立有机标志的出入库登记制度，建立和施行出入库台帐并存档。非正品和残次品，应当及时销毁，并如实登记，不得散失。

二〇〇五年五月十八日

关于有机产品认证标志标注有关问题的通知

国认注[2005]41号

各省、自治区、直辖市质量技术监督局，各直属出入境检验检疫局：

《有机产品认证管理办法》(国家质检总局2004年第67号令)，自今年4月1日施行以来，各级质检部门认真贯彻执行《办法》，积极开展有机产品认证行政执法，取得了明显成效。但随着执法工作的不断深入，部分质检部门对获得有机产品认证的产品如何正确标注出现了理解不一致的问题。为规范有机产品标注行为，统一有机产品认证的监督管理，加强有机产品认证行政执法工作，保证有机认证产品的安全质量，现将有关意见通知如下：

一、获得有机产品认证的产品，应当严格按照《办法》规定在产品或产品包装及标签上标注。

二、未获得有机产品认证的产品，不得在产品或者产品包装及标签上标注"有机产品"、"有机转换产品"；也不得在标注"有机产品"、"有机转换产品"的同时，标注"无污染"或"纯天然"等其他误导公众的文字。

三、《有机产品认证管理办法》适用于规范有机产品认证活动。对于未获得有机产品认证的产品单独标注"无污染"或"纯天然"等文字的，可按照其它法律、法规和规章的规定办理。

二〇〇五年六月十七日

关于印发《出口泡菜生产企业注册卫生规范》的通知

国认注函[2005]218号

各直属检验检疫局：

根据国家质检总局《出口食品生产企业卫生注册登记管理规定》(2002年第20号令)，国家认监委对《实施出口食品卫生注册、登记的产品目录》进行调整，将泡菜等腌渍菜类产品纳入出口食品卫生注册管理。

现将《出口泡菜生产企业注册卫生规范》印发你局，本规范自2005年12月1日起施行，其他腌渍菜类产品生产企业参照本规范执行。

自2005年12月1日开始，对新申请的泡菜产品生产企业进行卫生注册评审与发证。对已经获得登记资格的泡菜产品生产企业，请各局立即组织注册评审，对符合要求的企业予以注册。2006年3月1日起，未获得卫生注册资格的泡菜产品生产企业不得出口。

自2005年12月1日开始，对新申请泡菜以外的其它腌渍菜类产品生产企业进行卫生注册评审与发证。对已经获得登记资格的其他腌渍菜类产品生产企业，请各局组织注册许可，对符合要求的企业予以注册。2006年7月1日起，未获得卫生注册资格的其他腌渍菜类产品生产企业不得出口。

在执行中如有问题请及时向国家认监委反映。

二〇〇五年十一月十一日

出口泡菜生产企业注册卫生规范

1. 依据

本规范是出口泡菜生产企业在生产、包装及储运等过程中,有关人员、车间、设施和设备的设置,以及产品的安全卫生、工艺及品质管理等方面均符合良好条件的专业指南。通过运用“危害分析及关键控制点(HACCP)”原理,预防泡菜在不卫生和可能引起污染或恶劣的环境下生产加工,促进建立健全企业的品质保证体系,确保泡菜符合国家和进口国(地区)的安全卫生质量要求。

本规范根据国家质检总局发布的《出口食品生产企业卫生要求》制定。

2. 适用范围

本规范适用于出口泡菜类生产企业(以下简称企业)的安全卫生管理以及卫生注册。

3. 专门用词定义

3.1 泡菜产品的定义

3.1.1 泡菜(英文名称:kimchi)

以新鲜蔬菜(70%以上)为主要原材料,以其他蔬菜(蒜、姜、葱、萝卜等)和调味品为辅料,经盐腌、调味等工序加工而成的具有传统风味的酱腌菜。

3.1.2 中式泡菜

以新鲜蔬菜为主要原材料,以其他蔬菜(辣椒、蒜、姜等)和香辛料(花椒、八角等)为辅料,经盐腌、发酵等工序加工而成的具有传统风味的腌渍菜。

3.2 原材料:指原、配料、食品添加物及包装材料。

3.2.1 原料:指泡菜的构成材料,包括主原料、配料及食品添加物。

3.2.1.1 主原料:指做泡菜的主要构成材料。

3.2.1.2 配料:指主原料和食品添加物以外的构成成品的次要材料。

3.2.1.3 食品添加物:指泡菜在加工、调配、包装、运送、贮存等过程中,用以着色、调味、防腐、漂白、乳化、增加香味、稳定品质、促进发酵、增加稠度(或凝固)、增加营养、防止氧化或其它用途而添加或接触于食品的物质。

3.2.2 包装材料:包括内包装材料和外包装材料。

3.2.2.1 内包装材料:指与泡菜直接接触的容器,如罐、塑料袋、复合袋等,材质应符合国家安全卫生标准要求,塑料袋或复合袋的内衬材料应是符合国家规定要求的材料。

3.2.2.2 外包装材料:指不与泡菜直接接触的外层的包装材料,包括标签、纸箱、罐等。

3.3 产品:包括半成品、最终半成品和成品。

3.3.1 半成品:指在生产加工过程中的产品,此产品经随后的加工过程可制成成品者。

3.3.2 最终半成品:指经过完整的生产加工过程但未经包装而成的产品。

3.3.3 成品:指经过完整的生产加工过程并经包装的产品。

4. 卫生质量方针、目标和卫生质量管理体系

4.1 企业应制定本企业的卫生质量方针、目标和责任制度,并有效贯彻执行。

4.2 企业最高管理者应确保卫生质量方针、目标和责任制度的有效实施。

4.3 企业应当建立健全并有效实施保证出口食品安全卫生的质量管理体系,并制定体现和指导质量管理体系运转的文件,确保出口泡菜的生产加工和储运等各环节符合本规范的要求。

4.4 企业的卫生质量管理体系应至少包括《出口食品生产企业卫生要求》中规定的全部内容。

4.5 鼓励企业按照国际食品法典委员会发布的《危害分析和关键控制点(HACCP)体系及其应用准则》的要求,建立和实施HACCP体系。

5. 企业的组织机构及其职责

5.1 企业应当建立与生产相适应的、能够保证产品安全卫生质量的组织机构,并规定其职责和权限。

5.2 企业应建立直属企业最高管理者领导的品质管理部门(以下简称品管部门),对企业质量负全面管理职责。

5.3 品管部门应有充分的权限执行品质管理任务,品管部门负责人有暂停不合格产品的生产或出货的权力。

5.4 品管部门,包括检验检测和作业现场品质管理等的品管人员。

5.5 生产负责人与品管部门负责人不得相互兼任。

5.6 建立HACCP体系的企业,应设立HACCP小组。

6. 质量管理和生产人员要求

6.1 部门设置

生产加工、卫生管理、品质管理、安全生产管理及其它各部门均应设置相应的部门负责人，以督导或执行所负的任务。

6.2 人员与资格

6.2.1 生产加工、卫生管理、安全生产管理等关键部门的负责人,应为高中或中专以上的学历,并有食品加工的实践经验的人员。

6.2.2 品管部门人员,应具有中专以上的食品专业或相近专业的学历，有食品加工的实践经验和经过相关的技术培训。

6.3 教育与培训

6.3.1 企业应制定有关食品安全卫生质量的年度培训计划,确保执行并做好记录。

6.3.2 对从事食品生产加工及相关作业的员工应定期举办(可在厂内)安全卫生质量等相关知识的培训。

6.3.3 生产加工、卫生管理、品质管理、安全生产管理等部门负责人应忠于职责、以身作则,并随时随地督导及教育员工按照既定的作业程序或规定进行操作。

6.4 生产人员的卫生管理

6.4.1 凡与产品直接接触的员工，不得留长指甲、涂指甲油或配戴饰物等。

6.4.2 员工更衣、洗手、消毒、应依照正确的程序进行。

6.4.3 在粗加工、精加工和内包装场所工作的员工，应带口罩,穿戴整洁的工作衣帽及发网,以防头发、头屑及外来杂物落入产品、产品接触面,或内包装材料中。

工作前应按照规定的程序,用清洁剂认真洗净手部,并在整个作业过程中保持手部卫生。员工应戴清洁并经消毒的不透水手套或将手部彻底清洁及消毒后方可从事工作,但手部有伤口的人员,不得徒手接触产品。

6.4.4 员工如患有出疹、脓疮、开放性创伤、结核病等或其他可能造成食品污染的疾病者，不得从事泡菜生产加工。

新进人员应先经卫生医疗机构健康检查合格后,方可雇用;雇用后每年至少应接受一次健康检查,其检查项目应符合相关规定。

6.4.5 员工调换工作、如厕后或手部受污染时,应随时清洗消毒。

6.4.6 员工在工作中不得抽烟、饮食或有其他可能污染食品的行为,要防止汗水、唾液等污染产品、产品接触面或内包装材料。

6.4.7 企业应对来访者进入生产车间从严控制。非生产加工人员进入生产加工场所，应符合现场工作人员的卫生要求。

7. 环境卫生的要求

7.1 企业不得设置在污染区或易遭受污染的区域。

7.2 厂区四周环境应保持清洁、美化,地面不得有可能成为污染源的积水、泥泞、污秽等。厂区内应无裸露的地面。

7.3 厂区邻近道路及厂内道路,应铺设混凝土、柏油或地砖等,防灰尘造成污染。

7.4 厂区内不得有产生不良气味、有害(毒)气体或其它有碍卫生的污染源。

7.5 厂区内禁止饲养禽、畜及其它宠物。

7.6 厂区应有健全的排水系统，排水道应有适当斜度并保持通畅,不得堵塞、积水、淤泥、污秽、破损或孳生有害生物,以免成为污染源。

7.7 必要时,厂区应当设置围墙,防范外来物侵入。

7.8 厂区如有员工宿舍和员工餐厅，应与产品的生产加工和贮存场所相隔离。

8. 厂房及设施的要求

8.1 厂房(车间)配置与空间

8.1.1 厂房建筑和设置应符合工艺流程需要,满足食品安全卫生要求,避免交叉污染。

8.1.2 厂房应有足够的空间，确保设备的安置和运转,便于清洁卫生和物料存放。

8.1.3 厂房内的设备与设备之间，或设备与墙壁之间,应有适当的通道或空间,不致因员工或物品通过时接触到产品、产品接触面或内包装材料。

8.1.4 企业设有产品检测实验室的,实验室应有足够空间,确保安置试验台、检测仪器设备,便于进行物理、化学、感官及微生物等的试验。微生物检验场所,应单独设置且与其他检测场所相隔离。

8.2 厂房区划

8.2.1 凡使用性质不同的场所（如原料配料仓库、包装材料仓库、原料处理间等)应分别设置,或加以有效隔离。

8.2.2 厂房设置应视泡菜生产工艺和生产规模的需要,分别设置原料验收、原料处理和储存、配料和食品添加物处理和储存、清洗、切段、腌渍、控水、调味料制作、熬制、抹料、搅拌、内包装及内包装材料储存、外包装及外包装材料储存、成品储存等场所(或车间)和员工更衣、洗手消毒等场所或设施。

8.2.3 厂房设置应视安全卫生要求，划分为清洁区和非清洁区，并有效隔离。

8.3 厂房结构

厂房应坚固耐用、安全卫生，易于进行卫生清扫，应能防止产品、产品接触面及内包装材料免受污染；设置防鼠设置，有效防止有害动物的侵入、栖息、繁殖等。

8.4 安全设施

厂房内的电源及插座，应有防水、防意外触电等的保护装置，以及必要的消防、安全生产设施。

8.5 厂房地面与排水

8.5.1 地面应使用非吸收性、不透水、易清洗消毒、不易藏污纳垢的材料铺设，确保地面平坦不滑，无侵蚀、裂缝或积水。

8.5.2 地面应有适当的排水斜度(应在 1/100 以上)及排水系统。

8.5.3 生产废水应通过排水系统经废水处理系统或其它适当方式进行处理。

8.5.4 排水孔应有防止有害动物侵入的装置。

8.5.5 排水沟应便于清洁，不易藏污纳垢或滋生有害生物。排水沟的侧面和底面接合处应有适当的弧度(曲率半径应在 3cm 以上)，有适当的坡度，确保污水由高清洁区流向低清洁区。

8.5.6 排水沟内不得设置其它管路，特别是生产用水管。

8.6 屋顶(或天花板)

8.6.1 加工、包装、储存等场所的屋顶(或天花板)应使用无毒、浅色、防水、防霉、不脱落、易于清洁的材料修建。屋顶(或天花板)和厂房上部的各种固定物，在结构上应能防止灰尘和冷凝水的形成或杂物的脱落。屋顶与墙壁的接合处，应有适当的弧度。

8.6.2 蒸汽、水、电等设施及管线，不得设于生产线的直接上空，否则应有能防止尘埃、凝结水等掉落的装置。空调风管等最好设于天花板的上方。

8.6.3 楼梯或横越生产线跨道的设计构筑，应有安全防护设施，避免引起附近产品及产品接触面遭受污染。

8.7 墙壁与门窗

8.7.1 厂房墙壁面应采用非吸水性、平滑、易清洗、不透水的浅色材料构筑；墙脚及柱脚应具有适当的弧度(曲率半径应在 3cm 以上)，以利清洗及避免藏污纳垢。

8.7.2 生产中需要打开的窗户，应装设易拆卸清洗且具有防护产品免受污染的不生锈的纱网。精加工和包装间在作业时不得设置可打开的窗户。室内窗台的台面深度如有 2cm 以上者，其台面与水平面的夹角应达到 45°以上，未满 2cm 者应以不透水材料填补其内面死角。

8.7.3 在清洁区的入口处应设置洗手、鞋靴消毒设施。

8.8 照明设施

8.8.1 厂区和厂房内，应装设适当的采光照明设施，照明设备以不安装在生产线有产品暴露的上方为原则，并安装防爆灯罩。

8.8.2 粗加工车间的照明应保持 110lx 以上，精加工车间作业面应保持 220lx 以上，检验台应保持 540lx 以上的光度，光线不应改变产品的本色。

8.9 通风设施

8.9.1 加工、包装及储存等场所，应满足规定的温度，保持通风良好，必要时应装设有效的换气设施，以防止室内温度过高、蒸汽凝结或异味，保持空气新鲜。

8.9.2 厂房进气口、排气口，应设有防止蝇虫、飞禽和啮齿动物进入的设施。

8.10 供水设施

8.10.1 企业应有可满足生产、生活所需的水量、适当压力及水质的供水装置。必要时，应能提供适当温度的热水。

8.10.2 生产用水应符合国家规定的饮用水标准。使用自备水源的，应有必要的净水或消毒措施。

8.10.3 储水槽(塔、池)应以无毒、不致污染水质的材料构筑，并应有防护设施，定期进行清洗。

8.10.4 非饮用水管路系统与生产加工用水管路系统，应以不同的颜色明显标示，并以完全分离的管路输送，不得有逆流或相互交接现象。

8.10.5 使用自备水源的，应远离污染源，以防污染。

8.11 洗手设施

8.11.1 洗手设施应在车间(或清洁区)的入口处、洗手间出入口和其他方便员工及时洗手的地点，设置足够数目的洗手及干手设备。必要时应提供温水。

8.11.2 洗手时应用清洁剂进行清洁和手部消毒。

8.11.3 洗手台应以不锈钢等不透水材料构筑，其设计和构造应不易藏污纳垢且易于清洗。

8.11.4 干手设备应采用烘手器或擦手纸巾。如使用纸巾者，应是达到卫生要求的纸巾，纸巾用后应丢入易保持清洁的垃圾桶内(如使用脚踏开盖式垃圾桶)；如采用烘手器，应定期清洗消毒内部，避免污染。

8.11.5 洗手用的水龙头，不得采用手动开关，可采用脚踏、触及或感应等开关方式，以防止已清洗或消毒的手部再度受污染。

8.11.6 洗手设施的排水，应具有防止逆流、有害动物侵入及异味产生的装置。

8.11.7 应设有简明易懂的洗手方法标示，张贴或悬挂在洗手设施附近的明显位置。

8.11.8 车间(或清洁区)的入口处,应有鞋靴消毒池或同等功能的鞋底洁净设备。使用氯化合物消毒剂的,其有效游离余氯浓度应经常保持在200ppm以上。

8.12 更衣室

8.12.1 车间(或清洁区)的入口处应设有更衣室,室内有适当的照明，且通风应良好，备有可照全身的更衣镜、洁尘设备。

8.12.2 更衣室应有足够的空间和数量足够的个人用衣物架及鞋柜等。个人衣物和鞋,应与工作服和工作鞋靴分区存放,避免交叉污染。

8.13 腌渍间

8.13.1 有足够空间放置与生产量适应的、无毒无害的腌渍槽,或使用陶瓷的腌渍缸。盐渍槽,应采用不锈钢材料。

8.13.2 使用腌渍池的,应设置在室内,并有无毒、坚固、耐腐蚀、易清洗的涂层。不得在露天或不能有效防尘、有害生物的场所腌渍产品。

8.14 调味料制作间

8.14.1 有足够的空间放置加工设备。

8.14.2 生产过程中的蒸汽能及时排放，避免冷凝水污染产品。

8.15 工器具清洗消毒间

8.15.1 有足够空间放置多个清洗槽,满足清洗、消毒需要。

8.15.2 上下水设施完备,必要时有热水供应。

8.15.3 待清洗和已清洗的工器具,应当严格分开。

8.16 包装间

8.16.1 内、外包装间的温度应控制在不影响产品质量的适宜的温度。

8.16.2 内包装间应有空气杀菌设施;有给排水设施,可保证冲刷四壁及地面。

8.16.3 内、外包装间应有包装材料进口、成品出口等通道,并设置可限制非包装间人员进出的设施,防止非清洁区人员或其他无关人员出入包装间。

8.17 仓库

8.17.1 应按原料、配料、半成品及成品等的不同,设置相应储存场所。需要低温保存的产品应设有冷藏库。

8.17.2 仓库的构造应防止污染，且应以坚固的材料构筑,其大小应足够供作业的顺畅进行,并易于清洁,应有防止有害生物侵入的设施和措施。

8.17.3 原材料库和成品库应分别设置；同一仓库储存性质不同物品时,应适当区隔。

8.17.4 冷藏库应装设温度显示装置，必要时应记录温度;并安装自动温度记录仪仪器需按规定校准。

8.18 洗手间(厕所)

8.18.1 洗手间的数量应足够供所有人员使用。

8.18.2 洗手间应采用冲水式,并采不透水、易清洗、不积垢的材料构筑。

8.18.3 洗手间内的洗手设施,设在出口处附近,应是非手动开关,并有消毒设施。

8.18.4 车间内的洗手间门,应不正对加工车间入口,并备有入厕用的拖鞋。

8.18.5 洗手间应排气良好并有适当的照明，有必要的防有害生物的措施。

9. 生产加工设备的要求

9.1 设计

9.1.1 所有生产加工设备的设计和构造应能防止危害产品的安全卫生,易于清洗消毒,并容易检查。应有可避免润滑油、金属碎屑、污水或其它可能引起污染的物质混入产品的防护措施。

9.1.2 加工台等产品接触面应平滑、无凹陷、无锈蚀或裂缝,防止产品碎屑、污垢及有机物的聚积,使微生物的滋生减至最低程度。

9.1.3 厂房内不与产品接触的设备与用具,应易于清洁和保持清洁状态。

9.2 材质

所有用于产品加工及可能接触产品的设备与工器具,应用不产生毒素、无臭味或异味、非吸收性、耐腐蚀、不易锈蚀且可承受重复清洗和消毒的材料制造。

9.3 生产加工设备

9.3.1 用于测定、控制或记录的测量器或记录仪,应是有效且须准确,并经定期校正或检定。

9.3.2 企业可视需要配置下列设备:

秤量设备、原料洗涤机、切菜机、腌渍槽(或桶、缸,应设在室内并有遮盖设施)、熬制设备、输送设备、清洗设备、包装设备和金属探测仪等。

9.4 检验检测仪器

9.4.1 企业应配备可满足原材料验收、产品检验检测需要的检验检测设备。企业也可委托具有规定资质的社会检验检测机构进行产品检验检测。

9.4.2 为了加强生产加工过程的安全卫生管理,企业应配置下列仪器：农残速测仪、余氯测定器、pH值测定计、分析天秤、水银温度计等。依据品质管理的需要,可配置糖度计、盐度计、虫体测定设施等。

9.4.3 检验检测仪器应保持良好状态。重要的检验检测仪器应制定操作、保养及校准制度,并定期检定。

10. 原料、配料的卫生要求

10.1 原料(白菜、萝卜、韭菜等)应来自经出入境检验检疫机构备案的种植基地,并具备农药或重金属元素检测合格证明。上述蔬菜获得绿色食品认证或有机食品(农产品)认证的,也可作为泡菜的原料。

每批原料须经企业品管部门验收合格,方可使用。必要时应对原料进行寄生虫(或卵)等的生物检验检测。

10.2 企业应建立完善的农药残留监控体系,确保原料符合国家和进口国(地区)的有关安全卫生要求。

10.3 配料和食品添加物应当符合国家有关卫生规定,有生产厂家的检验合格证。严禁使用国家和进口国(地区)禁止使用的配料和食品添加物;配料和食品添加物中药物、重金属、添加剂等的残留量,也应符合国家和进口国(地区)的标准。

10.4 食品添加物应专柜贮放并明显标示,由专人负责管理。

10.5 包装材料应有供货商或生产厂家提供的检验合格证。

10.6 加工用水(冰)应当符合国家《生活饮用水卫生标准》或者其他必要的标准。每年对水质的公共卫生防疫卫生检测不少于两次,每周进行一次微生物检测,每天进行一次余氯检测。

10.7 建立对原材料供货商、生产厂家的产品质量评鉴和追溯制度。企业应制定原材料的品质规格、验收标准、抽样检验计划及检验检测方法,开展相关验收、检验检测活动。

11. 生产加工的卫生要求

11.1 企业应制定生产作业指导书,并有效执行。

生产作业指导书应针对生产加工过程中重要的安全卫生控制点,制定检验检测项目、检验检测标准、抽样及检验检测方法等。

11.2 厂区的环境卫生应当定时维护,并保持良好。

11.3 厂房和生产设备设施应定期清扫、清洁消毒。班前班后应进行全面的卫生清洁。

11.4 严格控制产品的物理条件(如时间、温度、pH等)及加工过程(如控水、冷藏等),确保不致因机械故障、时间延滞、温度变化等因素导致产品腐败或污染。

11.5 清洗、腌渍、抹料等工序,应能确保洗涤效果,有效防止外来杂物混入,或有害生物侵入。

11.6 合格品与不合格品应分别贮放,并作明显标示。

11.7 检验检测仪器及金属探测仪,应定期校准、检定。

11.8 有封口、杀菌工序的,应参照罐头杀菌工艺要求实施。

12. 储存与运输的要求

12.1 储存的卫生要求

12.1.1 储存方式及环境应使产品的安全卫生质量要求得到保障,应避免日光直射、雨淋,不必要的温度或湿度,避免撞击产品导致包装受损。

12.1.2 需要冷藏储存的产品,应及时储存在符合品质温度要求的冷藏库。如需低温运输的,应有低温运输设备。

12.1.3 仓库应保持整洁,储存的物品应当使用托盘,不得直接放置地面。

12.1.4 储存中的产品应定期查看,如有异常,应及早处理。

12.2 成品入出库的卫生管理

成品出入库应经检验检测合格后,方可入库和出库。不合格的产品应当单独放置并及时处理,不得与合格品同库存放。

12.3 储存及运输记录

企业应有储存记录,出厂应有出货记录,记录内容包括批号、出货时间、地点、对象、数量等。

13. 有毒有害物品的管理

13.1 企业应当设立有毒有害物品管理制度。企业应确保厂区、车间和检测实验室使用的洗涤剂、消毒剂、杀虫剂、燃油、润滑油和化学试剂等物品得到有效控制,避免对产品、产品接触表面和包装材料造成污染。

13.2 洗涤剂、消毒剂、杀虫剂、燃油、润滑油和化学试剂等物品,应实行专用储存库(柜)存放,标示清楚,并有专人管理。建立有毒有害物品清单和使用记录。

13.3 杀虫剂及相关化学药品的使用,应当符合国家或相关主管部门的规定,严禁违规使用国家或相关主管部门明令禁止的杀虫剂及相关化学药品。

14. 检验检测要求

14.1 企业应结合原材料验收和产品检验检测的需要,配备相关的微生物、农残检验检测方法标准等资料,开展检验检测。没有条件的,应委托具备资质的社会检验检测机构进行检验检测。

14.2 企业应建立检验检测档案,妥善保管原材料验收和半成品、成品检验检测等检验检测报告。

14.3 对检验不合格的原料、半成品、成品,应及时采取措施，防止不合格品进入下一个工序和出厂，及时采取扣留等必要措施。

14.4 成品出厂前必须按生产批次进行检验检测，出具检验检测报告，合格的方可出厂。检验检测报告应按规定的程序签发及保存。

14.5 使用社会检验检测机构承担产品检验检测的，企业应审查被委托单位是否具备“计量认证（审查认可/验收）”证书或“实验室国家认可”证书，并与被委托单位签定书面委托合同，明确双方的责任和义务。

15. 保证卫生质量管理体系有效运行的要求

15.1 制定对原料、配料、食品添加物、包装材料、成品的验收、生产加工、储存及运输全过程的卫生控制程序，并有效执行。

15.2 建立并执行生产加工的卫生标准操作程序，并做好记录。

15.3 对直接影响产品的安全卫生的关键工序，应制定明确的操作规程，并得到有效的监控，必须有日常工作记录。

15.4 制定和执行不合格品的控制制度，包括不合格品的标识、记录、评价、隔离、处理和可追溯性等内容。

15.5 制定和执行加工设备设施的维护程序，保证加工设备设施满足生产加工的卫生要求。

15.6 制定和实施员工培训计划并做好培训记录，保证不同岗位的人员熟练完成本职工作。

15.7 建立客户投诉处理制度。按照国家有关规定，制定和执行产品标识、质量追溯和产品召回制度，以保证出厂产品在出现安全卫生问题时能够及时召回。

15.8 对本规范所规定的记录，企业至少应保存至该批出口产品的有效期限后1个月。

15.9 记录的具体要求

15.9.1 对反映产品的安全卫生质量情况等的记录，应制定收集、编目、归档、保管和处理等程序，并贯彻执行。所有的品质管理记录，必须真实、准确、规范，并具有安全卫生质量的可追溯性。

15.9.2 卫生管理负责人除记录定期检查结果外，应填报卫生管理日志，内容包括当日执行的清洗消毒工作及人员的卫生状况，并详细记录异常矫正及再发防止措施。

15.9.3 品管部门负责人对原料、半成品和成品的品质状况，客户投诉的处理和召回的产品等结果，应详细记录和核查，并记录对异常矫正及再发防止措施。

15.9.4 生产加工部门负责人应填报生产记录及加工过程记录，并详细记录异常矫正及再发防止措施。

15.9.5 记录应使用不易涂抹的文具填写。记录内容如有修改，由修改人在需要修改处做出修改，并在修改处签字（或签章），不得将其完全涂抹以致无法辨识原文。

15.9.6 每项记录应由执行人员及有关督导复核人员签章，签章以采用签名方式为原则，如采用盖章方式应有适当的管理办法。

15.9.7 所有的生产和品管记录，应分别由生产加工部门和品管部门审核，以确定所有作业均符合规定，如发现异常现象时，应立刻处理。

16. 附则

16.1 本规范的内容与国家法律、行政法规、国家强制性标准和相关主管部门发布的规章规定抵触时，应依有关规定办理。

16.2 本规范自核定日起实施，修正时亦同。

关于食品企业认证有效性监督抽查情况的通报

国认可函[2005]236号

各省、自治区、直辖市及计划单列市、新疆生产建设兵团质量技术监督局，各直属出入境检验检疫局，中国合格评定国家认可中心，各认证机构：

为了深入贯彻《中华人民共和国认证认可条例》，落实《国家质检总局关于进一步加强食品质量安全监管工作的通知》（国质检监[2005]182号）的精神，进一步规范认证市场，加强对认证有效性的监督，国家认监委于2005年9月份对获得ISO9001认证的食品企业开展了认证有效性监督抽查。

一、基本情况

本次抽查工作由国家认监委统一组织和协调。对获证企业的现场检查工作由各省、自治区和直辖市质量技术监督局和直属出入境检验检疫局联合实施，共涉及16个省、市、自治区。实际抽查企业282家，涉及认证机构

58家。拒绝或无法实施检查的企业18家。

监督抽查内容以认证机构的认证有效性检查为主，兼顾公正性和规范性，具体分为企业质量管理体系有效性检查和认证审核公正性、规范性检查两部分，共检查36个项目，其中30项是针对企业的质量管理体系实施检查，6项是针对认证机构和相关审核人员认证审核过程中的公正性、规范性情况检查。每一部分单独计分(满分为100)和评价。

根据汇总统计，企业质量管理体系有效性检查平均分为86.72；认证审核公正性、规范性检查平均分为84.36。其中质量管理体系有效性检查结论为符合的企业160家，占56.7%；基本符合的企业78家，占27.6%；不符合的企业44家，占15.7%。18家认证机构在审核过程中存在严重的公正性、规范性问题，涉及对30家生产企业的审核过程。

具体汇总结果和评价排序详见附表1-4(略)。

二、监督检查结果反映出企业实施认证产生的效果

本次企业监督抽查发现，238家获证(占84.3%)的企业能有效实施ISO9001标准，体系运转基本正常；质量方针能体现企业的宗旨及质量承诺，反映了对法律法规的符合性以及顾客的期望与要求；按照质量管理体系要求，有计划地开展内部质量审核和管理评审，建立和保持持续改进的管理机制，文件、记录保存良好。认证前后对比，有以下明显的变化：

1. 企业在技术、管理、人员素质以及提高工作效率或产品信誉、市场竞争能力以及顾客满意程度上都有不同程度的提高。

2. 对原辅材料，外购包装物料等进行了安全控制，对主要原材料进行进货检验验证，满足最终产品的安全质量要求。

3. 在生产中明确对关键过程(工序)进行连续监控，监控方法、人员、设备等符合有关规定，检验活动能充分考虑并依据法规、产品标准、内控标准、合同要求，包括检验指导书，检验记录等所有必要的基本文件要求。

4. 根据测量任务需要配备了适当的检测设备，对关键质量特性配备了满足质量要求的测试条件和具有资格的人员。

5. 对发生的不合格，包括外部质量信息反映的问题，采取了纠正措施和预防措施，能防止问题的再发生。许多企业针对因安全问题出厂的不合格品制定了召回程序。多数企业在连续几年的产品质量检查中均为合格。

三、监督检查发现的主要问题

1. 认证企业质量管理体系存在的主要问题

(1)部分企业不能按照规定的时间间隔开展内部质量审核和管理评审，内审人员能力不充分，内审和管理评审的范围和深度不够，对于内部审核和管理评审发现的问题没有采取有效的纠正、预防措施，企业未能建立和保持持续改进的管理机制。

(2)部分企业未能对产品或服务过程的关键质量特性，重要的工艺参数，进行有效的监视或控制(包括制订适宜的操作指导文件)。

(3)部分企业未能按程序规定实施合同评审，保持记录并进行有关的传递，不断提高合同履行率。

(4)部分企业未能按照要求形成服务报告，将顾客对产品或服务质量要求的信息传递到有关部门。

2. 认证机构在对企业实施认证审核过程中存在的主要问题

(1)审核人员能力、资格，审核人日数方面的问题：如审核计划中没有标明审核员专业情况，无法判定审核组人员专业能力符合情况；认证申请书中申报的员工数量远低于实际员工数量，审核人日数严重不足，而机构在现场审核时未做纠正；实习审核员和技术专家计算审核人日数；

(2)不合格报告验证方面的问题：如在企业无法看到认证机构对不合格报告实施了有效验证的证据，大部分企业不能提供不合格报告的验证结论，个别机构的审核报告中明确在下次监督审核时验证不合格纠正情况，同时在审核报告中直接给予了推荐注册的结论；

(3)审核结论方面的问题：如审核报告中没有对企业质量管理体系运行情况给予总体评价；企业不能提供从审核计划到不符合报告到审核报告等认证相关材料；检查人员认为企业根本没有真正建立和运行质量管理体系，但却通过了认证机构的认证审核；

(4)文件审核方面的问题：部分认证机构对企业质量手册、程序文件审查后，未给予书面意见；

(5)公正性方面的问题：有的企业提供的认证、咨询合同为同一文本；个别咨询人员同时又是审核组成员甚至是审核组长；

(6)认证机构专业化问题：部分认证机构虽然具有食品领域的认证资格，但是发出的证书非常少，在食品领域的质量管理体系认证审核工作不够专业，存在的问题比较多，应引起机构的重视。

四、措施及要求

1. 有关认证机构要针对本次监督抽查中发现的企业质量管理体系有效性和认证审核公正性、规范性存在的问题，全面进行自查，采取有效的措施，切实进行整改。对检查结论为不符合的生产企业，认证机构要组织人员进行现场核实，对于确实存在严重问题，达不到要求的企业，要根据问题的严重程度做出相应处理；对于认证审核过程中存在的公正性、规范性问题，认证机构要负责查明原因，对有关责任人进行处理；对因各种原因拒绝接受检查或无法检查的企业，由认证机构负责核实原因，并采取相应处理措施。请有关认证机构将自查和整改结果以书面形式于2006年1月31日前报国家认监委认可监管部。

2. 中国认证机构国家认可委员会(CNAB)要进一步加强认可监管的有效性，要根据本次监督检查发现的主要问题，在认可监督、复评及外资机构评审过程中，有针对性地进行重点检查。

3. 地方认证监督管理部门要根据本次监督检查发现的主要问题，加强对质量管理体系不合格企业的日常监督，促进企业建立和完善质量管理体系，保证食品质量安全。

二〇〇五年十二月六日

关于公布第二批饲料产品认证目录的公告

2005年第1号

根据《中华人民共和国认证认可条例》、《饲料产品认证管理办法》(国家认监委 农业部2003年第19号联合公告)的有关规定，经审核确定了第二批饲料产品认证目录，现予以公告。

二〇〇五年一月十四日

第二批饲料产品认证目录

序号	产品单元	初审检验项目	监督检验项目	认证依据的标准
1	鳗鲡配合饲料	粗蛋白、粗纤维、粗灰分、粗脂肪、水分、钙、总磷、食盐、蛋氨酸、总砷、铅、汞、镉、挥发性盐基氮、沙门氏菌	粗蛋白、粗纤维、粗灰分、粗脂肪、水分、钙、总磷、食盐、蛋氨酸中至少抽检两项；总砷、铅、汞、镉、挥发性盐基氮、沙门氏菌至少抽检两项	SC/T 1004
2	草鱼配合饲料	水分、粗蛋白、粗脂肪、粗纤维、粗灰分、含硫氨基酸、赖氨酸、总磷、无机砷、铅、汞、镉、铬、氟、游离棉酚、氰化物、霉菌总数、黄曲霉毒素 B_1、沙门氏菌	水分、粗蛋白、粗脂肪、粗纤维、粗灰分、含硫氨基酸、赖氨酸、总磷中至少抽检两项；无机砷、铅、汞、镉、铬、氟、游离棉酚、氰化物、霉菌总数、黄曲霉毒素 B_1、沙门氏菌中至少抽检两项	SC/T 1024
3	尼罗罗非鱼配合饲料营养标准	水分、粗蛋白、粗脂肪、粗纤维、粗灰分、含硫氨基酸、赖氨酸、总磷、无机砷、铅、汞、镉、铬、氟、游离棉酚、氰化物、霉菌总数、黄曲霉毒素 B_1、沙门氏菌	水分、粗蛋白、粗脂肪、粗纤维、粗灰分、含硫氨基酸、赖氨酸、总磷中至少抽检两项；无机砷、铅、汞、镉、铬、氟、游离棉酚、氰化物、霉菌总数、黄曲霉毒素 B_1、沙门氏菌中至少抽检两项	SC/T 1025
4	鲤鱼配合饲料	水分、粗蛋白、粗脂肪、粗纤维、粗灰分、盐分、钙、总磷、赖氨酸、蛋氨酸、无机砷、铅、汞、镉、铬、氟、游离棉酚、氰化物、霉菌总数、黄曲霉毒素 B_1、沙门氏菌	水分、粗蛋白、粗脂肪、粗纤维、粗灰分、盐分、钙、总磷、赖氨酸、蛋氨酸中至少抽检两项；无机砷、铅、汞、镉、铬、氟、游离棉酚、氰化物、霉菌总数、黄曲霉毒素 B_1、沙门氏菌中至少抽检两项	SC/T 1026

续表

序号	产品单元	初审检验项目	监督检验项目	认证依据的标准
5	虹鳟养殖技术规范——配合颗粒饲料	水分、粗蛋白、粗脂肪、粗纤维、粗灰分、钙、有效磷、霉菌总数、细菌总数、脂肪过氧化值、沙门氏菌	水分、粗蛋白、粗脂肪、粗纤维、粗灰分、钙、有效磷中至少抽检两项；霉菌总数、细菌总数、脂肪过氧化值、沙门氏菌至少抽检两项	SC/T 1030.7
6	中华鳖配合饲料	水分、粗蛋白质、粗脂肪、粗纤维、粗灰分、钙、总磷、赖氨酸、盐分、砂分、挥发性盐基氮、砷、铅、汞、镉、氟、铬、氰化物、黄曲霉毒素 B_1、沙门氏菌、霉菌总数、细菌总数	水分、粗蛋白、粗脂肪、粗纤维、粗灰分、钙、磷、赖氨酸、盐分、砂分中至少抽检两项；挥发性盐基氮、砷、铅、汞、镉、氟、铬、氰化物、黄曲霉毒素 B_1、沙门氏菌、霉菌总数、细菌总数至少抽检两项	SC/T 1047
7	蛙类配合饲料	水分、粗蛋白质、粗脂肪、粗纤维、粗灰分、盐分、钙、总磷、赖氨酸、无机砷、铅、汞、镉、铬、氟、游离棉酚、氰化物、霉菌总数、黄曲霉毒素 B_1、沙门氏菌	水分、粗蛋白质、粗脂肪、粗纤维、粗灰分、盐分、钙、总磷、赖氨酸中至少抽检两项；无机砷、铅、汞、镉、铬、氟、游离棉酚、氰化物、霉菌总数、黄曲霉毒素 B_1、沙门氏菌中至少抽检两项	SC/T 1056
8	罗氏沼虾配合饲料	水分、粗蛋白质、粗脂肪、粗纤维、粗灰分、盐分、钙、总磷、赖氨酸、含硫氨基酸、无机砷、铅、汞、镉、铬、氟、游离棉酚、氰化物、霉菌总数、黄曲霉毒素 B_1、沙门氏菌	水分、粗蛋白质、粗脂肪、粗纤维、粗灰分、盐分、钙、总磷、赖氨酸、含硫氨基酸中至少抽检两项；无机砷、铅、汞、镉、铬、氟、游离棉酚、氰化物、霉菌总数、黄曲霉毒素 B_1、沙门氏菌中至少抽检两项	SC/T 1066
9	对虾配合饲料	粗蛋白、粗脂肪、粗纤维、粗灰分、水分、无机砷、铅、汞、镉、铬、氟、游离棉酚、氰化物、霉菌总数、黄曲霉毒素 B_1、沙门氏菌	粗蛋白、粗脂肪、粗纤维、粗灰分、水分中至少抽检两项；无机砷、铅、汞、镉、铬、氟、游离棉酚、氰化物、霉菌总数、黄曲霉毒素 B_1、沙门氏菌至少抽检两项	SC/T 2002
10	牙鲆配合饲料	粗蛋白、粗脂肪、粗纤维、粗灰分、水分、钙、总磷、砂分、无机砷、铅、汞、镉、霉菌总数、黄曲霉毒素 B_1、细菌总数、沙门氏菌	粗蛋白、粗脂肪、粗纤维、粗灰分、水分、钙、总磷、砂分中至少抽检两项；无机砷、铅、汞、镉、霉菌总数、黄曲霉毒素 B_1、细菌总数、沙门氏菌至少抽检两项	SC/T 2006
11	真鲷配合饲料	粗蛋白、粗脂肪、粗纤维、粗灰分、水分、钙、总磷、砂分、无机砷、铅、汞、镉、霉菌总数、黄曲霉毒素 B_1、细菌总数、沙门氏菌	粗蛋白、粗脂肪、粗纤维、粗灰分、水分、钙、总磷、砂分中至少抽检两项；无机砷、铅、汞、镉、霉菌总数、黄曲霉毒素 B_1、细菌总数、沙门氏菌至少抽检两项	SC/T 2007
12	大黄鱼配合饲料	水分、粗蛋白质、粗脂肪、粗纤维、粗灰分、盐分、钙、总磷、赖氨酸、砂分、挥发性盐基氮、无机砷、铅、汞、镉、铬、氟、游离棉酚、氰化物、霉菌总数、黄曲霉毒素 B_1、沙门氏菌	水分、粗蛋白质、粗脂肪、粗纤维、粗灰分、盐分、钙、总磷、赖氨酸、砂分中至少抽检两项；挥发性盐基氮、无机砷、铅、汞、镉、铬、氟、游离棉酚、氰化物、霉菌总数、黄曲霉毒素 B_1、沙门氏菌中至少抽检两项	SC/T 2012
13	饲料级 DL-蛋氨酸	含量、干燥失重、氯化物、重金属(以 Pb 计)、砷	含量、干燥失重、氯化物中至少抽检两项；重金属(以 Pb 计)、砷	GB/T 7292
14	饲料添加剂 维生素 E 粉	含量、干燥失重	含量、干燥失重	GB/T 7293

续表

序号	产品单元	初审检验项目	监督检验项目	认证依据的标准
15	饲料添加剂 维生素E(原料)	含量、折光率、吸收系数、酸度、生育酚	含量、折光率、吸收系数、酸度、生育酚至少抽检四项	GB/T 9454
16	饲料添加剂 液态蛋氨酸羟基类似物	含量、pH值、铅、砷、铵盐、氰化物	含量、pH值、铅、砷、铵盐、氰化物至少抽检四项	GB/T 19371.1
17	氯化胆碱	氯化胆碱含量、pH值、乙二醇含量、三甲胺含量、灰分、重金属(以Pb计)	氯化胆碱含量、pH值、乙二醇含量、三甲胺含量、灰分、重金属(以Pb计)至少抽检四项	HG 2941

注:附《饲料产品认证检验方法》

饲料产品认证检验方法

序号	检验项目	检验方法名称	标准编号
1	粗蛋白质	饲料中粗蛋白测定方法	GB 6432
2	粗脂肪	饲料中粗脂肪测定方法	GB 6433
3	粗纤维	饲料中粗纤维测定方法	GB 6434
4	水分	饲料水分的测定方法	GB 6435
5	钙	饲料中钙的测定	GB 6436
6	总磷	饲料中总磷的测定 分光光度法	GB 6437
7	粗灰分	饲料中粗灰分的测定方法	GB 6438
8	水溶性氯化物	饲料中水溶性氯化物的测定方法	GB 6439
9	铅	饲料中铅的测定方法	GB 13080
10	汞	饲料中汞的测定方法	GB 13081
11	镉	饲料中镉的测定方法	GB 13082
12	氟	饲料中氟的测定 粒子选择性电极法	GB 13083
13	氰化物	饲料中氰化物的测定方法	GB 13084
14	亚硝酸盐	饲料中亚硝酸盐的测定方法	GB 13085
15	游离棉酚	饲料中游离棉酚的测定方法	GB 13086
16	铬	饲料中铬的测定方法	GB 13088
17	沙门氏菌	饲料中沙门氏菌的检验方法	GB/T 13091
18	霉菌	饲料中霉菌的检验方法	GB 13092
19	黄曲霉毒素 B_1	饲料中黄曲霉毒素 B_1 的测定 饲料中黄曲霉毒素 B_1 的测定 酶联免疫吸附法	GB 8381 GB/T 17480
20	总砷	饲料中总砷的测定	GB/T 13079
21	含硫氨基酸	饲料中含硫氨基酸测定方法—离子交换色谱法	GB/T 15399
22	赖氨酸	饲料有效赖氨酸测定方法	GB/T 15398
23	脂肪过氧化值	油脂过氧化值的测定	GB/T 15538
24	挥发性盐基氮	食品中挥发性盐基氮的测定	GB/T 15009.45

说明:饲料添加剂和产品固有特性的检验方法依据产品标准

关于有机产品认证实施规则的公告

2005年第11号

为规范有机产品认证活动，确保认证程序和管理基本要求的一致性和认证的有效性，根据《中华人民共和国认证认可条例》和《有机产品认证管理办法》(国家质检总局令[2004]第67号)的规定，国家认证认可监督管理委员会制定了《有机产品认证实施规则》，现予以公告。本规则自公告发布之日起施行。

二○○五年六月二日

编号：CNCA-OG-001：2005

有机产品认证实施规则

目　录

1. 目的

为规范有机产品认证活动，确保认证程序和管理基本要求的一致性和认证的有效性，根据《中华人民共和国认证认可条例》和《有机产品认证管理办法》的规定制定本规则。

2. 适用范围

本规则适用于在中华人民共和国境内销售的有机产品的认证活动。

3. 依据标准

GB/T19630.1~19630.4-2005《有机产品》

4. 认证程序

4.1 申请

4.1.1 认证机构应向申请人至少公开以下信息

4.1.1.1 国家认证认可监督管理委员会批准的认证范围和中国认证机构国家认可委员会认可的认证范围；

4.1.1.2 认证程序和认证要求；

4.1.1.3 认证依据标准；

4.1.1.4 认证收费标准；

4.1.1.5 认证机构和申请人的权利、义务；

4.1.1.6 认证机构处理申诉、投诉和争议的程序；

4.1.1.7 批准、暂停和撤销认证的规定和程序；

4.1.1.8 对获证单位或者个人使用中国有机产品认证标志、中国有机转换产品认证标志、认证机构的标识和名称的要求；

4.1.1.9 对获证单位或者个人按照认证证书的范围进行正确宣传的要求。

4.1.2 认证机构应要求申请人提交的文件资料

4.1.2.1 申请人的合法经营资质文件，如土地使用证、营业执照、租赁合同等；当申请人不是有机产品的直接生产或加工者时，申请人还需要提交与各方签订的书面合同；

4.1.2.2 申请人及有机生产、加工的基本情况，包括申请人/生产者名称、地址、联系方式、产地(基地)/加工场所的名称、产地(基地)/加工场所情况；过去3年间的生产历史,包括对农事、病虫草害防治、投入物使用及收获情况的描述;生产、加工规模,包括品种、面积、产量、加工量等描述;申请和获得其它有机产品认证情况。

4.1.2.3 产地(基地)区域范围描述,包括地理位置图、地块分布图、地块图、面积、缓冲带,周围临近地块的使用情况的说明等;加工场所周边环境描述、厂区平面图、工艺流程图等。

4.1.2.4 申请认证的有机产品生产、加工、销售计划,包括品种、面积、预计产量、加工产品品种、预计加工量、销售产品品种和计划销售量、销售去向等;

4.1.2.5 产地(基地)、加工场所有关环境质量的证明材料;

4.1.2.6 有关专业技术和管理人员的资质证明材料;

4.1.2.7 保证执行有机产品标准的声明;

4.1.2.8 有机生产、加工的管理体系文件;

4.1.2.9 其它相关材料。

4.2 受理

4.2.1 认证机构应当自收到申请人书面申请之日起10个工作日内,完成对申请材料的评审,并做出是否受理的决定。

4.2.2 同意受理的,认证机构与申请人签订认证合同;不予受理的,应当书面通知申请人,并说明理由。

4.2.3 认证机构的评审过程应确保

4.2.3.1 认证要求规定明确、形成文件并得到理解;

4.2.3.2 和申请人之间在理解上的差异得到解决;

4.2.3.3 对于申请的认证范围、申请人的工作场所和特殊要求有能力开展认证服务。

4.2.4 认证机构应保存评审过程的记录。

4.3 检查准备与实施

4.3.1 下达检查任务

认证机构在检查前应下达检查任务书内容包括但不限于:

4.3.1.1 申请人的联系方式、地址等;

4.3.1.2 检查依据,包括认证标准和其他相关法律法规;

4.3.1.3 检查范围,包括检查产品种类和产地(基地)、加工场所等;

4.3.1.4 检查要点,包括管理体系、追踪体系和投入物的使用等;对于上一年度获得认证的单位或者个人,本次认证应侧重于检查认证机构提出的整改要求的执行情况等。

4.3.2 认证机构根据检查类别,委派具有相应资质和能力的检查员,并应征得申请人同意,但申请人不得指定检查员。对同一申请人或生产者/加工者不能连续3年或3年以上委派同一检查员实施检查。

4.3.3 文件评审

认证机构在现场检查前,应对申请人/生产者的管理体系等文件进行评审,确定其适宜性和充分性及与标准的符合性,并保存评审记录。

4.3.4 检查计划

4.3.4.1 认证机构应制定检查计划并在现场检查前与申请人进行确认。检查计划应包括:检查依据、检查内容、访谈人员、检查场所及时间安排等。

4.3.4.2 检查的时间应当安排在申请认证的产品生产过程的适当阶段,在生长期、产品加工期间至少需进行一次检查;对于产地(基地)的首次检查,检查范围应不少于2/3的生产活动范围。对于多农户参加的有机生产,访问的农户数不少于农户总数的平方根。

4.3.5 检查实施

根据认证依据标准的要求对申请人的管理体系进行评估,核实生产、加工过程与申请人按照4.1.2条款所提交的文件的一致性,确认生产、加工过程与认证依据标准的符合性。检查过程至少应包括:

a)对生产地块、加工、贮藏场所等的检查;

b)对生产管理人员、内部检查人员、生产者的访谈;

c)对GB/T19630.4-2005:《有机产品 第4部分:管理体系》4.2.6条款所规定的生产、加工记录的检查;

d)对追踪体系的评价;

e)对内部检查和持续改进的评估;

f)对产地环境质量状况及其对有机生产可能产生污染的风险的确认和评估;

g)必要时,对样品采集与分析;

h)适用时,对上一年度认证机构提出的整改要求执行情况进行的检查;

i)检查员在结束检查前,对检查情况的总结。明确存在的问题,并进行确认。允许被检查方对存在的问题进行说明。

4.3.6 产地环境质量状况的评估和确认

4.3.6.1 认证机构在实施检查时应确保产地(基地)的环境质量状况符合GB/T19630-2005《有机产品》规定的要求;

4.3.6.2 当申请人不能提供对于产地环境质量状况有效的监测报告(证明),认证机构无法确定产地环境质量是否符合GB/T19630-2005《有机产品》规定的要求时,认证机构应要求申请人委托有资质的监测机构对产地环境质量进行监测并提供有效的监测报告(证明)。

4.3.7 样品采集与分析

4.3.7.1 认证机构应按照相应的国家标准，制定样品采集与分析程序(包括残留物和转基因分析等)。

4.3.7.2 如果检查员怀疑申请人使用了认证标准中禁止使用的物质，或者产地环境、产品可能受到污染等情况，应在现场采集样品；

4.3.7.3 采集的样品应交给具有相关资质的检测机构进行分析。

4.3.8 检查报告

4.3.8.1 检查报告应采用认证机构规定的格式。

4.3.8.2 检查报告和检查记录等书面文件应提供充分的信息以使认证机构有能力做出客观的认证决定。

4.3.8.3 检查报告应含有风险评估和检查员对生产者的生产、加工活动与认证标准的符合性判断，对检查过程中收集的信息和不符合项的说明等相关方面进行描述。

4.3.8.4 检查员应对申请人/生产者执行标准的总体情况做出评价，但不应对申请认证的产地（基地)/加工者、产品是否通过认证做出书面结论。

4.3.8.5 检查报告应得到申请人的书面确认。

4.4 认证决定

4.4.1 当生产过程检查完成后，认证机构根据认证过程中收集的所有信息进行评价，做出认证决定并及时通知申请人。

4.4.2 申请人/生产者符合下列条件之一，予以批准认证

4.4.2.1 生产活动及管理体系符合认证标准的要求。

4.4.2.2 生产活动、管理体系及其他相关信息不完全符合认证标准的要求，认证机构应提出整改要求，申请人已经在规定的期限内完成整改、或已经提交整改措施并有能力在规定的期限内完成整改以满足认证要求的，认证机构经过验证后可批准认证。

4.4.3 申请人/生产者的生产活动存在以下情况之一，不予批准认证

4.4.3.1 未建立管理体系，或建立的管理体系未有效实施；

4.4.3.2 使用禁用物质；

4.4.3.3 生产过程不具有可追溯性；

4.4.3.4 未按照认证机构规定的时间完成整改、或提交整改措施；所提交的整改措施未满足认证要求；

4.4.3.5 其他严重不符合有机标准要求的事项。

4.5 认证机构应对批准认证的申请人及时颁发认证证书，准许其使用认证标志/标识。

4.6 认证机构应当与获得认证的单位或者个人签订有机产品标志/标识使用合同，明确标志/标识使用的条件和要求。

5 认证后管理

5.1 认证机构应对获得认证的单位或个人、产品采取有效的管理措施，必要时实施未通知检查，以保证持续符合认证要求；

5.2 认证机构应对获证产品的标志使用情况进行跟踪管理，确保使用有机标志/标识的产品与认证证书规定范围一致(包括标志的数量)；

5.3 认证机构应及时获得有关变更的信息，并采取适当的措施进行管理，以确保获得认证的单位或个人符合认证的要求；

5.4 违反《有机产品认证管理办法》第二十七条的规定，认证机构应及时撤销或暂停其认证证书，要求其停止使用认证标志/标识，并对外公布。

6 认证证书、标志和标识

6.1 认证机构应当采用国家认监委规定的有机产品认证证书和有机转换产品认证证书的基本格式。

6.2 认证证书的内容应当根据认证和被认可的实际情况如实填写依据的标准、认证类别和使用认可标志。

6.3 认证机构应当按照《认证证书和认证标志管理办法》和《有机产品认证管理办法》的规定使用国家有机产品标志、国家有机转换产品标志和认证机构的标识。

6.4 认证机构自行制定的认证标志应当报国家认监委备案。

7 认证收费

认证机构按照《国家计委 国家质量技术监督局 关于印发产品质量认证收费管理办法和收费标准的通知》(计价格[1999]1610 号)有关规定收取。

关于《食品质量认证实施规则——酒类》的公告

2005年第27号

为维护消费者权益、引导消费，规范酒类认证工作，进一步促进中国酒类行业质量安全水平的提高，创建中国酒类名牌产品和企业，根据《中华人民共和国认证认可条例》，制定了《食品质量认证实施规则——酒类》，现予以公告。

二〇〇五年九月十三日

编号：CNCA-N-003：2005

食品质量认证实施规则——酒类

目　录

1. 目的和范围

1.1 为维护消费者权益、引导消费，规范酒类认证工作，进一步促进中国酒类行业质量安全水平的提高，创建中国酒类名牌产品和企业，根据《中华人民共和国认证认可条例》，制定本规则。

1.2 本规则规定了从事酒类质量认证的认证机构的认证受理、检查和评定的程序及管理的基本要求。

1.3 本规则对酒类生产企业的良好生产规范(GMP)、良好卫生规范(GHP)、危害分析与关键控制点(HACCP)原理的应用，以及产品卫生、理化、感官等方面提出了要求，通过一次认证活动对酒类生产质量保证能力及产品安全卫生质量水平做出全面评价。

1.4 本规则适用于蒸馏酒、发酵酒、配制酒等饮料酒及食用酒精的质量安全等级认证。

2. 认证机构要求

从事酒类质量安全认证活动的认证机构，应当具备《中华人民共和国认证认可条例》规定的基本条件和从事酒类质量认证的专业技术能力，应当满足GB/T27065《产品认证机构通用要求》的技术要求。国家认证认可监督管理委员会在批准认证机构从事酒类质量安全认证过程中，应当征求商务部的意见。

3. 认证人员要求

认证检查人员应当具备必要的酒类生产、食品质量安全及认证审核、检查等方面的教育、培训或工作经历，并按照《认证及认证培训、咨询人员管理办法》(质检总局2004年第61号令)有关规定，取得国家认证认可监督管理委员会确定的人员认证机构的执业注册资格。

4. 认证模式

抽样检验+初始工厂检查+获证后的监督

必要时，认证机构可根据认证产品特点，采用GB/

T27065《产品认证机构通用要求》规定的其他认证模式或增加技术要求实施认证。认证机构应就此制定相应的认证程序文件,并报国家认证认可监督管理委员会备案。

5. 认证程序

5.1 认证申请

5.2 抽样检验

5.3 初始工厂检查

5.4 认证结果评价与批准

5.5 获证后监督

6. 认证实施

6.1 认证

6.1.1 认证产品单元划分

6.1.1.1 认证产品单元按《酒类产品认证目录》划分。若同一产品单元有多种规格类型，按照国家标准或行业标准划分;同一产品单元内,若工艺和原料有较大差异,应视作不同的产品单元。

6.1.1.2 同一制造商,在不同生产场地生产的酒类产品,应视作不同的认证产品单元。

6.1.2 申请人应向认证机构提交正式申请书,并附以下申请资料:

1)法律地位证明文件 (如《营业执照》复印件、企业年检登记证明复印件、税务登记证明复印件);

2)法规要求的行政许可证件(如《卫生许可证》、《生产许可证》复印件);

3)组织简介(包括企业名称、地理位置、历史沿革、生产的产品、员工的情况、设备设施的状况等);

4)厂区地理位置及厂区平面布局图;

5)申请认证产品清单(清单内容至少包括:商标、品名、含量、规格类型)描述和工艺描述(包括产品的主要原辅材料、加工过程和成品的质量特性、产品执行标准复印件及标签、适用消费对象、贮存和使用要求、产品生产工艺流程图及关键控制点的技术参数);

6)同一申请单元内各个类型产品之间的一致性说明及其差异说明;

7)近一年内产品送质检、卫生监督检测机构检测的检验报告复印件;

8)省级商务主管部门出具的企业信誉证明材料;

9)其他。

6.2 抽样检验

6.2.1 检验样本的获得

检验样本采用抽样的方式获得。抽样人员应为检查组成员或认证机构指派的人员；抽样可以在企业现场检查前进行,也可以在企业现场检查时进行。

样本应当从工厂成品仓库的合格品中随机抽取。

6.2.1.1 抽样原则

认证产品单元为单一规格类型时，应从该规格类型的产品中抽样。

认证产品单元有多种规格类型的，应从中确定有代表性的产品规格类型,再从该规格类型的产品中抽样。

6.2.1.2 抽样方法

按《酒类产品认证抽样方法》执行。

6.2.1.3 样本及相关资料的处置

检验完毕且结果无争议后,除留存样本外,其余样本可按双方约定的方式处理。其相关资料应归入检验记录档案。

6.2.2 产品检验

承担认证检测工作的检测机构应满足 GB/T 15481《检测和校准实验室能力的通用要求》的技术要求,认证机构应优先选择取得认可资质的检测机构承担认证检测工作。

检测机构应当在 30 个工作日内完成检验。

6.2.2.1 检验依据

按《酒类产品认证目录》和《酒类产品认证检验方法》执行。

当产品执行标准与《酒类产品认证目录》中规定的产品标准不一致时，认证机构应对认证产品与执行标准的一致性进行验证。

6.2.2.2 检验项目

按照《酒类产品认证目录》执行。

6.2.2.3 检验方法

按照《酒类产品认证检验方法》及产品标准中的检验方法执行。

6.2.3 利用其他检验结果

如果申请人能就认证产品单元的产品提供满足以下规定的检验报告，认证机构可以此检验报告作为该产品抽样检验的结果。

1)检验报告由具有认可资质的检测机构出具的;

2)检验报告中所示抽样方法、检验依据标准、检验项目、检验方法符合本文件 6.2.1、6.2.2.1、6.2.2.2、6.2.2.3 的规定;

3)检验报告的签发日期为最近 6 个月内;

4)检验样本由第三方机构抽取的;

如果申请人提供的检验报告仅在检验项目方面不满足本文件 6.2.2.2 的规定,则认证机构应按本文件规定补充检验缺失的项目，其他项目检验结果可利用上述报告的结果。

6.2.4 感官品评

6.2.4.1 从事认证感官品评的品酒师应取得国家认证认可监督管理委员会指定的人员认证机构的执业注册资格。

6.2.4.2 认证机构应组织注册品酒师组成七人以上专家组对认证产品按照《酒类产品认证目录》中规定的产品标准或增加的技术要求进行感官品评检测，自接收样本之日起，应当在30个工作日内出具报告。

认证机构增加的感官品评要求应报国家认监委备案。

6.3 初始工厂检查

6.3.1 检查内容

初始工厂检查的内容为:产品质量保证能力检查+产品一致性检查。

6.3.1.1 产品质量保证能力检查

由认证机构派出检查组按照《酒类产品质量保证能力要求》对受检查方进行产品质量保证能力检查。有相关法律法规要求的,认证机构必须遵照检查。

6.3.1.2 产品一致性检查

应在生产现场对申请认证的产品进行一致性检查。若同一产品单元有多种规格类型的，至少应抽取一个规格类型重点核实以下内容：

1)认证产品的单件包装标签和外包装箱标示上所标明信息应符合该产品的标准、技术规范和适用的国家有关标签标准规定；

2)认证产品标示的产品名称、规格类型及性能指标应与抽样检验报告一致；

3)认证产品的主要原辅材料、加工工艺等应与申报资料一致。

当有证据表明认证产品存在或可能存在不一致时，应对该产品抽取样本进行现场见证试验。样本应从生产线末端或成品仓库合格品中抽取。

6.3.2 初始工厂检查应覆盖申请认证产品的所有加工场所和所涉及的活动。

6.3.3 初始工厂检查所需时间

认证机构应根据受检查方的生产规模和认证产品单元数等因素确定检查人日数，检查时间应确保检查的有效性。每个生产场所检查人日数一般不得少于2人日数。

6.4 认证结果评价与批准

6.4.1 认证机构应对产品抽样检验和初始工厂检查的结果进行综合评价,并做出认证决定。

6.4.2 产品认证等级分为:优级、一级、二级。

一级、二级产品在符合相应检测要求和感官品评要求的基础上,工厂质量保证能力应符合《酒类产品质量保证能力要求》中“初级要求”的有关规定;优级产品在符合相应检测要求和感官品评要求的基础上，工厂质量安全管理体系应符合《酒类产品质量保证能力要求》“初级要求”和“高级要求”中不加“*”的规定;加“*”的规定作为企业持续改进的建议,不作为产品认证要求。

6.4.3 对于合格的申请人,认证机构应按照有关要求确定认证等级,并颁发认证证书(每个申请单元颁发一张认证证书),准予使用认证标志。

对于不合格的申请人，认证机构应书面通知其不能颁证的原因。对于工厂检查、产品检验和感官品评未达到申请人申请认证级别时，由认证机构与申请人协商降等级处理;如申请人不同意降等级,按该不合格处理。

6.5 申请人如对认证决定有异议，可在接到认证决定10个工作日内向认证机构申诉。认证机构自收到申诉之日起,应在1个月内进行处理,并将处理结果书面通知申诉人。对处理结果仍有异议的,可以向国家认证认可监督管理委员会提出申诉。

6.6 申请人认为认证机构行为严重侵害了自身合法权益的,可以直接向国家认证认可监督管理委员会投诉。

6.7 获证后的监督

获证后的监督内容为:产品质量保证能力监督检查+产品一致性监督检查+产品监督检验

6.7.1 监督的频次

一般情况下,每年至少对工厂进行一次监督检查,两次监督检查时间间隔不能超过12个月。若发生下述情况之一可增加监督频次:

1)获证产品出现严重质量安全问题或用户提出严重投诉并经查实为认证证书持有人责任的;

2)认证机构有足够理由对获证产品与认证要求的符合性提出质疑时;

3)有足够的信息表明生产者、生产厂因变更组织机构、生产条件、质量管理体系等,从而可能影响产品符合性或一致性时。

6.7.2 产品质量保证能力监督检查

认证机构应按《酒类产品质量保证能力要求》的规定进行监督检查。

《酒类产品质量保证能力要求》中的1.1、1.3、2.1.2、2.4、5.2、5.4、5.5、5.9、7.5是每次监督检查时必查的项目,其他项目可以选查。获得优级产品认证的,监督检查时还必查《酒类产品质量保证能力要求》中3.2.4、3.2.8、3.3.4.1、3.3.6.3、3.3.7项目内容。

在证书有效期内，产品质量保证能力监督检查应至少覆盖《酒类产品质量保证能力要求》中的全部要求，以确保质量安全管理体系的有效。

工厂监督检查时间应根据受检查方的生产规模和认证产品单元数等因素确定检查人日数，检查时间应确保检查的有效性。

每个生产场所检查人日数一般不得少于1人日数。

6.7.3 产品一致性监督检查

应在生产现场对认证产品进行一致性监督检查。若同一产品单元有多种规格类型的，至少应抽取一个规格类型重点核实以下内容：

1)认证产品的单件包装标签和外包装箱标示上所标明信息应符合该产品的标准、技术规范和适用的国家有关标签标准规定；

2)认证产品标示的产品名称、规格类型及性能指标应与抽样检验报告/认证证书一致；

3)认证产品的主要原辅材料、加工工艺等应与申报资料一致。

当有证据表明认证产品存在或可能存在不一致时，应对该产品抽取样本进行现场见证试验。样本应从生产线末端或成品仓库合格品中抽取。

6.7.4 产品监督检验

每次的产品监督检验应对证书覆盖产品的1/2以上进行产品监督检验。

产品监督检验应在证书有效期内对其覆盖的所有产品检验一遍。

承担产品监督检验的检测机构应满足GB/T 15481《检测和校准实验室能力的通用要求》的技术要求，认证机构应优先选择取得认可资质的检测机构承担监督检验工作。

检测机构应当在20个工作日内完成检验工作。

认证机构可根据产品质量特性，按照《酒类产品认证目录》规定检验项目或全项目实施检验。当产品执行标准与《酒类产品认证目录》中规定的产品标准不一致时，认证机构还应对认证产品与执行标准的一致性进行验证。

检验样本应在工厂成品仓库的合格品中随机抽取。

6.7.5 利用其他检验结果

同6.2.3规定。

6.7.6 获证后监督结果的评价

获证后的监督结果由认证机构进行评价。

评价合格者，可以继续保持认证资格、使用认证标志。若在获证后监督时发现不符要求的，则应在规定的时间内完成纠正措施。逾期将撤销认证证书、停止使用认证标志，并对外公告。

7. 认证证书

7.1 认证证书格式应当符合国家有关规定，由认证机构制发。

认证证书包括以下基本内容：

1)中国食品质量认证标志；

2)申请人名称；

3)认证产品名称、规格、商标或者系列名称；

4)生产者名称、生产场所地址；

5)认证模式；

6)认证依据的标准或者技术法规；

7)认证等级；

8)发证日期和有效期；

9)发证机构和证书编号。

7.2 认证证书的保持

7.2.1 证书的有效性

证书有效期为3年。认证机构通过每年的监督来确保酒类产品生产质量的持续有效性。

认证证书持有人拒绝认证机构对其实施监督检查的，认证机构有权撤销其认证证书。

7.2.2 认证产品的变更

获证产品的主要原辅材料、加工工艺或商标、名称、规格类型等变更，证书持有人应向认证机构提出变更申请。

认证机构对变更的内容及提供的资料进行评审，确定是否可以变更或需抽样检验，如需抽样检验，检验合格后方能进行变更。

7.2.3 认证范围的扩展与缩减

7.2.3.1 需要扩展的产品与已获得认证的产品为同一单元时，应从认证申请开始办理手续，认证机构应检查扩展的产品与已认证产品的一致性，确认原认证结果对扩展产品的有效性，针对差异做补充产品检验和(或)工厂检查。

如果扩展的产品与已获得认证的产品不为同一单元时，应按初次认证的产品对待。

对于新开发的产品，必须在产品研发达到模拟生产实际操作情况后，方可提出认证申请。

7.2.3.2 产品缩减生产场所，认证机构应收回原有该生产场所的产品认证证书。

同一申请单元的产品，停产12个月以上或不再生产，应更改/减少认证证书覆盖的产品范围。由认证机构收回原认证证书，换发更改/减少覆盖范围的认证证书。

7.3 认证证书的使用

按《认证证书和认证标志管理办法》(国家质检总局

2004年第63号令)执行。

7.4 认证的复评

认证证书有效期截止前3个月，认证证书持有人可申请复评,复评程序同初次认证。

8. 认证标志

8.1 认证标志式样

一级产品认证标志 二级产品认证标志 优级产品认证标志

C 100 M 0 Y 100 K 0

C 0 M 60 Y 100 K 0

色标

在使用认证标志时，必须在认证标志下标注认证机构名称和认证证书号。

8.2 标注方式

认证证书持有人可在获得认证的产品最终包装物上标注认证标志。认证机构应当对认证证书持有人使用认证标志的情况进行有效管理。

8.3 认证标志的使用

按《认证证书和认证标志管理办法》(国家质检总局2004年第63号令)执行。认证标志使用时可以等比例放大或缩小,但不允许变形、变色。

9. 认证收费

按照《国家计委 国家质量技术监督局 关于印发产品质量认证收费管理办法和收费标准的通知》(计价格[1999]1610号)收取认证费用。

附件1:

酒类产品认证目录

序号	产品单元	初审检验项目	监督检验项目	认证依据的标准
1	葡萄酒 山葡萄酒	酒精度、总糖、滴定酸、挥发酸、游离二氧化硫、干浸出物、铁、二氧化碳(起泡酒);净含量;总二氧化硫、铅、菌落总数、大肠菌群、肠道致病菌(沙门氏菌、志贺氏菌、金黄色葡萄球菌);感官。	酒精度、总糖、滴定酸、挥发酸、游离二氧化硫、干浸出物、铁、二氧化碳(起泡酒);净含量;总二氧化硫、铅、菌落总数、大肠菌群、肠道致病菌(沙门氏菌、志贺氏菌、金黄色葡萄球菌);感官。(至少五项)	GB/T 15037 QB/T 1982 GB 2758
2	啤酒	酒精度、原麦汁浓度、双乙酰、总酸、泡持性、浊度、二氧化碳、蔗糖转化酶活性(生/鲜)、色度;净含量;铅、甲醛、菌落总数、大肠菌群、肠道致病菌(沙门氏菌、志贺氏菌、金黄色葡萄球菌);感官。	酒精度、原麦汁浓度、双乙酰、总酸、泡持性、浊度、二氧化碳、蔗糖转化酶活性(生/鲜)、色度;净含量;铅、甲醛、菌落总数、大肠菌群、肠道致病菌(沙门氏菌、志贺氏菌、金黄色葡萄球菌);感官。(至少五项)	GB 4927 GB 2758
3	白酒	酒精度、总酸、总酯、固形物;净含量;甲醇、杂醇油、铅、锰;己酸乙酯、乙酸乙酯、乳酸乙酯、β-苯乙醇、二元酸二乙酯、3-甲硫基丙醇、丙酸乙酯、丁酸乙酯、正丙醇;感官	酒精度、总酸、总酯、固形物;净含量;甲醇、杂醇油、铅、锰;己酸乙酯、乙酸乙酯、乳酸乙酯、β-苯乙醇、二元酸二乙酯、3-甲硫基丙醇、丙酸乙酯、丁酸乙酯、正丙醇;感官(至少四项)	GB 2757(全部适用) 酒精度>40%(含40%) GB/T 10781.1(浓香型) GB/T 10781.2(清香型) GB/T 10781.3(米香型) 酒精度<40% GB/T 11859.1(浓香型) GB/T 11859.2(清香型) GB/T 11859.3(米香型) GB/T 14867(凤香型) GB/T 16289(豉香型) QB/T 2187(芝麻香型) QB/T 2305(特香型) QB/T 2524(浓酱兼香型) QB 2656(老白干香型)

续表

序号	产品单元	初审检验项目	监督检验项目	认证依据的标准
4	黄酒	酒精度、总糖、总酸、非糖固形物、氨基酸态氮、pH、氧化钙、β-苯乙醇;净含量;铅、菌落总数、大肠菌群、肠道致病菌(沙门氏菌、志贺氏菌、金黄色葡萄球菌);感官。	酒精度、总糖、总酸、非糖固形物、氨基酸态氮、pH、氧化钙、β-苯乙醇;净含量;铅、菌落总数、大肠菌群、肠道致病菌(沙门氏菌、志贺氏菌、金黄色葡萄球菌);感官。(至少5项)	GB/T 13662 GB 2758
5	白兰地	酒精度、非酒精挥发物总量(挥发酸、酯类、醛类、糠醛、高级醇)、总酸、固定酸、铜、甲醇;净含量;感官。	酒精度、非酒精挥发物总量(挥发酸、酯类、醛类、糠醛、高级醇)、总酸、固定酸、铜、甲醇;净含量;感官。(至少4项)	GB 11856
6	威士忌	酒精度、总酸、总酯、总醛、甲醇、杂醇油;净含量;感官。	酒精度、总酸、总酯、总醛、甲醇、杂醇油;净含量;感官。(至少4项)	GB/T 11857
7	俄得克	酒精度、碱度、总酯、总醛、甲醇、杂醇油;净含量;感官。	酒精度、碱度、总酯、总醛、甲醇、杂醇油;净含量;感官。(至少5项)	GB/T 11858
8	果酒	酒精度、总糖、滴定酸、挥发酸、游离二氧化硫、干浸出物、二氧化碳(起泡酒、葡萄汽酒)、维生素C;净含量;总二氧化硫、铅、展青霉素(苹果酒、山楂酒)、菌落总数、大肠菌群;肠道致病菌(沙门氏菌、志贺氏菌、金黄色葡萄球菌);感官。	酒精度、总糖、滴定酸、挥发酸、游离二氧化硫、干浸出物、二氧化碳(起泡酒、葡萄汽酒)、维生素C;净含量;总二氧化硫、铅、展青霉素(苹果酒、山楂酒)、菌落总数、大肠菌群;肠道致病菌(沙门氏菌、志贺氏菌、金黄色葡萄球菌);感官。(至少5项)	QB/T 1983 QB/T 2027 GB/T 15037(参照) GB 2758
9	配制酒(露酒)	酒精度、滴定酸、总糖;净含量;甲醇、杂醇油、铅、锰、菌落总数、大肠菌群、肠道致病菌(沙门氏菌、志贺氏菌、金黄色葡萄球菌);感官。	酒精度、滴定酸、总糖;净含量;甲醇、杂醇油、铅、锰、菌落总数、大肠菌群、肠道致病菌(沙门氏菌、志贺氏菌、金黄色葡萄球菌);感官。(至少4项)	QB/T 1981(全部适用) 酒精度≤20% 卫生指标按GB 2758执行 酒精度>20% 卫生指标按GB 2757执行
10	食用酒精	色度、乙醇、硫酸试验、氧化时间、醛、甲醇、正丙醇、异丁醇+异戊醇、酸、酯、不挥发物、重金属、氰化物;感官。	色度、乙醇、硫酸试验、氧化时间、醛、甲醇、正丙醇、异丁醇+异戊醇、酸、酯、不挥发物、重金属、氰化物;感官。(至少4项)	GB 10343

附件 2：

酒类产品认证检验方法

2.1 葡萄酒、山葡萄酒、果酒类产品认证检验方法

序号	检验项目	检验方法名称	标准编号
1	感官(葡萄酒、果酒)	葡萄酒、果酒通用试验方法 感官	GB/T 15038
2	酒精度(葡萄酒、果酒)	葡萄酒、果酒通用试验方法 酒精度	GB/T 15038
3	总糖(葡萄酒、果酒)	葡萄酒、果酒通用试验方法 总糖和还原糖	GB/T 15038
4	滴定酸(葡萄酒、果酒)	葡萄酒、果酒通用试验方法 滴定酸	GB/T 15038
5	挥发酸(葡萄酒、果酒)	葡萄酒、果酒通用试验方法 挥发酸	GB/T 15038
6	游离二氧化硫(葡萄酒、果酒)	葡萄酒、果酒通用试验方法游离二氧化硫	GB/T 15038
7	总二氧化硫(葡萄酒、果酒)	葡萄酒、果酒通用试验方法 总二氧化硫	GB/T 15038
8	干浸出物(葡萄酒、果酒)	葡萄酒、果酒通用试验方法 干浸出物	GB/T 15038
9	二氧化碳(起泡葡萄酒、果酒)	葡萄酒、果酒通用试验方法 二氧化碳	GB/T 15038
10	铁(葡萄酒、果酒)	葡萄酒、果酒通用试验方法 铁	GB/T 15038
11	铅	食品中铅的测定	GB/T 5009.12
12	菌落总数	食品卫生微生物学检验 菌落总数测定	GB/T 4789.2
13	大肠菌群	食品卫生微生物学检验 大肠菌群测定	GB/T 4789.3
14	肠道致病菌(沙门氏菌、志贺氏菌、金黄色葡萄球菌)；	食品卫生微生物学检验 沙门氏菌检验	GB/T 4789.4
		食品卫生微生物学检验 志贺氏菌检验	GB/T 4789.5
		食品卫生微生物学检验 金黄色葡萄球菌检验	GB/T 4789.10
15	净含量	定量包装商品计量监督检验规则	JJF 1070

2.2 啤酒类产品认证检验方法

序号	检验项目	检验方法名称	标准编号
1	酒精度	啤酒分析方法	GB/T 15038
2	原麦汁浓度	啤酒分析方法	GB/T 15038
3	双乙酰	啤酒分析方法	GB/T 15038
4	总酸	啤酒分析方法	GB/T 15038
5	泡持性	啤酒分析方法	GB/T 15038
6	浊度	啤酒分析方法	GB/T 15038
7	二氧化碳	啤酒分析方法	GB/T 15038
8	蔗糖转化酶活性	啤酒分析方法	GB/T 15038
9	色度	啤酒分析方法	GB/T 15038
10	甲醛	发酵酒卫生标准的分析方法	GB/T 15038
11	铅	食品中铅的测定	GB/T 5009.12
12	菌落总数	食品微生物学检验 菌落总数的测定	GB/T 4789.2
13	大肠菌群	食品微生物学检验 大肠菌群的测定	GB/T 4789.3
14	肠道致病菌(沙门氏菌、志贺氏菌、金黄色葡萄球菌)	食品微生物学检验 沙门氏菌检验 食品微生物学检验 志贺氏菌检验 食品微生物学检验 金黄色葡萄球菌检验	GB/T 4789.4 GB/T 4789.5
15	净含量	啤酒分析方法	GB/T 4789.10
16	感官	啤酒分析方法	JJF 1070

2.3 白酒类产品认证检验方法

序号	检验项目	检验方法名称	标准编号
1	酒精度	白酒试验方法　酒精度	GB/T 10345
2	总酸	白酒试验方法　总酸	GB/T 10345
3	总酯	白酒试验方法　总酯	GB/T 10345
4	固形物	白酒试验方法　固形物	GB/T 10345
5	甲醇	蒸馏酒及配制酒卫生标准的分析方法	GB/T 5009.48
6	杂醇油	蒸馏酒及配制酒卫生标准的分析方法	GB/T 5009.48
7	铅	食品中铅的测定方法	GB/T 5009.12
8	乙酸乙酯	白酒试验方法 乙酸乙酯	GB/T 10345
9	己酸乙酯	白酒试验方法 己酸乙酯	GB/T 10345
10	乳酸乙酯	白酒试验方法 乳酸乙酯	GB/T 10345
11	丙酸乙酯	特香型白酒 丙酸乙酯的试验方法	QB/T 2305
12	丁酸乙酯	特香型白酒 丁酸乙酯的试验方法	QB/T 2305
13	β-苯乙醇	豉香型白酒 β-苯乙醇的试验方法	GB/T 16289
14	二元酸二乙酯	豉香型白酒 二元酸二乙酯的试验方法	GB/T 16289
15	3-甲硫基丙醇	芝麻香型白酒 3-甲硫基丙醇的试验方法	QB/T 2187
16	感官	白酒试验方法 感官评定	GB/T 10345
17	净含量	定量包装商品计量监督检验规则	JJF 1070

2.4 黄酒类产品认证检验方法

序号	检验项目	检验方法名称	标准编号
1	酒精度	黄酒　试验方法　酒精度	GB/T 13662
2	总糖	黄酒　试验方法　总糖	GB/T 13662
3	非糖固形物	黄酒　试验方法　非糖固形物	GB/T 13662
4	总酸	黄酒　试验方法　总酸	GB/T 13662
5	氨基酸态氮	黄酒　试验方法　氨基酸态氮	GB/T 13662
6	pH	黄酒　试验方法　pH	GB/T 13662
7	氧化钙	黄酒　试验方法　氧化钙	GB/T 13662
8	β-苯乙醇	黄酒　试验方法　β-苯乙醇的	GB/T 13662
9	铅	食品中铅的测定方法	GB/T 5009.12
10	菌落总数	食品卫生微生物学检验　菌落总数测定	GB/T 4789.2
11	大肠菌群	食品卫生微生物学检验　大肠菌群测定	GB/T 4789.3
12	肠道致病菌（沙门氏菌、志贺氏菌、金黄色葡萄球菌）	食品卫生微生物学检验　沙门氏菌检验	GB/T 4789.4
		食品卫生微生物学检验　志贺氏菌检验	GB/T 4789.5
		食品卫生微生物学检验　金黄色葡萄球菌检验	GB/T 4789.10
13	感官	黄酒　试验方法　感官评价	GB/T 13662
14	净含量	定量包装商品计量监督检验规则	JJF 1070

2.5 白兰地酒产品认证检验方法

序号	检验项目	检验方法名称	标准编号
1	酒精度	白兰地　试验方法 酒精度	GB 11856
2	挥发酸	白兰地　试验方法 挥发酸	GB 11856
3	酯类	白兰地　试验方法 酯类	GB 11856
4	醛类	白兰地　试验方法 醛类	GB 11856
5	高级醇	白兰地　试验方法 高级醇	GB 11856
6	糠醛	白兰地　试验方法 糠醛	GB 11856
7	总酸	白兰地　试验方法 总酸	GB 11856
8	固定酸	白兰地　试验方法 固定酸	GB 11856
9	铜	白兰地　试验方法 铜	GB 11856
10	甲醇	白兰地　试验方法 甲醇	GB 11856
11	感官	白兰地　试验方法 感官评价	GB 11856
12	净含量	定量包装商品计量监督检验规则	JJF 1070

2.6 威士忌酒产品认证检验方法

序号	检验项目	检验方法名称	标准编号
1	酒精度	威士忌　试验方法 酒精度	GB/T 11857
2	总酸	威士忌　试验方法 总酸	GB/T 11857
3	总酯	威士忌　试验方法 总酯	GB/T 11857
4	总醛	威士忌　试验方法 总醛	GB/T 11857
5	甲醇	蒸馏酒及配制酒卫生标准的分析方法	GB/T 5009.48
6	杂醇油	蒸馏酒及配制酒卫生标准的分析方法	GB/T 5009.48
7	感官	威士忌　试验方法 感官评价	GB/T 11857
8	净含量	定量包装商品计量监督检验规则	JJF 1070

2.7 俄得克酒产品认证检验方法

序号	检验项目	检验方法名称	标准编号
1	酒精度	俄得克　试验方法 酒精度	GB/T 11858
2	碱度	俄得克　试验方法 碱度	GB/T 11858
3	总酯	俄得克　试验方法 总酯	GB/T 11858
4	总醛	俄得克　试验方法 总醛	GB/T 11858
5	甲醇	俄得克　试验方法 甲醇	GB/T 11858
6	杂醇油	俄得克　试验方法 杂醇油	GB/T 11858
7	感官	俄得克　试验方法 感官评价	GB/T 11858
8	净含量	定量包装商品计量监督检验规则	JJF 1070

2.8 露酒类产品认证检验方法

序号	检验项目	检验方法名称	标准编号
1	酒精度	露酒中酒精度的试验方法	QB/T 1981
2	滴定酸	露酒中滴定酸的试验方法	QB/T 1981
3	总糖	露酒中总糖的试验方法	QB/T 1981
4	甲醇	蒸馏酒与配制酒卫生标准的分析方法	GB/T 5009.48
5	杂醇油	蒸馏酒与配制酒卫生标准的分析方法	GB/T 5009.48
6	锰	蒸馏酒与配制酒卫生标准的分析方法	GB/T 5009.48
7	铅	食品中铅的测定方法	GB/T 5009.12
8	菌落总数	食品卫生微生物学检验 菌落总数测定	GB/T 4789.2
9	大肠菌群	食品卫生微生物学检验 大肠菌群测定	GB/T 4789.3
10	肠道致病菌(沙门氏菌、志贺氏菌、金黄色葡萄球菌)	食品卫生微生物学检验 沙门氏菌检验	GB 4789.4
		食品卫生微生物学检验 志贺氏菌检验	GB 4789.5
		食品卫生微生物学检验 金黄色葡萄球菌检验	GB 4789.10
11	感官	露酒 试验方法 感官评价	QB/T 1981
12	净含量	定量包装商品计量监督检验规则	JJF 1070

2.9 食用酒精产品认证检验方法

序号	检验项目	检验方法名称	标准编号
1	色度	酒精通用试验方法 色度	GB/T 394.2
2	乙醇	酒精通用试验方法 乙醇	GB/T 394.2
3	硫酸试验	酒精通用试验方法 硫酸试验	GB/T 394.2
4	氧化试验	酒精通用试验方法 氧化试验	GB/T 394.2
5	醛	酒精通用试验方法 醛	GB/T 394.2
6	甲醇	酒精通用试验方法 甲醇(GC 法)	GB/T394.2/GB 10343
7	酸	酒精通用试验方法 酸	GB/T 394.2
8	不挥发物	酒精通用试验方法 不挥发物	GB/T 394.2
9	重金属	酒精通用试验方法 重金属	GB/T 394.2
10	氰化物	酒精通用试验方法 氰化物	GB/T394.2
11	正丙醇	酒精通用试验方法 正丙醇(GC 法)	GB/T 394.2/GB 10343
12	异丁醇	酒精通用试验方法 异丁醇(GC 法)	GB/T 394.2/GB 10343
13	异戊醇	酒精通用试验方法 异戊醇(GC 法)	GB/T 394.2/GB 10343
14	感官	食用酒精 试验方法 感官评价	GB 10343

附件 3:

酒类产品认证抽样方法

1.适用范围

本标准适用于酒类产品质量等级认证工作中，对所有认证酒类产品样本的抽样方法。

2.规范性引用文件

下列文件中的条款通过本文件的引用而成为本文件的条款。凡是注日期的引用文件，其随后所有的修改或修订版均不适用于本文件。然而，鼓励根据本文件达成协议的各方研究是否可使用这些文件的最新版本。凡是不注日期的引用文件，其最新版本适用于本文件。

(1)葡萄酒、果酒类:GB/T 15037

(2)啤酒类:GB 4927

(3)白酒类:GB/T 10346

(4)黄酒类:GB/T 13662

(5)白兰地:GB 11856

(6)威士忌:GB/T 11857

(7)俄得克:GB/T 11858

(8)露　酒:QB/T 1981

(9)食用酒精:GB 10343

3.抽样方法

(1) 葡萄酒、果酒类

按照 GB/T 15037 规定的抽样方法 (见下表) 抽取样本。样本以瓶为单位。

批量/箱	<1 500		≥1 500	
样本大小 n/瓶数	≤375 mL/瓶	8	≤375 mL/瓶	12
	≥500 mL/瓶	4	≥500 mL/瓶	8

抽取方式:从每批产品中随机抽取 n 箱，再从 n 箱中各抽取一瓶，抽取的样品一半作为该批产品的样本进行检测，另一半由供需双方共同封存，留作复核、仲裁用。

(2) 啤酒类

按照 GB 4927 规定的抽样方法(见下表)抽取样本。

批量范围/箱	抽取样品数量/箱	抽取单位样品数/(瓶/箱)
50 以下	4	1
50~1 458	8	1
1 458 以上	13	1

表中规定的抽取样品数，为全部用来做卫生、理化、感官检验，若需要留样，可再适量抽取若干瓶。但多抽的瓶数，不得超过标准中规定数的 1/2。

抽样方式:瓶装啤酒从每批产品中随机抽取 n 箱，再从 n 箱中各抽取一瓶，作为该批产品的样本进行检测。

(3) 白酒类

按照 GB/T 10346 规定的抽样方法抽取样本。

批量在 500 箱以下，随即抽取 4 箱，再从每箱中随机取一瓶(以 500mL 计)，其中两瓶做感官和理化检验用，其余两瓶由双方共同封印，作为仲裁样品保存半年。

(4)黄酒类

按照 GB/T 13662 规定的抽样方法 (见下表) 抽取样品。样品总量不足 3.0L 时，应适当按比例加取。并将其中的三分之一样品封存，保留 3 个月备查。

样本批量范围/袋、瓶或坛	样本数量/袋、瓶或坛
≤1 200	6
1 201~35 000	9
≥35 001	12

(5)白兰地

按照 GB 11856 定的抽样方法(见下表)抽取样本(箱)，从每箱中任取一瓶。若瓶净含量小于 500mL，总取样量不足 1 500mL 时，可按比例加取。

样本批量范围/箱	样本大小/箱
1~150	3
151~1 200	5
1 201~35 000	8
≥35 001	13

(6)威士忌

按照 GB/T 11857 的抽样方法 (见下表) 抽取样本(箱)，再从每箱中任取一瓶。单件包装净含量小于 500mL，总取样量不足 1 500mL 时，可按比例增加抽样量。

样本批量范围/箱	样本大小/箱
1~150	3
151~1 200	5
1201~35 000	8
≥35 001	13

(7)俄得克

按照 GB/T 11858 规定的抽样方法(见下表)抽取样本(箱)，再从每箱中任取一瓶。若单瓶净含量小于 500mL，总取样量不足 1 500mL 时,可按比例增加取样量。

样本批量范围/箱	样本大小/箱
1~150	3
151~1 200	5
1201~35 000	8
≥35 001	13

(8)露酒

按照 QB/T 1981 规定的抽样方法 (见下表) 抽取样本。样本以瓶为单位。

	<1 500 箱	≥1 500 箱
≤375 mL/瓶	8	12
≥500 mL/瓶	6	8

抽取方式:从每批产品中随机抽取 n 箱,再从 n 箱中各抽取一瓶, 抽取的样品一半作为该批产品的样本进行检测,另一半由供需双方共同封存,留作复核、仲裁用。

(9)食用酒精

按照 GB 10343 规定的抽样方法取样品。

罐装的产品以每一罐为一批, 立式罐由液体的上、中、下部按体积的 1:3:1 比例取样,卧式罐按体积的 2:3:2 比例取样。

桶装产品,以同时发运的桶数为一批,按桶数的 10% 取样,最低不得少于 3 桶。

每批取样 2L,混匀,装入两个棕色细口瓶内,一瓶供试验,另一瓶保存一个月备核验。

4.样本的包装与签封

样本应装入无污染、不易破损的容器中,将印有抽样人签章的标签随样本一同放入包装严密的包装物中以防破碎。

贴上加盖有抽样单位和被检单位公章 (或负责人签字)及抽样人签章的抽样封条,用透明胶条封好,置冷暗处保存。

5.抽样记录

抽样后,及时填写抽样单。记录样本名称、规格类型、批号、产地、抽样基数、抽样人、抽样日期、以及被检单位名称、通讯地址、联系方式等内容。抽样单上应有抽样单位和被检单位公章(或负责人签字),并由抽样人签章确认。

6.样本的传递

抽取的样本应由专人妥善保存并尽快送达指定地点。注意防破碎、防破损、防丢失。

附件 4:

酒类产品质量保证能力要求

1 食品质量安全保证要求

1.1 总要求

初级要求

1.1.1 酒类企业应识别食品质量安全保证体系所需要的过程,并应考虑源于体系之外的过程;适宜时,应包括服务。

1.1.2 酒类企业应确定这些过程的顺序和相互作用。

1.1.3 酒类企业应确保过程有效运行和控制所需的准则和方法。

1.1.4 酒类企业应确保获得支持和监视食品质量安全保证体系相关的信息。

1.1.5 酒类企业应监视和测量这些过程,以实现策划的结果。

高级要求

1.1.6 食品质量安全保证体系应参照食品法典委员会的 HACCP 体系及应用准则,并将之作为食品安全控制的基础。

1.1.7 酒类企业宜监视、测量和分析这些过程,以实现策划的结果,并持续改进。

1.2 食品质量安全方针

初级要求

1.2.1 酒类企业应有明确的、形成文件的食品质量安全方针,以作为质量安全目标建立的框架。

1.2.2 所有监督人员和关键岗位员工应理解食品质量安全方针,并遵照执行。

1.2.3 酒类企业应在对食品安全有重要影响的部门和岗位建立相应的食品质量安全目标。

高级要求

1.2.4 酒类企业的食品质量安全目标应可测量,并有时限性规定。

1.2.5 酒类企业应在内部执行食品质量安全目标,并定期评审。

1.2.6 全体员工宜充分了解食品质量安全方针。

1.3 食品质量安全手册

初级要求

1.3.1 食品质量安全手册应包含食品质量安全保证体系所覆盖的范围,并描述其参考的文献。

1.3.2 食品质量安全手册所规定的要求应充分得以执行。

高级要求

1.3.3 食品质量安全手册应包括删减的内容和理由。删减的内容只限于对本规则第5章的内容；所删减的内容不影响组织提供合格产品的责任。否则，不可以声称符合本规则的要求。

1.3.4 相关人员应能随时获取食品质量安全手册。

1.4 文件要求

1.4.1 文件控制

初级要求

1.4.1.1 食品质量安全保证体系所要求的文件，包括程序、作业指导书和产品规范应受控；记录是一种特殊类型的文件，也应受控。

1.4.1.2 相关文件在使用前应得到审批。

高级要求

1.4.1.3 应建立并实施文件控制程序，其中应规定文件的发布、检查和批准的要求，以及文件作废和更新的处置，并予以执行。

1.4.1.4 应建立程序文件，以确定识别、保存和保护文件所需的控制方法。

1.4.1.5 应记录文件更改的原因。

1.4.1.6 确保外来文件得到识别，并控制其分发。

1.4.2 程序文件

初级要求

1.4.2.1 酒类企业应编制和实施程序文件和（或）作业指导书，并遵照执行；这些文件应包括对产品安全、合法性及质量有影响的所有过程。

高级要求

1.4.2.2 程序文件应保持清晰、易于识别，以便能正确应用；在使用处应有适宜的版本。

1.4.3 记录管理

初级要求

1.4.3.1 酒类企业应建立并实施程序，以规定对产品安全性、合法性及质量有影响的记录的进行标识、储存、保护、检索和处理，并规定保存期限。

1.4.3.2 记录应保持清晰，并能够识别和检索。

高级要求

1.4.3.3 生产和检验的记录的保存期限应符合法律和客户要求。

1.4.3.4 记录应易于识别和检索。

2 管理职责

2.1 管理承诺

初级要求

2.1.1 酒类企业的最高管理者应承诺建立、实施和改进其食品质量安全保证体系。

2.1.2 酒类企业的最高管理者应确保建立和保持食品质量安全目标。

2.2 顾客为关注焦点

初级要求

2.2.1 酒类企业应识别顾客的需求和期望。

高级要求

2.2.2 酒类企业应建立评价顾客满意度的方法。

2.3 组织结构和管理权限

初级要求

2.3.1 酒类企业应明确规定担任产品安全性、合法性及产品质量安全管理工作主要员工的职责权限。

2.3.2 应编制组织结构图。

高级要求

2.3.3 酒类企业应有详细的岗位职责说明，以及在关键岗位员工缺席时的替代安排。

2.3.4 酒类企业宜确保全体员工清楚了解各自的职责。

2.4 管理评审

初级要求

2.4.1 酒类企业应按计划的时间间隔评审食品质量安全保证体系。

2.4.2 应保持所有管理评审记录。

高级要求

2.4.3 应与相关员工沟通管理评审后所做出的决定和措施，评审输出的内容包括（但不限于）：

* 质量安全保证体系及其过程有效性的改进；
* 与顾客要求有关的产品的改进；
* 资源需求。

2.4.4 管理评审过程宜包括（但不限于）对以下信息的评价：

* 食品安全方针；
* 食品安全目标；
* 检查结果；
* 顾客反馈；
* 过程的业绩和产品的符合性；
* 纠正措施的状况；
* 以往管理评审的跟踪措施；
* 经策划的可能影响食品质量安全保证体系的变更；
* HACCP 计划的验证；

* 改进的建议。

3 危害分析和关键控制点体系

3.1 HACCP 小组

高级要求

3.1.1 应指定 HACCP 小组组长或任命的代表，并应在小组内部明确其职责和权限。

3.1.2 酒类企业应组建 HACCP 小组，并规定组员在食品安全管理体系中的职责和权限。

3.1.3 HACCP 小组的主要成员应具备理解 HACCP 原理和其应用的能力，必要时应提供适当的培训和具备经验。

3.1.4 如不具备上述专业知识时，应能从其他途径获得专家的意见。但并不免除酒类企业应承担的体系日常运行和保持的责任。

3.1.5* HACCP 小组宜由多专业人员组成。

3.2 危害分析的预备步骤

初级要求

3.2.1 酒类企业应制定流程图。

3.2.2 应对与食品安全有关的产品特性进行描述，包括：

* 产品名称；

* 成分；

* 包装；

* 保质期；

* 储存条件。

高级要求

3.2.3 酒类企业应按产品（包括现有产品及新产品）、生产线或加工地点来界定危害分析的范围。

3.2.4 危害分析应包括法规的要求及与顾客达成一致的食品安全要求。

3.2.5 产品描述应包括（但不限于）以下内容：

* 物理/化学特性（包括 PH 值等）；

* 加工方式（热处理等）；

* 分销方法。

3.2.6 酒类企业应考虑消费者对产品的预期用途，并进行描述。

3.2.7 流程图应包括对有可能造成食品安全危害的出现、增加或引入的所有过程。当 HACCP 应用于特定操作时，应对该特定操作的前后工序予以考虑。

3.2.8 应指定有能力的人按照流程图对工序进行充分的验证。

3.2.9* 宜定期地评审危害分析。

3.2.10* 危害分析宜包括对过敏源要求。

3.2.11* 预期用途宜考虑易感人群和消费方式，如：团体进餐情况。

3.2.12* 除流程图外，还包括厂区平面图、捕鼠图、人流、物流、水流和气流图。

3.3 HACCP(危害分析和关键控制点)

3.3.1 进行危害分析

高级要求

3.3.1.1 酒类企业应列出与各步骤有关的所有潜在的物理性、化学性和生物性危害，进行危害分析。

3.3.1.2* 危害分析宜包括对危害的识别和评价过程。

3.3.1.3* 应为 HACCP 计划进行基于风险评估的危害分析，确定哪些危害具有如下特性，即：在食品安全生产方面，将它们消除或降低至可接受水平是必不可少的。

危害分析宜包括（但不限于）下列几个方面：

* 危害产生的可能性和影响健康的严重性；

* 危害存在的定量和（或）定性评价；

* 相关微生物的存活或增殖；

* 产品中毒素、化学或物理因子的产生和持久性。

3.3.2 确定关键控制点(CCP)

高级要求

3.3.2.1 确定 HACCP 体系中的关键控制点时，应考虑逻辑推理方法的应用（判断树）、法规要求、客户要求。

3.3.2.2 确定关键控制点时，宜考虑危害产生的可能性和影响健康的严重性、控制措施对确定危害的影响程度、以及顾客反馈（包括客户投诉）。

3.3.2.3 宜定期验证关键控制点对确定危害的控制能力。

3.3.3 确定关键控制点(CCP)的关键限值高级要求

3.3.3.1 应对每个关键控制点设定关键限值。关键限值应具体、可测量及（尤其在体系通过外部专有经验获得时）具有操作性。

3.3.3.2* 关键限值确定的依据宜作为记录来保存，并定期对关键限值进行确认。

3.3.4 关键控制点(CCP)的监控体系

高级要求

3.3.4.1 对每个关键控制点建立并实施特定的监控程序；监控方法应能够监测关键控制点是否失控。

3.3.4.2 关键控制点的监控程序应快速完成。

3.3.4.3 从监测中获得的数据应由指定的、有技术的和有权执行纠偏行动的人员来评估。

3.3.4.4 与监控关键控制点有关的所有记录和文件应由具有相关知识和权限的指定人员签字。

3.3.4.5 当非连续监控时，宜合理地确定监控频率，以保证关键控制点处于受控状态。确定的监控频率的证据宜作为记录予以保持。

3.3.5 纠正措施

高级要求

3.3.5.1 应对每个关键控制点制定特定的纠正措施，以使偏离恢复受控。

3.3.5.2 纠正措施还应包括对受影响产品的评价和合理的处置。

3.3.5.3* 宜查找导致偏离的原因，并将其作为HACCP体系改进的输入信息予以记录。

3.3.6 验证与确认

高级要求

3.3.6.1 应建立并实施程序，以确定HACCP体系的有效性。验证应包括(但不限于)：

* HACCP体系和记录的评审；
* 偏离期间产品处置的评审；
* 证实关键控制点处于受控状态。

3.3.6.2 验证的频率应确保HACCP体系有效。

3.3.6.3 在体系建立之初和影响体系要素的条件发生变化时，应对HACCP体系的各要素(包括：关键控制点和关键限值)进行确认。

3.3.7 文件记录

高级要求

3.7.1 所有对HACCP体系相关的记录和文件都应有效、准确地保持。

3.7.2 适宜时，HACCP体系的变化应整合到文件和记录中。

4 资源管理

4.1 总要求

初级要求：酒类企业应确定并提供充足的资源以满足食品安全、合法性和顾客的要求。

4.2 人力资源

4.2.1 培训

初级要求

4.2.1.1 酒类企业应为其活动影响到产品安全、合法性和质量的所有人员，包括临时人员和合同方，提供适宜的培训。

4.2.1.2 应保留适当的培训记录。

高级要求

4.2.1.3 酒类企业应建立并实施培训程序，包括合适于不同岗位的培训计划。程序应得以充分实施。

4.2.1.4 对产品安全和质量至关重要人员的能力应通过适当的教育、培训和技能经验来证实。

4.2.1.5 应定期评审培训程序的有效性。

4.2.1.6 应对新员工进行适当的监督。

4.2.1.7 必要时，宜调整培训内容、方法和培训教师的技巧。

4.2.2 健康检查

初级要求

4.2.2.1 酒类企业应确保其活动对产品安全、合法性和质量至关重要的员工，包括临时人员，仅在初次和例行体检合格后方能在生产线上工作。

高级要求

4.2.2.2 在来访者和合同方声明其无传染性疾病前，不允许其进入原料、制备、加工、包装和存储区域。

4.2.2.3 应建立并实施报告程序，以确保所有其身体健康未满足食品安全要求的相关员工及时通报其状况。

4.3 基础设施及工作环境

4.3.1 位置、场所和地面

初级要求

4.3.1.1 酒类企业应考虑不良因素对新厂厂区或仓库，以及产品可能造成的危害，并采取相应预防措施，以避免对产品造成污染。

4.3.1.2 应明确界定工厂的边界。

4.3.1.3 应采取适宜的保安措施。

高级要求

4.3.1.4 若厂区的自然排水不充分，应设立人工排水系统。

4.3.1.5 应采取适宜的措施，控制厂区内可能对产品造成潜在危害的风险，如：垃圾场所、燃料区等不应在生产车间的上风向。

4.3.1.6 应定期检查工厂环境设施（包括生产区、非生产区及周围地面)，并保持记录。

4.3.1.7 在加工车间的外墙宜有足够距离的无植被区。宜监视和维护覆盖草坪和植被的厂区环境。

4.3.2 生产布局和产品流程

初级要求

4.3.2.1 酒类企业应适宜地设计从入料口到出料口的生产流程，以避免产品受到交叉污染。

4.3.2.2 生产应按照工艺流程的顺序，以避免任何潜在的物理性、化学性或生物性的污染。

4.3.2.3 应有足够的工作和储藏空间，以确保操作能在安全、卫生的环境中进行。

4.3.2.4 应确保现场检验设施不能对产品的安全构成危害。

4.3.2.5 不能共存的物料，应以适当的方式存放在适宜的条件下，以防止交叉污染的发生。

4.3.2.6 需要时，应配备专用的冷藏库。

高级要求

4.3.2.7 工艺流程应避免出现折返。

4.3.2.8 应在布局设计时，考虑人流、物流（废弃物、原料、包装、半成品和成品）的分开。

4.3.3 设备

初级要求

4.3.3.1 设备的材质和设计应避免对产品造成污染，并便于清洁。

高级要求

4.3.3.2 设备应安装在适当的位置，以便清洁和维护。

4.3.3.3 应识别并经常评价对产品安全和质量有影响的设备。

4.3.4 员工设施

初级要求

4.3.4.1 当对员工的穿着有特定要求时，在进入生产、包装区域前（在适用时，应包括进入仓储区域），应为所有员工提供更衣设施。

4.3.4.2 洗手设施应与员工的数量相适宜。

4.3.4.3 卫生间的门和窗不能直接朝向生产、包装和储存区域；卫生间的门应保持关闭状态。

4.3.4.4 在为员工提供配餐和住宿设施时，应有适当控制措施以减少相关活动对产品的污染。

高级要求

4.3.4.5 应为来访者或分包方提供单独的更衣设施。

4.3.4.6 应提供充足的更衣室，其中个人衣物应和工作服分开存放。

4.3.4.7 卫生间的门应能自动关闭；马桶应为水冲式，其数量应与员工数量相适宜。

4.3.4.8 更衣设施应设置在直接进入生产区的地方。

4.3.4.9 吸烟区宜设立在生产区之外；只能在指定的区域吸烟。

4.3.4.10 宜为员工提供休息和饮水的场所，并避免对产品造成的污染。

4.3.5 墙壁

初级要求

4.3.5.1 墙壁的设计、建造、装修和维护应能防止污垢累积，以减少冷凝物的产生和霉菌的滋生并便于清洁。

高级要求

4.3.5.2 墙角与地面的连结处和拐角处应为弧型。

4.3.6 地面

初级要求

4.3.6.1 地面的设计应满足加工的要求；地面应采用无毒的防渗透材料，并能适应不同的清洁用品和不同的清洁方式，且维护良好。

4.3.6.2 应防止来自实验室的污水对产品造成的污染。

高级要求

4.3.6.3 来自高风险区污水的排放口应充分遮蔽。

4.3.6.4 生产区的地面应有足够的坡度，以利于水流入适当的排水系统。

4.3.6.5* 机器设备安装和排水系统的设计宜考虑排出或溢出的水能直接进入排水系统，而不是流到地面。

4.3.7 天花板和顶上装置

初级要求

4.3.7.1 天花板和顶上装置的设计、建造、装修和维护应能防止污垢累积，以减少冷凝物的产生和霉菌的滋生，并便于清洁。

高级要求

4.3.7.2 当使用吊顶时，应留有足够空间，以易于清洁、维护和检查虫害。

4.3.8 窗户

初级要求

4.3.8.1 当窗户用来通风时，应安装适宜的纱窗来防止虫害的侵入。

高级要求

4.3.8.2 所有生产和包装区域的玻璃窗户应采取适宜的防护措施，以防止其破碎时对产品造成污染。

4.3.8.3 宜避免使用玻璃窗。

4.3.9 门

初级要求

4.3.9.1 当通往原料处理、加工、包装和储存区域的门敞开时，应采取适当的措施以防止虫害侵入。这些区域的门在关闭时应保证严密或充足的防护。

高级要求

4.3.9.2 门槛宜尽量不使用木质或其他类似的材料。

4.3.10 照明

初级要求

4.3.10.1 工作区域应提供充足的采光或照明。

4.3.10.2 所有生产区域内的灯具（包括灭蝇灯）应安装塑料防爆散射灯罩或套管装置。对那些不适宜使用塑料罩的高温照明灯应使用金属网罩。

高级要求

4.3.10.3 当无法采取措施控制照明设施可能造成的玻璃污染时，应建立并实施玻璃管制程序。

4.3.10.4* 车间如使用灭蝇灯和紫外灯时，宜采用防爆式灯管。

4.3.11 空调和通风系统

初级要求

4.3.11.1 原料、产品存储和加工区域应通风良好。

4.3.11.2 当操作环境要求使用纱窗或安装过滤装置时，对相应的设备应有适宜的维护保养措施。

4.3.11.3 需要时，应控制生产环境中的粉尘排放量。

高级要求

4.3.11.4 在干粉处理区，应安装除尘装置。

5 产品实现

5.1 合同评审

初级要求

5.1.1 酒类企业应评审与产品有关的要求，并予以记录。

高级要求

5.1.2 评审应在与顾客签订合同之前进行，并应确保：

* 产品要求得到了充分的识别和规定；
* 酒类企业有能力满足顾客对产品的要求

5.1.3 若顾客提供的要求没有形成文件，在接收顾客要求前应对顾客要求进行确认。若产品要求发生变更，组织应确保相关文件得到修改，并确保相关人员知道已变更的要求。

5.2 产品设计与开发

初级要求

5.2.1 适宜时，应进行试生产和测试，以验证产品配方及制造过程能生产出安全合格的产品。

5.2.2 产品保质期的确定应：

* 考虑产品的配方；
* 包装方式；
* 加工环境；
* 储存条件等。

高级要求

5.2.3 产品设计开发过程和结果应形成文件。

5.2.4 应确保留样具有可追溯性；其保存条件应满足最终使用或测试要求。

5.2.5* 在产品设计阶段，宜进行产品保质期的确认。

5.3 产品规范

初级要求

5.3.1 酒类企业应确保制定包括以下方面的产品要求：

* 原材料（包括包装材料）；
* 初级包装材料及终产品包装材料；
* 半成品（适当时）；
* 成品；
* 分销或服务。

5.3.2 产品规范应充分、准确，并确保符合相关的安全及法律法规要求。

高级要求

5.3.3 产品规范应定期评审及更新。

5.4 原料采购控制

初级要求

5.4.1 酒类企业应确保采购的产品符合规定的采购要求和相应国家标准。

高级要求

5.4.2 应制订选择、评价和重新评价原材料的供方的准则。

5.4.3 评价结果及评价所引发的任何必要措施的记录应予以保持。

5.4.4 应建立和实施检验或其他必要的活动，以确保采购的产品符合规定的采购要求。

5.4.5* 宜根据采购的产品对随后的产品实现或最终产品的影响确定其产品供方及采购的产品控制的类型和程度。

5.4.6* 宜建立并实施书面的程序，用于酒类企业的原材料供方初始评审和持续评审，以确保采购的产品符合规定的采购要求。

5.5 操作过程控制

初级要求

5.5.1 当原料、半成品或成品、过程和（或）环境的物理和化学控制（包括温度等）对产品安全、合法性及质量有至关重要的影响时，应进行充分地控制、监视和记录。

高级要求

5.5.2 当选择优于微生物指标的物理和化学指标作为食品安全性、质量与合法性的控制参数时，应对这些参数和（或）环境进行监视和记录。

5.5.3 当温度和（或）时间控制对产品安全、质量特性或合法性（例如：杀菌、冷却、储藏、运输等）有至关重要的影响时，应使用连有适宜的失效报警系统的温度和（或）时间记录设备，以适当的频次监视这些过程的状态。

5.6 特殊处置要求

高级要求

组织应建立特殊的处置程序以使产品安全、合法性及质量得到保持,并保持有关的记录。

5.7 产品包装

初级要求

5.7.1 产品包装应符合相关的食品安全法规,并符合产品的预期用途;储运条件应与包装的要求相适宜。

5.7.2 内外包装材料应分开存放。

高级要求

5.7.3 应建立并实施程序以确定产品包装符合规范。

5.7.4 所有转基因产品或含转基因成分的产品应当正确的标识。

5.7.5 任何包装材料包括未用完的包装材料在送抵仓库前应得到有效防护。

5.8 仓储

初级要求

5.8.1 应建立并实施程序以确保产品和物料通过标识和(或)接收单来达到先进先出的原则或按照客户要求执行,以确保其在保质期内使用。

5.8.2 如需露天储存时,应采取保护措施。

5.8.3 应建立适应不同产品特征需要的储藏库。

5.8.4 宜尽量避免露天存放物料。

5.9 产品分析

初级要求

5.9.1 酒类企业应建立并实施适宜的程序、设施、仪器及标准,实施与产品安全、合法性及质量至关重要的分析(至少按照国家标准要求的指标),必要时可分包。

5.9.2 从事分析工作的人员应具有相应的资格,和(或)接受过培训,并能胜任所承担的分析工作。

5.9.3 应定期进行内部感官品评。

高级要求

5.9.4 酒类企业应建立并实施程序确保测试结果的可靠性。

5.9.5 若进行以产品安全或合法性至关重要的确认分析时,宜由认可的第三方实验室进行。

5.9.6 测试结果宜进行定期评估;如果评估认为有食品安全风险存在,宜立即停止产品放行。

5.10 产品放行

初级要求

5.10.1 酒类企业应建立和实施合适的产品放行程序,以确保任何未满足规定要求的产品不得放行。

5.10.2 酒类企业应确保所有产品仅在获得授权的人批准后才能放行。

5.11 运输

初级要求

5.11.1 酒类企业应确保所有用于运输原料(包括包装材料)、半成品和成品的车辆要与其用途相适应,在运输含气酒类时,应考虑相应安全保护措施,并保持良好运行和清洁状态。

5.11.2 当使用分包的冷藏车时,应在合同中约定符合产品的温度和相关安全性要求。

高级要求

5.11.3 应对出货货车的装载、清洗消毒、安全保护措施检查并记录。

5.11.4 如运送的货物受天气影响而易受到损坏时,应在有遮盖的月台上装卸货物。

5.11.5 宜建立并实施车辆抛锚情况下的处理程序,以确保产品的安全性、合法性和质量,并对驾驶员进行相关的培训。

5.11.6 宜按照维护和清洁程序对车辆进行维护保养。

5.12 可追溯性

5.12.1 总体要求

初级要求

5.12.1 酒类企业应建立并实施必要的可追溯程序,并保持记录,以确保成品得以追溯。

高级要求

5.12.2 酒类企业应建立并实施可追溯系统,使该系统能够辨别产品批次和与原材料、内外包装材料的批号、加工和分销记录的关系。

5.12.3 应有充足的产品留样时间(考虑保质期的要求),以备追溯。

5.12.4 宜保持任何返工可追溯。

5.12.5* 追溯系统宜定期进行演练,以确保由原材料至成品都具有可追溯性。

6. 运行控制

6.1 个人卫生

初级要求

6.1.1 酒类企业应建立和实施书面的个人卫生规定。

6.1.2 生产员工的指甲应符合食品卫生和质量的要求,保持干净,不能留长指甲。

6.1.3 生产员工不应佩带手表和首饰,以及假指甲。

6.1.4 生产员工不应使用香水,不能化浓妆。

6.1.5 应确保生产员工按规定的频率洗手和消毒。

6.1.6 员工不应在生产场所吸烟、吃零食和串岗。

6.1.7 皮肤上有伤口或(和)破损处的员工,经适当包扎后,佩戴符合要求的手套后方可参加工作。

6.1.8 应确保生产员工在进入卫生间前换下工作服,

并确保在满足卫生规定后方可重新进入生产区。

高级要求

6.1.9 酒类企业应视产品受污染的风险程度，制订书面的对外来人员的卫生规定。

6.1.10 皮肤上有伤口或(和)破损处的员工不宜参加工作。

6.1.11 宜定期验证手清洁程序的有效性。

6.2 工作服

初级要求

6.2.1 应提供适当的工作服给所有员工。

6.2.2 工作服应定期清洗，必要时还应消毒。

高级要求

6.2.3 应提供适当的工作服给外来人员。

6.2.4 人员履行特定的规定后，方可进入高风险操作区。

6.2.5 当工作服由分包洗衣房进行洗涤消毒时，宜进行有效控制。

6.3 维修保养

初级要求

6.3.1 酒类企业应确保对所有设备进行维修和保养。

6.3.2 在维修时，应确保不影响产品的安全性或合法性。

6.3.3 清洁或更换照明设施和玻璃时，应把产品受到危害的可能性降低到最小程度。

高级要求

6.3.4 对产品安全性和质量有关键作用的所有设备，酒类企业应制定维修和保养计划。

6.3.5 来自外部的维护人员和工程师应了解和遵守酒类企业的卫生标准。

6.3.6* 宜建立并实施与设备维修和保养有关的食品安全书面程序，并保持记录。例如：设备维护后通知生产和消毒人员；维护后对零件和工具核对的工作程序。

6.4 水质要求

初级要求

6.4.1 清洁或生产的加工用水至少应符合生活饮用水标准。适当时，还应根据使用的用途及产品特性进行适当的水处理。

6.4.2 对直接与产品接触的水、蒸汽或冰的质量应按照法规要求进行定期检测。

6.4.3 酒类企业应定期对直接与产品接触的水、蒸汽或冰的质量进行内部监测，以防止对产品安全造成威胁。

6.4.4 生产用水的存放和供应设施不应对水的质量造成危害。

6.5 清洁卫生

初级要求

6.5.1 酒类企业应制订书面的清洁和消毒规定，并予以实施，以确保产品在安全的条件下进行生产。

6.5.2 清洁剂和消毒剂的使用应符合法规要求，并与其用途相适宜。

6.5.3 应对负责清洁和消毒工作的员工进行适宜的培训。

6.5.4 需要时，应有消毒过程，以有效地控制微生物污染风险。

6.5.5 应制订和实施清洁计划。计划中应明确需清洁的区域、场所和设备及清洁剂和消毒剂的使用程序和种类，此外，清洁的频次和责任人也应明确。

6.5.6 清洁剂及消毒剂的浓度、种类和使用方法应符合消毒程序中规定。

6.5.7 消毒过程宜包括对空气的净化。

6.5.8 验证并记录清洁及消毒程序的有效性；如有效性不能得到满足，宜采取纠正措施。

6.6 隔离要求

初级要求

6.6.1 应防止原材料、包装材料、半成品及成品间的交叉污染。

6.6.2 适宜时，应有效地隔离高低风险加工区域，将产品发生交叉污染的风险降至最低程度。

清洗器具的设施及一般清洁设施的区域应与生产活动相分开。

6.7 废弃物和废弃物的处理

初级要求

6.7.1 酒类企业应建立并实施适当的措施，以减少废弃物在加工区的堆积。

6.7.2 生产区域内部和外部应设置垃圾桶，并清楚地标识和定期清洗；必要时进行消毒。

高级要求

6.7.3 废弃物的处置要符合相关法规的要求。

6.7.4 应使用加盖的垃圾桶，并应定期清除垃圾，以防止虫害的滋生。

6.7.5 当废弃物由分包方来负责处理时，宜进行有效控制。

6.8 虫害控制

初级要求

6.8.1 酒类企业应有效地控制虫害。

6.8.2 工厂内对实施虫害控制人员应予以适当的培训；培训的记录应予保持。

6.8.3 排水口应有合理的设计，并应安装栅栏或闸门以防止虫害的进入。

6.8.4 原料、包装材料和成品要妥善储存以减少虫害侵入的风险。

6.8.5 应对防虫措施的结果进行记录。

高级要求

6.8.6 应建立虫害控制计划，并形成文件。

6.8.7 应对虫害控制计划进行评估，并随实际情况而更新。

6.8.8 应定期检查建筑物的内部和外部环境，以检验害虫控制的有效性。

6.8.9 应对原料的接收进行彻底的检查，以避免虫害的引入。

6.8.10 宜由有资质的服务公司来进行虫害控制。

6.8.11 灭蝇灯和(或)诱捕器的设置宜和控制布局图一致。

6.9 物理性和化学性物品污染风险的控制

初级要求

6.9.1 应采取适当的措施来控制产品的物理性或化学性污染的风险。

6.9.2 应采取适当的设施并按相关的法规来控制化学品的存储。

6.9.3 筛子和过滤网应保持清洁并定期进行检查，必要时进行更换，避免污染产品。

高级要求

6.9.4 应控制源于操作区域上方的潜在污染风险，定期检查并记录。

6.9.5 应控制生产区内的刀具数量；任何刀具的损坏或缺失应立即报告。

6.9.6 适宜时，在处理裸装产品的加工区域应禁止竹木制品的使用。

6.9.7 所有在原料处理、制备、加工、包装和存储区域的玻璃和类似物品宜登记。

在册，并列出所在区域，定期检查。检查频率取决于风险分析的结果。

6.10 金属探测与异物探测的控制

高级要求

6.10.1 酒类企业应在危害分析的基础上，确定异物控制是否作为关键控制点，以评估是否需使用金属或其它异物探测设备。

6.10.2 若需使用金属或异物探测器时，应建立关键限值。对检测到金属或异物的产品应明确隔离和处理的措施。

6.10.3 金属和其他异物探测器应定期监视和测试。应建立并实施设备失灵时应采取的程序。

6.11 事故管理

初级要求

6.11.1 酒类企业应记录发生的事故，并予以防范。

高级要求

6.11.2 酒类企业应建立并实施事故管理程序，以确保能控制所有潜在的产品质量、安全和合法性方面的风险。

6.11.3 酒类企业应向相关工作人员发出书面指导，说明可能构成“事故”的情况，同时建立书面事故报告程序。

6.11.4 酒类企业应建立并实施一套程序，一旦事故发生后，可及时通知已收到可能不安全和非法产品的客户。

6.11.5 如有可能，应配置备用的供电设备。

6.11.6 危机管理程序可包括：提名危机小组、联系名单、必要时的司法商议、可获得性、客户信息、产品回收和(或)召回、沟通计划和消费者信息。

6.12 不合格品控制

初级要求

6.12.1 酒类企业应确保明确地识别、标识和隔离所有不符合规定要求的产品。

6.12.2 应建立并实施明确的不合格品控制程序，包括：退货、让步接受、或考虑改为其它用途；所有获得授权的员工应清楚地了解这些程序。

6.12.3 应采取纠正措施以避免不符合情况再次发生，并保存所采取措施的相关书面证据。

6.12.4 所有不合格品应按问题的性质和(或)客户的特殊要求进行处理。

6.12.5 应由授权的人做出扣留决定。

6.13 产品召回和撤回

初级要求

6.13.1 酒类企业应有能力按照相关要求进行产品召回和撤回。

6.13.2 当产品发生召回时，应尽快通知相关方，降低危害的扩散程度。

高级要求

6.13.3 酒类企业应建立并实施产品召回程序，以确保能控制所有潜在的产品质量、安全和合法性方面的风险。

6.13.4 产品召回程序宜易于操作，涵盖产品质量和安全有关的因素，如存放和处置。

6.13.5 程序宜进行定期演练，确保其有效运行。

6.13.6 有关程序宜经常进行评审，如必要，宜进行修改以确保适宜。

7. 监视、验证和改进

7.1 设备和过程的确认

初级要求

7.1.1 应建立并实施程序确保当设备失效或过程偏离时，产品满足安全状态才能放行。

高级要求

7.1.2 酒类企业应建立和实施验证程序，以确保所采用的过程和设备能够稳定地生产安全、符合法规的产品，并符合期望的质量特性。

7.1.3 适用时，酒类企业应识别过程与设备——包括产品配方、加工方法、设备或包装方式的变化，以及人员的变化，以重新确认过程参数，这些过程参数确保产品的安全、合法和质量。

7.2 监测设备和方法的控制

初级要求

7.2.1 酒类企业应确定对产品安全、合法性与质量起关键作用的测量设备。所确定的测量设备应能对照溯源到国家标准的测量标准校准。

7.2.2 应按照校准的要求，校准后对法定的监视和测量设备的状态进行识别。

7.2.3 校准和检定的结果应作为记录予以保存。

7.2.4 应防止非授权人员调整法定的监视和测量设备。应防止法定监视和测量设备在搬运、维护和贮存期间的腐蚀、损坏或误用。

高级要求

7.2.5 酒类企业应对法定的监视和测量设备按规定的周期或在使用前进行检定或校准，以确保精度符合约定的参数。

7.2.6 应有程序，防止当监视与测量设备超出限值时受影响的不合格品的放行。

7.2.7 当发现法定的监视和测量设备没有按照规定的限值操作时，应按程序规定采取措施。

7.2.8 当不存在上述标准时，酒类企业宜记录校准或检定的依据。

7.3 投诉处理

初级要求

7.3.1 酒类企业应建立管理顾客投诉的有效系统。

7.3.2 酒类企业应针对投诉采取相应的措施，并予以记录。

高级要求

7.3.3 应针对问题的严重性和发生的频次，采取及时有效的行动。

7.3.4 投诉信息宜用于改进产品质量安全体系，以避免投诉再次发生。

7.4 内部检查

初级要求

7.4.1 酒类企业应定期进行内部检查，以确保体系的符合性、有效性和适宜性。

7.4.2 内部检查工作应由胜任的人员进行，检查人员需独立于被检查区域(部门)。

7.4.3 应将检查结果通知被检查区域(部门)与负责人，纠正措施和时间期限应达成一致。

7.4.4 应保持所有计划内的相关内部检查以及纠正措施的相关记录。纠正措施的有效性应予以验证。

高级要求

7.4.5 内部检查的范围和频率应按有关活动的风险程度制定。

7.4.6 应监视检查的结果，以确保实现预期的目标。

7.5 纠正措施

初级要求

7.5.1 酒类企业应及时采取纠正措施，以防止不符合再次发生。

7.5.2 与产品安全、合法性及质量相关的纠正措施计划(如：完成的时间、负责人等信息)，应获得相关区域负责人员的同意。

7.5.3 有关纠正措施的职责与权限应在文件中予以规定。

高级要求

7.5.4 应验证所有纠正措施，以确保其有效性。

7.5.5 宜验证纠正措施，其结果应确保系统不断改善。

7.5.6 宜建立机制，分析与产品的安全性、合法性和质量有关的不符合的原因。

关于调整后《实施出口食品卫生注册、登记的产品目录》的公告

2005年第30号

根据《出口食品生产企业卫生注册登记管理规定》(国家质检总局2002年第20号令)，国家认监委在对出口食品的风险评估的基础上，调整了《实施出口食品卫生注册、登记的产品目录》。(以下简称《注册目录》,附件1)，将“腌渍菜类”纳入出口食品卫生注册管理，现予以公告，自2005年12月1日起施行。

附件:实施出口食品卫生注册、登记的产品目录

二〇〇五年十一月一日

附件:

实施出口食品卫生注册、登记的产品目录

一、　注册产品目录

分类号	产品类别
Z01	罐头类
Z02	水产品类(不包括活品和晾晒品)
Z03	肉及肉制品
Z04	茶叶类
Z05	肠衣类
Z06	蜂产品类(不包括蜂蜡)
Z07	蛋制品类(不包括鲜蛋)
Z08	速冻果蔬类、脱水果蔬类(不包括晾晒品)
Z09	糖类(指蔗糖、甜菜糖)
Z10	乳及乳制品类
Z11	饮料类(包括固体饮料)
Z12	酒类
Z13	花生、干果、坚果制品类(不包括炒制品)
Z14	果脯类
Z15	粮食制品及面、糖制品类
Z16	食用油脂类
Z17	调味品类(不包括天然的香辛干料及粉料)
Z18	速冻方便食品类
Z19	功能食品类
Z20	食品添加剂类(专指食用明胶)
Z21	腌渍菜类

二、登记产品目录

注册产品目录以外的食品。

(五)实验室管理

关于下达2005年国家认监委实验室能力验证计划的通知

国认实函[2005]84号

各省、自治区、直辖市质量技术监督局,各直属出入境检验检疫局,有关国家计量认证行业评审组:

为加强重点领域的实验室检测能力建设，国家认监委决定组织2005年度能力验证,本次能力验证的重点是当前社会广泛关注的食品安全和建材安全方面的检测能力情况。

为了确保此次能力验证活动的科学、准确和有效施行,认监委邀请了质检总局卫生检疫、产品质量监督、进出口食品安全、科技等有关职能司局和中国实验室国家认可委员会秘书处(CNAL)、国家标准物质研究中心、中国检验检疫科学研究院等有关实验室认可、标准、检测科研单位的专家,对有关方面申报的2005年能力验证项目进行了立项研讨，委托中国检验检疫科学研究院等7家单位为“国家认监委2005年实验室能力验证计划”(见附件)的协调单位。现将有关事项通知如下:

一、请各单位尽快通知本辖区的实验室参加此次能力验证。

国家产品质检中心、部级产品质检中心、直属检验检疫局技术中心和省级(含计划单列市和副省级市)产品质检所(院),凡具有“国家认监委2005年实验室能力验证计划”内的项目检测能力,并通过了相应的实验室认可或计量认证/审查认可验收(授权)的实验室,应当参加本次能力验证活动。因特殊原因不能参加的,应事前向认监委做出书面说明。无故不参加本次能力验证活动的,认监委将视情况对其资质做出处理决定。

二、负责此次能力验证项目协调的单位,应充分认识承担能力验证工作的重要性,精心组织,严格按照能力验证的技术要求,做好承担能力验证协调工作。从项目设计到“第一轮通知”、“第二轮通知”的发送,从样品的制备到保证样品均匀性的措施，从结果的统计分析到防止实验室串通,应制定周密的计划和措施,确保能力验证活动圆满完成。

各协调单位应尽快向实验室发出“第一轮通知”,抓紧时间开展工作，争取2006年3月1日前完成有关工作。国家认监委将于2006年上半年公布本次能力验证活动的结果。

三、为使此次能力验证活动稳妥施行,由CNAL提供技术支持，可根据需要组织对能力验证协调单位和参加本次能力验证活动的实验室的培训，根据需要进行能力验证提供者的认可。

四、本通知确定的必须参加能力验证的实验室,不需交纳参加本次能力验证的费用。认监委统一拨付给各项目协调单位用于验证活动的专项经费补助，不足部分由项目协调单位自行解决。

自愿报名参加此次能力验证的实验室，需向项目协调单位支付能力验证的成本费。

五、本次能力验证的结果是实验室在相关领域检测能力的客观反映。取得满意结果的实验室,建议有关部门在相应领域指定、授权、委托检验任务时，优先选用;在2006年进行实验室认可、计量认证/审查认可验收(授权)评审时,免予对该项目的现场实验。

各单位在实施过程中遇到问题，请及时与国家认监委实验室与检测监管部联系。

附件:国家认监委2005年实验室能力验证计划

二〇〇五年四月三十日

附件：

国家认监委2005年实验室能力验证计划

项目名称	项目协调人所在单位	联系人	电 话
苏丹红1号检测能力验证	中国检验检疫科学研究院	彭 涛	010-85778949
食品中山梨酸、苯甲酸检测能力验证	中国检验检疫科学研究院	彭 涛	010-85778949
白酒中甲醇、杂醇油检测能力验证	国家酒类产品质量监督检验中心	郑卫东	028-86262955
水果罐头中合成着色剂检测能力验证	国家食品添加剂质量监督检验中心	淘 坪 张 哲	024-25893230
小麦粉中过氧化苯甲酰检测能力验证	国家粮食质量监督检验中心	郑顺利	0411-4603949
蔬菜中毒死蜱氯氰菊酯乐果等残留检测能力验证	青岛出入境检验检疫局	王建华	0532-2929358
果汁中L-脯氨酸检测能力验证	国家食品质量监督检验中心	宋全厚	010-64645551
陶瓷地砖放射性检测能力验证	国家建筑材料测试中心	张继军 张庆华	010-51167679 51167666

关于国家认监委开展病原微生物实验室生物安全认可的公告

2005年第9号

根据《病原微生物实验室生物安全管理条例》和《中华人民共和国认证认可条例》，国家认证认可监督管理委员会(以下简称国家认监委)对病原微生物实验室生物安全认可的有关工作公告如下：

一、国家认监委确定由中国实验室国家认可委员会承担病原微生物实验室生物安全的认可工作。

二、中国实验室国家认可委员会起草的《实验室生物安全认可程序规则(试行)》和《实验室生物安全认可准则》已经国家认监委批准，现予公布，请按照执行。

三、三级和四级病原微生物实验室应当通过实验室生物安全认可，国家鼓励一级、二级病原微生物实验室申请实验室生物安全认可。

四、国家认监委依据《病原微生物实验室生物安全管理条例》和《中华人民共和国认证认可条例》对中国实验室国家认可委员会实验室生物安全认可活动进行监督管理。

二〇〇五年四月二十九日

(六)科技与标准

关于发布《采用应急程序制(修)订出入境检验检疫行业标准管理办法》的通知

国认科[2005]27号

各直属检验检疫局、中国检验检疫科学研究院:

为满足检验检疫应对突发事件、建立快速反应机制对检验检疫行业标准的需求,我委制定了《采用应急程序制(修)订出入境检验检疫行业标准管理办法》,现印发你们,请遵照执行。

附件:采用应急程序制(修)订出入境检验检疫行业标准管理办法

二〇〇五年四月十一日

采用应急程序制(修)订出入境检验检疫行业标准管理办法

第一条 为适应出入境检验检疫业务工作发展需要,规范采用应急程序制(修)订检验检疫行业标准的活动,特制定本办法。

第二条 在应对检验检疫业务各类突发事件时,可启动应急程序,快速制(修)订检验检疫行业标准。突发事件包括:

(一)突发传染病的传入传出;

(二)突发动植物疫病疫情的传入传出;

(三)应对国外突发技术性贸易措施,缺少标准将导致我国相关产品的出口严重受阻;

(四)其他特殊情况。

第三条 各有关直属检验检疫机构应根据国家质量监督检验检疫总局(以下简称总局)或总局相关业务主管部门为解决突发事件实施相关技术措施的要求,在完成标准草案研制工作的基础上可提出采用应急程序制(修)订检验检疫行业标准(以下简称应急标准)。

第四条 拟制(修)订应急标准的直属检验检疫机构应向国家认证认可监督管理委员会(以下简称认监委)提出制(修)订应急标准项目申请,同时提交已完成的标准草案及技术材料,并须附总局或总局相关业务主管部门的意见。

第五条 提交标准技术草案的技术材料包括:《出入境检验检疫标准制(修)订工作细则》中规定的计划任务书、标准送审稿(标准草案)、标准审定申请、标准编制说明、标准征求意见汇总表以及其它相关材料。计划任务书和标准编制说明中应说明制(修)订应急标准的理由。

第六条 国家认监委收到立项申请和相关资料后,应及时进行审核。对同意立项的,同时批复立项、审定及经费意见,组织紧急审定、报批应急标准、发布并监督实施。对不同意立项的,应说明理由并予以回复。

第七条 为保证应急标准的质量,应急标准的审定仍应按《出入境检验检疫标准制(修)订工作细则》规定要求进行。

第八条 承担制(修)订应急标准的有关检验检疫机构应为标准工作组提供便利条件,确保应急标准按规定的时间完成。

第九条 在特殊情况下,国家认监委可根据总局或总局业务主管部门的业务急需,直接下达制(修)订应急标准的任务,并参照以上程序执行。

关于发布《出入境检验检疫行业标准制(修)订项目招标投标管理办法》(试行)的通知

国认科[2005]28号

各直属检验检疫局、中国检验检疫科学研究院:

为改进检验检疫标准化管理工作,全面提高检验检疫标准的制(修)订工作质量。经研究决定,对部分检验检疫行业标准项目的承担单位采取招标投标的方式进行确定。现将《出入境检验检疫行业标准制(修)订项目招标投标管理办法》(试行)印发你们,请遵照执行。

附件:《出入境检验检疫行业标准制(修)订项目招标投标管理办法》(试行)

二〇〇五年四月十二日

出入境检验检疫行业标准制(修)订项目招标投标管理办法(试 行)

第一章 总 则

第一条 为提高标准水平,合理利用检验检疫标准化资源,提高标准制(修)订经费的使用效率,促进公平竞争,加强对检验检疫行业标准制(修)订项目的招投标管理,根据国家有关法律法规规定,特制定本办法。

第二条 本办法适用于对采用招标投标方式确定制(修)订出入境检验检疫行业标准项目承担单位的招标投标活动的管理。

第三条 检验检疫行业标准项目的招标投标系指招标方将已确定招标的制(修)订行业标准项目及其条件和要求等作为"标的",吸引愿意承担任务的直属检验检疫机构进行投标,择优选定承担单位的活动。

第四条 国家认证认可监督管理委员会(以下简称国家认监委)负责对检验检疫行业标准制(修)订项目招标投标工作的组织管理,协调、处理招标投标工作中的重大问题。

第五条 招标项目的确定遵循以下原则

(一)重要性原则:实行招标的检验检疫行业标准项目必须是对保护人身安全和健康以及动植物生命安全、促进国家经济建设、保护环境、跨越国外技术贸易壁垒、保证检验检疫工作质量起重要作用,具有较大技术价值和应用价值的标准或系列标准项目。

(二)必要性原则:招标项目具有较大的技术难度或者标准起草的调研、资料收集、数据处理、实验验证等工作量较大,需要在人员、设备、管理等方面具备一定条件的单位中择优选拔。

(三)可行性原则:实行招标的检验检疫行业标准项目必须是在充分利用检验检疫系统的人员、设备、信息和经费等资源的情况下,技术上有可能实现,并能够完成的标准或系列标准项目。

(四)协调性原则:招标的检验检疫标准项目应经相应的检验检疫标准技术组织协商研究确定,并与检验检疫标准体系表相一致,与检验检疫技术发展和需求相一致。

第六条 国家认监委作为检验检疫行业标准项目制(修)订的招标方,凡符合承担检验检疫行业标准制(修)订项目条件的直属检验检疫机构均可作为投标方。投标方应具备以下条件:

(一)与招标文件要求相适应的人力、技术、设备和财力；

（二）招标文件要求的资格证明和相应的工作经验与业绩证明；

（三）法律法规规定的其他条件。

第七条 检验检疫行业标准制（修）订项目招标的程序为选择招标方式，拟定招标文件，发出招标通告或投标邀请书，接受投标方递交的投标文件，组织开标、评标、定标和公布定标结果。

第二章 招 标

第八条 招标可根据不同情况，分别采用竞争性招标、有限竞争性招标和协议招标三种方式。

（一）竞争性招标：符合承担检验检疫行业标准制（修）订项目条件的直属检验检疫机构均可参加投标竞争。

（二）有限竞争性招标：招标方邀请经过预选的三家以上（含三家）具备投标条件的直属检验检疫机构参加投标竞争。

（三）协议招标：招标方直接邀请一个或多个具备条件的直属检验检疫机构投标，通过协商达成协议。

第九条 采用有限竞争性招标或协议招标方式，须符合下列条件之一：

（一）只有少量几家潜在投标者可供选择的；

（二）技术复杂或有特殊要求的；

（三）项目经费不足，需要中标方自行投入部分经费的；

（四）标的为服务、管理性质的；

（五）在出入境检验检疫行业标准制（修）订项目招标投标管理中有其它规定的。

第十条 招标方应按项目的要求编制招标文件。招标文件一般应包括以下内容：

（一）计划项目名称

（二）计划项目主要内容要求

（三）进度、时间要求

（四）投标报价的构成细目及制订原则

（五）投标文件的编制要求

（六）投标方应当提供的有关资格和资质证明文件

（七）提供投标的方式、地点和截止日期

（八）开标、评标、定标的日程安排、地点及方式

（九）评标、定标原则

（十）招标文件的保密要求

（十一）参加投标所需收取的费用

（十二）其他

第十一条 竞争性招标应公开发布招标通告。有限竞争性招标或协议招标，由招标方直接向被邀请单位发出投标邀请书。

招标通告或投标邀请书至少应包括以下内容：

（一）招标方名称和地址

（二）招标任务的性质

（三）招标任务主要目标

（四）获取招标文件的办法和地点及时间要求

（五）参加投标所需收取的费用

第十二条 采用有限竞争性招标或协议招标方式时，招标方应对选择的邀请投标方进行审核，并负责协调处理其他潜在投标人提出的异议。

第十三条 招标方在投标截止时间内，如对招标文件进行修改和补充，必须通知所有申请投标者，并给已投标者留有修改和补充标书的时间。

第三章 投 标

第十四条 收到招标文件后，有意投标者应按招标文件要求向招标方递交投标文件。投标文件一般包括以下内容：

（一）投标函

（二）投标标书

（三）投标概要表

第十五条 投标文件必须按招标文件中规定的方式和时间密封后送达或邮寄至指定地点。

第十六条 在投标截止日期前，允许投标人对已提交的投标文件进行补充和修改。

第四章 开 标

第十七条 开标应按招标文件规定的时间、地点和方式进行。由招标方主持，并邀请投标人代表和有关单位代表参加。特殊情况下，招标方可根据需要采用其他公开、公正、公平的开标方式。

第十八条 投标方代表检查投标文件的密封情况，确认无误后由工作人员当众开启并宣读《投标概要表》，唱标应记录备查。

第十九条 对投标文件含义不明确的地方，允许投标人作简要解释，但所作的解释不得超过投标文件记载的范围。

第二十条 采用协议招标方式不进行开标。

第五章 评 标

第二十一条 招标方负责组建评标委员会，评标委

员会由招标方代表及受聘的技术、经济、管理等方面的专家组成，总人数为5人以上单数，其中受聘的专家不得少于三分之二。投标方人员或与投标方有利害关系的人员不得进入评标委员会。评标委员会成员名单在中标结果确定前必须保密。

采用协议招标方式，招标方可以直接与投标方进行议标协商。

第二十二条 评标委员会对所有投标文件进行审查，对与招标文件规定有实质性不符的投标文件，有权决定其无效。

第二十三条 评标委员会可以要求投标方对投标文件不明确的地方进行必要的书面形式澄清，但不得对投标文件做实质性修改。

第二十四条 评价中标方的主要依据是：投标方案先进、可行、技术风险小、经费预算合理、能保证项目的完成质量和进度要求等。评标委员会应根据招标方要求综合各种因素确定评标标准，投标人的最低报价不能作为中标的唯一理由。评标委员会依据评标标准进行评标，依据评标结果，写出评标报告，并向招标人按1:2的比例排序、推荐中标候选人。

第二十五条 评标报告为定标提供重要依据，一般应包括：

(一)对投标标书的评价；

(二)对投标方的技术、经济风险分析；

(三)对投标方技术方案、设备条件、管理能力的评价；

(四)推荐意见；

(五)需进一步协商的问题及协商应达到的指标和要求。

第六章 定 标

第二十六条 招标方根据中标候选人就评标报告提出的需进一步协商的问题及协商应达到的指标和要求进行协商，协商一致后确定中标方。

采用协议招标方式的应按协议的最后结果确定中标方。

第二十七条 出现下列情况之一时，招标方有权废标：

(一)最低评定标价远超过标底；

(二)所有的投标文件均未按照招标文件的要求编制；

(三)采用竞争招标方式或有限竞争招标方式招标，有效投标方少于3个。

第二十八条 定标后，由国家认监委公布定标结果，并通知中标人，中标人据此填写《出入境检验检疫行业标准制(修)订项目计划任务书》，经国家认监委批复后生效。

关于印发《认证认可科技与标准化工作管理规定(试行)》和《认证认可科技项目管理办法(试行)》的通知

国认科[2005]36 号

各省、自治区、直辖市质量技术监督局,各直属出入境检验检疫局,各认证机构及相关单位:

现将《认证认可科技与标准化工作管理规定(试行)》和《认证认可科技项目管理办法(试行)》印发你们,请遵照执行。

附件:1.认证认可科技与标准化工作管理规定(试行)
2.认证认可科技项目管理办法(试行)

二〇〇五年五月十九日

认证认可科技与标准化工作管理规定(试行)

第一章 总 则

第一条 为规范和加强认证认可及其相关领域的科技与标准化管理工作,充分发挥认证认可科技与标准化工作的技术支撑作用,促进认证认可更好地为经济和社会发展服务,根据《中华人民共和国科学技术进步法》、《中华人民共和国标准化法》、《中华人民共和国认证认可条例》和国家其它有关法律法规,制定本规定。

第二条 本规定所称科技工作,是指与认证认可工作相关的科学研究、技术创新、科技信息、高新技术的开发与应用、科技成果的推广与转化、科技环境建设以及科技合作与交流等工作。

本规定所称标准化工作,是指规范和指导认证认可活动所需标准类文件的制修订、宣贯、实施和监督等工作。

本规定所称标准类文件是指标准(狭义)、准则、指南、技术规范以及其它标准性技术文件等。

第三条 本规定适用于与认证认可工作相关的科技与标准化工作的规划、实施、监督和管理。

第四条 国家认证认可监督管理委员会(以下简称国家认监委)归口管理、监督和综合协调认证认可领域的科技工作与标准化工作。

认证认可科学技术委员会(以下简称认证认可科技委)在国家质量监督检验检疫总局(以下简称国家质检总局)科学技术委员会的指导下开展认证认可领域的科技工作;全国认证认可标准化技术委员会(以下简称认证认可标委会)在国家标准化管理委员会(以下简称国家标准委)的领导下,归口管理认证认可领域的标准化工作。

认证机构、认可机构和地方质检部门是认证认可科技与标准化工作的实施主体。

鼓励认证认可相关各方,包括行业主管部门、行业协会、检测机构、科研机构、企业、消费者等,积极参与认证认可科技与标准化工作。

第五条 认证认可科技与标准化工作的主要内容是:

(一)加强认证认可发展基础性、前瞻性、应用性理论和技术研究,积极对我国认证认可制度、模式进行探索与创新;

(二)积极组织和参与国际、国内标准化活动,建立和完善既与国际接轨又符合中国实际的认证认可标准体系;

(三)促进认证认可科技成果及时、有效转化为国家标准,并实现我国在优势领域主导制定国际标准;

(四)建立激励机制,加强对科技与标准化人才的选拔、培养和使用;

（五）加强对认证认可科技与标准化工作的宣传和信息化建设，实现科学、高效管理与信息共享。

第二章 机构与职责

第六条 国家认监委履行以下职责：

（一）贯彻国家有关科技进步和标准化方面的方针、政策和法律、法规，组织制定认证认可领域科技与标准化工作的政策和规范性文件；

（二）制定认证认可科技与标准化工作发展规划和工作计划并组织实施；

（三）负责认证认可科技项目、标准制修订项目的归口管理工作；

（四）负责认证认可科技与标准化工作经费的预算和管理；

（五）负责认证认可科技与标准化成果的奖励和推广应用；

（六）组织认证认可科技与标准化方面的国内外学术交流和技术培训；

（七）负责认证认可科技与标准化保密管理工作；

（八）负责认证认可科技委和认证认可标委会的组建和日常管理工作。

第七条 参与认证认可科技与标准化工作的相关单位应当：

（一）加强对科技与标准化工作的组织和管理，为科技与标准化工作的开展提供必要的人、才、物等资源保障；

（二）组织实施国家认监委下达的各项科技与标准制修订项目计划并按时完成；

（三）负责所承担项目经费使用情况的管理。

第三章 资源保障

第八条 国家认监委应当加强对认证认可科技委和认证认可标委会的管理与使用，充分发挥两个委员会的技术支持作用，广泛吸纳各行业专家。

第九条 国家认监委应当加强对科技与标准化专业人才和管理人才的培养和使用，激发他们的积极性和创造性，不断提高认证认可科技与标准化工作水平。

第十条 认证认可相关机构的技术人员应当勇于创新，注重诚信，积极参与科技与标准化工作。

第十一条 国家认监委应当对科技和标准制修订项目计划给予适当的经费补助。

第十二条 科技与标准化项目承担机构应当保证所承担项目配套资金的落实，并根据业务发展，不断增加科技与标准化资金投人。

第十三条 国家认监委和参与认证认可科技与标准化工作的相关单位应当积极采取措施，多渠道、多层次地筹集科技与标准化工作资金。

第十四条 科技与标准化工作经费必须专款专用、合理使用并严格管理，提高经费的使用效能。

第四章 奖励与处罚

第十五条 国家认监委负责建立认证认可科技与标准化工作奖励机制，并对优秀的科技与标准化成果以及在科技与标准化工作中成绩突出的单位和个人给予奖励和表彰。

第十六条 对在认证认可科技与标准化工作中发生的违规违纪行为，国家认监委将按照有关规定做出处罚，并对相关责任方（人）建立信用不良记录。

第五章 附 则

第十七条 本规定由国家认监委负责解释。

第十八条 本规定自发布之日起实行。

认证认可科技项目管理办法（试行）

第一章 总 则

第一条 为规范认证认可及其相关领域科技项目的管理，促进认证认可科技进步，根据《关于国家科研计划实施课题制管理的规定》、《国家质量监督检验检疫总局科技项目管理办法》、《认证认可科技与标准化工作管理规定（试行）》以及其它有关规定，制定本办法。

第二条 本办法规定的科技项目（以下简称项目）是指由国家认证认可监督管理委员会（以下简称国家认监委）批准，科技主管部门下达，由相关机构承担并在一定时间周期内进行的认证认可科学技术研究活动。申报国家科技部、国家质量监督检验检疫总局(以下简称国家质检总局)或其它部门的项目按照国家或相关部门科技项目管理的有关规定执行。

第三条 本办法适用于认证认可及其相关领域科技项目的立项、实施管理、成果鉴定或项目验收以及项目经费管理等工作。

第二章 机构职责

第四条 国家认监委科技主管部门负责认证认可及其相关领域科技项目的管理工作,履行以下职责:

(一)贯彻执行国家科技部、国家质检总局和国家认监委的各项科技管理规定,组织建立认证认可及相关领域科技项目管理的规范性文件,负责项目立项工作的政策性指导;

(二)负责组织申报国家科技部、国家质检总局等的科技项目,并对下达计划项目的实施过程进行监督管理;

(三)负责国家认监委科技项目的组织申报和审议工作,编制、下达国家认监委批准的年度项目计划,负责项目经费预算的审核并提出项目经费预算计划,监督检查项目执行情况、经费使用情况并组织成果鉴定或项目验收;

(四)参与拟定国际科技合作项目协议,对项目的实施进行督促、指导;

(五)对项目承担机构的科技项目管理工作提供帮助与指导;

(六)负责与国家科技部、国家质检总局或其它行业科技主管部门的对口业务联络工作;

(七)负责协调科技项目承担机构之间的项目活动。

第五条 各直属出入境检验检疫局和各省、直辖市、自治区质量技术监督局,负责本单位及下属机构认证认可科技项目的管理工作,履行以下职责:

(一)贯彻执行国家质检总局和国家认监委有关科技管理规定;

(二)负责组织本单位及下属机构的科技项目申报工作,并按照要求汇总上报项目计划书及相关材料;

(三)负责本单位所承担科技项目的组织实施及下属机构科技项目计划执行情况的管理和监督;

(四)负责对本单位及下属机构科技项目经费使用情况的管理。

第六条 申请承担国家认监委科技项目的机构(以下简称“项目承担机构”),包括国家认监委委内部门、认证机构、认可机构、地方质检部门以及其它相关单位,负责组织实施所承担项目的研究,履行以下职责:

(一)贯彻执行国家认监委有关科技管理规定;

(二)负责本机构科技项目的申报工作,并按照要求上报项目计划书及相关材料;

(三)负责组织实施所承担的科技项目,保质保量、按时完成计划;

(四)对计划项目的实施提供配套资金,并负责全部项目经费的管理和合理使用;

(五)接受国家认监委科技主管部门对项目执行情况、经费使用情况的监督检查,并按照要求上报相关材料。

第三章 项目立项

第七条 项目立项一般采用计划申报方式,急需决策和实施的特殊项目可以履行快速立项审批程序。

第八条 项目立项一般应当包括申报、审查和批准下达三个基本过程。

第九条 国家认监委负责建立专家审查和政府决策相结合的立项审批机制,确保立项的科学性。

第十条 项目立项原则

(一)坚持科技为认证认可工作服务,注重基础性、前瞻性和应用性研究;

(二)坚持科技高起点,鼓励采用国际先进的认证认可理论与技术,填补我国认证认可理论和技术领域空白;

(三)坚持理论研究与技术创新并举,以解决认证认可工作中急需解决的关键性理论和技术问题为重点。

第十一条 项目申报

任何单位或个人均可根据项目申请条件和立项原则提出项目申请,经其所在机构批准后,向国家认监委科技主管部门申报。

申报材料应当包括:

(一)非软科学的项目填报《国家认证认可监督管理委员会科技项目计划任务书》;软科学的项目填报《国家认证认可监督管理委员会软科学研究项目计划任务书》;

(二)附科技成果查新报告或其它相关说明材料;

(三)填报《**** 年度国家认证认可监督管理委员会科技项目计划汇总表》(格式见附件三)。

第十二条 项目审查

国家认监委科技主管部门负责组织有关专家根据立项原则对申报项目进行技术审查。技术审查的主要内容包括:

(一)立项的必要性和紧迫性;

(二)项目实施技术路线的科学性、合理性、先进性;

（三）项目负责人及参加人员的科研能力、管理能力和专业技术水平是否与拟申报立项项目相适应；

（四）一个项目只能且必须确立一个依托单位，依托单位必须具备必要的项目实施条件，有健全的科研管理制度、财务管理制度、资产管理制度和会计核算制度。

第十三条 项目批准及下达

国家认监委科技主管部门根据技术审查的结果提出年度项目计划及年度项目经费预算计划，经报国家认监委批准后下达。

国家认监委科技主管部门根据认证认可事业发展需求，酌情选择具有国际国内先进性、超前性的项目，确定为国家认监委重点攻关项目。

国家认监委科技主管部门对上报的项目计划任务书进行批复，批复结论分为“批准立项”、“不批准立项”或“需作复议”。对“需作复议”的项目，项目申请机构应对有关内容进行必要的修改，并在规定时间内将修改完善后的项目计划任务书重新上报国家认监委科技主管部门。

国家认监委科技主管部门负责编制和下达《国家认证认可监督管理委员会 **** 年度科技项目计划》。

第四章 项目实施管理

第十四条 国家认监委科技项目计划一般按照项目开展管理。项目采取确定目标、滚动立项、分年度实施的管理方式，实施周期一般不超过 3 年。

第十五条 各项目承担机构负责组织实施本机构承担的项目；几个机构共同参加的，由项目负责机构组织实施；重点攻关项目，由国家认监委科技主管部门负责协调，会同项目承担机构共同组织实施。

第十六条 各项目承担机构应当加强科技项目计划实施的管理工作，切实维护国家认监委科技项目计划的严肃性。

承担国家认监委重点攻关项目及国家科技项目、国家质检总局科技项目的机构，每季度应当向国家认监委上报项目进展情况；承担其它项目的机构，每半年应当向国家认监委上报项目进展情况，上报时间为 7 月底前及 12 月底前。

国家认监委科技主管部门应当定期或不定期检查项目计划的实施情况，并通报科技项目计划的总体执行情况。

第十七条 项目的变更

科研计划项目在实施过程中，项目的计划目标、技术路线、主要研究内容、研究进度、经费预算、承担机构或主要承担人以及其它可能影响课题顺利完成的重大事项发生变动，项目承担机构应提出书面申请报告（格式见附件四），并经所在机构审核、批准后，报国家认监委科技主管部门审批。

国家认监委科研计划项目在实施过程中如确因不可抗拒的原因无法完成，须申请撤销（结题）。项目承担机构应当提出“科研项目结题申请报告”，并提交以下材料：

（一）项目实施情况，已完成的科研工作；

（二）已撰写和发表的论文或技术报告；

（三）项目经费使用情况（项目承担机构财务部门审核）；

（四）结题报告；

（五）产生的经济效益，收益、分配情况等与项目有关的其它材料。

申请、审批程序与科研项目立项相同。

第十八条 列入国家认监委科技项目年度计划的项目，按经费来源分为三类：第一类是由认监委提供全部经费的项目；第二类是由认监委提供部分经费的项目；第三类是认监委不提供经费的项目。第二类项目的承担机构负责落实配套经费，第三类项目的承担单位负责筹集项目实施所需要的所有经费。

第十九条 项目承担机构对科技项目经费必须实行专项管理、保证专款专用。要确保经费合理使用，提高经费的使用效能。

第二十条 对申请撤销由认监委提供经费的项目，项目承担机构应当经财务审核后返还剩余的经费。

第五章 鉴定、验收及成果管理

第二十一条 国家认监委批准下达的项目由国家认监委科技主管部门按照有关规定组织鉴定或验收，批准成果登记。

第二十二条 对符合国家科技部《科技成果登记办法》规定登记条件的科研成果，按照国家质检总局科技成果登记有关规定进行登记，以便科技成果及时登录到国家科技成果数据库。

第二十三条 国家认监委批准下达的科技项目，无故逾期未完成的，国家认监委将撤销该计划项目。对国家认监委提供经费的项目按全额收回经费。

第二十四条 国家认监委和各项目承担机构应当按照国家有关科技政策，采取有计划推广和通过技术市场转让等方式，积极进行科技成果的转化与推广应用。

对国民经济和认证认可工作影响较大，经济、社会效益明显并具备一定推广基础及条件的科研成果，择优纳入国家认监委“科技成果应用推广计划”。

第六章 附 则

第二十五条 有关机构可根据本办法，结合本机构具体情况制定相应管理规定。

第二十六条 本办法由国家认监委负责解释。

第二十七条 本办法自发布之日起实行。

关于发布《2005~2007年检验检疫行业标准制修订项目规划》及申报2006年制修订标准计划的通知

国认科函[2005]229号

各直属检验检疫局、中国检验检疫科学研究院：

为适应检验检疫业务需求，健全检验检疫标准体系，进一步规范和指导2005~2007年出入境检验检疫行业标准制修订工作，国家认监委组织检验检疫各专业技术委员会制定了《2005~2007年出入境检验检疫行业标准制修订项目规划》(以下简称《规划》，见附件)，现随文印发下达，并将有关事项通知如下：

一、各直属检验检疫机构标准化管理部门应认真执行《规划》，根据《规划》的要求和内容，结合本单位的实际情况，切实加强对于标准年度计划申报工作的指导，组织好标准的制修订工作。

二、《规划》中2005年的内容已按《2005年出入境检验检疫行业标准制修订计划项目》下达；2006、2007年出入境检验检疫行业标准制修订计划项目原则上不超出本《规划》范围。

三、2006年出入境检验检疫行业标准制修订计划电子文本通过行业标准管理信息系统申报，纸质文本一式两份上报国家认监委科技标准部标准管理处，截止日期为2006年1月20日。

四、请各直属检验检疫机构标准化管理部门切实组织好2006年出入境检验检疫行业标准制修订计划申报工作，并注意各单位申报账户的密码安全性。

附件：2005~2007年出入境检验检疫行业标准制修订项目规划

二〇〇五年十一月二十日

2005~2007年检验检疫行业标准制修订项目规划

出入境检验检疫部门是国家进出口商品检验、进出境动植物检疫、入出境人员卫生检疫的行政执法部门，检验检疫业务工作是以检验检疫技术为支撑的执法行为，检验检疫行业标准是检验检疫依法行政的重要依据。近年来，随着我国经济和贸易的发展，检验检疫业务工作领域、工作方式发生了深刻的变革，有了较大的调整和拓展；同时检验检疫技术得到迅猛发展，检验检疫行业标准的制修订工作面临着必须提高科学性、前瞻性和实用性，必须进行适当的技术储备和快速反应等一系列新的需求。2002~2004年，国家认监委检验检疫标准化主管部门组织完成了检验检疫标准体系的研究工作，建立了包括检验检疫业务范围内10个子体系的《检验检疫标准体系结构图》(以下简称《体系表》)，同时对各个专业领域内的标准分层次列出标准明细表。为了适应检验检疫业务可持续发展的需求，将以研制和下达若干规划的方式，有效地组织建立健全检验检疫标准体系。在此工作基础上，特编制《2005~2007年检验检疫行业标准制修订项目规划》。

一、指导思想

以“科技兴检、科技强检”和“把关服务”为主导，根据入世和世界经济一体化赋予检验检疫部门的新要求，结合检验检疫标准体系表，注重新技术和新管理模式的采用，突出解决没有标准、标准不适用和标准系统性差等重点问题，尤其要结合检验检疫实际需求，注意新增急需的体系表外领域和项目，体现新形势下检验检疫工作的职责和任务，努力提高近三年的检验检疫行业标准的制修订工作水平，逐步建立一个结构合理、科学规范、技术先进、有效服务于检验检疫业务工作的检验检疫标准体系。

二、基本原则

1. 按照国家法律法规赋予检验检疫部门的职责和任务，力求体现符合检验检疫业务工作两个转变的要求，突出了安全、卫生、健康、环保、防止欺诈等内容；

2. 优先考虑敏感商品和重要领域的标准制修订，尽量满足检验检疫具体业务的需求；

3. 充分考虑检验检疫行业标准的特点，依据《体系表》的规范，注重前瞻性、科学性、系统性和实用性；

4. 本规划第一年着重安排第二、三层次基础性标准和已经前期科研的技术先进、可靠、适用的标准项目和对现行标准的修订项目；

5. 第二年和第三年以制定检验方法和检验规程为重点；

6. 积极支持检验检疫业务工作中新的业务领域的需求项目。

三、重点任务

按照党的十六届四中、五中全会精神，根据我国经济建设和社会发展对检验检疫工作的需求，以及检验检疫标准化工作的指导思想、基本原则、主要目标，提出2005~2007年检验检疫行业标准制修订工作的重点任务，计划制修订标准1078个，其中制订927项，修订151项，涉及安全、卫生、环保的932项，2005年重点项目378个。各专业领域的重点任务如下：

1. 动物检疫专业

对应检动物疾病，在现有标准的基础上，整合各个检测方法，充实疾病概况、临床症状、采样要求和综合判断等，使其具有系统性、科学性、先进性和国际性。加强动物检验检疫专业标准体系的研究，确定检验检疫专业标准体系的总体结构，建立动物检验检疫专业通用标准、门类通用标准和个性标准。按照国际标准和实验室认可准则以及《实验室生物安全通用要求》，制定实验室质量保障和生物安全体系标准。针对大中动物、小动物、禽鸟类、水生动物、蜂、蚕、蛤蚧等动物及其动物产品，包括生物制品、病理材料、繁殖材料（遗传物质）、饲料及饲料添加剂等，制定动物检验检疫管理标准。

2005~2007年，动物检疫专业共计划制修订标准96个，其中制订项目86个，修订项目10个，直接涉及安全、卫生、环保的项目92个。

2. 植物检疫专业

优先制订《体系表》中第二和第三层次的基础性标准。适当增加制订有害生物处理和防止生物资源流失的标准比例。重点制订进口量大的农产品和在口岸疫情截获频率较高的有害生物的相关标准。在制订高新技术检验检疫方法标准和传统检验检疫方法标准相结合的基础上，突出制订取得最新高科技检验检疫方法成果的标准。

2005~2007年植物检疫专业共计划制订标准116个，直接涉及安全、卫生、环保的项目105个。

3. 食品、化妆品检测专业

根据食品化妆品检验专业标准体系，以及国外食品安全检测技术发展动向和国际上对食品的新要求，继续开展食品中残留物质、禁用物质、生物污染物、食品添加剂等安全卫生项目检测方法标准的研制，转基因食品的检测方法标准；清理现有食品化妆品检验专业的检验规程，按大类制定检验规程；加强食品检验基础性标准的研制，制订各类食品化妆品化学污染物和生物污染物检测抽样方法标准以及规程与各类方法标准编写规则等基础性标准。加强标准体系中的空白点和薄弱环节标准的制修订工作，使标准体系协调发展。加快化妆品检验规程、食品添加剂检验规程等规程标准以及毒理学试验方法标准的制订工作。对数量较多的残留物检测方法标准、感官评审与一般理化检测方法、生物污染物检测方法、无机元素与放射性检测方法等标准重点进行复审，使现有标准纳入标准体系中，尽量避免重复。

2005~2007年，食品专业共计划制修订标准201个，其中制订项目185个，修订标准项目16个，直接涉及安全、卫生、环保的标准项目196个。

4. 机电检验专业

优先制定或修订标准体系表中基础性标准和涉及安全、卫生、环保的大类商品通用要求标准以及某些特定重点商品的检验标准，突出解决无标准或标准不适用问题；逐步覆盖其他大类商品的通用要求标准和具体商品检验标准，解决标准的系统性问题；建立健全机电产品检验检疫标准体系上层结构主体，带动整个体系的建立和完善。依照检验检疫标准体系的要求，充分考虑检验检疫业务急需和实际制标能力间的协调，优先考虑标准体系表第二、三层次基础类的标准项目。在此期间启动并完成三层以上标准的制修订工作，并兼顾部分重点商品的第四层标准。

2005~2007 年机电专业共计划制修订标准 107 个，其中制订项目 70 个，修订项目 37 个，直接涉及安全、卫生、环保的项目 106 个。

5. 卫生检疫专业

完善卫生检疫标准体系，实现标准体系的系统性和整体性，解决卫生检疫行业标准存在的层次、界限、项目内容等方面存在的问题。围绕卫生检疫工作的需要，积极采用最新科技成果，及时跟踪、引进适用的国际标准和国外先进标准，注重强化技术性贸易措施类标准的研究与制定，研究适应新《国际卫生条例》、突发公共卫生事件以及生物、核辐射恐怖事件应急反应等方面要求的标准制订，对不适应当前工作需要的现行标准开展必要的修订工作。

2005~2007 年卫生检疫专业共计划制修订标准 78 个，其中制订项目 54 个，修订项目 24 个，直接涉及安全、卫生、环保的项目 78 个。

6. 包装、鉴定及危险品检验专业

全面引进联合国国际危规并转化为我国检验检疫危险品及包装标准体系。将联合国全球化学品分类和标签协调系统(GHS)通过检验检疫行业标准形式全面引入我国，为 GHS 在我国的全面推广应用奠定技术基础。制定我国危险化学品分类鉴定的检验检疫行业标准，统一规范国内危险化学品的分类和标签系统。加强烟花爆竹等重点危险品行业标准体系建设，并以此带动整个危险品检验标准体系建设。随着我国对外贸易检验鉴定市场的逐步开放，为解决检验鉴定业务的发展与行业标准的不足或不够完善的矛盾，加强了相关标准的制修订工作。

2005~2007 年，包装、鉴定及危险品检验专业共计划制修订标准 165 个，其中制订项目 160 个，修订项目 5 个，直接涉及安全、卫生、环保内容的 150 项。

7. 化矿金检验专业

加大国际标准和国外先进标准的采标力度，修订、完善现有的方法标准和检验规程，优先制订标准体系中第二、三层次的基础性标准和涉及安全、环保项目的强制性技术规范和检测方法标准，加紧制定快速检测方法标准。要加快制定大类和重点商品的取制样方法标准和先进检测技术的系列标准，废旧高分子材料(塑料、橡胶、纤维)判定的通用标准，矿产品中多元素同时检测的方法标准，进口石材的放射性检验标准，新型功能材料的性能试验方法标准，金属制品表面有害物质的检测方法标准。

2005~2007 年，化矿金专业共计划制修订标准 141 个，其中制订项目 127 个，修订项目 14 个，直接涉及安全、卫生、环保的项目 131 个。

8. 轻工、纺织品检验专业

优先考虑制定基础性标准和涉及安全、卫生、环保、反欺诈项目的检测方法标准以及对国民经济、对外贸易具有重要影响的进出口大宗商品的检验标准。结合轻纺检验检疫标准体系表，突出解决没有标准、标准不适用和标准系统性差等重点问题。

2005~2007 年规划制修订标准共 133 项，其中制订 88 项，修订 45 项，直接涉及安全、卫生、环保的 37 项。

9. 实验室管理专业优先做好基础类软科学标准的研究，重点加强实验室各类建设、技术管理等须规范的内容。主要侧重于各类实验室的通用技术要求、信息管理、设备管理、分类管理、突发事故处理等方面内容的标准项目。

2005~2007 年规划制订标准共 18 项。

10. 废物原料专业

按照“资源节约型、环境友好型”社会的要求，结合进口废物原料检验检疫工作的实际需求，重点加强分类管理、安全、卫生等要求及鉴别处理等技术和要求的规范及标准的制定。

2005~2007 年规划制订标准共 23 项，直接涉及安全、卫生、环保的 20 项。

关于发布6项出入境检验检疫行业标准的通知

国质检认[2005]236号

各直属检验检疫局，中国检验检疫科学研究院、国际检验检疫标准与技术法规研究中心：

经审查，现将《电子电气产品中铅、汞、镉、铬、溴的测定　第1部分：X射线荧光光谱定性筛选法》等6项出入境检验检疫行业标准予以发布。标准编号、标准名称及实施日期见附件。

附件：出入境检验检疫行业标准目录

二〇〇五年七月十八日

附件：

标准目录

序号	标准编号	标准名称	实施日期
1	SN/T 2003.1-2005	电子电气产品中铅、汞、镉、铬、溴的测定　第1部分：X射线荧光光谱定性筛选法	2006年1月
2	SN/T 2004.1-2005	电子电气产品中汞的测定　第1部分：原子荧光光谱法	2006年1月
3	SN/T 2004.2-2005	电子电气产品中铅、镉、铬的测定　第2部分：火焰原子吸收光谱法	2006年1月
4	SN/T 2004.3-2005	电子电气产品中六价铬的测定　第3部分：二苯碳酰二肼分光光度法	2006年1月
5	SN/T 2005.1-2005	电子电气产品中多溴联苯和多溴联苯醚的测定　第1部分：高效液相色谱法	2006年1月
6	SN/T 2005.2-2005	电子电气产品中多溴联苯和多溴联苯醚的测定　第2部分：气相色谱-质谱法	2006年1月

关于发布《出口原电池检验规程》等72项出入境检验检疫行业标准的通知

国质检认[2005]356号

各直属检验检疫局，中国检验检疫科学研究院、国际检验检疫标准与技术法规研究中心：

经审查，现将《出口原电池检验规程》等72项出入境检验检疫行业标准予以发布。标准编号、标准名称及实施日期见附件。

附件：出入境检验检疫行业标准目录

二〇〇五年九月三十日

附件：

出入境检验检疫行业标准目录

序号	标准编号	标准名称	起草局	实施日期
1	SN/T 1637-2005	出口原电池检验规程	浙江局	2006年5月1日
2	SN/T 0400.1-2005	进出口罐头食品检验规程 第1部分:总则	上海局	2006年5月1日
3	SN/T 0400.2-2005	进出口罐头食品检验规程 第2部分:原辅材料	上海局	2006年5月1日
4	SN/T 0400.3-2005	进出口罐头食品检验规程 第3部分:加工卫生	上海局	2006年5月1日
5	SN/T 0400.4-2005	进出口罐头食品检验规程 第4部分:容器	上海局	2006年5月1日
6	SN/T 0400.5-2005	进出口罐头食品检验规程 第5部分:罐装	上海局	2006年5月1日
7	SN/T 0400.6-2005	进出口罐头食品检验规程 第6部分:热力杀菌	上海局	2006年5月1日
8	SN/T 0400.7-2005	进出口罐头食品检验规程 第7部分:成品	上海局	2006年5月1日
9	SN/T 0400.8-2005	进出口罐头食品检验规程 第8部分:包装	上海局	2006年5月1日
10	SN/T 0400.9-2005	进出口罐头食品检验规程 第9部分:标签	上海局	2006年5月1日
11	SN/T 0400.12-2005	进出口罐头食品检验规程 第12部分:口岸检验	上海局	2006年5月1日
12	SN/T 1638-2005	国境口岸莱姆病监测规程	黑龙江局	2006年5月1日
13	SN/T 1639-2005	进出境软木棒检疫规程	江苏局	2006年5月1日
14	SN/T 1640-2005	中国型冬青油	福建局	2006年5月1日
15	SN/T 1641-2005	国境口岸卫生处理单位管理规程	天津局	2006年5月1日
16	SN/T 1642-2005	进出口预包装食品检验通则	山东局	2006年5月1日
17	SN/T 1643-2005	进出口水产品中砷的测定 氢化物-原子荧光光谱法	山东局	2006年5月1日
18	SN/T 1644-2005	进出口涂塑钢管检验规程	山东局	2006年5月1日
19	SN/T 1645.1-2005	进出口健身器材检验规程 第1部分:通用要求	山东局	2006年5月1日
20	SN/T 1646.2-2005	进出口农用机械检验规程 第2部分:拖拉机	河南局	2006年5月1日
21	SN/T 1647-2005	纺织品 绒毛织物绒毛保持性测试方法	上海局	2006年5月1日
22	SN/T 1648-2005	纺织品 水溶性纤维混纺产品定量分析方法	上海局	2006年5月1日
23	SN/T 0556-2005	出口衬衫检验规程	上海局	2006年5月1日
24	SN/T 0555-2005	出口西服大衣检验规程	上海局	2006年5月1日
25	SN/T 0453-2005	出口毛针织品检验规程	上海局	2006年5月1日
26	SN/T 1649-2005	进出口纺织品安全项目检验规范	江西局	2006年5月1日

续表

序号	标准编号	标准名称	起草局	实施日期
27	SN/T 1650-2005	金属硅中铁、铝、钙、镁、锰、锌、铜、钛、铬、镍、钒含量的测定 电感耦合等离子体原子发射光谱法	辽宁局	2006年5月1日
28	SN/T 1651-2005	进出口液化石油气采样方法 手工法	浙江局	2006年5月1日
29	SN/T 1652-2005	进出口燃气轮机和柴油发动机燃料油污染物检测方法 旋转盘电极原子发射光谱法	浙江局	2006年5月1日
30	SN/T 1653-2005	进出口皮革及皮革制品中铅、镉含量的测定 火焰原子吸收光谱法	浙江局	2006年5月1日
31	SN/T 1654-2005	进出口皮革及皮革制品中2,3,5,6-四氯苯酚残留量的测定 乙酰化气相色谱法	浙江局	2006年5月1日
32	SN/T 1655-2005	进出口氟苯检验方法	辽宁局	2006年5月1日
33	SN/T 1656-2005	检验检疫设备完好通用检查方法	浙江局	2006年5月1日
34	SN/T 1657.2-2005	进出口电动工具检验规程 第2部分:电链锯	浙江局	2006年5月1日
35	SN/T 1658-2005	电动代步车安全技术条件	浙江局	2006年5月1日
36	SN/T 1659-2005	进口核电设施检验监管规程	浙江局	2006年5月1日
37	SN/T 1660-2005	出口蚕种检验检疫规程	浙江局	2006年5月1日
38	SN/T 1661-2005	进出口桑蚕干茧检验规程	浙江局	2006年5月1日
39	SN/T 1662-2005	出口香根油检验方法	浙江局	2006年5月1日
40	SN/T 1663-2005	进出口毛毯检验规程	海南局	2006年5月1日
41	SN/T 1664-2005	牛奶和奶粉中黄曲霉毒素M_1、B_1、B_2、G_1、G_2含量的测定	宁波局	2006年5月1日
42	SN/T 1665-2005	成鞋帮底粘合强度测试方法	福建局	2006年5月1日
43	SN/T 1666-2005	水稻条纹病毒、水稻矮缩病毒、水稻黑条矮缩病毒的检测方法 普通RT-PCR方法和实时荧光RT-PCR方法	湖南局	2006年5月1日
44	SN/T 1667.1-2005	进出口机电产品检测方法 第1部分：音视频和类似设备功耗的测量	厦门局	2006年5月1日
45	SN/T 1668-2005	进出口电动玩具安全检验规程	福建局	2006年5月1日
46	SN/T 1669-2005	进出口汽车用电动冷却风扇检验规程	吉林局	2006年5月1日
47	SN/T 1631.3-2005	进出口机床产品检验规程 第3部分:磨床	湖北局	2006年5月1日
48	SN/T 1670-2005	进境大中家畜隔离检疫及监管规程	上海局	2006年5月1日
49	SN/T 1671-2005	出口不锈钢装饰板表面质量检验规程	浙江局	2006年5月1日
50	SN/T 1603.4-2005	进出口音视频及类似电子设备检验规程 第4部分：DVD视盘机的特殊要求	深圳局	2006年5月1日
51	SN/T 1672.2-2005	进出口医用设备检验规程 第2部分：全身螺旋CT扫描仪	深圳局	2006年5月1日
52	SN/T 1672.3-2005	进出口医用设备检验规程 第3部分：经颅多普勒血液分析仪	深圳局	2006年5月1日

续表

序号	标准编号	标准名称	起草局	实施日期
53	SN/T 1672.4-2005	进出口医用设备检验规程 第4部分:B型超声诊断设备	深圳局	2006年5月1日
54	SN/T 1673-2005	对虾传染性皮下和造血器官坏死病毒聚合酶链反应操作规程	深圳局	2006年5月1日
55	SN/T 1674-2005	锦鲤疱疹病毒分离和聚合酶链反应试验操作规程	深圳局	2006年5月1日
56	SN/T 1675-2005	鱼真鲷虹彩病毒聚合酶链反应操作规程	深圳局	2006年5月1日
57	SN/T 1676-2005	山羊关节炎-脑炎病毒分离试验操作规程	深圳局	2006年5月1日
58	SN/T 1677-2005	检疫犬的训练及使用规程	北京局	2006年5月1日
59	SN/T 1678-2005	梨形虫病病原鉴定方法	北京局	2006年5月1日
60	SN/T 1679-2005	动物边虫病微量补体结合试验操作规程	北京局	2006年5月1日
61	SN/T 1680-2005	蜜蜂武氏蜂盾螨病诊断方法	北京局	2006年5月1日
62	SN/T 1681-2005	蜜蜂美洲幼虫腐臭病诊断方法	北京局	2006年5月1日
63	SN/T 1682-2005	蜜蜂欧洲幼虫腐臭病诊断方法	北京局	2006年5月1日
64	SN/T 1683-2005	蜜蜂微孢子虫病诊断方法	北京局	2006年5月1日
65	SN/T 1684-2005	瓦螨病诊断方法	北京局	2006年5月1日
66	SN/T 1685-2005	猴结核病旧结核菌素变态反应试验操作规程	北京局	2006年5月1日
67	SN/T 1686-2005	新城疫病毒中强毒株检测方法 荧光RT-PCR法	北京局	2006年5月1日
68	SN/T 1687-2005	马流感血凝抑制试验操作规程	北京局	2006年5月1日
69	SN/T 1688.2-2005	进出口机动车辆检验规程 第2部分:摩托车	河南局	2006年5月1日
70	SN/T 1688.3-2005	进出口机动车辆检验规程 第3部分:农用运输车	河南局	2006年5月1日
71	SN/T 1689.1-2005	多孔材料 液态水动态传递性能的测定 第1部分:纺织品	上海局	2006年5月1日
72	SN/T 1690.1-2005	新型纺织纤维成分分析方法 第1部分:大豆蛋白纤维	上海局	2006年5月1日

(七)国际合作

关于进一步明确承办认证认可国际组织会议和对外表态问题的通知

国认合[2005]8号

各认证机构：

国家认监委于2002年1月制定并下发了《参加认证认可国际组织活动的管理规定（试行)》(以下简称《规定》,见附件)。《规定》下发后,参加认证认可相关国际组织活动的各认证机构及其代表,均能严格遵守外事纪律,执行规定要求,但也出现了一些问题,主要有:参加认证认可相关国际会议的代表未经请示、授权即对如承办国际会议等重大事项对外表态。

为严肃外事纪律,避免类似事情再次发生,现就承办认证认可国际会议和对外表态等既定要求重申如下:

一、开展认证认可国际合作或执行出国任务时,相关人员应严格遵守国家有关外事纪律和《规定》的要求。

二、对承办国际会议、承接国际组织活动等事项,相关机构须书面报国家认监委批准后方可对外表态。

三、对国际会议涉及的重要、敏感议题,应会前请示国家认监委,会上按照经批准的口径和授权对外表态。对参会期间临时出现、未经请示的问题应慎重表态,重要事项应视紧急程度，立即请示国内或回国经请示批准后方可对外表态。

四、对违反《规定》的单位和个人,国家认监委将视具体情况予以通报、处理。

附件:参加认证认可国际组织活动的管理规定(试行)

二〇〇五年一月二十五日

参加认证认可国际组织活动的管理规定 (试 行)

总　则

一、为加强对参加认证认可和合格评定等国际组织或区域性组织(以下统称国际组织)及活动的管理,确保参加国际组织活动的有序与规范，提高参加活动的质量和效果,特制定本规定。

二、国家认证认可监督管理委员会（以下简称认监委)各部室、下属单位和经认监委批准参加国际组织及活动的其他单位,均应遵守本规定,并履行相应的职责。

三、受认监委指派参加国际组织活动的人员,应认真贯彻国家外事管理规定，自觉遵守相关国际组织的规则和活动的要求,确保指定外事任务的圆满完成。

加入国际组织

四、根据我国认证认可和合格评定(以下简称认证认可)工作的需要,并结合国际认证认可活动的进展,需加入相关国际组织的，由主办部门或单位向认监委提出加入国际组织的请示。请示的主要内容包括：

(一)拟加入的国际组织的宗旨、章程、组织机构、运作方式等情况(英文本及中文释本)；

(二)我加入该国际组织的目的、意义及对我国认证认可工作的影响分析；

(三)加入该国际组织的程序及具体运作、以何身份为成员单位等的建议；

(四)加入后的实施计划；

(五)拟加入国际组织的其他重要文件。

五、认监委国际合作部负责审核拟加入国际组织的请示及相关材料,提出工作建议并会签相关业务部,报委领导批准。重要国际组织及以认监委名义申请加入的国际组织或由认监委领导同志个人名义加入的国际组织,须报国家质量监督检验检疫总局(以下简称总局)审批。

六、经委领导或总局批准后,可以认监委名义或以被批准、授权的单位、个人名义加入国际组织。其被指定的授权人可以本人名义对外签署有关文件。

七、国际组织成员单位应及时向认监委报告参加活动的情况。

与国际组织签署协议

八、根据我国认证认可工作需要或按国际组织规定,以成员单位身份签署协议的,由参加该国际组织的单位向认监委提出请示。主要内容包括:

(一)签署协议的目的,意义及适用范围;

(二)签署协议对我国认证认可等工作的影响分析;

(三)对拟签署的协议草案的具体建议;

(四)签署协议后的实施的计划;

(五)拟签协议草案的中、英文本。

九、认监委国际合作部负责对拟签署协议请示进行审核,并会签相关业务部门,报委领导批准。重要的协议,应事前报外交部、总局审定。

十、协议应由委领导或经认监委批准的成员单位负责人对外签署。签署人的身份要与国际组织的代表相对称。

十一、协议签署后,负责协议实施的单位要按照协议条款履行职责,承担义务,及时向认监委报告实施情况。协议原件及中文本交认监委国际合作部存档。

参加国际组织会议

十二、参加国际组织会议,原则上应列入认监委年度外事计划。计划外参会项目需办理特批手续。参加会议的人员的要求和办理出国手续等程序,按认监委《外事管理规定》执行。

十三、参会之前。我授权担任国际组织成员的单位和参会人员应对会议文件和会议议题、程序等事前进行认真的研究分析。对会议的重要事项:国际组织重要职位的人选,重要议案表决,签署各类协议、备忘录等文件,我将在国际组织中担任的职务或在各委员会、工作组中承担的具体工作,台湾问题等,应提出相关预案,经认监委国际合作部审核后报委领导批准。重大事项的对外表态,还须报请外交部和总局审定。

十四、参会期间。对重大议题的表态,参会人员要严格按照国内授权发表意见;讨论和研究性议题,要根据对议题了解程度,做到积极稳妥、简明扼要地表明我方观点,提出有利于我国及我国认证认可工作发展的意见和建议。要利用参会机会,在严格遵守外事管理规定的前提下,与各国与会代表进行接触,广交朋友,宣传我国认证认可工作,以取得理解和支持,

十五、参会之后。要及时总结参会情况,在回国后10个工作日内向认监委国际合作部提交总结报告和会议文件。涉及有关部门及下属单位的工作事项,或需共同研究的重点问题,由国际合作部协调。重大事项需报委领导批准后实施。

在华举办国际会议

十六、申办国际会议或国际研讨会,应由拟申办单位向认监委提出申办国际会议的申办请示。主要内容包括:申办的目的、意义,对我国认证认可工作影响,申办的程序要求、会议时间、地点、规模和经费预算等。

十七、认监委国际合作部对申办请示进行审核,并就申办工作提出建议后,报委领导批准。必要时报科技部和总局审定。

十八、申办我为成员单位的国际组织的会议,由担任该国际组织成员的单位提出申办请示,经认监委批准后,将申办函件报送相应的国际组织秘书处。同时申办函件报认监委国际合作部备案。我在国际会议上的发言应在会前起草并送国际合作部审核,重要的报委领导审定。

十九、定期举行的国际会议,由拟办申办的单位在上届会议向认监委提交申办会议的申请,经批准后方可对外承诺;非定期举行的国际会议,原则上应提前3个月提出拟申办的请示。特殊情况,可另行批报。

二十、国际会议申办请示批准后,由申办单位提出承办方案,送认监委国际合作部审核,报认监委领导批准,由承办单位按照承办国际会议程序办理。

二十一、认监委国际合作部负责对在华举行的国际会议的会务工作进行综合协调和监督。会议期间的重大事项,承办单位应及时向认监委领导请示。

参加国际组织其他活动

二十二、参加国际组织举办的培训班、研修班和国际组织委派的各类任务等,由拟参加部门和单位提出,列入认监委年度外事计划。属于紧急事项按计划外项目办理特批手续。

二十三、认监委国际合作部根据国际组织活动情况不定期地举办专题报告会,请参加国际组织的人员介绍国际组织的最新发展和我参会情况、有关认证认可国际文件修订以及对我国认证认可工作的影响和对策建议等。

附 则

二十四、本规定自印发之日起试行。

二、认证及认证相关机构名录

1. 2005 年新批准内资认证机构

序号	批准号	机构
1	CNCA-R-2005-057	中启计量体系认证中心
2	CNCA-R-2005-072	北京康居认证中心
3	CNCA-R-2005-082	安徽中兴产品认证有限公司
4	CNCA-R-2005-094	北京新华节水产品认证有限公司
5	CNCA-R-2005-097	北京中水润科认证有限责任公司
6	CNCA-R-2005-126	电能(北京)产品认证中心有限公司
7	CNCA-R-2005-130	北京中机诚业质量认证有限公司
8	CNCA-R-2005-140	江苏捷通认证有限公司
9	CNCA-R-2005-141	北京华安联合认证中心有限公司

2. 2005 年新批准外商投资认证机构

序号	批准号	机构
1	CNCA-RF-2002-05	莱茵技术-商检(青岛)有限公司
2	CNCA-RF-2005-39	奥瑞(沈阳)认证有限公司
3	CNCA-RF-2005-40	上海禾邦认证有限公司
4	CNCA-RF-2005-41	天津西凯质量认证有限公司
5	CNCA-RF-2005-42	天津华诚艾肯锡认证有限公司
6	CNCA-RF-2005-43	卡狄亚标准认证(北京)有限公司

3. 2005 年新批准认证审核员培训机构

序号	批准号	机构
1	CNCA-P-2005-145	威第安质量管理认证技术培训(北京)有限公司
2	CNCA-P-2005-146	中启计量体系认证中心
3	CNCA-P-2005-147	江苏商检培训中心

三、产品认证相关名录

1. 承担强制性产品认证检测任务的实验室及其业务范围

序号	机构名称	指定的业务范围	通讯地址
1	中国质量认证中心	CNCA-01C-001:电线组件; CNCA-01C-002:电线电缆; CNCA-01C-003:家用及类似用途插头插座; CNCA-01C-004:家用及类似用途固定式电器装置的开关; CNCA-01C-005:工业用插头插座和耦合器; CNCA-01C-006:家用及类似用途器具耦合器; CNCA-01C-007:热熔断体; CNCA-01C-008:家用及类似用途固定式电器装置电器附件外壳; CNCA-01C-009:小型熔断器的管状熔断体; CNCA-01C-010:低压成套开关设备; CNCA-01C-011:开关和控制设备; CNCA-01C-012:整机保护设备; CNCA-01C-013:小功率电动机; CNCA-01C-014:电动工具; CNCA-01C-015:电焊机; CNCA-01C-016:家用和类似用途设备; CNCA-01C-017:音视频设备; CNCA-01C-018:声音和电视信号的电缆分配系统设备与部件; CNCA-01C-019:卫星电视广播接收机; CNCA-01C-020:信息技术设备; CNCA-01C-021:金融及贸易结算电子设备; CNCA-01C-022:照明电器; CNCA-02C-023:汽车产品; CNCA-02C-024:摩托车产品; CNCA-02C-025:摩托车发动机产品; CNCA-02C-026:汽车安全带产品; CNCA-03C-027:轮胎产品; CNCA-04C-028:安全玻璃产品; CNCA-07C-031:电信终端设备; CNCA-08C-032:心电图机; CNCA-08C-033:血液透析装置; CNCA-08C-034:血液净化装置的体外循环管道; CNCA-08C-035:空心纤维透析器; CNCA-08C-036:植入式心脏起搏器; CNCA-08C-037:医用X射线诊断设备; CNCA-08C-038:人工心肺机 滚压式血泵; CNCA-08C-039:人工心肺机 滚压式搏动血泵; CNCA-08C-040:人工心肺机 鼓泡式氧合器; CNCA-08C-041:人工心肺机 热交换器; CNCA-08C-042:人工心肺机 热交换水箱;	北京市芳草地西街15号 (100020) 联系人:李怀林 电话:010-85622233 www.cqc.com.cn

续表

序号	机构名称	指定的业务范围	通讯地址
		CNCA-08C-043:人工心肺机 硅橡胶泵管; CNCA-10C-047:入侵探测器产品; CNCA-11C-048:无线局域网产品; CNCA-12C-049:溶剂型木器涂料; CNCA-12C-050:瓷质砖; CNCA-02C-055:机动车用喇叭产品; CNCA-02C-056:机动车回复反射器产品; CNCA-02C-057:汽车制动软管总成产品; CNCA-02C-058: 汽车外部照明及光信号装置产品; CNCA-02C-059:汽车后视镜产品; CNCA-02C-060:汽车内饰件产品; CNCA-02C-061:汽车门锁及门保持件产品; CNCA-02C-062:汽车燃油箱产品; CNCA-02C-063:汽车座椅及座椅头枕产品; CNCA-02C-064:摩托车外部照明及光信号装置产品; CNCA-02C-065:摩托车后视镜产品; CNCA-01C-003:家用及类似用途插头插座; CNCA-01C-006:家用及类似用途器具耦合器; CNCA-01C-007:热熔断体; CNCA-01C-009:小型熔断器的管状熔断体; CNCA-01C-017:音视频设备; CNCA-01C-019:卫星电视广播接收机(EMC); CNCA-01C-020:信息技术设备; CNCA-01C-021:金融及贸易结算电子设备(EMC); CNCA-07C-031:电信终端设备	
2	中国电磁兼容认证中心	CNCA-01C-001:电线组件; CNCA-01C-002:电线电缆; CNCA-01C-003:家用及类似用途插头插座; CNCA-01C-004:家用及类似用途固定式电器装置的开关; CNCA-01C-005:工业用插头插座和耦合器; CNCA-01C-006:家用及类似用途器具耦合器; CNCA-01C-007:热熔断体; CNCA-01C-008:家用及类似用途固定式电器装置电器附件外壳; CNCA-01C-009:小型熔断器的管状熔断体; CNCA-01C-013:小功率电动机; CNCA-01C-014:电动工具; CNCA-01C-016:家用和类似用途设备; CNCA-01C-017:音视频设备; CNCA-01C-018:声音和电视信号的电缆分配系统设备与部件(EMC); CNCA-01C-019:卫星电视广播接收机(EMC); CNCA-01C-020:信息技术设备; CNCA-01C-021:金融及贸易结算电子设备(EMC); CNCA-01C-022:照明电器; CNCA-01C-031:电信终端设备; CNCA-11C-048:无线局域网产品	北京北三环东路 18 号(100013) 联系人:滕俊恒 电话:010-64214583 010-64222575 www.cemc.org.cn

续表

序号	机构名称	指定的业务范围	通讯地址
3	中国安全技术防范认证中心	CNCA-10C-047:入侵探测器产品; CNCA-10C-052:防盗报警控制器; CNCA-10C-053:汽车防盗报警系统; CNCA-10C-054:防盗保险柜(箱); CNCA-02C-066:汽车行驶记录仪产品; CNCA-02C-067:车身反光标识产品	北京市宣武区莲花池东路102号天莲大厦十层(100055) 联系人:马智扬 电话:010-63345560 传真:010-63345545 www.csp.gov.cn
4	北京东方凯姆质量认证中心(原中国农机产品质量认证中心)	CNCA-05C-029: 植物保护机械 背负式喷雾喷粉机(器)	北京市朝阳区东三环南路十里河(100021) 联系人:何丽虹 电话:010-67347471
5	北京环宇赛福特认证中心(原中国安全玻璃认证中心)	CNCA-04C-028:安全玻璃产品; CNCA-12C-050:瓷质砖	北京朝阳区管庄东里建材院(100024) 联系人:莫娇、王文彪 电话:010-65775948 010-51167389 传真:010-65761715 www.csgc.org.cn
6	北京中化联合质量认证有限公司(原中国轮胎产品认证委员会认证中心和中国乳胶制品质量认证委员会)	CNCA-03C-027:轮胎产品; CNCA-06C-030:橡胶避孕套; CNCA-12C-049:溶剂型木器涂料	北京朝阳区安慧里4区16楼410室(100723) 联系人:谢华 电话:010-84885047 010-84885335 传真:010-84885047转814 www.cciq.net
7	公安部消防产品合格评定中心	CNCA-02C-023:汽车产品(消防车产品); CNCA-09C-044:火灾报警设备; CNCA-09C-045:消防水带; CNCA-09C-046:喷水灭火设备	北京市丰台区方庄芳群园四区金城中心1205室(100078) 联系人:赵辉 电话:010-87679978
8	中汽认证中心(原中国汽车产品认证中心)	CNCA-02C-023:汽车产品; CNCA-02C-024:摩托车产品; CNCA-02C-025:摩托车发动机产品; CNCA-02C-026:汽车安全带产品(暂不承担进口汽车、摩托车及摩托车发动机产品认证工作); CNCA-02C-055:机动车用喇叭产品; CNCA-02C-056:机动车回复反射器产品; CNCA-02C-057:汽车制动软管总成产品; CNCA-02C-058:汽车外部照明及光信号装置产品; CNCA-02C-059:汽车后视镜产品; CNCA-02C-060:汽车内饰件产品; CNCA-02C-061:汽车门锁及门保持件产品; CNCA-02C-062:汽车燃油箱产品; CNCA-02C-063:汽车座椅及座椅头枕产品; CNCA-02C-064:摩托车外部照明及光信号装置产品; CNCA-02C-065:摩托车后视镜产品	北京宣武门西大街乙97号尚座大厦4层(100031) 联系人:黄学平 电话:010-66418590-9 传真:010-66412670 www.cccap@public3.bta.net.cn
9	中国电子技术标准化研究所产品认证中心	CNCA-11C-048:无线局域网产品	北京市东城区安定门东大街1号(100007) 联系人:童本敏 电话:010-64007801

续表

序号	机构名称	指定的业务范围	通讯地址
10	北京国建联信认证中心有限公司	CNCA-12C-050:瓷质砖; CNCA-12C-051:混凝土防冻剂	北京市海淀区百万庄三里河路11号(100831) 联系人:樊亚军、曾庆东 电话:010-88386259 传真:010-88370972 www.gj-c.com.cn
11	方圆标志认证中心	CNCA-12C-049:溶剂型木器涂料 CNCA-12C-050:瓷质砖	北京市海淀区西三环北路甲105号科原大厦B座12层(100037) 联系人:宋跃炜 电话:010-86851888 传真:010-86851319 www.cqm.com.cn
12	中标认证中心	CNCA-12C-049:溶剂型木器涂料 CNCA-12C-050:瓷质砖	北京朝阳区育慧南路3号(100029) 联系人:李臣 电话:010-84634191 传真:010-84633226 www.cecp.org.cn

2. 承担强制性产品认证检测任务的实验室及其业务和地域范围

序号	实验室名称	指定的具体业务范围及地域范围	通讯地址
1	信息产业部第四研究所(电子工业安全与电磁兼容检测中心)	CNCA-01C-001:电线组件; CNCA-01C-003:家用及类似用途插头插座; CNCA-01C-006:家用及类似用途器具耦合器; CNCA-01C-007:热熔断体; CNCA-01C-009:小型熔断器的管状熔断体; CNCA-01C-017:音视频设备; CNCA-01C-019:卫星电视广播接收机(EMC); CNCA-01C-020:信息技术设备; CNCA-01C-021:金融及贸易结算电子设备(EMC); CNCA-07C-031:电信终端设备	北京市安定门东大街1号(100007) 联系人:胡景森 电话:010-84029067 010-64007687
2	信息产业部第三研究所(国家广播电视产品检测中心)	CNCA-01C-001:电线组件; CNCA-01C-003:家用及类似用途插头插座; CNCA-01C-004:家用及类似用途固定式电器装置的开关; CNCA-01C-006:家用及类似用途器具耦合器; CNCA-01C-007:热熔断体; CNCA-01C-009:小型熔断器的管状熔断体; CNCA-01C-017:音视频设备; CNCA-01C-018:声音和电视信号的电缆分配系统设备与部件(EMC); CNCA-01C-019:卫星电视广播接收机(EMC); CNCA-01C-020:信息技术设备; CNCA-01C-021:金融及贸易结算电子设备(EMC); CNCA-01C-022:照明电器; CNCA-07C-031:电信终端设备	北京市朝阳区酒仙桥北路乙7号(100015) 联系人:唐伟 电话:010-64376357

续表

序号	实验室名称	指定的具体业务范围及地域范围	通讯地址
3	上海市电子仪表标准计量测试所	CNCA-01C-001:电线组件; CNCA-01C-003:家用及类似用途插头插座; CNCA-01C-006:家用及类似用途器具耦合器; CNCA-01C-007:热熔断体; CNCA-01C-009:小型熔断器的管状熔断体; CNCA-01C-017:音视频设备; CNCA-01C-020:信息技术设备; CNCA-07C-031:电信终端设备	上海永嘉路627号(200233) 联系人:江林 电话:021-64331823 传真:021-64312574
4	中国赛宝实验室	CNCA-01C-003:家用及类似用途插头插座; CNCA-01C-006:家用及类似用途器具耦合器; CNCA-01C-007:热熔断体; CNCA-01C-017:音视频设备; CNCA-01C-020:信息技术设备; CNCA-07C-031:电信终端设备	广东省广州市天河区东莞庄路110号(510610) 联系人:陈立辉 电话:020-87237006
5	广州日用电器检测所	CNCA-01C-001:电线组件; CNCA-01C-002:电线电缆; CNCA-01C-003:家用及类似用途插头插座; CNCA-01C-004:家用及类似用途固定式电器装置的开关; CNCA-01C-005:工业用插头插座和耦合器; CNCA-01C-006:家用及类似用途器具耦合器; CNCA-01C-007:热熔断体; CNCA-01C-008:家用及类似用途固定式电器装置电器附件外壳; CNCA-01C-009:小型熔断器的管状熔断体; CNCA-01C-013:小功率电动机; CNCA-01C-015:电焊机; CNCA-01C-016:家用和类似用途设备; CNCA-01C-022:照明电器	广州新港西204号(510300) 联系人:陈伟升 电话:020-84451692
6	中国家用电器研究院(中国家用电器检测所)	CNCA-01C-003:家用及类似用途插头插座; CNCA-01C-004:家用及类似用途固定式电器装置的开关; CNCA-01C-006:家用及类似用途器具耦合器; CNCA-01C-013:小功率电动机; CNCA-01C-014:电动工具; CNCA-01C-016:家用和类似用途设备; CNCA-01C-022:照明电器	北京市宣武区下斜街29号(100053) 联系人:邴旭卫 电话:010-83159429
7	机械工业北京电工技术经济研究所(机械工业电线电缆质量检测中心(北京))	CNCA-01C-002:电线电缆; CNCA-01C-003:家用及类似用途插头插座	北京市海淀区翠微路2号(100036) 联系人:席德浩 电话:010-68157734
8	上海电缆研究所(国家电线电缆质量监督检验中心)	CNCA-01C-001:电线组件; CNCA-01C-002:电线电缆; CNCA-01C-003:家用及类似用途插头插座; CNCA-01C-006:家用及类似用途器具耦合器	上海市军工路1000号(200093) 联系人:袁百奋 电话:021-65494605

续表

序号	实验室名称	指定的具体业务范围及地域范围	通讯地址
9	上海电器设备检测所	CNCA-01C-010:低压成套开关设备; CNCA-01C-011:开关和控制设备; CNCA-01C-012:整机保护设备; CNCA-01C-013:小功率电动机; CNCA-01C-018:声音和电视信号的电缆分配系统设备与部件(EMC); CNCA-01C-019:卫星电视广播接收机(EMC); CNCA-01C-021:金融及贸易结算电子设备(EMC)	上海市武宁路505号(200063) 联系人(低压电器):万力远 电话:021-62574990-283 联系人(小功率电动机):陈伟华 电话:021-62574990-450 联系人(EMC):寿建霞 电话:021-62574990-278
10	成都电气检验所	CNCA-01C-015:电焊机	成都市二环路东一段29号(610051) 联系人:杨庆轩 电话:028-3252866
11	上海电气器具检验测试所	CNCA-01C-003:家用及类似用途插头插座; CNCA-01C-013:小功率电动机; CNCA-01C-014:电动工具	上海市宝庆路10号(200031) 联系人:潘顺芳 电话:021-64378405
12	国家电光源质量监督检验中心(北京)	CNCA-01C-022:照明电器	北京市朝阳区大北窑厂坡村甲3号(100022) 联系人:王芳 电话:010-67704230
13	上海时代之光照明电器检测有限公司(国家灯具质量监督检验中心)	CNCA-01C-022:照明电器	上海市苍梧路381号C楼(200233) 联系人:於立成 电话:021-54264512 021-54264342
14	中国泰尔实验室	CNCA-07C-031:电信终端设备	北京市海淀区花园北路52号(100083) 联系人:蒋京鑫 电话:010-62301383
15	信息产业部通信计量中心	CNCA-07C-031:电信终端设备	北京市海淀区学院路40号(100083) 联系人:谢屹 电话:010-62301146
16	上海市劳动保护科学研究所特种电器检测站	CNCA-01C-012:整机保护设备	上海田林路191号(200233) 联系人:宋志明 电话:021-64853353
17	上海出入境检验检疫局机电产品检测技术中心工业品与原材料检测技术中心	CNCA-01C-013:小功率电动机; CNCA-01C-014:电动工具; CNCA-01C-016:家用和类似用途设备; CNCA-12C-049:溶剂型木器涂料	上海市浦东新区民生路1208号(200135) 联系人:徐胜 电话:021-68549543 68546963 传真:021-68546965 上海市民生路1208号(200135) 联系人:蒋海宁 电话:021-68544877 传真:021-68549030

续表

序号	实验室名称	指定的具体业务范围及地域范围	通讯地址
18	浙江立德产品技术有限公司	CNCA-01C-003:家用及类似用途插头插座; CNCA-01C-004:家用及类似用途固定式电器装置的开关; CNCA-01C-011:开关和控制设备; CNCA-01C-012:整机保护设备; CNCA-01C-013:小功率电动机; CNCA-01C-014:电动工具; CNCA-01C-016:家用和类似用途设备	杭州市凤起东路99号(310020) 联系人:周敏 电话:0571-86098022
19	江苏出入境检验检疫局机电产品检测中心工业产品检测中心	CNCA-01C-014:电动工具; CNCA-01C-016:家用和类似用途设备; CNCA-01C-022:照明电器	江苏省无锡市锡山区东亭镇华夏中路10号(214101) 联系人:邓唯 电话:0510-8701058
	工业产品检测中心	CNCA-12C-049:溶剂型木器涂料	江苏省南京市中华路99号(210001) 联系人:卢志刚 电话:025-52345203 传真:025-52345243
20	深圳出入境检验检疫局工业品检测技术中心	CNCA-01C-016:家用和类似用途设备; CNCA-01C-017:音视频设备	深圳市福田区福强路1011号(518045) 联系人:刘丽 电话:0755-83396430 0755-83886182
		CNCA-12C-049:溶剂型木器涂料	深圳市福田区福强路1011号(518045) 联系人:许德珍 电话:0755-83886190 传真:0755-83371446
21	沈阳出入境检验检疫局电子电器产品检测中心	CNCA-01C-016:家用和类似用途设备; CNCA-01C-017:音视频设备; CNCA-01C-020:信息技术设备; CNCA-01C-021:金融及贸易结算电子设备(EMC); CNCA-01C-022:照明电器	沈阳市沈河区青年大街169号(518045) 联系人:孙文 电话:024-23925106
22	深圳电子产品质量检测中心	CNCA-01C-017:音视频设备; CNCA-01C-018:声音和电视信号的电缆分配系统设备与部件; CNCA-01C-019:卫星电视广播接收机; CNCA-01C-020:信息技术设备; CNCA-01C-021:金融及贸易结算电子设备; CNCA-07C-031:电信终端设备	深圳市福田区华发北路409栋2楼(518031) 联系人:杜金盛 电话:0755-3351572
23	广州出入境检验检疫局电气安全实验室	CNCA-01C-016:家用和类似用途设备; CNCA-01C-022:照明电器	广州市珠江新城花城大道66号(510623) 联系人:王波 电话:020-38290475

续表

序号	实验室名称	指定的具体业务范围及地域范围	通讯地址
24	广东省产品质量监督检验中心——广州电气安全检验所	CNCA-01C-001:电线组件; CNCA-01C-002:电线电缆; CNCA-01C-003:家用及类似用途插头插座; CNCA-01C-004:家用及类似用途固定式电器装置的开关; CNCA-01C-006:家用及类似用途器具耦合器; CNCA-01C-007:热熔断体; CNCA-01C-008:家用及类似用途固定式电器装置电器附件外壳; CNCA-01C-010:低压成套开关设备; CNCA-01C-011:开关和控制设备; CNCA-01C-012:整机保护设备; CNCA-01C-014:电动工具; CNCA-01C-016:家用和类似用途设备; CNCA-01C-022:照明电器	广州市海珠区南村路泰山庙前3号(510220) 联系人:龚斌 电话:020-84494119
		CNCA-12C-049:溶剂型木器涂料	广东省顺德市大良区沿江北路138号(528300) 联系人:游飞飙 电话:0757-22221957 22389258 传真:0757-22225866
25	中北电磁兼容联合实验室	CNCA-01C-018:声音和电视信号的电缆分配系统设备与部件(EMC); CNCA-01C-019:卫星电视广播接收机(EMC); CNCA-01C-021:金融及贸易结算电子设备(EMC)	北京市北三环东路18号;北京西直门外上园村3号(100013) 联系人:杨盛祥 电话:010-51688096
26	浙江方圆检测集团	CNCA-01C-003:家用及类似用途插头插座; CNCA-01C-004:家用及类似用途固定式电器装置的开关; CNCA-01C-013:小功率电动机; CNCA-01C-014:电动工具; CNCA-01C-016:家用和类似用途设备	杭州市天目山路222号(310013) 联系人:邓仲云 电话:0571-85123366
		CNCA-12C-049:溶剂型木器涂料	浙江省杭州市天目山路222号方圆检测大楼(310013) 联系人:顾文海 电话/传真:0571-85026677
27	福建省中心检验所	CNCA-01C-002:电线电缆; CNCA-01C-003:家用及类似用途插头插座; CNCA-01C-004:家用及类似用途固定式电器装置的开关; CNCA-01C-010:低压成套开关设备; CNCA-01C-011:开关和控制设备; CNCA-01C-012:整机保护设备; CNCA-01C-013:小功率电动机; CNCA-01C-017:音视频设备; CNCA-01C-020:信息技术设备; CNCA-01C-022:照明电器	福州市杨桥西路山头角121号(350002) 联系人: 卫敏 电话:0591-3710690
		CNCA-12C-049:溶剂型木器涂料; CNCA-12C-050:瓷质砖	联系人:何艽、李勇 电话:0591-3770238 3751998 传真:0591-3770214 3710872

续表

序号	实验室名称	指定的具体业务范围及地域范围	通讯地址
28	上海市产品质量监督检验所	CNCA-01C-003:家用及类似用途插头插座; CNCA-01C-022:照明电器	上海市苍梧路381号(200233) 联系人:陈国平 电话:021-64850058-305
29	四川省产品质量监督检验院	CNCA-01C-003:家用及类似用途插头插座; CNCA-01C-008:家用及类似用途固定式电器装置电器附件外壳; CNCA-01C-017:音视频设备; CNCA-01C-022:照明电器; CNCA-12C-049:溶剂型木器涂料	四川省成都市东门街2号(610031) 联系人:文永勤 电话:028-86244586 传真:028-86262955
30	成都市产品质量监督检验所	CNCA-01C-002:电线电缆; CNCA-01C-010:低压成套开关设备; CNCA-01C-016:家用及类似用途设备	成都市永丰路16号(610041) 联系人:叶元明 电话:028-85198406
		CNCA-12C-050:瓷质砖	联系人:曹晋 电话:028-85198407 传真:028-85189854
31	深圳市计量质量检测研究院	CNCA-01C-002:电线电缆; CNCA-01C-003:家用及类似用途插头插座; CNCA-01C-016:家用和类似用途设备; CNCA-01C-017:音视频设备; CNCA-01C-020:信息技术设备; CNCA-01C-021:金融及贸易结算电子设备(EMC); CNCA-07C-031:电信终端设备	深圳南山区龙珠大道中计量质检大楼(518055) 联系人:杨万颖 电话:0755-6941608
32	大连市产品质量监督检验所	CNCA-01C-002:电线电缆; CNCA-01C-010:低压成套开关设备; CNCA-01C-011:开关和控制设备; CNCA-01C-012:整机保护设备; CNCA-12C-051:混凝土防冻剂	辽宁省大连市沙河口区万岁街68-2号(116021) 联系人:郑顺利 电话:0411-4603949
33	山东省计量科学研究所	CNCA-01C-016:家用和类似用途设备; CNCA-01C-021:金融及贸易结算电子设备	济南市千佛山东路28号(2964412) 联系人:姜延波 电话:0531-2966533
34	山东省产品质量监督检验所	CNCA-01C-002:电线电缆; CNCA-01C-010:低压成套开关设备; CNCA-01C-011:开关和控制设备; CNCA-01C-012:整机保护设备; CNCA-01C-015:电焊机	山东省济南市山大北路81号(250100) 联系人:刘晓伟 电话:0531-8904787
35	机械工业办公自动化设备检验所	CNCA-01C-020:信息技术设备	天津市红桥区昌图道七号(300131) 联系人:冷欣新 电话:022-26650880
36	上海工业自动化仪表研究所仪器仪表及自控系统检验测试所	CNCA-01C-021:金融及贸易结算电子设备(EMC)	上海漕宝路103号(200233) 联系人:徐建平 电话:021-64368180

续表

序号	实验室名称	指定的具体业务范围及地域范围	通讯地址
37	北京尊冠信息技术产品质量检验认证有限公司（国家电子计算机质量监督检验中心）	CNCA-01C-020:信息技术设备； CNCA-01C-021:金融及贸易结算电子设备(EMC)	北京市海淀区北四环中路211号(100083) 联系人:符荣梅 电话:010-82387862
38	湖南电器检测所	CNCA-01C-010:低压成套开关设备； CNCA-01C-011:开关和控制设备； CNCA-01C-012:整机保护设备	湖南省长沙市新中路4号(410009) 联系人:谢林 电话:0731-5414370
39	国家电力公司武汉高压研究所	CNCA-01C-010:低压成套开关设备； CNCA-01C-012:整机保护设备； CNCA-01C-021:金融及贸易结算电子设备(EMC)	湖北省武汉市洪山区珞喻路143号(430074) 联系人:万德春 电话:027-87445849
40	苏州高新技术产业开发区电器检测所	CNCA-01C-010:低压成套开关设备； CNCA-01C-011:开关和控制设备； CNCA-01C-012:整机保护设备	江苏苏州新区九号区间路7号(215011) 联系人:厉丽华 电话:0512-8252753
41	浙江科正电子信息产品检验有限公司（国家电子计算机外部设备质量监督检验中心）	CNCA-01C-021:金融及贸易结算电子设备(EMC)	浙江省杭州市马塍路36号(310012) 联系人:王伟雄 电话:0571-88828284
42	北京橡胶工业研究设计院（国家橡胶轮胎监督检验中心）	CNCA-02C-027:轮胎产品	北京西郊半壁店国家橡胶轮胎监督检验中心(100039) 联系人:左宁 电话:010-51338175 传真:010-68180963
43	广州橡胶工业制品研究所（化学工业力车胎质量监督检验中心）	CNCA-02C-027:轮胎产品	广东广州市工业大道中270号(510280) 联系人:王慧敏 电话:020-84351770 传真:020-84351770
44	青岛市产品质量监督检验所	CNCA-01C-002:电线电缆； CNCA-01C-010:低压成套开关设备； CNCA-01C-011:开关和控制设备； CNCA-01C-012:整机保护设备； CNCA-03C-027:轮胎产品	青岛市镇江南路8号(266071) 联系人:吴如军 电话:0532-3861835
45	株洲化学工业乳胶制品质量监督检验中心	CNCA-06C-030:橡胶避孕套产品	湖南省株洲市东环北路(412003) 联系人:汤胜修 电话:0733-2495120

续表

序号	实验室名称	指定的具体业务范围及地域范围	通讯地址
46	中国建筑材料科学研究院(国家安全玻璃及石英玻璃质量监督检验中心)(建筑材料工业环境监测中心)	CNCA-04C-028:安全玻璃产品	北京朝阳区管庄东里建材院(100038) 联系人:莫娇 电话:010-65775948 传真:010-65761715
		CNCA-12C-049:溶剂型木器涂料 CNCA-12C-051:混凝土防冻剂	北京市朝阳区管庄东里1号西楼301号(100024) 联系人:谢钰、何捷 电话/传真:010-51167172 010-51167554
	(国家建筑材料测试中心)	CNCA-12C-050:瓷质砖	北京市朝阳区管庄东里1号(100024) 联系人:马振珠 电话:010-51167672 传真:010-51167679
47	秦皇岛玻璃工业研究设计院(国家玻璃质量监督检验中心)	CNCA-04C-028:安全玻璃产品	河北秦皇岛河北大街西段91号(066004) 联系人:刘志付、林志强 电话:0335-8051865 传真:0335-8051865
48	中国农业机械化科学研究所(国家农机具质量监督检验中心)	CNCA-05C-029:植物保护机械	北京市德胜门外北沙滩一号(100083) 联系人:林纪恩 电话:010-64882637
49	农业部南京农业机械化研究所(国家植保机械质量监督检验中心)	CNCA-05C-029:植物保护机械	江苏省南京市中山门外柳营100号(210014) 联系人:杨新春 电话:025-4431331
50	公安部第一研究所(国家安全防范报警系统产品质量监督检验中心(北京))	CNCA-10C-047:(2004)入侵探测器 CNCA-10C-052:防盗报警控制器 CNCA-10C-053:汽车防盗报警系统 CNCA-10C-054:防盗保险柜(箱)	北京2808信箱47分箱(100044) 联系人:胡志昂、李秀林 电话:010-88513375　88513301 传真:010-68420993
51	公安部第三研究所(国家安全防范报警系统产品质量监督检验中心(上海))	CNCA-10C-047:(2004)入侵探测器 CNCA-10C-052:防盗报警控制器 CNCA-10C-053:汽车防盗报警系统 CNCA-10C-054:防盗保险柜(箱)	上海市岳阳路76号1305室(200031) 联系人:陆曙蓉 电话:021-64336810-1305 传真:021-64745197
52	北京市医疗器械检测所	CNCA-08C-032:心电图机 CNCA-08C-033:血液透析装置	北京市北三环中路2号(100011) 联系人:潘铭乔 电话:010-62013862 010-62024422-9263

续表

序号	实验室名称	指定的具体业务范围及地域范围	通讯地址
53	辽宁省医疗器械产品质量监督检验所	CNCA-08C-037:医用X射线诊断设备	辽宁省沈阳市铁西区重工北街22号(110026) 联系人:王澈 电话:024-25820569　25820569
54	广东省医疗器械质量监督检验所	CNCA-08C-033:血液透析装置; CNCA-08C-034:血液净化装置的体外循环管道 CNCA-08C-035:空心纤维透析器 CNCA-08C-038:人工心肺机 滚压式血泵 CNCA-08C-039:人工心肺机 滚压式搏动血泵 CNCA-08C-040:人工心肺机 鼓泡式氧合器 CNCA-08C-041:人工心肺机 热交换器 CNCA-08C-042:人工心肺机 热交换水箱 CNCA-08C-043:人工心肺机 硅橡胶泵管	广东省广州市寺右新马路寺右中街9号(510600) 联系人:李伟松 电话:020-87390917
55	上海市医疗器械检测所	CNCA-08C-032:心电图机 CNCA-08C-036:植入式心脏起搏器	上海市闸北区民和路154号(200070) 联系人:葛筱森 电话:021-56635850
56	长春汽车检测中心（国家汽车质量监督检验中心(长春))	CNCA-02C-023:汽车产品 CNCA-02C-026:汽车安全带	吉林省长春市创业大街35号(130011) 联系人:陈文良、程猛 电话:0431-5906704 传真:0431-7677111
57	襄樊达安汽车检测中心（国家汽车质量监督检验中心(襄樊))	CNCA-02C-023:汽车产品 CNCA-02C-026:汽车安全带	湖北襄樊市汽车产业开发区汽车试验场(441004) 联系人:王为人、卜华斌 电话:0710-3392492 传真:0710-3310965
58	天津汽车检测中心（国家轿车质量监督检验中心)	CNCA-02C-023:汽车产品 CNCA-02C-026:汽车安全带	天津市河东区程林庄道天山路口(300162) 联系人:刘鑫 电话:022-84771807 传真:022-24375350
59	重庆中交机动车检测中心（国家客车质量监督检验中心)	CNCA-02C-023:汽车产品	重庆市南岸区五公里(400067) 联系人:李裕民 电话:023-86305412 传真:023-62653152
60	重庆汽车检测中心（国家重型汽车质量监督检验中心)	CNCA-02C-023:汽车产品	重庆市九龙坡区陈家坪朝田村101号(400039) 联系人:陈耀华、李剑平 电话:023-68677860 传真:023-68821302

续表

序号	实验室名称	指定的具体业务范围及地域范围	通讯地址
61	机械科学研究院（机械工业工程机械军用改装车试验场）	CNCA-02C-023:汽车产品	北京市延庆县东外大街70号(102100) 联系人:邹邵良 电话:010-69101140 传真:010-69101140
62	天津摩托车质量监督检验所（国家摩托车质量监督检验中心(天津)）	CNCA-02C-024:摩托车产品 CNCA-02C-025:摩托车发动机	天津市天津大学内(300072) 联系人:葛维晶 电话:13802136120 传真:022-27404944
63	中国兵器装备集团摩托车检测技术研究所（国家摩托车质量监督检验中心(宝鸡)	CNCA-02C-024:摩托车产品 CNCA-02C-025:摩托车发动机	陕西省宝鸡县五十一号信箱(721300) 联系人:袁森柱、王强 电话:0917-6296241 传真:0917-6296401
64	南昌摩托车质量监督检验所	CNCA-02C-024:摩托车产品 CNCA-02C-025:摩托车发动机	江西省南昌市新溪桥(330024) 联系人:钱仲明、张陆传 电话:0791-8430119/8448694/8469387 传真:0791-8448694
65	上海机动车检测中心（国家机动车产品质量监督检验中心(上海)）	CNCA-02C-023:汽车产品 CNCA-02C-024:摩托车产品 CNCA-02C-025:摩托车发动机	上海市嘉定区安亭镇于田南路68号 联系人:贾再明 电话:021-69502027 传真:021-69502111 联系人:朱晓明(摩托车) 电话:021-69502066 传真:021-69502067
66	公安部上海消防科学研究所（国家消防装备质量监督检验中心）	CNCA-02C-023:汽车产品 CNCA-09C-045:消防水带	上海市莘庄西环路391号(201100) 联系人:范桦、朱青 电话:021-54956660/54959910
67	公安部沈阳消防科学研究所（国家消防电子产品质量监督检验中心）	CNCA-09C-044:火灾报警设备	辽宁省沈阳市皇姑区蒲河街7号(110031) 联系人:宋希伟、张德成 电话:024-86801434/86116303
68	公安部天津消防科学研究所（国家固定灭火系统和耐火构件质量监督检验中心）	CNCA-09C-046:喷水灭火设备	天津市南开区卫津南路110号(300381) 联系人:陈泽民 电话:022-23916044
69	合肥通用机械产品检测所	CNCA-01C-016:家用和类似用途设备	合肥市长江西路888号(230031) 联系人:李道平 电话:0551-5316828/5318900

续表

序号	实验室名称	指定的具体业务范围及地域范围	通讯地址
70	辽宁省产品质量监督检验院/沈阳市产品质量监督检验所	CNCA-01C-002:电线电缆; CNCA-01C-003:家用及类似用途插头插座; CNCA-01C-010:低压成套开关设备; CNCA-01C-016:家用和类似用途设备; CNCA-12C-049:溶剂型木器涂料	沈阳市和平区文化路3巷9号(110001) 联系人:李柏秋 电话:024-23891774 沈阳市铁西区滑翔路26号(110022) 联系人:刘强 电话:024-25898958 联系人:赵丽秀 电话:024-25933077 传真:024-25898718
71	天津发配电机电控设备检测所	CNCA-01C-010:低压成套开关设备; CNCA-01C-011:开关和控制设备; CNCA-01C-012:整机保护设备	天津市河东区津塘路174号/天津市河北区南口路40号 联系人:杨万生　田金山 电话:022-26340928 24391401-7376 传真:022-26340928 022-24391401-7358
72	天水长城电器试验研究所	CNCA-01C-010:低压成套开关设备; CNCA-01C-011:开关和控制设备; CNCA-01C-012:整机保护设备	甘肃省天水市长开路6-6号 联系人:周彪 电话:0938-8383343-801 传真:0938-8383344
73	重庆电气产品检测中心	CNCA-01C-010:低压成套开关设备; CNCA-01C-011:开关和控制设备	重庆市渝中区红岩村99号 联系人:廖家秋 电话:023-63301736 传真:023-63301909
74	长征电器研究所	CNCA-01C-010:低压成套开关设备; CNCA-01C-011:开关和控制设备; CNCA-01C-012:整机保护设备	贵州省遵义市上海路126号 联系人:杨应才 电话/传真:0852-8623693
75	沈阳电气传动研究所	CNCA-01C-010:低压成套开关设备; CNCA-01C-011:开关和控制设备; CNCA-01C-012:整机保护设备	沈阳市于洪区巢湖街10号(110141) 联系人:樊建强 电话/传真:024-25833213
76	浙江省机电产品质量检测所	CNCA-01C-011:开关和控制设备; CNCA-01C-012:整机保护设备; CNCA-01C-014:电动工具	浙江省杭州市劳动路128号 联系人:杜量 电话/传真:0571-88023690 0571-88281776
77	北京出入境检验检疫局机电实验室	CNCA-01C-016:家用及类似用途设备; CNCA-01C-017:音视频设备; CNCA-01C-020:信息技术设备; CNCA-07C-031:电信终端设备	北京市朝阳区高碑店北路甲3号(100025) 联系人:刘福光 电话:010-67888592

续表

序号	实验室名称	指定的具体业务范围及地域范围	通讯地址
78	福建出入境检验检疫局检验检疫技术中心	CNCA-01C-003:家用及类似用途插头插座; CNCA-01C-004:家用及类似用途固定式电器装置的开关; CNCA-01C-006:家用及类似用途的器具耦合器; CNCA-01C-013:小功率电动机; CNCA-01C-022:照明电器	福建省福州市湖东路312号(350003) 联系人:林森 电话:0591-7065501
79	厦门检验检疫局电子电器检验实验室	CNCA-01C-016:家用及类似用途设备	福建省厦门市杏南路37号(361022) 联系人:王水生 电话:0592-6228581
80	武汉产品质量监督检验所	CNCA-01C-002:电线电缆	湖北省武汉市台北路七十号(430015) 联系人:余永良 电话:027-85741265
81	陕西省产品质量监督检验所	CNCA-01C-002:电线电缆	西安雁塔路(南段)129号(710054) 联系人:宋建忠 电话:029-5528413
82	河北省产品质量监督检验院	CNCA-01C-002:电线电缆; CNCA-01C-012:整机保护设备	石家庄市工农路368号 联系人:贾中辉 电话:0311-3033437
83	吉林省产品质量监督检验院	CNCA-01C-002:电线电缆	长春市卫星路20号(130022) 联系人:李界一 电话:0431-5374704
84	天津市产品质量监督检验所	CNCA-01C-002:电线电缆; CNCA-01C-016:家用及类似用途设备; CNCA-01C-021:金融及贸易结算电子设备(EMC); CNCA-01C-022:照明电器	天津市南开区科研西路2号增1号 联系人:王玉才 电话:022-23005912
		CNCA-12C-049:溶剂型木器涂料	天津华苑产业区开华道26号 联系人:李旗 电话:022-23078908 传真:022-23078915
85	湖南省产品质量监督检验所	CNCA-01C-002:电线电缆; CNCA-01C-004:家用及类似用途固定式电器装置的开关	湖南长沙市新建西路41号 联系人:成益民 电话:0731-5535680
86	河南省产品质量监督检验所	CNCA-01C-002:电线电缆	河南省郑州市东明路北17号(450004) 联系人:江炳午 电话:0371-6329646 0371-6329412
	(国家建筑装修材料质量监督检验中心)	CNCA-12C-050:瓷质砖; CNCA-12C-049:溶剂型木器涂料	河南省郑州市东明路北17号(450004) 联系人:赵有源 电话:0371-3318990 传真:0371-6370820

续表

序号	实验室名称	指定的具体业务范围及地域范围	通讯地址
87	江苏省产品质量监督检验中心所	CNCA-01C-002:电线电缆; CNCA-01C-003:家用及类似用途插头插座; CNCA-01C-014:电动工具	南京市石鼓路227号(210029) 联系人:黄晓风 电话:025-6511130
88	江苏省计量测试技术研究所	CNCA-01C-021:金融及贸易结算电子设备(EMC)	南京市光华东街3号(210007) 联系人:水利民 电话:025-4636930
89	无锡市产品质量监督检验所	CNCA-01C-015:电焊机	江苏省无锡市锡山区东亭迎宾北路6号 联系人:吴建国 电话:0510-8208677
90	北京市产品质量监督检验所	CNCA-01C-002:电线电缆	北京市朝阳区育慧南路 联系人:毕永金 电话:010-84654175
91	重庆市电子电器商品质量监督检验站	CNCA-01C-002:电线电缆; CNCA-01C-003:家用及类似用途插头插座; CNCA-01C-004:家用及类似用途固定式电器装置的开关; CNCA-01C-013:小功率电动机; CNCA-01C-016:家用及类似用途设备	重庆市渝中区信义街26号(400011) 联系人:张文 电话:023-63724062
92	宁波市产品质量监督检验所	CNCA-01C-016:家用和类似用途设备; CNCA-01C-022:照明电器	宁波市王隘路2号(315040) 联系人:邝湘宁 电话:0574-87871869
93	温州市质量技术监督检测院	CNCA-01C-003:家用及类似用途插头插座; CNCA-01C-004:家用及类似用途固定式电器装置的开关	浙江省温州市新城汤家桥南路质检大楼(325027) 联系人:余建明 电话:0577-88915426
94	辽宁电力科学研究院(东北电力电器产品质量检测站)	CNCA-01C-010:低压成套开关设备	沈阳市和平区四平街39号(110006) 联系人:杨铁军 电话:024-23102466
95	青岛检验检疫局工业产品安全检测中心	CNCA-01C-013:小功率电动机; CNCA-01C-014:电动工具	青岛市瞿塘峡路70号(266002) 联系人:蔡发 电话:0532-2671442
96	上海市计量测试技术研究院	CNCA-01C-021:金融及贸易结算电子设备(EMC)	上海市宜山路716号 联系人:毕宁 电话:021-64701810
97	江苏省电子产品监督检验所	CNCA-01C-017:音视频设备; CNCA-01C-020:信息技术设备	江苏省无锡市中桥葛巷107号(214073) 联系人:杨东岩 电话:0510-5105775
98	杭州市质量监督检测院	CNCA-01C-002:电线电缆	杭州市德胜路98号(310004) 联系人:陈兆波 电话:0571-85366483 传真:0571-85372618

续表

序号	实验室名称	指定的具体业务范围及地域范围	通讯地址
99	安徽省产品质量监督检验所	CNCA-01C-002:电线电缆	安徽省合肥市靶场路15号(230022) 联系人:吴安平 电话:0551-3423361 传真:0551-3412941
100	重庆市摩托车质量监督检验中心(国家摩托车质量监督检验中心(重庆))	CNCA-02C-024:摩托车产品; CNCA-02C-025:摩托车发动机	重庆市北部新区经济开发区(401122) 联系人:雷世平 电话:023-86305431 023-86305436 传真:023-86305440
101	国家无线电频谱监测和检验中心	CNCA-11C-048:无线局域网产品	北京西城区北礼士路80号(100037) 联系人:苑克龙 王美蓉 电话:010-68344335、68368866转1910、1906
102	中国化学建设总公司常州涂料化工研究院(国家涂料质量监督检验中心)	CNCA-12C-049:溶剂型木器涂料	地址:江苏省常州市白云路北港路口(213016) 联系人:冯世芳 电话:0519-3271405 传真:0519-3970300
103	北京化工研究院(国家化学建筑材料测试中心)	CNCA-12C-049:溶剂型木器涂料	北京市和平街北口(北三环东路14号)(100013) 联系人:者东梅 电话:010-64208747 010-80602018 传真:010-64208747
104	上海市化工产品质量监督检测中心	CNCA-12C-049:溶剂型木器涂料	上海市思南路30号(200020) 联系人:施慧娟 电话:021-53829092 传真:021-53825127
105	广州合成材料研究院(化学工业合成材料老化质量监督检验中心)	CNCA-12C-049:溶剂型木器涂料	广州天河区棠下广州合成材料研究院内(510665) 联系人:陈金爱 电话:020-82319620 82317502 传真:020-82312655
106	广州市产品质量监督检验所	CNCA-12C-049:溶剂型木器涂料	广州市八旗二马路38号(510110) 联系人:邓穗兴 电话:020-83191007 传真:020-83186957
107	咸阳建筑卫生陶瓷质量监督检验中心(国家建筑卫生陶瓷质量监督检验中心)	CNCA-12C-050:瓷质砖	陕西省咸阳市渭阳西路35号(712000) 联系人:刘幼红 电话:0910-3575697 传真:0910-3575203

续表

序号	实验室名称	指定的具体业务范围及地域范围	通讯地址
108	广东省佛山产品质量监督检验所	CNCA-12C-050:瓷质砖	广东省佛山市禅城区影荫路二街二号(528000) 电话/传真:0757-83982202 0757-83982447 联系人:张兆芝、田峻
109	广东省陶瓷产品质量监督检验站(国家轻工业装饰材料陶瓷质量监督检测广州站)	CNCA-12C-050:瓷质砖	广州环市中路268号9层(510050) 联系人:张建洪 电话:020-83545740 传真:020-83541540
110	济南汽车检测中心	CNCA-02C-023:汽车产品	山东省济南市英雄山路165号(250002) 联系人:孙利、刘安君 电话:0531-85586162 0531-85586171 13356679680 传真:0531-85586176
111	新疆维吾尔自治区产品质量监督检验所	CNCA-01C-002:电线电缆; CNCA-01C-010:低压成套开关设备; CNCA-12C-049:溶剂型木器涂料	新疆乌鲁木齐市新华南路32号 联系人:王爱冬、李静 电话:0991-4630526 0991-2817436 联系人:冉文生 电话:0991-2826544 传真:0991-2817437
112	国家电工仪器仪表质量监督检验中心	CNCA-01C-022:金融及贸易结算电子设备	哈尔滨市哈平路128号(150040) 联系人:李俊明 电话/传真:0451-86681896-805
113	沈阳公正检验集团	CNCA-01C-011:开关和控制设备	沈阳市铁西区滑翔路26号 联系人:李伯秋 电话:024-25898728 传真:024-25898718
114	湖北省电力试验研究院	CNCA-01C-010:低压成套开关设备	湖北省武汉市徐东大街361号(430077) 联系人:高铁刚 电话:027-88566011 027-88566671 传真:027-88566011
115	宁波出入境检验检疫局电气安全检测中心	CNCA-01C-016:家用和类似用途设备	浙江省余姚市南雷南路399号(315400) 联系人:戴晓燕、刘　宁 电话:0574-62710363 0574-62703814 传真:0574-62712130 0574-62703784

续表

序号	实验室名称	指定的具体业务范围及地域范围	通讯地址
116	江西省产品质量监督检测院	CNCA-01C-002:电线电缆	江西省南昌市江大南路9号(330029) 联系人:马冰峰 电话:0791-8331420 传真:0791-8331341
117	青岛致鉴检验有限公司	CNCA-03C-027:轮胎产品	青岛市308国道602号乙(266101) 联系人:刘晓民 电话:0532-87972218 0532-87972216 传真:0532-87972217
118	国家人口计划生育委员会药具质量监测中心	CNCA-06C-030:乳胶制品	北京市海淀区皂君庙甲14号 联系人:李凤岐 电话/传真:010-62131094
119	广西产品质量监督检验院	CNCA-12C-049:溶剂型木器涂料	广西南宁市新竹路12号 联系人:吕超伟 电话:0771-5852391 传真:0771-5860161
120	山西省产品质量监督检验所	CNCA-12C-049:溶剂型木器涂料	太原市长治路106号 联系人:李丽霞 电话:0351-7244331 传真:0351-7243704
121	湖北省产品质量监督检验所	CNCA-12C-049:溶剂型木器涂料	武汉市武昌中山路361号(430061) 联系人:范志勇　蔡家虎 电话:027-88215268 传真:027-88219972
122	重庆市产品质量监督检验所	CNCA-12C-049:溶剂型木器涂料; CNCA-12C-050:瓷质砖	重庆市江北区观音桥小苑二村2号 联系人:李立 电话:023-67950234 传真:023-67951136
123	辽宁省建筑材料监督检验院	CNCA-12C-050:瓷质砖	沈阳市皇姑区崇山东路61号 联系人:李莉 电话:024-86612810 传真:024-86610662
124	江西检验检疫局景德镇陶瓷检测中心	CNCA-12C-050:瓷质砖	江西省景德镇市瓷都大道910号(333000) 联系人:张和贵 电话:0798-8330125 传真:0798-8335000

续表

序号	实验室名称	指定的具体业务范围及地域范围	通讯地址
125	江苏大学车辆产品实验室	CNCA-02C-055:机动车用喇叭; CNCA-02C-056:机动车回复反射器; CNCA-02C-058:汽车外部照明及光信号装置; CNCA-02C-059:汽车后视镜; CNCA-02C-060:汽车内饰件; CNCA-02C-064:摩托车后视镜; CNCA-02C-065:摩托车外部照明及光信号装置	地址:江苏省镇江市学府路301号(212013) 联系人:陆勇 电话:0511-8791797 传真:0511-8780220
126	北京中汽赛宇机动车检验中心	CNCA-02C-056:机动车回复反射器; CNCA-02C-058:汽车外部照明及光信号装置; CNCA-02C-060:汽车内饰件; CNCA-02C-065:摩托车外部照明及光信号装置	地址:北京市大兴区北臧村镇工业天荣街16号(102609) 联系人:黄学平 电话:010-66418592 传真:010-66412672
127	武汉汽车车身附件研究所质量监督检验中心	CNCA-02C-059:汽车后视镜; CNCA-02C-060:汽车内饰件产品; CNCA-02C-061:汽车门锁及车门保持件	地址:湖北省武汉市江岸区解放大道2855号(430011) 联系人:李再华 电话:027-82318175 传真:027-82302973
128	江苏省车用灯具产品质量监督检验中心	CNCA-02C-056:机动车回复反射器; CNCA-02C-058:汽车外部照明及光信号装置(不包括驻车灯、测标志灯、后牌照板照明装置); CNCA-02C-060:汽车内饰件; CNCA-02C-065:摩托车外部照明及光信号装置(不包括轻便摩托车前照灯)	地址:江苏省丹阳市新桥镇为民西路28号(212322) 联系人:汪伟华 电话:0511-6357899 传真:0511-6357899
129	公安部交通安全产品监督检测中心	CNCA-02C-066:汽车行驶记录仪; CNCA-02C-067:车身反光标识; CNCA-02C-058:汽车外部照明及光信号装置(不包括前照灯、前雾灯、倒车灯、转向灯、驻车灯、侧标志灯); CNCA-02C-065:摩托车外部照明及光信号装置(仅限摩托车牌照灯、轻便摩托车牌照灯及前照灯)	地址:江苏省无锡市钱荣路88号(214151) 联系人:潘汉中 电话:0510-5501127 传真:0510-5503152
130	国家汽车零部件产品质量监督检验中心(长春)	CNCA-02C-057:机动车制动软管总成	地址:长春市南湖大路6888号(130012) 联系人:戴军 电话:0431-5531668 传真:0431-5510488

注1:国内地域划分:

西南:西藏、云南、贵州、四川、重庆;西北:新疆、甘肃、青海、宁夏、陕西;

华南:广东(除深圳)、广西、海南;

东北:黑龙江、吉林、辽宁;

华北:北京、天津、河北、山西、内蒙;华中:河南、安徽、江西;

两湖:湖南、湖北;

上述区域以外的其他省/市:深圳、山东、上海、江苏、浙江、福建

注2:国外区域划分:

亚洲(日本、韩国除外)、日本、韩国、欧洲、独联体、南美洲、北美洲、非洲、澳洲

四、认可实验室名录(选登)

重庆检验检疫局检验检疫技术中心万州分中心

重庆检验检疫局检验检疫技术中心万州分中心是万州出入境检验检疫直属的事业单位。分中心设有丝类商品实验室、农畜食品实验室和桐油实验室。其中桐油实验室为国家重点实验室。主要业务是对桐油、农畜食品、动植物及其产品、丝类商品等产品(样品)进行检验检疫及分析工作。

本分中心主要承担万州等9个(区)县出入境法定目录表内货物的检验检疫工作和国内外委托检验、检疫、鉴定等工作。多年来,分中心完成了大量的出入境检验检疫工作、委托检验检疫鉴定业务,积累了丰富的工作经验,检测结果有良好的社会信誉。

本分中心2001年9月建立了实验室质量保证体系,保证公正、准确、及时地完成所承担的检验检疫、鉴定及委托检验检疫工作。2005年9月依据ISO/IEC 17025:2005标准要求完善了实验室质量保证体系,2006年3月通过CNAL“二合一”评审。

地 址:重庆市万州区五桥百安大道1号

电 话:023-87502030、87502011

国家蓄电池质量监督检验中心

国家蓄电池质量监督检验中心是国家质量监督检验检疫总局批准授权的国家级蓄电池产品质量监督检验机构及进出口蓄电池产品认可实验室,成立于1988年。

中心下设办公室、产品性能检验室、物理性能检验室、化学性能检验室和机电设备室。现有工作人员28名,其中工程技术人员22名。

中心业务范围如下:接受国家质检总局下达的任务对各类铅酸蓄电池产品进行国家监督抽查产品质量;接受国家质检总局下达的任务对各类进出口铅酸蓄电池产品检验;接受各省、市质量技术监督局及有关部门的委托对各类铅酸蓄电池产品进行鉴定检验、质量仲裁检验;接受各地出入境检验检疫局及有关部门的委托对各类进出口铅酸蓄电池产品检验;接受蓄电池行业各厂及有关部门的委托对各类铅酸蓄电池进行新产品鉴定检验、质量仲裁检验、质量认证及工厂必备条件审查;承揽铅酸蓄电池产品检验仪器设备的制造、试验室筹建、检验人员代培业务。

地址:沈阳市铁西区北二中路33号

邮编:110026

电话:024-85610109

传真:024-85610109

电子邮件:syxdcs@mail.sy.ln.cn

国家保密局涉密信息系统安全保密测评中心
国家保密局电磁泄漏发射防护产品检测中心

国家保密局涉密信息系统安全保密测评中心和国家保密局电磁泄漏发射防护产品检测中心是由国家保密局决定,报中央领导同志批准并经中央机构编制委员会办公室批复成立的,均已通过中国实验室国家认可委员会的实验室认可,国家保密局涉密信息系统安全保密测评中心还通过了中国实验室国家认可委员会的检查机构认可。

国家保密局涉密信息系统安全保密测评中心和国家保密局电磁泄漏发射防护产品检测中心依据国家保密标准对用于涉密信息系统的安全保密产品和电磁泄漏发射防护产品进行检测,通过检测的产品经国家保密局审核批准后,颁发《涉密信息系统产品检测证书》或《电磁泄漏发射防护产品检测证书》,并列入国家保密局批准的在涉密信息系统中使用的产品目录。国家保密局涉密信息系统安全保密测评中心的业务范围还包括依据有关国家保密标准对涉密信息系统进行安全保密测评。

地址:北京市海淀区交大东路甲56号

邮编:100044

电话:010-82210931 传真:010-82210931

网地:www.isstec.org.cn

电子邮件:isstec@vip.163.com

中国电子科技集团公司第二十三研究所检验中心

中国电子科技集团公司第二十三研究所暨信息产业部信息传输线质量监督检验中心,成立于1988年1月,是原电子工业部授权,由原电子工业部第二十三研究所组建成立的。1991年6月通过了国家技术监督局对本实验室的计量认证,1998年通过了计量认证复查。2001年1月通过了实验室国家认可,2003年1月通过了监督及扩项评审(按ISO/IEC 17025标准)。

经过十多年的发展,中心拥有检测仪表设备固定资产2 500多万元、办公和测试用房3 000多平方米。不但能按国家标准和行业标准对产品进行检测,而且还能按照国际标准(如ISO、IEC、MIL、ASTM等)进行检测,并保证测试数据的公正、准确。

中心已获实验室认可的检测产品共58项。可检测射频同轴电缆、控制电缆、程控电缆、漏泄电缆、RF缆、综合布线用电缆光缆、单模多模光纤、通信用室外室内光缆、光器件、金属材料等产品的电气性能、传输性能、光学性能、环境性能以及机械物理性能等。

地址:上海铁山路230号

电话:021-56849492

网址:www.optic-elec.com

电子邮件:huaixf@126.com

广州市环境卫生研究所

广州市环境卫生研究所创建于1984年9月，是我国首批从事环境卫生领域的专业研究机构之一，主要从事城市固体废弃物和污水的治理、研究、检测，环境卫生工程设计，环卫机具研制，环卫行业信息咨询服务的综合性环境卫生科学研究机构。

广州市环境卫生研究所2001年12月首次通过广东省质量技术监督局的计量认证，2005年10月10日通过计量认证扩项及转版评审；2006年2月22日获中国实验室国家认可委员会颁发的认可证书，成为我国环卫系统第一家获得这项资质的单位。目前本所已具备对水和废水，土壤、固体废弃物、生活垃圾和堆肥产品、环境空气和大气、噪声、微生物的检测和技术咨询的能力；具备接受仲裁检测的能力。

广州市环境卫生研究所以环境效益、社会效益和为城市环境卫生事业服务为宗旨，竭诚为社会各界提供高效率优质的服务。

深圳市肉品卫生检验所

深圳市肉品卫生检验所成立于1962年，加挂“深圳市肉品质量监督检验站”、“深圳市饲料监测所”两块牌子，负责深圳市屠宰加工场、市场鲜冻肉品卫生检验和监督管理工作以及深圳市畜产品质量安全监测工作；负责深圳市饲料及饲料添加剂卫生质量安全的检验、监测及产品质量评价。本所目前拥有气—质联用分析仪、液—质联用分析仪、气相色谱仪、液相色谱仪、石墨炉及火焰原子吸收分析仪、氨基酸分析仪、荧光PCR快速检测仪、自动定氮仪、半自动纤维测定仪、自动脂肪检测仪、自动固相萃取仪、分光光度计、荧光拍照显微镜等进口仪器设备。

本所有一批高中级专业技术人员，按国家标准及有关规定对动物疫病进行检疫、畜禽产品卫生质量及饲料卫生质量检测分析，实际检测能力已达到191项。根据业务特点，该所高起点，严管理，建立科学的质量管理体系，于1994年通过国家计量认证，1999、2004年通过计量认证扩项、转版和复评审，2005年通过实验室国家认可，是广东省首家在本行业率先通过计量认证合格单位。该所现为农业部无公害农产品产品指定的定点检测机构，2005年被农业部评为“农产品质量安全工作先进单位”，多次荣获“深圳市优秀质检机构”、“深圳市兽医工作先进单位”等称号。

佛山市南海区质量技术监督检测所

佛山市南海区质量技术监督检测所，是依法设立的第三方法定计量检定机构和食品质量监督检验机构，成立于1984年。主要任务是负责全区量值统一，研究和建立南海区最高计量标准和社会公用计量标准，进行量值传递，执行强制检定和法律规定的其它检定、校准任务；承担南海区食品生产和加工产品的质量监督检测任务。

本所拥有一支工作经验丰富、专业水平高、综合能力强的技术队伍。设有综合室、电磁热工室、力学理化室、衡器室、大沥长虹岭计量检定站及食品检验站等6个专业室，可开展校准和检测项目的600多项，其中通过国家实验室认可的项目203项。另设有总工室和业务办公室等管理部门。全所实验室面积近4000m^2，其中恒温室面积近1000m^2。实验室场地布局合理，并按照检测和校准实验室的标准进一步完善环境条件和设施。检测和校准用仪器设备500多台(套)，拥有仪器设备固定资产约合人民币近1000万元。

地　　址：广东省佛山市南海区桂城南新一路8号
邮政编码：528200
电话：0757-86399061　86331941
传真：0757-86399061

江苏省粮食局粮油质量监测所

江苏省粮食局粮油质量监测所/江苏省质量技术监督粮食产品质量检验站是江苏省质量技术监督局授权的法定粮食产品质量检验机构，是国家粮食局确定的区域性粮食质量监测重点实验室。

本所(站)现有仪器设备90多台(套)，实验室面积2 000平方米，固定资产1 000多万元，承担全省粮食产品质量监督检验、委托检验、仲裁检验；对全省粮油产品收购、销售、调运、加工和出口等流通环节的质量监督把关；负责全省粮食行业粮油质检人员培训；参与国家十五攻关课题研究和国家、行业、省粮油标准的调研和制修订等工作。本所(站)本着科学公正、准确及时、诚实守信、奉公守法的质量方针，竭诚为社会提供优质服务。

中铁一局集团有限公司电力试验所

中铁一局集团有限公司电力试验所是国家认证认可监督管理委员会批准的国家计量认证合格实验室，计量认证证书编号为(2005)量认(国)字(N1918)号，通过认证项目为23项(154个子项)。主要内容为110kV及以下发、变、配电所电器设备的预防性试验、交接验收试验及电器产品试验。

本所前身为铁道部第一工程局电力试验所，成立于1999年，2000年通过国家首次认证，2005年通过国家复查换证。试验所现有人员20人，其中高级工程师1人、工程师7人、助工7人、高级技师、技师5人；现有试验设备近200台件，价值近100万元；同时为不断提高试验检测水平专门投资50余万元建立了电力培训基地和一个35kV的变配电所。

2005年以来，本所先后在青藏线、广州地铁、达成线、西安北环线、浙赣线、漯阜线、兰武二线、精伊霍铁路、终南山公路隧道、青银高速公路、丽青高速公路等项目圆满地完成了名项试验任务，受到了业主的广泛好评。

中铁二局工程测试中心

中铁二局工程测试中心始建于1949年，主要承担铁路、公路、水利电力等领域中设计、施工、科研部门的建材、土工、化学分析、构件、路基、路面、桥梁、隧道及地铁等的试验检测任务，先后参加了成渝、成昆、宝成、宝中、贵阳枢纽、南防、株州枢纽、候月、达万、内昆、湘黔、南昆、西南、秦沈、渝怀、青藏、宜万、武襄等国家重点铁路建设项目，以及多项国内外、市政工程的试验或专项检测工作。中心完成多项科研项目，如“砂岩作砼骨料研究”、“超声波缺陷成像结构厚度检测”和“隧道衬砌质量无损检测”等等，在渝怀线、西南线进行地质雷达检测，测程达38公里。

1989年取得了国家级计量认证资质(CMA)，1995年、2000年、2005年都顺利通过复审；2002年又取得了交通建设工程试验检测机构乙级资质，中心在这样的基础上其技术业务和管理水平获得长足进步，大大提高了中心的试验检测能力。

中铁五局集团建筑工程有限责任公司中心试验室

中铁五局集团建筑工程有限责任公司中心试验室始建于1962年，先后参加了西南、中南、华南等主要铁路干线房屋建设和大中城市高层建筑及工业厂房建设的建材、土工、结构性能试验检测任务。并参与公司的新材料、新技术和新工艺的引进、开发和推广应用工作。试验室现有固定资产80万元，主要设备、仪器210台(件)，房屋面积320m²，检验人员20名，其中高级工程师1名、工程师5名、助理工程师5名、技术员9名。

试验室于1994年通过国家计量认证，2005年12月第二次通过复查换证。本室长期开展建筑原材料的检验；混凝土、砂浆试配及试块强度检验；混凝土非破损检验；土工试验；混凝土抗渗、抗冻试验等等，竭诚欢迎社会各界和同行业相关人士共同合作与交流。

地 址：贵州省贵阳市八达巷15号

试验室主任： 张学银

电 话：0851-5797236 013608593866

中国水利水电第七工程局试验室

中国水利水电第七工程局试验室是四川省建筑施工企业一级试验室，于1999年8月通过国家质量技术监督局电力评审组织的计量认证评审，并于2004年12月通过计量认证复查评审。

试验室前身为黄河三门峡工程局试验室，成立于1956年。先后参与了三门峡水利枢纽工程、四川龚嘴水电站、二滩水电站、广西天生桥一级水电站、河南小浪底水利枢纽工程、长江三峡水利枢纽工程、广西龙滩水电站、新疆吉林台水电站、巴基斯坦高摩赞水电站、汗科瓦水电站、马来西亚巴贡水电站、苏丹王国麦洛维水电站等百余座各型水电工程及公路、机场、工业与民用建筑工程的混凝土、土工试验及质量控制。

试验室现有试验检验人员81人，其中教授级高级工程师1人、高级工程师11人；试验室建筑面积2 500平方米，拥有固定资产260余万元；可开展水泥、掺和材、砂石骨料、拌和用水、外加剂、混凝土拌和物及硬化混凝土性能试验、检验。

地址：四川省成都市郫县成灌东路349号

邮编：611730

联系电话：028-87912283、87912284

传真：028-87911913

电子邮件：Kysiy@cscb.com.cn

水利部水工金属结构质量检验测试中心

水利部水工金属结构质量检验测试中心成立于1986年，根据全国工业产品生产许可证办公室文件(工许发[1986]054号)精神，质检中心自1987年起正式承担全国水工金属结构产品的生产许可证发证检测工作，并接受其它相关业务的质量检测任务。1992年12月通过了国家计量认证，证书号为量认(国)字(K0847)号，质检中心具有向社会提供公正数据的法定资格。2002年4月，通过了ISO 9001(2000版)国际质量体系认证。2002年取得水利部颁发的甲级设备监理（监造）单位资质证书。2006年元月，通过中国实验室国家认可委员会组织的现场评审和资格审查，获得实验室认可证书，证书编号No. L2483。实验室检测能力范围包括水利水电工程钢闸门、压力钢管、启闭机械、金属材料等五大类产品类别，共195项参数。

地址：郑州市颍河路110号水利大厦

联 系 人：张步新

联系电话：0371-67446370 67439416

传　　真：0371-67711090

中国船舶工业电工产品试验检测中心

中国船舶重工集团公司第七一二研究所电工产品检测中心(中国船舶工业电工产品试验检测中心)，包括计量校准实验室、开关电器实验室、元器件检测筛选实验室、陆上联调试验站、电机试验室、超导低温试验室、潜艇动力电池试验室、绝缘材料试验室及特种电池及理化测试试验室九个试验室，可提供5 000kW以下直流电机、1 000kW以下交流电机、1 650V/60kA及以下直流开关、1 254V/50kA及以下交流开关等的检测服务；电力系统联调、电工产品低压绝缘材料试验检测、超导产品及低温性能试验检测、各种蓄电池大电流放电(10 000A)试验、1 000kW及以下永磁电机及磁性材料试验检测、无线电、几何量、热学、力学、电磁学等专业的计量校准、电子元器件检测和筛选试验等领域的服务。

在中国船舶重工集团公司第七一二研究所电工产品检测中心的三个实验室即计量校准实验室、开关电器实验室、元器件检测筛选实验室建立管理体系。该三个实验室可提供无线电、几何量、热学、力学、电磁学等专业的计量校准；低压开关设备和控制设备性能检测、元器件检测和筛选试验等领域的服务。

中心已通过了中国实验室国家认可委员会、中国国家认证认可监督委员会、国防科技工业实验室认可委员会的现场评审，获得了相应的证书。

中国船舶重工集团公司第七〇七研究所计量中心

中国船舶重工集团公司第七〇七研究所计量中心(天津国防区域计量站3002校准实验室)，于2005年12月通过了国家国防校准实验室认可，行政隶属于中国船舶重工集团公司第七〇七研究所。中心承担长度、热学、电磁、无线电等专业领域的区域国防科技工业与武器装备的量值传递和量值溯源服务、保障与监督，可为量块、角度、平直度、热电偶、数字表、相位、脉冲、频率等项目提供校准的公正性技术数据。

中心的校准设备精良齐全、环境条件优越、人员结构合理、管理制度健全完善，是天津国防区域技术实力最强的校准实验室之一。

通讯地址：天津市63信箱75分箱(300131)

电话：022-26032786

传真：022-26374177

电子邮件：jlzx707@yahoo.com.cn

中国船舶工业化学物质检测中心

中国船舶工业化学物质检测中心位于河北省邯郸市，主要从事船舶化学物质成分检测和密闭环境空气中污染物检测工作。现有员工20人，其中研究员4人，高级工程师4人，享受政府特殊津贴1人。1992年首次通过国家技术监督局计量认证，2004年通过国家认证认可监督管理委员会计量认证，认证范围包括水质、生活饮用水、居住区大气、密闭环境空气组分、炼焦炉大气、空气中污染物、室内装饰装修材料等7大类。

检测中心自成立以来，承担了多项国家、国防科研任务和检测工作，近年来获部级科技进步二等奖2项，三等奖5项。研究制定了密闭空间空气中70种组分检测方法国家军用标准。参加了国家环保总局组织的“销毁日本遗弃在华化学武器”13项环境标准制订工作。中心与波兰船舶研究中心、波兰格旦斯克技术大学等有着长期的合作与技术交流联系。

负责人：王少波

地址：河北省邯郸市展览路17号

邮编：056027

电话：0310—7189330

传真：0310—7189330、7189123

联系人：张洪彬

中国工程物理研究院计量测试中心
四川国防区域计量站 6106 校准实验室

中国工程物理研究院计量测试中心是经中华人民共和国国防工业委员会和中国人民解放军总装备部授权的法定国防计量技术机构，是四川国防区域计量站 6106 校准实验室，属科研事业单位。中心建立了完善的质量保证体系，获得国家法定计量检定机构计量授权证书，现已通过中国实验室国家认可委员会校准实验室认可和中国人民解放军总装备部军用实验室认可。

具有较强的计量检定、测试技术研究开发和国内外仪器设备安装、调试与维修能力。多年来，中物院计测中心在计量标准、计量器具研制和计量测试方法研究方面取得了突出的成绩，先后获得省部级以上科技成果奖 50 余项；中心下设几何量、温度、力学、电磁学、无线电与时间频率等专业计量室，并设有计量测试技术研究室和仪器维修室，现有 34 项参照标准，33 项工作标准。

地　　址：四川省绵阳市 919 信箱 811 分箱
邮　　编：621900
电　　话：0816-2493774、2481742
传　　真：0816-2481114
电子邮件：jlcszx@caep.ac.cn

四川省信息安全测评中心
四 川 省 软 件 测 评 中 心

四川省信息安全测评中心/四川省软件测评中心是经四川省机构编制委员会批准，在四川省事业单位登记局注册的独立法人机构。经中国信息安全产品测评认证中心授权成为西南测评中心，经中国软件评测中心授权成为四川分中心。

中心专业从事信息安全产品检测、软件产品检测、信息安全管理体系和安全能力审核、信息网络系统安全性评估、软件产品质量评估、信息系统安全管理和安全方案设计、安全管理人员和软件开发人员培训及信息安全技术开发、软件技术开发服务。同时，受政府信息和安全主管部门的授权委托，为社会的行政管理、行政执法提供技术支持和服务，为企业提供产品开发和产品测试实验环境。中心建立了科学完整的质量体系和测试流程，通过了四川省计量认证及国家实验室认证。

地　　址：四川省成都市庆云南街 1 号
邮　　编：610017
电　　话：028-86627719、028-86627379
传　　真：028-86627719
网　　址：www.sctec.gov.cn
电子邮件：service@sctec.gov.com

盐城市计量测试所

成立于 1952 年，是依法设立的法定计量检定机构。2005 年 6 月获得了国家认可委的中国国家实验室认可证书 NO.L2099。

本所建立了包括长度、温度、电磁、力学、无线电、物理化学、电离辐射、声学、光学在内的十大类 68 项计量标准和社会公用计量标准，对社会开展检定、校准、检测项目 120 余种。

全所现有高级工程师 12 人，工程师 22 人，技术力量雄厚。实验室及办公房面积 1 720 平方米，拥有检测设备固定资产 350 万元。

本所依据 CNAL/AC 01:2005《检测和校准实验室能力认可准则》、JJF 1069-2003《法定计量检定机构考核规范》及有关技术规范，热忱为广大客户服务，保证检测结果的科学性、公正性和权威性。

所长：张伟忠
地址：江苏盐城市解放南路 112 号
邮编：224005
电话：0515-8184601
传真：0515-8418048
网址：YCJLS.com.cn
电子邮件：wang_file@126.com

盐城市产品质量监督检验所

盐城市产品质量监督检验所成立于 1983 年，是具有法定资格的第三方公正性产（商）品质量监督检验机构。依法承担国家、省、市质量监督部门下达的产品质量监督检验及仲裁检验、生产许可证检验、新产品鉴定检验等检验任务。承担省、市工商部门委托的商品质量监督检验任务，盐城市产品质量司法鉴定所、盐城市室内装饰工程质量监督检验站、盐城质量技术监督防伪中心、盐城市农业生产资料质量检测中心、江苏省盐城食品农产品检测中心均设在我所。

本所内设轻建部、机电部、食化部、综合管理部四个部，近 1 500 项产品（参数）检测能力通过了省级计量认证/审查认可验收，200 多项产品（参数）检测能力通过了国家实验室认可验收。烟花爆竹产品检验被列为省“十一五”重点建设项目，橡胶密封制品检验取得全国工业生产许可证发证检验单位资质，

本所先后被授予“盐城市文明单位”、“江苏省文明单位”、“江苏省青年文明号”等荣誉称号。

地址：盐城市解放南路 112 号
邮编：224005　联系人：叶霖
电话：0515-8184659
传真：0515-8412557
电子邮件：yczjs110@163.com

上海东海海洋工程勘察设计研究院

上海东海海洋工程勘察设计研究院（简称“东勘院”）成立于1996年，前身为国家海洋局东海海洋工程勘察设计研究院，隶属于国家海洋局东海分局，是具有独立法人资格的国有企业，专业从事海洋工程勘察、海洋测绘、海域使用论证、海洋环境和生态调查评价、海洋地理信息系统开发等业务。

“东勘院”现持有国家建设部颁发的《工程勘察证书（海洋工程勘察综合类甲级）》、国家海洋局颁发的《海域使用论证资质证书（甲级）》、国家测绘局颁发的《测绘资质证书（海洋测绘甲级）》，获得计量认证合格证书和ISO 9001:2000质量管理体系认证证书。

东勘院现有职工120多名，其中教授级高工和高级工程师10多名、工程师20多名、助理工程师及技术员40多名。专业包括海洋水文气象、工程地质、计算机、测绘、海洋环境、遥感、物探、数模和图象处理等。

海洋环境监测工程院

海洋环境监测工程院（以下简称工程院）是国家海洋技术中心下属的公益性事业单位，成立于2004年8月。其职能为海洋环境保护、海洋资源开发利用、海洋公益服务、海洋权益维护、海洋行政管理和海洋科学研究，采用观测、监测、监视、调查和检测等手段，向国家和地方的海洋管理、经济开发、生态保护等部门和单位提供科学、公正、准确的社会公证数据。

工程院设院长、副院长、总工程师一名。设综合管理办公室、项目管理办公室、总工程师办公室3个管理部门；下设4个实验室，分别为海洋光学实验室、海洋水文气象实验室、海洋生物化学实验室和近海勘测实验室。工程院编制人数55名，其中管理人员8名，科技和调查人员47名。

海洋环境监测工程院于2005年1月通过国家计量认证评审，并获计量认证证书。工程院成立以来，共承担了国家及地方项目十余项，合同额约为4000万元，其中有908专项“我国近海海洋可再生能源调查与研究”、“海洋可再生能源开发与利用前景评价”、“天津市物理海洋调查”、“天津市海域使用现状调查”及地方企业用海面积测量等任务，有力的支持了国家和地方的经济建设。

新疆维吾尔自治区有色地质勘查局测试中心

新疆维吾尔自治区有色地质勘查局测试中心始建于1976年。1991年通过行业认证和计量认证，1997年通过复查换证。1999年通过了澳大利亚认可实验室的考核，2003年通过澳大利亚实验室能力比对。2003年10月，再次通过了新疆维吾尔自治区技术监督局计量认证。2005年12月，获得了地矿行业甲级资质。2006年7月，通过了中国合格评定国家认可委员会的认可。中心本着“科学、真实、公正、准确”的质量方针，运行着一套完整的质量保证体系。

中心位于新疆乌鲁木齐市经济技术开发区，现净资产达1 400万元，拥有4 000m²的测试楼，院内环境优美，仪器设备种类齐全，中心现有工作人员28人，大专以上学历22人。能够从事水文、地质普查、矿山地质、农业地质、农残、金属、环境和食品等方面的检测。

地址：乌鲁木齐市经济技术开发区上海路138号
电话：0991-3721423
传真：0991-3753895
邮编：830026
电子邮件：ysdkcs@.163.com

江苏省昆山市环境监测站

江苏省昆山市环境监测站是昆山市环保局属下从事环境监测的社会公益性事业单位，业务上受江苏省环境监测中心和苏州市环境监测中心站指导，主要承担昆山市行政管辖范围内的环境质量监测和污染源监测工作。本站2005年12月通过江苏省质量技术监督局组织的计量认证复评审，认可的监测能力为水和废水、空气和废气、土壤和底质、声场测量、振动等五大类117个参数。2003年6月通过实验室认可评审，认可的监测能力为水和废水、空气和废气、声场测量三大类41项参数。

地址：江苏省昆山市玉山镇萧林路718号
邮编：215316
电话：0512-57785781
传真：0512-57790663
联系人：俞梁敏
电子邮件： yuliangmin@sina.com

南京珠宝研究检测中心

南京珠宝研究检测中心成立于1994年，系独立法人单位。本中心主要从事珠宝玉石鉴定、钻石分级和贵金属测试等检测工作，2003年通过中国实验室国家认可委员会(CNAL)认可。本中心是中国珠宝玉石首饰行业协会理事单位、南京市标准化协会理事单位、南京市质检协会常务理事单位。

本中心现有员工14人，其中研究员1人、副研究员3人、工程师2人、注册国家珠宝玉石质量检验师7人，检测人员对于珠宝玉石鉴定、钻石分级和贵金属测试具有丰富的理论知识、实践经验和较强的综合判断能力。

本中心拥有珠宝检测实验室、贵金属测试实验室、红外光谱实验室、化学实验室，能满足CNAL实验室认可范围内珠宝玉石鉴定、钻石分级和贵金属测试等检测工作的需要。

本中心业务服务范围主要有监督检验、委托检验和专业培训。

地址：南京市中山东路534号
邮编：210016
电话：025-84499255
传真：025-84499596

西安宝石鉴定中心

西安宝石鉴定中心自1993年成立，是经西安市工商局注册的独立法人单位。1994年第一次通过陕西省技术监督局的计量认证，2006年6月8日取得国家实验室认可资质证书订可的范围，珠宝玉石类检测。

中心成立10年以来，坚持以及家及行业的标准为依据，以科学检测为准，正确提供检测结果，竭诚为广大消费者服务。并获得一级好评。

地址：陕西西安市文艺北路安1号
唐人大酒店635室
邮编：710054
电话：029-87850200
传真：029-87850200
联系人：张广蒲

中国建材地勘中心江西测试所

中国建材地勘中心江西测试所前身为建材非金属矿华东地质公司中心实验室，创建于1961年，文革时期华东公司分省下放，实验人员分往华东各省队。本测试所集中了原华东公司实验室大批设备与人员，现拥有原子吸收仪、火焰光度计、分光光度计等高精度分析仪器，历年来主要承担全国建材非金属矿地质队的普查找矿与勘探工程地质矿样及社会各界样品的化学成分分析、水质分析、土工实验、物性测定、岩石矿物鉴定。

本所于1993年首次通过国家计量认证，并于1998年、2003年两次通过复查换证，测试所质量管理已经达到较高水平。本测试所的质量方针是“数据准确，公正可靠，工作有序，服务高效。”

地　址：江西省上饶市河中巷28号
邮　编：334000
电　话：0793-8220474
传　真：0793-8220474

中国建材工业地质勘查中心四川测试研究所

中国建材工业地质勘查中心四川测试研究所隶属于中国建材工业地质勘查中心四川总队，主要从事资源地质矿样的化学分析、岩矿鉴定，岩土工程勘察的土壤、岩石、集料的物理、力学性质试验、水质分析及物探测试。

测试所下设化学分析、岩鉴物理、工程岩土、物探测试四个专业室。拥有原子吸收分光光度计设备等80余台。测试所于1993年首次获得国家技术监督局颁发的“中华人民共和国计量认证合格证书”，先后参加四川省地质矿样比对试验及全国建材机构化学分析检测数据比对试验，均获合格证书，并被评为“全国建材质量工作先进单位”。

“科学准确、公正可靠、诚信守约、优质服务”是本所的质量方针，中国建材工业地质勘查中心四川测试研究所将以科学、严谨的态度向社会各界提供高效、优质的服务。

陕西省产品质量监督检验所

陕西省产品质量监督检验所成立于1980年6月，隶属于陕西省质量技术监督局，是经国家认证认可监督管理委员会认可，专门从事产品质量检验的综合型技术服务机构。

本所目前开展的主要检测产品和项目有：粮油、瓜果、蔬菜、作物及其种子、干果、调料、茶叶、鲜肉、粮油制品、调味品、头盔安全帽、建筑材料及门窗、电工器材、电动工、电线电缆、照明电器、家用电器、医用电器及电源产品等，同时开展对农副加工产品、绿色食品、有机食品中有害元素、农药残留、营养成分测定，材料试验和环境实验民用建筑室内空气质量检测等项目。

本所于2001年4月通过了中国实验室国家认可委员会的“三合一评审”，该所坚持把“以公正、科学、可靠检验结果和优良及时的服务满足客户要求”作为工作宗旨，为促进产品质量水平提高及维护国家经济安全和消费者合法权益而努力工作。

地址：西安市雁塔路(南段)129号
邮编：710054
电话：029-83117217 、83117206
传真：029-83117204
电子邮件：jssbk@163.com

连云港市产品质量监督检验所

连云港市产品质量监督检验所成立于1980年，是江苏省连云港质量技术监督局直接领导的综合性、法定质量监督检验机构，具有独立的建制。江苏省质量技术监督冶金产品质量检验二站、江苏省质量技术监督连云港食品农产品检测中心也设立于本所。主要承担本省、市产(商)品的质量监督检验任务，接受社会各方的委托检验以及质量仲裁检验等。

本所检验室面积1 800平方米，检验仪器设备415台套，拥有一批素质高，业务较强的专业技术人员。全所现有员工32人，高、中级专业技术人员14人，占员工总数的43%以上。现已具备74类861种产品的检验能力，并有148个产品(198项参数)通过国家实验室认可。拥有先进的仪器设备，满足以上各类产品检验的需要。

聊城市产品质量监督检验所

聊城市产品质量监督检验所于1985年3月经原聊城地区行政公署批准成立，是聊城市综合性的产品质量监督检验机构，隶属于聊城市质量技术监督局。

本所的主要任务是承担产(商)品质量监督检验(包括生产和流通领域)，第三方评价性检验，产(商)品质量仲裁检验和各单位的委托检验。

本所现设有综合业务室、抽样室、山东省轴承质量检测中心、山东省食品通用实验室(聊城)、聊城市人造板检测中心、聊城市农药质量检测中心、化工检测室、机电检测室、轻工检测室，现有职工45人，专业技术人员占100%。实验室建筑面积3 200m²，其中实验室面积2 180m²，拥有仪器设备190余台套，设备原值680万元。本所于1990年首次通过省计量认证。

负责人：周春民
地址：山东省聊城市开发区黄河路中段
邮编：252000
联系电话：0635-8519968、8519900
传真：0635-8519900
电子邮件：jzj1974@163.com

天津市津南区卫生防病站

天津市津南区卫生防病站占地面积60亩，现设19个科室，主要包括卫生监督科、职业卫生科、疾病控制科、计划免疫科、性病艾滋病科、消毒科、检验科等科室。现有职工88人，专业技术人员63名，高级职称5人，中级职称21人，站、科两级负责人大专学历以上人员的比例达90%以上。本站购置了必要的仪器，如美国WATERS公司的液相色谱仪、美国魅力全自动生化分析仪、奥地利SUNRISE的酶标仪洗板机等，改善了检测手段，为疾病控制和卫生监督提供了重要的技术支持。

津南区卫生防病站是运用预防医学理论、技术进行疾病预防控制与公共卫生技术服务的公益性事业单位。承担津南区的疾病预防与控制、卫生监督监测、健康教育培训等项工作，开展食品安全、职业安全、健康相关产品安全、放射卫生、环境卫生等各项公共卫生业务工作，发挥技术服务职能，向社会提供各类卫生检测、健康检查等卫生技术服务，为全区疾病预防控制提供技术指导与服务。2006年3月19日顺利地通过了中国实验室国家认可的现场评审，成为津南区第一家通过中国实验室国家认可的单位，在食品、水、公共场所、消毒剂及器械、工作场所空气、生物样品等6大领域95项检测项目的检测结果可以实现国际通用。

长安汽车(集团)有限责任公司理化计量中心

长安汽车(集团)有限责任公司理化计量中心(以下简称中心)是长安公司所属的理化计量机构,也是原兵器工业部挂靠在长安公司的兵器工业西南地区理化检测中心,中心于1986年4月正式成立,现隶属于中国兵器装备集团公司。

中心于1989年2月经国家技术监督局考核认可通过，于1995和2000年分别两次通过复查为计量认证合格单位;2005年经国家实验室认可委员会认可为国家认可实验室、国防科工委认可委员会认可为国防认可实验室和国家认证认可监督管理委员会认证复查为国家计量认证合格实验室。

中心是兵器装备集团公司指定的特种产品大型失效分析检测机构、重庆市金属材料检测和产品零部件失效分析的主要机构。中心认证认可以来,为社会提供了大量各种委托和仲裁检测及校准服务，在西南地区保证和提高产品质量中发挥了较好的积极作用。

地址:重庆市江北区建新东路260号长安汽车(集团)有限责任公司理化计量中心

邮编 40002

电话:023-67592233

传真:023-67865385 3

电子邮件:calhec@163.com

洛阳市立业建筑质量检测有限公司

洛阳市立业建筑质量检测有限公司成立于2005年6月,其前身是中国有色金属工业六冶洛阳公司试验室,该试验室组建于1981年3月,1990年就被河南省建设厅审定为河南省建筑工程一级试验室,1998年通过河南省质量技术监督局的计量认证,2003年又通过了计量认证的复审。2006年2月洛阳市立业建筑质量检测有限公司通过了新公司的首次计量认证,并于2006年3月通过了中国实验室国家认可。

公司现有实验室面积500余平方米，检测人员25人,主要检测仪器设备一佰余台(套),注册资金180万人民币。公司按ISO/IEC 17025:2005建立了管理体系,被批准的检测能力范围有水泥、建筑用砂、石、砂浆及砼外加剂、砂浆及砼配合比设计、砖及砌块、陶瓷砖、防水涂料及防水卷材、土工、砼结构及构件质量、砌体型式检验等16个项目共169参数。

公司奉行的质量方针是公正、廉洁、科学、高效,全体员工诚为所有客户服务。

连展科技股份有限公司

连展科技股份有限公司(联展电子)于1986年成立于台北,(1991年于深圳),专营IT、数位家电及手持式电子零组件之设计、制造与销售。近20年来秉持一贯创新的研发精神及对完美品质之坚持，除专利核准件数于个业排行中名列前茅外,亦陆续通过ISO 9001、ISO 14001、USB,HDMI协会及Sony Green Partner,Canon,Samsung,LG等环保要求,2006年1月通过ISO 17025实验室认证， 系国内专业之电脑及通讯连结器制造之领导厂之一。

连展科技拥有一流生产设备与研发人才，对于推动尖端科技不遗余力,产品包括无线通讯、能源、光通讯、极细线径同轴缆线及连接器等关键零组件之研发、制造与销售.目前全球拥有5处专业制造厂及美、日、香港等行销据点，提供您全方位的零组件供应与即时之产品技术服务。

地址:广东省深圳市宝安区观澜镇松元村大布头路3号

邮编： 518100

电话:+86-755-28015530

传真:+86-755-28022243

网址:http://www.acon.com.tw

巴斯夫维生素有限公司质量控制中心

巴斯夫维生素有限公司是德国巴斯夫在中国投资建立的维生素产品生产基地,属于独资企业。

巴斯夫维生素有限公司质量控制中心成立于1995年,隶属于巴斯夫维生素有限公司,主要工作是对维生素类药品、饲料添加剂(包括植酸酶等)、维生素预混料、复合预混料等产品及生产上述产品所需的原材料进行检测，另外还承接巴斯夫亚太地区的部分维生素类原料的检测工作,以及国内其他厂家的各类样品的检测工作,年检样品数以千计,具有雄厚的经济基础和技术实力。我中心所有检验技术及管理人员均为大专以上学历水平。主要仪器设备有:高效液相色谱仪、气相色谱仪、紫外分光光度计、近红外光谱仪、恒温水浴、超声波等。我中心以雄厚的实力于2005年6月份顺利通过了国家实验室认可,认可号:No.CNAS L2077。

巴斯夫维生素有限公司质量控制中心本着诚实、科学、及时、公正的方针,在现有的基础上将逐步拓展检测领域的服务，以最好的质量和最高的效率为我们的客户提供服务,为最大限度的满足客户的需求而努力。

地址:中国沈阳经济技术开发区云海路88号

邮编:110141

联系人:刘桂莲 电话:13940078070

可口可乐(中国)饮料有限公司–上海评估中心

可口可乐(中国)饮料有限公司–上海评估中心成立于2002年,负责可口可乐公司在亚太地区公司品牌产品的质量的检测与监控,同时承担部分原料检测工作。

2002年7月扩容装修并于10月正式投入使用新实验室。该实验室的设计测试能力为每年60 000个饮料样品,主要测试项目包括包装外观的评价,饮料外观的评价,开瓶扭距,含气量,糖度,口味,微生物,以及其中原料的检测等。实验室共有人员17名,其中30%为硕士毕业。

实验室拥有一流的分析设备,几乎所有的测试设备全部配有自动进样的装置,以满足大量测试的需要,而LIMS的广泛使用,使实验数据直接由LIMS读取并储存,杜绝了因手工输入而带来的错误。

实验室的质量体系通过网上数据库进行管理,并于2004年11月25日正式通过ISO/IEC 17025认可,认可范围包括饮料内开瓶扭距,含气量,糖度,口味,微生物,饮料中咖啡因和酸度的检测以及饮用水中THM和溴酸盐的检测等23个检测项目,并在2005年10月完成了对饮料中维生素B测定,饮用水中离子的测定和蔗糖,高果糖的质量检测等59个测试项目的括项认可工作。

上海市宝山区疾病预防控制中心

上海市宝山区疾病预防控制中心成立于1999年4月。于1992年11月通过国家计量认证,2005年11月同时通过国家实验室认可和计量认证复评审。

本中心实验室用房3 500多平方米;现有检验技术及相关人员48名,其中4名高级技术职称人员、13名中级技术职称人员;配备离子色谱仪、液相色谱仪、气相色谱仪、原子吸收分光光度仪等价值700多万元仪器设备。

检测项目包括10大类200多个参数,承担着本地区突发公共卫生事件检测,食品、水质、消毒产品检验,公共场所、食品行业、学校、作业场所、医疗机构等环境监测,急性传染病、性病、艾滋病、寄生虫病监测,职业病危害因素监测,放射卫生检测。

地址:上海市宝山区团结路28号
邮编:201900
联系电话:021-56692246转109
传真:021-56601869
网址:WWW.bscdc.org.cn
电子邮件:bangs@bscdc.org.cn

宝山钢铁股份有限公司化工分公司化验室

本实验室位于上海市宝山区宝钢厂区内,建于1985年5月,2004年通过国家实验室认可(认可号:L1856),目前,实验室建筑面积4 325平方米,固定资产总额4 453万元,拥有多种先进分析仪器百余台,长期跟踪和执行国内、外先进标准,目前可以执行国家标准46个、国外标准(ASTM和JIS)18个,近年来,先后承担多项国家标准的制定、修订工作。主要负责公司各类原料的进厂检验、过程控制和产品分析,如:煤气、苯类、萘类、吡啶类、酚类、硫酸铵、沥青焦等40余种化工产品,为公司生产经营、科研攻关提供可靠的技术支撑。同时,本实验室也通过签订合同的形式实施对外检测服务。

负责人:王庆梅
联系电话:021-26647537
网址:www.Baochem.com
电子邮件: wangqingmei@baosteel.com

化工地质矿山第十八实验室

化工地质矿山第十八实验室,建于1973年,隶属中化地质矿山总局浙江地质勘查院。多年来,实验室为浙江地质勘查院的地质勘查评价、矿产资源评价、资源开发利用等工作提供了大量的检测数据和技术服务及相应的应用研究。

近几年随着体制改革,走向市场,实验室业务范围扩大到土工试验、水质分析等。1994年实验室通过国家计量认证评审,2000年、2005年分别通过国家计量认证复查评审。

实验室现有职工11人,大中专学历的人员10人,其中:高工4人,工程师3人,助工2人。

实验室现有原子吸收分光光度计、精密分析天平、可见分光光度计、全自动四联低压固结仪、三轴剪力仪等主要仪器设备。我们可按国家标准、行业标准对岩石、矿石的化学成分和物化性能检测、水质分析、土工试验。

实验室位于浙江省杭州市西郊,竭诚为地质矿产勘查、矿业开发、工程施工、公路、水利等建设的单位提供优质的检测试验服务。

地　　址:浙江省杭州市余杭区闲林镇文卫路32号
邮政编码:311122
电　　话:0571-88681418
传　　真:0571-88681461

江苏省苏州药品检验所

江苏省苏州药品检验所是江苏省苏州食品药品监督管理局根据《中华人民共和国药品管理法》设置的对药品质量实施技术监督检验的法定专业机构。依法承担药监部门委派的药品检验任务，同时接受药品生产、科研、经营和使用单位及个人委托的药品检验任务。

本所位于苏州市泰南路15号，所内下设办公室、业务管理室、药理室、化学室、中药室、仪器室等科室。具有较强的检验技术力量，较齐全的检验仪器，符合要求的检验实验室和实验动物室，通过省计量评审和国家实验室认可。

法人代表：钱树德。
电话：0512-68226527
网址：www.szyjs.cn
电子邮件：jsszyjs@sina.com

吉林市药品检验所

吉林市药品检验所始建于1959年，占地面积10 000平方米，实验用面积2 446平方米，设有30余个实验室，布局合理，配有红外分光光度计等仪器设备135台套。现有职工50人，其中主任药师7人，副主任药师12人，主管药师11人。2005年11月2日通过了中国国家实验室认可，取得了认可证书。近5年来在全省实验室比对实验中5年蝉联第一名。

本所以其雄厚的技术优势，先进的网络化管理，按技术运作、支持服务、质量监督三条主线划分，形成决策、执行、监督为一体的全方位质量监督管理体系，为客户提供最优质的服务。

联系人：杨晶
单位地址：吉林省吉林市解放东路219号
邮编：132001
联系电话：0432-2570943

青海省药品检验所

青海省药品检验所于1958年10月成立。现有职工71人，其中各类专业技术人员59人，有正高职称3人，副高职称16人，中级职称28人，初级职称12人。内设机构有所务办公室、党务办公室、业务科、质控办4个职能管理科室；化学室（含生化药）、生测室（含无菌和微生物限度检查）、中药室、藏药室4个专业检测科室。主要承担辖区内依法实施药品注册和药品质量监督检查所需要的药品检验工作。

继1996年本所通过卫生部药品检验实验室认证，2003年12月25日按《评审准则》标准要求通过并获得新的《计量认证合格证书》。2006年2月本所通过了中国实验室认可委员会的现场评审，2006年6月获得实验室认可证书。

贵州省建材质检站

贵州省建材质检站属依法授权的产品质量监督检验机构，于2005年通过中国实验室国家认可，认可产品/参数182个，包括水泥、防水材料、建筑装饰材料、水泥制品、混凝土及其原材料、墙体屋面材料、保温隔热防腐材料、玻璃、石灰、石膏、玻璃钢、水泥包装袋、无机非金属材料化学分析、导热系数，室内空气质量、室内装饰装修材料有害物质，建筑节能等。2006年通过计量认证/授权复查产品（项目）246个。多次获各级部门授予的质量管理先进单位称号，参加中国实验室认可委组织的能力验证及实验室间对比验证检验，结果满意，连续8年获全国水泥产品检验大对比优胜单位，连续多年被指定为全国水泥标准样品定值检验单位。

贵阳华筑工程测试中心

贵阳华筑工程测试中心（原中铁二局第一工程有限公司中心试验室），建于1952年，承接建材、机械、无损检测、室内环境污染检测、化学分析等检测业务及新技术、新材料、新工艺的研究开发与推广应用。曾先后参加承担了成昆、川黔、湘黔、贵昆、成渝、外福、衡广、南昆、西康、内昆、株六复线等铁路工程。

本中心拥有中国实验室国家认可委员会认可证书，中华人民共和国计量认证合格证书；是贵州省一级实验室。中心下设综合办公室、检测部、管理部、财务室和多个项目实验室，拥有各类专业技术人员50余人，专业检测设备500余台（套），可以从事28大项224个参数的检测，是我国率先进入一流管理水平的实验室。

信息产业部电子西南区域计量站

信息产业部电子西南区域计量站(四川国防区域计量站6105校准实验室、成都前锋电子仪器厂校准／检测实验室)，原电子工业部第四区域电子计量站，始建于1964年，现挂靠成都前锋电子仪器厂，是一个以无线电、电磁学、时间频率参数为主的计量技术机构。成都前锋电子仪器厂是专门从事电子测量仪器和电子应用产品研制、生产和销售的高新技术企业，其前身是始建于1958年的国营前锋无线电仪器厂(国营第七六六厂)，是我国原电子工业部投资筹建的国内大型的电子测量仪器科研和生产基地之一。

本计量站服务项目有：电子测量仪器检定、校准、测试和修理；负责三级计量机构的计量标准考核和计量检定人员的培训。为西南地区200家单位（军工、电子企事业及民营企业）开展检定、校准和测试服务。

地址：成都市高新区西部园区百草路35号 邮编：611731
业务联系人：林忠、邓伟
电子邮箱：linzhong6105@yahoo.com.cn
联系电话：028-87988807 传真：028-87988950

核工业西南工程勘察设计院检测中心

核工业西南工程勘察设计院检测中心是从事地基基础质量检测的专业机构，通过了CNAL认可[No.L2351]及国家认监委的计量认证审查认可[(2005)量认(国)字(F1131号)]。获得国家建设部检测资质[(99)桩动测资(国)字(H085)号]及四川省建设厅专业检测资质［川地基检014号]。本中心本着科学第一、信誉第一、质量第一的服务宗旨，先后在省内外承担了大量工程的地基基础质量检测，保证了工程质量。取得良好的社会效益和经济效益，并得到了相关单位的好评。

联系地址：四川省成都市新都区三河桥南街226号
四川省成都市莲桂东路 298#
联 系 人：熊 壮
联系电话：13980192684

云南省珠宝玉石饰品质量监督检验所

云南省珠宝玉石饰品质量监督检验所于2000年2月经云南省机构编制委员会批准成立，是云南省质量技术监督局直属单位。是云南省唯一取得中国国家实验室认可委员会认可的三合一实验室和唯一独立承担法律责任的珠宝玉石饰品检验机构。

专门从事珠宝玉石、黄金、铂金、银等贵金属及其镶嵌珠宝饰品的委托检验、仲裁检验、监督检验和价值评估工作；经云南省劳动和社会保障厅批准，开展珠宝首饰从业人员（检验员、营业员）职业技能培训及鉴定考核工作；拟定全省珠宝首饰行业相关技术规范和政策，开展对外学术交流工作；为广大珠宝经营者提供形象设计、网页制作及咨询服务，行使质量技术监督部门授权的监督管理职能。

地址：昆明市东风东路76号质监大厦11楼
邮编：650041
业务联系电话：0871-3166319
监督电话：0871-3122884
网址：www.giyn.net
E-mail:ynzbs@21cn.com

云南国际旅行卫生保健中心实验室

云南国际旅行卫生保健中心实验室前身为中华人民共和国昆明卫生检疫局实验室，于1999年8月“三检合一”后成立。多年来，在各级领导的关心支持和帮助指导下，云南国际旅行卫生保健中心实验室稳步发展。2000年经考核后正式获得原国家出入境检验检疫局HIV抗体检测初筛实验室资格；2002年实验室质量管理体系通过原国家出入境检验检疫局实验室注册；2003年HIV抗体检测确认实验室通过卫生部考核并开展工作；2004年建成P2级微生物实验室并投入使用；2005年在获得中国质量认证中心ISO9001认证的基础上，通过中国国家实验室认可委员会ISO/IEC17025认可和计量认证“二合一”现场评审；2006年临检实验室重组为生化免疫实验室和常规实验室，扩充了免疫学检测项目，新开展了血细胞分析和尿液分析检测项目。多年来，HIV抗体检测实验室检出的阳性标本量占全国检验检疫系统检出总量的50%以上，历次参加系统内外的质量考核成绩均为优秀，已成为国家质量监督检验检疫局区域性中心实验室。

在云南局党组的正确领导下，在中心全体人员的共同努力下，云南国际旅行卫生保健中心实验室已逐步发展成为出入境检验检疫工作提供执法技术保障和为国际旅行者提供卫生保健服务的技术检测权威部门，今后还将继续以“科学严谨，优质高效，客观公正，规范安全，持续改进”的质量方针，为云南边陲安全卫生检验检疫屏障建设做出自己应有的贡献。

ZJQC
自强不息
厚德载物
行胜于言

法立德国际质量认证(北京)有限公司

BVQI是法国国际检验局下属的专门从事质量和环境体系认证及其他行业标准认证的国际机构，总部设在伦敦。法国国际检验局（Bureau Veritas），简称BV，成立于1828年，总部在巴黎。总部设有六大部门，分别从事船舶检验（此项业务中BV也称法国船级社）、进出口商品检验、工业产品检验、集装箱检验、工程监理、体系认证、产品认证、及航空航天检验等。BVQI通过在世界154个国家的580多个办事机构中的专家进行体系认证业务。在中国已经进行过的业务种类扩大到ISO9000、ISO14000、OHSAS18000、SA8000、QS9000、HACCP、ISO22000、TL9000、TS16949、AS9100、BRC、TAPA、CE MARKING等等，BV 2005产值达到20亿欧元年BV在中国的分公司及办事机构发展到18个，业务覆盖包括台湾，香港在内的整个大中国地区，员工总数超过3000人。

BVQI全球客户在2005年底已经超过55,000家，稳居全球之冠。另外BVQI获得了全球40个国家或地区的认可机构的授信，这个数字也居各家之首。在全球SA8000、AS9100、ISO14000认证业务中，BVQI的业务量还是全球第一。截止到2005年底，BVQI的SA8000业务占全球的一半，AS9100占全球的三分之一。这些成绩的取得反映了BV数十年前就开始国际化的结果。可贵的是BVQI这一成绩的取得是在没有牺牲任何认证质量的情况下取得的，是依靠BVQI无与伦比的国际性和技术经验以及各国各地最优秀的企业的支持取得的。BVQI很少在单个国家取得市场占有率第一，但是在每一个国家BVQI的客户名录上都汇集了当地最著名的全球性企业。有65家跨国公司与BVQI签署全球认证协议。这不仅包括IBM、惠普、罗尔斯罗伊斯、诺基亚、ABB、阿尔卡特、飞利浦、空中客车等等BVQI在欧洲的传统合作伙伴，还包括索尼、理光、爱普生等日本客户与BVQI签署协议，对三菱集团全球的审核也取得很大的成功。

纵观BV成立近200年的历史，质量与诚信是认证与检验行业生存的支柱，BVQI将继续坚持高水准的认证服务于我们的客户实现新的突破，永续经营。

法立德国际质量认证（北京）有限公司

地址：北京朝阳门外大街18号丰联广场A座22层2206–2207室　邮编：100020

电话：010–65882098　传真：010–65882097

天津办事处

地址：天津市河西区围堤道125号天信大厦1603室　邮编：300074

电话：022–28408780　传真：022–28408781

大连办事处

地址：辽宁省大连市中山路147号森茂大厦14楼1405C室　邮编：116011

电话：0411–83604677　传真：0411–83607302

青岛办事处

地址：山东省青岛市香港中路61号阳光大厦1708室　邮编：266071

电话：0532–80778016　传真：0532–80778015

法立德国际质量认证上海公司

地址：上海市浦东大道1号船舶大厦15A楼02–04室　邮编：200120

电话：021–68860643　传真：021–68861418

杭州办事处

地址：浙江省杭州市庆春路296号西湖铭楼614室　邮编：310006

电话：0571–87153781　传真：0571–87153979

法立德国际质量认证广州公司

地址：广东省广州市人民中路555号美国银行中心1801–1802室　邮编：510145

电话：020–81300800　传真：020–81300803

深圳办事处

地址：广东省深圳市福田区深南大道北侧7060号财富广场B座22H　邮编：518040

电话：0755–33340665　传真：0755–25632234

厦门办事处

地址：福建省厦门市天湖路50号天湖苑东座13D单元　邮编：361004

电话：0592–2214087　传真：0592–2214097

中山办事处

地址：广东省中山市中山三路18号中银大厦2107室　邮编：528400

电话：0760–8238561　传真：0760–8238562

内蒙古自治区计量测试研究院

内蒙古自治区计量测试研究院吕金华院长

内蒙古自治区计量测试研究院是隶属于自治区质量技术监督局的法定计量检定机构，创建于1955年，目前建立和保存了106项社会公用计量标准，业务项目涉及长度、温度、力学、电磁、无线电、时间频率、化学、电离辐射、光学等九大计量领域。

我院现有办公实验室总面积10560平方米，拥有计量仪器和检测设备1500台（套），固定资产总值达1600多万元。职工98名，其中各类专业技术人员占职工总数的82.6%，具有高级技术职称16人，工程师职称以上的人员占专业技术队伍的62.5%，有国家级突出贡献的中青年专家1名，硕士研究生导师1名。

我院把实现计量检测科学化、规范化、全面、协调、可持续发展确立为今后的发展方向，将逐步建设具有准确性和权威性的检测中心，同时不断提高实验室的对外影响力和辐射力。

在实验室建设方面，2004年7月，在自治区法定计量检定机构中首家率先获得了CNAL对检测和校准实验室的资质认可，适应了高端客户的需求，增强了市场竞争力。

在科技创新方面，相继出台了一系列旨在激励科研攻关、人才成长的政策和措施，大力营造科技创新的氛围，全院职工想改革、谋创新的热情空前高涨，科研成果已见成效。起草了《心脑电图机检定仪》、《心电监护仪检定仪》等国家计量检定规程和《交换机电子计时计费系统》等四项自治区地方计量检定规程。"智能化心脑电图机及心电监护仪检定仪"、"智能化酸度计检定仪"、"尺类综合检定台" 等项科研成果，分别获得国家科技进步三等奖和自治区科技进步一等奖，部分产品达到了国际先进水平，并实现了成果转化，其产品覆盖全国各省、市、自治区，远销国外。

随着我院计量标准的增加和检测设备的不断更新，科技发展的硬件基础得到加强，计量检测能力和水平得到了提高。近三年来，共投入资金近千万元，对37项计量标准进行了技术改造，新增了计量标准14项，其中有6项标准填补了自治区计量标准的空白。天然气大流量计量检定项目，是集建标、科研和建立国家中心三位一体的综合工程，是国家质检总局立项并投入部分资金的一个国家级科研项目。在全国同类计量标准装置中，该装置研究项目实现了三个首创：即气源系统单一气环泵全国首创、供气系统自动补偿首创、工作介质室内循环首创。整套装置流量范围（1～5000）立方米/小时，综合不确定度0.25%，达到国内先进水平，可开展DN10～DN300口径的气体速度式流量计和气体容积式流量计的检定和校准。

我院目前已完成了对部分实验室和仪器收发大厅改建扩建、实验室工作台更新、实验室温湿度控制、办公室环境等项目的全面更新改造工程。为保证改造后实验室的质量和效果，从设计到施工项项高起点规划、高标准建设、高精端配置，将实验室建设定位在国内一流水平，使仪器收发大厅和部分实验室具备了良好的透视效果和开放性。这些基础设施的完成，为保障计量检测设备的准确可靠提供了保证，也为职工提供了一个明亮舒适的工作环境。

国家质检总局计量司宣湘司长光临我院指导工作

院领导班子.

宣湘司长参观天然气大流量计量检定实验室

通信地址:呼和浩特市新华大街76号　邮编:010020　联系电话/传真:0471-6292716　E-mail:nmg_jly@sina.com

科学诚信准确规范　提供一流检验服务

国家级大型综合检验检测机构

南京市产品质量监督检验所

南京市产品质量监督检验所是依法设置并具有独立法人资格的产品质量监督检验机构，经过20多年的建设，形成了一定的规模，在江苏省乃至全国都有较大的影响。

质检所成立于1984年1月，国家金银制品质量监督检验中心（南京）、国家农副产品质量监督检验中心（南京）、心也设置于所内。质检所通过国家质量监督检验检疫总局的计量认证（CMA）、机构验收（CAL）及国家实验室认可（CNAS）。

质检所技术力量雄厚，拥有各类专业技术人员近100人，其中正高级工程师3人、高级工程师22人，工程师39人，工程技术人员占职工总数90%以上。质检所拥有仪器设备及固定资产5190.6万元，检验用房面积7500m^2,目前拥有液相色谱质谱联用仪、气相色谱质谱联用仪、气相色谱仪、液相色谱仪、多通道电感耦合等离子光谱仪、原子吸收分光光度计、能谱仪、红外光谱仪等一大批具有国际先进水平的进口大型成套精密仪器设备。具备对金银珠宝、食品及农副产品、化工、化学建材、装饰装修材料、轻工、机械、包装、纺织、电子电器、电工、金属材料及其制品等80大类2017类产品的检测能力。

在近几年，南京市质检所制定了多个国家标准、行业标准和地方标准，承担了国家质量监督检验检疫总局的《沙门氏菌和副溶血性弧菌在食品中污染状况及快速测试方法研究》等课题。从2004年起，参加国家认可委组织的能力验证试验18次42项，均获满意结果。

该所地址：南京市玄武区红山路168号　　邮政编码：210028
联系电话：025 － 85416725 85420443　　传真：025 － 85404584
电子信箱：ZJS@NJZJ.GOV.CN　　网址：MAIL.NJZJ.GOV.CN

农副产品实验室

化工产品检测室

天津市纺织纤维检验所

所长曹文洪率全体员工向社会各届朋友致意！

天津市纺织纤维检验所是天津市质量技术监督局直属的事业单位，业务技术受中国纤维检验局领导。是具有第三方公正地位的专业技术检验机构、法律、法规授权的行政执法主体，享受市财政定额补贴，属自收自支事业单位。天津市纺织纤维检验所占地面积1800平方米，建筑面积4000平方米。其中实验室面积1100平方米，恒温恒湿实验室面积415平方米。仪器设备134台套，固定资产1500万元；在职人员67名，管理和工程技术人员55名，占职工总数的82%，其中正高级职称1名，高级职称4名，占职工总数的7.5%，中级职称19名，占在职职工总数的28.3%。

天津市纺织纤维检验所主要负责天津市纤维及其制品的监督检验、仲裁检验、新产品鉴定检验和其它委托检验；棉花公证检验、承担纺织纤维标准的制、修订和棉花实物标准的仿制；负责纤维及纤维制品标准的宣贯和培训咨询服务等工作。1991年通过了市级计量认证；2000年通过了国家计量认证、审查认可和中国实验室国家认可委员会认可。

自2000年通过国家实验室认可以来，检验能力不断提高，由当初的145项逐渐增加到今天的182项，其中絮用纤维制品、服装的检测项目增长最大占到总增长幅度的90%以上。2005年11月我们又通过了中国实验室国家认可委员会五年复查和扩项评审。可以说，我们在纺织纤维制品综合检测能力方面已经打下了比较坚实的基础，具备了承担国家产品质量监督检验中心工作的条件和能力。

地址：天津市南开区科研西路2号增6号

电话：022-23003336

传真：022-23003330

E-mail: xwjys3336@163.com

联系人：李沂江

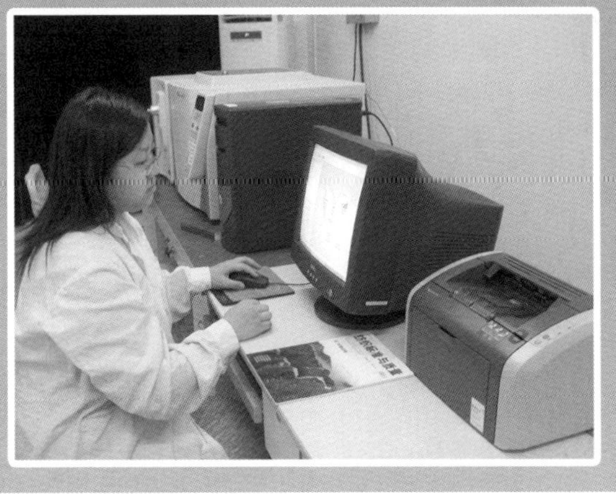

陕西省第五建筑工程公司

公司经理、党委书记李忠坤

陕西省第五建筑工程公司是国家一级房屋建筑总承包企业，从一九九七年开始贯彻实施质量管理体系标准，经北京中建协认证中心审核，于1998年取得质量管理体系认证证书，2001年取得环境与职业健康安全管理体系认证证书，是陕西省建筑行业最早取得认证证书的企业。公司贯彻"以人为本、科学管理、诚信守法、建造精品、安全环保、预防为主、顾客满意、持续改进"的管理方针，在贯彻实施三个管理体系标准的同时，导入卓越绩效管理模式，实现管理体系的整合。全体员工质量意识、环境意识、职业健康安全意识不断提高，工程质量水平一直处于省内同行业之首，施工现场环境面貌大为改观，职工的职业健康安全得到有力的保证。在施工中，坚持科技创新，质量第一，用精品工程和优质服务塑造企业品牌，做好精品工程策划、行政策划、成本策划、文明工地策划，引入施工现场视觉识别系统，施工现场各类防护设施统一加工制作，实现了标准化和工具化管理，展示了良好的社会信誉。公司加强企业文化建设，重视继续教育，建立学习型企业和学习团队，在全公司范围内开通了计算机网络、可视电话、远程监控系统。为了做好服务工作，公司成立了用户服务中心，配备专用车辆，开通24小时服务热线，为用户提供全方位服务，回访率达100%，满意率85%以上，没有出现顾客投诉。

陕西省地矿局5#高层住宅楼

西安国际贸易中心

用户回访保修

近年来企业生产经营有了新的突破，产值每年以12%的速度递增，竣工面积以30%的速度递增，质量优良率每年保持在93%以上，优质率保持在39%以上，实现省级文明工地60余项、市级文明工地70余项，陕西省建设新技术示范工程18项，长安杯7项，雁塔杯13项，获得国家鲁班奖1项，全国用户满意建筑工程3项，全国工程建设优秀质量管理小组3个，全国建筑业企业优秀项目经理部1个，全国优秀项目经理3个。公司先后被国家建设部评为"全国施工技术进步先进企业"和"全国工程质量管理先进企业"；获得全国"安康杯"竞赛优胜企业称号；被中国施工企业管理协会评为"全国优秀施工企业"；中国建筑业协会授予我司"全国工程建设质量管理优秀企业"和"全国建筑施工安全之最"称号；被中国质量协会评为"全国用户满意企业"；中国资信评估协学会、中国行业经济调查统计中心，中国质量标准评估中心联合授予我司"中国建设系统信用·商誉AAA级单位。陕西省人民政府授予我司"重合同守信用企业"称号；省委省政府等16个单位联合授予我司"诚信先进单位"。

目前，公司已进入一个快速发展的时期，各项工作进入良性循环，将以更高的标准向社会奉献精品工程，共创美好的未来。

台州市质量技术监督检测研究院

台州市质量技术监督检测研究院是2001年5月经浙江省机构编制委员会浙编（2001）25号文件批准组建的。2005年10月又将原台州市质检院黄岩分院（含浙江省塑料制品检测中心）、路桥区产品质量检验所、台州市方圆质检公司等三个技术机构全部整合归属我院。本院属独立法人事业单位，隶属于台州市质量技术监督局。

2006年2月国家质检总局批准在我院建立国家电机及机械零部件产品质量监督检验中心，总投资将达1个亿。现有浙江省摩托车质量检测中心、浙江省化学原料产品质量检验中心、浙江省缝纫机质量检验中心等3个省级产品质量检验中心。

全院现有干部职工168人，其中专业技术人员125人，高工8人、工程师（包括质量工程师）53人。拥有仪器设备固定资产原值2600多万元，建有2.4万平方米的综合检测大楼。2005年通过了中国国家实验室认可委（CNAL）认可，被列入《国家认可实验室名录》；拥有社会公用计量标准项目65项；通过省级计量授权检定项目105项，校准项目84项，检测项目3项；通过计量认定/审查认可的产品（参数）500多项。可开展长度、力学、热学、电磁学、无线电、时间频率、声学、光学、电离辐射、物理化学等十大类计量器具的检定、校准和检测工作，项目能力可覆盖医学与化工、汽摩及配件、塑料、模具、电器、建材、轻工、食品、能源、机械等我市支柱行业。

我院遵循“科学、公正、诚信、优质、高效”的宗旨，努力为台州市经济建设提供优质服务。

联系地址：浙江省台州市中心大道399号

邮编：318000　　联系人：明珂

联系电话：0576-8320910，8320911（传）

九牧集团有限公司检测中心

九牧集团检测中心成立于2001年，是九牧集团属下的二级法人企业具有完全独立地位的检测技术服务机构，是因应世界各国或地区对水暖洁具及其配件的不同品质要求，集材质、尺寸、硬度、电镀特性、有机涂层、水暖产品功能、含铅量等测试于一体的综合性实验室，也是同行业中先进的专业性实验室。从成立至今已有五年历史，中心于2005年12月26日通过了中国实验室国家认可委员会（CNAL）认可，认可证书编号为L2410。本检测中心符合CNAL/AC01：2005《检测和校准实验室认可准则》（等同ISO/IEC17025：2005《检测和校准实验室能力的通用要求》）的要求。

检测中心分为中心实验室、花洒实验室、化学实验室共3个实验室，总面积260平方米，仪器设备八十多台（套），固定资产近五百万元，存有国内外最新的水暖行业标准及计量检定规程等资料。为满足客户和各国标准的要求，中心配备了各种先进的检测设备和仪器，如：测材质元素含量的德国斯派克光谱仪、测量橡胶尺寸的投影仪、检测产品表面处理层的盐雾试验机与膜厚测试仪、测阀芯耐磨性的芯轴寿命机、检测陶瓷片硬度的维氏硬度计、检测耐候性的可程式恒湿恒温试验箱等。

本中心经国家实验室认可委认可的检测能力范围有：陶瓷片密封水嘴、机械式便器冲洗阀、非接触式给水器具、卫生间附属配件、淋浴器、卫生间洁具排水配件等共七个大项目71个小项。

本检测中心秉承“操作规范、实验及时、安全可靠、数据真实”的质量方针，积极为客户提供优质、快捷、便利的检测技术服务，保证向社会提供科学、公正、准确的检测数据。

本检测中心以“公正性、科学性、及时性”为宗旨，坚持以“客户为中心，努力为客户服务”的思想来满足广大客户的合理要求，努力做到客户报怨处理满意率100%。

地址：福建省南安市仑苍镇登丰工业区28号　邮编：362304

电话：+86 595 86149898 86149999（8111）　传真：+86 595 86149323　86142580　Http：//www.jomoo.com.cn

四川省成都汽车检测中心

四川省成都汽车检测中心国内汽车不解体检测技术先驱者，二十年来以汽车检测社会化和与国际接轨的先进理念不断创新发展，在 1988 年和 2004 年分别获四川省质量技术监督局计量认证基础上，于 2005 年 8 月通过国家实验室认可委专家评审，并在同年 11 月获国家实验室认可证书。

四川省成都汽车检测中心成立于 1984 年，是 交通部试点的汽车不解体检测站的国内首批五个站之一。历经了三次重大技术改造，现有面积 36 亩，检测车间及 其它配套建筑 3000m²。配置了卫星定位系统汽车性能检测装置等各种室内外检测设备设施近 100 台套。有大、小车室内智能检测线三条，室外有制动性能试验专用车道，一般性能试验车道及驻车试验坡道。场地宽阔且环境优雅、工艺布局先进而合理。全站实现检测自动化和数据传输网络化，是目前国内在用汽车检测技术发展水平的集中体现。

四川省成都汽车检测中心以其高、中级专业技术人员占 58% 以上的高素质团队，为我国汽车检测技术的创新而不懈努力。为汽车产品、在用汽车技术、低速货车及汽车维修等四大类用户默默奉献。涉及的汽车基本性能、可靠性、安全性、环境保护等 129 个检测项目及参数已有 100 万台次以上的经验。

经过国家实验室认可委员会专家评审，进一步完善了质量体系，提高了机构的管理水平和社会地位。四川省成都汽车检测中心是目前四川省汽车检验机构中唯一通过国家实验室认可的机构，填补了四川省的空白，因此得到政府和管理部门的高度重视。依托国家认可实验室对四川省道路运输业、汽车制造业的发展有重要作用。如在四川省的特重大件运输中，本中心仅用一个月时间完成了方案专家论证、检测系统研究制造、现场检测，并以认可标志出据实验报告，为管理部门评价路桥通过能力提供了有力依据，这在国内尚属首次，受到四川省政府及有关管理部门的高度赞扬；进出口商品检验、汽车产品及汽车维修产品仲裁的检验活动等得到社会和执法部门的广泛认同，实验室认可使其社会和经济效益都有很大提高。

四川省成都汽车检测中心依靠优秀的人才、设施、环境、经验等资源优势，目前正着手对汽车几何参数测试系统、城市汽车环境污染、及一些先进而实用的汽车检测设备设施等进行研究。同时以汽车检测为主题，以市场为导向，向社会各界开展汽车检测站建设、汽车检测技术及人员培训、计量认证及计量检定、汽车产品及维修质量纠纷促裁、科研及标准论证、汽车进出口商品检验、专业院校学生实验实习等服务。

借助先进的平台，贯彻“科学、严谨、公正、服务”的方针，实施以用户为关注焦点的目标，是四川省成都汽车检测中心新世纪为之奋斗的永恒主题。

长输管道检测评价中心

（L0911 国家实验室 &I0036 检查机构）

长输管道检测评价中心（以下简称中心），地处四川省双流县华阳镇输气小区。中心为中石油西南油气田分公司直属检测机构。截至 2005 年 12 月 30 日，有在册职工 26 人，其中干部 21 人，工人 5 人；各类专业技术人员中，有高级职称 2 人，中级职称 10 人，初级职称 5 人，技术员 3 人。机构设置有办公室（包括财务室、行车班）、技术部、检测室、工程部。

中心主要从事长输管道检测与评价工作。检测方面主要开展管道外防腐层检测、管体无损检测、输送介质腐蚀性检测、管道阴极保护有效性检测、管道敷设环境调查；评价方面主要开展管道剩余强度评价、管道剩余寿命预测、管道风险分析、管道防腐层评价、管道理化性能与材料适用性评价。可通过检测评价结论开展管道事故调查分析和评估工作。另外，还从事清管技术咨询和提供清管服务。

在长期的长输管道检测实践中，中心掌握了用于检测涂层异常、评价涂层质量的交流电流衰减检测法(PCM 法)、用于检测阴极保护水平的密间隔电位检测（CIPS）法、用于检测涂层缺陷、判定涂层缺陷大小、判定管道区域处于阳极或阴极状态的 DCVG（直流电位梯度）检测法、用于检测涂层缺陷但无法辨明缺陷大小的皮尔逊检测法等。在多年丰富的管道检测经验的积累基础上，中心已不限于单一检测手段的“单兵种作战”，而是针对以上单一检测技术的局限性，集成多种检测工具，在对各种管道外检测技术、方法、设备和应用经验、优缺点、适用范围及实用性充分了解的基础上，开展“集团军作战”。通过外检测技术的综合应用（涂层地面检测、阴极保护系统检测、杂散电流检测及直接开挖检测等），对涂层破损的大小进行判定，对管线的外腐蚀状况进行更加准确、全面的评估，提出更有针对性的腐蚀缺陷修复建议，提高外检测技术的应用水平和应用效果。中心还通过科技研发，掌握了管道内检测技术，通过内、外检测技术的综合应用，不断提高中心管道完整性管理的水平。

昆明市环境监测中心

昆明市环境监测中心成立于1976年11月，是国家一级水质和大气、噪声环境监测网络成员，2003年被国家环境保护总局正式确定为“滇池流域国家环境监测网”组长单位。中心1996年通过云南省计量认证评审，2002年通过复评审，2006年2月通过国家实验室认可，1991年首批获得国家级“优质实验室”称号，承担完成的国家、省、市重点科研项目和专项工作多次受到表彰和奖励，多项研究课题获省、市科技进步奖。

中心主要负责所属行政区域内的地表水、环境空气、噪声、生物、土壤等环境要素、各类污染源监测及环境污染事故的应急监测和相关科研课题的研究工作。经过近三十年的建设和逐步完善，中心软硬件能力得到了很大提升。中心现有职工95人，其中专业技术人员占84.2%，具有中级及以上技术人员占51.6%，市学术带头人后备人选3人。中心拥有固定资产4737.72万元，其中仪器设备三千多万元，建成10个环境空气自动站、3个水质自动站，拥有气质联用仪、气相色谱仪、高效液相色谱仪、等离子发射光谱仪、连续流动分析仪等进口大型仪器，配备有环境监测应急监测车，能够开展近二百个项目的监测分析工作。

我中心将以西部大开发为契机，进一步加强全过程质量控制，保证质量体系持续有效运行，保证监测工作的公正性、科学性和准确性，为经济建设和环境保护的协调发展提供更优质的服务。

安姆特（AOV）

中国实验室国家认可委员会
认 可 证 书
(No. L2831)

AOV是工业产品与消费用品检验、测试与验证的专业机构，已建成一定规模的理化、生物检测实验室（1200平方米，测试WEEE&RoHS、EN71、ASTMF960、纺织品……）和EMC(电磁兼容)&SAFFTY(安全)检测实验室（800平方米）。严格按照ISO/IEC 17025、GUIDE 25与EN 45001的品质标准进行管理。已取得TUV、FCC、IC的EMC授权；TUV、UL的SAFETY授权；并通过了中国实验室国家认可委员会(CNAL)ISO/IEC: 17025:2005的认可。具备向社会出具公正数据的资格。

诚信、公正、严谨、独立的AOV，凭借尖端的测试设备与优良的工作环境，一批在检验、测试与验证方面从业多年的专业人才，和热情、周到、细致、快速的专业服务，赢得了广大客户的如潮好评。

国家遥感中心空间信息系统软件测评中心

Geomatics Software Evaluation Center£®GSEC£©£¨Naional Remote Sensing Center of China £®NRSCC£©

我国的空间信息处理软件测评工作开始于1996年，2002年由国家遥感中心正式发文成立地理信息系统软件测评中心；2005年因业务扩展，更名为空间信息系统软件测评中心。空间信息系统软件测评中心由国家遥感中心、中国地理信息系统协会、中国测绘科学研究院共同组建，为国家遥感中心的二级单位。

空间信息系统软件测评中心测评的软件涉及地理信息系统、遥感、卫星导航定位技术应用，全面覆盖了空间信息软件技术领域。测评的目标已从软件的一般测评逐渐拓展到了向开发单位提供咨询和诊断服务。目前，已成为我国空间信息领域最具影响力和权威性的一项测评活动。测评推动了我国空间信息系统软件的发展和产业化进程，促进了我国地理信息系统软件的技术体系的完善和软件产品的成长。

经过近十年的测评实践，已经形成了以测评专家为主体，以规范的测评程序和严格的质量管理为核心的空间信息系统软件测评体系、方法和流程，保证了测评的公正性、公平性、科学性和权威性。

通信地址：北京市海淀区北太平路16号
邮政编码：100039
电　　话：010-68189903
传　　真：010-68189903
电子信箱：fz1223@163.com
zhangchi@nrscc.gov.cn

中国航天时代电子公司第七〇四研究所

中国航天时代电子公司第七〇四研究所（即北京遥测技术研究所）检测试验中心，成立于1961年3月，是为各种电子产品提供环境适应性、鉴定性、可靠性试验以及电磁兼容性测试和微波产品质检测试的综合性检测试验中心。

本中心于2006年1月通过了中国实验室国家认可委和国防科工委实验室认可委的实验室认可，是为航天电子产品提供产品质量保证的专业的检测试验中心。

本中心通过认可的试验测试项目有：高温、低温、温度变化、湿热、盐雾、低气压、温度高度、振动、冲击、加速度、模拟运输、碰撞及检漏测试，可以提供多种试验量级和方法以满足不同使用环境产品的试验测试需要。

本中心自成立以来，积极进取，不断扩充业务范围，掌握了一些独特的试验方法，如：穿透、火烧、超低温等试验项目。我们将以精湛的技术、科学的管理、真诚的服务、满足您的要求。

实验室地址：北京市丰台区东高地大红门南路1号
通信地址：北京9200信箱74分箱8-2号
邮政编码：100076
电话：010-68382551，010-68382553
传真：010-68382551

中国航空工业第十区域成都计量站 四川国防区域计量站6101校准实验室

中国航空工业第十区域成都计量站（也称：四川国防区域计量站6101校准实验室），是国防科工委设置在四川地区的一个具有长度、温度、力学、电学、化学、无线电、时间频率等计量专业的大型综合性区域计量站，又是国防科工委第三真空二级站。在工商营业部门注册为独立法人单位。

我站是国防计量二级技术机构（国防计量认可证书编号：国防计认字第56号），共有国防计量标准（二级）38项；职工61人，计量技术人员占员工总数的80%，实验室面积4200平方米，其中空调恒温室面积1002平方米，拥有测量设备总值800万元。

2002年6月我站通过了中国实验室国家认可委员会（CNAL）组织的现场评审，同年8月经国家质量技术监督局批准，获准实验室认可（认可实验室证书编号：L0009），认可的校准项目为长度、温度、力学、电学、化学、时间、频率等共114项；2003年9月通过国家认可委监督评审，认可的校准项目依据所执行的校准规范/检定规程合并为99项。2005年3月我站通过了国防实验室认可委员会（DILAC）组织的现场评审。

建站40多年来，我站坚决贯彻执行《计量法》和《国防计量监督管理条例》等计量法律法规，坚持计量面向科研、试验、生产、使用的工作方针，坚持走计量与测试、检定与修理、量传与管理、军用与民用相结合的道路，先后承担了国家多种军品型号计量测试任务，服务面对航空、航天、兵器、核工、电子及部队等部门100多个军工企事业单位及军工配套的德阳二重，东方电机厂等200多个民用单位，为本区域国防军工武器装备研制、生产提供了计量技术基础保障服务，确保了军工产品质量。

中国船舶工业电工产品试验检测中心

中国船舶重工集团公司第七一二研究所电工产品检测中心（中国船舶工业电工产品试验检测中心），包括计量校准实验室、开关电器实验室、元器件检测筛选实验室、陆上联调试验站、电机试验室、超导低温试验室、潜艇动力电池试验室、绝缘材料试验室及特种电池及理化测试试验室九个试验室，可提供5000kW以下直流电机、1000kW以下交流电机、1650V/60kA及以下直流开关、1254V/50kA及以下交流开关等的检测服务；电力系统联调、电工产品低压绝缘材料试验检测、超导产品及低温性能试验检测、各种蓄电池大电流放电（10000A）试验、1000kW及以下永磁电机及磁性材料试验检测、无线电、几何量、热学、力学、电磁学等专业的计量校准、电子元器件检测和筛选试验等领域的服务。

在中国船舶重工集团公司第七一二研究所电工产品检测中心（中国船舶工业电工产品试验检测中心）的三个实验室即计量校准实验室、开关电器实验室、元器件检测筛选实验室建立管理体系。该三个实验室可提供无线电、几何量、热学、力学、电磁学等专业的计量校准；低压开关设备和控制设备性能检测、元器件检测和筛选试验等领域的服务。

中心拥有人员20名，其中中级技术职称以上11人，大专以上学历16人。

中心已通过了中国实验室国家认可委员会、中国国家认证认可监督委员会、国防科技工业实验室认可委员会的现场评审，获得了相应的证书.

深圳航空有限责任公司配餐检测中心

中心成立于2004年6月，位于深圳宝安国际机场航站四路39号深航基地内，办公及检测场所面积共200平方米是隶属于深圳航空有限责任公司、从事食品检测的机构。该中心的前身是深圳航空港配餐有限公司化验室，于1997年开始进行食品微生物检测工作。2006 年1月该中心顺利地通过了中国实验室国家认可委员会（CNAL）的现场评审，并于2006年4月28日正式获取CNAL颁发的认可证书，成为航空配餐行业中首家通过CNAL认可的实验室，开创了航空配餐检测领域的先河。

目前，该中心有专业技术人员7人，均为大专以上学历。其中食品检验高级工4人，中级技术职称1人，中心拥有现代化的无菌室、中央操作台、排毒柜、试剂柜等基础设施，同时具备有气相色谱仪、分光光度计、电子分析天平等先进的检测仪器。能够承担酸价、过氧化值、亚硝酸盐、细菌总数、大肠菌群、氨基酸态氮、总酸、蛋白质、水分、食盐、农药残留、食品添加剂等检测项目。

凭借专业的技术人才和先进的检测设备，中心从成立以来承担检测和控制深航配餐部供应商的原辅材料以及配餐部生产过程中的半成品、成品的卫生质量，同时还承担部分外部客户委托样品的检测，赢得了客户的一致信赖。

地址：深圳市宝安国际机场航站四路39号深航基地配餐办公大楼3楼　　邮编：518128

电话：0755-27771999-8638、8600

传真：0755-27772211

网址：www.shenzhenair.com

E-mail：szairlab@126.com

力帆实业(集团)有限公司检测中心

力帆实业(集团)有限公司检测中心，始于1997年11月，主要从事摩托车整车、摩托车发动机、通用汽油机、摩托车关键零部件性能及材料成分等项目的检验工作。现有员工60人，大专及以上学历25人，高级工程师4人，工程师8人。技术和管理人员多次参加国内外检测化验培训、技术交流和考察活动。各类人员经培训及实际的工作锻炼，已能按标准的要求熟练开展各项检测工作。

中心建筑面积约3000 平方米，设备仪器总资产约2700 万元人民币。拥有国内、国际先进的检测设备及校准设备。技术力量雄厚，检测装备一流，各种装备在全国摩配行业处于领先水平，实验室数据采集及传输采用网络化管理。根据不同的检测学科，分设了综合管理室、发动机试验室、整车试验室、零部件试验室、理化检测室等专业检测室和管理部门。

中心秉承"科学准确、规范严谨、廉洁公正、优质高效"的质量方针，积极为客户提供优质、快捷、便利的检测技术服务，保证向社会提供科学、公正、准确的检测数据。

地址：重庆市沙坪坝区上桥张家湾60号　邮编：400037

电话：023-61663618、61663605　传真：023-60663156

中心主任：任高俊

武汉大学测试中心

武汉大学测试中心始建于1983年，面积约6800平方米，是教育部直属高等院校中首批利用世界银行贷款建成的测试中心之一。是武汉大学进行教学、科研、学术交流的重要基地和对外开放的窗口。

本中心拥有一支高水平的专业技术队伍，目前在岗人员20名，其中教师9人（7人有博士学位，2人博士在读），教辅8人（高工2人，工程师6人），后勤3人（正科1人）。管理的仪器二十多台套，价值4000万元左右。拥有4,000多平方米的实验室。是目前高校规模较大、设备较齐全的现代化理化检测中心。

中心于1993年首次通过国家计量认证，1998年进行并通过了首次了复查换证工作，于2005年3月第二次通过复查换证。

认证范围

无机物成份与结构分析：无机物元素定性分析、无机物结构分析

有机物组成及结构分析：有机物结构分析、有机物定性定量分析、有机晶体结构分析

材料表面微区、相结构分析：表面与界面分析、微区形貌成分与结构分析、物相与相变分析

通联方式

电话／传真：027-68752136

联系人：冯雪松

南华大学工程技术检测中心

中心成立于1984年，1993年10月通过湖南省计量认证，1995年5月通过国家级计量认证，1998年10月通过了湖南省计量认证复检，2000年10月通过了国家级计量认证复查。2005年11月通过了国家实验室认可／国防科技工业实验室认可／国家计量认证三合一的合格评审。2000年获得湖南省建设厅认定的贰级资质。业务范围包括：水泥、砂、碎石、卵石、混凝土、外加剂、建筑砂浆、金属材料、砖、沥青及沥青制品、防水材料、掺合料、岩石、土、地基、基桩、无机结合料稳定材料、结构检测、放射性辐射、桩身完整性检测等检测项目。

本中心下设建筑材料实验室、结构工程实验室、岩土工程实验室、桩基检测实验室、放射性实验室等5个实验室。现有技术人员31人，其中高级职称14人，中级职称12人，初级职称5人；技术工人2人。现有设备约475台件，总值约1130万余元，试验面积约1754平方米。

本中心技术力量雄厚，检测门类齐全，试验设备完善且配备了高精确度、智能化设备，是南华大学教学和科研的重要基地。近几年来承担国家自然基金项目二项、国防课题2 项、省厅科研项目22项。研究生课题28项，博士生科研课题4项。横向研究项目25项。我们本着对工程质量负责的宗旨，热忱为建设、监理和施工单位服务。欢迎垂询与合作。

法人代表：石建军　　联系人：柯国军、杨晓峰

地址：湖南省衡阳市常胜西路28号　　邮编：421001

电话：0734-8282294　传真：0734-8282449

山东铁正工程试验检测中心

山东铁正工程试验检测中心，1998年在山东省工商局注册，具有独立企业法人资格，2003年12月通过国家实验室认可。中心下设综合室、客户服务部、检测一室、检测二室、设备管理室、项目管理部等六个部室。现有员工120余人，其中博士1人、硕士2人、本科学历22人、大专文化程度32人；高级工程师9人、工程师22人；监理工程师11人，试验检测人员均持证上岗。主要仪器设备280台件，原值800余万元，工作房屋2400平方米

检测资质：国家计量认证合格工程试验机构(国量认字2005N0304号)；建筑企业一级试验室(鲁建试资证字01 I 16号)；建设部工程桩动测资质(国字030号)；铁道部工程基桩检测单位资质(TJJC2005045)；交通建设工程甲级试验检测资质(交总工检证字第025-1号)；中国实验室国家认可委员会认可证书（NO.L1110）；企业法人营业执照，注册号：3700001802042。乙级工程勘察证书（151523-ky）、乙级工程设计证书（151523-sy）。

中心坚持“科学、公正、准确、守时”的质量方针，信守“业主放心、监理信任、用户满意”的服务承诺，竭诚为新老客户提供全年365天无休息日的优质高效服务制度，并诚恳接受社会的监督。

地址：济南市和平路16号11号楼

电话：0531 － 88546441/88386472

传真：0531 － 88385493

网址：www.sd-tiezheng.com

E-mail：tzzx@sd-tiezheng.com

中国水利水电第三工程局施工研究所

中国水利水电第三工程局施工研究所成立于1958年，先后参加了四十余座国内水利水电工程及国外的伊拉克墨索尔水坝、阿尔及利亚布库尔丹水坝和罗斯法水坝工程的施工建设，承担了这些工程的坝体材料试验研究、工程施工质量控制、大坝安全监测仪器的埋设和观测、声波测试和爆破振动监测、坝基和坝体结构缺陷的化学灌浆处理、水质和材料化学分析、水工模型和结构试验等项工作，在工程质量检测和新材料、新技术的应用上取得了可喜的成绩，其中“粉煤灰在水工结构混凝土中的应用”、“射钉法快速检测混凝土强度”、“轻型化灌泵的研制”和“混凝土试验资料管理系统软件开发”等项目先后获得水电总公司和电力部的科技应用二、三、四等奖，“三峡工程82系统优质混凝土生产质量管理”项目获得建设部2001年度全国工程建设企业现代化管理成果三等奖。

施工研究所是水电三局工程产品质量检测工作的归口管理单位，是具有委托法人资格的质量检测机构，是国内水电行业知名的实验室。

地址：陕西省安康市 邮编：725011

传真：0915-3435110

电话 0915-3434268/3434525/3434528/3434459(总机)

网址：http://www.b3cri.com

E-mail:shgyjs@cteb.com

中国水利水电第十工程局中心试验室

中国水利水电第十工程局中心试验室座落于都江堰市高新开发区胥家镇高桥村，距都江堰市中区约2.5km，交通便利，环境优美。

中国水电十局中心试验室组建于 1956年，有着悠久的历史和丰富的经历。曾参加过狮子滩、渔子溪二级、太平驿、雨城、花滩、引大入秦、大桥、冶勒、梯子洞、紫坪铺、姜射坝、福堂坝、向家坝、溪洛度等几十个电站工程的试验及控制工作。先后还承担了老挝的南累克电站、南梦Ⅲ电站、沙弯那克市政开发和伊朗塔里干电站的试验工作，为与国际接轨打下了坚实的基础。

经过近半个世纪的实践与创新，我室积累了丰富的试验工作经验，形成并建立了一套有效的质量管理及检测体系，现有职工 38人，教授级高工2人，高级工程师4人，工程师7人，助理工程师3人，技术人员8人，高级试验技师2人，试验技师7人。已成为水利水电大型企业的专业检测试验机构。中心几代人用毕生精力铸就了“坚持标准，实事求是，精心检测，结论准确，为社会提供公正的服务”的优良作风。在新的世纪、新的千年，水电十局中心试验室将以优质的服务满足您的需求，我们竭诚欢迎您的光临和指导。

坚持标准实事求是精心检测结论准确为社会提供公正的服务

联系地址：都江堰市高桥工业开发区中国水电十局中心试验室

邮政编码：611833

电话：028-87128454 028-87118490 传真：028-87118490

联 系 人：李泽龙（主任）、黄兴民（副主任）

四川省环境监测中心站

四川省环境监测中心站是四川省环境监测的技术中心、信息中心和质量中心，拥有一批年富力强、经验丰富、责任心强、技术过硬的高、中级专业技术人材，“八·.五”、“九·.五”“十·.五”期间，多项研究成果获国家和省科学技术进步奖。中心站拥有AAS、ICP、IC、UV、GC、GC-MS、GC-IR、HPLC、傅立叶转换红外气化分析仪以及各类监测专用仪器和规范的实验室，中心站通过国家级计量认证，通过认证项目包括水（含大气降水）和废水，环境空气和废气，土壤、底质、生物体残留、固体废物、煤质，生物，机动车排放污染物，噪声、振动，电磁辐射、电离辐射，室内空气和环保产品九大类304项监测能力，能开展环境质量监测和调查、污染源监测与调查、“三同时”验收监测、污染事故应急调查与监测、污染纠纷仲裁监测、环境影响评价现状监测、环保产品认证监测、其它委托性监测，同时还开展环境监测技术研究、环境监测技术标准和规范的编制修订、环境监测技术指导、监测技术人员培训、环境科学研究与调查等工作。

地址：四川省成都市人民南路四段十八号

邮编：610041

法人代表：廖激

电话／传真：028-85551020

吉林中储粮质量检测中心有限公司

吉林中储粮质量检测中心有限公司原名中央储备粮长春直属库粮油检测中心，位于吉林省长春市仙台大街3111号。始建于2002年，是由中国储备粮管理总公司出资设立的国有独资公司。2003年中心通过吉林省质量技术监督局计量认证，2006年又顺利通过了中国实验室国家认可委员会国家实验室认可。目前的检测中心，具有一流的检测设备，高素质的检测技术队伍，良好的工作环境和严格的管理制度。实验室布局合理，设有化学检验室、物理检验室、无菌室、样品制备室、小麦粉烘焙室等14个实验室，面积约为1300平方米。多年来，中心秉承“行为公正、方法科学、数据准确、服务规范”的质量方针，完整、及时、科学、准确、公平、公正地完成多项客户委托的大型检测任务。受到客户的一致好评。我们将以准确的检测、优质的服务、优雅的环境、一流的专家为保证中储粮质量做出更大的贡献。

广州市合丰商品检验有限公司 南沙木材检测中心

南沙木材检测中心主要从事进口木材及木制品的材质取样分析，材积计量鉴定和技术咨询业务。本中心2006年9月通过中国实验室国家认可委员会的认可，被批准为国家实验室。实验室技术力量雄厚，环境条件优越，测试设备精良、技术资料齐全。其技术能力和管理能力经国家权威机构评审认可，所出具的检测报告具有权威性和公正性 。本中心拥有各类进口木材标本80余科，700余品种，制作规范。各类最新国家木材检验标准齐全，国际通用木材检验科技书籍齐全，是理想的行业检验场所。。

我们的承诺：

科学严谨、公正准确、优质高效、竭诚服务。

本中心对外开展木材材积检测、树种鉴定等有关业务。

热忱欢迎木业界及有关单位业务联系。

地址：广州市南沙经济开发区进港路海湾小区港口商务中心二楼二号 214、216 （南沙木材检测中心）

联系电话： 020-34682502

传真： 020-34682502

邮编：511458

网址：www.gzhefeng.net/

湖南省汽车摩托车(整车)产品质量监督检测中心简介

湖南省汽车摩托车(整车)产品质量监督检测中心，是湖南省质量技术监督局授权成立的检测机构。挂靠在湖南大学机械与汽车工程学院的汽车实验室。湖南大学汽车实验室已于2006年2月通过国家实验室认可（证书编号No.L2547)，认可项目共19大项。湖南省质监局资质认定、并授权24项。认可和授权的范围包含汽车、三轮汽车、低速货车、摩托车、电动自行车整车及汽车关键零部件中的车身驾驶室、螺旋弹簧、制动软管、燃油箱，电喇叭、后视镜、车用磨擦材料、内饰材料、座椅、头枕、侧后防护架、车门保持件等的性能和可靠性检验。同时还承担质量仲裁、事故车辆检验及司法部门委托的司法鉴定等检测。中心现有工作人员19人，其中高级职称12人、具有司法鉴定注册资格6人、汽车产品强制认证注册检查员3人。

中心固定资产原值800余万元，可为客户提供科学、公证、准确地检验服务。

地址：长沙市湖南大学

电 话：0731—8822776

中心主任：李孟仁　联系人：殷其华

宁波华东电器检测有限公司

宁波华东电器检测有限公司是一家专门为企业应对欧盟RoHS(电子电气设备中限制使用某些有害物质)指令而组建的公众技术服务平台。公司拥有当今世界上最先进的RoHS检测设备与技术精良的检测人员，并与德国TUV NORD公司建立长期合作关系，出具准确、快速的检测数据与公证、权威的检测报告。公司以“公正、准确、科学、高效”为质量方针，热忱为各企业提供技术咨询，帮助企业建立RoHS指令符合性控制体系，帮助整机厂商出具整机报告，是浙江省首家通过中国国家实验室认可的民营检测机构。

公司地址：浙江省余姚市新建北路737—1号

联系电话：0574—62881207、62881212

传　　真：0574—62881200

网　　址：Http://www.hdjc.org

E-mail：hdjc@hdjc.org

深圳市药品检验所

深圳市药品检验所1982年批准设立，2003年批准加挂“深圳市医疗器械检测中心”牌子。所本部下设中药室、化学室、抗生素室、生测室、四个检验部门以及办公室、业务技术科、质量控制科三个职能部门。医疗器械检测中心下设有源器械检测部、无源器械检测部、办公室和业务部。现有在岗人员57人，专业技术人员48人，其中高级20人，中级14人。

配有液－质联用仪、气－质联用仪、高效液相色谱仪、气相色谱仪、原子吸收分光光度计、中／近红外光谱仪、紫外／可见分光光度计、全自动生化分析仪等符合现代分析测试技术要求的先进检验仪器500多台（套）。配有设施先进的无菌室、微生物检查室、抗生素效价测定室及SPF级实验动物室等专门实验室。

于1990年通过计量认证，1996年通过卫生部药检所实验室认证，并于2004年5月首次通过中国实验室国家认可。目前获得认可的有食品、药品、药品包装材料、医用卫生材料与敷料、医用高分子材料及制品、天然胶乳橡胶避孕套及洁净区（室）环境、医学体外诊断试剂、医疗电子设备等9大类共286个项目。

地址：广东省深圳市北环大道1024号邮编：518029
电话：0755-25874441 25843463
传真：0755-82414207 82435549
E-mail:szyjs12@public.szptt.net.cn

江苏省常州药品检验所

我所始建于1958年12月，曾隶属常州市卫生部门，2001年8月我所划归江苏省常州药品监督管理局领导，是执行国家对药品质量实施技术监督检验的技术机构。

2005年5月，我所由原常州市麻巷64号搬迁至新市路1号。现我所拥有员工33名，工作场所3320多平方米和各种检测仪器设备144台（件），是南京中医药大学等3所高校的教学实验实习基地。我所于1985年首次取得江苏省质量技术监督局颁发的“计量认证合格证”，随后经历了1990、1995与2001年的省级计量换证检查，2005年10月通过迁所后的省级计量监督评审。2006年5月13日，我所通过了国家实验室认可现场评审，确定我所对药品、医疗器械、药品包装材料、洁净区环境检测四个类别140项参数的检测能力。现被CNAL载入国家实验室认可机构名录。

我所的质量方针是：高标准、信为本、零误差。全所以“团结、敬业、公正、廉洁”的所风，不断提升效率，建立优势，超越自我，为发展常州药检事业，保证人民用药安全有效而共同努力，开拓前进。

本所性质：国有制事业单位，具有独立的法人地位。

地　　址：江苏省常州市新市路1号邮　　编：213002
电　　话：(0519) 6629277，6629596（传真）
电子信箱：CZYJS@163.COM

江苏省盐城药品检验所

江苏省盐城药品检验所始建于1960年3月，位于盐城市建军东路127号，是江苏省盐城食品药品监督管理局具有独立法人资格的正科级直属事业单位，依法承担江苏省盐城地区药品、医疗器械、药品包装材料的质量技术检验及生产企业洁净室的环境检测任务。该所共设有5个职能、实验科室；现有职工35人，能从事药品检验的技术人员27人，取得高级技术职称的达14人；全所有办公、实验及辅助用房近2300平方米，拥有全自动高效液相色谱仪、气相色谱仪、红外分光光度计、紫外分分光度计、原子吸收、电位滴定仪等大型精密检测仪器设备，固定资产总值达600余万元。2002年8月该所率先成为江苏药检系统按照新的《评审准则》一次性通过省计量认证评审的第一个地市级药品技术监督检验机构；2006年4月顺利通过了CNAL组织的实验室能力认可现场评审。

江西省食品药品检验所

江西省食品药品检验所前身为江西省药品检验所，成立于1953年，2000年由江西省卫生划转江西省食品药品监督管理局管辖。2003年9月江西省机构编制委员会批准江西省药品检验所增挂江西省医疗器械检测中心牌子。以后又先后增挂了"江西省药物滥用监测站“、”江西省药品不良反应事件监测中心“，三块牌子。2005年6月经省编办批准”江西省药品检验所“江西省药品检验所”已更名为“江西省食品药品检验所“。

本所在1989、1994、2000年三次通过省级计量认证和计量复查及1996年通过国家卫生部省级药检系统实验室认证，2001年4月通过了非机电类医疗器械检测计量认证增项。2003年1月通过了药包材（容器）计量认证增项。2004年10月通过了国家食品药品监督管理局医疗器械实验室检测资格认可共64项产品。2004年11月又通过了非机电类医疗器械计量认证增项。2005年7月通过了计量认证临床诊断检验试剂盒、食品增项检测权。2005年10月通过了中国实验室国家认可委员会实验室认可。

检测范围：4类产品共362项。
证书号：L02969-2005-01

单位名称：江西省仪食品药品检验所
单位地址：江西省南昌市北京西路省政府大院内
邮编：330046
联系电话：0731--6274874 传真：0791--6293794
单位负责人：章光文

瑞安市计量测试检定所

瑞安市计量测试检定所前身为瑞安县度量衡检定所，成立于1954年，1988年3月经瑞安市编委批准始用现名，隶属于瑞安市质量技术监督局，是瑞安市唯一法定计量检定机构。本所拥有实验室及办公用房1000平方米，仪器设备总值近200万，职工32人。本所于2006年4月份通过了中国实验室国家认可委员会（CNAL）的认可，认可范围为：通用卡尺、高度游标卡尺、指示表、框式条式水平仪、千分尺、内径百分表、角度规、5级砝码（M1）、数字式温度仪表指示调节仪、模拟式温度指示调节仪、数字式指示秤、砝码（F2）、架盘天平、分析天平、金属洛氏硬度计、金属布氏硬度计、精密压力表、压力表、压力试验机、万能材料试验机、拉力试验机、耐电压测试仪、电压表、电流表。

联系地址：浙江省瑞安市沿江西路163号。

电话：0577−25668226

传真：0577−25668225

佛山市顺德区质量技术监督标准与编码所

佛山市顺德区质量技术监督标准与编码所成立于2003年8月，是具有独立法人的技术型事业单位，隶属于顺德区质量技术监督系统。目前本所设有标准战略研究部、代码部、条码部、认证部、培训部、标识标签检查部、条码检查部、综合部八个职能室，办公面积达1200平方米，共有各类技术人员43名，其中硕士5名，双学士2名，大专以上学历者占总人数73%以上。主要业务有标准起草、标准查询、标准战略课题研究、各类认证咨询、WTO/TBT研究及咨询、组织机构代码办理、商品条码办理、质量专业上岗培训、标识标签检查，条码检测等项目。

本所建所以来一直重视质量管理工作，2005年全所通过了方圆认证中心的ISO9001认证审核。2006年初我所获得中国合格评定中心标识标签检查机构及检验机构双认可，成为全国第一家标识标签检查机构，为国家在标识标签方面有效执法提供了技术依据。

柳州市产品质量监督检验所

柳州市产品质量监督检验所成立于1982年3月，是政府依法设置的综合性法定产品质量监督机构，先后通过了广西计量认证与审查验收和国家实验室认可，内设广西蔗糖质检站、广西柳州首饰质检站、广西柳州砖瓦质检站、广西五金家电产品质检站、化学、电气、机械、轻纺、砖瓦、预应力等专业检测室，质检业务全部实现计算机网络管理。业务往来辐射桂中地区十几个县市，不断为用户提供科学公正的数据和优质高效的服务。

本所实验室共七层，总面积达3250平方米，有一个50平方米BSL－2实验室；各类检测仪器400多台（套），具备完善和满足检测必需的精良设备和环境条件；高级工程师、工程师等工程技术人员占全所职工总数80%以上，技术力量雄厚。本所已具备化工、食品、电气、机械、锚具、千斤顶、五金家电、轻纺、橡胶革、矿产、首饰、蔗糖、建筑装饰材料，χ－γ辐射等专业共一千多种产品的综合检测和技术开发服务的能力。

地址：柳州市广雅路22号

邮编：545001

电话：0772−2812296

传真：0772−2812295

海安县产品质量监督检验所

海安县产品质量监督检验所地处南通、泰州、盐城三市交界处，交通十分便利，本所始建于1984年，现有工作人员20名，其中工程师以上职称3人，助理工程师以上职称9人，实验室面积1200平方米，其中恒温面积700平方米，测试仪器和专用测量设备2000余台（套），固定资产总值达280万元。2006年3月20日通过国家实验室认可委员会派出评审组现场评审确认实验室检测领域为食品、化工、建材、机械、电器产品，包括检测的产品／产品类别85项；本所将致力于加强实验室的建设，不断提高我所的整体素质，不断开拓新的检测项目，不断完善质量保证体系，保持和提高本所检测服务工作的权威性、公正性，为客户提供优质满意的技术服务。

单位地址：海安县海安镇宁海南路60号

联系人：毛迎钧

联系电话：0513−88919061

传真：0513−88964099

电子邮箱：haianzhijiansuo@163.com

江苏江动集团有限公司中心实验室

江苏江动集团有限公司中心实验室于2006年4月通过CNAL认可。实验室现有员工25人，其中教授级高工2人、工程师11人；主要从事中、小功率柴油机和通用汽油机的试验、分析、检测；检测范围为功率小于250KW柴油机和功率小于22KW通用汽油机的功率、转速、油耗、起动性能、机械效率、噪音、烟度、气体排放、颗粒、可靠性、耐久等性能和参数。

本实验室累计投资4500多万元，拥有一个设施完备，功能齐全的现代化试验大楼，一系列高水准的内燃机测试仪器和设备。本中心配有：27个发动机测功台架，包括高温试验室，低温试验室，半消声噪声试验室，热冲击试验室等16个试验室，拥有三套国际认可的气体排放测试系统，两套颗粒排放测试系统，有满足欧盟和美国法规要求的分流不透光烟度仪和全流不透光烟度仪，具有测量精度达到0.3%的测量范围从1~2400kg/h的ABB热风气体质量流量计三台。另外还有燃烧分析仪、噪声测量系统、气道试验台、油泵试验台等设备。

本实验室隶属江苏江动集团有限公司，除对公司内服务外，还开展对外的测试服务。本试验室将奉行严谨、公正、保密、快捷的行动准则，欢迎国内外同行指导与惠顾。

江苏省电力试验研究院有限公司

江苏省电力试验研究院有限公司是江苏省电力公司控股的科技型企业。前身是江苏省电力试验研究所，始建于1958年，是专业门类齐全、技术人才密集、科研手段先进、科技实力雄厚的电力科学研究基地。经营范围为：技术监督、技术服务、技术开发、技术咨询、技术培训，电力工程基建调试，计量校准与检测，发电用煤质量监督检验，电站锅炉压力容器检验，电力化学清洗，电力环境保护工程等。

试研院有限公司位于南京城西凤凰西街，总建筑面积为14400平方米。有职工271 人，其中教授级高级工程师1人、高级工程师78人、工程师 65 人；具有博士学位的6人、硕士学位的86人、本科学历106 人。设有高压所、系统所、电气所、计量所、锅炉所、汽机所、热控所、环化所、材料所、信息所等专业所。建有六氟化硫监督检测中心、电站锅炉压力容器检验中心、电能质量检测中心、电力环境监测中心站、江苏计量测试中心、发电用煤质量监督检验中心、化学清洗中心、节能检测中心、电力技术监督检测中心，以及拥有2400千伏冲击、1000千伏工频和雾室等设备的高压试验大厅。

我公司于1998年11月，在全国同行业中率先通过电力建设工程调试ISO 9002–1994管理体系认证；2004年12月通过质量／环境／职业健康安全三标一体化管理体系认证。

2001年11月我公司获取中国实验室国家认可委的认可，认可领域为计量和煤质分析，认可校准项目28项，检测项目10项。2003年11月通过扩项评审，认可领域扩大到机械、热学和温度、计量、声学、振动、电气、无损检测、化学，认可校准项目41项、检测项目27项。

前进中的江苏省疾病预防控制中心

江苏省疾病预防控制中心于2002年通过中国实验室国家认可，2005年通过CNAL第二次监督评审。中心坚持预防为主的方针，应用当代科技手段，履行疾控机构七大职能，加强对全省疾控机构的指导，全面落实重大疾病防制策略和措施，在业务发展、机构建设、科技进步、技术创新和人才培养诸方面成效显著，赢得政府和社会的广泛认可。连续两次获"全国创建文明行业工作先进单位"、四次获"省文明单位"、"全国五一劳动奖状"、"全国卫生系统抗击非典先进集体"、"全国卫生防病先进集体"等称号。在“团结、奋进、求实、创新”的中心文化氛围中，学术风气浓郁，大批卫生防病人才脱颖而出，412名职工中卫技人员占3/4，硕士以上学历者占1/4，其中高、中技术职务240名，享受政府特殊津贴和硕士生导师18人，担任部专家咨询委员会副主委以上10人，每年国内外学术期刊发表论文百余篇，累计获省以上各类科技成果奖 83项，部分成果处于国内领先地位。现在研科研课题 45 项，与国外多家大学和科研机构有良好的合作关系。拥有液（气）相色谱－质谱联用仪、等离子光谱／质谱联用仪等亿元先进设备。建有卫生部肠道病原微生物、省医学重点、保健食品功能检测、P3等一批国家和部省确认实验室及卫生信息网站。获认证认可食品、化妆品、农药等健康相关产品计13大类537项检测能力。中心主任汪华、党委书记陈连生承诺：将为广大客户提供科学、有效的质量保证和公正、诚信的技术服务。

江苏省金属制品质量检测中心

公司资质：江苏省金属制品质量检测中心（江苏法尔胜材料分析测试有限公司）同时具备国家实验室认可（CNAL）资质、中国技术监督局计量认证（CMA）资质和中国船级社实验室认证（CCS）资质。

仪器设备：公司拥有扫描电镜、能谱仪、各种吨位的电子拉力试验机、倒置式金相显微镜、荧光光谱仪、差热分析仪、各种型号的疲劳试验机、松驰试验机等大型进口设备。

检测能力：公司拥有先进的检测手段和较强的分析检测能力，可承担多种材料及其制品的检测分析和仲裁，包括：物 理、化 学、无损探伤。

公司服务领域：金属制品、船用产品、管道、压力容器及交通建设（包括桥梁、路政及大厂矿结构）及水电等多个领域的无损探伤检测和物理、化学分析。

青岛海陆通工程质量检测有限公司

我公司是国有法人企业，前身山东省筑港总公司试验室已有三十八年的历史。公司拥有水运和公路工程乙级、建筑二级试验室资质。

2002年9月获得计量认证（CMA）资格，2006年通过国家实验室认可(CNAL)。独立开展工程质量检测活动，依法为社会提供公正性数据的产品质量检验机构。

公司共有员工15名，其中高中级职称5人，拥有建设部、交通部等行业的结构检测、检测试验工程师、试验员资格证书，持证上岗率100%。共有12个检测室，建筑面积620m²。拥有各类检测试验仪器设备一百余台（套），我公司承担的多个科研项目荣获国家科委、交通部、山东省交通厅科技成果奖。所检测试验的300多个工程中有多项被评为“泰山杯”，“金杯奖”和“鲁班奖”。

我公司遵守“科学、公正、准确、满意”的质量方针和“请社会放心，让客户满意”的服务理念，为广大客户所信赖。希望继续与各界朋友合作，为广大客户服务，共创美好的未来。

公司的主要检测业务有：建筑、公路、水运工程原材料及构造物实体质量检测，混凝土、砂浆、沥青混合料、无机结合料等的配合比设计，各类建材的物理、化学、力学和耐久性试验，工程基桩测试、混凝土结构钻芯、超声回弹，路基路面现场测试等。

地址：山东省青岛市嘉定路68号
电话：0532-83766272　传真：0532-83766272
联系人：许晓鹏（总经理）　　电话：0532-83606529

中国石化集团
金陵石油化工有限责任公司炼油厂

中国石化集团金陵石油化工有限责任公司炼油厂是中国石化集团金陵石油化工有限责任公司的分支机构，工商行政部门批准的营业执照注册号为：3201001513429。母体组织法人代表厂长沈大岗。质量检查站于2002年6月26日成立。现有职工78人，认可体系内职工21人，其中工程师2人技师1人助工2人；有大专以上文凭的人员13人，其中管理人员11人，检测人员10人，在现有10名检测人员中，有高级工2人，中级工8人。

申请认可的检测能力有车用无铅汽油、煤油、轻柴、车柴、工业用丙烯、偏三甲苯、均三、C9芳烃、溶剂油、异丁烷等12个产品38个试验方法。非申请认可的检测能力有液化石油气、聚丙烯、二氧化碳等相关产品。

联系方式：
电话：025-58980314、58982438
传真：025-58984512
电子信箱：gpxu@jlpec.com
xugp@jlpec.com

中国石化石油勘探开发研究院
无锡石油地质研究所实验研究中心

实验研究中心隶属于中国石化石油勘探开发研究院无锡石油地质研究所，拥有国际一流的仪器设备和专业人才队伍。1962年创建于上海，后迁至湖北荆州，1977年在江苏无锡重建。随着石油天然气勘探开发形势的发展，由原中石化石油勘探开发研究院无锡实验地质研究所、合肥石油化探研究所和荆州新区勘探研究所实行优势资源整合，2005年3月成立了无锡石油地质研究所实验研究中心，下设测试管理组、地球化学分析组、化探与基本分析组、岩矿物性分析组、成烃/成藏研究组和仪器研发组。承担与石油天然气勘探开发有关的理论研究、技术开发和油、气、岩、水等样品的分析测试工作。

实验研究中心现有职工56人，工程师以上人员40人，高、中级科技人员占职工总数的71%。实验室工作面积3500 平方米。现有仪器设备共50多台(套)，固定资产原值5000多万元。

地址：江苏省无锡市惠钱路210号
邮编：214151
电话：(0510) 83202973
传真：(0510) 83202049

中国石油天然气股份有限公司
东北销售分公司计量/质量商务纠纷处理中心实验室

该实验室是在原滨江分公司石油商品应用研究的基础上组建的，主要承担东北及高寒地区各种油品的应用研究工作。

2004年3月重新组建为商务中心实验室。并在东北公司统一部署下于2005年3月运行了试验室计量认证，认可工作。2006年1月16日通过国家认可委实验室认可 。

现有国产设备60多台套，进口设备20余台套。设备总价值1000余万元。可承检汽油/柴油的全部检验项目。

实验室有效面积：1100平方米，储备有效面积1000平方米。现有人员7人。其中：中级：2人，初级：4人。其中有6人获得认可委的内审员资格。7人全部有检验员证书。并且，都能独立完成检验及仲裁任务。

在东北公司质安处的领导下，通过实际工作运行我们认为开展实验室计量认证，实验室认可工作，大幅度的提升了实验室的管理水平，还提高了社会对认可实验室的认知度和信任度，对将来在股份公司及系统内开展油品质量监督检验，仲裁工作奠定了坚实的基础。

地址：黑龙江省哈尔滨市南岗区副8号
邮编：150090
联系人：生力江
电话：0451-87002389 传真：0451-87004312

中国石油天然气股份有限公司 东北销售秦皇岛分公司化验室

中国石油天然气股份有限公司东北销售秦皇岛分公司化验室于2006年1月16日通过CNAL认可，化验室现有工作人员8人，其中管理人员4名，监测／校准人员4名；本化验室能够独立承担监督检验／委托检验／零售及其他类别的质量检验。检测范围包括车用无铅汽油／乙醇汽油／轻柴油／车用柴油等。

本化验室现有主要检测设备30台套，辅助检测设备15台，占地面积280平方为，其中实验室地200平方米。拥有DSY－202Z自动闭口点测定器／TSY－1158自动微量残碳测定仪／IROX2000全自动汽油分析红外光谱仪／DSY－415石油产品和添加机械杂质测定器／DSY－323A汽油氧化安定性测定器／DSY－207Z石油产品蒸气压测定器等先进的仪器检测设备。另外还有运动粘度测定器／倾点浊电凝点冷滤点测定器／闭口闪点测定器／色度测定器／双管蒸馏测定器／实际胶质测定器／烃类测定器等设备。

本化验室行政上隶属于中国石油天然气股份有限公司东北销售秦皇岛分公司，业务上接受上级主管部门的领导，是具有相对独立建制的石油产品质量检验机构。本化验室将以严谨的工作作风，欢迎各界同行的光临指导。

地址：河北省市海港区河北大街东段46号
邮编：066003　　　　联系人：彭翔
电话：0335－3161510　传真：0335－3161511

中国石油天然气股份有限公司 东北销售大庄分公司化验室

大庆分公司化验室隶属于中国石油天然气股份有限公司东北销售分公司，是从事油库进出存油品理化分析／技术检测的专业化验室，也是集油品技术分析／质量把关／油品调和为一体的综合化验室。目前拥有检测人员6名，其中大中专以上学历4人，工人技师1 人，高级工人1人；化验室占地面积约540平方米。成立期，检测能力只有十余项，目前已发展成能对汽油／柴油／润滑油等进行二十性能的检测能力。

40年来，本室除完成13万立方米油库库存油品进／出／存质量分析工作以外，还能够运用科学的检测手段处理各种质量纠纷，为用户提供优质的服务，其中调和的柴油和润滑油十几万吨，为企业赢得了显著的效益，所参况的20号加剂柴油获中国石油公司科技成果三等奖。进入21世纪，油品的指标不断提高，化验室的各项管理工作也 向前发展，2003年通过了HSE体系评审，现正积极QHSE体系建设。为了更好的地服务于客户，发挥准确／可靠／有效的技术检测能力，出具使用无风险的检测报告，2006年1月16日通过国家认可委实验室认可 。

地址：黑龙江省大庆市龙凤区凤阳路118号
邮编：163314
联系人：刘清福
电话／传真：0459－6211956

中国石油天然气股份有限公司 东北销售哈尔滨分公司化验室

中国石油油天然气股份有限公司东北销售哈尔滨分公司化验室，成立于1963年，主要职责是对哈尔滨分公司进出滨江油库油品进行检测和对销售的成品油进行质量跟踪检验。

哈尔滨分公司化验室行政上隶属中国石油天然气股份有限公司东北销售哈尔滨分公司，独立开展检测／检验业务。业务上受中国石油天然气股份有限公司东北销售分公司质量安全处指导。多年来哈尔滨分公司化验室对保证出入库油品质量合格和供应哈尔滨地区市场油品质量合格，做出了重要贡献。

2005年哈尔滨分公司化验室通过了中国实验室国家认可。

中国实验室国家认可委员会认可证书编号：NO，L2488

地址：哈尔滨市道外区望桥街1号
邮编：150050
电话：0451－57699464
传真：0451－57699464

中国石油天然气股份有限公司 东北销售大连分公司化验室

中国石油天然气股份有限公司东北销售大连分公司化验室隶属于中国石油天然气股份有限公司东北销售大连分公司。是具有相对独立建制的石油产品质量检验机构，化验室自1971年组建以来，主要承担大连分公司转运油品的质量检验工作，2005年12月化验室通过了中国实验室国家认可委员会的认可，能够承担大连分公司以外的委托检验／经销单位或消费才有争议石油商品的质量检验。

化验室下设综合办公室，现有人员12人，获得高级专业技术资格1人，中级专业动手术资格10人；拥有研究法辛烷值机／原子吸收分光度计／相色谱仪／柴油润滑性测定仪等检验设备88台，可开展车用无铅汽油／车用乙醇汽油／轻柴油／车用柴油／燃料油等多种油品质量检验；化验室采用美国LabWare公司开发的实验信息管理系统进行标准化／精细化管理，管理与检验水平不断提升。化验室全面贯彻“行为公正／方法科学／技术精湛／程序严谨／数据准确／服务优质”的质量方针，以“客户为关注焦点”，积极履行检验独立性／公正性和诚实性服务承诺，不断完善质量管理体系，持续改进和提高检验工作质量，竭诚为客户提供优质高效服务。

地址：中国辽宁省大连市三八广场三号邮编：116001
联系人：刘琳　王伟
电话：0411－82625811　传真：0411－82628872

方圆标志认证集团

CHINA QUALITY MARK CERTIFICATION GROUP

战略目标： 一流人员、一流管理、一流质量和一流服务的国际名牌认证机构

经营理念： 以质量求发展、靠诚信行天下

质量方针： 公正运作，客观评价，科学管理，规范服务

方圆标志认证集团（简称：方圆标志集团，英文缩写 CQM）是经国家认证、培训主管部门批准、由国家登记主管机关依法登记注册的、从事认证、培训业务的企业集团。

方圆标志认证集团由核心企业方圆标志认证集团有限公司及其 19 家控股子公司组建而成。

方圆标志认证集团有限公司（简称：方圆集团公司，英文缩写 CQM）是在原国家技术监督局批准组建的中国方圆标志认证委员会的基础上发展演变而来，自 1991 开展方圆认证以来，始终秉承“以质量求发展，靠诚信行天下”的经营理念，经过 10 余年的不懈努力，目前在全国已建立了 28 家分公司、子公司和办事处、已形成覆盖全国的工作网络，成为能够同时提供认证、培训和其他合格评定活动的综合性、集团化认证培训机构，可向具有认证需求或培训需求的客户提供适时、高效、便捷的服务。

IQNet（国际认证联盟）、IFOAM（国际有机农业运动联盟）正式成员

IECEx 体系（国际电工委员会防爆电气产品认证体系）认证机构（ExCB）

方圆标志认证集团
方圆标志认证集团有限公司
通讯地址：北京市海淀区西三环北路甲105号科原大厦B座12层(100037)
联系电话：010-88411888（总机）、010-68717809（业务电话）
网址：http://www.cqm.com.cn